अंतर्राष्ट्रीय राजनीति

अंतर्राष्ट्रीय राजनीति
अवधारणाएं, सिद्धांत तथा मुद्दे

द्वितीय संस्करण

संपादन

रूमकी बासु

प्रोफेसर, राजनीति विज्ञान विभाग,
जामिया मिलिया इस्लामिया, नई दिल्ली

SAGE | bhasha

Los Angeles | London | New Delhi
Singapore | Washington DC | Melbourne

Originally Published in 2012 in English by
SAGE Publications India Pvt Ltd as *International Politics: Concepts, Theories and Issues*, 2e

This edition published in 2019 by

SAGE | bhasha

SAGE Publications India Pvt Ltd
B1/I-1 Mohan Cooperative Industrial Area
Mathura Road, New Delhi 110 044, India
www.sagepub.in

Published by Vivek Mehra for SAGE Publications India Pvt Ltd, Translation Project Coordinated by TranslationPanacea, Pune.

ISBN: 978-93-532-8276-9 (PB)

Translator: Rajni Ranjan Jha
SAGE Team: Syed Husain Naqvi, Abhilash Dixit

जामिया मिलिया इस्लामिया में राजनीति विज्ञान विभाग के
हमारे छात्रों को समर्पित

विषय-सूची

संकेताक्षरों की सूची

AAPC (एएपीसी)	ऑल अफ़्रीकन पीपुल्स कॉन्फ्रेंस
ABM System (एबीएम सिस्टम)	एंटी बैलिस्टिक मिसाइल सिस्टम
ACABQ (एसीएबीक्यू)	एडवाइज़री कमिटी ऑन एडमिनिस्ट्रेटिव एंड बजटरी क्वेशचंस
ANZUS pact (ऐंज़स पैक्ट)	ऑस्ट्रेलिया, न्यूज़ीलैंड, एंड यूनाइटेड स्टेट्स पैक्ट
APC (एपीसी)	आर्मर्ड पर्सनेल कैरीअर
APEC (एपेक)	एशिया पैसिफ़िक इकोनॉमिक कोऑपरेशन
ASA (एएसए)	एसोशिऐशन ऑफ़ साउथ ईस्ट एशिया
ASEAN (आसियान)	एसोशिऐशन ऑफ़ साउथ ईस्ट एशियन नेशंस
ASEM (एसेम)	एशिया-यूरोप मीटिंग
ATT (एटीटी)	आर्म्स ट्रेड ट्रीटी
AU (एयू)	अफ़्रीकन यूनियन
BASIC (बेसिक)	ब्राज़ील-साउथ अफ़्रीका-इंडिया-चाइना ब्लॉक
BCIM (बीसीआईएम)	बांग्लादेश-चाइना-इंडिया-म्यांमार
BIMSTEC (बिम्स्टेक)	बे ऑफ़ बंगाल इनिशीएटिव फ़ॉर मल्टी-सेक्टोरल टेक्निकल एंड इकोनॉमिक कोऑपरेशन
BIS (बीआईएस)	ब्यूरो ऑफ़ इंडियन स्टैंडर्ड्ज़
BRICS (ब्रिक्स)	ब्राज़ील, रशिया, इंडिया, चाइना, एंड साउथ अफ़्रीका
CBMs (सीबीएमएस)	कॉन्फ़िडेन्स-बिल्डिंग मेज़र्ज़
CEB (सीईबी)	चीफ़ एग्जीक्यूटिव बोर्ड
CENTO (सेंटो)	सेंट्रल ट्रीटी आर्गेनाईजेशन
CFCs (सीएफसी)	क्लोरोफ़्लोरो-कार्बन
CFE Treaty (सीएफई ट्रीटी)	ट्रीटी ऑन कन्वेन्शनल आर्म्ड फ़ॉर्सेज़ इन यूरोप
CIS (सीआईएस)	कॉमन्वेल्थ ऑफ़ इंडिपेंडेंट स्टेट्स
CPC (सीपीसी)	कमिटी फ़ॉर प्रोग्राम एंड कोऑर्डिनेशन
CSCE (सीएससीई)	कॉन्फ्रेंस ऑन सिक्योरिटी एंड कोऑपरेशन इन यूरोप
CSD (सीएसडी)	कमीशन फ़ॉर सस्टेनेबल डेवलपमेंट
CTBT (सीटीबीटी)	कॉम्प्रेहेन्सिव टेस्ट बैन ट्रीटी
CTC (सीटीसी)	काउंटर टेररिज़्म कमिटी
CTED (सीटीईडी)	काउंटर टेररिज़्म कमिटी एग्जीक्यूटिव डिरेक्टरेट
DA (डीए)	डिफ़ेन्स एड्वाइज़र
DAE (डीएई)	डिपार्टमेंट ऑफ़ एटॉमिक एनर्जी
DGMOs (डीजीएमओ)	डायरेक्टर्स जनरल ऑफ़ मिलिटेरी ऑपरेशंज़
DJWG (डीजेडब्ल्यूजी)	डिफ़ेन्स जॉइंट वर्किंग ग्रुप
DMFAS (डीएमएफ़एएस)	डेब्ट मैनेजमेंट एंड फाइनेंसियल एनालिसिस सिस्टम
DPG (डीपीजी)	डिफ़ेन्स पॉलिसी ग्रुप
DPPG (डीपीपीजी)	डिफ़ेन्स प्रोक्योरमेंट एंड प्रोडक्शन ग्रुप

DRC (डीआरसी)	डेवलपमेंट रिसर्च सेंटर
DTTI (डीटीटीआई)	डिफ़ेन्स टेक्नोलॉजी एंड ट्रेड इनीशिएटिव
ECA (ईसीए)	इकोनॉमिक कमीशन फ़ॉर अफ़्रीका
ECE (ईसीई)	इकोनॉमिक कमीशन फ़ॉर यूरोप
ECHR (ईसीएचआर)	यूरोपियन कोर्ट ऑफ़ ह्यूमन राइट्स
ECLAC (ईसीएलएसी)	इकोनॉमिक कमीशन फ़ॉर लैटिन अमेरिका एंड द करिबीयन
ECOSOC (ईकोसोक)	इकोनॉमिक एंड सोशल काउन्सिल
ECSC (ईसीएससी)	यूरोपियन कोल एंड स्टील कम्यूनिटी
EPRLF (ईपीआरएलएफ़)	ईलम पीपुल्स रेवलूशनेरी लिबरेशन फ्रंट
EPTA (ईपीटीए)	एक्सपैनडेड प्रोग्राम ऑफ़ एक्सपैंडेड असिस्टेंस
ESCAP (एस्कैप)	इकोनॉमिक एंड सोशल कमिशन फ़ॉर एशिया एंड द पैसिफ़िक
ESCWA (ईएससीडब्ल्यूए)	इकोनॉमिक एंड सोशल कमिशन फ़ॉर वेस्टर्न एशिया
ESGs (ईएसजी)	एग्जीक्यूटिव स्टीयरिंग ग्रुप्स
ESMA (ईएसएमए)	एमेरिट्स अथॉरिटी फ़ॉर स्टैंडर्डिज़ेशन एंड मेट्रोलोजी
eTV (ईटीवी)	ई-टूरिस्ट वीज़ा
EU (ईयू)	यूरोपियन यूनियन
FCCC (एफ़सीसीसी)	द फ्रेम्वर्क कन्वेन्शन ऑन क्लाइमट चेंज
FTGS (एफ़टीजीएस)	फ़ेमिनिस्ट थ्योरी एंड जेंडर स्टडीज़ सेक्शन
G-77 (जी -77)	ग्रुप ऑफ़ 77
G-8 (जी-8)	ग्रुप ऑफ़ 8
GAIL (गेल)	गैस अथॉरिटी ऑफ़ इंडिया लिमिटेड
GATT (गैट)	जनरल अग्रीमेंट ऑन टैरिफ़्स एंड ट्रेड
GCC (जीसीसी)	गल्फ़ कोऑपरेशन काउन्सिल
GDP (जीडीपी)	ग्रॉस डोमेस्टिक प्रोडक्ट
GEF (जीईएफ़)	ग्लोबल एनवायरनमेंट फ़ैसिलिटी
GEI (जीईआई)	जेंडर एम्पावरमेंट इंडेक्स
GHG (जीएचजी)	ग्रीनहाउस गैस
GIAN (जीआईएएन)	ग्लोबल इनीशीएटिव ऑफ़ एकेडमिक नेटवर्क्स
GNP (जीएनपी)	ग्रॉस नेशनल प्रोडक्ट
GSP (जीएसपी)	जनरल सिस्टम ऑफ़ प्रेफ़्रेन्स
HDI (एचडीआई)	ह्यूमन डेवलपमेंट इंडेक्स
HIPCs (एचआईपीसी)	हैविली इनडेब्टेड पूअर कंट्रीज़
HPI (एचपीआई)	ह्यूमन पावर्टी इंडेक्स
HRC (एचआरसी)	ह्यूमन राइट्स काउन्सिल
HTCG (एचटीसीजी)	हाई टेक्नोलॉजी कोऑपरेशन ग्रुप
IAEA (आईएईए)	इंटरनेशनल अटॉमिक एनर्जी एजेन्सी
IBRD (आईबीआरडी)	इंटरनेशनल बैंक फ़ॉर रीकन्स्ट्रक्शन एंड डेवलपमेंट
ICA (आईसीए)	इंटरनेशनल कनसल्टेशन एंड अनालिसिस

ICBMs (आईसीबीएम)	इंटरकॉन्टिनेंटल बैलिस्टिक मिसाइल्स
ICC (आईसीसी)	इंटरनेशनल क्रिमिनल कोर्ट
ICCPR (आईसीसीपीआर)	इंटरनेशनल कॉवेनंट ऑन सिविल एंड पॉलिटिकल राइट्स
ICESCR (आईसीईएससीआर)	इंटरनेशनल कॉवेनंट ऑन इकोनॉमिक, सोशल एंड कल्चरल राइट्स
ICJ (आईसीजे)	इंटरनेशनल कोर्ट ऑफ़ जस्टिस
ICT (आईसीटी)	इनफार्मेशन एंड कम्युनिकेशंस टेक्नोलॉजी
ICTR (आईसीटीआर)	इंटरनेशनल क्रिमिनल ट्रिब्यूनल फ़ॉर रूआंडा
ICTY (आईसीटीवाई)	इंटरनेशनल क्रिमिनल ट्रिब्यूनल फ़ॉर द फ़ॉर्मर यूगोस्लावीआ
IDEX (आईडेक्स)	इंटरनेशनल डिफ़ेन्स एग्ज़िबिशन एंड कॉन्फ्रेंस
IEA (आईईए)	इनफार्मेशन एक्सचेंज अनेक्स
IED (आईईडी)	इमप्रोवाईज़्ड एक्सप्लोसिव्ज़ डिवाइस
IFJP (आइएफ़जेपी)	इंटरनेशनल फ़ेमिनिस्ट जर्नल ऑफ़ पॉलिटिक्स
IGOs (आईजीओ)	इंटरगवर्नमेंटल ऑर्गनाइजेशंस
ILO (आईएलओ)	इंटरनेशनल लेबर ऑर्गनाइजेशन
ILTP (आईएलटीपी)	इंटीग्रेटेड लॉन्ग-टर्म प्रोग्राम
IMF (आईएमएफ़)	इंटरनेशनल मॉनेटरी फ़ंड
IMTRAT (आईएमटीआरएटी)	इंडियन मिलिट्री ट्रेनिंग टीम
IndIGO (इंडिगो)	इंडियन इनीशिएटिव इन ग्रैविटेशनल वेव ऑब्ज़र्वेशन्स
INF (आईएनएफ़)	इंटरमीडीएट रेंज न्यूक्लीयर फ़ोर्स
INGOs (आईएनजीओ)	इंटरनेशनल नॉन-गवर्नमेंटल ऑर्गनाइजेशंस
IPE (आईपीई)	इंटरनेशनल पॉलिटिकल इकॉनमी
IPKF (आईपीकेएफ़)	इंडियन पीसकीपिंग फ़ोर्स
IPR (आईपीआर)	इंटेलेक्चुअल प्रॉपर्टी राइट्स
IR (आईआर)	इंटरनेशनल रिलेशंस
IREDA (इरेडा)	इंडियन रिन्यूएबल एनर्जी डेवलपमेंट एजेन्सी
IRIGC-MTC (आईआरआईजीसी–एमटीसी)	इंटरगवर्नमेंटल कमीशन ऑन मिलिट्री-टेक्निकल कोऑपरेशन
ISA (आईएसए)	इंटरनेशनल स्टडीज़ एसोशिएशन
ISIS (आईएसआईएस)	द इस्लामिक स्टेट ऑफ़ ईराक़ एंड सीरिया
ISRO (इसरो)	इंडियन स्पेस रिसर्च ऑर्गनाइजेशन
ITLOS (आईटीएलओएस)	इंटरनेशनल ट्रिब्यूनल फ़ॉर द लॉ ऑफ़ द सी
IUSSTF (आईयूएसएसटीएफ़)	इंडो-यूएस साईन्स एंड टेक्नोलॉजी फ़ोरम
JCERDC (जेसीईआरडीसी)	जॉइंट क्लीन एनर्जी रिसर्च एंड डेवलपमेंट सेंटर
JDCC (जेडीसीसी)	जॉइंट डिफ़ेन्स कोऑपरेशन कमिटी
JEG (जेईजी)	जॉइंट इकोनॉमिक ग्रुप
JTF (जेटीएफ़)	जॉइंट टास्क फ़ोर्स
JTG (जेटीजी)	जॉइंट टेक्निकल ग्रुप
JWG (जेडब्ल्यूजी)	जॉइंट वर्किंग ग्रुप
KKNPP (केकेएनपीपी)	कुडनकुलम नयूक्लियर पावर प्लांट

LAC (एलएसी)	लाइन ऑफ़ एक्चूअल कंट्रोल
LBA (एलबीए)	लैंड बाउंड्री एग्रीमेंट
LDCs (एलडीसी)	लेस डेवेलप्ड कंट्रीज़
LEMOA (लेमोआ)	लॉजिस्टिक्स एक्स्चेंज मेमोरैंडम ऑफ़ अग्रीमेंट
LoC (एलओसी)	लाइन ऑफ़ कंट्रोल
LTTE (एलटीटीई)	लिबरेशन टाइगर्ज़ ऑफ़ तमिल ईलम
MAD (एमएडी)	म्यूचूअली अश्योर्ड डिस्ट्रक्शन
MCG (एमसीजी)	मिलिट्री कोऑपरेशन ग्रुप
MDGs (एमडीजी)	मिलेनियम डेवलपमेंट गोल्ज़
MEA (एमईए)	मिनिस्ट्री ऑफ़ एक्सटर्नल अफ़ेयर्स
MFN (एमएफ़एन)	मोस्ट फ़ेवर्ड नेशन
MNC (एमएनसी)	मल्टीनेशनल कोऑपरेशंस
MOOCs (एमओओसी)	मैसिव ओपन ऑनलाइन कोर्सेज़
MoU (एमओयू)	मेमोरैंडम ऑफ़ अंडरस्टैंडिंग
NAFTA (नैफ़्टा)	नॉर्थ अमेरिकन फ़्री ट्रेड अग्रीमेंट
NAM (नैम)	नॉन-अलाइंड मूवमेंट
NASA (नासा)	नेशनल एरोनॉटिक्स एंड स्पेस एडमिनिस्ट्रेशन
NATO (नाटो)	नॉर्थ अटलांटिक ट्रीटी ऑर्गनाइजेशन
NDFB (एनडीएफ़बी)	द नेशनल डेमोक्रैटिक फ़्रंट ऑफ़ बोडोलैंड
NDMA (एनडीएमए)	नॉन-डिसक्रिमिनेटरी मार्केट ऐक्सेस
NEPAD (एनईपीएडी)	द न्यू पार्टनरशिप फ़ॉर अफ़्रीकाज़ डेवलपमेंट
NGO (एनजीओ)	नॉन-गवर्नमेंटल ऑर्गनाईज़ेशंज़
NHRC (एनएचआरसी)	नेशनल ह्यूमन राइट्स कमीशन
NIDS (एनआईडीएस)	न्यू इंटरनेशनल डेवलपमेंट स्ट्रैटेजी
NIEO (एनआईईओ)	न्यू इंटरनेशनल इकोनॉमिक ऑर्डर
NISAR (एनआईएसएआर)	नासा-इसरो सिन्थेटिक एपर्चर रडार
NNWS (एनएनडब्ल्यूएस)	नॉन-न्यूक्लीयर वेपन स्टेट्स
NPDI (एनपीडीआई)	नॉन-प्रलिफ़रेशन एंड डिसऑर्ममेंट इनिशिएटिव
NPT (एनपीटी)	नॉन-प्रलिफ़रेशन ट्रीटी
NPT (एनपीटी)	न्यूक्लियर प्रौलिफ़रेशन ट्रीटी
NRI (एनआरआई)	नॉन-रेज़िडेंट इंडियन
NSCN-K (एनएससीएन-के)	नेशनल सोशलिस्ट काउन्सिल ऑफ़ नागालैंड-खाप्लांग
NSG (एनएसजी)	न्यूक्लियर सप्लायर्स ग्रुप
NSSP (एनएसएसपी)	नेक्स्ट स्टेप्स इन स्ट्रैटीजिक पार्टनरशिप
NWS (एनडब्ल्यूएस)	न्यूक्लियर वेपन स्टेट्स
O5 (ओ5)	आऊटरीच फ़ाइव अथवा प्लस फ़ाइव
OAS (ओएएस)	ऑर्गनाइजेशन द ल' आर्मी सीक्रेट
OAS (ओएएस)	ऑर्गनाइजेशन ऑफ़ अमेरिकन स्टेट्स

OAU (ओएयू)	ऑर्गनाइजेशन ऑफ़ अफ़्रीकन यूनिटी
OCHA (ओसीएचए)	ऑफ़िस फ़ॉर द कोऑर्डिनेशन ऑफ़ ह्यूमैनिटेरीयन अफ़ेयर्स
ODA (ओडीए)	ऑफिशियल डेवलपमेंट असिस्टेन्स
OED (ओईडी)	ऑक्सफ़र्ड इंग्लिश डिक्शनरी
OHCHR (ओएचसीएचआर)	ऑफ़िस ऑफ़ द हाई कमिशनर फ़ॉर ह्यूमन राइट्स
ONUC (ओएनयूसी)	यूएन ऑपरेशन इन द कौंगो
OPEC (ओपेक)	ऑर्गनाइजेशन ऑफ़ पेट्रोलियम एक्सपोर्टिंग कंट्रीज़
P-5 (पी-5)	चाइना, फ़्रान्स, यूके, यूएस, रशिया
PIO (पीआईओ)	पर्सन ऑफ़ इंडियन ऑरिजिन
PRC (पीआरसी)	पीपुल्स रिपब्लिक ऑफ़ चाइना
PTI (पीटीआई)	प्रेस ट्रस्ट ऑफ़ इंडिया
R&D (आर एंड डी)	रिसर्च एंड डेवलपमेंट
RIMPAC (रिमपैक)	रिम ऑफ़ द पैसिफ़िक
S&T (एस एंड टी)	साइंस एंड टेक्नोलॉजी
SAARC (सार्क)	साउथ एशियन एसोसिएशन फ़ॉर रीजनल कोऑपरेशन
SACEP (एसएसीईपी)	साउथ एशिया कोऑपरेटिव एन्वायरॉन्मेंट प्रोग्राम
SAFTA (साफ़टा)	साउथ एशियन फ़्री ट्रेड एरिया
SALT (सॉल्ट)	स्ट्रैटेजिक आर्म्स लिमिटेशन टॉक्स
SAP (एसएपी)	स्ट्रक्चरल एडजस्टमेंट प्रोग्राम्स
SCO (एससीओ)	शंघाई कोऑपरेशन ऑर्गनाइजेशन
SDGs (एसडीजी)	सस्टेनेबल डेवलपमेंट गोल्ज़
SDI (एसडीआई)	स्ट्रैटेजिक डिफ़ेन्स इनीशिएटिव
SEATO (सीआटो)	साउथ ईस्ट एशिया ट्रीटी ऑर्गनाइजेशन
SIPRI (सिपरी)	स्टॉकहोम इंटरनेशनल पीस रिसर्च इंस्टीट्यूट
SLBMs (एसएलबीएम)	सबमरीन लॉन्चड बैलिस्टिक मिसाइल
SLOCs (एसएलओसी)	सी लाइंस ऑफ़ कम्यूनिकेशंस
SNDVs (एसएनडीवी)	स्ट्रैटेजिक नयूक्लियर डिलिवरी व्हीकल्स
SNPA (एसएनपीए)	सब्स्टैन्शियल न्यू प्रोग्राम ऑफ़ एक्शन
START-I/II (स्टार्ट- I/II)	स्ट्रैटेजिक आर्म्स रिडक्शन ट्रीटी
STSG (एसटीएसजी)	सीनियर टेक्नोलॉजी सिक्योरिटी ग्रुप
SUNFED (सनफ़ेड)	स्पेशल यू एन फ़ंड फ़ॉर इकोनॉमिक डेवलपमेंट
TCS (टीसीएस)	टाटा कंसल्टेंसी सर्विसेज़
TSOR (टीएसओआर)	ट्रीटी ऑन स्ट्रैटेजिक ऑफ़ेंसिव रिडक्शन
UDCs (यूडीसी)	अंडरडेवलप्ड कंट्रीज़
ULFA (उल्फ़ा)	यूनाइटेड लिबरेशन फ़्रंट ऑफ़ असम
UNCLOS (यूएनसीएलओएस)	यूनाइटेड नेशंज़ कन्वेन्शन ऑन द लॉ ऑफ़ द सी
UNCTAD (यूएनसीटीएडी)	यूएन कॉन्फ़्रेन्स ऑन ट्रेड एंड डेवलपमेंट
UNDOF (यूएनडीओएफ़)	यूएन डिसइनगेजमेंट ऑबज़र्वर फ़ोर्स

UNDP (यूएनडीपी)	यूएन डेवलपमेंट प्रोग्राम
UNEF II (यूएनईएफ़ II)	सेकंड यूएन इमरजेंसी फ़ोर्स
UNEF (यूएनईएफ़)	यूएन इमरजेंसी फ़ोर्स
UNEP (यूएनईपी)	यूनाइटेड नेशंज़ इन्वायरॉन्मेंट प्रोग्राम
UNESCO (यूनेस्को)	यूनाइटेड नेशंज़ एजुकेशनल, साइंटिफ़िक, एंड कल्चरल ऑर्गनाइजेशन
UNFCCC (यूएनएफ़सीसीसी)	यूनाइटेड नेशंज़ फ्रेम्वर्क कन्वेन्शन ऑन क्लाइमेट चेंज
UNFICYP (यूएनएफ़आईसीवायपी)	यूएन पीसकीपिंग फ़ोर्स इन साइप्रस
UNFPA (यूएनएफ़पीए)	यूनाइटेड नेशंज़ पॉप्युलेशन फ़ंड
UNHCR (यूएनएचसीआर)	यूनाइटेड नेशंज़ हाई कमिशनर फ़ॉर रेफ़्यूजीज़
UNHRC (यूएनएचआरसी)	यूनाइटेड नेशंज़ ह्यूमन राइट्स काउन्सिल
UNICEF (यूनिसेफ़)	यूनाइटेड नेशंज़ चिल्ड्रेंस फ़ंड
UNIMIH (यूएनएमआईएच)	यूएन मिशन इन हैती
UNMEE (यूएनएमईई)	यूएन मिशन इन एथिओपिआ एंड एरिट्रीआ
UNMIK (यूएनएमआईके)	यूनाइटेड नेशंज़ इंटरिम एडमिनिस्ट्रेशन मिशन इन कोसोवो
UNO (यूएनओ)	यूनाइटेड नेशंज़ ऑर्गनाइजेशन
UNOSOM I, II (यूएनओएसओएम I, II)	यूएन ऑपरेशन इन सोमालिया
UNPAAERD (यूएनपीएएईआरडी)	यूएन प्रोग्राम ऑफ़ एक्शन फ़ॉर इकोनॉमिक रिकवरी एंड डेवलपमेंट
UNPROFOR (यूएनप्रोफ़ोर)	यूएन प्रोटेक्शन फ़ोर्स
UNRWA (यूएनआरडब्ल्यूए)	यूनाइटेड नेशंज़ रिलीफ़ एंड वर्क्स एजेन्सी
UNSC (यूएनएससी)	यूनाइटेड नेशंज़ सिक्योरिटी काउन्सिल
UNSO (यूएनएसओ)	यूएन सुडानो-साहेलियन ऑफ़िस
UNTAC (यूएनटैक)	यूएन ट्रांज़िशनल अथॉरिटी इन कम्बोडिया
UNTAET (यूएनटीएईटी)	यूएन ट्रांज़िशनल एडमिनिस्ट्रेशन इन ईस्ट तिमोर
UNTAG (यूएनटैग)	यूएन ट्रांज़िशन असिस्टेन्स ग्रुप
UNTSO (यूएनटीएसओ)	यूएन ट्रूस सुपरविज़न ऑर्गनाइजेशन
USAID (यूएसएड)	यूनाइटेड स्टेट्स एजेन्सी फ़ॉर इंटरनेशनल डेवलपमेंट
USSR (यूएसएसआर)	यूनियन ऑफ़ सोवियत सोशलिस्ट रिपब्लिक्स
WAM (डब्ल्यूएएम)	एमिरेट्स न्यूज़ एजेन्सी
WASH (वाश)	वॉटर, सैनिटेशन, एंड हाइजीन
WFP (डब्ल्यूएफ़पी)	वर्ल्ड फ़ूड प्रोग्राम
WMD (डब्ल्यूएमडी)	वेपन्स ऑफ़ मास डिस्ट्रक्शन
WOMP (डब्ल्यूओएमपी)	वर्ल्ड ऑर्डर मॉडल्ज़ प्रोजेक्ट
WTO (डब्ल्यूटीओ)	वर्ल्ड ट्रेड ऑर्गनाइजेशन

प्राक्कथन

21वीं सदी के दूसरे दशक के आरंभ में दुनिया लगभग 200 राष्ट्र-राज्यों के रूप में राजनीतिक रूप से संगठित है, जिसके कारण अंतर्राष्ट्रीय राजनीति के अध्ययन की प्रकृति एवं इसका दायरा वास्तव में वैश्विक बन चुका है। राजनीतिक अर्थव्यवस्थाओं का वैश्वीकरण तथा राष्ट्र-राज्य प्रणाली का 'अंतर्राष्ट्रीयकरण', 21वीं सदी की सबसे बड़ी अभिलाक्षणिक विशेषता है।

वैश्वीकरण के इस युग में अर्थव्यवस्थाओं का एकीकरण हुआ है तथा संचार की उन्नत प्रौद्योगिकियों ने पूरी दुनिया को क़रीब लाने में मदद की है, जिससे आज के युवाओं को विरासत में एक ऐसी दुनिया प्राप्त हुई है जो पूर्व की अपेक्षा आवश्यक रूप से अधिक सुरक्षित नहीं है। भविष्य में उन्हें ग़रीबी, भूख, युद्ध, असमानता एवं पर्यावरणीय अपकर्ष जैसी चुनौतियों का सामना करना पड़ेगा। जिस दुनिया में हम रहते हैं, उसे भली-भांति जानने के लिए हमें वास्तव में वैश्विक नागरिकों की तरह इन समस्याओं को दूर करना होगा। जिस प्रकार द्वितीय विश्व युद्ध ने वैश्विक राजनीति में एक युग की शुरुआत की, शीत युद्ध के बाद भी ऐसा ही हुआ, उसी तर्ज पर वैश्विक राजनीति के नियम विकसित हो रहे हैं तथा कुछ मायनों में इनका पुनर्लेखन हो रहा है। वैश्विक राजनीति के लिए राज्यों के बीच संबंध महत्त्वपूर्ण है, परंतु बहुराष्ट्रीय एवं राष्ट्र-राज्य की सीमाओं से परे (supranational) किरदारों का भी वैश्विक तंत्र पर अर्थपूर्ण प्रभाव पड़ता है। शक्ति एक महत्त्वपूर्ण घटक है, परंतु आज वास्तविक अर्थों में शक्ति के आर्थिक स्वरूप का प्रभुत्व काफी अधिक है; कल्पित मूल्य के प्रतीक के रूप में इसके सैन्य स्वरूप का महत्त्व बरकरार है। विश्व स्तर पर दूरसंचार और बहुराष्ट्रीय व्यवसाय अर्थव्यवस्थाओं को एकीकृत करते हैं, जबकि आतंकवाद और संघर्ष—विशेष रूप से राज्यान्तरिक (Intrastate)—आंतरिक एवं बाह्य स्तर पर राज्य की संप्रभुता को खोखला बना देते हैं। क्षेत्रीय सहयोग की प्रवृत्तियों के साथ-साथ बहुपक्षवाद (Multilateralism) का अस्तित्व भी मौजूद है, तथा यूरोपीय संघ ने सहयोग के मूलादर्श का नेतृत्व किया है जो दूसरों के अनुकरण के लिए प्रेरणास्रोत बन सकता है। अंतर्राष्ट्रीय संबंधों के सिद्धांतों एवं अभ्यास पर इन सभी बदलावों का असर हुआ है, और अध्ययन के विषय के तौर पर नए दृष्टिकोणों को शामिल करते हुए इसके दायरे का विस्तार किया गया है।

पूर्व-पश्चिम के बीच मतभेद ने, उत्तर-दक्षिण के बीच की दरार तथा दक्षिण के राज्यों के बीच अन्य असमानताओं का मार्ग प्रशस्त किया है। जानकारी तक पहुंच के संदर्भ में, सूचना क्रांति ने बहु-राज्य प्रणाली को निरंतर प्रभावित किया है। आज का नागरिक समाज सैन्य व्ययों के प्रभाव तथा 'शांतिपूर्ण कार्यों हेतु सार्वजनिक कोष' की आवश्यकता से अच्छी तरह अवगत है। 'विकास' की अवधारणा की तरह 'सुरक्षा' की अवधारणा में भी आकस्मिक परिवर्तन आया है-सुरक्षा के सैन्य आयाम को समस्या का केवल एक पहलू माना जाता है; अपने नागरिकों को शारीरिक सुरक्षा प्रदान करने के स्थान पर मानव अस्तित्व और कल्याण के सभी पहलुओं को शामिल करना, अब राज्य की नीतियों का केंद्र बन चुका है। 'मानव सुरक्षा' की अवधारणा अंतर्राष्ट्रीय संबंधों में एक प्रमुख नवप्रवर्तन है, जो सुरक्षा के राज्य केंद्रित दृष्टिकोण को नागरिक-केंद्रित दृष्टिकोण से प्रतिस्थापित करता है, और इस प्रकार सही अर्थों में अंतर्राष्ट्रीय संबंधों के विषय क्षेत्र में परिवर्तनकारी संश्लेषण को सक्षम बनाता है।

अंतरराज्यीय संबंधों में 'पारंपरिक' तौर पर कई ऐसी बातें हैं, जो बड़े बदलावों के बीच निरंतरता का प्रतीक हैं, परंतु छोटे स्तर के बदलावों—सामाजिक, आर्थिक और राजनीतिक—के कारण भी कभी-कभी वैश्विक राजनीति में अधिक सारभूत परिवर्तन देखने को मिलते हैं, जिससे पाठ्यपुस्तक का लेखन एक बड़ी चुनौती बन जाता है। इस पुस्तक के माध्यम से छात्रों के समक्ष एक रोड मैप प्रस्तुत करने का प्रयास किया गया है, जिससे वे आज की वैश्विक राजनीति की मुख्य अवधारणाओं, सिद्धांतों और मुद्दों की ओर उन्मुख हो सकते हैं, साथ ही उन्हें 'नए सिद्धांत' में अन्वेषण की आवश्यकता महसूस होती है। इस प्रकार यह पुस्तक वैश्विक राजनीति के अध्ययन को पहले की अपेक्षा कहीं अधिक रोमांचक और दिलचस्प बना देती है।

प्रत्येक पाठ्यपुस्तक के पाठकों का एक विशेष वर्ग होता है। हमें आशा है कि, भारतीय विश्वविद्यालयों में अंतर्राष्ट्रीय संबंधों एवं वैश्विक राजनीति के 'मूल' पाठ्यक्रम का अध्ययन करने वाले छात्रों के साथ-साथ इस विषय में सतही तौर पर रुचि रखने वाले छात्र भी इस पुस्तक से लाभान्वित होंगे। भारतीय विश्वविद्यालयों में अंतर्राष्ट्रीय संबंधों एवं वैश्विक राजनीति के 'मूल' पाठ्यक्रमों को ध्यान में रखते हुए, हमने पाठ्यक्रमों की आवश्यकताओं के अनुसार सभी अध्यायों में अद्यतन जानकारियों के समावेश को सुनिश्चित

किया है। राजनीति विज्ञान विभाग, जामिया मिलिया इस्लामिया में हमने इस प्रकार के सहयोगपूर्ण कार्य को आरंभ करने का निर्णय लिया, जो सही मायनों में छात्रों के अथक परिश्रम एवं प्रतिबद्धता के कारण संभव हो पाया।

व्यक्तिगत रूप से, इस पुस्तक के संपादक के तौर पर, मैं कई अन्य लोगों की आभारी हूँ और उन सभी के प्रति कृतज्ञता प्रकट करती हूँ। मैं अपने सभी सहयोगियों को धन्यवाद देती हूँ, जिन्होंने सौंपे गए लेखन कार्य के प्रति अपना समय एवं ऊर्जा समर्पित की। अपने प्रत्येक सहयोगी के साथ मैंने व्यक्तिगत तौर पर, और कभी-कभी सामूहिक रूप से चर्चा की, जिससे 'बौद्धिक संबद्धता' का मार्ग प्रशस्त हुआ, और मुझे पूरी उम्मीद है कि भविष्य में इस तरह के विभागीय प्रयासों के परिणाम और भी बेहतर होंगे। पुस्तक के प्रत्येक अध्याय में दो बातों का विशेष ध्यान रखा गया-विषय-वस्तु के संदर्भ में इसे 'छात्र अनुकूल' बनाने के साथ-साथ प्रत्येक मुद्दे पर हर लेखक की स्वतंत्र राय को शामिल करना भी आवश्यक था।

केवल हमारे पाठक ही हमें बता सकते हैं कि, यह बहु-लेखक पुस्तक, इस दोहरे उद्देश्य को पूरा करने में सफल हुई है अथवा नहीं। हम धैर्यपूर्वक आपके निर्णय की प्रतीक्षा कर रहे हैं। इस पुस्तक को निर्धारित समय-सीमा के भीतर संकलित करने के अथक प्रयासों के लिए, मैं सेज पब्लिकेशंस और उनके प्रतिनिधियों को विशेष तौर पर धन्यवाद देती हूँ।

संपादक एवं योगदानकर्ताओं का परिचय

संपादक

रुमकी बासु वर्तमान में राजनीति विज्ञान विभाग, जामिया मिलिया इस्लामिया, नई दिल्ली में प्रोफेसर के पद पर कार्यरत हैं। सार्वजनिक नीति एवं शासन-प्रणाली, अंतर्राष्ट्रीय संगठन और भारत में विकास की राजनीतिक अर्थव्यवस्था के मुद्दों पर अब तक आपकी 12 पुस्तकों एवं 40 लेखों का प्रकाशन हो चुका है। एशिया-प्रशांत क्षेत्र में अंतरराष्ट्रीय कार्यशालाओं में भाग लेने के अलावा, आपने बर्लिन (1994), सियोल (1997), सेंटिआगो (2009), मैड्रिड (2012) और पॉज़्नान (2016) में राजनीति विज्ञान के वैश्विक सम्मेलनों में अपने शोध पत्र प्रस्तुत किए हैं। उन्होंने भारतीय सामाजिक विज्ञान अनुसंधान परिषद शिक्षक फैलोशिप पुरस्कार भी प्राप्त किया है।

योगदानकर्ता

फ़ुरक़ान अहमद, जामिया मिलिया इस्लामिया के राजनीति विज्ञान विभाग में प्रोफेसर हैं। आपने *ब्यूरोक्रेसी एंड डेवलपमेंट एडमिनिस्ट्रेशन* नामक पुस्तक के लेखन के साथ-साथ *पॉलीटिकल इकोनामी ऑफ बैंकिंग रिफॉर्म्स इन इंडिया* नामक एक अन्य पुस्तक का सह-लेखन भी किया है।

मोहम्मद बदरुल आलम, जामिया मिलिया इस्लामिया के राजनीति विज्ञान विभाग में प्रोफेसर हैं। डॉ. आलम को विभिन्न प्रतिष्ठित पुरस्कारों एवं फैलोशिप से सम्मानित किया जा चुका है तथा अमेरिकी सरकार एवं राजनीति, दक्षिण एशिया, विदेश नीति की प्रक्रियाएं और एशियाई-भारतीय प्रवासी समुदाय जैसे विषयों एवं मुद्दों पर आपकी कई रचनाएं प्रकाशित हो चुकी हैं।

कृष्णा स्वामी दारा, राजनीति विज्ञान विभाग, जामिया मिलिया इस्लामिया में सह-प्राध्यापक के पद पर कार्यरत हैं। आपने *द आइडिया ऑफ माइनॉरिटी इन अंबेडकर्स थॉट: इक्वालिटी एंड डिफरेंशियल राइट्स* नामक पुस्तक का लेखन किया है। आपकी अभिरुचि के अन्य क्षेत्रों में राजनीतिक सिद्धांत और भारतीय राजनीतिक विचार शामिल हैं।

अदनान फारूक़ी, राजनीति विज्ञान विभाग, जामिया मिलिया इस्लामिया में असिस्टेंट प्रोफेसर के पद पर कार्यरत हैं। आपकी प्रमुख अभिरुचि के क्षेत्रों में राजनीतिक दल एवं चुनावी व्यवस्था, लोकतंत्रीकरण और उप-राष्ट्रीय राजनीति शामिल हैं।

एम. मुस्लिम ख़ान, राजनीति विज्ञान विभाग, जामिया मिलिया इस्लामिया में प्रोफेसर हैं। आपकी प्रकाशित रचनाओं में *रीजनल कोऑपरेशन इन साउदर्न अफ्रीका: पैटर्न, पॉलिटिक्स एंड प्रोस्पेक्ट्स* और *फिफ्टी ईयर्स ऑफ इंडियाज फॉरेन पॉलिसी टुवर्ड्स साउदर्न अफ्रीका* शामिल हैं।

मेहताब मंज़र, राजनीति विज्ञान विभाग, जामिया मिलिया इस्लामिया में प्रोफेसर हैं। आप भारतीय विदेश नीति, इस्लाम में महिलाएं एवं बालिका तथा मानवाधिकार के मुद्दों पर लिखती हैं। आपने राजनीतिक विज्ञान में पश्चिमी राजनीतिक विचारों एवं अन्य पाठ्यक्रमों पर विभिन्न पुस्तकों का अनुवाद किया है।

फ़राह नाज़, राजनीति विज्ञान विभाग, जामिया मिलिया इस्लामिया में असिस्टेंट प्रोफेसर हैं। आपने पश्चिम एशिया के मुद्दे पर विस्तार के साथ लिखा है तथा आपकी पुस्तक *वेस्ट एशिया एंड इंडिया: चेंजिंग पर्सपेक्टिव्स* भी प्रकाशित हो चुकी है।

एस. आर. टी. पी. सुगुणकारा राजू, राजनीति विज्ञान विभाग, जामिया मिलिया इस्लामिया में असिस्टेंट प्रोफेसर हैं। अपनी अन्य प्रकाशित रचनाओं के अलावा, आपने *इंडिया-पाकिस्तान रिलेशंस एंड द यूएस फैक्टर* नामक पुस्तक का लेखन भी किया है। आपके अध्यापन एवं विशेषज्ञता के क्षेत्रों में अंतर्राष्ट्रीय राजनीति, राजनीतिक सिद्धांत और मानवाधिकार शामिल हैं।

सुचारिता सेनगुप्ता, राजनीति विज्ञान विभाग, जामिया मिलिया इस्लामिया में असिस्टेंट प्रोफेसर हैं। आपकी अभिरुचि के क्षेत्रों में जलवायु परिवर्तन एवं पर्यावरण, शहरी अध्ययन तथा लैंगिकता से जुड़े मुद्दे शामिल हैं।

भाग A

अवधारणाएं

1

शीत युद्ध और इससे परे

फ़राह नाज़

अध्ययन के उद्देश्य

- शीत युद्ध की अवधारणा की व्याख्या करना तथा उसके क्रमिक विकास का अनुरेखण करना
- महाशक्तियों के बीच तनाव के मुख्य बिंदुओं का अन्वेषण करना
- तनाव शैथिल्य एवं नव शीत युद्ध के घटनाक्रम का अनुरेखण करना
- शीत युद्ध के बाद की अंतर्राष्ट्रीय व्यवस्था एवं उससे संबंधित मुद्दों को समझना

अध्याय सार

शक्ति संरचना हमेशा से अंतर्राष्ट्रीय संबंधों का एक महत्त्वपूर्ण आयाम रही है। द्वितीय विश्व युद्ध के पूर्व, अंतर्राष्ट्रीय शक्ति संरचना यूरोपीय देशों के द्वारा ही परिभाषित होती थी। युद्ध के उपरांत शक्ति संरचना पर दोनों महाशक्तियां हावी हो गयीं। इन दोनों महाशक्तियों के बीच तनाव की परिस्थितियों को शीत युद्ध कहा गया है। इस अध्याय में शीत युद्ध की अवधारणा की व्याख्या के साथ-साथ शीत युद्ध के क्रमिक विकास एवं महाशक्तियों के बीच तनाव के विभिन्न मुद्दों का अनुरेखण किया गया है। शीत युद्ध के दौरान हुए टकरावों से दोनों महाशक्तियों को यह बोध हुआ कि, दोनों के पास एक-दूसरे को नष्ट करने की क्षमता है। अतएव, शीत युद्ध के दौरान कुछ समय के लिए तनाव शैथिल्य रहा। तनाव शैथिल्य के दौरान भी उनकी नीतियों और हितों में टकराव जारी रहा, जो नव शीत युद्ध के काल की ओर ले गया। अंत में, यह अध्याय शीत युद्ध को समापन की ओर ले जाने वाली परिस्थितियों पर चर्चा करता है एवं शीत युद्ध के उपरांत अंतर्राष्ट्रीय संबंधों की जांच करता है।

1.1 परिचय

द्वितीय विश्व युद्ध के उपरांत, अंतर्राष्ट्रीय संबंधों में एक नई शक्ति संरचना का उद्घोष हुआ, जिसने यूरोपीय शक्तियों, मुख्यतः यूनाइटेड किंगडम, फ्रांस, जर्मनी, इटली, एवं जापान, द्वारा परिभाषित पुरानी शक्ति संरचना को प्रतिस्थापित किया। इस नई शक्ति संरचना में

दोनों महाशक्तियों, संयुक्त राज्य एवं भूतपूर्व सोवियत संघ का प्रभुत्व था, और दोनों का उदय महत्त्वपूर्ण सैन्य शक्तियों के रूप में हुआ। दोनों महाशक्तियों के वैचारिक उद्देश्य एक-दूसरे से भिन्न थे, क्योंकि संयुक्त राज्य पूंजीवादी लोकतंत्र का और सोवियत संघ साम्यवाद का समर्थन करता था। द्वितीय विश्व युद्ध के बाद की अवधि में, दोनों महाशक्तियों के बीच तनाव एवं एक-दूसरे को पछाड़ने की भावना विकसित हुई। इस परिस्थिति को शीत युद्ध कहा गया।

शीत युद्ध का तात्पर्य ऐसी परिस्थिति से है, जिसमें 'न तो युद्ध होता है और न शांति कायम रहती है।' हालांकि, उस अवधि में संयुक्त राज्य एवं सोवियत संघ के बीच के संबंधों को 'युद्ध' (यद्यपि एक 'शीत' युद्ध) के तौर पर वर्णित करने से यह पता चलता है कि, दोनों शक्तियों के बीच शत्रुता का स्तर इतना गहन एवं प्रचण्ड था कि, यदि परिस्थितियां अनुमति देतीं तो दोनों के बीच सीधा सैन्य टकराव हो सकता था। (हेवुड, 2016: 39)

महाशक्तियों के बीच प्रत्यक्ष सैन्य टकराव नहीं होने के कारण ही शीत युद्ध, शीत था। हालांकि, पूर्व-पश्चिम टकराव से संबंधित गुप्त सैन्य अभियानों (जैसे कि कोरिया, वियतनाम, अरब-इज़राइल टकराव) को प्रत्यक्ष युद्ध माना जाता है। (हेवुड, 2016: 39)

कहा जाता है कि, द्वितीय विश्व युद्ध की समाप्ति के उपरांत शीत युद्ध की शुरुआत हुई। हालांकि, कुछ इतिहासकारों के अनुसार शीत युद्ध के उद्गम का अनुरेखण, 1917 की रूस की क्रांति से किया जा सकता है। कुछ लोगों का मानना है कि, इसका आरंभ विश्व युद्ध के दौरान ही हुआ था जबकि कुछ लोग 1945 से 1950 के बीच की विभिन्न तिथियों पर अपना ध्यान केंद्रित करते हैं (निकोलसन, 2002: 58; स्कॉट, 1997: 76)।

दोनों देशों को शीत युद्ध की ओर अग्रसर करने वाली परिस्थितियों के संबंध में यथार्थवादियों, परंपरावादियों, एवं संशोधनवादियों द्वारा कई व्याख्याएँ प्रस्तुत की गई हैं (हेवुड, 2016: 38–41)। यथार्थवादी सिद्धांतकारों के अनुसार, एक-दूसरे के प्रति वैचारिक अविश्वास एवं यूरोप में समान भू-राजनीतिक हितों के कारण महाशक्तियों के मध्य प्रतिद्वंदिता में वृद्धि हुई। परंपरावादी व्याख्या में शीत युद्ध का उत्तरदायित्व सोवियत संघ पर डाला गया एवं विवेचना की गई कि, सोवियत संघ की साम्राज्यवादी महत्त्वाकांक्षा पूर्वी यूरोप में अव्यवस्था का कारण बनी। संशोधनवादी दृष्टिकोण में सोवियत संघ के पूर्वी यूरोप में विस्तार को रक्षात्मक दर्शाया गया और कहा गया कि, यह अपने अधिकृत भू-भाग तथा शत्रुतापूर्ण रवैये वाले पश्चिमी देशों के बीच एक तटस्थ क्षेत्र की स्थापना से प्रेरित था। यह जर्मनी को भी कमज़ोर करना चाहता था। उसके बाद विभिन्न उत्तर-संशोधनवादी व्याख्याएं भी हैं। उनमें तर्क प्रस्तुत किया जाता है कि, दोनों महाशक्तियों में स्वयं को सर्वोच्च साबित करने की महत्त्वाकांक्षा थी, साथ ही जर्मनी एवं जापान की हार से उत्पन्न शक्ति शून्यता और यूनाइटेड किंगडम की क्लांति ने शीत युद्ध को अवश्यंभावी बना दिया। इसके अलावा अन्य व्याख्याएं, महाशक्तियों के बीच गलतफ़हमियों की ओर इशारा करती हैं (हेवुड, 2016: 38–41)। अतएव, वैचारिक मतभेद, युद्ध के बाद की जटिलताएं, आधारभूत हितों में अंतर एवं महाशक्तियों में अपने प्रभाव क्षेत्र के विस्तार की इच्छा, शीत युद्ध के प्रमुख कारण थे।

1.2 पोलैंड और जर्मनी

जिस वक्त युद्ध जारी था, उस वक्त भी यूरोप के भविष्य के संदर्भ में दो प्रमुख सहयोगियों के बीच तनाव मौजूद था। फरवरी, 1945 में सोवियत संघ के याल्टा में आयोजित सम्मेलन में रूजवेल्ट, चर्चिल और स्टालिन यूरोप के पश्चिमी एवं सोवियत प्रभुत्व वाले गुटों में वास्तविक विभाजन के लिए सहमत हुए (लैन्टिस, 2013: 40)। द्वितीय विश्व युद्ध के तुरंत बाद महाशक्तियों के बीच तनाव स्पष्ट तौर पर दिखाई देने लगा और विभिन्न मुद्दों पर इसकी अभिव्यक्ति हुई। पूर्वी यूरोप विवादों का केंद्र बन गया। घोष कहते हैं कि, पोलैंड एवं जर्मनी के संदर्भ में युद्धकालीन मित्र राष्ट्रों के बीच आपसी असहमति थी। जुलाई 1945 के पॉट्सडैम सम्मेलन में यह निर्णय लिया गया कि, ओडर-नाइस रेखा पोलैंड एवं जर्मनी के बीच की वास्तविक सीमा रेखा होगी तथा जर्मनी के साथ शांति संधिवार्ता के माध्यम से इसका भविष्य तय किया जाएगा। इसके अलावा, पोलैंड की भावी शासन-प्रणाली भी अनिश्चित बनी रही। पोलैंड में, सोवियत संघ ने साम्यवादियों के प्रभुत्व वाली सरकार स्थापित की। संयुक्त राज्य और यूनाइटेड किंगडम ने मांग की कि, 'पोलैंड सरकार की संरचना में साम्यवादियों एवं ब्रिटिशों द्वारा समर्थित तथाकथित लंदन में रहने वाले पोलैंड के राजनीतिज्ञों या लंदन में

निर्वासितों द्वारा अस्थाई रूप से गठित सरकार के बीच समान रूप से विभाजित होनी चाहिए' (घोष, 2016: 138)। हालांकि, सरकार का सोवियत संघ की ओर झुकाव बरकरार रहा।

जर्मनी के मुद्दे पर भी सहयोगियों के बीच मतभेद की स्थिति बरकरार थी। पॉट्सडैम सम्मेलन में भी, युद्ध के बाद जर्मनी से क्षतिपूर्ति के सवाल पर काफ़ी असहमति दिखाई दी। सोवियत संघ जर्मनी से क्षतिपूर्ति के स्तर को निर्धारित करना चाहता था, जबकि पश्चिमी शक्तियां अपने अधिकृत क्षेत्रों में क्षतिपूर्ति को निर्धारित करना चाहती थीं और उन्होंने अपने अधिकृत क्षेत्र से सोवियत संघ को की जाने वाली भावी क्षतिपूर्ति को भी निलंबित कर दिया था (घोष, 2016: 138–39; लैन्टिस, 2013: 41–42, भी देखें)। ईरान के संकट के समय, जब 1942 के मित्र राष्ट्रों के समझौते के अनुसार रूसी सेना वापसी में नाकाम रही, और इसके चलते भी दोनों महाशक्तियों के संबंधों में तनाव की स्थिति उत्पन्न हुई। आख़िरकार, संयुक्त राष्ट्र संघ के हस्तक्षेप के बाद ही सोवियत संघ ने अपनी सेना को वापस बुलाया।

शीत युद्ध की अवधि के दौरान विंस्टन चर्चिल ने भाषण दिया, जो फुल्टन भाषण के नाम से प्रसिद्ध है—5 मार्च 1946 को वेस्टमिंस्टर कॉलेज, फुल्टन, मिसौरी में चर्चिल द्वारा यह भाषण दिया गया था। भाषण में विपक्ष के एक नेता के रूप में उन्होंने कहा:

> *कोई नहीं जानता कि, निकट भविष्य में सोवियत रूस और उसका अंतर्राष्ट्रीय साम्यवादी संगठन क्या करना चाहते हैं, अथवा उनकी प्रसरणशील और सत्ता के स्वरूप में परिवर्तन संबंधी प्रवृत्तियों की सीमाएं, यदि कोई हैं, तो क्या हैं... बाल्टिक में स्टेटिन से लेकर एड्रियाटिक में ट्राएस्टे तक, पूरे महाद्वीप का लौह कवच उतर गया है। मध्य और पूर्वी यूरोप के प्राचीन राज्यों की सभी राजधानियां इस रेखा के पीछे हैं। वारसॉ, बर्लिन, प्राग, वियना, बुडापेस्ट, बेलग्रेड, बुखारेस्ट और सोफ़िया जैसे सभी प्रसिद्ध शहर और इनके चारों ओर की आबादी जहां रहती है, उसे मैं सोवियत क्षेत्र के तौर पर संदर्भित करूंगा, और सभी किसी न किसी रूप में आश्रित हैं, और यह बात न केवल सोवियत प्रभाव के बल्कि कई मामलों में मास्को से नियंत्रण में वृद्धि की युक्तियों के संदर्भ में है। (चर्चिल, 1945)*

1.3 ट्रूमैन सिद्धांत और मार्शल योजना

संयुक्त राज्य और सोवियत संघ के बीच शत्रुता बढ़ती चली गई। पश्चिमी शक्तियों की मुख्य चिंता का विषय यह था कि, सोवियत संघ पश्चिमी यूरोप सहित दुनिया के विभिन्न हिस्सों में अपने प्रभुत्व का विस्तार कर सकता है। इस समस्या से निपटने के लिए संयुक्त राज्य ने नियंत्रण की नीति अपनाई। इस नीति के माध्यम से, संयुक्त राज्य ने खुद को दुनिया में साम्यवाद के विस्तार के विरोध के लिए प्रतिबद्ध किया। ट्रूमैन सिद्धांत (यूनान और तुर्की के लिए सहायता) तथा बर्लिन समस्या के समाधान में यह नीति अच्छी तरह से परिलक्षित हुई थी (लैन्टिस, 2013: 45)।

संयुक्त राज्य की ओर से यूनान और तुर्की के समर्थन में, नियंत्रण की नीति के अनुसरण का संकल्प स्पष्ट तौर पर दृष्टिगोचित हुआ। यूनान और तुर्की में सत्ता के संघर्ष ने महाशक्तियों के बीच टकराव की स्थिति उत्पन्न कर दी। अपनी लोकतांत्रिक व्यवस्था को बरकरार रखने के लिए संघर्षरत इन देशों की मदद के लिए, वर्ष 1947 में राष्ट्रपति ट्रूमैन ने इन दोनों देशों को सहायता के लिए लाखों डॉलर देने की योजना की रूपरेखा तैयार की (लैन्टिस, 2013: 43)। 12 मार्च, 1947 को कांग्रेस के संयुक्त सत्र से पहले दिये गए एक भाषण में ट्रूमैन ने कहा,

> *मेरा मानना है कि, मुट्ठी भर सशस्त्र लोगों अथवा बाहरी ताकतों द्वारा प्रेरित पराधीनता का विरोध करने वाले स्वतंत्र लोगों का समर्थन करना, संयुक्त राज्य की नीति होनी चाहिए। मेरा मानना है कि, हमें स्वतंत्र लोगों को अपनी-अपनी नियति के अनुरूप अपने तरीके से काम करने के अवसर उपलब्ध कराने में सहायता करनी चाहिए। मेरा मानना है कि, हमें शुरुआत में आर्थिक और वित्तीय तरीकों से सहायता करनी चाहिए, जो हमारी आर्थिक स्थिरता और व्यवस्थित राजनीतिक प्रक्रियाओं के लिए आवश्यक है.... इसलिए, मैं कांग्रेस से 30 जून, 1948 को समाप्त होने वाली अवधि के लिए यूनान एवं तुर्की को $400,000,000 की सहायता प्रदान करने का आग्रह करता हूँ... (लैन्टिस, 2013: 43–44; मैक विलियम्स, 2006: 43 भी देखें)।*

इस भाषण को ट्रूमैन सिद्धांत के नाम से जाना गया।

एक अन्य पहल में अमेरिकी विदेश मंत्री जॉर्ज मार्शल ने 'मार्शल योजना' की घोषणा की, ताकि युद्ध से तहस-नहस हो चुके यूरोपीय देशों को अरबों डॉलर की राशि प्रदान की जा सके—जिसमें फ्रांस, ग्रेट ब्रिटेन, जर्मनी, सहित कई अन्य देश शामिल थे। यह प्रस्ताव सोवियत संघ और पूर्वी यूरोपीय देशों के लिए भी खुला था, लेकिन सोवियत संघ के नेतृत्वकर्ताओं ने इससे इनकार कर दिया। चूंकि सोवियत संघ पश्चिमी देशों के साथ आर्थिक रूप से एकीकृत नहीं होना चाहता था, इसलिए इसने जुलाई 1947 में मोलोटोव योजना की शुरुआत के जरिए इसका प्रत्युत्तर दिया। यह एक आर्थिक प्रतिक्रिया थी, जिसमें पूर्वी यूरोपीय देशों के साथ द्विपक्षीय समझौतों की एक श्रृंखला शामिल थी। सोवियत संघ की राजनीतिक प्रतिक्रिया सितंबर 1947 में कॉमिनफॉर्म (कम्युनिस्ट इन्फॉर्मेशन ब्यूरो) के रूप में आई, जिसने इसे विदेशी साम्यवादी दलों को नियंत्रित करने का संस्थागत साधन प्रदान किया (विवरण के लिए देखें, घोष, 2016: 141; लैन्टिस, 2013: 44)।

सोवियत संघ ने कुछ पूर्वी यूरोपीय देशों में मौजूद "गैर-साम्यवादी तत्वों" का भी दमन कर दिया। चेकोस्लोवाकिया में, एक साम्यवादी सरकार स्थापित की गई। सोवियत संघ से सैन्य खतरे की संभावना को देखते हुए यूरोपीय देशों ने मार्च 1948 में 'ब्रुसेल्स समझौते' को अंतिम रूप दिया, ताकि यूरोप में जर्मनी या किसी तीसरे पक्ष के हमले की स्थिति में सदस्य राष्ट्रों को सैन्य समर्थन का विस्तार किया जा सके (घोष, 2016: 141)।

1.4 बर्लिन संकट

1948 में बर्लिन संकट के कारण पहली बार महाशक्तियों के बीच बड़े स्तर पर टकराव की स्थिति उत्पन्न हुई। बर्लिन सोवियत अधिकृत क्षेत्र के अधीन था। जून 1948 में, स्टालिन ने उस शहर में पश्चिमी देशों की उपस्थिति को समाप्त करने के लिए पश्चिम बर्लिन आने वाले सभी स्थल मार्गों को बंद कर दिया। पश्चिमी देश भी बर्लिन को छोड़ना नहीं चाहते थे, इसलिए बर्लिन हवाई परिवहन के माध्यम से इसका जवाब दिया गया तथा परिवहन विमानों द्वारा शहर को आवश्यक वस्तुओं की आपूर्ति की गई। इससे गतिरोध की स्थिति उत्पन्न हो गई, क्योंकि सोवियत समाजवादी गणराज्य संघ (USSR-Union of Soviet Socialist Republics) ने नाकाबंदी हटाने से इनकार कर दिया, जबकि संयुक्त राज्य ने हवाई परिवहन को छोड़ने से इनकार कर दिया। अंततः, मई 1949 में USSR ने शहर को पश्चिम जर्मनी से जोड़ने वाले स्थल मार्गों से नाकाबंदी हटाने का निर्णय लिया (मैक विलियम्स, 2006: 47; स्कॉट, 1997: 76–77 भी देखें)। बर्लिन की समस्या ने दो महाशक्तियों के बीच संघर्ष को और तेज कर दिया।

1.5 उत्तरी अटलांटिक संधि संगठन

संयुक्त राज्य और उसके सहयोगियों द्वारा उत्तरी अटलांटिक संधि संगठन (नाटो) का गठन, बर्लिन संकट का तात्कालिक परिणाम था। 1949 में, ट्रूमैन प्रशासन ने अपने पश्चिमी यूरोपीय सहयोगियों के साथ नाटो (एक सैन्य गठबंधन) पर संधि वार्ता की, जिसमें संयुक्त राज्य, कनाडा, यूनाइटेड किंगडम, फ्रांस और अन्य पश्चिमी यूरोपीय देश शामिल थे। 'संधि का मुख्य सिद्धांत यह था कि, संगठन के किसी भी सदस्य देश पर हमले को सभी देशों पर हमला माना जाएगा' इससे यह स्पष्ट हो गया कि, संयुक्त राज्य पश्चिमी यूरोप की रक्षा के प्रति प्रतिबद्ध था और सोवियत आक्रामकता के खिलाफ परमाणु हथियारों के उपयोग के लिए भी तैयार था (स्कॉट, 1997: 77)। यूरोप में सोवियत संघ के आगे विस्तार को नियंत्रित करना इस गठबंधन का उद्देश्य था। इसका प्रत्युत्तर देते हुए सोवियत संघ ने 1955 में संधि की या वारसॉ संधि संगठन की स्थापना की, जो पूर्वी गुट का अपना गठबंधन था।

1.6 कोरियाई युद्ध

हालांकि शीत युद्ध का उदय यूरोप में हुआ था, परंतु यह केवल उस क्षेत्र तक ही सीमित नहीं रहा बल्कि एशियाई संघर्षों में भी इसका प्रभाव दिखाई दिया। लंबी अवधि तक गृह युद्ध के उपरांत, वर्ष 1949 में साम्यवादियों ने चीन का नियंत्रण अपने हाथों में लिया तथा चीनी जनवादी गणराज्य (PRC) की घोषणा की। यह महाशक्तियों की अभिज्ञता तथा कोरियाई एवं वियतनाम युद्ध में

चीन की भागीदारी के दृष्टिकोण से महत्त्वपूर्ण था। PRC की स्थापना के तुरंत बाद, कोरिया में एक बड़ा संघर्ष उभरकर सामने आया। कोरिया को उत्तर कोरिया और दक्षिण कोरिया में विभाजित किया गया था, जिसमें उत्तर कोरिया पर साम्यवादियों का जबकि दक्षिण कोरिया पर संयुक्त राज्य का नियंत्रण था। वर्ष 1950 में जब उत्तरी कोरिया ने दक्षिण कोरिया पर हमला किया, तब संयुक्त राज्य पर अपनी प्रतिबद्धताओं के अनुरूप कार्य करने के लिए विवश हो गया। संयुक्त राष्ट्र द्वारा समर्थित अंतर्राष्ट्रीय सैन्य गठबंधन की सहायता से, संयुक्त राज्य ने आक्रमण का नेतृत्व किया और मुकाबला किया। चीन ने उत्तर कोरिया का समर्थन किया। यह युद्ध तीन साल तक चला और वर्ष 1953 में युद्ध विराम पर हस्ताक्षर (उन्हें सीमाओं से वापस जाने के लिए कहा गया) के साथ इसका समापन हुआ (निकोलसन, 2002: 59–60)। हालांकि, महाशक्तियों के बीच प्रत्यक्ष टकराव नहीं होने के कारण, शीत युद्ध की प्रकृति शीत ही रही।

कोरियाई युद्ध के परिणामस्वरूप पश्चिमी यूरोप में पारंपरिक अमेरिकी सैन्य शक्ति में वृद्धि हुई।

> *पारंपरिक और परमाणु शक्ति के अभूतपूर्व संकेंद्रण के साथ, सैन्य बलों का तीव्र गति से निर्माण जारी रहा। 1960 के दशक तक, अकेले पश्चिमी यूरोप में लगभग 7000 परमाणु हथियार थे। सोवियत संघ की पारंपरिक श्रेष्ठता की बराबरी के लिए नाटो ने इन परमाणु हथियारों का प्रदर्शन किया, जबकि सोवियत के 'युद्ध-क्षेत्रीय परमाणु' बलों को समग्र अमेरिकी परमाणु श्रेष्ठता की बराबरी करनी थी। (स्कॉट, 1997: 77)*

1.7 क्षेत्रीय गठबंधन

अपने प्रभाव क्षेत्र के विस्तार तथा नियंत्रण की नीति के सशक्तिकरण हेतु, संयुक्त राज्य ने नाटो की तर्ज पर कई अन्य क्षेत्रीय गठबंधनों का निर्माण किया। सितंबर 1951 में एंजस (ऑस्ट्रेलिया, न्यूजीलैंड, संयुक्त राज्य) समझौता किया गया, जबकि सितंबर 1954 में दक्षिण-पूर्व एशियाई संधि संगठन (सीटो) तथा फरवरी 1955 में मध्य-पूर्व रक्षा संगठन अस्तित्व में आया। उसी वर्ष (1955) में, यूनाइटेड किंग्डम, तुर्की, पाकिस्तान, ईरान और इराक ने सदस्यों के रूप में बगदाद समझौते पर हस्ताक्षर किए। साम्यवाद के प्रसार को रोकने के लिए इन सभी संगठनों का निर्माण किया गया था। इसका मुकाबला करने के लिए, सोवियत संघ ने मई 1955 में वारसॉ की संधि पर हस्ताक्षर किए। यह एक रक्षा समझौता था, जिसमें पूर्वी यूरोपीय समाजवादी देश शामिल थे। इन गतिविधियों ने दोनों गुटों—अमेरिकी गुट और सोवियत गुट—के समेकन का नेतृत्व किया और शीत युद्ध की तीव्रता को बढ़ा दिया।

1.8 मध्य-पूर्व

अरब एवं इज़राइल के बीच संघर्ष में संयुक्त राज्य और सोवियत संघ ने विपरीत पक्षों को समर्थन दिया। संयुक्त राज्य ने शुरुआत से ही इज़राइल का समर्थन किया, लेकिन फिलिस्तीनी राज्य के दर्जे के कारण सोवियत संघ ने अरब का समर्थन किया। 1956 के स्वेज़ संकट ने महाशक्तियों के बीच तनाव पैदा किया। जब मिस्र द्वारा आंग्ल-फ्रांसीसी स्वेज़ नहर कंपनी का राष्ट्रीयकरण किया गया, तो इसने मिस्र के खिलाफ़ आंग्ल-फ्रांसीसी-यहूदी आक्रमण को जन्म दिया। इज़राइल और पश्चिमी शक्तियों ने अनुभव किया कि, इसके परिणामस्वरूप मिस्र पर सोवियत का प्रभाव बढ़ जाएगा। संयुक्त राज्य और सोवियत संघ, दोनों चाहते थे कि युद्ध समाप्त हो जाए। तत्काल युद्धविराम हेतु संयुक्त राष्ट्र के आह्वान पर यूनाइटेड किंग्डम और फ्रांस की सहमति के बाद युद्ध समाप्त हो गया। यह देखा गया था कि, '1956, 1967 और 1973 में युद्ध की शुरुआत के दौरान, वाशिंगटन और मॉस्को ने विवादों की दीर्घकालिक युद्ध में परिणति को रोकने के लिए अंततः सामान्य भाषा का प्रयोग किया (रंजन, 2010: 211)।

1.9 क्यूबा संकट

क्यूबा मिसाइल संकट, महाशक्तियों के बीच संघर्ष के निकृष्टतम प्रकरणों में से एक था। 1961 में संयुक्त राज्य ने क्यूबा में फिदेल कास्त्रो के खिलाफ तख्तापलट की शुरुआत की, क्योंकि क्यूबा में स्थायी और लोकतांत्रिक सरकार को संयुक्त राज्य की सुरक्षा के

अनुकूल माना जा रहा था। हालांकि, क्यूबा के सैनिकों ने अत्यंत शक्तिशाली सैन्य बल का प्रत्युत्तर दिया, जिसके चलते यह कार्यवाही विफल साबित हुई। तथापि, बड़ा संकट अभी तक आना बाकी था। 1962 में, सोवियत संघ ने गुप्त रूप से क्यूबा में मध्यम दूरी की मारक क्षमता वाली परमाणु मिसाइलों को तैनात करना शुरू किया, ताकि रणनीतिक लाभ के लिए क्यूबा को सोवियत मिसाइलों के लिए अग्रस्थ सैन्य संचालन केंद्र के रूप में स्थापित किया जा सके, साथ ही द्वीप पर एक और अमेरिकी हमले को रोका जा सके। जब संयुक्त राज्य ने हवाई आवीक्षण के माध्यम से क्यूबा में मिसाइलों की खोज की और निर्माणाधीन मिसाइल प्रक्षेपण स्थलों को देखा, तब इसने मिसाइलों के आगे नौवहन को रोकने के लिए क्यूबा के नौसेना के नाकाबंदी की घोषणा करते हुए प्रतिक्रिया दी। अंततः, सोवियत संघ ने अपने जहाजों को वापस बुला लिया (लैन्टिस, 2013: 47–49)।

1960 के दशक को प्रतिस्पर्धा और सह-अस्तित्व की अवधि के रूप में देखा जा सकता है। दोनों महाशक्तियों ने विकासशील देशों में अपने प्रभुत्व के विस्तार हेतु निरंतर प्रतिस्पर्धा की। उन्होंने मित्र राष्ट्रों का समर्थन करना तथा शत्रु राष्ट्रों को अस्थिर करना निरंतर जारी रखा। कोरिया, वियतनाम और मध्य-पूर्व में इस प्रकार के उदाहरण देखे गए। उन्होंने एक-दूसरे को कमजोर करने और अपने प्रभाव क्षेत्र को बढ़ाने के लिए सैन्य बल का भी उपयोग किया। उदाहरण के लिए, संयुक्त राज्य ने अपने प्रतिद्वंद्वियों, अर्थात् ईरान (1953), ग्वाटेमाला (1954), कांगो (1961), क्यूबा (1961) और निकारागुआ (1979 से 1988 तक) को कमज़ोर करने के लिए अपनी सैन्य एवं खुफ़िया सेवाओं का उपयोग किया। दूसरी ओर, सोवियत संघ ने हंगरी (1956), चेकोस्लोवाकिया (1968) और अफ़ग़ानिस्तान (1979) पर आक्रमण किया (फ्राइडन, 2010: 27–28)।

1.10 वियतनाम युद्ध

हिन्दचीन फ्रांस का उपनिवेश था। 1954 में, फ्रांसीसी सेना को वियतनामी राष्ट्रवादियों ने पराजित कर दिया, और फ्रांस को हिन्दचीन से वापस जाना पड़ा। हिन्दचीन शीत युद्ध की रंगभूमि बन गया। फ्रांस के साथ-साथ सोवियत संघ और चीन शांतिपूर्ण समझौता चाहते थे। इन परिस्थितियों में, 1954 में हिन्दचीन के संदर्भ में जिनेवा समझौते पर हस्ताक्षर किए गए। 17वीं समानांतर रेखा के साथ वियतनाम को उत्तरी वियतनाम और दक्षिणी वियतनाम में विभाजित किया गया।[1]1 उत्तरी वियतनाम साम्यवादियों और दक्षिणी वियतनाम प्रजातंत्रवादियों के अधीन था। इसके तुरंत बाद, साम्यवादी गुरिल्ला सैनिकों तथा दक्षिणी वियतनामी सैन्य बलों के बीच युद्ध प्रारंभ हो गया, जिसमें दक्षिणी वियतनाम को संयुक्त राज्य का समर्थन मिला तो उत्तरी वियतनाम को USSR एवं चीन से बड़े पैमाने पर सैन्य और आर्थिक सहायता प्राप्त हुई। आइज़नहावर के नेतृत्व में संयुक्त राज्य ने दक्षिणी वियतनाम सरकार को समर्थन देने की प्रतिबद्धता प्रकट की और 1,000 से अधिक अमेरिकी सैन्य सलाहकार तैनात किए गए। उनके बाद, राष्ट्रपति केनेडी और राष्ट्रपति जॉनसन ने भी दक्षिणी वियतनाम को समर्थन देने की नीति का पालन किया। जॉनसन ने क्षेत्र में अमेरिकी उपस्थिति बढ़ाया और सैन्य बल तैनात किए। निक्सन भी युद्ध हारना नहीं चाहते थे, लेकिन साम्यवादी ताकतों ने अप्रैल 1975 में साइगॉन को अपने नियंत्रण में ले लिया और इस प्रकार वियतनाम को साम्यवादी शासन के अंतर्गत एकीकृत किया गया (लैन्टिस, 2013: 49–53; निकोलसन, 2002: 60)।

1.11 तनाव शैथिल्य

हालांकि, संयुक्त राज्य वियतनाम युद्ध में लंबी अवधि (1965–73) तक शामिल रहा था, लेकिन दूसरी ओर सोवियत संघ और चीन के साथ इसके संबंधों में भी धीरे-धीरे सुधार हुआ। शीत युद्ध के टकराव से दोनों महाशक्तियों ने सबक सीखा। उन्हें इस बात का भी अहसास था कि, प्रत्येक पक्ष के पास एक-दूसरे को नष्ट करने के लिए पर्याप्त परमाणु हथियार थे। इसके चलते 1970 के दशक में दोनों महाशक्तियों के बीच के संबंधों में एक नए दौर की शुरुआत हुई, जिसमें पहले की अपेक्षा तनाव में कमी आई। इस चरण को तनाव शैथिल्य अवधि के तौर पर जाना गया।

---

[1] 1954 के जिनेवा समझौते, http://alphahistory.com/vietnamwar/geneva-accords-of-1954/ पर उपलब्ध (20 अगस्त, 2017 को देखा गया)।

1970 के दशक के आरंभ में, सोवियत संघ और चीन के साथ संयुक्त राज्य के संबंधों में काफी सुधार हुआ था। एक ओर, तनाव शैथिल्य अवधि के दौरान संयुक्त राज्य एवं सोवियत संघ के बीच तनाव में कमी आई, तो दूसरी ओर संयुक्त राज्य और चीन के बीच के संबंध भी सामान्य हुए। (बीस से अधिक वर्षों की अवधि तक, संयुक्त राज्य और पीआरसी के बीच आधिकारिक स्तर पर कोई संबंध नहीं थे, और दोनों एक-दूसरे के विरोधी थे। इसके बजाय, संयुक्त राज्य ने ताइवान के राष्ट्रवादी शासन को चीन की एकमात्र वैध सरकार मानते हुए इसके साथ अपने संबंध को बरकरार रखा।) निक्सन प्रशासन ने देखा कि, सोवियत संघ के साथ तनाव शैथिल्य और चीन के साथ संबंधों को सामान्य बनाना, एक ही समय में संभव था। इस अनुभूति के परिणामस्वरूप, निक्सन ने फरवरी 1972 में चीन की और मई 1972 में मॉस्को की यात्रा की (मैकविलियम्स, 2006: 228–32)।

जहां तक चीन का संबंध था, संयुक्त राज्य और चीन दोनों ने महसूस किया कि उन्हें आपसी शत्रुता को समाप्त करना होगा, क्योंकि इससे दोनों को फ़ायदा होगा। इसमें संयुक्त राज्य के दो फ़ायदे थे। मॉस्को से वार्ता के दौरान उसने चीन से अपने बेहतर संबंधों का लाभ उठाने का प्रयास किया। चीन के साथ निकट संबंधों के आधार पर संयुक्त राज्य ने मॉस्को के साथ अपने कूटनीतिक संबंधों को बेहतर बनाने का प्रयास किया। इससे संयुक्त राज्य के राष्ट्रीय सुरक्षा के दायरे का विस्तार हुआ। दूसरा, चीन के साथ व्यापार करने के अवसर ने भी संयुक्त राज्य को बेहतर संबंधों के निर्माण की दिशा में प्रेरित किया। चीन अपने अलगाव को समाप्त करना चाहता था और संयुक्त राज्य के साथ बेहतर संबंधों से उसे इस कार्य में मदद मिली, साथ ही इसने मार्च 1969 में उस्सुरी नदी सीमा विवाद के बाद सोवियत खतरे के खिलाफ सुरक्षा भी प्रदान की (मैकविलियम्स, 2006: 232)।

तनाव शैथिल्य अवधि ने संयुक्त राज्य और सोवियत संघ के बीच हथियारों की संख्या को सीमित करने हेतु वार्ता का नेतृत्व किया। हथियारों की होड़ को नियंत्रित करने के लिए, सामरिक हथियार परिसीमन वार्ता (SALT) के माध्यम से महाशक्तियों ने आपसी संबंधों में तनाव को कम करने की इच्छा प्रकट की। इसके परिणामस्वरूप, मई 1972 में मॉस्को में पहले SALT समझौते पर हस्ताक्षर किए गए। इसमें कहा गया कि,

> *इसका उद्देश्य सामरिक हथियारों की तैनाती को परिसीमित करना था। (सामरिक हथियारों में किसी के क्षेत्र से प्रक्षेपित परमाणु हथियार तथा दुश्मन के इलाके के खिलाफ प्रयुक्त पनडुब्बियां शामिल हैं।) SALT ने किसी के परमाणु शस्त्रागार में सेंध नहीं लगाया। इसने केवल प्रत्येक पक्ष के पास मौजूद विनाशकारी शक्ति की अधिकतम सीमा को निर्धारित किया। लेकिन इसने अहम सवालों पर आपसी विचार-विमर्श की प्रक्रिया की शुरुआत की। (मैकविलियम्स, 2006: 509)*

इन गतिविधियों के परिणामस्वरूप अगस्त 1975 में यूरोपीय सुरक्षा सम्मेलन का आयोजन हुआ। इसे तनाव शैथिल्य अवधि का स्वर्णिम क्षण माना गया। इसके बाद उनके बीच के संबंध बिगड़ने लगे (मैकविलियम्स, 2006: 239)।

जून 1979 में, संयुक्त राज्य और सोवियत संघ ने वियना में SALT II पर हस्ताक्षर किए। यह तनाव शैथिल्य अवधि का अंतिम कार्य साबित हुआ; इसके बाद उनके बीच के संबंध बिगड़ने लगे। संयुक्त राज्य ने एशिया एवं अफ्रीका में क्रांतिकारी आंदोलनों को सोवियत संघ के समर्थन की कड़ी आलोचना की और इस बात के संकेत दिए कि, तनाव शैथिल्य की सफलता के लिए सोवियत संघ को अपने व्यवहार में सुधार लाना चाहिए। दिसंबर 1979 में अफ़ग़ानिस्तान में सोवियत संघ के हस्तक्षेप के कारण स्थिति और भी बिगड़ गई। इसके परिणामस्वरूप, अमेरिकी सीनेट ने कभी भी SALT II की अभिपुष्टि नहीं की (मैकविलियम्स, 2006: 510–11)। इसके अलावा, 1970 के दशक में महाशक्तियों के बीच हथियारों की होड़ जारी रही। '1970 के दशक के दौरान, संयुक्त राज्य ने अपने सामरिक शस्त्र भंडार को दोगुना कर लिया। 1980 तक सोवियत संघ ने इस होड़ को बंद कर दिया था, लेकिन संयुक्त राज्य ने आगे बढ़ना जारी रखा' (मैकविलियम्स, 2006: 511)।

1.12 तनाव शैथिल्य क्यों विफल हो गया

तनाव शैथिल्य की विफलता के लिए कई कारक जिम्मेदार थे। मैकविलियम्स की जाँच-पड़ताल (2006: 239–42) के अनुसार, इसके लिए संयुक्त राज्य और सोवियत संघ दोनों ज़िम्मेदार थे। कई अमेरिकी नीति निर्माताओं के लिए तनाव शैथिल्य विश्वसनीय

नहीं था। उनके लिए तनाव शैथिल्य एक भ्रांति थी। उनके अनुसार, 'ऐसे वैचारिक तंत्र के साथ व्यवसाय नहीं किया जा सकता, जो विश्व क्रांति का दावा करता है। उन्होंने हर बार तनाव शैथिल्य को नुक़सान पहुंचाने का काम किया है।' दूसरा, संयुक्त राज्य द्वारा सोवियत संघ की सैन्य ताकत और इरादों का पुनर्मूल्यांकन भी किया गया था। 1976 में, CIA (Central Intelligence Agency) के प्रमुख, जॉर्ज एच. डब्ल्यू बुश ने 'बी टीम' का गठन किया, जिसने सोवियत सैन्य खर्च के संदर्भ में CIA के अनुमान को ख़ारिज कर दिया। 'बी टीम' के अनुमानों के अनुसार, 'सोवियत संघ अपनी सेना पर CIA की गणना से लगभग दोगुना खर्च कर रहा था। इन नए अनुमानों के साथ, संयुक्त राज्य ने परमाणु हथियारों की होड़ का फिर से मूल्यांकन किया और अमेरिकी सैन्य शक्ति को पूर्वावस्था में लाने का फैसला किया। तीसरा, सोवियत संघ ने भी तनाव शैथिल्य की विफलता में योगदान दिया। तनाव शैथिल्य की उनकी परिभाषा पश्चिम से बिल्कुल अलग थी। उन्होंने अपने विदेशी और घरेलू मामलों को पहले की तरह ही जारी रखने के अधिकार पर बल दिया। उदाहरण के लिए, 1970 के दशक में उन्होंने अंगोला, सोमालिया, इथियोपिया, मोजाम्बिक और कंबोडिया में अपने ग्राहकों को हथियार भेजना, हस्तक्षेप करना, तथा इसी प्रकार की गतिविधियों का संचालन करना जारी रखा। 1979 में, सोवियत सेना ने अफ़ग़ानिस्तान में हस्तक्षेप किया। घरेलू स्तर पर भी, सोवियत संघ ने तनाव शैथिल्य की भावना को कमज़ोर कर दिया। सोवियत संघ से यहूदी प्रवासन काफ़ी कम हो गया था। असंतुष्ट लोगों को या तो जेल में बंद कर दिया गया अथवा उन्हें निर्वासित कर दिया गया। ऐसी परिस्थितियों में तनाव शैथिल्य का अस्तित्व संभव नहीं था (मैकविलियम्स, 2006: 239–42)।

1.13 नव शीत युद्ध

1980 के दशक में तनाव की अवधि, विशेष रूप से राष्ट्रपति रीगन के प्रथम कार्यकाल के दौरान की अवधि को द्वितीय शीत युद्ध के तौर पर वर्णित किया गया है। 1980 में रोनाल्ड रीगन को 1981–84 तक के कार्यकाल के लिए संयुक्त राज्य के राष्ट्रपति के रूप में निर्वाचित किया गया था। उन्होंने सोवियत संघ के प्रति विरोध के दृष्टिकोण का समर्थन किया और अधिकार-सूचक विदेश नीति अपनाई। जल्द ही यह शत्रुता कई घटनाओं में स्पष्ट तौर पर दृष्टिगोचित हुई, जिसके अंतर्गत अमेरिकी रक्षा पर किए जाने वाले व्यय को बढ़ाने की मांग, अफ़ग़ानिस्तान में सोवियत सेनाओं के खिलाफ लड़ रहे मुजाहिद्दीन विद्रोहियों को समर्थन, 1983 में ग्रेनेडा में और 1986 में लीबिया के खिलाफ़ सैन्य हस्तक्षेप, तथा मध्य संयुक्त राज्य के प्रति इसकी नीति एवं निकारागुआ में विद्रोहियों को समर्थन शामिल हैं (स्कॉट, 1997: 79; लैन्टिस, 2013: 55 भी देखें)।

रीगन के पहले कार्यकाल के दौरान संयुक्त राज्य-सोवियत संबंध और भी ख़राब हो गए। 1980 के दशक की शुरुआत में (मार्च 1983), राष्ट्रपति रीगन ने सोवियत संघ को एक दुष्ट साम्राज्य के तौर पर वर्गीकृत किया। उन्होंने घोषणा की, 'देश शक्तिहीन हो गया था लेकिन वैश्विक मामलों के संदर्भ में जल्दी ही यह एक बार फिर से उठ खड़ा होगा।' उन्होंने बड़े पैमाने पर सैन्यीकरण कार्यक्रम की भी शुरुआत की। 1983 में, उन्होंने एक अंतरिक्ष आधारित रक्षात्मक कार्यक्रम के लिए अपने समर्थन की घोषणा की, जिसे सामरिक रक्षा पहल (SDI) कहा जाता है। इस कार्यक्रम के माध्यम से, आने वाली बैलिस्टिक मिसाइलों के खिलाफ़ सुरक्षा कवच विकसित करके परमाणु हथियारों को बेकार किया जा सकता था। USSR ने इस कार्यक्रम की आलोचना की, क्योंकि अब उसपर महंगा प्रतिस्पर्धा का दबाव बढ़ने वाला था। हालांकि, उसने स्वयं के लिए आक्रामक तौर पर मिसाइलों के निर्माण की शुरुआत की (रंजन, 2010: 218)।

सितंबर 1983 में, संयुक्त राज्य-सोवियत संबंध अपने निकृष्टतम स्तर तक पहुंच गया। 1 सितंबर 1983, एक दक्षिण कोरियाई नागरिक विमान को सोवियत वायु सेना द्वारा मार गिराया गया। नागरिक विमान अपना रास्ता भटक गया था और सोवियत संघ के इलाके में सैकड़ों मील अंदर आ चुका था, जहां उसे मार गिराया गया। इस घटना ने पूर्व एवं पश्चिम के बीच के संबंधों को और भी तनावपूर्ण बना दिया। दोनों पक्षों ने घटना के लिए एक-दूसरे को दोषी ठहराया। सोवियत संघ ने बार-बार इस बात पर बल दिया कि उससे नागरिक विमान को पहचानने में चूक हुई, जबकि संयुक्त राज्य ने यह दावा किया कि सोवियत संघ ने इसे जानबूझकर मार गिराया (रंजन, 2010: 218–19, स्कॉट, 1997: 79)।

संयुक्त राज्य ने ग्रेनेडा की वामपंथी सरकार का तख्ता पलट दिया और लीबिया के खिलाफ़ आक्रमण की एक श्रृंखला का प्रारंभ किया। निकारागुआ में, 1979 में सैंडिनिस्टा विद्रोहियों के सत्ता में आने के बाद समाजवादी सरकार की स्थापना हुई। सीआईए ने

इसके विरुद्ध वित्त-पोषण को स्वीकृति दी — अमेरिकी ने निकारागुआ में सैंडिनिस्टा, अर्थात् वामपंथियों के विरोध में दक्षिणपंथी विद्रोहियों को समर्थन दिया और वित्त पोषित किया — और इन विद्रोहियों का उद्देश्य मानागुआ में सरकार को उखाड़ फेंकना था। (रंजन: 219)। दक्षिणपंथी विद्रोहियों के लिए अमेरिकी समर्थन विवादास्पद हो गया और 1986 में, अंतर्राष्ट्रीय न्यायालय (ICJ) ने संयुक्त राज्य को अंतर्राष्ट्रीय कानून के उल्लंघन करने का दोषी पाया (स्कॉट, 1997: 79)।

1980 के दशक की शुरुआत में सोवियत संघ अमेरिकी ख़तरे का जवाब देने में हर तरह से असफल रहा। 1985 में सोवियत संघ में मिखाइल गोर्बाचेव के सत्ता में आने के साथ ही शीत युद्ध का समापन प्रारंभ हुआ। उन्होंने स्वीकार किया कि, संयुक्त राज्य के साथ हथियारों की होड़ को बरकरार रखना अत्यंत कठिन था क्योंकि इससे अर्थव्यवस्था पर काफी दबाव पड़ने वाला था। सोवियत संघ के सशक्तिकरण की दिशा में उन्होंने विदेशी नीति और घरेलू क्षेत्र में नए-नए सुधार किए। इन सुधारों में आर्थिक व राजनीतिक पुनर्निर्माण की नीति (पेरेस्त्रोइका), सामाजिक मुद्दों पर बहस की नीति (ग्लैज़्नास्ट) तथा ब्रेज़नेव के सिद्धांत का परित्याग शामिल था। आर्थिक व राजनीतिक पुनर्निर्माण की नीति (पेरेस्त्रोइका) के माध्यम से केंद्रीय नियोजन की खामियों को दूर करने के लिए बाजार प्रतिस्पर्धा एवं निजी स्वामित्व के घटकों को शामिल करने की शुरुआत हुई। सामाजिक मुद्दों पर बहस की नीति (ग्लैज़्नास्ट) के माध्यम से विचारों की अभिव्यक्ति पर प्रतिबंधों को हटाने की शुरुआत हुई। ब्रेज़नेव के सिद्धांत का परित्याग और इसके स्थान पर सिनात्रा सिद्धांत का अंगीकरण, गोर्बाचेव के सुधारों का तीसरा पहलू था, जिसका तात्पर्य यह था कि सोवियत संघ ने पूर्वी यूरोपीय देशों की गतिविधियों में हस्तक्षेप करने से इनकार कर दिया था (हेवुड, 2016: 42–44)। गोर्बाचेव के घरेलू सुधारों ने पूर्वी यूरोप में बदलाव को प्रेरित किया, जहां मास्को गठबंधन सरकारों लोकतंत्र का मार्ग प्रशस्त किया। विदेश नीति में उनका इरादा संयुक्त राज्य और पश्चिमी यूरोप के साथ संबंधों को बेहतर बनाना था। 'पश्चिम के प्रति गोर्बाचेव की नीति ने विश्वास निर्माण के साधन के तौर पर परमाणु हथियार पर समझौते का इस्तेमाल किया, और अपने उद्देश्य की गंभीर और प्रजातन्त्रवादी प्रकृति का प्रदर्शन किया' (स्कॉट, 1997: 79–80)।

दोनों देशों की परिस्थितियों ने उन्हें अपनी कट्टरपंथी नीतियों पर पुनर्विचार करने के लिए विवश कर दिया। ईरान में विद्रोहियों के समर्थन के लांछन तथा सोवियत संघ में होने वाले बदलावों के कारण, रीगन को अपनी नीतियों पर पुनर्विचार करने के लिए मजबूर होना पड़ा। सरकार पर अब हथियार नियंत्रण समझौते को आगे बढ़ाने तथा पूर्व-पश्चिम कूटनीति को नवीनीकृत करने का भी दबाव था (रंजन, 2010: 220)।

1980 के दशक के मध्य तक एक-दूसरे के प्रतिकूल रहे दोनों देशों ने महसूस किया कि, बेहतर संबंध दोनों पक्षों के हित में होंगे। 1986 में, रीगन और गोर्बाचेव ने रेक्जाविक, आइसलैंड में एक ऐतिहासिक शिखर बैठक का आयोजन किया जहां उन्होंने कुल परमाणु निरस्त्रीकरण की योजना पर चर्चा की। हालांकि यह प्रस्ताव असफल रहा, क्योंकि रीगन और शीर्ष अधिकारियों ने SDI के नाम से प्रसिद्ध प्रयोगात्मक मिसाइल सुरक्षा कवच हेतु अनुसंधान एवं विकास के बलिदान को अस्वीकार कर दिया। 1987 में दोनों देश मध्यम दूरी परमाणु शक्ति (INF) संधि पर सहमत हुए, जिसके माध्यम से दोनों पक्षों में परमाणु मिसाइलों की एक पूरी श्रेणी का सफाया हो गया। समय के साथ दोनों देशों के बीच के संबंधों में तेजी से सुधार हुआ (लैन्टिस, 2013: 55)।

शीत युद्ध का अंत बेहद अप्रत्याशित था। लगभग सात दशकों तक अपने अस्तित्व को बरकरार रखने वाला साम्यवाद, 1989–91 के बीच के दो वर्षों की अवधि में अचानक समाप्त हो गया। जिन स्थानों पर यह अभी भी बरकरार था (उदाहरण के लिए, चीन), वहां सुधारवादी परिवर्तन हो रहे थे। पूर्वी यूरोप में साम्यवादी शासन सोवियत संघ की सीमाओं तक सीमित होकर रह गया था। 1990 में, यूरोप में सुरक्षा एवं सहयोग पर सम्मेलन (CSCE) (पेरिस सम्मेलन) में औपचारिक रूप से शीत युद्ध के अंत की घोषणा की गई। 1991 में सोवियत संघ का विघटन हो गया (हेवुड, 2016: 42)।

एंड्रयू हेवुड ने साम्यवाद के पतन और शीत युद्ध के अंत के मुख्य कारणों को स्पष्ट रूप से सारगर्भित किया है (हेवुड, 2016: 42–44)। सबसे पहले, सोवियत शैली के साम्यवाद में आर्थिक एवं राजनीतिक तौर पर दो मुख्य संरचनात्मक त्रुटियां थीं। केंद्रीय स्तर पर योजना निर्माण के कारण आर्थिक कमज़ोरियां थीं, जो पूंजीवादी अर्थव्यवस्थाओं की तुलना में काफी कम प्रभावी थीं। जनता की आवश्यकताओं के संदर्भ में अपेक्षाकृत कम प्रतिक्रियाशीलता, राजनीतिक कमज़ोरियों का कारण थी। इसके अलावा, राजनीतिक असंतोष को सुस्पष्ट करने के लिए कोई तंत्र नहीं था। दूसरा, 1985 के बाद से गोर्बाचेव द्वारा प्रस्तावित सुधारों की अपनी

कमजोरियां थीं। उनके सुधारों में सुधारों में आर्थिक व राजनीतिक पुनर्निर्माण की नीति (पेरेस्त्रोइका), सामाजिक मुद्दों पर बहस की नीति (ग्लैज़्नास्ट) तथा ब्रेज़नेव के सिद्धांत का परित्याग शामिल था। आर्थिक व राजनीतिक पुनर्निर्माण की नीति (पेरेस्त्रोइका) के माध्यम से गोर्बाचेव ने एक ऐसी अर्थव्यवस्था का प्रस्ताव दिया, जो अव्यावहारिक थी। सामाजिक मुद्दों पर बहस की नीति (ग्लैज़्नास्ट) के माध्यम से विचारों की अभिव्यक्ति पर प्रतिबंधों को हटाने की शुरुआत हुई, जिससे गोर्बाचेव के विरोधी अधिक मुखर हो गए, जो कट्टरपंथी साम्यवादी थे और किसी भी प्रकार के सुधार का विरोध करना उनका काम था। ब्रेज़नेव के सिद्धांत के परित्याग के माध्यम से सोवियत संघ ने हस्तक्षेप करने से इनकार कर दिया, क्योंकि पूर्वी यूरोपीय देशों में कम्युनिस्ट शासन का अस्तित्व समाप्त हो चुका था। कई बाह्य कारकों ने भी साम्यवाद के पतन में योगदान दिया। इसमें रीगन प्रशासन के साथ-साथ आर्थिक व सांस्कृतिक वैश्वीकरण की नीतियां भी शामिल थीं। यह तर्क दिया जाता है कि, रीगन प्रशासन ने अपनी सैन्य ताकत को बढ़ाने पर बल दिया जिससे नव शीत युद्ध की शुरुआत हुई और इसी वजह से सोवियत संघ को हथियारों की होड़ में भाग लेना पड़ा, जिसके परिणामस्वरूप सोवियत अर्थव्यवस्था पर दबाव बढ़ता चला गया। आर्थिक वैश्वीकरण के परिणामस्वरूप, अमेरिकी प्रभुत्व वाले पश्चिमी देश समृद्ध हुए जबकि सोवियत के प्रभुत्व वाले पूर्वी देशों में आर्थिक गतिहीनता आ गई थी। सांस्कृतिक वैश्वीकरण ने भी इस प्रक्रिया में योगदान दिया। रेडियो और टेलीविजन प्रौद्योगिकी के प्रसार ने पश्चिम से विचारों एवं सूचनाओं को साम्यवादी समाजों, खासकर पूर्वी यूरोप तक पहुंचाने में मदद की, और इससे पश्चिमी शैली के आर्थिक व राजनीतिक सुधारों को समर्थन हासिल हुआ (हेवुड, 2016: 42–44)।

1.14 शीत युद्ध के उपरांत अंतर्राष्ट्रीय संबंध

1991 के अंत तक, आंतरिक राजनीतिक एवं आर्थिक दबावों के कारण सोवियत संघ का पतन हुआ और यह विघटित हो गया। एक-एक करके इसके राज्यों ने अपनी स्वतंत्रता घोषित करनी शुरू कर दी। रूस को USSR के उत्तराधिकारी देश के रूप में पहचाना जाने लगा, लेकिन अब यह महाशक्ति का दर्जा खो चुका था और आर्थिक रूप से संयुक्त राज्य एवं अन्य पश्चिमी देशों पर निर्भर था। इसके परिणामस्वरूप, यह संयुक्त राज्य के खिलाफ संघर्षवादी नीति को अपनाने की स्थिति में नहीं था। पूर्वी यूरोप में, 1989 से 1991 के बीच सभी साम्यवादी दलों के हाथों से सत्ता छिन चुकी थी। अब उदारीकरण और लोकतंत्रीकरण, पूर्वी यूरोपीय देशों की राजनीतिक व्यवस्था की विशेषता बन गया था।

> *हालांकि, पूर्वी यूरोपीय साम्यवादी नेताओं ने उस विचारधारा की उपेक्षा की जिसे साम्यवादियों ने हमेशा महत्त्वपूर्ण माना था, अर्थात् आर्थिक आधार रूपी बुनियाद, जिस पर समाजवाद आश्रित था। अंततः, गोर्बाचेव की आर्थिक व राजनीतिक पुनर्निर्माण की नीति (पेरेस्त्रोइका) इस निष्कर्ष पर पहुंची कि, पश्चिमी अर्थव्यवस्थाओं के साथ तालमेल बनाए रखने के लिए सोवियत संघ को एक नए आधार की आवश्यकता थी (मैकविलियम्स, 2006: 593)।*

1989 में बर्लिन की दीवार ध्वस्त हो गई और 1990 में पूर्वी जर्मनी एवं पश्चिम जर्मनी का एकीकरण हुआ।

सोवियत संघ के उत्तराधिकारी देश, रूस ने सुरक्षा परिषद में अपना स्थान ग्रहण किया। कुछ समस्याओं के बावजूद, रूस एवं संयुक्त राज्य ने आपसी सहयोग में वृद्धि की तथा 'अपने परमाणु हथियारों की संख्या में बड़े पैमाने पर कटौती पर भी सहमत हुए, और 1990 के दशक में इसे कार्यान्वित किया गया' (गोल्डस्टीन, 2003: 44)।

द्वितीय विश्व युद्ध के बाद के कालखंड में, पूरे विश्व को संयुक्त राज्य एवं सोवियत संघ के अधीन शक्ति के दो गुटों में बांटा गया था। आमतौर पर इसे द्विध्रुवीयता के नाम से जाना जाता था। धीरे-धीरे, यूरोपीय समुदाय, चीन, जर्मनी, भारत और गुट निरपेक्ष आंदोलन (NAM) जैसे शक्ति के कुछ नए केंद्रों का उदय हुआ, जिसने द्विध्रुवीय से बहुध्रुवीय युग में रूपांतरण की प्रक्रिया शुरू की। 1970 के दशक तक इस विकास को 'बहुध्रुवीयता' के नाम से जाना जाने लगा। दो महाशक्तियों एवं उनके गुटों के अलावा, रंगमंच पर अन्य शक्तियां भी मौजूद थीं; इसलिए इस स्थिति को द्वि-बहु-ध्रुवीयता के तौर पर संदर्भित किया गया। शीत युद्ध के बाद की अवधि के दौरान, अंतर्राष्ट्रीय संबंधों में यह द्वि-बहु-ध्रुवीयता एकध्रुवीयता में परिवर्तित हो गई थी। नई वास्तविकता यह थी कि, संयुक्त राज्य नाटो, विघटित USSR और समाप्त हो चुकी वारसॉ संधि के साथ एकमात्र उत्तरजीवी महाशक्ति था। कुछ विद्वानों का

मानना है कि, एकमात्र महाशक्ति के रूप में संयुक्त राज्य की मौजूदगी के कारण पूरी दुनिया एकध्रुवीय हो गई थी। जबकि कुछ विद्वान इस विचार का समर्थन करते हैं कि, शक्ति प्रणाली के संयुक्त राज्य, यूरोप, जापान, चीन और रूस के इर्द-गिर्द घूमने के कारण बहुध्रुवीयता का उदय हुआ है (घोष, 2016: 154)। इसी तरह के तर्क दिनेश (2016) द्वारा भी दिए गए हैं, जब उन्होंने कहा कि समकालीन अंतर्राष्ट्रीय व्यवस्था बहुध्रुवीयता की ओर अग्रसर है।

हालांकि, 21वीं सदी की शुरुआत में बहु-केंद्रीयता के पुनरुत्थान के कई निश्चित संकेत दिखाई दिए। रूस, चीन, यूरोपीय संघ, भारत, जापान, यूरोपीय संघ। इन सभी के साथ संयुक्त राष्ट्र संघ, जी-15 तथा कुछ अन्य संघों ने बेहद अहम भूमिका निभाई। इन सभी ने एक बहुध्रुवीय अंतर्राष्ट्रीय संरचना को सुनिश्चित करने के उद्देश्य को स्वीकार किया। अधिकांश देशों ने अंतर्राष्ट्रीय प्रणाली के बहुध्रुवीय चरित्र को सुरक्षित और बनाए रखने के अपने संकल्प की घोषणा की (दिनेश, 2016)।

संयुक्त राज्य की श्रेष्ठता से इनकार नहीं किया जा सकता है। संयुक्त राज्य संयुक्त राष्ट्र संघ पर अपना प्रभुत्व कायम रखने तथा इसमें गतिरोध उत्पन्न करने में भी सक्षम है। 2001 और 2003 में क्रमशः अफ़ग़ानिस्तान और इराक पर एकतरफा हमले इस तथ्य के संकेतक थे। कोई भी अन्य शक्ति, संयुक्त राज्य की शक्ति को चुनौती देने के लिए तैयार नहीं है।

शीत युद्ध की अवधि के दौरान महाशक्तियों ने विकासशील देशों में अपने प्रभाव क्षेत्र के विस्तार हेतु एक दूसरे से प्रतिस्पर्धा की। विकासशील देशों में हुए अधिकांश युद्धों में सोवियत संघ ने एक पक्ष का समर्थन किया, तो संयुक्त राज्य ने दूसरे पक्ष को अपना समर्थन दिया। शीत युद्ध की समाप्ति के बाद भी शीत युद्ध की विरासत को स्पष्ट तौर पर देखा जा सकता था, क्योंकि कई देशों (अफ़ग़ानिस्तान, सोमालिया, अंगोला) में संघर्ष जारी रहा और हथियार की बिक्री भी यथावत जारी रही। हालांकि, अब यह राज्य के बजाए वाणिज्यिक उद्देश्य के लिए था (मैकविलियम्स, 2006: 598)।

विकासशील देशों की स्थिति में सुधार नहीं हुआ है। आज भी विकासशील देशों में विकसित देशों का हस्तक्षेप एवं प्रभुत्व बरकरार है। इस बात पर ध्यान दिया जाना चाहिए कि, यह प्रभुत्व (दक्षिण का) शक्ति के माध्यम से नहीं बल्कि आर्थिक माध्यमों से कायम किया गया है। अंतर्राष्ट्रीय मुद्रा कोष (IMF) और विश्व बैंक, संरचनात्मक समायोजन कार्यक्रमों (SAP) की अपनी नीतियों के माध्यम से, विकासशील देशों पर अपना प्रभुत्व कायम करने की कोशिश करते हैं। इसी प्रकार, बहुराष्ट्रीय निगमों के माध्यम से पश्चिम भी उनका शोषण करने की कोशिश करता है। कुल मिलाकर, शीत युद्ध के बाद के परिदृश्य में भी संपूर्ण निर्भरता का परिलक्षण और नव-उपनिवेशवाद जारी रहेगा। हालांकि, यूरोपीय संघ, सार्क (SAARC), आसियान (ASEAN), पेट्रोलियम निर्यातक देशों का संगठन (OPEC), उत्तरी अमेरिकी मुक्त व्यापार समझौता (NAFTA), एशिया प्रशांत आर्थिक सहयोग (APEC), अमेरिकी राज्य संगठन (OAS) तथा अफ्रीकी संघ (AU) जैसे क्षेत्रीय संघों के गठन तथा क्षेत्रीय स्तर पर समझौतों में वृद्धि हुई है।

शीत युद्ध अवधि के दौरान, विकासशील देशों को महाशक्तियों की गुटबाजी से बचाने के लिए एक विकल्प के तौर पर NAM का गठन किया गया था। अब इसकी प्रासंगिकता पर सवाल उठाना स्वाभाविक है। आंदोलन के समर्थक इसकी प्रासंगिकता का अनुमोदन करते हैं और तर्क देते हैं कि, NAM के मंच का उपयोग अन्य समस्याओं के निवारण हेतु भी किया जा सकता है। यह अंतर्राष्ट्रीय व्यापार में शोषण की समाप्ति, हथियारों पर नियंत्रण, मानवाधिकारों की रक्षा, विकासशील देशों से संबंधित असमानताओं व अन्य समस्याओं को दूर करने का समर्थन करता है।

1970 के दशक के दौरान, इस्लाम की उग्रवादी विचारधारा ने अपनी उपस्थिति दर्ज की। इसने अरबी भाषी जगत में पश्चिमी प्रभुत्व पर आक्रमण किया और इसके परिणामस्वरूप पश्चिमी देशों को चुनौती दी। अल-कायदा का उद्भव, इसकी सबसे नाटकीय अभिव्यक्ति थी। इस विचारधारा के समर्थकों ने मुस्लिम जगत में पश्चिमी शैली के भ्रष्ट तानाशाहों को चुनौती दी, तथा मुस्लिम जगत के अंदर और बाहर पश्चिमी शक्ति के प्रत्यक्ष प्रतीकों और प्रभाव के खिलाफ सीधे हमलों का नेतृत्व किया (मैकविलियम्स, 2006: 598–99)।

दुनिया के कई हिस्सों में, नस्लीय, जातीय और क्षेत्रीय तनाव में वृद्धि हुई थी। विशेष रूप से पूर्वी यूरोप में, युगोस्लाविया के विखंडन के परिणामस्वरूप सर्ब, क्रोट्स और मुस्लिमों के बीच के रक्तपात में यह दिखाई दिया (हेवुड, 2016: 45)। परंतु जोशुआ एस. गोल्डस्टीन तर्क देते हैं कि, इन संघर्षों के बावजूद शीत युद्ध के बाद का युग शीत युद्ध की अपेक्षा अधिक शांतिपूर्ण रहा है।

1980 के दशक में विश्व का सैन्य खर्च अपने चरम पर था और अब इसमें लगभग एक-तिहाई की कमी आई। नए युद्धों की शुरुआत की अपेक्षा पुराने युद्ध ज़्यादा तेजी से समाप्त होते गए। लैटिन अमेरिका और रूस / पूर्वी यूरोप के देशों के बीच के आपसी युद्ध लगभग समाप्त हो चुके हैं, और ये देश अब उत्तरी संयुक्त राज्य, पश्चिमी यूरोप, जापान / प्रशांत और चीन के साथ शांति के क्षेत्र में शामिल हो गए हैं (गोल्डस्टीन, 2003: 47)।

वह आगे तर्क देते हैं कि, अफ्रीका, मध्य-पूर्व एवं दक्षिण-एशिया में संघर्षों के बावजूद विश्व स्तर पर युद्ध में कमी आई है। जिन देशों में इस प्रकार के संघर्ष मौजूद हैं, वहां भी 1990 के दशक के बाद से लगभग सभी युद्ध बड़े पैमाने के अंतर्देशीय युद्धों की बजाय आंतरिक प्रकृति के हैं (गोल्डस्टीन, 2003: 47)।

अंतर्राष्ट्रीय आतंकवाद के ख़तरे का दायरा काफी विस्तृत हो चुका है, और इसने विश्व की शांति व्यवस्था को विक्षुब्ध कर दिया है। मध्य-पूर्व, दक्षिण-एशिया, यूरोप और संयुक्त राज्य के देशों को इसका ख़ामियाज़ा भुगतना पड़ा है। विशेष रूप से 11 सितंबर, 2001 को संयुक्त राज्य पर हुए हमले के बाद अंतर्राष्ट्रीय समुदाय इस ख़तरे का सामना करने के लिए एकजुट हो रहा है।

शीत युद्ध की अवधि के बाद वैश्वीकरण के कालखंड की शुरुआत हुई है। आर्थिक संदर्भ में, सभी देश एक-दूसरे के निकट आ रहे हैं और उनका एक वैश्विक बाज़ार के तौर पर एकीकरण हो रहा है। वैश्वीकरण की इस अवधि में आर्थिक विकास के नए केंद्र उभर रहे हैं, साथ ही इससे प्रतिकूल रूप से प्रभावित होने वाले स्थानों पर विरोध के स्वर भी देखे गए हैं (गोल्डस्टीन: 47)। शीत युद्ध की अवधि के बाद, अंतर्राष्ट्रीय समुदाय नई वास्तविकताओं को समायोजित करने के लिए कड़ी मेहनत कर रहा है। एक ओर, लगभग हर देश अंतर्राष्ट्रीय व्यवस्था में अपना अधिकार जताने की पुरजोर कोशिश कर रहा है, तो दूसरी ओर सभी देश एकजुट हो रहे हैं और शांति, आतंकवाद, संयुक्त राष्ट्र संघ में सुधारों एवं मानवाधिकार जैसे व्यापक हितों के मुद्दों पर सहयोग के लिए तैयार हैं।

मॉडल प्रश्न

1.1 शीत युद्ध से आप क्या समझते हैं? यह प्रत्यक्ष युद्ध से किस प्रकार भिन्न है?

1.2 नियंत्रण की अमेरिकी नीति क्या थी? संयुक्त राज्य ने नियंत्रण की नीति को किस प्रकार लागू किया?

1.3 पोलैंड और जर्मनी से संबंधित मुख्य मुद्दे क्या थे?

1.4 ट्रूमैन सिद्धांत के पीछे मुख्य विचार क्या था?

1.5 मार्शल योजना क्या थी? सोवियत संघ ने इसका जवाब कैसे दिया?

1.6 क्यूबा संकट पर विमर्श करें। इसे किस प्रकार टाला गया?

1.7 तनाव शैथिल्य से आप क्या समझते हैं? तनाव शैथिल्य की अवधि के दौरान महाशक्तियों द्वारा हस्ताक्षरित मुख्य समझौतों पर चर्चा करें।

1.8 तनाव शैथिल्य की विफलता के मुख्य कारणों पर चर्चा करें।

1.9 नव शीत युद्ध के लिए संयुक्त राज्य कैसे ज़िम्मेदार था?

1.10 गोर्बाचेव के सुधार सोवियत संघ के विघटन के लिए किस प्रकार ज़िम्मेदार थे?

अनुशंसित साहित्य

Calvocoressi, Peter. 2001. *World Politics 1945–2000.* Delhi: Dorling Kindersley.

Cantor, Robert D. 1986. *Contemporary International Politics.* St Paul: West Publishing Company.

Chomsky, Noam. 'A View from Below'. In *The End of the Cold War: Its Meaning and Implications* edited by Michael J. Hogan. Cambridge: Cambridge University Press.

Churchill, Winston. 1945. 'The Sinews of Peace (Iron Curtain Speech)'. Westminster College, Fulton, Missouri. Available at http://www.winstonchurchill.org/resources/speeches/1946-1963-elderstatesman/120-the-sinews-of-peace (Accessed on 24 December 2016).

Dinesh. 2016. 'Changes in International Politics after Cold War'. Available at http://www.yourarticlelibrary.com/history/cold-war/changes-in-international-politics-after-cold-war/48504/ (Accessed on 23 December 2016).

Frieden, Jeffry A., David A. Lake, and Kenneth A. Schultz. 2010. *World Politics*. New York: W. W. Norton and Company.

Friedman, George. 2013. 'Beyond the Post-Cold War World'. *Geopolitical Weekly*. Available at https://worldview.stratfor.com/article/beyond-post-cold-war-world (Accessed on 20 September 2017).

Ghosh, Peu. 2016. *International Relations*. Delhi: PHI Learning Private Limited.

Goldstein, Joshua S. 2003. *International Relations*. Delhi: Pearson Education.

Heller, Henry. 2006. *The Cold War and the New Imperialism*. Kharagpur, India: Cornerstone Publications.

Heywood, Andrew. 2016. *Global Politics*. New York: Palgrave Macmillan.

Kegley, Charles W. Jr, and Eugene R. Wittkopf. 1997. *World Politics: Trends and Transformation*. New York: St. Martin's Press.

Lantis, Jeffrey S. 2013. US *Foreign Policy in Action*. UK: John Wiley and Sons.

McWilliams, Wayne C., and Harry Piotrowski. 2006. *The World Since 1945: A History of International Relations*. New Delhi: Viva Books Private Limited.

Nicholson, Michael. 2002. *International Relations: A Concise Introduction*. New York: Palgrave Macmillan.

Ranjan, Ravi. 2010. *International Relations*. New Delhi. Anmol Publications Private Limited.

Scott, Len. 1997. 'International History 1945–90'. In *The Globalization of World Politics: An Introduction to International Relations* edited by John Baylis, Patricia Owens, and Steve Smith. Oxford: Oxford University Press.

Viotti, Paul R., and Mark V. Kauppi. 1990. *International Relations Theory*. New York: Macmillan Publishing Company.

——— 2007. *International Relations and World Politics: Security, Economy,* Identity. Delhi: Dorling Kindersley.

Young, John W., and John Kent. 2004. *International Relations Since 1945: A Global History*. London: Oxford University Press.

2

राष्ट्र-राज्य प्रणाली: राष्ट्रीय शक्ति, सत्ता एवं सामूहिक सुरक्षा के बीच संतुलन

एस. आर. टी. पी. सुगुणकारा राजू

अध्ययन के उद्देश्य

- राज्य प्रणाली का विश्लेषण करना तथा इसके क्रमिक विकास, विशिष्टताओं एवं समकालीन प्रासंगिकता की व्याख्या करना
- राष्ट्रीय शक्ति की यथार्थवादी अवधारणा, इसके अवयवों तथा इसके प्रयोग की विभिन्न विधियों को समझना
- शक्ति संतुलन की अवधारणा, शक्ति संतुलन की विभिन्न विधियों और इसकी समकालीन प्रासंगिकता की जांच करना
- लीग ऑफ़ नेशंस एवं संयुक्त राष्ट्र संघ (UNO), दोनों के तहत सामूहिक सुरक्षा प्रणाली की कार्यप्रणाली को समझना

अध्याय सार

इस अध्याय में अंतर्राष्ट्रीय राजनीति की चार बुनियादी अवधारणाओं पर विमर्श किया गया है: राज्य प्रणाली, राष्ट्रीय शक्ति, शक्ति संतुलन एवं सामूहिक सुरक्षा। यहाँ राज्य प्रणाली के क्रमिक विकास, इसकी विशिष्टताओं और वर्तमान समय में इसकी प्रासंगिकता पर चर्चा की गई है। राष्ट्रीय शक्ति की यथार्थवादी अवधारणा, इसके अवयवों तथा इसके प्रयोग की विभिन्न विधियों को स्पष्ट किया गया है। शक्ति संतुलन की अवधारणा, शक्ति संतुलन की विभिन्न विधियों और इसकी समकालीन प्रासंगिकता की जांच की गई है। लीग ऑफ़ नेशंस एवं संयुक्त राष्ट्र संघ, दोनों के तहत सामूहिक सुरक्षा प्रणाली की कार्यप्रणाली की बारीकी से अन्वेषण किया गया है।

अंतर्राष्ट्रीय राजनीति के संदर्भ में अलग-अलग सैद्धांतिक परंपराएं मौजूद हैं, जिसके माध्यम से विभिन्न समाजों के बीच संबंधों का अध्ययन किया जा सकता है। शुरुआत से ही, अंतर्राष्ट्रीय राजनीति के क्षेत्र में उदारवाद एवं मार्क्सवाद जैसे अन्य प्रतिस्पर्धी सैद्धांतिक दृष्टिकोणों के महत्त्वपूर्ण योगदान बावजूद, इसके अध्ययन पर काफी हद तक यथार्थवादी दर्शन का प्रभुत्व रहा है। 'राज्य प्रणाली' या 'राष्ट्र-राज्य प्रणाली' का अकादमिक अध्ययन यथार्थवादी सिद्धांतों पर आधारित है, और यह अंतर्राष्ट्रीय संबंधों को समझाने का एक तरीका है; हालांकि, वैश्विक राजनीति में राज्य की भूमिका को महत्त्वपूर्ण अथवा प्राथमिक मानने वाले सैद्धांतिक दृष्टिकोण भी मौजूद हैं।

2.1 राष्ट्र राज्य प्रणाली का क्रमिक विकास और मुख्य विशेषताएँ

उदारवादी परंपरा के अंतर्गत, किसी निश्चित भू-भाग में एक संप्रभु सरकार के अधीन राजनीतिक दृष्टि से संगठित होकर रहने वाले लोगों के समुदाय को 'राज्य' के तौर पर परिभाषित किया जाता है। राज्य को आंतरिक एवं बाह्य, दोनों स्तरों पर संप्रभुता प्राप्त होती है तथा शक्ति के न्यायसंगत उपयोग पर उसका एक अधिकार होता है। आंतरिक रूप से, राज्य के अधिकार से ऊपर कोई भी नहीं है जो इसकी सीमाओं के भीतर लोगों की राजभक्ति का अधिकारी हो। बाह्य रूप से, राज्य संप्रभु होते हैं तथा अंतर्राष्ट्रीय समुदाय में अन्य राज्यों के साथ बराबरी का दर्जा रखते हैं। दूसरी तरफ मार्क्सवादी एवं नव-मार्क्सवादी परंपराओं के अंतर्गत, राज्य को पूंजीवादी

वर्ग की संस्था तथा अंतर्राष्ट्रीय प्रणाली को विश्व पूंजीवादी व्यवस्था का प्रतिफल माना जाता है। अंतर्राष्ट्रीय राजनीति के उदारवादी विद्वान एक अंतर्राष्ट्रीय समाज की कल्पना करते हैं तथा लोकतंत्र, विकास, न्याय, स्वतंत्रता, मानवाधिकार एवं मानव सुरक्षा जैसे मूल्यों के आधार पर उनका विश्लेषण करते हैं।

सन् 1648 में वेस्टफेलिया की संधि पर हस्ताक्षर किए जाने के बाद यूरोप में क्षेत्रीय संप्रभुता के साथ आधुनिक राज्य प्रणाली अस्तित्व में आई थी, जिसने तीस वर्षीय युद्ध (1618–48) का समापन किया तथा जिसके द्वारा यूरोपीय राजकुमारों एवं सम्राटों ने एक-दूसरे की संप्रभुता और क्षेत्रीय अखंडता को मान्यता दी। कालांतर में शेष विश्व में इसका प्रचार हुआ। अव्यवस्था, अस्थिरता, निरंकुश शासन और परिबद्ध सामंती कृषक अर्थव्यवस्था के मध्ययुगीन राजनीतिक माहौल से यूरोप में आधुनिक राज्य का प्रादुर्भाव हुआ।

2.1.1 धर्मसुधार

आधुनिक राज्य की उत्पत्ति का अनुरेखण धर्मसुधार की अवधि से किया जा सकता है। धर्मसुधार दरअसल रोमन कैथोलिक चर्च में व्याप्त भ्रष्ट प्रथाओं तथा आध्यात्मिक सिद्धांतों के खिलाफ प्रोटेस्टैंट का विद्रोह था। कैथोलिक चर्च में सैद्धांतिक आधार पर सुधार करने के प्रयास के रूप में उस समय इसकी शुरुआत हुई, जब चर्च पर पश्चिमी यूरोपीय कैथोलिकों का वर्चस्व था। धर्मसुधार के माध्यम से झूठे सिद्धांतों और चर्च में व्याप्त कदाचारों का विरोध किया गया, जिसमें विशेष रूप से मिथ्या उपदेश देने एवं ईश्वरीय अनुग्रह की बिक्री के साथ-साथ पादरियों के पदों की खरीद-बिक्री का विरोध करना शामिल था। सुधारकों ने इन प्रथाओं को चर्च के पुरोहिताधिपत्य के व्यवस्थित भ्रष्टाचार के साक्ष्य के रूप में देखा, जिसमें पोप शामिल था। हालांकि, धर्मसुधार एक धार्मिक आंदोलन था, लेकिन इसने वास्तव में रोमन कैथोलिक चर्च के आध्यात्मिक व सांसारिक प्राधिकार पर राजकुमारों एवं सम्राटों जैसे सत्ता के धर्मनिरपेक्ष स्रोतों द्वारा राजनीतिक प्राधिकार की श्रेष्ठता को निरूपित किया, क्योंकि इससे पहले तक पूरे यूरोप में जीवन के आध्यात्मिक एवं लौकिक, दोनों क्षेत्रों में चर्च द्वारा ही इस शक्ति का बड़े पैमाने पर उपयोग किया जाता था। यूरोपीय राजकुमारों ने पोप के सार्वभौमिक प्राधिकार और नियंत्रण पर सवाल उठाए और उन्हें चुनौती देते हुए राष्ट्रीय स्तर पर राजनीतिक एवं धार्मिक प्राधिकार को व्यवस्थित किया।

आधुनिक राज्य के गठन में राष्ट्रवाद का राजनीतिक सिद्धांत सर्वोपरि रहा है। बेनेडिक्ट एंडरसन (1991: 5) ने 'राष्ट्र' की परिभाषा एक कल्पित राजनीतिक समुदाय के रूप में दी है। 18 वीं शताब्दी के उत्तरार्ध से, राज्यों की राजनीतिक एवं क्षेत्रीय सीमाओं का निर्धारण राष्ट्रीय पहचान के आधार पर किया जाने लगा तथा राज्य की अवधारणा राष्ट्र राज्य में बदल गई। इसने राष्ट्रीयता के आधार पर वैधता का दावा किया और युद्ध के साधनों पर एकाधिकार प्राप्त कर लिया। युद्ध की घोषणा करना तथा शांति स्थापित करना अब राज्य के अनन्य अधिकार क्षेत्र में आ गया, जिसके परिणामस्वरूप राष्ट्रों के बीच युद्धों की संख्या बढ़ गई।

आधुनिक क्षेत्रीय राज्य के उदय से पहले भी विशाल प्राचीन साम्राज्यों एवं छोटे शहर के राज्यों के रूप में मानव साम्राज्य के राजनीतिक संगठन का अस्तित्व मौजूद था, तथा प्राचीन सभ्यताओं के लोगों के बीच चिरकाल से सांस्कृतिक एवं वाणिज्यिक संपर्क थे। हालांकि, प्राचीन और मध्ययुगीन लोगों को क्षेत्रीय संप्रभुता, स्वतंत्रता और राष्ट्रवाद के सिद्धांतों के आधुनिक अर्थ का ज्ञान नहीं था। यह कहा जा सकता है कि, वेस्टफेलिया की संधि ने इस बात की स्वीकृति के साथ राष्ट्र राज्य प्रणाली को औपचारिक रूप दिया कि, पवित्र रोमन साम्राज्य को अब प्रजा की राजभक्ति का अधिकार नहीं है तथा पोप आध्यात्मिक मामलों में भी हर जगह अपने अधिकार को बरकरार नहीं रख सका (पॉल्मर एवं पर्किन्स, 1997: 5)।

संप्रभुता के स्तर पर राज्यों की समानता भी आधुनिक राज्य प्रणाली का एक अन्य संयोजक सिद्धांत और अभिलाक्षणिक विशेषता रही है। हालांकि, इस सिद्धांत का यह तात्पर्य नहीं था कि सभी राज्यों की सैन्य, आर्थिक एवं राजनीतिक शक्ति एक समान थी, बल्कि इसका तात्पर्य यह था कि अंतरराज्यीय संबंधों के अभ्यास में औपचारिक रूप से सभी को समान दर्जा दिया जाए। उस अर्थ में, यह सारभूत समानता के बजाय राज्यों की औपचारिक एवं विधिसम्मत समानता थी। साथ ही, इस औपचारिक एवं विधिसम्मत समानता को गैर-यूरोपीय राज्यों और लोगों तक विस्तारित भी नहीं किया गया था। उस समय एशियाई, अफ्रीकी और लैटिन अमेरिकी राज्य, साम्राज्यवाद एवं उपनिवेशवाद जैसी परिपाटी के माध्यम से व्यवस्थित लूट व शोषण के अधीन थे, यूरोपीय राज्यों के बीच के संबंध अंतर्राष्ट्रीय कानून के नियमों और मानदंडों तथा अंतर्राष्ट्रीय संगठन के कुछ स्वरूपों द्वारा शासित थे।

कुछ विद्वानों ने तर्क दिया है कि, राज्य प्रणाली तथा आधुनिकता के बीच ऐतिहासिक रूप से निकट संबंध रहा है। वास्तव में, वे पूरी तरह से समकालीन हैं तथा निर्धारक नहीं होने के बावजूद, राज्य प्रणाली आधुनिकता की केंद्रीय विशेषता रही है। पूरी दुनिया में आधुनिकता के प्रसार के साथ-साथ राज्य प्रणाली का भी समान रूप से प्रसार हुआ (जैक्सन और सोरेन्सन, 2008: 8–9)। वास्तव में, विश्व पूंजीवादी अर्थव्यवस्था के उदय तथा वैश्विक बाजारों और कच्चे माल की इसकी आवश्यकताओं ने राज्य प्रणाली को गैर-यूरोपीय क्षेत्रों और लोगों तक विस्तारित किया। स्वतंत्रता, समानता, बंधुत्व और राष्ट्रीय आत्मनिर्भरता जैसे उदारवादी लोकतांत्रिक विचारों एवं मूल्यों के विकास व प्रसार ने भी राष्ट्र राज्य प्रणाली के विस्तार में अहम योगदान दिया। 20वीं सदी में, विशेष तौर पर द्वितीय विश्व युद्ध के उपरांत उपनिवेशों की राजनीतिक स्वतंत्रता की प्रक्रिया के साथ राज्य प्रणाली का स्वरूप वास्तव में वैश्विक हो गया। तीसरी दुनिया के अविकसित देशों ने साम्राज्यवाद एवं उपनिवेशवाद के खिलाफ़ राष्ट्रीय स्वतंत्रता संघर्ष के माध्यम से अपनी राजनीतिक आज़ादी हासिल की। पहले यूरोप के उपनिवेश रहे संप्रभु राष्ट्रों के बड़ी संख्या में उद्भव के साथ राष्ट्र राज्य प्रणाली का व्यापक रूप से विस्तार हुआ। वर्ष 1945 में 51 स्वतंत्र राष्ट्रों ने मिलकर संयुक्त राष्ट्र संघ (UNO) की स्थापना की थी, और मौजूदा अंतर्राष्ट्रीय प्रणाली में स्वतंत्र राष्ट्र राज्यों की संख्या बढ़कर 197 तक पहुंच गई है।

2.2 समकालीन राज्य प्रणाली

समकालीन राज्य प्रणाली यूरोपीय राज्य प्रणाली के विस्तृत एवं विकसित स्वरूप को दर्शाती है, क्योंकि इसका विकास 18वीं और 19वीं शताब्दी के उत्तरार्ध में हुआ था। के. जे. होल्स्टी (1978: 73) ने समकालीन राज्य प्रणाली की निम्नलिखित विशेषताओं को सूचीबद्ध किया है:

1. राज्यों की संख्या और इसके प्रकार में वृद्धि
2. परमाणु हथियार और आधुनिक वितरण प्रणाली से लैस राष्ट्रों की अतुलनीय विनाशकारी क्षमता
3. विध्वंस, आर्थिक दबावों और सैन्य विजय अभियानों सहित बाह्य अतिक्रमण के प्रति राज्यों की बढ़ती अरक्षितता
4. राष्ट्रीय मुक्ति आंदोलन, बहुराष्ट्रीय कंपनियां और राष्ट्रीय सीमाओं को पार करने वाले अंतर्राष्ट्रीय हित समूहों और राजनीतिक दलों जैसे गैर-राज्य तत्त्वों के प्रभुत्व में वृद्धि
5. तीन गैर-यूरोपीय राष्ट्रों: रूस, चीन और संयुक्त राज्य द्वारा हासिल की गई वर्चस्व की स्थिति
6. सभी प्रकार के कर्ताओं के बीच निर्भरता और परस्पर निर्भरता में बड़े पैमाने पर वृद्धि

2.3 वैश्वीकरण और राज्य प्रणाली

नव-उदारवादी विचारधारा के अनुसार, वैश्वीकरण बिना किसी बाधा के पूंजी, व्यापार, विचारों और इसके सदृश अन्य बातों के क्षेत्रीय राज्य सीमाओं से परे मुक्त प्रवाह को संदर्भित करता है, तथा यह राष्ट्रीय अर्थव्यवस्थाओं को वैश्विक अर्थव्यवस्था के साथ एकीकृत करने की प्रक्रिया का प्रतिफल है। राष्ट्रों के बीच परस्पर निर्भरता में वृद्धि एवं लोकतंत्र के प्रसार जैसी विकासात्मक गतिविधियों तथा बहुराष्ट्रीय निगमों जैसे गैर-राज्य घटकों के उदय के परिणामस्वरूप, वैश्वीकरण के युग में राज्य प्रणाली की प्रासंगिकता पर प्रश्नचिह्न लग गया है। कुछ उदारवादी विद्वान तर्क देते हैं कि, राज्य की शक्ति का ह्रास हो रहा है जबकि बाज़ारों की शक्ति में वृद्धि हो रही है। उदाहरण के लिए, सुसान स्ट्रेन्ज (1966) का तर्क है कि, वैश्वीकरण की श्रेष्ठतर शक्ति के सामने राज्य का महत्त्व कम हो रहा है। वह दावा करती हैं कि, कभी बाजारों पर राज्य का स्वामित्व हुआ करता था, परंतु आज सरकार के कई महत्त्वपूर्ण मुद्दों पर बाजारों का स्वामित्व हो गया है (स्ट्रेन्ज, 1966: 4)। कुछ अन्य विद्वानों का मानना है कि, तकनीकी परिवर्तन तथा अंतर्राष्ट्रीय व्यापार, उत्पादन और वित्त के उदारीकरण ने राज्य की अविवादित श्रेष्ठता को एक बड़ा झटका दिया है (केसेलमैन, 2007: 210)। वैश्वीकरण के परिणामस्वरूप राज्य सैन्य मामलों, घरेलू आर्थिक और सामाजिक मामलों पर नियंत्रण जैसे महत्त्वपूर्ण क्षेत्रों में अपनी संप्रभुता खो रहा है। हालांकि, नव-यथार्थवादी विद्वान इन तर्कों का खंडन करते हैं और दावा करते हैं कि, अभी भी अंतर्राष्ट्रीय राजनीति में राज्य की सर्वप्रमुख भूमिका बरकरार है। यथार्थवादियों के लिए, राज्य पर कोई संकट नहीं है तथा राज्य प्रणाली की प्रासंगिकता सदैव बनी रहेगी।

2.4 राष्ट्रीय शक्ति: अभिप्राय और इसके अवयव

2.4.1 शक्ति

अंतर्राष्ट्रीय राजनीति में, विशेष रूप से यथार्थवादी व्याख्यानों में प्रभुत्व, प्राधिकार, दबाव और अवपीड़न जैसे विभिन्न आयामों के साथ शक्ति एक महत्त्वपूर्ण अवधारणा है। शक्ति लोगों को ऐसे कार्यों हेतु विवश करने की क्षमता है, जिसे वे अन्यथा नहीं करेंगे (मैकलीन और मैकमिलन, 2003: 431)। 'शक्ति' की अवधारणा का उपयोग राजनीतिक कार्रवाई के संदर्भ में किया जाता है। उदाहरण के लिए, मोर्गेंथाऊ (1991: 32) ने शक्ति को 'मनुष्यों द्वारा दूसरों के विचारों एवं कार्यों पर नियंत्रण' के तौर पर परिभाषित किया है। इस प्रकार, राजनीतिक शक्ति सार्वजनिक प्राधिकार के धारकों तथा आम जनता के बीच नियंत्रण के पारस्परिक संबंध को दर्शाती है।

इस प्रकार, मोर्गेंथाऊ के अनुसार राजनीतिक शक्ति उन लोगों के बीच एक मनोवैज्ञानिक संबंध है, जो इसका अभ्यास करते हैं तथा जिनके ऊपर इसका उपयोग किया जाता है। इस अर्थ में शक्ति की अवधारणा संबंधपरक है, क्योंकि व्यक्ति या राज्य अपनी शक्तियों का प्रयोग शून्य में नहीं बल्कि अन्य व्यक्तियों या राज्यों के संबंध में करते हैं। अन्य राज्यों के संबंध में राज्यों की असीम शक्ति से अधिक उसकी शक्ति की स्थिति मायने रखती है (वैन डाइक, 1969: 217)। जॉर्ज श्वार्ज़नबर्गर (1964: 14) ने शक्ति को 'गैर-अनुपालन के मामले में प्रभावी प्रतिबंधों के माध्यम से दूसरों पर अपनी इच्छा थोपने की क्षमता' के रूप में परिभाषित किया।

2.4.2 राष्ट्रीय शक्ति

मोर्गेंथाऊ के अनुसार, राष्ट्र कुछ ऐसे व्यक्तियों द्वारा व्युत्पन्न कपोल-कल्पना है जिन की कुछ विशेषताएं समान होती हैं और यही विशेषताएं उन्हें एक राष्ट्र का सदस्य बनाती हैं। राष्ट्रीय शक्ति क्या है? यह एक राष्ट्र के कुछ व्यक्तियों की शक्ति है, जो राष्ट्र की नीतियों के अनुरूप इसका प्रयोग करते हैं। इस प्रकार, 'जब हम प्रयोगाश्रित संदर्भ में या एक निश्चित राष्ट्र की विदेश नीति के संदर्भ में शक्ति की बात करते हैं, तो इसका तात्पर्य एक ही राष्ट्र के कुछ व्यक्तियों की शक्ति अथवा विदेश नीति से होता है' (मोर्गेंथाऊ, 1991: 117)। ई. एच. कैर (1946) के अनुसार, राष्ट्रीय शक्ति को तीन श्रेणियों में विभाजित किया जा सकता है: सैन्य शक्ति, आर्थिक शक्ति और जनमत की शक्ति। सैन्य शक्ति का उपयोग अंतिम उपाय के रूप में किया जाता है, जबकि बाज़ार, कच्चा माल, निवेश आदि को नियंत्रित करने के लिए आर्थिक शक्ति का उपयोग किया जाता है। जनमत या प्रोपेगेंडा की शक्ति के अंतर्गत घरेलू स्तर पर राष्ट्रीय मनोबल का निर्माण, विदेश स्तर पर मनोवैज्ञानिक युद्ध तथा हर जगह नैतिक नेतृत्व के लिए लड़ाई शामिल है। हालांकि, यह विभाजन केवल विश्लेषणात्मक उद्देश्यों के लिए है, और कैर (1946: 108) के अनुसार शक्ति का मूल-तत्त्व अपने आप में अविभाज्य है। राज्यों की शक्ति का परिशुद्धता के साथ आकलन करना अत्यंत कठिन है, जो राष्ट्रीय शक्ति का एक अन्य पहलू है। इसलिए, समकालीन संरचनात्मक यथार्थवादियों ने शक्ति के स्थान पर 'क्षमताओं' की अवधारणा पेश की है। उदाहरण के लिए, केनेथ वाल्ट्ज सुझाव देते हैं कि, राज्यों की क्षमताओं को उसकी आबादी एवं क्षेत्र के आकार, संसाधनों के भंडार, आर्थिक क्षमता, सैन्य ताकत, राजनीतिक शक्ति और क्षमता जैसे मानदंडों के संदर्भ में वर्गीकृत किया जा सकता है (लिटिल एवं स्मिथ, 2006 में उद्धृत)।

2.4.3 राष्ट्रीय शक्ति के अवयव

राष्ट्रीय शक्ति के कई अवयव हैं। इनमें से कुछ तत्व अपेक्षाकृत स्थिर होते हैं, जबकि कुछ में निरंतर परिवर्तन जारी रहता है (मोर्गेंथाऊ, 1991: 127)।

2.4.3.1 भौगोलिक क्षेत्र

अंतर्राष्ट्रीय राजनीति के यथार्थवादी विचारकों के अनुसार, भौगोलिक क्षेत्र राष्ट्रीय शक्ति का एक महत्त्वपूर्ण घटक है। आधुनिक परिवहन एवं संचार प्रौद्योगिकी के तकनीकी विकास के बावजूद, राज्य की भौगोलिक अवस्थिति का महत्त्व चिरस्थायी है और सभी राष्ट्रों को अपनी विदेश नीति में इस बात को ध्यान में रखना चाहिए। राज्य का आकार, इसकी भौगोलिक अवस्थिति, जलवायु एवं

मौसम, आकार एवं स्थलाकृति तथा इसकी स्थल एवं समुद्री सीमाएं जैसे भौगोलिक कारक उस राज्य की विदेश नीति से संबंधित निर्णयों को काफी प्रभावित करते हैं। भू-राजनीति के रूप में ज्ञान की एक नई शाखा विकसित हुई, जो भौगोलिक क्षेत्र एवं राजनीतिक के बीच संबंधों को उजागर करती है। राज्य के विदेश नीति निर्माण एवं व्यवहार में भू-राजनीतिक विवेचनाओं की महत्त्वपूर्ण भूमिका होती है। उदाहरण के लिए, एक प्रसिद्ध भू-राजनीतिक हेल्फोर्ड मैकिंडर ने भविष्यवाणी की थी कि 'पूर्वी यूरोप पर शासन करने वाले का हार्टलैंड (वोल्गा नदी, आर्कटिक महासागर, यांग्त्ज़ी नदी और हिमालय पर्वत से घिरा क्षेत्र) पर नियंत्रण होता है, हार्टलैंड पर शासन करने वाले का विश्व द्वीप (यूरेशिया-अफ्रीका) पर नियंत्रण होता है, विश्व द्वीप पर शासन करने वाले का दुनिया पर नियंत्रण होता है' (पॉल्मर एवं पर्किन्स, 1997)।

2.4.3.2 प्राकृतिक संसाधन

अगर किसी देश को किसी विशेष प्राकृतिक संसाधन में संपन्नता प्राप्त हो, तो यह स्थिति भी अन्य देश के संदर्भ में राष्ट्रीय शक्ति को निर्धारित करती है। प्राकृतिक संसाधन राष्ट्रीय शक्ति के अपेक्षाकृत अधिक स्थिर कारक हैं।

2.4.3.3 खाद्यान्न

खाद्यान्न के क्षेत्र में आत्मनिर्भरता हमेशा से असीम शक्ति का स्रोत रहा है। इसके विपरीत, अंतर्राष्ट्रीय राजनीति में खाद्यान्न की स्थायी अभावग्रस्तता अशक्ति का स्थायी स्रोत रही है। खाद्यान्न के मामले में आत्मनिर्भर देश संकट काल में अपनी आबादी के लिए खाद्यान्न आपूर्ति की चिंता से मुक्त होते हैं, तथा अधिक दत्तचित्त होकर एवं दृढ़तापूर्वक नीतियों को लागू कर सकते हैं।

2.4.3.4 कच्चा माल

औद्योगिक उत्पादन तथा युद्ध के संचालन, दोनों ही दृष्टिकोण से कच्चा माल महत्त्वपूर्ण हैं। युद्ध और शांति, दोनों ही परिस्थितियों में कच्चे माल पर नियंत्रण को पूर्णतया महत्त्वपूर्ण माना गया है। परमाणु ऊर्जा एवं हथियारों के उत्पादन हेतु आवश्यक यूरेनियम जैसे कच्चे माल पर नियंत्रण से राष्ट्रीय शक्ति में काफी वृद्धि हो सकती है, और यह राष्ट्रों के सापेक्षिक शक्ति की स्थिति में परिवर्तन का कारण बनता है। पारंपरिक हथियारों पर श्रेष्ठता तथा निवारक महत्त्व के कारण राष्ट्रों द्वारा परमाणु हथियारों को शक्ति का साधन माना जाता है। तेल भी इसी प्रकार का एक अन्य कच्चा माल है। वैश्विक स्तर पर, विशेष रूप से पश्चिमी देशों में औद्योगिकरण के विस्तार के कारण अंतर्राष्ट्रीय राजनीति में तेल का रणनीतिक एवं राजनीतिक महत्त्व काफी बढ़ गया है। यह अब ऊर्जा का एक अपरिहार्य स्रोत बन गया है, जो राष्ट्रों की सापेक्षिक शक्ति को बहुत प्रभावित करता है। तेल उत्पादक देशों के तेल की विश्व स्तर पर काफी मांग है, जिसके कारण उन्होंने वैश्विक राजनीति में रणनीतिक एवं राजनीतिक महत्त्व और शक्ति प्राप्त की है। अधिकांश देशों के लिए विदेश नीति के निर्धारण में 'ऊर्जा सुरक्षा' एक महत्त्वपूर्ण कारक बन गया है।

2.4.3.5 औद्योगिक क्षमता

केवल यूरेनियम, कोयला एवं लौह अयस्क जैसे कच्चे माल की पर्याप्त मात्रा में उपलब्धता ही किसी राष्ट्र को शक्ति के लिहाज से प्रमुख स्थान दिलाने के लिए पर्याप्त नहीं है। इन संसाधनों को ऊर्जा में परिवर्तित करते हुए संसाधनों की संभावित शक्ति को वास्तविक शक्ति में परिणत करने के लिए, कच्चे माल की उपलब्धता के अनुरूप औद्योगिक प्रतिष्ठानों की मौजूदगी भी आवश्यक है। इस दृष्टिकोण से देखा जाए, तो पश्चिम के विकसित एवं औद्योगीकृत देशों के पास विकासशील देशों की तुलना में अधिक शक्ति है, क्योंकि ज्यादातर विकासशील देश कृषि पर निर्भर एवं औद्योगिक दृष्टि से पिछड़े होते हैं तथा यहां आधुनिक व परिष्कृत औद्योगिक तथा सैन्य प्रौद्योगिकी की कमी होती है। इसके फलस्वरूप, विकासशील देश सैन्य एवं औद्योगिक प्रौद्योगिकी के लिए पश्चिम के औद्योगिक देशों पर निर्भर हैं, और इस निर्भरता का बड़ी शक्तियों की राजनीतिक, आर्थिक और सैन्य शक्ति में वृद्धि तथा छोटे देशों की शक्ति में कमी में अत्यधिक योगदान है।

2.4.3.6 सैन्य तत्परता

राष्ट्रीय शक्ति स्पष्ट रूप से सैन्य शक्ति या सैन्य तत्परता पर निर्भर है। सैन्य तत्परता के लिए विदेशी नीतियों का समर्थन करने में सक्षम सैन्य प्रतिष्ठान का होना आवश्यक है। सैन्य प्रौद्योगिकी में नवप्रवर्तन, सैन्य नेतृत्व की गुणवत्ता तथा सशस्त्र बलों की गुणवत्ता एवं आकार कुछ महत्त्वपूर्ण कारक हैं, जो एक राष्ट्र की सैन्य तत्परता को सुनिश्चित करते हैं। समय-समय पर युद्ध प्रौद्योगिकी में नवप्रवर्तन से राष्ट्रों की सैन्य क्षमताओं में अत्यधिक वृद्धि होती है। इस बात का पहले भी उल्लेख किया जा चुका है कि, जिन देशों के पास परमाणु हथियार और उन्हें वितरित करने के साधन उपलब्ध हैं, वे तकनीकी दृष्टि से अपने प्रतिस्पर्धियों से काफी आगे होते हैं।

2.4.3.7 जनसंख्या

राष्ट्रीय शक्तियों को निर्धारित करने वाले मानवीय कारकों में जनसंख्या का आकार, राष्ट्रीय चरित्र, राष्ट्रीय मनोबल, तथा कूटनीति एवं शासन की गुणवत्ता महत्त्वपूर्ण हैं।

2.4.3.8 जनसंख्या का आकार

यह कहना अनुचित है कि, जनसंख्या का आकार जितना बड़ा होगा, राज्य की शक्ति भी उतनी ही अधिक होगी। परंतु यह बात भी सत्य है कि, पर्याप्त रूप से बड़ी आबादी के बिना आधुनिक युद्ध के सफल संचालन के लिए आवश्यक औद्योगिक संयंत्रों को स्थापित करना और उन्हें चलाना असंभव है। पर्याप्त रूप से बड़ी आबादी के बिना एक राष्ट्र, राष्ट्रीय शक्ति के लिए महत्त्वपूर्ण सामग्रियों के निर्माण एवं उनके प्रयोग में प्रथम श्रेणी में स्थान नहीं प्राप्त कर सकता है।

2.4.3.9 राष्ट्रीय चरित्र

राष्ट्रीय चरित्र का अस्तित्व एक विवादास्पद तथ्य है। मोर्गेंथाऊ जैसे पारम्परिक यथार्थवादियों के लिए राष्ट्रीय चरित्र, उन लोगों के लिए राष्ट्रीय शक्ति को प्रभावित करने में विफल नहीं हो सकता है — जो शांति और युद्ध में राष्ट्र के लिए कार्य करते हैं, इसकी नीतियों का निर्माण, कार्यान्वयन एवं समर्थन करते हैं, निर्वाचन में भाग लेते हैं और निर्वाचित होते हैं, जनमत को आकार देते हैं, उत्पादन एवं उपभोग करते हैं — ये सभी कमोबेश राष्ट्रीय चरित्र के निर्माण में सहायक बौद्धिक एवं नैतिक गुणों को दर्शाते हैं।

2.4.3.10 राष्ट्रीय मनोबल

मोर्गेंथाऊ के शब्दों में, राष्ट्रीय मनोबल किसी राष्ट्र द्वारा युद्ध एवं शांति की स्थिति में अपनी सरकार की विदेश नीतियों के समर्थन के प्रति दृढ़ संकल्प के स्तर को दर्शाता है। मुख्य रूप से इसे राष्ट्रीय महत्त्व के मुद्दों पर जनमत के माध्यम से व्यक्त किया जाता है। राष्ट्रीय मनोबल के उच्च होने की स्थिति में, सरकारें युद्ध एवं शांति के समय अपनी नीतियों का प्रभावी ढंग से अनुसरण कर सकती हैं। विशेष रूप से राष्ट्रीय संकट के समय ही राष्ट्रीय मनोबल का पता चलता है। मनोबल उन विचारों और विचारधाराओं से संबंधित है, जो किसी प्रयोजन हेतु संघर्ष के लिए प्रेरित करते हैं। कभी-कभी, राज्य की ओर से प्रोपेगेंडा के जरिए भी राष्ट्रीय मनोबल का निर्माण किया जा सकता है।

2.4.3.11 कूटनीति की गुणवत्ता

राष्ट्रीय शक्ति के सभी अवयवों में कूटनीति सर्वाधिक महत्त्वपूर्ण है। 'कूटनीति समझौता वार्ता के माध्यम से अंतर्राष्ट्रीय संबंधों का प्रबंधन है; यह एक ऐसी प्रक्रिया है जिसके माध्यम से राजदूतों एवं राष्ट्र के प्रतिनिधियों द्वारा इन संबंधों को समायोजित और प्रबंधित किया जाता है; और ऐसा व्यापार या राजनयिक की प्रवीणता के जरिए किया जाता है (वैन डाइक, 1969: 246)। क्विंसी राइट कूटनीति को 'युद्ध की संभावना वाली राजनीतिक व्यवस्था के अंतर्गत न्यूनतम क़ीमत के साथ अधिकतम सामूहिक उद्देश्य प्राप्त

करने के लिए किये जाने वाले समझौता-वार्ता की कला' के रूप में परिभाषित करते हैं (घई और घई, 2003: 277)। कूटनीति राष्ट्रीय शक्ति को दिशा प्रदान करती है। युद्ध की स्थिति में राष्ट्रीय शक्ति के लिए सेनानायकों द्वारा सैन्य रणनीति एवं व्यूह रचना की तरह, शांति की स्थिति में राष्ट्रीय शक्ति के लिए राजनयिकों द्वारा विदेश मामलों का प्रबंधन बेहद महत्त्वपूर्ण है। कूटनीति अगर राष्ट्रीय शक्ति का दिमाग है, तो मनोबल उसकी आत्मा है। एक कार्यक्षम कूटनीति, अन्य सभी कारकों को ध्यान में रखते हुए राष्ट्र की शक्ति एवं क्षमताओं का अपने सर्वोत्तम लाभ के लिए उपयोग करके उस देश की शक्ति को अपेक्षा से अधिक बढ़ा सकती है। उच्च कोटि की कूटनीति के जरिए विदेशी नीति के लक्ष्यों एवं साधनों को राष्ट्रीय शक्ति के लिए उपलब्ध संसाधनों के अनुरूप बनाया जाता है। यह राष्ट्रीय शक्ति के छिपे स्रोतों का लाभ उठाते हुए उन्हें पूरी तरह से और सुरक्षित रूप से राजनीतिक वास्तविकताओं में परिणत करने में सक्षम है (मोर्गेंथाऊ, 1991: 159)।

2.4.3.12 सरकार की गुणवत्ता

बेहतर सरकार भी राष्ट्रीय शक्ति का एक आवश्यक अवयव है। फिर बेहतर सरकार से क्या तात्पर्य है? शक्ति के संदर्भ में, एक सरकार को बेहतर तभी माना जा सकता है, जब वह यहां वर्णित तीन शर्तों को पूरा करे। सर्वप्रथम, सरकार को उपलब्ध राष्ट्रीय संसाधनों तथा विदेश नीति के उद्देश्यों एवं इसके तरीकों के बीच संतुलन स्थापित करना पड़ता है। दूसरे शब्दों में, कार्यान्वयन के संदर्भ में विदेश नीति एवं इसके उद्देश्यों को संसाधनों के अनुरूप होना चाहिए, ताकि उसकी विदेश नीति की सफलता की संभावनाएं अधिकतम हो सके। दूसरा, सरकार को अपनी विदेश नीति के अनुसरण में अपने उपलब्ध राष्ट्रीय संसाधनों के बीच संतुलन बनाए रखना चाहिए। उदाहरण के तौर पर, एक ऐसे सैन्य प्रतिष्ठान की योजना बनाना जिसे उपलब्ध औद्योगिक क्षमता द्वारा समर्थन देना काफी कठिन हो, तथा इसे तेजी से बढ़ने वाली मुद्रास्फीति, आर्थिक संकट एवं मनोबल के अपकर्ष की कीमत पर ही बरकरार रखा जा सके, तो इस प्रकार की योजना राष्ट्रीय शक्ति के बजाय राष्ट्रीय कमज़ोरी का कारण बनती है। तीसरा, एक सरकार को अपनी विदेश नीति हेतु जन समर्थन हासिल करने के लिए हर संभव प्रयास करना चाहिए, जिसके अंतर्गत नीतियों के लिए जनता की राय का क्रमबंधन भी शामिल है। इसे विदेशी और घरेलू नीतियों के लिए अन्य देशों की जनता की राय का भी समर्थन प्राप्त करना चाहिए (मोर्गेंथाऊ, 1991: 162–68)।

2.4.3.13 राष्ट्रीय शक्ति के प्रयोग की युक्तियां

राज्य तीन तरीकों—कूटनीति, आर्थिक दृष्टि से राज कौशल या सैन्य बल के उपयोग—के माध्यम से राष्ट्रीय शक्ति का उपयोग करते हैं। कुछ मामलों में इन सभी युक्तियों का एक साथ उपयोग किया जा सकता है, जबकि किसी अन्य स्थिति में आवश्यकतानुसार इनमें से किसी एक युक्ति का उपयोग किया जा सकता है।

2.4.3.14 कूटनीति

मोर्गेंथाऊ के अनुसार, 'शांतिपूर्ण तरीकों से राष्ट्रीय हित को बढ़ावा देना ही कूटनीति है' (घई और घई, 2003: 277)। इसमें वांछित परिणामों की प्राप्ति हेतु संधि-वार्ता, सौदेबाज़ी तथा दूसरे राज्यों को प्रभावित करने के अन्य शांतिपूर्ण साधनों का उपयोग शामिल है। राजनयिक अपने लक्ष्यों को प्राप्त करने के लिए अनुनय, पुरस्कार और रियायतों के साथ-साथ दबाव डालने एवं बल प्रयोग की धमकी देने जैसी युक्तियों का भी उपयोग करते हैं। कूटनीति खुली या गुप्त हो सकती है।

2.4.3.15 आर्थिक प्रतिबंध

राज्य प्रणाली सम्पत्ति, प्रौद्योगिकी, सैन्य शक्ति आदि में राज्यों के बीच भारी विषमताओं के साथ अत्यधिक स्तरीकृत है। इसके परिणामस्वरूप, कुछ राष्ट्र, विशेष रूप से पश्चिम के औद्योगिक राष्ट्र, अपनी नीतियों के अनुसरण के प्रभावी साधनों के रूप में सकारात्मक और नकारात्मक, दोनों तरीकों के आर्थिक प्रतिबंधों का उपयोग करते हैं। चूंकि दक्षिण के अधिकांश विकासशील देश

आर्थिक सहायता एवं प्रौद्योगिकी और व्यापार के लिए पश्चिमी देशों पर निर्भर हैं, इसलिए उनके द्वारा राष्ट्र की शक्ति के प्रयोग की एक विधि के तौर पर आर्थिक प्रतिबंधों को लागू किया जाता है।

2.4.3.16 बल प्रयोग

अंतर्राष्ट्रीय राजनीति की यथार्थवादी विचारधारा में बल प्रयोग की धमकी को केंद्रीय स्थान प्राप्त है। आमतौर पर जब कूटनीति एवं आर्थिक प्रतिबंधों से उद्देश्यों की प्राप्ति संभव नहीं हो पाती है, तब राज्य बल प्रयोग का सहारा लेते हैं। युद्ध का सहारा लेने से पहले बल प्रयोग की धमकी दी जा सकती है। अंतर्राष्ट्रीय कानूनों द्वारा बल प्रयोग पर प्रतिबंध के बावजूद, युद्ध जारी रहते हैं।

2.5 राष्ट्रीय शक्ति का मूल्यांकन

विदेश नीति की सफलता के लिए राष्ट्रीय शक्ति का निरंतर मूल्यांकन आवश्यक है। विदेश नीति प्रबंधकों को, वर्तमान समय में और भविष्य में इन अलग-अलग घटकों के अपने देश की राष्ट्रीय शक्ति पर तथा अन्य राष्ट्रों की राष्ट्रीय शक्ति पर प्रभाव का मूल्यांकन करना चाहिए। राष्ट्रीय शक्ति के मूल्यांकन के दौरान, समय-समय पर इन घटकों में होने वाले परिवर्तन (उदाहरण के लिए, सैन्य तकनीक में नवप्रवर्तन या आर्थिक शक्ति में परिवर्तन) को भी ध्यान में रखा जाना चाहिए। अपनी राष्ट्रीय शक्ति तथा अन्य देशों की शक्ति के मूल्यांकन के समय, राज्यों को इन तीन बातों को ध्यान में रखना चाहिए। (a) शक्ति की सापेक्षता, जिसका अर्थ है कि शक्ति हमेशा तुलनात्मक होती है और पूर्ण नहीं होती है। जब हम किसी राष्ट्र की शक्ति के बारे में बात करते हैं, तो इसका तात्पर्य है कि हम किसी निर्दिष्ट समयावधि में अन्य देशों की शक्ति की तुलना में उस राष्ट्र की शक्ति के बारे में बात कर रहे हैं। (b) शक्ति का कोई विशेष तत्त्व या घटक स्थायी नहीं होता है और यह परिवर्तनशील है। (c) कभी भी किसी एक घटक को इतना अधिक महत्त्व नहीं दिया जाना चाहिए, जिससे अन्य सभी घटकों को नुकसान हो। इसका तात्पर्य यह है कि, अन्य सभी घटकों की उपेक्षा करते हुए राष्ट्रीय चरित्र, भौगोलिक क्षेत्र या सैन्य शक्ति जैसे किसी एक घटक पर बहुत अधिक जोर नहीं दिया जाना चाहिए। इन तथ्यों को देखते हुए यह कहा जा सकता है कि, विदेश नीति के परिणामों के पूर्वानुमान के लिए राष्ट्रीय शक्ति के किसी भी एक घटक, अथवा उनके संयोजन पर भी भरोसा नहीं किया जा सकता है।

2.6 शक्ति का संतुलन

अंतर्राष्ट्रीय राजनीति की यथार्थवादी विचारधारा में 'शक्ति का संतुलन' एक महत्त्वपूर्ण सिद्धांत है। यथार्थवादी सिद्धांतों के अनुसार, अंतर्राष्ट्रीय शांति और स्थिरता को बनाए रखने के लिए शक्ति संतुलन बेहद महत्त्वपूर्ण है। यथार्थवादी और नव-यथार्थवादी दृष्टिकोण के अनुसार, अराजकता और स्व-सहायता प्रणाली अंतर्राष्ट्रीय राजनीति की विशेषता है। 'अराजकता' संप्रभु राज्यों की व्यवस्था में केंद्रीय सत्ता की अनुपस्थिति को दर्शाता है। दूसरे शब्दों में, जिस प्रकार राष्ट्रीय स्तर पर शासन-व्यवस्था को बनाए रखने के लिए संप्रभु सरकारें मौजूद होती हैं, उसी तरह बल प्रयोग का प्रतिकार करने और इसका सामना करने के लिए अंतर्राष्ट्रीय स्तर पर कोई वैश्विक संप्रभु सरकार मौजूद नहीं होती है। पारम्परिक यथार्थवादी विचारकों के अनुसार, अंतर्राष्ट्रीय प्रणाली हॉब्स के 'राज्य की प्रकृति' को दर्शाती हैं, जिसमें राज्य अपनी सुरक्षा के लिए एक-दूसरे पर भरोसा नहीं कर सकते हैं। अंतर्राष्ट्रीय तंत्र की इस अविश्वासपूर्ण एवं अराजक संरचना को देखते हुए, राज्यों को स्व-सहायता प्रणाली के माध्यम से अपनी सुरक्षा और उत्तरजीविता सुनिश्चित करने के लिए स्वयं प्रयास करना पड़ता है। हालांकि, जब प्रत्येक राज्य स्वयं के सुरक्षा तंत्र का निर्माण करता है, तो यह अन्य राज्यों की सुरक्षा के लिए ख़तरा उत्पन्न करता है तथा 'सुरक्षा संबंधी असमंजस' की स्थिति को जन्म देता है। सुरक्षा संबंधी असमंजस एक ऐसी स्थिति है, जिसमें किसी एक राज्य द्वारा सुरक्षा की दिशा में किया गया प्रयास दूसरे राज्य के लिए असुरक्षा का कारण बन जाता है। 'सुरक्षा संबंधी असमंजस' की स्थिति से बचने के लिए, राज्य सत्ता के संतुलन की प्रक्रिया में संलग्न होते हैं। शक्ति संतुलन का सिद्धांत, सत्ता की राजनीति के खेल का एक अभिन्न अंग है और शासन कला का मौलिक सिद्धांत है। राज्य दूसरे की तुलना में अपनी सापेक्षिक शक्ति को संतुलित करके अपनी शक्ति को बढ़ाने की कोशिश करते हैं।

2.6.1 शक्ति संतुलन को परिभाषित करना

'शक्ति संतुलन' की सटीक परिभाषा के संदर्भ में विद्वानों के बीच मतैक्य नहीं है। विभिन्न लेखकों ने इसे अलग-अलग तरीके से परिभाषित किया है। केनेथ वाल्ट्ज ने अपनी पुस्तक, थ्योरी ऑफ इंटरनेशनल पॉलिटिक्स में शक्ति के संतुलन को निम्नानुसार परिभाषित किया है: 'यदि राज्य अपने पास-पड़ोस के क्षेत्र का पर्यवेक्षण करते हैं, पूरे विश्व में शक्ति के विन्यास में परिवर्तन के लिए अपनी नीतियों को समायोजित करते हैं तथा यदि शक्ति का वास्तविक वितरण ऐसा हो जिससे संतुलन स्थापित किया जा सकता है, तब सही मायने में शक्ति का संतुलन उभर सकता है' (लिटिल एवं स्मिथ, 2006 में उद्धृत)। जॉर्ज श्वार्ज़नबर्गर (1964: 168–69) शक्ति के संतुलन को निम्नानुसार परिभाषित करते हैं: 'अगर परिस्थितियां अनुकूल हों, तो गठबंधन एवं जवाबी गठबंधन तथा ज़िम्मेदारी एवं तटस्थता की संधि से अंतर्राष्ट्रीय संबंधों में एक निश्चित मात्रा में स्थिरता आ सकती है। इस संतुलन को शक्ति के संतुलन के रूप में वर्णित किया गया है।

मार्टिन वाइट (1991: 164) के लिए, ग्रोटियन अर्थ में शक्ति संतुलन का तात्पर्य दो बातों से है: सबसे पहले, 'शक्ति का एक समान वितरण', जिसका शाब्दिक अर्थ शक्ति का संतुलन भी है; दूसरा, 'ऐसी परिस्थितियों की मौजूदगी, जिसमें कोई भी शक्ति इतनी प्रभावशाली नहीं होती है कि वह दूसरों के लिए ख़तरा उत्पन्न कर सके।' वाइट के अनुसार, मैकियावेली के अर्थ में शक्ति संतुलन, 'शक्ति के मौजूदा वितरण को संदर्भित करता है; यह वितरण शक्तियों की हैसियत के अनुरूप है' (1991: 169)। कैसलरे ने शक्ति के संतुलन को 'राष्ट्रों के घटक सदस्यों के बीच इस तरह के संतुलन को बरकरार रखने के रूप में संदर्भित किया है, ताकि उनमें से किसी एक द्वारा अपनी इच्छा को बाकियों पर थोपने से रोका जा सके' (कुमार, 1967: 239 में उद्धृत)।

हेन्स मोर्गेंथाऊ के अनुसार (1991: 187), 'कई देशों की ओर से शक्ति हासिल करने की आकांक्षा में वर्तमान स्थिति को बरकरार रखने अथवा इसे पूरी तरह से बदलने का प्रयास किया जाता है, जिससे शक्ति के संतुलन की आवश्यकता उत्पन्न होती है और नीतियों का उद्देश्य इसे संरक्षित करना होता है।' मोर्गेंथाऊ ने चार अलग-अलग तरीकों से 'शक्ति संतुलन' शब्द का उपयोग किया है: (a) किसी विशेष परिस्थिति के लिए निर्धारित की गई नीति के रूप में, (b) मामलों की वास्तविक परिस्थिति के रूप में, (c) शक्ति के लगभग समान वितरण के रूप में, तथा (d) शक्ति के किसी भी तरीके से वितरण के रूप में। उनका तर्क है कि:

> *शक्ति का अंतर्राष्ट्रीय संतुलन केवल एक सामान्य सामाजिक सिद्धांत की विशेष अभिव्यक्ति है, जिसके अनुसार सभी समाजों का गठन कई स्वायत्त इकाइयों से होता है और ये सभी समाज अपने घटक भागों की स्वायत्तता के ऋणी होते हैं; [और] शक्ति के संतुलन तथा इसके संरक्षण के उद्देश्य से निर्मित नीतियां न केवल अपरिहार्य हैं, बल्कि संप्रभु राष्ट्रों के समाज के लिए एक आवश्यक स्थिरीकरण कारक हैं (मोर्गेंथाऊ, 1991: 187)।*

मोर्गेंथाऊ शक्ति संतुलन का वर्णन एक सार्वभौमिक अवधारणा के रूप में करते हैं — क्योंकि हम मानव शरीर से लेकर घरेलू राजनीति तक और अर्थव्यवस्था से लेकर पूरी तरह से सामाजिक प्रणाली तक मौजूद हर व्यवस्था के घटक भागों के बीच संतुलन देख सकते हैं। उदाहरण के लिए, पूंजीवाद को 'प्रतिकारी शक्ति' की प्रणाली के रूप में वर्णित किया गया है (मोर्गेंथाऊ, 1991: 188)।

इनिस क्लाउड ने शक्ति संतुलन की कल्पना एक ऐसी प्रणाली के तौर पर की गई है, जो संदर्भित करता है कि,

> *राज्यों के समुच्चय में से कुछ राज्य कार्रवाई के एक सार्वत्रिक सिद्धांत द्वारा मार्गदर्शित होते हैं: जब मेरा राज्य या राज्य समूह असाधारण रूप से शक्तिशाली बन जाता है, या इसके ऐसा बनने की आशंका होती है, तो अन्य राज्यों को इसे अपनी सुरक्षा के लिए ख़तरा मानना चाहिए और उन्हें भी अपनी शक्ति को बढ़ाने के लिए व्यक्तिगत रूप से या संयुक्त रूप से समतुल्य उपायों को अपनाकर जवाब देना चाहिए (वैन डाइक, 1969: 220 में उद्धृत)।*

क्रिस ब्राउन के अनुसार, शक्ति संतुलन के पीछे मूल विचार यह है कि, बल प्रयोग का प्रतिकार केवल बल प्रयोग के जरिए ही किया जा सकता है और एक अराजक दुनिया में, स्थायित्व, पूर्वानुमेयता और नियमितता केवल तभी हो सकती है जब दुनिया में अपने सैन्य बल का प्रयोग करने में सक्षम राज्य साम्यावस्था में हों। हालांकि, ब्राउन शक्ति संतुलन के सरल और जटिल प्रकारों के बीच अंतर स्थापित करने के लिए एक झाड़-फ़ानूस के कल्पनिक चित्र का उपयोग करते हैं। ब्राउन का तर्क है, 'संतुलन' की धारणा को अगर तराज़ू के दो पलड़ों के जरिए दर्शाया जाए, तो यह उपमा बिल्कुल अनुपयुक्त होगी क्योंकि इससे केवल दो समतुल्य (सरल)

शक्तियों की मौजूदगी का पता चलेगा। ऐसे में झाड़-फ़ानूस की छवि एक बेहतर रूपक है। झाड़-फ़ानूस स्तर (स्थिर) पर बरकरार रहता है, यदि उससे जुड़े वजन नीचे इस तरह से वितरित किए जाएं कि उनके बल से उत्पन्न खिंचाव तथा नीचे की ओर गुरुत्वाकर्षण संतुलन में हो। इस रूपक के दो फायदे हैं। सबसे पहले, यह विचार के साथ जुड़े अधिक जटिल प्रयोगों में से कुछ को अधिक कठिन बनाता है। उदाहरण के लिए यह स्पष्ट हो जाएगा कि 'संतुलन को नियंत्रित रखना मुश्किल है', जबकि एक झाड़-फ़ानूस के नीचे खड़े होने की दशा में संतुलन का 'किसी के पक्ष में आगे बढ़ना' सकारात्मक रूप से ख़तरनाक है। ब्राउन के अनुसार, यह रूपक इस विचार को अभिव्यक्त करता है कि दो तरीकों के माध्यम से संतुलन को प्रभावित किया जा सकता है, साथ ही दो तरीकों से इसे फिर से स्थापित किया जा सकता है। झाड़-फ़ानूस के किसी भी पक्ष का वजन बढ़ जाने पर, अगर इसकी क्षतिपूर्ति नहीं की गई तो यह असंतुलित हो जाएगा। उदाहरण के लिए, अगर कोई राज्य द्रुतगामी आर्थिक विकास जैसे अंतः विकसित कारणों के चलते दूसरों की तुलना में अधिक शक्तिशाली हो जाए तो असंतुलन की स्थिति उत्पन्न होती है। अगर प्रतिपूरक के बिना दो पक्ष एक दूसरे के निकट आते हैं, तो उस वक्त भी यह अस्थिर हो जाता है। उदाहरण के लिए, दो राज्य पहले से कहीं अधिक घनिष्ठ संबंध बनाते हैं, तो असंतुलन की स्थिति उत्पन्न होती है। दो तरीकों से स्थायित्व को पुनः स्थापित किया जा सकता है— अर्थात् अन्य पक्षों के वजन को बढ़ाकर या दो अन्य पक्ष की निकटता के जरिए ऐसा किया जा सकता है। भिन्न प्रकार से देखने पर पता चलता है कि, ये दोनों अवरोध हथियारों की होड़, अथवा गठबंधन नीति, अथवा दोनों के संयोजन से निर्मित तथा संभावित रूप से संशोधित हैं (ब्राउन और ऐनले, 2005: 98–99)।

2.6.1.1 शक्ति संतुलन की पूर्वधारणाएं

क्विंसी राइट के अनुसार, शक्ति व्यवस्था के संतुलन को रेखांकित करने वाली प्रमुख पूर्वधारणाएं निम्नलिखित हैं (ब्राउन और ऐनले, 2005: 223–24)।

- राज्य युद्ध सहित, उनके निपटारे के माध्यम से अपने महत्त्वपूर्ण हितों (आजादी, क्षेत्रीय अखंडता, सुरक्षा और इसी प्रकार के अन्य मुद्दों के संदर्भ में) के प्रति कृतसंकल्प होते हैं।
- राज्यों के महत्त्वपूर्ण हित संकट में होते हैं या हो सकते हैं। अन्यथा, यथास्थिति को बरकरार रखने को इच्छुक राज्यों के लिए स्वयं को शक्तिशाली राज्यों के साथ संबद्ध करने के प्रति चिंतित होने की आवश्यकता नहीं है।
- राज्यों की सापेक्षिक शक्ति का सटीकता के एक महत्त्वपूर्ण स्तर के साथ मापन किया जा सकता है, और शक्ति के इस आकलन को भविष्य में प्रस्तुत किया जा सकता है।
- 'संतुलन' की स्थिति या तो संतर्जक राज्य को आक्रमण शुरू करने से रोक देगी या हमले की स्थिति में पीड़ित को हार से बचाएगी।
- राजनेता, शक्ति की स्थिति पर विचार करते हुए विदेश नीति के संदर्भ में बुद्धिमत्तापूर्ण तरीके से निर्णय ले सकते हैं और लेंगे।

2.6.1.2 शक्ति प्रणाली के संतुलन के मूल मानदंड

करेन ए मिंग्स्ट (2001) के अनुसार, शक्ति प्रणाली के संतुलन के मूल मानदंड निम्नलिखित हैं, जो संतुलन की प्रक्रिया में लगे प्रत्येक राजनेता को स्पष्ट हैं:

- अगर कोई नेतृत्वकर्ता या गठबंधन अपना प्रभुत्व स्थापित करने की कोशिश करता है, तो उसे निरुद्ध किया जाना चाहिए।
- राज्य नए क्षेत्रों के अधिग्रहण, अथवा अपनी जनसंख्या को बढ़ाकर अथवा आर्थिक विकास के माध्यम से अपनी क्षमताओं में वृद्धि करना चाहते हैं।
- संधि-वार्ता हमेशा युद्ध से बेहतर विकल्प है।

- अपनी क्षमताओं को बढ़ाने में विफल रहने से बेहतर युद्ध करना होता है, क्योंकि एक कमजोर राज्य की रक्षा कोई भी नहीं करेगा।
- अन्य राज्यों को संभावित सहयोगियों के रूप में देखा जाता है।
- अपने राष्ट्रीय हितों की रक्षा करने वाले राज्यों को शक्ति के संदर्भ में परिभाषित किया जाता है।

अंतर्राष्ट्रीय प्रणाली में एक से अधिक प्रभावशाली नेतृत्वकर्ताओं की उपस्थिति के बाद ही शक्ति प्रणाली का संतुलन संभव है। यदि कोई भी महत्त्वपूर्ण नेतृत्वकर्ता उपर्युक्त मानदंडों का पालन नहीं करे, तो शक्ति प्रणाली का संतुलन अस्थिर हो सकता है। शक्ति प्रणाली के संतुलन में गठबंधन विशिष्ट होते हैं, क्योंकि ये अल्पकालिक होते हैं और ये किसी विचारधारा के बजाय लाभ पर आधारित होते हैं। घटित होने वाले किसी भी युद्ध की प्रकृति संभवतः सीमित होती हैं, जिसे शक्ति संतुलन को संरक्षित करने के उद्देश्य से परिकल्पित किया जाता है।

2.7 शक्ति प्रणाली के संतुलन के लिए सफलता की शर्तें

इनिस एल. क्लाउड जूनियर (ब्राउन और ऐनले, 2005: 243 में उद्धृत) के अनुसार, शक्ति संतुलन की सफलता की संभावनाओं को अधिकतम करने के लिए निम्नलिखित स्थितियां आवश्यक हैं:

- शक्ति को अत्यधिक केंद्रित नहीं होना चाहिए, बल्कि इसे विभिन्न राज्यों द्वारा साझा किया जाना चाहिए।
- नीतियों को कूटनीतिक खेल के कुशल पेशेवर खिलाड़ियों द्वारा नियंत्रित किया जाना चाहिए, जो शक्ति के महत्त्व को ध्यान में रखते हुए कार्रवाई करने के लिए वैचारिक प्रतिबद्धताओं एवं अन्य सभी बाधाओं से मुक्त हों।
- शक्ति के घटक सरल एवं स्थिर होने चाहिए; अर्थात् यह इतना सरल होना चाहिए कि सटीक गणना की जा सके तथा यह इतना स्थिर होना चाहिए कि भविष्य में गणना के प्रदर्शन की अनुमति हो।
- युद्ध की संभावित लागत निवारक मूल्य के लिए पर्याप्त होनी चाहिए, लेकिन इतनी अधिक नहीं हो कि युद्ध का ख़तरा अविश्वसनीय प्रतीत होने लगे।
- मौजूदा व्यवस्था के लिए चुनौतियां परिवर्तनवादी नहीं होनी चाहिए। कम से कम, राज्य प्रणाली का नेतृत्व करने वाले लोगों को अपनी मांगों को इस हद तक सीमित करना चाहिए, जो प्रणाली की आवश्यक बहुलवादी प्रकृति के अनुकूल हो।
- यदि संभव हो, तो संतुलन स्थापित करने का अधिकार किसी ऐसे राज्य को दिया जाना चाहिए, जो संतुलन को बरकरार रखने के लिए दोनों पक्षों पर दबाव बनाने में सक्षम हो।

2.8 शक्ति संतुलन के प्रमुख स्वरूप और विधियां

हेन्स मोर्गेंथाऊ के अनुसार (1991: 192–96), अंतर्राष्ट्रीय परिदृश्य में शक्ति संतुलन के दो प्रमुख स्वरूप — पहला, प्रत्यक्ष प्रतिरोध का स्वरूप और दूसरा, प्रतिस्पर्धा का स्वरूप, हो सकते हैं। 'प्रत्यक्ष प्रतिरोध' के स्वरूप में, राष्ट्र A राष्ट्र B के संबंध में साम्राज्यवादी नीति का अनुसरण कर सकता है, तथा राष्ट्र B अपनी यथास्थिति को बरकरार रखकर अथवा स्वयं की साम्राज्यवादी नीति का अनुसरण करते हुए उस नीति का मुकाबला कर सकता है। प्रत्यक्ष प्रतिरोध की स्थिति में, दोनों राष्ट्रों द्वारा अपनी-अपनी नीतियों को प्रभुत्व का स्थान दिलाने की इच्छा से शक्ति का संतुलन होता है। राष्ट्र A, राष्ट्र B के संबंध में अपनी शक्ति को इतनी हद तक बढ़ाने की कोशिश करता है कि वह B के निर्णयों को नियंत्रित कर सके, और इस प्रकार सफलता के लिए अपनी साम्राज्यवादी नीति का अनुसरण करता है। दूसरी ओर, राष्ट्र B अपनी शक्ति को इतनी हद तक बढ़ाने की कोशिश करता है कि, वह A के दबाव का प्रतिरोध कर सके और इस प्रकार, A की नीति को निष्फल करने या फिर सफलता की संभावना के साथ अपनी साम्राज्यवादी नीति का अनुसरण करने की कोशिश करता है। इस प्रकार, संतुलन का स्वरूप उन देशों क बीच प्रत्यक्ष प्रतिरोध है, जिसमें एक राष्ट्र दूसरे पर अपना प्रभुत्व कायम करना चाहता है, जबकि दूसरा इससे इनकार करता है।

2.8.1 प्रतिस्पर्धा के स्वरूप में

राष्ट्र B के प्रतिरोध के सामने राष्ट्र C पर प्रभुत्व हासिल करने के लिए, यदि राष्ट्र A की आवश्यक शक्ति B की शक्ति से अधिक नहीं हो तो यह संतुलित हो जाती है, जबकि बदले में, राष्ट्र C पर प्रभुत्व हासिल करने के लिए, यदि राष्ट्र B की आवश्यक शक्ति A की शक्ति से अधिक नहीं हो तो यह संतुलित हो जाती है। यहां A और B के बीच सत्ता के लिए संघर्ष का स्वरूप प्रत्यक्ष प्रतिरोध नहीं है, बल्कि प्रतिस्पर्धा है, जिसका लक्ष्य C पर अपना प्रभुत्व स्थापित करना है, और यह केवल A और B के बीच शक्ति के लिए प्रतिस्पर्धा के माध्यम ही संभव है। इस उदाहरण में, राष्ट्र C की स्वतंत्रता A और B के बीच विद्यमान शक्ति संबंधों को क्रियाशील बनाती है।

2.8.2 शक्ति संतुलन के कार्य

प्रत्यक्ष प्रतिरोध की स्थिति में शक्ति संतुलन का सफल संचालन दो कार्यों को पूरा करता है: सबसे पहले, यह दो प्रत्यक्ष विरोधी राज्यों के शक्ति संबंधों में अनिश्चित स्थिरता पैदा करता है। यह स्थिरता अनिश्चित है, क्योंकि इसमें निरंतर बदलाव होता है तथा राज्यों की सापेक्षिक शक्ति स्थिति में परिवर्तनों के अनुरूप सतत समायोजन जारी रहता है। दूसरा, यह दूसरे के वर्चस्व से एक राष्ट्र की स्वतंत्रता सुनिश्चित करता है। C पर वर्चस्व के लिए A और B के बीच प्रतिस्पर्धा की स्थिति में, A और B के संबंधों में अनिश्चित स्थिरता और सुरक्षा के माहौल के सृजन के अलावा, शक्ति संतुलन से A या B द्वारा अतिक्रमण के खिलाफ C की स्वतंत्रता की सुरक्षा भी सुनिश्चित होती है।

2.8.3 शक्ति संतुलन के उद्देश्य

सुरक्षा और शांति, शक्ति संतुलन के मुख्य उद्देश्य हैं। हालांकि शांति को अक्सर उद्देश्य के रूप में देखा जाता है, जबकि आमतौर पर सुरक्षा अधिक बुनियादी चिंता का विषय होती है। आमतौर पर संप्रभुता, क्षेत्रीय अखंडता, जैसे राज्यों के महत्त्वपूर्ण हितों की सुरक्षा बुनियादी चिंता का विषय है, जिसके लिए राज्य आवश्यक स्थिति में युद्ध हेतु सदैव तत्पर रहते हैं। संतुलन शक्ति के इस प्रकार वितरण की इच्छा से किया जाता है, जो हमले का निवारण करने अथवा युद्ध में जीत हासिल नहीं होने पर राज्य को हार से बचने की अनुमति देगा। शक्ति के संतुलन का मुख्य उद्देश्य राज्यों के बीच शक्ति को इस प्रकार वितरित करना एवं इसे बरकरार रखना है, जो इनमें से किसी के द्वारा धमकी अथवा हिंसा के माध्यम से अपनी इच्छा को दूसरे पर थोपने से रोकने में सक्षम हो। आम तौर पर, शांति भी शक्ति संतुलन का एक उद्देश्य है। हमले का निवारण करते हुए संतुलन को बरकरार रखने का तात्पर्य शांति को संरक्षित करना भी है। हालांकि, सुरक्षा सर्वोपरि और शांति से अधिक महत्त्वपूर्ण है (वैन डाइक, 1969: 221–22)। मोर्गेंथाऊ (1991) के अनुसार, साम्यावस्था के रूप में कल्पित शक्ति संतुलन का लक्ष्य, स्थायित्व को बरकरार रखने के साथ-साथ अंतर्राष्ट्रीय प्रणाली के घटक राज्यों को सुरक्षित रखना भी है। इस संदर्भ में, शक्ति संतुलन यथास्थिति को बरकरार रखना चाहता है और यह अंतर्राष्ट्रीय प्रणाली के विन्यास में आमूल-चूल परिवर्तन की अनुमति नहीं देता है।

2.8.4 शक्ति संतुलन स्थापित करने और इसे बरकरार रखने की अलग-अलग विधियां

शक्ति संतुलन स्थापित करने और इसे बरकरार रखने के लिए अलग-अलग विधियों का प्रयोग किया जाता है।

2.8.4.1 आंतरिक युक्तियों के जरिए शक्ति का समायोजन

अगर किसी राज्य को किसी दूसरे राज्य की बढ़ती शक्ति से ख़तरे का आभास हो तो, वह अपनी स्थिति की रक्षा के लिए अपनी शक्ति का विकास कर सकता है। वह हथियारों का निर्माण कर सकता है, अपनी युद्धक क्षमता को बढ़ाने के लिए तैयार किए गए आर्थिक कार्यक्रम की शुरुआत कर सकता है या इसे विस्तारित कर सकता है, या फिर अपने देश के प्रति संवेदनशीलता को प्रोत्साहित करने तथा संभावित दुश्मन के प्रति नफ़रत को बढ़ाने के लिए आंतरिक स्तर पर प्रोपेगेंडा अभियानों को विकसित कर

सकता है। जब अन्य राज्य अधिक शक्तिशाली या संतर्जक होने के प्रयास को छोड़ दे, तो इन युक्तियों के प्रयोग को स्थगित किया जा सकता है (वैन डाइक, 1969: 232)।

2.8.4.2 गठबंधन और प्रति-गठबंधन

गठबंधन एवं प्रति-गठबंधन का निर्माण, शक्ति संतुलन को बनाए रखने का सबसे अधिक प्रयुक्त तरीका रहा है। जब एक-दूसरे के साथ प्रतिस्पर्धा करने वाले दो राष्ट्र किसी अन्य राष्ट्र की शक्ति को अपने साथ जोड़ते हैं, या अगर वे अन्य देशों की शक्ति से विरोधी को रोक सकते हैं, तो कहा जा सकता है कि उन्होंने गठबंधन की नीति का अनुपालन किया है। गठबंधन की नीति का अनुसरण करना सैद्धांतिक नहीं बल्कि अपने फ़ायदे का विषय है। अगर किसी राष्ट्र को यह लगे कि, वह अपने बूते पर अपनी शक्ति को बरकरार रख सकता है अथवा या गठबंधन के परिणामस्वरूप प्रतिबद्धताओं का बोझ अपेक्षित फ़ायदे से अधिक है, तो वह गठबंधन से अलग हो जाएगा। आमतौर पर, गठबंधन समान हितों या मानार्थ हितों की रक्षा के उद्देश्य से गठित होते हैं। अक्षर गठबंधन दो प्रकार के होते हैं, आक्रामक और रक्षात्मक। आक्रामक गठबंधन अपने सदस्यों के पक्ष में संतुलन को अस्थिर करना चाहता है, जबकि रक्षात्मक गठबंधन का लक्ष्य अपने पक्ष में संतुलन के पूर्वावस्था की प्राप्ति है। गठबंधन के सफलता की सामान्य शर्तों में सर्वनिष्ठ हित, आम विचारधारा, आम आर्थिक हित, तथा भौगोलिक एवं सांस्कृतिक स्तर पर समानता जैसे कारक शामिल हैं।

2.8.4.3 शस्त्रीकरण और निरस्त्रीकरण

शस्त्रीकरण सबसे बड़ा साधन है, जिसके माध्यम से एक देश शक्ति के संतुलन को बरकरार रखने अथवा इसे पुनः स्थापित करने का प्रयास करता है। शस्त्रीकरण की होड़ में राष्ट्र A, राष्ट्र B से ज्यादा हथियार एकत्रित करने का प्रयास करता है और इसके विपरीत राष्ट्र B कोशिश भी जारी रहती है, जिसके परिणामस्वरूप शक्ति की अस्थिर एवं गतिशील संतुलन की विशिष्ट स्थिति उत्पन्न होती है। शस्त्रीकरण की होड़ के चलते सैन्य तैयारी का बोझ निरंतर बढ़ता रहता है, जिसके लिए बड़े राष्ट्रीय बजट की आवश्यकता होती है और जिसके परिणामस्वरूप भय, संदेह और असुरक्षा की भावना और भी गहरी हो जाती है। भय एवं असुरक्षा की ऐसी परिस्थितियों से बचने, तथा स्थायी शांति के नहीं होने के बावजूद शक्ति के संतुलन की स्थिरता को बरकरार रखने के दृष्टिकोण से प्रतिस्पर्धी राष्ट्रों के निरस्त्रीकरण की प्रविधि तैयार की गई है। निरस्त्रीकरण, हथियारों की आनुपातिक कमी के माध्यम से शक्ति संतुलन को स्थिर करने की एक तकनीक है। पूर्व सोवियत संघ और संयुक्त राज्य के बीच रणनीतिक हथियार परिसीमन वार्ता (SALT) प्रतिस्पर्धी राष्ट्रों का एक उदाहरण है, जो हथियारों में आनुपातिक कमी की बात पर सहमत हुए।

2.8.4.4 फूट डालो और शासन करो

इस विधि का प्रयोग उन राष्ट्रों द्वारा किया जाता है, जो अपने प्रतिस्पर्धियों के बीच फूट डालकर या उन्हें विभाजित करके उन्हें कमजोर बनाने की कोशिश करते हैं। आधुनिक युग में, जर्मनी के प्रति फ्रांस की नीति, भारतीय उपमहाद्वीप के प्रति इंग्लैंड की नीति, तथा यूरोप के शेष हिस्सों के प्रति सोवियत संघ की नीति, फूट डालो और शासन करो के नियम के उदाहरण हैं।

2.8.4.5 क्षतिपूर्ति

आमतौर पर, क्षतिपूर्ति के अंतर्गत किसी क्षेत्र का राज्य-हरण अथवा विभाजन शामिल होता है। 18वीं और 19वीं सदी में, शक्ति के संतुलन को बरकरार रखने के लिए क्षेत्रीय क्षतिपूर्ति एक आम साधन था। स्पेन में उत्तराधिकार के युद्ध को समाप्त करने वाली यूट्रेक्ट की संधि (1713) में हम क्षतिपूर्ति के जरिए शक्ति के संतुलन के सिद्धांत का पहली बार स्पष्ट प्रयोग देखते हैं। क्षेत्रों का अधिग्रहण करते समय, इनकी संख्या, गुणवत्ता तथा आबादी के प्रकार एवं मिट्टी की उर्वरता जैसे मानकों की मदद से विभिन्न राष्ट्रों को प्राप्त होने वाली शक्ति की मात्रा निर्धारित की जाती थी। 19वीं सदी के उत्तरार्ध और 20 वीं सदी की शुरुआत के दौरान, औपनिवेशिक

क्षेत्रों के वितरण तथा औपनिवेशिक एवं अर्ध-औपनिवेशिक क्षेत्रों के प्रभाव के परिसीमन के लिए क्षतिपूर्ति के सिद्धांत का इस्तेमाल किया जाता था। जिस देश ने औपनिवेशिक क्षेत्र अपने प्रभाव को सुरक्षित किया था, वह अन्य देशों से प्रतिस्पर्धा के बिना वाणिज्यिक, सैन्य एवं राजनीतिक उद्देश्यों के लिए उस क्षेत्र के अधिकारों का प्रयोग करता था।

2.8.4.6 हस्तक्षेप और अहस्तक्षेप

हस्तक्षेप और अहस्तक्षेप के तरीकों का उपयोग ऐसे शक्तिशाली राष्ट्रों द्वारा किया जाता है, जिनके पास संतुलन स्थापित करने की क्षमता होती है। हस्तक्षेप का स्तर, तटस्थता से मामूली विचलन से लेकर एक बड़े युद्ध में पूरी तरह से सैन्य भागीदारी तक विस्तृत हो सकता है। आमतौर पर छोटे देशों द्वारा अहस्तक्षेप की नीति का पालन किया जाता है, साथ ही इसका पालन ऐसे शक्तिशाली राष्ट्रों द्वारा भी किया जाता है जो वर्तमान राजनीतिक व्यवस्था से संतुष्ट हैं तथा शांतिपूर्ण तरीकों से संतुलन को बरकरार रख सकते हैं। इस संदर्भ में टैलेरैंड कहते हैं कि, 'अहस्तक्षेप एक राजनीतिक शब्द है जिसका अर्थ हस्तक्षेप के समान ही है' (पॉलमर एवं पर्किन्स, 1997: 226)।

2.8.4.7 तटस्थ राज्य

तटस्थ राज्य, वास्तव में छोटे मध्यवर्ती राज्य होते हैं, जिनका इस्तेमाल बड़ी शक्तियों द्वारा अपनी राजनीतिक, सैन्य तथा राजनीतिक उद्देश्यों के लिए शक्ति के संतुलन में किया जाता है। दो बड़ी शक्तियों को टकराव से बचाने के लिहाज से इनका महत्त्व काफी अधिक है। वे अपक्षपाती या तटस्थ राज्य, अनुषंगी राज्य या आश्रित क्षेत्र हो सकते हैं, या वे अपेक्षाकृत सम्मानजनक भूमिका के साथ शक्ति के दो या दो से अधिक समूह से सक्रिय रूप से संबद्ध हो सकते हैं। आमतौर पर बड़ी शक्तियां तटस्थ राज्यों का समर्थन हासिल करने के उद्देश्य से उन्हें सैन्य एवं आर्थिक सहायता का प्रलोभन देते हुए एक-दूसरे के साथ प्रतिस्पर्धा करती हैं।

2.8.4.8 शक्ति संतुलन की संरचना

शक्ति संतुलन, अंतर्राष्ट्रीय राजनीति में सक्रिय रूप से संलग्न सभी देशों को समाविष्ट करने वाली एकल प्रणाली नहीं है। यह कई उपप्रणालियों से निर्मित है जो एक-दूसरे के साथ संबद्ध हैं, परंतु वे स्वयं के भीतर शक्ति के संतुलन को बरकरार रखते हैं। दूसरे शब्दों में, शक्ति के वैश्विक संतुलन के साथ-साथ शक्ति के क्षेत्रीय या स्थानीय संतुलन का अस्तित्व भी बरकरार रहता है। आमतौर पर इन दोनों के बीच संबंध वर्चस्व और अधीनता में से एक है। यदि शक्ति का स्थानीय संतुलन एक प्रभावशाली शक्ति के साथ अधिक घनिष्ठ रूप से जुड़ा हो, तो इसके स्वायत्तता से संचालित होने की संभावना काफी कम हो जाती है। उदाहरण के लिए, दक्षिण-एशियाई क्षेत्र में भारत और पाकिस्तान के बीच स्थानीय संतुलन की भूमिका हो सकती है। इसी तरह, एशियाई क्षेत्र में, एक तरफ साम्यवादी चीन तथा दूसरी तरफ जापान एवं दक्षिण कोरिया जैसे अन्य उदार लोकतांत्रिक देशों के बीच क्षेत्रीय संतुलन हो सकता है।

2.8.4.9 संतुलन के धारक

संतुलन के धारक शक्ति प्रणाली के संतुलन में महत्त्वपूर्ण स्थान पर होते हैं, क्योंकि इनकी अवस्थिति शक्ति के संघर्ष के परिणाम को निर्धारित करती है। उदाहरण के लिए, तीन राज्यों वाली एक प्रणाली में A और B की शक्ति लगभग बराबर है और उनका रवैया एक-दूसरे के प्रति इतना शत्रुतापूर्ण है कि, उनके बीच गठबंधन का सवाल ही नहीं उठता। ऐसे स्थिति में राज्य C 'हास्यकर तृतीय पक्ष, अथवा संतुलन धारक बन सकता है। यदि यह A का समर्थन करता है, तो दोनों मिलकर B को पराजित कर सकते हैं, या यदि यह B का समर्थन करता है, तो दोनों मिलकर A को पराजित कर सकते हैं। इस प्रकार, A और B के बीच संतुलन में राज्य C का समर्थन महत्त्वपूर्ण हो जाता है, जिसपर इसका परिणाम निर्भर है। संतुलन धारक इस प्रणाली का 'मध्यस्थ' है, जो तय करता है कि किसकी जीत होगी और किसकी हार। किसी भी राष्ट्र या राष्ट्रों के समूह के लिए प्रभुत्व की स्थिति प्राप्त करने को असंभव बनाकर, धारक अपनी स्वतंत्रता के साथ-साथ अन्य सभी देशों की स्वतंत्रता को बरकरार रखते हैं, और यही कारण है कि अंतर्राष्ट्रीय राजनीति का यह सबसे शक्तिशाली घटक है।

संतुलन धारक अपनी निर्धारक शक्ति का तीन अलग-अलग तरीकों से उपयोग कर सकते हैं। सबसे पहले, यह संतुलन के अनुरक्षण या पुनःस्थापन के अनुकूल कुछ शर्तों पर एक या दूसरे राष्ट्र का समर्थन कर सकता है अथवा गठबंधन में शामिल हो सकता है। दूसरा, यह समान शर्तों पर शांतिपूर्ण समझौते का समर्थन कर सकता है। तीसरा, शक्ति संतुलन के अनुरक्षण के अलावा, यह दोनों स्थितियों में इस बात पर विचार कर सकता है कि दूसरों की शक्ति को संतुलित करने की प्रक्रिया में इसकी राष्ट्रीय नीति के उद्देश्यों की प्राप्ति हो सके। पारंपरिक तौर पर यूरोप महाद्वीप के संदर्भ में यूनाइटेड किंग्डम ने संतुलन धारक की भूमिका निभाई, 'जिसने कभी एक पक्ष पर तो कभी दूसरे पक्ष पर अपना दबाव बनाया' (वान डाइक, 1969: 238)। इस प्रकार, यूनाइटेड किंग्डम को 'बेवफ़ा एल्बियन' के नाम से जाना जाने लगा (मोर्गेंथाऊ, 1991: 214)।

2.9 शक्ति प्रणाली का संतुलन: एक समीक्षा

2.9.1 सुरक्षा और शांति के आधार के रूप में शक्ति का संतुलन

शक्ति के संतुलन को एक यंत्रावली के रूप में तथा शांति के आधार के रूप में देखना निश्चित रूप से अनुपयुक्त है। यह इस तथ्य से प्रेरित है कि, शक्ति के संतुलन का सिद्धांत दो विश्व युद्धों तथा आधुनिक दुनिया के कई अन्य प्रमुख एवं सामान्य युद्धों को रोकने में असफल रहा। जब संतुलन को साम्यावस्था या विसंतुलन के रूप में देखा जाता है, जो वर्तमान स्थिति में शक्तियों के लिए प्रतिकूल है, तब इसका स्वतः अर्थ यही होता है कि यह सुरक्षा और शांति के आधार के रूप में बहुत विश्वसनीय नहीं होगा। आख़िरकार, सैद्धांतिक तौर पर साम्यावस्था से यह संकेत मिलता है कि आक्रमणकारी के पास भी जीतने का एक मौका होता है, क्योंकि विसंतुलन उसके पक्ष में हो जाता है तथा शांति एवं सुरक्षा को अधिक ख़तरे में डाल देता है। शायद वुडरो विल्सन के मन में भी यही विचार आ रहे हों, जब उन्होंने शक्ति के संतुलन के इस महान खेल को 'चिरकाल से कलंकित' बताया (वैन डाइक, 1969: 239)। संतुलन और विसंतुलन, दोनों ही सुरक्षा एवं शांति के आधार के रूप में असुरक्षित और अनुपयुक्त हैं।

2.9.2 अनावश्यक युद्ध और युद्ध का अनावश्यक विस्तार

शक्ति प्रणाली के संतुलन में युद्ध की भूमिका काफी महत्त्वपूर्ण रही है। यहां युद्ध संघर्ष का समाधान निकालने में विफलता का संकेत नहीं देता है; बल्कि, यह संघर्ष के समाधान का एक जरिया है। जब गठबंधन और हथियारों की होड़ जैसे तरीकों से इच्छित परिणामों की प्राप्ति नहीं हो पाती है, तब युद्ध अनिवार्य हो जाता है। इस प्रकार, शक्ति-राजनीति का संतुलन अक्सर अनावश्यक युद्ध और युद्ध के अनावश्यक विस्तार का कारण बन जाता है। चूंकि शक्ति के संतुलन के लिए अन्य राज्यों की सापेक्षिक शक्ति क्षमताओं के आकलन तथा पूर्वानुमान की आवश्यकता होती है, इसलिए इस प्रकार के आकलन एवं पूर्वानुमान गलत साबित हो सकते हैं। राज्य उन शक्तियों से डर सकते हैं जो वहां नहीं हैं। वे उन शक्तियों का प्रतिकार करना चाहते हैं जो अस्तित्व में नहीं हैं। वे पहले से जारी युद्ध में शामिल हो सकते हैं, जो भविष्य के प्रति भय के कारण स्थानीयकृत हो सकता है, और इस स्थिति को उचित नहीं ठहराया जा सकता है। जब राज्य के लिए ख़तरा कल्पित हो, इसके प्रत्यक्ष एवं आसन्न होने के बजाय ऐसा मान लिया जाए, तो वास्तव में राजनेताओं के लिए शक्ति संतुलन के संदर्भ में दुविधा की स्थिति उत्पन्न होती है।

2.9.3 शक्ति के संतुलन की अवास्तविकता

शक्ति के आकलन की अनिश्चितता न केवल शक्ति संतुलन के व्यावहारिक अनुप्रयोगों को अयोग्य बनाती है, बल्कि अभ्यास में भी यह प्रतिवाद को जन्म देती है। चूंकि कोई भी राष्ट्र यह सुनिश्चित नहीं कर सकता कि, इतिहास में किसी भी विशेष अवसर पर शक्ति के वितरण के संदर्भ में इसका आकलन बिल्कुल सही है, इसलिए कम से कम यह सुनिश्चित करना चाहिए कि उसकी त्रुटियां, जो भी हो, वह देश को शक्ति की प्रतिस्पर्धा में नुक़सान नहीं पहुंचाए। दूसरे शब्दों में, देश को कम से कम अतिरिक्त सुरक्षा बरतने की कोशिश करनी चाहिए, जो इसे अशुद्ध आकलन करने और इसके बावजूद शक्ति के संतुलन को बरकरार रखने में सक्षम बनाएगा।

इस लिहाज से, शक्ति के संघर्ष में सक्रियतापूर्वक संलग्न सभी राष्ट्रों को वास्तव में शक्ति के संतुलन या समानता के बजाय स्वयं की ओर से सशक्तिकरण की श्रेष्ठता पर लक्ष्य रखना चाहिए। शक्ति की असीम आकांक्षा, जो संभावित रूप से हमेशा राष्ट्रों को प्रेरित करती है, को वास्तविकता में बदलने के दौरान शक्ति संतुलन से काफी प्रोत्साहन मिलता है (मोर्गेंथाऊ, 1991: 227–28)।

2.9.4 विचारधारा के रूप में शक्ति का संतुलन

मोर्गेंथाऊ के अनुसार, राष्ट्रों की सापेक्षिक शक्ति का सटीकता से आकलन करने में मौजूद कठिनाइयों ने शक्ति संतुलन को अंतर्राष्ट्रीय राजनीति की पसंदीदा विचारधाराओं में से एक बना दिया। इस प्रकार, विभिन्न राष्ट्र या तो अपनी नीतियों को न्यायसंगत बनाने का प्रयास करते हैं या शक्ति के संतुलन को पुनः स्थापित करने के नाम पर दूसरों को कलंकित करते हैं। शक्ति के निश्चित वितरण के संरक्षण में रूचि रखने वाला राष्ट्र, अपनी रुचि को सभी राष्ट्रों के साझा हित के रूप में प्रदर्शित करने की कोशिश करता है। दूसरे शब्दों में, राज्य शक्ति संतुलन के सिद्धांत के नाम पर स्वयं का स्वार्थ सिद्ध करना चाहते हैं।

2.9.5 शक्ति का संतुलन तथा परमाणु हथियार

परमाणु हथियार से संपन्न देशों द्वारा शक्ति के संतुलन को युद्ध निवारक साधन के रूप में सशक्त बनाया जाता है। यह बात विशेष रूप से ऐसे दो देशों के लिए बिल्कुल सही है, जो एक-दूसरे को संतुलित करने की कोशिश कर रहे हैं, जिनमें प्रथम परमाणु हमले को झेलने तथा दूसरे हमले के साथ प्रतिशोध लेने की क्षमता मौजूद है। इस दृष्टि से कहा जाता है कि, पारस्परिक परमाणु क्षमताओं के कारण पूर्व सोवियत संघ और संयुक्त राज्य के बीच 'आतंक के संतुलन' का अस्तित्व मौजूद था। प्रत्यक्षतः, परमाणु निवारण से उत्पन्न इस प्रकार का परमाणु संतुलन, सुरक्षा और शांति का आश्वासन देता है।

2.9.6 वर्तमान समय में शक्ति संतुलन की प्रासंगिकता

आमतौर पर यह माना जाता है कि, 1648 में अपनी स्थापना के बाद से लेकर वर्ष 1945 में द्वितीय विश्वयुद्ध की समाप्ति तक आधुनिक राज्य प्रणाली बहु-ध्रुवीय थी या शक्ति प्रणाली का संतुलन बरकरार था। हालांकि, 19वीं सदी में पांच प्रमुख शक्तियां, अर्थात् इंग्लैंड, रूस, प्रशिया, फ्रांस और ऑस्ट्रिया के बीच शक्ति का संतुलन, अंतर्राष्ट्रीय प्रणाली में शक्ति व्यवस्था के संतुलन का उत्कृष्ट उदाहरण है। दूसरे शब्दों में, यह एक बहु-ध्रुवीय शक्ति प्रणाली थी जिसमें संतुलन प्रक्रिया में ये पांच महान शक्तियां शामिल थीं, जिसने यह सुनिश्चित किया कि अंतर्राष्ट्रीय शांति एवं स्थायित्व बरकरार रहे तथा किसी भी एक राष्ट्र का आधिपत्य कायम नहीं हो। इस प्रकार, 1815 से लेकर 1914 में प्रथम विश्वयुद्ध की शुरुआत तक पूरे यूरोप में सामान्य तौर पर शांति व्यवस्था बरकरार थी, हालांकि इस अवधि के दौरान कुछ युद्ध भी लड़े गए थे।

इसके अलावा, शीत युद्ध की अवधि के दौरान जब अंतर्राष्ट्रीय प्रणाली का वैचारिक रूप से दो विरोधी गुटों में विभाजन हुआ, तो शक्ति प्रणाली का संतुलन दो महाशक्तियों के बीच संचालित होने लगा और इस अवधि को 'दीर्घकालिक शांति' के तौर पर जाना गया। हालांकि, यह शांति मुख्य रूप से परमाणु निवारण के कारण थी, क्योंकि पूर्व सोवियत संघ और संयुक्त राज्य के पास परमाणु हथियार मौजूद थे। जॉन मीरशाइमर के अनुसार, शीत युद्ध की 'दीर्घकालिक शांति' तीन कारकों का परिणाम थी: (a) यूरोप महाद्वीप में सैन्य शक्ति का द्विध्रुवीय वितरण, (b) संयुक्त राज्य और सोवियत संघ के बीच सैन्य शक्ति की क़रीब-क़रीब समानता, तथा (c) परमाणु हथियारों का शांतिकारक प्रभाव (जैक्सन और सोरेनसन [2008: 80] से उद्धृत है)।

सोवियत संघ के विघटन के साथ ही शीत युद्ध समाप्त हो गया और वैश्विक शक्ति की द्विध्रुवीय प्रणाली का स्थान एकध्रुवीय प्रणाली ने ले लिया। समकालीन अंतर्राष्ट्रीय प्रणाली की संरचना एकध्रुवीय है, जिसमें केवल संयुक्त राज्य का आधिपत्य है। अब, सवाल यह है कि शीत युद्ध के बाद इस एकध्रुवीय विश्व में शक्ति के संतुलन के सिद्धांत की प्रासंगिकता या वैधता क्या है?

यह तर्क दिया जाता है कि, लोकतंत्र के विस्तार, राष्ट्रों के बीच परस्पर निर्भरता और अंतर्राष्ट्रीय संस्थानों के उदय जैसी कुछ विकासात्मक गतिविधियां आवश्यक शांतिपूर्ण अंतर्राष्ट्रीय संबंधों को बढ़ावा दे रही हैं, और इस प्रकार यथार्थवाद एवं इसकी

अवधारणाएं, जैसे कि शक्ति संतुलन अप्रचलित हो गई हैं। उदाहरण के लिए, माइकल डॉयल के 'लोकतांत्रिक शांति' सिद्धांत का दावा है कि, उदार लोकतांत्रिक देश एक-दूसरे के प्रति शांतिपूर्वक व्यवहार करते हैं और ऐसे राज्यों के विकास से अंततः युद्ध लुप्तप्राय हो जाएगा। इसी तरह, कहा जाता है कि आर्थिक दृष्टि से एक-दूसरे पर निर्भरता और वैश्वीकरण जैसे मुद्दों के कारण राष्ट्रों के बीच शक्ति संतुलन अप्रासंगिक हो गया है। उदाहरण के लिए, रिचर्ड रोज़ेक्रेंस जैसे विद्वानों ने दावा किया कि, समकालीन विश्व में 'सैन्य राज्य' का स्थान 'व्यापार राज्य' ने ले लिया है, क्योंकि वैश्विक बाजारों में अपनी हिस्सेदारी हेतु प्रतिस्पर्धा क्षेत्रीय विजय से अधिक महत्त्वपूर्ण हो गई है।

हालांकि, यथार्थवादी और उपनिवेशवादी विद्वान इन तर्कों का खंडन करते हैं और दृढ़तापूर्वक कहते हैं कि, सभी अंतर्राष्ट्रीय शक्ति विन्यासों में एकध्रुवीयता सबसे कम स्थायी है, जिसे बहुध्रुवीयता द्वारा प्रतिस्थापित किया जाएगा, और इस प्रकार शक्ति का संतुलन प्रासंगिक हो जाएगा। उदाहरण के लिए, केनेथ वाल्ट्ज का तर्क है कि, एकध्रुवीय अंतर्राष्ट्रीय प्रणाली दो कारणों से स्थायी नहीं है। पहला कारण यह है कि, प्रमुख शक्तियां अपनी सीमाओं से परे बहुत अधिक कार्यों की ज़िम्मेदारी लेती हैं, और अंततोगत्वा खुद को कमजोर बनाती हैं। एकध्रुवीय प्रणाली की अल्प अवधि का दूसरा कारण यह है कि, भले ही एक प्रभावशाली शक्ति समभाव, संयम और सहनशीलता के साथ व्यवहार करे, लेकिन कमजोर राज्यों को अपने भविष्य के व्यवहार के बारे में चिंता अवश्य होगी।

केनेथ वाल्ट्ज के शब्दों में,

> *जिस प्रकार प्रकृति में निर्वात के लिए कोई जगह नहीं होती है, उसी प्रकार अंतर्राष्ट्रीय राजनीति में भी असंतुलित शक्ति के लिए कोई स्थान नहीं होता है। असंतुलित शक्ति का सामना करते हुए, कुछ राज्य अपनी ताक़त बढ़ाने की कोशिश करते हैं या फिर वे अंतर्राष्ट्रीय शक्ति के वितरण को संतुलित करने के लिए दूसरों के साथ सहयोग करते हैं। स्पेन के हैप्सबर्ग शासक चार्ल्स V, फ्रांस के लुईस XIV और नेपोलियन, जर्मनी के विल्हेल्म II और एडॉल्फ हिटलर के प्रभुत्व के विरोध में अन्य राज्यों की प्रतिक्रियाएं इस तथ्य को दर्शाती हैं। क्या संयुक्त राज्य की प्रबल शक्ति को इसी प्रकार की प्रतिक्रियाएं प्राप्त होंगी? जो भी असंतुलित शक्ति को नियंत्रित करता है, वह दूसरों के लिए एक संभावित ख़तरा है। शक्तिशाली राज्य, और संयुक्त राज्य, खुद को दुनिया में शांति, न्याय और कल्याण की दिशा में कार्य करने वाला राष्ट्र मान सकते हैं। हालांकि, इन शब्दों को शक्तिशाली राष्ट्रों के स्वार्थ के तौर पर परिभाषित किया जाता है, जो दूसरों की प्राथमिकताओं और हितों के प्रतिकूल हो सकता है। अंतर्राष्ट्रीय राजनीति में अत्यधिक तीव्र शक्ति का प्रतिरोध होता है, जिसके परिणामस्वरूप अन्य राष्ट्र संतुलन स्थापित करने का प्रयास करते हैं (वाल्ट्ज, लिटिल एवं स्मिथ, 2006 में उद्धृत: 96)।*

कौन सा देश या देश का समूह इस 'एकध्रुवीय प्रणाली' का अंत करने में सक्षम है? वाल्ट्ज के अनुसार (लिटिल और स्मिथ, 2006 में उद्धृत), अगली महान शक्ति बनने और इस प्रकार संतुलन को पुनः स्थापित करने के उम्मीदवार के तौर पर यूरोपीय संघ या जर्मनी के नेतृत्व वाले गठबंधन, अथवा भविष्य में चीन, जापान और रूस की संभावना काफी अधिक है।

वैश्वीकरण को राष्ट्र-राज्य की शक्ति एवं नियंत्रण को कमज़ोर करने का दोष दिया जाता है, परंतु नव-यथार्थवादी इसका मुंहतोड़ जवाब देते हुए तर्क देते हैं कि, इस बात का कोई प्रमाण नहीं है कि वैश्वीकरण ने व्यवस्थित रूप से राज्य नियंत्रण को कमज़ोर कर दिया है अथवा नीतियों एवं संरचनाओं की समरूपता को प्रेरित किया है। वास्तव में, नव-यथार्थवादी तर्क देते हैं कि, वैश्वीकरण और राज्य गतिविधि का साथ-साथ विकास हुआ है। नव-यथार्थवादी के अनुसार, राजनीतिक समुदाय के पसंदीदा अभिरूप के तौर पर राष्ट्र राज्य में कोई गंभीर प्रतिद्वंद्वी नहीं है। वैश्वीकरण के बावजूद, राष्ट्र-राज्य ने महत्त्वपूर्ण शक्तियों, जैसे कि युद्ध के हथियार एवं उनके वैध उपयोग पर एकाधिकार नियंत्रण, अपने नागरिकों पर कर आरोपित करने का पूर्ण अधिकार, इत्यादि को बरकरार रखा है। केवल राष्ट्र-राज्य ही अपने नागरिकों की राजनीतिक निष्ठा का अधिकारी हो सकता है और उनके बीच विवादों का फैसला कर सकता है। साथ ही, केवल राष्ट्र राज्य को ही पूरे समुदाय को अंतर्राष्ट्रीय कानून में बांधने का एकमात्र अधिकार है। इस प्रकार, शक्ति सिद्धांत के संतुलन के यथार्थवादी और नव-यथार्थवादी उपनिवेशवादी समर्थकों के लिए, सशक्त वैश्वीकरण के बावजूद अभी भी अंतर्राष्ट्रीय राजनीति में राज्य की मुख्य भूमिका बरकरार है। राज्यों की सैन्य शक्ति, शर्तों से बंधी अंतर्राष्ट्रीय राजनीति में आर्थिक वैश्वीकरण की तुलना में अधिक महत्त्वपूर्ण है।

वाल्ट्ज और मियर्सहेमर जैसे विद्वान अंतर्राष्ट्रीय संबंधों को आकार देने में सामरिक क्षमताओं के महत्त्व पर जोर देते हैं। उनके अनुसार, सैन्य शक्ति का वितरण एवं विशेष गुण अंतर्राष्ट्रीय राजनीति में युद्ध और शांति के मूल कारण बना रहेगा। उदारवादी दावा करते हैं कि, शीत युद्ध की समाप्ति के उपरांत राज्यों के बीच क्षमताओं का वितरण बेहद एकतरफा हो गया तथा राज्यों के बीच परस्पर-निर्भरता के बजाय असमानता निरंतर बढ़ रही है। अंतर्राष्ट्रीय प्रणाली में शान्तिस्थापन का वर्तमान चरण महज क्षणिक है, तथा महान शक्तियों के बीच रणनीतिक संतुलन के पुनःस्थापन से इसके अधिक्रमण की संभावना है (बर्चिल एवं अन्य, 2001: 97–98)।

इस प्रकार, यथार्थवादी विचारधारा के अनुसार, शक्ति के संतुलन का सिद्धांत अंतर्राष्ट्रीय राजनीति में अभी भी प्रासंगिक है। यथार्थवाद के दृष्टिकोण से, यह तर्क दिया जा सकता है कि, जब तक संप्रभु राज्य प्रणाली विश्व राजनीति का केंद्रीय स्तंभ बनी रहेगी और जब तक सत्ता की राजनीति अंतर्राष्ट्रीय परिदृश्य पर हावी रहेगी, तब तक शक्ति संतुलन की यथार्थवादी अवधारणा की प्रासंगिक बनी रहेगी। वैचारिक प्रतिद्वंद्विता, खासकर बड़ी शक्तियों के बीच, एक अन्य पहलू है जो आज भी शक्ति संतुलन को प्रासंगिक बनाता है। 'साम्यवाद पर नियंत्रण' तथा 'शांति के उदार क्षेत्र' का विस्तार, हमेशा से संयुक्त राज्य एवं इसके उदार लोकतांत्रिक सहयोगियों की विदेशी नीति के प्राथमिक लक्ष्यों में शामिल रहा है। इस अर्थ में, आने वाले लंबे समय तक शक्ति संतुलन की प्रासंगिकता बनी रहेगी।

2.10 सामूहिक सुरक्षा

सामूहिक सुरक्षा अंतर्राष्ट्रीय प्रणाली में शक्ति प्रबंधन के तरीकों में से एक है। यह 'सुरक्षा उभयसंकट' का प्रबंधन करता है (एक ऐसी स्थिति, जिसमें एक राज्य की सुरक्षा व्यवस्था किसी अन्य राज्य की सुरक्षा के ख़तरे का कारण बनती है), जो अंतर्राष्ट्रीय समुदाय या अंतर्राष्ट्रीय संस्थानों द्वारा सामूहिक और समन्वित कार्रवाई की मांग करता है। 'सामूहिक सुरक्षा प्रणाली' को शक्ति प्रणाली के संतुलन में संशोधन के रूप में तैयार किया गया था, जो अंतर्राष्ट्रीय सुरक्षा के प्रबंधन के लिहाज से अविश्वसनीय, अपर्याप्त और अवास्तविक था। शक्ति प्रणाली के संतुलन में, अंतर्राष्ट्रीय प्रणाली की प्रमुख ताकतों के बीच शक्ति के सापेक्षिक संतुलन के परिणामस्वरूप अंतर्राष्ट्रीय शांति और स्थायित्व का विकास हुआ, जिसे अधिकांशतः अनिश्चित एवं अविश्वसनीय तथा कई युद्धों का कारण माना जाता था। इस प्रकार, अंतर्राष्ट्रीय प्रणाली में प्रत्येक राज्य पर अंतर्राष्ट्रीय शांति के अनुरक्षण की ज़िम्मेदारी तय करने के लिए सामूहिक सुरक्षा के रूप में विख्यात एक नया तंत्र स्थापित किया गया। किसी भी एक राज्य के आक्रामक होने पर अन्य सभी उस आक्रामकता का एकजुट होकर और सामूहिक रूप से प्रतिरोध करते हैं। बड़े या छोटे, सभी राज्य शांति बनाए रखने के लिए जिम्मेदार होते हैं। इस प्रकार, 'एक के लिए सभी और सभी के लिए एक' सामूहिक सुरक्षा प्रणाली का अंतर्निहित सिद्धांत है।

सुरक्षा की अवधारणा का विस्तार एवं इसकी बड़े पैमाने पर लोकप्रियता, स्पष्ट रूप से 20वीं शताब्दी की एक घटना थी। संयुक्त राज्य के पूर्व राष्ट्रपति, वुवुडरो विल्सन द्वारा सामूहिक सुरक्षा की अवधारणा के प्रतिपादन के बाद इसने एक विशेष महत्त्व हासिल किया। आक्रामकता को बाधित करने के लिए, शक्ति की प्रचुरता स्पष्ट रूप से वांछनीय थी। आक्रामकता का साधन बने बिना शक्ति की प्रचुरता को निवारक के रूप में कैसे उपलब्ध कराया जा सकता है? शक्ति व्यवस्था के संतुलन के दृष्टिकोण से, यह व्यवस्था असंभव थी। सामूहिक सुरक्षा की विल्सन की अवधारणा ने तथाकथित उभयसंकट को हल कर दिया। इसने शक्ति की प्रचुरता को स्वयं सिद्ध मान लिया, जो आक्रामक उद्देश्यों के बजाय रक्षात्मक उद्देश्यों हेतु सभी के लिए उपलब्ध होगा। वुडरो विल्सन ने जोर देकर कहा, 'अब शक्ति का संतुलन नहीं होना चाहिए, साथ ही राष्ट्रों के एक शक्तिशाली समूह को दूसरे का प्रतिरोध नहीं करना चाहिए, बल्कि अब राष्ट्रों का एक विशाल शक्तिशाली समूह ही विश्व की शांति का संरक्षक होगा' (विवरण के लिए देखें, सक्सेना, 1974: 8–9)।

2.10.1 सामूहिक सुरक्षा की परिभाषा

विभिन्न लेखकों ने सामूहिक सुरक्षा को अलग-अलग तरीके से परिभाषित किया है। जॉर्ज श्वार्ज़नबर्गर (1964: 379) के अनुसार, सामूहिक सुरक्षा को 'स्थापित अंतर्राष्ट्रीय व्यवस्था में किसी भी आक्रमण को रोकने या उसका सामना हेतु संयुक्त कार्रवाई के तंत्र' के रूप में परिभाषित किया जा सकता है। हेन्स मोर्गेंथाऊ 'सामूहिक सुरक्षा' को निम्नलिखित तरीके से परिभाषित करते हैं:

> *सामूहिक सुरक्षा की कार्य-प्रणाली में, सुरक्षा की समस्या अब राष्ट्र की व्यक्तिगत समस्या नहीं है जिसे शस्त्रीकरण तथा राष्ट्रीय शक्ति के अन्य घटकों के जरिए दूर किया जाए। सुरक्षा सभी राष्ट्रों के लिए चिंता का विषय बन जाती है, और अपनी सुरक्षा की परवाह किए बगैर प्रत्येक राष्ट्र दूसरे सुरक्षा का ख्याल रखेगा। अगर B की सुरक्षा को A से ख़तरा है, तो C, D, E, F, G, H, I, J, और K मिलकर B की रक्षा करेंगे तथा A का विरोध करेंगे, मानो B की सुरक्षा के साथ-साथ सभी को A से ख़तरा है। 'एक के लिए सभी और सभी के लिए एक' सामूहिक सुरक्षा का घोषवाक्य है (मोर्गेंथाऊ, 1991: 451–52)।*

इनिस एल. क्लाउड जूनियर के अनुसार, सामूहिक सुरक्षा 'शक्ति प्रबंधन' की एक युक्ति है। क्लाउड के अनुसार, शक्ति का संतुलन तथा वैश्विक सरकार शक्ति प्रबंधन की अन्य युक्तियां हैं। इनिस एल. क्लाउड जूनियर, सामूहिक सुरक्षा को एक परिकल्पित प्रणाली के रूप में वर्णित करते हैं जो शक्ति के संतुलन तथा वैश्विक सरकार के बीच मध्यवर्ती है। इसका मतलब है कि, सामूहिक सुरक्षा के तहत शक्ति का नियंत्रण, शक्ति के संतुलन के तहत नियंत्रण से अधिक और वैश्विक सरकार के तहत नियंत्रण से कम है (क्लाउड, 1962: 6–7)। चार्ल्स बी. मार्शल के शब्दों में, 'सामूहिक सुरक्षा कुछ अज्ञात राज्यों द्वारा प्रस्तुत परिकल्पित घटनाओं के जवाब में निर्दिष्ट कार्रवाई करने के अस्पष्ट दायित्व के संदर्भ में सभी राष्ट्रों की संबद्धता की सामान्यीकृत धारणा है' (पॉलमर एवं पर्किन्स, 1997: 241 में उद्धृत)। वेरनॉन वैन डाइक के अनुसार,

> *सदस्यता के लिहाज से सामूहिक सुरक्षा प्रणाली लगभग सार्वभौमिक है, तथा आक्रमण की स्थिति में सदस्य राष्ट्र एक-दूसरे की रक्षा करने हेतु बाध्य हैं। इसका बुनियादी सिद्धांत यह है कि, किसी एक राष्ट्र पर हमले को सभी राष्ट्रों पर हमला माना जाता है तथा दुनिया भर में हर सीमा की अनुल्लंघनीयता प्रत्येक सदस्य के लिए अपनी सीमाओं की अनुल्लंघनीयता की तरह मूल्यवान है (वैन डाइक, 1969: 411)।*

2.10.2 सामूहिक सुरक्षा का आकलन

श्वार्ज़नबर्गर के अनुसार (1964: 378–79), बलपूर्वक या किसी अन्य अवैध तरीके से वर्तमान स्थिति को बदलने के खिलाफ़ रक्षा के लिए सामूहिक सुरक्षा प्रणाली को अभिकल्पित तंत्र समझा जाता है, और निम्नलिखित में से कुछ पूर्वधारणाओं पर निर्भर है। सबसे पहले, यह माना जाता है कि, कानून लागू करने के लिए उपलब्ध साधनों पर ध्यान दिए बिना सामूहिक प्रणाली के अधिकांश सदस्य अपने दायित्वों को पूरा करेंगे, तथा जिन मामलों में राज्य अपने दायित्वों का पालन न करने के प्रति प्रेरित हो, तब शक्तिशाली प्रतिबंधों का पृष्ठभूमिक ख़तरा निवारक के रूप में कार्य कर सकता है। दूसरा, सामूहिक प्रणाली के सदस्यों के एक प्रबल निकाय को इस बात के प्रति आश्वस्त होना चाहिए कि, वर्तमान स्थिति का अनुरक्षण उनके सामान्य हित में है और आवश्यक बलिदान को न्यायसंगत बनाता है। यदि शांतिपूर्ण परिवर्तन के लिए पर्याप्त तंत्र का अभाव हो, तो समय के साथ-साथ मौजूदा स्थिति पर तनाव बढ़ता जाता है, तथा 'निर्धन' राज्यों की शक्ति एवं असंतोष में वृद्धि होती है। तीसरा, मौजूदा स्थिति को चुनौती देने की संभावनाओं के किसी भी संयोजन से निपटने के लिए सामूहिक प्रणाली को पर्याप्त सशक्त होना चाहिए। चौथा, यदि सामूहिक सुरक्षा किसी अन्य संज्ञा के तहत गठबंधन से अधिक महत्त्वपूर्ण हो, तो उसे (a) एक खुली प्रणाली होनी चाहिए, और (b) उसे किसी भी विशिष्ट शक्ति के खिलाफ निर्देशित नहीं किया जाना चाहिए। सदस्यता के लिए प्रत्येक निष्कपट आवेदक का स्वागत किया जाना चाहिए और प्रत्येक सदस्य को किसी भी संभावित स्थिति में आक्रमण नहीं करने के संदर्भ में अनुबंध करना चाहिए। पांचवां, सामूहिक सुरक्षा और तटस्थता का पारंपरिक कानून असंगत है।

मोर्गेंथाऊ का तर्क है कि, युद्ध की रोकथाम के एक साधन के रूप में काम करने के लिए सामूहिक सुरक्षा को निम्नलिखित तीन पूर्वधारणाओं को पूरा करना चाहिए: (a) सामूहिक प्रणाली को किसी भी संभावित आक्रमणकर्ता या आक्रमणकर्ताओं के गठबंधन के खिलाफ़ हमेशा अत्यधिक तीव्र ताकत को एकत्रित करने में सक्षम होना चाहिए, ताकि आक्रमणकर्ता सामूहिक प्रणाली द्वारा समर्थित व्यवस्था को चुनौती देने की धृष्टता नहीं करे; (b) कम से कम जिन राष्ट्रों की संयुक्त ताकत पूर्वधारणा की आवश्यकता को पूरा करेगी, उनमें सुरक्षा की समान भावना होनी चाहिए जिसकी उन्हें रक्षा करनी है; तथा (c) उन राष्ट्रों को सभी सदस्य देशों की

सामूहिक रक्षा के संदर्भ में परिभाषित अपने विरोधाभासी राजनीतिक हितों को सबकी भलाई के लिए गौण समझने हेतु तैयार रहना चाहिए (मोर्गेंथाऊ, 1991: 452)।

सामूहिक सुरक्षा की अवधारणा में यह माना जाता है कि, युद्ध होने की संभावना की स्थिति में उसे रोका जाना चाहिए, तथा उन्हें सैन्य कार्रवाई की सख़्ती से रोका जाता है। दूसरे शब्दों में, अगर सभी पक्ष अपनी ओर से संयम बरतेंगे तो युद्ध नहीं होंगे। एक अन्य अवधारणा यह है कि, आक्रमणकर्ताओं को रोका जाना चाहिए। इस अवधारणा के अंतर्गत यह माना जाता है कि, आक्रमणकर्ता को अंतर्राष्ट्रीय समुदाय के अन्य सदस्यों द्वारा आसानी से पहचाना जा सकता है [उदाहरण के लिए, कुछ संघर्षों में आक्रमणकर्ता और पीड़ित के बीच अंतर कर पाना कठिन होता है (मिंगस्ट, 2001: 155)]। सामूहिक सुरक्षा के प्रस्तावक यह भी मानते हैं कि, अंतर्राष्ट्रीय स्तर पर राष्ट्रों की मंडली के सभी या अधिकांश सदस्य देशों की शक्ति को एकजुट करके संभावित आक्रमणकर्ताओं के खिलाफ़ 'शक्ति का बहुलता' का निर्माण किया जा सकता है, और इस तरह युद्ध का निवारण किया जा सकता है और इसे रोका जा सकता है। सामूहिक सुरक्षा प्रणाली के अंतर्गत यूएनओ जैसे अंतर्राष्ट्रीय संगठनों की आवश्यकता को भी महत्त्व दिया जाता है, जिसके आदेश एवं नियंत्रण के तहत सामूहिक कार्रवाई लागू की जा सकती है तथा अंतर्राष्ट्रीय शांति एवं सुरक्षा को बरकरार रखा जा सकता है।

इस प्रकार, सामूहिक सुरक्षा का आदर्श युद्ध एवं शांति के बारे में कुछ उदारवादी या आदर्शवादी अवधारणाओं पर आधारित है। वास्तव में यह राष्ट्रों के बीच 'हितों की अनुरूपता' की उदारवादी अवधारणा पर स्थापित है।

2.11 सामूहिक सुरक्षा और शक्ति का संतुलन: समानताएं और भिन्नताएं

2.11.1 समानताएं

सामूहिक सुरक्षा और शक्ति संतुलन के उद्देश्य एकसमान हैं; दोनों अवधारणाएं प्रणाली के अंतर्गत राज्यों की सुरक्षा को बढ़ावा देने के दृष्टिकोण से रक्षात्मक हैं।कुछ हद तक, उनकी कार्यप्रणाली भी एक समान है। दोनों अवधारणाएं निवारण के साधन के रूप में शक्ति में जोड़-तोड़ करने या इसकी लामबंदी पर निर्भर हैं, साथ ही आवश्यक स्थिति में आक्रमण को विफल किया जाता है। दोनों में रक्षात्मक युद्ध की संभावनाओं पर विचार किया जाता है। दोनों में संप्रभु राज्यों के निरंतर अस्तित्व पर विचार किया जाता है, जो आक्रामकता के खिलाफ अपने कार्यों को समन्वित करते हैं। दोनों अवधारणाओं में यह माना जाता है कि, जिन राज्यों पर हमला नहीं किया जाता है, वे प्रणाली के अंतर्गत दूसरों की रक्षा करेंगे जिन पर हमला होता है। दोनों को लगता है कि, दोनों एक जैसे हैं क्योंकि किसी भी एक राज्य में शक्ति के अत्यधिक संकेंद्रण से उनकी प्रभावशीलता को ख़तरा उत्पन्न होता है।

2.11.2 भिन्नताएं

शक्ति के संतुलन की अवधारणा में यह माना जाता है कि, अंतर्राष्ट्रीय प्रणाली में राज्यों का विभाजन प्रतिस्पर्धी और प्रतिपक्षी खेमे में होता है, जबकि सार्वभौमिक सामूहिक सुरक्षा प्रणाली के लिए सार्वभौमिक सहयोग आवश्यक है। आमतौर पर संतुलन प्रणाली में किसी संभावित दुश्मन को ध्यान में रखते हुए गठबंधन किया जाता है, जबकि सार्वभौमिक सामूहिक सुरक्षा प्रणाली में आक्रमणकर्ता बनने वाले किसी भी राज्य को ध्यान में रखा जाता है। शक्ति संतुलन प्रणाली में दोनों प्क्षों के संदर्भ में दुश्मन बाहरी होता है, जबकि एक सार्वभौमिक सामूहिक सुरक्षा प्रणाली में दुश्मन आवश्यक रूप से प्रणाली के भीतर का ही सदस्य होता है। शक्ति संतुलन प्रणाली में शामिल राज्य कुछ चयनित सीमाओं की रक्षा करने के लिए सहमत होते हैं, जबकि सार्वभौमिक सामूहिक सुरक्षा प्रणाली में शामिल राज्य पूरी दुनिया में सभी सीमाओं की रक्षा करने के लिए सहमत होते हैं। संतुलन प्रणाली में राज्यों के दायित्व सीमित होते हैं तथा रक्षा युक्तियों के अंतर्राष्ट्रीय समन्वयन के लिए समयपूर्व योजना बनाई जा सकती है, जबकि सामूहिक सुरक्षा प्रणाली में राज्यों के दायित्व लगभग असीमित होते हैं, तथा संभावित आक्रमणकर्ता के अज्ञात होने के कारण इसके खिलाफ़ सामान्य रक्षा युक्तियों की समयपूर्व योजना बनाना असंभव है। शक्ति संतुलन प्रणाली में तटस्थता और युद्ध के स्थानीयकरण की अनुमति है, जबकि सामूहिक सुरक्षा प्रणाली में तटस्थता प्रतिबन्धित है तथा आक्रमणकर्ता के खिलाफ़ कार्रवाई में सभी की भागीदारी आवश्यक होती है। संतुलन की मांग करने वाले राज्य के हित कुछ राज्यों के हितों के अनुरूप हो सकते हैं, लेकिन सभी

राज्यों के अनुरूप नहीं हो सकते हैं; वास्तव में, वह क्षेत्रीय अखंडता या कुछ राज्यों की राजनीतिक आज़ादी की क़ीमत पर सुरक्षा हेतु प्रयास कर सकता है। दूसरे शब्दों में, शक्ति संतुलन प्रणाली में राज्यों के बीच हितों के संघर्ष को स्वीकार किया जाता है। सामूहिक सुरक्षा प्रणाली में महत्त्वपूर्ण हितों के अनुरूप राज्यों के एकीकृत समुदाय को स्वीकार किया जाता है। अन्ततः, अधिकांश मामलों में शक्ति प्रणाली का संतुलन स्थापित करना और इसे बरकरार रखना अपेक्षाकृत सहज एवं आसान है, जबकि सामूहिक सुरक्षा प्रणाली जटिल है जिसके लिए अपेक्षाकृत विस्तृत नियमों और संस्थागत व्यवस्था की आवश्यकता है।

2.12 लीग ऑफ़ नेशंस के अधीन सामूहिक सुरक्षा प्रणाली

लीग ऑफ़ नेशंस के तहत, सामूहिक सुरक्षा प्रणाली को आक्रामकता के किसी भी प्रयास को विफल करने का साधन माना गया था। हालांकि, प्रथम विश्व युद्ध जीतने वाली प्रमुख शक्तियों के बीच असहमति और मतभेदों के कारण, लीग ऑफ़ नेशंस सामूहिक सुरक्षा के विचार को केवल अस्पष्ट रूप से संस्थागत कर सका, जिसमें पर्याप्त प्रावधानों की कमी थी (सक्सेना, 1974: 10)।

2.12.1 प्रसंविदा (Covenant) के प्रावधान

लीग ऑफ़ नेशंस की प्रसंविदा के अनुच्छेद 10, 11 और 16 के तहत सामूहिक सुरक्षा व्यवस्था निर्धारित की गई थी। अनुच्छेद 10 ने 'क्षेत्रीय अखंडता का सम्मान करना तथा संघ के सभी सदस्यों की मौजूदा राजनीतिक स्वतंत्रता के खिलाफ़ बाहरी आक्रामकता से संरक्षण' को हर राज्य का दायित्व बना दिया। अनुच्छेद 11 ने सामूहिक सुरक्षा के बुनियादी सिद्धांत को 'युद्ध या युद्ध के ख़तरे' के तौर पर वर्णित किया, भले ही इससे संघ का कोई भी सदस्य तुरंत प्रभावित हो या नहीं, लेकिन इसे पूरे संघ के लिए चिंता का विषय घोषित किया गया।' अनुच्छेद 16 ने सदस्य देशों की जिम्मेदारियों और दायित्वों को निर्धारित किया। सदस्यों ने इस सिद्धांत को स्वीकार किया कि, राज्य द्वारा युद्ध की सहायता लेने को वास्तव में उन सभी के खिलाफ 'युद्ध' माना जाना चाहिए। इस प्रकार के किसी भी कृत्य के जवाब में, उन्होंने प्रसंविदा का उल्लंघन करने वाला राज्य के साथ सभी सामान्य व्यक्तिगत, वाणिज्यिक एवं आर्थिक संबंधों पर तत्काल सख्त प्रतिबंध लगाया। आर्थिक अवरोधन के इन साधनों को सही मायने में दुर्जेय माना जाता था; एक अंतिम उपाय के रूप में, अनुच्छेद 16 ने परिषद की सिफारिश पर सामूहिक सैन्य प्रतिबंधों को भी संभव बनाया (सक्सेना, 1974: 10)।

प्रसंविदा के अनुच्छेद 16 में लिखा गया है:

- अगर संघ का कोई भी सदस्य प्रसंविदा के अनुच्छेद 12, 13 या 15 की अवहेलना करते हुए युद्ध का सहारा लेता है, तो वास्तव में इसे संघ के अन्य सदस्यों के खिलाफ़ युद्ध माना जाएगा, और उसके साथ सभी प्रकार के व्यापारिक या आर्थिक संबंधों को तत्काल समाप्त कर दिया जाएगा, प्रसंविदा की अवहेलना करने वाले राज्य तथा अन्य राज्यों के नागरिकों के बीच सभी प्रकार के संबंधों को प्रतिबंधित कर दिया जाएगा, तथा प्रसंविदा की अवहेलना करने वाले राज्य तथा किसी अन्य राज्य के नागरिकों के बीच सभी प्रकार के वित्तीय, वाणिज्यिक या व्यक्तिगत संबंध को प्रतिबंधित किया जाएगा, फिर चाहे वह संघ का सदस्य हो अथवा नहीं।
- इस तरह के मामलों में संबंधित सरकारों को इस बात की सलाह देना परिषद का दायित्व होगा कि, संघ के सदस्यों को संघ के अनुबंधों की रक्षा के लिए सेना, नौसेना या वायु सेना में से किस का इस्तेमाल अधिक प्रभावी ढंग से किया जा सकता है।
- इसके अलावा संघ के सदस्य इस बात से सहमत हैं कि, वे उपर्युक्त उपायों से होने वाली हानि और असुविधा को कम करने के लिए इस अनुच्छेद के तहत उठाए गए वित्तीय और आर्थिक उपायों में पारस्परिक रूप से एक-दूसरे का समर्थन करेंगे, और वे पारस्परिक रूप से प्रसंविदा की अवहेलना करने वाले राज्य द्वारा सदस्यों में से एक पर लक्षित किसी भी विशेष उपायों का विरोध करने में एक-दूसरे का समर्थन करेंगे, तथा वे संघ के अनुबंधों की रक्षा के लिए सह-संचालन कर रहे संघ के किसी भी सदस्य की सेना को अपने क्षेत्र गुजरने देने के लिए आवश्यक कदम उठाएंगे।
- संघ के प्रसंविदा की अवहेलना करने वाले किसी भी सदस्य राज्य को संघ के अन्य सभी सदस्यों के प्रतिनिधियों द्वारा परिषद में मतदान के माध्यम से सदस्यता से वंचित किया जा सकता है।

हालांकि, इन प्रावधानों के बावजूद यह प्रसंविदा सामूहिक सुरक्षा के संदर्भ में एकदम सटीक रूप-रेखा प्रस्तुत नहीं कर पाई और इसमें कई खामियां मौजूद थीं। उदाहरण के लिए, एक राष्ट्र को युद्ध या अनुचित तरीकों का सहारा लेते हुए प्रसंविदा का उल्लंघन करने का दोषी मानने के लिए संघ परिषद में सर्वसम्मति से निर्णय लिया जाना था। परंतु वास्तव में किसी राज्य को आक्रमणकर्ता मानने के लिए ऐसा करना अत्यंत कठिन था।

2.12.2 संघ के अधीन सामूहिक सुरक्षा प्रणाली की कार्य-पद्धति

संघ की प्रसंविदा में सैद्धांतिक खामियों के अलावा, अन्य व्यावहारिक समस्याओं ने भी संघ के तहत सामूहिक सुरक्षा प्रणाली की विफलता में योगदान दिया। संयुक्त राज्य को इसमें शामिल करने में विफलता, संघ प्रणाली के बाहर सोवियत संघ का उदय, अंतर्राष्ट्रीय दायित्वों को मानने के प्रति ग्रेट यूनाइटेड किंग्डम की अनिच्छा तथा बाद में, जापान, इटली एवं जर्मनी द्वारा स्पष्ट तौर पर विरोध—इन सभी कारकों ने इस उम्मीद पर पानी फेर दिया कि अंतर्राष्ट्रीय संकट की घड़ी में संघ प्रभावी भूमिका निभाएगा। शुरुआत से ही, संघ की सदस्यता का स्तर व्यापक नहीं था और इसमें कभी भी बड़ी शक्तियां शामिल नहीं हुई थीं (पॉल्मर एवं पर्किन्स, 1997: 244)। बड़ी शक्तियों द्वारा प्रसंविदा के स्पष्ट तौर पर उल्लंघन की स्थिति में भी संघ की सुरक्षा प्रणाली अप्रभावी साबित हुई। 1931–32 में मंचूरिया पर जापानी आक्रमण तथा 1935–36 में इथियोपिया पर इटली के आक्रमण, इन दो प्रमुख संकटपूर्ण परिस्थिति में सामूहिक सुरक्षा व्यवस्था का परीक्षण किया गया। इन दोनों मामलों में, सदस्य देशों द्वारा प्रतिबद्धता की कमी तथा सामंजस्य के साथ कार्य करने की अनिच्छा के चलते संघ विफल हो गया। सोवियत नेता स्टालिन ने टिप्पणी की, गैर-आक्रामक राज्य, मुख्य रूप से इंग्लैंड, फ्रांस और संयुक्त राज्य ने सामूहिक सुरक्षा की नीति को अस्वीकृत कर दिया है, तथा आक्रमणकर्ता के विरुद्ध सामूहिक प्रतिरोध की नीति का स्थान गैर-हस्तक्षेप की नीति ने ले लिया है, जो "तटस्थता" की स्थिति है (पॉल्मर एवं पर्किन्स, 1997: 246)। इनिस एल. क्लाउड जूनियर के शब्दों में, 'संघ के अनुभव को सामूहिक सुरक्षा व्यवस्था को कार्य रूप में परिणत करने के असफल प्रयास के तौर पर सारगर्भित किया जा सकता है' (क्लाउड, 1962: 155)।

2.13 संयुक्त राष्ट्र के अधीन सामूहिक सुरक्षा प्रणाली

सामूहिक सुरक्षा व्यवस्था को कार्य रूप में परिणत करने में लीग ऑफ़ नेशंस की विफलता के बावजूद इस विचार से विश्वास खत्म नहीं हुआ। इसके विपरीत, वैश्विक व्यवस्था के समग्र रूप से पतन ने सामूहिक सुरक्षा की एक बेहतर प्रणाली की आवश्यकता के प्रति अधिक जागरूकता उत्पन्न की, तथा उसे हासिल करने का दृढ़ संकल्प लिया गया (सक्सेना, 1974: 25)।

अंतर्राष्ट्रीय शांति और सुरक्षा के अनुरक्षण हेतु शक्ति प्रणाली के संतुलन की ओर वापसी के प्रति अनिच्छा के कारण संयुक्त राष्ट्र के जनक देश एक सामूहिक सुरक्षा प्रणाली स्थापित करना चाहते थे, जिसका तात्पर्य एक ऐसे संगठन की स्थापना से था जो आवश्यक स्थिति में बल प्रयोग के जरिए भी शांति व्यवस्था को बरकरार रखने में सक्षम हो। अंतर्राष्ट्रीय शांति एवं सामूहिक सुरक्षा प्रणाली के एक बेहतर संस्करण को बनाए रखने के लिए प्रभावी शक्तियों के साथ एक वैश्विक संगठन बनाने की इच्छा बलवती हुई।

2.13.1 संयुक्त राष्ट्र घोषणापत्र (Charter) के प्रावधान

अंतर्राष्ट्रीय शांति और सुरक्षा का अनुरक्षण करना संयुक्त राष्ट्र के प्रयोजनों में से एक है। इस संदर्भ में, संयुक्त राष्ट्र घोषणापत्र के अनुच्छेद 1 में, शांति के लिए ख़तरों की रोकथाम एवं उनके निवारण तथा आक्रमण और शांति के उल्लंघन के अन्य कृत्यों के दमन के लिए 'प्रभावी सामूहिक युक्तियों' की आवश्यकता पर बल दिया गया है। अनुच्छेद 39–51 के अंतर्गत वर्णित सामूहिक सुरक्षा की युक्तियों पर 'शांति के लिए ख़तरे के संबंध में कार्रवाई, शांति व्यवस्था का उल्लंघन, और आक्रमण के कृत्य' शीर्षक के तहत घोषणापत्र के अध्याय VII में विस्तारपूर्वक चर्चा की गई है।

अनुच्छेद 39 के तहत, सुरक्षा परिषद को शांति के लिए ख़तरे की स्थिति, शांति व्यवस्था के उल्लंघन अथवा आक्रामक कार्य के अस्तित्व को निर्धारित करने तथा अंतर्राष्ट्रीय शांति और सुरक्षा को बनाए रखने या पुनःस्थापित करने के लिए अनुच्छेद 41 (प्रतिबंध) और अनुच्छेद 42 (सैन्य कार्रवाई) में से उपयुक्त तरीके के चयन का अधिकार दिया गया है।

अनुच्छेद 40 के तहत, सुरक्षा परिषद को संकटपूर्ण परिस्थिति को बढ़ने से रोकने के लिए आवश्यक या वांछनीय समझे जाने वाले इस प्रकार की अस्थाई युक्तियों के अनुपालन के संदर्भ में संबंधित पक्षों को उपस्थित होने के लिए आदेश देने का भी अधिकार है।

अनुच्छेद 41 के तहत, सुरक्षा परिषद् अपने निर्णयों को कार्यान्वित करने के लिए ऐसे उपायों के सम्बन्ध में निर्णय कर सकती है, जिसमें सशस्त्र बल का प्रयोग सम्मिलित नहीं होगा, और इन उपायों को कार्यान्वित करने के लिए संयुक्त राष्ट्र के सदस्यों से अनुरोध कर सकती है। इन उपायों में आर्थिक संबंधों के साथ-साथ रेल, समुद्र, वायु, डाक, तार, रेडियो और संचार के अन्य साधनों का पूर्ण अथवा आंशिक व्यवधान तथा राजनयिक सम्बन्धों का विच्छेद शामिल है।

अनुच्छेद 42 के अनुसार, यदि सुरक्षा परिषद् यह विचार करती है कि अनुच्छेद 41 में जिन युक्तियों की व्यवस्था की गई है वे अपर्याप्त हैं अथवा अपर्याप्त साबित हुए हैं, तो यह अन्तर्राष्ट्रीय शान्ति एवं सुरक्षा को बरकरार रखने के लिए वायु, समुद्र, अथवा थल सेनाओं के माध्यम से वह आवश्यकतानुसार कार्रवाई कर सकती है। इस प्रकार की कार्रवाई के अंतर्गत संयुक्त राष्ट्र सदस्यों द्वारा वायु, समुद्र या थल सेनाओं के माध्यम से सैन्य प्रदर्शन, घेराबंदी तथा अन्य युक्तियां शामिल हैं।

अनुच्छेद 43 के तहत, अन्तर्राष्ट्रीय शान्ति एवं सुरक्षा को बरकरार रखने के लिए संयुक्त राष्ट्र के सदस्य यह विश्वास दिलाते हैं कि सुरक्षा परिषद् के अनुरोध पर तथा विशेष समझौतों के अनुसार, वे सुरक्षा परिषद् को मार्ग के अधिकार सहित आवश्यक सशस्त्र सैन्य सहायता, अन्य सहायता और सुविधाएं उपलब्ध कराएंगे।

अनुच्छेद 44–46 में सुरक्षा परिषद द्वारा सदस्य राष्ट्रों के सशस्त्र सैन्य बलों के नियोजन की बात कही गई है। अनुच्छेद 47 के अंतर्गत सैन्य युक्तियों पर सुरक्षा परिषद को सलाह एवं सहायता उपलब्ध कराने के लिए एक सैन्य कर्मचारी समिति के गठन का प्रावधान है। अनुच्छेद 48 के तहत, अन्तर्राष्ट्रीय शान्ति एवं सुरक्षा के संबंध में सुरक्षा परिषद् के निर्णयों के कार्यान्वयन के हेतु संयुक्त राष्ट्र के सभी सदस्यों अथवा उनमें से कुछ के द्वारा, जैसा भी सुरक्षा परिषद् निर्धारित करेगी, अपेक्षित कार्रवाई की जायेगी। अनुच्छेद 49 के अनुसार, सदस्य देशों को सुरक्षा परिषद द्वारा निर्दिष्ट युक्तियों के कार्यान्वयन में साथ मिलकर सहायता करनी होगी। अनुच्छेद 50 के तहत, यदि सुरक्षा परिषद द्वारा उठाए गए निवारक या प्रवर्तक कदमों के कारण किसी भी राज्य को विशेष समस्याओं का सामना करना पड़ता है, तो यह उन समस्याओं के समाधान के लिए सुरक्षा परिषद से परामर्श कर सकता है।

अनुच्छेद 51 में व्यक्तिगत या सामूहिक आत्मरक्षा के अधिकार का प्रावधान है। यह प्रावधान इस अर्थ में बेहद महत्त्वपूर्ण है कि यह सदस्य देशों को आत्मरक्षा के उद्देश्य से सशस्त्र कार्रवाई, हालांकि सीमित तरीके से, हेतु अधिकृत करता है। अनुच्छेद 51 में लिखा है कि:

> *संयुक्त राष्ट्र के किसी सदस्य के विरुद्ध सशस्त्र आक्रमण की स्थिति में, सुरक्षा परिषद् द्वारा अन्तर्राष्ट्रीय शान्ति एवं सुरक्षा को बरकरार रखने के लिए आवश्यक कार्रवाई किये जाने तक प्रस्तुत घोषणापत्र में वैयक्तिक अथवा सामूहिक आत्मरक्षा के अंतर्निहित अधिकार को तब तक कोई क्षति नहीं पहुंचेगी। आत्मरक्षा के इस अधिकार का प्रयोग करते हुए सदस्य राष्ट्र को अपनाई गई युक्तियों के संदर्भ में तत्काल सुरक्षा परिषद् को सूचना देनी होगी, तथा वह अन्तर्राष्ट्रीय शान्ति एवं सुरक्षा को बरकरार रखने या इसकी पुनः स्थापना के लिए किसी भी समय आवश्यक कार्रवाई करने के लिए इस घोषणापत्र के जरिए सुरक्षा परिषद् को प्रदत्त अधिकारों एवं उत्तरदायित्व को विपरीत रूप से प्रभावित नहीं करेगा।*

2.13.2 संघ की प्रसंविदा और संयुक्त राष्ट्र के घोषणापत्र का तुलनात्मक विश्लेषण

क्या संयुक्त राष्ट्र का घोषणापत्र लीग ऑफ़ नेशंस की प्रसंविदा की तुलना में बेहतर सामूहिक सुरक्षा प्रणाली प्रदान करता है? कुछ लोगों के अनुसार, घोषणापत्र के प्रवर्तन हेतु कार्रवाई के प्रावधान की मौजूदगी इसे प्रसंविदा से बेहतर बनाती है। घोषणापत्र निम्नलिखित मामलों में लीग ऑफ़ नेशंस की प्रसंविदा से बेहतर है (सक्सेना, 1974: 43–47)। संघ की प्रणाली में संघ के सदन एवं परिषद, दोनों को 'संघ के कार्यक्षेत्र से संबंधित किसी भी मामले अथवा वैश्विक शांति को प्रभावित करने वाले विषयों' से निपटने

का अधिकार दिया गया था (सक्सेना, 1974: 43), जबकि इसके विपरीत संयुक्त राष्ट्र के घोषणापत्र में दोनों के कार्यों को स्पष्ट तौर पर निर्दिष्ट किया गया है, तथा शांति एवं सुरक्षा को बरकरार रखने की प्राथमिक ज़िम्मेदारी सुरक्षा परिषद को सौंपी गई है। संघ की प्रणाली में, प्रत्येक सदस्य देश को यह निर्धारित करने का अधिकार था कि किसी विशेष राष्ट्र ने आक्रमण का कृत्य किया है अथवा नहीं, जबकि घोषणापत्र में स्पष्ट रूप से यह अधिकार सुरक्षा परिषद को दिया गया है।

संघ की प्रसंविदा की तुलना में घोषणापत्र में सदस्य राष्ट्रों के निर्दिष्ट दायित्व अधिक नियमनिष्ठ हैं और सामूहिक सुरक्षा के सिद्धांत के अनुरूप हैं। संघ ने सदस्यों पर सभी परिस्थितियों में बल प्रयोग के ख़तरे से परहेज करने या बल प्रयोग करने का दायित्व अधिरोपित नहीं किया था। कुछ मामलों में, प्रसंविदा ने युद्ध को विधिसम्मत माना था। संयुक्त राष्ट्र का घोषणापत्र 'न केवल राज्यों के बीच किसी भी प्रकार के बल प्रयोग को रोकता है बल्कि बल प्रयोग की आशंका की स्थिति में भी हस्तक्षेप कर सकता है।' सामूहिक प्रवर्तन हेतु कार्रवाई के संदर्भ में संघ की प्रणाली लगभग विकेन्द्रीकृत थी, जबकि घोषणापत्र में सुरक्षा परिषद द्वारा केंद्रीकृत प्रवर्तन हेतु कार्रवाई की व्यवस्था की गई है। प्रक्रिया की दृष्टि से घोषणापत्र ने एक महत्त्वपूर्ण नवाचार की शुरुआत की। इसने संघ के सर्वसम्मति के सिद्धांत को त्याग दिया। संघ के सदन तथा परिषद, दोनों में एक प्रतिकूल मत से निर्णय को रोका जा सकता था। इसके विपरीत, महासभा को 'महत्त्वपूर्ण विषयों' पर दो-तिहाई बहुमत से निर्णय लेने का अधिकार दिया गया है। संक्षेप में, प्रसंविदा के तहत सुरक्षा व्यवस्था 'सहयोग की ढीली प्रणाली' थी, जबकि घोषणापत्र ने सामूहिक प्रवर्तन के केंद्रीकृत तंत्र पर विचार किया। हालांकि, संयुक्त राष्ट्र घोषणापत्र का यह केंद्रीकृत प्रवर्तन तंत्र तभी काम कर सकता है, जब सुरक्षा परिषद के सभी पांच स्थायी सदस्य किसी विशेष निर्णय पर एकमत हों। पराधिकार और शांति के सवालों पर सुरक्षा परिषद के स्थायी सदस्यों के बीच राजनीतिक मतभेद के कारण, द्वितीय विश्व युद्ध के उपरांत संयुक्त राष्ट्र के अधीन सामूहिक सुरक्षा प्रणाली का वास्तविक कामकाज काफी प्रभावित हुआ।

2.13.3 संयुक्त राष्ट्र के अधीन सामूहिक सुरक्षा प्रणाली की कार्य-पद्धति

शीत युद्ध की अवधि के दौरान, दो महाशक्तियों के बीच राजनीतिक, सैन्य एवं वैचारिक प्रतिद्वंद्विता के कारण सामूहिक सुरक्षा प्रणाली सफल नहीं हो पाई। संयुक्त राष्ट्र के अधीन सामूहिक सुरक्षा प्रणाली की प्रमुख परिमितता यह है कि, सुरक्षा परिषद के पांच स्थायी सदस्यों में से किसी के खिलाफ़ सामूहिक प्रवर्तन हेतु कार्रवाई नहीं की जा सकती, क्योंकि उन्हें निषेधाधिकार प्राप्त है। सशस्त्र संघर्ष की स्थितियों में आक्रमणकर्ता का निर्धारण करना असंभव कार्य बन गया, क्योंकि इन महाशक्तियों ने अपने सहयोगियों की सुरक्षा हेतु अपने निषेधाधिकार का उपयोग किया या ऐसा करने की चेतावनी धमकी दी, जिससे सामूहिक सुरक्षा प्रणाली दुष्क्रियाशील हो गई। कोरियाई युद्ध के मामले में सामूहिक प्रवर्तन हेतु कार्रवाई संभव हुई, और ऐसा मुख्य रूप से उस अवधि के दौरान सुरक्षा परिषद से सोवियत संघ की अनुपस्थिति के कारण हो पाया।

द्वितीय विश्व युद्ध के बाद के युग में, संयुक्त राष्ट्र घोषणापत्र के अध्याय VII में निर्दिष्ट सामूहिक सुरक्षा प्रणाली को 1950 के कोरियाई युद्ध में पहली बार लागू किया गया। हालांकि, संयुक्त राष्ट्र को कोरियाई युद्ध से पहले भी सशस्त्र युद्ध से जुड़े कुछ संघर्षों की शिकायतें मिलीं (जैसे कि 1946–49 का इंडोनेशियाई मामला, 1947 में फिलिस्तीन का प्रश्न तथा 1948 में कश्मीर का प्रश्न), परंतु इन मामलों में अध्याय VII के अंतर्गत वर्णित प्रावधानों के अनुरूप आर्थिक या सैन्य कार्रवाई नहीं की गई।

2.13.3.1 कोरियाई युद्ध

द्वितीय विश्व युद्ध के उपरांत कोरिया दो प्रभावशाली शक्तियों के गुटों में विभाजित हो गया, जिसमें उत्तरी कोरिया पर रूस का नियंत्रण था जबकि दक्षिणी कोरिया पर संयुक्त राज्य का प्रभुत्व था — 38 वीं समानांतर रेखा ने कोरिया को दो भागों में विभाजित कर दिया। शीत युद्ध के आरंभ होते ही दोनों हिस्सों में तनाव बढ़ने लगा। चूंकि दोनों महाशक्तियां अपने वैश्विक हितों एवं सामरिक स्वार्थ के कारण पूरे कोरिया पर प्रभुत्व कायम करना चाहती थीं, इसलिए दोनों हिस्सों को एकजुट करने तथा एकीकृत कोरिया के निर्माण के उद्देश्य से बल प्रयोग के प्रयास या ख़तरे में वृद्धि हुई। कोरिया के विषय पर दो महाशक्तियों के बीच मतभेदों के कारण, इस समस्या

को सितंबर 1947 में संयुक्त राष्ट्र महासभा में भेजा गया। महासभा ने राष्ट्रीय सरकार की स्थापना का मार्ग प्रशस्त करने के उद्देश्य से नवंबर 1947 में कोरिया में संयुक्त राष्ट्र अस्थायी आयोग का गठन किया। 1949 में इस आयोग ने 38 वीं समानांतर रेखा के दोनों ओर 'सैन्य प्रदर्शन' के अलावा सीमा पर बार-बार होने वाली घटनाओं की सूचना दी। 24–25 जून, 1950 की मध्यरात्रि में, अमेरिकी विदेश विभाग द्वारा संयुक्त राष्ट्र महासचिव को संयुक्त राष्ट्र आयोग की रिपोर्ट के अनुसार दक्षिण कोरिया पर उत्तरी कोरियाई आक्रामकता के बारे में बताया गया। 25 जून को, सोवियत संघ के अनुपस्थिति के साथ, सुरक्षा परिषद ने अमेरिकी मसौदे को अपनाया जिसके पक्ष में 9 जबकि विपक्ष में 1 मत थे। इस प्रस्ताव के जरिए 'सशस्त्र हमले' पर गंभीरतापूर्वक विचार किया गया तथा परिस्थिति को 'शांति का उल्लंघन' माना गया और कोरिया को 38 वीं समानांतर रेखा से अपनी सेना को वापस बुलाने के लिए कहा गया, साथ ही प्रस्ताव के कार्यान्वयन में सदस्यों से सहायता मांगी गई। कालांतर में 27 जून और 7 जुलाई के प्रस्तावों के अनुसार, सुरक्षा परिषद ने उत्तर कोरिया के खिलाफ तत्काल सैन्य कार्रवाई की मांग की, तथा दक्षिण कोरिया की सहायता के लिए सदस्य राज्यों से संयुक्त राज्य के नेतृत्व में सशस्त्र सैन्य बलों को उपलब्ध कराने का अनुरोध किया गया। सोवियत संघ और चार अन्य साम्यवादी सदस्यों ने सुरक्षा परिषद की इस कार्रवाई को 'अवैध' बताया। इन प्रस्तावों को 51 देशों ने समर्थन दिया था। हालांकि, संयुक्त राज्य के अलावा केवल 15 सदस्यों ने अपनी सेना को कोरिया भेजा था। उत्तर कोरियाई हमले का विरोध करने का बोझ मुख्य रूप से संयुक्त राज्य ने ही वहन किया (सक्सेना, 1974: 87–90)। एक समय साम्यवादी शक्तियां पीछे हटने लगी थीं तथा संयुक्त राज्य और संयुक्त राष्ट्र के अन्य देश पूरे कोरिया पर कब्जा करना चाहते थे, लेकिन चीनी 'स्वयंसेवकों' के प्रवेश के साथ गतिरोध उत्पन्न हुआ और यह युद्ध समाप्त हो गया।

आमतौर पर संयुक्त राष्ट्र के ध्वज के अंतर्गत कोरियाई सैन्य उपक्रम को पश्चिमी जगत में सम्मान की दृष्टि से देखा गया, और इसे 'राष्ट्रों के संगठित समुदाय द्वारा सामूहिक सुरक्षा के सिद्धांत के अनुरूप एक आक्रमणकर्ता के खिलाफ की गई पहली कार्रवाई' माना (सक्सेना, 1974: 92)। हालांकि, यह सैन्य कार्रवाई अंतर्राष्ट्रीय समुदाय द्वारा नहीं की गई थी, बल्कि यह अंतर्राष्ट्रीय समुदाय के नाम पर वास्तव में अमेरिकी सेना द्वारा की गई कार्रवाई थी, जिसमें अन्य राष्ट्र शामिल थे। पश्चिमी देशों के गठबंधन ने कोरियाई स्थिति को, वास्तव में साम्यवादियों द्वारा एक स्वतंत्र राष्ट्र पर विजय पाने के प्रयास के तौर पर देखा, और राष्ट्रपति ट्रूमैन प्रशांत क्षेत्र में साम्यवादी ख़तरे का सामना करने के लिए उचित सैनिक कार्रवाई करने को इच्छुक थे। कोरियाई युद्ध के दौरान संयुक्त राष्ट्र ने "तटस्थ" और "सार्वभौमिक" सुरक्षा प्रणाली के बजाय एक साम्यवादी विरोधी गठबंधन के रूप में अपनी पहचान बनाई (सक्सेना, 1974: 110)।

2.13.4 शांतिपूर्ण समाधान के लिए एकजुटता

1950 में संयुक्त राज्य द्वारा तैयार किये गए इस प्रस्ताव का उद्देश्य, संकटपूर्ण स्थितियों में दो-तिहाई बहुमत के साथ सामूहिक कार्रवाई की सिफारिश करने के लिए महासभा को सशक्त बनाना था, ताकि निषेधाधिकार के माध्यम से सुरक्षा परिषद के कार्यों में गतिरोध उत्पन्न नहीं किया जा सके। ऐकिसन योजना के नाम से लोकप्रिय इस प्रस्ताव को, संयुक्त राज्य द्वारा पेकिंग सरकार के प्रतिनिधियों के प्रवेश के मुद्दे पर सोवियत संघ की अस्थायी अनुपस्थिति के बाद सुरक्षा परिषद में वापसी पर महासभा में प्रस्तुत किया गया था। इसके अंतर्गत यह व्यवस्था की गई थी कि, यदि सुरक्षा परिषद निषेधाधिकार के कारण कार्रवाई के प्रवर्तन में विफल रहे, तो 24 घंटों के भीतर महासभा की बैठक बुलाई जा सकती है और इसके परिवर्तन की सिफारिश की जा सकती है।

इसने सामूहिक कार्रवाई के तरीकों पर सदन एवं परिषद, दोनों को रिपोर्ट प्रस्तुत करने एक सामूहिक कार्रवाई समिति, तथा निरीक्षण करने एवं महासभा को रिपोर्ट प्रस्तुत करने के लिए शांति अवलोकन समिति की स्थापना की। परंतु, इनिस क्लाउड के शब्दों में इस प्रस्ताव पर सर्वसम्मति 'अपूर्ण, भ्रामक एवं क्षणिक' थी (वैन डाइक, 1969: 420 में उद्धृत)। सोवियत संघ और उसके सहयोगियों ने यह करते हुए इसका जोरदार विरोध किया कि, यह संयुक्त राष्ट्र प्रणाली की मौलिक सहमति का उल्लंघन था। गैर-साम्यवादी सदस्यों में से केवल भारत और अर्जेंटीना मतदान से दूर रहे। अमेरिकी दृष्टिकोण से, यह प्रस्ताव सामूहिक सुरक्षा के बजाय साम्यवाद के प्रतिरोध का एक बेहतर संभावित आधार था (इनिस क्लाउड, वैन डाइक 1969: 420 में उद्धृत)।

इस प्रकार, कोरिया में सामूहिक सुरक्षा हेतु कार्रवाई के अनुभव ने अंतर्निहित कमजोरियों को उजागर किया।

1956 के स्वेज संकट में, संयुक्त राष्ट्र ने दो महाशक्तियों (इंग्लैंड और फ्रांस) तथा एक छोटी शक्ति (इज़राइल) की आक्रामकता को विफल करने और यथास्थिति को बहाल करने में काफी सफलता हासिल की। 1956 के बाद, संयुक्त राष्ट्र की गतिविधियों का केंद्र शांति के प्रवर्तन के बजाय शांतिस्थापन की ओर स्थानांतरित हो गया।

2.14 शांतिस्थापन (Peacekeeping)

शीत युद्ध के दौरान, जब सामूहिक सुरक्षा प्रणाली दुष्क्रियाशील हो गई थी, तब संघर्ष के दायरे को सीमित करने तथा शीत युद्ध में टकराव को बढ़ने से रोकने के तरीके के रूप में शांतिस्थापन की अवधारणा विकसित हुई। शांतिस्थापन का अभियान दो पीढ़ियों में बँटा है। शांतिस्थापन की पहली पीढ़ी में, सारा ध्यान तीसरे पक्ष के सैन्य बलों के माध्यम से राज्यों के बीच संघर्ष को नियंत्रित करने पर केंद्रित था। अक्सर सुरक्षा परिषद के छोटे एवं तटस्थ अस्थायी सदस्यों से शांति सेना तैयार की जाती है। शांति सेना के कार्यों में को बढ़ने से रोकना तथा विवादों को सुलझाए जाने तक संबंधित पक्षों को अलग रखना शामिल है। यह बहुराष्ट्रीय शांति सेना संयुक्त राष्ट्र के संरक्षण में काम करती है, युद्धविराम की निगरानी करती है और इसे बरकरार रखती है तथा युद्ध करने वाले दलों के बीच एक तटस्थ क्षेत्र में अपनी उपस्थिति कायम रख सकती है।

करेन ए. मिंगस्ट (2001) के अनुसार, पहली पीढ़ी के शांतिस्थापन के अभियान निम्नलिखित परिस्थितियों में सबसे अधिक प्रभावी रहे हैं:

- अभियान के लिए स्पष्ट एवं व्यावहारिक अधिदेश या उद्देश्य
- सैन्य बल के अधिदेश एवं संरचना के विषय पर संबंधित पक्षों की सहमति
- संयुक्त राष्ट्र सुरक्षा परिषद के सदस्यों को सुदृढ़ वित्तीय एवं सैन्य समर्थन
- सैन्य योगदानकर्ता देशों द्वारा अधिदेश और इससे जुड़े संभावित जोखिम की स्वीकृति
- केवल आत्मरक्षा के लिए बल प्रयोग का सहारा लेने के संबंध में शांतिस्थापकों के बीच समझ

तालिका 2.1 पहली पीढ़ी के शांतिस्थापन अभियान

अभियान	अवस्थिति	अवधि
UNTSO (संयुक्त राष्ट्र युद्धविराम पर्यवेक्षण संगठन)	मिस्र, इज़राइल, जॉर्डन, सीरिया, लेबनान	जून 1948 – वर्तमान
संयुक्त राष्ट्र आपातकालीन सेना (UNEF)	स्वेज़ नहर, सिनाई प्रायद्वीप	नवंबर 1956 – जून 1967
ONUC (कांगो में संयुक्त राष्ट्र अभियान)	कांगो	जून 1960 – जून 1964
UNFICYP (साइप्रस में संयुक्त राष्ट्र शांति सेना)	साइप्रस	मार्च 1964 – वर्तमान
UNEF II (द्वितीय संयुक्त राष्ट्र आपातकालीन सेना)	स्वेज़ नहर, सिनाई प्रायद्वीप	अक्टूबर 1973 – जुलाई 1979
UNDOF (संयुक्त राष्ट्र मुक्ति पर्यवेक्षक सेना)	सीरिया गोलान पहाड़ियां	जून 1974 – वर्तमान
UNMEE (इथियोपिया और एरिट्रिया में संयुक्त राष्ट्र मिशन)	इथियोपिया / एरिट्रिया सीमा	सितंबर 2000 – वर्तमान

स्रोत: संयुक्त राष्ट्र (http://www.un.org/en/peacekeeping/missions/undof/), संयुक्त राष्ट्र शांतिस्थापन अभियानों के लिए (http://www.un.org/en/peacekeeping/operations/)

तालिका 2.1 में संयुक्त राष्ट्र द्वारा संचालित पहली पीढ़ी के शांतिस्थापन अभियानों की सूची दी गई है।

2.14.1 दूसरी पीढ़ी के शांतिस्थापन अभियान

दूसरी पीढ़ी के शांतिस्थापन अभियानों का संचालन गृहयुद्ध और घरेलू स्तर पर अव्यवस्था की स्थिति में किया गया, जिनका प्रादुर्भाव ज्यादातर जातीय-राष्ट्रीय संघर्षों से हुआ। इसमें शांति सेना द्वारा सैन्य और असैन्य, दोनों तरह के कार्यों का प्रदर्शन किया जाता है। सैन्य कार्यों में सैन्य दस्ते की वापसी (जैसा कि अफगानिस्तान में हुआ) को सुनिश्चित करने में सहायता, संघर्ष को हल किये जाने तक

संबंधित गुटों को अलग करना (जैसा कि बोस्निया में हुआ) शामिल है। असैन्य कार्यों में कंबोडिया और नामीबिया जैसे स्थानों पर राष्ट्रीय चुनावों के आयोजन एवं संचालन की गतिविधियां, मानवीय सहायता, भोजन और दवाइयों की आपूर्ति, आदि शामिल हैं (मिंगस्ट, 2001: 164–65)। तालिका 2.2 में संयुक्त राष्ट्र द्वारा संचालित दूसरी पीढ़ी के शांतिस्थापन अभियानों की सूची दी गई है।

2.14.2 शांति के लिए कार्य-सूची

शीत युद्ध के बाद की अवधि में, अंतर्राष्ट्रीय शांति एवं सुरक्षा के संदर्भ में संयुक्त राष्ट्र के दृष्टिकोण में एक महत्त्वपूर्ण बदलाव आया है। यह माना गया कि, सुरक्षा के लिए ख़तरा केवल आक्रामकता से नहीं बल्कि गृहयुद्धों, मानवीय आपात स्थिति, मानवाधिकारों के वैश्विक मानकों के उल्लंघन तथा गरीबी एवं असमानता जैसी अन्य स्थितियों से भी उत्पन्न होता है। परंपरागत दृष्टिकोण के विपरीतए राज्यों के नागरिकों के प्रति न्याय एवं अधिकारों के साथ-साथ राज्यों के भीतर मौजूदा हालात को लेकर चिंता बढ़ रही है।

शीत युद्ध के बाद के युग में, अंतर्राष्ट्रीय सुरक्षा की अवधारणा में काफी बदलाव आया है। अब यह माना गया कि, शांति के लिए ख़तरा केवल आक्रामकता से नहीं बल्कि गृहयुद्धों, मानवीय आपात स्थिति, गरीबी एवं असमानता जैसी अन्य स्थितियों से भी उत्पन्न होता है। दूसरे शब्दों में, सुरक्षा के असैन्य आयामों पर अधिक बल दिया जाने लगा तथा सुरक्षा को विकास, मानवाधिकार, न्याय, आदि के साथ निकटता से संबद्ध माना गया। इस वैश्विक कार्य-सूची के हिस्से के रूप में, 1992 में संयुक्त राष्ट्र के तत्कालीन महासचिव, बुतरस घाली ने अंतर्राष्ट्रीय शांति एवं सुरक्षा के अनुरक्षण हेतु अपनी रिपोर्ट में संयुक्त राष्ट्र के लिए अधिक महत्वाकांक्षी भूमिका की रूपरेखा, शांति के लिए कार्य-सूची, प्रस्तुत की। शीत युद्ध के बाद के युग में, शांति के लिए कार्य-सूची में संयुक्त राष्ट्र की निम्नलिखित भूमिकाओं पर विचार किया गया है (बेलिस, स्मिथ और ओवेन्स, 2008: 320)।

तालिका 2.2 दूसरी पीढ़ी के शांतिस्थापन अभियान

अभियान	अवस्थिति	अवधि
संयुक्त राष्ट्र अवस्थांतर सहायता समूह (UNTAG)	नामीबिया, अंगोला	अप्रैल 1989 – मार्च 1990
संयुक्त राष्ट्र सुरक्षा सेना (UNPROFOR)	पूर्व युगोस्लाविया, क्रोएशिया, बोस्निया-हर्जेगोविना, मेसिडोनिया	मार्च 1992 – दिसंबर 1995
कांगो में संयुक्त राष्ट्र अभियान (ONUC)	कांगो	जून 1960 – जून 1964
कंबोडिया में संयुक्त राष्ट्र संक्रमणकालीन प्राधिकरण (UNTAC)	कंबोडिया	मार्च 1992 – दिसंबर 1995
सोमालिया में संयुक्त राष्ट्र अभियान (UNOSOM I, II)	सोमालिया	अगस्त 1992 – मार्च 1995
हैती में संयुक्त राष्ट्र मिशन (UNIMIH)	मोजाम्बिक	दिसंबर 1992 – दिसंबर 1994
कोसोवो में संयुक्त राष्ट्र मिशन (UNMIK)	कोसोवो, युगोस्लाविया	जून 1999 – वर्तमान
पूर्वी तिमोर में संयुक्त राष्ट्र संक्रमणकालीन प्रशासन (UNTAET)	पूर्वी तिमोर	अक्टूबर 1999 – वर्तमान

स्रोत: संयुक्त राष्ट्र

2.14.3 सुरक्षात्मक कूटनीति

इसमें विश्वास निर्माण संबंधी युक्तियां (CBMs), तथ्यान्वेषण तथा संयुक्त राष्ट्र-अधिकृत बलों की सुरक्षात्मक तैनाती शामिल हैं।

2.14.4 शांतिपूर्ण माहौल का निर्माण

इसे प्रतिपक्षी दलों को अनिवार्य रूप से शांतिपूर्ण साधनों के जरिए संधि कराने के लिए तैयार किया गया है। हालांकि, सभी शांतिपूर्ण तरीकों के विफल होने की स्थिति में, घोषणापत्र के अध्याय VII के तहत अधिकृत शांति का प्रवर्तन किया जा सकता है। संबंधित पक्षों की सहमति के बिना भी शांति का प्रवर्तन किया जा सकता है।

2.14.5 शांतिस्थापन

यह पारम्परिक शांतिस्थापन की तरह है। यह सभी संबंधित पक्षों की सहमति से क्षेत्र में संयुक्त राष्ट्र सेना के परिनियोजन को संदर्भित करता है।

2.14.6 संघर्ष के बाद शांतिस्थापन

इसके अंतर्गत बल प्रयोग की भावी गतिविधियों को रोकने तथा शांति की स्थिति को सुदृढ़ करने के लिए सामाजिक, राजनीतिक एवं आर्थिक आधारभूत संरचनाओं को विकसित करना शामिल है।

हाल ही में शांति के लिए अन्य ख़तरों, जैसे कि आतंकवाद तथा सामूहिक विनाश के हथियारों की होड़ ने संयुक्त राष्ट्र की सुरक्षा कार्यसूची में प्रमुख स्थान ग्रहण किया है। मार्च 2003 में, इराक़ युद्ध इस आधार पर लड़ा गया था कि इराक़ में बड़े पैमाने पर सामूहिक विनाश के हथियार मौजूद थे और इसके लिए वर्ष 2002 के सुरक्षा परिषद के प्रस्ताव 1441 की मदद ली गई थी। वर्ष 2004 में ख़तरे, चुनौतियां एवं परिवर्तन पर महासचिव के उच्चस्तरीय पैनल की अंतिम रिपोर्ट में सुरक्षा से जुड़े ख़तरों की अंतःसंबद्ध प्रकृति पर बल दिया गया था तथा पारस्परिक रूप से विकास, सुरक्षा एवं मानवाधिकार के विचारों को अधिक शक्तिशाली बनाने की बात कही गई थी। इसमें शांतिस्थापन आयोग के गठन की भी संस्तुति की गई थी।

2.14.7 संयुक्त राष्ट्र शांतिस्थापन आयोग

दिसंबर 2005 में महासभा तथा सुरक्षा परिषद के अनुषंगी सलाहकार निकाय के तौर पर इस आयोग का गठन किया गया था। इसका उद्देश्य, संघर्ष की पुनरावृत्ति को रोकने के लिए संघर्ष उपरांत के अस्थिर चरण में देशों को योजनाबद्ध तरीके से समर्थन प्रदान करना है। इसकी स्थापना, संयुक्त राष्ट्र में सुरक्षा एवं विकास गतिविधियों को समन्वित करने की बढ़ती अभिरुचि का संकेत है (बेलिस एवं अन्य, 2008: 321)।

2.15 सामूहिक सुरक्षा प्रणाली का मूल्यांकन

सामूहिक सुरक्षा उदारवादियों द्वारा युद्ध को रोकने और शक्ति संतुलन के अविश्वसनीय सिद्धांत की तुलना में बेहतर तरीके से शांति कायम रखने के लिए प्रस्तुत की गई विचारधारा है। हालांकि, सामूहिक सुरक्षा का आदर्श सैद्धांतिक एवं व्यवहारिक दोनों दृष्टि से परिसीमित है। यह कुछ आदर्शवादी पूर्वधारणाओं एवं स्थितियों पर आधारित है, जो अवास्तविक हैं तथा अंतर्राष्ट्रीय राजनीति के लिए संभवतः अव्यवहारिक हैं।

यथार्थवादियों का कहना है कि, सामूहिक आदर्श के तौर पर यह मान लेना कि सभी राज्य आक्रामकता की स्थिति में एकजुट होकर कार्रवाई करेंगे, वास्तव में राज्यों के बीच शक्ति एवं हितों के संघर्ष की वास्तविकता से आंखें मूंद लेने की तरह है। राज्यों के बीच हितों का यह संघर्ष और व्यतिरेक, संकट की स्थिति में आक्रमणकर्ता को चिह्नित करने के कार्य को दोगुना कठिन बना देता है। राज्यों के बीच राजनीतिक एवं वैचारिक मतभेदों को देखते हुए आक्रामकता के कारकों को निर्धारित करने का कार्य वास्तव में सार्वभौमिक सर्वसम्मति से नहीं किया जा सकता है।

मोर्गेंथाऊ का तर्क है कि, आवश्यकता पर आधारित सामूहिक सुरक्षा में यथास्थिति को बरकरार रखने पर बल दिया जाता है। इस प्रकार, लीग ऑफ़ नेशंस की सामूहिक सुरक्षा ने उस अवधि की क्षेत्रीय स्थिति के संरक्षण हेतु प्रयास किया, जो वर्ष 1919 में संघ की स्थापना के समय अस्तित्व में था। कुछ राज्यों ने इस स्थिति का समर्थन किया जबकि कुछ अन्य ने इसका विरोध किया, और इस प्रकार की प्रतिद्वंद्विता के परिणामस्वरूप युद्ध अथवा संघर्ष की स्थिति उत्पन्न हो सकती थी। चूंकि शक्ति हेतु संघर्ष अंतर्राष्ट्रीय राजनीति की विशेषता रही है, इसलिए सामूहिक सुरक्षा के माध्यम से किसी विशेष स्थिति को बरकरार रखने की दिशा में किया गया कोई भी प्रयास दीर्घकाल में विफलता की ओर ही अग्रसर होता है (मोर्गेंथाऊ, 1991: 453)।

अलग-अलग संप्रभु राज्यों के राष्ट्रीय हितों तथा सामूहिक सुरक्षा दायित्वों के बीच तनाव, वास्तव में सामूहिक सुरक्षा के सफलता की दिशा में महत्त्वपूर्ण व्यावहारिक अवरोध का काम करते हैं। अगर किसी राज्य का राष्ट्रीय हित ख़तरे में हो, तो वह किसी विशेष राज्य को आक्रमणकर्ता के तौर पर निर्दिष्ट करने अथवा उसके साथ युद्ध करने को इच्छुक नहीं हो सकता है।

सामूहिक सुरक्षा प्रणाली की एक और बड़ी परिमितता संयुक्त राष्ट्र के घोषणापत्र में अंतर्निहित है, जिसके अनुसार इसकी सफलता महाशक्तियों, विशेष रूप से सुरक्षा परिषद के स्थायी सदस्यों के राजनीतिक एवं रणनीतिक हितों पर निर्भर है। शीत युद्ध की अवधि के दौरान, महाशक्तियों के परस्पर-विरोधी हितों ने सामूहिक सुरक्षा को गंभीर रूप से कमज़ोर कर दिया गया था।

2.15.1 आत्मरक्षा का अधिकार

संयुक्त राष्ट्र की सामूहिक सुरक्षा प्रणाली युद्ध की पूरी तरह से भर्त्सना नहीं करती है। घोषणापत्र के अनुच्छेद 51 के अनुसार, किसी राज्य पर सशस्त्र आक्रमण की स्थिति में उसे व्यक्तिगत अथवा सामूहिक तौर पर आत्मरक्षा का अधिकार प्राप्त है। अनुच्छेद 52 के अनुसार, अंतर्राष्ट्रीय शांति एवं सुरक्षा के लिए ख़तरों की स्थिति में उचित कार्रवाई करने के लिए राज्यों को क्षेत्रीय स्तर पर व्यवस्था करने या अभिकरणों के गठन का अधिकार है। उदाहरण के लिए, उत्तरी अटलांटिक संधि संगठन (नाटो) न केवल अपने क्षेत्र में, बल्कि समकालीन विश्व में भी सुरक्षा मामलों में महत्त्वपूर्ण भूमिका निभाता है।

शीत युद्ध के बाद एकध्रुवीय वैश्विक व्यवस्था में, महाशक्तियों द्वारा सामूहिक कार्रवाई के नाम पर अपने एजेंडे को आगे बढ़ाने का प्रयास करने की संभावना काफी अधिक है। ऐसा विशेष रूप से इसलिए संभव है, क्योंकि वर्तमान युग में सुरक्षा की अवधारणा का विस्तार हुआ है तथा इसके अंतर्गत अब लोकतंत्र, विकास, मानवाधिकार, परमाणु अप्रसार और मानवतावादी हस्तक्षेप जैसे असैन्य पहलुओं को भी शामिल किया गया है। सुरक्षा परिषद के स्थायी सदस्यों के बीच मतभेदों के बावजूद, इराक़ युद्ध इस आधार पर लड़ा गया था कि इराक़ के पास सामूहिक विनाश के हथियार मौजूद थे।

इस प्रकार, संयुक्त राष्ट्र के घोषणा पत्र में निर्धारित सामूहिक सुरक्षा प्रणाली की अपनी परिमितताएं हैं। व्यावहारिक रूप से, हालांकि कुछ मामलों में शांतिस्थापक सैनिकों का प्रयोग सफल रहा है, परंतु यह महाशक्तियों के लिए एक ऐसा साधन बन चुका है जिसके जरिए वे अपने स्वार्थपरक हितों की तुष्टि करना चाहते हैं।

मॉडल प्रश्न

2.1 आधुनिक राज्य प्रणाली की अभिलाक्षणिक विशेषताएं क्या हैं?

2.2 शक्ति की अवधारणा की व्याख्या करें और अंतर्राष्ट्रीय राजनीति में इसके महत्त्व की जांच करें।

2.3 राष्ट्रीय शक्ति के विभिन्न अवयव क्या हैं? वे विदेशी नीति के संदर्भ में निर्णयों को किस प्रकार प्रभावित करते हैं?

2.4 शक्ति की यथार्थवादी अवधारणा का आलोचनात्मक मूल्यांकन करें और पता लगाएं कि समकालीन लोकतांत्रिक एवं वैश्वीकृत दुनिया में शक्ति की राजनीति कितनी महत्त्वपूर्ण है।

2.5 शक्ति संतुलन की मूलभूत पूर्वधारणाएं क्या हैं? क्या शक्ति संतुलन के सफल संचालन के लिए कोई शर्त है?

2.6 अंतर्राष्ट्रीय राजनीति के उदारवादी दृष्टिकोण से आप शक्ति संतुलन की अवधारणा का मूल्यांकन कैसे करते हैं?

2.7 क्या आपको लगता है कि, समकालीन वैश्वीकृत एवं परस्पर-निर्भर दुनिया में शक्ति संतुलन का यथार्थवादी सिद्धांत प्रासंगिक है?

2.8 सामूहिक सुरक्षा प्रणाली की मूलभूत पूर्वधारणाएं क्या हैं?

2.9 क्या आपको लगता है कि, सामूहिक सुरक्षा प्रणाली शक्ति संतुलन की तुलना में बेहतर विकल्प प्रदान करती है?

2.10 एकध्रुवीय अभिभावी अंतर्राष्ट्रीय व्यवस्था में सामूहिक सुरक्षा प्रणाली के प्रभावों की जांच करें।

अनुशंसित साहित्य

Anderson, B. 1991. *Imagined Communities: Reflections on the Origin and Spread of Nationalism.* London: Verso.

Baylis, John, Steve Smith, and Patricia Owens, eds. 2008. *The Globalization of World Politics.* Oxford, New York: Oxford University Press.

Brown, Chris, and Kirsten Ainley. 2005. *Understanding International Relations.* New York: Macmillan.

Burchill, Scott, Richard Devetak, Andrew Linklater, Matthew Paterson, Christian Reus-Smit, Jack Donnelly, and Jacqui True. 2001. *Theories of International Relations.* New York: Palgrave.

Carr, E. H. 1946. *The Twenty Years Crisis, 1919–39.* London: Macmillan and Company.

Claude, Inis L. Jr. 1962. *Power and International Relations.* New York: Random House.

Ghai, U. R., and K. K. Ghai. 2003. *International politics: Theory and Practice.* Jalandhar, India: New Academic Publishing Co.

Holsti, K. J. 1978. *International Politics: A Framework for Analysis.* 3rd ed. New Delhi: Prentice Hall, India.

Jackson, Robert, and George Sorenson. 2008. *Introduction to International Relations: Theories and Approaches.* New Delhi: Oxford University Press.

Kesselman, Mark. 2007. *The Politics of Globalization: A Reader.* New York: Houghton Mifflin Company.

Kumar, Mahendra. 1967. *Theoretical Aspects of International Politics.* Agra: Shiv Lal & Co.

Little, Richard, and Michael Smith, eds. 2006. *Perspectives on World Politics.* 3rd ed. London: Routledge.

McLean, Iain, and Alistair McMillan, eds. 2003. *Concise Dictionary of Politics.* Oxford: Oxford University Press.

Mingst, Karen A. 2001. *Essentials of International Relations.* New York: W. W. Norton and Company.

Morgenthau, Hans J. 1991. *Politics among Nations: The Struggle for Power and Peace.* 6th ed. New Delhi: Kalyani Publishers.

Palmer, Norman D., and Howard C. Perkins. 1997. *International Relations: The World Community in Transition.* 3rd revised edition. New Delhi: AITBS Publishers.

Saksena, K. P. 1974. *The United Nations and Collective Security: A Historical Analysis.* Delhi: D. K. Publishing House.

Schwarzenberger, George. 1964. *Power Politics.* 3rd ed. London: Stevens and Sons Limited.

Strange, Susan. 1966. *The Retreat of the State: The Diffusion of Power in the World Economy.* New York: Cambridge University Press.

Van Dyke, Vernon. 1969. *International Politics.* Bombay: Vakils, Feffer and Simons.

Wight, Martin. 1991. *International Relations Theory: The Three Traditions.* London: Leicester University Press.

3

राष्ट्रीय हित की भूमिका

फ़राह नाज़

अध्ययन के उद्देश्य

- राष्ट्रीय हित के अर्थ को पूर्णतया स्पष्ट करना
- विदेशी नीति एवं विचारधारा के साथ इसके संबंधों की व्याख्या करना
- राष्ट्रीय हित को प्रोत्साहन देने के लिए देशों द्वारा अपनाई गई युक्तियों पर विचार-विमर्श करना
- इस बात पर चर्चा करना कि, क्या राष्ट्रीय हित राष्ट्र के हितों को समग्रतः दर्शाता है या फिर केवल परिमित संभ्रांत वर्ग अथवा सामाजिक समूह का प्रतिनिधित्व करता है

अध्याय सार

राष्ट्र राज्यों के उदय एवं विकास के साथ विश्व इतिहास की आधुनिक कालावधि में 'राष्ट्रीय हित' की अवधारणा का प्रादुर्भाव हुआ। सभी राज्य एक-दूसरे के संबंध में अपने-अपने राष्ट्रीय हितों की रक्षा करना या उसे हासिल करना चाहते हैं। विभिन्न राष्ट्र अंतर्राष्ट्रीय संबंधों में स्वयं की कार्यप्रणाली निर्धारित करते हैं तथा अपनी प्राथमिकताओं को अपने राष्ट्रीय हितों के अनुरूप व्यवस्थित करते हैं। इसके फलस्वरूप, विदेश नीति का इसके साथ संबंध बेहद महत्त्वपूर्ण हो जाता है, जिसकी सहायता से वे अपने लक्ष्यों को प्राप्त करने की कोशिश करते हैं। विदेश नीति का मुख्य उद्देश्य, राष्ट्रीय हितों की रक्षा के लिए विदेशी राष्ट्रों के साथ संबंधों का मार्गदर्शन करना तथा यथासंभव अधिकतम लाभ के लिए इन्हें प्रोत्साहन देना है। चूंकि राष्ट्रों के राष्ट्रीय हित में बदलाव जारी रहता है, इसलिए उनकी विदेश नीतियां भी बदलती रहती हैं। राष्ट्रीय हित विचारधाराओं से भी प्रभावित होते हैं। विभिन्न देशों द्वारा विचारधाराओं का इस्तेमाल एवं व्याख्या उनके राष्ट्रीय हित के अनुरूप होती है। अपने राष्ट्रीय हितों को प्रोत्साहन देने के अपने लक्ष्य की प्राप्ति हेतु विभिन्न राष्ट्र कूटनीति, प्रोपेगेंडा, साम्राज्यवाद, आर्थिक युक्तियों, गठबंधन, युद्ध, जैसे विभिन्न तरीकों का सहारा लेते हैं। देश अपनी राष्ट्रीय नीतियों के अनुसार अपनी विदेश नीति प्रतिपादित करते हैं और तदनुसार अपने साधनों का उपयोग करते हैं। राष्ट्रीय हित के साथ एक बड़ी समस्या यह है कि, कई मामलों में यह वैश्विक आदर्शों के प्रतिकूल है। राष्ट्रीय हित की योजना बनाना एवं उसे प्रस्तुत करना, काफी हद तक नीति निर्माताओं पर निर्भर है। वे अपने राष्ट्रीय हितों का निर्धारण करते हैं तथा उसे प्रोत्साहन देने की दिशा में प्रयास करते हैं। ऐसी स्थिति में, वैश्विक सद्भाव एवं शांति को बरकरार रखने के लिए विभिन्न देशों के राष्ट्रीय हितों का एक दूसरे के अनुरूप होना बेहद महत्त्वपूर्ण है।

राष्ट्रीय हित की अवधारणा के इतिहास का अनुरेखण आधुनिक राज्य प्रणाली के विकास के दौर से किया जा सकता है। विभिन्न राष्ट्र अंतर्राष्ट्रीय मामलों में अपनी प्राथमिकताओं के अनुसार अपने राष्ट्रीय हितों की रूपरेखा का निर्धारण करते हैं, जो अंतर्राष्ट्रीय राजनीति में सुरक्षा, शक्ति, प्रभाव, आर्थिक पर्याप्तता, आत्मरक्षा, आदि क्षेत्रों में उसकी हिस्सेदारी को दर्शाता है।

यथार्थवादी दृष्टिकोण से अंतर्राष्ट्रीय संबंधों के अध्ययन में राष्ट्रीय हित की अवधारणा का महत्त्वपूर्ण स्थान है। यथार्थवाद विचारों का एक समुच्चय है, जिसमें सुरक्षा एवं शक्ति संबंधी घटकों के निहितार्थों को ध्यान में रखा जाता है। यथार्थवादी विद्वान

राजनीति को सत्ता के संघर्ष के रूप में परिभाषित करते हैं और राष्ट्रीय हित में बहुत महत्त्व देते हैं, जिसके दायरे में इस संघर्ष को समझना चाहिए।[1] प्रमुख आधुनिक यथार्थवादी विद्वान, जॉर्ज केनन और हेन्स मोर्गेंथाऊ, इस बात के प्रति दृढ़ विश्वास जताते हैं कि राष्ट्रीय हित बुद्धिमत्तापूर्ण नीति-निर्माण तथा विदेश नीतियों के विद्वत्तापूर्ण विश्लेषण के लिए विश्वसनीय मार्गदर्शक है। परंतु राष्ट्रीय हित तथा नैतिक सिद्धांतों के बीच संबंधों की प्रकृति के संदर्भ में उनके विचार एक-दूसरे से अलग हैं। यथार्थवादी विद्वानों के बीच भी इस बात पर सर्वसम्मति नहीं है कि, राष्ट्रीय हित को किस सीमा तक प्राथमिकता की अनुमति दी जानी चाहिए। उनके बीच इस सामान्य विचार पर सर्वसम्मति है कि, नैतिक सिद्धांतों के बजाय राष्ट्रीय हित को विदेश नीति एवं अंतर्राष्ट्रीय संबंधों का मार्गदर्शक होना चाहिए (कुमार, 1976: 42–43)।

राज्य अपने राष्ट्रीय हितों के अनुरूप कार्य करते हैं। इसलिए, यह जानना बेहद महत्त्वपूर्ण हो जाता है कि राज्य अपने राष्ट्रीय हितों को किस प्रकार परिभाषित करते हैं। राष्ट्रीय हित को परिभाषित करने में कठिनाई इस तथ्य के कारण है कि इसका हितसंघर्ष वैश्विक आदर्शों से होता है। विभिन्न विद्वानों ने अपने-अपने तरीके से 'राष्ट्रीय हित' को परिभाषित किया है। वेरनॉन वैन डाइक (मोहंती, 2010: 200 में उद्धृत) के अनुसार, सभी राज्य एक-दूसरे के संबंध में जिस चीज़ की रक्षा करना या उसे हासिल करना चाहते हैं, वही राष्ट्रीय हित है। रॉबर्ट कैंटोर (1986: 51) के शब्दों में, 'राष्ट्रीय हित की अवधारणा का तात्पर्य एक ऐसी सामंजस्यपूर्ण विदेशी नीति से है, जो परस्पर संबद्ध राष्ट्रीय मुद्दों का प्रतिनिधित्व करती है। राष्ट्रीय मुद्दों के अंतर्गत शासनकर्ताओं के संकीर्ण हितों पूरे राष्ट्र के नागरिकों के व्यापक हितों का समावेश होता है। यथार्थवादी विद्वानों के अनुसार, अंतर्राष्ट्रीय प्रणाली में एक राज्य की स्थिति ही उसके राष्ट्रीय हितों को निर्धारित करती है, जिसके जरिए इसकी विदेश नीति का पूर्वानुमान लगाया जा सकता है। उदारवादी विद्वानों के अनुसार, राष्ट्रीय हित राज्य के घरेलू समाज और इसकी संस्कृति पर निर्भर है (नेई, 2008: 49–50)। जोसेफ फ्रैन्केल (1969: 103) के अनुसार, राष्ट्रीय हित 'देश और राज्य, दोनों शब्दों से संबंधित अर्थ में समग्र राष्ट्रीय मूल्यों के कुल योग के बराबर है'.... व्यावहारिक ज्ञान पर आधारित परिभाषा के अनुसार यह सामान्य और सतत उद्देश्य है, जिसकी प्राप्ति हेतु राष्ट्र प्रयत्न करता है।' चार्ल्स लेर्चे और अबुल सैयद ने इसे 'सामान्य, दीर्घकालिक और सतत उद्देश्य के रूप में परिभाषित किया है, तथा राज्य, राष्ट्र एवं सरकार इस के अनुरूप कार्य करते हैं (कुमार, 1976: 258 में उद्धृत)।

राष्ट्र अपने संसाधनों के आधार पर अपनी प्राथमिकताओं को सुव्यवस्थित करते हैं। इन प्राथमिकताओं में सुरक्षा को सबसे महत्त्वपूर्ण माना गया है। संयुक्त राज्य और सोवियत संघ जैसे राजनीतिक, आर्थिक एवं सैन्य दृष्टि से शक्तिशाली राष्ट्र सुरक्षा को सबसे अधिक प्राथमिकता देते हैं, जबकि स्विट्जरलैंड और स्वीडन जैसे सीमित हितों एवं सीमित संसाधनों वाले छोटे राष्ट्र अपने हितों का अनुसरण करते हैं तथा उन्हें संरक्षित करते हैं। सीमित संसाधनों की उपलब्धता के कारण ये राष्ट्र अपनी प्राथमिकताओं को निरंतर पुनर्व्यवस्थित करने हेतु विवश हैं। किसी भी देश के संसाधन असीमित नहीं हैं, इसलिए प्राथमिकताओं को सुव्यवस्थित किया जाना चाहिए। उदाहरण के लिए, अपने पड़ोसी देश की आक्रामकता से आशंकित राष्ट्र सुरक्षा को अपनी कार्य-सूची में शीर्ष स्थान पर रखता है, परंतु अपेक्षाकृत अधिक सुरक्षित राष्ट्र अपने आर्थिक विकास पर ध्यान केंद्रित कर सकता है। द्वितीय विश्व युद्ध के उपरांत ग्रेट ब्रिटेन ने अपनी आर्थिक समस्याओं पर ध्यान केंद्रित करने के लिए अपनी अधिकांश शक्तियों और क्षेत्रों का त्याग किया। जनरल चार्ल्स डी गॉल ने फ्रांस को पहले की तरह एक शक्तिशाली राष्ट्र बनाने के लिए परमाणु हथियार विकास कार्यक्रमों पर अधिक ध्यान दिया। इसलिए, राष्ट्र अपनी प्राथमिकताओं को इस तरह से सुव्यवस्थित करते हैं कि विदेश नीति से संबंधित निर्णय घरेलू राजनीति के साथ-साथ अंतर्राष्ट्रीय राजनीति में भी यथार्थवादी अनुमानों पर आधारित हो सके। ये प्राथमिकताएं राष्ट्रीय हितों के घटक हैं। सभी राष्ट्रों के आर्थिक पर्याप्तता के न्यूनतम स्वीकार्य स्तर में भिन्नता है। स्पष्ट रूप से, उस मानक की सुरक्षा और सुधार उस देश के राष्ट्रीय हित का अंग बन जाता है। अरब देशों ने इज़राइल के साथ अपने संघर्ष में एक राजनयिक हथियार के रूप में तेल का उपयोग करते हुए कई देशों को अपनी विदेश नीति की प्राथमिकताओं के पुनर्मूल्यांकन हेतु विवश किया। अरब देशों द्वारा तेल के व्यापार पर प्रतिबंध के बाद, इज़राइल से सहयोग करने वाले कई देशों ने यह निर्णय लिया कि तेल की उपलब्धता उनके राष्ट्रीय हितों के अनुकूल थी (कैंटोर, 1986: 50–53)।

---

[1] 1930 के दशक के अंत में और फिर 1940 के दशक में रेनहोल्ड नीउब्रर, एन. जे. स्पाइकमैन, एच. जे. मोर्गेंथाऊ, क्विंसी राइट, एफ. एल. श्यूमन, जी. एफ. केनन, अर्नोल्ड वुल्फर्स, केनेथ थॉम्पसन और इसी तरह के विद्वान बड़ी संख्या में सामने आए। वे सभी यथार्थवादी समुदाय से संबंधित हैं।

देश अपने-अपने राष्ट्रीय हितों की रक्षा करना या इसे प्राप्त करना चाहते हैं। यह विदेश नीति का भी लक्ष्य है। इन लक्ष्यों को ध्येय और उद्देश्यों में विभाजित किया जा सकता है। ध्येय और उद्देश्य, दोनों उनके द्वारा आवृत अवधि के संदर्भ में अलग-अलग होते हैं। ध्येय का निर्धारण अधिकतम समयावधि के लिए होता है और विश्लेषणात्मक रूप से इसका अनुमान लगाया जा सकता है, जबकि उद्देश्य का निर्धारण तत्कालिक या कम समय के लिए होता है (कुमार, 1976: 269)।

राष्ट्रीय हित के संदर्भ में सुरक्षा एक तात्कालिक विषय है अथवा आधारभूत ध्येय है, इस बारे में तर्क-वितर्क होते रहे हैं। हालांकि, विद्वान इस बात पर एकमत हैं कि सुरक्षा राष्ट्रीय हित का सबसे महत्त्वपूर्ण घटक है। सुरक्षा का विषय ध्येय और उद्देश्य दोनों हो सकता है, जो इसके दीर्घावधि अथवा अल्पावधि के लिए अनुसरण किये जाने पर निर्भर है। अल्पावधि में अनुसरण किए जाने की स्थिति में यह उद्देश्य है, अन्यथा यह एक लक्ष्य होगा। इस बात का अवलोकन भी बेहद महत्त्वपूर्ण है कि, यह किसी राष्ट्र का उद्देश्य हो अथवा नहीं, लेकिन यह हमेशा हर देश की विदेश नीति का ध्येय रहा है। अगर यह किसी देश के लिए महत्त्वपूर्ण चिंता का विषय हो, तो इसे उसके राष्ट्रीय हित के तौर पर पहचाना जाता है। सुरक्षा का अनुसरण कब ध्येय के तौर पर और कब लक्ष्य के रूप में किया जाए, इस बात का निर्धारण राष्ट्रीय हितों के आधार पर होता है।

वियतनाम में अमेरिकी हस्तक्षेप को ध्येय और उद्देश्य के बीच भ्रम के एक उदाहरण के तौर पर देखा जा सकता है। वियतनाम में साम्यवाद के प्रसार को रोकना अमेरिकी हस्तक्षेप का तर्काधार था। यह अत्यंत महत्त्वपूर्ण उद्देश्य भी था, जिसका दीर्घकालिक प्रभाव था। लेकिन वियतनाम में साम्यवादी गतिविधि का आकलन इस खतरे को दूर करने की अमेरिकी क्षमता के संदर्भ में किया जाना चाहिए था। वास्तव में दक्षिण वियतनाम में शासन की सुरक्षा को अपने आप में एक सार्थक ध्येय के रूप में देखा गया, जिसे अधिभावी राष्ट्रीय हित के कारण नज़रअंदाज़ नहीं किया जा सकता था, जबकि यह केवल एक उद्देश्य होना चाहिए था (कैंटोर, 1986: 51–52)।

इस बात का उल्लेख किया जाना आवश्यक है कि, देशों के राष्ट्रीय हितों में बदलाव के लिए विभिन्न कारक ज़िम्मेदार होते हैं। यह सरकारों या सबसे प्रभावशाली समूहों के हितों या अंतर्राष्ट्रीय परिस्थितियों में सामान्य परिवर्तन, वैश्वीकरण की शुरुआत या विश्व के द्विध्रुवीय से बहुध्रुवीय के तौर पर बदलाव जैसे परिवर्तनों के कारण हो सकता है।

राज्य के राष्ट्रीय हितों को महत्त्वपूर्ण हितों तथा गैर-महत्त्वपूर्ण हितों के रूप में वर्गीकृत किया गया है। ऐसे हितों को महत्त्वपूर्ण समझा जाता है, जिनके लिए राज्य कोई भी समझौता नहीं करना चाहते हैं और इसकी रक्षा के लिए युद्ध हेतु भी तत्पर रहते हैं। इन्हें स्थायी या प्राथमिक हित भी कहा जाता है। इसमें क्षेत्रीय अखंडता या कभी-कभी राष्ट्रीय गरिमा की सुरक्षा भी शामिल है। विभिन्न कारणों से इन महत्त्वपूर्ण हितों में परिवर्तन होता है। कई बार, अंतर्राष्ट्रीय मानदंडों को ध्यान में रखे बिना राष्ट्र अपने स्वार्थ के अनुरूप महत्त्वपूर्ण हितों को परिभाषित करते हैं। महाशक्तियों के संदर्भ में यह तथ्य पूरी तरह सच है। वियतनाम, पश्चिम एशिया और अफगानिस्तान में अमेरिकी हस्तक्षेप को इसके महत्त्वपूर्ण हितों के संरक्षण के लिए आवश्यक माना गया। ऐसे हितों को अपेक्षाकृत कम महत्त्वपूर्ण अथवा गौण माना जाता है, जिनके लिए राष्ट्र युद्ध हेतु तत्पर नहीं रहते हैं परंतु उसे पूरा अवश्य करना चाहते हैं, जैसे कि व्यापार या सांस्कृतिक संपर्कों में सुधार।

महत्त्वपूर्ण हितों को ध्येय तथा गौण हितों को लक्ष्यों के रूप में वर्णित किया जा सकता है। अन्य देशों के साथ बेहतर संबंधों को बरकरार रखना, अपनी विचारधारा का संरक्षण, जन कल्याण तथा राष्ट्रीय गौरव एवं शक्ति में वृद्धि की गणना सर्व-सामान्य उद्देश्यों में होती है। प्रत्येक राज्य अपने राष्ट्रीय हितों के अनुरूप अपने उद्देश्यों को निर्धारित करता है। फ्रैन्केल ने पारिभाषिक पद 'राष्ट्रीय हित' के प्रयोग को 'आकांक्षापूर्ण', 'परिचालनात्मक', 'व्याख्यात्मक' और 'विवादात्मक' के संदर्भ में वर्गीकृत करने का प्रस्ताव दिया। आकांक्षापूर्ण स्तर पर, राष्ट्रीय हित लक्ष्यों के कुछ आदर्श समुच्चय को संदर्भित करता है, और राज्य अनुकूल परिस्थितियों में इन लक्ष्यों को प्राप्त करना चाहता है। परिचालनात्मक स्तर पर, राष्ट्रीय हित वास्तव में समग्र हितों तथा अनुसरण की जाने वाली नीतियों के कुल योग को संदर्भित करता है। राजनीतिक दलील में 'व्याख्यात्मक' और 'विवादात्मक' स्तर पर, राष्ट्रीय हित की अवधारणा का उपयोग विदेश नीति की व्याख्या करने, मूल्यांकन करने, इसे तर्कसंगत बनाने अथवा इसकी समालोचना के लिए किया जाता है (फ्रैन्केल, 1970: 17)।

3.1 राष्ट्रीय हित एवं विदेश नीति

अंतर्राष्ट्रीय संबंधों के लिए एक महत्त्वपूर्ण संकल्पना के तौर पर राष्ट्रीय हित एवं विदेश नीति के बीच कई संबंध हैं। रेनॉल्ड्स के अनुसार,

> *विदेश नीति में एक देश की सरकार के विभिन्न खंडों द्वारा की जाने वाली अनेक कार्रवाइयों की श्रृंखला शामिल होती है। अंतर्राष्ट्रीय मंच पर कार्यरत अन्य निकायों के संदर्भ में कार्रवाई की जाती है, जिसके अंतर्गत अन्य देश सबसे महत्त्वपूर्ण होते हैं, परंतु कभी-कभी अंतर्राष्ट्रीय, पराराष्ट्रीय और अंतरदेशीय समूह की भूमिका भी बेहद अहम होती है (रेनॉल्ड्स, 1971: 35)।*

राष्ट्रीय हितों के आधार पर ही विदेश नीति निर्धारित की जाती है। विदेशी नीति से संबंधित कार्यों को एक उद्देश्य के साथ किया जाता है। रेनॉल्ड्स आगे बताते हैं कि, देश द्वारा अंतर्राष्ट्रीय स्तर पर किए जाने वाले कार्य उद्देश्य को पूरा करने वाले होते हैं, तथा आम तौर पर इन उद्देश्यों को 'राष्ट्रीय हित' की अवधारणा के दायरे में समझा जाता है (रेनॉल्ड्स, 1971: 36)।

अतः, राष्ट्रीय हितों की रक्षा तथा सर्वोत्तम संभव लाभ हेतु उन्हें प्रोत्साहित करने के लिए दूसरे देशों के साथ संबंधों का संचालन करना ही विदेश नीति का मुख्य उद्देश्य है। इस दृष्टि से यह समझना बेहद महत्त्वपूर्ण हो जाता है कि, उद्देश्य क्या है तथा एक विशेष उद्देश्य को किस प्रकार हासिल किया जाना चाहिए। शत्रुतापूर्ण संबंधों के बावजूद, कुछ विषयों पर दो देशों के हित एक समान हो सकते हैं तथा बड़े पैमाने पर मतभेदों के बावजूद उनकी नीतियां कई बिंदुओं पर एक ही ओर अभिमुख हो सकती हैं। अलग-अलग विदेश नीतियों के बावजूद, कई मुद्दों पर पश्चिम एशियाई देशों का रुख काफी हद तक एक समान है। दूसरी ओर, वे सभी अपनी सुरक्षा को बरकरार रखना चाहते हैं, परंतु इसे कार्यान्वित करने के संदर्भ में उनके दृष्टिकोण अलग-अलग हैं।

राष्ट्रों के राष्ट्रीय हितों में बदलाव जारी रहता है, इसलिए अंतर्राष्ट्रीय परिवेश के अनुरूप समायोजन के लिए उनकी विदेशी नीतियों में भी बदलाव होते हैं। विभिन्न देशों के हित सामान्य अथवा पृथक हो सकते हैं। दो देशों के बीच उभयनिष्ठ हित किस हद तक मौजूद है, यह बात अंतर्राष्ट्रीय संबंधों तथा राज्यों की विदेश नीतियों की प्रकृति पर निर्भर है। इसके अलावा, किसी एक देश की नीति सभी देशों के लिए एक समान नहीं हो सकती है। उदाहरण के लिए, सऊदी अरब और ईरान के संदर्भ में संयुक्त राज्य की नीतिगत अवधारणाएं भिन्न-भिन्न हैं। इज़राइल और कुछ अरब देशों के संदर्भ में भी इसकी नीतियों में भिन्नता है। यूरोपीय देश कभी भी विकसित और विकासशील देशों को एक समान नहीं मान सकते हैं। विभिन्न देशों की विदेश नीतियां बदलती रहती हैं, क्योंकि विभिन्न देशों के हितों की सीमा में बदलाव जारी रहता है। उदाहरण के लिए, 1950 के दशक की शुरुआत में भारत और ईरान के बीच हितों का दायरा 1980 के दशक की तुलना में कहीं अधिक था। 1950 के दशक में चीन के साथ भारत के हितों दायरा काफी विस्तृत था, जो 1962 के आसपास अत्यंत सीमित हो गया। 1950 और 1960 के दशक में भारत और इज़राइल के हितों दायरा काफी सीमित था, लेकिन 1990 के दशक में यह दायरा विस्तृत हुआ। इसके परिणामस्वरूप, इन देशों की विदेश नीतियों में भी बदलाव आया।

किसी भी प्रकार की मौजूदा परिस्थिति गतिशील होती है और भविष्य में इसके बदलने की संभावना होती है। कोई भी परिस्थिति अनिश्चित काल तक यथावत नहीं रहती है। देशों के बीच, सामान्यता के क्षेत्र में भी बदलाव आ सकता है। पिछले 60 वर्षों में, कई देशों के साथ भारत के संबंधों में उतार-चढ़ाव देखा गया है। संयुक्त राज्य, इज़राइल, ईरान, सऊदी अरब और कई अन्य देशों के साथ इसके संबंध बेहतर हुए। राष्ट्रीय हितों के अनुरूप होने की दशा में राष्ट्र अन्य देशों के साथ संबंधों में सुधार करते हैं। 1970 के दशक की शुरुआत में संयुक्त राज्य और चीन के बीच संबंधों का सामान्यीकरण, 1992 में इज़राइल और भारत के बीच संबंधों का सामान्यीकरण, 1990 के दशक में अन्य खाड़ी राज्यों के साथ ईरान के संबंधों में सुधार, इत्यादि इस बात के कुछ प्रासंगिक उदाहरण हैं। आमतौर पर राष्ट्र अन्य देशों के हित में विदेश नीतियों का अनुसरण नहीं करते हैं, जब तक कि उनकी नीतियां परस्पर व्याप्त न हों। राष्ट्रीय हित के व्यावहारिक प्रयोजनों को अंततः अधिमान्य लक्ष्यों के संदर्भ में तथा अपनी शक्तियों के अनुसार स्थापित किया जाना चाहिए। साथ ही, अन्य देशों की शक्ति एवं उनके इरादों का समुचित मूल्यांकन किया जाना चाहिए। हालांकि, देश की विदेश नीति के निर्माण में राष्ट्रीय हित एक प्रमुख घटक है, परंतु प्रोफेसर रेनॉल्ड्स के विचारानुसार विदेश नीतियां केवल राष्ट्रीय हित पर आधारित नहीं होती हैं। राज्य की विदेश नीति उसी दशा में केवल राष्ट्रीय हितों पर आधारित हो सकती है, जब विभिन्न देशों के

हित एकसमान हैं। राष्ट्रीय हितों के भिन्न होने की स्थिति में प्रत्येक राज्य विदेशी मूल्यों के अधिरोपण का विरोध करेगा, जिससे संभावित तौर पर युद्ध की स्थिति उत्पन्न हो सकती है। ऐसी स्थिति में राष्ट्रीय हितों का परिसीमन आवश्यक है। इसलिए, किसी भी परिस्थिति में राष्ट्रीय हितों को समुदाय के मूल्य के तौर पर पहचाना नहीं जा सकता है (रेनॉल्ड्स, 1971: 44)। इसके अलावा, राज्य के नेतृत्वकर्ता हमेशा सिर्फ राष्ट्रीय हितों को बढ़ावा देने की कोशिश नहीं करते हैं। वे अपनी आंतरिक स्थिति को मजबूत करने के एक साधन के रूप में विदेश नीति का उपयोग करते हैं।

राष्ट्रीय हित के लक्ष्यों की प्राप्ति हेतु कुछ उद्देश्यों को ध्यान में रखना अत्यंत महत्त्वपूर्ण है। इन उद्देश्यों को उनके राष्ट्रीय हितों के अनुरूप समझा जाता है। अंतर्राष्ट्रीय प्रणाली में, नेतृत्वकर्ताओं को यह समझना होगा कि उद्देश्यों को राष्ट्रीय क्षमताओं के अनुरूप होना चाहिए। यूनाइटेड किंग्डम और जापान की क्षमताओं की तुलना बांग्लादेश की क्षमताओं से नहीं की जा सकती है। इसी तरह, भारत की क्षमताओं के साथ मालदीव की तुलना नहीं की जा सकती है। देशों की क्षमताएं उनके उद्देश्यों को भी प्रभावित करती हैं, जिन्हें वे पूरा करना चाहते हैं। देश जितना अधिक सक्षम होगा, वह अपने उद्देश्यों को आगे बढ़ाने के लिए उतनी ही बेहतर स्थिति में होगा। इस प्रकार के उद्देश्यों को ध्यान में रखते हुए विदेश नीति तैयार की जानी चाहिए। राष्ट्रीय हित उद्देश्यों का मार्गदर्शन करते हैं। उदाहरण के लिए, सुरक्षा के मामले में, भूमिबद्ध देशों के लिए अपने पड़ोसियों के खिलाफ सुरक्षा को सुनिश्चित करना अथवा उनके साथ बेहतर, मैत्रीपूर्ण संबंधों को बरकरार रखना उनका मुख्य उद्देश्य होगा।

नीति निर्माता राजनीतिक, सामाजिक एवं आर्थिक मुद्दों को समाविष्ट करते हुए, उद्देश्यों की एक विस्तृत श्रृंखला का चयन करते हैं। वे बलपूर्वक किसी क्षेत्र का अधिग्रहण करने की इच्छा रख सकते हैं, अथवा मानवाधिकारों को आगे बढ़ाने, हथियारों की होड़ को कम करने, व्यापार में सुधार लाने, गरीबी को कम करने तथा आर्थिक दक्षता को विकसित करने का प्रयास कर सकते हैं। नीति अल्पकालिक प्रकृति की हो सकती है, जैसे कि युद्धविराम की स्थिति को कायम करना अथवा इसकी प्रकृति दीर्घकालिक हो सकती है, जैसे कि आर्थिक नीतियों को तैयार करना या किसी समझौते पर हस्ताक्षर करना, जिसका दीर्घकालिक प्रभाव पड़ता है।

राज्यों को खतरों का भी सामना करना पड़ता है तथा कई बार ऐसी परिस्थितियां भी उत्पन्न होती हैं, जो उनकी विदेश नीति प्रभावित कर सकती हैं। इसलिए, मूलतः विदेश नीति राज्य के हितों, खतरों और अवसरों का परिणाम है (विवरण के लिए, विओट्टी, 2007: 88–92 देखें)।

बुनियादी हितों पर नीति निर्माताओं के एकमत होने के बावजूद, वे विदेश नीति के उद्देश्यों से असहमत हो सकते हैं। उदाहरण के लिए, अगर किसी राज्य का उद्देश्य मानवाधिकारों को प्रोत्साहन देना है, तो उसे ऐसे देशों के साथ बेहतर संबंधों को बरकरार रखने में कठिनाई हो सकती है जिन्हें मानवाधिकारों का उल्लंघन करने वाला राष्ट्र माना जाता है। फिलिस्तीनियों के प्रति इज़राइल के व्यवहार ने उन देशों के समक्ष कठिनाइयां प्रस्तुत की हैं, जो इज़राइल के साथ अच्छे संबंध बनाए रखना चाहते हैं। राष्ट्र खतरों और अवसरों के मुद्दों पर भी असहमत हो सकते हैं। किसी देश की परिस्थिति या नीतियां एक राष्ट्र के लिए खतरा हो सकती हैं, लेकिन दूसरे के लिए ऐसा नहीं हो सकता है। ईरान और इराक दूसरे खाड़ी देशों के लिए खतरा हो सकते हैं, लेकिन भारत के लिए नहीं। इज़राइल फिलिस्तीनियों और अन्य पड़ोसी देशों के लिए अधिक खतरनाक हो सकता है, लेकिन भारत के लिए नहीं। रूढ़िवादी पश्चिम एशियाई देशों ने 1950 व 1960 के दशक के दौरान भारत को संबंधों के अनुकूल नहीं माना, परंतु 1990 के दशक से वे भारत के साथ संबंधों को बेहतर बनाने की ओर प्रवृत्त हुए। इसी तरह, अवसरों की बात की जाए, तो उदारीकरण की नीति से विकासशील देशों की तुलना में विकसित देशों के समक्ष अधिक अवसर उपलब्ध हुए। एक विकसित देश को किसी विकासशील देश की तुलना में अन्य विकसित देशों से व्यापार के बेहतर अवसर मिलते हैं।

3.2 राष्ट्रीय हित और विचारधारा

राष्ट्रीय हित का विचारधारा से निकट संबंध है। ऐसे में यह समझना महत्त्वपूर्ण हो जाता है कि, विचारधारा क्या है। 'विचारधारा' वास्तव में विचारों का व्यापक और समनुरूप समुच्चय है, जिसके माध्यम से एक सामाजिक समूह वैश्विक भावना को समझता है (मैक्लेन और मैकमिलन, 2003: 256)। हालांकि, विचारधारा की कई परिभाषाएं हैं परंतु इसके दो प्रमुख घटकों पर बल देना

आवश्यक है — सबसे पहले, विश्वास की एक प्रणाली तथा दूसरा, राजनीतिक कार्रवाई के साथ इसका संबंध। पहले अर्थ में, विचारधारा को एक निर्दिष्ट वैश्विक दृष्टि पर आधारित आत्म-न्यायसंगत विश्वास प्रणाली के रूप में परिभाषित किया जाता है। इसकी शुरुआत मनुष्यों की प्रकृति, मानव इतिहास का एक सिद्धांत, आचरण की नैतिक-संहिता, मिशन की भावना और कार्रवाई की कार्य-सूची के बारे में कुछ पूर्वधारणाओं से होती है। यह वास्तविकता की पूरी व्याख्या करने का भी दावा करती है। दूसरे अर्थ में, यह राजनीतिक कार्रवाई के साथ अपने संबंधों की बात करता है। अंतर्राष्ट्रीय राजनीति में, कई बार विचारधारा का उपयोग विदेश नीति के मार्गदर्शक के रूप में किया जाता है, और नीति-निर्माता राजनीतिक विचारधारा के मुखौटे के पीछे अपने राजनीतिक कार्यों की वास्तविक प्रकृति को छिपाने की कोशिश करते हैं।

अंतर्राष्ट्रीय राजनीति में विचारधारा की शक्ति, इसे दिये जाने वाले महत्त्व पर निर्भर है। विचारधारा विदेश नीति के पीछे के प्राथमिक या द्वितीयक मार्गदर्शी सिद्धांत के रूप में कार्य कर सकती है। राष्ट्रवाद जैसी कई विचारधाराएं समय के साथ विकसित हुई हैं। आधुनिक युग में राज्य के गठन के सिद्धांत में राष्ट्रवाद की विचारधारा की प्रमुख भूमिका रही है। हालांकि, इसके लिए राष्ट्रीय समूह के भीतर सहयोग की जरूरत होती है, परंतु अंतर्राष्ट्रीय स्तर पर यह संघर्ष की ओर उन्मुख है। इस विचारधारा के चलते कई अंतर्राष्ट्रीय संघर्ष हुए हैं, लेकिन इनमें से अधिकतर देश एवं राज्य के बीच पारस्परिक संबंधों से उत्पन्न होते हैं। उदाहरण के लिए, जब एक राष्ट्र राज्य का दर्जा चाहता है तब संघर्ष की स्थिति उत्पन्न होती है (जैसा कि जर्मन और इटली के एकीकरण के मामले में हुआ था)। राष्ट्रीय अल्पसंख्यक वर्ग अथवा चीन, जर्मनी, कोरिया जैसे विभाजित देशों में अन्य मुद्दों पर भी संघर्ष होते हैं।

इसके अलावा उदारवाद, फासीवाद, साम्यवाद और समाजवाद जैसी विचारधाराएं भी मौजूद हैं। ये सभी विचारधाराएं राष्ट्रीय राज्यों की सीमाओं से परे विस्तृत हैं, क्योंकि उन्हें कई राज्यों या कई राज्यों के समूहों द्वारा समर्थन दिया जा सकता है। राष्ट्रीय सीमाओं से परे होने के कारण इन विचारधाराओं का अक्सर राष्ट्रवाद के साथ संघर्ष होता है, जिससे अव्यवस्था उत्पन्न होती है। ये विचारधाराएं अंतर्राष्ट्रीय राजनीति में बेहद प्रासंगिक हैं, क्योंकि इन विचारधाराओं को स्वीकार करने वाले राष्ट्र राज्य अंतर्राष्ट्रीय राजनीति को भी प्रभावित करते हैं।

उदारवाद के सिद्धांत में समुदाय के बजाय व्यक्ति, उनकी स्वतंत्रता एवं उनके कल्याण को प्रमुख स्थान दिया जाता है। अंतर्राष्ट्रीय राजनीति में, उदारपंथी चाहते हैं कि अन्य सभी राज्य उदारवादी सिद्धांतों में विश्वास करें। इस प्रकार की प्रवृत्ति ने अतीत में भी हस्तक्षेपवाद, उपनिवेशवाद और शोषण को प्रोत्साहन दिया है। फासीवाद यह मानता है कि लोगों का संगठन ही सर्वोपरि है, तथा व्यक्ति केवल इसके उद्देश्यों को पूरा करते हैं। इसने उदारवादी विरोधियों को आकृष्ट किया तथा राष्ट्रवाद को कठिनाइयों में डाला। इसने राष्ट्र राज्यों को विस्तारवाद के प्रति प्रोत्साहित किया, जिसके परिणामस्वरूप अंतर्राष्ट्रीय संघर्ष की स्थिति उत्पन्न हुई। दो विश्वयुद्धों के बीच की अवधि में जर्मनी, इटली एवं जापान इसके उदाहरण हैं, परंतु 'फासीवाद' शब्द का प्रयोग विश्वयुद्धों के बीच की अवधि तथा युद्ध के उपरांत की विभिन्न शासन-व्यवस्थाओं के लिए किया जाता है। साम्यवाद गैर-साम्यवादी शासन-व्यवस्था को उन्मूलित करने का प्रयास करता है, जिससे अंतर्राष्ट्रीय संघर्षों को प्रोत्साहन मिलता है। समाजवाद में समानता पर विश्वास से संबंधित विभिन्न आयामों को शामिल किया जाता है तथा सरकार की ओर से कार्रवाई के जरिए मानव कल्याण को प्रोत्साहन देने की कोशिश की जाती है। लेकिन समकालीन विश्व में, समाजवाद की व्याख्या अक्सर इसे राष्ट्रवाद के साथ जोड़ते हुए की जाती है।

राष्ट्रों ने विचारधाराओं का उपयोग अपनी विदेश नीतियों को सशक्त बनाने के लिए किया है। विचारधारा के नाम पर, नेतृत्वकर्ता अपनी-अपनी नीतियों को न्यायसंगत सिद्ध करने तथा उसे अधिरोपित करने का प्रयास करते हैं। द्वितीय विश्व युद्ध के दौरान, मित्र राष्ट्रों ने तानाशाही के खिलाफ़ अपनी स्थिति मजबूत कर ली थी, जिसके अंतर्गत सोवियत संघ को छोड़कर सभी धुरी राष्ट्र शामिल थे। शीत युद्ध की अवधि के दौरान, विचारधाराओं में टकराव के कारण संयुक्त राज्य ने सोवियत संघ का विरोध किया था। अंतर्राष्ट्रीय संबंधों के इतिहास में ऐसे कई उदाहरण मौजूद हैं, जब राष्ट्रों ने विचारधारा के नाम पर अपने कार्यों को न्यायसंगत सिद्ध करने का प्रयास किया। तथाकथित विचारधारा के अनुरूप नहीं होने की स्थिति में इसे नया रूप दिया जाता है, इसकी पुनर्व्याख्या की जाती है, अथवा किसी अन्य विचारधारा द्वारा इसे प्रतिस्थापित कर दिया जाता है। परंतु कई बार विचारधारा राष्ट्रीय हितों पर आश्रित होती है। यूनाइटेड किंगडम द्वारा चीन में माओ के शासन की स्वीकृति, 1970 के दशक से चीन के साथ संयुक्त राज्य के

संबंध तथा सऊदी अरब के साथ इसके संबंध इस बात के उदाहरण हैं, जब राष्ट्रीय हितों को विचारधारा से अधिक महत्त्व दिया गया। राष्ट्र एक विचारधारा का समर्थन करके तथा राष्ट्रीय हितों को विचारधारा से अधिक महत्त्व देकर अपने राजनीतिक, सामाजिक, आर्थिक और लोकोपकारी कार्यों को तर्कसंगत बनाते हैं। राज्य की सुरक्षा को राष्ट्रीय हितों में सबसे महत्त्वपूर्ण माना जाता है। इस उद्देश्य के लिए, राज्य किसी भी विचारधारा का समर्थन किए बिना ही गठबंधन तथा प्रति-गठबंधन में प्रवेश करता है। इन दोनों के बीच घनिष्ठ संबंध है। वे एक-दूसरे से प्रभावित होते हैं, क्योंकि विचारधारा से राष्ट्रीय हित को और इसके विपरीत राष्ट्रीय हित से विचारधारा को आकार दिया जा सकता है।

3.3 राष्ट्रीय हित बनाम आचारनीति का प्रश्न

1990 के दशक के दौरान, राष्ट्रीय हित बनाम आचारनीति एवं नैतिकता के सवाल पर काफी वाद-विवाद हुआ, साथ ही इस मुद्दे पर दृष्टिकोण में, विशेष तौर पर उदार लोकतांत्रिक विचारधारा के भीतर, एक महत्त्वपूर्ण बदलाव आया, जिसने वैश्विक समाज के भीतर नव आचारनीति-आधारित मानवतावादी अधिकारों हेतु दबाव डालने का मार्ग प्रशस्त किया। मानवतावादी हस्तक्षेप, नागरिकों को उत्पीड़न या उनके मानवाधिकारों के उल्लंघन से बचाने के उद्देश्य से किसी अन्य देश या अंतर्राष्ट्रीय संगठन की सशस्त्र सेना के देश में प्रवेश को संदर्भित करता है। खाड़ी युद्ध के बाद उत्तर एवं दक्षिण इराक में सुरक्षित आश्रयों का निर्माण, तथा सोमालिया, हैती, लीबिया, रवांडा, बोस्निया, कोसोवो और सिएरा लियोन में अमेरिकी नेतृत्व में किये गए ज्यादातर हस्तक्षेपों को जनसंख्या के कुछ विशिष्ट वर्ग की रक्षा के उद्देश्य से की गई सैन्य कार्रवाई के तौर पर देखा गया। रूसी सरकार ने तर्क दिया कि, रूसी अल्पसंख्यकों के अधिकारों की रक्षा के लिए चेचन्या में सैन्य हस्तक्षेप आवश्यक था। संकटग्रस्त देशों में सशस्त्र घुसपैठ को हमेशा नैतिक एवं मानवतावादी आधार पर न्यायसंगत ठहराया जाता है, परंतु यह बात भी सत्य है कि मानवतावादी सैन्य हस्तक्षेप का विरोध करने के लिए 'प्रतिबंधवादी' सदैव 'राष्ट्रीय हित' की अवधारणा का हवाला देते हैं। अंतर्राष्ट्रीय कानून के सिद्धांत राष्ट्रीय हित, संप्रभुता, गैर-हस्तक्षेप और सैन्य बल का प्रयोग नहीं करने के सिद्धांतों पर आधारित हैं। यथार्थवादी सवाल करते हैं कि, क्या 'असफल' राज्यों में बल प्रयोग मानवीय मूल्यों और दीर्घकालिक पुनर्निर्माण को बढ़ावा दे सकता है, या फिर क्या हस्तक्षेपवादी राज्यों द्वारा 'सर्वनिष्ठ मानवता' के सशस्त्र प्रतिनिधियों के रूप में कार्य करने की ज़िम्मेदारी पर भरोसा किया जा सकता है। यथार्थवादी बताते हैं कि, राज्य केवल राष्ट्रीय हितों का अनुसरण करते हैं और इस प्रकार, अंतर्राष्ट्रीय व्यवहार में नैतिक सिद्धांतों को ख़ारिज कर दिया जाता है, जब तक कि राज्यों को यह विश्वास न हो जाए कि मानवतावादी हस्तक्षेप उनके राष्ट्रीय हित में हैं। वे मानते हैं कि, मानवतावादी धर्मयुद्ध के लिए अपने सशस्त्र बलों के जीवन को खतरे में डालना राज्यों के राष्ट्रीय हित में नहीं हो सकता है। इसके विपरीत, उदारवादी मानते हैं कि नरसंहार की स्थितियों में हस्तक्षेप करना राज्यों में नैतिक कर्तव्य है, जो अंतर्राष्ट्रीय कानून एवं नैतिकता के न्यूनतम मानकों का उल्लंघन करता है। यथार्थवादी तर्क देते हैं कि, मानवतावादी हस्तक्षेप को स्वीकृति योग्य बनाने के लिए निष्पक्ष तंत्र की अनुपस्थिति में राज्य वास्तव में राष्ट्रीय स्वार्थ के अनुसरण के एक बहाने के रूप में आचारनीति एवं नैतिक कारणों समर्थन कर सकते हैं।

3.4 राष्ट्रीय हित को प्रोत्साहन देने की युक्तियां

राष्ट्र अपने राष्ट्रीय हितों को प्रोत्साहन देने के लिए विभिन्न युक्तियों का उपयोग करते हैं। पॉलमर एवं पर्किन्स (1997: 83–208) के साथ-साथ कई अन्य विद्वानों ने राष्ट्रीय हितों को प्रोत्साहन देने की मुख्य युक्तियों का विवरण प्रस्तुत किया है।

3.4.1 कूटनीति

कूटनीति सर्वप्रमुख युक्तियों में से एक है। इसका इस्तेमाल राज्यों के बीच विदेश नीति एवं संबंधों के संचालन के लिए किया जाता है। कूटनीति एक राष्ट्र को विदेश नीतियों के पक्षसमर्थक का पता लगाने में मदद करती है। राष्ट्रीय हितों को बढ़ावा देना एक राजनयिक के कार्यों का सबसे महत्त्वपूर्ण हिस्सा है। उनके सभी कार्य उनके देश के राष्ट्रीय हितों की सुरक्षा के अनुक्रम में होते हैं।

अपने देश की नीतियों को कार्यान्वित करने तथा राष्ट्रीय हितों की रक्षा के लिए अपनी सरकार को सभी प्रासंगिक सूचनाओं से अवगत कराना, उसके सबसे महत्त्वपूर्ण कार्यों में से एक है। वह अपनी सरकार को उस देश की प्रमुख विकासात्मक गतिविधियों से अवगत कराता/कराती है, जिसमें उसकी तैनाती होती है ताकि आवश्यक विदेश नीति की रूपरेखा तैयार की जा सके। वह न केवल अपने विदेश विभाग और उस राज्य के बीच संप्रेषण के अभिकर्ता के रूप में कार्य करता है, बल्कि वह अपने देश का भी प्रतिनिधित्व करता है, तथा उसके देश का मूल्यांकन उसकी व्यक्तिगत छवि के आधार पर किया जाता है।

राजनयिक से उम्मीद की जाती है कि, वह अपने देश के नीति निर्माताओं द्वारा विवेचित तथा अंतर्राष्ट्रीय मानदंडों के अनुरूप अपने देश के सर्वोत्तम हितों को आगे बढ़ाए। कूटनीति की मदद से राष्ट्र आपसी मतभेदों को काफी हद तक सुलझाने में सक्षम होते हैं।

3.4.2 प्रोपेगेंडा

20वीं सदी में, राष्ट्रीय नीति की एक प्रमुख युक्ति के तौर पर प्रोपेगेंडा का प्रयोग किया जाता है। इसकी मदद से, राज्य अपने प्रभुत्व का विस्तार करते हैं अथवा आंतरिक स्तर पर एकीकृत राय बनाते हैं। अंतर्राष्ट्रीय प्रणाली में विभिन्न राज्यों के परस्पर विरोधी हितों में सामंजस्य स्थापित करने के लिए, राज्य प्रोपेगेंडा की विभिन्न तकनीकों का निर्माण करते हैं। राज्य अक्सर मित्रवत और विरोधी, दोनों राज्यों को प्रभावित करना चाहते हैं और ऐसा करने के लिए वे अक्सर एक युक्ति के तौर पर प्रोपेगेंडा का प्रयोग करते हैं।

सामान्य शब्दों में, व्यक्तियों को एक निश्चित दृष्टिकोण को स्वीकार करने अथवा किसी विशेष कार्रवाई के लिए राज़ी करने के लिए किया गया कोई भी प्रयास प्रोपेगेंडा है। यह प्रोपेगेंडा की एक निष्पक्ष परिभाषा है। राज़ी करने के लिए किया गया प्रयास न तो अच्छा और न ही बुरा है। पॉल्मर एवं पर्किन्स ने अपनी पुस्तक में प्रोपेगेंडा की तकनीक का विस्तारपूर्वक वर्णन किया है, जिसके अंतर्गत प्रस्तुतीकरण की विधियां, ध्यान आकृष्ट करने की तकनीकें, प्रतिक्रिया प्राप्त करने की युक्तियां तथा स्वीकृति प्राप्त करने के तरीके शामिल हैं।

- *प्रस्तुतीकरण की विधियां:* स्वीकृति प्राप्त करने के लिए राष्ट्र प्रोपेगेंडा का सहारा लेते हैं तथा अपने लिए उपयुक्त तरीके से अपनी स्थिति को प्रस्तुत करते हैं। बहुधा वे निष्पक्ष नहीं होते हैं और केवल एक पक्ष को ही प्रस्तुत करते हैं। इतिहास ऐसे उदाहरणों से परिपूर्ण है, जब अंतर्राष्ट्रीय स्वीकृति प्राप्त करने के लिए प्रोपेगेंडा का सहारा लिया गया। अपने गठन के बाद पाकिस्तान ने मुस्लिम देशों में भारत के खिलाफ़ प्रोपेगेंडा किया। शीत युद्ध की अवधि के दौरान, महाशक्तियों ने एक दूसरे के खिलाफ़ प्रोपेगेंडा किया। अपनी नृशंसतापूर्ण गतिविधियों के बावजूद, इज़राइल फिलिस्तीनियों के खिलाफ़ प्रोपेगेंडा करता है।
- *ध्यान आकृष्ट करने की तकनीकें:* ध्यान आकृष्ट करने के लिए, प्रोपेगेंडा करने वाले देश घोषणाओं, भाषणों, प्रस्तुतियों आदि का उपयोग करते हैं। सरकारों की ये घोषणाएं विदेशी सरकारों तक पहुंचती हैं। लाभदायक स्थिति हेतु ध्यान आकर्षित करने के लिए राष्ट्रों के नियंत्रण में बहुत से संसाधन होते हैं। दूतावास अपने देश को महिमामंडित करने के लिए व्याख्यान, देशाटन संदर्शिका, सांस्कृतिक सम्बद्धता और इसी प्रकार के अन्य तरीकों का उपयोग करते हैं। अमेरिकी सूचना एजेंसी, विभिन्न देशों में मौजूद अपने कर्मियों के साथ संयुक्त राज्य को लोकप्रिय बनाने की कोशिश करती है। ब्रिटिश काउंसिल भी वैश्विक स्तर पर यूनाइटेड किंग्डम के लिए इसी प्रकार का कार्य करता है।
- *प्रतिक्रिया प्राप्त करने की युक्तियां:* इस विधि में, राष्ट्र न्याय, देशभक्ति और स्वतंत्रता जैसी मौलिक भावनाओं के प्रति आकृष्ट करने का प्रयास करते हैं। वे स्वतंत्रता, समानता और भाईचारे के संबंध में नारे का भी उपयोग करते हैं तथा जानवर या पक्षी से संबंधित मुद्रित सामग्रियों का भी उपयोग करते हैं।
- *स्वीकृति प्राप्त करने का तरीका:* अंततः, देश उन लोगों या राष्ट्र के साथ तालमेल स्थापित करने की कोशिश करते हैं, जिन्हें वह उनके साथ समानता पर बल देते हुए प्रभावित करना चाहते हैं। पाकिस्तान का इस्लामी देशों के साथ, पूंजीवादी देश का अन्य पूंजीवादी देशों के साथ, साम्यवादी देश का अन्य साम्यवादी देशों के साथ, तालमेल स्थापित करने की कोशिश इसके उदाहरण हैं।

राष्ट्रीय हितों को बढ़ावा देने के लिए प्रोपेगेंडा एक प्रमुख साधन बन गया है। दुर्भाग्यवश, देशों अपनी हितों के अनुरूप प्रोपेगेंडा की तकनीकों का उपयोग करते हैं और वे अक्सर इसका नकारात्मक तरीके से उपयोग करते हैं। शीत युद्ध के दौरान, दोनों महाशक्तियों ने अपने-अपने प्रभाव क्षेत्रों को बरकरार रखने के लिए एक-दूसरे के खिलाफ़ प्रोपेगेंडा के साधनों का उपयोग किया। संयुक्त राज्य ने सोवियत संघ की पहचान एक 'दुष्ट साम्राज्य' के तौर पर स्थापित करने का प्रयास किया। शीत युद्ध के उपरांत सोवियत संघ का विघटन हुआ, और फिर इसने लीबिया, इराक, ईरान एवं उत्तर कोरिया की पहचान 'दुष्टता की धुरी' के तौर पर स्थापित करने का प्रयास किया, और इन राष्ट्रों के लिए इस उपमा का प्रयोग पूर्व अमेरिकी राष्ट्रपति, जॉर्ज बुश ने किया था। फिर, 9/11 के आतंकवादी हमलों के बाद 'आतंकवाद के विरुद्ध युद्ध' में, इसने ओसामा बिन लादेन और इराक को बहकानेवाले व्यक्ति के रूप में सद्दाम हुसैन की पहचान की, तथा सामूहिक विनाश के हथियारों की मौजूदगी के चलते उसे मानवता के एक संभावित खतरे के रूप में देखा। इतिहास के अलग-अलग कालखंड में हुए इन सभी प्रकरणों में, अमेरिकियों ने अपने कथित 'दुश्मनों' के विरुद्ध बड़े पैमाने पर प्रोपेगेंडा अभियान के संचालन हेतु अपने प्रोपेगेंडा तंत्र का उपयोग किया, जिसके अंतर्गत प्रेस, मीडिया, टेलीविजन एवं वेबसाइट शामिल थे।

हालांकि, संचार के प्रतिमानों में एक विषमता है। कभी-कभी पारस्परिक आदान-प्रदान के साथ, सार्वजनिक और निजी संचार के संदेशों का मुख्य रूप से उपयोग औद्योगिक देशों के बीच किया जाता है। उत्तर के विकसित देश अपने नव-साम्राज्यवादी मंसूबों को पूरा करने के लिए प्रोपेगेंडा की तकनीक का उपयोग करते हैं तथा संचार के साधनों एवं दक्षिण की ओर सूचनाओं के प्रवाह पर नियंत्रण के माध्यम से सांस्कृतिक साम्राज्यवाद को अधिरोपित करते हैं।

3.4.3 साम्राज्यवाद और उपनिवेशवाद

साम्राज्यवाद और उपनिवेशवाद राष्ट्रीय हितों को बढ़ावा देने के अन्य महत्त्वपूर्ण साधन हैं। लंबे समय से साम्राज्यवाद एवं उपनिवेशवाद की नीतियों का इसके संरक्षकों द्वारा बचाव किया जाता रहा है। उन्होंने इस आधार पर अपनी इस नीति का बचाव किया कि, पिछड़े देशों की मदद करना तथा उन्हें सामाजिक, आर्थिक और राजनीतिक रूप से विकसित बनाना उन्नत राष्ट्रों का दायित्व था। उन्होंने विश्व स्तर पर संप्रभु राष्ट्रों के रूप में एशिया व अफ्रीका के अधिकांश देशों के उद्भव के लिए उपनिवेशवाद को एक आवश्यक उपक्रम के रूप में भी उचित ठहराया।

हालांकि, आलोचकों का मत इसके बिल्कुल विपरीत है। उनके अनुसार, साम्राज्यवादी ताकतों ने अपने साम्राज्य के अधिकाधिक विस्तार हेतु संघर्ष किया और उनकी लालसा बढ़ती चली गई। उन्होंने अपनी उपनिवेशवादी नीतियों के माध्यम से उपनिवेशों के मूल निवासियों का भी शोषण किया। चूंकि साम्राज्यवाद के कारण बड़े राज्य अधिक समृद्ध हुए एवं उनका विकास हुआ, इसलिए यूरोप के देशों ने आक्रामक रूप से इस नीति का अनुसरण किया। आर्थिक रूप से लाभ प्राप्ति, राष्ट्रीय प्रतिष्ठा में वृद्धि, राष्ट्रीय रक्षा, प्रतिस्पर्धा मुक्त बाजारों और कच्चे माल के स्रोतों की खोज, तथा साम्राज्यवादी ताकतों के पूंजीवादी वर्ग के लिए निवेश के क्षेत्र की तलाश करना, साम्राज्यवाद के प्रमुख उद्देश्य थे। इसमें, आर्थिक रूप से लाभ प्राप्ति के अलावा मनोवैज्ञानिक उद्देश्यों की भी अहम भूमिका रही, क्योंकि ऐसा माना जाता था कि विदेशों में विशाल औपनिवेशिक साम्राज्यों की मौजूदगी से राष्ट्रों की प्रतिष्ठा एवं गौरव में वृद्धि होती है।

साम्राज्यवादियों ने राष्ट्रीय रक्षा के हितों को ध्यान में रखते हुए राज्य अथवा संचार व्यवस्था की सुरक्षा हेतु स्थान व संचालन केंद्र की व्यवस्था, अत्यावश्यक कच्चे माल के लिए महत्त्वपूर्ण बाजार एवं स्रोत की उपलब्धता तथा स्थानीय लोगों से सेना एवं श्रमिकों की कमी को पूरा करने के उद्देश्य से अपनी नीतियों का उपयोग किया। राज्यों ने अक्सर या तो क्षेत्रों को पूरी तरह से अधीनस्थ बनाकर अथवा मध्यवर्ती राज्यों के तौर पर प्रतिष्ठित छोटे स्वतंत्र राज्यों पर अपना प्रभुत्व कायम करते हुए, दूरस्थ और सीमावर्ती क्षेत्रों पर नियंत्रण प्राप्त किया और स्वयं को बचाने का प्रयास किया। कुछ राज्यों ने रबर, टिन और अन्य कच्चे माल के औपनिवेशिक स्रोतों को बहुत महत्त्व दिया। जनशक्ति के लिहाज से भी उपनिवेश अत्यधिक महत्त्वपूर्ण थे।

साम्राज्यवादी नियंत्रण कई तरीकों से स्थापित किया गया था। कभी-कभी, पूर्ण सैन्य विजय के माध्यम से बलपूर्वक अधिकार स्थापित किया गया तथा कई अवसरों पर, दो असमान राज्यों के प्रतिनिधियों के बीच वार्ता के माध्यम से नियंत्रण स्थापित किया

गया, जिसमें साम्राज्य निर्माताओं ने इन राज्यों के नेतृत्वकर्ताओं को ऐसी संधियों पर हस्ताक्षर करने के लिए उकसाया अथवा विवश किया, जिसे उन्होंने ठीक से समझा ही नहीं। साम्राज्यवादियों ने बल प्रयोग की धमकी, आर्थिक चतुराई तथा स्थापित शासन व्यवस्था को दुर्बल करने जैसी अन्य युक्तियों का भी आविष्कार किया। उपनिवेशों को युद्ध में विजय का उपहार माना गया, जिसमें उपनिवेशों को प्रत्यक्ष तौर पर विजय के बजाय नीलामी के जरिए दूसरों के साथ जोड़ दिया जाता था।

3.4.4 अवपीड़क साधन

राज्य अपने लक्ष्यों एवं उद्देश्यों की प्राप्ति के साधन के रूप में युद्ध की तरह अन्य अवपीड़क साधनों का उपयोग करते हैं। अवपीड़क साधनों के लोकप्रिय स्वरूपों में व्यापारिक प्रतिबंध, बहिष्कार, प्रतिहिंसा, संधि का निलंबन, प्रतिशोध तथा संबंध विच्छेद शामिल हैं। अवपीड़क साधनों का अन्तिम रूप युद्ध है, जिसमें एक राज्य अपने वांछित उद्देश्यों की प्राप्ति के लिए अपनी सैन्य शक्ति का उपयोग करता है।

युद्ध की विभीषिका के बावजूद, राज्य अपने राष्ट्रीय हित के उद्देश्य को पूरा करने के लिए इस तरीके का सहारा लेते हैं। ऐसा माना जाता है कि युद्ध अपने उद्देश्य को पूरा करता है, अन्यथा सरकारें और लोग इसका उपयोग नहीं करते। क्लाइड ईगलटन (पॉल्मर एवं पर्किन्स, 1997 में उद्धृत) के अनुसार, 'युद्ध उद्देश्य की प्राप्ति का एक तरीका है'। लोग युद्ध के पक्ष में अथवा इसके खिलाफ़ अपनी राय व्यक्त करते हैं। जो लोग इसका समर्थन नहीं करते, उनके अनुसार यह विनाश की ओर जाता है और इससे कुछ भी प्राप्त नहीं होता है। इसके पक्ष समर्थक निष्कर्ष निकालते हैं कि, इसके स्पष्ट फायदे हैं और इसी कारणवश इसे राष्ट्रीय नीति का एक साधन माना जाता है। पॉल्मर एवं पर्किन्स का तर्क है कि सामाजिक उपादेयता के कारण युद्ध की निरंतरता बरकरार है, क्योंकि इसके माध्यम से ऐसे कार्यों का निष्पादन किया गया जिसे किसी अन्य व्यावहारिक प्रक्रियाओं द्वारा पूरा करना संभव नहीं था। इसके अलावा, उत्पीड़न से बचने के लिए युद्ध का सहारा लिया गया है, लेकिन इसका इस्तेमाल लोगों का उत्पीड़न करने तथा अन्य देशों पर प्रभुत्व स्थापित करने के लिए भी किया जाता है।

3.4.5 आर्थिक युक्तियां

आर्थिक गतिविधियों पर नियंत्रण इसी प्रकार का एक अन्य साधन है, जिसके माध्यम से राष्ट्रीय हितों को प्रोत्साहन दिया जा सकता है। राज्यों द्वारा अपने राष्ट्रीय हितों के अनुसरण के क्रम में सुविचारित तरीके से आर्थिक नीतियों के नियंत्रण एवं स्वतंत्रता, दोनों नीतियों को अपनाया जाता है। एक राज्य किसी अन्य राज्य का अहित किये बगैर अपनी आंतरिक समृद्धि के लिए आर्थिक नीतियों को अपना सकता है, लेकिन यह किसी अन्य राज्य के अहित की इच्छा से भी आर्थिक नीतियों को भी अपना सकता है।

राष्ट्रीय हितों को प्रोत्साहन देने के लिए प्रयुक्त कुछ प्रमुख आर्थिक युक्तियों में सीमा-शुल्क, आर्थिक समझौते, विदेशी सहायता, विदेशी बाजार में कम मूल्य पर विक्रय, इत्यादि शामिल हैं। सीमा-शुल्क आयात व निर्यात को विनियमित करने का एक साधन है। इसका इस्तेमाल अन्य देशों से घरेलू बाजारों में वस्तुओं के प्रवाह की जांच के साथ-साथ घरेलू उद्योगों को अहितकर विदेशी प्रतिस्पर्धा से बचाने के लिए किया जा सकता है। राज्य विदेशी व्यापार को नियंत्रित करने तथा राज्य की आर्थिक शक्ति को बढ़ाने के लिए इसका इस्तेमाल करते हैं। सीमा-शुल्क विभिन्न प्रकार के होते हैं — आयात कर, राजस्व शुल्क, हिफ़ाज़ती शुल्क, इत्यादि। उपयोगी वस्तुओं के संदर्भ में अंतर-सरकारी समझौतों से सरकार को विनियमित उत्पादन एवं वितरण अनुसूची के साथ-साथ मुनाफ़े के निश्चित अनुपात को बरकरार रखने में मदद मिलती है। इन तरीकों ने राज्यों के हितों की रक्षा के उद्देश्य में योगदान दिया है। देश अंतर्राष्ट्रीय संबंधों में अपने हितों की रक्षा के साधनों के रूप में आर्थिक सहायता एवं ऋण का उपयोग करते हैं। हालांकि, इन युक्तियों का इस्तेमाल ज्यादातर विकसित देशों द्वारा किया जाता है, क्योंकि सौदेबाज़ी के लिहाज से वे बेहतर स्थिति में होते हैं। विकासशील देश न केवल तकनीकी जानकारियों के लिए, बल्कि औद्योगिक उपकरणों की तरह अन्य सामानों के आयात के लिए भी समृद्ध देशों पर निर्भर होते हैं। इसके अलावा, उन्हें अपने कच्चे माल का विक्रय भी विकसित देशों को करना होता है। संयुक्त राज्य ने युद्धोपरांत राहत के लिए, सामाजिक-आर्थिक एवं राजनीतिक आधुनिकीकरण के लिए तथा साम्यवाद के प्रसार से लड़ने के लिए विभिन्न रूपों

में आर्थिक सहायता कार्यक्रमों का इस्तेमाल किया। मार्शल योजना[2] के माध्यम से, इसने यूरोप में अपने प्रभाव क्षेत्र के विस्तार का प्रयास किया। सोवियत संघ ने भी पूर्वी यूरोप में अपने हितों को संरक्षित रखने के लिए यूरोप के साम्यवादी राज्यों को आर्थिक सहायता प्रदान की। संयुक्त राज्य ने समय-समय पर मिस्र, पाकिस्तान और तुर्की का समर्थन प्राप्त करने के लिए आर्थिक सहायता कार्यक्रमों का इस्तेमाल किया। इसी प्रकार, विकसित देशों ने अपने-अपने हितों की रक्षा के लिए ऋण और अनुदान का बड़े पैमाने पर उपयोग किया। आमतौर पर अनुदानकर्ता राष्ट्रों से विशिष्ट वस्तुओं की खरीद के लिए ऋण प्रदान किए जाते हैं। अनुदान मानवतावादी आधार पर दिए जाते हैं, लेकिन इसका उद्देश्य अनुदानकर्ता देशों के हितों की रक्षा करना भी होता है। विकसित देश विभिन्न उद्देश्यों के लिए कीमतों में कमी लाने की विधि का भी उपयोग करते हैं। इसका मतलब है कि, वे घरेलू खरीदारों से ली जाने वाली कीमतों से कम कीमतों पर वस्तुओं का निर्यात करते हैं।

3.4.6 गठबंधन और संधियां

इसके अलावा, राज्य गठबंधन में शामिल होकर और संधि पर हस्ताक्षर करके भी अपने हितों को बढ़ावा देते हैं। सामान्य हितों की रक्षा के साथ-साथ आम दुश्मनों के खिलाफ भी गठबंधन किए जाते हैं। गठबंधन का स्वरूप राजनीतिक, सैन्य या सामाजिक-आर्थिक हो सकता है। उत्तरी अटलांटिक संधि संगठन (NATO), दक्षिण-पूर्व एशिया संधि संगठन (SEATO), केंद्रीय संधि संगठन (CENTO) तथा ऑस्ट्रेलिया, न्यूजीलैंड, संयुक्त राज्य (ANZUS) संधि, सैन्य गठबंधन के कुछ उदाहरण हैं। अन्य गठबंधनों में यूरोपीय संघ, खाड़ी सहयोग परिषद (GCC), अफ्रीकी संघ, दक्षिण एशियाई क्षेत्रीय सहयोग संगठन (SAARC), अरब संघ तथा दक्षिण पूर्व एशियाई राष्ट्र संघ (ASEAN) शामिल हैं। क्षेत्रीय गठबंधन ज्यादातर आर्थिक सहयोग और अन्य आम हितों के उद्देश्य को पूरा करते हैं। दोस्ती और व्यापार से लेकर सांस्कृतिक तौर पर मैत्रीपूर्ण संबंधों को बरकरार रखने के लिए विभिन्न देशों ने सैकड़ों संधियों पर हस्ताक्षर किए हैं, जो इस उद्देश्य को पूरा करते हैं।

3.5 निष्कर्ष

राष्ट्रीय हित की अवधारणा के साथ एक बड़ी समस्या यह है कि, कई मामलों में यह वैश्विक आदर्शों के प्रतिकूल है। राष्ट्रीय हित की योजना बनाना एवं उसे प्रस्तुत करना, काफी हद तक नीति निर्माताओं पर निर्भर है। वे अपने राष्ट्रीय हितों का निर्धारण करते हैं तथा उसे प्रोत्साहन देने की दिशा में प्रयास करते हैं। वे एक शक्तिशाली देश बने रहना चाहते हैं तथा दूसरों पर प्रभुत्व स्थापित करने के लिए अपने राष्ट्रीय हितों को बढ़ावा देना चाहते हैं। कभी-कभी, वे केवल अपनी प्रभुत्व की स्थिति को बरकरार रखना चाहते हैं और तदनुरूप अपने राष्ट्रीय हितों की योजना बनाते हैं।

राष्ट्रों को अपने राष्ट्रीय हितों की रक्षा करने का अधिकार है, लेकिन परंतु कई बार वे जिन विषयों को अपने राष्ट्रीय हित के अनुरूप मानते हैं, वह अन्य देशों के हित में नहीं हो सकता है या हानिकारक हो सकता है। ऐसी स्थिति में कूटनीति जैसे मानक साधनों का भी दुरुपयोग नहीं किया जाना चाहिए। इसके अलावा, कभी-कभी किसी देश के राष्ट्रीय हित अन्य देशों के लिए उपयुक्त नहीं हो सकते हैं, साथ ही यह उस देश के लिए भी हितकारी नहीं हो सकता है। उदाहरणस्वरूप, अफगानिस्तान और इराक पर हमला करने से जुड़ा संयुक्त राज्य का प्रकल्पित राष्ट्रीय हित न केवल कई अन्य देशों के राष्ट्रीय हितों के प्रतिकूल था, बल्कि इसने उसकी प्रतिष्ठा को भी काफी नुकसान पहुंचाया।

ऐसी स्थिति में, वैश्विक शांति को बरकरार रखने के लिए विभिन्न देशों के राष्ट्रीय हितों का एक दूसरे के अनुरूप होना बेहद महत्त्वपूर्ण है। अगर ऐसा संभव नहीं हो तो, राष्ट्रों को कम से कम वैश्विक मंचों पर सामान्य हित के मुद्दों पर सर्वसम्मति की कोशिश करनी चाहिए। विवाद की स्थिति में भी, उन्हें गैर-अवपीड़क साधनों को अपनाने का प्रयास करना चाहिए। उन्हें यह समझते हुए अपने राष्ट्रीय हितों को शांति एवं सुरक्षा के सार्वभौमिक आदर्शों के अनुरूप बनाए रखना चाहिए कि, ऐसा करना देश के विशिष्ट

---

[2] मार्शल योजना — जिसे औपचारिक रूप से यूरोपीय पुनः प्राप्ति कार्यक्रम के नाम से जाना जाता है — की घोषणा 5 जून, 1947 को अमेरिकी विदेश सचिव, जॉर्ज सी. मार्शल ने की थी, जिसमें 16 यूरोपीय देश अमेरिकी अनुदानों के लाभार्थी बन गए।

राष्ट्रीय हितों को सुरक्षित रखने का सबसे अच्छा तरीका होगा। राष्ट्रीय हित की अवधारणा को 'समस्याग्रस्त' माना जाता है, तथा अक्सर आलोचक यह सवाल करते हैं कि: क्या राष्ट्रीय हित राष्ट्र के हितों का समग्रतः प्रतिनिधित्व करता है या फिर केवल परिमित संभ्रांत वर्ग के निहित हितों को प्रतिबिंबित करता है? सरकार सही मायने में किसके हितों का प्रतिनिधित्व करती है? सभी राजनीतिक व्यवस्थाएं पक्षपातपूर्ण हैं तथा सभी समाज वर्गों में विभाजित हैं। इसलिए, सरकारें एक राष्ट्र के हितों का समग्रतः प्रतिनिधित्व करने एवं उनके 'राष्ट्रीय' होने का दावा करते हुए, एक समय पर केवल किसी एक खंड या वर्ग के हितों का प्रतिनिधित्व कर सकती हैं।

मॉडल प्रश्न

3.1 राष्ट्रीय हित की अवधारणा पर चर्चा करें।
3.2 राष्ट्रीय हित के संदर्भ में मोर्गेंथाऊ के विचारों की व्याख्या करें।
3.3 उन आधारों का आलोचनात्मक मूल्यांकन करें, जिन पर राष्ट्र राष्ट्रीय हितों के संबंध में अपनी प्राथमिकताओं को तय करते हैं।
3.4 विदेश नीति तैयार करने में राष्ट्रीय हित की भूमिका की जांच करें।
3.5 राज्य के महत्त्वपूर्ण और गैर-महत्त्वपूर्ण राष्ट्रीय हितों के बीच अंतर स्पष्ट करें।
3.6 राष्ट्रीय हित में विचारधारा की भूमिका का मूल्यांकन करें। क्या आपको लगता है कि राष्ट्रीय हित विचारधारा पर आश्रित है?
3.7 राष्ट्रीय हितों को बढ़ावा देने की महत्त्वपूर्ण युक्तियों पर चर्चा करें।
3.8 राष्ट्रीय हितों को प्रोत्साहन देने में कूटनीति की भूमिका की जांच करें।
3.9 देश अपने राष्ट्रीय हितों को प्रोत्साहन देने के लिए आर्थिक युक्तियों का किस प्रकार उपयोग करते हैं?
3.10 राष्ट्रीय हितों की अवधारणा किस प्रकार वैश्विक आदर्शों के प्रतिकूल है?

अनुशंसित साहित्य

Cantor, Robert D. 1986. *Contemporary International Politics.* St. Paul: West Publishing Company.

Frankel, Joseph. 1969. *International Relations.* London: Oxford University Press.

Goldstein, Joshua S. 2003. *International Relations.* Singapore: Pearson Education.

Guzzini, Stefano. 1998. *Realism in International Relations and International Political Economy.* London: Routledge.

Kumar, Mahendra. 1976. *Theoretical Aspects of International Politics.* Agra: Shivlal Agarwala and Company.

Mclean, Iain, and Alistair McMillan. 2003. *Oxford Concise Dictionary of Politics.* New York: Oxford University Press.

Mingst, Karen A. 2004. *Essentials of International Relations.* New York: W. W. Norton and Company.

Mohanty, Biswaranja. 2010. *International Relations: New Horizons and Changing Equations.* New Delhi: Atlantic Publishers.

Nye, Joseph S. Jr. 2008. *Understanding International Conflicts: An Introduction to Theory and History.* Delhi: Dorling Kindersley.

Palmer, Norman D., and Howard C. Perkins. 1997. *International Relations: The World Community in Transition.* New Delhi: AITBS Publishers.

Reynolds, P. A. 1971. *An Introduction to International Relations.* London: Longman Group Limited.

Viotti, Paul R., and Mark V. Kauppi. 1990. *International Relations Theory.* New York: Macmillan Publishing Company.

———. 2007. *International Relations and World Politics: Security, Economy, Identity.* Delhi: Dorling Kindersley.

4

कूटनीति: प्रकृति, स्वरूप एवं प्रासंगिकता

मेहताब मंज़र

अध्ययन के उद्देश्य

- समकालीन अंतर्राष्ट्रीय राजनीति में कूटनीति की जटिल कला से छात्रों का परिचय कराना
- अंतर्राष्ट्रीय संबंधों को बरकरार रखने के एक महत्त्वपूर्ण साधन के तौर पर समझौता-वार्ता की उपयोगिता का अन्वेषण करना
- कूटनीति के कुछ महत्त्वपूर्ण स्वरूपों तथा इसके विभिन्न तरीकों पर प्रकाश डालना
- कूटनीतिक संबंधों के वर्गीकरण तथा उनकी प्रासंगिकता को स्पष्ट करना

अध्याय सार

अंतर्राष्ट्रीय शांति एवं सुरक्षा, राज्यों के बीच द्विपक्षीय और बहुपक्षीय संबंधों के अनुरक्षण तथा सशक्तिकरण के साथ संबद्ध है। यूनानी, रोमवासी, मिस्रवासी, अरब, चीनी तथा भारतीयों ने प्राचीन काल में कूटनीति की कला के क्रमिक विकास की दिशा में बहुत अधिक योगदान दिया है। आधुनिक युग में कूटनीति की कला को एक नए अंदाज़ में शुरू किया है। धीरे-धीरे, इसने स्वयं को एक जटिल विषय के तौर पर परिवर्तित कर लिया, जो राष्ट्रीय व अंतर्राष्ट्रीय राजनीति के असंख्य कारकों से प्रभावित होता है और उन्हें प्रभावित करता है। क्रमिक विकास के दौरान इसके कई स्वरूप सामने आए। इस दौरान वियना सम्मेलन, 1961 में इसके वर्गीकरण की प्रक्रिया ने समकालीन युग में कूटनीति की कला की प्रासंगिकता को उजागर किया। यह अध्याय कूटनीति को परिभाषित करता है तथा इसकी प्रकृति, स्वरूपों, विषय-वस्तु और वर्तमान में इसकी प्रासंगिकता से अवगत कराता है।

संयुक्त राष्ट्र की स्थापना मुख्य रूप से अंतर्राष्ट्रीय शांति एवं सुरक्षा को बरकरार रखने तथा द्वितीय विश्व युद्ध के उपरांत विश्व के सभी देशों के बीच मैत्रीपूर्ण संबंधों को विकसित करने के लिए की गई थी। विनाश से त्रस्त मानव जाति को समझौता-वार्ता के लिए एक सार्वभौमिक मंच प्रदान करके तथा जाति, जाति, धर्म, क्षेत्र या भाषा के आधार पर किसी भी प्रकार के भेदभाव के बिना राष्ट्रों द्वारा विकसित, अंगीकृत और प्रयुक्त अन्य शांतिपूर्ण तरीकों के माध्यम से सुधारात्मक दिशा में प्रयास किया गया। इसलिए, संयुक्त राष्ट्र के घोषणापत्र ने विवादों के शांतिपूर्ण निपटारे के पक्ष में संस्थापक सदस्यों की इच्छा को दस्तावेज़ीकृत किया। संयुक्त राष्ट्र घोषणापत्र के अनुच्छेद 33(1) के अनुसार

> *किसी भी विवाद, जिसकी निरंतरता अंतर्राष्ट्रीय शांति एवं सुरक्षा के अनुरक्षण को खतरे में डाल सकती है, के सभी संबंधित पक्ष सर्वप्रथम समझौता वार्ता, जांच-पड़ताल, मध्यस्थता, सुलह, पंच-निर्णय, न्यायिक निर्णय, क्षेत्रीय एजेंसियों या व्यवस्था की मदद या अपनी पसंद के अन्य शांतिपूर्ण साधनों के जरिए समाधान हेतु प्रयास करेंगे।*

द्विपक्षीय एवं बहुपक्षीय विवादों को हल करने के लिए शांतिपूर्ण तरीकों के अंगीकरण के प्रति सहमत होकर, संयुक्त राष्ट्र के संस्थापक सदस्यों ने कूटनीति की चिरस्थायी आवश्यकता एवं महत्त्व को पुनः स्थापित किया। 'क्षेत्रीय एजेंसियों या व्यवस्था' के सहारे ने भी राजनयिक कार्यालयों की उपादेयता को मजबूत बनाया। संयुक्त राष्ट्र के घोषणापत्र में संधि-वार्ता, मध्यस्थता एवं

समझौते के साधनों पर बल दिया गया, जिसने इन साधनों को संघर्ष एवं युद्ध से अधिक महत्त्वपूर्ण बना दिया। इस प्रकार, कूटनीति की सदियों पुरानी कला एवं अभ्यास को आधुनिक युग में वैधता मिली तथा द्वितीय विश्व युद्ध के बाद इसके महत्त्व को पहचाना गया। शत्रुता एवं युद्ध, जिसमें दुनिया की लगभग 80 प्रतिशत आबादी संलग्न है, से राज्यों के बीच आपसी प्रतिद्वंद्विता का स्थायी समाधान नहीं निकाला जा सका। लगभग 40 राज्यों की भागीदारी के बावजूद विवादों को सुलझाने के साधन के रूप में युद्ध की उपयोगिता सिद्ध नहीं हो सकी। शांति एवं सुरक्षा के प्रति अहिंसक दृष्टिकोण का आदर्श, इस ख़ौफ़नाक युद्ध से सीखा सबसे महत्त्वपूर्ण सबक था। इस पृष्ठभूमि में, कूटनीति का पुनरुत्थान समकालीन युग में ऐतिहासिक महत्त्व की एक उल्लेखनीय घटना रही है।

4.1 कूटनीतिः अर्थ एवं परिभाषा

हालांकि, किसी विद्वान ने कूटनीति की व्यापक परिभाषा नहीं दी है, परंतु इस शब्द को कई विद्वानों ने परिभाषित किया है। इस संदर्भ में, यहां एक महत्त्वपूर्ण तथ्य को उजागर किया जाना है आवश्यक है। विभिन्न कारकों के आधार पर तैयार की गई विदेशी नीति का पहले से अस्तित्व में होना, कूटनीति की सबसे महत्त्वपूर्ण विशेषताओं में से एक है, और नीति को लागू करने के लिए कूटनीतिक विधियों एवं तकनीकों की जरूरत होती है। इस प्रकार, कूटनीति एवं विदेश नीति के परस्पर सहयोग के जरिए ही कुछ निर्धारित लक्ष्यों को प्राप्त किया जाता है। हालांकि दोनों शब्द एक-दूसरे से बिल्कुल अलग हैं, परंतु कार्रवाई के कुछ क्षणों में इन्हें पृथक नहीं किया जा सकता है।

इस दशा में, बुनियादी सवाल यह है कि कूटनीति क्या है? शुरुआत से ही कूटनीति को 'वार्ता के जरिए अंतर्राष्ट्रीय संबंधों के प्रबंधन के रूप में परिभाषित किया गया है, क्योंकि इसी विधि के द्वारा इन संबंधों को राजदूतों एवं प्रतिनिधियों द्वारा समायोजित और प्रबंधित किया जाता है; जो एक राजनयिक का कर्तव्य या उसकी कला है' (निकोल्सन, 1963)। अपनी उत्कृष्ट रचना, द *गाइड टू डिप्लोमैटिक प्रैक्टिस* में सर अर्नेस्ट सैटो ने कूटनीति को निम्नलिखित शब्दों में परिभाषित किया है:

> *कूटनीति वस्तुतः स्वतंत्र राज्य सरकारों के बीच आधिकारिक संबंधों के संचालन के लिए बुद्धिमत्ता और कौशल का उपयोग है, और कभी-कभी इसके जरिए अधीनस्थ राज्यों के साथ भी संबंधों का विस्तार किया जाता है; या अधिक संक्षेप में यह राज्यों के बीच कारोबार के संचालन का शांतिपूर्ण तरीका है (कृष्णमूर्ति, 1980:36 में उद्धृत)।*

हेरोल्ड निकोल्सन ने विद्वत्तापूर्ण ग्रंथ, *डिप्लोमेसी*, में इस शब्द को परिभाषित किया गया है:

> *यह समझौता वार्ता के माध्यम से अंतर्राष्ट्रीय संबंधों के प्रबंधन की एक ऐसी विधि है, जिसके जरिए इन संबंधों को राजदूतों एवं प्रतिनिधियों द्वारा समायोजित और प्रबंधित किया जाता है; और यही एक राजनयिक का कर्तव्य या उसकी कला है (1963: 4–5)।*

इस प्रकार, कूटनीति की अलग-अलग परिभाषाएं इस कला के विभिन्न घटकों एवं पहलुओं को उजागर करती हैं, जिसे 'अपने राष्ट्रीय हित को बढ़ावा देने के लिए एक राज्य द्वारा विदेशी संबंधों के संचालन का विज्ञान' कहा जाता है (बंधोपाध्याय, 1979: 22)। कूटनीति को शक्ति का एक प्रमुख घटक मानते हुए एक अन्य आयाम पर प्रकाश डाला गया है। कूटनीति की कला एवं अभ्यास से एक राज्य की शक्ति के स्तर का पता चलता है, जो बदले में इसकी सैन्य, राजनीतिक और आर्थिक स्थिति को प्रकल्पित करता है। इसलिए, शक्तिशाली राज्यों के राजनयिक कमज़ोर एवं अल्प विकसित राज्यों का प्रतिनिधित्व करने वाले राजनयिकों की तुलना में अधिक कुशल और प्रभावशाली साबित होते हैं। दूसरे शब्दों में, कूटनीति एक जटिल और विकासपरक घटना है जिसे शब्दों के जरिए इतनी आसानी से समझाया नहीं जा सकता है। हालांकि, आज अंतर्राष्ट्रीय संबंधों के संचालन में कूटनीति का स्थान बेहद महत्त्वपूर्ण है। राजनयिकों की नियमित गतिविधियों के अलावा इसकी अन्तर्वस्तु भी विकसित हुई है जिसने विशिष्ट परिस्थितियों में नया स्वरूप ग्रहण किया है। इस प्रकार, कूटनीति वास्तव में बेहतर संसाधनों एवं कुशलता पर आधारित एक राजनीतिक गतिविधि है, तथा शक्ति का एक प्रमुख घटक है। इसका मुख्य प्रयोजन बलप्रयोग, प्रोपेगेंडा या कानून का सहारा लिए बिना राज्यों को अपनी विदेशी नीतियों के उद्देश्यों को प्राप्त करने में सक्षम बनाना है (बेरिज, 2005: 1)।

4.1.1 कूटनीति: अध्ययन के विषय के रूप में

प्राचीन काल से ही मानव जाति ने सत्ता, धन एवं संसाधन प्राप्ति की उत्कट इच्छा के कारण संघर्ष किया है, और इस चिरस्थायी प्रवृत्ति में थोड़ा भी बदलाव नहीं आया है। आज की दुनिया में भी, राज्य अपनी समृद्धि, सैन्य स्थिति एवं राजनीतिक प्रतिष्ठा में वृद्धि करना तथा सार्वजनिक जीवन के अन्य क्षेत्रों को बेहतर बनाना चाहते हैं। इसलिए, अंतर्राष्ट्रीय संबंधों के क्षेत्र में शक्ति के लिए संघर्ष सर्वप्रमुख गतिविधि के तौर पर बरकरार है। कूटनीति राज्यों द्वारा निर्धारित गंतव्य तक पहुंचने का साधन है। राजनयिक प्रयासों के बिना, विदेशी नीति के किसी भी उद्देश्य को हासिल नहीं किया जा सकता है। इसके अलावा, राज्यों, लोगों एवं उनके संसाधनों के पास उपलब्ध ज्ञान के विशाल भंडार ने कूटनीति और विदेश नीति के संचालन को अत्यंत जटिल व्यवसाय बना दिया है। विभिन्न घटकों की विविधता अंतरराज्यीय क्रियाओं और प्रतिक्रियाओं से प्रत्यक्ष व अप्रत्यक्ष रूप से संबंधित होती है। राज्यों के निर्धारित लक्ष्य राजनयिकों के साथ-साथ राज्यों के लिए नीति-निर्माण करने वाली विभिन्न एजेंसियों के प्रयासों व कठिन परिश्रम का प्रतिफल है। फिर भी, इन नीतियों की जटिलता को राजनयिक संबंधों एवं विदेश नीति के संचालन में एक बड़ी बाधा नहीं माना जाता है। कूटनीति जितनी अधिक जटिल होगी, वह उतनी ही ज्यादा विशिष्ट एवं योजनाबद्ध होगी। वास्तविकता यह है कि, समकालीन युग में कूटनीति में 'वैज्ञानिक ज्ञान' की कला के प्रयोग एवं अभ्यास को देखा गया है। यह कुछ विशेष व्यक्तियों द्वारा प्रदर्शित किया जाने वाला कौशल नहीं है। आज प्रतिभा एवं राजनीतिज्ञता के आधार पर राजनयिकों का चयन होता है तथा सुनियोजित प्रशिक्षण कार्यक्रमों के माध्यम से उनकी कौशल व क्षमता को विकसित किया जाता है। एक वैज्ञानिक व्यवस्था के रूप में कूटनीति के लिए राज्य के सर्वोत्तम प्रतिभाशाली व्यक्तियों को आकृष्ट किया जाता है, जिन्हें अच्छी तरह से योजनाबद्ध नीतियों के माध्यम से राजनयिक के दायित्वों के निर्वहन हेतु चुना जाता है। राज्य द्वारा संचालित विशेष संस्थान भविष्य के राजनयिकों को ज्ञान एवं प्रशिक्षण प्रदान करते हैं। इन संस्थानों में बेहद केंद्रित पेशेवर पाठ्यक्रम पढ़ाया जाता है। इस क्षेत्र के भावी विशेषज्ञों के समूह को सुधार और संशोधन की प्रक्रिया, अधिग्रहित नवीनतम तकनीकों एवं ज्ञान से अवगत कराया जाता है।

4.2 कूटनीति की प्रकृति और विषय-वस्तु

विभिन्न मतों के विद्वानों ने कूटनीति की अलग-अलग विशिष्टताओं पर बल दिया है। अंतर्राष्ट्रीय संबंधों के क्षेत्र में कूटनीति की जटिलता बरकरार है। चूंकि प्रत्येक देश अपने अस्तित्व को संरक्षित रखने एवं प्रोत्साहित करने की कोशिश करता है, इसलिए इस लक्ष्य को प्राप्त करने की तकनीक हमेशा जटिल होती है। राज्यों को अपनी पहचान स्थापित करने एवं उसे दृढ़तापूर्वक प्रस्तुत करने के लिए बहुत कठिन संघर्ष करना होता है जिसके लिए वे कई युक्तियों को अपनाते हैं, जो अक्सर गोपनीय और अस्पष्ट होते हैं। राज्य अपने विकास, उन्नति, समृद्धि और शक्ति के विशिष्ट उद्देश्यों के कारण लगातार दबाव में रहते हैं। इसलिए, एक महत्त्वपूर्ण साधन के रूप में कूटनीति का विकास राजनीति, अर्थव्यवस्था, हथियारों की होड़ एवं कई अन्य कारकों में बदलाव की विभिन्न धाराओं के अनुरूप होता है।

जन संचार के क्षेत्र में क्रांतिकारी विकास के कारण कूटनीति की विकासवादी प्रकृति में काफी बदलाव आया है। राजनीतिक संचार एवं वार्ता के नवीनतम और निरंतर प्रगतिशील कौशल के साथ-साथ अत्यधिक अनुकूलन क्षमता इसकी स्वाभाविक विशेषता है। संचार प्रौद्योगिकी के क्षेत्र में बड़े पैमाने पर विकास ने आधुनिक कूटनीति को अकल्पनीय सीमा तक परिष्कृत किया है। प्रिंट मीडिया एवं जनता की राय के अलावा नेताओं और लोगों के विचारों के आदान-प्रदान का विकास कूटनीति की क्रांति में महत्त्वपूर्ण कारकों के रूप में हुआ है। अब, कूटनीति न तो विशेष रूप से 'राज्य' की नीति है और न ही यह केवल सरकारी विभागों की आधिकारिक मंडली में निर्णय लेने वालों द्वारा निर्धारित की जाती है। सरकार और जनता के बीच, अलग-अलग सरकारों के बीच, तथा दुनिया के लोगों के बीच संचार के माध्यमों के अत्यधिक विस्तार ने कूटनीति की प्रकृति को अधिक सम्मिलित और जटिल बना दिया है। द्वितीय विश्व युद्ध के बाद पारंपरिक कूटनीति का धीरे-धीरे नए स्वरूपों में विकास हुआ है।

4.3 कूटनीति के प्रकार

पुराने या पारंपरिक स्वरूपों को बरकरार रखने और पुनः परिभाषित करते हुए कूटनीति ने नए आयाम हासिल किए हैं। हालांकि सैन्य और आर्थिक आयाम कूटनीति की अपरिवर्तनशील विशेषताएं हैं, परंतु नए कारकों ने कूटनीति की अधिक किस्मों या प्रकार के विकास में योगदान दिया है। सभी विकसित राज्यों की इच्छा सूची में आर्थिक एवं सैन्य प्रभुत्व के लिए संघर्ष की प्राथमिकता बरकरार है। कमोबेश विकसित राज्यों पर निर्भर विकासशील राज्य इन क्षेत्रों में अपनी ताकत बढ़ाने की कोशिश करते हैं।

सांस्कृतिक घटकों ने राष्ट्रों के राष्ट्रीय हितों को बढ़ावा देने में अद्वितीय, लेकिन बहुत महत्त्वपूर्ण स्थिति हासिल की है। ऐसे में, वैश्विक प्रतिभागियों के लिए सांस्कृतिक कूटनीति को अधिक प्रभावी क्षेत्र के रूप में फिर से जीवंत किया जा रहा है।

इसी तरह, कई विकासात्मक गतिविधियों ने कूटनीति की नई शाखाओं के विकास को अलग-अलग स्तरों पर प्रभावित किया है। यहां, हम उनमें से कुछ पर संक्षेप में चर्चा करेंगे।

4.3.1 राजनीतिक कूटनीति

अक्सर कूटनीति की पहचान विदेशी संबंधों के राजनीतिक पहलू के साथ की जाती है। कूटनीति का राजनीतिक आयाम, राजनीतिक मुद्दों पर अन्य राज्यों की नीतियों से जुड़ा हुआ है। राज्यों के बीच राजनीतिक शक्ति हेतु संघर्ष, राजनीतिक कूटनीति के महत्त्व का सर्वप्रमुख मुख्य कारक है। हर देश राजनीतिक रूप से शक्तिशाली होना चाहता है। राजनीतिक शक्ति का घटक कूटनीति की आधारशिला है। इसलिए, राजनीति विशारद, राजनेता, राजनयिक, नागरिक तथा गैर-सरकारी संगठन (NGOs) अपने संबंधित राज्य द्वारा राजनीतिक शक्ति की प्राप्ति पर बल देते हैं। एक राज्य की राजनीतिक कार्य-सूची इसकी विभिन्न रुचियों सैन्य, आर्थिक इत्यादि, को प्रतिबिंबित करती हैं। कभी-कभी, राजनयिकों द्वारा अन्य हितों को भी राजनीतिक रूप दिया जाता है, जिसे राज्यों की एजेंसियों के माध्यम से कार्यान्वित किया जाता है।

राजनीतिक समीक्षक, राजनीति विशारद एवं अन्य लोग राजनीतिक कूटनीति की रूपरेखा तैयार करने में राजनयिकों की सहायता करते हैं। यहां हमें राजनीतिक कूटनीति को महज कुछ भागीदारों के रचनात्मक कार्यों का परिणाम अथवा उनके द्वारा विचारपूर्वक तैयार की गई नीति समझने की भूल नहीं करनी चाहिए। अक्सर राजनीतिक कूटनीति की प्रकृति बहुत जटिल होती है और किसी भी भागीदार को इसके निर्माण का श्रेय नहीं दिया जा सकता है।

राजनीतिक कूटनीति, वैश्विक भागीदारों को संवाद एवं वार्ता के माध्यम से समस्याओं पर ध्यान केंद्रित करने के लिए प्रेरित करती है। यह राज्यों को अहिंसक माध्यमों से विवादों को हल करने की तकनीक को अपनाने के लिए प्रोत्साहित करती है। इस प्रकार, राजनीतिक कूटनीति वैश्विक शांति के स्थायित्व की दिशा में योगदान देती है। यह संघर्ष या युद्ध के बजाय वार्ता में राज्यों और लोगों के विश्वास को बढ़ावा देने में मदद करती है। राजनीतिक कूटनीति के सकारात्मक घटक, एक लोकप्रिय विधा के रूप में अंतर्राष्ट्रीय संबंधों की विशेषताएँ हैं।

4.3.2 सैन्य कूटनीति

सैन्य कूटनीति को राजनीतिक कूटनीति के एक घटक के रूप में देखने की प्रवृत्ति बेहद सामान्य है। हालांकि दोनों सहसम्बद्ध हैं, परंतु वे एक-दूसरे से अलग भी हैं। सैन्य संसूचना का क्षेत्र अत्यंत विशिष्ट है, जो किसी भी राष्ट्र की स्थिति को कमज़ोर या मजबूत बना सकता है। उदाहरण के लिए, संयुक्त राज्य की सर्वोच्चता का श्रेय परिष्कृत हथियारों एवं प्रौद्योगिकी के क्षेत्र में विशेषज्ञता को जाता है, जिसका प्रयोग उसने दुनिया के बाकी हिस्सों में सैन्य सर्वोच्चता स्थापित करने के लिए किया। शीत युद्ध के दौरान दो गुटों, अर्थात् संयुक्त राज्य के नेतृत्व वाले पूंजीवादी गुट तथा सोवियत संघ के नेतृत्व वाले साम्यवादी गुटों के बीच अंतहीन संघर्ष देखा गया। आमतौर पर सोवियत संघ के छोटे राज्यों में विघटन के साथ ही अमेरिकी सैन्य कूटनीति की जीत स्वीकार की गई।

सैन्य दृष्टि से विकसित देशों के राजनयिकों को अपेक्षाकृत कम विकसित एवं विकासशील देशों के अपने समकक्षों पर बढ़त प्राप्त है। राष्ट्रीय दिवस के अवसरों पर सैन्य शक्ति का प्रदर्शन, सैन्य कूटनीति की सफलता का परिचायक है।

हालांकि, उन्नत एवं परिष्कृत सैन्य शक्ति भी स्वचालित रूप से सभी सैन्य प्रयासों में सफलता का आश्वासन नहीं देती है। इराक या अफगानिस्तान में संयुक्त राज्य और इसके सहयोगियों द्वारा अत्यधिक जटिल सैन्य शक्ति के उपयोग के बावजूद, संयुक्त राज्य को इन देशों में विदेशी नीति के उद्देश्यों को प्राप्त करने में सफलता नहीं मिली। कूटनीति का सैन्य आयाम, अंतर्राष्ट्रीय संबंधों में एक महत्त्वपूर्ण शक्ति है।

4.3.3 आर्थिक कूटनीति या विकासात्मक कूटनीति

द्वितीय विश्व युद्ध के बाद, अंतर्राष्ट्रीय संबंधों में एक बड़ा मतभेद उस वक्त उभरकर सामने आया, जब दुनिया के राष्ट्रों ने स्वयं को अंततः दो प्रभावशाली गुटों में विभाजित कर लिया, अर्थात पूंजीवादी गुट और साम्यवादी गुट। युद्ध के बाद की अवधि में राजनीतिक विकास से कूटनीति का एक नया क्षेत्र विकसित हुआ। युद्ध के दौरान हुए अत्यधिक नुकसान की क्षतिपूर्ति के लिए आर्थिक पुनर्निर्माण की तात्कालिकता को ध्यान में रखते हुए, विजयी गठबंधन द्वारा विभिन्न योजनाओं एवं उपायों की रूपरेखा तैयार की गई। मार्शल योजना की घोषणा, संयुक्त राष्ट्र आर्थिक एवं सामाजिक परिषद (ECOSOC) की गतिविधियों, अंतर्राष्ट्रीय मुद्रा कोष (IMF) की योजनाओं, तथा अंतर्राष्ट्रीय पुनर्निर्माण एवं विकास बैंक (IBRD) के साथ एक नई प्रणाली — आर्थिक कूटनीति का जन्म हुआ, जिसे विकासात्मक कूटनीति भी कहा जाता है।

कूटनीतिक प्रयासों के माध्यम से राज्य के आर्थिक हितों को बढ़ावा दिया जाता है, जो इस तरह के अप्रकट एवं सुस्पष्ट हितों की शुरुआत करने, इनकी व्याख्या करने, योजना बनाने, मूल्यांकन करने तथा आकार देने का कार्य करते हैं। इसमें उद्योग व कृषि के क्षेत्रों में आयात और निर्यात एवं पारस्परिक विनिमय कार्यक्रमों के अन्य क्षेत्रों के अलावा, व्यापार एवं वाणिज्य से संबंधित अल्पकालिक और दीर्घकालिक हित अंतर्निहित हैं। संबंधित राज्यों के बीच इस प्रकार के समझौते के विवरणों को राजनयिकों द्वारा बेहद सावधानी एवं विशेषज्ञता के साथ निर्धारित किया जाता है। निस्सन्देह, कई अन्य अनौपचारिक भागीदार एवं कारक भी इस प्रकार की योजना बनाने और मूल्यांकन करने में मदद करते हैं। इसके परिणामस्वरूप राज्यों द्वारा व्यापार समझौते पर हस्ताक्षर किए जाते हैं। लेकिन यह प्रक्रिया इतनी सरल एवं आसान नहीं है, जितनी यह दिखाई देती है। वास्तविक स्थिति अक्सर बेहद जटिल, तनावपूर्ण और श्रमसाध्य होती है। विभिन्न मंत्रालयों के आर्थिक विशेषज्ञ, राजनयिक, विदेश मामलों के मंत्री, प्रधानमंत्री तथा राष्ट्रपति, सभी इसमें सक्रियतापूर्वक भाग लेते हैं, तथा राज्य द्वारा हस्ताक्षरित एवं कार्यान्वित किए जाने वाले आर्थिक समझौतों के संदर्भ में अपना सर्वश्रेष्ठ प्रदर्शन करते हैं।

आर्थिक कूटनीति स्वयं को विभिन्न तरीकों से व्यक्त करती है। विदेशी सहायता इनमें से एक है, जो अक्सर राजनीतिक रणनीतियों, राजनीतिक समझौतों और अवांछित उद्देश्यों से संबद्ध होती है और विपरीत पक्ष को मुश्किल स्थिति में डाल सकती है।

समकालीन वैश्विक राजनीति विभिन्न शक्तिशाली राज्यों — वैश्विक, क्षेत्रीय और गुटों के आर्थिक हितों पर टिकी हुई है। एक राज्य के द्विपक्षीय और बहुपक्षीय संबंधों में व्यापारिक हितों का योगदान बेहद अहम है। इसलिए, कूटनीति की विभिन्न विधाओं के बीच आर्थिक कूटनीति का स्थान अब अतुलनीय हो गया है। कभी-कभी, आर्थिक कूटनीति अवपीड़क कूटनीति में बदल जाती है, जिससे संबंधित राज्यों पर दबाव काफी बढ़ जाता है।

अंतर्राष्ट्रीय वित्तीय संस्थानों की भागीदारी ने आर्थिक कूटनीति की जटिलता को और बढ़ा दिया है। निश्चित रूप से विश्व व्यापार संगठन, IMF, IBRD और अन्य संगठनों की नीतियों ने कूटनीति के आर्थिक आयामों के विकास में महत्त्वपूर्ण भूमिका निभाई है। इस प्रकार, जिस कूटनीति का प्रयोग पहले शक्तिशाली गुटों के निर्माण, तथा केवल महत्त्वपूर्ण सुरक्षा मुद्दों पर ध्यान केंद्रित करते हुए सैन्य गठबंधन बनाने एवं उसे बरकरार रखने के लिए किया जाता था, उसमें क्रांतिकारी बदलाव आया है। आधुनिक युग में राज्यों के बीच अपने आर्थिक कार्यक्षेत्र के विस्तार की उत्सुकता देखी गई है। वैश्विक आर्थिक मुद्दों पर संयुक्त राज्य और चीन के बीच आर्थिक शीत युद्ध, दोनों राज्यों के बीच आर्थिक कूटनीति का सबसे अच्छा प्रत्यालेख है। साम्यवादी और पूंजीवादी गुटों के बीच के वैचारिक युद्ध का स्थान आर्थिक कूटनीति ने ले लिया है, और दोनों गुट संबंधित राज्यों को उच्च वाणिज्यिक एवं वित्तीय लाभ पहुंचाने के लिए तत्पर हैं। यूरोपीय संघ, सार्क (SAARC), आसियान (ASEAN), दक्षिण एशियाई मुक्त व्यापार क्षेत्र (SAFTA) तथा अंतर्राष्ट्रीय आर्थिक एवं वित्तीय एजेंसियों के प्रादुर्भाव ने राजनयिक गतिविधियों सब से महत्त्वपूर्ण भाग को आर्थिक क्षेत्रों की ओर स्थानांतरित कर दिया है। परंतु

> *आर्थिक कूटनीति कभी भी राजनीतिक कूटनीति से रहित नहीं हो सकती है। राजनीति की भूमिका को कम करके आंका नहीं जाना चाहिए। यह मानना गलत होगा कि राजनीति निरर्थक है। अर्थनीति को प्राथमिकता देने का मतलब यह नहीं है कि राजनीति का अंत हो गया है। वास्तव में, राजनीति उस कार्यक्षेत्र में आज भी बरकरार है, जिसके माध्यम से व्यापार के अवसरों का मूल्यांकन किया जाता है और विकल्प बनाये जाते हैं। (हुसैन, 2007: 1049)*

कुछ राजनीतिक विशेषज्ञ अफगानिस्तान, इराक और सऊदी अरब में अमेरिकी सैनिकों की उपस्थिति को इसकी 'तेल कूटनीति' का एक हिस्सा मानते हैं, अर्थात्, यह राजनीतिक रणनीतियों के माध्यम से पेट्रोलियम उत्पादक क्षेत्रों पर नियंत्रण हासिल करने का एक साधन है।

4.3.4 सांस्कृतिक कूटनीति

कूटनीति के सांस्कृतिक आयाम का विकास, धीरे-धीरे एक महत्त्वपूर्ण गतिविधि तथा राज्यों, राजनयिकों, लोगों, संस्थानों और संगठनों के लिए अभिरुचि के क्षेत्र के रूप में हुआ है। वास्तव में, संस्कृति हमेशा दो राज्यों के अधिकारियों एवं लोगों के बीच अन्योन्यक्रिया का मुख्य क्षेत्र रही है। सूचना प्रौद्योगिकी के विस्तार तथा राज्यों से संबंधित मामलों में इसके उपयोग की दिशा में क्रांतिकारी परिवर्तन हुए हैं, जो कूटनीति को निरंतर प्रभावित कर रहे हैं। वैश्वीकरण के बाद आज की दुनिया में, 'संस्कृति' के नाम पर सभी तरह के कार्यों ने खुद को एक अंतर्राष्ट्रीय प्रवृत्ति के रूप में सुस्थापित कर लिया है, जिसका अनुमोदन और समर्थन सरकारों एवं जनता द्वारा किया जाता है। राज्यों के बीच सांस्कृतिक समझौतों के अंतर्गत शिक्षाविदों, वैज्ञानिकों, छात्रों, कलाकारों, खिलाड़ियों, पत्रकारों, बाल प्रतिनिधियों, इत्यादि के आदान-प्रदान जैसी गतिविधियों को बड़ी संख्या में शामिल किया गया है।

इस प्रकार राज्यों के साथ-साथ विभिन्न संस्थानों एवं संगठन भी प्रत्यक्ष और अप्रत्यक्ष रूप से राजनयिक प्रणाली के साथ संबद्ध हैं। संयुक्त राष्ट्र शैक्षिक, वैज्ञानिक एवं सांस्कृतिक संगठन (यूनेस्को), राज्यों और उनकी कूटनीतिक गतिविधियों के माध्यम से सांस्कृतिक आदान-प्रदान के सर्वोत्तम पथ-प्रदर्शकों में से एक है, जिसकी वजह से सांस्कृतिक कूटनीति के सिद्धांत व अभ्यास की रूपरेखा तैयार हुई और इनका विकास हुआ। यूनेस्को का घोषणापत्र शिक्षा, विज्ञान और संस्कृति के क्षेत्र में राज्य स्तरीय सहयोग के माध्यम से अंतर्राष्ट्रीय शांति, सुरक्षा व विकास की दिशा में योगदान देने के अपने लक्ष्य पर बल देता है, तथा 'लोकप्रिय शिक्षा और संस्कृति के प्रसार को नए सिरे से प्रेरित करता है' (बॉक्स 4.1 देखें) और दुनिया के राष्ट्रों के बीच 'ज्ञान के अनुरक्षण, विस्तार एवं प्रसार' हेतु प्रयास करता है।

विभिन्न विश्वविद्यालयों, संस्थानों, संगठनों, स्कूलों आदि के बीच समझौता ज्ञापन (MoUs) ने सांस्कृतिक कूटनीति के विकास की दिशा में काफी हद तक योगदान दिया है। इस प्रकार के MoUs सांस्कृतिक कूटनीति का भी परिणाम हो सकते हैं, क्योंकि राजनयिक ही मेज़बान और गृह राज्यों के बीच मैत्रीपूर्ण संबंध विकसित करने हेतु सांस्कृतिक तरीकों का सूत्रपात करने, प्रोत्साहित करने, विकसित करने और अंगीकृत करने के लिए ज़िम्मेदार होते हैं।

ओलंपिक खेलों और उनके प्रबंधन का कद एवं दर्जा सभी मेज़बान राज्यों के बीच बेहद महत्त्वपूर्ण बन चुका है। ओलंपिक में खिलाड़ियों का आदान-प्रदान एक नियमित विशेषता बन गया है। लेकिन इसे एक राष्ट्र के गौरव के साथ जोड़कर देखे जाने की बात ने भी एक नया आयाम प्राप्त किया है।

बॉक्स 4.1 भारत की सांस्कृतिक कूटनीति

भारत की सहिष्णु, अनुकूलनीय और समायोज्य सांस्कृतिक विरासत का उपयोग, भारत को बहुसांस्कृतिक समाज के रूप में प्रस्तुत करने के लिए विदेशों में भारतीय राजनयिकों द्वारा बड़े पैमाने पर किया जाता है। ताजमहल, अजंता और एलोरा गुफाओं की तरह इसके ऐतिहासिक स्मारकों, पवित्र स्थलों, सांस्कृतिक नृत्य, आयुर्वेदिक प्रणाली, भाषाओं, परंपराओं व रीति-रिवाजों ने दुनिया के सभी हिस्सों से लोगों और संगठनों को आकर्षित किया है। व्यापार मेले, पुस्तक मेले और सांस्कृतिक प्रदर्शनियां, कूटनीतिक गतिविधियों का माध्यम रही हैं, जिन्होंने यूनेस्को के घोषणापत्र के अनुरूप ज्ञान के दायरे के विस्तार, संस्कृति के प्रसार और शांति व सुरक्षा के अनुरक्षण में योगदान दिया है। कभी-कभी सांस्कृतिक कूटनीति का वास्तविक प्रभाव राजनीतिक या सैन्य कूटनीति से अधिक प्रबल होता है।

स्रोत: लेखक.

इस प्रकार, सांस्कृतिक कूटनीति को राजनयिक प्रयासों के माध्यम से संस्कृति का विस्तारणीय, उद्विकासी और जटिल प्रसार माना जाता है। संस्कृति का उपयोग मेज़बान राज्यों के साथ-साथ वैश्विक स्तर पर दूसरों के साथ मैत्रीपूर्ण संबंधों को बढ़ावा देने के लिए किया जाता है, और अक्सर राजनयिकों के आधिकारिक दस्तावेज़ों में इसका उल्लेख नहीं होता है। सांस्कृतिक कूटनीति, सांस्कृतिक संचारण की एक तरफा प्रणाली का प्रतीक नहीं है, साथ ही यह निश्चित परिस्थितियों को भी संदर्भित नहीं करती है। यह एक ऐसी प्रक्रिया है, जिसके सूत्रपात के बाद इसकी विषय-वस्तु, प्रक्रियाओं एवं परिणामों को विकसित और परिष्कृत करने का कार्य अनवरत जारी रहता है।

विभिन्न देशों के दूतावासों एवं उच्चायोगों द्वारा आयोजित कार्यक्रम, समारोह, आनंदोत्सव, प्रदर्शनियां तथा पुस्तक या साहित्यिक मेले भी सांस्कृतिक कूटनीति का हिस्सा हैं, जो समकालीन विश्व में कूटनीति की कला को सुदृढ़ व परिष्कृत करते हैं। इसके अलावा, सांस्कृतिक समर्थकों का एक वर्ग भी मौजूद है, जो अभिज्ञात नहीं होने के बावजूद समय-समय पर अपनी सक्रियता का प्रदर्शन करते हैं और अक्सर राजनयिक संबंधों को बढ़ावा देने में मदद करते हैं। संक्षेप में, विभिन्न तरीकों के माध्यम से राज्यों के आपसी संबंधों पर सांस्कृतिक कूटनीति के प्रभाव के विस्तार हेतु इसमें प्रयोग जारी है। नवप्रवर्तन हर जगह होते हैं, जो सांस्कृतिक कूटनीति का मूल्यवर्धन करते हैं और संबंधित राज्यों के आर्थिक हितों को भी बढ़ावा देते हैं।

4.3.5 कूटनीति के कुछ अन्य प्रकार

आधुनिक युग प्राकृतिक संसाधनों के पुनरावर्ती संकटों का एक युग है। हालांकि, विकासशील देश विकसित देशों की तुलना में कम ऊर्जा का उपभोग कर रहे हैं, परंतु इस तरह के संसाधनों पर अत्यधिक राजनीति के परिणामस्वरूप संघर्ष, मतभेद एवं बल प्रयोग की स्थिति भी उत्पन्न हुई है, जैसा कि इराक, अफगानिस्तान और ईरान के मामले में देखा जा सकता है। राजनयिकों की प्रत्यक्ष एवं अप्रत्यक्ष गतिविधियों के साथ-साथ बहुराष्ट्रीय कंपनियों, औद्योगिक कंपनियों, समूहों इत्यादि के हित भी तेल कूटनीति में शामिल अन्य कारक हैं। भूमि एवं जल संसाधनों पर दबाव अत्यधिक बढ़ गया है। नदियां एक राज्य से दूसरे राज्य में बहती हैं। प्रौद्योगिकी के क्षेत्र में हुई प्रगति के कारण दूरस्थ जलस्रोतों तक पहुंचना, पानी के प्रवाह को रोकना, पानी की कमी उत्पन्न करना या किसी विशेष स्रोत से अधिक मात्रा में पानी एकत्र करना संभव हुआ है। इन मुद्दों से द्विपक्षीय एवं बहुपक्षीय संबंध प्रभावित होते हैं। भारत और बांग्लादेश के बीच पानी का बंटवारा, ऐसे असंख्य उदाहरणों में से एक है। निवारक कूटनीति, अंतर्राष्ट्रीय समस्याओं की ओर सकारात्मक एवं रचनात्मक दृष्टिकोण को अपनाने के लिए राज्यों द्वारा केये गए प्रयासों को संदर्भित करती है, तथा इस प्रकार, सैन्य कार्रवाई, धमकी, सशस्त्र संघर्ष इत्यादि से बचाव होता है। संकटकालीन कूटनीति या आपातकालीन कूटनीति में राज्यों द्वारा उठाए गए कदम शामिल हैं, जो अक्सर अन्य संबंधित राज्यों के लिए विस्मयकारी होते हैं। भारत और पाकिस्तान के बीच 1971 के युद्ध के दौरान, संयुक्त राज्य की ओर से उपमहाद्वीप में सातवें बेड़े को भेजने का खतरा ऐसा ही एक उदाहरण है। चीन में हाल में आए भूकंप के बाद किसी भी अंतर्राष्ट्रीय सहायता को स्वीकार करने से इनकार करने पर कई देशों को आश्चर्य हुआ। कुछ राज्य राजनयिक संबंधों को समाप्त करने या आर्थिक प्रतिबंधों को लागू करने या अन्य राज्यों के खिलाफ अन्य खतरनाक कदम उठाने के अप्रकट अथवा स्पष्ट संतर्जन को अपना सकते हैं। सामान्यतः इसका उद्देश्य प्रतिद्वंद्वी राज्य की नीतियों और गतिविधियों को रोकना या नियंत्रित करना होता है। इसे अवपीड़क कूटनीति के तौर पर जाना जाता है।

4.4 राजनयिकों के गुण

विश्व इतिहास में राजनयिकों और राजदूतों की छवि शांतिदूत के रूप में दर्ज है। ग्रीक शहर में राजदूतों के रूप में 'बुजुर्ग', रोमन साम्राज्य में 'वक्ता', बाइजेंटाइन साम्राज्य के कूटनीतिक मानदंड तथा युद्ध व शांति के संदर्भ में कुरआन की प्रणाली, आमतौर पर सभी राजदूतों के प्रति आदर एवं सम्मान साझा करते हैं। पैगंबर मोहम्मद ने अपनी मृत्यु शय्या से मानव जाति को अपने अंतिम संदेश में राजदूतों को सम्मान देने के लिए कहा, जो मानव कल्याण के लिए कूटनीति के पीछे बौद्धिक निष्कपटता की ऐतिहासिक घटना के रूप में दर्ज है।

इस प्रकार, कुछ बुद्धिजीवियों ने कूटनीतिज्ञता को एक सम्माननीय कार्य माना। आधुनिक युग में राजनयिक सेवाओं का व्यापक क्षेत्र में विकास हुआ है, जहां राजनयिकों के दल की नियुक्ति की जाती है, उन्हें प्रशिक्षण दिया जाता है तथा क्षमता के अनुरूप उन्हें कार्य आवंटित किए जाते हैं। इस तरह, एक सुस्थापित प्रणाली के माध्यम से नियमित तौर पर उनका चयन आम अभ्यास बन गया है। सामान्यतः राजनयिकों से विद्वत्ता के साथ-साथ विश्लेषणात्मक दृष्टिकोण तथा लोगों, राज्यों एवं संपूर्ण मानव जाति के लिए चिंता के राष्ट्रीय, क्षेत्रीय और अंतर्राष्ट्रीय विषयों में गहरी अंतर्दृष्टि की अपेक्षा की जाती है। इस प्रकार के उत्तरदायित्वपूर्ण कार्य के लिए निष्कपटता के साथ-साथ सत्यनिष्ठा और सामंजस्य के कौशल की आवश्यकता है। पूर्व अमेरिकी राजदूत, कैरोल सी. लेईस ने राजनयिक को परिभाषित किया है। एक राजनयिक के आवश्यक गुणों के अंतर्गत 'सहिष्णुता और सत्यनिष्ठा के व्यक्तिगत गुण, विश्वास और आत्मविश्वास को प्रेरित करने की क्षमता, अनुभव तथा [स्वयं] के हितों को संबंधों की बारीकियों एवं अन्य देशों की वास्तविकताओं से संबद्ध करने के लिए विवेक और प्रभावी ढंग से संवाद करने की क्षमता' शामिल हैं (राणा 2002a: 30 में उद्धृत)। दूसरे शब्दों में, एक राजनयिक को 'वक्ता नहीं श्रोता' मानने की जापानी परंपरा के लिए राजनयिक समुदाय को सहिष्णुता का अभ्यास करने तथा दूरदर्शिता के साथ मामलों पर विचार करने की आवश्यकता है। एक राजनयिक अपने राज्य की संस्कृति का विवरण प्रस्तुत करता है। उसे अर्थशास्त्र की अच्छी जानकारी होनी चाहिए, तथा उसे अपने गृह राज्य के राजनीतिक, सामाजिक, वाणिज्यिक और सैन्य हितों की रक्षा करने में सक्षम होना चाहिए। आधुनिक युग उत्कृष्ट संचार कौशल का युग है। इसलिए, उसे मिलनसार और अपने समकक्षों से अच्छी तरह परिचित होना चाहिए, साथ ही उसे तकनीकी दृष्टि से भी निपुण होना चाहिए। राजनयिकों के लिए प्रशिक्षण और पुनश्चर्या पाठ्यक्रमों से उनकी विचार-सीमा का विस्तार होता है, और अंतर्राष्ट्रीय संबंधों की नवीनतम व्याख्याओं के साथ उनका ज्ञान समृद्ध होता है।

4.5 राजनयिक शिष्टमंडल के कार्य

मेज़बान राज्य यह अपेक्षा करता है कि, आधिकारिक तौर पर आने वाला राजनयिक मेहमान राज्य का वास्तविक प्रतिनिधित्व करेगा। एक राजनयिक अपने प्रेषक राज्य की राजनीतिक व्यवस्था एवं इसकी विचारधारा, व्यापार एवं वाणिज्यिक हित, राष्ट्रीय संस्कृति और अन्य विशेषताओं का प्रतिनिधित्व करता है। मेज़बान राज्य उसके शब्दों एवं कार्यों का निकटता से अवलोकन करता है। चूंकि कूटनीति का विकास एक वैज्ञानिक विषय के रूप में हुआ है, इसलिए राजनयिकों के कर्तव्यों एवं जिम्मेदारियों का एक व्यापक ढांचा भी विकसित हुआ है।

कूटनीतिक संबंधों पर वियना सम्मेलन, 1961 का अनुच्छेद 3 (राणा 2002b: 21 में उद्धृत; बॉक्स 4.2 भी देखें) इन कार्यों को निम्नानुसार परिभाषित करता है:

1. अन्य बातों के साथ-साथ एक राजनयिक मिशन के कार्यों में निम्नलिखित बातें शामिल हैं:
   a. मेज़बान राज्य में प्रेषक राज्य का प्रतिनिधित्व करना;
   b. अंतर्राष्ट्रीय कानून द्वारा अनुमत सीमाओं के भीतर, मेज़बान राज्य में प्रेषक राज्य और उसके नागरिकों के हितों की रक्षा करना;
   c. मेज़बान राज्य की सरकार के साथ समझौता वार्ता करना;
   d. सभी वैध साधनों के जरिए मेज़बान राज्य की परिस्थितियों एवं विकासात्मक गतिविधियों का पता लगाना और प्रेषक राज्य सरकार को इसकी रिपोर्टिंग करना;
   e. मेज़बान राज्य और प्रेषक राज्य के बीच मैत्रीपूर्ण संबंधों को बढ़ावा देना, तथा उनके आर्थिक, सांस्कृतिक और वैज्ञानिक संबंधों का विकास करना
2. वर्तमान सम्मेलन में किसी बात को एक राजनयिक शिष्टमंडल द्वारा दूतावास संबंधी कार्यों को प्रतिबंध करने वाला नहीं माना जाएगा।

4.5.1 प्रतिनिधित्व

सभी शिष्ट राज्यों द्वारा प्रतिनिधित्व को राजनयिकों के सबसे बड़े दायित्व एवं जिम्मेदारी के रूप में निर्दिष्ट किया गया है। प्रतिनिधित्व अपने आप में एक जटिल, कठिन और बहुआयामी कार्य है, जिसके लिए अधिकारियों में उत्कृष्ट कौशल, गुणात्मक प्रबंधन की क्षमता एवं निष्कपटता का होना आवश्यक है।

अत्यंत सावधानी व एहतियात के साथ, और कूटनीतिक भाषा-शैली से समृद्ध राजनयिक को मेज़बान राज्य के सैन्य, राजनीतिक, आर्थिक, वाणिज्यिक सामाजिक और सार्वजनिक जीवन के अन्य पहलुओं का भी विस्तृत ज्ञान होना चाहिए। वह प्रेषक राज्य की राजनीतिक व्यवस्था के साथ-साथ वहां की अन्य महत्त्वपूर्ण विशेषताओं का भी प्रतिनिधित्व करता है। प्रेषक राज्य के बड़े राष्ट्रीय हितों को ध्यान में रखते हुए उन्हें मेज़बान राज्य के राजनीतिक, आर्थिक, वाणिज्यिक और वैज्ञानिक विकास पर नज़र रखना पड़ता है।

बॉक्स 4.2 कूटनीतिक संबंधों पर वियना सम्मेलन, 1961: राजनयिक डाकथैला

अनुच्छेद 27

1. *मेज़बान राज्य सभी आधिकारिक उद्देश्यों के लिए शिष्टमंडल की ओर से निर्बाध संचार की अनुमति देगा और इसका संरक्षण करेगा। प्रेषक राज्य की सरकार एवं अन्य शिष्टमंडल और वाणिज्य दूतावासों के साथ संवाद के लिए, शिष्टमंडल जहां भी स्थित है वहां कूट-भाषा या बीज लेख में राजनयिक संदेशवाहक और संदेश सहित सभी उपयुक्त साधनों का प्रयोग कर सकता है। हालांकि, शिष्टमंडल केवल मेज़बान राज्य की सहमति से एक वायरलेस ट्रांसमीटर स्थापित और उपयोग कर सकता है।*
2. *मिशन का आधिकारिक पत्र-व्यवहार अनुल्लंघनीय होगा। आधिकारिक पत्राचार का तात्पर्य शिष्टमंडल और उसके कार्यों से संबंधित सभी पत्राचार है।*
3. *राजनयिक डाकथैले को खोला या हिरासत में नहीं लिया जाएगा।*
4. *राजनयिक डाकथैले में मौजूद पैकेजों पर उनकी प्रकृति के अनुरूप दृश्यमान संकेत चिह्न बना होना चाहिए और इसमें केवल राजनयिक दस्तावेज या आधिकारिक उपयोग की सामग्री होनी चाहिए।*
5. *राजनयिक संदेशवाहक को एक आधिकारिक दस्तावेज प्रदान किया जाएगा, जिसमें उसके पद एवं डाकथैले में मौजूद पैकेजों की संख्या दर्ज होगी, तथा प्राप्तकर्ता राज्य द्वारा उसे संरक्षण प्रदान किया जाएगा। व्यक्तिगत तौर पर वह अनुल्लंघनीयता के अधिकार का आनंद उठाएगा तथा किसी भी दशा में वह गिरफ्तारी या हिरासत के लिए उत्तरदायी नहीं होगा।*
6. *प्रेषक राज्य या शिष्टमंडल अनौपचारिक रूप से राजनयिक संदेशवाहक को निर्दिष्ट कर सकता है। इस तरह के मामलों में, इस अनुच्छेद का 5वां प्रावधान लागू होगा, और केवल एक उसी दशा में उल्लिखित उन्मुक्ति का स्थगन होगा जब संदेशवाहक ने प्रेषिती को अपने प्रभार में राजनयिक डाकथैले को सौंप दिया है।*
7. *एक राजनयिक डाकथैले को एक वाणिज्यिक विमान के कप्तान को सौंपा जा सकता है, जिसका अधिकृत प्रवेश-पत्तन पर आगमन निर्धारित है। उनको एक आधिकारिक दस्तावेज प्रदान किया जाएगा जिसमें उसके डाकथैले में मौजूद पैकेजों की संख्या दर्ज होगी, लेकिन उन्हें राजनयिक संदेशवाहक नहीं माना जाएगा। शिष्टमंडल अपने एक सदस्य को विमान के कप्तान से सीधे और स्वतंत्र रूप से राजनयिक डाकथैले को प्राप्त करने के लिए भेज सकता है।*

स्रोत: United Nations, (http://untreaty.un.org/ilc/texts/instruments/english/conventions/9_1_1961.pdf).

4.5.2 शिष्टाचार-संबंधी कार्य

प्रेषक राज्य के प्रतिनिधि होने के नाते, राजनयिकों को मेज़बान राज्य के विभिन्न समारोहों में भाग लेना होता है। उन्हें राष्ट्रीय और अंतर्राष्ट्रीय रूप से महत्त्वपूर्ण कार्यों में भाग लेना होता है, जो मेज़बान राज्य की नीतियों, शक्तियों, समस्याओं एवं संस्कृति के आकलन में बहुत मददगार साबित होते हैं। ऐसी घटनाओं की रिपोर्ट में मेज़बान राज्य की मुख्यधारा की घटनाओं में प्रवेश के संकेत होते हैं, जिनका द्विपक्षीय एवं बहुपक्षीय संबंधों के अनुरक्षण और सुदृढ़ीकरण में योगदान होता है। स्वतंत्रता दिवस, गणतंत्र दिवस, राजकीय समारोहों, परंपरागत सांस्कृतिक मेलों, महान हस्तियों के अंतिम संस्कारों और अन्य अवसरों पर प्रतिनिधियों को अवलोकन के अवसर प्रदान किए जाते हैं। राजनयिक अवलोकन के ऐसे अवसरों पर अपनी विश्लेषणात्मक क्षमता का उपयोग करते हैं। समारोहों के दौरान, राजनयिक के प्रत्येक शब्द एवं कार्य, उसकी मुद्राओं एवं हाव-भाव का निकटता से निरीक्षण किया जाता है। मीडिया के अलावा लाइव प्रसारण के माध्यम भी ऐसे अवसरों पर उत्सुकता से काम करते हैं। आधुनिक युग के राजनयिकों को अपने विदेशी कार्यभार के दौरान जागरूक और सावधान रहने के लिए प्रशिक्षित किया जाता है।

4.5.3 सूचना और संचार

20वीं सदी के अंतिम दशकों में सूचना प्रौद्योगिकी के क्षेत्र में क्रांतिकारी प्रगति हुई है। सही मायने में इस सदी को सूचना और संचार का युग कहा जा सकता है। इसके परिणामस्वरूप, हर सेकेंड असीमित जानकारी को असंख्य माध्यमों से स्थानांतरित किया जा रहा है। इनमें विभिन्न मुद्दों से संबंधित उपयुक्त विवरणों का चयन करना और उसे प्रेषित करना, वास्तव में एक राजनयिक के लिए अत्यंत कठिन कार्य है। चूंकि राजनयिक प्रेषणों का गंभीरतापूर्वक विश्लेषण किया जाता है, इसलिए प्रेषक राज्य को संचार के लिए उपलब्ध जानकारी के सर्वोत्तम उपयोग हेतु अभूतपूर्व सावधानी बरतनी पड़ती है।

4.5.4 द्विपक्षीय संबंध

प्रेषक और मेज़बान राज्यों के बीच संबंधों को बरकरार रखना और इसे सुदृढ़ बनाना राजनयिकों का मुख्य कार्य है। वे अंतर्राष्ट्रीय कानून के दायरे में रहकर, प्रेषक राज्य के व्यापक राष्ट्रीय हितों की रक्षा करते हुए दोनों के बीच मैत्रीपूर्ण द्विपक्षीय संबंधों के प्रोत्साहन की दिशा में महत्त्वपूर्ण योगदान देते हैं। अक्सर, वे राज्य की नीति और प्रतिष्ठा के अनुरूप विशिष्ट हितों को ध्यान में रखते हुए संबंधों के नए रास्तों की तलाश में मदद करते हैं, हालांकि विभिन्न मंत्रालयों, विभागों, पार्टियों, समूहों और NGOs के कई अन्य राजनीतिक, सैन्य, वित्तीय, वाणिज्यिक और अन्य विशेषज्ञ भी इस कार्य में संलग्न होते हैं।

4.5.5 विदेश में रहने वाले नागरिक

वैश्वीकरण के कारण, दुनिया भर के नागरिक आर्थिक एवं व्यावसायिक अवसरों की तलाश में बहुराष्ट्रीय कंपनियों और संगठनों की ओर आकृष्ट होते हैं। पेशेवर वृत्तिक, छात्र, विभिन्न राज्यों के आगंतुक, समुदाय, पार्टियां और समूह वैश्विक प्रकृति की गतिविधियों में भाग लेते हैं। ऐसे लोग, अपनी राष्ट्रीय स्थिति को बरकरार रखते हुए, अक्सर विदेशी राज्यों में लंबी अवधि के लिए रहते हैं या बस जाते हैं, जिसके परिणामस्वरूप विभिन्न प्रकार की समस्याएं उत्पन्न हो सकती हैं। विदेशों में अपने देश के नागरिकों की समस्याओं से निपटने के लिए, राजनयिक शिष्टमंडल अंतर्राष्ट्रीय कानून की सीमाओं तथा प्रेषक राज्य के नीतिगत मानदंडों के भीतर कार्य करते हैं। इस प्रकार, विदेशों में अपने नागरिकों के हितों की रक्षा करना तथा आवश्यक स्थिति में उन्हें वीजा, पासपोर्ट और विभिन्न मामलों पर मार्गदर्शन प्रदान करना भी राजनयिकों की एक महत्त्वपूर्ण ज़िम्मेदारी है।

4.5.6 अंतर्राष्ट्रीय संगठन

UNO स्वतंत्र राज्यों का सबसे बड़ा स्वैच्छिक निकाय है, जो प्रत्येक सदस्य राज्य के हितों का प्रतिनिधित्व करने और उसे संरक्षित करने के लिए एक स्थायी मंच प्रदान करता है। अधिकांश राज्य, अपने हितों के अनुरूप कार्य करने और अपनी नीतियों को बढ़ावा देने के लिए संयुक्त राष्ट्र मुख्यालय में विशेष राजनयिक के साथ-साथ IMF, विश्व बैंक और अंतर्राष्ट्रीय श्रम संगठन (ILO) जैसे अन्य महत्त्वपूर्ण संगठनों में स्थायी प्रतिनिधियों की नियुक्ति करते हैं। ऐसे राजनयिक अपने सह-पेशेवरों के बीच उच्च स्तर पर होते हैं तथा वे इस तरह के ख्यातिप्राप्त वैश्विक निकायों की नीतियों को प्रभावित करने का विशेष कौशल एवं बौद्धिक क्षमता से लैस होते हैं।

4.6 कूटनीतिक विधियाँ

राज्य के राजनयिक दल द्वारा सामना की जाने वाली समस्याएं एवं मुद्दे समययानुसार भिन्न-भिन्न हो सकते हैं। द्विपक्षीय और बहुपक्षीय संबंधों के अलग-अलग मामलों के स्वरूप में हमेशा भिन्नता होती है तथा परिस्थितियों की अंतर्वस्तु एवं प्रकृति में विलक्षणता होती है। इसलिए, किसी भी राज्य के राजनयिक अपने लक्ष्यों की प्राप्ति हेतु किसी निश्चित विधि को नहीं अपना सकते हैं। लक्ष्यों व परिस्थितियों की विशिष्टता के आधार पर राज्य के अधिकारीगण अपनाए जाने वाले तरीकों को निर्धारित करते हैं। सबसे सौहार्दपूर्ण तरीकों की प्रकृति राजनीतिक होती हैं इसलिए, आमतौर पर इसका उपयोग किया जाता है। विभिन्न राजनीतिक विधियों में से, राजनयिक समझौता-वार्ता, सम्मेलन और शिखर सम्मेलन विधियों की मदद से कूटनीतिक लक्ष्यों को प्राप्त करना पसंद करते हैं।

4.6.1 समझौता-वार्ता

बातचीत की विधि, हमेशा से दो या दो से अधिक राज्यों के बीच विवादों के निपटान की सबसे पसंदीदा विधियों में से एक रही है। समझौता-वार्ता का विचार प्रस्तुत करना प्रबंधन का मुद्दा हो सकता है, लेकिन यह अपने आप में एक कला है जिसे पेशेवरों द्वारा परिष्कृत किया जाता है और पूर्णता प्रदान की जाती है। निस्संदेह, समझौता-वार्ता के माध्यम से विपरीत पक्ष के सन्देह को दूर करने तथा वांछित मानक के अनुसार समस्याओं को हल करने के लिए राजनयिकों द्वारा सर्वोत्तम कौशल, ज्ञान एवं तकनीकी क्षमता के प्रदर्शन की आवश्यकता होती है। हर परिस्थिति में समझौता-वार्ता विधि का उपयोग नहीं किया जाता है। कभी-कभी, अन्य विधियों का भी इस्तेमाल किया जाता है।

समझौता-वार्ताओं का आयोजन तत्क्षण नहीं किया जा सकता है; इसके बजाय, पूर्व-वार्ताओं का आयोजन किया जाता है, जो समझौता-वार्ता के आयोजन के लिए मंच स्थापित करने का संकेत है-'वार्ता-पूर्व वार्ता'। पूर्व वार्ताएं दो या दो से अधिक राज्यों के बीच मौजूद कुछ विकट समस्याओं या वक्तव्यों की स्वीकृति भी दर्शाती हैं। इसलिए, वार्ता हेतु तैयारी से संबंधित बातों—अर्थात् किस विषय पर बातचीत की जाए, किस तरीके से बातचीत की जाए, किससे बात की जाए, कहां बात की जाए, तथा बातचीत की कार्य-सूची एवं अन्य विवरण—का निर्धारण वार्ता-पूर्व स्तर पर किया जाता है। समझौता-वार्ता हेतु कार्य-सूची सबसे महत्त्वपूर्ण है, और अक्सर इसके निर्धारण में काफी समय लगता है तथा इसे उतार-चढ़ाव की प्रक्रिया से भी गुजरना पड़ता है। संबंधित राज्यों द्वारा बातचीत की आवश्यकता की स्वीकृति को अक्सर वार्ता-पूर्व चरण की सफलता का प्रतीक माना जाता है। वार्ता-पूर्व चरण की संवदेनशील प्रकृति को ध्यान में रखते हुए, इससे संबंधित विवरणों को मीडिया, आम आदमी और अन्य पार्टियों की पहुंच से बाहर एवं गुप्त रखा जाता है। आमतौर पर वार्ता-पूर्व चरण के परिणाम सुरक्षित होते हैं और इसके बाद होने वाली समझौता-वार्ताओं को ध्यान में रखते हुए इसे विकारित नहीं किया जाता है।

वार्ता-पूर्व चरण में, संबंधित पक्षों द्वारा उठाए गए महत्त्वपूर्ण बिंदुओं पर विशेष ध्यान दिया जाता है। तत्पश्चात, वार्ता के स्तर के संदर्भ में निर्णय लिया जाता है तथा राजनयिकों, राजदूतों या मंत्रियों अथवा राज्य के प्रमुखों के बीच बातचीत पर पहले से सहमति बनाई जाती है। वार्ता-पूर्व चरण में चर्चा से संबंधित पक्षों की स्थिति, विचार एवं विकल्प स्पष्ट होते हैं। इस प्रकार, मतभेद अथवा हितों के टकराव की स्थिति से बचा जाता है और वार्ता की सफलता के लिए शांतिपूर्ण व सौहार्दपूर्ण वातावरण का निर्माण किया जाता है। संक्षेप में, आधिकारिक स्तर पर समझौता-वार्ता की शुरुआत के लिए वार्ता-पूर्व चरण समान रूप से महत्त्वपूर्ण हैं।

4.6.1.1 समझौता-वार्ता का संचालन

संधियों एवं गठबंधनों का प्रबंधन समझौता-वार्ताओं के माध्यम से किया जाता है, जिसके लिए विभिन्न चरणों में वार्ता आयोजित की जाती है। कभी-कभी, इस प्रकार की वार्ताएं वर्षों तक चल सकती हैं, जिसका समापन किसी समझौते अथवा संधि के अंतिम मसौदे के बगैर ही हो सकता है। समझौता-वार्ताएं तुरंत आयोजित नहीं होती हैं; राजनयिक वार्ता-पूर्व चरणों का संचालन करते हैं और इस स्तर पर कार्य-सूची व अन्य विवरणों पर चर्चा की जाती है। राष्ट्रीय हितों की हिफाज़त एवं संरक्षण पर अधिक ध्यान दिया जाता है तथा संबंधित पक्ष अपने हितों की रक्षा सुनिश्चित करते हैं। समझौता-वार्ताओं में राजनयिकों की महत्त्वपूर्ण भूमिका होती है और इस प्रकार वे अपने गृह राज्य की विदेश नीति को सुव्यवस्थित करते हैं।

राजनयिकों की कार्यसूची में आर्थिक सौदेबाज़ी को हमेशा प्राथमिकता दी जाती है, जो आर्थिक नीतियों के प्रमुख रचनाकार एवं समन्वयक हैं। वे समझौता-वार्ताओं के माध्यम से आर्थिक समझौतों की रूपरेखा तैयार करते हैं, इसे सुविन्यस्त करते हैं और अंतिम रूप देते हैं। राजनयिक इस तरह की वार्ताओं से अधिकतम लाभ प्राप्त करने के लिए समर्थक वर्ग एवं प्रोपेगेंडा का बुद्धिमानी से उपयोग करते हैं। अंतर्राष्ट्रीय संबंधों पर वैश्वीकरण के प्रभाव को ध्यान में रखते हुए, राजनयिकों के दल में अधिकाधिक आर्थिक विशेषज्ञों को शामिल किया जा रहा है। जी -8, जी-7, जी-11, सार्क (SAARC), आसियान (ASEAN), EU और इसी तरह के आर्थिक समूह कूटनीति के प्रतिफल हैं। निश्चित रूप से, राजनयिक हलकों में राष्ट्रों के कल्याण के लिए आर्थिक समन्वय में नई तेजी आई है।

वैश्वीकरण के बढ़ते दबाव की पृष्ठभूमि में, प्रच्छन्न कूटनीतिक पैंतरेबाज़ी से स्थिति तेजी से जटिल व पेचीदा हो जाती है। कभी-कभी, अधिक मूल्यवर्धित आर्थिक सौदों को अंतिम रूप देने के लिए विपरीत पक्ष के राजनयिक 'समझौते' का प्रस्ताव देते हैं। इस दौरान, राजनयिक गृह राज्य के आर्थिक संगठनों के हितों को भी ध्यान में रख सकते हैं।

4.6.2 सम्मेलन विधि

आमतौर पर बहुपक्षीय कूटनीति और सम्मेलन से जुड़ी कूटनीति का प्रयोग एक-दूसरे के लिए किया जाता है, हालांकि वास्तविक अर्थ एवं प्रकृति के लिहाज से वे एक-दूसरे से भिन्न हैं। बहुपक्षीय कूटनीति में राजनयिक स्तर पर समझौता वार्ता हेतु दो से अधिक राज्य शामिल होते हैं, जबकि द्विपक्षीय स्तर पर समझौता वार्ता हेतु सम्मेलन विधि का भी उपयोग किया जाता है। इस प्रकार, सम्मेलन विधि राजनयिक स्तर पर द्विपक्षीय और बहुपक्षीय समझौता वार्ता का एक महत्त्वपूर्ण माध्यम है।

21 वीं शताब्दी के छात्र, सम्मेलन विधि को समझौता वार्ता की एक नई विधा के तौर पर देख सकते हैं। आश्चर्य की बात यह है कि, यूनानी, फारसी, प्राचीन भारतीय सभ्यताओं, तथा ईसा पूर्व की अवधि में बाइजेंटाइन और मिस्र में यह विधि प्रचलन में थी। विचार-विमर्श के साथ-साथ राजनयिक विशेषाधिकारों एवं उन्मुक्ति की आचरण-संहिता का धार्मिक स्तर पर अभ्यास किया जाता था। अभिजात शासक वर्ग ने इस विधि का सबसे अधिक लाभ उठाया। समय बीतने तथा प्रारंभिक राज्य प्रणाली के विलुप्त होने के साथ ही, उनकी सम्मेलन प्रणाली या राजनयिक प्रथाएं भी अतीत में विलुप्त हो गई। इसके काफी समय बाद, यूरोप में लगभग 15वीं और 16वीं सदी के दौरान सम्मेलन कूटनीति का पुनः अभ्यास प्रारंभ हुआ, जिसका प्रयोग आमतौर पर संकटकाल में किया जाता था। कालांतर में, 20वीं सदी के दौरान यह विलक्षण राजनयिक विधि धीरे-धीरे एक पूर्ण प्रणाली के रूप में विकसित हुई। अब, एक सदी के अभ्यास के बाद सम्मेलन विधि काफी महत्त्वपूर्ण हो गई है और दो या दो से अधिक राज्यों के बीच समझौता-वार्ता की सर्वाधिक पसंदीदा विधि के तौर पर उभर कर सामने आई है। द्विपक्षीय एवं बहुपक्षीय मतभेदों, विवादों एवं संघर्षों के कारण अधिकाधिक मुद्दे एवं समस्याएं उत्पन्न हो रही हैं, जिनका समाधान कूटनीति की सम्मेलन विधि के जरिए निकाला जाता है। निश्चित रूप से, यह विधि अधिक सौहार्द्रपूर्ण है तथा इससे प्रत्यक्ष तौर पर अंतर्राष्ट्रीय संबंधों को कोई नुकसान नहीं होता है।

द्वितीय विश्व युद्ध के दौरान दुनिया की महाशक्तियों—जिन्हें कालांतर में विजयी मित्र राष्ट्र के तौर पर संदर्भित किया गया—के बीच सम्मेलनों की एक लंबी श्रृंखला के फलस्वरूप यूएनओ का जन्म हुआ। इस प्रकार यह अंतर्राष्ट्रीय एनजीओ अस्तित्व में आया, और धीरे-धीरे बहुपक्षीय कूटनीति के उच्चतम केंद्र के रूप में विकसित हुआ।

आजकल राज्यों के विभिन्न समूहों द्वारा अपने विदेश नीति के लक्ष्यों की प्राप्ति हेतु बहुपक्षीय कूटनीति का अभ्यास किया जाता है, जिसके उदाहरणों में जी-8, जी-77, जी-7, राष्ट्रमंडल देशों के प्रमुख, आसियान (ASEAN) के सदस्य देश, सार्क (SAARC), यूरोपीय संघ, अरब लीग, ओपेक (OPEC) (पेट्रोलियम निर्यातक देशों का संगठन), इत्यादि शामिल हैं। आज बहुपक्षीय और सम्मेलन कूटनीति की सफलता, वास्तव में स्वयं के वैभवशाली इतिहास के पुनर्लेखन की तरह है। राजनीतिक विशेषज्ञ सम्मेलन कूटनीति के लिए सकारात्मक भविष्य की उम्मीद करते हैं।

पर्यावरण, सुरक्षा और जनकल्याण के वैश्विक मुद्दों के साथ-साथ वैश्वीकरण की शक्तिशाली प्रवृत्ति के परिणामस्वरूप अंततः बहुपक्षीय कूटनीति को लोकप्रियता प्राप्त हुई है। इसलिए, पर्यावरण, शांति व सुरक्षा एवं अन्य समस्याओं पर वैश्विक सम्मेलन, इनमें से प्रत्येक समस्या के संदर्भ में मानवीय उद्देश्यों की प्राप्ति के आशाजनक साधन हैं।

4.6.3 विवाचन

तनाव अथवा लंबे समय से जारी मतभेद अथवा द्विपक्षीय स्तर पर संघर्ष की स्थिति में किसी तृतीय पक्ष की सहायता लेना या विवाचन, अन्य राज्यों द्वारा अपनाई जाने वाली सबसे सुरक्षित रणनीति है। उद्देश्यों की प्रकृति बहुपक्षीय होती है: राज्य किसी तृतीय पक्ष के गौरव एवं प्रतिष्ठा तथा शक्ति एवं क्षमता के सहारे अपनी कूटनीतिक स्थिति को सामने लाते हैं और इस प्रकार अंतर्राष्ट्रीय स्तर पर अपनी अवस्थिति में सुधार करते हैं। 'विवाचन' के अन्य सकारात्मक पहलुओं में मैत्रीपूर्ण संबंधों को बढ़ावा देने के उद्देश्य

से शांति स्थापित करने तथा संबंधित राज्यों को तृतीय पक्ष की सेवाओं के माध्यम से अपनी समस्याओं को हल करने में मदद उपलब्ध कराना शामिल है। लेकिन, किसी तृतीय पक्ष की भागीदारी को हमेशा सकारात्मक कदम के तौर पर नहीं देखा जा सकता है। अगर किसी राज्य द्वारा 'विवाचन' या 'मध्यस्थता' के विरोध में कोई कठिन कदम उठाया जाए, तो यह हतोत्साहित करने वाला हो सकता है। अन्य राज्यों द्वारा इस प्रकार की राजनयिक विधियों की कठोर आलोचना की जाती है, जो मध्यस्थता को किसी राज्य के आंतरिक मामलों में हस्तक्षेप के तौर पर देखते हैं। उदाहरण के तौर पर, 1980–90 के दौरान श्रीलंका में 'भारत की भागीदारी' की कई आधारों पर आलोचना की गई और इसे (a) एक छोटे पड़ोसी देश के मामलों में अनाधिकृत घुसपैठ के कृत्य के रूप में, (b) दक्षिण एशिया में भारतीय वर्चस्व को स्थापित करने की दिशा में पहले कदम के रूप में, तथा (c) भारत की विदेश नीति और कूटनीति की विफलता के रूप में देखा गया (दीक्षित, 2003: 159)।

इसके विपरीत, 1949 से भारत और पाकिस्तान के बीच कश्मीर की समस्या को हल करने के लिए किसी तीसरे पक्ष की भागीदारी, 'विवाचन' या 'मध्यस्थता' के उपयोग को स्वीकार करने के प्रति भारत की अनिच्छा की कुछ राज्यों ने आलोचना भी की है। सुरक्षा परिषद की ओर से इराक में अमेरिकी हस्तक्षेप, कूटनीति की विफलता का एक और उदाहरण है। राष्ट्रपति बुश को इराक नीति के लिए गृह एवं विदेश, दोनों स्तरों पर उग्र और कठिन प्रतिक्रिया तथा विरोध का सामना करना पड़ा।

मध्यस्थता और विवाचन के इन उदाहरणों के बावजूद, राजनयिक इन तरीकों के उपयोग को बुद्धिमानी मानते हैं। यदि निष्पक्षता किसी तृतीय पक्ष की स्वभावगत विशिष्टता है और यदि अन्य राज्य इसकी प्रतिष्ठा को स्वीकार करते हैं, तो संकट काल में राज्यों द्वारा उसकी मध्यस्थता और विवाचन का उपयोग किया जा सकता है। तृतीय पक्ष का मुख्य लक्ष्य भी समान ही होता है: अर्थात् संकटपूर्ण परिस्थिति अथवा विवादों में फंसे सभी पक्षों को समझौता वार्ता हेतु राजी करना तथा शांतिपूर्ण साधनों के माध्यम से विवादों का हल निकालना। यह परस्पर-विरोधी पक्षों को अपने रवैये में नरमी लाने में मदद करता है और इस प्रकार 'सौम्य नीति' अपनाई जाती है।

मध्यस्थ का पहला कार्य दोनों राज्यों या पक्षों के लिए स्वीकार्य कार्यसूची की रूपरेखा तैयार करना है, ताकि उन्हें समझौता वार्ता के आयोजन स्थल तक लाया जा सके। इसके अलावा मध्यस्थ के कार्यों में उनके बीच प्रारंभिक परिचर्चा अथवा वार्ता की अध्यक्षता करना, उन्हें संचार के समुचित माध्यम उपलब्ध कराना, संदेशों की सकारात्मक तरीके से व्याख्या करना, संकट के समाधान हेतु एक-दूसरे के प्रति आत्मविश्वास विकसित करना तथा पारस्परिक तौर पर स्वीकार्य लक्ष्यों की प्राप्ति हेतु पूरी निष्ठा एवं ईमानदारी से उनकी सहायता करना, आदि शामिल हैं।

4.7 नव कूटनीति की विशेषताएं

शक्ति प्रणाली के संतुलन के साथ कूटनीति के स्वर्ण युग के बाद, शीघ्र ही 1918 से अंतर्राष्ट्रीय राजनीति में भारी बदलाव हुए, और इसका स्थान तथाकथित लोकप्रिय या नव कूटनीति ने ले लिया। शक्ति के संतुलन की पूरी प्रणाली के प्रति जनता का संदेह इस संक्रमण के केंद्र में है, जिसे उन्होंने प्रथम विश्व युद्ध के मुख्य कारण के रूप में पहचाना। वे गोपनीयता की परंपरा के साथ कूटनीति की भूमिका के प्रति भी शंकित थे। अमेरिकी राष्ट्रपति, वुडरो विल्सन ने अपनी '14-सूत्री' कार्यसूची में कूटनीति के इस नए दृष्टिकोण को व्यक्त करते हुए इसे 'शांति की सार्वलौकिक प्रसंविदा तक खुलेआम पहुंच' के तौर पर संदर्भित किया।

कई अन्य कारकों ने भी कूटनीति के स्वरूप में बदलाव को प्रेरित किया। इसमें सबसे पहला स्थान प्रौद्योगिकी एवं संचार के क्षेत्र में विकास का है, जिसने राजनयिक की भूमिका को काफी हद तक बदल दिया। यहां तक कि अब उच्चतम स्तर का राजदूत भी अपनी सरकार से दूर रहकर एक स्वतंत्र प्रतिनिधि के तौर पर अपने कार्यालय का संचालन नहीं कर सकता है, जैसा कि वह पहले कर सकता था और उस से अपेक्षा की जाती थी। वह अपने कार्यालय एवं गृह कार्यालय के बीच के चक्रव्यूह में फंस जाता है। संचार व्यवस्था के बेहतर होने की वजह से, निर्णय लेने और आमतौर पर अपने देश का प्रतिनिधित्व करने के संदर्भ में एक पेशेवर राजनयिक के अधिकार में कमी आई है। तीव्रगामी संचार व्यवस्था ने राजनयिकों के महत्त्व को कम कर दिया है और, काफी हद तक कूटनीति अब नीति-निर्माण का प्रभुत्व कूटनीति से अधिक हो गया है। प्रोपेगेंडा जैसे जनसंचार के नए साधनों ने, अन्य देशों के लोगों के साथ प्रत्यक्ष संपर्क में आने का एक माध्यम प्रदान किया है।

इसके अलावा, आजकल जनमत की भूमिका भी बेहद महत्त्वपूर्ण हो गई है, और विदेश नीति के संचालन में इसका प्रभाव काफी हद तक बढ़ गया है। अब कूटनीति केवल राजवंशीय अथवा चंद लोगों के निर्णय पर आधारित नहीं रह गई है। अब इसका स्वरूप लोकतांत्रिक हो गया है, जिसमें राजनेताओं को जनता का भरोसा जीतना पड़ता है।

इसके अलावा, अंतर्राष्ट्रीय समाज की संरचना में भी कई बदलाव हुए हैं। अब यूरोप अंतर्राष्ट्रीय मामलों का केंद्र नहीं रह गया है। द्वितीय विश्व युद्ध के उपरांत, बड़े पैमाने पर एशियाई एवं अफ्रीकी देशों से उपनिवेश की समाप्ति हुई तथा स्वतंत्र देशों की संख्या में वृद्धि हुई। इसलिए, एशियाई और अफ्रीकी, दोनों गैर-यूरोपीय शक्तियों का प्रभाव काफी बढ़ गया है। वास्तव में, आज अंतर्राष्ट्रीय मामलों में उनका प्रभुत्व कहीं अधिक हो गया है। द्विपक्षीय कूटनीति के साथ-साथ बहुपक्षीय कूटनीति, शिखर सम्मेलन कूटनीति या संसदीय प्रक्रिया द्वारा कूटनीति को अधिक महत्त्व दिया जाने लगा है, तथा इन शिखर सम्मेलनों या सम्मेलनों में 'सार्वजनिक अनुबंध तक खुलेआम पहुंच' बड़ी संख्या में साधारण नागरिकों और समूहों की अभिरुचि प्रदर्शित होती है। इसे विदेश नीति की पराकाष्ठा माना जाता है, जो इस संबंध में महत्त्वपूर्ण विकासात्मक गतिविधि है। संयुक्त राष्ट्र संघ एक महत्त्वपूर्ण अंतर्राष्ट्रीय संगठन बन गया है, जो कूटनीति की इस नई शैली का प्रतिनिधित्व करता है।

हैरोल्ड निकोल्सन (1963) ने खुली कूटनीति की आलोचना की है, क्योंकि उनके अनुसार समझौता-वार्ता के लिए 'अनुमोचन एवं प्रति-अनुमोचन' आवश्यक है तथा एक बार अनुमोचन की खबरों के उजागर होने के बाद, जनता में नकारात्मक दृष्टिकोण का विकास हो सकता है और राजनयिक समझौता-वार्ता के मार्ग को छोड़ने पर विवश हो सकते हैं। निकोल्सन ने सम्मेलन कूटनीति की गंभीर खामियों को भी उजागर किया है। इस तरह की बहुपक्षीय कूटनीति में कई खामियां होती हैं और इसलिए, ये ठीक से काम नहीं कर सकती हैं, क्योंकि राजनीतिज्ञ अक्सर राजनयिक बातचीत को संभालने में सक्षम नहीं होते हैं। इसके अलावा, इसमें कई लोगों के शामिल होने के कारण यह कुछ मौलिक समस्याओं को हल करने में विफल रहती है, क्योंकि सदस्यों का दृष्टिकोण अनम्य होता है। फिर भी, इस नए स्वरूप की कूटनीति में नवीनता है तथा इसमें कुछ बुनियादी विशेषताएं हैं, जो इसे पुराने कूटनीति से अलग करती हैं।

4.7.1 संरचना

नव कूटनीति की संरचना लगभग पुरानी कूटनीति के समान ही है। राज्य अभी भी इस राजनयिक प्रणाली के प्रमुख कर्ता-धर्ता हैं तथा विदेशों में सुस्थापित दूतावास मौजूद हैं। इनमें एकमात्र अंतर यह है कि, राज्य द्वारा इस मंच को अंतर-सरकारी संगठन (IGOs) और NGOs जैसे अन्य गैर-राज्य कलाकारों के साथ साझा किया जाता है।

4.7.2 प्रक्रिया

अंतर्राष्ट्रीय परिदृश्य में बदलाव के साथ-साथ गैर-राज्य भागीदारों की संख्या में वृद्धि ने नई कूटनीति की प्रकृति एवं वार्ता की प्रक्रिया में बदलावों को प्रेरित किया है। राज्यों के साथ-साथ गैर-राज्य भागीदारों को शामिल करते हुए कूटनीति बेहद जटिल गतिविधि बन चुकी है। राज्यों के बीच द्विपक्षीय वार्ताओं के अलावा, राज्यों के समूह संयुक्त राष्ट्र और अन्य गैर सरकारी संगठनों जैसे IGOs में बहुपक्षीय बातचीत करते हैं।

4.7.3 कार्यसूची

नव कूटनीति की कार्यसूची में आर्थिक, सामाजिक एवं जन कल्याण, इत्यादि विषयों से संबंधित कई नवीन मुद्दों को शामिल किया गया है जिन्हें आमतौर पर निम्न राजनीति के रूप में पहचाना जाता है, जबकि सैन्य मुद्दों तथा युद्ध एवं शांति से संबंधित मुद्दों को उच्च राजनीति के रूप में पहचाना जाता है।

4.8 कूटनीति और विदेश नीति

अक्सर इन दोनों शब्दों को समानार्थी समझा जाता है और एक-दूसरे के स्थान पर इनका इस्तेमाल किया जाता है। लेकिन वास्तविकता यही है कि ये दोनों शब्द एक-दूसरे से भिन्न हैं, अतः इन्हें समानार्थी या परस्पर-संबद्ध नहीं समझा जाना चाहिए। लोकतांत्रिक व्यवस्था में कूटनीति एवं विदेश नीति साथ-साथ जारी रहती है, जबकि निरंकुश शासन व्यवस्था में कूटनीति केंद्रीय प्राधिकरण के निर्देशों पर आधारित होती है। सर्वाधिक लोकप्रिय अर्थ में, कूटनीति को अंतर्राष्ट्रीय कानून की सीमाओं के भीतर विदेश नीति के संचालन की कला एवं विज्ञान के तौर पर संदर्भित किया जाता है। इस संदर्भ में विदेश नीति स्वतंत्र राज्यों की आधिकारिक बाह्य नीति है, जिसे संसद द्वारा सरकार में शामिल विभिन्न पदाधिकारियों के अनुमोदन एवं सहमति से तैयार किया जाता है। कूटनीति वास्तविक दुनिया में विदेश नीति की अभिव्यक्ति के साथ संबद्ध है, जहां 'इस नीति के उच्चस्तरीय सिद्धांतों एवं उद्देश्यों को निर्धारित किया जाता है तथा इसे कार्यरूप में परिणत किया जाता है' (राणा, 2002a: 30)। कूटनीति और विदेश नीति के बीच के विभेद को के. शंकर बाजपेई द्वारा निम्नलिखित शब्दों में प्रभावशाली तरीके से उजागर किया गया है:

> *जिस प्रकार कार्यनीति रणनीति से संबंधित है, ठीक उसी प्रकार कूटनीति भी विदेश नीति से संबंधित है, जो मुख्यालयों द्वारा निर्दिष्ट लक्ष्यों तथा इसे प्राप्त करने के तरीकों को कार्यान्वित करने की दिशा में किया जाने वाला प्रयास है। अगर हमारी विदेश नीति को हमारी नीति निर्माण केंद्रों के विचारों, अनुभवों एवं दृष्टिकोणों के दायरे में समझा जाए, तो हमारी कूटनीति भारतीय धरती पर हमारे व्यवहार के तरीकों के अनुरूप थी (1998: 65)।*

आज राजनयिक अध्ययन का विकास समग्र रूप से उन्नत एक पाठ्यक्रम के तौर पर हो चुका है, जो राज्यों को उनकी विदेश नीति के लक्ष्यों को प्राप्त करने में सक्षम बनाता है। कूटनीति और विदेशी नीति, दोनों एक-दूसरे के लिए पूरक हैं, जिनकी प्रकृति अत्यंत जटिल है तथा इसमें प्रत्यक्ष एवं अप्रत्यक्ष तौर पर कई प्रतिभागी शामिल होते हैं।

मॉडल प्रश्न

4.1 कूटनीति को परिभाषित करें और बताएं कि यह विदेश नीति से कैसे अलग है।
4.2 द्विपक्षीय संबंधों के विकास में राजनयिक प्रतिनिधियों की भूमिका का आलोचनात्मक विश्लेषण करें।
4.3 उचित उदाहरण देकर समझाएं कि, कूटनीति के एक महत्त्वपूर्ण हिस्से के तौर पर किस प्रकार सांस्कृतिक कूटनीति का विकास है।
4.4 एक राजनयिक के गुणों पर निबंध लिखें।
4.5 'समझौता-वार्ता एक कला एवं सबसे महत्त्वपूर्ण राजनयिक विधि है'। विस्तारपूर्वक चर्चा करें।
4.6 यूनानी युग के बाद से राजनयिक सेवाओं के विकास का आलोचनात्मक परीक्षण करें।
4.7 परमाणु युग के दौरान राजनयिकों की कठिनाइयों का विश्लेषण करें।
4.8 कूटनीति का विकास कई स्वरूपों में हुआ है। इसके कुछ प्रमुख स्वरूपों पर विस्तार से चर्चा करें।
4.9 भारत की सांस्कृतिक कूटनीति की व्याख्या करें।
4.10 कूटनीतिक संबंधों पर वियना सम्मेलन, 1961 पर विस्तारपूर्वक चर्चा करें।

अनुशंसित साहित्य

Alexander, P. C. 1991. *My Years with Indira Gandhi.* New Delhi: Vision.

Singh, Bahadur. 1979. *The Other India.* New Delhi: Arnold Heinemann.

Bandyopodhyay, J. 1979. *The Making of India's Foreign Policy.* New Delhi: Allied.

Bajpai, K. Shankar. 1998. 'Rethinking the Fundamentals.' Seminar No. 472, December.

Berridge, G. R. 1991. *Return to the UN: UN Diplomacy in Regional Conflicts.* London: Macmillan (now Palgrave).

———. 1994. *Talking to the Enemy: How States without 'Diplomatic Relations' Communicate.* Basingstoke: Palgrave.

———. 1997. *International Politics: States, Power and Conflict since 1945.* 3rd ed. Hemel Hempstead: Prentice Hall.

———. 2005. *Diplomacy: Theory and Practice.* New York: Palgrave Macmillan.

Berridge, G. R., and A. James. 2003. *A Dictionary of Diplomacy.* 2nd ed. Basingstoke: Palgrave.

Black, Eugene. 1961. *The Diplomacy of Economic Development.* Cambridge, MA: Harvard University Press.

Blaker, Michael. 1977. *Japan's International Negotiating Style.* New York: Columbia University Press.

Cohen, R. 1987. *Theatre of Power: The Art of Diplomatic Signalling.* London and New York: Longman.

Cohen, Stephen. 2001. *India: Emerging Power.* Washington, DC: Brookings Institution.

Dayal, Rajeshwar. 1998. *A Life of Our Times.* New Delhi: Orient Longman.

Dixit, J. N. 1996. My South Block Years. New Delhi: UBS.

———. 1998. *Fifty Years of India's Foreign Policy.* New Delhi: PICUS.

———. 2003. *India's Foreign Policy, 1947–2003.* New Delhi: PICUS.

Dubey, Muchkund. 1998. 'UN as Foreign Policy Arena for India and China'. In *Indian and Chinese Foreign Policy in Comparative Perspective,* edited by Surjit Mansingh. New Delhi: Radiant Publications.

Dutt, Subimal. 1977. *With Nehru in the Foreign Office.* Calcutta: Minerva.

Dutt, V. P. 1990. *India and the World.* New Delhi: Sanchar Publication House.

Estimates Committee. 1995. '51st Report, 1994–95'. Ministry of External Affairs, Foreign Missions, Lok Sabha Secretariat, New Delhi of Parliament.

Hussain, S. Abid. 2007. 'Economic Diplomacy and Its Significance for Foreign Policy'. *In Indian Foreign Policy: Challenges and Opportunities,* edited by Atish Sinha and Madhup Mohta. New Delhi: Foreign Service Institute.

Indian Foreign Service, 2007. *Indian Foreign Policy.* Delhi: Academic Foundation, New Service Institute.

Jaffrey, Benner. 1979. *Structure of Decision: The Indian Foreign Policy Bureaucracy.* New Delhi: South Asia Publishers.

Joshi, Karan. 1999. *Birds of Passage.* Mumbai: Strand Bookstall.

Krishnamurthy, G. V. G. 1968. *The Dynamic of Diplomacy.* New Delhi: Sagar.

———. 1980. *Modern Diplomacy: Dialectics and Dimension.* New Delhi: Sagar.

Kapur, Harish. 2004. *Diplomatic Journey: Emerging India.* New Delhi: Manas.

Nayar, Kuldip. 1995. *India House.* New Delhi: Vikas.

Nicholson, Harold. 1963. *Diplomacy.* 3rd ed. London: Oxford University Press.

Pant, Apa. 1987. *Undiplomatic Incidents.* New Delhi: Sangam.

Rana, K. S. 2000. *Inside Diplomacy.* New Delhi: Manas.

———. 2002a. *Inside Diplomacy.* Revised ed. New Delhi: Manas.

———. 2002b. *Bilateral Diplomacy.* New Delhi: Manas Publication.

———. 2005. *The 21st Century Ambassador.* New Delhi: Oxford University Press.

———. 2007. *Asian Diplomacy.* New Delhi: Oxford University Press.

Tharoor, Shashi. 1982. *Reason of State.* New Delhi: Vikas.

The Commonwealth Secretariat. 1971. *Diplomatic Service, Formation and Operation.* Hemel Hempstead: Prentice Hall.

5

उपनिवेशवाद एवं नव-उपनिवेशवाद: वि-उपनिवेशीकरण के प्रभाव

फुरक़ान अहमद

अध्ययन के उद्देश्य

- उपनिवेशवाद एवं साम्राज्यवाद की अवधारणाओं का विश्लेषण प्रस्तुत करना
- उपनिवेशवाद एवं साम्राज्यवाद के विकास के लिए उत्तरदायी बुनियादी मुद्दों और कारकों का अन्वेषण करना
- उपनिवेशवाद एवं साम्राज्यवाद पर औद्योगीकरण के प्रभाव पर प्रकाश डालना
- उपनिवेशवाद एवं साम्राज्यवाद की जटिल और अनोखी प्रकृति की एक स्पष्ट तस्वीर प्रस्तुत करना
- 'वि-उपनिवेशीकरण' की अवधारणा को परिभाषित करना तथा 20वीं सदी में इसके प्रसार पर प्रकाश डालना
- तीसरी दुनिया की अवधारणा एवं वैश्विक राजनीति में इसकी प्रासंगिकता को परिभाषित करना

अध्याय सार

वर्तमान अध्याय उपनिवेशवाद एवं साम्राज्यवाद की अवधारणाओं का वैचारिक विश्लेषण प्रस्तुत करता है। यह उपनिवेशवाद के विकास के कारणों का विश्लेषण करता है और इसके विभिन्न प्रकारों पर चर्चा करता है। अक्सर उपनिवेशवाद एवं साम्राज्यवाद का प्रयोग एक-दूसरे के स्थान पर किया जाता है, परंतु इन दोनों के बीच काफी अंतर है। साम्राज्यवाद उपनिवेशवाद का प्रतिफल है। उपनिवेशवाद विदेशी शोषण का एक अधिक व्यवस्थित स्वरूप है। औद्योगीकरण ने साम्राज्यवाद और उपनिवेशवाद की एक नई अवधारणा को जन्म दिया, जिसे 'नव-साम्राज्यवाद' और 'नव-उपनिवेशवाद' कहा जाता है। यह आर्थिक साम्राज्यवाद का एक आधुनिक स्वरूप है, जिसमें एक शक्तिशाली देश औपनिवेशिक शक्ति की तरह व्यवहार करता है। इस अध्याय में विदेश नीति एवं अंतर्राष्ट्रीय संबंधों पर इसके प्रभाव पर भी चर्चा की गई है। 1990 के दशक के दौरान, 'उत्तर-उपनिवेशवाद' की अवधारणा उभरी, जो 'वि-उपनिवेशीकरण की प्रक्रिया और अंतर्राष्ट्रीय संबंधों पर इसके प्रभाव से संबंधित है। इस अध्याय में तीसरी दुनिया के देशों की वैचारिक संरचना पर प्रकाश डाला गया है, जो विशेष रूप से द्वितीय विश्व युद्ध के उपरांत औपनिवेशिक दासता से स्वतंत्र हुए देशों से संबंधित है।

उपनिवेशवाद को परिभाषित करने के संदर्भ में, इसे साम्राज्यवाद से पृथक करना सबसे बड़ी कठिनाइयों में से एक है। अक्सर उपनिवेशवाद एवं साम्राज्यवाद का प्रयोग एक-दूसरे के स्थान पर किया जाता है। ऑक्सफोर्ड इंग्लिश डिक्शनरी (OED) के अनुसार, 'कॉलोनिअलिज्म' शब्द की व्युत्पत्ति रोमन शब्द कॉलोनिया से हुई है, जिसका अर्थ 'कृषिभूमि' या 'औपनिवेशीकरण' है। OED के अनुसार,

> *यह किसी ने देश में उपनिवेश का निर्माण करना है ... अर्थात् जब एक नए इलाके में रहने वाले लोगों का एक समूह, किसी समुदाय को अपने मूल राज्य के अधीन बनाता है अथवा उससे संबद्ध करता है; और इस प्रकार मूल निवासियों एवं उनके वंशजों और उत्तराधिकारियों को शामिल करते हुए गठित समुदाय को मूल राज्य के साथ लंबे समय तक संबद्ध रखा जाता है (लूम्बा, 2005: 7 में उद्धृत)।*

कुछ विद्वानों के अनुसार, 'कॉलोनी' शब्द की व्युत्पत्ति लैटिन शब्द कॉलोनस से हुई है, जिसका अर्थ 'किसान' है। यह मूल शब्द हमें स्मरण कराता है कि, आमतौर पर उपनिवेशवाद की प्रक्रिया के अंतर्गत आबादी का एक नए क्षेत्र में स्थानांतरण शामिल है, जिसमें नवागंतुक अपने मूल देश के प्रति राजनीतिक निष्ठा को बरकरार रखते हुए नए क्षेत्र में स्थाई निवासी के रूप में रहते थे। दूसरी तरफ, साम्राज्यवाद की व्युत्पत्ति लैटिन शब्द इम्पीरीअम से हुई है, जिसका अर्थ 'शासन करना' है। इस तरह, 'साम्राज्यवाद' शब्द औपनिवेशीकरण, संप्रभुता या नियंत्रण के अप्रत्यक्ष तंत्र के माध्यम से एक देश द्वारा किसी अन्य देश पर शक्ति के प्रयोग को संदर्भित करता है।

उपनिवेशवाद को राज्यों द्वारा किसी क्षेत्र पर राजनीतिक व आर्थिक नियंत्रण के विस्तार के रूप में परिभाषित किया जा सकता है, जहां के नागरिक उस क्षेत्र पर अधिकार स्थापित करते हैं तथा आमतौर पर संगठनात्मक या तकनीकी दृष्टि से उस क्षेत्र की मूल आबादी से श्रेष्ठ होते हैं। इसमें केवल किसी क्षेत्र के नागरिकों का प्रवासन शामिल हो सकता है, अथवा यह प्रभावशाली शक्ति के सैन्य या नागरिक प्रतिनिधियों द्वारा उस क्षेत्र पर नियंत्रण की औपचारिक पूर्वधारणा हो सकती है। पश्चिमी परंपरा के राजनीतिक एवं नैतिक दार्शनिकों के लिए उपनिवेशवाद की वैधता दीर्घकालिक चिंता का विषय रही है। कम से कम, धर्मयुद्ध और संयुक्त राज्य की विजय के बाद से राजनीतिक सिद्धांतकारों ने गैर-पश्चिमी लोगों पर यूरोपीय संप्रभुता के अभ्यास के संदर्भ में न्याय एवं प्राकृतिक कानून से जुड़े विचारों को सुलझाने में कठिनाई का सामना किया है। 19 वीं सदी में, उदारवादी विचारधारा और औपनिवेशिक अभ्यास के बीच तनाव विशेष रूप से तीव्र हो गया, क्योंकि दुनिया के बाकी हिस्सों में यूरोप का प्रभुत्व अपने चरम पर पहुंच चुका था। विडंबना यह है कि, उसी अवधि में, अधिकांश राजनीतिक दार्शनिकों ने 'सार्वभौमिकता' और समानता के सिद्धांतों का समर्थन प्रारंभ करने के साथ-साथ उपनिवेशवाद और साम्राज्यवाद की वैधता का बचाव भी किया। स्पष्ट तौर पर इन विरोधाभासी सिद्धांतों में सामंजस्य स्थापित करने के तर्क को 'सभ्य बनाने के मिशन' के रूप में जाना गया, जिसके आधार पर यह सुझाव दिया गया कि 'असभ्य' समाजों को उदार संस्थानों एवं स्वशासन को बरकरार रखने में सक्षम बनाने के लिए कुछ समय तक राजनीतिक निर्भरता या संरक्षण की आवश्यकता थी।

5.1 उपनिवेशवाद और साम्राज्यवाद के बीच अंतर

उपनिवेशवाद और साम्राज्यवाद के बीच मूल अंतर यह है कि साम्राज्यवाद उपनिवेशवाद द्वारा अग्रणी विदेशी शोषण का एक और अधिक व्यवस्थित संगठन है। दूसरे शब्दों में, साम्राज्यवाद उपनिवेशवाद द्वारा प्रारंभ की गई प्रक्रिया को अधिक कार्यक्षम एवं सामान्यीकृत बनाता है, और अक्सर दो अलग-अलग संस्कृतियों से लोगों के बीच सुस्पष्ट, प्रत्यक्ष टकराव की आवश्यकता को कम कर देता है।[1]

साम्राज्यवाद का विकास उपनिवेशवाद से हुआ है, जो 20 वीं सदी के दौरान उपनिवेशों के भीतर स्वतंत्रता आंदोलनों द्वारा शुरू की गई राजनीतिक आज़ादी की मांगों के प्रति अधिक सूक्ष्म प्रतिक्रिया एवं अपनी तर्कसंगतता के विस्तार पर आधारित है। यह बहुग्राही एवं सुव्यवस्थित है, जो प्रभावी रूप से एक राज्य या राज्यों के गठबंधन द्वारा नियंत्रित निर्णायक वित्तीय या राजनीतिक संस्थान जैसे एक केंद्रीय प्राधिकरण द्वारा शासित होता है। साम्राज्यवाद सैन्य आक्रमण या व्यवसाय को शामिल करता है एवं कर सकता है, परंतु सामान्यतः इसका उद्देश्य औपनिवेशीकरण नहीं होता है।[2]

कुछ लोगों का तर्क है कि नव-उपनिवेशवाद साम्राज्यवाद का एक रूप है, लेकिन यह एक विशिष्ट तर्क है क्योंकि प्रत्येक का अपना पृथक अस्तित्व है। उपनिवेशवाद के संदर्भ में साम्राज्यवाद पर चर्चा करना और मतभेदों को स्पष्ट करना आवश्यक है। उदाहरण के लिए, उपनिवेशों के बिना साम्राज्यवादी होना संभव है, लेकिन साम्राज्य के बिना उपनिवेशों की स्थापना संभव नहीं है। इस प्रकार, अपने छोटे पड़ोसी देशों की अर्थव्यवस्थाओं पर कठोर नियंत्रण आरोपित करने वाले तथा लातविया, लिथुआनिया एवं एस्टोनिया जैसे देशों को बलपूर्वक अधीन करने वाले देश, सोवियत संघ ने साम्राज्यवाद को अपनाया परंतु यह उपनिवेशवादी नहीं

---

[1] मालागासी लैंग्वेजेज़: *इनसाइक्लोपीडिया ब्रिटैनिका* देखें (रेवती और हॉली, 2008: 47 में उद्धृत)

[2] ली डायनेस्टी एंड साउथ वर्ल्ड एक्सपेंशन, *countrystudies.us*, यू.एस. लाइब्रेरी ऑफ कांग्रेस, देखें

था। अगर द्वितीय विश्व युद्ध के उपरांत स्टालिन ने मंचूरिया को अपने कब्जे में लिया होता, तो सोवियत संघ भी औपनिवेशिक शक्ति बन जाता। हालांकि, संयुक्त राज्य को औपनिवेशिक शक्ति के रूप में जाना चाहिए, क्योंकि इसने अमेरिकी समोआ, गुआम और उत्तरी मारियाना द्वीप समूह को अपने नियंत्रण में रखा (इसने संयुक्त राष्ट्र संघ द्वारा शासित प्रशांत क्षेत्र के रणनीतिक हिस्से के तौर पर पहले नियंत्रण स्थापित किया था)।[3]

अगर किसी राज्य का शासित भू-भाग उसकी सीमाओं से परे हो, जिनके मूल निवासियों को राज्य के नागरिकता के पूर्ण अधिकार या विशेषाधिकार नहीं दिए गए हों, तो उसे औपनिवेशिक शक्ति कहा जाता है। वास्तव में, किसी क्षेत्र में उपनिवेश स्थापित करने तथा उपनिवेशवाद के बीच अंतर है। उदाहरण के लिए, प्रकरण पर विचार करें तो यहां उपनिवेशवाद अस्तित्व में नहीं था, जबकि संयुक्त राज्य उत्तरी संयुक्त राज्य महाद्वीप के निकटवर्ती क्षेत्रों पर कब्जा कर रहा था, तथा इस प्रकार उपनिवेशित क्षेत्रों को संयुक्त राज्य में शामिल करने के लिए राष्ट्र के अभिन्न अंग के रूप में मान्यता दी गई।[4]

20वीं शताब्दी की शुरुआत में, अन्य लेखकों के बीच लेनिन और कौत्स्की ने पूंजीवाद के विकास के एक विशेष चरण से जोड़ते हुए 'साम्राज्यवाद' शब्द को एक नया अर्थ दिया। *इंपीरियलिज़्म: द हाईएस्ट स्टेज ऑफ कॉलोनिअलिज़्म*, में लेनिन (1917) ने तर्क दिया कि, पश्चिमी देशों में 'वित्त-पूंजीवाद' और उद्योग के विकास के कारण यहां 'पूंजी की प्रचुरता' है (लूम्बा, 2005: 10 में उद्धृत)। इस पूंजी को घर पर लाभप्रद रूप से निवेश नहीं किया जा सका, जहां श्रम सीमित था। उपनिवेशों में पूंजी की कमी थी लेकिन श्रम और मानव संसाधनों में प्रचुर मात्रा में उपलब्ध थे। लिहाजा, इसे अपने विकास को बनाए रखने के लिए बाहर निकलने तथा गैर-औद्योगीकृत को अधीनस्थ करने की आवश्यकता थी। इस प्रकार, लेनिन ने भविष्यवाणी की कि, निश्चित तौर पर यूरोपीय पूंजीपतियों द्वारा शेष विश्व का शोषण किया जाएगा। इस वैश्विक प्रणाली को 'साम्राज्यवाद' कहा गया, जिसने पूंजीवादी विकास के एक विशिष्ट चरण को संगठित किया—जो लेनिन के अनुसार इसका 'सर्वोच्च' स्तर था—क्योंकि विभिन्न शाही युद्धों के बीच प्रतिद्वंद्विता उनके विनाश को उत्प्रेरित करने वाली थी, जिससे पूंजीवाद पतन की ओर अग्रसर होता। यह लेनिनवादी परिभाषा कुछ लोगों को इस बात पर तर्क देने की अनुमति देती है कि, उपनिवेशवाद और साम्राज्यवाद के बीच पूंजीवाद अंतर बताने वाली विशेषता है।[5]

इस प्रकार, साम्राज्यवाद, उपनिवेशवाद और उनके बीच के अंतर को उनके ऐतिहासिक उत्परिवर्तनों के आधार पर अलग-अलग परिभाषित किया गया। उन्हें अस्थायी रूप से नहीं, बल्कि स्थानिक शब्दों में और साम्राज्यवाद या नव-साम्राज्यवाद को महानगरों में जन्म लेने वाली एक परिघटना और प्रभुत्व व नियंत्रण की ओर ले जाए जाने वाली प्रक्रिया मानना, उनके बीच अंतर करने का एक उपयोगी तरीका है। इसके परिणाम अथवा शाही वर्चस्व के चलते उपनिवेशों में उत्पन्न स्थिति को उपनिवेशवाद या नव-उपनिवेशवाद कहा जाता है। इस प्रकार, शाही देश उपनिवेश का 'जनक राज्य' है जहां से वर्चस्व स्थापित किया जाता है, तथा उपनिवेश या नव-उपनिवेश वह स्थान है जहां इसका प्रभुत्व एवं नियंत्रण स्थापित होता है। साम्राज्यवाद औपचारिक उपनिवेशों के बिना काम कर सकता है, जैसा कि आज अमेरिकी साम्राज्यवाद में है, परंतु इसके बिना उपनिवेशवाद का अस्तित्व संभव नहीं है।[6]

5.2 औपनिवेशीकरण के लिए जिम्मेदार कारक

औपनिवेशीकरण के लिए जिम्मेदार कई कारक हैं, जो निम्नानुसार हैं:

- अधिक जनसंख्या
- आर्थिक संकट

[3] देखें 'चाइना गिवन वार्निंग ऑन झिंजियांग', बीबीसी समाचार, शुक्रवार, 30 सितंबर 2005।

[4] देखें, केरी ओ'ब्रायन, 'एथनिक वायलेंस कंटिन्यूज टू रेज इन सेंट्रल कलीमंतन' www.abc.net.au/7.30/stories/ s253467.htm

[5] देखें, रेहट ए. बटलर, 'साइंटिस्ट्स डिमांड ब्राजील सस्पेंडेड अमेज़न कॉलोनिज़ैशन प्रोजेक्ट: लांगेस्ट रनिंग अमेजन रेनफॉरेस्ट एक्सपेरिमेंट इम्पेरल्ड बाई कॉलोनिज़ैशन', mongabay.com (25 जुलाई 2007 को देखा गया)।

[6] देखें, रॉबर्ट ग्रीनॉल, 'रशिया लेफ्ट बिहाइंड इन सेंट्रल एशिया', बीबीसी समाचार, 23 नवंबर 2005।

- सामाजिक अशांति
- घरेलू देश में धार्मिक उत्पीड़न
- तैयार उत्पादों के लिए कच्चे माल या बाजारों की आवश्यकता

5.3 उपनिवेशों के प्रकार

उपनिवेश के विभिन्न प्रकार निम्नानुसार हैं:

- अधिवासी उपनिवेश
- पराधीन उपनिवेश
- कृषि आधारित उपनिवेश
- व्यापार आधारित उपनिवेश

औपनिवेशिक उद्देश्यों के आधार पर इनमें विभेद किया जाता है।

5.3.1 अधिवासी उपनिवेश

इस प्रकार के उपनिवेश कई प्राचीन एवं नवीनतम उदाहरणों को संदर्भित करते हैं, जहां जातीय रूप से अलग-अलग समूह अपने मूल निवास स्थान के अलावा अन्य क्षेत्रों में बस जाते हैं, जो या तो निकटवर्ती क्षेत्र होते हैं अथवा कोई भी भूभाग या समुद्री क्षेत्र में हो सकते हैं। प्राचीन यूनान के आस-पास बसे उपनिवेश अधिवासी उपनिवेशों के उदाहरण हैं। अन्य उदाहरणों में रोमन साम्राज्य, अरब साम्राज्य, मंगोल साम्राज्य और तुर्क साम्राज्य जैसे बड़े साम्राज्यों से लेकर प्राचीन स्कॉट्स के हिबर्निया से कैलेडोनिया स्थानांतरण तथा पनोनिया (आधुनिक हंगरी) में मग्यार्स के स्थानांतरण जैसे छोटे साम्राज्य शामिल किए जा सकते हैं। छठी एवं 11वीं शताब्दी के बीच, तुर्की के लोग यूरोप, मध्य पूर्व और अधिकांश मध्य एशिया में फैले थे। ऐसे प्रमाण हैं कि, 5वीं और छठी शताब्दी के दौरान मलय समुद्री डाकुओं के आगमन से पूर्व इंडोनेशिया निर्जन। प्रशांत और अफ्रीका, दोनों के बाद के स्थानान्तरण ने इस मूल मिश्रण को और समेकित कर दिया, और मालगासी लोगों का प्रादुर्भाव हुआ।[7]

माना जाता है कि बांटू भाषाओं एवं उनके प्रयोक्ताओं के विस्तार से पहले, अफ्रीका के आधे दक्षिणी हिस्से पर पाइग्मी और खोइसान बोलने वाले लोगों की आबादी थी, जो आज कालाहारी और मध्य अफ्रीका के जंगल के आसपास के शुष्क क्षेत्रों का अधिग्रहण कर चुके हैं। लगभग 1000 ईस्वी तक, बांटू लोगों का प्रवासन आधुनिक जिम्बाब्वे और दक्षिण अफ्रीका तक पहुंच गया था। बानू हिलाल और बानू मकील, अरब प्रायद्वीप के अरब बेडौइन जनजातियों का समूह थे, जो 11वीं और 13वीं शताब्दी के बीच मिस्र के रास्ते पश्चिम की ओर अग्रसर हुए। उनके प्रवासन ने पश्चिमी मग़रेब के अरबीकरण व इस्लामीकरण में दृढ़ता से योगदान दिया, जहां इससे पहले तक बर्बर जनजातियों का प्रभुत्व था। ऑस्टीडुलैंग मध्यकाल में जर्मनी के लोगों का पूर्व की ओर प्रवासन तथा उपनिवेश को दर्शाता है। 13वीं शताब्दी यूरेशिया में महान मंगोल और तुर्की प्रवासन का समय था। 11वीं और 18वीं शताब्दी के बीच, वियतनाम के लोगों ने दक्षिण की ओर विस्तार किया और इस प्रक्रिया को *नाम तिएन* (दक्षिण की ओर विस्तार) कहा गया (एनक्रुमा, 1965)।

देशीय उपनिवेशवाद के नवीनतम उदाहरणों में तिब्बत व पूर्वी तुर्किस्तान में सजातीय चीनी लोगों की गतिविधियां[8], पश्चिमी न्यू-गिनी व कालीमंतन में सजातीय जावा के लोगों की गतिविधियां (बेकर, 2005), अमेज़ोनिया में ब्राजील के लोगों की

---

[7] एलिजाबेथ ऑरलो, 'साइलेंट किलर्स ऑफ द न्यू वर्ल्ड', www.millersville.edu/~columbus/papers/orlow-e.html देखें, संयुक्त राष्ट्र महासभा के प्रस्ताव 1514 और 1541 देखें।

[8] देखें वालरस्टीन, पृष्ठ 52: 'इसने नव-उपनिवेशवाद की परिभाषा पर गंभीर, सामूहिक रूप से सहमति व्यक्त की, जो अफ्रीकी एकता आंदोलन के क्रांतिकारी मूल की मुख्य अवधारणा थी।' इसके अलावा योलमु आर बारोंगो की विलियम डी. ग्राफ द्वारा समीक्षा भी देखें, 'संभवतः इस शब्द की उत्पत्ति नूरूमाह के साथ अफ्रीका में ही हुई थी, जिसने 1961 के ऑल-अफ्रीकन पीपुल्स कॉन्फ्रेंस में सामूहिक मान्यता प्राप्त की' (1980: 601)।

गतिविधियां[9], वेस्ट बैंक और गाजा में इज़राइलियों, इराकी कुर्दिस्तान में सजातीय अरबों, तथा साइबेरिया व मध्य-एशिया में सजातीय रूसी लोगों की गतिविधियां शामिल हैं।[10] आमतौर पर कनाडा, ऑस्ट्रेलिया, अर्जेंटीना, ब्राजील, जापान,[11] साइबेरिया और संयुक्त राज्य जैसे स्थानों की स्थानीय आबादी या जनजाति पर उपनिवेश बसाने वाले लोग संख्यात्मक रूप से हावी हो गए थे।

विद्वानों का मानना है कि, इस दिशा में योगदान करने वाले विभिन्न कारकों में से महामारी का प्रसार, अमेरिकी मूल निवासी की आबादी में गिरावट का सबसे बड़ा कारण था (बायर्न, 2002 देखें)। आबादी का जबरन स्थानान्तरण, आमतौर पर निम्न कोटि की भूमि या संसाधनों के क्षेत्रों में, अक्सर स्वदेशी लोगों के स्थायी नुकसान का कारण बनता है। आज की भाषा में जिसे हम उपनिवेशवाद एवं उपनिवेशीकरण कहते हैं वह अतीत में एक सामान्य प्रक्रिया थी, जिसे राज्य प्रायोजित अवैध आप्रवासन के रूप में देखा जाता है और जिसका स्वरूप एवं प्रयोजन आपराधिक था तथा अनिवार्य रूप से हिंसा और आतंक के उपयोग के साथ हासिल किया जाता था।[12]

5.3.2 पराधीन उपनिवेश

अधिवासी उपनिवेशों के वैषम्य को निर्भरता से दर्शाया जा सकता है, जहां उपनिवेशवादी बड़े पैमाने पर प्रवासन के हिस्से के रूप में नहीं, बल्कि बड़े पैमाने की स्वदेशी आबादी के प्रशासकों के रूप में पहुंचे। फारसी साम्राज्य, ब्रिटिश राज, 26वीं राजवंश के बाद मिस्र, डच ईस्ट इंडीज और जापानी औपनिवेशिक साम्राज्य इसके उदाहरण हैं। कुछ मामलों में, पहले से ही बड़ी आबादी वाले क्षेत्रों में उपनिवेश बसाने का प्रयास किया गया, जिसके परिणामस्वरूप जातीय आधार पर मिश्रित आबादी (जैसे कि संयुक्त राज्य के मेस्टिज़ोस) अथवा फ्रेंच अल्जीरिया या दक्षिणी रोड्सिया की तरह नस्लीय रूप से पृथक्कृत आबादी अस्तित्व में आई।

5.3.3 कृषि आधारित उपनिवेश

बारबाडोस, सेंट-डोमिंग्यू और जमैका जैसे कृषि आधारित उपनिवेशों में श्वेत उपनिवेशवादियों ने अश्वेत दासों का आयात किया, जिनकी संख्या तेजी से अपने स्वामियों से अधिक होने लगी और इस प्रकार अल्प संख्या में मौजूद उपनिवेशवादियों ने शासन किया, जो पराधीनता के सदृश था।

5.3.4 व्यापार आधारित उपनिवेश

हांगकांग, मकाऊ, मलाका, देशिमा, पुर्तगाली भारत और सिंगापुर जैसे व्यापार आधारित उपनिवेश इस श्रेणी में आते हैं, जहां उपनिवेशवादियों का प्राथमिक उद्देश्य अंतर्क्षेत्र में उपनिवेश स्थापित करने के बजाए व्यापार को प्रोत्साहन देना था।

19वीं शताब्दी के औद्योगीकरण के काल को नव-साम्राज्यवाद / नव-उपनिवेशवाद का युग कहा गया, क्योंकि इस अवधि में उपनिवेशवाद की गति काफी तीव्र हो गई थी तथा अफ्रीका में 'उपनिवेश की स्थापना हेतु संघर्ष' इसकी पराकाष्ठा थी। 20वीं शताब्दी के दौरान, प्रथम विश्व युद्ध के पराजित देशों के विदेशों में स्थित उपनिवेशों को विजेता राष्ट्रों को सौंप दिया गया, लेकिन यह द्वितीय विश्व युद्ध के समापन के बाद ही वास्तव में वि-उपनिवेशीकरण का दूसरा चरण ईमानदारी से शुरू हुआ।

---

[9] सोवियत यूनियन एंड सेंट्रल एंड साउथ संयुक्त राज्य, www.country-data.com देखें।

[10] देखें 'प्रोफाइल: मेन्गीस्टू हैइल मरियम', बीबीसी न्यूज, मंगलवार, 12 दिसंबर 2006।

[11] 'सोवियत इंपेरिअलिज्म', www.thehistorychannel.co.uk देखें।

[12] 'प्राग स्प्रिंग', रेडियो प्राग का इतिहास ऑनलाइन आभासी प्रदर्शन, www.radio.cz/history देखें।

बॉक्स 5.1 नव-उपनिवेशवाद

नव-उपनिवेशवाद कम शक्तिशाली देशों के मामलों में शक्तिशाली देशों की भागीदारी को संदर्भित करता है।[1] इस दृष्टि से नव-उपनिवेशवाद समकालीन आर्थिक साम्राज्यवाद का ही एक स्वरूप है, जिसमें शक्तिशाली राष्ट्र औपनिवेशिक शक्तियों की तरह व्यवहार करते हैं, तथा उत्तर- औपनिवेशिक दुनिया में इस व्यवहार की तुलना उपनिवेशवाद से की जाती है।

द्वितीय विश्व युद्ध के उपरांत उपनिवेशों में विभिन्न राष्ट्रीय आंदोलनों के पश्चात हुए वि-उपनिवेशीकरण की प्रक्रिया के तुरंत बाद, इस नव-उपनिवेशवाद शब्द का सबसे पहले व्यापक रूप से उपयोग अफ्रीका के संदर्भ में किया गया। स्वतंत्रता प्राप्त करने पर, कुछ राष्ट्रीय नेताओं और विपक्षी समूहों ने तर्क दिया कि उनके देश उपनिवेशवाद के नए स्वरूप के अधीन थे, जो पूर्व औपनिवेशिक शक्तियों और अन्य विकसित राष्ट्रों द्वारा संचालित थे। 1957 में स्वतंत्र घाना के नेतृत्वकर्ता बनने वाले क्वूनामे नर्कूमाह ने इस विचार को 1965 में अपनी रचना *द न्यू कॉलोनियलिज्म: द लास्ट स्टेज ऑफ़ इंपेरिअलिज्म* में प्रकट किया।[2]

---

[1] जेन वेलिंगर, 2003, 'द सोवियत इन्वेजन ऑफ चेकोस्लोवाकिया एंड द क्रशिंग ऑफ द प्राग स्प्रिंग' देखें, www.radio.cz/en/articles

[2] 'अफगानिस्तान युद्ध', *कोलंबिया विश्वकोष,* छठा संस्करण (2004) देखें।

बॉक्स 5.2 अखिल अफ्रीकी तथा गुट-निरपेक्ष आंदोलन

वि-उपनिवेशीकरण के बाद नव-उपनिवेशवाद शब्द को लोकप्रिय किया गया, जिसमें नव स्वतंत्र हुए अफ्रीकी राज्यों के विद्वानों एवं नेतृत्वकर्ताओं की गतिविधियों तथा अखिल अफ्रीकी स्तर पर हुए आंदोलनों का बड़े पैमाने पर योगदान था। इनमें से कई नेतृत्वकर्ताओं ने उत्तर-औपनिवेशिक राज्यों के साथ मिलकर 1955 के बांडुंग सम्मेलन में गुट-निरपेक्ष आंदोलन के गठन का मार्ग प्रशस्त किया। 1950 के दशक के उत्तरार्ध और 1960 के दशक की शुरुआत में, अखिल-अफ्रीकी पीपुल्स कॉन्फ्रेंस (AAPC) की बैठकों ने नव-उपनिवेशवाद की इस प्रत्यालोचना का प्रसार किया। 1960 के उनके ट्यूनिस सम्मेलन और 1961 के काहिरा सम्मेलन ने पूर्व-औपनिवेशिक सत्ता द्वारा संघटित स्वतंत्र राज्यों के फ्रांसीसी समुदाय को अलग करते हुए 'नव-उपनिवेशवाद' के विरोध को निर्दिष्ट किया। नव-उपनिवेशवाद पर इसके प्रस्ताव को मील का पत्थर माना जाता है क्योंकि इसमें सामूहिक तौर पर नव उपनिवेशवाद की परिभाषा प्रस्तुत की गई तथा इसकी मुख्य विशेषताओं का विवरण दिया गया (गिल्बर्ट और टॉम्पकिन्स, 1996)। शीत युद्ध के दौरान, गुट-निरपेक्ष आंदोलन के साथ-साथ एशिया, अफ्रीका और लैटिन अमेरिका के लोगों के एकजुटता संगठन जैसे अन्य संगठनों के माध्यम से, नव-उपनिवेशवाद को इन स्वतंत्र राज्यों के सर्वप्रमुख शत्रु के रूप में परिभाषित किया गया।

5.4 आर्थिक प्रभुत्व के रूप में नव-उपनिवेशवाद

शक्तिशाली देशों और अंतर्राष्ट्रीय आर्थिक संस्थानों पर नव-उपनिवेशवाद का आरोप (इस अवधारणा के विस्तृत विवरण हेतु बॉक्स 5.1 देखें) लगाया जाता है, जो स्वयं को कम शक्तिशाली देशों के मामलों में शामिल करते हैं।

प्रत्यक्ष सैन्य-राजनीतिक नियंत्रण के बजाय, नव-औपनिवेशिक शक्तियां अपेक्षाकृत कम शक्तिशाली देशों पर हावी होने के लिए वित्तीय एवं व्यापार नीतियों का अनुसरण करती हैं। इस अवधारणा का समर्थन करने वाले देश वास्तव में कम शक्तिशाली राष्ट्रों पर वास्तविक नियंत्रण स्थापित करते हैं।

पूर्व उपनिवेशवादी राज्य और आर्थिक दृष्टि से समृद्ध अन्य शक्तिशाली राज्य, दोनों पूर्व-उपनिवेशों की अर्थव्यवस्थाओं में, विशेष तौर पर कच्चे माल के संदर्भ में अपनी निरंतर उपस्थिति बनाए रखते हैं। इस प्रकार, मजबूत राष्ट्रों पर कमजोर राष्ट्रों के शासन और अर्थव्यवस्थाओं में हस्तक्षेप करने का आरोप लगाया जाता है, इसके क्योंकि वे ऐसी कीमतों एवं शर्तों के तहत इस प्रकार की सामग्रियों के प्रवाह को बरकरार रखते हैं, जो विकसित देशों व अंतर्राष्ट्रीय निगमों को अत्यन्त लाभान्वित करते हैं।

5.5 पराधीनता का सिद्धांत

पराधीनता का सिद्धांत, वैश्विक प्रणाली के अंतर्गत असमानताओं के मार्क्सवादी विश्लेषण पर आधारित है। यह तर्क देता है कि, वैश्विक स्तर पर दक्षिण के देशों का अपेक्षाकृत अल्प विकास, वास्तव में वैश्विक स्तर पर उत्तर के देशों के विकास का प्रत्यक्ष परिणाम है।

'आ।र्थिक नव-उपनिवेशवाद' की अवधारणा को कुछ हद तक पराधीनता के सिद्धांत के माध्यम से सैद्धांतिक आधार दिया गया। सामाजिक विज्ञान के लगभग सभी सिद्धांतों का मानना है कि, राज्यों को उनकी स्थिति (विकसित/अविकसित) के अनुसार केंद्र और परिधि में स्थान दिया जाता है। संसाधनों को परिधि से निकालकर केंद्र में स्थित राज्यों की ओर प्रवाहित किया जाता है, जिससे

उनकी आर्थिक समृद्धि एवं संपन्नता बरकरार रहती है। एक केंद्रीय अवधारणा यह है कि, परिधि में स्थित देशों की ग़रीबी 'विश्व प्रणाली' के साथ उनके एकीकरण के तरीके का परिणाम है, और यह दृष्टिकोण मुक्त बाजार अर्थशास्त्रियों के विपरीत है, जो तर्क देते हैं कि ऐसे राज्य पूर्ण एकीकरण के मार्ग पर प्रगति कर रहे हैं।

5.5.1 बहुराष्ट्रीय निगम

नव-उपनिवेशवाद के आलोचकों का यह भी मानना है कि, बहुराष्ट्रीय निगमों द्वारा अविकसित देशों में निवेश से कुछ लोग इन समृद्ध होते हैं, तथा इसके परिणामस्वरूप नव-उपनिवेशों में रहने वाली आबादी के लिए मानवीय, पर्यावरण और पारिस्थितिक समस्याएं उत्पन्न होती हैं। अस्थिर विकास और सतत पिछड़ापन इसके प्रतिफल हैं; तथा पराधीनता की ऐसी स्थिति में उन देशों के सस्ते श्रमिक एवं कच्चे माल के समृद्ध भंडारकर लाभ उठाया जाता है, साथ ही उन देशों के लिए अपनी अर्थव्यवस्थाओं को विकसित करने हेतु उन्नत उत्पादन तकनीकों तक पहुंच को सीमित को सीमित कर दिया जाता है।

5.5.2 ब्रिटिश उपनिवेशवाद

यूनाइटेड किंग्डम दुनिया का एक प्रमुख उपनिवेशक था। विश्व के कुल भू-भाग के छठे हिस्से पर यूनाइटेड किंग्डम के उपनिवेश मौजूद थे; और सभी उपनिवेश यूनाइटेड किंग्डम को अपना नेतृत्वकर्ता मानते थे। इसमें भारत का साम्राज्य, स्वतंत्र-उपनिवेश के तौर पर स्थापित चार स्वशासित देश, तथा दर्जनों उपनिवेश एवं अधिकृत क्षेत्र शामिल थे। यूनाइटेड किंग्डम के लोगों के लिए साम्राज्य गर्व का स्रोत था, जो मानते थे कि यह दुनिया को सभ्य बनाने वाली एक संस्था थी। द्वितीय विश्व युद्ध के बाद इसका विघटन प्रारंभ हुआ, क्योंकि इसके बाद उपनिवेश स्वतंत्र होने लगे तथा वर्ष 2011 में यूनाइटेड किंग्डम में केवल 13 छोटे आश्रित क्षेत्र शामिल थे। 53 अन्य स्वतंत्र देशों के साथ यह ब्रिटिश राष्ट्रमंडल बनाता है। हालांकि यूनाइटेड किंग्डम के राजा को राष्ट्रमंडल के प्रमुख के रूप में स्वीकार किया जाता है, परंतु इसके अधिकांश सदस्य राज्य गणराज्य हैं (उएमुरा, 1996)।

वर्तमान राष्ट्रमंडल स्वतंत्र राज्यों का एक स्वैच्छिक संघ है। वर्ष 1995 में इसमें मोजांबिक में शामिल हुआ, जो यूनाइटेड किंग्डम का उपनिवेश नहीं रहने वाला इकलौता सदस्य है (यह पुर्तगाली उपनिवेश था)। राष्ट्रमंडल के सदस्यों का जुड़ाव मुख्य रूप से सांस्कृतिक और आर्थिक मुद्दों से संबंधित है, जो इस तथ्य पर आधारित है कि ब्रिटिश साम्राज्य का गठन करने वाले सभी क्षेत्रों में शिक्षित लोगों की जनभाषा अंग्रेज़ी है, साथ ही यह विकसित सदस्यों द्वारा विकासशील सदस्यों को प्रदान की जाने वाली वित्तीय एवं तकनीकी सहायता तथा निरंतर व्यापारिक संबंधों पर भी आधारित है।[13]

5.5.3 अमेरिकी हस्तक्षेप

संयुक्त राज्य लंबे समय से उपनिवेशवादी रहा है; द्वितीय विश्व युद्ध के दौरान पनामा नहर क्षेत्र की स्थापना और वियतनाम में हस्तक्षेप करना इस बात के दो उदाहरण हैं (संयुक्त राज्य और क्यूबा, संयुक्त राज्य एवं मेक्सिको जैसे कुछ अन्य उदाहरण भी मौजूद हैं)। संयुक्त राज्य ने विभिन्न देशों में हस्तक्षेप किया, उदाहरण के लिए, 1959 की क्यूबा क्रांति के बाद क्यूबा के खिलाफ प्रतिबंध जारी करना, जो 7 फरवरी, 1962 को शुरू हुआ था, तथा विभिन्न गुप्त अभियानों को सहायता देना (इसके अन्य उदाहरणों में 1961 में बे ऑफ़ पिग्स और क्यूबा परियोजना शामिल हैं)। नव-उपनिवेशवाद के सिद्धांतकारों का मानना है कि, संयुक्त राज्य ने तीसरी दुनिया के देशों में तानाशाही का समर्थन करना पसंद किया, ताकि वे समाजवादी गुट के साथ संबद्ध नहीं हो सकें।

नव-उपनिवेशवाद के विचार के समर्थक, 1983 में ग्रेनेडा पर अमेरिकी हमले तथा 1998 में पनामा पर संयुक्त राज्य के आक्रमण, तथा अमेरिकी सरकार द्वारा ड्रग लॉर्ड के रूप में चिह्नित मैनुअल नोरिगा को अपदस्थ किए जाने का भी उल्लेख करते हैं। इंडोनेशिया में, वाशिंगटन ने सुहार्तो की अधिकारवादी नई शासन व्यवस्था का समर्थन किया।

---

[13] कॉलिएट फ्लाइट की कृति *स्मॉलपॉक्स: इरिडिकेटिंग द स्कर्ज*, बीबीसी www.bbc.co.uk देखें (20 अगस्त 2017 को देखा गया)

विशेष रूप से दक्षिण और मध्य-अमेरिकी देशों में यह हस्तक्षेप, 19वीं शताब्दी के मुनरो सिद्धांत तथा अमेरिकी राष्ट्रपति थिओडोर रूजवेल्ट द्वारा विधिबद्ध 'शक्ति प्रदर्शन' कूटनीति की याद दिलाता है। वामपंथी आलोचकों ने विशेष रूप से सैन्य-औद्योगिक समष्टि द्वारा प्रेरित 'अमेरिकी साम्राज्य' की बात की, जिसके खिलाफ वर्ष 1961 में राष्ट्रपति ड्वाइट डी. आइजनहावर ने चेतावनी दी थी। दूसरी तरफ, कुछ लोकतंत्रवादियों ने प्रथम विश्व युद्ध के बाद से अलगाववाद की नीति का समर्थन किया है। अमेरिकी नीति के समर्थकों ने दृढ़तापूर्वक कहा कि, साम्यवादी या सोवियत गठबंधन सरकारों को शीत युद्ध के दौरान सत्ता हासिल करने से रोकने के लिए सामयिक हस्तक्षेप आवश्यक था।

संयुक्त राज्य की अधिकांश गतिविधियां उपनिवेशवाद के बजाय साम्राज्यवाद को संदर्भित करती हैं, जिसके अंतर्गत सामान्यतः एक देश द्वारा किसी अन्य देश में बसने और इसे अपना बनाने की प्रक्रिया शामिल है। अमेरिकी साम्राज्यवाद को नव- उपनिवेशवाद कहा जाता है, क्योंकि यह उपनिवेशवाद का एक नया प्रकार है: क्योंकि यह आक्रमण करने, विजय प्राप्त करने तथा किसी विदेशी भूमि पर बाहर से आकर बसने के बजाय, सैन्य संतर्जन, मिशनरी हस्तक्षेप, रणनीतिक निवेश, तथाकथित मुक्त व्यापार क्षेत्रों और वामपंथी सरकारों को हिंसक तरीकों से अपदस्थ करने का समर्थन करते हुए अंतर्राष्ट्रीय मौद्रिक संस्थानों के माध्यम से आर्थिक नियंत्रण के साधनों का इस्तेमाल करता है।

5.5.4 फ्रांसीसी हस्तक्षेप

इसने अफ्रीका के पूर्व उपनिवेशों में तानाशाही का समर्थन किया, जिसे फ्रैंकाफ्रीक कहा गया। इस शब्द का पहली बार प्रयोग नव-उपनिवेशवाद विरोधी सरवी NGO के सदस्य, फ्रैंकोइस-जेवियर वर्स्केव द्वारा किया गया, जिसने उत्तर-औपनिवेशिक देशों को विकास हेतु दी जाने वाली सहायता की आलोचना की, और कहा कि इससे केवल नव-उपनिवेशवाद, आंतरिक भ्रष्टाचार तथा हथियारों के व्यापार को बढ़ावा मिला है। तीसरी दुनिया के देशों को दिए जाने वाले ऋण, जिसमें कुत्सित ऋण शामिल हैं, जिसमें विदेशी ऋण पर देय ब्याज की राशि देश के उत्पादन से अधिक होती है, को पहली दुनिया के देशों द्वारा उत्पीड़न या नियंत्रण का साधन माना जाता है, जो राष्ट्रीय स्तर पर ऋण दासत्व का एक स्वरूप है।

5.5.5 सोवियत साम्राज्यवाद

USSR को भी निष्क्रिय नहीं माना जा सकता है, परंतु इसने साम्राज्यवाद का प्रयोग स्वच्छ तरीके से किया। 1940 में, सोवियत संघ ने अपने क्षेत्र में एस्टोनिया, लाटविया, लिथुआनिया, बेस्सारबिया और बुकोविना को शामिल किया (बाल्टिक राज्यों का अधिग्रहण)।

द्वितीय विश्व युद्ध से सोवियत संघ विश्व की दो महाशक्तियों में से एक के तौर पर उभरकर सामने आया, तथा पूर्वी यूरोप पर अपने वर्चस्व के माध्यम से इस स्थिति को चार दशकों तक बरकरार रखा। लेनिनवादी होने का दावा करते हुए, USSR ने खुद को साम्राज्यवाद का सबसे बड़ा दुश्मन घोषित किया, तथा तीसरी दुनिया के देशों में सशस्त्र राष्ट्रीय स्वतंत्रता संघर्ष अथवा पश्चिम विरोधी आंदोलनों को समर्थन दिया, साथ ही पूर्वी यूरोप एवं मध्य एशिया पर अपना वर्चस्व बरकरार रखा। ट्रोट्स्की के वाम-पक्षी मार्क्सवादियों और माओवादियों, जैसे कि टोनी क्लिफ दावा करते हैं कि सोवियत संघ साम्राज्यवादी था। माओवादियों का दावा है कि 1956 में ख्रुश्चेव के उत्थान के बाद साम्राज्यवाद आया; जबकि क्लिफ का कहना है कि यह 1940 के दशक में स्टालिन के शासनकाल में हुआ था।

शीत युद्ध के दौरान, 'पूर्वी गुट' (या सोवियत गुट) शब्द का इस्तेमाल सोवियत संघ तथा मध्य एवं पूर्वी यूरोप (बुल्गारिया, चेकोस्लोवाकिया, पूर्वी जर्मनी, हंगरी, पोलैंड और रोमानिया) में नियंत्रित देशों के संदर्भ में किया गया था। द्वितीय विश्व युद्ध के बाद, सोवियत संघ ने उन सभी देशों में राजनीतिक जीवन को प्रभावित करने के लिए अपनी सैन्य शक्ति का उपयोग किया, जहां इसने आज्ञाकारी प्रजा के गणतंत्र को सुनिश्चित करने का प्रयास किया तथा जिन देशों में आजादी की झलक के साथ-साथ उनके राजनीतिक ढांचे, विदेश नीति, कानून, अकादमिक, सैन्य गतिविधि एवं अर्थव्यवस्था सोवियत नेतृत्व के निर्देशों के अधीन होगी।

पूर्वी गुट के देशों में सोवियत शासन के सभी राजनीतिक विरोधियों के खिलाफ बल प्रयोग एवं निष्कासन के जरिए उन्हें साम्यवादी बनाया गया। इसके बाद, पूर्वी गुट में शामिल राष्ट्रों को सैन्य बल के जरिए सोवियत प्रभुत्व के अंतर्गत रखा गया।

1956 में सोवियत सेना ने हंगरी पर हमला किया, जब उसने सोवियत समर्थक सरकार को अपदस्थ कर दिया तथा मास्को से स्वतंत्र एवं लोकतांत्रिक साम्यवादी शासन व्यवस्था की मांग की। जब पोलैंड के साम्यवादी नेताओं ने व्लादिस्लाव गोमुल्का को प्रथम सचिव के रूप में चुनने की कोशिश की, तो सोवियत सेना द्वारा पोलैंड पर कब्जा कर लिया गया और उनके समक्ष अंतिम शर्त रखी गई, उन्हें गोमुल्का के चुनाव को वापस लेने का आदेश दिया गया, पहले सचिव की प्रतीक्षा की गई या 'सोवियत टैंकों द्वारा कुचल दिया गया'। प्राग स्प्रिंग के नाम से उदारीकरण की अवधि के बाद 1968 में चेकोस्लोवाकिया पर आक्रमण किया गया। परवर्ती आक्रमण को औपचारिक सोवियत नीति में ब्रेज़नेव सिद्धांत के रूप में संहिताबद्ध किया गया। 1979 में, सोवियत संघ ने अफगानिस्तान पर हमला किया, ताकि यह सुनिश्चित किया जा सके कि वहां की शासन व्यवस्था सोवियत समर्थकों के हाथों में हो (अफगानिस्तान में सोवियत युद्ध)।

5.6 वि-उपनिवेशीकरण: विधियां एवं चरण

वि-उपनिवेशीकरण एक हालिया शब्द है। यह 1950 और 1960 के दशक में सामान्य तौर पर प्रचलन में आया। हालांकि ऐसा लगता है कि, जर्मन विद्वान मोरित्ज़ जूलियस बॉन ने 1932 में पहली बार इस शब्द का प्रयोग किया।

आमतौर पर वि-उपनिवेशीकरण की प्रक्रिया को द्वितीय विश्व युद्ध के दबाव के बाद विकासशील दुनिया में यूरोपीय साम्राज्यों के अंत, उपनिवेशवादी सत्ता और उपनिवेश के बीच के संबंधों में बदलाव तथा शासन-प्रणाली में परिवर्तन के तौर पर संदर्भित किया जाता है। यह उपनिवेशवादी शक्तियों और उपनिवेश के राष्ट्रवादी आंदोलनों के बीच एक बदले हुए सत्ता संबंध को दर्शाता है, जो राष्ट्र की ओर से स्वभाग्यनिर्णय का अधिकार जताने तथा साम्राज्य के पारंपरिक वर्चस्व को चुनौती देने के लिए उभरा।

यह उपनिवेशवाद को पूर्ववत करने, किसी अन्य देश या अधिकार क्षेत्र द्वारा उपनिवेश के निर्माण के माध्यम से शासन या प्राधिकरण की स्थापना को संदर्भित करता है। आमतौर पर यह शब्द द्वितीय विश्व युद्ध के बाद एशिया व अफ्रीका में विभिन्न पश्चिमी उपनिवेशों और संरक्षकों से आज़ादी की उपलब्धि को दर्शाता है। यह एक बौद्धिक आंदोलन के अनुरूप है, जिसे उत्तर-उपनिवेशवाद के तौर पर जाना जाता है। 1945 से 1960 की अवधि में वि-उपनिवेशीकरण की प्रक्रिया बेहद सक्रिय रही, जिसकी शुरुआत 1947 में ब्रिटिश राज से पाकिस्तान एवं भारत गणराज्य की स्वतंत्रता तथा प्रथम हिंद-चीन युद्ध के साथ हुई। युद्ध से पहले भी राष्ट्रीय स्वतंत्रता हेतु कई आंदोलनों का संचालन किया गया था, लेकिन इस अवधि से पूर्व तक अधिकांश आंदोलनों को सफलता नहीं मिल पाई थी। आज़ादी प्राप्त करने, प्रशासनिक शक्ति या किसी अन्य राज्य के साथ एकीकृत होने, या 'मुक्त सहयोग' की स्थिति स्थापित करके वि-उपनिवेशीकरण हासिल किया जा सकता है। संयुक्त राष्ट्र ने कहा कि, वि-उपनिवेशीकरण की प्रक्रिया में स्वभाग्यनिर्णय के सिद्धांत के लिए कोई विकल्प नहीं है। वि-उपनिवेशीकरण की प्रक्रिया में स्थानीय आबादी द्वारा शांतिपूर्ण वार्ता और/या हिंसक विद्रोह व सशस्त्र संघर्ष शामिल हो सकता है।

वि-उपनिवेशीकरण के कुछ प्रमुख कारण निम्नानुसार हैं:

- राष्ट्रीय स्वतंत्रता आंदोलन
- द्वितीय विश्व युद्ध का प्रभाव
- बाहरी दबाव

5.6.1 वि-उपनिवेशीकरण की विधियां एवं चरण

वि-उपनिवेशीकरण एक राजनीतिक प्रक्रिया है, जिसमें बहुधा हिंसक गतिविधियों का समावेश होता है। चरम परिस्थितियों में, स्वतंत्रता हेतु सशस्त्र संघर्ष होता है और कभी-कभी इसके बाद क्रांति भी आती है। अक्सर, इसे एक गतिशील चक्र के तौर पर देखा जाता है जिसमें समझौता वार्ता के विफल होने एवं सामान्य उपद्रव की स्थिति में पुलिस और सैन्य बलों द्वारा दमन किया जाता है, जिससे विद्रोह का स्वरूप अधिक हिंसक हो जाता है तथा स्वतंत्रता प्राप्त किए जाने तक समझौता वार्ताओं का दौर जारी रहता है। ऐसे उदाहरण दुर्लभ

हैं, जहां स्थानीय आबादी द्वारा अहिंसा का अनुसरण किया जाता है। महात्मा गांधी के नेतृत्व में भारतीय स्वतंत्रता आंदोलन इसके सबसे उल्लेखनीय उदाहरणों में से एक है। हिंसा शासन करने वाली शक्तियों की ओर से सक्रिय दमन या अल्पसंख्यक स्थानीय समुदायों का प्रतिनिधित्व करने वाली शक्तियों के राजनीतिक स्तर पर विरोध के रूप में आती है, जिन्हें स्वतंत्रता की संभावना से खतरे का आभास होता है। उदाहरण के लिए, फ्रांसीसी हिंद-चीन में स्वतंत्रता हेतु युद्ध किया गया, जबकि फ्रांसीसी आधिपत्य वाले पश्चिम अफ्रीका के कुछ देशों में (मग़रेब देशों को छोड़कर) वि-उपनिवेशीकरण संघर्ष और वार्ता की प्रक्रिया के संयोजन का परिणाम था। यह प्रक्रिया तभी पूर्ण होती है जब नव स्वतंत्र देश की वास्तविक सरकार को राष्ट्रों के समुदाय द्वारा विधिवत् संप्रभु राज्य के रूप में मान्यता दी जाती है।

महज एकल ऐतिहासिक गतिविधि के माध्यम से वि-उपनिवेशीकरण शायद ही कभी हासिल किया जाता है; बल्कि यह स्वतंत्रता के एक या एक से अधिक चरणों के माध्यम से प्रगति करता है, जिनमें से प्रत्येक के लिए प्रस्ताव दिया जा सकता है अथवा इसे संघर्ष के जरिए हासिल किया जा सकता है। इनमें प्रतिनिधियों का निर्वाचन (सलाहकार या मतदान, अल्पसंख्यक या बहुसंख्यक या यहां तक कि अनन्य), स्वायत्तता या स्व-शासन के विभिन्न स्तर शामिल हो सकते हैं। वास्तव में, वि-उपनिवेशीकरण विदेशी संबंधों और सुरक्षा की ज़िम्मेदारी सौंपने तथा नव संप्रभुता के लिए विधिसम्मत मान्यता हेतु याचना करने से कहीं अधिक विस्तृत है। परंतु राज्य के दर्जे को मान्यता दिए जाने के बाद भी, अब समान दर्जे की सरकारों के बीच द्विपक्षीय संधि के माध्यम से अविच्छिन्नता के स्तर को बरकरार रखा जा सकता है जिसके अंतर्गत सैन्य प्रशिक्षण, पारस्परिक संरक्षण समझौते या यहां तक कि मोर्चाबंदी और / या सैन्य अड्डों की स्थापना शामिल हैं।

5.6.2 वि-उपनिवेशीकरण के विभिन्न चरण

सबसे तात्कालिक स्तर पर वि-उपनिवेशीकरण, प्रस्थान करने वाली औपनिवेशिक शक्ति द्वारा औपचारिक संवैधानिक आज़ादी के अनुदान को संदर्भित करता है। स्वतंत्रता प्रदान की जाती है तथा नव स्वतंत्र संयुक्त राष्ट्र संघ जैसे अंतर्राष्ट्रीय निकायों की सदस्यता सहित अंतर्राष्ट्रीय प्रणाली में अपना स्थान ग्रहण करता है। वेस्टफेलियन राज्य प्रणाली और अंतर्राष्ट्रीय समुदाय में इसकी स्वीकृति के माध्यम से नए राज्य को राजनीतिक संप्रभुता प्रदान की जाती है।

अधिक व्यापक रूप से, यह नए राज्य की शासन व्यवस्था में औपनिवेशिक शक्ति द्वारा संचालित नौकरशाही सत्तावादी सरकार से स्थानीय तौर पर वैध सरकार में परिवर्तन को संदर्भित करता है। इस प्रक्रिया में, प्रस्थान करने वाली औपनिवेशिक शक्ति और उसके नामित उत्तराधिकारी शासन के बीच समझौते की आवश्यकता हो सकती है। इस प्रकार के समझौते राष्ट्रवादी शक्तियों द्वारा सैन्य रूप से पराजित होने के कारण अथवा मौलिक रूप से शक्ति संबंधों की संरचना को बदले बिना स्वतंत्रता प्रदान करने के लिए मेट्रोपोल और आने वाले राजनीतिक शासकों के बीच एक अप्रत्यक्ष व्यवस्था का परिणाम हो सकती है। प्रतिनिधियों को औपनिवेशिक नौकरशाहों से प्रतिस्थापित करना के लिए उठाए गए प्रारंभिक कदम तथा औपनिवेशिक उग्र सुधारवादी राष्ट्रवाद के जरिए जिम्मेदार सरकारी संस्थान की गति तेज की जा सकती है, तथा औपनिवेशिक सत्ता के परिवर्तन की नियंत्रित गति का बहिर्वाह होता है क्योंकि यह आजादी के बाद सहयोगपूर्ण सरकार का अनुसरण करता है।

व्यापक स्तर पर, वि-उपनिवेशीकरण को पूर्व औपनिवेशिक शक्ति पर आर्थिक और सांस्कृतिक निर्भरता से मुक्त तथा पूरी तरह से स्वतंत्र राज्य की स्थापना के तौर पर देखा जा सकता है। आमतौर पर इस निर्भरता को स्थानीय भाषाओं की बजाय विकासात्मक कार्य हेतु सहयोग अथवा औपनिवेशिक सत्ता के निरंतर उपयोग के संदर्भ में देखा जाता है। इस अर्थ में, इसे अन्य संभावित महान शक्तियों के साथ गठबंधन के लिए आज़ादी की भी आवश्यकता है, तथा गठबंधन हेतु पूर्व मेट्रोपोल की मंज़ूरी जरूरी नहीं है।

5.6.2.1 फ्रांस और वि-उपनिवेशीकरण

फ्रांस में वि-उपनिवेशीकरण की प्रक्रिया पहले विश्व युद्ध के बाद शुरू हुई। फ्रांसीसी उपनिवेशों की प्रजा काफी निराश थी और अपने औपनिवेशिक स्वामी से परेशान होकर उन्होंने आज़ादी की मांग शुरू कर दी थी। मोरक्को में अब्द अल-क्रिम के रिफ़ युद्ध (1921–25) तथा 1925 में अल्जीरिया में उत्तरी अफ्रीका के मेसाली हैडज स्टार के निर्माण के दो युद्ध के दौरान उपनिवेशों में राष्ट्रवाद काफी सशक्त

हुआ। हालांकि, द्वितीय विश्व युद्ध के बाद ही इन आंदोलनों का पूरी तरह से विकास हो पाया। 27 अक्टूबर, 1946 के संविधान से चतुर्थ गणराज्य का निर्माण हुआ, फ्रांसीसी संघ ने औपनिवेशिक साम्राज्य को प्रतिस्थापित किया।

1946 में, फ्रांसीसी हिन्दचीन के राज्य संघ से बाहर निकल गए, जिसके परिणामस्वरूप हो ची मिन्ह के खिलाफ हिन्दचीन युद्ध (1946–54) हुआ, जो 1920 में फ्रांसीसी साम्यवादी पार्टी के सह-संस्थापक रहे थे और 1941 में वियतनाम की स्थापना की थी। 1956 में, मोरक्को और ट्यूनीशिया ने आज़ादी हासिल की, जबकि अल्जीरियाई युद्ध (1954–62) प्रगति पर था। 1958 में चार्ल्स डी गॉल की सत्ता में वापसी के साथ, 'फ्रांसीसी अल्जीरिया' की रक्षा के लिए दक्षिणपंथियों के उपद्रव एवं अशांति के बीच, 1960 में उप-सहारा क्षेत्रों के अफ्रीकी उपनिवेशों की स्वतंत्रता के साथ वि-उपनिवेशीकरण पूरा हो गया तथा 19 मार्च, 1962 के एवियन समझौते ने अल्जीरियाई युद्ध को खत्म कर दिया। संगठन डी एल आर्मी सेक्रेटे (OAS) के आंदोलन ने चार्ल्स डी गॉल की हत्या के प्रयास सहित बम विस्फोटों की श्रृंखला के माध्यम से समझौतों को रोकने की असफल कोशिश की।

5.6.2.2 सोवियत संघ और वि-उपनिवेशीकरण

सोवियत संघ ने या तो पश्चिमी देशों से लगाव रखने वाली या पश्चिमी नियंत्रित सरकारों को प्रत्यक्ष तौर पर अपदस्थ करते हुए अथवा या अप्रत्यक्ष रूप से राजनीतिक नेतृत्व और समर्थन के जरिए पश्चिमी देशों द्वारा औपनिवेशिक शासन के उन्मूलन को प्रभावित करने के मार्ग का अनुसरण किया। इस अवधि में कई क्रांति इस तरह से प्रेरित या प्रभावित थीं। वियतनाम, निकारागुआ, कांगो एवं सूडान में संघर्ष को इसके अंतर्गत माना जाता है।

अधिकांश सोवियत नेताओं ने मार्क्सवादी-लेनिनवादी विचार व्यक्त किया कि, जिसके अनुसार साम्राज्यवाद पूंजीवाद की पराकाष्ठा थी तथा इसके चलते समाज का कई वर्गों में विभाजन हुआ। इसके बाद, खासकर शीत युद्ध की अवधि में सोवियत नेतृत्व उपनिवेशवादी क्षेत्रों में स्वतंत्रता आंदोलनों को प्रोत्साहित किया। हालांकि उनके नेतृत्वकर्ताओं ने इस प्रकार के विचार व्यक्त किए, परंतु ऐसे हस्तक्षेपों को दुनिया के उत्पीड़ित लोगों की सहायता के बजाए सोवियत हितों के विस्तार के तौर पर देखा जा सकता है। चूंकि इनमें से कई स्वतंत्रता आंदोलनों का विस्तार, शीत युद्ध की अवधि के सामान्य संघर्ष के तौर पर हुआ इसलिए संयुक्त राज्य ने भी सोवियत हितों के विरोध में ऐसी कई स्वतंत्रता आंदोलनों का भी समर्थन किया।

वियतनाम युद्ध के दौरान, साम्यवादी देशों ने प्रोपेगेंडा, विकास और आर्थिक सहायता के माध्यम से औपनिवेशिक प्रशासन के अधीन कई देशों में उपनिवेशवाद विरोधी आंदोलनों का समर्थन किया और कुछ मामलों में ऐसे देशों को सैन्य सहायता भी उपलब्ध कराई। अंगोला में क्यूबा और वियतनाम में सोवियत संघ द्वारा (साथ ही चीनी जनवादी गणराज्य द्वारा) सशस्त्र विद्रोही आंदोलनों का समर्थन इसके उल्लेखनीय उदाहरणों में शामिल हैं।

5.7 वि-उपनिवेशीकरण के प्रभाव

वि-उपनिवेशीकरण की प्रक्रिया का औपनिवेशिक राज्यों पर विभिन्न प्रभाव पड़ा था। ऐसा कहा जाता है कि, द्वितीय विश्व युद्ध के उपरांत वि-उपनिवेशीकरण आंदोलन में, विशेष रूप से अफ्रीका में, काफी तेजी आई, जिसके चलते नव स्वतंत्र हुए देश में अस्थिर सरकारों का गठन हुआ तथा इस प्रकार नव स्वतंत्र राष्ट्र-राज्यों के बीच युद्ध और आंतरिक स्तर पर कलह की स्थिति उत्पन्न हुई।

अन्य लोग तर्क देते हैं कि, यह अस्थिरता औपनिवेशिक कालीन समस्याओं का परिणाम है, जिसके अंतर्गत राष्ट्र राज्य की सीमाओं का एकपक्षीय तरीके से निर्धारण, स्थानीय आबादी के लिए प्रशिक्षण का अभाव तथा अर्थव्यवस्था की अस्थिरता शामिल हैं। हालांकि, 20 वीं शताब्दी तक, अधिकांश औपनिवेशिक शक्तियों को धीरे-धीरे जनसंख्या की नैतिक मान्यताओं से उनके औपनिवेशिक प्रजा के कल्याण पर विचार करने के लिए मजबूर किया जा रहा था।

जॉन केनेथ गैलब्रिथ का तर्क है कि, द्वितीय विश्व युद्ध के बाद आर्थिक कारणों से वि-उपनिवेशीकरण की अवधारणा का परिवर्तन हुआ। *ए जर्नी थ्रू इकोनॉमिक टाइम* में उन्होंने लिखा है:

आर्थिक कल्याण का इंजन अब उन्नत औद्योगिक देशों के भीतर और उसके बीच था। घरेलू आर्थिक विकास—जैसा कि अब आकलन किया जाता है एवं काफी चर्चा की जाती है— पूर्व औपनिवेशिक व्यापार की तुलना में कहीं अधिक महत्त्वपूर्ण प्रतीत होने लगा। फिलीपींस को आज़ादी देने से संयुक्त राज्य पर पड़ने वाला आर्थिक प्रभाव अज्ञात था, और आंशिक रूप से ऐसा बेल व्यापार अधिनियम के कारण था, जिसने फिलीपींस की अर्थव्यवस्था में अमेरिकी एकाधिकार की अनुमति दी। भारत और पाकिस्तान के प्रस्थान से यूनाइटेड किंग्डम की आर्थिक स्थिति में मामूली अंतर आया था। डच अर्थशास्त्री ने गणना की कि, इंडोनेशिया में महान डच साम्राज्य के पराभव से होने वाले आर्थिक नुकसान की भरपाई, कुछ ही वर्षों में या गृहयुद्ध की समाप्ति के बाद आर्थिक विकास के जरिए की गई। इतिहास की पुस्तकों में, औपनिवेशिक युग के अंत को पूर्व उपनिवेशों में राष्ट्रीय आकांक्षा की जीत तथा औपनिवेशिक शक्तियों की ओर से सौहार्द्रपूर्ण भावना के तौर पर देखा जाता है। जैसा कि अक्सर होता है, इस मामले में भी अप्रत्यक्ष आर्थिक हितों की मौजूदगी थी जिसे उदासीनता भी कहा जा सकता है (गैलब्रिथ, 1995)।

उपनिवेशों को स्वतंत्र किए जाने के बाद उपनिवेशवादियों द्वारा मामूली आर्थिक प्रभाव महसूस किया गया, जिसका एक कारण यह था कि लागत और लाभ समाप्त नहीं हुए थे, बल्कि इसका स्थानांतरण हुआ था। उपनिवेशवादियों के ऊपर अब अपने उपनिवेशों के प्रति वित्तीय या किसी अन्य प्रकार के दायित्व का बोझ नहीं रह गया था। उपनिवेशवादियों ने पूर्व उपनिवेशों से सस्ती वस्तुओं और श्रम के साथ-साथ आर्थिक लाभ (स्वेज नहर संकट) प्राप्त करना जारी रखा। उपनिवेशवादियों द्वारा वांछित लक्ष्यों को प्राप्त करने के लिए वित्तीय, राजनीतिक और सैन्य दबाव का उपयोग करना अभी भी जारी था। उपनिवेशितों की जिम्मेदारी को अस्वीकार करने की क्षमता, उपनिवेशवादियों को स्पष्ट तौर पर अलग करती है।

वि-उपनिवेशीकरण की प्रक्रिया ऐसे उपनिवेशों में एक आसान बात नहीं है, जहां लोगों की एक बड़ी आबादी विशेष तौर पर कई पीढ़ियों से वहां निवास करती है। आमतौर पर, इस आबादी को वापस स्वदेश भेजा जा सकता है, तथा अक्सर उन्हें बड़े पैमाने पर संपत्ति का नुकसान भी होता है। उदाहरण के लिए, फ्रांस द्वारा अल्जीरिया का वि-उपनिवेशीकरण बड़े यूरोपीय और सेफर्डिक यहूदी आबादी के लिए विशेष रूप से असहज था, जिन्हें अल्जीरिया के स्वतंत्र होने पर बड़े पैमाने पर फ्रांस आना पड़ा था। जिम्बाब्वे (पूर्व रोड्सिया) में राष्ट्रपति रॉबर्ट मुगाबे ने श्वेत किसानों की संपत्ति का बलपूर्वक अधिग्रहण कर लिया। कुछ मामलों में, जहां उपनिवेशी आबादी का महत्त्व काफी बढ़ गया है अथवा जहां स्वदेशी आबादी अब अल्पसंख्यक हो चुकी है, वहां वि-उपनिवेशीकरण लगभग असंभव या पूर्णतः असंभव है, जैसा कि केमैन द्वीप समूह में ब्रिटिश आबादी, कज़ाखस्तान में रूसी आबादी, सिंगापुर में चीनी आबादी के साथ-साथ संयुक्त राज्य और कनाडा के आप्रवासी समुदायों के मामलों में देखा जा सकता है।

5.8 वि-उपनिवेशीकरण के प्रति आधुनिक दृष्टिकोण

हालांकि, अंतर्राष्ट्रीय विकास में अनुदानकर्ताओं के बीच 'वि-उपनिवेशीकरण' शब्द को पूरी तरह स्वीकार नहीं किया गया है, परंतु अंतर्राष्ट्रीय अनुदानकर्ताओं द्वारा लोकतंत्र, शासन व्यवस्था एवं मानवाधिकार को प्रोत्साहन देने तथा 'संस्थाओं के निर्माण' एवं 'मानवाधिकार आधारित दृष्टिकोण' को बढ़ावा देने की परियोजनाएं वास्तव में वि-उपनिवेशीकरण प्राप्त करने के लक्ष्य पर आधारित हैं।

कई स्वतंत्र, उत्तर-औपनिवेशिक देशों में उपनिवेशवाद की व्यवस्था और संस्कृतियां जारी हैं। कमजोर संसद और मंत्रिस्तरीय सरकारें, जहां मंत्रालय संसद के बजाए अपने स्वयं के आदेश जारी करते हैं और कानून लिखते हैं, उपनिवेशवाद के अवशेष को दर्शाते हैं क्योंकि राजनीतिक निर्णय देश के बाहर लिए गए थे। (संसद केवल दिखावे के लिए और कार्यकारी शाखा की तरह थी, तथा स्थानीय शक्ति विदेशी गवर्नर जनरल और विदेशी जनसेवकों के हाथों में थी)। इसी प्रकार, सेनाएं सशक्त स्थिति में हैं तथा और उन पर नागरिक नियंत्रण कमजोर है; यह एक विदेशी सेना द्वारा सैन्य नियंत्रण के अधिग्रहण का प्रतीक है। कुछ मामलों में, उत्तर-औपनिवेशिक देशों में शासी निकाय को अभिजात वर्ग की शासन व्यवस्था के रूप में देखा जा सकता था, जिन्होंने विदेशी औपनिवेशिक शासन के खिलाफ अप्रत्याशित सफलता प्राप्त की परंतु नियंत्रण प्रणाली का कभी परित्याग नहीं किया।

कई देशों में, महिलाओं को सशक्त बनाना तथा पितृसत्तात्मकता को प्रोत्साहन देने वाले मिशनरियों की विरासत को बदलना तथा शिक्षण प्रणालियों में परिवर्तन के जरिए व्यक्तियों व नागरिक समाज को सशक्त बनाना, जिनकी स्थापना औपनिवेशिक सरकारों द्वारा आज्ञाकारी अनुचरों को प्रशिक्षित करने के लिए की गई थी, मानवाधिकार से जुड़ी चुनौतियां हैं।

अक्सर, कपड़ों (जैसे फ्रांसीसी अधिकारियों के 'ब्लू' शर्ट और पिथ हेल्मेट्स), मादक पदार्थों (औपनिवेशिक सरकारों द्वारा लाए गए शराब और तंबाकू, जिसका प्रयोग अक्सर स्थानीय लोगों पर करारोपण हेतु किया गया) और अन्य सांस्कृतिक विशेषताओं पर उपनिवेशवाद का प्रभाव काफी गंभीर होता है।

डेविड लेम्पर जैसे विकासात्मक अध्ययन के कुछ विशेषज्ञों ने, औपनिवेशिक शक्तियों द्वारा प्रारंभ की गई प्रणालियों तथा संयुक्त राष्ट्र प्रणाली एवं यूरोप के लिए वि-उपनिवेशीकरण अधिकार नीति दस्तावेजों के माध्यम से अनवरत होने वाले नुकसान के संदर्भ में उनसे वार्ता शुरू करने का सुझाव दिया है। अक्सर पहली दुनिया के देश इस प्रकार के वि-उपनिवेशीकरण से संलग्न होने के प्रति अनिच्छुक प्रतीत होते हैं, क्योंकि वे समकालीन व्यापार और राजनीतिक संबंधों में उपनिवेशवाद की विरासत से लाभ उठा सकते हैं।

5.9 उत्तर-उपनिवेशवाद

1990 में 'उत्तर-उपनिवेशवाद' की अवधारणा का प्रादुर्भाव हुआ। ऐसा इस तथ्य के कारण है कि, विकासशील/अविकसित देशों के लोग वि-उपनिवेशीकरण की शोषणकारी और कपटपूर्ण प्रक्रियाओं से पूरी तरह से अवगत हो गए। उपनिवेशवादियों ने 'अस्थिरता' की आशंका विकसित की और इस प्रकार अवास्तविक उपनिवेशवादियों और वास्तव में पूर्णतः वि-उपनिवेशित नहीं हुए देशों के शासकों के बीच प्राकृतिक गठबंधन को बढ़ावा देना शुरू किया।

इस शब्द की कोई सुसंगत परिभाषा नहीं है, जो इस विषय के सभी विद्वानों के लिए स्वीकार्य हो। कुछ विद्वानों ने पहचान राजनीति में अंतःस्थापित अवधारणा के रूप में इसकी आलोचना की है। हेलेन गिल्बर्ट और जोएन टॉम्पकिंस के अनुसार (1996),

> *अक्सर 'उत्तर-उपनिवेशवाद' शब्द को अस्थायी अवधारणा के रूप में गलत समझा जाता है, जिसका अर्थ है उपनिवेशवाद की समाप्ति के बाद की अवधि, या राजनीतिक रूप से निर्धारित स्वतंत्रता दिवस के बाद का समय, जब कोई देश किसी अन्य देश में अपने शासन से दूर हट जाता है। उपनिवेशवाद के बाद निष्कपट प्रयोजनवाद उपनिवेशवाद का स्थान नहीं लेता है, बल्कि उपनिवेशवाद के तर्क के संदर्भ में प्रतिवाद, शक्ति संरचना एवं सामाजिक पदानुक्रम का अस्तित्व सामने आता है। उत्तर-उपनिवेशवाद के सिद्धांत को स्वतंत्रता के बाद केवल कालानुक्रमिक निर्माण तथा केवल साम्राज्यवाद के विवाद-जनक अनुभव की तुलना में अधिक उत्तरदायी होना चाहिए।*

आध्यात्म विज्ञान, नैतिकता और राजनीति के रूप में उत्तर औपनिवेशिक सिद्धांत, उत्तर-औपनिवेशिक राष्ट्रीय पहचान के बाद विकास की चुनौतियों के साथ पहचान, लिंग, जाति, नस्लवाद और जातीयता के मामलों को संबोधित करता है, जिसके अंतर्गत कई प्रश्न शामिल है जैसे कि, उपनिवेशवादियों के हितों के अनुरूप उपनिवेशवादी लोगों के ज्ञान का उनके ही खिलाफ किस तरह से इस्तेमाल किया गया, तथा शक्तिशाली और शक्तिहीन के बीच विशिष्ट संबंधों के तहत दुनिया के बारे में ज्ञान कैसे उत्पन्न हुआ, जिसे बार-बार दोहराते हुए आखिरकार कुछ शाही हितों के लिए न्यायसंगत बनाया गया। साथ ही, उत्तर-उपनिवेशवाद का सिद्धांत उपनिवेश के लोगों के मन में उपनिवेशवादियों के प्रति रचनात्मक प्रतिरोध को प्रोत्साहन देता है तथा दर्शाता है कि, यह प्रतिरोध किस प्रकार जटिल है एवं यूरोपीय शाही औपनिवेशिक परियोजनाओं को कैसे आकार देता है, जिसने अपने प्रभुत्व को वैध बनाने के लिए विजय-विरोधी आख्यानों सहित कई रणनीतियों का उपयोग किया।

वैश्विक व्यवस्था के सिद्धांत के दृष्टिकोण से, परिधि में स्थित देशों के आर्थिक शोषण के लिए प्रत्यक्ष राजनीतिक या सैन्य वर्चस्व की आवश्यकता नहीं होती है। इसी तरह, समकालीन साहित्यिक सिद्धांतकारों ने प्रतिनिधित्व के अभ्यास पर ध्यान दिया है, जो पूर्व उपनिवेशों के आज़ादी के बाद भी अधीनस्थता के तर्क को पुन: पेश करते हैं। एडवर्ड सैद ने पथप्रवर्तक पुस्तक *ओरिएंटलिज्म* में उत्तर-औपनिवेशिक अध्ययनों के क्षेत्र को निर्दिष्ट किया। *ओरिएंटलिज्म* में, सैद ने मध्य-पूर्व के बारे में जानकारी हासिल करने के

उद्देश्य से मिशेल फाउकॉल्ट की व्याख्यान विश्लेषण की तकनीक को लागू किया। 'प्राच्यवाद' शब्द सिद्धांतों, अवधारणाओं, और विवाद-जनक प्रथाओं के संरचित समुच्चय का वर्णन किया, जिसका प्रयोग गैर-यूरोपीय लोगों के संदर्भ में जानकारी हासिल करने, उनकी व्याख्या करने तथा उसके मूल्यांकन हेतु किया जाता था। सैद के विश्लेषण ने विद्वानों के लिए साहित्यिक और ऐतिहासिक ग्रंथों का सूक्ष्म विश्लेषण करना संभव बनाया, ताकि यह समझा जा सके कि उन्होंने किस प्रकार साम्राज्यवादी परियोजनाओं को प्रतिबिंबित एवं सशक्त किया। उपनिवेशवाद के आर्थिक या राजनीतिक तर्कों पर केंद्रित पिछले अध्ययनों के विपरीत, सैद ने ज्ञान और शक्ति के बीच संबंधों की ओर ध्यान आकृष्ट कराया। साम्राज्यवाद के सांस्कृतिक और ज्ञानमीमांसीय कार्यों को सर्वप्रमुख स्थान देते हुए, सैद विषयाश्रित ज्ञान की वैचारिक धारणा का अवमूल्यन करने तथा यह दर्शाने में सक्षम हुए कि, 'पूर्व को जानना' उनपर प्रभुत्व स्थापित करने की परियोजना का एक हिस्सा था। इस प्रकार, प्राच्यवाद को पश्चिमी ज्ञानमीमांसा के उत्तर-संरचनात्मक समालोचना के भौगोलिक एवं ऐतिहासिक दायरे के विस्तार हेतु प्रयास के तौर पर देखा जा सकता है।

निष्कर्ष के तौर पर यह बात ध्यान देने योग्य है कि, कुछ विद्वानों ने उत्तर-उपनिवेशवाद के सिद्धांत की अवधारणाओं की सार्थकता पर सवाल उठाना शुरू कर दिया है। स्कॉटिश चार चरणों के सिद्धांत के विचार की तरह यह भी एक सिद्धांत है जिसमें सामान्य तथ्य बहुत कम हैं, तथा उत्तर-उपनिवेशवाद की अवधारणा इतिहास की प्रगतिशील समझ पर निर्भर है (मैकक्लिंटॉक, 1992, स्टैनफोर्ड एनसाइक्लोपीडिया ऑफ फिलॉसफी, 2012 में उद्धृत)। शायद बिना अभिप्राय के यह सुझाव देता है कि, संकरता, परिवर्तन, विशिष्टता और बाहुल्य की मूल अवधारणाओं में एक प्रकार का प्रणालीगत मतांधता या विकासात्मक तर्क हो सकता है। इसके अलावा, अनुसंधान के क्षेत्र में प्रतीक के तौर पर 'औपनिवेशिक' शब्द भी अब तक समस्याग्रस्त है, क्योंकि परिवर्तन के रूप में यह सभी क्षेत्रों में ऐतिहासिक रूप से अकल्पनीय समानताओं का सुझाव देता है, जो वर्चस्व की बहुत अलग तकनीकों का अनुभव करते हैं।

5.10 तीसरी दुनिया: वैचारिक संरचना

'तीसरी दुनिया' शब्द का मूल रूप से इस्तेमाल गुट-निरपेक्ष राष्ट्रों को विशिष्ट तौर पर दर्शाने के लिए किया गया था, जिन्होंने द्वितीय विश्व युद्ध के उपरांत पश्चिमी देशों और पूर्वी-गुट का गठन करने वालों देशों (विशेष रूप से संयुक्त राज्य और पूर्व सोवियत संघ से, जिसे क्रमशः पहली एवं दूसरी दुनिया कहा जाता है) के औपनिवेशिक शासन से आज़ादी प्राप्त की थी। अधिकांश भाग के लिए, इस शब्द में चीन शामिल नहीं है। राजनीतिक रूप से, बांडुंग सम्मेलन (1955) में पहली बार तीसरी दुनिया शब्द का प्रयोग किया गया, जिसके परिणामस्वरूप गुट-निरपेक्ष आंदोलन की स्थापना हुई। संख्या की दृष्टि से, तीसरी दुनिया संयुक्त राष्ट्र पर हावी है, परंतु यह समूह सांस्कृतिक एवं तीव्र आर्थिक विकास की दृष्टि से विविधतापूर्ण है, और इसकी एकता केवल परिकल्पित है। सऊदी अरब, कुवैत और लीबिया जैसे तेल संसाधनों में समृद्ध राष्ट्रों तथा ताइवान, दक्षिण कोरिया और सिंगापुर जैसे नए उभरे औद्योगिक राष्ट्रों, और हैती, चाड व अफगानिस्तान जैसे बेहद ग़रीब राष्ट्रों के बीच काफी कम समानता है।

'तीसरी दुनिया' शब्द का पहली बार प्रयोग, फ्रेंच पत्रिका एल'ऑब्जर्वेटियर के 14 अगस्त, 1952 के अंक में अर्थशास्त्री अल्फ्रेड सॉवी के एक लेख में किया गया था। इसे विचारपूर्वक फ्रांसीसी क्रांति के 'प्रजा वर्ग' के रूप में संदर्भित किया गया था। फ्रांसीसी भाषा में टियर मोन्डे का मतलब 'तीसरी दुनिया' है। शीत युद्ध के दौरान इस शब्द को व्यापक लोकप्रियता मिली, जब कई ग़रीब राष्ट्र इस समूह का हिस्सा बनने तथा स्वयं को नाटो या USSR के साथ गठबंधन से अलग दिखाने के लिए प्रेरित हुए, तथा इसके बजाय उन्होंने एक गुट-निरपेक्ष 'तीसरी दुनिया' का गठन किया। इस संदर्भ में, आमतौर पर शीत युद्ध में संयुक्त राज्य और उसके सहयोगियों को 'पहली दुनिया' माना जाता था, जिन्होंने द्वितीय विश्व युद्ध के दौरान स्वाभाविक तौर पर पूर्वी गुट का गठन किया; हालांकि परवर्ती शब्द का इस्तेमाल शायद ही कभी किया गया।

'तीसरी दुनिया' शब्द को सार्वभौमिक स्वीकृति प्राप्त नहीं हुई है। कुछ लोग इसके स्थान पर 'ग्लोबल साउथ', 'साउथ', गैर-औद्योगीकृत देश, विकासशील देश, अल्पविकरित देश, अविकरित देश, गैर-विकरित देश और उभरते देश जैसे अन्य शब्दों के प्रयोग को प्राथमिकता देते हैं। आजकल 'तीसरी दुनिया' शब्द का मीडिया में सबसे व्यापक रूप से उपयोग किया जाता है, लेकिन कोई भी शब्द सभी अल्पविकसित देशों का अत्यंत सटीकता के साथ वर्णन नहीं कर सकता है। शैक्षिक समुदाय में इन देशों को

ग्लोबल साउथ, विकासशील देश और अल्पविकसित देशों के रूप में भी जाना जाता है। विकास कार्यकर्ता उन्हें दो-तिहाई दुनिया और दक्षिण के तौर पर भी संदर्भित करते हैं। कुछ विद्वान 'विकासशील देश' शब्द को नापसंद करते हैं, क्योंकि इसका तात्पर्य है कि औद्योगीकरण ही विकसित होने का एकमात्र रास्ता है, जबकि उनके विचारानुसार यह आवश्यक रूप से सबसे फायदेमंद नहीं है।

'तीसरी दुनिया' के कई देश अफ्रीका, लैटिन अमेरिका और एशिया में स्थित हैं। अक्सर इसमें ऐसे राष्ट्र शामिल होते हैं, जिन्हें अतीत में किसी अन्य देश द्वारा उपनिवेशित किया गया था। तीसरी दुनिया के देशों की आबादी आम तौर पर अत्यंत निर्धन होती है, परंतु इनकी जन्म दर अत्यधिक होती है। आमतौर पर, वे पहले विश्व के देशों की तरह औद्योगीकृत या तकनीकी रूप से उन्नत नहीं होते हैं। दुनिया के अधिकांश देश इस श्रेणी के अंतर्गत आते हैं। बहुराष्ट्रीय निगमों और IMF एवं विश्व बैंक जैसे संगठनों ने तीसरी दुनिया के देशों को आर्थिक अस्तित्व के लिए पहले विश्व देशों पर निर्भर बनाने में योगदान दिया है। अपने अस्तित्व को बचाना ही निर्भरता है, क्योंकि आर्थिक प्रणाली पहले विश्व के देशों और निगमों को लाभान्वित करती है। विद्वान यह भी सवाल करते हैं कि, क्या पश्चिमी विचार के पक्ष में विकास का विचार पक्षपातपूर्ण है। वे विमर्श करते हैं कि, जनसंख्या वृद्धि तीसरी दुनिया में समस्या का मुख्य स्रोत है या फिर समस्याएं अपेक्षाकृत अधिक जटिल एवं कष्टप्रद हैं। नीति निर्माता इस बात से असहमत हैं कि तीसरी दुनिया में प्रथम विश्व के देशों में कितनी भागीदारी होनी चाहिए, और क्या तीसरी दुनिया के देशों को दिया गया ऋण रद्द किया जाना चाहिए।

5.11 तीसरी दुनिया के देश तथा दुनिया की राजनीति पर उनके प्रभाव

शीत युद्ध के दौरान 'तीसरी दुनिया' शब्द सामने आया। इन देशों को (तीसरी दुनिया के देशों को) 'पहली दुनिया' के तौर पर संदर्भित पूंजीवादी जगत तथा 'दूसरी दुनिया' के तौर पर संदर्भित साम्यवादी जगत में स्थान नहीं दिया जाता है। शैक्षणिक दृष्टि से, 1950 और 1960 के दशक में अल्फ्रेड सॉवी, क्लाउड बोर्डेडेट, जोसेफ लव और लेस्ली वुल्फ-फिलिप्स के लेखन के माध्यम से इस शब्द की ओर सभी का ध्यान आकृष्ट हुआ। अफ्रीका, एशिया और लैटिन अमेरिका के कम विकसित देश इस अर्थ में 'तीसरे' थे, क्योंकि वे आर्थिक दृष्टि से पराश्रित थे तथा अक्सर ग़रीबी व असमानता से पीड़ित थे। इस शब्द ने यह भी बताया कि वे 'गुट-निरपेक्ष' थे। तीसरी दुनिया अक्सर युद्ध का मैदान था, जिस पर प्रथम और द्वितीय दुनिया के बीच भू-राजनीतिक संघर्ष होता था। एक तर्क है कि, निन्दात्मक सैद्धांतिक प्रभावों के कारण 1970 के दशक के बाद से धीरे-धीरे तीसरी दुनिया शब्द का प्रयोग समाप्त हो गया है। हालांकि, इस अध्ययन का तर्क है कि, साझा औपनिवेशिक अतीत का महत्त्व तथा इन देशों में आर्थिक विकास की सामान्य प्रवृत्ति, वर्तमान में भी इस शब्द की प्रासंगिकता को प्रदर्शित करती है।

5.11.1 तीसरी दुनिया: व्युत्पत्ति और प्रचलन

20 वीं शताब्दी के उत्तरार्ध में, विविध संकेतार्थों के लिए इतिहासकारों व सामाजिक वैज्ञानिकों द्वारा विभिन्न शब्दावली का उपयोग किया गया। तीसरी दुनिया के विचार की उत्पत्ति, 1940 के दशक और 1950 के दशक के अंत में शीत युद्ध के वाक्चातुर्य में भी देखी जा सकती है। इस शब्द की उत्पत्ति वैश्विक संदर्भ में 'तीसरी शक्ति, तीसरा रास्ता या तीसरा शिविर' की अवधारणा के तौर पर हुई थी।[14]

हालांकि जवाहरलाल नेहरू द्वारा प्रयुक्त शब्द 'तीसरी शक्ति', तीसरे सैन्य गुट बनाने के उद्देश्य को नकार रहा था, फिर भी वह सैन्यवादियों और शक्तिशाली राज्यों का गठबंधन था। 'तीसरा शिविर'/'तीसरा रास्ता' समाजवादी आंदोलनों (जिसके अंतर्गत असंतुष्ट साम्यवादी, अराजकतावादी या शांतिवादी शामिल थे) के गठबंधन का प्रयास था, जिसने न केवल नाटो तथा स्टालिन के अस्तित्व में मौजूद सैन्यवाद का विरोध किया, बल्कि भविष्य में इस प्रकार उत्पन्न होने वाले वाली अन्य शक्तियों का भी विरोध किया (ओट्फ्टर, 1981)।

निश्चित रूप से 'तीसरा शिविर' शब्द की उत्पत्ति युद्ध-पूर्व अवधि में हुई थी। ट्रोट्स्की के समर्थकों के बीच तथा ट्रोट्स्की वामपंथी विचारकों एवं स्टालिन समर्थकों के विरोधियों के बीच हुई बहस अक्सर उन लोगों के बीच अंतर पर निर्भर है, जिन्होंने 'सोवियत

---

[14] वुल्फ-फिलिप्स (1987) इस शब्द के प्रवर्तक होने के सॉवी के दावे की पुष्टि करते हैं।

संघ के बचाव' (अपमानजनक श्रमिकों के राज्य के रूप में सोवियत संघ के विश्लेषण) के परम्परानिष्ठ रवैये को अपनाया तथा वे लोग जो या तो राज्य पूंजीपति या नौकरशाही के सामूहिक विश्लेषणात्मक स्थिति रखते थे, जिसके चलते उन्होंने निजी और सामूहिक पूंजीवाद, दोनों के विरोध में स्वयं को 'तीसरे शिविर' के तौर पर घोषित किया (ओट्फ्टर, 1981)।

'तीसरी दुनिया' शब्द का पहली बार प्रयोग, अगस्त 1952 (डेरेक एवं अन्य, 2009) में जनसांख्यिकीय व आर्थिक इतिहासकार, अल्फ्रेड सॉवी द्वारा फ्रांसीसी समाजवादी समाचार पत्र एल'ऑब्जर्वेटियर में 'ट्रॉइस मोंडेस, यून प्लैनेट' शीर्षक से प्रकाशित एक लेख में किया गया था, जिसमें एशिया एवं अफ्रीका के नव-स्वतंत्र देशों को अधिकारहीन बनाए जाने की बात को उजागर किया गया, तथा यह निष्कर्ष निकाला कि 'प्रजा वर्ग की तरह तीसरी दुनिया को भी उपेक्षित एवं तिरस्कृत किया गया जो अपनी प्रतिष्ठा हासिल करना चाहते हैं' (वुल्फ-फिलिप्स, 1987)।

5.11.2 'तीसरा दुनिया' की परिभाषा

प्रत्येक विचार को व्यापक अर्थों में समझने के लिए, उस पर यथासंभव बड़े परिप्रेक्ष में चर्चा किए जाने की आवश्यकता होती है। तीसरी दुनिया के अधिकांश विद्वानों ने राष्ट्रीय परिस्थितियों के संदर्भ में इस विषय पर अत्यंत संकीर्णता से चर्चा की है। उन्होंने सांस्कृतिक, आर्थिक और भू-राजनीतिक अवधारणाओं पर विचार नहीं किया, जो निश्चित रूप से इस विषय को गहराई से समझने के लिए आवश्यक है।

यह आसानी से देखा जा सकता है कि, कई सांस्कृतिक, राजनीतिक, आर्थिक और ऐतिहासिक विशेषताओं को आमतौर पर तीसरी दुनिया के देशों से जोड़ दिया जाता है, जो इस विचार को अपनी समझ के अनुसार परिभाषित करता है, और शायद यह वर्तमान में उपलब्ध किसी भी स्पष्ट कालानुक्रमिक और भौगोलिक परिभाषाओं से मेल नहीं खाता है (एस्लर, 1983)।

पाश्चात्य जगत के कई विद्वानों के लिए, तीसरी दुनिया आज भी मूल रूप से अश्वेत लोगों की दुनिया है, और यह एक ऐसा भू-भाग है, जिसे पृथ्वी की रंगत—काले, भूरे, 'पीले' और 'लाल'—के अनुरूप त्वचा के रंगों के संदर्भ में बड़ी आसानी से देखा जा सकता है। अन्य विद्वानों के लिए यह गैर-ईसाई दुनिया है, जो बौद्ध धर्म या इस्लाम जैसे विश्व धर्मों से लेकर बहुत छोटे क्षेत्रों के पारंपरिक धर्मों व अपरिचित विश्वासों का अव्यवस्थित समुच्चय है, तथा ये सभी पश्चिमी ईसाई संप्रदायों के सदस्यों को समान रूप से विदेशी प्रतीत हो सकते हैं (एस्लर, 1983)।

तीसरी दुनिया के नेताओं सहित जिन लोगों के लिए शीत युद्ध आज के युग की एक बड़ी वास्तविकता है, उनकी दृष्टि में तीसरी दुनिया शब्द का मौलिक अर्थ अविस्मरणीय है। इस संदर्भ में तीसरी दुनिया के राष्ट्र, गुट-निरपेक्ष राष्ट्र हैं जो औपचारिक रूप से संयुक्त राज्य या सोवियत संघ के बीच दशकों तक चलने वाले संघर्ष से असंबद्ध रहे हैं (एस्लर, 1983)। जवाहरलाल नेहरू एवं उनके गुट के अन्य सहयोगी नेताओं ने 'तीसरी शक्ति' शब्द का प्रयोग प्रारंभ किया, जो 'गुट-निरपेक्षता' के विचार से जुड़े थे। दरअसल, विकासशील देशों ने स्वयं को अन्य औपनिवेशिक शक्तियों से अलग पाया और इसी बात ने दुनिया के ग़रीब देशों की एकता को सकारात्मक बल प्रदान किया (वुल्फ-फिलिप्स, 1987)। फ्रांसीसी लेखक पियरे जैली, द *पिलिज ऑफ़ द थर्ड वर्ल्ड* नामक पुस्तक में इस शब्द का उपयोग करते हैं (मैरी क्लॉपर द्वारा अनुवादित, 1968; पहला फ्रांसीसी संस्करण 1965)। स्पष्ट रूप से 1956 में इस अभिव्यंजना का उपयोग किया गया, जिसका तात्पर्य यह है कि इसके अंतर्गत आने वाले देश न तो पूंजीवादी और न समाजवादी व्यवस्था पर निर्भर हैं, तथा वे दोनों में से किसी जगत से संबंधित नहीं हैं। यहां, पियरे जैली ने 'गुट-निरपेक्षता' व्याख्या पर जोर दिया (जैली, 1968)।

पाश्चात्य जगत के साथ-साथ तीसरी दुनिया के कई विद्वानों ने इसे राजनीतिक संदर्भ के बजाय भौतिक या आर्थिक संदर्भ में परिभाषित किया है। बड़े पैमाने पर स्वीकृति प्राप्त करने वाले इस दृष्टिकोण के अनुसार, तीसरी दुनिया के देश अल्पविकसित हैं, अधिकांश पश्चिमी देशों की तुलना में अपेक्षाकृत कम समृद्ध है तथा तकनीकी रूप से कम परिष्कृत हैं।

तीसरी दुनिया ग़रीब देशों की दुनिया है, और विश्व के संदर्भ में तीसरी दुनिया के देश निर्धन हैं (एस्लर, 1983)।

डुडले सीर्स और लियोनार्ड जॉय ने अपनी संपादित पुस्तक, डेवलपमेंट इन ए डिवाइडेड वर्ल्ड (1971) में टिप्पणी की है: '... हम अफ्रीका, एशिया और लैटिन अमेरिका के देशों को व्यापक रूप से दुनिया के "ग़रीब" देशों की श्रेणी में रख सकते हैं। "तीसरी

दुनिया" एक ऐसा शब्द है, जो इस प्रकार के सभी देशों को अपने दायरे में समाविष्ट करता है। दो साल बाद, मैथ्यू मैकक्वीन, पॉल अल्परेट और अर्न्स्ट शूमाकर, सभी ने इस शब्द के साथ सहज परिचितता को प्रदर्शित किया। *इकोनॉमिक्स ऑफ डेवलपमेंट* (1973) में मैकक्वीन इस बात को महत्त्व देते हैं कि, 'वास्तव में शब्दों की बहुलता... अर्थात् 'अल्पविकसित' एवं 'निर्धन' देशों जैसे पूर्व-प्रचलित शब्दों तथा 'तीसरी दुनिया', 'विकासशील' एवं 'अविकसित देश' जैसे नव-प्रचलित शब्दों का प्रयोग एक-दूसरे के स्थान पर किया जा सकता है। *पार्टनरशिप ऑर कॉन्फ्रन्ट्रेशन* में एल्पर्ट (1973) 'तीसरी दुनिया, अर्थात् विकासशील देशों' के बारे में लिखते हैं। शूमाकर ने अपनी प्रभावशाली रचना *स्मॉल इज ब्यूटीफुल* (1973) के भाग 3 का शीर्षक द *थर्ड वर्ल्ड* रखा है, जिसमें स्पष्ट तौर पर विकासशील देशों का उल्लेख है (वुल्फ फिलिप्स, 1987)। इमोन बटलर और मैडसेन पिरी ने अपनी रचना ऐड *बाय इंटरप्राइज: मार्केट सॉल्यूशंस टू द प्रॉब्लम ऑफ डेवलपमेंट* में 'तीसरी दुनिया' और 'विकासशील देशों' का प्रयोग एक-दूसरे के स्थान पर किया है (1984; वुल्फ-फिलिप्स, 1987 देखें)।

ए सप्लीमेंट टू द ऑक्सफोर्ड इंग्लिश डिक्शनरी (1986) के चतुर्थ खंड में 'तीसरी दुनिया' के देशों को, विशेष रूप से अफ्रीका एवं एशिया के देशों को उन देशों के तौर पर परिभाषित किया गया है, जो न तो साम्यवादी और न गैर-साम्यवादी गुट से जुड़े हुए हैं; इस प्रकार, आमतौर पर अफ्रीका, एशिया और लैटिन अमेरिका के देश दुनिया के कम विकसित या ग़रीब देशों की श्रेणी में आते हैं (वुल्फ-फिलिप्स, 1987)।

दुनिया के कुछ देशों के लिए, यह समाज के संरचनात्मक और संस्थागत परिवर्तन के विकास हेतु समरसता निर्माण का एक तरीका है।

इकोनॉमिक्स फॉर ए डेवलपिंग वर्ल्ड (1977) में माइकल टोडारो इस बारे में विस्तार से बताते हैं।

> *संयुक्त राष्ट्र के 97 अफ्रीकी, एशियाई और लैटिन अमेरिकी सदस्य-देश, अक्सर सामूहिक रूप से स्वयं को 'तीसरी दुनिया' के रूप में संदर्भित करते हैं। वे मुख्य रूप से आर्थिक रूप से उन्नत 'पूंजीवादी' ('पहली दुनिया') और 'समाजवादी' ('दूसरी दुनिया') देशों से अलग होने के लिए ऐसा करते हैं।...[ऐसा] सामान्य पहचान की एक नई भावना उत्पन्न करने और समान लक्ष्य के प्रति एकजुटता के भाव का प्रतिनिधित्व करने के सतत प्रयास में विकासशील देशों के बीच व्यापक रूप से उपयोग किया जाता है।... 'तीसरी दुनिया' की अर्थव्यवस्था ... पूरे समाज के संरचनात्मक और संस्थागत परिवर्तनों को तीव्र करने हेतु आवश्यक आर्थिक व राजनीतिक प्रक्रियाओं से संबंधित है, जो आर्थिक प्रगति के फल को आबादी के बड़े हिस्से तक कुशलतापूर्वक पहुंचाने में सहायक हो (वुल्फ-फिलिप्स, 1987)।*

सबसे बड़े ऐतिहासिक परिप्रेक्ष्य में, तीसरी दुनिया को अक्सर यूरोपवासियों तथा दुनिया भर में उनके वंशजों द्वारा प्राप्त की गई विजय, उपनिवेशीकरण या आर्थिक शोषण के आम अनुभव के संदर्भ में परिभाषित किया जाता है। इस प्रकार परिभाषित तीसरी दुनिया में धरती के लगभग ऐसे सभी क्षेत्र शामिल हैं, जो किसी भी कालखंड में तथा किसी भी सीमा तक पश्चिमी साम्राज्यवाद से पीड़ित रहे हैं। इन मानदंडों को ध्यान में रखते हुए, भौगोलिक सीमाओं और तीसरी दुनिया के कालक्रम के आयामों की एक स्पष्ट तस्वीर बनाना संभव होनी चाहिए। हालांकि, स्पष्ट तौर पर इसमें कई समस्याएं हैं। सामान्य शब्दों में, इसे अक्सर 'दक्षिण'—अर्थात् विश्व के दक्षिणी गोलार्ध के रूप में जाना जाता है, जहां 'उत्तर' के अपेक्षाकृत अधिक समृद्ध देशों के विपरीत ग़रीबी परिव्याप्त है। इसे कभी-कभी भूमध्य रेखा के उत्तर और दक्षिण, दोनों उष्णकटिबंधीय क्षेत्रों के रूप में वर्णित किया जाता है, जहां दुनिया की सबसे अधिक आबादी निवास करती है तथा निर्धनता का संकेंद्रण है।

'तीसरी दुनिया कहां है?' सवाल का सबसे आसान जवाब, उच्चस्तरीय विद्यालय का कोई भी छात्र दे सकता है: कि यह एशिया, अफ्रीका और लैटिन अमेरिका में अवस्थित है। ये तीसरी दुनिया के महाद्वीप हैं। इस विशाल भू-भाग एवं उनके निकटवर्ती इलाकों पर नजर डालें, तो हमें अमेज़न बेसिन या दक्षिणी प्रशांत द्वीपों की ग्रामीण संस्कृतियों से लेकर चीन, भारत व ईरान जैसी प्राचीन सभ्यताओं के दर्शन होते हैं। हालांकि, तीसरी दुनिया के इस सरल भौगोलिक विवरण में जल्द ही कुछ विसंगतियां दिखाई देती हैं। उदाहरण के लिए, जापान और इज़राइल दोनों एशियाई देश हैं, फिर भी वे न तो अविकसित हैं और न ही गुट-निरपेक्ष हैं। चीन यूरोप की तुलना में वैश्विक दक्षिण का हिस्सा नहीं है, लेकिन यह स्पष्ट रूप से अविकसित है, जबकि दक्षिणी गोलार्द्ध में ऑस्ट्रेलिया, सबसे

विकसित देशों में से एक है। औपचारिक रूप से कई 'गुट-निरपेक्ष' अफ्रीकी, एशियाई और लैटिन अमेरिकी देशों ने वास्तव में शीत युद्ध में एक या दूसरे पक्ष के साथ घनिष्ठ संबंध बनाए हैं: मिस्र और अंगोला, उत्तर और दक्षिण कोरिया, क्यूबा और एल सल्वाडोर, उत्तरी अटलांटिक संगठन या वारसॉ संधि से संबंधित नहीं हो सकते हैं, लेकिन फिर भी उनके संयुक्त राष्ट्र में उनके मतों का सटीकता से पूर्वानुमान लगाया जाता है। सबसे अधिक भ्रम की स्थिति तो यह है कि, कुछ लोग मानते हैं कि तीसरी दुनिया के क्षेत्र वास्तव में विकसित पश्चिमी जगत के बीच अवस्थित हैं। अकेले संयुक्त राज्य में, मूल अमेरिकियों, अफ्रीका-अमेरिकियों, एशियाई अमेरिकियों और लैटिन अमेरिकियों सहित कई अलग-अलग लोगों की पहचान तीसरी दुनिया के लोगों के तौर पर की जाती है। साथ ही, निश्चित तौर पर तीसरी दुनिया में पश्चिमी देशों के वंशज भी बड़ी संख्या में रहते हैं। इनमें से कईयों ने तो अफ्रीका में अंग्रेज़, फ्रेंच और डच के रूप में अपनी पाश्चात्य पहचान को अब तक बरकरार रखा है। वास्तव में, इस प्रकार बसने वाले अधिकांश लोगों ने तीसरी दुनिया के एक बड़े क्षेत्र में पाश्चात्य जीवन शैली को अधिरोपित किया है, जैसा कि अफ्रीका के कुछ हिस्सों तथा दक्षिण संयुक्त राज्य के अधिकांश हिस्सों में यूरोपवासियों के कार्यों से स्पष्ट तौर पर परिलक्षित होता है (एस्लर, 1983)।

इस शब्द की सभी पिछली परिभाषाओं के यथेष्ट नहीं होने के कारण, एंथनी एस्लर अन्य परिभाषाओं का रुख करते हैं जो इसे वैश्विक गांव की दुनिया के रूप में संदर्भित करते हैं। यह वास्तविक तीसरी दुनिया के लोगों का वर्णन अक्सर निरक्षर, अनिवार्य रूप से गैर-शहरी, निर्वाह कृषि पर आधारित राज्यविहीन दुनिया, खानाबदोश चरवाहे, तथा शिकारी-संग्राहक के तौर पर करता है, और जहां भी इस प्रकार के लोग मौजूद हैं उसे तीसरी दुनिया के तौर पर संदर्भित करता है (एस्लर, 1983)। 'तीसरी दुनिया' को इस तरह देखने का तात्पर्य, तीसरी दुनिया को राष्ट्रीय स्तर की बजाय सांस्कृतिक स्तर पर परिभाषित करना है (एस्लर, 1983)।

5.11.3 तीसरी दुनिया की राजनीति की प्रासंगिकता

शीत युद्ध के अंत और सोवियत संघ के विघटन के बावजूद, अमेरिकी हितों और विश्वव्यापी स्थिरता के लिए तीसरी दुनिया का महत्त्व समाप्त नहीं हुआ है, और न ही उन्होंने शांति के नए युग में प्रवेश किया है। चूंकि कई तीसरी दुनिया के राज्य तेजी से शक्तिशाली होते जा रहे हैं, ऐसी स्थिति में तीसरी दुनिया के देश स्वयं के लिए तथा तीसरी दुनिया से परे अन्य देशों के लिए ख़तरा बन चुके हैं और यह प्रवृत्ति जारी रहेगी (डेविड, 1992–93)। तीसरी दुनिया के देश भी, सामान्य पहचान की एक नई भावना उत्पन्न करने और समान लक्ष्य के प्रति एकजुटता के भाव का प्रतिनिधित्व करने के सतत प्रयास में इस पहचान का उपयोग करते हैं, और वे राजनीतिक प्रक्रिया एवं आर्थिक प्रगति के संदर्भ में पूरे समाज के द्रुतगामी संरचनात्मक और संस्थागत परिवर्तनों के लिए भी इसका उपयोग करते हैं।

'तीसरा विश्ववाद' मानव जाति की सामान्य विरासत की भाषाओं को भी व्यक्त करता है, जो जीनोमिक संसाधनों पर स्थायी संप्रभुता की मांग करता है। यह राज्यों, नवीन अंतर्राष्ट्रीय आर्थिक व्यवस्था (NIEO), नवीन वैश्विक सूचना व्यवस्था, सामाजिक, आर्थिक व सांस्कृतिक अधिकारों, तथा सभी राज्यों एवं लोगों के विकास के लिए मानवाधिकारों के साथ-साथ शांतिपूर्ण और मैत्रीपूर्ण संबंधों की भी मांग करता है (बैक्सी, 2006)। संयुक्त राष्ट्र संघ (UNO) जैसे अंतर्राष्ट्रीय निकायों की सक्रिय भागीदारी तथा तीसरी दुनिया की विकास प्रक्रिया के संबंध में विश्व बैंक और अंतर्राष्ट्रीय मुद्रा कोष (IMF) जैसे अंतर्राष्ट्रीय संगठनों ने बहुत अधिक प्रभाव डाला है। निस्सन्देह, ज्यादातर देशों में लोकतंत्रीकरण की प्रक्रिया एवं आर्थिक विकास की गति तीव्र हुई है, इसके बावजूद कई समस्याएं यथावत हैं। तीसरी दुनिया के देशों के आधुनिकीकरण के उद्देश्य से विश्व बैंक के तहत संरचनात्मक समायोजन कार्यक्रम (SAP) का सकारात्मक प्रभाव पड़ा है, हालांकि इसकी काफी आलोचना भी हुई है।

5.11.4 तीसरी दुनिया की राजनीतिक उपादेयता

तीसरी दुनिया के उदय ने एकल-विशेषता आधारित तर्कों तथा विवरणात्मक वक्तव्यों पर सवाल उठाने का मार्ग प्रशस्त किया। इसने विस्तृत-विवरण की आवश्यकता को व्यक्त किया, क्योंकि प्रत्येक क्षेत्र विशेष के प्रकरण में भिन्नता है। विकेंद्रीकरण की धारणा केंद्रीकरण के मुकाबले ज्यादा प्रभावशाली हो गई। इसके अलावा, तीसरी दुनिया के देशों में, अल्पविकास के वैचारिक वाहकों के साथ प्रत्येक देश की सामाजिक-आर्थिक विशेषताओं के अनुसार राष्ट्रीय विकास योजनाओं को तैयार करने की मांग की गई।

सामाजिक उपेक्षा, वंचितता एवं राजनीतिक शक्तिहीनता के कलंक, इन राज्यों को विशेष आवश्यकताओं को पूरा करने तथा इस संदर्भ के लिए उपयुक्त रणनीतियों को तैयार करने हेतु प्रेरित करते हैं। इस अवधारणा से एक समझ बनी कि, तीसरी दुनिया के तहत परिभाषित सभी क्षेत्र अविकसित हैं और यहां बड़े पैमाने पर असमानता है। हालांकि, यह पूरी अवधारणा सभी, संभावित तरीकों का उपयोग करते हुए प्रभावी ढंग से वैश्विक पूंजीवाद में संलग्न होने से संबंधित थी (वेबर, 2004)।

सहायता की राजनीति के माध्यम से तीसरी दुनिया के देशों में विकासात्मक गतिविधियों का अभ्यास इस बात का उदाहरण है कि, 'तीसरे विश्व का विचार' वैश्विक पूंजीवाद में किस प्रकार अपना योगदान देता है।[15] उदाहरण के तौर पर, उदार राजनीतिक अर्थव्यवस्था की विचारधारा को दृढ़ता से स्थापित करने के लिए विश्व बैंक और अंतर्राष्ट्रीय विकास के लिए संयुक्त राज्य एजेंसी (USAID), ने तीसरी दुनिया के देशों में राष्ट्रीय एवं स्थानीय कानून तथा योजनाओं में समुचित परिवर्तन को नया आधार प्रदान किया। 1970 के दशक में मौलिक आवश्यकता संबंधी दृष्टिकोण, इस संबंध में एक बुनियादी प्रेरणा थी। तीसरी दुनिया के देशों की विकास संबंधी चिंताओं को दूर करने के उद्देश्य से, उन्होंने NIEO और विश्व बैंक से 'ग़रीब देशों' को सहायता उपलब्ध कराने की मांग की। विशेष रूप से उन्नत प्रथम विश्व देशों के लाभ के लिए, 1970 के दशक से वैश्विक राजनीतिक पुनर्गठन को तीसरी दुनिया की राजनीतिक उपादेयता से काफी मदद मिली: इसने कानूनी नियमों और सांस्कृतिक मानदंडों के कार्यान्वयन को वैधता प्रदान की, और उस पर 'संरचनात्मक समायोजन' के अधिक उन्नत रूपों को इस प्रकार तैयार किया गया, ताकि 1970 के बदलावों को समायोजित किया जा सके। 1980 के दशक तक, समायोजन को 'मानवीय स्वरूप' देने के लिए 'आपातकालीन सामाजिक निधि' एवं ग़रीबी न्यूनीकरण रणनीतियों के साथ-साथ संरचनात्मक समायोजन का कार्य अच्छी तरह प्रगति कर रहा था। हालांकि, कुछ विकासशील देशों में इन नीतियों का सकारात्मक प्रभाव पड़ा है, परंतु इसकी विधिसम्मत आलोचना भी की गई है जिसके अनुसार ग़रीबी न्यूनीकरण की इन नीतियों को मुख्य रूप से उदारीकरण और निजीकरण रणनीतियों के अनुरूप डिजाइन किया गया है, जो विशेष रूप से वैश्विक पूंजीवाद को लाभान्वित करने के उद्देश्य से वित्तीय क्षेत्र के उदारीकरण से संबंधित है (वेबर, 2004)।

हालांकि, पहली दुनिया का प्रतिनिधित्व करने वाले संयुक्त राज्य को तीसरी दुनिया के राज्यों के खतरों का सामना करना पड़ रहा है, जिन्हें सोवियत समर्थन हासिल नहीं है। इन राज्यों के नेता, अमेरिकी हितों की रक्षा के लिए 'तर्कसंगत' नीतियों का पालन करने में असमर्थ या अनिच्छुक हो सकते हैं। इस बात की संभावना काफी बढ़ गई है कि, तीसरी दुनिया के राज्य अमेरिकी हितों के विरुद्ध आक्रामक तरीके से कार्य करेंगे, क्योंकि अस्थिरता अक्सर युद्ध की ओर अग्रसर होती है, साथ ही विशेष रूप से परमाणु हथियारों के प्रसार तथा तेल की आपूर्ति के कारण तीसरी दुनिया के कई देशों की क्षमता बढ़ गई है जो अमेरिकी हितों के लिए खतरा उत्पन्न कर सकते हैं, और यही बात शीत युद्ध के उपरांत की अवधि में संयुक्त राज्य के लिए सतत चिंता का विषय है (डेविड, 1992–93)।

5.11.5 तीसरी दुनिया की अस्थिरता

सामान्यतः, अस्थिरता हमेशा से तीसरी दुनिया के देशों की एक विशेषता रही है। इन देशों में युद्ध की संभावना अधिक है, क्योंकि घरेलू अस्थिरता तीसरी दुनिया के देशों की विशेषता है, जो गृहयुद्ध के साथ-साथ अंतर्राष्ट्रीय स्तर पर भी युद्ध की स्थिति भी उत्पन्न कर सकती है। उपनिवेशवाद की विरासत इन देशों में अस्थिरता को भी बढ़ावा देती है। तीसरी दुनिया के अधिकांश राज्य पहले उपनिवेश रहे हैं और औपनिवेशिक शक्तियों ने वहां राज्यों का निर्माण किया जहां कोई भी अस्तित्व में नहीं था। जातीय समूहों के अस्तित्व (दक्षिण-पूर्व एशिया में उच्च, अफ्रीका और मध्य पूर्व में न्यून) ने अधिक संख्या में राष्ट्रीय सीमाओं का निर्माण किया तथा ज्यादा तनाव उत्पन्न किए (क्लैपहैम 1999–93, डेविड में उद्धृत)। औपनिवेशिक शक्तियों ने जातीयता के आधार पर अलग-अलग कार्य सौंपकर इन जातीय समूहों को और अधिक विभाजित किया तथा उन्हें एक-दूसरे के खिलाफ कर दिया (स्मिथ, 1986)। उनकी सीमाओं के निर्धारण में स्वेच्छाचारिता के कारण, तीसरी दुनिया के कई राज्यों ने एकजुट इकाइयों के बजाय कृत्रिम तौर पर निर्मित संरचनाओं को अपनाया और बरकरार रखा।

---

[15] इस विषय पर कई अध्ययन हैं; टेरेसा हैटर (1971) इनमें से एक है। 'विकास सिद्धांत' के उत्कृष्ट विश्लेषण के लिए, कॉलिन लेस (1996) और बोजर्न हेटन (1990) देखें। इसके अलावा, वेबर (2004) देखें।

जातीय आधार पर विभाजन के कारण राज्यों के साथ-साथ उनके भीतर भी समस्याएं उत्पन्न होती हैं। कुछ मामलों में, औपनिवेशिक सीमाओं ने एक ही जातीय समूह को कई राज्यों के बीच विभाजित किया (उदाहरण के लिए, ओगाडेन सोमालियाई निवासियों का सोमालिया, इथियोपिया, केन्या और जिबूती में विभाजन)। चूंकि जातीय समूह के ज्यादातर लोग राज्य की तुलना में अपने समूह के प्रति अधिक निष्ठा प्रदर्शित करते हैं और कुछ राज्य प्रत्येक समूह के सदस्यों की उस निष्ठा का फायदा उठाने के लिए प्रतिस्पर्धा करते हैं, जिसके परिणामस्वरूप तनाव जारी रहता है और कभी-कभी यह युद्ध में भी परिणत हो जाता है (लेविस, 1980)।

शांति को प्रोत्साहन देने वाली ये स्थितियां तीसरी दुनिया पर लागू नहीं होती हैं। कुछ उल्लेखनीय अपवादों (विशेष रूप से पूर्वी एशिया में) के साथ, श्रमिकों का कौशल तीसरी दुनिया के अधिकांश देशों की शक्ति का प्रमुख घटक नहीं है। अरब-इज़राइल विवाद से स्पष्ट तौर पर देखा जा सकता है कि, भूमि को अभी भी सुरक्षा के लिए महत्त्वपूर्ण माना जाता है, क्योंकि यह आक्रमण के लिए एक संभावित मंच है, जो खतरनाक हथियार के परिनियोजन के लिए एक संभावित स्थल है, साथ ही पानी जैसे महत्त्वपूर्ण संसाधनों को नियंत्रित करने के लिए भी इसकी आवश्यकता होती है। दुनिया के कुछ हिस्सों में, समृद्धि एवं शक्ति में भू-संसाधन का प्रत्यक्ष योगदान नहीं हो सकता है, परंतु कुवैत पर इराक़ के आक्रमण से यह स्पष्ट हुआ कि किसी अन्य देश की भूमि (और तेल) पर कब्जा करना, तुरंत समृद्धि प्राप्त करने का एक जरिया है। परमाणु हथियारों की मौजूदगी को नजरअंदाज करते हुए तीसरी दुनिया के देशों में शांति स्थापित नहीं की जा सकती है। तीसरी दुनिया के अधिकांश देशों के पास परमाणु हथियार नहीं हैं, इसलिए वे स्वयं को संतर्जक मानने से इनकार करते हैं। सबसे महत्त्वपूर्ण बात यह है कि, तीसरी दुनिया के देशों में परमाणु हथियारों की मौजूदगी के बावजूद, बाहरी देशों की तुलना में यहां युद्ध के निवारण की संभावना कम है (डेविड, 1992–93)।

संक्षेप में, तीसरी दुनिया की शक्ति एवं अस्थिरता में वृद्धि का निश्चित तौर पर संयुक्त राज्य तथा पहली दुनिया के अन्य देशों पर अज्ञात प्रभाव पड़ने की संभावना है। यह बात पूरी तरह से स्पष्ट है कि, शीत युद्ध के बाद भी तीसरी दुनिया की प्रासंगिकता बनी हुई है। इसके अलावा, विकासशील देशों के रूप में तीसरी दुनिया की उभयनिष्ठ पहचान से इन देशों के सामाजिक-आर्थिक एवं राजनीतिक विकास का मार्ग प्रशस्त होता है।

मॉडल प्रश्न

5.1 उपनिवेशवाद को परिभाषित करें तथा उपनिवेशवाद एवं साम्राज्यवाद के बीच अंतर की व्याख्या करें।

5.2 उपनिवेशवाद के लिए जिम्मेदार कारकों पर चर्चा करें तथा विभिन्न प्रकार के उपनिवेशों को संक्षेप में समझाएं।

5.3 ब्रिटिश उपनिवेशवाद की विशेषताओं का आलोचनात्मक परीक्षण करें।

5.4 नव-उपनिवेशवाद शब्द से आप क्या समझते हैं? साम्राज्यवाद के साथ इसकी समानताओं एवं असमानताओं पर चर्चा करें।

5.5 आर्थिक प्रभुत्व के रूप में नव-उपनिवेशवाद की व्याख्या करें और पराधीनता के सिद्धांत का परीक्षण करें।

5.6 उत्तर-उपनिवेशवाद की अवधारणा और विशेषताओं की व्याख्या करें।

5.7 वि-उपनिवेशीकरण को परिभाषित करें और वि-उपनिवेशीकरण के लिए जिम्मेदार कारकों की व्याख्या करें।

5.8 वि-उपनिवेशीकरण की विभिन्न विधियों एवं चरणों पर विस्तारपूर्वक चर्चा करें।

5.9 दुनिया पर वि-उपनिवेशीकरण के प्रभाव का आलोचनात्मक परीक्षण करें।

5.10 तीसरी दुनिया के देशों के प्रादुर्भाव एवं विकास पर चर्चा करें।

अनुशंसित साहित्य

Barongo, Yolamu R. 1980. *Neocolonialism and African Politics: A Survey of the Impact of Neocolonialism on African Political Behaviour.* New York: Vantage Press.

Baxi, U. 2006. 'What May the "Third World" Expect from International Law?' *Third World Quarterly* 27 (5), 713–25.

Bill, Ashcroft, Gareth Griffiths, and Helen Tiffin, eds. 1995. *The Post-colonial Studies Reader.* London: Routledge.

Birmingham, David. 1995. *The De-colonization of Africa.* Athens, OH: Ohio University Press.

Byrne, Malcolm, ed. 2002. *The 1956 Hungarian Revolution: A National Security Archive Electronic Briefing.* US: National Security Archives.

Chatterjee, Partha. 1993. *Nation and Its Fragments: Colonial and Post-colonial Histories.* Princeton: Princeton, NJ: Princeton University Press.

Chaudhary, M. A., and Gautam Chaudhary. 2009. *Global Encyclopaedia of Political Geography.* New Delhi: Global Vision Publishing House.

Chrisman, Laura, and Parry Benita, eds. 2000. *Postcolonial Theory and Criticism.* Cambridge: English Association.

David, S. R. 1992/93. 'Why the Third World Still Matters'. *International Security* 17 (3): 127–59.

Esler, A. 1983. 'Toward a World-Historical Definition of the Third World'. *International Social Science Review* 58 (4): 195–201.

Galbraith, John Kenneth. 1995. *A Journey through Economic Time.* New York: Marine Books.

Gandhi, Leela. 1988. *Postcolonial Theory: A Critical Introduction.* New York: Columbia University Press.

Gilbert, Helen, and Joanne Tompkins. 1996. *Post-colonial Drama: Theory, Practice, Politics.* London: Routledge.

Graf, William D. 1981. 'Review of *Yolamu R. Barongo's Neocolonialism and African Politics: A Survey of the Impact of Neocolonialism on African Political Behaviour*'. Canadian Journal of African Studies. 15 (3): 600–602.

Gregory, Derek, Ron Johnston, Geraldine Pratt, Michael Watts, and Sarah Whatmore, eds. 2009. *Dictionary of Human Geography,* 5th ed. Oxford: Wiley-Blackwell.

Hayter, Teresa. 1971. *Aid as Imperialism.* London: Penguin Books.

Hettne, Bjorn. 1990. *Development Theory and the Three Worlds.* Essex: Longman.

Uemura, Hideaki. 1996. *Report on a New Policy for the Ainu: A Critique. FOCUS* 4 (June).

Hoogvelt, Ankie M. M. 2001. *Globalization and the Postcolonial World: The New Political Economy of Development.* Baltimore, MD: Johns Hopkins University Press.

Hooker, M. B. 1975. *Legal Pluralism: An Introduction to Colonial and Neo-colonial Laws.* Oxford: Clarendon Press.

Jalee, Pierre. 1968. *The Pillage of the Third World.* Translated by Mary Klopper. New York: Monthly Review Press.

Krishnaswamy, Revathi and John Charles Hawley. 2008. *The Postcolonial and the Global,* 47. Minneapolis: University of Minnesota Press.

Levis, I. M. 1980. *Modern History of Somalia,* 221–22. London: Longman.

Leys, Colin. 1996. *The Rise and Fall of Development Theory.* Oxford: James Curry.

Loomba, Ania. 2005. *Colonialism/Postcolonialism,* 2nd ed. London and New York: Routledge.

Marx, Karl. 1972. *On Colonialism: Articles from the New York Tribune and Other Writings.* New York: International Publishers.

Mbembe, Achille. 2000. *On the Postcolony: Studies on the History of Society and Culture.* Berkley, CA: University of California.

Nandy, Ashis. 1983. *The Intimate Enemy: Loss and Recovery of Self under Colonialism.* Delhi: Oxford University Press.

Nkrumah, Kwame. 1965. *Neo-Colonialism: The Last Stage of Imperialism.* London: Thomas Nelson & Sons Ltd.

Osterhammel, Jürgen. 1997. *Colonialism: A Theoretical Overview.* Princeton, NJ: M. Wiener.

Otfter, L. 1981. 'Why Third World?: Three Critiques'. *Third World Quarterly* 3 (3): 528–31.

Baker, Peter. 2005. 'Memories of Soviet Repression Still Vivid in Baltics'. *The Washington Post,* 7 May.

Sartre, Jean-Paul. 2001. *Colonialism and Neocolonialism.* France: Routledge.

Smith, Anthony D. 1986. 'State-Making and Nation-Building'. In *States in History,* edited by John A. Hall, 252–53. New York: Basil Blackwell.

Stanford Encyclopaedia of Philosophy [online], plato.stanford.edu/entries (first published in 2006; substantive revision in 2012).

Thiong'o, Ngugi wa. 1983. *Barrel of a Pen: Resistance to Repression in Neo-colonial Kenya.* Trenton, NJ: Africa World Press of the Africa Research & Publications Project.

Wallerstein, Immanuel Maurice. 1966. *Africa: The Politics of Independence and Unity.* New York: Random House.

Weber, H. 2004. 'Reconstituting the "Third World"? Poverty Reduction and Territoriality in the Global Politics of Development'. *Third World Quarterly* 25 (1): 187–206.

Wolf-Phillips, L. 1987. 'Why "Third World"?: Origin, Definition and Usage'. *Third World Quarterly* 9 (4): 1311–27.

Young, Robert. 2001. *Postcolonialism: An Historical Introduction.* Oxford: Blackwell.

6

निरस्त्रीकरण, शस्त्र नियंत्रण तथा परमाणु प्रसार

एम. मुस्लिम ख़ान

अध्ययन के उद्देश्य

- निरस्त्रीकरण, शस्त्र नियंत्रण तथा परमाणु प्रसार की अवधारणाओं को समझना
- निरस्त्रीकरण के बुनियादी सिद्धांतों को जानना
- निरस्त्रीकरण की दिशा में किए गए विभिन्न प्रयासों का विश्लेषण करना
- निरस्त्रीकरण एवं परमाणु हथियारों के उन्मूलन की प्रक्रिया से संबंधित बुनियादी मुद्दों और बाधाओं का अन्वेषण करना

अध्याय सार

हथियारों की होड़ के कारण विभिन्न राष्ट्रों के बीच युद्ध एवं तनाव की परिस्थितियां उत्पन्न होती हैं। यह सेना के विस्तार तथा भारी पैमाने पर हथियारों के संचय को भी प्रोत्साहन देता है, जिसका उपयोग ग़रीबी को कम करने और विकास को बढ़ावा देने के लिए किया जा सकता था। निरस्त्रीकरण एवं शस्त्र नियंत्रण की दिशा में किए गए विभिन्न प्रयासों की विफलता ने प्रथम और द्वितीय विश्व युद्धों को जन्म दिया। शीत युद्ध की परिस्थितियों ने निरस्त्रीकरण एवं शस्त्र नियंत्रण की प्रगति में बाधा डाली, जिसके परिणामस्वरूप परस्पर-विरोधी सैन्य गठबंधन एवं प्रति सैन्य गठबंधनों की स्थापना हुई तथा परमाणु हथियारों एवं सामूहिक विनाश के अन्य हथियारों के निर्माण और प्रसार में वृद्धि हुई। जैसे-तैसे शीत युद्ध का अंत हुआ, जिससे महाशक्तियों के बीच जारी निरंतर तनाव में कमी आई तथा निरस्त्रीकरण की दिशा में उम्मीद जगी। हालांकि, कई देशों में परमाणु हथियारों का विस्तार हुआ है, जो शांति को ख़तरे में डालने के साथ-साथ और निरस्त्रीकरण एवं शस्त्र नियंत्रण के प्रयासों को जटिल बनाते हैं। निरस्त्रीकरण एवं शस्त्र नियंत्रण की अवधारणाओं को परिभाषित किया गया है, तथा वास्तविक मुद्दों, बाधाओं और वैश्विक राजनीति की जटिल दुनिया के साथ इसके संबंधों को समझने का प्रयास किया गया है। इस अध्याय में निरस्त्रीकरण एवं शस्त्र नियंत्रण के लिए महाशक्तियों की ओर से की जा रही बातचीत एवं समझौता वार्ताओं की समीक्षा की गई है। एक ओर वे अपनी शक्तियों को बढ़ाने के लिए परिष्कृत हथियारों के निर्माण में व्यस्त हैं तथा लाभार्जन के उद्देश्य से निर्धन एवं विकासशील देशों को शस्त्र बेच रहे हैं। दूसरी ओर, उनके जाल में फंसने वाले निर्धन एवं विकासशील देश बड़े पैमाने पर हथियारों की खरीदारी में व्यस्त हैं, जबकि आर्थिक विकास पर अपेक्षाकृत कम खर्च किया जा रहा है।

शस्त्र हमारी रक्षा करते हैं, परंतु वे लोगों की जान भी लेते हैं और विनाश का कारण बनते हैं। विकास के लिए शांति एवं सुरक्षा आवश्यक है। युद्ध और हथियारों की होड़ शांति, सुरक्षा तथा मानवजाति के अस्तित्व के लिए ख़तरनाक है। आमतौर पर हथियारों की होड़ तनाव और युद्धों की ओर ले जाती है, जिसके परिणामस्वरूप नरसंहार और सामूहिक विनाश होता है। दुनिया को दो विश्व युद्धों के साथ-साथ कई अन्य युद्धों का सामना करना पड़ा है। प्रथम विश्व युद्ध (1939–45) के दौरान, 60 मिलियन से अधिक लोग मारे गए थे, जो 1940 की वैश्विक जनसंख्या का लगभग 3 प्रतिशत था। द्वितीय विश्व युद्ध ने एक महाशक्ति के रूप में स्थापित जर्मनी का विध्वंस कर दिया तथा पूरी दुनिया में बड़े पैमाने पर तबाही हुई। इसने विशेष रूप से यूनाइटेड किंगडम, फ्रांस, जापान और इटली की शक्तियों को नष्ट कर दिया। 1945 में द्वितीय विश्व युद्ध के अंत के बाद, नई उभरती शक्तियों, संयुक्त राज्य (USA) और सोवियत

समाजवादी गणतंत्रों के संघ (USSR/सोवियत संघ) के बीच शीत युद्ध शुरू हो गया। यह उनके बीच प्रत्यक्ष युद्ध के बजाय वैचारिक मतभेद को दर्शाता है, तथा संयुक्त राज्य एवं सोवियत संघ के बीच की शत्रुता के कारण नाटो और वर्साय संधि जैसे दो सैन्य गुटों का गठन हुआ। वे छद्म युद्ध, प्रतिद्वंद्विता, संदेह और एक-दूसरे के दुश्मनों को समर्थन देने के कार्य में संलिप्त थे। उन्होंने बड़े पैमाने पर युद्ध सामग्रियों को विकसित किया और इसे पूरी दुनिया में तैनात किया। सैद्धांतिक रूप से, संयुक्त राज्य एवं नाटो लोकतंत्र और उदारवाद की सुरक्षा का प्रतीक थे, जबकि सोवियत संघ एवं इसकी वर्साय संधि में साम्यवादी प्रभुत्व वाले देश शामिल थे, जो समाजवाद और मार्क्सवादी-लेनिनवादी दर्शन के तहत पूर्णतया राज्य-नियंत्रित अर्थव्यवस्था में विश्वास रखते थे। परमाणु बम, लंबी दूरी के बमवर्षकों, अंतरमहाद्वीपीय बैलिस्टिक मिसाइलों (ICBMs) और पनडुब्बी से प्रक्षेपण योग्य बैलिस्टिक मिसाइलों (SLBMs) के विकास ने पूरी दुनिया के अस्तित्व को ख़तरे में डाल दिया है। युद्ध के दौरान प्रतिक्रिया की अवधि को कम करने के लिए, संयुक्त राज्य ने तुर्की एवं पश्चिमी यूरोप के अन्य सहयोगी देशों में अपने मिसाइलों को तैनात किया, ताकि USSR के खिलाफ़ गोलीबारी की जा सके। इसी प्रकार, USSR ने संयुक्त राज्य के निकटवर्ती देश क्यूबा तथा पूर्वी यूरोप के सहयोगी देशों में अपने मिसाइलों को तैनात किया। इस प्रकार की मिसाइलों से कुछ ही मिनटों के भीतर दुश्मन देश पर हमला किया जा सकता था। शीत युद्ध की अवधि में, संयुक्त राज्य और USSR द्वारा उच्च श्रेणी के टोही विमान विकसित किए गए थे, जो मिसाइलों की गति से उड़ने तथा दुश्मन देशों की तस्वीरें लेने में सक्षम थे। संयुक्त राज्य द्वारा सोवियत संघ के खिलाफ़ U-2 जैसे टोही विमानों और 1960 के दशक के अंत तक, SR-71 का उपयोग किया गया; सोवियत संघ ने द्वितीय विश्व युद्ध के ठीक बाद रूस में एक अमेरिकी U-2 विमान को मार गिराया था। सोवियत संघ ने सबसे पहले मानव निर्मित उपग्रह, स्पुतनिक का निर्माण किया, जो अंतरिक्ष से पृथ्वी पर कार के नंबर प्लेट तक की तस्वीरें लेने में सक्षम था। बाद में संयुक्त राज्य ने भी दुश्मन देशों के बारे में जानकारी एकत्रित करने के उद्देश्य से स्वयं के कृत्रिम उपग्रहों का विकास किया। 1980 में, संयुक्त राज्य ने अंतरिक्ष उपग्रहों से मिसाइलों को नष्ट करने के लिए 'स्टार वार्स' नामक कार्यक्रम का विकास किया। शीत युद्ध के दौरान, संयुक्त राज्य और USSR के बीच प्रत्यक्ष युद्ध का ख़तरा काफी अधिक था, हालांकि अंततः इसे टाला गया क्योंकि ऐसी स्थिति दोनों के लिए विनाशकारी थी।

हाल के वर्षों में, हमने अमेरिकी नेतृत्व वाली सेनाओं और इराक़ के सद्दाम हुसैन की सेनाओं के बीच खाड़ी युद्धों, और इसके बाद इस्लामी राज्य युद्ध एवं अमेरिकी हवाई बम विस्फोटों को देखा है, जिससे इराक़ नेस्तनाबूत हो गया। सीरियाई राष्ट्रपति असद के समर्थन में, रूसी राष्ट्रपति पुतिन ने असद के विरोधियों तथा सीरिया एवं इराक़ में इस्लामी राज्य के लड़ाकों पर मिसाइल व बम बरसाने के लिए सेनाएं भेजीं। इन देशों द्वारा, नागरिकों, अस्पतालों, स्कूलों आदि पर भी बम बरसाए गए, जिसके चलते वर्ष 2015–16 के दौरान हजारों लोगों की जान गई तथा हजारों की संख्या में लोगों ने भागकर यूरोपीय देशों में शरण लिया। संयुक्त राज्य को असद सरकार को पुतिन की ओर से दिया गया समर्थन रास नहीं आ रहा है, और वह असद को सत्ता से बेदखल करना चाहता है। संयुक्त राज्य सीरिया में कुछ असद-विरोधी विद्रोहियों का भी समर्थन कर रहा है। यमन में भी युद्ध जारी है। कई सालों से जारी युद्ध एवं संघर्ष के कारण अफगानिस्तान में बड़े पैमाने पर विनाश हुआ है। हालांकि इन युद्धों की प्रकृति स्थानीय है, परंतु बड़े युद्धों का ख़तरा भी बरकरार है जिसमें परमाणु हथियारों का उपयोग किया जा सकता है। परमाणु युद्ध बड़े पैमाने पर विनाश का कारण बन सकते हैं, और यहां तक कि पूरी दुनिया को भी नष्ट कर सकते हैं। लंबे समय से, हथियारों को कम करने और इस प्रकार युद्धों की संभावना को कम करने की तात्कालिक आवश्यकता महसूस की गई है। निरस्त्रीकरण एवं शस्त्र नियंत्रण सबसे महत्त्वपूर्ण तरीके हैं, जो भविष्य में युद्धों की संभावना को कम कर सकते हैं और पृथ्वी को मानव विकास एवं मानव अस्तित्व के लिए सुरक्षित बना सकते हैं। द्वितीय विश्व युद्ध के दौरान वर्ष 1945 में जापान के खिलाफ़ संयुक्त राज्य द्वारा परमाणु हथियारों का उपयोग किया गया, तथा जापान के हिरोशिमा एवं नागासाकी शहरों पर परमाणु बम गिराए गए, जिसमें 129,000 लोग मारे गए थे (चित्र 6.1 एवं 6.2)। उस समय, केवल संयुक्त राज्य के पास परमाणु हथियार, अर्थात् सामूहिक विनाश के हथियार (WMD) थे। तत्पश्चात, शीत युद्ध के दौरान, सोवियत संघ ने पहली बार संयुक्त राज्य का मुकाबला करने के लिए परमाणु हथियारों का विकास आरंभ किया और फिर कई अन्य देशों द्वारा परमाणु हथियार विकसित किए गए। वर्तमान में, USA, रूस, यूनाइटेड किंग्डम, फ्रांस, चीन, इज़राइल, भारत और पाकिस्तान के पास परमाणु हथियार हैं, जो दुनिया को कई बार नष्ट कर सकते हैं। उनके पास परमाणु एवं पारंपरिक हथियारों के विशाल भंडार हैं। इससे भविष्य में तीसरे विश्वयुद्ध की परिस्थितियां उत्पन्न हो सकती हैं।

चित्र 6.1 हिरोशिमा में परमाणु बम विस्फोट

चित्र 6.2 हिरोशिमा में परमाणु बम विस्फोट के बाद के हालात

विश्व के कई राजनेताओं और राजनीतिज्ञों ने निरस्त्रीकरण एवं शस्त्र नियंत्रण की तात्कालिक आवश्यकता को महसूस किया है। 1961 में, अमेरिकी राष्ट्रपति जॉन एफ. केनेडी ने संयुक्त राष्ट्र महासभा में एक लंबा भाषण दिया, जहां उन्होंने कहा कि मौजूदा आधुनिक हथियार 10 मिलियन गुना अधिक शक्तिशाली थे: 'हर आदमी, महिला एवं बच्चों पर परमाणु खतरे की पतले धागे से बंधी तलवार हर पल लटक रही है, जो किसी भी क्षण दुर्घटना या ग़लतफ़हमी या उन्माद की वजह से हमारे ऊपर गिर सकती है। इससे पहले कि हथियार हमें नष्ट कर दें, हमें उन्हें नष्ट कर देना चाहिए।'[1] उन्होंने कहा, 'हम साथ मिलकर इस ग्रह को सुरक्षित बचाएंगे या फिर एक साथ स्वाहा हो जाएंगे।'[2] भूतपूर्व सोवियत नेता ख्रुश्चेव ने कहा था कि, युद्ध को रोकने तथा निरस्त्रीकरण की समस्या सहित प्रमुख अंतर्राष्ट्रीय समस्याओं पर समझौते तक पहुंचने के लिए हर संभव प्रयास किए जाने की जरूरत है। मशहूर विद्वान, जेराल्ड वेंडट ने जैविक युद्धों से जुड़े खतरों पर अपने विचार व्यक्त करते हुए कहा कि, अगर भविष्य में कभी तृतीय विश्व युद्ध लड़ा जाता है, तो ज्यादातर लोग आवाज़ रहित, मानव-विरोधी हथियारों के हमले से मारे जाएंगे, जो कोई आवाज़ नहीं करते हैं, कोई चेतावनी नहीं देते हैं, जंगलों या शहरों को नष्ट नहीं करते हैं, लेकिन मानव जाति को लाखों की संख्या में मार डालने में सक्षम हैं।

---

[1] 'संयुक्त राष्ट्र महासभा में राष्ट्रपति जॉन एफ केनेडी द्वारा संबोधित', अमेरिकी विदेश विभाग, (25 सितंबर, 1961)

[2] पूर्वोक्त।

फिलिप नोएल बेकर ने हथियारों की होड़ को डर की बुनियाद माना है। उन्होंने तर्क दिया कि, हथियार भय उत्पन्न करते हैं और भय के कारण अधिकाधिक संख्या में हथियार विकसित होते हैं, तथा राष्ट्रीय सुरक्षा के लिहाज से सभी संबंधित लोगों के लिए इसके परिणाम विनाशकारी होते हैं। 20 वीं सदी में एक ओर हथियारों की होड़ जारी थी, तो दूसरी ओर निरस्त्रीकरण और हथियारों के नियंत्रण की आवश्यकता का अहसास भी था। प्रसिद्ध विद्वान जॉर्ज पेर्कोविच (1998) ने इस ओर हमारा ध्यान आकृष्ट करते हुए कहा कि, शीत युद्ध के परिणामस्वरूप स्थानीय स्तर पर अघोषित परमाणु शक्तियों के बीच संघर्ष की संभावनाओं में वृद्धि हुई। हमारे विचारानुसार, परमाणु हथियारों के आतंकवादियों एवं विद्रोहियों के हाथों में पहुंचने का भी ख़तरा है। 11 सितंबर, 2001 को संयुक्त राज्य पर हमले के बाद यह स्पष्ट हो गया है कि, आतंकवादी किसी भी देश में हमला कर सकते हैं तथा विनाशकारी उद्देश्यों के लिए किसी भी साधन का उपयोग कर सकते हैं, इसलिए WMD के निरस्त्रीकरण की तत्काल आवश्यकता है।

6.1 निरस्त्रीकरण

6.1.1 अर्थ एवं परिभाषाएं

सामान्य तौर पर, निरस्त्रीकरण का तात्पर्य हथियारों की संख्या में कमी या उनका उन्मूलन है। संयुक्त राष्ट्र महासभा ने निरस्त्रीकरण को सशस्त्र बलों और पारंपरिक हथियार के संतुलित कमी के साथ सभी प्रकार के WMDs के उन्मूलन के रूप में परिभाषित किया है।[3]

अक्सर भ्रमवश निरस्त्रीकरण को शस्त्र नियंत्रण समझ लिया जाता है, लेकिन ये अलग-अलग होते हैं। निरस्त्रीकरण का उद्देश्य मौजूदा हथियारों को नष्ट करना है, जबकि शस्त्र नियंत्रण का उद्देश्य भविष्य में हथियारों के उत्पादन को नियंत्रित करते हुए हथियारों की होड़ और शस्त्र के दुरुपयोग, दोनों को नियंत्रित करना है। निरस्त्रीकरण का तात्पर्य, हथियारों के स्तर को कम करने अथवा अत्यधिक विनाशकारी हथियारों को खत्म करने के दृष्टिकोण के साथ हथियारों का समग्र रूप से उन्मूलन या केवल कुछ सामरिक हथियारों का विनियमन एवं नियंत्रण हो सकता है। जरूरी नहीं है कि निरस्त्रीकरण का अर्थ हथियारों का नियंत्रण हो। दूसरी तरफ, जरूरी नहीं है कि शस्त्र नियंत्रण का अर्थ हथियारों के स्तर में कमी हो। निरस्त्रीकरण की अवधारणा का तात्पर्य अस्त्र-शस्त्रों, हथियारों, उपकरण, बजट और सैन्य अड्डों जैसे अन्य संबंधित बातों सहित सशस्त्र बलों के उन्मूलन, इन्हें सीमित किए जाने या इनमें कटौती की योजना अथवा प्रणाली से है। वेरनॉन वेन डाइक (1957 एवं 1969) ने तर्क दिया कि, सशस्त्र शक्ति को विनियमित अथवा सीमित किए जाने के किसी भी कार्य को निरस्त्रीकरण की युक्ति के तौर पर देखा जाना चाहिए। हेन्स जे. मोर्गेंथाऊ (1965: 375) के अनुसार, निरस्त्रीकरण कुछ या सभी हथियारों की कमी या उन्मूलन है, जिसका उद्देश्य हथियारों की होड़ को समाप्त करना है। मोर्गेंथाऊ ने तर्क दिया कि, हथियारों की होड़ की तरह निरस्त्रीकरण भी संबंधित देशों के बीच शक्ति संबंधों का प्रतिबिंब है। हथियारों की होड़, अपने द्वारा उत्पन्न किए गए भय एवं दबाव के माध्यम से सत्ता के संघर्ष को बढ़ा देती, लेकिन निरस्त्रीकरण राजनीतिक तनाव को कम करके राजनीतिक स्थिति में सुधार में योगदान देता है। चार्ल्स श्लेशर (1963) ने दृढ़तापूर्वक कहा है कि, निरस्त्रीकरण में युद्ध के उपकरणों एवं साधनों को कम करने के लिए स्वैच्छिक समझौते शामिल हैं।

द्वितीय विश्व युद्ध से पहले निरस्त्रीकरण की दिशा में किए गए कुछ प्रयास निम्नानुसार हैं:

1. 1899 और 1907 के हेग शांति सम्मेलनों में, प्रमुख यूरोपीय शक्तियों ने बाध्यकारी शक्तियों के साथ निरस्त्रीकरण एवं अंतर्राष्ट्रीय न्यायालय (ICJ) के गठन के विषय पर चर्चा की।
2. प्रथम विश्व युद्ध (1914–18) के बाद वर्साय की संधि के जरिए जर्मनी को हथियार विहीन किया गया था।
3. प्रथम विश्व युद्ध के बाद गठित लीग ऑफ़ नेशंस ने हथियारों के स्तर को न्यूनतम करने का लक्ष्य स्थापित किया।
4. 1932 से 1937 तक जिनेवा निरस्त्रीकरण सम्मेलन ने निरस्त्रीकरण की दिशा में बड़े प्रयास किए, लेकिन जर्मन नेता एडॉल्फ हिटलर ने जर्मनी को सम्मेलन से अलग कर दिया, क्योंकि वर्साय की संधि को संशोधित किए जाने की उनकी मांग पर सहमति नहीं बन पाई थी।

---

[3] संयुक्त राष्ट्र महासभा, निरस्त्रीकरण पर प्रथम विशेष सत्र का अंतिम दस्तावेज, पैरा 22।

अंतर्राष्ट्रीय शांति और सुरक्षा बनाए रखने के लिए द्वितीय विश्व युद्ध (1939–45) के बाद 24 अक्टूबर, 1945 को संयुक्त राष्ट्र संघ का गठन हुआ। इसने लीग ऑफ़ नेशंस को प्रतिस्थापित किया। द्वितीय विश्व युद्ध के बाद संयुक्त राष्ट्र निरस्त्रीकरण में मध्यस्थ की भूमिका निभा रहा है। यह इस विषय पर प्रस्ताव पारित करता है तथा निरस्त्रीकरण के लिए इसने विशेष समितियों का भी गठन किया है। इसमें कुछ विशेष इकाइयां हैं, जो निरस्त्रीकरण की प्रक्रिया की निगरानी और इसमें सहायता करती हैं।

6.2 निरस्त्रीकरण बनाम सामूहिक सुरक्षा

निरस्त्रीकरण को सामूहिक सुरक्षा के साथ जोड़कर देखने की भूल नहीं की जानी चाहिए, पारस्परिक तौर पर दोनों तनाव को कम करने में सहायक हैं। निरस्त्रीकरण की तकनीक सामूहिक सुरक्षा प्रणाली और क्षेत्रीय सुरक्षा गठबंधनों के बिल्कुल विपरीत है। निरस्त्रीकरण ऐसी परिस्थितियों के निर्माण का प्रयास करता है, जिसके अंतर्गत कोई भी देश इस बात के प्रति आश्वस्त हो सकता है कि अन्य देशों के पास न तो हमला करने का इरादा है और न ही तुरंत ऐसा करने की क्षमता है। सशस्त्र बलों के बीच टकराव के बजाय तनाव को कम करना इसकी रणनीति है। दूसरी तरफ, सामूहिक सुरक्षा या क्षेत्रीय गठबंधन देशों को युद्ध से बचाने के लिए एक निवारक शक्ति का निर्माण करते हैं। निरस्त्रीकरण का उद्देश्य शस्त्र और हथियारों की होड़ में कमी लाना या इनका उन्मूलन करना है। इसमें युद्ध के साजो-सामान को कम करने और आपसी आत्मविश्वास पैदा करने के लिए स्वैच्छिक समझौते शामिल हैं। बेंजामिन वी. कोहेन[4] ने संयुक्त राष्ट्र महासभा में स्पष्ट किया कि, निरस्त्रीकरण और सामूहिक सुरक्षा के बीच घनिष्ठ संबंध है। निरस्त्रीकरण में यह उम्मीद की जाती है कि, जब किसी देश में सशस्त्र बल या शस्त्र नहीं होंगे, तो शांति बनी रहेगी। सामूहिक सुरक्षा में, देश अपनी सुरक्षा के लिए स्वयं की सेनाओं के साथ-साथ संयुक्त राष्ट्र पर भरोसा नहीं करेंगे, अगर उन्हें आश्वासन दिया जाए कि आक्रमण की स्थिति में वे अकेले नहीं हैं, तथा उन्हें अपनी सुरक्षा के लिए न्यूनतम हथियारों की आवश्यकता होगी (अमेरिकी विदेश विभाग, 1952)। कैथलीन लॉन्सडेल (1953) का तर्क है कि, निरस्त्रीकरण सभी पुरुषों के प्रति दीर्घस्थायी न्याय और उदारता की नीति के साथ है। नैतिक मोर्चे पर भी, युद्ध को अनुचित माना जाता है और यह निरस्त्रीकरण को शक्ति देता है (जॉनसन, 1987: xx)। नैतिक सिद्धांतों के आधार पर महात्मा गांधी को भी निरस्त्रीकरण का समर्थक माना जा सकता है। अन्ततोगत्वा, निरस्त्रीकरण नीतियों का पालन करने वाले देश हथियारों और रक्षा प्रतिष्ठानों की लागत को कम करके आर्थिक विकास पर अधिक ध्यान केंद्रित कर सकते हैं। काफी समय पहले, सन् 1795 में दार्शनिक इमानुएल कांट ने तर्क दिया था कि, हथियारों का आर्थिक बोझ युद्ध का कारण है, क्योंकि लंबे समय तक बोझ इतना भारी हो जाता है कि इसे हटाने के लिए आक्रामक युद्ध का आयोजन किया जाता है। लेकिन 'वाणिज्यिक भावना का अस्तित्व युद्ध के साथ बरकरार रहना संभव नहीं है' (कांट, 1917: 157)। 18वीं शताब्दी के अंत तक, लोगों ने युद्ध की निरर्थकता को महसूस करना शुरू कर दिया और इसके बाद युद्ध एवं अंतर्राष्ट्रीय अराजकता के विकल्प की तलाश शुरू हुई। इस तलाश में, निरस्त्रीकरण अंतर्राष्ट्रीय राजनीति की विनाशकारी और अराजक प्रवृत्तियों की सीमा से परे जाकर शांति प्राप्त करने के सबसे व्यवहार्य साधन के तौर पर उभर कर सामने आया (मोर्गेंथाऊ, 1965: 375)। संक्षेप में, निरस्त्रीकरण अंतर्राष्ट्रीय सुरक्षा को बढ़ावा देता है, तनाव को कम करता है, शांति के पक्ष में आपसी विश्वास विकसित करता है तथा आर्थिक समृद्धि को प्रोत्साहन देता है। हालांकि, निरस्त्रीकरण के प्रभावी होने के लिए भरोसे की आवश्यकता होती है, साथ ही इसे नियंत्रित करते हुए इस बात का भी आश्वासन दिया जाना चाहिए कि निरस्त्रीकरण करने वाले देश पीड़ित नहीं होंगे और उनकी राष्ट्रीय सुरक्षा संरक्षित रहेगी। भय और पारस्परिक संदेह, निरस्त्रीकरण के मार्ग की सबसे बड़ी बाधाएं हैं। यदि अन्य देशों के पास परिष्कृत हथियार अथवा WMDs मौजूद हो, तो ऐसी स्थिति में किसी देश का निरस्त्रीकरण अत्यंत कठिन हो जाता है। यह आत्मघाती होगा। इसी वजह से पीटर कैल्वोकोर्सी (2001) ने स्पष्ट किया कि, निरस्त्रीकरण को अक्सर एक दीर्घकालिक लक्ष्य माना जाता है, जो अंतर्राष्ट्रीय राजनीतिक माहौल की मौलिक पुनरावृत्ति से जुड़ा हुआ है, जिसका उद्देश्य इसकी अराजक प्रकृति को कम करना है।

[4] कोहेन संयुक्त राष्ट्र के अमेरिकी प्रतिनिधि थे।

6.3 निरस्त्रीकरण के प्रकार एवं स्वरूप

निरस्त्रीकरण के कई स्वरूप हैं; उनमें से कुछ निम्नानुसार हैं:

- **मानव निरस्त्रीकरण** सशस्त्र बलों को परिसीमित करने या उनकी संख्या में कमी से संबंधित है।
- **परंपरागत निरस्त्रीकरण** पारंपरिक हथियारों के उन्मूलन या उनमें कटौती से संबंधित है।
- **परमाणु निरस्त्रीकरण** परमाणु हथियारों के परिसमापन के लिए खड़ा है।
- **मात्रात्मक निरस्त्रीकरण** अधिकांश या सभी प्रकार के हथियारों में समग्र रूप से कटौती से संबंधित है।
- **गुणात्मक निरस्त्रीकरण** केवल विशेष प्रकार के शस्त्र के उन्मूलन या कमी को संदर्भित करता है। इसका तात्पर्य WMDs का उन्मूलन हो सकता है।
- **सामान्य निरस्त्रीकरण** एक प्रकार का निरस्त्रीकरण है, जिसमें सभी राष्ट्र भाग लेते हैं।
- **स्थानीय निरस्त्रीकरण** सीमित देशों के निरस्त्रीकरण को संदर्भित करता है।
- **व्यापक एवं सामान्य निरस्त्रीकरण** सभी राष्ट्रों द्वारा सभी प्रकार के हथियारों और युद्धक उपकरणों के कटौती या उन्मूलन को संदर्भित करता है।
- **समग्र या व्यापक निरस्त्रीकरण** का अर्थ, युद्ध के सभी मानव एवं भौतिक साधनों को खत्म करना है। यह वैश्विक व्यवस्था की ऐसी परिस्थिति को संदर्भित करता है, जिसमें किसी भी देश के पास किसी भी प्रकार के सशस्त्र बल अथवा हथियार नहीं होंगे। कुल निरस्त्रीकरण हासिल करना अत्यंत कठिन है।

6.4 शस्त्र नियंत्रण

6.4.1 अर्थ एवं परिभाषा

शस्त्र नियंत्रण एवं निरस्त्रीकरण शब्द एक-दूसरे से संबंधित हैं, परंतु लेकिन अवधारणा और अर्थ की दृष्टि से दोनों एक-दूसरे से अलग हैं। निरस्त्रीकरण का तात्पर्य भविष्य में हथियारों की संख्या में कमी नहीं है। शस्त्र नियंत्रण की अवधारणा के अंतर्गत भविष्य में भी हथियारों को नियंत्रित करना शामिल है। शस्त्र नियंत्रण के लिए आवश्यक है कि, सभी राष्ट्रों द्वारा हथियारों के निर्माण एवं हथियारों की होड़ को नियंत्रित किया जाए। यह शस्त्रीकरण की नीति के लिए एक सहयोगात्मक या बहुपक्षीय दृष्टिकोण से संबंधित है, जिसमें तनाव या विश्रांति की अवधि में हथियारों, सैन्य बलों, उनकी तैनाती और उपयोग की मात्रा एवं तरीकों को शामिल किया जाता है। हथियारों के नियंत्रण का मूल उद्देश्य, शस्त्रीकरण क्षमताओं के समायोजन से राष्ट्रीय सुरक्षा में सुधार करना है। निरस्त्रीकरण हथियारों को कम करने या सीमित करने की कोशिश करता है, जबकि शस्त्र नियंत्रण हथियारों की होड़ को प्रतिबंधित करने की कोशिश करता है।

हेन्स जे. मोर्गेंथाऊ (1965: 395) लिखते हैं कि, शस्त्र नियंत्रण के प्रयास का उद्देश्य सैन्य स्थिरता को बढ़ाते हुए अंतर्राष्ट्रीय शांति व्यवस्था को सुदृढ़ करना है। वी. वी. डाइक ने शस्त्र नियंत्रण को परिभाषित किया है और इसे निरस्त्रीकरण से अलग किया है। उनके अनुसार, शस्त्र नियंत्रण शांति को संरक्षित करने के लिए विचारपूर्वक एवं सतत दृष्टिकोण के साथ किए गए सकारात्मक उपायों को दर्शाता है, जबकि निरस्त्रीकरण नकारात्मक एवं प्रतिबंधात्मक युक्तियों को दर्शाता है, जिसके परिणाम संभवतः यन्त्रवत होते हैं। निरस्त्रीकरण का अनुसरण करते हुए मौजूदा हथियारों को नष्ट करने या इस में कटौती करने से लंबे समय तक अंतर्राष्ट्रीय शांति कदापि सुनिश्चित नहीं होगी, अगर देश भविष्य में नए शस्त्र हासिल करने में सक्षम हैं जो संभवतः अधिक ख़तरनाक और परिष्कृत भी हो सकते हैं। इस प्रकार, निरस्त्रीकरण और शस्त्र नियंत्रण एक-दूसरे के पूरक हैं।

निरस्त्रीकरण और शस्त्र नियंत्रण आंदोलनों के प्रति बढ़ती अभिरुचि इस अनुभूति का परिणाम है कि, तृतीय विश्व युद्ध होने की स्थिति में पूरी दुनिया नष्ट हो जाएगी, जो परमाणु अथवा जैविक हथियारों के किसी भी प्रकार से विचारहीन उपयोग के जरिए वैश्विक आत्महत्या के सदृश होगा। द्वितीय विश्व युद्ध के समय ब्रिटिश प्रधानमंत्री, विंस्टन चर्चिल ने युद्ध में संलग्न सभी देशों, जिसमें विजयी देश भी शामिल थे, में हुए भारी नुक़सान एवं तबाही की ओर ध्यान आकृष्ट कराया। उन्होंने देखा कि, पूरी दुनिया में लोगों को युद्ध

की निरर्थकता एवं मूर्खता का आभास हुआ, क्योंकि इसका नुक़सान दोनों ही पक्षों को उठाना पड़ता है। हालांकि, मोर्गेंथाऊ (1965: 396) के अनुसार, जब तक सैन्य प्रतिस्पर्धा के लिए राजनीतिक प्रोत्साहन जारी रहता है, तब तक निरस्त्रीकरण असंभव है और शस्त्र नियंत्रण भी संदिग्ध है। इनिस क्लाउड (1971: 287) का तर्क है कि, हथियारों की तत्काल उपलब्धता राजनेताओं के युद्ध में प्रवेश करने का सबसे आकर्षक कारण है। दूसरी तरफ, इस विचार के विपरीत, हेडली बुल (1961: 7–8) जैसे कई विद्वान, हथियारों की होड़ को एक कारण के तौर पर नहीं, बल्कि अंतर्निहित अंतर्राष्ट्रीय तनाव के परिणाम एवं अभिव्यंजना के तौर पर देखते हैं। व्यवहारतः यह विचार भी अत्यंत प्रासंगिक है। द्वितीय विश्व युद्ध के दौरान, संयुक्त राज्य ने दो महान वैज्ञानिकों—अल्बर्ट आइंस्टीन और लिओ स्ज़िलार्ड से यह रिपोर्ट प्राप्त करने के बाद परमाणु बम पर काम करना शुरू किया कि, एडॉल्फ हिटलर परमाणु बम बनाने की कोशिश कर रहा था। नाजी उत्पीड़न से डरकर, ये दो वैज्ञानिक यूरोप से पलायन कर गए। 1945 के बाद, शीत युद्ध के तनाव के कारण संयुक्त राज्य और सोवियत संघ ने हथियारों की होड़ शुरू की थी। भारत ने 1998 में परमाणु बम विकसित किया, क्योंकि इसके एक पड़ोसी देश चीन के पास परमाणु बम था, जबकि एक अन्य पड़ोसी देश पाकिस्तान इसे विकसित करने की कोशिश कर रहा था।

6.5 शस्त्र नियंत्रण के प्रकार

शस्त्र में कमी तथा शस्त्रों का परिसीमन, शस्त्र नियंत्रण के दो प्रकार हैं। शस्त्र में कमी को 'आंशिक' निरस्त्रीकरण भी कहा जाता है। शस्त्र में कमी का तात्पर्य, विभिन्न देशों द्वारा समझौते के आधार पर हथियारों के स्तर में पारस्परिक रूप से की गई कटौती है। शस्त्र में कमी दो देशों के अलावा क्षेत्रीय या वैश्विक आधार पर भी हो सकती है। शस्त्रों का परिसीमन, युद्ध के प्रभाव को सीमित करने और इसके आकस्मिक प्रकोप को रोकने के लिए अंतर्राष्ट्रीय समझौतों की एक विविधता को संदर्भित करता है। यह दो या दो से अधिक देशों के बीच समझौतों को भी संदर्भित करता है, जो हथियारों और सैन्य प्रौद्योगिकी की किसी तीसरे देश को बिक्री को प्रतिबंधित करता है। इसे 'शस्त्र निग्रह' भी कहा जाता है।

6.6 निरस्त्रीकरण और शस्त्र नियंत्रण के बीच अंतर

निरस्त्रीकरण और शस्त्र नियंत्रण के बीच कई बुनियादी अंतर हैं। निरस्त्रीकरण का तात्पर्य राष्ट्रों द्वारा मौजूदा अस्त्र-शस्त्रों एवं हथियारों का परिसमापन अथवा उन्हें नष्ट करना है। शस्त्र नियंत्रण, हथियारों और हथियारों के उत्पादन के पारस्परिक रूप से सहमत या वांछित विनियमन को संदर्भित करता है, साथ ही साथ किसी तीसरे देश उनके उपयोग एवं बिक्री को विनियमित करता है। निरस्त्रीकरण, शस्त्रीकरण के स्तर और उनके एकत्रीकरण को कम करने की कोशिश करता है। इसके लिए वर्तमान में या भविष्य में हथियारों का नियंत्रण जरूरी नहीं है। शस्त्र नियंत्रण हथियारों की होड़ को कम करने की कोशिश करता है, तथा इसके लिए अस्त्र-शस्त्रों, हथियारों और सैन्य प्रौद्योगिकी का नियंत्रण आवश्यक है। निरस्त्रीकरण के अंतर्गत युद्धक सामग्रियों और रक्षा कर्मियों के स्तर को कम करने के लिए अंतर्राष्ट्रीय समझौते शामिल हैं। शस्त्र नियंत्रण में हथियारों और भविष्य में उनके उत्पादन एवं बिक्री व उपयोग को सीमित या विनियमित करने के लिए अंतर्राष्ट्रीय या पारस्परिक समझौते शामिल हैं। निरस्त्रीकरण प्रतिद्वंद्वी खेमों में तनाव और भय को कम करने के लिए, शस्त्र और सशस्त्र बलों के उन्मूलन पर सहमति को संदर्भित करता है। दूसरी तरफ, शस्त्र नियंत्रण शस्त्रीकरण की नीति के संदर्भ में पारस्परिक या बहुपक्षीय सहयोगात्मक दृष्टिकोण को संदर्भित करता है, जिसके अंतर्गत उनके उत्पादन, बिक्री और बजट शामिल हैं। यह पारस्परिक सुरक्षा और सैन्य पारदर्शिता की भावना को बेहतर बनाने के लिए, सहमत साझेदार देशों की शस्त्रीकरण क्षमताओं को नियंत्रित करने की कोशिश करता है। शस्त्र नियंत्रण में कुछ श्रेणियों के हथियारों को बढ़ाने के लिए भी समझौता हो सकता है, बशर्ते कि संकट की स्थिरता और युद्ध की संभावनाओं में कमी में उसका योगदान हो।

6.7 निरस्त्रीकरण के सिद्धांत

निरस्त्रीकरण का समर्थन करने के लिए विभिन्न सिद्धांतों की वकालत की गई है, जिसे शांति के सिद्धांत, आर्थिक सिद्धांत, व्यावहारिक सिद्धांत, नैतिक सिद्धांत और सहयोग के सिद्धांत के रूप में वर्गीकृत किया जा सकता है।

6.7.1 शांति का सिद्धांत

शांति के सिद्धांत के कुछ समर्थक तर्क देते हैं कि, शस्त्रीकरण से हथियारों की होड़ और सैन्यीकरण को प्रोत्साहन मिलता है, जो अंततः युद्ध की ओर ले जाता है। शस्त्रीकरण से प्रतिद्वंद्वी या पड़ोसी देशों के बीच ईर्ष्या एवं असुरक्षा की भावना विकसित होती है। वे समान या अधिक आक्रामक शस्त्र विकसित करने की कोशिश करते हैं, जो उनके प्रतिद्वंदियों को आशंकित कर सके। इससे हथियारों की होड़ शुरू होती है। आपसी संदेह, ईर्ष्या और असुरक्षा की भावनाओं से युद्ध की परिस्थितियां उत्पन्न होती हैं। संयुक्त राज्य द्वारा परमाणु बम और मिसाइलों के विकास के परिणामस्वरूप रूस, फ्रांस, यूनाइटेड किंगडम, चीन, भारत, पाकिस्तान और इज़राइल जैसे कई अन्य देशों द्वारा समान प्रकार के शस्त्र विकसित किए गए। इस प्रकार के सैन्यीकरण ने देशों को आक्रामक नीतियों, बल प्रयोग और युद्ध में शामिल होने के लिए प्रोत्साहित किया। खाड़ी युद्ध एवं अफगानिस्तान जैसे देशों में संयुक्त राज्य की सैन्य भागीदारी को इसके उदाहरण के रूप में उद्धृत किया जा सकता है। पाकिस्तान ने अपनी सेना के सैन्यीकरण के बाद भारत के खिलाफ़ कई अवसरों पर आक्रामकता प्रदर्शित की। भारतीय प्रधानमंत्री वाजपेयी के शासन के दौरान पोखरण में परमाणु हथियारों और उसके परीक्षणों ने पाकिस्तान को परमाणु हथियारों के विकास के साथ युद्ध के लिए अपनी क्षमता एवं ताकत दिखाने के लिए प्रेरित किया। शांति के सिद्धांत के समर्थकों का तर्क है कि निरस्त्रीकरण शांति की ओर जाता है, क्योंकि हथियारों को खत्म करने से युद्ध और आक्रामकता की क्षमता कम हो जाती है तथा अंतर्राष्ट्रीय संबंधों में तनाव भी कम हो जाता है। जॉन बर्टन (1962), शांति को निरस्त्रीकरण के लिए एक पूर्व-शर्त के तौर पर देखते हैं। कोहेन की समीक्षा के अनुसार, हथियारों ने राष्ट्रों के बीच तनाव एवं भय को बढ़ा दिया है। तनाव एवं भय से मुक्ति प्राप्त करते हुए, निरस्त्रीकरण को शांतिपूर्ण निपटारे की प्रक्रिया को सुविधाजनक एवं सशक्त बनाना चाहिए। इनिस क्लाउड शांति के सिद्धांत के एक अन्य प्रबल समर्थक हैं, जिनका तर्क है कि शस्त्रीकरण ने इसे व्यवहार्य बना दिया है तथा युद्ध के लिए उतारू रहने वाले शासकों को भी यह आकृष्ट करता है। भारत में, रवींद्रनाथ टैगोर और महात्मा गांधी निरस्त्रीकरण के शांतिपूर्ण दृष्टिकोण के महान प्रतिपादक थे। 1917 में टैगोर ने तर्क दिया कि, जब एक राष्ट्र अपनी आत्मा की कीमत पर अपने हथियारों को बढ़ाता है, तो वह देश अपने शत्रु की तुलना में अधिक ख़तरे में होता है (टैगोर, 1995)। उन्होंने बताया कि, अंतर्राष्ट्रीय संबंधों में मानवता और समझ की आवश्यकता ही एक राष्ट्र की आत्मा है। समकालीन जापानी लेखक केन्ज़ाबूरो ओए (1995) भी, सैन्य शक्ति के कमज़ोर बनाने वाले प्रभाव को दर्शाते हुए इसी प्रकार के विचार व्यक्त करते हैं।

कई सिद्धांतवादी निरस्त्रीकरण के शांति सिद्धांत का समर्थन नहीं करते हैं और इसके खिलाफ़ अपने तर्क दिए हैं। क्विंसी राइट (1965: 811) का मानना है कि, निरस्त्रीकरण के चलते युद्ध की बारंबारता में वृद्धि होगी, क्योंकि जब देशों के पास कम मात्रा में हथियार हो तो युद्ध की संभावना काफी बढ़ जाती है। युद्ध की तैयारी करने से वास्तव में युद्ध होने की संभावनाएं काफी कम हो जाती है, जबकि हथियार विहीन किए जाने की स्थिति आक्रमकता या युद्ध को आमंत्रण देती है। कुछ सिद्धांतवादी तर्क देते हैं कि, हथियारों की मौजूदगी के बजाय राजनीतिक विवाद ही युद्ध के मूल कारण हैं। मोर्गेंथाऊ का तर्क है कि, व्यक्ति आपस में लड़ते नहीं हैं क्योंकि उनके पास शस्त्र हैं। और उनके पास शस्त्र इसलिए हैं, क्योंकि वे इसे युद्ध के लिए आवश्यक मानते हैं। उन्हें हथियार विहीन किए जाने के बाद, वे या तो मल्लयुद्ध करेंगे या फिर लड़ने के लिए नए हथियार विकसित करेंगे। किसी विशेष समय पर वास्तव में या संभावित रूप से उपलब्ध हथियारों की मात्रा को कम करने से युद्ध की घटनाओं पर कोई प्रभाव नहीं पड़ता है, लेकिन यह संभावित रूप से इसके संचालन को प्रभावित कर सकता है। सीमित मात्रा में शस्त्र रखने वाले देश, अपने शस्त्रों की गुणवत्ता एवं मात्रा में सुधार करने पर ध्यान केंद्रित करेंगे। कुछ विशेष प्रकार के हथियारों को खत्म करने से युद्ध की तकनीक, और इसके माध्यम से युद्ध के संचालन पर असर पड़ेगा (मोर्गेंथाऊ, 1965: 392)। स्टीफन टी. पॉसनी (1944: 216–27) ने तर्क दिया कि, 'हथियारों के बिना शांति' असंभव है। हथियारों की मौजूदगी की बजाय विभिन्न देशों के नेतृत्वकर्ताओं द्वारा युद्ध की इच्छा ही युद्ध का कारण बनती है। अगर किसी देश के पास समुचित सुरक्षा नीति का अभाव है तो वहां अक्सर युद्ध होगा। 19वीं शताब्दी में आंग्ल-फ्रांसीसी नौसेना के बीच होड़ बावजूद उनके बीच युद्ध नहीं हुआ। शीत युद्ध के दौरान, संयुक्त राज्य और पूर्व USSR के बीच हथियारों की होड़ के परिणामस्वरूप दोनों देशों के बीच प्रत्यक्ष तौर पर युद्ध नहीं हुआ। परमाणु शस्त्र क्षमताओं को प्राप्त करने के बाद, भारत और पाकिस्तान संयम बनाए रखने की कोशिश कर रहे हैं और आक्रामकता में शामिल नहीं हैं, क्योंकि युद्ध दोनों देशों में भारी विनाश

और जीवन की हानि का कारण बन जाएगा। यह दोनों देशों के लिए आत्महत्या के समान होगा। डेविन टी. हैगर्टी (1998) ने इस विचार को दृढ़तापूर्वक प्रस्तुत किया है। इसी प्रकार, नव-उदारवादी विचारक केनेथ वाल्ट्ज (1979), तीसरी दुनिया के देशों में परमाणु हथियारों के प्रसार के पक्षधर हैं। इस प्रकार, शांति सिद्धांत में केवल आंशिक सत्य होता है। निरस्त्रीकरण शांति का साधन हो सकता है, लेकिन यह शांति का एकमात्र साधन नहीं हो सकता है।

6.7.2 आर्थिक सिद्धांत

आर्थिक सिद्धांत के प्रवर्तकों का तर्क है कि, निरस्त्रीकरण के माध्यम से देश अत्यधिक ख़तरनाक एवं परमाणु हथियारों के निर्माण तथा विशालकाय सशस्त्र सेना के विकास पर किए जा रहे भारी व्ययों की बचत कर सकते हैं। बड़े पैमाने पर बचत की गई इस विशाल धनराशि का उपयोग, राष्ट्रों के विकास तथा सड़कों, रेलवे, स्कूलों, कॉलेजों, अस्पतालों के निर्माण एवं खाद्य सुरक्षा जैसे विभिन्न कल्याणकारी उद्देश्यों के लिए किया जा सकता है। कांट (1957: 12–13) का मानना है कि, हथियारों का आर्थिक बोझ युद्ध का कारण है। 1932 में, विश्व निरस्त्रीकरण सम्मेलन में संयुक्त राज्य के राष्ट्रपति हरबर्ट हूवर ने कहा कि हथियारों पर व्यय महामंदी का सबसे बड़ा कारण था। एक अन्य अमेरिकी राष्ट्रपति, आइजनहावर ने तर्क दिया कि, निर्मित किया गया हर बंदूक, तैनात किया गया हर युद्धपोत, तथा अन्य देशों पर छोड़ा गया हर रॉकेट वास्तव में उन लोगों के धन की चोरी का प्रतीक है, जो भूखे हैं एवं जिन्हें खाना नसीब नहीं है और ठंड में भी जिनके पास कपड़े नहीं हैं। आइजनहावर ने परमाणु बम बनाने के स्थान पर परमाणुओं के शांतिपूर्ण उपयोग के उद्देश्य से शांति हेतु परमाणु का सिद्धांत दिया। कोउलौम्बिस एवं वोल्फ (1986: 233–34) का तर्क है कि, एक राष्ट्र के हथियारों में कमी से बड़े पैमाने पर धन का संचय होता है, जिसका उपयोग उस देश में जनकल्याण के उद्देश्य से निर्मित कार्यक्रमों में किया जा सकता है। अर्नोल्ड टायनबी (1963: 31–39) का तर्क है कि, निरस्त्रीकरण हासिल करने के बाद शांतिपूर्ण विकास के माध्यम से महत्त्वपूर्ण सामाजिक परिवर्तन संभव है। सेमुर मेलमैन (1962) ने हथियारों की होड़ के विकल्प के रूप में शांति हेतु प्रतिस्पर्धा का विचार दिया, तथा हथियारों की होड़ को कम करके बचाए गए धन एवं संसाधनों का उपयोग अंतर्राष्ट्रीय सहयोग और विश्व औद्योगिकीकरण के क्षेत्र में किया जा सकता है। निरस्त्रीकरण के आर्थिक सिद्धांत के आलोचकों ने इसके खिलाफ़ कई तर्क दिए हैं। सबसे पहले, इस बात की कोई गारंटी नहीं है कि निरस्त्रीकरण द्वारा बचाई गई धनराशि का व्यय निश्चित रूप से सरकारों द्वारा विकास कार्यों पर किया जाएगा। दूसरा, निरस्त्रीकरण के कारण बचत की गई धनराशि का आकार काफी बड़ा होगा, जिससे देशों में आर्थिक मंदी की स्थिति उत्पन्न होगी। तीसरा, हेडली बुल (1961: 15) मानते हैं कि, निरस्त्रीकरण नए विज्ञान और प्रौद्योगिकी के विकास को रोक देगा। इसके अलावा, दीर्घकाल में यह राष्ट्रों की हिफ़ाज़त एवं सुरक्षा के लिए भी हानिकारक होगा। लेकिन, अर्नोल्ड टायनबी (1963: 31–39) का मानना है कि, सामाजिक परिवर्तन के लिए शांतिपूर्ण तरीकों को अपनाए जाने से मानवीय प्रगति पर प्रतिकूल प्रभाव नहीं पड़ेगा। चौथा, निरस्त्रीकरण से यह सुनिश्चित नहीं होता है कि प्रतिद्वंद्वी या शत्रु राष्ट्र गुप्त रूप से परिष्कृत शस्त्र विकसित नहीं करेंगे। ऐसी स्थिति में, भविष्य में युद्ध या अवपीड़क राजनीति की स्थिति में पूरी तरह हथियार विहीन देश को भारी नुक़सान होगा। पांचवां, एक मज़बूत सैन्य बल के बगैर बड़े पैमाने पर आर्थिक विकास, पर्याप्त सुरक्षाकर्मियों के बिना एक बैंक की तरह होगा। ऐसी स्थिति विदेशी आक्रमणकारियों तथा लूट-पाट करने वालों को आमंत्रित करेगी। इतिहास इस तथ्य का साक्षी रहा है कि, सैन्य दृष्टि से शक्तिशाली राष्ट्रों ने कमज़ोर राष्ट्रों को हमेशा अपना शिकार बनाया है। यही कारण था कि, अतीत में यूनाइटेड किंग्डम, फ्रांस, जर्मनी और अन्य यूरोपीय देशों द्वारा एशियाई एवं अफ्रीकी देशों का बड़े पैमाने पर उपनिवेशीकरण किया गया। 18वीं शताब्दी में अंग्रेज़ों ने भारत को उपनिवेश बनाया क्योंकि तत्कालीन भारतीय शासक कमज़ोर थे (मुगल साम्राज्य के पतन के बाद) और आपस में संघर्षरत थे। इसके परिणामस्वरूप, यूनाइटेड किंग्डम द्वारा भारतीय धन और संसाधनों की बड़े पैमाने पर लूट-पाट की गई। हालांकि, एक तथ्य यह भी है कि, निरस्त्रीकरण का अनुसरण करते हुए अपने रक्षा बजट में कमी करके एक देश अपने आर्थिक विकास पर अधिक ध्यान केंद्रित कर सकता है। सभी देशों द्वारा रक्षा एवं विकास के संदर्भ में संतुलित दृष्टिकोण अपनाया जाना आवश्यक है। एक शस्त्रीकरण अर्थव्यवस्था को निरस्त्रीकरण अर्थव्यवस्था में परिवर्तित करना एवं समायोजित करना, वास्तव में सबसे बड़ी समस्या है।

थॉमस शेलिंग एवं मॉर्टन हैल्परिन (1961) का तर्क है कि, शस्त्र नियंत्रण से रक्षा लागत में कटौती नहीं आएगी, बल्कि निरस्त्रीकरण के पहले कुछ वर्षों के दौरान इसमें वृद्धि होगी। यह भी तर्क दिया जा सकता है कि, निरस्त्रीकरण के परिणामस्वरूप कई देशों में आर्थिक क्षति और रोज़गार की कमी हो सकती है। हथियारों के उत्पादन एवं विक्रय से कई विकसित देशों को बड़े पैमाने पर आय की प्राप्ति होती है साथी औद्योगिकीकरण को प्रोत्साहन मिलता है। 1998–2002 की अवधि में, लड़ाकू विमानों एवं युद्धपोतों जैसे शस्त्र और रक्षा सामग्री के वैश्विक वितरण में USA की कुल हिस्सेदारी 41 प्रतिशत थी, जबकि रूस की कुल हिस्सेदारी 22 प्रतिशत और चीन की प्रतिशत 5 प्रतिशत थी। हथियारों के उत्पादन में बड़े पैमाने पर कमी की स्थिति में, इन देशों को भारी आर्थिक क्षति और रोज़गार के नुक़सान का सामना करना पड़ेगा।

6.7.3 व्यावहारिक सिद्धांत

कई सिद्धांतवादी एवं अन्य लोग व्यावहारिक तर्क देते हैं कि, आज तक विकसित परमाणु हथियारों के साथ-साथ अन्य ख़तरनाक एवं परिष्कृत हथियारों ने 'पारस्परिक आश्वासित विनाश' (MAD) तथा पृथ्वी पर जीवन के अस्तित्व के लिए संकट की स्थिति उत्पन्न की है। इन हथियारों का उपयोग नहीं किया जा सकता है, क्योंकि इससे पूरी दुनिया नष्ट हो जाएगी। बर्ट्रेंड रसेल ने तर्क दिया कि, युद्ध के अलावा अन्य साधनों को अपनाते हुए मानव सभ्यता को परमाणु हथियारों की होड़ के दबाव से मुक्त किया जाना चाहिए। गोपनीयता के निवारण तथा निरस्त्रीकरण के लिए खुली सफल वार्ता आयोजित करके इस स्थिति को हासिल किया जा सकता है (रसेल, 1959)। सी. राइट मिल्स (1959) ने मानवीय आधार पर एकपक्षीय निरस्त्रीकरण पर बल दिया। दूसरी ओर, ये शस्त्र युद्ध के बिना भी पृथ्वी पर मनुष्यों के अस्तित्व को धमकी दे रहे हैं। किसी भी प्रकार की दुर्घटना, मानवीय चूक या तकनीकी त्रुटि की दशा में भी इन हथियारों का विस्फोट हो सकता है और पूरी धरती नष्ट हो सकती है। इस प्रकार, व्यावहारिक आधार पर, परमाणु हथियारों को मानव जाति को बचाने के लिए नष्ट किया जाना चाहिए। हाल के वर्षों में, जब भारत और पाकिस्तान परमाणु हथियारों को विकसित करने की कोशिश कर रहे थे, तो भारत और पाकिस्तान समेत दुनिया भर के बड़ी संख्या में विद्वानों और प्रतिष्ठित व्यक्तित्वों ने इस कदम का विरोध किया तथा दक्षिण एशिया के परमाणु सम्पन्न होने के खिलाफ़ एक याचिका पर हस्ताक्षर किए (याचिका में मौजूद नामों के विवरण के लिए, कोठारी और मियां, 2001: 447–49 देखें)।

6.7.4 नैतिक सिद्धांत

इस सिद्धांत के अनुसार युद्ध को अनैतिक एवं हानिकारक माना जाता है, इसलिए युद्ध की तैयारी तथा युद्ध के साजो-सामान भी अनैतिक हैं और उन्हें नष्ट कर दिया जाना चाहिए। विक्टर गोलैंक्ज़ (1958) जैसे नैतिक दृष्टिकोण के प्रतिपादकों का तर्क है कि, शस्त्रीकरण के कारण ही राष्ट्र युद्ध के लिए प्रवृत्त होते हैं। स्टोइक और इसाई धर्म के प्रादुर्भाव की शुरुआती अवधि से ही, पाश्चात्य जगत में मानव जाति की नैतिक एकता की भावना विद्यमान रही है। प्रबोधन युग तथा उदारवाद के राजनीतिक सिद्धांत के दौर में मानव जीवन के प्रति सम्मान को आवश्यक माना गया, जो 19वीं और 20वीं सदी के सामाजिक और राजनीतिक सुधारों में दिखाई देता है। इसने अंतर्राष्ट्रीय संबंधों में जीवन, शांति और व्यवस्था के प्रति सम्मान को भी आवश्यक माना। आदर्शवादी विचारक कांट (1917) ने दृढ़तापूर्वक कहा कि, राज्यों के बीच शांति स्थापित करने के लिए स्थायी सेनाओं को खत्म करना अपरिहार्य था। संयुक्त राष्ट्र, युद्धों को रोकने और अंतर्राष्ट्रीय संबंधों में शांति एवं व्यवस्था को बरकरार रखने के लिए अभिज्ञता का सर्वोच्च प्रतिबिंब है। लुईस मम्फोर्ड (1958) ने निरस्त्रीकरण के नैतिक पहलुओं पर बल दिया। सी. राइट मिल्स (1959) ने एकपक्षीय निरस्त्रीकरण के मानवीय पहलू पर बल दिया। इससे पहले, महात्मा गांधी ने व्यक्तिगत, राष्ट्रीय या अंतर्राष्ट्रीय स्तर पर हिंसा को नैतिक रूप से ग़लत माना। कई धर्म भी युद्ध को अनैतिक मानते हैं, क्योंकि इससे बड़ी संख्या में निर्दोष लोगों की जान चली जाती है। दूसरी तरफ, कई धर्मों में 'पवित्र युद्ध', या सिर्फ सकल अन्याय के खिलाफ़ या अपने धर्म की सुरक्षा के लिए युद्ध की अवधारणा है; अन्यथा, शक्ति, धन या बदले की भावना से प्रेरित युद्ध को अनैतिक माना जाता है। नैतिक सिद्धांत के आलोचकों का तर्क है कि, आत्मरक्षा की तैयारी अनैतिक नहीं बल्कि नैतिक है। प्रत्येक देश को आत्मरक्षा के लिए तैयार होने और आत्मरक्षा के लिए युद्ध में शामिल होने

का अधिकार है। इस प्रकार, युद्ध हर समय अनैतिक नहीं हो सकता है। आलोचकों का मानना है कि, किसी भी प्रकार का एकपक्षीय निरस्त्रीकरण देश के लिए आत्मघाती होगा, क्योंकि दुश्मन राष्ट्र एक हथियार विहीन देश पर कब्जा कर सकता है। सैन्य रक्षा प्रणाली की तुलना में अहिंसक रक्षा प्रणाली पर अधिक विश्वसनीयता की आवश्यकता है। अर्ने नेस और जीन शार्प ने एक विकल्प के रूप में नागरिक रक्षा के पक्ष में तर्क दिया (रॉबर्ट्स एवं अन्य, 1964)। हालांकि, एक अहिंसक रक्षा प्रणाली को विकसित करने में बहुत लंबा समय लगेगा। दूसरी ओर, यह सुनिश्चित करना भी अत्यंत कठिन है कि, अहिंसक रक्षा प्रणाली का अनुसरण करने वाले देशों पर आक्रमण नहीं किया जाएगा।

6.7.5 सहयोग का सिद्धांत

मैथ्यू इवांजेलिस्टा (1990) का तर्क है कि, आपसी सहयोग एवं पारस्परिक समझौते निरस्त्रीकरण के बेहतर माध्यम साबित हो सकते हैं। उदाहरण के लिए, मई 1955 में, सोवियत संघ और संयुक्त राज्य के बीच हथियारों की प्रतिस्पर्धा के संदर्भ में एक समझौता हुआ। 10 मई 1955 को, सोवियत संघ ने एक प्रस्ताव प्रस्तुत किया, जिसमें संयुक्त राष्ट्र निरस्त्रीकरण उप-समिती के कार्य हेतु आधार तैयार करने के लिए आंग्ल-फ्रांसीसी ज्ञापन-पत्र की प्रमुख विशेषताओं को शामिल किया गया। संयुक्त राज्य ने ज्ञापन-पत्र के लक्ष्यों को भी समर्थन दिया। सोवियत प्रस्ताव में निम्नलिखित बातों को शामिल किया गया था: (a) परमाणु हथियारों के उपयोग एवं निर्माण का समग्रतः निषेध; (b) सभी सशस्त्र बलों एवं पारंपरिक हथियारों में बड़े पैमाने पर कटौती; तथा (c) निरीक्षण एवं नियंत्रण हेतु पर्याप्त निकायों का गठन। सोवियत संघ के इस प्रस्ताव के अनुपालन से उसके सशस्त्र बलों की संख्या 5.7 मिलियन सैनिकों से घटकर लगभग 1.5 मिलियन हो जाती। बदले में, सोवियत संघ को संयुक्त राज्य द्वारा अपने परमाणु हथियारों को नष्ट किए जाने का लाभ मिलता, हालांकि सोवियत संघ को भी अपने परमाणु हथियारों को नष्ट करना पड़ता। संयुक्त राज्य और USSR (सोवियत संघ), दोनों इस समझौते को स्वीकार करने के इच्छुक थे। हालांकि, इस प्रस्ताव को कार्यान्वित नहीं किया जा सका क्योंकि सभी सदस्य तैयार नहीं थे, परंतु इससे यह साबित होता है कि पारस्परिक सहयोग के जरिए निरस्त्रीकरण प्राप्त किया जा सकता है। 1959 में, सोवियत प्रमुख ख्रुश्चेव ने संयुक्त राज्य को 'सामान्य और पूर्ण निरस्त्रीकरण' का प्रस्ताव दिया। अमेरिकी राष्ट्रपति जॉन एफ. केनेडी ने सोवियत प्रस्ताव का जवाब दिया, परंतु उन्होंने सैन्य एवं परमाणु स्थलों के जांच की मांग रखी। सोवियत संघ ने माना कि इस प्रकार का सत्यापन वास्तव में जासूसी होगी। 1990 में शीत युद्ध के अंत के बाद, संयुक्त राज्य और रूस के बीच सहयोग के कारण कई निरस्त्रीकरण समझौते एवं शस्त्रों का उन्मूलन संभव हुआ। हालांकि, अभी भी संयुक्त राज्य, रूस और कई अन्य देशों में परमाणु हथियारों का एक विशाल भंडार मौजूद है।

इस प्रकार, निरस्त्रीकरण के उपरोक्त सभी सिद्धांत आंशिक रूप से सत्य हैं, लेकिन सामूहिक रूप से वे निरस्त्रीकरण के पक्ष में एक मज़बूत तर्क प्रदान करते हैं।

6.8 वैश्वीकरण के युग में निरस्त्रीकरण

शीत युद्ध 1990 में समाप्त हुआ, क्योंकि सोवियत संघ के सुधारों और विघटन के कारण राजनीतिक स्थिति पूरी तरह से बदल गई थी। 1 जुलाई, 1991 को वर्साय की संधि को निरस्त कर दिया गया तथा सोवियत संघ में साम्यवादी शासन का अंत हुआ। दुनिया ने उम्मीद की कि, 1980 के दशक के मध्य में सोवियत राष्ट्रपति मिखाइल गोर्बाचेव की आर्थिक सुधारों की नीति के कारण द्वितीय विश्व युद्ध के उपरांत बने दो गुटों, अमेरिकी नेतृत्व वाले नाटो तथा सोवियत संघ के नेतृत्व में वर्साय की संधि के बीच दीर्घकालिक विचारधारात्मक कड़वाहट एवं सैन्य प्रतिद्वंद्विता समाप्त हो जाएगी। गोर्बाचेव ने पेरेस्त्रोइका नीति के जरिए महत्त्वपूर्ण राजनीतिक एवं आर्थिक द्वारा सोवियत संघ में उदारीकरण की दिशा में सुधारों की एक प्रक्रिया शुरू की थी। उन्होंने शीत युद्ध को समाप्त करने के लिए, विदेशी नीतियों में स्पष्टता और परिवर्तन लाने के लिए ग्लासनोस्ट की नीति अपनाई। इस प्रयास में, संयुक्त राज्य ने शीत युद्ध को समाप्त करने के लिए गोर्बाचेव का साथ दिया। 1987 में, संयुक्त राज्य ने सोवियत संघ के साथ सहयोग करते हुए मध्यवर्ती-दूरी की परमाणु शक्ति (INF) संधि पर हस्ताक्षर किए, ताकि 500 से 5,500 किलोमीटर तक की मारक क्षमता वाले उनके मध्यवर्ती

और कम दूरी के परमाणु हथियारों को नष्ट किया जा सके।[5] इसके लिए संधि लागू होने के तीन साल बाद उन्हें अपने प्रक्षेपकों, इससे जुड़ी सहायक अवसंरचनाओं तथा सहायक उपकरणों को भी नष्ट करना आवश्यक था।

शीत युद्ध के उपरांत संयुक्त राज्य और USSR के बीच शत्रुता के अंत से अंतर्राष्ट्रीय संबंधों में एक नए चरण— अर्थात् 'वैश्वीकरण' के युग का आरंभ हुआ। इसे पूंजीवादी एवं साम्यवादी विचारधाराओं के बीच शत्रुता के अंत के तौर पर चिह्नित किया गया, जिसने देशों को दो गुटों में विभाजित कर दिया था। साम्यवादी देशों की अवरुद्ध या राज्य नियंत्रित अर्थव्यवस्थाओं में उदारीकरण की लहर दौड़ गई। दुनिया के सभी देशों ने वस्तुओं एवं धन के अलावा लोगों, उनके विचारों और जानकारी के प्रवाह के लिए अपनी सीमाएं तेजी से खोल दी। पूर्व सोवियत और अमेरिकी गुटों के देशों के बीच व्यापार और वित्तीय लेनदेन शुरू हुआ। संघर्ष का समापन हुआ और सहयोग की शुरुआत हुई। इस युग को 'सुपर नेशनल' सीमाहीन वैश्विक अर्थव्यवस्था और स्वयं के विधिक संस्थानों के उद्भव के तौर पर भी चिह्नित किया गया है। राष्ट्रीय बाजारों तक सीमित रहने के बजाय, राष्ट्रीय अर्थव्यवस्था का अंतर्राष्ट्रीय बाजार के साथ एकीकरण हो रहा है। इस बदले हुए परिदृश्य में, संयुक्त राज्य और रूस (पूर्व सोवियत संघ), दोनों ने निरस्त्रीकरण की दिशा में विशेष प्रयास किए। अंतर्राष्ट्रीय स्तर पर, पारंपरिक शस्त्र में कटौती, सामरिक हथियारों के निरस्त्रीकरण, अप्रसार समझौते के दायरे का विस्तार तथा व्यापक परीक्षण प्रतिबंधों ने निरस्त्रीकरण की नई प्रवृत्ति को चिह्नित किया। राष्ट्रीय सीमाओं पर भारी भरकम सुरक्षा व्यवस्था एवं इसी प्रकार वैचारिक सीमाएं भी पारगम्य हो गई। इस परिदृश्य में, विशाल सैन्यीकरण और सामरिक परमाणु भंडार निरर्थक हो गए। महाशक्तियों, संयुक्त राज्य और USSR ने अपने कुछ सामरिक परमाणु हथियारों के साथ-साथ अन्य WMD को भी निरस्त्र करना शुरू कर दिया।

6.9 शीत युद्ध के बाद के प्रयास

6.9.1 रासायनिक हथियारों एवं मिसाइलों को नष्ट करने के संदर्भ में संयुक्त राज्य-USSR के बीच समझौता

अमेरिकी राष्ट्रपति जॉर्ज बुश (सीनियर) और सोवियत राष्ट्रपति मिखाइल गोर्बाचेव ने निरस्त्रीकरण के विषय पर विभिन्न वार्ताओं एवं समझौतों में प्रवेश किया। मई-जून 1990 में वाशिंगटन शिखर सम्मेलन, इस दिशा में किया गया पहला प्रयास था। शीत युद्ध के बाद, यह दो महाशक्तियों के बीच पहला शिखर सम्मेलन था। इस शिखर सम्मेलन में, दोनों देश वर्ष 2002 तक 5,000 टन रासायनिक WMDs को नष्ट करने पर सहमत हुए। संयुक्त राज्य और सोवियत संघ के इस पहल के बाद, निरस्त्रीकरण पर चालीस राष्ट्रों की समिति की ओर से जिनेवा में बैठक का आयोजन किया गया तथा रासायनिक हथियारों पर वैश्विक प्रतिबंध लगाया गया। इसके अलावा, सोवियत संघ ने जनवरी 1991 से सचल मिसाइलों के उत्पादन को रोकने का फैसला किया। यह संयुक्त राज्य की ओर से रखी गई एक प्रमुख मांग थी। हालांकि, संयुक्त राज्य इस स्तर के अनुरूप अपने समुद्र-आधारित हथियारों की कटौती करने में विफल रहा।

6.9.2 यूरोप में पारंपरिक सशस्त्र बलों पर संधि, 1990

संयुक्त राज्य, USSR और यूरोपीय देशों ने पेरिस में 19 नवंबर 1990 को पारंपरिक शस्त्र कटौती संधि पर हस्ताक्षर किए। इसे यूरोप में पारंपरिक सशस्त्र बलों (CFE संधि)[6] की संधि कहा गया। संधि का पालन करने के लिए, वे हज़ारों की संख्या में टैंकों, बंदूकों, लड़ाकू विमानों और हेलीकॉप्टरों को नष्ट करने पर सहमत हुए। इस नई संधि के अनुसार, यूराल से अटलांटिक (यूरोपीय क्षेत्र) तक प्रत्येक पक्ष (नाटो और वर्साय संधि गठबंधन) को सभी शीत प्रदेशों में अधिकतम 20,000 टैंक, 30,000 बख्तरबंद सैन्यकर्मी वाहकों (APC), 20,000 तोपखानों, 2,000 हेलीकॉप्टरों और 6,800 लड़ाकू विमानों की अनुमति थी।

---

[5] अमेरिकी विदेश विभाग, INF संधि, संयुक्त राज्य और सोवियत समाजवादी गणराज्य संघ के बीच, उनके मध्यवर्ती और कम दूरी के परमाणु मिसाइलों के उन्मूलन पर 08 दिसंबर, 1987 को हुई संधि।

[6] अमेरिकी विदेश विभाग, CFE संधि, 'यूरोप में पारंपरिक सशस्त्र बलों की संधि', 19 नवंबर 1990।

6.9.3 स्टार्ट-I संधि, 1991

31 जुलाई 1991 को, संयुक्त राज्य के राष्ट्रपति जॉर्ज बुश और USSR के राष्ट्रपति गोर्बाचेव द्वारा 15 वर्षों तक सामरिक शस्त्र कटौती संधि (START)[7] पर हस्ताक्षर किए जाने को निरस्त्रीकरण की दिशा में एक बड़ी उपलब्धि माना जाता है। स्टार्ट-I समझौते के अनुसार, संयुक्त राज्य और USSR अपने परमाणु शस्त्रागार को 30 प्रतिशत तक कम करने पर सहमत हो गए। ऐसा इसलिए संभव हुआ, क्योंकि शीत युद्ध समाप्त हो गया था तथा अर्थव्यवस्था को स्थिर करने के लिए समाजवादी देशों में उदारीकरण की प्रक्रिया आरंभ हो चुकी थी। वैचारिक तर्ज पर विभाजित पूर्वी और पश्चिमी जर्मनी के क्षेत्र एकजुट हो गए और 25 फरवरी, 1991 को वर्साय की संधि समाप्त हो गई थी। वैचारिक दृष्टि से इन घटनाओं ने यूरोप में शत्रुता के अंत के लिए जमीन तैयार की थी। संयुक्त राज्य और USSR अपने सामरिक परमाणु शस्त्र के भंडार को कम करने पर सहमत हुए। USSR सामरिक परमाणु हथियारों के भंडार को 11,000 से 7,000 तक कम करने और USA 12,000 से 9,000 तक कम करने पर सहमत हो गया। वे सामरिक परमाणु वितरण वाहनों (SNDVs) को कम करने पर भी सहमत हुए। संधि के अनुसार, रूस के लिए SNDVs को 2,526 से 1,600 तक कम किया जाना था और USA के लिए SNDVs को 9,855 से 1,600 तक कम किया जाना था।[8] स्टार्ट-I का कुल जीवनकाल 15 वर्षों का था, जिसे एक चरण में 5 वर्षों तक बढ़ाया जा सकता था। राष्ट्रपति बुश ने स्टार्ट-I के अंतर्गत उल्लिखित हथियारों को नष्ट किए जाने का आदेश दिया। 24 घंटे की रक्षा प्रणाली समाप्त कर दी गई। राष्ट्रपति बुश द्वारा जहाजों से कुल 400 टॉमहॉक मिसाइलों को हटाने तथा विनाश के कई टन परमाणु हथियारों के गोले को नष्ट करने का आदेश दिया गया। इसी प्रकार, सोवियत राष्ट्रपति गोर्बाचेव ने अपने देश के परमाणु हथियारों में बड़े पैमाने पर कटौती का आदेश दिया। सक्रिय प्रतिष्ठानों से परमाणु मिसाइलों को हटा दिया गया। सेना को 700,000 से 500,000 और परमाणु मिसाइलों को 7,000 से 5,000 तक कम करने का आदेश दिया गया। 25 दिसंबर 1991 तक, USSR विघटित हो गया था और गोर्बाचेव ने इस्तीफा दे दिया था और रूस सोवियत संघ के उत्तराधिकारी के रूप में उभरा था, जिसने स्टार्ट-I को लागू करने की ज़िम्मेदारी ली।

6.9.4 स्टार्ट-II, 1993

सामरिक परमाणु हथियारों में और कमी लाने के लिए, अमेरिकी राष्ट्रपति बुश तथा नए रूसी राष्ट्रपति बोरिस येल्त्सिन ने 3 जनवरी, 1993 को स्टार्ट-II पर हस्ताक्षर किए। शीत युद्ध की अवधि के बाद शस्त्र नियंत्रण की दिशा में यह चौथा बड़ा समझौता था। स्टार्ट-I की तुलना में स्टार्ट-II में निरस्त्रीकरण की दिशा में बड़े पैमाने पर सुधार किए गए। स्टार्ट II ने अमेरिकी परमाणु भंडार को 1960 के स्तर तक तथा रूसी परमाणु भंडार को 1970 के दशक के मध्य के स्तर तक लाने की मांग की। संधि के कुछ मुख्य प्रावधान निम्नानुसार थे:

1. 1 जनवरी, 2003 तक सामरिक परमाणु मिसाइलों— ICBMs और SLBMs के साथ-साथ विशालकाय बमवर्षकों की संख्या में दो-तिहाई की कमी किए जाने पर सहमति हुई। इसका मतलब था कि, संयुक्त राज्य और USSR में से प्रत्येक के पास सामरिक हथियारों की कुल संख्या 3,500 रह जाएगी।
2. स्वतंत्र रूप से लक्षित आंशिक मुखास्त्रों के साथ ICBMs का उन्मूलन।
3. दोनों पक्षों के लिए परमाणु हथियारों की कुल संख्या पनडुब्बियों मिसाइलों के लिए 1,750 इकाइयों तक, भारी बमवर्षकों के लिए 1,250 इकाइयों तक और ICBMS के लिए 1,200 इकाइयों तक सीमित कर दी गई। इस प्रकार, स्टार्ट-II को निरस्त्रीकरण की दिशा में एक बड़े प्रयास के रूप में अभिकल्पित किया गया था।

कार्यान्वयन में होने वाला फिल्म इस संदर्भ में सबसे बड़ी समस्या थी, क्योंकि 2003 से पहले इसे लागू नहीं किया जा सका।

---

[7] अमेरिकी विदेश विभाग, स्टार्ट-I संधि, 31 जुलाई 1991

[8] पूर्वोक्त।

6.9.5 रासायनिक हथियारों के उन्मूलन के लिए संयुक्त राष्ट्र संधि

1993 में, संयुक्त राष्ट्र ने रासायनिक हथियारों के उन्मूलन के लिए एक संधि की रूपरेखा तैयार की। संधि को उसी वर्ष 125 देशों द्वारा अनुमोदित किया गया था। हालांकि, उत्तर कोरिया, ईरान तथा कई अन्य अरब देशों ने इस संधि पर हस्ताक्षर नहीं किए। अरब लीग के 20 देशों में से, केवल मोरक्को, अल्जीरिया, ट्यूनीशिया और मॉरिटानिया ने संधि पर हस्ताक्षर किए, जबकि अन्य अरब देशों ने हस्ताक्षर करने से इनकार कर दिया, तथा सबसे पहले इज़राइल के रासायनिक हथियारों के विनाश की मांग की।

6.9.6 अप्रसार संधि का विस्तार, 1995

परमाणु हथियारों के प्रसार को रोकने के लिए, 1968 में परमाणु हथियार अप्रसार संधि को विभिन्न देशों के समक्ष हस्ताक्षर के लिए प्रस्तुत किया गया जो 1970 में लागू हुआ था, जिसे आमतौर पर अप्रसार संधि भी कहा जाता है (NPT) कहा जाता था। यह संधि 25 वर्षों के लिए थी। 11 मई, 1995 को पेरिस में NPT की समीक्षा करने और इसके विस्तार पर निर्णय लेने के लिए एक वैश्विक सम्मेलन आयोजित किया गया। इस सम्मेलन में, NPT को अनिश्चित अवधि के लिए बढ़ाया गया था। परमाणु हथियारों से संपन्न पांच देश, अर्थात् संयुक्त राज्य, रूस, यूनाइटेड किंग्डम, फ्रांस और चीन, NPT के अनिश्चित अवधि तक विस्तार में अधिक रुचि रखते थे। गुट-निरपेक्ष देश, परमाणु हथियारों से संपन्न देशों द्वारा परमाणु निरस्त्रीकरण के लिए एक साथ समझौते की मांग कर रहे थे। कई देशों ने NPT को भेदभावपूर्ण मानते हुए इसकी आलोचना की। NPT के विस्तार ने पांच देशों, संयुक्त राज्य, रूस, यूनाइटेड किंग्डम, फ्रांस और चीन द्वारा परमाणु हथियारों के कब्जे को वैध बनाया, जो संयुक्त राष्ट्र सुरक्षा परिषद के पांच स्थायी सदस्य भी थे। इन देशों ने परमाणु हथियारों से संपन्न देशों के रूप में संधि में प्रवेश किया, जैसा कि पूर्ववर्ती NPT में हुआ था। इस संधि ने अन्य देशों को परमाणु हथियारों के विकास की अनुमति नहीं दी। इस आधार पर, भारत, पाकिस्तान और इज़राइल ने NPT को खारिज कर दिया। भारत के लिए पड़ोसी चीन के पास परमाणु हथियारों की मौजूदगी से उसकी सुरक्षा को गंभीर ख़तरा था। इस प्रकार, भारत परमाणु हथियारों के विकास के लिए अपना विकल्प खुला रखना चाहता था। अगस्त 2016 तक, 191 देशों ने NPT पर हस्ताक्षर किए थे।

6.9.7 व्यापक परमाणु परीक्षण निषेध संधि, 1996

भविष्य में सभी परमाणु परीक्षणों पर प्रतिबंध लगाने के लिए, संयुक्त राष्ट्र ने व्यापक परीक्षण प्रतिबंध संधि (CTBT) का मसौदा तैयार किया, जिस पर 1996 में हस्ताक्षर किए गए। हालांकि, यह संधि परमाणु हथियारों से संपन्न देशों (NWS) को अपने परमाणु हथियारों के भंडार को बरकरार रखने के साथ-साथ प्रयोगशाला परमाणु परीक्षण तथा कंप्यूटर-अनुरूपित परीक्षण की अनुमति देती है। परंतु किसी भी परमाणु शस्त्र विहीन राज्य (NNWS) को इसकी अनुमति नहीं है। इस भेदभावपूर्ण प्रावधान के कारण, भारत ने इस संधि पर हस्ताक्षर नहीं किए। यहां तक कि पाकिस्तान और इज़राइल ने भी दिसंबर 1997 में CTBT पर हस्ताक्षर करने से इनकार कर दिया। अमेरिकी राष्ट्रपति बिल क्लिंटन CTBT पर हस्ताक्षर करने वाले पहले व्यक्ति थे। इसके बाद सुरक्षा परिषद के अन्य चार स्थायी सदस्य देशों—फ्रांस, यूनाइटेड किंग्डम, रूस और चीन द्वारा हस्ताक्षर किए गए। अक्टूबर 2016 तक, 166 देशों ने CTBT की पुष्टि की है। इसके अलावा, 17 अन्य देशों ने CTBT पर हस्ताक्षर किए हैं लेकिन उन्होंने अब तक पुष्टि नहीं की है। संयुक्त राज्य, चीन, मिस्र, इज़राइल और ईरान ने CTBT पर हस्ताक्षर किए हैं, लेकिन इसे मंज़ूरी नहीं दी है। 1996 में हस्ताक्षर के लिए CTBT को प्रस्तुत किए जाने के बाद से भारत, पाकिस्तान और उत्तर कोरिया ने परमाणु हथियारों का परीक्षण किया है। भारत और पाकिस्तान ने 1998 में दो समूहों में परीक्षण किया था, जबकि उत्तर कोरिया ने कुल पांच परमाणु हथियारों के परीक्षण किए हैं।

6.9.8 सामरिक आक्रामक कटौती संधि, 2002

मई 2002 में, संयुक्त राज्य और रूस ने सामरिक आक्रामक कटौती संधि (TSOR) पर हस्ताक्षर किए। इस संधि ने 1993 के स्टार्ट-II की खामियों को दूर करने की कोशिश की, जो बुरी तरह विफल रही थी। TSOR 2002 के अनुसार, संयुक्त राज्य और रूस, दोनों 10 वर्षों के भीतर सामरिक परमाणु हथियारों, ICBMs और SLBMs की संख्या को 1,700, 2,000 और 6,000 तक सीमित

करने पर सहमत हुए। इस प्रकार, इस संधि के जरिए 10 वर्षों के भीतर संयुक्त राज्य और रूस के परमाणु हथियारों की संख्या में दो-तिहाई कटौती की दिशा में प्रयास किया गया। हालांकि, अब तक TSOR की अपेक्षाओं के अनुरूप सामरिक हथियारों में कमी के संबंध में बहुत धीमी प्रगति हुई है।

इस प्रकार, वैश्वीकरण के युग में, पुराने प्रतिद्वंद्वियों, संयुक्त राज्य और रूस के बीच परमाणु और परमाणु हथियारों के निरस्त्रीकरण की दिशा में उल्लेखनीय प्रगति हुई है, जिनके पास ऐसे हथियारों का अधिकतम भंडार है। विचारधारात्मक आधार पर उनकी पारंपरिक शत्रुता समाप्त हो गई है, जिससे परमाणु हथियारों के निरस्त्रीकरण के लिए अनुकूल परिस्थितियों का निर्माण हुआ है। हालांकि, हम भारत, पाकिस्तान, उत्तर कोरिया, इज़राइल, दक्षिण अफ्रीका, लीबिया, एवं ईरान जैसे नव शक्तिशाली देशों में भी परमाणु प्रसार की लहर देख सकते हैं, क्योंकि उन्होंने परमाणु WMDs का विकास या अधिग्रहण किया है।

6.10 परमाणु प्रसार

परमाणु हथियारों की संख्या में मात्रात्मक एवं गुणात्मक वृद्धि तथा विभिन्न देशों में उनके विस्तार को, परमाणु प्रसार के तौर पर संदर्भित किया जाता है। द्वितीय विश्व युद्ध के दौरान, संयुक्त राज्य ने परमाणु शस्त्र क्षमता विकसित की और परमाणु बम तैयार किए। संयुक्त राज्य ने अगस्त 1945 में जापान के हिरोशिमा और नागासाकी नामक दो शहरों पर परमाणु बम गिराए, जिससे ये दोनों शहर पूरी तरह नष्ट हो गए और बड़ी संख्या में नरसंहार हुआ। हिरोशिमा में 66,000 लोग मारे गए और 69,000 लोग घायल हुए थे। नागासाकी में, 39, 000 लोग मारे गए और 25,000 लोग घायल हुए थे। परमाणु विकिरण का प्रभाव अभी भी इन क्षेत्रों में दिखाई देता है। परमाणु बम गिराए जाने से बड़े पैमाने पर विनाश एवं नरसंहार ने जापान को तुरंत आत्मसमर्पण करने के लिए मजबूर किया और द्वितीय विश्व युद्ध समाप्त हो गया। लेकिन पूरी दुनिया परमाणु बम विस्फोट और इसकी विनाशकारी क्षमताओं से स्तंभित थी। परमाणु हथियारों ने युद्ध की अवधारणा को बदलते हुए, सरल युद्ध को समग्रतः विनाशकारी या संपूर्ण युद्ध में परिणत कर दिया। द्वितीय विश्व युद्ध की अवधि में, परमाणु हथियारों के उद्भव के बाद अंतर्राष्ट्रीय संबंधों की प्रकृति पर बड़ा प्रभाव पड़ा। अन्य देशों ने परमाणु हथियारों को यथाशीघ्र विकसित करने की कोशिश की, क्योंकि यह एक निवारक के रूप में कार्य करते हुए राष्ट्रीय शक्ति को काफी बढ़ा देता है।

बीते वर्षों में विभिन्न देशों ने परमाणु बम बनाने की क्षमता विकसित की है। इसे क्षैतिज परमाणु प्रसार कहा जाता है। संयुक्त राज्य के बाद, USSR परमाणु को विखंडित करने एवं परमाणु हथियारों की तैयारी में सफल रहा। द्वितीय विश्व युद्ध के दौरान और उसके बाद, परमाणु बमों के बड़े पैमाने पर एकत्रीकरण ने संयुक्त राज्य को दुनिया का सबसे शक्तिशाली राष्ट्र बना दिया, जिससे अंतर्राष्ट्रीय राजनीति में इसे अद्वितीय शक्ति प्राप्त हो गई। USSR द्वारा परमाणु बम के विकास से अंतर्राष्ट्रीय संबंधों में द्विध्रुवीयता को उभरने एवं सशक्त होने का अवसर मिला। संयुक्त राज्य और USSR के बीच वैचारिक संघर्ष ने 1945 से 1990 तक दोनों शक्तियों के बीच शीत युद्ध की परिस्थिति को जन्म दिया। इससे सैन्य गठबंधन एवं प्रति-गठबंधनों का दौर प्रारंभ हुआ। संयुक्त राज्य ने यूरोप की अन्य पूंजीवादी शक्तियों के साथ मिलकर नाटो का गठन किया, जबकि USSR ने अन्य साम्यवादी देशों के साथ मिलकर वर्साय की संधि की। कालांतर में, यूनाइटेड किंग्डम, फ्रांस और चीन ने भी परमाणु शस्त्र विकसित किए। परमाणु शक्ति संपन्न पांच देशों (P-5), अर्थात् संयुक्त राज्य, USSR, यूनाइटेड किंग्डम, फ्रांस और चीन ने फिर NWS के विस्तार (प्रसार) को रोकने के प्रयास शुरू किए। NPT और CTBT को अपनाना, नए देशों में परमाणु शस्त्र क्षमता के प्रसार को रोकने का प्रयास था। लेकिन ये सभी संधियां दोषपूर्ण और भेदभावपूर्ण थीं, क्योंकि उन्होंने केवल इन पांच देशों के परमाणु आधिपत्य की स्थिति और सर्वोच्चता को कायम रखने की कोशिश की।

दूसरी ओर, गैर-परमाणु संपन्न राष्ट्र वास्तव में असहाय हो गए। इस प्रकार के असुरक्षा की भावना ने परमाणु हथियारों के बड़े पैमाने पर विकास को प्रेरित किया, क्योंकि अन्य देशों ने भी परमाणु शस्त्र हासिल करने की कोशिश की। इज़राइल और दक्षिण अफ्रीका ने परमाणु शस्त्र क्षमताओं का विकास किया। 11 और 13 मई, 1998 को भारत ने पोखरण में पांच भूमिगत परमाणु परीक्षण करके परमाणु शस्त्र क्षगता विकसित की। पाकिस्तान ने इसका अनुसरण किया, और कुछ दिनों के भीतर इसने भी परमाणु परीक्षण किए।

आज पूरे विश्व में परमाणु हथियारों का भंडार बेहद ख़तरनाक स्तर तक पहुंच चुका है। निरस्त्रीकरण के लिए विभिन्न प्रकार की संधियों एवं समझौतों के बाद भी, 2016 में संयुक्त राज्य के पास मौजूद परमाणु हथियारों की संख्या 6,970 थी; जबकि रूस के पास

7,300; फ्रांस के पास 300; यूनाइटेड किंग्डम के पास 215; चीन के पास 260; इज़राइल के पास 250–400; भारत के पास 110–120; पाकिस्तान के पास 120–130 और उत्तर कोरिया के पास 14 से अधिक परमाणु हथियार थे (तालिका 6.1)। 1970 के दशक में दक्षिण अफ्रीका ने कथित तौर पर इज़राइल की सहायता से परमाणु शस्त्र कार्यक्रम विकसित किया। विभिन्न रिपोर्टों के अनुसार, दक्षिण अफ्रीका ने 1979 में अटलांटिक महासागर में परमाणु परीक्षण किए थे। दक्षिण अफ्रीका ने 1991 में अपने परमाणु शस्त्र कार्यक्रम को त्याग दिया तथा अपने सभी परमाणु हथियारों को नष्ट करते हुए NPT पर हस्ताक्षर किए। 1998 में, भारत और पाकिस्तान परमाणु शस्त्र संपन्न राष्ट्रों की सूची में शामिल हो गए। अब भारत परमाणु हथियारों के निर्माण से परहेज कर रहा है तथा जनहित में परमाणु ऊर्जा के उपयोग पर ध्यान केंद्रित कर रहा है। 2005 में, यह अनुमान लगाया गया था कि, संयुक्त राज्य ने अभी भी नाटो समझौते के तहत बेल्जियम, जर्मनी, इटली, नीदरलैंड और तुर्की को उपयोग के लिए 180 सामरिक B61 परमाणु बम प्रदान किए हैं।

12 दिसंबर, 1985 को NNWS के रूप में उत्तर कोरिया NPT पर हस्ताक्षर के लिए सहमत हुआ, परंतु इसने कभी भी NPT का अनुपालन नहीं किया और 10 जनवरी, 2003 को इसे वापस लेते हुए परमाणु शस्त्र विकसित करना शुरू कर दिया। बाद में, इसने 2006, 2009, 2013 में एक-एक तथा 2016 में दो परीक्षणों (जनवरी और सितंबर) सहित कुल पांच परमाणु परीक्षण किए। संयुक्त राष्ट्र ने 14 अक्टूबर, 2006 से उत्तरी कोरिया के खिलाफ़ प्रतिबंध लगाए हैं। 7 मार्च 2013 को, संयुक्त राष्ट्र सुरक्षा परिषद ने नए प्रतिबंधों को पारित किया। उत्तर कोरिया ने विश्व समुदाय की चिंताओं और आलोचना की पूरी तरह से अवहेलना की है। यह अक्सर अपने विभिन्न परमाणु उपकरणों और लंबी दूरी की मिसाइलों का परीक्षण कर रहा है, जिसके चलते पड़ोसी देशों, विशेष रूप से दक्षिण कोरिया और जापान में भय का माहौल उत्पन्न हो रहा है। उत्तर कोरियाई नेता, किम जोंग-उन संयुक्त राज्य को परमाणु हमले के लिए तैयार रहने की धमकी दे रहा है। उन्होंने संदेश दिया कि, जनवरी 2016 में उनके देश में हाइड्रोजन बम का परीक्षण किया गया। इस खबर ने पूरी दुनिया को हिलाकर रख दिया, क्योंकि H-बम को परमाणु बम की तुलना में कहीं अधिक शक्तिशाली माना जाता है, तथा इस परीक्षण के कारण इसके कई पड़ोसी देशों में 5.1 की तीव्रता का भूकंप भी आया था। 9 सितंबर, 2016 को पांचवें परमाणु बम का परीक्षण किया गया जिसे पहले से कहीं अधिक शक्तिशाली माना जाता है, जिसकी अनुमानित क्षमता 25 से 30 किलोटन है। उत्तर कोरिया ने सामूहिक नरसंहार के लिए रासायनिक एवं जैविक शस्त्र भी विकसित किए हैं। 2009 में अंतर्राष्ट्रीय संकट समूह ने, और 2010 में दक्षिण कोरियाई सरकार ने अनुमान लगाया कि, उत्तर कोरिया के पास ताबुन, मस्टर गैस, सरिन, और एंथ्रेक्स जैसे रासायनिक एवं जैविक हथियारों का अनुमानित भंडार 2,500–5,000 टन का था।

तालिका 6.1 2016 में परमाणु शस्त्र संपन्न देश

2016 में परमाणु शस्त्र संपन्न देश	शस्त्रों की संख्या
संयुक्त राज्य	6,970
रूस	7,300
यूनाइटेड किंग्डम	215
फ्रांस	300
चीन	260
इज़राइल (अघोषित)	250–400
भारत	110–20
पाकिस्तान	120–30
उत्तर कोरिया	14 से अधिक

ईरान NPT का हिस्सा था, लेकिन यह NPT सुरक्षा उपायों का पालन नहीं कर रहा था। संयुक्त राज्य तथा कुछ यूरोपीय देशों ने ईरान पर परमाणु शस्त्र कार्यक्रम विकसित करने का आरोप लगाया। संयुक्त राज्य और उसके सहयोगी यूरोपीय देशों ने ईरान पर अपने यूरेनियम संवर्द्धन कार्यक्रम को त्यागने के लिए भरपूर दबाव डाला। 2006 में, संयुक्त राष्ट्र सुरक्षा परिषद ने ईरान पर प्रस्ताव संख्या 1696[9] द्वारा प्रतिबंध लगाया, क्योंकि उसने यूरेनियम संवर्द्धन कार्यक्रम को स्थगित करने से इनकार कर दिया था। संयुक्त राष्ट्र के

[9] संयुक्त राष्ट्र, SC, 31 जुलाई 2006।

प्रतिबंधों ने ईरान की अर्थव्यवस्था को गंभीर रूप से प्रभावित किया। 16 जनवरी, 2016 को जब ईरान 10 वर्षों तक परमाणु कार्यक्रम को रोकने के लिए तैयार हो गया, तब इन प्रतिबंधों को हटा लिया गया था।

लीबिया ने अक्टूबर 2003 में NPT पर हस्ताक्षर किए, लेकिन इसने संधि का उल्लंघन किया और पाकिस्तानी वैज्ञानिक अब्दुल कादिर ख़ान की मदद से परमाणु बम बनाया। हालांकि, लीबिया परमाणु WMDs को नष्ट करने और बिना शर्त निरीक्षण की अनुमति देने पर सहमत हुए। यह बताया गया कि, वैज्ञानिक अब्दुल कादिर ख़ान ने उत्तर कोरिया और ईरान को भी परमाणु बम विकसित करने में मदद की।

इस प्रकार, आज संपूर्ण मानव जाति एक अनिश्चित एवं विनाशकारी परिस्थितियों में रहने को विवश है, क्योंकि अगर युद्ध की स्थिति में परमाणु हथियारों का उपयोग किया जाए तो इससे पृथ्वी पर जीवन पूरी तरह से नष्ट एवं समाप्त हो सकता है। निरस्त्रीकरण एवं अप्रसार की दिशा में किए गए विभिन्न प्रयासों के बावजूद, अभी भी बड़ी संख्या में परमाणु हथियारों को एकत्रित करने का कार्य जारी है। दूसरी तरफ, इज़राइल, दक्षिण अफ्रीका, भारत, पाकिस्तान, लीबिया, उत्तर कोरिया, और ईरान जैसी अन्य नई शक्तियों के बीच परमाणु हथियारों का प्रसार हुआ है। इसने स्थानीय युद्धों में परमाणु हथियारों के उपयोग की संभावना के साथ दुनिया के अस्तित्व के लिए एक गंभीर संकट पैदा किया है। इस प्रकार के शस्त्र आतंकवादियों और विध्वंसकारी तत्वों के हाथों में भी पड़ सकते हैं। इनमें से कई देशों के नागरिक युद्धों और आतंकवाद से प्रभावित हैं। परमाणु युद्ध के बिना भी धरती पर मानव जाति एवं अन्य जीवों के अस्तित्व को लेकर संकट बरकरार है, क्योंकि आकस्मिक दुर्घटनाओं एवं लापरवाही के कारण भी परमाणु विस्फोट हो सकता है। अतीत में पहले भी कई बार परमाणु शस्त्र दुर्घटनाएं हुई हैं, जो मानव जीवन के लिए ख़तरा साबित हुआ है। सौभाग्यवश, अब तक कोई ऐसी बड़ी परमाणु दुर्घटना नहीं हुई है जिसने धरती के एक बड़े हिस्से पर जन जीवन को प्रभावित किया हो। 1950 से लेकर अब तक कुल 32 परमाणु शस्त्र दुर्घटनाएं हुईं, जिन्हें ब्रोकन एरो के तौर पर जाना जाता है। ये दुर्घटनाएं प्रक्षेपण, फायरिंग, विस्फोट, मानवीय चूक या त्रुटि के दौरान हुईं। अब तक, छह परमाणु शस्त्र समुद्र में लुप्त हो चुके हैं जिन्हें बरामद नहीं किया जा सका है।

आलोचकों का तर्क है कि, NPT के माध्यम से प्रचार को रोका नहीं जा सकता है, क्योंकि विद्युत उत्पादन के शांतिपूर्ण उद्देश्य के लिए परमाणु रिएक्टर का उपयोग करने वाले देश गुप्त रूप से परमाणु शस्त्र विकसित कर सकते हैं। दूसरी तरफ, संयुक्त राष्ट्र सुरक्षा परिषद के पांच स्थायी सदस्यों के पास 22,000 परमाणु शस्त्र हैं, और उन्होंने अपने भंडार को निरस्त्र करने के प्रति अनिच्छा प्रकट की है। अमेरिकी नव-उदारवादी विद्वान, केनेथ वाल्ट्ज (2012) ने क्षेत्रीय परमाणु प्रसार के पक्ष में तर्क दिया है कि यह अस्थिरता के बजाय अधिक स्थिरता उत्पन्न करेगा तथा इससे अंतर्राष्ट्रीय शांति की संभावनाओं में वृद्धि होगी। इस आधार पर, उन्होंने कहा कि ईरान के पास भी परमाणु बम होना चाहिए, क्योंकि प्रतिबंधों के बावजूद इसने इज़राइल से ख़तरे की संभावना को देखते हुए परमाणु बम विकसित किए। इसके बजाय, ईरान में परमाणु बम की मौजूदगी से मध्य-पूर्व में क्षेत्रीय स्थिरता का माहौल उत्पन्न होगा। उन्होंने उत्तर कोरिया का उदाहरण दिया, जिसने प्रतिबंधों के बावजूद परमाणु बम बनाया। हालांकि, वह इस बात को समझने में विफल रहा कि, अगर परमाणु शस्त्र से संपन्न देश का शासक आक्रामक या गैर ज़िम्मेदार हो, तो इससे पूरी दुनिया के लिए परमाणु युद्ध का एक बड़ा संकट उत्पन्न हो जाएगा। उत्तर कोरियाई नेता, किम जोंग-उन संयुक्त राज्य और दक्षिण कोरिया को निरंतर परमाणु हमले के लिए तैयार रहने की धमकी दे रहा है, और उसका यह आक्रामक एवं गैर-ज़िम्मेदार व्यवहार एक बड़ा ख़तरा पैदा कर चुका है। इस प्रकार, पूरे विश्व की प्रगति परमाणु हथियारों के प्रसार में नहीं, बल्कि सभी देशों द्वारा परमाणु हथियारों के उन्मूलन में निहित है।

6.11 निरस्त्रीकरण के मार्ग में मौजूद बाधाएं

परमाणु प्रसार को नियंत्रित किए जाने के साथ-साथ इस दिशा में ठोस कदम उठाए जाने की आवश्यकता है। परमाणु निरस्त्रीकरण के अलावा अन्य ख़तरनाक हथियारों के निरस्त्रीकरण तथा शस्त्र नियंत्रण के विषय पर सर्वसम्मति है। संयुक्त राज्य, रूस, संयुक्त राष्ट्र और विभिन्न अंतर्राष्ट्रीय संगठनों के प्रयासों के बावजूद, निरस्त्रीकरण एवं शस्त्र नियंत्रण की दिशा में प्रगति बहुत धीमी है। निरस्त्रीकरण एवं शस्त्र नियंत्रण के मार्ग में कई अवरोध या बाधाएं हैं। वी. वी. डाइक ने निरस्त्रीकरण के मार्ग की बाधाओं का वर्णन किया है, जो निम्नानुसार हैं:

1. बाह्य आक्रमण से सुरक्षा के साथ-साथ राष्ट्रीय शक्ति के प्रयोग के जरूरी साधन के रूप में देशों का शस्त्रीकरण पर विश्वास।
2. विभिन्न देशों के बीच हथियारों एवं सशस्त्र प्रतिष्ठानों के अनुपात पर सहमति से जुड़ी समस्याएं।
3. निरस्त्रीकरण एवं शस्त्र नियंत्रण पर समझौते के कार्यान्वयन से जुड़ी समस्याएं।
4. राष्ट्रों के बीच इस बात पर अविश्वास कि, एक शस्त्र विहीन राष्ट्र पर एक सशस्त्र राष्ट्र द्वारा आक्रमण एवं कब्जा किया जा सकता है।
5. अंतर्राष्ट्रीय राजनीति में राष्ट्रों के बीच असुरक्षा की भावना।
6. राष्ट्रों के बीच राजनीतिक प्रतिद्वंद्विता और विवादों का अस्तित्व।

हेन्स जे. मोर्गेंथाऊ शक्तियों के बीच संघर्ष को निरस्त्रीकरण के मार्ग की मुख्य बाधा के तौर पर देखते हैं। उनके अनुसार:

> *मुद्दा चाहे विभिन्न देशों के पास मौजूद हथियारों के समग्र अनुपात से जुड़ा हो, या फिर यह विभिन्न प्रकार के हथियारों एवं इनकी मात्रा के आवंटन के लिए निर्धारित मानदंड से संबंधित हो, जब तक कि शक्तियों के बीच के संघर्ष का समाधान नहीं होगा, तब तक अपनी-अपनी शर्तों पर इन मुद्दों को सुलझाना असंभव है। शत्रुता और अविश्वास का माहौल, निरस्त्रीकरण के मार्ग में बाधाएं उत्पन्न करता है।*

सैन्य हस्तक्षेप और परमाणु प्रसार के बीच अत्यंत निकट संबंध भी है। अवपीड़क राजनीति के साथ-साथ आक्रमण के भय, विशेष रूप से संयुक्त राज्य की ओर से आक्रमण के भय के कारण पूर्व सोवियत संघ ने अपनी सुरक्षा के लिए परमाणु हथियारों का विकास किया। भारत ने अपने पड़ोसी देश चीन के पास परमाणु हथियारों की मौजूदगी के कारण परमाणु शस्त्र क्षमता विकसित, जिसने 1962 में भारत के साथ युद्ध किया। इसलिए, निरस्त्रीकरण के लिए एक सशक्त नीति की आवश्यकता है जो सैन्य हस्तक्षेप को नियंत्रित करने में सक्षम हो। शीत युद्ध की अवधि में, वैचारिक मतभेदों (उदारवाद बनाम साम्यवाद) पर आधारित प्रतिद्वंद्विता, संयुक्त राज्य और USSR के निरस्त्रीकरण के प्रयासों की विफलता के लिए उत्तरदायी सर्वप्रमुख बाधाओं में से एक थी। के. जे. होल्स्टी (1978: 347) ने हिंसा के संदर्भ में आत्मारोपित सीमा पर बल दिया है। हालांकि उनका तर्क है कि, औपचारिक अंतर्राष्ट्रीय समझौतों के साथ शस्त्र नियंत्रण को एक-समान बनाने की प्रवृत्ति से हथियारों की खरीद एवं उनकी तैनाती को परिसीमित किए जाने की व्यवहार्यता के परिणाम अत्यधिक निराशाजनक हो सकते हैं। हिंसा पर आत्मारोपित सीमाएं कभी-कभी संधि में वर्णित सीमाओं की तुलना में अधिक चिरस्थायी होती हैं, और कई बार युद्ध को टालने में भी सक्षम होती हैं। द्वितीय विश्व युद्ध के दौरान, न तो मित्र राष्ट्रों ने और न धुरी राष्ट्रों ने जहरीली गैस का उपयोग किया। कोरियाई युद्ध के दौरान, अमेरिकी और संयुक्त राष्ट्र सशस्त्र बलों, दोनों पर मात्रात्मक एवं भौगोलिक सीमाएं लागू की गई थीं। राष्ट्रपति ट्रूमैन ने मंचूरिया पर हमला करने तथा ताइवान से चीनी सेना को बाहर निकालने के लिए सामरिक परमाणु हथियारों के उपयोग के संदर्भ में घरेलू दबाव की उपेक्षा की। हालांकि USSR ने उत्तर कोरिया को बड़ी सैन्य सहायता प्रदान की, फिर भी सोवियत सेना को जमीनी युद्ध से रोका गया तथा जापान में अमेरिकी आपूर्ति के अड्डों पर हमला नहीं किया गया था (होल्स्टी, 1978: 347)।

शीत युद्ध के बाद की अवधि और वैश्वीकरण के युग ने महाशक्तियों, अर्थात् संयुक्त राज्य और रूस के बीच शत्रुता एवं अविश्वास को समाप्त कर दिया। वैचारिक आधार पर शत्रुता खत्म हुई। इस सौहार्दपूर्ण माहौल के कारण INF संधि, स्टार्ट-I, स्टार्ट-II, रासायनिक शस्त्र संधि, चीन और फ्रांस द्वारा NPT पर हस्ताक्षर, इत्यादि में सफलता हासिल हुई। संयुक्त राज्य ने अपनी सामरिक रक्षा पहल (SDI या स्टार वार) कार्यक्रम को त्याग दिया। CTBT और TSOR पर हस्ताक्षर किए गए। हाल के दिनों में, पूरी दुनिया में जनता परमाणु हथियारों के खिलाफ़ एकमत हुई है। विडंबना यह है कि, यह चरण भारत, पाकिस्तान, उत्तर कोरिया, इज़राइल, दक्षिण अफ्रीका, लीबिया और शायद ईरान जैसे कुछ नव शक्तिशाली देशों में परमाणु हथियारों के गंभीर रूप से प्रसार का साक्षी रहा है। इस प्रकार के विकास की प्रकृति नकारात्मक है। हालांकि, भारत ने यह साबित कर दिखाया है कि परमाणु बम बनाने की क्षमता होने के बावजूद, यह परमाणु ऊर्जा का उपयोग मुख्य रूप से बिजली पैदा करने के शांतिपूर्ण उद्देश्य हेतु कर रहा है।

6.12 भारत-संयुक्त राज्य परमाणु समझौता, 2008

सितंबर 2008 में, वियना में आयोजित परमाणु आपूर्तिकर्ता समूह (NSG) की बैठक में, भारत ने संयुक्त राज्य के साथ परमाणु समझौते पर हस्ताक्षर किए। इसने 1974 के पोखरण परमाणु परीक्षण के बाद, भारत के 34 वर्षीय परमाणु अलगाव को समाप्त कर दिया। भारत ने अब तक NPT और CTBT पर हस्ताक्षर करने से इनकार किया है। 2008 के परमाणु समझौते ने भारत को पांच परमाणु शक्तियों, अर्थात् संयुक्त राज्य, रूस, यूनाइटेड किंग्डम, फ्रांस और चीन के अलावा एकमात्र परमाणु शक्ति संपन्न देश का अद्वितीय दर्जा दिलाया, जिसे परमाणु NPT या CTBT पर हस्ताक्षर किए बिना वैश्विक परमाणु व्यापार की अनुमति दी गई। इससे पहले तक, NPT और CTBT को सर्वोत्कृष्ट परमाणु क्लब में प्रवेश की पूर्वपिक्षा माना जाता था। इस समझौते के अनुसार, भारत अब परमाणु प्रौद्योगिकी प्राप्त करने के साथ-साथ अपने परमाणु कार्यक्रमों को जारी रखने एवं परमाणु व्यापार करने में सक्षम हो गया। भारत के पास परमाणु ऊर्जा विकसित करने और परमाणु शस्त्र बनाने के विकल्प हैं। भारत को इस उद्योग जगत की अत्यंत संवेदनशील उच्च तकनीक तक पहुँच हासिल है, जिसका उपयोग परमाणु प्रौद्योगिकी के लिए भी किया जा सकता है। यह सूचना प्रौद्योगिकी, ऊर्जा/बिजली, औषध-क्षेत्र, रक्षा, विनिर्माण, जैसे क्षेत्रों के लिए मददगार साबित होगा। इससे भारत एक बड़ी वैश्विक शक्ति के रूप में उभरने में सक्षम होगा। इस प्रकार, परमाणु शस्त्र के स्थान पर आधारभूत संरचना विकास, ऊर्जा एवं परमाणु सामग्री के अन्य शांतिपूर्ण उपयोगों पर ध्यान केंद्रित किया जा रहा है। भारत और संयुक्त राज्य के बीच हाल ही में किए गए समझौते के अनुसार, भारत को बिजली उत्पादन में लगे परमाणु रिएक्टरों के लिए परमाणु ईंधन की निर्बाध आपूर्ति मिलेगी। साथ ही, इनका उपयोग सैन्य उद्देश्यों के लिए किया जा सकता है। भारत को इस प्रकार के संव्यवहार की अनुमति, इसके हथियारों के प्रसार के स्वच्छ रिकॉर्ड तथा असाधारण रूप से ऊर्जा की बढ़ती आवश्यकता के आधार पर दी गई है, जो इसके तीव्र औद्योगिकीकरण एवं 1.25 अरब से अधिक लोगों की जनसंख्या वृद्धि से प्रेरित है।

6.13 संयुक्त राष्ट्र शस्त्र व्यापार संधि, 2014

यह परंपरागत शस्त्र (हथियारों) के अंतर्राष्ट्रीय व्यापार को नियंत्रित करने वाली एक बहुपक्षीय संधि है। 2008 में, संयुक्त राष्ट्र महासभा ने हथियार व्यापार संधि पर विचार करने के उद्देश्य से असीमित अवधि की कार्यसमिति के गठन का प्रस्ताव पारित किया। वास्तव में, इस संबंध में पहला प्रयास संयुक्त राष्ट्र के बाहर नोबेल पुरस्कार विजेता डॉ. ऑस्कर एरियास द्वारा शुरू किया गया था, जिन्होंने वर्ष 1995 में नोबेल शांति पुरस्कार के अन्य विजेताओं के साथ मिलकर अंतर्राष्ट्रीय आचार संहिता का मसौदा तैयार किया, और इसके माध्यम से सभी प्रकार के हथियारों के निर्यात से संबंधित निर्णय को मानवाधिकारों, लोकोपकारी क़ानून, संवहनीय विकास एवं शांतिपूर्ण सहअस्तित्व के आधार पर निर्धारित किए जाने वाले सिद्धांतों को स्थापित किया। कालांतर में इस पहल को शस्त्र व्यापार संधि (ATT) कहा जाने लगा। इससे प्रेरित होकर, सरकारी विशेषज्ञों के एक समूह ने संयुक्त राष्ट्र में ATT को अपनाने हेतु एक प्रस्ताव प्रस्तुत किया। संयुक्त राष्ट्र ने इस संधि को अपनाया, जो 24 दिसंबर, 2014 से प्रभावी हुआ। कार्यान्वयन किए जाने पर यह संधि हथियारों के अवैध व्यापार के साथ-साथ हथियारों की तस्करी तथा आतंकवादियों एवं विद्रोहियों के हाथों तक उनकी पहुंच को नियंत्रित करने में सहायक सिद्ध होगी। दुनिया के पांच शीर्ष 10 शस्त्र उत्पादकों - यूनाइटेड किंग्डम, फ्रांस, जर्मनी, इटली और स्पेन सहित कुल 89 देशों ने संधि पर हस्ताक्षर किए और इसकी अभिपुष्टि की है। इसके अलावा, 44 देशों ने संधि पर हस्ताक्षर किए हैं लेकिन इसकी अभिपुष्टि नहीं की है।[10] संयुक्त राज्य ने 25 सितंबर, 2013 को संधि पर हस्ताक्षर किए लेकिन इसकी अभिपुष्टि नहीं की है। अमेरिकी कांग्रेस ने संधि की आलोचना की है, कि यह संयुक्त राज्य की संप्रभुता का उल्लंघन करेगा। चूंकि ATT गृहयुद्धों, नरसंहार और मानवाधिकारों के उल्लंघनों में संलिप्त देशों या समूहों को हथियारों की आपूर्ति के खिलाफ़ है, इसलिए इस संधि के माध्यम से इज़राइल एवं ताइवान को दी जाने वाली अमेरिकी सहायता प्रतिबंधित होगी, जो मानवाधिकारों का गंभीर रूप से उल्लंघन कर रहे हैं। साथ ही इससे विभिन्न देशों में अमेरिकी सैनिक कार्रवाई, अथवा सीरिया के

[10] 'शस्त्र व्यापार संधि', संयुक्त राष्ट्र, संधि संग्रह, 3 अक्टूबर 2016

कुछ विद्रोहियों या यूरोप के कुछ सहयोगियों को समर्थन दिए जाने पर भी प्रतिबंध लगेगा। इन सभी बातों पर विचार करते हुए अमेरिकी कांग्रेस ने इस बात पर आपत्ति दर्ज की है कि, यह संधि अमेरिकी विदेश नीति एवं उसके हितों के विरुद्ध है। भारत ने भी ATT संधि पर हस्ताक्षर नहीं किए हैं, हालांकि यह ATT की बैठकों में सक्रिय रूप से भाग लेता है। भारत ने इस बात पर आपत्ति दर्ज की है कि: (a) इस संधि में हथियारों का निर्यात करने वाले और आयात करने वाले देशों के दायित्व संतुलित नहीं हैं, (b) यह आतंकवाद तथा अराजक तत्वों के संदर्भ में अपेक्षाकृत कमज़ोर है, और (c) इसके उल्लंघन की स्थिति में, आयात करने वाले देश के खिलाफ़ निर्यातक देश द्वारा एकपक्षीय कार्यवाही का प्रावधान न्यायविरुद्ध है और इसका दुरुपयोग किया जा सकता है।

6.14 निरस्त्रीकरण की दिशा में किए गए नवीनतम प्रयास

वर्ष 2009 में निरस्त्रीकरण की दिशा में एक महत्त्वपूर्ण पहल करते हुए, अमेरिकी राष्ट्रपति बराक ओबामा ने यूरोपीय मिसाइल रक्षा संकेतक प्रणाली को निरस्त कर दिया। ओबामा ने पोलैंड में एंटी-बैलिस्टिक मिसाइल सिस्टम (ABM प्रणाली) के निर्माण के लिए बुश-युग के प्रस्ताव को रद्द कर दिया, जिसे ईरान की ओर से किए जाने वाले किसी भी संभावित मिसाइल हमले से रक्षा हेतु तैयार किया जाना था। संयुक्त राष्ट्र के भाषणों में ओबामा ने निरस्त्रीकरण का दृढ़तापूर्वक पक्ष समर्थन किया है। अमेरिकी दावे के अनुसार, 1991 से 2011 की अवधि में अमेरिकी परमाणु भंडार को 50 प्रतिशत से भी कम कर दिया गया है, जिसे निरस्त्रीकरण की दिशा में एक बड़ी उपलब्धि माना जाता है। पूर्व सोवियत संघ के आयुध भंडार की बात की जाए, तो यूक्रेन, कज़ाखस्तान और बेलारूस ने 3,300 सामरिक परमाणु हथियारों को नष्ट करने में सफलता पाई। संबंधित देशों के आयुध भंडारों में 252 ICBMs को भी नष्ट किया गया। एक रोचक तथ्य यह है कि, पूर्व सोवियत हथियारों के हथियारों को नष्ट करने के लिए धनराशि का भुगतान संयुक्त राज्य की ओर से किया जाता है, जिसपर प्रति वर्ष 300 मिलियन डॉलर का व्यय होता है। यूनाइटेड किंग्डम भी निरस्त्रीकरण की दिशा में भरपूर प्रयास कर रहा है। यूनाइटेड किंग्डम ने अपने निरस्त्रीकरण के पहले संकेत के रूप में, अपने चार ट्राइडेंट SLBMs पनडुब्बियों में से एक को हटाने की पेशकश की है। संयुक्त राष्ट्र के स्तर पर, संयुक्त राष्ट्र निरस्त्रीकरण तंत्र द्वारा सामूहिक प्रयास किए जा रहे हैं। इसमें निरस्त्रीकरण के लिए वैश्विक मानदंडों की स्थापना से निकट तौर पर संबंधित विभिन्न संस्थानों का गठन शामिल है। ये संस्थान निम्नानुसार हैं:

- संयुक्त राष्ट्र निरस्त्रीकरण आयोग
- महासभा की पहली समिति, जो प्रस्तावों पर विचार करती है एवं अंगीकृत करती है
- निरस्त्रीकरण पर सम्मेलन, जो बहुपक्षीय संधि-वार्ता के लिए काम करता है
- चर्चा और विचार-विमर्श के लिए विशिष्ट संयुक्त राष्ट्र राजनयिक सम्मेलन

संयुक्त राष्ट्र अनौपचारिक और गोपनीय आधार पर अपने कार्य को पूरा करने के लिए सलाहकार बोर्ड का भी गठन कर सकता है। संयुक्त राष्ट्र महासभा ने अप्रैल 2009 में निरस्त्रीकरण पर एक विशेष विषयगत परिचर्चा का आयोजन किया, और इसके ठीक बाद सितंबर 2009 में निरस्त्रीकरण पर सुरक्षा परिषद के शिखर सम्मेलन का आयोजन किया। संयुक्त राष्ट्र द्वारा 2010 में NPT समीक्षा सम्मेलन का आयोजन इस दिशा में किया गया नवीनतम प्रयास है, जिसने निरस्त्रीकरण एवं अप्रसार, परमाणु ऊर्जा के शांतिपूर्ण उपयोग और मध्य-पूर्व में परमाणु-मुक्त क्षेत्र हेतु कार्रवाई के लिए सर्वसम्मति से अंतिम दस्तावेज तैयार किया। 2014 में संयुक्त राष्ट्र और इसके महासचिव बान की-मून ने ATT के कार्यान्वयन पर ध्यान केंद्रित किया, जो परंपरागत हथियारों को परिसीमित करने की दिशा में एक महत्त्वपूर्ण बहुपक्षीय पहल है।

बारह देशों, अर्थात् जापान, ऑस्ट्रेलिया, कनाडा, चिली, जर्मनी, मेक्सिको, नाइजीरिया, नीदरलैंड, फिलीपींस, पोलैंड, तुर्की और संयुक्त अरब अमीरात ने NPT समीक्षा सम्मेलन, 2010 में सर्वसम्मति बनाने के लिए 2010 में अप्रसार एवं निरस्त्रीकरण पहल (NPDI) की स्थापना की। अप्रैल 2014 में NPDI ने निरस्त्रीकरण की दिशा में ठोस कदम उठाते हुए 'हिरोशिमा घोषणापत्र' को अपनाया। NPDI को भी सीमित सफलता मिली, क्योंकि अन्य देश इस समूह को अमेरिकी सहयोगी के रूप में देखते हैं जिन्हें

अमेरिकी परमाणु सुरक्षा की छत्रछाया प्राप्त है। इस समूह के दृष्टिकोण की भी आलोचना की गई है, जो गुटनिरपेक्ष आंदोलन की तुलना में औसत दर्जे का है तथा परमाणु हथियारों को पूरी तरह से अवैध घोषित किए जाने की मांग करता है। सुरक्षा परिषद के पांच स्थायी सदस्य, अर्थात् संयुक्त राज्य, रूस, यूनाइटेड किंग्डम, फ्रांस और चीन, जो NPT द्वारा अभिज्ञात पांच परमाणु संपन्न देश भी हैं, ने 'P5 पहल' की शुरूआत की। इस पहल के माध्यम से, वे परमाणु निरस्त्रीकरण की दिशा में कदम-दर-कदम दृष्टिकोण की पुष्टि करते हैं। हालांकि, 2015 में NPT समीक्षा सम्मेलन के आयोजन तक इस दिशा में प्रगति काफी सीमित थी। आज भी इन देशों के पास बड़ी संख्या में परमाणु शस्त्र भंडार मौजूद हैं। दिसंबर 2008 में, परमाणु निरस्त्रीकरण के लक्ष्य को हासिल करने के उद्देश्य से पेरिस में 100 राजनेताओं, नागरिकों और सैन्य लोगों द्वारा ग्लोबल ज़ीरो अभियान की शुरुआत की गई। यह एक अंतर्राष्ट्रीय ग़ैर-तरफ़दार समूह है, और वर्ष 2016 तक विश्व के 300 नेता इसमें शामिल हो चुके हैं। यह परमाणु हथियारों के उन्मूलन के प्रति समर्पित है। परमाणु शस्त्र उन्मूलन के लिए ग्लोबल ज़ीरो, विश्व के नेताओं और नागरिकों का वैश्विक आंदोलन बन गया है।

निरस्त्रीकरण, शस्त्र नियंत्रण और परमाणु शस्त्र मुक्त दुनिया के रास्ते में अभी भी कई बाधाएं हैं। परंतु वर्ष 1990 से बदलाव की लहर की शुरुआत हुई, जिसकी वजह से निरस्त्रीकरण एवं शस्त्र नियंत्रण के साथ-साथ परमाणु हथियारों में कटौती के लिए कई संधियों पर सफलतापूर्वक हस्ताक्षर किए गए और पूरे विश्व के लोगों में आशा की नई किरण का संचार हुआ। एक दिन सच्ची भावना की जरूर जीत होगी, और संभवतः महाशक्तियों के अलावा परमाणु हथियारों से संपन्न देश भी अपने मौजूदा परमाणु शस्त्र, अन्य WMDs, जैविक एवं रासायनिक हथियारों को नष्ट कर सकते हैं। वैश्विक स्तर पर, हर साल सैन्य एवं हथियारों की खरीद पर US$1,100 बिलियन से अधिक का व्यय होता है, जो निरंतर बढ़ रहा है। लोगों की हत्या के लिए निर्मित उपकरणों, अर्थात् शस्त्रों का विभिन्न देशों द्वारा व्यापार किया जाता है। दुनिया में, पारंपरिक हथियारों का 90 प्रतिशत से अधिक निर्यात सुरक्षा परिषद के पांच स्थायी सदस्यों, अर्थात् संयुक्त राज्य, यूनाइटेड किंग्डम, फ्रांस, रूस और चीन द्वारा किया जाता है। इनमें से ज्यादातर हथियारों का आयात एशिया, अफ्रीका और लैटिन अमेरिका के ग़रीब और अविकसित देशों द्वारा किया जाता है। इन विकासशील और अविकसित देशों में विश्व के बड़े हथियारों का 51 प्रतिशत हिस्सा मौजूद है, और ये देश सुरक्षा परिषद के पांच स्थायी सदस्यों से भारी हथियारों के बड़े आयातक हैं। उदाहरण के लिए, 2011–15 के दौरान वैश्विक आयात में भारत जैसे विकासशील देश का योगदान 14 प्रतिशत था और यह दुनिया का सबसे बड़ा शस्त्र आयातक रहा है। स्टॉकहोम अंतर्राष्ट्रीय शांति अनुसंधान संस्थान (SIPRI) के अनुसार, भारत के हथियारों का आयात इसके प्रतिद्वंद्वियों चीन और पाकिस्तान की तुलना में तीन गुना अधिक है। रूस, USA, इज़राइल और फ्रांस भारत में शस्त्र के सबसे बड़े आपूर्तिकर्ता हैं। 2015 में, भारत ने सैन्य व्यय पर $ 51.3 बिलियन खर्च किए थे। पाकिस्तान चीन के हथियारों का 35 प्रतिशत आयात करता है; बांग्लादेश चीन के हथियारों का 20 फीसदी और म्यांमार 16 प्रतिशत आयात करता है। दूसरी तरफ, 2016 में, भारत में 21.9 प्रतिशत लोग ग़रीबी रेखा से नीचे हैं, और यह आंकड़ा बांग्लादेश में 31.5 प्रतिशत, भूटान में 12 प्रतिशत, नेपाल में 25.2 प्रतिशत, पाकिस्तान में 12.4 प्रतिशत, मालदीव में 15 प्रतिशत, में म्यांमार 25.6 प्रतिशत और श्रीलंका में 6.7 प्रतिशत है। 2014–15 में, दक्षिण एशिया में भूख से पीड़ित लोगों की संख्या 336 मिलियन थी। भारत और बांग्लादेश में भूख के मामलों की संख्या सबसे ज्यादा है। पूरी दुनिया में सामान्य से कम वज़न के बच्चों की आधी संख्या भारत, पाकिस्तान और बांग्लादेश में मौजूद है। अफ्रीका की बात की जाए, तो 2010–14 में वैश्विक शस्त्र वितरण का 9 प्रतिशत का आयात यहां किया गया था। हालांकि, प्रतिशत के लिहाज से अन्य क्षेत्रों की तुलना में अफ्रीका में हथियारों का वितरण काफी कम था, फिर भी 2005–09 के आंकड़ों में 45 प्रतिशत की वृद्धि हुई थी। अफ्रीका में, 43 प्रतिशत लोग ग़रीबी रेखा से नीचे रहते हैं। अफ्रीका के उप-सहारा क्षेत्र में, वर्ष 2012 में 501 मिलियन आबादी (जनसंख्या का 47 प्रतिशत) को प्रतिदिन $1.90 या उससे कम पर निर्वाह करना पड़ता था। ऐसा नहीं है कि, ग़रीबी केवल विकासशील और अल्प-विकसित देशों में ही है। बड़ी संख्या में परमाणु शस्त्रों का निर्माण करने वाले और हथियारों की बिक्री करने वाले विकसित देशों में भी ग़रीबी व्याप्त है। 2015 में, संयुक्त राज्य में 13.5 प्रतिशत (43.1 मिलियन) आबादी ग़रीबी रेखा से नीचे थी।[11] वर्ष 2014 में, 14.5 प्रतिशत (45 मिलियन)

[11] 'बेसिक स्टैटिस्टिक्स: टॉक पावर्टी', talkpoverty.org पर उपलब्ध (27 अक्टूबर, 2016 को देखा गया)

और 2012 में, 15 प्रतिशत अमेरिकी ग़रीबी रेखा से नीचे रहते थे।[12] ऐसे कई अमेरिकी हैं, जो बेघर और बेरोज़गार हैं। 2015 में, रूस में 13.4 प्रतिशत (19.2 मिलियन) आबादी ग़रीबी रेखा से नीचे थी।[13] विश्व बैंक की रिपोर्ट के अनुसार, रूस में ग़रीबी तेजी से बढ़ रही है। फ्रांस में, 14.1 प्रतिशत (9 मिलियन) लोग ग़रीबी रेखा से नीचे रहते हैं। यूनाइटेड किंगडम में, 2016 में हर तीन में से एक व्यक्ति ग़रीबी का सामना कर रहा था। इससे पहले 2014 में, यूनाइटेड किंग्डम की 6.5 प्रतिशत (3.9 मिलियन) आबादी ग़रीबी रेखा से नीचे थी।[14] आमतौर पर नीति निर्माताओं ने ग़रीबों की जरूरतों को नजरअंदाज कर दिया है, जो ग़रीबी के बुनियादी कारणों में से एक है। विश्व बैंक की रिपोर्ट के अनुसार, 1981 के बाद से चीन ने 500 मिलियन लोगों को निर्धनता रेखा से बाहर निकालने में उल्लेखनीय कामयाबी प्राप्त की है, परंतु आज भी यहां 4 प्रतिशत लोग ग़रीबी रेखा से नीचे जीवन-यापन करते हैं। एक दक्षिण अमेरिकी देश, वेनेज़ुएला में 80 प्रतिशत लोग ग़रीबी रेखा से नीचे जीवन-यापन करते हैं और इसकी अर्थव्यवस्था किसी भी दिन ध्वस्त हो सकती है। विडंबना यह है कि, 2016 में यह देश विश्व के शस्त्र आयातकों की सूची में 13वें स्थान पर था। 2010 और 2014 के बीच वेनेज़ुएला ने अपने नागरिकों हेतु खाद्य पदार्थों एवं आवश्यक वस्तुओं की खरीद के बजाय, $2.6 बिलियन के शस्त्र आयात किए, जिनमें से $1.96 बिलियन के शस्त्र रूस से और $349 मिलियन के शस्त्र चीन से आयातित थे। शीत युद्ध के चरण में तथा वैश्वीकरण के दौरान भी संयुक्त राज्य, रूस एवं अन्य बड़ी शक्तियों द्वारा दमनकारी शासन-व्यवस्थाओं के समर्थन में हथियारों एवं अन्य वस्तुओं को बेचने का उनका अपना स्वार्थ निहित है। ऐसे परिदृश्य में, वास्तव में यह निरस्त्रीकरण एवं शस्त्र नियंत्रण पर विचार करने तथा हथियारों के संदर्भ में राष्ट्रीय बजट के एक बड़े हिस्से को निर्धनता उन्मूलन एवं विकास कार्यक्रमों की ओर प्रवाहित करने का बिल्कुल सही समय है। संयुक्त राष्ट्र को भी निरस्त्रीकरण के अपने प्रयासों में तेजी लानी चाहिए।

मॉडल प्रश्न

6.1 निरस्त्रीकरण को परिभाषित करें तथा बताएं कि यह शस्त्र नियंत्रण एवं सामूहिक सुरक्षा से किस प्रकार अलग है।

6.2 अंतर्राष्ट्रीय शांति के साधन के रूप में निरस्त्रीकरण की प्रकृति की जांच करें।

6.3 निरस्त्रीकरण के विभिन्न सिद्धांतों की व्याख्या करें, जो अंतर्राष्ट्रीय शांति एवं सुरक्षा के साधन के तौर पर इसका समर्थन करते हैं।

6.4 निरस्त्रीकरण के विभिन्न स्वरूपों एवं प्रकारों पर चर्चा करें।

6.5 विभिन्न प्रकार के शस्त्र नियंत्रण के बीच अंतर स्पष्ट करें।

6.6 शीत युद्ध के बाद की अवधि में परमाणु प्रसार को रोकने के लिए उठाए गए विभिन्न कदमों पर एक संक्षिप्त निबंध लिखें।

6.7 शीत युद्ध की समाप्ति के बाद या वैश्वीकरण के युग में निरस्त्रीकरण की दिशा में किए गए प्रयासों का अन्वेषण करें।

6.8 निरस्त्रीकरण के मार्ग में मौजूद बाधाओं या समस्याओं का आलोचनात्मक परीक्षण करें।

6.9 वैश्वीकरण के युग में परमाणु प्रसार की समस्या का विश्लेषण करें और इसके विभिन्न कारकों का अन्वेषण करें।

6.10 निम्नलिखित पर संक्षिप्त टिप्पणी लिखें:

a) CTBT

b) स्टार्ट-I और II

c) भारत-संयुक्त राज्य परमाणु समझौता

---

[12] अमेरिकी जनगणना ब्यूरो

[13] विश्व बैंक, मार्केट वॉच, 06 अप्रैल, 2016

[14] राष्ट्रीय सांख्यिकी कार्यालय, द *गार्जियन*, 06 दिसंबर, 2016

अनुशंसित साहित्य

Beeson, M., and N. Bisley, eds. 2013. *Issues in 21st Century World Politics.* Basingstoke: Palgrave Macmillan.

Bell, D., ed. 2010. *Ethics and World Politics.* Oxford: Oxford University Press.

Bull, Hedley. 1961. *The Control of the Arms Race.* New York: Frederick A. Praeger.

Burton, John W. 1962. *Peace Theory: Precondition of Disarmament.* New York: Alfred A. Knopf.

Calvocoressi, Peter. 2001. *World Politics 1945–2000.* New Delhi: Pearson Education.

Claude, Inis L. Jr. 1971. *Swords into Plowshares,* 4th ed. New York: Random House.

Couloumbis, Theodore A., and James H. Wolfe. 1986. *Introduction to International Relations: Power and Justice.* New Delhi: Prentice-Hall.

Department of State, US. 1952. *Department of State Bulletin, XXVI,* 101–02. Washington, D.C.: Office of Public Communication.

Dyke, Vernon Van. 1957. *International Politics.* New York: Appleton-Century-Crofts.

———. 1969. *International Politics.* Bombay: Vakils, Feffer and Simons.

Gollancz, Victor. 1958. *The Devil's Repertoire or Nuclear Bombing and the Life of Man.* London: Gollancz.

Hagerty, Devin T. 1998. *The Consequences of Nuclear Proliferation: Lessons from South Asia.* Cambridge, MA: MIT Press.

Holsti, K. J. 1978. *International Politics: A Framework for Analysis,* 3rd ed. New Delhi: Prentice-Hall of India.

Johnson, James Turner. 1987. *The Quest for Peace: Three Moral Traditions in Western Cultural History.* Princeton: Princeton University Press.

Kant, Immanuel. 1917. *Perpetual Peace: A Philosophical Essay.* New York: The Macmillan Company.

———. 1957. *Perpetual Peace.* Translated by Lewis White Beck. New York: The Library of Liberal Arts, Bobbs-Merril.

Kothari, Smitu, and Zia Mian, eds. 2001. *Out of the Nuclear Shadow.* Delhi: Lokayan and Rainbow Publications and London: Zed Books.

Lonsdale, Kathleen. 1953. *Removing the Causes of War.* London: Allen & Unwin.

Matthew, Evangelista. 1990. 'Cooperation Theory and Disarmament Negotiations in the 1950s'. *World Politics* 42 (4): 502–28.

Melman, Seymour. 1962. *The Peace Race.* New York: George Braziller.

Mills, C. Wright. 1959. *Causes of World War Three.* London: Secker & Warburg.

Morgenthau, Hans J. 1965. *Politics among Nations: The Struggle for Power and Peace,* 4th ed. New York: Alfred A. Knopf.

Mumford, Lewis. 1958. *The Human Way Out.* Wallingford, CT: Society of Friends.

Oe, Kenzaburo. 1995. *Japan, the Ambiguous and Myself.* Tokyo and New York: Kodansha International.

Perkovich, George. 1998. *India's Nuclear Bomb: The Impact on Global Proliferation.* Berkeley, CA: University of California Press.

Possony, Stefan T. 1944. 'No Peace without Arms'. *The Review of Politics* 6 (2): 216–27.

Roberts, Adam, Jerome Frank, Arne Næss, and Gene Sharp. 1964. *Civilian Defence.* London: Peace News.

Russell, Bertrand. 1959. *Common Sense and Nuclear Warfare.* New York: Simon & Schuster.

Schelling, Thomas C., and Merton H. Halperin. 1961. *Strategy and Arms Control.* New York: Twentieth Century Fund.

Schleicher, Charles P. 1963. *International Relations: Cooperation and Conflict.* New Delhi: Prentice Hall.

Tagore, Rabindranath. (1917) 1995. *Nationalism,* new ed. London: Macmillan.

Takeyh, Ray and Steven Simon. 2016. *The Pragmatic Superpower: Winning the Cold War in the Middle East.* New York: W. W. Norton and Company.

Toynbee, Arnold J. 1963. 'Change in a Disarmed World'. In *A Warless World,* edited by Arthur Larson. New York: McGraw-Hill.

Waltz, Kenneth N. 1979. *Theory of International Politics.* Reading, MA: Addison-Wesley.

———. 1981. *Spread of Nuclear Weapons: More May Be Better.* Adelphi Paper No. 171. London: International Institute for Strategic Studies.

———. 2012. "Why Iran Should Get the Bomb", Foreign Affairs, July-August.

Wright, Quincy. 1965. *A Study of War,* 2nd ed. Chicago, IL: University of Chicago Press.

भाग B

सिद्धांत

7

उदारवाद

फ़राह नाज़

अध्ययन के उद्देश्य

- सैद्धांतिक परिप्रेक्ष्य में उदारवाद के बुनियादी सिद्धांतों का वर्णन करना
- उदारवाद से जुड़े विभिन्न विचारकों की धारणाओं पर चिंतन करना
- इस बात पर चर्चा करना कि, बीते वर्षों के दौरान उदारवादियों के विचार किस प्रकार विकसित हुए
- आधुनिक युग में उदारवाद की स्थिति का विश्लेषण करना

अध्याय सार

आज की वैश्विक राजनीति में, विभिन्न सैद्धांतिक दृष्टिकोणों के बीच उदारवाद एक महत्त्वपूर्ण दृष्टिकोण के तौर पर स्थापित है। उदारवादी दृष्टिकोण को प्रगति की संभावना में विश्वास के साथ जोड़कर देखा जाता है। उदारवाद यह मानता है कि, मूल रूप से मानवीय प्रकृति अत्यंत नेक होती है तथा लोग अपनी नैतिक एवं भौतिक अवस्था को बेहतर बना सकते हैं, जो अंत में सामाजिक प्रगति का कारण बनेगा। उदारवाद के सिद्धांत की उत्पत्ति 18वीं सदी के प्रबोधन युग के आशावाद से, 19वीं सदी के राजनीतिक व आर्थिक उदारवाद से तथा 20वीं सदी के विल्सन के आदर्शवाद से हुई है। 18वीं सदी के प्रबोधन युग के तर्कवाद का स्थान 19वीं सदी के उदारवाद ने ले लिया, जिसने कुलीनतंत्र के स्थान पर लोकतंत्र को तथा आत्मनिर्भर राष्ट्रीय अर्थव्यवस्था के स्थान पर मुक्त व्यापार को प्राथमिकता देते हुए, इसे नए सिरे से प्रतिपादित किया। उदारवादियों का मानना था कि, यदि व्यक्तियों के हितों के बीच समरसता संभव है तो राज्यों के हितों के बीच भी समरसता अवश्य हो सकती है। 20वीं सदी के आदर्शवाद ने उदारवाद के विकास की दिशा में महत्त्वपूर्ण योगदान दिया। आदर्शवादियों ने अंतर्राष्ट्रीय राजनीति में नैतिकता की भूमिका पर बल देते हुए मानक दृष्टिकोण अपनाया। इस दृष्टिकोण के अनुसार, सत्ता की राजनीति एवं युद्ध से मुक्त एक वैश्विक संघ तथा एक अंतर्राष्ट्रीय प्रणाली को लागू कर अंतर्राष्ट्रीय संबंधों में दीर्घकालिक शांति स्थापित की जा सकती है। द्वितीय विश्व युद्ध की समाप्ति के ठीक बाद की अवधि में, उदारवादियों ने तर्क दिया कि सामान्य वैश्विक समस्याओं को हल करने के लिए अंतर्राष्ट्रीय सहयोग की आवश्यकता थी। उन्हें बहुलवादियों के तौर पर जाना गया,

जिन्होंने यह स्वीकार किया कि वैश्विक राजनीति के रंगमंच पर अब राज्यों के साथ-साथ अंतर्राष्ट्रीय गैर-सरकारी संगठन जैसे अन्य किरदार भी बेहद महत्त्वपूर्ण हो गए थे। यथार्थवादियों द्वारा आलोचना किए जाने के बाद बहुलवादियों ने अपनी स्थिति में संशोधन किया और उन्हें नव-उदारवादी के रूप में जाना जाने लगा। नव-उदार संस्थावादियों का मानना है कि, अंतर्राष्ट्रीय प्रणाली में अराजक परिस्थितियों में भी राज्य परस्पर सहयोग करते हैं।

आज की वैश्विक राजनीति में, विभिन्न सैद्धांतिक दृष्टिकोणों के बीच उदारवाद एक महत्त्वपूर्ण दृष्टिकोण के तौर पर स्थापित है। यहां दृष्टिकोण अंतर्राष्ट्रीय संबंधों या वैश्विक राजनीति के संदर्भ में पूर्वधारणाओं के समुच्चय को संदर्भित करता है। यह कुछ भागीदारों या अवधारणाओं को उजागर करने एवं अन्य की उपेक्षा करने के साथ-साथ विशेष अंतर्राष्ट्रीय प्रवृत्तियों की व्याख्या को प्रभावित करते हुए हमारे अध्ययन और शोध को आधार प्रदान करने में मदद करता है।

राजनीति के उदारवादी दृष्टिकोण के संदर्भ में सामान्य अवधारणा यह है कि, इसे प्रगति की संभावना में विश्वास के साथ जोड़कर देखा जाता है। उदारवाद यह मानता है कि, मूल रूप से मानवीय प्रकृति अत्यंत नेक होती है तथा लोग अपनी नैतिक एवं भौतिक अवस्था को बेहतर बना सकते हैं, जो अंत में सामाजिक प्रगति का कारण बनेगा। अन्याय और युद्ध के लिए ज़िम्मेदार अनैतिक मानवीय व्यवहार, वास्तव में भ्रष्ट सामाजिक संस्थानों और नेताओं के बीच असम्मतियों का परिणाम है। उदारवादियों का मानना है कि, संस्थागत सुधारों अथवा सामूहिक कार्रवाई के माध्यम से युद्ध और आक्रामकता को नियंत्रित या यहां तक कि समाप्त किया जा सकता है। उदारवादी विचारधारा के अनुसार, लोकतांत्रिक व्यवस्था तथा बाज़ार के पूंजीवाद के माध्यम से मानवीय स्वतंत्रता को विस्तृत अर्थों में सर्वश्रेष्ठ तरीके से हासिल किया जाता है।

डॉयले (1997) द्वारा दी गई चार-आयामी परिभाषा के माध्यम से उदारवाद को सर्वश्रेष्ठ तरीके से समझाया जा सकता है।

सर्वप्रथम, क़ानून की दृष्टि में सभी नागरिक बराबर हैं तथा उन्हें शिक्षा प्राप्त करने, स्वाधीनतापूर्वक विचार व्यक्त करने, एवं धर्म को अपनाने के मौलिक अधिकार प्राप्त हैं। दूसरा, राज्य विधानसभा का अधिकार वास्तव में जनता में निहित है जिसके मौलिक अधिकारों का दुरुपयोग किए जाने की अनुमति नहीं है। तीसरा, उत्पादक शक्तियों सहित संपत्ति का अधिकार व्यक्ति की स्वतंत्रता का एक प्रमुख आयाम है। चौथा, उदारवाद में दृढ़तापूर्वक तर्क दिया जाता है कि, घरेलू या अंतर्राष्ट्रीय स्तर पर नौकरशाही विनियमन एवं नियंत्रण के अधीन आर्थिक विनिमय प्रणाली के बजाय बड़े पैमाने पर बाज़ार संचालित आर्थिक विनिमय प्रणाली सर्वाधिक प्रभावी है। व्यक्तिवाद, सहिष्णुता, स्वतंत्रता, और संवैधानिकता जैसे उदार मूल्यों को रूढ़िवाद से अलग किया जा सकता है, व्यवस्था एवं प्राधिकार के लिए अधिक महत्त्वपूर्ण है तथा समुदाय के स्थायित्व के लिए व्यक्ति की स्वतंत्रता की बलि चढ़ाने को तैयार है।

हालांकि, कई लेखक उदारवाद को सरकार के सिद्धांत के रूप में देखते हैं, लेकिन यह परिभाषा स्पष्ट करती है कि एक राजनीतिक एवं आर्थिक सिद्धांत के तौर पर उदारवाद तथा एक अंतर्राष्ट्रीय सिद्धांत के रूप में उदारवाद के बीच स्पष्ट संबंध है। बाहर की दुनिया में युद्ध की स्थिति को समाप्त किए बगैर नागरिक समाज के दायरे में प्रगति संभव नहीं होगी। व्यक्तियों की तरह, राज्यों की अभिलाक्षणिक विशेषताएं भी अलग-अलग होती हैं। कुछ राज्य शांतिपूर्ण एवं सहिष्णु होते हैं जबकि अन्य राज्य के लिए तत्पर रहते हैं। इसलिए, राज्य की पहचान इसके बाहरी अभिविन्यास को निर्धारित करती है। इसके बाद, उदारवादी व्यक्तियों एवं संप्रभु राज्यों के बीच अनुरूपता भी देखते हैं। हालांकि, राज्यों की प्रकृति में भिन्नता के बावजूद सभी राज्यों को कुछ नैसर्गिक अधिकार दिए जाते हैं, जैसे कि उनके घरेलू मामलों में हस्तक्षेप नहीं किए जाने का अधिकार। यह अंतर्राष्ट्रीय अधिकारों के बारे में उदार राज्यों में उत्पन्न विचारों के विस्तार को भी संदर्भित करता है, जिसके अंतर्गत संस्थानों द्वारा समन्वयक के तौर पर निभाई गई भूमिका तथा विधिसम्मत व्यवस्था के विचार के संदर्भ में क़ानून के शासन की केंद्रीयता शामिल है (बेलिस एवं स्मिथ, 2005: 186–87)।

उदारवाद के सिद्धांत की उत्पत्ति 18वीं सदी के प्रबोधन युग के आशावाद से, 19वीं सदी के राजनीतिक व आर्थिक उदारवाद से तथा 20वीं सदी के विल्सन के आदर्शवाद से हुई है (मिंगस्ट, 2004: 62–65)। उदारवाद के संदर्भ में 18वीं सदी के प्रबोधन युग का योगदान इस यूनानी विचार पर आधारित है कि, मनुष्य बुद्धिसंपन्न प्राणी है, जो प्रकृति और मानव समाज, दोनों को नियंत्रित करने वाले सार्वभौमिक रूप से प्रयोज्य क़ानूनों को समझने में सक्षम हैं। इसका मतलब है कि, लोगों में एक न्यायसंगत समाज

बनाकर अपनी स्थिति में सुधार करने की क्षमता है। अगर एक न्यायसंगत समाज का निर्माण नहीं किया जा सके, तो इसमें दोष अक्षम संस्थानों का है। प्रबोधन युग के विचारों को फ्रांसीसी दार्शनिक, बैरन डी ला ब्रेडे एट डी मोंटेस्क्विउ की रचनाओं में अच्छी तरह देखा जा सकता है। उनका मानना है कि, मानवीय प्रकृति दोषपूर्ण नहीं है, लेकिन जब मनुष्य सभ्य समाज में प्रवेश करता है तथा एक अलग राष्ट्र का निर्माण करता है तब समस्याएं उत्पन्न होती हैं। मनुष्य युद्ध के सौदागर नहीं होते हैं, बल्कि यह समाज की खामियों का नतीजा है, जिसे शिक्षा के माध्यम से दूर किया जा सकता है। उन्होंने इस बात पर भी बल दिया कि, राज्यों के समूह राष्ट्रों के क़ानून के अनुसार एकजुट हैं, जो युद्ध के दौरान भी आचरण को नियंत्रित करता है (मिंगस्ट, 2004: 62)।

7.1 मूल विचार

इमानुअल कांट और जेरेमी बेंथम प्रबोधन काल के दो प्रमुख उदारवादी रहे हैं। दोनों राज्यों की अराजकता के खिलाफ़ थे। कांट के लेखन में मूल उदारवादी विचारों के बीज मौजूद हैं। उनके विचारों ने इस विश्वास को बरकरार रखा कि, विचारपूर्वक कार्य करने से अंतर्राष्ट्रीय संबंधों में स्वतंत्रता एवं न्यायपूर्ण व्यवस्था की स्थापना की जा सकती है।

कांट के अनुसार, चिरस्थायी शांति प्राप्त करने के लिए व्यक्तिगत चेतना, गणतंत्र की संवैधानिकता, और युद्ध समाप्त करने के लिए राज्यों के बीच एक संघीय अनुबंध की दिशा में परिवर्तन की आवश्यकता है। ... इस संघ को 'शक्तिशाली राज्य' अथवा वैश्विक सरकार की बजाय चिरस्थायी शांति संधि के सदृश बनाया जा सकता है (बेलिस एवं स्मिथ 2005: 189 में टिम ड्यून द्वारा उद्धृत)।

चिरस्थायी शांति के लिए कांट की परिकल्पित संधि के तीन घटक हैं। उनकी परिकल्पित संधि का पहला घटक यह है कि, प्रत्येक राज्य का नागरिक संविधान गणतंत्रवादी होगा। यह मानता है कि, युद्ध को घोषित किए जाने अथवा ऐसा नहीं किए जाने के संदर्भ में नागरिकों की सहमति आवश्यक है। लेकिन एक गैर-गणतंत्रवादी संविधान के तहत युद्ध में जाना आसान है, क्योंकि राज्य के सभी अधिकार राज्य प्रमुख के हाथों में निहित होते हैं, और जहां तक उसके महलों एवं राज-दरबार के समारोहों का संबंध है, युद्ध की स्थिति में भी वह इनके बलिदान हेतु विवश नहीं होगा। दूसरा घटक यह है कि, राष्ट्रों का अधिकार स्वतंत्र राज्यों के संघ पर आधारित होगा। इसमें, प्रत्येक देश को दूसरों से मांग करनी चाहिए कि वे अपने संविधान का निर्माण करें, जिसके दायरे में प्रत्येक के अधिकार सुरक्षित हो सकते हैं। शांति को सुरक्षित करने के लिए एक तरह का सामान्य समझौता या संघ आवश्यक है। संघवाद का यह विचार व्यवहार्य है एवं इसकी वास्तविकता विषयाश्रित है, जिसके दायरे में सभी राज्य शामिल है और इस प्रकार यह चिरस्थायी शांति को प्रोत्साहन देता है। तीसरे घटक के लिए दुनिया के सभी लोगों का एक सार्वजनिक समुदाय में प्रवेश करना अपरिहार्य है। फलस्वरूप, इसका विकास इस कदर हुआ है, जहां दुनिया के एक हिस्से में अधिकारों के उल्लंघन को हर जगह महसूस किया जाता है। सर्वदेशीय अधिकार का विचार, राष्ट्रीय एवं अंतर्राष्ट्रीय अधिकार की अलिखित संहिता के सम्पूरक के तौर पर अनिवार्य है, जो इसे मानवता के सार्वभौमिक अधिकार में परिणत कर रहा है (ड्यूनी, बेलिस में उद्धृत, 2005: 189)। कांट के अनुसार, अंतर्राष्ट्रीय अराजकता को किसी भी प्रकार की सामूहिक कार्रवाई, राज्यों के संघ के माध्यम से दूर किया जा सकता है, जिसमें संप्रभु संबंधों को अक्षुण्ण रखा जाएगा। कांट इस बात के प्रति आशान्वित थे कि, मानवीय प्रयासों के जरिए युद्ध को टाला जा सकता है।

18वीं सदी में, जेरेमी बेंथम (1748–1832) ने भी युद्ध की समस्या को हल करने के लिए क़ानून की शक्ति में विश्वास का पक्षसमर्थन किया। वह उपयोगितावादी विचार की महत्त्वपूर्ण कसौटी के तौर पर, बड़ी आबादी के लिए अधिकतम कल्याण को प्राप्त करने में विश्वास करते थे। उपयोगितावादियों के अनुसार, सामाजिक अनुशासन के लिए इसके प्रमुख संस्थानों को सुव्यवस्थित करना होगा। तब जाकर बड़े पैमाने पर समाधान निकाला जा सकेगा। बेंथम ने स्पष्ट तौर पर समझाया कि, जर्मनी के डाइट, अमेरिकी परिसंघ तथा स्विस संघ जैसे संघीय राज्यों ने किस प्रकार एक शांतिपूर्ण संघ का गठन करने तथा परस्पर-विरोधी हितों पर आधारित राज्यों के स्थान पर अपनी नई पहचान बनाने में सफलता पाई (बेलिस एवं स्मिथ, 2005: 190; विओटी एवं कौप्पी, 1990: 521)। कांतवादी और उपयोगितावादी मानदंड अंतर्राष्ट्रीय क़ानून के लिए दार्शनिक आधार प्रदान कर सकते हैं, क्योंकि इन मानदंडों का अनुप्रयोग किसी निश्चित राज्य या समाज की सीमाओं से परे है।

18वीं सदी के प्रबोधन युग के तर्कवाद का स्थान 19वीं सदी के उदारवाद ने ले लिया, जिसने कुलीनतंत्र के स्थान पर लोकतंत्र को तथा आत्मनिर्भर राष्ट्रीय अर्थव्यवस्था के स्थान पर मुक्त व्यापार को प्राथमिकता देते हुए, इसे नए सिरे से प्रतिपादित किया। 19वीं सदी के उदारवाद ने इस बात पर बल दिया कि, मनुष्य तर्कसंगत तरीकों से अपनी नैसर्गिक जरूरतों को पूरा करने में सक्षम था। इसे राज्य की अपरिमित संरचनाओं से मुक्त, अपनी स्वतंत्रता के माध्यम से हासिल किया जा सकता था। उदारवादी विचार के अनुसार, सरकार की ओर से सीमित प्रतिबंध वाले लोकतांत्रिक राज्य में व्यक्तिगत स्वतंत्रता का सबसे अच्छी तरह से अनुभव किया जा सकता था। इसी तरह, पूंजीवादी राज्यों में राजनीतिक स्वतंत्रताओं को सहज हासिल किया जा सकता था, जहां मनुष्य अपने स्वयं की स्थिति को बेहतर बना सकते थे, ताकि व्यक्तिगत और सामूहिक आर्थिक विकास, दोनों को अधिकतम किया जा सके। सरकारों की ओर से मुक्त बाजारों के साथ-साथ व्यापार एवं वाणिज्य के मुक्त प्रवाह की अनुमति दी जानी चाहिए। इसके बाद ही अर्थव्यवस्थाओं का विकास संभव है (मिंगस्ट, 2001: 62–63)।

उदारवादियों का मानना था कि, व्यक्तियों के हितों के बीच समरसता अंतर्निहित थी, इसलिए, अपेक्षाकृत न्यूनतम प्रशासन वाले राज्य की संभावना वांछनीय थी। उदारवादियों ने इस बात को दृढ़तापूर्वक प्रस्तुत किया कि, राज्य के अधिकारियों के मार्गदर्शन में जनमत की सकारात्मक भूमिका रही है तथा इतने विदेश नीति सहित बेहतर सार्वजनिक नीति तैयार करने में मदद की है। राज्य जनता से स्वतंत्र नहीं था। इसमें कई लोग शामिल थे, जो विभिन्न हितों का प्रतिनिधित्व करते थे। घरेलू राजनीति के इस विचार को अंतर्राष्ट्रीय क्षेत्र में आगे स्थानांतरित किया गया था। उदारवादी इस बात से सहमत थे कि, युद्ध अंतर्राष्ट्रीय राजनीति को परिभाषित करने वाली विशेषता थी, तथा जिन राज्यों में संदेह एवं अविश्वास था जो शांति में बाधा उत्पन्न करते थे, उन्होंने यह भी माना कि राज्यों के हितों के बीच समरसता थी क्योंकि उस विशेष राज्य के व्यक्तियों के हितों के बीच समरसता थी (विओटी, 1990: 195)। इसलिए, 19वीं सदी के उदारवादी विचारकों ने इस बात पर बल दिया कि, राज्यों के बीच नैसर्गिक समरसता विद्यमान थी। उदाहरण के तौर पर, रिचर्ड कॉब्डेन सरकार द्वारा उपयोग की जाने वाली स्वेच्छाचारी शक्ति के खिलाफ़ थे। उनका मानना था कि, मुक्त व्यापार से वैश्विक व्यवस्था अपेक्षाकृत अधिक शांतिपूर्ण होगी तथा इससे सभी राज्यों को पारस्परिक तौर पर लाभ होगा, चाहे उनकी अर्थव्यवस्था का आकार एवं इसकी प्रकृति कुछ भी हो। उन्होंने इस बात पर बल दिया कि, 'स्वतंत्रता की प्रगति मंत्रिमंडलों एवं विदेश मंत्रालयों के कर्मचारियों के बजाय शांति के अनुरक्षण, व्यापार-वाणिज्य के विस्तार और शिक्षा के प्रसार पर निर्भर है (ड्यून, बेलिस एवं स्मिथ में उद्धृत, 2005: 190)।

20वीं सदी के आरंभ में, जब यूरोप प्रथम विश्वयुद्ध (1914–18) की चपेट में आया तब अंतर्राष्ट्रीय राजनीतिक और आर्थिक संबंधों में हितों की नैसर्गिक समरसता के विचार को चुनौती दी गई। प्रथम विश्व युद्ध ने इस बात को सिद्ध कर दिया कि, शांतिपूर्ण व्यवस्था का निर्माण आवश्यक है। 20वीं सदी के आदर्शवाद ने उदारवाद के विकास की दिशा में महत्त्वपूर्ण योगदान दिया। (ड्यून, बेलिस एवं स्मिथ में उद्धृत, 2005: 190–91; मिंगस्ट, 2004: 63)। आदर्शवादियों ने अंतर्राष्ट्रीय राजनीति में नैतिकता की भूमिका तथा चिरस्थायी अंतर्राष्ट्रीय शांति एवं सद्भावना की मांग पर बल देते हुए एक आदर्श दृष्टिकोण अपनाया। दृष्टिकोण ने सुझाव दिया कि, विश्व संघ के अस्तित्व के माध्यम से अंतर्राष्ट्रीय संबंधों में दीर्घकालिक शांति संभव है, और इस प्रकार की अंतर्राष्ट्रीय प्रणाली सत्ता की राजनीति एवं युद्ध से मुक्त होगी। इसका संबंध मानक निर्णयों से है, तथा यह अंतर्राष्ट्रीय राजनीति को नैतिक मूल्यों के दृष्टिकोण से देखता है। कभी-कभी इसे काल्पनिकतावाद के एक प्रकार के तौर पर देखा जाता है, जो अनुभवजन्य विश्लेषण से कम संबंधित है। यह राजनीति को नैतिकता के साथ संरेखित करता है, तथा मनुष्य एवं उसके संस्थानों का अध्ययन उनके मानक रूपों में करता है। इस विचार के अनुसार, मनुष्य स्वाभाविक रूप से दयालु होता है तथा वह सभी के साथ शांतिपूर्ण व सौहार्दपूर्ण माहौल में रहना चाहता है।

अंतर्राष्ट्रीय राजनीति में, आदर्शवादी अवधारणा की शुरुआत इस बात से होती है कि, सभी राज्यों को एक सर्वस्वीकृत नैतिक मानदंड का अनुपालन करना चाहिए। यह इस अवधारणा से प्रेरित है कि, मूल रूप से मानवीय प्रकृति अत्यंत नेक होती है तथा एक राष्ट्र का चरित्र वास्तव में उसके नागरिकों का प्रतिबिंब है। उनके अनुसार, अंतर्राष्ट्रीय नैतिकता की तर्कसंगतता के बारे में समझ की कमी राष्ट्रों के बीच संघर्ष का मुख्य कारण है। आदर्शवाद इस बात पर बल देता है कि, अंतर्राष्ट्रीय घटनाएं अंतर्राष्ट्रीय क़ानून, नैतिकता

एवं अंतर्राष्ट्रीय संस्थानों से प्रभावित होती हैं। यह मानता है कि, मनुष्यों की अनिवार्य रूप से नेक प्रकृति अंतर्राष्ट्रीय संबंधों में शांतिपूर्ण सहयोग का आधार बन सकती है, साथ ही देशों में आपसी समस्याओं को दूर करने के लिए मिलकर काम करने की क्षमता है।

अमेरिकी राष्ट्रपति वुडरो विल्सन आदर्शवाद के सबसे बड़े पक्षसमर्थक थे, जिन्होंने लीग ऑफ़ नेशंस की प्रसंविदा तैयार की थी। युद्ध की रोकथाम करना ही प्रसंविदा का मुख्य विचार था। इस प्रसंविदा ने सामूहिक सुरक्षा के विचार को भी वैधता प्रदान की, जिसके अनुसार किसी एक राज्य द्वारा आक्रमकता का प्रतिकार लीग ऑफ़ नेशंस में शामिल राज्यों की सामूहिक कार्रवाई के माध्यम से किया जाना था (मिंगस्ट, 2004: 63)। युद्ध से निपटने वाले अंतर्राष्ट्रीय संस्थानों में उदारवादियों का महत्त्व काफी अधिक है। इस तथ्य को लीग ऑफ़ नेशंस की स्थापना में अच्छी तरह देखा जा सकता है। वे अंतर्राष्ट्रीय क़ानून तथा क़ानूनी साधनों, अर्थात् मध्यस्थता, पंच-निर्णय और अंतर्राष्ट्रीय अदालतों में भी विश्वास रखते हैं। उदारवाद का आधार, मानवीय चेतना पर विश्वास में दृढ़ता से अंतःस्थापित है।

वुडरो विल्सन के अनुसार, अंतर्राष्ट्रीय अराजकता को नियंत्रित करने के उद्देश्य से अंतर्राष्ट्रीय संगठन के गठन के उपरांत ही शांतिपूर्ण माहौल की स्थापना की जा सकती है। सुरक्षा को गोपनीय द्विपक्षीय कूटनीति के भरोसे नहीं छोड़ा जा सकता है। अंतर्राष्ट्रीय अधिकार-क्षेत्र में विवादों के समाधान हेतु विनियामक व्यवस्था होनी चाहिए। जनवरी 1918 में कांग्रेस को संबोधित अपने प्रसिद्ध 'चौदह सूत्रीय' भाषण में विल्सन ने तर्क दिया कि, शांति को बरकरार रखने के लिए राष्ट्रों के एक महासंघ का गठन किया जाना चाहिए और लीग ऑफ़ नेशंस इसी प्रकार का एक महासंघ था (ड्यून, बेलिस एवं स्मिथ में उद्धृत, 2005: 191)।

वुडरो विल्सन के चौदह सूत्रीय विचार निम्नानुसार हैं:

1. सार्वजनिक अनुबंधों तक खुले तौर पर पहुंचना
2. शांति एवं युद्ध की स्थिति में समान रूप से समुद्र में व्यापारिक जहाजों को स्वतंत्र रूप से यात्रा करने की स्वतंत्रता
3. व्यापार से जुड़ी सभी आर्थिक बाधाओं को दूर करना
4. राष्ट्रीय स्तर पर युद्ध सामग्रियों में कटौती
5. सभी औपनिवेशिक दावों का पुनः समायोजन
6. रूसी क्षेत्र का रिक्तीकरण तथा स्वयं के राजनीतिक विकास एवं राष्ट्रीय नीति के संदर्भ में रूस द्वारा स्वतंत्र निर्णय
7. बेल्जियम का रिक्तीकरण एवं पुनःस्थापन
8. फ्रांस का रिक्तीकरण एवं पुनःस्थापन और अल्साशे-लॉरेन क्षेत्र की वापसी
9. राष्ट्रीय सीमाओं के साथ इटली की सरहद का पुन: समायोजन
10. ऑस्ट्रिया-हंगरी के लोगों के लिए स्वभाग्यनिर्णय
11. राष्ट्र की ऐतिहासिक रूप से स्थापित सीमाओं के साथ बाल्कन राज्यों का पुनः सीमांकन
12. तुर्की शासन के अधीन लोगों के लिए स्वभाग्यनिर्णय
13. अंतर्राष्ट्रीय अनुबंध के आधार पर प्रत्याभूत समुद्र तक निर्बाध पहुंच के साथ पोलैंड की आजादी
14. राजनीतिक स्वतंत्रता की पारस्परिक गारंटी तथा बड़े एवं छोटे राष्ट्रों के लिए एकसमान राज्यक्षेत्रीय अखंडता के उद्देश्य से विशिष्ट अनुबंधों के तहत राष्ट्रों के महासंघ का गठन

लीग ऑफ़ नेशंस के लिए 'सामूहिक सुरक्षा' प्रणाली तथा आक्रामकता को रोकने के लिए सैन्य शक्ति सबसे महत्त्वपूर्ण थी। 'सामूहिक सुरक्षा' का तात्पर्य एक ऐसी व्यवस्था से है, जिसके अंतर्गत प्रत्येक राज्य द्वारा इस बात को स्वीकृति दी गई कि उनमें से किसी पर भी संकट को सभी के लिए संकट माना जाएगा। ऐसी स्थिति में सभी राष्ट्र मिलकर आक्रामक शक्ति का जवाब देंगे। संघ की प्रसंविदा में इस बात का उल्लेख किया गया कि, युद्ध की स्थिति में सभी सदस्य देशों को आक्रमणकारी राज्य के साथ सामान्य संबंधों को समाप्त करना होगा, साथ ही संघ की ओर से प्रतिबंध आरोपित करने एवं अन्य आवश्यक कार्रवाई में सहयोग करना होगा। संघ ने सभी राष्ट्रों के लिए 'स्वभाग्यनिर्णय' को भी आवश्यक माना, जो अंतर्राष्ट्रीय संबंधों पर उदारवादी विचारधारा की एक अन्य विशेषता है (ड्यून, बेलिस एवं स्मिथ, 2005: 191–92 में उद्धृत)।

लीग ऑफ़ नेशंस कई कारणों से सफल नहीं हो सका। इसकी सामूहिक सुरक्षा प्रणाली विफल रही। इसके अलावा, संयुक्त राज्य जैसी महत्त्वपूर्ण शक्तियां संघ में शामिल नहीं हुईं सोवियत संघ भी कई कारणों से लीग ऑफ़ नेशंस के बाहर रहा। वर्साय की संधि के अनुसार, 1936 में राइनलैंड के सैन्य-मुक्त क्षेत्र पर पुनः अधिकार करने के हिटलर के निर्णय ने लीग ऑफ़ नेशंस के भाग्य को बर्बाद कर दिया।

हालांकि, दो विश्वयुद्धों के बीच की अवधि में उदारवाद की गहन संवीक्षा की गई, जब लीग ऑफ़ नेशंस सामूहिक सुरक्षा को बरकरार रखने में असमर्थ साबित हुआ, और फिर द्वितीय विश्व युद्ध के दौरान जब लोगों के खिलाफ़ किए गए अत्याचारों के कारण मानवता के मूल सिद्धांतों पर संकट मंडराया।

1945 के बाद उदारवाद की भाषा- शैली अधिक व्यवहारमूलक हो गई, परंतु इसके बुनियादी विचार यथावत बरकरार रहे। उदारवाद के सभी महत्त्वपूर्ण प्रतिनिधियों ने लीग ऑफ़ नेशंस के स्थान पर किसी अन्य अंतर्राष्ट्रीय संगठन के निर्माण की आवश्यकता महसूस की। इस उद्देश्य के साथ-साथ वैश्विक शांति की सुरक्षा हेतु, द्वितीय विश्व युद्ध के उपरांत संयुक्त राष्ट्र संघ का गठन किया गया।

7.2 बहुलवाद और नव-उदारवाद

द्वितीय विश्व युद्ध की समाप्ति के ठीक बाद की अवधि में, उदारवादियों ने तर्क दिया कि सामान्य वैश्विक समस्याओं को हल करने के लिए अंतर्राष्ट्रीय सहयोग की आवश्यकता थी तथा अंतर्राष्ट्रीय सहयोग के सकारात्मक लाभ थे। इस तर्क ने 1960 और 1970 के दशक में विद्वानों की एक नई पीढ़ी को जन्म दिया। इन्हें बहुलवादियों के तौर पर जाना गया (ड्यून, बेलिस एवं स्मिथ में उद्धृत, 2005: 193)। बहुलवादियों के अनुसार, वैश्विक राजनीति के रंगमंच पर अब राज्यों के साथ-साथ समान हित वाले समूह, अंतर्राष्ट्रीय सहयोग तथा अंतर्राष्ट्रीय गैर-सरकारी संगठन (INGOs) जैसे अन्य किरदार भी बेहद महत्त्वपूर्ण हो गए थे।

> *बहुलवादियों ने वैश्विक राजनीति को किरदारों की बहुतायत के परिप्रेक्ष्य से देखा। वैश्विक राजनीति में राज्यों को प्रमुख किरदार माना जाता है, लेकिन वे एकमात्र महत्त्वपूर्ण किरदार नहीं हैं। संयुक्त राष्ट्र और यूरोपीय संघ (EU) जैसे अंतर्राष्ट्रीय संगठन केवल ऐसे मंच नहीं हैं जहां राज्य अपने प्रभुत्व के विस्तार हेतु प्रतिस्पर्धा करते हैं, बल्कि ये स्वयं के अधिकारों के संदर्भ में प्रायः स्वतंत्र हैं जो अंतर्राष्ट्रीय मुद्दों की कार्यसूची को निर्धारित करते हैं। (विओटी एवं कौप्पी, 2007: 18)*

विश्व स्तर पर परस्पर-निर्भरता में वृद्धि के कारण, कई बहुलवादियों ने यथार्थवादियों द्वारा राज्य को दी गई विशेषाधिकृत स्थिति पर बहस की। इसके अलावा, राजनीतिक और सामाजिक संबंधों के अन्य स्वरूप भी मौजूद हैं, जो अंतर्राष्ट्रीय संगठनों के तौर पर राज्य की सीमाओं से परे विकसित एवं संचालित होते हैं। ऐसा प्रतीत होता है कि, बहुलवादी मानवीय स्वभाव के संदर्भ में आशावान होते हैं, तथा इस बात पर बल देते हैं कि मानवीय स्वभाव पारस्परिक सहयोग पर आधारित है। बहुलवादियों के लिए, अंतर्राष्ट्रीय सहयोग में कोई बाधा नहीं है। 'इस आशावादी दृष्टिकोण को अपनाने वाले नीति-निर्माता एवं अन्य लोग, जो अंतर्राष्ट्रीय सहकारिता एवं सहयोगात्मक प्रयासों के माध्यम से लाभ को सार्वभौमिक बनाने की मांग करते हैं, उन्हें कभी-कभी उदार अंतर्राष्ट्रीयवादी के तौर पर संदर्भित किया जाता है (विओटी, 2007: 20)। बहुलवादियों का तर्क है कि, दुनिया के विभिन्न हिस्सों में पारस्परिक संबंधों के दायरे का विस्तार हो रहा है, इसलिए दुनिया के किसी भी हिस्से में परिवर्तन का प्रभाव दूसरे हिस्सों पर दिखाई देता है। इस परस्पर-निर्भरता में अवांछित प्रतिप्रभावों से बचने के लिए सहयोग की संभावित क्षमता भी अंतर्निहित है।

कई यथार्थवादियों ने बहुलवादियों के परस्पर-निर्भरता के तर्क की आलोचना की। इस तरह के एक यथार्थवादी आलोचक, केनेथ वाल्ट्ज ने तर्क दिया कि,

> *अंतर्राष्ट्रीय स्तर पर परस्पर निर्भरता का परिमाण, राष्ट्रीय राजनीतिक व्यवस्था में घटक हिस्सों की तुलना में की डिग्री काफी कम था। इसके अलावा, महाशक्तियों के बीच आर्थिक दृष्टि से परस्पर-निर्भरता का स्तर, विशेष रूप से बीसवीं शताब्दी की आरंभिक अवधि की तुलना में काफी कम था (ड्यून, बेलिस एवं स्मिथ में उद्धृत, 2005: 194)।*

यथार्थवादियों और नव-यथार्थवादियों द्वारा इस प्रकार की आलोचना के परिणामस्वरूप, शुरुआती बहुलवादियों ने अपनी स्थिति में संशोधन किया और उन्हें नव-उदारवादी के रूप में जाना जाने लगा (ड्यून, बेलिस एवं स्मिथ, 2005: 194 में उद्धृत)।

1970 के दशक से नव-उदारवादी संस्थावाद के निर्देशों के तहत उदारवाद को पुनर्जीवित किया गया। नव-उदार संस्थावादी इस बात पर बल देते हैं कि, अंतर्राष्ट्रीय प्रणाली में अराजक परिस्थितियों में भी राज्य परस्पर सहयोग करते हैं। नव-उदारवादी संस्थावाद, परस्पर-निर्भरता की अवधारणा पर आधारित है और इस बात का अन्वेषण करता है कि, सामूहिक उद्देश्य की प्राप्ति की दिशा में मौजूदा अंतर्राष्ट्रीय संस्थान राष्ट्र-राज्यों की किस प्रकार सहायता करते हैं। उदारवादियों के साथ-साथ नव-उदार संस्थावादी भी परस्पर-सहयोग सहयोग में विश्वास करते हैं। लेकिन वे इसके लिए अलग-अलग कारण देते हैं।

पारंपरिक उदारवादियों के अनुसार, परस्पर-सहयोग की भावना का विकास संस्थानों के गठन एवं उनमें सुधार के माध्यम से होता है, जो सहयोगात्मक प्रक्रियाओं को प्रोत्साहन देता है तथा बलपूर्वक की जाने वाली कार्रवाई को रोकता है। नव-उदार संस्थावादियों के अनुसार, राष्ट्रों के नेतृत्वकर्ताओं द्वारा एक-दूसरे के साथ निरंतर वार्ताओं के माध्यम से परस्पर-सहयोग की भावना उत्पन्न होती है, तथा परस्पर-सहयोग प्रत्येक के हित में होता है। संस्थानों की स्थापना की जा सकती है, वे सहयोग की संभावनाओं को बढ़ा सकते हैं, परंतु वे सहयोग की गारंटी नहीं देते हैं (मिंगस्ट, 2004: 64)।

नव-उदार संस्थावादियों के लिए, संस्थान परस्पर-वार्ता हेतु रूपरेखा प्रदान करते हैं और सुझाव देते हैं कि, भविष्य में सुरक्षा, पर्यावरण, आप्रवासन, अर्थव्यवस्था और यहां तक कि मानवाधिकारों जैसे अंतर्राष्ट्रीय मुद्दों पर इसके माध्यम से वार्ता संभव होगी। संस्थान इन क्षेत्रों में सहयोगात्मक भावना के विकास में मदद करते हैं। नव-उदारवादियों के अनुसार, अराजकता का यह मतलब नहीं है कि परस्पर-सहयोग असंभव है। बल्कि इन्हीं परिस्थितियों में अंतर्राष्ट्रीय संस्थान एवं शासन-व्यवस्था महत्त्वपूर्ण हो जाते हैं।

नव-उदार संस्थावादियों की मूल अवधारणाओं में यह बात शामिल है कि, अंतर्राष्ट्रीय संबंधों में राज्यों की भूमिका बेहद महत्त्वपूर्ण होती है परंतु वे इकलौते किरदार नहीं हैं। ये किरदार बुद्धि-संपन्न हैं, जो सभी मुद्दों में अपना अधिकतम स्वार्थ सिद्ध करना चाहते हैं; राज्य सहयोग के माध्यम से पूर्ण लाभ को अधिकतम करना चाहते हैं। राज्य अपने विवेक के कारण सहयोगपूर्ण व्यवहार को महत्त्वपूर्ण मानते हैं; राज्यों द्वारा धोखेबाज़ी परस्पर-सहयोग के मार्ग में सबसे बड़ी बाधा है। हालांकि, सहयोग कभी भी समस्याओं के बिना नहीं रहा है, परंतु यदि राज्यों द्वारा संस्थानों को पारस्परिक रूप से लाभकारी तथा अंतर्राष्ट्रीय हितों को सुरक्षित करने वाला माना जाए, तभी वे इसका समर्थन करेंगे (लैमी, 2005: 213–14)। नव-उदार संस्थावादी संस्थानों को प्रणाली में मौजूद किरदारों के बीच सहयोग के साधन के तौर पर देखते हैं। पिछले कुछ वर्षों में, नव-उदार संस्थावादियों के लिए विस्तार व्यापार से परे भी सहयोग के क्षेत्र का हुआ है। वैश्विक स्तर पर ऐसे कई मुद्दे हैं, जो राज्यों को एक साथ आने और सर्वसम्मति तक पहुंचने के लिए विवश करते हैं। इसमें सुरक्षा एक महत्त्वपूर्ण आयाम है। पर्यावरण, मानवाधिकार, मादक पदार्थों की तस्करी, आतंकवाद, तथा क्षेत्रीय एवं वैश्विक संघर्ष जैसे मुद्दों के लिए विश्व स्तर पर समन्वय की आवश्यकता है।

1990 के दशक की शुरुआत में, सोवियत साम्यवाद के पतन के बाद अंतर्राष्ट्रीय संबंधों के उदारवादी सिद्धांतों का प्रभाव बढ़ गया था। मशहूर विद्वान, फ्रांसिस फुकुयामा जैसे शीत युद्ध के बाद की अवधि के सिद्धांतवादी अंतर्राष्ट्रीय उदारवाद के पुनरुत्थान एवं विजय को देखते हैं। फुकुयामा ने दावा किया कि, सोवियत संघ के पतन ने साबित किया कि उदार लोकतंत्र में कोई गंभीर विचारधारात्मक प्रतियोगी नहीं था। उनके अनुसार, शीत युद्ध का अंत उदार पूंजीवाद की विजय का प्रतीक था। इसके बाद, आगे कोई प्रगति नहीं हो सकती है। उदार लोकतंत्र मानवीय सरकार का अंतिम रूप था और आदर्श राज्य की जीत का प्रतिनिधित्व करता था। फुकुयामा का मानना था कि, शासन-व्यवस्था का पाश्चात्य स्वरूप एवं इसकी राजनीतिक अर्थव्यवस्था अंतिम गंतव्य है जहां अंततः पूरी मानव जाति पहुंच जाएगी (बर्चिल एवं अन्य, 2001: 30)। फुकुयामा के लिए,

उदार लोकतांत्रिक पहचान वाले विशेष राज्य एक ऐसी आदर्श स्थिति का निर्माण करते हैं, जिसका अनुकरण शेष विश्व द्वारा किया जाएगा।... ऐसी संभावना व्यक्त की जाती है कि उदार लोकतांत्रिक सिद्धांतों को अंतर्राष्ट्रीय क्षेत्र में आगे बढ़ाने से विश्व स्तर पर शांतिपूर्ण व्यवस्था स्थापित की जा सकती है, साथ ही उदार लोकतंत्र पर आधारित इस दुनिया में युद्ध को कम प्रोत्साहन दिया जाना चाहिए तथा सभी देशों को पारस्परिक रूप से एक दूसरे की वैधता को स्वीकृति देनी चाहिए (बर्चिल एवं अन्य, 2001: 31)।

राजनीति-शास्त्री जॉन मुलर उदारवादी तर्क को अधिक दृढ़ता से प्रस्तुत करते हैं। जिस तरह अतीत में मल्लयुद्ध एवं दासता की तरह स्वीकार्य प्रथाएं अब नैतिक दृष्टि से अस्वीकार्य हो गई हैं, उसी तरह विकसित देशों में भी युद्ध को अनैतिक एवं घृणास्पद मानने की प्रवृत्ति तेजी से बढ़ रही है। प्रथम एवं द्वितीय विश्वयुद्ध की दिल दहला देने वाली घटनाओं के कारण युद्ध अब लोकप्रिय नहीं रह गया है (मिंगस्ट, 2004: 65)।

'प्रजातांत्रिक शांति का सिद्धांत' इस दावे पर निर्भर है कि, प्रजातांत्रिक देश अन्य राज्यों के रूप में युद्ध करते हैं, लेकिन वे शायद ही कभी एक-दूसरे से लड़ते हैं। माइकल डॉयले, जेम्स ली राज और ब्रूस रसेल जैसे विद्वानों ने इस प्रवृत्ति के संदर्भ में कई स्पष्टीकरण दिए हैं; सर्वाधिक लोकप्रिय व्याख्या यह है कि लोकतंत्र में आपसी समझौते के आदर्शों को अपनाया जाता है, जो समान सिद्धांतों का समर्थन करने वाले समूहों के खिलाफ़ बल प्रयोग को प्रतिबंधित करता है। सोवियत संघ के विघटन के उपरांत तथा 1990 के दशक में अधिकाधिक संख्या में देशों के 'कार्यशील लोकतंत्र' की श्रेणी में शामिल होने के बाद इस विषय पर परिचर्चा काफी तीव्र हो गई।

7.3 उदारवाद और वैश्वीकरण

पाश्चात्य जगत में नव- उदारवादी विचारों के पुनर्जागरण के साथ विश्व की अर्थव्यवस्था का वैश्वीकरण हुआ। राज्य की ओर से न्यूनतम हस्तक्षेप का समर्थन करने वाले नव- उदारवादी, युद्ध के बाद की अवधि में राज्यों के कल्याण के प्रति कम जबकि उत्पादकता के प्रति अधिक चिंतित थे। वैश्वीकरण की ताकतों के कारण, राज्य की बाज़ार को विनियमित करने की शक्ति धीरे-धीरे नष्ट हो गई थी। उदारवादियों का मानना था कि, वैश्वीकरण ने पूंजीवाद के एक नए चरण को जन्म दिया है।

> *उदारवादी आर्थिक गतिविधियों के संचालन एवं व्यवस्थापन के लिए राष्ट्रीय सीमाओं की बढ़ती अप्रासंगिकता को उजागर करते हैं। वे मुक्त व्यापार के विकास, राजनीतिक विनियमों एवं राष्ट्रीय विधिक अधिकार क्षेत्र से बचने के लिए अंतर्राष्ट्रीय निगमों की क्षमता, तथा पूंजी को राष्ट्रीय एवं क्षेत्रीय बाध्यताओं से मुक्त किए जाने पर ध्यान केंद्रित करते हैं (बर्चिल एवं अन्य, 2001: 55)।*

सुसान स्ट्रेंज (1996) ने अपनी पुस्तक *'द रिट्रीट ऑफ द स्टेट'* में तर्क दिया है कि, राज्य की शक्ति और अधिकार धीरे-धीरे वैश्विक बाजारों तथा उनके मुख्य प्रतिनिधियों एवं अंतर्राष्ट्रीय निगमों की ओर 'प्रवाहित' हो रहे हैं। समग्रतः, स्ट्रेंज के आकलन के अनुसार, राज्य का अधिकार कम हो रहा है तथा प्राधिकार की वास्तविक अवस्थिति राज्य सीमाओं के बाहर चली गई है।

नव-उदारवादियों के लिए, आधुनिक समय में भी मुक्त व्यापार के सिद्धांतों की प्रासंगिकता बरकरार है। एक खुला वैश्विक बाज़ार, जहां सामान एवं सेवाओं का राष्ट्रीय सीमाओं से परे स्वतंत्र रूप से आवागमन हो सकता है, राष्ट्र-राज्यों का लक्ष्य होना चाहिए, क्योंकि केवल यही आर्थिक विकास को अधिकतम करेगा। उनके अनुसार, बाज़ार सिद्धांतों से गैर-प्रतिस्पर्धी उद्योगों की रक्षा करने वाली नीतियां अंतर्राष्ट्रीय व्यापार को नष्ट कर देती हैं। उन्हें संभवतः इस बात की अनुभूति कम है कि, यह विकासशील देशों को वैश्विक बाज़ार में प्रवेश से बाहर कर उन्हें नुकसान पहुंचाता है।

उत्तर अमेरिकी मुक्त व्यापार समझौता (NAFTA), एशिया प्रशांत आर्थिक सहयोग (APEC), ग्रुप ऑफ 8 (G8), अंतर्राष्ट्रीय मुद्रा कोष (IMF) और विश्व बैंक जैसे शक्तिशाली अंतर्राष्ट्रीय निकायों का प्रभाव निरंतर बढ़ रहा है, जो मुक्त व्यापार को अपना संचालन सिद्धांत मानते हैं, जो शीत युद्ध के बाद की अवधि में नव-उदारवाद के प्रभाव का संकेत भी है। हालांकि, इन संगठनों के समर्थकों का दावा है कि यह विकासशील देशों की अर्थव्यवस्थाओं का आधुनिकीकरण करता है, परंतु इसके आलोचक मानते हैं कि इन देशों की नीतियां विकासशील देशों को ऐसे समझौतों में बांध देती है, जो उन्हें अपनी सुरक्षात्मक बाधाओं को कम करने के लिए विवश करती हैं। आलोचकों ने इन संस्थानों पर केवल एक ही प्रकार की वैश्विक व्यवस्था को वैध बनाने की बात को लेकर आलोचना की है, जो असमान बाज़ार संबंधों पर आधारित है। विकासशील देशों से अपेक्षा की जाती है कि, वे अपनी अर्थव्यवस्थाओं के द्वार विदेशी निवेश के लिए खोल देंगे, सरकारी स्वामित्व वाले उपक्रमों का निजीकरण करेंगे अथवा सरकारी व्ययों में कटौती करेंगे। अभी भी मुक्त व्यापार से संबंधित तर्क को आर्थिक दक्षता के आधार पर बेहद प्रभावशाली तरीके से प्रस्तुत किया जाता है, और बताया जाता है कि यह व्यापक वैश्विक अर्थव्यवस्था में विकासशील दुनिया को एकीकृत करने का एकमात्र तरीका है (बर्चिल एवं अन्य, 2001: 58–59)।

परस्पर-निर्भरता की दिशा में किए जा रहे प्रयासों की विषमताओं, जहां एक पक्ष को दूसरे की अपेक्षा अधिक लाभ प्राप्त होता है, को रॉबर्ट केहोने एवं जोसेफ नेई (2001) ने अपनी पुस्तक पॉवर एंड इंटरडिपेन्डेन्स में उजागर किया है, तथा निर्भरता और परस्पर-निर्भरता के बीच के संबंधों को दर्शाने के लिए 'असममितिक परस्पर-निर्भरता' शब्द का उपयोग किया है। मोटे तौर पर 'परस्पर निर्भरता' शब्द से दो पक्षों का एक-दूसरे पर लगभग एक समान रूप से निर्भर होने का पता चलता है। 'निर्भरता' शब्द को छोड़ देने से विषमताएं कुंठित हो जाती हैं, जो राज्यों के बीच के संबंधों का प्रतीक है और बताता है कि सभी एक ही स्तर पर मौजूद हैं। ज्यादातर अंतर्राष्ट्रीय राजनीति, अंतरराज्यीय विषमताओं से जुड़ी है। द्वितीय विश्व युद्ध के बाद से अमेरिकी विदेश नीति का इतिहास ऐसे उदाहरणों से भरा हुआ है, जिनसे पता चलता है कि संयुक्त राज्य ने किस प्रकार अपने राजनीतिक एवं सुरक्षा संबंधी हितों को बढ़ावा देने के लिए अपनी श्रेष्ठतर आर्थिक क्षमता का उपयोग किया।

7.4 आलोचना

यथार्थवादियों, मार्क्सवादियों, उत्तर-आधुनिकतावादियों, रचनावादियों एवं अन्य विद्वानों द्वारा उदारवादियों की अधिकांश अवधारणाओं की आलोचना की गई है और प्रत्येक समूह ने अपने-अपने दृष्टिकोण के आधार पर इसकी आलोचना की है। ये सभी दृष्टिकोण नए सिद्धांतों को प्रस्तुत करते हैं, जिसकी शुरुआत उदारवादियों के संदर्भ में अवधारणाओं के एक अलग समुच्चय से होती है। यहां आलोचना के कुछ सामान्य बिंदुओं को प्रस्तुत किया जा सकता है। उदारवादियों को अव्यावहारिक एवं काल्पनिक माना जाता है, साथ ही अधिकांश उदारवादी सिद्धांतों पर संस्कृति विशिष्ट और मानवजाति-केंद्रित होने का आरोप लगाया जाता है, जो कदाचित पश्चिमी मूल्यों को चित्रित करते हैं और उन्हें दूसरों पर थोप देते हैं। मुक्त व्यापार, परस्पर-निर्भरता एवं लोकतंत्र, पश्चिमी उदारवादी दार्शनिक परंपरा में अंतःस्थापित अवधारणाएं हैं। कमज़ोरों पर शक्तिशाली का प्रभुत्व और आधिपत्य, अंतर्राष्ट्रीय जीवन की एक वास्तविकता है। उदारवाद की आलोचना इस बात के लिए की जाती है कि, इसमें मानवीय प्रकृति की वास्तविकताओं और राजनीति पर विचार नहीं किया जाता है। आलोचकों के अनुसार, शांति एवं निरस्त्रीकरण की दिशा में किए गए प्रयासों को इसी वजह से आंशिक सफलता मिली है। कई लोगों का मानना है कि, एक अराजक अंतर्राष्ट्रीय प्रणाली में राष्ट्रीय हितों का अनुसरण करना वास्तविकता है, तथा नैतिकता के नियमों में संशोधन करना एवं इसे राष्ट्रों पर लागू करना काफी हद तक निरर्थक साबित होगा। बार-बार होने वाले युद्ध, सार्वभौमिक घटना के रूप में अंतरराज्यीय संघर्षों का संकेत हैं तथा अंतर्राष्ट्रीय राजनीतिक क्षेत्र में वैश्विक नियामक संस्थाओं की सीमाएं दिखावे के तौर पर सभी के लिए मौजूद हैं।

7.5 निष्कर्ष

उदारवादियों का सारा ध्यान राष्ट्र-राज्यों पर केंद्रित है। उदारवाद के समर्थकों का मानना है कि, अंतर्राष्ट्रीय संबंधों से शांति हेतु परिस्थितियों का निर्माण किया जा सकता है तथा मानवीय मामलों में प्रगति संभव है। यह तर्क करने और बेहतर सामूहिक परिणाम प्राप्त करने की मानवीय क्षमता में विश्वास रखता है।

उदारवादी समकालीन वैश्विक राजनीति के बारे में सर्वनिष्ठ अवधारणाओं को साझा करते हैं। सर्वप्रथम, उदारवादी विद्वान मानते हैं कि, औद्योगीकरण और आधुनिकीकरण के कारण राष्ट्रों के बीच सहयोग की अधिक संभावनाएं हैं। मनुष्य अब तेजी से संवाद कर सकते हैं। लोगों एवं वस्तुओं के आवागमन की गति पहले की अपेक्षा तीव्र हो गई है और इस प्रकार के परिवर्तन वैश्विक राजनीति में सहयोग के लिए अधिक अवसर प्रदान कर सकते हैं। हालांकि, राष्ट्रों के बीच इस परस्पर-निर्भरता ने कुछ समस्याएं भी पैदा की हैं क्योंकि कुछ राज्यों के व्यवहार का दूसरों पर नकारात्मक प्रभाव पड़ता है। इसलिए, सभी को और अधिक सहयोग करने की जरूरत है। उदाहरण के लिए, वैश्विक अर्थव्यवस्था में सहयोग की संभावना है। पर्यावरण के निम्नीकरण की समस्या को भी सहयोग के माध्यम से दूर किया जा सकता है। समस्या के समाधान की तलाश में सभी देशों की दिलचस्पी एकसमान है। उनकी दूसरी अवधारणा यह है कि, समान हितों के बावजूद सहयोग के रास्ते में कई महत्त्वपूर्ण बाधाएं मौजूद हैं। उदाहरण के लिए, राष्ट्रों के नेतृत्वकर्ता इस बात से आशंकित हो सकते हैं कि, शायद दूसरे उनके सहयोग का लाभ उठाकर उनके साथ धोखेबाज़ी करेंगे। उनकी

तीसरी अवधारणा इस विश्वास पर आधारित है कि, सामूहिक कार्रवाई के मार्ग में मौजूद बाधाओं को दूर करने में संचार की महत्त्वपूर्ण भूमिका हो सकती है, क्योंकि संचार राज्यों को यह महसूस करने की अनुमति देता है कि उन्होंने सामान्य हितों का विस्तार किया है। उदारवादी विद्वानों द्वारा साझा की गई अंतिम अवधारणा यह है कि, सामूहिक प्रयासों में अंतर्राष्ट्रीय संगठनों एवं अंतर्राष्ट्रीय शासन-व्यवस्था की भूमिका बेहद महत्त्वपूर्ण होती है (फॉल्कर, 2007: 56–58)।

उदारवादियों का मानना है कि, लोकतंत्र, पूंजीवाद और धर्मनिरपेक्षता जैसे उदारवादी मूल्यों को सार्वभौमिक बनाया जाना चाहिए। उनका मानना है कि लोकतांत्रिक समाज, जिसमें नागरिक स्वतंत्रताएं संरक्षित हैं और बाज़ार संबंध अभिभावी हैं, में अंतर्राष्ट्रीय सादृश्य हो सकता है, जिसके परिणामस्वरूप शांतिपूर्ण वैश्विक व्यवस्था कायम होगी। घरेलू और अंतर्राष्ट्रीय स्तर पर अविच्छिन्नता की संभावना है। खुली एवं वैश्वीकृत अर्थव्यवस्था घरेलू मुक्त बाजार की समकक्ष है, जिसमें साम्यवाद के पतन के बाद काफी तेजी आई। दुनिया की अर्थव्यवस्था के वैश्वीकरण का अर्थ यह है कि, अंतर्राष्ट्रीय व्यापार के क्षेत्र में बाधाएं अपेक्षाकृत न्यून हैं। विश्व की अर्थव्यवस्था अंतर्राष्ट्रीय निगमों से काफी प्रभावित है। उदारवादियों के अनुसार, वैश्वीकरण ने राष्ट्र-राज्यों के अधिकार को कम कर दिया है तथा वाणिज्यिक संबंधों में इसके अक्षम प्रभावों को दूर कर दिया है। इसने अंतर्राष्ट्रीय समुदाय में कई राज्यों की राजनीतिक अर्थव्यवस्थाओं को एकरूप कर दिया है तथा इसमें वैश्विक स्तर पर बाज़ार आधारित समाज के निर्माण की क्षमता मौजूद है। कई विद्वानों द्वारा इस तर्क को स्वीकार नहीं किया जाता है, जिनका मानना है कि मुक्त व्यापार नीतियां संतुलित आर्थिक विकास और समृद्धि के बजाय धन के संदर्भ में असमानता को और बढ़ा देती हैं। विकासशील समाजों को ऐसी सुदृढ़ अर्थव्यवस्थाओं या अंतर्राष्ट्रीय निगमों की दया पर छोड़ दिया जाता है, जो ग़ैर-ज़िम्मेदार होते हैं। अधिक ज़िम्मेदार और उत्तरदायी होने के लिए, उदारवादी राज्यों को अधिक लोकतांत्रिक बनने की दिशा में प्रयास करना चाहिए। उदारवाद में लोकतांत्रिक संस्थानों के माध्यम से न्यायसंगत समाज के निर्माण की क्षमता है। अंतर्राष्ट्रीय संस्थानों को भी सशक्त तथा अधिक लोकतांत्रिक एवं उत्तरदायी बनाया जाना चाहिए, ताकि वैश्वीकरण के नकारात्मक परिणामों को न्यूनतम किया जा सके।

मॉडल प्रश्न

7.1 एक उदारवादी विचारक अंतर्राष्ट्रीय प्रणाली को किस प्रकार देखना चाहते हैं?

7.2 18वीं सदी के प्रबोधन काल के प्रमुख उदारवादियों के तौर पर, इमानुअल कांट और जेरेमी बेंथम की मुख्य अवधारणाओं पर चर्चा करें।

7.3 19वीं सदी का उदारवाद इस विषय पर केंद्रित था?

7.4 उदारवाद के संदर्भ में 20वीं सदी के आदर्शवाद के योगदान पर चर्चा करें।

7.5 द्वितीय विश्व युद्ध के उपरांत उदारवाद में किस तरह का बदलाव आया?

7.6 उदारवादी और नव-उदार संस्थावादियों के बीच मुख्य अंतर क्या हैं?

7.7 क्या आप इस बात से सहमत हैं कि, राज्यों के बीच सहयोग को संभव बनाने में अंतर्राष्ट्रीय संस्थाओं की कोई भूमिका है? चर्चा करें कि कैसे।

7.8 NAFTA या APEC जैसे अंतर्राष्ट्रीय निकायों का प्रसार, विकसित और विकासशील देशों की विदेश नीति को किस प्रकार प्रभावित करता है?

7.9 वैश्वीकरण किस प्रकार नव-उदारवादी विचारधारा को प्रभावित कर सकता है?

7.10 क्या आप इस बात से सहमत हैं कि, दुनिया की अर्थव्यवस्था के वैश्वीकरण में धन के संदर्भ में असमानता पैदा किए बिना वैश्विक स्तर पर बाज़ार आधारित समाज के निर्माण की क्षमता मौजूद है?

अनुशंसित साहित्य

Baylis, John, and Steve Smith. 2005. *The Globalization of World Politics: An Introduction to International Relations.* New York: Oxford University Press.

Burchill, Scott, Andrew Linklater, Richard Devetak, Jack Donnelly, Terry Nardin, Matthew Paterson,

Christian Reus-Smit, and Jacqui True. 2001. *Theories of International Relations.* New York: Palgrave.

Cantor, Robert D. 1986. *Contemporary International Politics.* St. Paul, MN: West Publishing Company.

Claude Jr, Inis L. 1962. *Power and International Relations.* New York: Random House.

Dinwiddy, John. 1989. *Bentham.* Oxford: Oxford University Press.

Doyle, M. 1997. *Ways of War and Peace.* New York: W. W. Norton.

Folker, Jennifer Sterling, ed. 2007. *Making Sense of International Relations Theory.* New Delhi: Viva Books.

Hoffman, John, and Paul Graham. 2007. *Introduction to Political Theory.* Delhi: Dorling Kindersley (India) Pvt Ltd.

Hoffman, S. 1987. *Janus and Minerva.* Boulder, CO: Westview.

Karns, Margaret P., and Karen A. Mingst. 2000. *The United Nations in the Post-Cold War Era,* 2nd ed. Boulder, CO: Westview.

Keohane, Robert O. 1984. *After Hegemony: Cooperation and Discord in the World Political Economy.* Princeton, NJ: Princeton University Press.

Keohane, Robert O., and Joseph S. Nye. 2001. *Power and Interdependence,* 3rd ed. New York: Longman.

Lamy, Steven L. 2005. 'Contemporary Mainstream Approaches: Neo-realism and Neo-liberalism'. In *The Globalization of World Politics: An Introduction to International Relations,* edited by John Baylis and Steve Smith. New York: Oxford University Press.

Mingst, Karen A. 2004. *Essentials of International Relations.* New York: W. W. Norton and Company.

Mitrany, David. 1946. *A Working Peace System.* London: Royal Institute of International Affairs.

Nicholson, Michael. 2002. *International Relations: A Concise Introduction,* 2nd ed. New York: Palgrave Macmillan.

Nye, Joseph S. Jr. 2007. *Understanding International Conflicts: An Introduction to Theory and History.* New York: Pearson Education Inc. and Dorling Kindersley Publishing Inc.

Palmer, Norman D., and Howard C. Perkins. 1997. *International Relations: The World Community in Transition.* Delhi: AITBS Publishers.

Reynolds, P. A. 1971. *An Introduction to International Relations.* London: Longman Group Limited.

Scruton, Roger. 1982. *Kant.* Oxford: Oxford University Press.

Smith, M. J. 1992. *Liberalism and International Reform.* Cambridge: Cambridge University Press.

Strange, Susan. 1996. *The Retreat of the State: The Diffusion of Power in the World Economy.* Cambridge: Cambridge University Press.

Viotti, Paul R., and Mark V. Kauppi. 1990. *International Relations Theory: Realism, Pluralism,* Globalism. New York: Macmillan.

———. 2007. *International Relations and World Politics: Security, Economy, Identity.* New Delhi: Dorling Kindersley.

Waltz, Kenneth N. 1979. *Theory of International Politics.* Reading, MA: Addison-Wesley.

Walworth, A. C. 1969. *Woodrow Wilson.* Baltimore, MD: Penguin.

8

यथार्थवाद

रुमकी बासु

अध्ययन के उद्देश्य

- अंतर्राष्ट्रीय राजनीति के सिद्धांत के तौर पर यथार्थवाद की प्रमुख अर्थदर्शक विशेषताओं को समझना
- यथार्थवादी संरचना के सारभूत प्रस्तावों की जांच करना
- नव-यथार्थवाद के प्रमुख तर्कों को स्पष्ट करना
- यथार्थवादी विचारधारा की सविस्तार आलोचना प्रस्तुत करना तथा इसकी समसामयिक प्रासंगिकता पर चर्चा करना

अध्याय सार

यथार्थवाद (Realism) अंतर्राष्ट्रीय राजनीति के अध्ययन का एक दृष्टिकोण है, जो शक्ति के संदर्भ में वैश्विक राजनीति की व्याख्या एवं विवेचना करता है। हम यथार्थवाद को हेन्स मोर्गेंथाऊ एवं केनेथ वाल्ट्ज जैसे 20वीं सदी के विद्वानों के माध्यम से कौटिल्य, मैकियावेली और हॉब्स के समय के विचारकों के साथ संबद्ध करते हैं। द्वितीय विश्व युद्ध के उपरांत अंतर्राष्ट्रीय संबंधों (IR) में यथार्थवादी विचारधारा सबसे प्रभावशाली रही है, तथा समकालीन वैश्विक राजनीति में इसकी प्रासंगिकता यथावत है। यथार्थवादी इस बात पर बल देते हैं कि, हमें विश्व की राजनीति को किसी की कल्पना या इच्छा के बजाय इसके वास्तविक स्वरूप में देखना चाहिए। वे मुख्य रूप से राष्ट्रीय हित, शक्ति की राजनीति तथा राष्ट्र-राज्य की सुरक्षा एवं केंद्रीयता पर बल देते हैं। यथार्थवादी विचारधारा मुख्यतः शक्ति और राज्यों द्वारा इसके अभ्यास से संबंधित है। दूसरे शब्दों में, यह मुख्य रूप से व्यावहारिक राजनीति से संबंधित है। यथार्थवादी निश्चयपूर्वक कहते हैं कि, राज्य अंतर्राष्ट्रीय रंगमंच के सर्वप्रमुख किरदार हैं और अंतर्राष्ट्रीय अराजकता के माहौल में प्रत्येक राज्य अपने उचित स्वार्थ के अनुरूप अभिनय करते हैं। वैश्विक राजनीति में सत्ता के लिए जारी संघर्ष में, नीति-निर्माता राष्ट्रीय हितों का अनुसरण करते हुए विदेश नीति के लक्ष्यों को प्राप्त करने के लिए कूटनीति, आर्थिक शक्ति एवं अंततः सैन्य बल सहित समस्त तर्कसंगत युक्तियों का इस्तेमाल करते हैं। मौजूदा वैश्विक राजनीति में किरदारों की बहुलता तथा वैश्वीकरण के संपूर्णात्मक पहलुओं के प्रभाव को स्वीकार करने के बावजूद, नव-यथार्थवाद (Neoealism) का तर्क है कि एक-दूसरे के साथ सहयोग करते समय भी, राज्य अपनी शक्ति को अधिकतम करने और अपनी स्वायत्तता को संरक्षित करने का प्रयास करते हैं। यथार्थवाद का लचीलापन इस केंद्रीय दावे पर आधारित है कि, IR के नियम अतीत में (इतिहास) एवं प्रत्येक स्थान पर (भू-राजनीति) सच रहते हैं और इसलिए, ये अंतर्राष्ट्रीय राजनीति और व्यवहार के बारे में कालातीत सत्य के प्रतीक हैं।

8.1 मूल विचार

यथार्थवाद अंतर्राष्ट्रीय संबंधों (Internation Relations) के अध्ययन का एक दृष्टिकोण है, जो शक्ति के संदर्भ में वैश्विक राजनीति की व्याख्या एवं विवेचना करता है। हम यथार्थवाद को हेन्स मोर्गेंथाऊ एवं केनेथ वाल्ट्ज जैसे 20वीं सदी के विद्वानों के माध्यम से

कौटिल्य[1], मैकियावेली[2] और हॉब्स[3] जैसे विचारकों के साथ संबद्ध करते हैं। यथार्थवादी इस बात पर बल देते हैं कि, हमें विश्व की राजनीति को किसी की कल्पना या इच्छा के बजाय इसके वास्तविक स्वरूप में देखना चाहिए। यथार्थवादी निश्चयपूर्वक कहते हैं कि, राज्य अंतर्राष्ट्रीय रंगमंच के सर्वप्रमुख किरदार हैं और अंतर्राष्ट्रीय अराजकता के माहौल में प्रत्येक राज्य अपने उचित स्वार्थ के अनुरूप अभिनय करते हैं। राज्यों या उनके बीच के संबंधों या उनके बीच संबंधों को नियंत्रित करने के लिए कोई अति महत्त्वपूर्ण या संप्रभु प्राधिकरण मौजूद नहीं है। वैश्विक राजनीति में सत्ता के लिए जारी संघर्ष में, नीति-निर्माता राष्ट्रीय हितों का अनुसरण करते हुए विदेश नीति के लक्ष्यों को प्राप्त करने के लिए कूटनीति, आर्थिक शक्ति एवं अंततः सैन्य बल सहित समस्त तर्कसंगत युक्तियों का इस्तेमाल करते हैं। आर्थिक और सैन्य शक्ति सहित किसी देश की सापेक्षिक शक्ति के स्तर से अन्य राज्यों के साथ उसके संबंधों का निर्धारण होता है। अंतर्राष्ट्रीय संगठन कदाचित विशिष्ट क्षेत्रों में वैश्विक सहयोग की दृष्टि से व्यावहारिक और उपयोगी हो सकते हैं, लेकिन ये राज्य आचरण के मूलतत्त्व को या वैश्विक सत्ता की राजनीति की आंतरिक गतिशीलता को परिवर्तित करने में सक्षम नहीं हैं, और इसी कारणवश IR की परिधि में रहना इनकी नियति है।

यथार्थवादी मुख्य रूप से शक्ति, राष्ट्रीय हित, सुरक्षा और राष्ट्र-राज्य की केंद्रीयता पर बल देते हैं। वे मानवीय प्रकृति की समरूपता में विश्वास करते हैं जो अच्छा या बुरा, दोनों हो सकता है। सुरक्षा की तलाश में, राष्ट्र संसाधनों का निर्माण करने की कोशिश करते हैं। यथार्थवादी इस बात पर विश्वास नहीं करते हैं कि, राज्यों पर 'मानक' व्यवहार के निर्देशात्मक मूल्यों या प्रतिमानों को लागू करना व्यवहार्य अथवा यथार्थवादी रूप से संवहनीय है।

यथार्थवादी खुद को लंबी और पुरानी परंपरा से जोड़कर रखते हैं। प्राचीन भारतीय कूटनीतिज्ञ एवं यथार्थवादी राजनीतिक विचारक कौटिल्य (350–283 ईसा पूर्व) ने शासकों को सलाह दी थी कि, वे युद्धरत राज्यों के बीच कैसे जीवित रहें और अपनी शक्ति को कैसे संगठित करें। उनका *अर्थशास्त्र* शासन कला एवं सुशासन के सिद्धांतों पर प्राचीनतम एवं सर्वाधिक विस्तृत ग्रंथ है, जिसमें उन्होंने तर्क दिया है कि अराजकता एवं षड्यंत्रों का सामना करने वाले राज्यों के शासकों के लिए सदाचरण बहुत उपयोगी नहीं है। कौटिल्य ने शासकों को स्व-रक्षा के उद्देश्य से अपने हितों को आगे बढ़ाने तथा एक उदार निरंकुश शासन व्यवस्था को सशक्त बनाने के लिए शक्ति का उपयोग करने की सलाह दी है। कालांतर में इटली (लगभग 1500 ईस्वी) में, मैकियावेली ने युवराज से दृढ़तापूर्वक अनुनय किया कि वे सत्ता में रहने के लिए व्यावहारिक कार्यों पर ध्यान केंद्रित करें तथा सबसे पहले युद्ध की रणनीति पर ध्यान दें। आज, मैकियावेली को व्यावहारिक राजनीति का संस्थापक माना जाता है।

द्वितीय विश्व युद्ध के बाद, यथार्थवादी विचारधारा के अग्रगण्य विद्वान, हेन्स मोर्गेंथाऊ ने तर्क दिया कि, अंतर्राष्ट्रीय राजनीति विषयाश्रित और सार्वभौमिक कानूनों द्वारा नियंत्रित है, जो नीति निर्माताओं के मनोवैज्ञानिक उद्देश्यों के विपरीत शक्ति के रूप में परिभाषित राष्ट्रीय हितों पर आधारित है। मोर्गेंथाऊ आगे तर्क देते हैं कि, सत्ता को प्रेरित करने वाली शक्ति एवं हावी होने की इच्छा, मानवीय स्वभाव के बुनियादी पहलू हैं। इसलिए, प्रतिस्पर्धा, युद्ध एवं भय जैसी अंतर्राष्ट्रीय राजनीति की आवश्यक विशेषताओं को समझाया जा सकता है। उन्होंने लिखा कि, 'सामान्य रूप से समाज की तरह राजनीति भी उन विषयाश्रित कानूनों द्वारा नियंत्रित होती है, जिनकी जड़ें मानवीय प्रकृति में निहित हैं' (मोर्गेंथाऊ और थॉम्पसन, 1985)। उन्होंने तर्क दिया कि, अंतर्राष्ट्रीय स्तर पर लागू नैतिकता का कोई सार्वभौमिक स्वीकार्य

---

[1] कौटिल्य के अर्थशास्त्र को चौथी शताब्दी ईसा पूर्व के दौरान संकलित किया गया था। यह शासन कला एवं प्रशासन पर विश्व इतिहास में सबसे लंबा लिखित ग्रंथ है। यह राजनीतिक शासन कला, विशेष रूप से लोक प्रशासन, सरकारी तंत्र, आर्थिक नीति और सैन्य रणनीति के सिद्धांतों के संदर्भ में गहरी अंतर्दृष्टि प्रदान करता है। कौटिल्य को उनकी निष्ठा एवं चातुर्यपूर्ण रणनीति तथा साधनों को न्यायसंगत साबित करने वाली सुस्पष्ट स्थिति के कारण भारतीय मैकियावेली के रूप में जाना जाता है। अर्थशास्त्र ने सलाह दी है कि, सत्ता प्राप्त करने और साम्राज्यों में शासन-व्यवस्था को मजबूत करने के लिए शासक के दायरे से परे कोई साधन नहीं है।

[2] लगभग 1500 ईस्वी के आसपास मैकियावेली ने अपने उत्कृष्ट ग्रंथ 'द प्रिंस' की रचना की, जो इस बात का उदाहरण प्रस्तुत करता है कि, वास्तव में युवराज किस प्रकार का होना चाहिए तथा उसे किस प्रकार राज्य पर अपना नियंत्रण बरकरार रखने के लिए शक्ति का प्रयोग करना चाहिए। युवराज में मनुष्यों और जानवरों के गुणों का समावेश होना चाहिए तथा उसके अंदर लोमड़ी एवं शेर की क्षमताएं समान रूप से मौजूद होनी चाहिए।

[3] हॉब्स ने अपनी रचना लेविथान में प्रकृति की एक स्थिति को चित्रित किया, जहां मनुष्य का जीवन 'एकाकी, दरिद्र, घृणास्पद, पशुवत् एवं अल्पकालिक' था। इस स्थिति से बाहर निकलने के लिए, मनुष्य ने प्रत्येक व्यक्ति के साथ एक समझौता किया—ताकि एक शक्तिशाली समूह का निर्माण किया जा सके, अर्थात् अनश्वर ईश्वर, जिनके जन्म के साथ ही संप्रभु, नागरिक समाज और राजनीतिक अधिकार अस्तित्व में आया था (हॉब्स एवं टक, 1991)।

मानदंड नहीं है तथा सभी राष्ट्रों को समझदारी एवं व्यवहार्यता के सिद्धांतों पर कार्य करना चाहिए। वह अंतर्राष्ट्रीय राजनीति को एक प्रक्रिया के रूप में देखते हैं, जिसमें राष्ट्रीय हितों को कूटनीति अथवा युद्ध के आधार पर समायोजित या हल किया जाता है। यथार्थवाद यह मानता है कि, राष्ट्रीय अस्तित्व ही पहचाने जाने योग्य स्थायी न्यूनतम राष्ट्रीय हित है, जबकि समय और राष्ट्रीय परिस्थितियों के साथ अन्य सामाजिक-आर्थिक या राजनीतिक हितों में परिवर्तन होता है। राजनीतिक यथार्थवादी ब्रह्मांड को नियंत्रित करने वाले नैतिक कानूनों के साथ एक विशेष राष्ट्र की नैतिक आकांक्षाओं का तादात्म्य स्थापित करने से इनकार करते हैं। सार्वभौमिक नैतिक सिद्धांतों को राज्यों की कार्यवाही पर लागू नहीं किया जा सकता है तथा राज्य की स्वायत्तता को बनाए रखा जाना चाहिए।

यथार्थवाद द्वितीय विश्व युद्ध के बाद की अवधि में 'आदर्शवाद' नामक पुराने सैद्धांतिक दृष्टिकोण की प्रतिक्रिया के कारण विकसित हुआ। आदर्शवाद शक्ति के अलावा अंतर्राष्ट्रीय घटनाओं पर अंतर्राष्ट्रीय कानून, नैतिकता और अंतर्राष्ट्रीय संगठन के महत्त्वपूर्ण प्रभाव पर बल देता है। आदर्शवादी मानते हैं कि, मूल रूप से मानवीय प्रकृति अत्यंत नेक होती है तथा IR के सिद्धांत बेहतर नैतिकता के सिद्धांतों पर आधारित होने चाहिए। वे समझते हैं कि, अंतर्राष्ट्रीय प्रणाली उन राज्यों के समुदाय पर आधारित है जिनमें आम समस्याओं को हल करने के लिए साथ मिलकर कार्य करने की क्षमता है। अच्छी शिक्षा और वैश्विक शासन के उपयुक्त ढांचे के साथ, दुनिया धीरे-धीरे शांतिपूर्ण एवं सहयोगात्मक अंतर्राष्ट्रीय संबंधों की ओर आगे बढ़ सकती है।

आदर्शवादी विचारधारा दो विश्व युद्धों के बीच की अवधि में विशेष रूप से सक्रिय थी। अमेरिकी राष्ट्रपति वुडरो विल्सन और अन्य आदर्शवादी विचारकों को राष्ट्रों के समुदाय की औपचारिक संरचना के तौर पर लीग ऑफ़ नेशंस से काफी उम्मीद थी। द्वितीय विश्व युद्ध के बाद, युद्ध के अनुभवों के आधार पर, यथार्थवादियों ने विश्व के काल्पनिक स्वरूप के बजाय इसके वास्तविक स्वरूप को समझा। इसके बाद, वैश्विक राजनीति की समझ की सैद्धांतिक रूपरेखा के लिए यथार्थवाद ने एक लंबी पारी खेली तथा शीत युद्ध के दौरान संयुक्त राज्य में IR के अध्ययन पर इसका प्रभुत्व रहा। यथार्थवाद ने अमेरिकी नीति-निर्माताओं की शीत युद्ध नीतियों के लिए एक सैद्धांतिक दृष्टिकोण प्रदान किया।

यथार्थवादी राजनीतिक शक्ति के उपयोग को नैतिकता, धर्म या विचारधारा के सिद्धांतों से अलग करते हैं। उनके लिए, शक्ति एवं इसका इस्तेमाल एक नैतिक और धर्मनिरपेक्ष अवधारणा है। यथार्थवादी अलग-अलग विचारधाराओं, राजनीतिक शासन व्यवस्था एवं आर्थिक प्रणालियों वाले राज्यों को अपने-अपने 'राष्ट्रीय हित' के आधार पर समान रूप से देखते हैं। यथार्थवादी ढांचे को राज्य केंद्रितता पर आधारित निम्नलिखित तीन मौलिक प्रस्तावों द्वारा अच्छी तरह से समझा जा सकता है:

- राज्य स्वायत्त प्रतिभागी हैं, जिन्हें बल के वैध उपयोग का एकाधिकार प्राप्त है (राज्यांतरिक और अंतरराज्यीय, दोनों मामलों में)। वे राष्ट्रीय हितों का अनुसरण करने वाले बुद्धि संपन्न व्यक्तियों की तरह कार्य करते हैं। एक स्वार्थलोलुप अहंवादी के रूप में राज्य का व्यवहार केवल मानव विशेषताओं का प्रतिबिंब माना जाता है, जो उस राज्य की आबादी को दर्शाता है।
- वे केंद्रीय निरोधक प्राधिकरण के बग़ैर एक अंतर्राष्ट्रीय प्रणाली के संदर्भ में कार्य करते हैं। अराजकता की स्थिति में, राज्य सुरक्षा, बाज़ार, प्रभुत्व एवं अपने अस्तित्व की रक्षा हेतु अन्य राज्यों के साथ प्रतिस्पर्धा करते हैं। शक्ति को कुल योग शून्य के संदर्भ में देखा जाता है; किसी किरदार के लिए अधिकता दूसरे किरदार के लिए न्यूनता है।
- अंतर्राष्ट्रीय संगठन, बहुराष्ट्रीय निगम और अन्य सुपरनेशनल निकाय, राज्यों की मूल नीतियों को प्रभावित किए बिना अनिवार्य रूप से अधीनस्थ या आश्रित भूमिका निभाते हैं। आज वैश्विक राजनीति में किरदारों की बहुलता के बावजूद, राज्य अपनी शक्ति को अधिकतम करने और अपनी स्वायत्तता को बचाने की कोशिश करते हैं। राज्यों की स्वतंत्रता के संरक्षण के लिए पूरे इतिहास में 'शक्ति संतुलन' को आवश्यक तंत्र माना जाता है।

अंतर्राष्ट्रीय प्रणाली के किरदार स्वायत्त होते हैं जिन्हें राज्य के तौर पर परिभाषित किया जाता है, जो आमतौर पर दुर्लभ संसाधनों की सीमाओं के भीतर अपनी सुरक्षा को बढ़ाने की मांग करते हैं। विदेश नीति एक ऐसा साधन है, जिसके माध्यम से अंतर्राष्ट्रीय राजनीति में राष्ट्रीय हितों का अनुसरण किया जाता है। राष्ट्रीय सुरक्षा और राष्ट्रीय हितों की रक्षा के संबंध में विदेश नीति का एक

दृष्टिकोण यह दर्शाता है कि, प्रतिस्पर्धा और संघर्ष अंतरराज्यीय प्रणाली की विशेषता है। अंतर्राष्ट्रीय प्रणाली पर युद्ध का खतरा सदैव मंडराता रहता है तथा अपेक्षाकृत अधिक शक्तिशाली राज्यों को लाभ प्राप्त होता है। हालांकि, आज यदि युद्ध की चिरस्थायी स्थिति मौजूद नहीं है, तो यह उन प्रथाओं के अस्तित्व के कारण है जो न्यूनतम अंतर्राष्ट्रीय व्यवस्था, अर्थात् अभिभावी शक्तियों द्वारा उत्तरदायी नेतृत्व के अभ्यास के साथ अंतर्राष्ट्रीय कानून और शक्ति संतुलन के सिद्धांत का सृजन करते हैं। विदेश नीति में सफलता या विफलता शक्ति के समुचित प्रयोग का विषय है।

द्वितीय विश्व युद्ध के बाद जिन विचारकों ने स्वयं को इस दृष्टिकोण से संबद्ध किया, उन्होंने अपने विचार प्रस्तुत करते हुए आदर्शवादी दृष्टिकोण का खुलेआम विरोध किया। उन्होंने विश्व राजनीति की चिरस्थायी विशेषताओं को 'अपरिवर्तनशील और अटल' बताया, और कहा कि आदर्शवादी विश्व राजनीति में 'सुधार एवं परिवर्तन' की संभावनाओं के प्रति अत्यधिक आशावादी थे। शीत युद्ध की अवधि के दौरान, यथार्थवादियों को अपना औचित्य साबित करने एवं अपने नज़रिए को सुदृढ़ करने के लिए अंतर्राष्ट्रीय क्षेत्र में राज्यों के कार्यों एवं प्रतिक्रियाओं से साक्ष्य खोजने में कोई समस्या नहीं थी। लेकिन कालांतर में, गोर्बाचेव के शासनकाल में शीत युद्ध को समाप्त करने की सोवियत संघ की इच्छा का प्रादुर्भाव पूर्वी यूरोप से हुआ और इसके कई गणराज्यों को 'विघटित' करने की अनुमति दी गई, जिसे यथार्थवाद के कई आलोचकों ने इस दृष्टिकोण की अस्वीकृति के तौर पर देखा। राजनीतिक यथार्थवादी मानते हैं कि, एक अराजक अंतरराष्ट्रीय प्रणाली में असुरक्षा ही राज्यों को 'अधिकतम शक्ति अर्जित करने' (आक्रामक यथार्थवाद) अथवा 'अधिकतम सुरक्षा' (रक्षात्मक यथार्थवाद) हेतु प्रेरित करती है तथा क्षेत्रीय विस्तार के लिए उनके उद्देश्य को केवल प्रतिद्वंद्वी शक्ति (शक्तियों) द्वारा मात दी जा सकती है। हालांकि, यह आक्रामक विकास 'सुरक्षा दुविधा' की ओर जाता है, जहां किसी की अपनी सुरक्षा में वृद्धि से अधिक अस्थिरता आ सकती है क्योंकि प्रतिद्वंद्वी अपने लिए हथियारों का संचयन करता है। इस प्रकार, सुरक्षा कुल योग शून्य वाला खेल है, जहां केवल सापेक्षिक लाभ अर्जित किया जा सकता है। रेनहोल्ड नीउब्रर (1947), जॉर्ज एफ. केनन (1954 और 1966), हेन्स मोर्गेंथाऊ (1948) और केनेथ डब्ल्यू थॉम्पसन (1958 और 1960), (एवं उनकी कृतियां) राजनीतिक यथार्थवाद के प्रमुख प्रतिपादक थे। 1970 के दशक से यथार्थवाद की आलोचना का प्रादुर्भाव हुआ, जो तीन केंद्रीय तर्कों पर आधारित था। सर्वप्रथम, राज्य वैश्विक राजनीति का प्रमुख किरदार था और अपने नागरिकों की ओर से कार्य करता था। दूसरा, राष्ट्रीय राजनीति एवं उच्चस्तरीय राजनीति को वैश्विक राजनीति की कार्यसूची में शीर्ष स्थान प्राप्त था। तथा अंत में, प्रतिस्पर्धा, असुरक्षा और राजनीतिक हिंसा वैश्विक राजनीतिक प्रक्रियाओं के सार्वभौमिक घटक थे।

1970 और 1980 के दशक में, परस्पर-निर्भर अंतर्राष्ट्रीय संबंध तथा अंतर्राष्ट्रीय एकीकरण के अध्ययन की संख्या में वृद्धि हुई, जो राज्य के प्रभुत्व के संदर्भ में एकाधिक चुनौतियों के दृश्य प्रभावों को परिलक्षित करता है। 1990 के दशक के बाद, वैश्वीकरण के एकीकृत प्रभाव, ग़ैर-राज्य किरदारों के प्रभाव, राजनीतिक अर्थव्यवस्था में अंतर्राष्ट्रीय संबंधों की उत्कटता तथा संचार एवं सूचना प्रौद्योगिकी के विभिन्न स्वरूपों के कारण वैश्विक राजनीति में परिवर्तन आया है।

8.2 नव-यथार्थवाद: केनेथ वाल्ट्ज एवं अन्य

शीत युद्ध युग के बाद यथार्थवादियों ने स्वयं को 'नए सिरे से तैयार किया' है। वे इस तथ्य की ओर इशारा करते हैं कि, शीत युद्ध के अंत ने सामान्य निरस्त्रीकरण, क्षेत्रीय संघर्षों या यहां तक कि छोटे युद्धों का अंत नहीं किया है, तथा राज्य अतीत की तरह ही आज भी अपनी शक्ति को बढ़ाने एवं सुरक्षा के प्रति चिंतित हैं। परिवर्तित यथार्थवादी, जिन्हें 'नव-यथार्थवादी' के नाम से जाना जाता है, विश्व राजनीति में राज्य की निरंतर केंद्रीयता पर ध्यान केंद्रित करते हैं, तथा इस विचार को नकारते हैं कि सुपरनेशनल संस्थान राज्य का स्थान ले सकते हैं। वे इस तथ्य को स्वीकार करते हैं कि, वैश्वीकरण के बाद के युग में राज्य ने केवल अपने स्वरूप को परिवर्तित किया है तथा यह अधिक जटिल हो गया है। नव-यथार्थवादी विचारधारा के सर्वप्रमुख विचारक, केनेथ वाल्ट्ज एक संरचनात्मक यथार्थवादी हैं जो इस विचार से सहमत नहीं हैं कि, शीत युद्ध के बाद के घटनाक्रम ने यथार्थवादी दृष्टिकोण को खोखला कर दिया है। लोकतंत्र, परस्पर-निर्भरता और अंतर्राष्ट्रीय संस्थान शीत युद्ध के बाद के युग की विशेषता है, जो वास्तव में अधिक शांतिपूर्ण एवं स्थिर वैश्विक व्यवस्था की स्थापना में सक्षम नहीं होंगे। वाल्ट्ज यह दर्शाने का प्रयास करते हैं कि, एकध्रुवीय दुनिया अभी भी अस्थिर है,

और संयुक्त राज्य को चुनौती देने वाले पहले ही क्षितिज पर हैं। एकध्रुवीय व्यवस्था से शक्ति का असंतुलन उत्पन्न होता है, जिसकी प्रकृति चिरस्थायी नहीं है। वाल्ट्ज कुछ हद तक केवल 'लोकतांत्रिक शांति' के सिद्धांत के साथ सहमत हैं, जिसके अनुसार लोकतांत्रिक देश एक-दूसरे के साथ युद्ध नहीं करते हैं। वाल्ट्ज का तर्क है कि, भले ही लोकतांत्रिक देश एक-दूसरे के साथ युद्ध नहीं करते हैं, लेकिन सभी राज्यों के लोकतांत्रिक बनने के बावजूद अंतरराज्यीय प्रणाली में संरचनात्मक तौर पर अराजकता बरकरार रहेगी। राज्यों की वैश्विक प्रणाली में कोई स्थायी दुश्मन या मित्र नहीं है। शांति वास्तव में लोकतंत्र का प्रतिफल नहीं है बल्कि यह शांति के लिए अनुकूल परिस्थितियों की संपूर्णता का परिणाम है, और विश्व इतिहास में कई बार यह बात सिद्ध हो चुकी है। यहां तक कि लोकतंत्र भी दूसरों के खिलाफ़ युद्धों में शामिल होते हैं। यह ऐसे युद्धों का रूप भी ले सकता है, जो उनके विचारानुसार दूसरों पर 'लोकतंत्र लागू' करने के लिए लड़ा जा सकता है, और अतीत में संयुक्त राज्य ने कई बार ऐसा किया है। वाल्ट्ज कहते हैं कि, लोकतंत्र या मानवाधिकारों के नाम पर किए गए हस्तक्षेप ने दुनिया को फायदे से अधिक नुकसान पहुंचाया है। यथार्थवादी अक्सर तर्क देते हैं कि, वास्तव में 'न्यायोचित युद्ध' या 'मानवीय हस्तक्षेप' केवल 'राष्ट्रीय' हितों की रक्षा करते हैं और कभी भी केवल नैतिक आदर्शों के लिए नहीं लड़े जाते हैं।

राज्यों के भीतर अथवा सामूहिक तौर पर परस्पर-निर्भरता युद्ध और शांति को बढ़ावा देती है। सोवियत एवं युगोस्लाविया की अर्थव्यवस्थाओं के दृढ़तापूर्वक एकीकरण के बावजूद राज्य अलग हो गए। शून्य परस्पर-निर्भरता के साथ, न तो संघर्ष और न ही युद्ध संभव है। एकीकरण के साथ, 'अंतर्राष्ट्रीय' राजनीति का स्वरूप राष्ट्रीय हो जाता है। वाल्ट्ज कहते हैं, परस्पर-निर्भरता के प्रभाव या तो नकारात्मक या सकारात्मक हो सकते हैं। उदाहरण के लिए, प्रवासी श्रम, आम बाज़ार और सांस्कृतिक संवर्द्धन के विश्व स्तर पर सहभाजन के लाभ कभी-कभी नकारात्मक हो सकते हैं, जिससे संरक्षणवाद, पारस्परिक-असंतोष एवं युद्ध की स्थितियां उत्पन्न हो सकती हैं। आज के वैश्वीकृत परिदृश्य में परस्पर-निर्भरता का लाभ हमेशा आर्थिक रूप से शक्तिशाली देशों को मिलता है, क्योंकि यह एक असमान राज्य प्रणाली में मौजूद है। अंत में, वाल्ट्ज इस बात को दृढ़तापूर्वक प्रस्तुत करते हैं कि अंतर्राष्ट्रीय संस्थानों की भूमिका और उद्देश्य राज्य प्रणाली को सशक्त बनाना एवं उसकी सहायता करना है, इसका स्थान ग्रहण करना नहीं। इनका स्वरूप एवं इनकी सीमाएं उन राज्यों द्वारा तय की जाती है, जो उनका अनुरक्षण करते हैं तथा जिनका स्वतंत्र प्रभाव अथवा उद्देश्य अत्यल्प होता है। अंतर्राष्ट्रीय संस्थान अधिक शक्तिशाली राज्यों द्वारा बनाए जाते हैं, और जब तक वे अपने निर्माताओं के प्रमुख हितों की सेवा करते हैं, तब तक उनका अस्तित्व बरकरार रहता है या ऐसा करने पर विचार किया जाता है। केनेथ वाल्ट्ज के प्रमुख नव-यथार्थवादी शोध प्रबंध के अनुसार, अंतर्राष्ट्रीय राजनीति 'राष्ट्रीय क्षमताओं' के वितरण को दर्शाती है, तथा अंत में शक्ति संतुलन के सिद्धांत की ही जीत होगी। इस सिद्धांत के अनुसार, व्यवस्था अराजकता की स्थितियों के अंतर्गत राज्यों के बीच संतुलन और समायोजन की चिरस्थायी प्रक्रिया का प्रतिफल है। अराजकता की स्थितियों के अंतर्गत, शक्ति के प्रतिद्वंद्वी समूहों को प्रति-संतुलित करने के लिए घरेलू स्तर पर संघटन के माध्यम से आंतरिक संतुलन तथा 'निरंतर असुरक्षित' राज्यों के बीच अस्थायी गठजोड़ के माध्यम से बाह्य संतुलन संभव है। राज्यों के बीच क्षमताओं का वितरण ही युद्ध एवं शांति, गठबंधन की राजनीति और शक्ति संतुलन जैसे महत्त्वपूर्ण अंतर्राष्ट्रीय परिणामों को समझने के लिए मौलिक महत्त्व के हैं। उन्होंने सुझाव दिया कि, क्षमताओं को निम्नलिखित क्षेत्रों में उनकी ताक़त के हिसाब से वर्गीकृत किया जा सकता है: जनसंख्या एवं क्षेत्र का आकार, संसाधनों का विन्यास, आर्थिक क्षमता, सैन्य शक्ति, राजनीतिक स्थिरता और योग्यता।

अब हम वाल्ट्ज के केंद्रीय तर्कों को सारगर्भित करेंगे। वाल्ट्ज का तर्क है कि, अंतर्राष्ट्रीय प्रणाली में उच्च प्राधिकरण की अनुपस्थिति राष्ट्रीय एवं अंतर्राष्ट्रीय राजनीति के बीच मुख्य अंतर है, जो राज्यों के व्यवहार को निर्णायक रूप से आकार देता है, तथा किसी एक राज्य द्वारा सुरक्षा के क्षेत्र में किए गए विकास से दूसरे राज्य असुरक्षित महसूस करते हैं और यह गंभीर 'सुरक्षा दुविधा' का विषय बन जाता है। वह दो मामलों में पारंपरिक यथार्थवादियों से अलग हैं: सर्वप्रथम, मानवीय स्वभाव संघर्ष का स्रोत अथवा युद्ध का कारण नहीं है, बल्कि इसका कारण अराजकता की बुनियादी संरचना है जहां राज्यों के पास आत्मरक्षा हेतु स्व-सहायता के अलावा कोई अन्य विकल्प नहीं है, तथा दूसरा, इस तरह की स्थिति में (अराजकता की स्थिति में) शक्ति का संतुलन स्वचालित रूप से परिणाम देगा, जो अक्सर शक्ति के बजाय क्षमताओं का संतुलन होता है। परिस्थिति चाहे युद्ध की हो अथवा शांति की, संघर्ष की हो अथवा सहयोग की, राज्य हमेशा अपनी सापेक्षिक शक्ति को अधिकतम करने तथा अपनी स्वायत्तता को संरक्षित करने का प्रयास करेगा।

वाल्ट्ज आज की एकध्रुवीय दुनिया की वास्तविकता को दृढ़ विश्वास के साथ स्वीकार करते हैं कि, एक बहुध्रुवीय दुनिया की रूपरेखा पहले से ही क्षितिज पर दिखाई दे रही है क्योंकि 'संतुलन में आई विकृति एक दिन पहले की तरह हो जाएगी' (वाल्ट्ज, 1959)।

'अभिभावी स्थायित्व' का सिद्धांत, नव-यथार्थवादी विचारधारा का एक और परिणाम है, जिसके अनुसार व्यवस्था को एक अभिभावी राज्य द्वारा बरकरार रखा जाता है, जो राज्यों के बीच संबंधों को व्यवस्थित करने के लिए शक्ति क्षमताओं का इस्तेमाल करता है। किसी राज्य के पास शक्ति की अधिकता होने के बाद, वह अभिभावी व्यवस्था में भागीदारी हेतु अन्य राज्यों पर जीत हासिल करने के लिए प्रलोभन तथा सकारात्मक एवं नकारात्मक माध्यमों से विदेश नीति के लक्ष्यों का अनुसरण करता है। रॉबर्ट गिल्पिन (1981) के अनुसार, इतिहास के किसी भी कालखंड में एक अंतर्राष्ट्रीय व्यवस्था राज्य प्रणाली के भीतर सत्ता के अंतर्निहित वितरण का प्रतिबिंब है। यदि यह स्थिति बदलती है या इसमें परिवर्तन होता है, तो यह व्यवस्था के अंतिम पुनर्गठन के लिए अभिभावी युद्ध या संघर्ष का कारण बन सकता है, जो शक्ति के नए वितरण को प्रतिबिंबित करेगा। यदि चुनौती देने वाली एवं उभरती अभिभावी शक्तियों को यह स्थिति युद्ध के बाद प्राप्त हुई है, तो वे नई व्यवस्था की शर्तों को परिभाषित करती हैं।

दिलचस्प बात यह है कि, शीत युद्ध युग के बाद की निरंतरता एवं सापेक्षिक स्थिरता ने यथार्थवादियों तथा नव-यथार्थवादियों, दोनों को आश्चर्यचकित कर दिया। विभिन्न विद्वानों ने 1990 के दशक के बाद सोवियत संघ में व्यक्तिगत नीति-निर्माताओं के महत्त्व पर बल दिया है। मानवतावादी हस्तक्षेप, पश्चिमी यूरोप में क्षेत्रीय एकीकरण, ग़ैर-राज्य कलाकारों की भूमिका तथा विश्व राजनीति में वैश्वीकरण के अत्यधिक संपूर्णात्मक गिरावट जैसे नए घटनाक्रम के प्रत्यायक स्पष्टीकरण प्रदान करने में यथार्थवाद को अधिक परेशानी थी। शक्ति संतुलन के सिद्धांतकार, विशेष रूप से आर्थिक एवं व्यापारिक क्षेत्र में अमेरिकी आधिपत्य के प्रति-संतुलन हेतु चीन, भारत, जापान, जर्मनी एवं ब्राजील जैसी शक्तियों के साथ बहुध्रुवीयता के उद्भव की आशा करते हैं। आज औद्योगिक देशों के बीच सापेक्षिक शांति तथा अंतरराष्ट्रीय प्रणाली में राष्ट्रों के बीच अत्यधिक असमान संबंधों के बावजूद, नव-यथार्थवादी मानते हैं कि यह विश्व इतिहास का महज एक अस्थायी चरण है तथा अराजकता, आर्थिक प्रतिद्वंद्विता, सुरक्षा दुविधाएं, संस्थानों का पतन एवं संतुलनकारी गठबंधन से संबंधित समस्याएं वापस आएंगी। नव-यथार्थवादी सिद्धांत शक्ति के संतुलन या आधिपत्य के लिए शांति एवं व्यवस्था का अनुरेखण करते हैं, औद्योगिक देशों के बीच संघर्ष एवं प्रतिद्वंद्विता में वृद्धि की उम्मीद करते हैं तथा सभी राज्यों से यथार्थवादी सिद्धांतों के मानक पूर्वानुमानों के प्रति 'सहमत' होने या अनुरूप होने की अपेक्षा करते हैं।

8.3 समालोचना

यथार्थवाद एक ऐसी दुनिया की परिकल्पना करता है, जहां सभी राज्य एक-दूसरे के प्रतिरूप होते हैं और मौजूदा स्थिति को किसी भी कीमत पर बरकरार रखने हेतु प्रयासरत रहते हैं। सर्वसत्तावादी, परिवर्तनवादी, अविकसित एवं असफल राज्य, अंतर्राष्ट्रीय संगठन, अंतर सरकारी निकाय या गैर-सरकारी संगठन नव-यथार्थवादी ढांचे के बाहर हैं, और ऐसा लगता है कि ये राष्ट्र राज्यों की केंद्रीय शक्ति की राजनीति में परिधीय भूमिका निभा रहे हैं।

यूरोप-उत्कृष्टतावाद तथा प्रति-साम्यवाद भी इस दृष्टिकोण की विशिष्टताएं थीं, जो राज्य केंद्रित है और साम्यावस्था से संबंधित है। इसे एक संभ्रांतवादी तथा प्रति-लोकतांत्रिक सिद्धांत माना जाता है, जो महाशक्तियों की मौजूदा स्थिति को बरकरार रखने से संबंधित है। यथार्थवादी खेमे में 'विकास' के ध्येय से संबंधित प्रमुख असहमतियों को भी संदेह के साथ देखा गया। महाशक्तियों की अंधराष्ट्रीयता को एक विशेषता माना गया और 'महाशक्तियों' से 'प्रतिष्ठा राजनीति' को किसी भी कीमत पर बरकरार रखने की उम्मीद की जाती थी, चाहे इसके लिए युद्ध या संघर्ष ही क्यों ना करना पड़े। कोई भी इस तथ्य पर सवाल नहीं उठा रहा था कि, राष्ट्रीय हित की अवधारणा एक बेहद समस्यात्मक अवधारणा (विभिन्न व्याख्याओं के लिए तैयार) हो सकती है, जिस पर शीत युद्ध युग के बाद ही गंभीरतापूर्वक परिचर्चा की जा सकी। राष्ट्रीय हित को परिभाषित कौन करे, सत्तारूढ़ सरकार, मुट्ठी भर नौकरशाह या आम जनता? यथार्थवाद की एकपक्षीय समझ का तात्पर्य है कि कुछ भी नहीं बदलता है, न ही मानव प्रकृति और न ही राष्ट्रीय हित, तथा यह कि विदेश नीति शक्ति एवं सुरक्षा के लिए अंतहीन खोज है, और इस प्रकार के स्वांग की रचना करना राजनयिकों का कार्य है, जो परिमित समझौतों पर बातचीत करने में कुशल होते हैं। यथास्थिति को कमज़ोर बनाने वाले अथवा आमूल-चूल परिवर्तन की

मांग करने वाले नए घटनाक्रमों को या तो नज़रअंदाज़ करना चाहिए अथवा ख़ारिज कर देना चाहिए। उदाहरण के लिए, तीसरी दुनिया के विकास संबंधी मुद्दों, निरस्त्रीकरण, छोटे युद्ध, *सामाजिक मुद्दों पर बहस की नीति* तथा *आर्थिक व राजनीतिक व्यवस्था का पुनर्गठन*, बर्लिन की दीवार का पतन, चीनी अर्थव्यवस्था, आतंकवाद, पर्यावरणीय राजनीति, विश्व राजनीति में ग़ैर-राज्य किरदारों का प्रादुर्भाव, इत्यादि ऐसी घटनाएं और मुद्दे हैं, जिनका लिए यथार्थवाद / नव-यथार्थवाद के पास कोई जवाब या स्पष्टीकरण नहीं है। यथार्थवादी मानते हैं कि, राजनीतिक संघर्ष स्वायत्त राज्यों की अंतर्निहित आत्म-केंद्रित प्रकृति और अंतर्राष्ट्रीय प्रणाली की आंतरिक अराजकता का परिणाम है। इसलिए, वे पूर्वानुमान करते हैं कि सत्ता के लिए राज्यों के बीच संघर्ष वास्तव में अनवरत जारी रहता है।

8.4 निष्कर्ष

यथार्थवाद का आकर्षण इस तथ्य में निहित है कि, यह संदेहास्पद सरल एकपक्षीय पूर्वधारणाओं पर निर्भर है। यह एक ऐसा सिद्धांत है, जो विदेश नीति की प्राथमिकता और सुरक्षा के मुद्दे का सही महत्त्व नहीं समझता है, जिसे शक्ति के सरल विचारों के संदर्भ में परिभाषित किया जाता है। नव-यथार्थवादी सिद्धांत 'शक्ति संतुलन' या 'अभिभावी शासन' की व्यवस्था का अनुरेखण करता है, और वे शीत युद्ध युग के बाद भी पाश्चात्य जगत में बढ़ते संघर्ष एवं अंतरराज्यीय प्रतिद्वंद्विता की उम्मीद करते हैं।

यथार्थवाद को कई तरफ़ से चुनौतियों का सामना करना पड़ता है। सबसे महत्त्वपूर्ण बात यह है कि, 'सुरक्षा' से जुड़ी चिंताओं के अब अंतर्राष्ट्रीय राजनीति के प्रमुख प्रेरक के तौर पर उभरने की संभावना नहीं है; वे कई मुद्दों में से एक के रूप में यथावत रहेंगे। यथार्थवादी, संप्रभुता, राष्ट्रीय हित, सुरक्षा, विदेश नीति की स्वायत्तता, महाशक्तियों का प्रभुत्व इत्यादि, आधारभूत चिंताएं संघर्ष के बीज के भीतर अन्तर्भूत हैं, जो राज्य के व्यवहार के सहयोगात्मक तरीकों के बारे में रचनात्मक विचारों को अवरुद्ध करते हैं। हालांकि, वैश्वीकरण के बाद की दुनिया में आमूल-चूल परिवर्तन यथार्थवाद के इन सभी कार्मिक सिद्धांतों की सीमा निर्धारित करते हैं। वैश्वीकरण संपूर्णात्मक है तथा संस्थानों एवं संरचनाओं की स्वायत्तता को विखंडित कर देता है, और आज 'सुरक्षा' की अवधारणा के अंतर्गत 'मानव सुरक्षा'[4] को भी समाविष्ट किया गया है।

IR के अन्य दृष्टिकोणों—अर्थात् उदारवादी, मार्क्सवादी और उत्तर-आधुनिकतावादी में भी यथार्थवाद की आलोचना की गई है। उदारवादी विचारों का एक क़िस्म यह तर्क देता है कि, आर्थिक परस्पर-निर्भरता राज्यों को एक-दूसरे के खिलाफ बल प्रयोग से हतोत्साहित करेगी, क्योंकि संघर्ष विध्वंसकारक है और इससे समृद्धि का नाश होता है। इसकी एक अन्य विचारधारा के अनुसार, लोकतंत्रीकरण के क्रमिक प्रसार से युद्ध में कमी आएगी क्योंकि लोकतंत्र एक-दूसरे से लड़ते नहीं हैं। उग्रवादियों का भी यह मानना था कि, दीर्घकाल में संघर्ष की तुलना में सहयोग का दायरा अधिक विस्तृत होगा। रूढ़िवादी मार्क्सवादी सिद्धांत और नव-मार्क्सवादी सिद्धांत (जैसे कि आश्रितता का सिद्धांत) ने विश्व आर्थिक और वर्ग संरचना में मौलिक परिवर्तनों हेतु तर्क प्रस्तुत किया, जो अमीर देशों द्वारा गरीब देशों के शोषण को समाप्त कर देगा। एक रचनात्मक दृष्टिकोण से, शीत युद्ध के बाद की दुनिया में केंद्रीय मुद्दा यह है कि, विभिन्न समूह अपनी पहचान एवं हितों को किस प्रकार समझते हैं। हालांकि शक्ति महत्त्वपूर्ण है, परंतु केंद्रीय मुद्दा यह है कि राजनीतिक किरदार स्वयं को एवं अपने हितों को किस प्रकार परिभाषित करते हैं और इस प्रकार, अंतर्राष्ट्रीय प्रणाली में अपने व्यवहार को संशोधित करते हैं। लिंकलटर (1990) ने कहा कि, सिद्धांत के एक बंधन मुक्त रूप को विकसित करने के उद्देश्य से संरचनात्मक यथार्थवादियों द्वारा बाध्यताओं को दिए गए महत्त्व तथा पारंपरिक यथार्थवादियो के व्यवस्था के प्रति पूर्वानुराग से परे जाने की जरूरत है, जो वैश्विक राजनीति में एकजुटता की भावना को गहरा बनाना तथा सामुदायिक सौहार्द्र के दायरे को विस्तृत करना चाहता है। विश्व राजनीति की कुछ 'शाश्वत' विशेषताओं पर बल देकर, नव-यथार्थवाद प्रणालीगत परिवर्तन की थोड़ी गुंजाइश छोड़ देता है। कॉक्स (1986) ने नव-यथार्थवादी सिद्धांत को 'समस्या सुलझाने के दृष्टिकोण' की श्रेणी में रखा है और वह इसे विश्व राजनीति में अनैतिक आचरण को युक्तिसंगत बनाने के लिए एक आवरण की तुलना में थोड़ा अधिक महत्त्व देते हैं।

[4] सुरक्षा की पारंपरिक अवधारणा के अंतर्गत क्षेत्रीय अखंडता एवं राष्ट्रीय स्वतंत्रता को सर्वोपरि माना गया है जिनका संरक्षण आवश्यक है, जबकि 'मानव सुरक्षा' राज्यों के नागरिकों के जीवन स्तर और कल्याण को बेहतर बनाते हुए अरक्षितता से उनकी रक्षा करने से संबंधित है। पारंपरिक अवधारणा राज्य केंद्रित है, जबकि सुरक्षा की परवर्ती अवधारणा मानव केंद्रित है।

यथार्थवाद के प्रमुख संभाषणों में महिलाओं के अपवर्जन को देखते हुए, नारी अधिकारवादियों द्वारा यथार्थवादी सिद्धांत की मुखर आलोचना की गई है। ऐनी टिकनर (1997) अंतर्राष्ट्रीय राजनीति का केवल आंशिक विवरण प्रदान करने के लिए यथार्थवाद की आलोचना करती हैं, जिसका कारण इसमें गहराई से अंतःस्थापित पुरुषत्व का पूर्वाग्रह है। उनकी मुख्य दिलचस्पी कुछ यथार्थवादी सिद्धांतों के लिए नारीवादी सुधार प्रस्तुत करना है। शांति एवं युद्ध के नारीवादी विश्लेषणों का मूलभाव, समाज और इतिहास में अनुभव से परे आक्रामक बल के रूप में पुरुषत्व को दर्शाता है, जिसमें महिलाएं पुरुषों के युद्ध की मूक पीड़ित रही हैं। सैन्यवाद वास्तव में पुरुषत्व का प्रतीक था एवं इसकी आलोचना आवश्यक थी। वह यथार्थवादी सिद्धांतों की वैधता से पूरी तरह से इनकार नहीं करती हैं, लेकिन उन्हें सांस्कृतिक रूप से अंतःस्थापित मानती हैं, और इसलिए लैंगिक पूर्वाग्रह की ओर उन्मुख हैं।

शीत युद्ध की अवधि में यथार्थवाद IR का प्रमुख उदाहरण था। यह विश्व राजनीति को शक्ति एवं सुरक्षा के लिए चिरस्थायी खोज के रूप में दर्शाता है, और अंतर्राष्ट्रीय प्रणाली में युद्ध व संघर्ष के स्थायी उन्मूलन की संभावना को ख़ारिज करता है। शीत युद्ध की अवधि में यथार्थवाद का अच्छी तरह विकास हुआ, क्योंकि यह शीत युद्ध के दो योद्धाओं के बीच सहयोग के लिए युद्ध, गठजोड़, साम्राज्यवाद और बाधाओं को सैद्धांतिक औचित्य प्रदान करता है।

यथार्थवाद में कई सैद्धांतिक समर्थक और कई विदेश नीति विशेषज्ञ हैं। हेन्स मोर्गेंथाऊ और रेनहोल्ड नीउब्र जैसे 'पारंपरिक' यथार्थवादियों का मानना था कि, राज्यों की स्वार्थलोलुपता के कारण ही युद्ध होते हैं। उन्होंने एक बहुध्रुवीय विश्व के गुणों पर बल दिया, जो 'शक्ति संतुलन' के सिद्धांतों पर आधारित है। इसके विपरीत, केनेथ वाल्ट्ज जैसे संरचनात्मक यथार्थवादियों ने मानव प्रकृति को नज़रअंदाज़ कर दिया और अंतर्राष्ट्रीय प्रणाली में अराजकता के प्रभावों पर ध्यान केंद्रित किया। मोर्गेंथाऊ ने पारंपरिक, बहुध्रुवीय, शक्ति प्रणाली के संतुलन के गुणों पर भी बल दिया तथा संयुक्त राज्य एवं सोवियत संघ के बीच द्विध्रुवीय प्रतिद्वंद्विता को विशेष रूप से ख़तरनाक माना। हालांकि, उनका मानना था कि द्विध्रुवीयता बहुध्रुवीयता से अधिक स्थिर है (मोर्गेंथाऊ एवं थॉम्पसन, 1985)। वाल्ट्ज ने तर्क दिया कि, चूंकि सभी राज्यों को स्वयं का बचाव करना पड़ता है, इसलिए कमज़ोर राज्य अधिक शक्तिशाली प्रतिद्वंद्वियों के साथ लाभप्रद स्थिति में रहने के बजाय संतुलन स्थापित करना पसंद करते हैं। वाल्ट्ज तथा अन्य नव-यथार्थवादियों का मानना था कि, शीत युद्ध की अधिकांश अवधि में संयुक्त राज्य अत्यंत सुरक्षित था (वाल्ट्ज, 1979)। उन्हें इस बात की आशंका थी कि, यह अत्यधिक आक्रामक विदेश नीति को अपनाकर अपनी अनुकूल स्थिति को खो सकता है। उन्होंने तर्क दिया कि, अमेरिकी विदेश नीति आम तौर पर यथार्थवादी नियमों के अनुरूप है, क्योंकि इसकी कार्यवाही अभी भी शीत युद्ध और उसके बाद की अवधि में अपने प्रभुत्व की स्थिति को संरक्षित करने के लिए तैयार की गई है।

IR के संदर्भ में, शीत युद्ध के बाद की अवधि के अधिकांश विद्वानों की रचनाओं में यह अनुमान लगाया गया है कि यथार्थवाद आज अप्रासंगिक है, और इस प्रकार की अटकलें काफी हद तक अतिशयोक्तिपूर्ण प्रतीत होती है। एकध्रुवीयता बहुध्रुवीयता की ओर बढ़ सकती है (पूर्ण या आंशिक), तथा संसार के विभिन्न हिस्सों में क्षेत्रीय संघर्ष की परिस्थितियां उत्पन्न हो सकती हैं। वैश्वीकरण ने केवल राज्य की शक्ति एवं इसके स्वरूप को परिवर्तित किया है, लेकिन राज्य अभी भी एकमात्र विधिक इकाई है जिसे अंतर्राष्ट्रीय प्रणाली द्वारा मान्यता दी जाती है। हाल ही में यथार्थवादी सिद्धांत की सापेक्ष एवं निरपेक्ष लाभ से जुड़ी समस्याओं का इसमें समावेश हुआ है। नवउदार संस्थावादियों के इन दावों का जवाब देते हुए कि, अंतरराष्ट्रीय संस्थान राज्यों को दीर्घकालिक लाभ के लिए अल्पकालिक लाभों से दूर करने में सक्षम बनाएंगे, जोसेफ ग्रिको (वॉल्ट, 1998: 29–46) एवं स्टीफन क्रसनर (1976: 317–47) जैसे तर्कसंगत यथार्थवादी इस बात की ओर ध्यान आकृष्ट कराते हैं कि, अराजक शक्तियां सहयोग से होने वाले निरपेक्ष लाभ तथा प्रतिभागियों के बीच इन लाभों के वितरण के तरीके, दोनों के प्रति चिंतित हैं। अगर कुछ राज्यों को लाभ का अधिक हिस्सा मिलता है, तो निश्चित तौर पर वे धीरे-धीरे अधिक शक्तिशाली हो जाएंगे, और उनके सहयोगी कमज़ोर और असुरक्षित हो जाएंगे। अराजकता निर्दिष्ट परिस्थितियों के अंतर्गत होने वाले सहयोग के स्थायी प्रतिमानों का प्रतिकार नही करती है। अंतर्राष्ट्रीय संस्थान, कमज़ोर राज्यों को अंतर्राष्ट्रीय व्यवस्था से जोड़ने तथा अस्थिर राज्यों को एक शासन-प्रणाली या संस्थान की सदस्यता हेतु खतरनाक सैन्य प्रौद्योगिकियों को छोड़ने के लिए प्रोत्साहित करने के उद्देश्य से सौदेबाज़ी का अवसर प्रदान करने जैसे कई महत्त्वपूर्ण कार्यों को पूरा कर सकते हैं। 'संरचनात्मक यथार्थवादी' और 'तर्कसंगत यथार्थवादी' के बीच महत्त्वपूर्ण अंतर, अंतर्राष्ट्रीय संस्थानों की भूमिका

और राष्ट्र-राज्य किरदारों के सिद्धांत की प्रयोज्यता पर निर्भर है। संरचनात्मक यथार्थवादी मानते हैं कि अंतर्राष्ट्रीय राजनीति में वैश्विक संस्थानों का महत्त्व बहुत कम है, जबकि तर्कसंगत सिद्धांतकारों का मानना है कि वे महत्त्वपूर्ण भूमिका निभा सकते हैं। दूसरी बात यह है कि, तर्कसंगत यथार्थवादी यथार्थवाद को केवल महाशक्तियों के बजाय सभी राज्यों पर लागू करने की इच्छा रखते हैं।

दिलचस्प बात यह है कि, तर्कसंगत यथार्थवादी और नव-उदारवादियों के बीच काफी समानताएं हैं। दोनों मानते हैं कि, राज्य बुद्धिसंपन्न किरदार हैं और उपयोगिता का अधिकतम लाभ उठाने में सक्षम हैं। दोनों आर्थिक एवं सुरक्षा से संबंधित मुद्दों में सहयोग की एक विस्तृत श्रृंखला की संभावनाओं की ओर ध्यान आकृष्ट कराते हैं। वे अनुसंधान प्राथमिकताओं एवं नीतिगत परिचर्चाओं को प्रभावित करने वाली अंतर्राष्ट्रीय प्रणाली में किरदारों, मूल्यों, मुद्दों और शक्ति व्यवस्था के बारे में कई पूर्वधारणाओं को साझा करते हैं। हालांकि, नव-यथार्थवादी और नव-उदारवादी अलग-अलग विषयों का अध्ययन करते हैं। नव-यथार्थवादी सुरक्षा मुद्दों का अध्ययन करते हैं तथा उनकी अभिरुचि शक्ति एवं अस्तित्व के मुद्दों से संबंधित है। नव-उदारवादी राजनीतिक अर्थव्यवस्था का अध्ययन करते हैं तथा शांति के लिए सहयोग एवं संस्थाओं के गठन पर ध्यान केंद्रित करते हैं।

यथार्थवादी परिप्रेक्ष्य में 'रक्षात्मक' और 'आक्रामक' विचारधाराओं के बीच विभेद, सबसे दिलचस्प वैचारिक घटनाक्रम रहा है। केनेथ वाल्ट्ज, वेन इवारा और जैक स्नाइडर जैसे 'रक्षात्मक' यथार्थवादी तर्क देते हैं कि, राज्य मूलभूत तरीके से 'आक्रामक या सैन्यवादी' नहीं थे। चूंकि आमतौर पर युद्ध की लागत इसके लाभ से अधिक है, इसलिए राष्ट्रों के पास अत्यधिक सैन्यवादी होने का कोई कारण नहीं है। महाशक्तियों (लगभग शक्ति में बराबर) के बीच युद्ध, काफी हद तक खतरे की अनुपयुक्त अभिज्ञता और युद्ध के प्रति अति उत्साही अवधारणाओं के कारण हुआ। वे यह मानते हैं कि, युद्ध शायद ही कभी स्पष्ट रूप से लाभदायक या अर्जक रहा है। वे आमतौर पर 'अतिसंवेदनशीलता' या 'विकृत सैन्यवाद' जैसे घरेलू कारकों का परिणाम होते हैं। इसके विपरीत, रैंडल श्वेलर, एरिक लैब्स, जॉन मिर्सहाइमर, फरीद जकारिया जैसे अन्य 'आक्रामक' यथार्थवादी मानते हैं कि, अराजकता महाशक्तियों को उनकी आंतरिक विशेषताओं के बावजूद प्रतिस्पर्धा करने के लिए मजबूर करती है, तथा 'सुरक्षा हेतु प्रतिस्पर्धा एवं दुविधाएं' विश्व राजनीति से पूरी तरह से गायब नहीं होती हैं और अंतर्राष्ट्रीय प्रणाली के बुनियादी मानदंड एक ही (अराजकता) रहते हैं, जिसके अंतर्गत सभी राज्य वैश्विक राजनीति में अपनी सापेक्ष शक्ति को अधिकतम करने की कोशिश करेंगे। यथार्थवादियों ने बार-बार तर्क दिया है कि, 'लोकतंत्र' और 'वैश्वीकरण' की एकीकृत शक्तियों तथा इसके परिणामस्वरूप उत्पन्न विश्वास कि आर्थिक शक्तियां पारंपरिक शक्ति की राजनीति का स्थान लेंगी, के बावजूद IR में राज्यों की भूमिका शैक्षिक अनुसंधान के क्षेत्र में हमेशा महत्त्वपूर्ण प्रारंभिक बिंदु के तौर पर बरकरार रहेगी। यथार्थवादी तर्क देते हैं कि, 'शक्ति', 'युद्ध', 'राज्य' और 'राष्ट्रीय हित' की अवधारणा के कारण उनके स्वरूप में परिवर्तन आएगा, लेकिन आने वाले वर्षों में भी अंतर्राष्ट्रीय राजनीतिक व्यवस्था की हमारी समझ के लिए वे सदैव प्रासंगिक रहेंगे।

मॉडल प्रश्न

8.1 पारंपरिक यथार्थवाद के मूल तर्क क्या हैं?
8.2 हेन्स मोर्गेंथाऊ द्वारा प्रतिपादित राजनीतिक यथार्थवाद के सिद्धांतों का आलोचनात्मक मूल्यांकन करें।
8.3 वाल्ट्ज के संरचनात्मक यथार्थवाद के सिद्धांत के प्रमुख विचारों पर चर्चा करें।
8.4 यथार्थवादी परिप्रेक्ष्य में 'सुरक्षा दुविधा' से आप क्या समझते हैं?
8.5 रक्षात्मक एवं आक्रामक यथार्थवाद के बीच मुख्य अंतर क्या है?
8.6 यथार्थवादी सिद्धांत की उदारवादी और मार्क्सवादी आलोचना पर चर्चा करें।
8.7 IR सिद्धांत में नव-यथार्थवादी और नव-उदारवादी के विद्वानों के बीच तर्क-वितर्क का विषय क्या है?
8.8 तर्कसंगत यथार्थवादियों के तर्क के केंद्रीय विषय पर चर्चा करें।
8.9 यथार्थवादी सिद्धांत में 'कालातीत सत्य' क्या हैं?
8.10 IR सिद्धांत में यथार्थवादी विचारों की प्रमुख अवधारणाओं का मूल्यांकन करें।

अनुशंसित साहित्य

Baylis, John, and Steve Smith, eds. 2006. *The Globalization of World Politics.* London: Oxford University Press.

Carr, E. H. 2001. *The Twenty Years' Crisis 1919–39: An Introduction to the Study of International Relations.* London: Palgrave.

Cox, Robert W. 1987. *Production, Power and World Order.* New York: Columbia University Press.

———. 1981. 'Social Forces, States and World Orders: Beyond International Relations Theory'. *Journal of International Studies* 10 (2): 126–55.

Gilpin, R. 1981. *War and Change in World Politics.* Cambridge: Cambridge University Press.

———. 2001. *Global Political Economy Understanding the International Economic Order.* Princeton, NJ: Princeton University Press.

Grieco, Joseph. M. 1997. 'Realist International Theory and the Study of World Politics'. In *New Thinking in International Relations Theory,* edited by Michael W. Doule and G. John Ikenberry. Boulder, CO: Westview Press.

Hobbes, Thomas, and R. Tuck, eds. 1991. *Leviathan.* Cambridge: Cambridge University Press.

Hoffman, Stanley, ed. 1960. *Contemporary Theory in International Relations.* Englewood Cliffs, NJ: Prentice Hall.

Jervis, Robert. 1976. *Perception and Misperception in International Politics.* Princeton, NJ: Princeton University Press.

Kennan, George F. 1954. *Realities of American Foreign Policy.* Princeton, NJ: Princeton University Press.

———. 1958. *The Decision to Intervene.* Princeton, NJ: Princeton University Press.

Keohane, Robert O. 1984. *After Hegemony: Cooperation and Discord in the World Political Economy.* Princeton, NJ: Princeton University Press.

Keohane, Robert O., ed. 1986. *Neo-realism and Its Critics.* New York: Columbia University Press.

Krasner, Stephen D. 1976. 'State Power and the Structure of International Trade'. *World Politics* XXVII (3): 317–47.

Linklater, Andrew. 1990. *Beyond Realism and Marxism: Critical Theory and International Relations.* New York: Macmillan Press.

Little, Richard, and Michael Smith. 2006. *Perspectives on World Politics.* London: Routledge.

Machiavelli, N. 1997. *The Prince.* Hertfordshire: Wordsworth Classics of World Literature.

Mearsheimer, John J. 2001. *The Tragedy of Great Power Politics.* New York: W. W. Norton & Co.

Morgenthau, Hans J., and Kenneth W. Thompson. 1985. *Politics Among Nations: The Struggle for Power and Peace,* 6th ed. New York: Alfred A. Knopf.

Rangarajan, L. N. 1992. *Kautilya: The Arthashastra.* New Delhi: Penguin Books.

Schweller, R. L. 1996. 'Neorealism's Status Quo Bias: What Security Dilemma'. *Security Studies* 5 (3): 90–121.

Thompson, Kenneth W. 1960. *Political Realism and the Crisis of World Politics: An American Approach to Foreign Policy.* Princeton, NJ: Princeton University Press.

Thompson, Kenneth W., and Hans Morgenthau. 1951. *Principles and Problems of International Politics: Selected Readings.* New York: Knopf.

Tickner, J. Ann. 1992. *Gender in International Relations.* New York: Columbia University Press.

———. 1997. 'You Just Don't Understand'. *International Studies Quarterly* 41 (4): 611–32.

Viotti, Paul R., and Mark K. Kauppi, eds. 1998. *International Relations Theory: Realism, Pluralism, Globalism and Beyond.* Boston, MA: Allyn & Bacon.

Walt, Stephen M. 1998. 'International Relations: One World, Many Theories'. *Foreign Policy,* 110 (special edition: Frontiers of Knowledge, Spring): 29–46.

Waltz, Kenneth. 1959. *Man, the State and War: A Theoretical Analysis.* New York: Columbia University Press.

———. 1979. *Theory of International Politics.* Reading, MA: Addison-Wesley.

Wendt, Alexander. 1999. *Social Theory of International Politics.* Cambridge: Cambridge University Press.

Zakaria, Fareed. 1998. *From Wealth to Power: The Unusual Origins of America's World Role.* Princeton, NJ: Princeton University Press.

9

मार्क्सवाद

कृष्णा स्वामी दारा

अध्ययन के उद्देश्य

- अंतर्राष्ट्रीय राजनीति को स्पष्ट करने में मार्क्स के मूल तर्कों एवं उनके रचनात्मक नियोजन को समझना
- मार्क्सवाद की पुरानी एवं समकालीन विचारधाराओं द्वारा प्रमुख अंतर्राष्ट्रीय संबंध सिद्धांतों की आलोचनाओं का अन्वेषण करना
- अंतर्राष्ट्रीय संबंधों में छिद्रान्वेषी सिद्धांतकारों द्वारा पुरानी मान्यताओं को दी गई चुनौतियों को समझना
- मार्क्सवादी दृष्टिकोण से अंतर्राष्ट्रीय संबंधों को संगठित करने की वैकल्पिक परिकल्पना परिकल्पनाओं का मूल्यांकन करना

अध्याय सार

कार्ल मार्क्स से लेकर उत्तर-मार्क्सवाद तक, एक विचारधारा के तौर पर मार्क्सवाद ने अंतर्राष्ट्रीय संबंधों को पूंजीवाद से जोड़कर इसका विश्लेषण करते हुए हमें अंतर्दृष्टि प्रदान की है। आरंभ से ही, पूंजीवाद का उपनिवेशवाद के साथ एक जटिल संबंध था। लेनिन ने साम्राज्यवाद को पूंजीवाद के उच्चतम चरण के रूप में, अन्य राष्ट्रों पर एक राष्ट्र के प्रभुत्व के तौर पर संदर्भित किया है जो बेहद प्रसिद्ध है। पूंजीवाद और मानव जीवन पर इसके प्रभावों की आलोचना करने के उद्देश्य से, मार्क्सवादियों ने सामाजिक वास्तविकता को समझने के लिए परिष्कृत वैचारिक युक्तियों एवं विधियों का विकास किया है। आधुनिक मार्क्सवादियों द्वारा इन युक्तियों का उपयोग अंतर्राष्ट्रीय संबंधों की प्रमुख विचारधारा, अर्थात् यथार्थवादी विचारधारा की आलोचना के लिए किया जाता है। रॉबर्ट कॉक्स जैसे नव-ग्राम्शीवादी एक ऐसे मार्क्सवादी हैं, जो अंतर्राष्ट्रीय संबंधों को समझने के लिए एंटोनियो ग्राम्शी द्वारा विकसित अवधारणाओं का उपयोग करते हैं। वह 'आधिपत्य' की अवधारणा के माध्यम से यथार्थवादियों के इस तर्क को चुनौती देते हैं कि, सैन्य बल ही अमेरिकी शक्ति का स्रोत है। सैन्य बल के साथ-साथ अन्य देशों की स्वीकृति ही दुनिया भर में संयुक्त राज्य के आधिपत्य का स्रोत है। अंतर्राष्ट्रीय संबंधों में सैद्धांतिकरण के संबंध में उनका अधिक प्रासंगिक तर्क यह है कि, सैद्धांतिकरण एक तटस्थ गतिविधि नहीं है। वास्तव में, यह गहन राजनीतिक गतिविधि है। मार्क्सवादियों का मानना है कि, यथार्थवादी आदर्श रूप से तटस्थ होने का दावा करके, गुप्त रूप से मौजूदा सामाजिक व्यवस्था का समर्थन करते हैं।

आज मार्क्सवाद अंतर्राष्ट्रीय संबंधों के महत्त्वपूर्ण सिद्धांतों में से एक है। यह 'अंतर्राष्ट्रीय संबंधों' की वैकल्पिक समझ, विशेष तौर पर अंतर्राष्ट्रीय संबंधों के यथार्थवादी सिद्धांत के संदर्भ में, प्रदान करता है। मार्क्सवाद सकारात्मक सिद्धांतों की श्रेणी में आता है, जिसमें मार्क्सवादी और नव-मार्क्सवादी सिद्धांत दोनों शामिल हैं, जो अंतर्राष्ट्रीय संबंधों एवं राजनीति से संबद्ध हैं। दूसरी श्रेणी को उत्तर-प्रत्यक्षवादी सिद्धांत कहा जाता है, जिसमें उत्तर-आधुनिकतावाद और उत्तर-संरचनावाद शामिल हैं। ये ऐसे दृष्टिकोण हैं, जो राज्य संघर्ष के यथार्थवादी व उदारवादी परिप्रेक्ष्य पर सवाल उठाते हैं; वैकल्पिक रूप से, वे आर्थिक एवं भौतिक पहलुओं पर ध्यान केंद्रित करते हैं। वे इस बात को उजागर करना चाहते हैं कि, आर्थिक मुद्दे दूसरों की तुलना में किस प्रकार अधिक महत्त्वपूर्ण हैं, जो 'वर्ग' को उनके अध्ययन का मुख्य केंद्र बनाता है। सभी मार्क्सवादी इस बात को दृढ़तापूर्वक स्वीकार करते हैं कि, पूंजी संचय की

इच्छा के कारण अंतर्राष्ट्रीय राजनीतिक व्यवस्था वैश्विक पूंजीवादी प्रणाली से जुड़ी हुई है। इसलिए, उपनिवेशवाद ने कच्चे माल के स्रोत प्रदान किए और निर्यात के लिए बाज़ारों पर कब्जा किया, जबकि विउपनिवेशीकरण अपने साथ आर्थिक निर्भरता के रूप में नए और अधिक अवसर लेकर आया। अंतर्राष्ट्रीय संबंधों में मार्क्सवाद की विशिष्ट भूमिका को समझने से पूर्व, आइए पहले समझें कि मार्क्सवाद का क्या अर्थ है।

यह सर्वविदित है कि मार्क्सवाद, कार्ल मार्क्स की दार्शनिक, आर्थिक और राजनीतिक रचनाओं पर आधारित है। मार्क्सवाद तथा मार्क्स के आर्थिक एवं राजनीतिक विचारों के बीच अंतर करना महत्त्वपूर्ण है। आज का मार्क्सवाद कार्ल मार्क्स के लेखन से प्रेरित है, परंतु यह अर्थव्यवस्था एवं समाज से संबंधित उनके विचारों को बिना सोचे-समझे आधुनिक अंतर्राष्ट्रीय संबंधों पर लागू नहीं करता है। यह मार्क्स के कुछ मूल विचारों को कालविरुद्ध तथा समकालीन समाज के आलोचनात्मक विश्लेषण हेतु अप्रासंगिक मानता है।

1840 के दशक में, मार्क्स एवं एंगेल्स ने लिखा था कि, पूंजीवाद ने राज्यों की अंतर्राष्ट्रीय व्यवस्था की नींव को हिलाकर रख दिया है। हालांकि, राष्ट्र-राज्यों के बीच संघर्ष और प्रतिद्वंद्विता अभी ख़त्म नहीं हुई है, परंतु भविष्य में यह दो प्रमुख सामाजिक वर्गों—राष्ट्रीय बुर्जुआ और सर्वहारा के बीच जारी रहेगी। इस सर्वहारा के सबसे उन्नत राजनीतिक आंदोलनों में एक के माध्यम से पूर्णतया नए समाज की कल्पना की जा रही थी। क्रांतिकारी कार्रवाई के माध्यम से, अंतर्राष्ट्रीय सर्वहारा वर्ग स्वतंत्रता, समानता एवं बंधुत्व के प्रबोधक आदर्शों को प्राप्त कर सकता है, जिसके बाद इस नए संसार में सभी मनुष्य शोषण और प्रभुत्व से मुक्ति पा सकेंगे।

अंतर्राष्ट्रीय संबंधों में यथार्थवादियों ने मार्क्सवाद को कालविरुद्ध बताते हुए इसकी आलोचना की है, क्योंकि उनके विचार में अंतर्राष्ट्रीय राजनीति हमेशा संघर्ष एवं प्रतिस्पर्धा पर आधारित रही है तथा ऐसा अनंत काल तक जारी रहेगा। केनेथ वाल्ट्ज ने दावा किया कि, मार्क्सवाद अंतर्राष्ट्रीय राजनीति की एक 'गौण छवि' (बर्चिल एवं अन्य, 2005: 110) थी, क्योंकि मार्क्सवाद के अनुसार, पूंजीवादी राज्यों के विरोध में साम्यवादी राज्यों के उदय से उनके बीच संघर्ष ख़त्म हो जाएगा। यह अव्यावहारिक है, क्योंकि सत्ता के लिए संघर्ष मानव प्रकृति में अंतस्थ है और इसलिए अवश्यंभावी है। केवल एक 'तीसरी छवि' अथवा तृतीय स्तर के विश्लेषण के माध्यम से अंतर्राष्ट्रीय अराजकता के इस तथ्य को समझा जा सकता है। एक ऐसी अंतर्राष्ट्रीय प्रणाली ही इसका एकमात्र समाधान है, जो अंतर्राष्ट्रीय राजनीति में अराजकता को दूर कर सके तथा जिससे शक्ति की राजनीति को नियंत्रित किया जा सके।

मार्टिन वाइट, एक तर्कवादी, 'साम्राज्यवाद' की अवधारणा की आलोचना करते हैं, जिसे लेनिन ने अपनी रचना *इंपीरियलिज़्म: द हाईएस्ट स्टेज ऑफ कैपिटलिज़्म* में प्रतिपादित किया था। वह इसके राजनीतिक पहलुओं के बजाय आर्थिक पहलुओं की अत्यधिक आलोचना करते हैं और इसलिए, अंतर्राष्ट्रीय संबंध के अकादमिक अध्ययन में इसके योगदान को गंभीर नहीं माना जा सकता है। उन्होंने विश्व राजनीति पर राष्ट्रवाद की शक्ति, राज्य, शक्ति संतुलन, अंतर्राष्ट्रीय कानून और कूटनीति के प्रभाव का कमतर आकलन करने के लिए मार्क्सवादियों की भी आलोचना की। मार्क्सवादियों ने विश्व राजनीति की नवीन एवं सूक्ष्म व्याख्याओं के साथ इन आलोचनाओं का जवाब दिया है। अगले खंड में, हम इन नई व्याख्याओं की रूपरेखा तैयार करने का प्रयास करेंगे।

यथार्थवादी आलोचना का छिद्रान्वेषी तरीके से जवाब देने के एक दृष्टिकोण के तौर पर, मार्क्सवाद 'एक महत्त्वपूर्ण हथियार' है (बर्चिल एवं अन्य, 2005: 111)। मार्क्सवादियों ने अनूठे विचार विकसित किए, जिनका अंतर्राष्ट्रीय संबंधों के महत्त्वपूर्ण सिद्धांतों पर गहरा असर पड़ा। एक आम आदमी के परिप्रेक्ष्य से भी तर्क दिया जा सकता है कि, सोवियत संघ के पतन तथा समाजवाद पर पूंजीवाद की जीत ने एक सामाजिक सिद्धांत एवं राजनीतिक अभ्यास के तौर पर मार्क्सवाद के पतन को चिह्नित किया। इसके विपरीत, मार्क्सवादियों का तर्क है कि उनके सिद्धांत की प्रासंगिकता पहले की तुलना में वर्तमान युग में और अधिक हो गई है। ऐसा इसलिए है क्योंकि, वैश्वीकरण के आधुनिक रूप संजातीय हिंसा व राष्ट्रीय विखंडन के साथ हैं, जिसकी भविष्यवाणी मार्क्स और एंगेल्स नहीं कर सके। इसलिए, हम कह सकते हैं कि, हमारे लिए मार्क्सवाद आज भी प्रासंगिक है क्योंकि यह पूंजीवादी वैश्वीकरण और विखंडन का सामंजस्यपूर्ण विश्लेषण प्रदान करता है, साथ ही यह वाल्ट्ज और वाइट के तर्क को चुनौती देता है कि अंतर्राष्ट्रीय राजनीति के अध्ययन में मार्क्सवाद के योगदान को गंभीर नहीं माना जा सकता है तथा यह इस क्षेत्र के पारंपरिक दृष्टिकोणों से स्पष्ट तौर पर निम्नस्तरीय है। आंग्ल-अमेरिकी दुनिया में, विश्व राजनीति की आलोचना में अन्य सिद्धांतों की तुलना में मार्क्सवाद अत्यंत परिष्कृत भी है। मार्क्सवादियों ने मार्क्स, एंगेल्स, लेनिन और अन्य प्रमुख मार्क्सवादियों के विचारों की बुनियाद पर अपने सिद्धांतों

का निर्माण किया है, तथा इसकी त्रुटियों एवं खामियों को परे रखते हुए इसकी ताक़त पर अधिक बल दिया है। इसे समझने के लिए, आइए हम मार्क्सवाद की मुख्य विशेषताओं का पता लगाएं तथा देखें कि यह अंतर्राष्ट्रीय संबंधों की व्याख्या किस प्रकार करता है।

9.1 अंतर्राष्ट्रीय संबंधों पर मार्क्स और एंगेल्स

कार्ल मार्क्स के अनुसार, मानव इतिहास वास्तव में बुनियादी भौतिक आवश्यकताओं को पूरा करने का संघर्ष है। यह प्रकृति को अनुकूल बनाने तथा वर्ग वर्चस्व एवं शोषण के विरोध का भी संघर्ष है। सबसे महत्त्वपूर्ण बात यह है कि, यह मनुष्यों के बीच आपसी अविश्वास या अलगाव को दूर करने की कोशिश करता है। मनुष्य काफी हद तक प्रकृति पर क़ाबू पाने में सफल रहा है तथा खाद्य पदार्थों, कपड़ों और आश्रय की कमी से बचने के लिए भौतिक वस्तुओं का उत्पादन भी कर रहा है। मानव जाति व्यक्तियों को अपनी रचनात्मक शक्तियों या क्षमताओं को विकसित करने के लिए अनुकूल परिस्थितियां उपलब्ध कराने में सक्षम है, और अन्य प्रजातियों में यह विशिष्टता नहीं है। हालांकि, मार्क्स की दृष्टि में पूंजीवाद मानव जाति की रचनात्मक क्षमताओं को आगे बढ़ाने में नकारात्मक भूमिका निभाता है और निभाएगा। दूसरे शब्दों में, पूंजीवाद के अधीन समाज इतना शक्तिशाली हो गया है कि इसने प्रकृति पर लगभग अपना पूर्ण नियंत्रण स्थापित कर लिया है। हालांकि, व्यक्ति श्रम के अंतर्राष्ट्रीय सामाजिक विभाजन के भंवर जाल में उलझ गए हैं, बाज़ार की अनियंत्रित शक्तियों के संपर्क में हैं, तथा विनिर्माण के नए स्वरूपों द्वारा शोषित हो रहे हैं, जो श्रमिकों को केवल पूंजीवादी मशीन के सहायक उपकरण के रूप में परिणत करता है। हालांकि मार्क्स का मानना था कि, पूंजीवाद ने समाजों के बीच मनमुटाव की भावना को कम करने में उल्लेखनीय प्रगति की है, इसके बावजूद यह व्यक्तियों एवं समूह को एक-दूसरे से अलग करता है। उनका मानना था कि, सर्वहारा संगठनों के दिलो-दिमाग में राष्ट्रवाद का कोई स्थान नहीं था जो सर्वदेशीय राजनीतिक परियोजना के लिए प्रतिबद्ध थे। उनके लिए, पूंजीवाद शोषण की एक प्रणाली थी जिसमें पूंजीपतियों ने सर्वहारा वर्ग की श्रम शक्ति को नियंत्रित किया तथा उनका लाभ उठाया। यह एक अलगाव की भावना का मूल कारण था, जिसमें बुर्जुआ समेत मानव जाति, संरचनाओं और बलों की दया पर आश्रित थी, जिनका सृजन उन्होंने स्वयं किया था। इस अलगाव, शोषण और संबंध-विच्छेदन का अंत करना ही मार्क्स का मुख्य राजनीतिक लक्ष्य था, तथा पूंजीवाद के कानूनों एवं मानव इतिहास के सामान्य विकास को समझना उनके प्रयासों का अहम बिंदु था। मार्क्सवादी परंपरा के भीतर कार्यरत विचारकों के लिए यह उनकी आधिपत्य थी।

मार्क्स समझ चुके थे कि, प्रौद्योगिकी के ऐतिहासिक आयात (उत्पादन की शक्तियों) और उत्पादन के संबंध (स्वामियों तथा उनके लिए काम करने वालों के बीच विभाजन) की हेगेलियन आंदोलन के सदस्यों ने उपेक्षा की, जिनके साथ वह अपने प्रारंभिक बौद्धिक वर्षों में निकटता से जुड़े थे। हेगेल ने अपनी रचना *फिनोमिनोलॉजी ऑफ स्पिरिट* में कलात्मक, धार्मिक, ऐतिहासिक, राजनीतिक और दार्शनिक चेतना के विभिन्न रूपों का परीक्षण किया, जिससे मानव जाति को स्वयं को पहचानने के ऐतिहासिक संघर्ष में गुजरना पड़ा है। हेगेल की मृत्यु के बाद, उनकी आधिपत्य को लेकर भी संघर्ष हुआ—वाम-पंथी हेगेलियनों ने धर्म पर हमला किया और इसे मिथ्या चेतना का मुख्य स्वरूप माना, जिसने मनुष्यों को इस बात की गहरी समझ हासिल करने से रोका कि वे क्या थे और वे क्या हो सकते थे। हालांकि, मार्क्स के लिए, वाम-पंथी हेगेलियन का धार्मिक विश्वास बौद्धिक त्रुटि नहीं थी जिसे दार्शनिक विश्लेषण से दूर किया जा सकता था, बल्कि यह रोजमर्रा की जिंदगी की भौतिक परिस्थितियों से जूझ रहे लोगों की असंतोष और आकांक्षाओं की अभिव्यक्ति थी। उन्होंने धर्म को, 'जनता के लिए अफीम' तथा 'एक पीड़ित की आह' कहा, तथा क्रांतिकारियों को धार्मिक मान्यताओं को जन्म देने वाली सामाजिक परिस्थितियों को समझना पड़ा और इसे चुनौती देना पड़ा (ओ'मैली, 1970: 1)। मार्क्स की इतिहास की संकल्पना में केंद्रीय विषय यह है कि, व्यक्तियों को कुछ और करने से पहले अपनी शारीरिक जरूरतों को पूरा करना चाहिए। व्यावहारिक रूप से, इसका तात्पर्य यह है कि मानव जाति को अपने अस्तित्व की रक्षा हेतु अपनी श्रम शक्ति का पूंजीपतियों के समक्ष आत्मसमर्पण करना पड़ा। प्रभावशाली वर्गों ने अधीनस्थ वर्गों के सदस्यों का शोषण किया, और यह सामाजिक संघर्ष का स्रोत रहा है। वर्ग संघर्ष, मानव इतिहास में संघर्ष का अधिभावी स्वरूप रहा है तथा इसके परिणामस्वरूप उत्पन्न राजनीतिक क्रांति ऐतिहासिक विकास का मुख्य अभिकर्ता रहा है, जबकि तकनीकी परिवर्तनों ने इस सामाजिक रूपांतरण को प्रेरित किया है।

मार्क्स ने तर्क दिया कि, इतिहास में मानवीय प्रकृति अपरिवर्ती या एकसमान नहीं थी, बल्कि यह सतत परिवर्तनशील थी। मनुष्य न केवल कार्यशील रहते हुए प्रकृति को बदलते हैं, बल्कि इसे बदलने की प्रक्रिया में स्वयं को भी परिवर्तित करते हैं। मानव इतिहास को केवल उत्पादन के विभिन्न तरीकों, अर्थात् प्रारम्भिक साम्यवाद, दासत्व, सामंतवाद और पूंजीवाद को समझकर ही जाना जा सकता है। मार्क्स ने न केवल मानवीय प्रकृति की संबंधपरक एवं प्रक्रियात्मक दृष्टिकोण पर विश्वास किया, बल्कि वह मानवीय अभिकरण में भी विश्वास करते थे, जो अपरिमित नहीं है।

अंतर्राष्ट्रीय संबंधों में मानव इतिहास की इस मार्क्सवादी समझ को लागू करते हुए, हम संक्षेप में कह सकते हैं कि पूंजीवाद ने 'संपूर्ण मानवता को विश्व इतिहास की एकल धारा की ओर निर्देशित किया' (बर्चिल एवं अन्य, 2005: 114), हालांकि साम्राज्यवाद और अन्य कारकों ने पूर्व के समाजों की पृथकता को काफी पहले ही दूर कर दिया है। फिर भी, मानवता को एकीकृत करने वाली इस शक्ति (पूंजीवाद) ने पूंजीवादी वर्ग के सदस्यों को एक-दूसरे के तथा श्रमिक वर्ग के विरुद्ध कर एकजुटता की भावना को ठेस पहुंचाई। श्रमिक वर्ग के सदस्यों को रोज़गार हेतु एक दूसरे से प्रतिस्पर्धा करने पर विवश करते हुए, यह मानवता को विभाजित करने में कामयाब रहा। इसके बावजूद, 'पूंजीवाद द्वारा सृजित धन तथा व्यक्तिगत जीवन की ग़रीबी' के बीच तनाव, शोषित वर्गों के सदस्यों के बीच एकजुटता की मांग करता है (बर्चिल एवं अन्य, 2005: 114)। मज़दूर वर्ग के बीच अंतर्राष्ट्रीय सहयोग की आवश्यकता इस तथ्य से प्रेरित थी कि, पूंजीवादी समाजों ने मौजूदा सामाजिक-आर्थिक शोषण संबंधी संबंधों को वैध बनाने के लिए स्वतंत्रता एवं समानता की भाषा को अपनाया, जबकि अधीनस्थ समूहों की वास्तविक स्वतंत्रता एवं समानता से व्यवस्थित ढंग से अस्वीकार कर दिया।

इसने वास्तविक स्वतंत्रता एवं समानता की समझ के संदर्भ में तत्काल कई गंभीर प्रश्न उठाए। हालांकि, न तो मार्क्स और न ही एंगेल्स नैतिक दर्शन में रुचि रखते थे, और उनकी रचनाओं को शायद ही औद्योगिक पूंजीवाद के संदर्भ में किसी भी नैतिक विचार के बिना अपक्षपाती विश्लेषण माना जा सकता है। द *एटीन्थ ब्रुमायर ऑफ लुईस बोनापार्ट* में अपनी परिचयात्मक टिप्पणी में मार्क्स लिखते हैं कि, मनुष्य अपने इतिहास की रचना स्वयं करते हैं परंतु इसकी परिस्थितियों का चयन वे नहीं करते हैं। इसका तात्पर्य यह है कि वे अपनी खुशी के अनुरूप इतिहास की रचना नहीं कर पाते हैं, क्योंकि वर्ग संरचना मनुष्य के ऊपर है जो उनकी कार्रवाई की स्वतंत्रता को बाधित करती है।

मार्क्स की प्रसिद्ध उक्ति निम्नानुसार है,

> *मनुष्य [एवमेव] अपने इतिहास की रचना स्वयं करते हैं, परंतु वे अपनी खुशी के अनुरूप इतिहास की रचना नहीं कर पाते हैं; साथ ही इसकी परिस्थितियों का चयन वे नहीं करते हैं, बल्कि इन परिस्थितियों का उन्हें सामना करना पड़ता है, उनके लिए निर्मित की जाती है तथा अतीत से प्रेषित होती हैं (2000: 329)।*

यदि यह व्याख्या सही है, तो हेगेल के सबसे केंद्रीय विषयों में से एक को मार्क्स के विचारों में जीवन मिला। इसका अर्थ यह है कि, अपने इतिहास के दौरान मनुष्य ने स्वतंत्र होने तथा स्वतंत्रता प्राप्ति हेतु आवश्यक सामाजिक परिस्थितियों के बारे में गहरी समझ प्राप्त की। पूंजीवाद में स्वतंत्रता एवं समानता का अर्थ है कि, पूंजीपति और सर्वहारा वर्ग स्वाधीन और समान पात्र के रूप में एक अनुबंध (श्रम) में प्रवेश करते हैं, लेकिन उनकी स्पष्ट 'समान स्वतंत्रता' का बड़े पैमाने पर सामाजिक असमानताओं के अस्तित्व ने खण्डन किया है। मार्क्सवादियों का दावा है कि, समाजवाद पूंजीवाद में पहले से मौजूद स्वतंत्रता एवं समानता के दावों को वास्तविकता में परिणत कर सकता है। पूंजीवाद की मार्क्स की निंदा को इस आलोक में देखा जाना चाहिए: यह बाह्य चुनौती के बजाय पूंजीवादी व्यवस्था के भीतर की गई आलोचना है।

मार्क्स के अनुसार, केवल वैश्विक स्तर पर सभी मनुष्यों की एकजुटता और सहयोग से मानव स्वतंत्रता हासिल की जा सकती है। एंड्रयू लिंकलेटर (1990: 134) के अनुसार, यह इस बात के मुख्य कारणों में से एक है कि, राज्यों के बीच संबंधों के रूप में ज्ञात अंतर्राष्ट्रीय संबंधों के बारे में मार्क्स ने अपेक्षाकृत कम क्यों कहा है, तथा इसके बजाय उन्होंने पूंजीवादी वैश्वीकरण के परिणामस्वरूप उत्पन्न चुनौतियों पर ध्यान केंद्रित क्यों किया। मार्क्स और महत्त्वपूर्ण ढंग से एंगेल्स, जो रणनीति व युद्ध के उत्सुक अध्येता थे,

भू-राजनीति के महत्त्व तथा बड़े राजनीतिक संगठनों के सृजन में विजय की भूमिका से अवगत थे। उनका विश्लेषण इस बात से संबंधित नहीं था कि, वैश्वीकरण की प्रक्रिया में राज्यों ने किस प्रकार योगदान दिया था, बल्कि इस बात के परीक्षण से संबंधित था कि वैश्वीकरण के पीछे पूंजीवाद की आंतरिक गतिशीलता किस प्रकार अविरल प्रेरक शक्ति के तौर पर काम कर रही थी। इस प्रक्रिया में राज्यों की अपनी भूमिका हो सकती है, लेकिन मार्क्स के विचार में यह पूंजीवादी व्यवस्था की गति के आंतरिक नियमों के कारण है। मार्क्स और एंगेल्स के लेखन में विस्तारवाद के तर्क पर बल दिया गया है जो आधुनिक पूंजीवाद के लिए विलक्षण है। वे लिखते हैं कि, 'पारस्परिक व्यवहार के लिए हर बाधा को दूर करने का प्रयास करना' तथा 'अपने बाज़ारों के लिए पूरी धरती पर विजय प्राप्त करना' पूंजीवाद का सार है (मार्क्स, 1973: 539)। इसका मतलब यह नहीं है कि, मार्क्स और एंगेल्स ने राष्ट्रवाद की भावना से निभाई गई भूमिका को नज़रअंदाज़ कर दिया। मानवता अभी भी राष्ट्र-राज्यों में विभाजित थी और राष्ट्रीय बुर्जुआ वर्ग पर राज्य तंत्र का नियंत्रण बरकरार रहा, जिसका कथित रूप से राष्ट्रीय हितों को बढ़ावा देने के लिए उपयोग किया जाता है। प्रत्येक सर्वहारा को अपने राष्ट्रीय बुर्जुआ वर्ग के साथ संघर्ष करना था, लेकिन सर्वहारा वर्ग के लिए क्रांतिकारी संघर्ष में वैश्विक आकांक्षाएं निहित थीं।

9.2 यथार्थवादी विचारधारा की आलोचना

यथार्थवादियों की कटु आलोचना के कारण अंतर्राष्ट्रीय राजनीति के मार्क्सवादी विश्लेषण को प्रतिष्ठा प्राप्त नहीं हो पाई है। उनके अनुसार, मार्क्सवाद यूरोपीय सर्वहारा की प्रकृति के पूर्वानुमान में विफल रहा है, जिसने अन्य राष्ट्रीयताओं के सर्वहारा वर्ग को एकजुट करने के बजाय अपने राष्ट्रीय बुर्जुआ वर्ग का पक्ष लिया। एक यथार्थवादी विद्वान वाल्ट्ज, संस्कृति, राष्ट्रवाद, राज्य एवं युद्ध की भूमिकाओं का कमतर मूल्यांकन करने के लिए मार्क्सवादियों की आलोचना करते हैं, जो अंतर्राष्ट्रीय राजनीति की प्रकृति के निर्धारक घटक रहे हैं। इसलिए, मार्क्सवादी कई घटनाओं का पूर्वानुमान नहीं कर सके, जिसने उन्हें चौंका दिया। इसे ही यथार्थवादी मार्क्सवादियों की सर्व प्रमुख कमज़ोरी मानते हैं। वे तर्क देते हैं कि, मार्क्सवाद का आर्थिक विश्लेषण, अर्थात्, आर्थिक कारकों के सामने अन्य सभी कारकों का कमतर मूल्यांकन करना एवं उनकी उपेक्षा करना, इसे एक समस्याग्रस्त सिद्धांत बनाता है। अंतर्राष्ट्रीय संबंधों के सिद्धांत में यह मार्क्सवाद की एक प्रमुख आलोचना रही है। कालांतर में, मार्क्सवादियों ने इस आलोचना को गंभीरता से लिया तथा मार्क्स एवं एंगेल्स के लेखन को संशोधित करते हुए इसका जवाब देने की कोशिश की। सबसे पहले, वे पूरी तरह से सहमत हैं कि मार्क्स एवं एंगेल्स ने अपने लेखन में संस्कृति की भूमिका को नज़रअंदाज़ कर दिया है, और विशेष तौर पर भू-राजनीति की अधिक उपेक्षा की गई है। हालांकि, वे निस्संदेह इस बात से सहमत थे कि तकनीकी एवं राजनीतिक क्रांति की प्रकृति अंतर्राष्ट्रीय थी, फिर भी उन्होंने समाज के अंतर्जनित स्पष्टीकरण को प्राथमिकता दी, साथ ही तर्क दिया कि महान राजनीतिक क्रांति अलग-अलग लेकिन ग़ैर-आत्मनिर्भर समाजों के विरोधाभासों के कारण हुई थी। तत्कालीन युग की प्रमुख प्रवृत्तियों में से एक पर विचार करते हुए मार्क्स ने तर्क दिया कि, राज्यों के बीच संबंध महत्त्वपूर्ण थे, परंतु उत्पादन के तरीकों एवं विकास के उनके नियमों के समीकृत किए जाने पर मानवीय मामलों में वे 'द्वितीयक' या 'तृतीयक' शक्तियां थीं। अपने मित्र को लिखे एक पत्र में मार्क्स (1966: 159) ने कहा, 'राष्ट्रों का पूरा संगठन, और उनके सभी अंतर्राष्ट्रीय संबंध, श्रम के विशिष्ट विभाजन की अभिव्यक्ति के अलावा कुछ भी नहीं है। और जब श्रम विभाजन में परिवर्तन होता है तो क्या इसमें भी बदलाव नहीं होना चाहिए?' यथार्थवादियों की ओर से यह प्रश्न, राष्ट्रवाद की शक्ति और अंतर्राष्ट्रीय संबंधों पर युद्ध के प्रभाव को मार्क्स द्वारा नज़रअंदाज़ किए जाने के प्रमाण के रूप में उद्धृत किया गया है। यथार्थवादियों को दिए गए उत्तर के तौर पर हम मार्क्स और एंगेल्स के कुछ लेख भी दिखा सकते हैं, जो अंतर्राष्ट्रीय संबंधों में राष्ट्रवाद के महत्त्व को मान्यता देते हैं। उन्होंने स्वीकार किया कि भारतीय, तथा आयरलैंड एवं पोलैंड वासी वर्ग शोषण के बजाय राष्ट्रीय वर्चस्व के पीड़ित थे, और निष्कर्ष निकाला कि निम्न वर्ग के लोगों की अन्य राष्ट्रीयता के निम्न वर्गों के साथ मित्रता हेतु राष्ट्रीय वर्चस्व से स्वतंत्रता आवश्यक थी, जिससे एक अंतर्राष्ट्रीय सर्वहारा वर्ग का गठन संभव होगा। इसके बावजूद, पूंजीवादी शोषण और इसके विस्तार के प्रति उनकी दिलचस्पी काफी अधिक थी। कालांतर में मार्क्सवादियों की सूची में एंटोनियो ग्राम्शी का नाम भी जुड़ा, जो मार्क्सवाद के ढांचे के भीतर इस सांस्कृतिक प्रश्न के प्रति अधिक संवेदनशील थे। कारावास की अवधि की अपनी रचनाओं में, उन्होंने इस सवाल को ध्यान में रखते हुए अंतर्राष्ट्रीय राजनीति पर अपने विचार विकसित किए।

अगले खंड में, हम यथार्थवादी आलोचना के संदर्भ में मार्क्सवाद के भीतर समकालीन प्रतिक्रिया को समझने से पहले, इन मुद्दों की उनकी समझ का पता लगाएंगे।

9.3 नव-ग्राम्शीवाद और अंतर्राष्ट्रीय संबंध

समकालीन उग्र-सुधारवादी शोधकर्ताओं ने इस अकादमिक क्षेत्र में 'यथार्थवादी' दृष्टिकोण के वर्चस्व को चुनौती देने के लिए, एंटोनियो ग्राम्शी की रचनाओं का सहारा लिया। यथार्थवादी दृष्टिकोण हेनरी किसिंजर, सैमुअल हंटिंगटन और ज़बिग्न्यू ब्रजज़िंस्की जैसे अमेरिकी कूटनीतिज्ञों से संबद्ध है, जिन्होंने शीत युद्ध के दौरान महत्त्वपूर्ण भूमिका निभाई। उग्र-सुधारवादी आलोचना करते हैं कि, यथार्थवाद बुर्जुआ दृष्टिकोण के अनुरूप मानव प्रकृति को 'पृथक्कृत' व्यक्तियों के बीच संघर्ष के तौर पर देखता है तथा इसे अंतर्राष्ट्रीय प्रणाली पर स्थानांतरित करता है। यह एक ऐसी छवि का निर्माण करता है कि, अंतरराज्यीय प्रतिद्वंद्विता ही अंतर्राष्ट्रीय संबंधों का सार है। यह मानता है कि, प्राचीन काल से राज्यों के राष्ट्रीय हित सुस्पष्ट एवं सामंजस्यपूर्ण थे, जिसे वे सैन्य साधनों के माध्यम से अंतर्राष्ट्रीय स्तर पर प्रस्तुत करते हैं।

यह दृष्टिकोण (अनैतिहासिक) है, जिसमें उत्पादन के तरीकों के उत्थान एवं पतन अथवा उन्हें संरचित करने वाली वर्ग संरचना की गतिशीलता के लिए कोई स्थान नहीं है, जिसके परिणामस्वरूप 20वीं सदी में मार्क्सवाद और अंतर्राष्ट्रीय संबंधों के बीच 'पारस्परिक उपेक्षा' हुई। हालांकि, रॉबर्ट कॉक्स, 'नव-ग्राम्शीवादी', की रचनाएं यथार्थवाद की एक अकाट्य आलोचना प्रस्तुत करती हैं। *'सोशल फोर्स, स्टेट्स, एंड वर्ल्ड ऑर्डर'* नामक अपने अत्यंत प्रभावशाली लेख में, उन्होंने यथार्थवाद (कॉक्स, 1981) की आलोचना प्रस्तुत की। कॉक्स ने 'मार्क्सवादी' नाम से इनकार कर दिया, और कहा कि उन्होंने अंतर्राष्ट्रीय संबंधों के अध्ययन के लिए ग्राम्शी की चुनिंदा रचनाओं से प्राप्त विचारों को सहजतापूर्वक लागू किया है। आधिपत्य की अवधारणा, उनके द्वारा प्रस्तुत सबसे महत्त्वपूर्ण विचार है। कॉक्स ने ग्राम्शी के अपूर्ण एवं अपरिपक्व विचारों और अंतर्राष्ट्रीय संबंधों पर टिप्पणियों के आधार पर अपना तर्क विकसित किया। उनके द्वारा प्रस्तुत 'निष्क्रिय क्रांति' की अवधारणा, राष्ट्रीय एवं अंतर्राष्ट्रीय 'अंतःक्रियाकरण' के सुव्यवस्थित अधिमूल्यन का उदाहरण है। निष्क्रिय क्रांति का विचार, 19वीं सदी के उत्तरार्ध और 20 वीं सदी के आरंभ में यूरोप के इतिहास के ग्राम्शी के विश्लेषण का आधार है, जिसमें *रिसोर्गिमेंटो* (पुनरुत्थान, इटली का एकीकरण) शामिल है। यह विचार शीर्ष-पाद उपागम की रूपरेखा प्रस्तुत करता है जिसमें एक सूक्ष्म, अभिजात वर्ग का आधुनिकीकरण क्रमिक सुधार द्वारा पारंपरिक सामाजिक संबंधों में सफलतापूर्वक परिवर्तन लाता है। फ्रांसीसी क्रांति में जैकोबिन के विपरीत, वे अपनी क्रांतिकारी कार्यावली के आधार पर जनता को संगठित करने में असफल रहे। इस आंदोलन के पीछे की शक्ति घरेलू आर्थिक दबाव से प्रेरित नहीं थी, बल्कि 'अंतर्राष्ट्रीय गतिविधियों का प्रतिबिंब' थी, जो अपनी विचारधारात्मक धाराओं को परिधि में प्रेषित करता है—और इन धाराओं की उत्पत्ति अपेक्षाकृत अधिक उन्नत देशों के उत्पादन से जुड़ी विकासात्मक गतिविधियों से हुई थी (ग्राम्शी, 1971: 305)। इसी प्रकार, ग्राम्शी ने तर्क दिया कि संयुक्त राज्य में 1920 के फोर्ड मोटर कंपनी के औद्योगिक विकास को निष्क्रिय क्रांति के रूप में देखा जा सकता है। इसने पूंजीवादी संबंधों के मौजूदा स्वरूपों को भी बदल दिया, साथ ही यह राज्यों को मुक्त उद्यम एवं आर्थिक व्यक्तिवाद के अनुकूल संरचनाओं और नीतियों को अपनाने के लिए प्रेरित करके यूरोप में समाजों को नया आकार प्रदान कर रहा था। ग्राम्शी ने यह भी कहा कि फासीवाद स्वयं ही 'निष्क्रिय क्रांति' थी, जिसका उद्देश्य रूस से उग्र-सुधारवादी चुनौतियों का सामना करने के लिए खस्ताहाल बुर्जुआ वर्ग की शक्ति को बरकरार रखना था। ये तर्क, द्वंद्वात्मक संदर्भ में ग्राम्शी के राष्ट्रीय-अंतर्राष्ट्रीय संबंध के विश्लेषण का उदाहरण प्रस्तुत करते हैं। अंतर्राष्ट्रीय ताकतों ने राष्ट्रीय राजनीतिक और सामाजिक संबंधों में घुसपैठ किया तथा इसे परिवर्तित भी किया।

इन तर्कों का सहारा लेते हुए, अन्य नव-ग्राम्शीवादियों के साथ कॉक्स केंद्रीय यथार्थवादी तर्कों को झूठा साबित करने का प्रयास करते हैं। सबसे पहले, उनका तर्क है कि यथार्थवाद ज्यादातर सामाजिक कारकों को नज़रअंदाज़ करता है जो राज्य की शक्ति को प्रभावित करते हैं, और राज्यों को केवल सामंजस्यपूर्ण राष्ट्रीय हितों की अभिव्यक्ति मानते हैं। नव-ग्राम्शीवादी उत्पादन प्रक्रिया के परिणामस्वरूप उभरते वर्ग को अपने विश्लेषण हेतु महत्त्वपूर्ण मानते हैं, तथा राज्य शक्ति का वर्णन वर्ग संबंधों के संदर्भ में करते हैं।

तत्पश्चात, अंतर्राष्ट्रीय संबंधों को 'मूलभूत सामाजिक संबंधों के अनुगामी' [तार्किक रूप से] के तौर पर देखा जाता है। वे ग्राम्शी की राज्यों से संबंधित अवधारणा को 'संघर्ष के क्षेत्र' के रूप में स्वीकार करते हैं। इस प्रकार, कॉक्स का तर्क है कि, अपने विश्लेषण में हमें 'राज्य' को अंतर्राष्ट्रीय व्यवस्था की मौलिक इकाइयों के रूप में नहीं देखना चाहिए। इसके बजाय, हमें 'राज्य-समाज के संकुल' को अपने विश्लेषण में केंद्रीय इकाई के रूप में देखना चाहिए। कॉक्स का यह कदम, प्रत्यक्ष तौर पर यथार्थवादी विचारधारा का विरोध करता है। हमें अंतर्राष्ट्रीय प्रणाली एक अंतरराज्यीय प्रणाली है, की अपनी समझ को इस तर्क के साथ प्रतिस्थापित करना चाहिए कि, प्रणाली सामाजिक शक्तियों, राज्य के रूपों एवं वैश्विक व्यवस्था से निर्मित है। दूसरा, कॉक्स एवं अन्य विद्वानों ने इस तर्क को खारिज कर दिया कि, मार्क्स की सरल भौतिकवादी व्याख्या की ग्राम्शी द्वारा उपेक्षा के बाद ये विचार आर्थिक स्थितियों के उपोत्पाद के अलावा कुछ भी नहीं हैं। वे तर्क देते हैं कि, विचार स्वयं वास्तविकता का हिस्सा हैं। कॉक्स (1986: 207) लिखते हैं, 'सिद्धांत हमेशा किसी के लिए या किसी उद्देश्य के लिए होते हैं।' उन्होंने आगे तर्क दिया कि, प्रमुख यथार्थवादी सिद्धांत अपने सामाजिक आधारों की जांच किए बिना, राज्यों और अंतरराज्यीय प्रणाली की शक्ति को अविवेकी तरीके से स्वीकार करता है। यह उन लोगों की विचारधारात्मक पूर्वाग्रह को दर्शाता है, जो वर्तमान स्थिति की सामाजिक संरचनाओं से खुश हैं।

यथार्थवाद को 'समस्या सुलझाने सिद्धांत' के तौर पर वर्गीकृत करते हुए, नव-ग्राम्शीवादियों ने 'समस्याओं को जड़ से दूर करने के बजाय केवल कार्य प्रबंधन में उन्हें ठीक करने की मांग करने वाले सिद्धांत' के रूप में इसकी आलोचना की है (कॉक्स, 1981: 126–55; ग्राम्शी, 1971: 176)। तीसरा, यथार्थवाद के विपरीत, नव-ग्राम्शीवाद, सामाजिक परिवर्तन के लिए प्रतिबद्ध है, जिसमें अधिक समानता, पर्यावरण संरक्षण, न्याय एवं शांति हेतु संघर्ष शामिल है। ऐसा करने के लिए, नव-ग्राम्शीवादी मौजूदा सामाजिक संबंधों में विरोधाभासों का पता लगाते हैं, जो प्रगतिशील परिवर्तन के आधार का निर्माण कर सकते हैं। यहां, कॉक्स ने ग्राम्शी के तर्क के आधार को दोहराया कि, वास्तविकता 'अपरिवर्ती' नहीं है बल्कि यह 'निरंतर गति एवं संतुलन के विस्थापन में बलों के संबंध' में निरंतर गतिशील है (ग्राम्शी, 1971: 391)। यथार्थवाद के विरुद्ध पूर्वकथित तीन तर्क, कॉक्स जैसे नव-ग्राम्शीवादी के कुछ मजबूत बिंदु हैं। हालांकि, यथार्थवादियों के अलावा कई अन्य मार्क्सवादियों द्वारा नव-ग्राम्शीवाद के विरोध में आपत्ति दर्ज की गई है। वे तर्क देते हैं कि, नव-ग्राम्शीवाद वैश्विक प्रणाली की मानक मार्क्सवादी अवधारणा से महत्त्वपूर्ण तरीकों से अलग हो जाता है, जो इसकी स्पष्टीकरण की शक्ति को गंभीर रूप से कम करता है। स्टीफन गिल और डेविड लॉ जैसे नव-ग्राम्शीवादी, ग्राम्शी और लेनिन के बीच अंतर स्पष्ट करते हुए इसपर प्रतिक्रिया देते हैं। उन्होंने तर्क दिया कि, लेनिनवाद ने 'राज्य की शक्ति का अभिग्रहण करने एवं ऊपर से राज्य और समाज को आकार देने' पर आधारित है (गिल एवं लॉ, 1988: 63)। इसके विपरीत, ग्राम्शी को 'निचले स्तर से समाजवाद के निर्माण' के लिए राजनीतिक रूप से प्रतिबद्ध थे। लेनिन के विपरीत, ग्राम्शी ने मज़दूर वर्ग एवं अन्य उत्पीड़ित निचले वर्गों के साथ-साथ विरोधी वर्गों, शासकों और शासन के बीच संबंधों को शामिल करते हुए वर्चस्व की अवधारणा को विस्तारित किया। एक महत्वाकांक्षी बुर्जुआ वर्ग स्वतंत्रता के सार्वभौमिक संघर्ष के रूप में सामंती संबंधों के खिलाफ़ अपने संघर्ष को प्रस्तुत करते हैं, साथ ही अपने हितों को सुरक्षित करने के लिए ये अधीनस्थ वर्गों की अगुवाई करने की चुनौती भी लेते हैं; आने के बाद यह 'नेतृत्व करना' अथवा या अन्य वर्गों पर अपने आधिपत्य को बरकरार रखते हैं। इसलिए, वह आधिपत्य को 'शक्ति और सहमति के संयोजन' के रूप में परिभाषित करते हैं। ग्राम्शी बार-बार बताते हैं कि, किसी भी वर्ग नियम में शक्ति अन्तर्निहित 'ख़तरा' है। आधिपत्य की अवधारणा की उनकी सामान्य परिभाषा भी, वर्ग शासन में अवपीड़क घटकों के महत्त्व को कम करने के लिए 'बौद्धिक एवं नैतिक नेतृत्व' से जुड़ी है। विभिन्न लेखों के माध्यम से ग्राम्शी ने बताया कि, अधीनस्थ वर्ग पूंजीवादी शासन को 'सक्रिय' या 'सहज' सहमति देते हैं। हालांकि, एड्रियन बड (2007) के अनुसार, इन वक्तव्यों को ग्राम्शी के विचारों के निर्णायक साक्ष्य के रूप में नहीं, बल्कि 1928 के बाद स्टालिननाइज्ड कम्युनिस्ट इंटरनेशनल के विनाशकारी अति-वामपंथी 'तृतीय कालावधि' दृष्टिकोण का पालन करने के बजाय, इटली के साम्यवादी दल को वर्चस्व के लिए संघर्ष को समझाने के लिए किए गए प्रयास के तौर पर देखा जाना चाहिए। ग्राम्शी के विचारों का एक सटीक प्रतिबिंब *प्रिजन नोटबुक्स* के एक अवतरण में स्पष्ट तौर पर देखा जा सकता है, जिसमें वह मज़दूर वर्ग की 'विरोधाभासी चेतना' के विश्लेषण के बारे में बताते हैं। यह चेतना 'व्यावहारिक बुद्धि' को संघटित करती है, जो एक विपरीत 'सही समझ' की प्रकृति के अनुरूप है, जो सामूहिक गतिविधि के सभी रूपों के प्रत्यक्ष

अनुभव से उभरती है। यह दूसरी अच्छी समझ, अपरिपक्व अवस्था में समाज के 'व्यावहारिक परिवर्तन' में शामिल है। इस तर्क को कॉक्स और अन्य विद्वानों ने नज़रअंदाज़ किया है, जो व्यवस्थित रूप से तर्क देते हैं कि, 'बौद्धिक एवं नैतिक नेतृत्वकर्ता' शासक वर्ग को श्रमिकों द्वारा निर्विवाद रूप से स्वीकार किया जाता है। इस प्रकार, कॉक्स का तर्क है कि शासक वर्ग का अभिभावी चरित्र स्पष्ट है जहां 'कमज़ोर वर्ग मौजूदा शक्ति संबंधों को वैध मानते हैं' (कॉक्स, 1981: 128)। गिल भी अधीनस्थ समूहों द्वारा बुर्जुआ शासन को दी जाने वाली 'सक्रिय सहमति' की बात करते हैं; हालांकि, यह मांग करता है कि बुर्जुआ वर्ग को उनके हितों के लिए कुछ रियायतें दी जानी चाहिए।

स्टीफन गिल और डेविड लॉ (1988: 78) आगे तर्क देते हैं कि, साझा मूल्यों, विचारों और भौतिक हितों के आधार पर सर्वसम्मति का निर्माण होता है। बड (2007) के अनुसार, यह व्याख्या, अंतर्राष्ट्रीय संबंधों के लिए ग्राम्शीवादी विचारों को लागू करने की क्षमता को सीमित करती है। पेरी एंडरसन (1976: 59) की चेतावनी का हवाला देते हुए, बड लिखते हैं, 'इस तथ्य पर विश्वास करना कि पश्चिम में पूंजीवादी शक्ति मुख्य रूप से अपनी सांस्कृतिक आधिपत्य पर टिकी हुई है, वास्तव में "अनैच्छिक प्रलोभन है जो ग्राम्शी के कुछ लेखों में मौके की ताक में है। अफसोस की बात है, *प्रिजन नोटबुक्स* की इस समझ का उपयोग नव-ग्राम्शीवादियों ने अंतर्राष्ट्रीय संबंधों की गतिशील राजनीति की व्याख्या करने के लिए किया है। 'बौद्धिक एवं नैतिक नेतृत्व' का विचार, काफी हद तक आर्थिक और राजनीतिक वास्तविकताओं की उपेक्षा करता है, जो पूंजीवादी देशों की घरेलू स्थिरता की व्याख्या करता है, इसलिए अंतर्राष्ट्रीय स्तर पर इसकी व्याख्यात्मक क्षमता सीमित है (बड, 2007; ग्राम्शी, 1971: 57)। द्वितीय विश्व युद्ध के उपरांत अंतर्राष्ट्रीय संबंधों पर अमेरिकी आधिपत्य का विश्लेषण करने के लिए, बड कॉक्स के लेखों में ग्राम्शीवादी विचारों को शामिल किए जाने की प्रवृत्ति को दर्शाते हैं। द्वितीय विश्व युद्ध के उपरांत, दुनिया भर में अमेरिकी प्रभुत्व बल पर नहीं बल्कि आधिपत्य पर आधारित था, जिसमें शक्ति का उपयोग बड़े पैमाने पर सहमति के आधार पर किया जाता है। हालांकि यह सच है कि, 20 वीं सदी के पूर्वार्द्ध में अंतः-पश्चिमी साम्राज्यवादी प्रतिद्वंद्विता में परिवर्तन हुआ था (बर्चिल एवं अन्य, 2005), परंतु वे श्रेष्ठ स्थिति हासिल करने से दूर थे। यदि अंतः-पश्चिमी प्रतिद्वंद्विता का सतात्य कॉक्स के 'सहमतिवादी एकीकृत विश्व व्यवस्था' के दृष्टिकोण का अवमूल्यन करता है, तो महाशक्तियों के साम्राज्यवाद की व्यापक संरचनाओं से अलगाव के साथ पश्चिम पर उनका ध्यान युद्ध के बाद की अवधि की पूरी तरह से गलत तस्वीर प्रस्तुत करता है। कॉक्स की अभिभावी वैश्विक व्यवस्था की परिभाषा का नतीजा यह है कि, 'सैन्य बल का जितना अधिक विस्तार किया जाएगा तथा वास्तव में नियोजित किया जाएगा, विश्व व्यवस्था सहमति पर उतनी ही कम आधारित होगी तथा आधिपत्य भी उतना ही कम होगा' (कॉक्स, 1987: 289)। फिर भी, अंतर्राष्ट्रीय व्यवस्था को आकार देने में सैन्य शक्ति के यथार्थवाद के अतिशयोक्तिपूर्ण कथन को अस्वीकृत करते हुए, कॉक्स मोटेतौर पर इसे शीत युद्ध के निर्धारक कारक के तौर पर स्थान नहीं देते हैं।

संयुक्त राज्य और USSR के बीच सशस्त्र शत्रुता, 1945 के बाद की अवधि की सर्वप्रमुख विशेषता थी। केवल शीत युद्ध के प्रतिमान के भीतर, हम गैर-साम्यवादी दुनिया के भीतर अपना प्रभुत्व स्थापित करने के अमेरिकी दुराग्रह को समझ सकते हैं, ताकि यह सुनिश्चित किया जा सके कि गैर-साम्यवादी राष्ट्रों के बीच एकजुटता सोवियत संघ के किसी भी प्रलोभन के खिलाफ़ गैर-साम्यवादी देशों के हितों की अपनी सैन्य क्षमताओं पर निर्भर है। अमेरिकी 'बौद्धिक व नैतिक नेतृत्वकर्ता' काफी हद तक भौतिक घटकों पर निर्भर थे, जिसे माइक डेविस ने संयुक्त राज्य का 'परमाणु साम्राज्यवाद' कहा। भौतिक स्थितियों पर ध्यान केंद्रित करने वाले पारंपरिक मार्क्सवादी, पाते हैं कि नव-ग्राम्शीवाद भौतिक परिस्थितियों को नज़रअंदाज़ करते हुए सांस्कृतिक कारकों पर अत्यधिक बल देते हैं। वे तर्क देते हैं कि, संयुक्त राज्य की आर्थिक और सैन्य प्रभुत्व जैसी भौतिक स्थितियां, सांस्कृतिक या बौद्धिक प्रभुत्व की तरह ही महत्त्वपूर्ण हैं। हालांकि, यह आलोचना आज ग्राम्शी की प्रासंगिकता को नज़रअंदाज़ नहीं करती है। यदि कॉक्स जैसे नव-ग्राम्शीवादियों को आज अंतर्राष्ट्रीय राजनीति में ग्राम्शीवादी विचारों को लागू करना है, तो उन्हें मार्क्सवादी विश्लेषण में वास्तविक विरोधाभासों और संघर्ष की केंद्रीयता को पहचानना होगा। ग्राम्शी ने स्वयं हमें दिखाया कि, आधिपत्य के पीछे बल एवं अवपीड़न है जो इसे कमज़ोर करती है। इस पर विचार करने का तात्पर्य यह नहीं है कि, हमें उन बौद्धिक व नैतिक विचारधाराओं को समझना नहीं चाहिए जिनका उपयोग संयुक्त राज्य जैसे अभिभावी राज्यों द्वारा वर्ग प्रभुत्व और वैश्विक प्रभुत्व को बरकरार रखने के

लिए किया जाता है। समकालीन मार्क्सवादी अंतर्राष्ट्रीय सिद्धांत और अभ्यास के लिए ग्राम्शी के विचारों की प्रासंगिकता बरकरार है। सैद्धांतिक धरातल पर, राष्ट्र-राज्य एवं समाज के बीच के संबंधों को समझने में, ग्राम्शी का तर्क है कि 'अधोसंरचना की जटिल विरोधाभासी एवं बेमेल समष्टि, उत्पादन के सामाजिक संबंधों की समष्टि का प्रतिबिंब है' (ग्राम्शी, 1971: 366), जो अत्यंत व्यावहारिक है। इस तर्क को अंतर्राष्ट्रीय संदर्भ में लागू करते हुए इस तथ्य को रेखांकित किया गया है कि, एक ओर युद्ध एवं अंतरराज्यीय प्रणाली, तथा दूसरी ओर, वैश्विक अर्थव्यवस्था एक-दूसरे पर निर्भर हैं और प्रयोज्यता के दोहरे तर्क के बजाय वास्तविकता के विरोधाभासी पहलू हैं। ग्राम्शी की 'निष्क्रिय क्रांति' का विचार, नव-उदारवाद के वैश्विक विस्तार के राजनीतिक दुष्प्रभावों को समझने में हमारी सहायता कर सकता है। नव-उदारवादी परिवर्तनों को निष्क्रिय क्रांति के एक रूप के तौर पर देखना—जहां समृद्ध पूंजीवादी देशों के आर्थिक सिद्धांतों एवं प्राथमिकताओं को विकासशील व अविकसित देशों में सत्ताधारी अभिजात वर्ग द्वारा अपनाया जाता है—इस तथ्य को दर्शाता है कि, अमीर और ग़रीब दोनों देशों में, श्रमिक वर्ग का तत्कालिक एवं मुख्य शत्रु राष्ट्रीय राजनीतिक अभिजात वर्ग है। विकासशील देशों के शासक वर्गों द्वारा नव-उदारवाद का विरोध—उनके स्वतंत्र एवं संकीर्ण हितों को दर्शाता है—अधूरे मन से किया गया है, तथा अधीनस्थ वर्गों के हितों के खिलाफ़ दुनिया के सत्तारूढ़ अभिजात वर्ग के सामान्य हितों द्वारा संचालित है। मार्क्स ने तर्क दिया कि, दुनिया के शासक वर्ग 'शत्रुतापूर्ण भाई' बने रहते हैं। संक्षेप में, यह अंतर्राष्ट्रीय संबंधों पर ग्राम्शी के विचारों को लागू करने का प्रयास और क्षमता रही है। आइए अब हम महत्त्वपूर्ण सिद्धांतों की रचनाओं को समझें, जो मार्क्सवादी परंपरा के भीतर समाज और वैश्विक राजनीति को समझने के लिए काम करने वाला एक समूह है। आइए, हम मार्क्सवाद के भीतर अन्य प्रयासों को भी समझें जिसने अंतर्राष्ट्रीय राजनीति की प्रमुख यथार्थवादी व्याख्या को चुनौती दी।

9.4 समीक्षात्मक सिद्धांत और अंतर्राष्ट्रीय संबंध

समीक्षात्मक अंतर्राष्ट्रीय संबंध सिद्धांत मार्क्सवादी परंपरा के भीतर प्रमुख घटनाक्रम में से एक है, जो यथार्थवादी विचारधारा के प्रभुत्व को चुनौती देता है। आरंभिक मार्क्सवादियों के साथ इसका बड़ा अंतर अंतर्राष्ट्रीय संबंधों के भीतर ज्ञान-मीमांसा, तात्त्विकी और निर्देशात्मक जैसी बड़ी दार्शनिक चिंताओं से संबद्ध है। रिचर्ड एश्ले, रॉबर्ट डब्ल्यू. कॉक्स, एंड्रयू लिंकलेटर, जॉन मैकलीन, विलियम ई. श्यूरमैन और मार्क हॉफमैन जैसे विद्वान इन दार्शनिक सवालों से जुड़े थे। इसके अलावा, इन महत्त्वपूर्ण अंतर्राष्ट्रीय सिद्धांतकारों की उद्धार-विषयक राजनीति में भागीदारी उन्हें मार्क्सवादियों के समान तथा यथार्थवादियों के विपरीत बनाती है। उद्धार-विषयक लक्ष्यों की सेवा के सिद्धांत की उत्पत्ति, प्रबोधन आंदोलन—अर्थात् इमानुएल कांट, हेगेल और बाद में, कार्ल मार्क्स की रचनाओं से हुई है। 20वीं सदी में महत्त्वपूर्ण सिद्धांत फ्रैंकफर्ट विचारधारा की रचनाओं से जुड़े हैं। इस विद्यालय में मैक्स हॉर्कहाइमर, फ्रेन्ज एल. न्यूमैन, थिओडोर एडोर्नो, वाल्टर बेंजामिन, हर्बर्ट मार्कस, एरिक फ्रॉम, लियो लोवेन्थल और हाल ही में, जर्गेन हैबरमास जैसे बौद्धिक दिग्गज शामिल थे। इस विद्यालय का उद्देश्य सैद्धांतिक रूप से आधुनिक समाजों में बौद्धिक, सामाजिक, सांस्कृतिक, राजनीतिक, आर्थिक और तकनीकी रुझानों पर सवाल उठाना था। उनके लिए सैद्धांतिकरण, दुनिया को समझाने के लिए नहीं बल्कि इसे बदलने के उद्देश्य से किया जाने वाला एक अभ्यास है। वे फेरबाक के मार्क्स के प्रसिद्ध 11वें शोध-प्रबंध का सहारा लेते हैं कि, 'दार्शनिकों ने अब तक दुनिया को विभिन्न तरीकों से व्याख्या की है; जिसका आशय [हालांकि] उनके आदर्श वाक्य के रूप में इसे बदलना है' (मार्क्स, 1969: 13–15)। फ्रैंकफर्ट स्कूल का उद्देश्य, ऐतिहासिक और सामाजिक विकास को ध्यान में रखते हुए वर्तमान में विरोधाभासों की पहचान करके समकालीन समाज की महत्त्वपूर्ण विशेषताओं को समझना है, जो समाज के अंतर्निहित समस्या-निदान एवं वर्चस्व के रूपों से आगे निकलने के लिए संभावनाएं खोल सकता है। ये महत्त्वपूर्ण सिद्धांतवादी केवल सत्ता के दुरुपयोग को ख़त्म करने के बजाय, उन पर क़ाबू पाने के इरादे से संरचनात्मक प्रभुत्व का विश्लेषण करने के उद्देश्य से काम करते हैं। सामाजिक परिवर्तन के लिए अन्तःस्थ संभावनाओं की पहचान करने की यह उत्कट इच्छा महत्त्वपूर्ण सिद्धांतकारों—कांट से लेकर मार्क्स से हैबरमारा तक—की एक परिभाषित विशेषता है। इस उद्धार-विषयक प्रवृत्ति को शुरू करने वाले आरंभिक सिद्धांतकारों में से एक, कांट ने तर्क दिया कि हम जो जान सकते हैं उसकी सीमाओं को जानना सैद्धांतिकरण का एक मौलिक हिस्सा है। मार्क्स की तरह, हेगेल ने तर्क दिया कि ज्ञान हमेशा, और अपरिवर्तनीय तरीके से, ऐतिहासिक और भौतिक

संदर्भों द्वारा प्रतिबंधित है। इसी प्रकार की शैली में, समीक्षात्मक सिद्धांत समाज को विश्लेषण के विषय के तौर पर देखता है, तथा सिद्धांत एवं सैद्धांतिककरण का कार्य कभी भी समाज से स्वतंत्र नहीं होता है, इसलिए इसे सिद्धांत पर ही समीक्षात्मक रूप से प्रतिबिंबित करना चाहिए; इसी वजह से इसे समीक्षात्मक सिद्धांत की संज्ञा दी गई। दूसरे शब्दों में, समीक्षात्मक सिद्धांत का उद्देश्य आत्म-चिंतनशील होना है; इसके अंतर्गत स्वयं की उत्पत्ति का लेखा-जोखा तथा समाज में इसका अनुप्रयोग भी शामिल है।

इस मूल्यांकन के आधार पर, प्रमुख समीक्षात्मक सिद्धांतवादी, मैक्स हॉर्कहाइमर ने सिद्धांत की दो अवधारणाओं—पारंपरिक और समीक्षात्मक के बीच अंतर स्पष्ट किया। सिद्धांत की परंपरागत अवधारणा सिद्धांतवादी को विश्लेषण के उद्देश्य से अलग करती है, जबकि समीक्षात्मक अवधारणा वस्तु से विषय के इस अलगाव को अस्वीकार करती है। प्राकृतिक विज्ञान सिद्धांत की इस पारंपरिक अवधारणा का एक उत्कृष्ट उदाहरण है, जिसमें वे दावा करते हैं कि विषय और वस्तु को सही तरीके से सिद्धांतबद्ध करने के लिए दृढ़ता से अलग किया जाना चाहिए। सिद्धांत की यह अवधारणा मानती है कि, अध्ययन करने के लिए बाह्य दुनिया (वस्तु) 'मौजूद' है, और यह कि एक जिज्ञासु व्यक्ति (विषय) स्वयं को दुनिया से या विश्लेषण की वस्तु से दूर करके इस दुनिया का तटस्थ और उद्देश्यपूर्ण तरीके से अध्ययन कर सकता है। उद्देश्य को यथासंभव वस्तुपरक बनाने के लिए, उससे किसी भी विचारधारात्मक पूर्वाग्रह या व्यक्तिगत मान्यताओं से आगे निकलने की उम्मीद की जाती है। सरल शब्दों में, यह पूर्वाग्रह से मुक्त होना चाहिए। समीक्षात्मक सिद्धांतवादी, सिद्धांत की इस अवधारणा को अपुष्ट, अव्यावहारिक और अवांछित मानते हुए त्याग देते हैं। सिद्धांत की समीक्षात्मक अवधारणा, सिद्धांतवादियों द्वारा प्रदत्त उद्देश्यों और कार्यों के अन्वेषण को निर्धारित करती है। यह स्वयं विश्लेषण के द्वितीय स्तर का विश्लेषण है। वे (समीक्षात्मक सिद्धांतवादी) सामाजिक आव्यूह से अपने उन्मुखीकरण की अपरिहार्यता को स्वीकृति देते हैं, जिसमें वे स्थित हैं। मौजूदा सामाजिक रूपों की वैधता एवं समेकन के बजाय, इससे मुक्ति के प्रति दिलचस्पी ही उन्हें मार्गदर्शन प्रदान करती है। इसी प्रकार की शैली में समीक्षात्मक अंतर्राष्ट्रीय सिद्धांतकार, यथार्थवाद को ऐसा सिद्धांत होने का दोषारोपण करते हैं, जो मौजूदा अंतर्राष्ट्रीय संरचना को वैध और मजबूत करता है। होर्कहाइमर कहते हैं, सिद्धांत की परंपरागत अवधारणा के विपरीत, समीक्षात्मक अवधारणा का उद्देश्य अन्याय को ख़त्म कर मानव अस्तित्व में सुधार करना है (होर्कहाइमर, 1972: 223)। आइए अब हम यह समझने का प्रयास करें कि, समीक्षात्मक सैद्धांतिकरण की यह समझ अंतर्राष्ट्रीय संबंधों को कैसे प्रभावित करती है।

आरम्भ में, यह ध्यान रखना महत्त्वपूर्ण है कि समीक्षात्मक सिद्धांत ने अंतर्राष्ट्रीय मुद्दों को प्रत्यक्ष तौर पर संबोधित नहीं किया है। इस सिद्धांत की मुख्य चिंता, समाजों के बीच संबंधों के बजाय व्यक्ति एवं समाज से संबंधित रही है। हालांकि, अंतर्राष्ट्रीय राजनीति पर इसका अप्रत्यक्ष प्रभाव पड़ता है। मार्क्स कहते हैं कि, अंतर्राष्ट्रीय स्तर पर होने वाली गतिविधियां सार्वभौमिक दासत्व-मुक्ति की स्थिति को हासिल करने के लिहाज से बहुत महत्त्वपूर्ण हैं। 1980 के दशक के बाद से, अंतर्राष्ट्रीय संबंधों के सिद्धांत में, ज्ञान की राजनीति से संबंधित प्रश्नों को अधिक महत्त्व दिया जाने लगा। अंतर्राष्ट्रीय संबंधों के सिद्धांत के कार्यक्षेत्र में, ज्ञान से संबंधित दावों के औचित्य एवं सत्यापन के संबंध में ज्ञान-मीमांसात्मक, सत्ता-मीमांसात्मक, पद्धतिपरक तथा निर्देशात्मक प्रश्न उभरने शुरू हो गए। अंतर्राष्ट्रीय संबंधों के सिद्धांत में, रॉबर्ट कॉक्स ने यथार्थवाद जैसे पारंपरिक सिद्धांतों को 'समस्या निवारक सिद्धांत' कहा है। प्रत्यक्षवादी पद्धति एवं 'मौजूदा सामाजिक और राजनीतिक संरचनाओं को वैध बनाने की प्रवृत्ति', इन सिद्धांतों की दो विशेषताएं है, जो काफी हद तक अनुचित हैं (देवताक, 2009: 159)। प्रत्यक्षवाद मानता है कि, मूल्यों एवं तथ्यों को अलग किया जा सकता है और जैसा कि पहले भी कहा जा चुका है कि, उस विषय और वस्तु को भी अलग किया जा सकता है। कॉक्स द्वारा परिभाषित समस्या निवारक सिद्धांत, 'प्रचलित सामाजिक एवं शक्ति संबंधों के साथ, विश्व को तथा इन्हें व्यवस्थित करने वाले संस्थानों को इसके वास्तविक स्वरूप में ग्रहण करता है, जो कार्रवाई के लिए दी गई संरचना के अनुरूप है' (कॉक्स, 1981: 128)। यह मौजूदा व्यवस्था पर सवाल नहीं उठाता है, बल्कि इसे मूर्त रूप देता है। इसका उद्देश्य, 'गड़बड़ी के विशेष स्रोतों के साथ प्रभावी ढंग से निपटकर मौजूदा व्यवस्था को सहजता से कार्य करने योग्य बनाना है' (कॉक्स, 1981: 129)। यथार्थवाद एवं इसके आधुनिक अवतार, नव-यथार्थवाद का उद्देश्य, मौजूदा अंतर्राष्ट्रीय शक्तियों के विरोध के बजाय दी गई प्रणाली के भीतर काम करना है; इस प्रकार, यह सामाजिक एवं राजनीतिक संबंधों की मौजूदा वैश्विक संरचना को स्थायी तौर पर प्रभावित करता है। नव-उदार संस्थागवाद, इस समस्या को सुलझाने की प्रक्रिया में भाग लेता है। एक प्रमुख नव-यथार्थवादी ने लिखा है कि, इसका उद्देश्य विकेन्द्रीकृत अंतर्राष्ट्रीय राजनीतिक

प्रणालियों के संचालन को सुविधाजनक बनाना है (क्योहेन, 1984: 63)। नेउफेल (2000) कहते हैं कि, मुख्यधारा की अंतर्राष्ट्रीय नैतिकता भी अपनी सकारात्मक धारणाओं के परिणामस्वरूप समस्या निवारण का एक रूप है। समस्या निवारण के सिद्धांत के साथ एक बड़ी परेशानी यह है कि, मूल्यांकन की दृष्टि से तटस्थ होने का दावा करने के बावजूद यह इस तथ्य के आधार पर विवेकपूर्ण ढंग से मूल्यवान है कि, यह अव्यक्त रूप से अपने स्वयं के ढांचे के रूप में प्रचलित व्यवस्था को स्वीकार करता है' (कॉक्स, 1981: 130)।

दूसरी तरफ, समीक्षात्मक अंतर्राष्ट्रीय सिद्धांत इस विश्वास से शुरू होता है कि संज्ञानात्मक प्रक्रिया राजनीतिक हितों के अधीन होती है, और इसलिए इनका आलोचनात्मक मूल्यांकन किया जाना चाहिए। अंतर्राष्ट्रीय संबंधों का सिद्धांत किसी भी अन्य ज्ञान की तरह है, जो सामाजिक, सांस्कृतिक और वैचारिक कारकों द्वारा प्रतिबंधित है। समीक्षात्मक सिद्धांत इस तथ्य को स्वीकार करता है तथा एक विशेष सिद्धांत का निर्माण करने वाले प्रभावों, गुप्त हितों, प्रतिबद्धताओं और मूल्यों को प्रकट करने का प्रयास करता है। रिचर्ड एश्ले कहते हैं कि, 'ज्ञान हमेशा हितों के प्रतिबिंबन में संघटित होता है' (एश्ले, 1981: 207)। महत्त्वपूर्ण बात यह है कि, इस तथ्य को स्वीकार नहीं करता है कि सैद्धांतिकरण की दृष्टि से ये प्रभाव अनिवार्य रूप से बुरे हैं। यथार्थवादियों के विपरीत, समीक्षात्मक सिद्धांत इसे एक सकारात्मक घटना के रूप में देखता है, बशर्ते इसे गुप्त न रखा जाए, जिससे तटस्थता और निष्पक्षता का भ्रम उत्पन्न हो। समीक्षात्मक अंतर्राष्ट्रीय सिद्धांत तथ्य एवं मूल्य, विषय एवं वस्तु के बीच प्रत्यक्षवादी विभेद को भी अस्वीकार करता है। सरल शब्दों में, यह एक ऐसा दृष्टिकोण है जो दार्शनिक एवं राजनीतिक प्रस्थान-बिंदुओं के लिए खुला है। यह इस तथ्य को स्पष्ट करने की चुनौती का सामना करने के लिए तैयार है कि, 'किस प्रकार हमारी प्रतिबद्धताएं एवं मूल्य हमारे सैद्धांतिक प्रस्थान-बिंदुओं के अनुरूप हैं' (न्यूफेल्ड, 2000: 43, 47)। यह अकर्मक रवैया इसे एक अधिसिद्धांत बनाता है, जो यह जांचने का प्रयास करता है कि प्रचलित सामाजिक एवं राजनीतिक व्यवस्था के अंतर्गत सिद्धांत कैसे स्थित हैं तथा यह सैद्धांतिकरण को कैसे प्रभावित करता है। इससे भी महत्त्वपूर्ण बात यह है कि, यह इस तरह के सिद्धांतों को सिद्धांतबद्ध करने की संभावनाओं की खोज करता है, जो प्रचलित वैश्विक व्यवस्था में अंतर्निहित अन्याय और असमानताओं को चुनौती देते हैं। यह पारंपरिक सिद्धांतों में स्वमताभिमानी प्रवृत्तियों के खिलाफ़ है। इसलिए, यह अपरीक्षित धारणाओं को प्रकट करने तथा मौजूदा सामाजिक अन्याय के संदर्भ में पारंपरिक सिद्धांतों की मिलीभगत का पर्दाफाश करने का प्रयास करता है। हेगेल की तरह कई समीक्षात्मक अंतर्राष्ट्रीय सिद्धांतकारों का मानना है कि, पारंपरिक सिद्धांतों की आलोचना सन्निकट मूल्यों एवं सिद्धांतों पर आधारित होनी चाहिए। किम्बर्ली, हचइंग्स, फियोना रॉबिन्सन, रेस-स्मिट और एंड्रयू लिंकलेटर जैसे विद्वानों का तर्क है कि, अंतर्राष्ट्रीय राजनीतिक सिद्धांतकारों का कार्य वर्तमान सामाजिक व्यवस्था की व्याख्या एवं आलोचना करना है, जो कि इसके अपने विधिक, राजनीतिक तथा सांस्कृतिक प्रथाओं एवं संस्थानों में निर्धारित और अंतःस्थापित सिद्धांत के संदर्भ में है। इसका यह है कि, आलोचक को निर्देशात्मक पूर्वधारणाओं से गंभीरता से संलग्न होना चाहिए, जो अमूर्त नैतिक सिद्धांतों से परहेज करते हुए राजनीतिक संगठन के विचारों एवं स्वरूपों के बीच एक अधिक समनुरूप संबंध उत्पन्न करने के प्रयास में हमारे नैतिक निर्णयों को आकार देते हैं।

लिंकलेटर, कांट और कार्ल मार्क्स के तौर पर दो विचारकों की पहचान करते हैं, जो समीक्षात्मक अंतर्राष्ट्रीय सिद्धांत के लिए महत्त्वपूर्ण है। कांट महत्त्वपूर्ण हैं, क्योंकि वह शक्ति, व्यवस्था एवं दासत्व-मुक्ति के विषयों को एकीकृत करना चाहते हैं (लिंकलेटर, 1990b: 21–22)। अंतर्राष्ट्रीय शांति पर अपनी रचनाओं में कांट ने संभावना व्यक्त की कि, अंतर्राष्ट्रीय व्यवस्था के सिद्धांतों से राज्य की शक्ति को रोका जा सकता है और समय के साथ, अंतर्राष्ट्रीय व्यवस्था को तब तक संशोधित किया जाए जब तक कि यह विश्वव्यापी न्याय के सिद्धांतों के अनुरूप न हो। यह यथार्थवादी विचारों की कमज़ोरी की आलोचना करने के आरंभिक प्रयासों में से एक है। कांट की तरह मार्क्स भी स्वतंत्र व्यक्तियों के सार्वभौमिक समाज, अर्थात् समान उद्देश्यों के सार्वभौमिक राज्य की इच्छा व्यक्त करते हैं। समीक्षात्मक अंतर्राष्ट्रीय सिद्धांत मार्क्स और कांट के समान मूल्यों एवं लक्ष्यों को साझा करता है। अपने उद्देश्य को प्राप्त करने के लिए, यह 'राजनीतिक समुदाय' के विचार की पुनः कल्पना करने का प्रयास करता है। यह तर्क देता है कि, असमानता और प्रभुत्व की उत्पत्ति संप्रभु राज्य से जुड़े राजनीतिक समुदाय के स्वरूपों से होती है।

अंतर्राष्ट्रीय संबंधों में सबसे आम धारणा यह विचार है कि, आधुनिक राज्य राजनीतिक समुदाय का प्राकृतिक स्वरूप है। राजनीतिक जीवन को व्यवस्थित करने के सामान्य तरीके के रूप में संप्रभु राज्य की अंधभक्ति की जाती है। समीक्षात्मक अंतर्राष्ट्रीय

संबंधों का सिद्धांत, पूंजीवादी वैश्विक अर्थव्यवस्था के साथ राज्य के गठबंधन द्वारा उत्पन्न 'नैतिक न्यूनता' की ओर ध्यान आकृष्ट कराने का प्रयास करता है। अपनी पहली महत्त्वपूर्ण कृति, *मैन एंड सिटीजंस* में एंड्रयू लिंकलेटर (1990) पता लगाया कि, आधुनिक राजनीतिक विचारों ने शेष मानवता से नागरिकों की पृथकता के कारण किस प्रकार लोगों को नैतिक दायित्वों से अलग किया था। सरल शब्दों में, नागरिकों को अन्यदेशीय या गैर-नागरिकों पर प्राथमिकता दी गई थी। नागरिक हमेशा से अधिकारों के वाहक रहे हैं। सार्वभौमिक अधिकारों को गतिशीलता प्रदान किए जाने की स्थिति में भी, वे हमेशा अवशिष्ट थे और विशिष्ट अधिकारों (नागरिकता) की तुलना में कम महत्त्वपूर्ण थे। कांट की रचनाओं में लिंकलेटर सार्वभौमवाद की इस इच्छा को देखते हैं। उनके लिए, युद्ध निर्विवाद रूप से मानव जाति के पृथक, आत्ममानी राजनीतिक इकाइयों के तौर पर विभाजन से जुड़ा हुआ था। रूसो ने भी इसकी कटु आलोचना करते हुए कहा कि, व्यक्ति एक विशेष समुदाय में शामिल होकर स्वयं को मानवता के बाकी हिस्सों का शत्रु बना लेंगे। अधिकांश प्रबुद्ध विचारकों ने सोचा कि युद्ध केवल पुरातन राजनीति की अभिव्यक्ति तथा राज्य का एक साधन है, जिसका उपयोग राजनीतिक सुविधा के लिए किया जाता था। मार्क्स ने इस तथ्य को समझा तथा विधि के शासन को बनाए रखने, एवं एक साधन के रूप में निजी संपत्ति व धन की रक्षा करने के आधुनिक राज्य के दावे की आलोचना करने के साथ-साथ अलगाव की भावना और पूंजीवाद के शोषण से नकाब हटाने के लिए इस अंतर्ज्ञान को लागू किया। उन्होंने पूंजीवादी शोषण को छिपाने वाले बुर्जुआ आदर्शों के रूप में, समानता और आजादी के राजनीतिक आदर्शों की भी आलोचना की। इसी तरह, समीक्षात्मक अंतर्राष्ट्रीय सिद्धांत तर्क देता है कि, आधुनिक संप्रभु राज्य एक सीमित नैतिक समुदाय है, जो 'हम' और 'उन्हें' के बीच कठोर सीमाओं को लागू करके, आत्ममानी राज्यों के बीच अपवर्जन, अन्याय, असुरक्षा और हिंसक संघर्ष को बढ़ावा देता है, जिससे लोगों के बीच मनमुटाव की भावना पैदा होती है। इसकी अंतर्दृष्टि हमारे समय के लिए प्रासंगिक हो गई है, जब बड़ी संख्या में लोग शरणार्थी एवं राज्य विहीन बन जाते हैं। किम्बर्ली हचइंग्स के लिए, राजनीतिक संगठन के 'निर्देशात्मक वांछनीय प्रणाली' के रूप में राष्ट्र-राज्य ने अपनी नैतिक वैधता खो दी है। उनके लिए समीक्षात्मक सिद्धांत, सत्ता-मीमांसा संबंधी उन धारणाओं को चुनौती देता है जो 'घरेलू या अंतर्राष्ट्रीय राजनीति और वैश्विक अर्थशास्त्र के विरोध में अंतर्राष्ट्रीय संबंधों के निर्माण एवं विवरण के बारे में प्रचलित विचारों को नियंत्रित करते हैं' (हचइंग्स, 1999: 125)। वह अंतर्राष्ट्रीय संबंधों में 'स्वतःपूर्ण इकाई' के रूप में 'स्व' की धारणा की आलोचना करने में लिंकलेटर से आगे जाती है। रिचर्ड शैपकॉट (2010) 'स्व' की एक पृथक अवधारणा को भी चुनौती देते हैं, जो 'दूसरों' के साथ संबंधों को आकार देता है। शैपकॉट स्वयं और दूसरे के बीच संबंध को समझने के लिए, हेना-जॉर्ज गाडमर द्वारा विकसित एक दार्शनिक हर्मेन्यूटिक्स दृष्टिकोण का उपयोग करते हैं। इंटरनेशनल रिलेशंस में जस्टिस, कम्युनिटी एंड डायलॉग नामक अपनी पुस्तक में, उन्होंने लिखा कि, 'गाडमर का दार्शनिक हर्मेन्यूटिक्स दृष्टिकोण, विचारों की एक ऐसी परंपरा से उत्पन्न होता है जो अस्थायी और भाषाई दूरी, दोनों में समझने की संभावना पर जोर देता है (शैपकॉट 2001)। स्वयं और दूसरे के बीच संबंधों में ईमानदारी से संचार एवं न्याय की रोकथाम के लिए, उन्होंने स्व की उदारवादी और साम्यवादी, दोनों अवधारणाओं को खारिज कर दिया। उनका तर्क है कि, स्व की उदारवादी अवधारणाओं में 'सम्मिलन की अर्थपूर्ण आवश्यकता' शामिल है, क्योंकि वे अंतर को सही ढंग से पहचानने में असमर्थ हैं। जॉन रॉल्स की मूल स्थिति और अज्ञानता के आवरण के उनके उपकरण की आलोचना करते हुए वह लिखते हैं कि, 'अज्ञानता का आवरण वास्तव में न्याय के बारे में विचार-विमर्श से किसी भी सार्थक मतभेद को वर्जित करने के लिए काम करता है' (शैपकॉट, 2001: 39)। इसके विपरीत, सामुदायिकतावाद राजनीतिक समुदाय की सीमाओं पर आधारित है और बाहरी लोगों को नैतिक वार्तालाप में अभिव्यक्ति के समान अवसर प्रदान करने से इनकार कर देता है। शैपकॉट लिखते हैं:

> *अंतर्राष्ट्रीय संबंधों में सामुदायिकतावादी विचारधारा समुदाय के निरूपण की कोशिश करती है, जो नैतिक एवं सांस्कृतिक विविधता की एक विस्तृत श्रृंखला को शामिल कर और पहचानकर दूसरे के लिए न्याय करती है। हालांकि, सह-अस्तित्व को आगे बढ़ाने वाले इस प्रकार के सामुदायिकतावादी विचार भी अनन्य हैं। यह विचार इस अर्थ में अनन्य है कि, यह दूसरों के 'यथार्थपूर्ण' समुदाय और बाहर के लोगों के समुदाय के बीच अधिक सख्त सीमा का निर्धारण करती है। ऐसा करते हुए यह उन लोगों के बीच सीमा का निर्धारण करती है, जिनके साथ हम संवाद करने में सक्षम हैं तथा जो अनिवार्य रूप से संवाद के दायरे के बाहर हैं। (2001: 46)*

सरल शब्दों में, यदि उदारवादी सांस्कृतिक मतभेदों के प्रति असंवेदनशील हैं, तो सामुदायिकतावादी उनके बारे में अतिसंवेदनशील होते हैं। वे दोनों 'अंतर के साथ न्याय' करने में विफल रहते हैं। हचइंग्स, लिंकलेटर और शैपकॉट किसी भी परिबद्ध या अनन्य पहचान से जुड़े स्वायत्तता के अधिकार पर सवाल उठाते हैं। उनके अनुसार, राष्ट्रीय सीमाओं को नैतिक महत्त्व नहीं दिया जाना चाहिए, जो वर्तमान में उन्हें प्राप्त है। व्यक्ति को इनके महत्त्व को पहचानते समय सावधान रहना चाहिए कि, ये दूसरे के साथ संबंधों में खुलेपन, स्वीकृति और न्याय के सिद्धांतों को बाधित न करें।

यथार्थवाद के विपरीत, समीक्षात्मक अंतर्राष्ट्रीय सिद्धांत एक अन्य हर्मेन्यूटिक दृष्टिकोण को अंगीकृत करता है, जो प्रत्यक्षवाद और अनुभववाद पर आधारित है। यह मानता है कि, सामाजिक संरचनाएं अंतर-व्यक्तिपरक हैं और सामाजिक रूप से निर्मित हैं। कॉक्स कहते हैं, 'वे लोगों के प्रासंगिक समूहों की अंतर-व्यक्तिपरकता में अपने अस्तित्व के आधार पर विषयाश्रित दुनिया का हिस्सा बन जाते हैं' (कॉक्स, 1992: 138)। समीक्षात्मक अंतर्राष्ट्रीय सिद्धांत के लिए महत्त्वपूर्ण यह तर्क है कि, हमें आधुनिकता के राजनीतिक समुदाय के प्रभावशाली स्वरूप के तौर पर आधुनिक राज्य के विकास के प्रति ज़िम्मेदार होना चाहिए। हमें यह समझने की जरूरत है कि, राज्य नैतिक एवं कानूनी कर्तव्यों का सृजन करते हुए किस प्रकार अपनी वैधता प्राप्त करते हैं, साथ ही इस बात पर ध्यान देने की जरूरत है कि यह अंतर्राष्ट्रीय संबंधों में कैसे परिलक्षित होता है। लिंकलेटर, एंथनी गिडेंस एवं माइकल मान की रचनाओं का सहारा लेते हुए इस विशेष कार्य को पूरा करते हैं। अपनी आरंभिक रचना *बियोंड रियलिज्म एंड मार्क्सिज्म* में लिंकलेटर ने आधुनिक वैश्विक राजनीति के निर्माण में विभिन्न तर्कों या युक्तिकरण की प्रक्रिया के अन्योन्यक्रिया का विश्लेषण किया है (लिंकलेटर, 1990a)। अपनी परवर्ती रचना *ट्रांसफॉरमेशन ऑफ पॉलिटिकल कम्युनिटी* में वह आधुनिक राज्य के विकास में समावेशन एवं अपवर्जन की प्रणालियों का विश्लेषण करते हैं (लिंकलेटर, 1998)। उनके अनुसार, राजनीतिक समुदाय युक्तिकरण की चार प्रक्रियाओं के अन्योन्यक्रिया द्वारा आकार प्राप्त करता है: राज्य निर्माण, भू-राजनीति प्रतिद्वंद्विता, पूंजीवादी औद्योगीकरण और नैतिक-व्यावहारिक शिक्षा। वह लिखते हैं:

> *राज्य निर्माण, भू-राजनीतिक प्रतिद्वंद्विता, एवं पूंजीवादी औद्योगीकरण तीन ऐसी शक्तियां हैं, जिन्होंने पारस्परिक-प्रभाव के माध्यम से आधुनिक राजनीतिक समुदायों को विशिष्ट पहचान दी है, तथा नवीनतम ऐतिहासिक समाजशास्त्र ने उनके जटिल पारस्परिक-प्रभावों का परिष्कृत विश्लेषण किया है [लेखक स्कोपल, मैन, गिडेंस और टिली की रचनाओं का हवाला देते हैं]। स्पष्ट रूप से, इनमें से कुछ आधुनिक समाजों में नैतिक संहिता के युक्तिकरण द्वारा निभाई गई भूमिका के लिहाज से बहुत महत्त्वपूर्ण हैं। (लिंकलेटर, 1998: 146)*

युक्तिकरण की प्रक्रिया के माध्यम से, राज्य युक्तिकरण की इन चार प्रक्रियाओं पर एकाधिकार प्राप्त करता है। राज्यों को अविभाज्य, अविच्छेद्य एवं अनन्य शक्तियां प्राप्त हैं, जो निम्नानुसार हैं:

1. किसी विशेष क्षेत्र पर हिंसा के वैध साधनों पर एकाधिकार प्राप्त करने का अधिकार
2. राष्ट्रीय अधिकार-क्षेत्र के भीतर कर आरोपित करने का अनन्य अधिकार
3. अविभाज्य राजनीतिक निष्ठा की मांग करने का अधिकार
4. नागरिकों के बीच विवादों का निर्णय करने तथा अंतर्राष्ट्रीय कानून में अधिकार एवं प्रतिनिधित्व का अनन्य अधिकार

प्रशासन की एक एकल, संप्रभु स्थिति के इर्द-गिर्द सामाजिक, आर्थिक, विधिक एवं राजनीतिक शक्ति के संकेंद्रण के साथ, राज्य आधुनिक युग में कुल शक्ति प्राप्त करता है। यह धीरे-धीरे विकल्पों को हटाकर अंतर्राष्ट्रीय संबंधों का प्राथमिक विषय बन जाता है। लिंकलेटर ऐतिहासिक एवं बौद्धिक रूप से आधुनिक राज्य की इस समग्र परियोजना के अनुरेखण में दिलचस्पी रखते हैं। वह इस बात में दिलचस्पी रखते हैं कि, राज्य रणनीतिक रूप से किसी को शामिल करने एवं दूसरों को बाहर रखने के लिए खुद को किस प्रकार संशोधित करता है तथा इन बातों को अपनाता है, जिससे सामाजिक बंधन की प्रकृति बदलती है। इसी तरह, कॉक्स राज्य एवं नागरिक समाज के बीच बदलते संबंधों को ऐतिहासिक रूप से ही नहीं, बल्कि समान अवधि के भीतर भी बदलने का प्रयास करते हैं।

समीक्षात्मक अंतर्राष्ट्रीय सिद्धांत सिर्फ राज्य में ही नहीं, बल्कि अंतर्राष्ट्रीय संबंधों को आकार देने वाले अन्य कारकों में भी दिलचस्पी रखता है। यह सामाजिक शक्तियों, राज्य व वैश्विक व्यवस्था के बीच अन्योन्यक्रिया में दिलचस्पी रखता है। कॉक्स के

अनुसार, राज्य सामाजिक शक्तियों और वैश्विक व्यवस्था के बीच मध्यस्थ भूमिका निभाता है। सामाजिक शक्तियों को उत्पादन के तरीके से आकार दिया जाता है तथा वैश्विक व्यवस्था को राज्य प्रणाली द्वारा आकार दिया जाता है, जो स्वयं सामाजिक बलों के आधार पर शक्ति का विन्यास है। इसका मतलब है कि, 'सैन्य और भू-राजनीति संतुलन में प्रत्यक्ष परिवर्तनों का अनुरेखण पूंजी एवं श्रम के बीच संबंधों में मौलिक परिवर्तनों से किया जा सकता है' (देवताक, 2009: 169)। कॉक्स इस बात को समझने में दिलचस्पी रखते हैं कि, कैसे एक वैश्विक व्यवस्था दूसरी वैश्विक व्यवस्था के सामने हार मान लेती है। वह अतीत में घटित संरचनात्मक परिवर्तनों को समझाने को उत्सुक हैं। उन्होंने 19वीं सदी के उत्तरार्ध में हुए परिवर्तनों को समझाया, जो उदार राज्य एवं *पैक्स ब्रिटानिका* ('ब्रिटिश शांति' के लिए लैटिन शब्द)— यूरोप और दुनिया में सापेक्षिक शांति की अवधि (1815–1914)— नवोदित कल्याणकारी राष्ट्रवादी राज्य मॉडल के साथ 'बड़े पैमाने पर उत्पादन' के साथ शिल्प निर्माण की विशेषता की अवधि थी। हाल ही में, उन्होंने वैश्विक व्यवस्था पर वैश्वीकरण के प्रभाव के विश्लेषण में भी रुचि दिखाई है। स्टीफन गिल (1994) के साथ उन्होंने इस बात की व्याख्या की है कि, कैसे उत्पादन एवं वित्त की बढ़ती वैश्विक व्यवस्था समाज, राज्य और राजनीति की पुरानी धारणाओं को बदल रही है। वे कहते हैं, 'राज्य के अंतर्राष्ट्रीयकरण' को लेकर आ रहा है, जो राज्य को राष्ट्रीय अर्थव्यवस्थाओं के पुनर्गठन का एक साधन बना रहा है, ताकि वे वैश्विक अर्थव्यवस्था की मांगों के प्रति अधिक प्रतिक्रियाशील हों (कॉक्स, 1987: 254)। इस दृग्विषय को समझना, मानवता की स्थिति में सुधार करने और सामाजिक न्याय संगतता प्राप्त करने के लिए हमारी लड़ाई का मार्गदर्शन करने में मददगार है। इससे यह पता लगाने में भी मदद मिलती है कि, पहले से मौजूदा सामाजिक संघर्ष वैश्विक राजनीतिक जीवन के मानक आधारों में किस प्रकार निर्णायक परिवर्तन कर सकते हैं।

समीक्षात्मक अंतर्राष्ट्रीय सिद्धांत का मानना है कि, समेकन की परियोजनाएं काफी सफल रही हैं। हालांकि, वे इस बात से जुड़ी नैतिक व्यग्रता की भावना को नहीं ख़त्म कर पाए हैं, जब साथी-नागरिकों के प्रति कर्तव्यों के साथ शेष मानव जाति के प्रति कर्तव्यों को टकराव का सामना करना पड़ता है' (देवताक, 2009: 171)। यह इस अवशिष्ट नैतिक व्यग्रता और 'नैतिक पूंजी' के आलोक में समुदाय के अर्थ पर पुनर्विचार करने का प्रयास करता है, जो विश्ववादी नागरिकता को मजबूत और विस्तारित करता है। इस उद्देश्य के लिए, व्यक्ति को सामाजिक बहिष्कार की प्रथाओं को ख़त्म करने के लिए काम कर रहे बलों की पहचान करने की आवश्यकता है, साथ ही उन लोगों की पहचान करना भी आवश्यक है जो वैश्विक शासन की विश्वव्यापी प्रणाली के साथ राज्यों की प्रणाली को प्रतिस्थापित करने के लिए काम कर रहे हैं। राजनीतिक परिवर्तन से संबंधित अपनी रचना में, लिंकलेटर राजनीतिक समुदाय को प्रभावित करने वाली तीन परिवर्तनकारी प्रवृत्तियों को निरूपित करते हैं: (a) एक प्रगतिशील मान्यता है कि नैतिक, राजनीतिक एवं विधिक सिद्धांतों को सार्वभौमिक बनाना चाहिए; (b) एक अनुरोध है कि आर्थिक असमानता को कम किया जाना चाहिए; तथा (c) सांस्कृतिक, जातीय एवं लैंगिक मतभेदों को पहचाना जाना चाहिए (लिंकलेटर, 1990b: 21–22)। यह संप्रभुता, अधिकार-क्षेत्र, नागरिकता एवं राष्ट्रवाद के बीच के गठजोड़ की पहचान करने, तथा प्रशासन के अधिक विश्ववादी स्वरूप हेतु प्रयास करने में मददगार साबित होंगे। समीक्षात्मक अंतर्राष्ट्रीय सिद्धांत का मुख्य लक्ष्य, राजनीतिक समुदाय के पुनर्विन्यास को आगे बढ़ाने के लिए, संप्रभु राज्य की सीमाओं से परे जाना एवं इसे तीव्र करना है। इसके लिए, सर्वप्रथम संप्रभुता और राजनीतिक समुदाय के बीच संबंध को अलग करना महत्त्वपूर्ण है, जो राज्य की परंपरागत धारणा के लिए अनिवार्य है। एक राजनीतिक समुदाय, जो अपवर्जनात्मक नहीं है, को संप्रभु राज्य के विचार से परे जाना होगा। इस विचार को चुनौती दी जानी चाहिए कि, शक्ति, अधिकार-क्षेत्र और निष्ठा एक ही समुदाय के इर्द-गिर्द केंद्रित हो तथा 'शासन के एकल स्थान' का इस पर एकाधिकार नहीं होना चाहिए। आज की अधिक वैश्विकृत दुनिया में, राज्य निष्ठपूर्ण आचरण, व्यष्टित्व और रुचियों के बीच संघर्ष को हल करने में अप्रभावी हो गया है। केवल संगठन के एक सर्वदेशीय रूप में राज्य के विकेंद्रीकरण द्वारा हम एक वांछनीय वैश्विक राजनीतिक समुदाय का निर्माण कर सकते हैं। लिंकलेटर इस लक्ष्य को प्राप्त करने के लिए तीन महत्त्वपूर्ण कदमों का सुझाव देता है:

- सबसे पहले, राज्यों के बहुलवादी समाज का गठन हो, जिसमें सह-अस्तित्व का सिद्धांत स्वतंत्र राजनीतिक समुदायों की स्वतंत्रता एवं समानता के सम्मान को संरक्षित रखने के लिए है।
- दूसरा, उन राज्यों के बीच एकजुटता हो, जो नैतिक सिद्धांतों एवं उद्देश्यों के लिए सहमत हैं।

- तीसरा, राज्यों के गैर-पारंपरिक ढांचे का निर्माण हो, जहां राज्य अपनी कुछ संप्रभु शक्तियों को छोड़ देते हैं ताकि साझा राजनीतिक व नैतिक मानदंडों को संस्थागत बनाया जा सके।

लिंकलेटर और शैपकॉट इसे 'संवादात्मक सर्वदेशीयता' कहते हैं, क्योंकि यह विभिन्न राजनीतिक समूहों के बीच संवाद को प्रोत्साहित करता है तथा 'दूसरों' के प्रति संवेदनशीलता और दायित्व विकसित करता है (लिंकलेटर, 1998: 88; शैपकॉट, 2001: 220)। वे 'विरल सर्वदेशीयता' नामक सर्वदेशीयता के एक अन्य स्वरूप का भी प्रस्ताव देते हैं। इस संस्करण में, अंतर के साथ न्याय किए बगैर सार्वभौमिक दावों को बढ़ावा देने की आवश्यकता का बचाव किया जाता है।

लिंकलेटर अपने इसे संवादात्मक दृष्टिकोण के लिए हैबरमास के नैतिकता के व्याख्यान से विचार ग्रहण करते हैं। नैतिकता का व्याख्यान, नैतिक ढांचे के भीतर राजनीतिक समस्याओं को हल करने के लिए एक विचारशील, सहमति-उन्मुख दृष्टिकोण है। यह दूसरों के साथ संवाद करने की मानवीय आवश्यकता पर आधारित है, और दूसरों की स्पष्ट मान्यताओं एवं कार्यों का विवरण प्रस्तुत करता है, जिसे चुनौती दी जा सकती है या स्वीकार किया जा सकता है। इसी तरह, अंतर्राष्ट्रीय मानक मुद्दों एवं संस्थानों को नैतिकता के व्याख्यान और विचार-विमर्श के अधीन किया जाना चाहिए। नैतिकता के व्याख्यान का पहला लाभ यह है कि, यह मुख्य रूप से समावेशी है, इसलिए, इस आधार पर किसी भी समूह को बहिष्कृत नहीं किया जाएगा। दूसरा, यह लोकतांत्रिक है; यह सार्वजनिक अधिकार के आदर्श पर बनाया गया है, जो लोकतांत्रिक विचार-विमर्श और सहमति से जुड़ा हुआ है। तीसरा, नैतिकता का व्याख्यान नैतिक-व्यावहारिक तर्क का एक रूप है, और यह न तो उपयोगितावादी गणनाओं से प्रेरित है और न ही यह बाकी के 'अच्छे जीवन' की एक भी अवधारणा को लागू करने का प्रयास करता है; इस प्रकार, यह सांस्कृतिक मतभेदों के प्रति संवेदनशील है। इस कारण से, समीक्षात्मक अंतर्राष्ट्रीय सिद्धांत तथा सर्वदेशीय लोकतांत्रिक परियोजना में काफी समानताएं हैं। नैतिकता के व्याख्यान का उपयोग यह सुनिश्चित करता है कि, यह हिंसा के बजाय विचार-विमर्श के माध्यम से संघर्ष को हल करने की प्रक्रिया का अनुसरण करे। मार्क लिंच ने दिखाया है कि, अतिव्यापी एवं पार-देशी जनता का यह नेटवर्क, न केवल अलग-अलग राज्यों की विदेश नीति को प्रभावित करना चाहता है, बल्कि रणनीतिक बातचीत के संरचनात्मक संदर्भ को संशोधित करके अंतर्राष्ट्रीय संबंधों को बदलने की भी कोशिश करता है। इसका समर्थन करते हुए, के. एम. फियरके संवाद और समझौता-वार्ता के बीच अंतर स्पष्ट करते हैं। समझौता-वार्ता 'हम' बनाम 'उन्हें' की मानसिकता के इर्द-गिर्द निर्मित 'विरोधात्मक प्रतिदर्श' से संबंधित है, तो दूसरी ओर संवाद का पहचानों पर एक परिवर्तनीय प्रभाव हो सकता है (फियरके, 1998: 136–37)। एम. हॉफमैन (1993: 206) के अनुसार, संवाद को तीसरे पक्ष द्वारा आगे बढ़ाया जाता है, जो दृष्टिकोण के व्युत्क्रमण में शामिल होते हैं तथा उन्हें दूसरे के दृष्टिकोण से तर्क देने के लिए प्रोत्साहित करते हैं। अंततः, नैतिकता का व्याख्यान उन सिद्धांतों की आलोचना करने एवं उन्हें न्यायसंगत बनाने के साधन उपलब्ध कराता है, जिनके साथ मानवता स्वयं को राजनीतिक रूप से व्यवस्थित कर सकती है।

समीक्षात्मक अंतर्राष्ट्रीय सिद्धांत, राज्य की प्रकृति और इसकी केंद्रीय भूमिका के बारे में सोचने के प्रमुख तरीकों को चुनौती देकर, अंतर्राष्ट्रीय राजनीति पर अधिक प्रगतिशील, विश्वव्यापी तरीके से कल्पना करने की संभावनाओं को खोलता है। यह हमें उस कठिन स्थिति से बाहर निकलने में मदद कर सकता है, जिसकी ओर हमें वर्तमान के प्रमुख यथार्थवादी सिद्धांत ले जाते हैं। अब हम समीक्षात्मक अंतर्राष्ट्रीय सिद्धांत के एक और संस्करण, अर्थात् निर्भरता के सिद्धांत को समझने की दिशा में आगे बढ़ेंगे। हालांकि, यह सिद्धांत अपने अनुभवाश्रित अभिविन्यास के कारण समीक्षात्मक अंतर्राष्ट्रीय सिद्धांत का एक हिस्सा है, परंतु यह उन सिद्धांतों से अलग है जिसकी चर्चा हमने पहले की है। अगले खंड में इसका विस्तृत विवरण प्रस्तुत किया गया है।

9.5 निर्भरता का सिद्धांत एवं अंतर्राष्ट्रीय संबंध

दो कारणों से निर्भरता के सिद्धांत को महत्त्वपूर्ण माना गया। सबसे पहले, इसने अंतर्राष्ट्रीय संबंधों के छात्रों को उन वैश्विक असमानताओं का विश्लेषण करने के लिए विवश कर दिया, जो पूंजीवादी विश्व अर्थव्यवस्था के संगठन का परिणाम हैं। दूसरा, इसने विश्व समाज में शक्ति एवं धन के वितरण में असमानताओं के साथ नैतिक जुड़ाव का तर्क प्रस्तुत किया। ऐसा तब हुआ, जब नव स्वतंत्र राज्यों ने अपनी राजनयिक कार्यसूची में वैश्विक आर्थिक एवं सामाजिक अन्याय के मुद्दे को अग्रेषित किया। वैश्विक असमानता

के इस अध्ययन के साथ, मार्क्सवादी परंपरा को प्रत्यक्ष तौर पर अंतर्राष्ट्रीय संबंधों के अध्ययन के संपर्क में लाया गया। द्वितीय विश्व युद्ध के बाद, 1950 के दशक में उभरने वाले आर्थिक विकास के पारंपरिक दृष्टिकोणों की आलोचनात्मक प्रतिक्रिया के तौर पर निर्भरता के सिद्धांत का प्रादुर्भाव हुआ। दो परंपराएं निर्भरता सिद्धांत के अंतर्गत आती हैं। पहली परंपरा मार्क्सवादी है, जो पॉल बरन एवं पॉल स्वीज़ी से प्रभावित है, जिसे कालांतर में एवं अन्य विद्वानों की रचनाओं की प्रतिशाखाओं के साथ आंद्रे गुंडर फ्रैंक (1967) द्वारा विकसित किया गया। दूसरी परंपरा संरचनावादी विचारधारा से जुड़ी है, जो लैटिन अमेरिका एवं कैरीबियाई आर्थिक आयोग (ECLAC) में रॉल प्रेबिस्च, सेल्सो फ़र्टाडो एवं एनीबल पिंटो की रचनाओं पर आधारित है। इस संरचनात्मक दृष्टिकोण का सबसे अच्छा प्रतिनिधित्व, फर्नांडो हेनरिक कार्डोसो और इंजो फालेट्टो (1967) और बाद में पीटर इवांस, ओस्वाल्डो सनकेल एवं मारिया द कॉन्सेइकाओ तवेरेस के योगदानों द्वारा किया जाता है। विशेष रूप से इम्मानुअल वालरस्टीन के तथाकथित वैश्विक प्रणाली के सिद्धांत से जुड़ी अन्य विचारधाराएं, निर्भरता के सिद्धांत से काफी प्रभावित थीं। निर्भरता के सिद्धांत के मूल तर्क निम्नानुसार हैं:

- अविकसित राष्ट्र विकसित देशों को प्राकृतिक संसाधन, सस्ते श्रम, अप्रचलित प्रौद्योगिकियों के निक्षेप हेतु स्थल एवं बाज़ार उपलब्ध कराते हैं, जिसकी मदद से विकसित देश जीवन स्तर के मौजूदा मानकों को बरकरार रखने में सक्षम होते हैं।
- विकसित देश सुविचारित तरीके से विभिन्न रणनीतियों द्वारा निर्भरता के दुष्चक्र को कायम रखते हैं।
- इसमें आर्थिक, राजनीतिक, शैक्षणिक और सांस्कृतिक साधनों की बहुआयामी रणनीतियां शामिल हैं। इसमें श्रमिकों की नियुक्ति एवं प्रशिक्षण के साथ-साथ मीडिया, बैंकिंग एवं वित्त, खेल एवं मानव संसाधन विकास के सभी पहलुओं पर नियंत्रण भी शामिल है।
- समृद्ध देश विभिन्न रणनीतियों के साथ इस निर्भरता का विरोध करने वाले आश्रित राज्यों के प्रयासों का सक्रियतापूर्वक दमन करते हैं, जिनमें आर्थिक प्रतिबंध और/या सैन्य बल का उपयोग सबसे महत्त्वपूर्ण होता है।

निर्भरता के सिद्धांतवादी तर्क देते हैं कि, परिधि पर स्थित देशों की निर्धनता, वैश्विक प्रणाली में एकीकरण की प्रकृति के कारण है। मुक्त बाज़ार के अर्थशास्त्री तर्क देते हैं कि, ये वैश्विक प्रणाली में एकीकृत, या प्रणाली में 'पूरी तरह से' एकीकृत नहीं हो पाए हैं।

दोनों सिद्धांतों की शब्दावली में 'केंद्र' और 'परिधि' शब्द का उपयोग किया जाता है, जिसके अंतर्गत पहले शब्द का तात्पर्य मूलभूत या बिन्दुपथ है, जिस पर परवर्ती शब्द निर्भर है; इसलिए इसे निर्भरता का सिद्धांत कहा गया। दोनों इस बात से सहमत हैं कि, केंद्र एवं परिधि के बीच निर्भरता के संबंध का मर्म, परिधि के की ओर से तकनीकी नवाचार की कमी के कारण खुद को विकसित करने की अक्षमता में निहित है। सरल शब्दों में कहें, तो एक को प्रौद्योगिकी से हासिल होने वाले लाभों के कारण केंद्र का नाम दिया गया, जबकि दूसरे को प्रौद्योगिकी के संदर्भ में नवोन्मेष की कमी के कारण परिधि कहा गया। तकनीकी गतिशीलता की इच्छा और तकनीकी ज्ञान के हस्तांतरण से जुड़ी कठिनाइयां, केंद्र के संबंध में परिधि में विकास की कमी का मुख्य आधार हैं। दोनों समूहों के बीच मुख्य विवाद, अंततः परिधि में आर्थिक प्रगति की संभावनाओं से संबंधित था। मार्क्सवादी खेमे से जुड़े निर्भरता के सिद्धांतवादियों का तर्क है कि, परिधि में विकास, जिसका मतलब यह है कि इसे केंद्र का सहयोग मिल रहा है, विचार की सीमा से परे था, जबकि संरचनात्मक खेमे को 'आश्रित विकास' की संभावना दिखाई देगी। 1950 और 1960 के दशक में, विकासशील दुनिया के कुछ हिस्सों में प्रगति से परवर्ती विचारों को समर्थन मिला। हालांकि, 1980 के दशक के बाद अनवरत गतिहीनता एवं ऋण संकट के कारण निर्भरता की स्थितियों की प्रासंगिकता पर पुनर्विचार करना पड़ा। कुछ सिद्धांतविदों का तर्क है कि, यह एक नए परिदृश्य की झलक है, जिसमें तकनीकी लाभ की कमी एवं श्रम के अंतर्राष्ट्रीय विभाजन का महत्त्व गौण है, और इसके बजाय वित्तीय बाज़ारों में अपनी खुद की मुद्रा के साथ अंतर्राष्ट्रीय बाज़ारों में उधार लेने की अक्षमता, विकास के लिए वास्तविक बाधा है (वर्नेंगो, 2006)। अगले खंड में दो निर्भरता परंपराओं के बीच मुख्य विभेदों एवं समानताओं पर चर्चा की गई है, और अंतिम खंड आर्थिक निर्भरता से जुड़े साहित्य का विश्लेषण करता है।

9.5.1 विकास: बाह्य बनाम आंतरिक

बरान जैसे मार्क्सवादियों के अनुसार, केंद्र-परिधि संबंधों का स्रोत पूरी तरह से तकनीकी था और श्रम के अंतर्राष्ट्रीय विभाजन द्वारा निर्धारित था। दूसरे शब्दों में, केंद्र अपने समाज की जरूरतों के साथ-साथ परिधि के लिए उत्पादों का निर्माण करता है, जबकि परिधि अपेक्षाकृत बड़े निर्वाह क्षेत्र के साथ मुख्य रूप से केंद्र की जरूरतों के लिए वस्तुओं का निर्माण करती है। मार्क्सवादी विचारधारा से जुड़े निर्भरतावादी निर्भर दुनिया में गतिशीलता की कमी की व्याख्या करते हैं, जो वैश्विक अर्थव्यवस्था में सन्निवेश की विलक्षण प्रकृति के कारण था। इस दृष्टिकोण से, विकास की प्रक्रिया पूंजी संचय पर निर्भर थी, जो बदले में अधिशेष निष्कर्षण पर निर्भर थी। एक बड़ा अधिशेष, पूंजी के अधिक संचय एवं उच्च वृद्धि दर का नेतृत्व करता है। इसके अलावा, मार्क्सवादियों के अनुसार, अधिशेष का उपयोग ही विकसित और अविकसित क्षेत्रों के बीच अंतर को अधिक स्पष्ट तरीके से दर्शाता है। अधिकांश ग़रीब देशों में, जहां औद्योगीकरण का प्रसार नहीं हुआ है और आज भी कृषि पर निर्भर हैं, अल्पविकास भूमि काश्तकारी के स्वरूप से संबंधित रही है।

कृषि प्रधान समाजों में अधिशेष के एक बड़े हिस्से पर भू स्वामियों का कब्जा, बड़ी भू-संपत्ति के प्रभुत्व की विशेषता रही है, जो विकसित देशों में उपभोग की प्रवृत्ति की प्रतिलिपि है। ऐसी स्थिति में विलासिता पर अत्यधिक खपत से पूंजी संचय के उद्देश्य के लिए निवेश की संभावनाओं में कमी आएगी। इसलिए, ज़बरदस्त उपभोग के परिणामस्वरूप परिधि की अर्थव्यवस्था में गतिहीनता आएगी। परिधि में निर्यात-उन्मुख कृषि प्रणाली को प्रोत्साहित करने वाले श्रम के अंतर्राष्ट्रीय विभाजन ने विलासिता हेतु आयात की आवश्यकता को सबलता प्रदान की है, जो निर्भरता को और बढ़ा देता है।

9.5.2 निर्भरता का चक्र

गुंडर फ्रैंक (1967) का तर्क है कि, निर्भरता का चक्र औद्योगिक विकास के कारण आरंभ होता है, साथ ही इससे निर्भरता के एक नए प्रतिमान का आविर्भाव होता है। औद्योगीकरण के परिणामस्वरूप विदेशी पूंजी की भागीदारी आरंभ हुई, जिसमें घरेलू बाज़ारों पर एकाधिकार हासिल करने एवं इसका कुशलतापूर्वक प्रयोग करने की प्रवृत्ति होती है। इसे पूंजीवादी विकास के एकाधिकार के चरण के रूप में जाना जाता है। हालांकि, इस एकाधिकारवादी पूंजी द्वारा उत्पन्न अधिशेष का इस्तेमाल आश्रित देश की उत्पादक गतिविधियों में पुन: निवेश के लिए नहीं किया जाता है। पूंजी का हिस्सा लाभ के रूप में वापस भेजा जाता है, जबकि शेष हिस्से का व्यय उपभोग पर किया जाता है। फ्रैंक ने तब निष्कर्ष निकाला कि, राजनीतिक क्रांति ही निर्भरता के चक्र को तोड़ने का एकमात्र माध्यम है।

इसके विपरीत, कार्डोसो एवं फालेट्टो जैसे संरचनावादियों ने तर्क दिया कि, परिधि में न केवल पूंजीवादी विकास था बल्कि मेज़बान देश में विदेशी पूंजी के पुन: निवेश की प्रवृत्ति भी मौजूद थी, ताकि वास्तव में विदेशी निवेश को घरेलू निवेश के बीच 'ठूंस दिया' जाए। इसलिए, निर्भरता की प्रकृति ऐसी थी, जिससे आंशिक या निर्भर विकास साध्य हो गया। इसलिए, निर्भरता निर्यातकों व औद्योगिक राज्यों के बीच संबंध नहीं था, बल्कि यह औद्योगीकरण के विभिन्न स्तरों पर स्थित राज्यों के बीच का संबंध था। इसके अलावा, वे निर्भर विकास को समझाने में वे राजनीतिक और आर्थिक चर के बीच अंतर स्थापित करते हैं। उन्होंने 'विकास एवं अल्पविकास' तथा 'निर्भरता और स्वायत्तता' के बीच भी अंतर स्थापित किया। उनके लिए विकास एवं अल्पविकास, विकास के स्तर से संबंधित आर्थिक श्रेणियां हैं। दूसरी ओर निर्भरता एवं स्वायत्तता, राजनीतिक व्यवस्था के क्रमिक विकास के स्तर, और राजनीतिक वर्ग के निर्णय लेने की क्षमता को संदर्भित करती है। विदेशी पूंजी के समर्थन के साथ निर्भर विकास व्यवहार्य था, तथा अर्जेंटीना, ब्राजील, मेक्सिको एवं पूर्वी एशिया के कुछ हिस्सों में ऐसा हुआ। ये वे देश थे, जिन्हें वैश्विक प्रणालियों के सिद्धांतकारों ने 'अर्ध-परिधि' के रूप में संदर्भित किया। निर्भरता की स्थिति के मुख्य कारक के तौर पर वैश्विक अर्थव्यवस्था के बाहरी दबाव के विरोध में, कार्डोसो एवं फालेट्टो ने घरेलू विकास के महत्त्व पर अधिक बल दिया। देश के घरेलू क्षेत्र की राजनीतिक प्रक्रिया, विकास की प्रक्रिया में अप्रासंगिक किरदारों की सहायता हेतु प्रेरित होती है। इसके अलावा, राष्ट्रीय (पूंजीवादी) विकास बहुराष्ट्रीय कंपनियों द्वारा विकसित प्रौद्योगिकी के आत्मसातीकरण के सुसंगत है। यदि विकास को हासिल करना ही लक्ष्य था, तो 'स्वायत्त विकास' के राजनीतिक रूप से अधिक वांछनीय होने के बावजूद 'निर्भर विकास' के मार्ग को अपनाना उपयुक्त था।

हालांकि, मार्क्सवादियों के विचारों का खंडन करते हुए संरचनावादियों ने दूसरे सिरे पर स्थित बाहरी कारकों की प्रासंगिकता पर अधिक बल दिया, और दावा किया कि आंतरिक बल विकास के एकमात्र अवधारक थे। राजनीतिक निर्भरता का दोषारोपण प्रौद्योगिकी में सक्रिय प्रगति करने में असमर्थता, उपभोग का घरेलू स्वरूप, और राजनीतिक अभिजात वर्ग की अयोग्यता पर किया जाता है। परिधि के कुछ हिस्सों के सफल औद्योगीकरण के साथ मार्क्सवादी विश्लेषण को असत्य साबित किया गया। 1980 के दशक के ऋण संकट तथा 1990 के दशक में विकास की प्रक्रिया की क्षतिपूर्ति करने में विफलता ने साबित किया कि, संरचनात्मक दृष्टिकोण का विश्वास पथभ्रष्ट था।

9.5.3 आर्थिक निर्भरता और मूल अपराध

ब्राजील के अर्थशास्त्री मारिया दा कॉन्सेइकाओ टेवारेस का तर्क है कि, श्रम के प्रौद्योगिकीय विभाजन का ऐतिहासिक महत्त्व बहुत सीमित है, जिसमें परिधि केंद्र की जरूरतों को पूरा करने के लिए वस्तुओं का उत्पादन करती है, जबकि केंद्र परिधि के लिए विनिर्मित वस्तुओं का उत्पादन करता है। परिधि में औद्योगीकरण और तकनीकी प्रगति, केंद्र पर निर्भरता को समाप्त करने के लिहाज से अपर्याप्त है। परिधीय देशों द्वारा अपनी मुद्रा में अंतर्राष्ट्रीय बाज़ारों में उधार लेने की अक्षमता में वित्तीय निर्भरता प्रतिबिंबित होती है, और यह आर्थिक विकास में वास्तविक बाधा उत्पन्न करती है। निर्भरता की स्थिति की यह व्याख्या, पिछले 150 वर्षों में परिधि पर पूंजी तकनीकी प्रगति के बजाय 'अंतर्राष्ट्रीय वित्त' के वर्चस्व की अभिव्यक्ति के तौर पर प्रस्तुत करती है (टेवारेस, 2000: 131–32)। अंतर्राष्ट्रीय बाज़ारों में अपनी मुद्रा में उधार लेने में असमर्थता, परिधीय देशों की मुद्राओं में मूल्य के आरक्षण, लेखा इकाई तथा विनिमय के माध्यम के रूप में मुद्रा के समस्त कार्यों को अधिगृहीत करने में असमर्थता को दर्शाती है। बेंजामिन कोहेन का तर्क है कि, एक पिरामिड है जो मुद्रा के भूगोल को प्रतिबिंबित करता है, जिसके शीर्ष पर अंतर्राष्ट्रीयकृत मुद्राएं तथा निचले स्तर पर प्रतिस्थापन योग्य कमज़ोर मुद्राएं होती हैं (कोहेन, 1998)। सभी मौद्रिक कार्यों की आपूर्ति करने में असमर्थता से जुड़ी मुख्य समस्या यह है कि, वित्तीय बाज़ार परिधीय देशों में अविकसित रहते हैं, तथा पूंजीवादी संचय की प्रक्रिया में बाधा आती है। दिलचस्प ढंग से, मुख्यधारा के कई अर्थशास्त्रियों ने भी वित्तीय निर्भरता पर चर्चा की है। हॉसमैन के पिछले योगदानों के बाद, बैरी ईशेंग्रीन, रिकार्डो हॉसमैन और उगो पनीजा (2003) ने अपने शोध-पत्र में तर्क दिया कि, आंशिक तौर पर अल्पविकास तथाकथित मूल अपराध का परिणाम है। 'किसी देश की अपनी मुद्रा में विदेश में उधार लेने में अक्षमता' को 'मूल अपराध' के रूप में परिभाषित किया गया है (ईशेंग्रीन एवं अन्य, 2003: 3)। इस दृष्टिकोण से, परिधि में घरेलू मुद्राओं की बाह्य अस्थिरता पूंजी संचय की प्रक्रिया को प्रभावित करती है।

मुख्यधारा के साथ-साथ निर्भरता के सिद्धांतवादी मुद्रा की अपरिवर्तनीयता की समस्या को महत्त्वपूर्ण मानते हैं, परंतु वे इस समस्या के समाधान के तरीकों पर असहमत हैं। मुख्यधारा के सिद्धांतवादी सुदृढ़ राजकोषीय नीतियों और विश्वसनीयता को बढ़ावा देने वाले मौद्रिक नियमों के महत्त्व पर ध्यान देते हैं। दूसरी तरफ, निर्भरता के सिद्धांतवादी पूंजी प्रवाह पर नियंत्रण की आवश्यकता एवं अंतर्राष्ट्रीय वित्तीय बाज़ारों के साथ न्यूनतम एकीकरण पर बल देते हैं।

9.6 निष्कर्ष

अपनी खामियों के बावजूद, मार्क्सवाद निम्नलिखित तरीकों से अंतर्राष्ट्रीय संबंधों के सिद्धांत में योगदान देता है: सबसे पहले, इतिहास की भौतिकवादी अवधारणा, तथा उत्पादन, संपत्ति के संबंधों एवं वर्ग संबंधों के विश्लेषण के साथ, यह यथार्थवादी विश्लेषण के लिए आवश्यक प्रति-संतुलन प्रदान करता है, जो सैन्य शक्ति एवं सुरक्षा के लिए संघर्ष को अंतर्राष्ट्रीय संबंधों के सिद्धांत का निर्धारक मानता है। दूसरा, मार्क्सवाद हमेशा वैश्विक पूंजीवाद के रूप में विश्व राजनीति से संबंधित रहा है। तीसरा, मार्क्सवाद के लिए, पूंजीवाद के वैश्विक विस्तार के कारण अंतर्राष्ट्रीय संबंधों में असमानता और वर्चस्व बरकरार है। अंत में, अंतर्राष्ट्रीय संबंधों का विश्लेषण अत्यंत सरल नहीं है जैसा कि यथार्थवादी दावा करते हैं; इसके विपरीत, मार्क्सवादियों ने आरोप लगाया कि यथार्थवादी समझ उतनी विषयाश्रित एवं निर्दोष नहीं है, जितना वे प्रतीत होते हैं। अंतर्राष्ट्रीय संबंधों का विश्लेषण, शक्ति एवं असमानता के रोमांचक संबंधों पर पर्दा डाल सकते हैं। इसके अलावा, वे असमान और अन्यायपूर्ण समाजों की प्रतिलिपि तैयार

करने में मदद कर सकते हैं, लेकिन वे प्रभुत्व व अपवर्जन की मुख्य प्रणालियों को अनावृत करने और जीवन के बेहतर रूपों की परिकल्पना करने का भी प्रयास कर सकते हैं। हालांकि, अंतर्राष्ट्रीय संबंधों का सिद्धांत केवल मार्क्सवाद की ओर उन्मुख नहीं होना चाहिए, तथा स्वयं को महज पूंजीवादी उत्पादन के मुद्दों तक ही सीमित नहीं करना चाहिए।

मार्क्सवाद के बाद, हमने मार्क्सवाद की कुछ समकालीन व्याख्याओं पर विचार किया, जो एंटोनियो ग्राम्शी की रचनाओं से प्रभावित हैं। इसे नव-ग्राम्शीवाद के तौर पर जाना जाता है। इस परंपरा में काम करने वाले सिद्धांतवादी आर्थिक नियतिवाद के संदर्भ में कम हठधर्मी हैं तथा सांस्कृतिक कारकों के लिए अधिक खुले हैं। अंतर्राष्ट्रीय संबंधों के लिए यह अत्यंत महत्त्वपूर्ण है, क्योंकि अंतर्राष्ट्रीय संबंधों के अध्ययन को आज विश्व राजनीति को समझने एवं इसकी व्याख्या करने के लिए सांस्कृतिक और भौतिक या आर्थिक, दोनों कारकों से निपटना है। हमने विशेष रूप से एक नव-ग्राम्शीवादी, रॉबर्ट कॉक्स (1983) की रचनाओं पर चर्चा की, जो ग्राम्शी द्वारा प्रतिपादित आधिपत्य की अवधारणा को शेष विश्व में अमेरिकी आधिपत्य को समझने के लिए बहुत उपयोगी पाते हैं। इसी के आधार पर वह यथार्थवादी अवधारणा को चुनौती देते हैं कि, अमेरिकी आधिपत्य पूरी तरह से अपनी सैन्य श्रेष्ठता पर आधारित है। वह तर्क देते हैं कि, द्वितीय विश्व युद्ध के बाद, अमेरिकी प्रभुत्व बड़े पैमाने पर सैन्य प्रभुत्व के बजाय सर्वसम्मति पर आधारित था। अमेरिकी आधिपत्य को समझाने के लिए कॉक्स इस ग्राम्शीवादी अंतर्दृष्टि का सहारा लेते हैं और कहते हैं कि, सर्वसम्मति जितनी अधिक होगी बल प्रयोग की आवश्यकता उतनी ही कम होगी। इस संदर्भ में, पारंपरिक मार्क्सवादियों और नव-ग्राम्शीवादियों के बीच तर्क-वितर्क से स्पष्ट हुआ कि कॉक्स का शोध-प्रबंध निर्विरोध नहीं है। पारंपरिक मार्क्सवादियों ने इसका खंडन करते हुए तर्क दिया है कि, आधिपत्य एवं सर्वसम्मति को अनावश्यक महत्त्व देकर, कॉक्स आर्थिक और भौतिक शक्तियों की भूमिका का कमतर मूल्यांकन करते हैं। वास्तव में, माइक डेविस ने ग्राम्शी की सतही व्याख्या के लिए कॉक्स की आलोचना की, और कहा कि ग्राम्शी की रचनाओं से कोई भी व्यक्ति ऐसे तर्क प्राप्त कर सकता है, जो आधिपत्य को बरकरार रखने हेतु शक्ति एवं अवपीड़न के उपयोग को कम नहीं समझता है। उपर्युक्त तर्क-वितर्क के अलावा, रॉबर्ट कॉक्स सिद्धांतकारों के एक ऐसे समूह का हिस्सा भी हैं, जो स्वयं को समीक्षात्मक अंतर्राष्ट्रीय सिद्धांतकार कहते हैं। इसके बाद हम अगले खंड में प्रवेश करते हैं, जो फ्रैंकफर्ट स्कूल द्वारा विकसित समीक्षात्मक सिद्धांत एवं अंतर्राष्ट्रीय संबंध सिद्धांत पर इसके प्रभाव से संबंधित है।

कॉक्स और उनका नव-ग्राम्शीवाद, समीक्षात्मक अंतर्राष्ट्रीय सिद्धांत का एक हिस्सा भी है, जो समीक्षात्मक विचारधारा के मुख्य तर्क को एक ही कथन में सारगर्भित करता है। उनके अनुसार, सैद्धांतिकरण हमेशा किसी के द्वारा किसी विशेष प्रयोजन के लिए किया जाता है। समीक्षात्मक अंतर्राष्ट्रीय सिद्धांत, पारंपरिक अवधारणा को एक उद्यम के रूप में चुनौती देता है, जो निष्पक्षता और तटस्थता के लिए प्रयास करता है। सिद्धांत की यह अवधारणा, एक दोषपूर्ण सत्ता-मीमांसाक अवधारणा और अपर्याप्त ज्ञानमीमांसीय मानदंडों पर आधारित है। वस्तु से विषय को पृथक करने की इच्छा अव्यावहारिक है। ये सिद्धांतवादी तर्क देते हैं कि, व्यक्तिपरक उद्देश्य हमेशा विषयाश्रित का हिस्सा होते हैं। अतएव, इस तथ्य को स्वीकार करना और इसे नुक़सान के बजाय महत्त्व के तौर पर देखना सबसे अच्छा तरीका है। इस दृष्टिकोण से देखे जाने पर यह लाभ साबित होता है, विशेष रूप से जब किसी व्यक्ति को पता है कि किस व्यक्तिपरक दृष्टिकोण से इस सिद्धांत का निर्माण किया गया है। सबसे महत्त्वपूर्ण बात यह है कि, व्यक्ति को भी इस तथ्य के प्रति भी संवेदनशील होना चाहिए कि सिद्धांत की रचना किसी विशेष प्रयोजन हेतु की गई है। यथार्थवादी विचारधारा के साथ एक समस्या यह है कि, यह सार्वभौमिक लक्ष्यों के उद्देश्यों एवं दावों को छिपाता है। इसके साथ-साथ, यह खुद को विषयाश्रित एवं निष्पक्ष घोषित करता है। समीक्षात्मक अंतर्राष्ट्रीय सिद्धांत इन सभी कार्यनीतियों से दूर रहता है तथा अपने प्रयोजन और लक्ष्यों की स्पष्ट घोषणा के साथ-साथ अपने व्यक्तिपरक एवं सैद्धांतिक पूर्वाग्रहों को उजागर करना का प्रयास करता है। यह दावा करता है कि, सिद्धांत को वैश्विक राजनीति के बुनियादी सत्य का पता लगाने के बजाय उन अवधारणाओं को चुनौती देना चाहिए, जो शक्ति के मौजूदा राजनीतिक नेटवर्क को समर्थन देते हैं एवं इसे बरकरार रखते हैं। यह यथार्थवाद की तरह नहीं है, जो वैश्विक राजनीति में प्रमुख देशों के हितों की सेवा करता है; बल्कि, यह यथार्थवादी सिद्धांत और प्रभावशाली राज्यों के समूह के बीच मिलीभगत को उजागर करते हुए मौजूदा स्थिति को चुनौती देना चाहता है। हमने देखा है कि, ऐसा करने के क्रम में यह अंतर्राष्ट्रीय राजनीति के सिद्धांतों में संप्रभु राज्य को दिए गए महत्त्व को चुनौती देता है; यह राज्य को विकेंद्रित बनाना चाहता है तथा

हमें अन्य सामाजिक शक्तियों से अवगत कराता है, जो आज की वैश्विक राजनीति के निर्धारक रहे हैं। यह हमें राजनीतिक समुदाय की अवधारणा तथा आधुनिक राज्य के साथ इसकी संबद्धता की पुन: कल्पना करने का भी आग्रह करता है। समीक्षात्मक अंतर्राष्ट्रीय सिद्धांत उन बदलते तरीकों का विश्लेषण करता है, जिनमें समुदाय की सीमाएं आकार ग्रहण करती हैं तथा दीर्घकाल तक बरकरार रहती हैं एवं परिवर्तित होती हैं। यह न केवल एक समाजशास्त्रीय स्पष्टीकरण प्रदान करता है, बल्कि समावेशन एवं अपवर्जन के अभ्यास का नैतिक विश्लेषण भी प्रदान करता है। इसका उद्देश्य एक वैकल्पिक सिद्धांत और अंतर्राष्ट्रीय संबंधों का अभ्यास को प्राप्त करना है, जो गैर-अपवर्जक और अधिक विश्वव्यापी है, तथा जहां स्वतंत्रता, न्याय एवं समानता के मूल्य विश्व स्तर पर प्राप्य हो सकते हैं। अंत में, हमने निर्भरता सिद्धांत पर विचार किया, जो कुछ संस्करणों में सीधे मार्क्सवाद से प्रभावित है और अन्य संस्करणों में संरचनावाद से प्रभावित है। हमने पाया कि, केंद्र एवं परिधि के बीच निर्भरता की प्रकृति को समझाने के संदर्भ में दोनों विचारधाराओं की अपनी-अपनी सीमाएं हैं। इसके अलावा, दोनों इस बात से सहमत हैं कि इस निर्भरता को समाप्त किए जाने की आवश्यकता है, परंतु वे इस निर्भरता से बाहर निकलने के संदर्भ में सही रणनीति पर एकमत नहीं हैं। गुंडर फ्रैंक जैसे मार्क्सवादियों का मानना है कि, केवल राजनीतिक क्रांति ही निर्भरता के चक्र को तोड़ सकती है, जबकि संरचनाविदों का मानना है कि किसी प्रकार का 'आश्रित विकास' संभव है; हालांकि, 1980 के दशक के ऋण संकट ने विपर्यय को सही साबित कर दिया। हमने तीसरे प्रकार के निर्भरता सिद्धांतवादियों को भी देखा, जो तर्क देते हैं कि प्रौद्योगिकी अथवा वित्तीय पूंजी के अभाव के बजाय दुर्बल मुद्राओं के कारण निर्भरता बरकरार रहती हैं। दुर्बल मुद्राएं परिधीय देशों को अंतर्राष्ट्रीय बाजारों में उधार लेने में अक्षम बनाती हैं, इस प्रकार उनकी निर्भरता आवश्यक है। इस अध्याय में, हमने देखा कि मार्क्सवाद से प्रत्यक्ष और परोक्ष रूप से प्रभावित सिद्धांतों ने किस प्रकार अंतर्राष्ट्रीय संबंधों के सिद्धांत में अपना स्थान बनाने में कामयाबी पाई है। इस प्रकार, अंतर्राष्ट्रीय संबंधों में मार्क्सवाद वैश्विक राजनीति की मानक नींव पर पुनर्विचार करने तथा मानव दासत्व-मुक्ति के लिए इसके रूपांतरण के व्यवहार्य साधनों के अन्वेषण का प्रयास है।

मॉडल प्रश्न

9.1 पूंजीवाद क्या है?

9.2 मार्क्सवाद पूंजीवाद एवं साम्राज्यवाद को किस प्रकार जोड़ता है?

9.3 अंतर्राष्ट्रीय संबंधों पर ग्राम्शी के विचार क्या हैं?

9.4 मौजूदा समय में अंतर्राष्ट्रीय संबंधों को समझने के लिए, कॉक्स किस प्रकार ग्राम्शी के विचारों को नियोजित करते हैं?

9.5 समीक्षात्मक विचारधारा के मुख्य सदस्य कौन हैं? स्पष्ट करें।

9.6 अंतर्राष्ट्रीय संबंधों के सिद्धांत में यथार्थवाद की मार्क्सवादी आलोचना को विस्तारपूर्वक प्रस्तुत करें।

9.7 विभिन्न विचारकों और विद्वानों पर चर्चा करें, जिन्होंने अंतर्राष्ट्रीय संबंधों के सिद्धांत के भीतर समीक्षात्मक सिद्धांत में योगदान दिया है।

9.8 कार्ल मार्क्स की रचनाएं समीक्षात्मक सिद्धांत में किस प्रकार परिलक्षित होती हैं?

9.9 आधिपत्य की अवधारणा की व्याख्या करें तथा बताएं कि एंटोनियो ग्राम्शी और रॉबर्ट कॉक्स जैसे नव-ग्राम्शीवादी इसे अंतर्राष्ट्रीय संबंधों के संदर्भ में किस प्रकार लागू करते हैं।

9.10 उत्तर-मार्क्सवादियों ने अंतर्राष्ट्रीय संबंधों की विचारधारा को किस प्रकार प्रभावित किया है?

अनुशंसित साहित्य

Anderson, Perry. 1976. 'The Antinomies of Antonio Gramsci'. *New Left Review,* 100 (November–December): 5–78. http://www.isj.org.uk/index.php4?id=309&issue=114

Anievas, A. 2010. *Marxism and World Politics.* London: Routledge.

Ashley, Richard. 1981. 'Political Realism and Human Interests'. *International Studies Quarterly* 25 (2): 204–36.

Brewer, A. 1990. *Marxist Theories of Imperialism: A Critical Survey,* 2nd ed. London: Routledge.

Budd, Adrian. 2007. 'Gramsci's Marxism and International Relations'. *International Socialis* 114 (special issue on 'Gramsci's Revolutionary Legacy'): 125–35.

Burchill, Scott, Andrew Linklater, Richard Devetak, Matthew Paterson, Christian Reus-Smit, and Jacqui True. 2005. *Theories of International Relations.* Basingstoke: Palgrave Macmillan.

Cardoso, Fernando Henrique, and Enzo Faletto. 1967. *Dependência e Desenvolvimento na América Latina.* Rio de Janeiro: Zahar.

Cohen, Benjamin. 1998. *The Geography of Money.* Ithaca, NY: Cornell University Press.

Cox, Robert. 1981. 'Social Forces, States and World Orders: Beyond International Relations Theory'. *Millennium: Journal of International Studies* 10 (2): 126–55.

———. 1983. 'Gramsci, Hegemony and International Relations: An Essay in Method'. *Millennium: Journal of International Studies* 12 (2): 162–75.

———. 1986. 'Social Forces, States and World Orders: Beyond International Relations Theory'. In *Neorealism and Its Critics,* edited by R. Keohane, 204–54. New York: Columbia University Press.

———. 1987. *Production, Power and World Order: Social Forces in the Making of History.* New York: Columbia University Press.

———. 1992. 'Towards a Post-hegemonic Conceptualization of World Order: Reflections on the Relevancy of Ibn Khaldun'. In *Governance Without Government: Order and Change in World Politics,* edited by J. N. Rosenau and E.-O. Czempiel, 132–59. Cambridge: Cambridge University Press.

Cox, R., and T. Sinclair. 1996. *Approaches to World Order.* Cambridge: Cambridge University Press.

Devetak, Richard. 2005. 'Critical Theory'. In *Theories of International Relations,* edited by Scott Burchill, 137– 60. New York: Palgrave.

Dos Santos, Theotônio. 2002. *La Teoría de la Dependencia: Balance y Perspectivas.* Buenos Aires: Plaza & Janes.

Edkins, J., and Vaughan-Williams, N., eds. 2009. *Critical Theorists and International Relations.* London: Routledge.

Eichengreen, Barry, Ricardo Hausmann, and Ugo Panizza. 2003. 'Currency Mismatches, Debt Intolerance and Original Sin'. NBER Working Paper, No. 10036.

Fierke, K. M. 2007. *Critical Approaches to International Security.* London: Polity Press.

———. 1998. *Changing Games, Changing Strategies: Critical Investigations in Security.* Manchester, UK: Manchester University Press.

Frank, André Gunder. 1967. *Capitalism and Underdevelopment in Latin America: Historical Studies of Brazil and Chile.* New York: Monthly Review Press.

Gill, Stephen, and David Law. 1988. *The Global Political Economy: Perspectives, Problems and Policies.* Brighton, UK: Harvester Wheatsheaf and Baltimore, MD: Johns Hopkins University Press.

Gill, Stephen. 1994. *Gramsci, Historical Materialism and International Relations.* New York: Cambridge University Press.

Gramsci, Antonio. 1971. *Selections from Prison Notebooks.* Penguin: London.

Hoffman, M. 1993. 'Agency, Identity and Intervention'. In *Political Theory, International Relations and the Ethics of Intervention,* edited by I. Forbes and M. Hoffman. London: Macmillan.

Horkheimer, Max. 1972. *Critical Theory.* New York: Herder and Herder.

Hutchings, Kimberly. 1999. *International Political Theory: Rethinking Ethics in a Global Era.* London: SAGE.

———. 'The Nature of Critique in Critical International'. In *Critical Theory and World Politics,* edited by Richard Wyn Jones. Boulder, CO: Lynne Rienner.

Keohane, R. O. 1984. *After Hegemony: Cooperation and Discard in the World Political Economy.* Princeton, NJ: Princeton University Press.

Lacher, Hannes. 2006. *Beyond Globalization: Capitalism, Territoriality and the International Relations of Modernity.* London: Routledge.

Linklater, Andrew. 1990a. *Men and Citizens in the Theory of International Relations.* London: Macmillan Press.

———. 1990b. *Beyond Realism and Marxism: Critical Theory and International Relations.* Houndmills, Basingstoke and Hampshire: Macmillan.

———. 1998. *The Transformation of Political Community: Ethical Foundations of the Post-Westphalian Era.* Columbia, SC: University of South Carolina Press.

Lynch, Marc. 1999. *State Interests and Public Spheres: The International Politics of Jordan's Identity.* New York: Columbia University Press.

———. *The New Arab Wars: Uprisings and Anarchy in the Middle East.* Public Affairs.

Marx, Karl. 1966. *The Poverty of Philosophy.* Moscow: Progress Publishers.

———. 1969. *Marx Engels Selected Works,* vol. 1. Moscow: USSR Progress Publishers.

———. 1973. *Grundrisse.* Harmondsworth: Penguin.

———. 1977. *Capital,* vol 1. New York: Vintage.

———. (1864–83) 1990–92. *Das Kapital,* three volumes. Harmondsworth: Penguin Classics.

———. 2000. *Selected Writings,* 2nd ed. Edited by D. McLellan. Oxford: Oxford University Press.

Neufeld, M. 2000. 'Thinking Ethically—Thinking Critically: International Ethics as Critique'. In *Value Pluralism, Normative Theory and International Relations,* edited by M. Lensu and J.-S. Fritz. London: Macmillan.

O'Malley, Joseph, ed. 1970. *Critique of Hegel's Philosophy of Right (1843).* Translated by Annette Jolin and Joseph O'Malley. Cambridge: Cambridge University Press.

Roach, S. C. 2010. *Critical theory of International Politics: Complementarity, Justice and Governance.* London: Routledge.

Robinson, W. I. 2004. *A Theory of Global Capitalism.* Baltimore, MD: Johns Hopkins University Press.

Rosenberg, J. 1994. *Empire of Civil Society.* London: Verso.

Rupert, M. 2009. 'Antonio Gramsci'. In *Critical Theorists and International Relations,* edited by J. Edkins and N. Vaughan-Williams, 176–86. London: Routledge.

Shapcott, Richard. 2001. *Justice, Community, and Dialogue in International Relations.* Cambridge and New York: Cambridge University Press.

———. 2010. *International Ethics: A Critical Introduction.* Cambridge and Malden, MA: Polity.

Scheuerman, W. E. 2008. *Frankfurt School Perspectives on Globalization, Democracy, and the Law.* London: Routledge.

Tavares, Maria da Conceição. 2000. 'Subdesenvolvimento, Dominação e Luta de Classes'. In *Celso Furtado e o Brasil,* organizado Maria da Conceição Tavares. São Paulo: Fundação Perseu Abramo.

Topik, Stephen. 1998. 'Dependency Revisited: Saving the Baby from the Bathwater'. *Latin American Perspectives* 25 (6): 95–99.

Vernengo, Matías. 2006. 'Technology, Finance and Dependency: Latin American Radical Political Economy in Retrospect'. *Review of Radical Political Economics* 38 (4, Fall): 551–68.

Wood, E. M. 2003. *Empire of Capital.* London: Verso.

Worth, Owen March. 2005. 'The Poverty and Potential of Gramscian Thought within International Relations'. Paper presented at the annual meeting of the International Studies Association, Hilton Hawaiian Village, Honolulu, Hawaii, May 2009.

10

स्त्री-अधिकारवाद

कृष्णा स्वामी दारा

अध्ययन के उद्देश्य

- अंतर्राष्ट्रीय संबंधों के दायरे में स्त्री-अधिकारवादियों द्वारा प्रस्तुत मूल तर्कों को समझना
- अंतर्राष्ट्रीय राजनीति के विषय क्षेत्र में स्त्री-अधिकारवादी हस्तक्षेप के इतिहास का अनुरेखण करना तथा उन समकालीन मुद्दों पर विचार करना, जिनसे स्त्री-अधिकारवादी जुड़े हैं
- अंतर्राष्ट्रीय संबंधों के सिद्धांत में यथार्थवाद जैसे प्रमुख सिद्धांतों के समक्ष स्त्री-अधिकारवाद द्वारा प्रस्तुत चुनौतियों की व्याख्या करना
- अंतर्राष्ट्रीय राजनीति के अध्ययन हेतु स्त्री-अधिकारवादियों द्वारा प्रस्तुत वैकल्पिक दृष्टिकोण का आलोचनात्मक मूल्यांकन करना

अध्याय सार

अंतर्राष्ट्रीय संबंधों (IR) के समग्र क्षेत्र में लैंगिक भेदभाव की सीमा को उजागर करना, स्त्री-अधिकारवादी योगदान की महत्त्वपूर्ण उपलब्धियों में से एक है। इस क्षेत्र की सीमाओं के भीतर अध्ययन किए गए विषयों का परास, इसके प्रमुख मुद्दे एवं उद्देश्य, अनुभवजन्य शोध की विषय-वस्तु, सैद्धांतिक प्रतिदर्श की पूर्वधारणाएं तथा शैक्षणिक एवं संभ्रांत वर्ग, दोनों में महिलाओं की न्यून भागीदारी, इन सभी ने संयुक्त रूप से महिलाओं को अधिकारहीन कर दिया है। यह अंतर्राष्ट्रीय रंगमंच पर महिलाओं की भूमिका एवं उनके मुद्दों को अदृश्य बना देता है। IR की व्यवस्था से यह स्पष्ट है कि, पुरुषों के प्रभुत्व एवं उनके वैश्विक दृष्टिकोण के कारण यह संसार पुरुष प्रधान है। शक्ति, स्वतंत्रता और आत्मनिर्भरता जैसे शब्द वास्तव में पुरुषत्व के प्रतीक हैं, जो सफलता का निर्धारण करते हैं। पुरुष प्रधान क्षेत्र के रूप में IR की संस्थापना के बाद, स्त्री-अधिकारवादियों ने महिलाओं एवं स्त्रीत्व की दशा को बेहतर बनाने के लिए बाह्य सतह से अपने शोध हितों पर ध्यान केंद्रित किया है।

लैंगिक समानता के लिए संघर्ष करने वाले आंदोलनों के समूह को स्त्री-अधिकारवाद का नाम दिया गया है। इसके अंतर्गत सिद्धांत, दर्शन, सक्रियतावाद और सामाजिक आंदोलन शामिल हैं, जो महिलाओं के लिए समान एवं विशिष्ट अधिकारों हेतु संघर्ष करते हैं। इसका उद्देश्य मौजूदा सामाजिक व्यवस्था की रचनात्मक तरीके से आलोचना करना है, जो महिलाओं के खिलाफ़ भेदभाव करता है। पुरुष के प्रभुत्व वाले इस मौजूदा सामाजिक व्यवस्था को पितृसत्ता कहा जाता है। जिस तरह मार्क्सवादी पूंजीवाद की आलोचना करते हैं, ठीक उसी तरह स्त्री-अधिकारवादी भी 'पितृसत्ता' की आलोचना करते हैं। इसके अलावा, कुछ स्त्री-अधिकारवादी दोनों के बीच एक गहरा संबंध देखते हैं। 'पितृसत्ता' शब्द, दो यूनानी शब्दों, अर्थात् पैटर (पिता) और आर्चे (नियम) के संयोजन से बना है। स्त्री-अधिकारवादियों के लिए, परिवार एक महत्त्वपूर्ण स्थल है, जहां महिलाओं पर शक्ति का प्रयोग किया जाता है। पिता परिवार रूपी संस्थान के माध्यम से महिलाओं एवं पुरुषों, दोनों पर शक्ति का प्रयोग करता है। यह इकाई पूरे समाज को संगठित करना का आधार बन जाती है, जिससे संपूर्ण समाज पितृसत्तात्मक बन जाता है। इस प्रकार, स्त्री-अधिकारवादियों का तर्क है कि पुरुष इस संस्था के माध्यम से महिलाओं पर हावी हैं। इस तरह के वर्चस्व को 'संरचनात्मक वर्चस्व' कहा जाता है।

सिमोन डे ब्यूवॉयर (1971) ने अपनी उत्कृष्ट कृति, द *सेकेंड सेक्स* में पुरुष-वर्चस्व वाले पारिवारिक संस्थान की आलोचना की। वह पुरुषों को श्रेष्ठ मानने वाली हमारी सामान्य समझ एवं भाषा की भी आलोचना करती हैं। यह पुरुष और स्त्री, दोनों को इन सामान्य धारणाओं के अनुरूप बनाता है, जिससे एक व्यक्तित्व उत्पन्न होता है जो अप्रामाणिक है। इस अर्थ में, पितृसत्ता के अंतर्गत पुरुष एवं महिलाएं, दोनों समान रूप से हिंसा से प्रभावित होते हैं, इसलिए, इस अवधारणा को दोनों के द्वारा और स्वीकृत किए जाने की आवश्यकता है। स्त्री-अधिकारवादियों ने पुरुषत्व एवं स्त्रीत्व के बीच अंतर की ओर हमारा ध्यान आकृष्ट किया है। पुरुषत्व वास्तव में पुरुषों के व्यवहार का एक गुण है, और इसी तरह, स्त्रीत्व रूपी गुण महिलाओं से संबंधित है। वीरता, सम्मान एवं शक्ति जैसे गुण पुरुषों से संबंधित हैं और देखभाल, प्रेम, करुणा एवं अनुग्रह जैसे गुण महिलाओं से संबंधित हैं। शक्ति, तर्कसंगतता और सार्वजनिक कार्य जैसे सामाजिक एवं सांस्कृतिक रूप से निर्मित अभिलक्षण, प्रतीकात्मक रूप से पुरुषों से जुड़े होते हैं; जबकि अशक्ति, निर्भरता, मनोभाव एवं निजी कार्य जैसी विशेषताएं स्त्रीत्व से जुड़ी हैं। एक प्रसिद्ध स्त्री-अधिकारवादी, कैरोल पेटमैन (1988) लिखती हैं कि, 'पुरुषत्व और स्त्रीत्व के बीच अंतर की पितृसत्तात्मक संरचना, वास्तव में स्वतंत्रता और अधीनता के बीच का राजनीतिक अंतर है।' स्त्री-अधिकारवादियों का तर्क है कि, इन लैंगिक विशेषताओं के साथ सामाजिक व्यवस्था का अंग बनने वाले पुरुष एवं महिलाएं रूढ़िवादियों के अनुरूप व्यवहार करते हैं। यह उन तरीकों को प्रभावित करता है, जिसके माध्यम से वे अपने आसपास की दुनिया को समझते हैं और अनुभव करते हैं। 1980 के दशक तक, स्त्री-अधिकारवादी शिक्षाविदों ने अंतर्राष्ट्रीय संबंधों (IR) की लैंगिक मान्यताओं को चुनौती देना शुरू कर दिया। उन्होंने तर्क दिया कि, IR का अध्ययन, जिस पर काफी हद तक पुरुषों का प्रभुत्व था, सत्ता-मीमांसा एवं पुरुष केंद्रित दृष्टिकोण के साथ घिरा हुआ था।

इस पहलू की छानबीन करने से पहले, हमारे लिए स्त्री-अधिकारवाद और इसके आंतरिक मतभेदों को समझना आवश्यक है। हम पिछले पांच दशकों में स्त्री-अधिकारवाद के इतिहास का संक्षेप में अनुरेखण करेंगे और इसके विभिन्न आंतरिक पहलुओं की रूपरेखा तैयार करेंगे।

10.1 स्त्री-अधिकारवाद की राजनीति

समझने के लिहाज से हम स्त्री-अधिकारवाद को एक राजनीतिक परियोजना के रूप में वर्णित कर सकते हैं और इस प्रकार महिलाओं के संदर्भ में असमानता एवं शोषण को बदल सकते हैं। हालांकि, स्त्री-अधिकारवादी राजनीति के बारे में किसी भी सामान्यीकरण को, उनके आंतरिक और उनके बीच के मतभेदों को नज़रअंदाज़ नहीं करना चाहिए। अस्थायी तौर पर, स्त्री-अधिकारवाद को स्त्री-अधिकारवाद की पहली-लहर और दूसरी-लहर के तौर पर वर्गीकृत किया जा सकता है। स्त्री-अधिकारवाद की पहली-लहर विधिक एवं नागरिक अधिकारों तथा शिक्षा के अधिकार से संबंधित थी। सार्वभौमिक वयस्क मताधिकार के लिए उनकी लड़ाई, इस अवधि की सबसे महत्त्वपूर्ण विशेषता है। इनमें से कई स्त्री-अधिकारवादी समाजवादी, उपनिवेशवाद विरोधी राष्ट्रवादी, शांतिवादी, जैसी अन्य राजनीति में भी सक्रिय थे। 1970 के दशक में, इस प्रकार के स्त्री-अधिकारवाद का स्थान स्त्री-अधिकारवाद की दूसरी लहर ने ग्रहण कर लिया। स्त्री-अधिकारवाद की दूसरी लहर की राजनीति बहुत ही अलग थी, जिसने स्त्री-पुरुष विभेद के संदर्भ में उनकी समझ को प्रभावित किया। उन्होंने राज्यों की समान नागरिकता की संवैधानिक घोषणाओं तथा महिलाओं को अपनी संपत्ति मानने के उनके पतियों या समुदायों के व्यवहार के बीच के विरोधाभासों का पर्दाफाश करने के लिए, औपचारिक नागरिकता की अवधारणा पर तर्क-वितर्क किया। उन्होंने तर्क दिया कि, महिलाएं वैयक्तिक नियमावली के अस्पष्ट विस्तार की चपेट में आ गई थीं। उन्होंने यह भी दर्शाया कि, महिलाओं की अन्य समूहों की सदस्यता से उनकी नागरिकता का अनुभव भी प्रभावित होता है। इस अध्याय के बाद के खंडों में हम इस बिंदु पर वापस आएंगे। फिलहाल, इस बात को समझते हुए हम आगे बढ़ सकते हैं कि, वे महिलाओं को औपचारिक तौर पर समान स्थान दिलाने में स्त्री-अधिकारवादियों की प्रथम-लहर की सफलता का उपयोग करते हैं। दूसरी लहर के स्त्री-अधिकारवादी, अन्य प्रगतिशील सामाजिक आंदोलनों के साथ गठजोड़ की संभावना से संबंधित विचारों पर एकमत नहीं हैं। उन्हें मोटे तौर पर उदारवादी, उग्र सुधारक व समाजवादी स्त्री-अधिकारवादियों के रूप में वर्गीकृत किया जा सकता है। मोटे तौर पर, उदार स्त्री-अधिकारवादियों ने कार्यालयों, सत्ता एवं रोजगार के क्षेत्र में महिलाओं के अपेक्षाकृत न्यून प्रतिनिधित्व

का अंत करते हुए महिलाओं के लिए समान अधिकारों की मांग की। उन्होंने युद्ध सहित सेना में महिलाओं के लिए समान अधिकारों की मांग की, क्योंकि उन्होंने महिलाओं की 'सुरक्षा को सत्ता से बाहर रखने के तरीके के रूप में देखा। उन्होंने पुरुषों पर पूर्ण निर्भरता के दावों को पूर्ण नागरिकता के महिलाओं के दावों के साथ समझौते के रूप में देखा। उग्र सुधारक स्त्री-अधिकारवादी, पुरुषों की शर्तों पर पुरुष प्रधान संस्थानों में समानता की तलाश कर रहे उदार स्त्री-अधिकारवादियों की आलोचना करते हैं। वे महिलाओं को अनुकूल बनाने के लिए संस्थानों को बदलना चाहते हैं। वे महिलाओं की अधीनता को सार्वभौमिक घटना के रूप में देखते हैं, जिसका स्वरूप विभिन्न काल खंडों में अलग-अलग रहा है। कुछ लोग यह भी तर्क देते थे कि, महिलाओं का वर्ग ऐसा है जिन्हें अपने शरीर, बच्चों और श्रम तक पहुंच का दावा करने के लिए हर जगह व्यवस्थित रूप से पुरुषों के अधिकार के अधीन रखा गया है। महिलाओं के खिलाफ़ हिंसा एक ऐसा हथियार है, जिसका प्रयोग उन्हें साधनहीन बनाने एवं उनकी 'यथास्थिति को बरकरार रखने' हेतु किया जाता है। इसलिए, ये उग्र सुधारक स्त्री-अधिकारवादी राजनीति में लिंग भेद की ओर हमारा ध्यान आकर्षित करते हैं।

स्त्री-अधिकारवादियों की अगली श्रेणी, सांस्कृतिक स्त्री-अधिकारवादियों की है। ये स्त्री-अधिकारवादी महिलाओं को पुरुषों से अलग मानते हैं; जो अधिक पालन-पोषण करने वाली एवं शांतिप्रिय हैं। वे तर्क देते हैं कि, विश्व राजनीति और पारिस्थितिकी को 'महिलाओं के मूल्यों' को अपनाने की जरूरत है। वे यह भी तर्क देते हैं कि, महिलाओं की तरह पुरुष भी इन मूल्यों को अपनाना सीख सकते हैं। उनकी आलोचना पदार्थवादियों के तौर पर की जाती है, जो महिलाओं के उत्पीड़न को सहारा देने वाले लैंगिक रूढ़िवाद को मजबूत करते हैं। हम जिन स्त्री-अधिकारवादियों की चर्चा करने जा रहे हैं, उनकी अगली श्रेणी समाजवादी स्त्री-अधिकारवादियों की हैं। वे लिंग के साथ वर्ग को संघटित करते हैं। वे मार्क्सवादी श्रेणी के वर्ग को महिलाओं की स्थिति को समझने के लिहाज से अपर्याप्त मानते हैं। वे यह समझाने में असमर्थ हैं कि, क्यों केवल महिलाएं प्रजनन एवं पारिवारिक श्रम के लिए जिम्मेदार हैं, क्यों गरीबों के बीच केवल महिलाओं का प्रतिनिधित्व सबसे ज्यादा है और क्यों महिलाओं के खिलाफ़ हिंसा से लैंगिक असमानता को सुदृढ़ बनाया जाता है। स्त्री-अधिकारवाद में इस प्रकार के विभेदों को देखते हुए, 1980 के बाद से अन्य विद्वानों को स्त्री-अधिकारवाद से जोड़ा गया। अश्वेत एवं विकासशील देशों के स्त्री-अधिकारवादियों ने श्वेत स्त्री-अधिकारवादियों पर, महिलाओं के मुद्दों को प्रभावित करने वाले कारक के तौर पर जाति, संस्कृति और औपनिवेशिक संबंधों की उपेक्षा करने का आरोप लगाया। वे श्वेत महिलाओं को लिंग और संभवतः वर्ग के संदर्भ में स्पष्ट तौर पर उत्पीड़ित नहीं मानते हैं, बल्कि यह मानते हैं कि प्रमुख जाति, संस्कृति और नागरिकता अधिकारों में उनकी सदस्यता से उन्हें विशेषाधिकार प्राप्त हुआ है। हालांकि, भौगोलिक अवस्थिति या सामाजिक पहचान के आधार पर किसी व्यक्ति के गुणों की भविष्यवाणी नहीं की जा सकती है। विकासशील देशों के कुछ स्त्री-अधिकारवादी, अपने राज्य में पुरुषों के साथ समान शर्तों पर स्वीकृति दिए जाने की इच्छा रखते हैं, जबकि कुछ समाजवादी या वामपंथी हैं जो अभिजात वर्ग और गरीब महिलाओं के बीच गठबंधन के निर्माण में दिलचस्पी रखते हैं।

हाल के वर्षों में, हम आधुनिक स्त्री-अधिकारवाद के उद्भव के साथ सैद्धांतिक एवं व्यावहारिक राजनीति, दोनों में बदलाव देखते हैं। वे महिलाओं के बीच भिन्नता को स्वीकृति दिए जाने की मांग करते हैं। वे महिलाओं की श्रेणी का विस्थिरीकरण करते हैं, इस मुद्दे को उठाते हैं कि महिलाओं के पक्ष में कौन अपनी आवाज़ बुलंद कर सकता है। उनके अनुसार, स्त्री-अधिकारवादी ज्ञान अर्जित करने एवं राजनीतिक गतिविधियों में संलग्न होने में महिलाएं प्रतिबिंबित नहीं होती हैं। स्त्री-अधिकारवाद में राजनीतिक उद्देश्यों के लिए 'महिलाओं' की श्रेणी बनाने की कोशिश तथा समानता और अंतर दावों के बीच एक तनाव अनवरत जारी है।

10.2 लिंग एवं लैंगिकता

लैंगिक संबंधों और उन्हें बदलने के तरीकों पर स्त्री-अधिकारवादियों के विचारों में भिन्नता है। स्त्री-अधिकारवादी लिंग एवं लैंगिकता के बीच अंतर स्थापित करते हैं। लिंग को जैविक विशिष्टता के तौर पर देखा जाता है। हम पुरुष या स्त्री के रूप में पैदा होते हैं। दूसरी ओर, लैंगिकता को सामाजिक संरचना के रूप में देखा जाता है, जिसका अर्थ किसी विशेष स्थान या समयावधि में पुरुष या स्त्री होना है। यह विभेद राजनीतिक रूप से महत्त्वपूर्ण है। लिंग एवं लैंगिकता के बीच विभेद स्त्री-अधिकारवादी परियोजना को स्थान

दिलाता है। यदि लैंगिकता एक सामाजिक संरचना है, तो इसे बदला जा सकता है। यह स्त्री-अधिकारवादियों को लैंगिकता के विभिन्न अर्थों का पता लगाने में भी सक्षम बनाता है।

लैंगिकता एक व्यक्तिगत पहचान है, इसलिए प्रश्न यह है कि: मैं एक महिला होने का अनुभव कैसे करूं? यह एक सामाजिक पहचान भी है। यहां सवाल यह है कि, 'दूसरों को एक महिला के रूप में मुझसे क्या उम्मीदें हैं', और इसलिए, यह एक शक्ति संबंध भी है। फिर एक और सवाल यह भी है कि, 'एक सामाजिक श्रेणी के तौर पर शक्ति के संबंध में महिलाओं का प्रतिनिधित्व हमेशा न्यून क्यों होता है?' लैंगिकता का स्वरूप राजनीतिक है; जिसमें पुरुषों एवं महिलाओं के बीच नियमित तौर पर एक-दूसरे से आगे बढ़ने तथा लैंगिक आधार पर विभेदों को चुनौती देने या सशक्त करने हेतु प्रतिद्वंद्विता जारी रहती है। यह घर पर और अन्य जगहों पर स्त्री-अधिकारवादियों एवं स्त्री-अधिकारवाद विरोधी के बीच भी होता है, जो महिलाओं की मुक्ति चाहते हैं और जो महिलाओं द्वारा संघर्ष के माध्यम से हासिल की गई चीजों को पुनः प्राप्त करना चाहते हैं। लैंगिकता एक राजनीतिक पहचान का आधार हो सकती है, जिसमें से स्त्री-अधिकारवाद एक है। हाल ही में, लैंगिकता का एक अधिक अस्थिर प्रतिनिधित्व विकसित हुआ है। लैंगिकता को प्रदर्शन के रूप में देखा जाता है, जिसका अर्थ है कि हम सामाजिक संभावनाओं और अपेक्षाओं के माध्यम से अपने तरीकों का चयन करते हैं एवं समझौता वार्ता करते हैं।

एक प्रक्रिया के रूप में देखा जाए, तो लैंगिकता कभी 'है' ही नहीं या अस्तित्व में नहीं है, परंतु इसकी पुनरुत्पत्ति की दिशा में काफी प्रयास और श्रम का व्यय हुआ है। वे लैंगिकता का सृजन करने वालों की आलोचना करते हैं, जो एक अन्य द्विभाजन—अर्थात् प्रकृति और पालन-पोषण—को मजबूती देने और शरीर को एक तटस्थ वस्तु मानने, जिस पर लैंगिक अंतर लिखा गया है, के लिए लिंग-लैंगिकता के बीच के विभेद का उपयोग जारी रखते हैं। वे यौन अंतर तथा इसके तनाव की अभिव्यक्ति पर विचार करने को अधिक फलप्रद मानते हैं, जिसके अनुसार हमारा पहला स्थान हमारा शरीर ही है। शरीर की ओर हमारा ध्यान आकृष्ट कराते हुए वे कहते हैं कि, ध्यान अनिवार्य रूप से यौन अंतर की ओर चला जाता है। महिलाओं की राजनीति तथा लैंगिकता के इर्द-गिर्द होने वाली प्रतिस्पर्धाएं अभी भी स्थानीय और विशेष रूप से लैंगिक राजनीति में संलग्न हैं, जो तेजी से वैश्वीकृत हो रहा है।

10.3 स्त्री-अधिकारवादी अंतर्राष्ट्रीय संबंधों का इतिहास

IR के स्त्री-अधिकारवादी सिद्धांत, और विश्लेषणात्मक दृष्टिकोण, व्योम से बाहर नहीं निकल पाए हैं। विभिन्न विद्वानों के साथ-साथ अभिनव सोच और शिक्षण, स्त्री-अधिकारवाद के विकास के लिए महत्त्वपूर्ण हैं। IR के क्षेत्र में लैंगिकता के प्रवेश में काफी समय लगा। यह बौद्धिक परिवर्तन विद्वान महिलाओं के नेटवर्क के साथ-साथ कुछ ऐसे पुरुषों द्वारा प्रारंभ किया गया था, जो पेशेवर संघों को फिर से तैयार करने के लिए विश्वविद्यालय के पाठ्यक्रम को संशोधित करने तथा नवीन विद्वत्तापूर्ण पत्रिकाओं का शुभारंभ करने के लिए साथ मिल काम कर रहे थे। इस नेटवर्क का निर्माण, राज्य की सीमाओं के साथ-साथ प्रजातियों एवं संस्कृति तथा पेशेवर स्थितियों के परे जाकर आत्म-जागरूक तरीके से किया गया था। महिलाओं के लिए संयुक्त राष्ट्र के दशक (1975–85) ने इस लामबंदी को अंतर्राष्ट्रीय बनाने में मदद की। डॉक्टरेट की पढ़ाई कर रही कई महिलाओं तथा अकादमिक पद पदों पर आसीन महिलाओं ने उन सम्मेलनों में भाग लिया, जो स्त्री-अधिकारवादी कार्यकर्ताओं और शोधकर्ताओं को एक साथ लाते थे। 1980 के दशक के अंत तक, ऑस्ट्रेलिया, फिलीपींस, भारत, कनाडा, यूनाइटेड किंगडम, जर्मनी, आयरलैंड, संयुक्त राज्य में महिला अध्ययन पाठ्यक्रम शुरू किए गए। उनके शिक्षकों ने स्वयं के संकाय के सहयोगियों से संदेह को दूर किया, जिन्होंने बौद्धिक कठोरता की कथित कमी पर आक्षेप किया था। महिलाओं के लिए *साइन्स, विमन्स स्टडीज़ इंटरनेशनल फोरम, विमन्स रिव्यू ऑफ बुक्स* और *फेमिनिस्ट रिव्यू* जैसी अध्ययन पत्रिकाओं का प्रकाशन प्रारंभ हुआ। उन्होंने इतिहास, साहित्य, समाजशास्त्र, कला-इतिहास और मानव विज्ञान में कार्यरत विद्वानों की पांडुलिपियों का लाभ उठाया।

1970 के दशक के मध्य तक, अलग-अलग शिक्षाविदों द्वारा 'महिला और राजनीति' के विषय में कुछ पाठ्यक्रमों का निर्माण किया गया, जबकि राजनीतिक वैज्ञानिकों ने भी अमेरिकी पॉलिटिकल साइंस एसोसिएशन जैसे पेशेवर समूहों के अंदर महिलाओं के प्रसम्मिलन को व्यवस्थित करने के लिए कदम उठाए हैं। 1980 के दशक के अंत तक, स्त्री-अधिकारवादी विचार को IR के

अंतर्गत लाने के लिए थोड़े प्रयास किए जा रहे थे। IR सत्ता की गतिविधियों में स्त्री-अधिकारवादी अंतर्दृष्टि के लिए बौद्धिक और पेशेवर प्रतिरोध का गढ़ प्रतीत होता है। अमेरिकी विद्वानों के एक छोटे समूह के नेतृत्व में एने टिकनर ने फोर्ड फाउंडेशन को महिलाओं, लैंगिकता एवं IR के अध्ययन पर आडंबरहीन लेकिन बौद्धिक रूप से नवप्रवर्तनशील सम्मेलन को प्रायोजित करने के लिए राजी किया। 1988 में, यह संयुक्त राज्य में मैसाचुसेट्स के वेलेस्ले कॉलेज में आयोजित किया गया। 1990 के दशक के आरंभ तक, कई स्त्री-अधिकारवादी संपादकों ने ऐसे लेखों एवं पुस्तकों की पांडुलिपियों को स्वीकार करना प्रारंभ किया, जो IR के संदर्भ में इन प्रगतिशील स्त्री-अधिकारवादी विचारों को मुद्रित किए जाने योग्य थे, ताकि उन पर बड़े पैमाने पर परिचर्चा आयोजित की जा सके, उन्हें लागू किया जा सके एवं छात्रों को सौंपा जा सके। शुरुआती प्रकाशनों में जीन बेथे अलसैटियन की *वुमन एंड वॉर* (1987), रॉबर्ट एथेन की *इंटरनेशनल रिलेशंस थ्योरी: कंट्रीब्यूशन ऑफ फेमिनिस्ट स्टैंडप्वाइंट* (1989), सिंथिया एनलो की *बनानाज, बीचेज एंड बेस: मेकिंग सेंस ऑफ इंटरनेशनल पॉलिटिक्स* (1990), ग्रांट एवं न्यूलैंड की *जेंडर एंड इंटरनेशनल रिलेशंस* (1991) तथा एने टिकनर की *जेंडर इन इंटरनेशनल रिलेशंस* (1992) शामिल हैं।

स्पाइक पीटरसन, एने टिकनर, जिन्डी पेटमैन, सैंड्रा व्हिटवर्थ, क्रिस्टीन सिल्वेस्टर और एनी सूसी रन्युन जैसे शिक्षाविद संयुक्त राज्य में सक्रिय थे। उन्होंने IR के बारे में स्त्री-अधिकारवादी सुविज्ञ विचारों के चल रहे विनिमय के लिए एक कार्यक्षेत्र बनाने का फैसला किया। पंद्रह साल बाद, इंटरनेशनल स्टडीज एसोसिएशन (ISA), मॉन्ट्रियल, क्यूबेक ने कई चीजें सम्पादित की। ISA में शिक्षाविदों द्वारा लिंगभेद की निगरानी करने और चुनौती देने के लिए, ISA के भीतर एक महिला समूह काम कर रहा था। इसके बाद, ISA के संचालन में स्त्री-अधिकारवादियों द्वारा भागीदारी को प्रोत्साहित करने में युवा विद्वानों की मदद के लिए, ISA में स्त्री-अधिकारवादी सिद्धांत एवं लैंगिकता अध्ययन अनुभाग (FTGS) की स्थापना की गई। यह शोध-पत्रों को प्रायोजित करने, बैठकों में पैनल का गठन करने और IR विशेषज्ञों की संस्कृति का विस्तार करने के लिहाज से भी महत्त्वपूर्ण था। 2004 के ISA सम्मेलन से ठीक पहले, 18 पूर्णकालिक पैनल एवं अतिरिक्त 81 शोध-पत्रों को स्वीकार किया गया, तथा लैंगिक स्त्री-अधिकारवाद एवं IR को प्रस्तावित किया गया ताकि IR के विषय क्षेत्र से जुड़े स्त्री-अधिकारवादी शोध की परिपूर्ण मात्रा का सुझाव दिया जा सके।

इस बीच, 'लैंगिकता एवं IR', 'IR स्त्री-अधिकारवादी सिद्धांत', 'महिलाएं एवं मानवाधिकार', 'IR में लैंगिकता', 'वैश्वीकरण में लैंगिकता' जैसे पाठ्यक्रम दुनिया भर के विश्वविद्यालयों में लोकप्रिय हो रहे थे। 1999 में, FTGS ने एक नई पत्रिका, *इंटरनेशनल फेमिनिस्ट जर्नल ऑफ़ पॉलिटिक्स* (IFJP) का भी शुभारंभ किया। इस पत्रिका का उद्देश्य कैसे साधन के तौर पर कार्य करना था, जिसके जरिए लैंगिकता और शक्ति के विभिन्न अंतःक्रियाओं का अन्वेषण किया जा सके। पत्रिका के शीर्षक में 'लिंग' शब्द के बजाय 'स्त्री' शब्द का उपयोग जानबूझकर किया गया था। इसका उद्देश्य स्थानीय और अंतर्राष्ट्रीय मामलों में संरचित स्त्रीत्व एवं पुरुषत्व के कार्यकलापों के संदर्भ में विद्वतापूर्ण परिचर्चाओं को प्रोत्साहित करना था। अन्य स्त्री-अधिकारवादी पुरुष विद्वानों के साथ-साथ कई बहुराष्ट्रीय स्त्री-अधिकारवादी विद्वानों ने पत्रिका के सलाहकार मंडल को अपनी सेवाएं दी।

IR में स्त्री-अधिकारवादी अनुसंधान अभी भी प्रगति पर है, क्योंकि उपर्युक्त तथ्य केवल इस क्षेत्र में स्त्री-अधिकारवादी अन्वेषण के विकास की शुरुआत को दर्शाते हैं। इसके अलावा, यह प्रगति पुरुष-केंद्रित IR सैद्धांतिकरण को बदलने के लिए स्त्री-अधिकारवादी विद्वानों द्वारा अभिज्ञ एवं विचारपूर्वक किए गए प्रयासों को दर्शाती है। अब हम IR की स्त्री-अधिकारवादी आलोचना के लिए, स्त्री-अधिकारवादी IR सिद्धांत के इतिहास पर चर्चा करेंगे।

10.4 अंतर्राष्ट्रीय संबंधों की स्त्री-अधिकारवादी आलोचना

IR के अभ्यास की दो बुनियादी आलोचनाओं के साथ, स्त्री-अधिकारवादी ने अध्ययन के विषय के तौर पर IR में प्रवेश किया। पहली और सबसे महत्त्वपूर्ण आलोचना यह है कि, IR के सिद्धांत एवं शिक्षण में महिलाओं को अदृश्य बना दिया गया था। ऐसा प्रतीत होता था कि, वैश्विक राजनीति में IR का विषय पूर्णतया पुरुषों का व्यवसाय था। इस क्षेत्र में महिलाओं की कोई भूमिका नहीं थी। चूंकि, IR में निर्णय लेने की प्रक्रिया में पुरुष काफी हद तक शामिल थे, इसलिए यह माना जाता था कि वैश्विक राजनीति में महिलाओं की कोई भूमिका नहीं थी। महिलाएं पूरी प्रक्रिया में केवल मूकदर्शक थीं। IR सिद्धांतवादियों की एक और बड़ी धारणा

यह थी कि, वैश्विक राजनीति ने पुरुषों एवं महिलाओं को समान रूप से प्रभावित किया। वे इस तथ्य से पूरी तरह से अनभिज्ञ थे कि, राजनीति ने संघर्ष के कई क्षेत्रों में पुरुषों की तुलना में महिलाओं को अलग तरीके से प्रभावित किया। उदाहरण के लिए, युद्ध से होने वाले नुक़सान महिलाओं को पुरुषों की तुलना में अधिक घातक रूप से प्रभावित करते हैं। इसलिए, वैश्विक राजनीति के विश्लेषण में, एक महत्त्वपूर्ण कारक के रूप में लैंगिकता को पूरी तरह नज़रअंदाज़ कर दिया गया था। स्त्री-अधिकारवादियों का तर्क है कि, IR के क्षेत्र एवं अध्ययन में पुरुषों (अभिजात वर्ग) के वर्चस्व समग्र रूप से इस उपेक्षा का कारण है। पुरुष, विशेष रूप से कुलीन पुरुष, पुरुष प्रधान मानकों एवं दृष्टिकोणों के प्रति अधिक आसक्त थे।

संघर्ष, प्रतिस्पर्धा, सुरक्षा और शक्ति जैसी अवधारणाएं मानव प्रकृति के एक विशेष विचार पर आधारित थी। मानव प्रकृति की यह मूल धारणा लिंग भेद से संबंधित थी। IR सिद्धांतवादी कूटनीति, युद्ध और शासन कला जैसे 'उच्चस्तरीय राजनीति' पर ध्यान केंद्रित करते हैं, जिनकी कल्पनाओं में विश्व में राजनेताओं एवं सैनिकों के तौर पर पुरुषों का प्रभुत्व है। राज्यों के संदर्भ की उपेक्षा करते हुए उन्हें इकाइयों के रूप में देखा गया, और अंतर्राष्ट्रीय संरचनाओं की शासन व्यवस्था में अराजकता व्याप्त हो गई। इसके बजाय, स्त्री-अधिकारवादियों ने अपने सामाजिक, राजनीतिक और आर्थिक संदर्भों में व्यक्तियों पर ध्यान केंद्रित किया। वे इस तथ्य का अन्वेषण करते हैं कि, अंतर्राष्ट्रीय व्यवस्था में युद्ध एवं राज्यों का व्यवहार किस प्रकार असमान लिंग-भेद के संरचनात्मक संबंधों में अंतर्निहित है, तथा यह संरचना किस प्रकार व्यक्तियों, विशेष रूप से महिलाओं के जीवन को प्रभावित करती है।

10.5 यथार्थवादी निदर्शन की स्त्री-अधिकारवादी आलोचना

IR की स्त्री-अधिकारवादी आलोचना की शुरुआत, प्रभावशाली यथार्थवादी सिद्धांत की आलोचना के साथ होती है। IR के क्षेत्र में सर्वप्रमुख स्त्री-अधिकार सिद्धांतवादी, एने टिकनर, ने यथार्थवाद में पुरुषवाद एवं स्त्री-द्वेष का अनुरेखण किया, जिसके अंतर्गत राज्यों के व्यवहार में गौरवशाली पुरुष योद्धाओं के विचारों को प्रस्तुत किया गया (टिकनर, 1992; 1997)। यथार्थवादी संभाषणों में, ऐसा प्रतीत होता था कि सुरक्षा एक सभ्य राजनीतिक व्यवस्था और अंतर्राष्ट्रीय अराजकता की 'प्राकृतिक' हिंसा के बीच एक मिथ्या विभाजन पर आश्रित थी। इस विभाजन का अनुरेखण, युद्ध की स्थिति को प्रकृति की सत्ता के तौर पर देखने के हॉब्स के दृष्टिकोण से किया जाता है—एक खतरनाक एवं अत्यंत निकृष्ट स्थान जहां पुरुषों को जीवित रहने के लिए अपने संसाधनों का सहारा लेना पड़ता है। एकल सरकार के अधिकार-क्षेत्र के बाहर अंतर्राष्ट्रीय क्षेत्र को अराजक एवं प्रकृति की सत्ता की तरह माना जाता है। टिकनर (1997) ने तर्क दिया कि, हॉब्स के विवरणों में महिलाएं काफी हद तक अनुपस्थित थीं। वह मैकियावेली पर चर्चा करती हैं। हालांकि, यह चर्चा एक बहुत ही अलग परंपरा, अर्थात् विकार एवं अराजकता के प्राकृतिक दायरे विशेषता, के संदर्भ में है, जो स्वयं स्त्री संबंधी है। यदि हॉब्स के लिए पुरुष प्रकृति की सत्ता में थे, तो मैकियावेली के पुरुष इस पर प्रभुत्व चाहते थे। अक्सर हॉब्स और मैकियावेली के उद्धरणों को एक साथ ही प्रस्तुत किया जाता है। विषय-क्षेत्र के इन 'संस्थापकों' ने IR के एक ऐसे दृष्टिकोण को बढ़ावा दिया है, जिसमें महिलाएं व्यावहारिक रूप से अनुपस्थित हैं। इसके विपरीत, पुरुष एक निरंकुश, भयप्रद स्त्रियोचित अराजकता को अनुकूल बनाने के ओजपूर्ण संघर्ष में संलग्न हैं।

स्त्री-अधिकारवादियों द्वारा IR के पुरुष केंद्रित सिद्धांतों की एक और महत्त्वपूर्ण आलोचना यह है कि, यह मौजूदा विश्व व्यवस्था को स्वीकार करता है और इस प्रकार विश्व व्यवस्था को इसके ढांचे के रूप में स्वीकार करता है। यह दृष्टिकोण एक शांतिपूर्ण विश्व व्यवस्था स्थापित करने के लिए IR सिद्धांत को समझने एवं इसका कुशलतापूर्वक इस्तेमाल करने में वैज्ञानिक परिशुद्धता और पूर्वानुमेयता के प्रति उनकी वरीयता से परिलक्षित होता है। वैज्ञानिक उपागम के प्रयोग को व्यवहारवादियों, नव-यथार्थवादियों, उदार संस्थावादियों और शांति शोधकर्ताओं द्वारा अपनाया गया था। उन्होंने गणित, प्राकृतिक विज्ञान और अर्थशास्त्र से अपने सिद्धांतों के लिए वैज्ञानिक मान्यता प्राप्त करने के उद्देश्य से प्रतिदर्शों का निरूपण किया। कारणों की खोज करके मानव व्यवहार को समझाने के लिए संरचनात्मक सिद्धांत विकसित किए गए। उनका मानना था कि, मानव व्यवहार प्रकृति के नियमों द्वारा शासित किरदारों के लिए बाहरी संरचनाओं द्वारा उत्पन्न होता है। सिद्धांत निर्माण अंतर्राष्ट्रीय मामलों को नियंत्रित करने एवं पूर्वानुमान करने की इच्छा से प्रेरित है।

विज्ञान की ओर यह झुकाव, निम्नलिखित चार पूर्वधारणाओं पर आधारित था:

1. प्राकृतिक एवं सामाजिक दुनिया को समझने के लिए विज्ञान की पद्धतियों में विश्वास
2. इसमें तथ्यों एवं मूल्यों के बीच विभेद किया जाता है
3. तटस्थता हेतु अनुरोध के माध्यम से वक्तव्यों की सत्यता को निर्धारित किया जा सकता है
4. प्राकृतिक दुनिया की तरह सामाजिक दुनिया की भी नियमानुकूलता है

ये चार पूर्वधारणाएं, विश्व व्यवस्था के पुरुष केंद्रित सिद्धांत को स्वीकार करती हैं। स्त्री-अधिकारवादियों ने इस विश्व व्यवस्था को चुनौती दी है, और इसमें लैंगिक भेदभाव पर आधारित पदानुक्रम को देखते हैं। वैज्ञानिक सैद्धांतिकरण के प्रति आकर्षण का एक अन्य कारण विश्वास प्रणाली पर आधारित है, जिसे पुरुषत्व तथा वैज्ञानिक एवं पुरुषत्व के सांस्कृतिक मूल्यों के समुच्चय के साथ निष्पक्षता जो रूप में परिभाषित किया जाता है। पाश्चात्य जगत के आधुनिक इतिहास में, पुरुषों को जानकार के रूप में देखा गया है; इसके अलावा, प्राकृतिक एवं सामाजिक विज्ञान में ज्ञान, सार्वजनिक क्षेत्र में पुरुषों के जीवन पर आधारित है। वैज्ञानिक दृष्टिकोण के परिणामस्वरूप राजनीतिशास्त्र, अर्थशास्त्र एवं न्याय जैसी तर्कसंगत गतिविधियों को वैधता प्राप्त हुई, जबकि गृह प्रबंधन, बच्चों का पालन-पोषण एवं देखभाल जैसी प्राकृतिक गतिविधियों का अवमूल्यन किया गया। पेटमैन का तर्क है कि, 17वीं शताब्दी में कार्यस्थल से घर को अलग करने के साथ महिलाओं को आजादी के लिए आवश्यक आर्थिक आधार से बेदख़ल किए जाने का कार्य आरंभ हुआ। इसके परिणामस्वरूप, सार्वजनिक एवं निजी क्षेत्रों को अलग किया गया, तथा प्रत्येक क्षेत्र को एक विशिष्ट महत्त्व प्रदान किया गया। आम जनता पर कारण के महत्त्व का अधिक प्रभाव पड़ा, जबकि परिवार के तौर पर निजी क्षेत्र में भावनाओं के महत्त्व का प्रभुत्व था। चूंकि महिलाएं बड़े पैमाने पर निजी क्षेत्र से संबंधित हैं, इसलिए सार्वजनिक क्षेत्र के 'आत्महित' के विरोध में वे नीतिपरक भावनाओं से जुड़ गईं। इस सार्वजनिक-निजी विभाजन की स्त्री-अधिकारवादियों ने दृढ़ता से आलोचना की है। इस प्रकार का विभाजन, पूछे जाने वाले प्रश्नों एवं उनके उत्तर के तरीकों को आकार देता है तथा प्रतिबंधित करता है। स्त्री-अधिकारवादी बताते हैं कि, 'ज्ञान' एक सामाजिक संरचना है। इसकी प्रकृति अनिश्चित होती है, तथा इसे सांस्कृतिक और ऐतिहासिक संदर्भ द्वारा आकार दिया जाता है। वे IR के बारे में अपने ज्ञान को, अधिकाहीन एवं वंचितों की अनसुनी आवाजों के आधार पर एकत्रित करते हैं। पारंपरिक विद्वानों द्वारा IR को सैद्धांतिक रूप देने के लिए, अपरिचित आवाजों का दृढ़ता से उपयोग किया जाता है।

एने टिकनर (1988), IR के संदर्भ में हेन्स मोर्गेंथाऊ के छह सिद्धांतों को पुनः व्यवस्थित करती हैं, जो निम्नानुसार हैं:

1. मानवीय प्रकृति में पुरुषत्व एवं स्त्रीत्व, दोनों का समावेश है; इसमें सामाजिक स्तर पर प्रजनन और विकास के साथ-साथ राजनीतिक प्रभुत्व के तत्व भी शामिल हैं। गतिशील निष्पक्षता हमें वर्चस्व के लिए कम क्षमता वाली निष्पक्षता का अधिक संयोजित दृश्य प्रदान करती है।
2. स्त्री-अधिकारवाद का मानना है कि, सामाजिक-ऐतिहासिक संदर्भ में एक राज्य का राष्ट्रीय हित गतिशील, बहुआयामी और आकस्मिक है। इसके परिणामस्वरूप, इसे शक्ति के संदर्भ में पूरी तरह समझा और परिभाषित नहीं किया जा सकता है। आज की दुनिया में, राज्यों का राष्ट्रीय हित परमाणु युद्ध के खतरे, आर्थिक विकास तथा पर्यावरणीय अवक्रमण को रोकने के लिए संघर्ष की तरह जटिल एवं समेकित वैश्विक मुद्दों के एक समूह के शून्य-योग समाधानों के बजाय सहयोग की मांग करता है।
3. शक्ति को ऐसे तरीके से परिभाषित नहीं किया जा सकता है, जहां इसके अर्थ को सार्वभौमिक स्तर पर समान रूप से लागू नहीं किया जा सके। शक्ति को 'वर्चस्व' और 'नियंत्रण' के रूप में समझा जाता है, जो पुरुष-प्रधान अथवा या पुरुषत्व के ढांचे का समर्थन करता है और 'सामूहिक सशक्तिकरण' और शक्ति के ऐसे कई अन्य पहलुओं की संभावना की उपेक्षा करता है, जो अक्सर स्त्रीत्व से संबंधित होते हैं।
4. स्त्री-अधिकारवाद राजनीतिक कार्रवाई से आचार-नीति को अलग करने की संभावना को अस्वीकृत करता है। सभी राजनीतिक कार्यों का अपना नीतिपरक महत्त्व है। यथार्थवादी शक्ति एवं नियंत्रण के माध्यम से व्यवस्था का अधिकतम

लाभ उठाने का लक्ष्य रखते हैं। वे न्याय के नीतिपरक मुद्दों और सामाजिक स्तर पर प्रजनन की मूलभूत आवश्यकताओं की व्यवस्था को प्राथमिकता देते हैं।

5. इस बात पर तर्क करते हुए कि, विशेष राष्ट्रों की नीतिपरक महत्वाकांक्षाओं की तुलना सार्वभौमिक नीतिपरक सिद्धांतों से नहीं की जा सकती है और उन्हें संबद्ध नहीं किया जा सकता है, स्त्री-अधिकारवाद मानव आकांक्षाओं में नीतिपरक समानताओं को खोजने का प्रयास करते हैं, जो अंतर्राष्ट्रीय संघर्ष को कम करने एवं अंतर्राष्ट्रीय समुदाय को मजबूत करने के लिए विभिन्न देशों के बीच एकजुटता का निर्माण करने का आधार बन सकता है।
6. स्त्री-अधिकारवाद, मानक मानदंड पर राजनीतिक की स्वायत्तता की वैधता को खारिज कर देता है। चूंकि पाश्चात्य समाजों स्वायत्तता पुरुषों से संबंधित है, इसलिए मानवीय प्रकृति को एकरूप करने तथा इसमें आंशिक तौर पर अंतर्निहित बहुवाद एवं पुरुषत्व को अस्वीकृत करने हेतु एक वैश्विक दृष्टिकोण के निर्माण की दिशा में अनुशासनात्मक प्रयास किया जाता है। संकुचित रूप से परिभाषित राजनीतिक क्षेत्र को सशक्त बनाकर और राजनीति को इस तरह से परिभाषित करके, यथार्थवाद महिलाओं की चिंताओं और योगदानों को शामिल नहीं करता है।

10.6 सुरक्षा की अवधारणा की स्त्री-अधिकारवादी आलोचना

जैसा कि अध्याय में पहले उल्लेख किया गया है, IR में उपयोग की जाने वाली अवधारणाएं लैंगिक आधार पर भेदभाव से ग्रस्त हैं। उदाहरण के लिए अगर सुरक्षा की अवधारणा की बात की जाए, तो इसे एने टिकनर, क्रिस्टीन सिल्वेस्टर और कई अन्य स्त्री-अधिकारवादियों द्वारा पूरी तरह से समस्याग्रस्त किया गया है। एक अवधारणा के रूप में सुरक्षा, IR के अध्ययन का केंद्रीय विषय है। राजनीतिक / सैन्य संदर्भ में, सुरक्षा को पारंपरिक रूप से राज्य की अखंडता की सुरक्षा के रूप में परिभाषित किया गया था। इसका अर्थ, एक शत्रुतापूर्ण अंतर्राष्ट्रीय पर्यावरण के खतरों के खिलाफ़ सीमाओं की रक्षा करना था। एक यथार्थवादी, मार्टिन राइट, इसे 'आवश्यकता का दायरा' कहते हैं। यथार्थवादी घरेलू कारकों की उपेक्षा करते हुए, राज्य की असुरक्षा के प्राथमिक निर्धारक के रूप में व्यवस्था की अराजक संरचना पर बल देते हैं। राज्यों की घोषणा की जाती है तथा उन्हें एकजुटता का निर्माता बताया जाता है। अपनी शक्ति बढ़ाने के लिए राज्यों के प्रयासों की व्याख्या, उनके द्वारा अपनी सुरक्षा को बढ़ाने के प्रयास के तौर पर की जाती है। शीत युद्ध के बाद, सुरक्षा की इसी परिभाषा का इस्तेमाल किया जाता है। सुरक्षा विशेषज्ञों के लिए, सैन्य शक्ति अंतर्राष्ट्रीय राजनीति के एक प्रमुख घटक बरकरार है। दक्षिणी देशों की निर्धनता के शोधकर्ताओं तथा पर्यावरणविदों द्वारा सुरक्षा की परिभाषा के दायरे के विस्तार के बावजूद, सुरक्षा को राजनीतिक / सैन्य संदर्भ में परिभाषित किया गया। स्त्री-अधिकारवादी सुरक्षा की इस समझ को संकीर्ण मानते हुए इसकी आलोचना करते हैं, जिसके अंतर्गत महिलाओं या लैंगिकता पर बिल्कुल कम ध्यान दिया जाता है। IR स्त्री-अधिकारवादियों ने 'सुरक्षा' शब्द का अर्थ व्यापक किया है, तथा इसे बहुआयामी और बहुस्तरीय संदर्भ में परिभाषित किया है। वे सुरक्षा को क्योंकि हिंसा के सभी रूपों में कमी के तौर पर परिभाषित करते हैं, जिसमें हिंसा के भौतिक, संरचनात्मक, पारिस्थितिक और अन्य प्रकार के कपटी रूप शामिल हैं। चूंकि महिलाओं को अधिकांश राज्यों की शक्ति संरचनाओं से बाहर रखा जाता है, इसलिए स्त्री-अधिकारवाद महिलाओं की सुरक्षा के विषय को सर्वप्रमुख स्थान देते हैं। उन्होंने सुरक्षा या उसकी परिभाषा में राज्य या अंतर्राष्ट्रीय प्रणाली की बजाय, व्यक्ति या समुदाय को महत्त्वपूर्ण इकाई के रूप में स्थान देना शुरू किया। वे यह भी तर्क देते हैं कि, सुरक्षा आदर्श की बजाय एक ऐसी प्रक्रिया है जिसमें महिलाओं को अभिकर्ताओं के तौर पर कार्य करना चाहिए। क्रिस्टीन सिल्वेस्टर (1994) के अनुसार, एक अवधारणा के रूप में सुरक्षा 'दुर्ग्राह्य' और 'असार्वत्रिक' दोनों है, जिसमें 'संघर्ष और विवाद' भी शामिल है और इसलिए, यह एक प्रक्रिया है। स्त्री-अधिकारवादियों के लिए, सुरक्षा हेतु प्रयासों के अंतर्गत इस बात को समझना भी शामिल है कि, अंतर्राष्ट्रीय प्रणाली द्वारा सामाजिक पदानुक्रमों का निर्माण कैसे किया जाता है तथा उन्हें स्वाभाविक गुणों से वंचित करने एवं विखंडित करने का प्रयास किया जाता है।

स्त्री-अधिकारवादी इस बात को दृढ़तापूर्वक प्रस्तुत करते हैं कि, व्यक्तियों की असुरक्षा के केंद्रीय योगदानकर्ता के तौर पर संरचनात्मक असमानताओं का निर्माण आधुनिक राज्य और अंतर्राष्ट्रीय प्रणाली में हुआ है, जिसका यह एक हिस्सा है। वे बाहरी स्तर पर अराजकता एवं खतरे तथा आंतरिक स्तर पर व्यवस्था एवं सुरक्षा के बीच 'यथार्थवादी' सीमाओं को चुनौती देते हैं। वे यह

भी मानते हैं कि, राज्य-केंद्रित विश्लेषण के अंतर्गत विश्लेषण के विभिन्न स्तरों पर असुरक्षा की परस्पर निर्भरता को शामिल नहीं किया जाता है। चूंकि घरों में महिलाओं की जगह अधिकांश राज्यों के दायरे से बाहर है, इसलिए स्त्री-अधिकारवादी उन सीमाओं की आलोचना करते हैं जो राज्यों को सुरक्षा का एकमात्र प्रदाता मानते हैं।

मार्टिन राइट के 'राजनीतिक दायरे' की अवधारणा की आलोचना करते हुए, जहां बेहतर जीवन की अवधारणा को सैद्धांतिक रूप देना संभव है, स्त्री-अधिकारवादी महिलाओं के लिए इसे एक सुरक्षित स्थान के तौर पर मान्यता दिए जाने से पूर्व सुधारवादी पुनर्गठन की मांग करते हैं। सैन्य क्षमताओं एवं शक्ति के संदर्भ में स्त्री-अधिकारवादियों की समझ, संभ्रांत पुरुष IR विद्वानों से अलग है। सैन्य क्षमताओं को राज्य को बाहरी खतरों से सुरक्षा के आश्वासन के रूप में देखने के बजाय, सेनाओं को विशेष रूप से महिलाओं की सुरक्षा के विरोध में देखा जाता है। सुरक्षा के राजनीतिक/सैन्य आयामों का विश्लेषण करते समय, स्त्री-अधिकारवादी युद्धों के कारणों के बजाय इस बात पर ध्यान केंद्रित करते हैं कि युद्धों के दौरान क्या होता है। युद्ध के दौरान होने वाले बलात्कार पर चर्चा करते हुए, जेन जिन्डी पेटमैन (1996: 100–01) लिखते हैं कि, द्वितीय विश्व युद्ध में सामूहिक बलात्कार और दासता के साक्ष्य के बावजूद, उन पर युद्ध अपराधों के रूप में मुकदमा नहीं चलाया गया था। स्त्री-अधिकारवादियों का तर्क है कि, बलात्कार सिर्फ युद्ध का वृत्तांत नहीं है, बल्कि यह सैन्य रणनीति की तरह महत्त्वपूर्ण है। सिंथिया एनलो (1990) ज्यादातर सैन्य अड्डों के आस-पास की सामाजिक संरचनाओं का वर्णन करती हैं, जहां से महिलाएं गायब हो जाती हैं या अक्सर उनका अपहरण हो जाता है और उन्हें वेश्यावृत्ति हेतु बेच दिया जाता है। पेटटमैन यह भी बताते हैं कि, कुछ राज्यों में प्रमुख राष्ट्रीय समूहों ने भी अन्य महिलाओं के समर्थन में प्रदर्शन आयोजित किए हैं। इज़राइल की महिलाओं ने काले वस्त्र पहनकर फिलीस्तीनी महिलाओं के समर्थन में प्रदर्शन किया, और सर्बियाई राष्ट्रवादी आक्रामकता के खिलाफ़ बेलग्रेड के स्त्री- अधिकारवादियों ने प्रदर्शन किया। इन महिलाओं को महिलाओं या आम लोगों के बजाय अपने समुदाय की ओर निष्ठा रखने के लिए कई बार खतरों एवं हिंसा का सामना करना पड़ा है। इसी दौरान, राष्ट्रवादी विचारों के अनुरूप महिलाओं के साथ एकजुटता के भाव में राष्ट्रवादी हिंसा का सामना कर रहे कई राज्यों में 'काले रंग के वस्त्रों में महिलाओं' के प्रदर्शन को संरक्षण दिया गया। इस अर्थ में, यह तथ्य इस तर्क को पुष्ट करता है कि राज्यों को इकाइयों के रूप में नहीं लिया जा सकता है, जिससे सुरक्षा की मौजूदा सांख्यिकी धारणाओं पर सवाल उठाया जा सके।

संयुक्त राष्ट्र मानव विकास रिपोर्ट के अनुसार, सदी की शुरुआत में नागरिक कारणकार्य-संबंधों में 10 प्रतिशत से अधिक की बढ़ोतरी हुई है, जो आज 90 प्रतिशत है। रिपोर्टों के अनुसार, माताओं, परिवार के संरक्षकों एवं देखभालकर्ताओं के रूप में महिलाएं सर्वाधिक पीड़ितों में से एक है। हालांकि, वे दुनिया के कुल सैन्य कर्मियों का केवल 2 प्रतिशत ही हैं। सैन्य संघर्ष से संबंधित आर्थिक प्रतिबंधों द्वारा विशेष रूप से महिलाओं को दंडित किया जाता है, जैसा कि खाड़ी युद्ध के बाद इराक के खिलाफ़ मानवीय बहिष्कार देखने को मिला। शरणार्थियों की कुल आबादी में 80 प्रतिशत महिलाएं और बच्चे होते हैं, जिनकी संख्या 1970 और 1994 के बीच मुख्य रूप से सैन्य संघर्षों के कारण 3 मिलियन से बढ़कर 27 मिलियन हो गई है। स्त्री-अधिकारवादियों के लिए, आर्थिक और संरचनात्मक हिंसा सुरक्षा के मुद्दे को समझने में सैन्य संघर्ष के रूप में महत्त्वपूर्ण है। संयुक्त राष्ट्र मानव विकास रिपोर्ट के अनुसार, महिलाएं पुरुषों की आमदनी का तीन-चौथाई अर्जित करती हैं। आज दुनिया में निर्धन लोगों की संख्या 1.3 बिलियन होने का अनुमान है, जिनमें से 70 प्रतिशत महिलाएं हैं। औपचारिक बैंकिंग संस्थानों से महिलाएं अनुपातहीन रूप से वित्तीय सहायता प्राप्त करती हैं। वास्तव में, लगभग सभी समाजों में महिलाएं पुरुषों की तुलना में अधिक घंटे काम करती हैं, लेकिन उन्हें इस कार्य हेतु अपर्याप्त परिश्रमिक दिया जाता है या उनके कार्य को कम महत्त्व दिया जाता है, क्योंकि इनमें से अधिकतर कार्य बाजार अर्थव्यवस्था के दायरे से बाहर किए जाते हैं। पर्यावरण प्रदूषण और संसाधन की कमी भी उनके जीवन को गंभीर रूप से प्रभावित करते हैं। ये सभी तर्क पारंपरिक राज्य केंद्रित सुरक्षा चिंताओं को चुनौती देते हैं।

10.7 असुरक्षा की स्त्री-अधिकारवादी व्याख्या

स्त्री-अधिकारवादियों का तर्क है कि, महिलाओं की सुरक्षा को कम करने वाली सामाजिक असमानताओं को विश्लेषण के पारंपरिक साधनों का उपयोग करके नहीं समझा जा सकता है। संरचनात्मक स्पष्टीकरण का उपयोग करने वाले सिद्धांत सार्वभौमिकता की

इच्छा रखते हैं, परंतु इस बात को स्वीकार करने में असफल रहते हैं कि संरचनात्मक असमानताएं विभिन्न समूहों की सुरक्षा को विभिन्न तरीकों से कैसे प्रभावित करती हैं। स्त्री-अधिकारवादियों का तर्क है कि, लैंगिकता को विश्लेषण की एक श्रेणी के तौर पर प्रस्तुत करके ही राज्य प्रणाली विशेषक के प्रभाव तथा महिलाओं और पुरुषों के जीवन पर वैश्विक अर्थव्यवस्था के प्रभावों को समझा जा सकता है। उन्होंने यह स्पष्ट करने के तरीके के रूप में सार्वभौमिक क्षति के लिए इस खोज की आलोचना की, कि लैंगिक पदानुक्रम समय एवं संस्कृति के दौरान विभिन्न तरीकों से किस प्रकार प्रकट होते हैं। इसलिए, सिद्धांतों को प्रासंगिक ऐतिहासिक संदर्भों के प्रति संवेदनशील होना चाहिए। स्त्री-अधिकारवादियों ने उन सिद्धांतों के दावे को चुनौती दी है कि, राज्य को उनके सैद्धांतिक अन्वेषणों में कम करके आंका जा सकता है। केवल आधुनिक राज्य प्रणाली के वंश-क्रम तथा इसकी कभी-कभी बदलती राजनीतिक एवं आर्थिक संरचनाओं का विश्लेषण करके, हम सुरक्षा प्रदाता के रूप में राज्य की सीमाओं को समझ सकते हैं।

सार्वजनिक और निजी क्षेत्रों के बीच स्पष्ट सैद्धांतिक भेदभाव किए बिना, महिलाओं की दुर्दशा एवं असुरक्षा को समझा नहीं जा सकता है। स्पाइक पीटरसन (1992) जैसे स्त्री-अधिकारवादियों ने बताया कि, महिलाओं को आधुनिक पश्चिमी राज्य की संस्थापना के समय (साथ ही पूंजीवाद की शुरुआत के साथ) नागरिकों के रूप में शामिल नहीं किया गया था, बल्कि उन्हें अपने-अपने घरों के निजी स्थान तक ही सीमित कर दिया गया था। चूंकि उन्हें राजनीति के सार्वजनिक क्षेत्र और उत्पादन के आर्थिक क्षेत्र से अलग कर दिया गया था, इसलिए महिलाओं ने अभिकरण में अपनी मौजूदा स्वायत्तता खो दी, जिससे वे अपनी आर्थिक सुरक्षा के लिए पुरुषों पर अधिक निर्भर हो गईं।

कई महिलाएं घर के बाहर काम करती हैं, परंतु इस तथ्य के बावजूद उन्हें गृहिणियों, देखभालकर्ताओं एवं माताओं के तौर पर ही देखा जाता है, जिसके चलते इस श्रेणी के प्राकृतिक स्वरूप का निर्माण होता है, और फलतः उनकी आर्थिक सुरक्षा एवं स्वायत्तता कम हो जाती है। स्त्री-अधिकारवादियों का दावा है कि, लैंगिक आधार पर विभेदित भूमिकाएं वास्तव में राज्य द्वारा अंतर्राष्ट्रीय स्तर पर सुरक्षा की खोज को पुष्ट करती हैं एवं उन्हें वैध बनाती हैं। उन्होंने तर्क दिया है कि, लैंगिक असमानता राज्य की सैन्य गतिविधियों को बनाए रखने के लिए महत्त्वपूर्ण है। इस प्रकार, युद्धों में होने वाली गतिविधियां उनके कारणों और परिणामों के लिए प्रासंगिक हैं। यह इस विचार को वैध बनाती है कि, पुरुष कमज़ोर महिलाओं और बच्चों की रक्षा के लिए युद्ध करते हैं जो स्वयं की रक्षा नहीं कर सकते हैं। सैन्य बलों की भर्ती तथा युद्धों के लिए समर्थन के लिए यह एक महत्त्वपूर्ण प्रेरक रहा है। स्त्री-अधिकारवादियों ने संरक्षक-संरक्षित के बीच के इस संबंध को चुनौती दी। जब ऐसा माना जाता है कि महिलाओं एवं बच्चों को सुरक्षा की ज़रूरत है, तो अक्सर यह देखा जाता है कि उनके संरक्षक ही उनकी सुरक्षा के लिए सबसे बड़ा खतरा बन जाते हैं। जूडिथ स्टीम (1982) का दावा है कि, यह 'अवलंबित असममितिक संबंध' कम आत्म-सम्मान और कम आत्मनिर्भरता उत्पन्न करता है। बदले में, हृष्ट-पुष्ट वयस्कों की उपस्थिति के कारण निर्भर एवं अक्षमों के प्रति पुरुषों में नारी-द्वेषी दृष्टिकोण उत्पन्न होता है।

एनी ऑरफोर्ड का कहना है कि, संयुक्त राष्ट्र शांति-स्थापन कार्यों के संचालन में भी महिलाओं के यौन उत्पीड़न की सूचना मिली थी। महिलाओं के खिलाफ़ उत्पीड़न को युवा सैनिकों के प्राकृतिक व्यवहार के रूप में खारिज कर दिया गया था, जो महज आनंद लेने का प्रयास कर रहे थे। इस हिंसक व्यवहार को उन सैनिकों के नारी-द्वेषी प्रशिक्षण द्वारा कटु बनाया जा सकता है, जिन्हें पुरुषत्व की रूढ़िवादी धारणाओं के प्रति आकृष्ट करते हुए लड़ने और मारने के निर्देश दिए जाते हैं। सैन्य सुरक्षा के स्त्री-अधिकारवादी विश्लेषण ने राज्य संस्थानों की लिंग-भेद आधारित संरचनाओं पर ध्यान केंद्रित किया है, इसलिए आर्थिक सुरक्षा के मुद्दों तथा असुरक्षा की अवधारणा ने बाजार एवं परिवारों में गतिविधियों के बीच आंतरिक संबंधों को रेखांकित किया है। महिलाओं की आर्थिक असुरक्षा को केवल पितृसत्तात्मक संरचनाओं के संदर्भ में उनकी समस्याओं का पता लगाकर समझा जा सकता है जिनमें, जाति, वर्ग एवं नृजातियता के माध्यम से हस्तक्षेप किया जाता है। सार्वजनिक एवं निजी स्तर पर विभेदन का प्रभाव घर में महिलाओं के अवैतनिक काम को प्राकृतिक बनाने पर पड़ता है, जिसके लिए महिलाओं को अपनी स्वायत्तता एवं आर्थिक सुरक्षा का बलिदान करना पड़ता है।

इनमें से कई मुद्दे IR के विषय क्षेत्र से दूर हैं, परंतु पारंपरिक सिद्धांतों में आमतौर पर स्वीकृत ऊपर से नीचे के स्पष्टीकरण को अस्वीकार कर, इसके स्थान पर नीचे से ऊपर के दृष्टिकोण को अपनाते हुए, स्त्री-अधिकारवादियों का दावा है कि, वैश्विक अर्थव्यवस्था का संचालन तथा इससे उत्पन्न लाभो को राज्यों द्वारा सुरक्षित किए जाने का प्रयास पुरुषों एवं महिलाओं के बीच

असमान सामाजिक संबंधों पर आधारित है, जो महिलाओं की सुरक्षा को नुक़सान पहुंचाते हैं। राज्य युवा, अच्छी दिखने वाली, अविवाहित महिलाओं की नियुक्ति में बहुराष्ट्रीय कंपनियों के साथ प्रतिस्पर्धा करते हैं। इन नवनियुक्त महिलाओं द्वारा निम्न स्तरीय कामकाजी परिस्थितियों तथा कम मजदूरी के विरोध में स्वयं को संघबद्ध करने की सबसे अधिक संभावना नहीं होती है। जब राज्यों को सरकारी खर्च पर कटौती करने के लिए मजबूर किया जाता है, तो वे अक्सर उम्मीद करते हैं कि देखभालकर्ताओं की अपनी पारंपरिक भूमिका के आधार पर महिलाएं बिना वेतन के कल्याणकारी नौकरियों को करने में इच्छुक होंगी, जिसे पूर्व में राज्य द्वारा किया जाता है। कैरोलिन मोज़र के अनुसार, आर्थिक दक्षता पर केंद्रित संरचनात्मक समायोजन कार्यक्रम महिलाओं के अवैतनिक श्रम की प्रासंगिकता को स्वीकार करते हैं। स्त्री-अधिकारवादियों का तर्क है कि, इस अर्थ में पारंपरिक पुरुष विद्वत्त समुदाय द्वारा महिलाओं की सुरक्षा और असुरक्षा की भावना की गंभीर रूप से उपेक्षा की जाती है। राज्य के पुन: अवलोकन के माध्यम से, स्त्री-अधिकारवादी दर्शाते हैं कि असमान सामाजिक संबंध, जिस पर अधिकांश राज्यों की स्थापना की जाती है, अपनी सुरक्षा मांग की प्रवृत्ति को नियंत्रित करते हैं, साथ ही इससे प्रभावित भी होते हैं। अब आगे हम नागरिकता की अवधारणा की स्त्री-अधिकारवादी आलोचना को समझने का प्रयास करेंगे।

10.8 नागरिकता की स्त्री-अधिकारवादी आलोचना

विभिन्न विद्वान नागरिकता के विषय को राष्ट्र राज्य की प्रक्रियाओं में भागीदारी के तौर पर देखते हैं। उदाहरण के लिए, होबहाउस (1994) लिखते हैं कि, 'लोग अथवा किसी भी अन्य कीमत पर नागरिक ही राज्य का निर्माण करते हैं।' उदार विचारों में स्वतंत्र और समान व्यक्तियों के समाज की परिकल्पना की गई है, लेकिन काइमिल्का (1995) इसे इस प्रकार प्रस्तुत करते हैं: अधिकांश लोगों के लिए [समाज] का अर्थ उनका देश है। व्यक्ति और राज्य के बीच दायित्वों का पारस्परिक आदान-प्रदान होता है। अंतर्राष्ट्रीय क़ानून नागरिकता और राष्ट्रीयता के बीच गुणात्मक अंतर देखने को तैयार नहीं है। यह बात विवाद-योग्य है कि, एक विचार के रूप में नागरिकता मानती है कि दुनिया को सीमा के साथ ऐसे राष्ट्र-राज्यों में विभाजित किया जा सकता है, जो प्रकृति में समावेशी एवं अपवर्जक हैं। उदारवादियों के अनुसार, व्यक्ति मुख्य रूप से एकाकी, स्वायत्त, आत्मनिर्भर, व्यक्तिगत तौर पर अलग-अलग होते हैं, जिनके पास जीवन, स्वतंत्रता, तथा उदारवाद के कुछ संस्करणों के अनुसार संपत्ति जैसे क़ीमती सामान होते हैं। नागरिकता से संबंधित इस पारंपरिक उदारवादी दृष्टिकोण में व्यक्तिगत स्वतंत्रता की स्थिति शामिल है; नागरिक दूसरों के समान अधिकारों की बाधाओं के भीतर आत्म-हित को प्रोत्साहित कर सकते हैं। कैरोल पेटमैन और उर्सुला वोगल जैसी स्त्री-अधिकारवादियों ने नागरिकता के इस उदारवादी अवधारणा की आलोचना की है; वे तर्क देते हैं कि, पारंपरिक उदार सिद्धांत का व्यक्ति वास्तव में बुर्जुआ पुरुष है और यह उदार व्यक्ति पत्नियों, माताओं और देखभालकर्ताओं के रूप में महिलाओं पर निर्भर है।

कैरोल पेटमैन (1988) बताती हैं कि, पश्चिमी परंपरा के अनुबंध सिद्धांतों के अंतर्गत महिलाओं को सामाजिक अनुबंध से अलग रखा गया। उन्हें पुरुषों के नेतृत्व में घरों के अधीन रखे जाने के कारण अदृश्य बना दिया गया था, जिनके पास क़ानूनी अधिकार नहीं थे। इस संदर्भ में दो प्रकार के तर्क प्रस्तुत किए जाते हैं:

1. यह कहता है कि एक सैद्धांतिक संरचना के तौर पर उदारवादी व्यक्ति ने महिलाओं को अपवर्जित कर दिया है।
2. उदारवाद ने गृहिणियों और देखभालकर्ताओं के तौर पर महिलाओं की पारंपरिक भूमिकाओं को मान्यता दी है, जो समाज को एक सूत्र में पिरोए रखती हैं।

इस तर्क के आधार पर, नागरिकता के सिद्धांतों एवं उदारवादी अवधारणाओं में परिवार के साथ-साथ महिलाओं को प्रभावशाली ढंग से अप वर्जित किया गया।

दुनिया के अधिकांश हिस्सों में, महिलाएं अभी भी पूर्ण समानता के लिए संघर्ष कर रही हैं, और ज्यादातर समाजों में पुरुषों के मुकाबले मतदान का अधिकार उन्हें काफी विलंब से प्राप्त हुआ है। राजनीतिक और आर्थिक शक्ति की स्थिति में महिलाओं का न्यूनतम प्रतिनिधित्व स्पष्ट है। औपचारिक समानता के लिए प्रतिबद्ध समाजों में भी, महिलाओं को युद्ध संचालन से संबंधित सैन्य

नौकरियों से बाहर रखा जाता है। 'नागरिक', 'घर के मुखिया' एवं 'उपार्जक' जैसे शब्द अपक्षपाती नहीं हैं, बल्कि पुरुषत्ववादी आधार के साथ प्रत्यारोपित हैं।

राजनीति की स्त्री-अधिकारवादी आलोचना ने इस बात को उजागर किया कि, एक स्थिति और दावों के आधार, दोनों रूपों में नागरिकता ऐतिहासिक रूप से प्रमुख समूहों के बाहर मौजूद पुरुषों और महिलाओं के लिए समस्याग्रस्त रही है। नागरिकता एक सार्वजनिक पहचान बनाती है, जिसे लंबे समय तक पुरुषवाचक माना गया, जो परिवार, घर और जन्मजात तौर पर निजी क्षेत्र में रहने वाली महिलाओं पर अनेक तरीकों से निर्भर हैं। स्त्री-अधिकारवादियों के लिए इस संरचना से निपटना हमेशा कठिन रहा है। अक्सर 'राज्य' के संदर्भ में नागरिकता के दावे किए जाते हैं। नागरिकता की अवधारणा को समझने का एक और तरीका यह है कि, इसे राज्य के साथ एक व्यक्ति के क़ानूनी संबंध के रूप में परिभाषित किया जाए। स्त्री-अधिकारवादी राजनीति के लिए राज्य की अवधारणा हमेशा कठिन और जटिल समस्या रही है। वैश्वीकृत दुनिया में, स्त्री-अधिकारवादी पूछते हैं, जब हम अंतर्राष्ट्रीय और परिवर्तनीय स्त्री-अधिकारवादी गठबंधन की तलाश में राज्य सीमाओं से परे अपना ध्यान केंद्रित करते हैं, तो उस स्थिति में नागरिकता से हमें क्या हासिल होता है? लंबे समय से नागरिकता के स्त्री-अधिकारवादी आलोचकों ने तर्क दिया है कि, सक्रिय नागरिकता को भौतिक परिस्थितियों की आवश्यकता होती है, जो सार्वजनिक-राजनीतिक क्षेत्र में महिलाओं की भागीदारी का समर्थन करती हैं तथा उन्हें सक्षम बनाती है।

10.9 स्त्री-अधिकारवाद, आचार-नीति एवं मानवाधिकार

स्त्री-अधिकारवादियों ने अधिकारों की सार्वभौमिकता को महिलाओं के हितों के शक्तिशाली संरक्षक एवं प्रोत्साहक के तौर पर मान्यता दी है; हालांकि, आम तौर पर ऐसे अधिकारों को जिस तरह बढ़ा-चढ़ाकर निर्दिष्ट किया जाता है, ये उस अनुरूप महिलाओं के लिए संभवतः अधिक प्रभावी नहीं होते हैं। चूंकि स्त्री-अधिकारवादी राजनीति परंपरागत नीतिपरक प्रतिमानों से काफी आगे है, इसलिए स्त्री-अधिकारवादियों के अधिकारों के मामले में हमें अंतर्राष्ट्रीय आचार-नीति के दो प्रकार के स्त्री-अधिकारवादी कार्यकारी संबंध मिलते हैं।

1. सबसे पहले, स्त्री-अधिकारवादी रचनाएं मुख्यधारा के परिप्रेक्ष्य में कमज़ोर विषयों को उजागर करती हैं और अंतर्राष्ट्रीय परिदृश्य में महिलाओं के शामिल होने का दावा करती हैं—और इस मामले में, ये अंतर्राष्ट्रीय अधिकार धारकों (मानवों के लिए) की श्रेणी में आती हैं।
2. दूसरा, स्त्री-अधिकारवादियों ने महिलाओं के अधिकारों को उन विशिष्ट तरीकों के संदर्भ में अधिकारों की सही सोच के लिए जिम्मेदार ठहराया है, जिसमें महिलाओं के अधिकार उल्लंघन का जोखिम रहता है।

इसका तात्पर्य उस तथ्य पर ध्यान देना है कि, पुरुषों एवं महिलाओं के रूप में मनुष्य वास्तव में अलग- अलग हैं। इसका तात्पर्य यह भी है कि, अधिकारों की समानता का अर्थ समानता की धारणा के बजाय अंतर की मान्यता हो सकता है। स्त्री-अधिकारवादी नीतिपरक व राजनीतिक सिद्धांतों ने सिर्फ युद्ध और मानवाधिकार, दोनों अवधारणाओं के संदर्भ में राजनीतिक कार्यकर्ताओं द्वारा मुख्यधारा के वैश्विक पुरुषवादी विचारों को दी गई चुनौतियों के विभिन्न तरीकों से जवाब दिया है।

अब हम सामान्य पुरुषवादी नीतिपरक सोच के विपरीत नीतिपरक सोच की स्त्री-अधिकारवादी व्याख्याओं पर विचार करेंगे। हम रुडिक की *मैटरनल थिंकिंग टुवर्ड्स अ पॉलिटिक्स ऑफ पीस* (1993) में उनके द्वारा युद्ध के सिद्धांत की आलोचना तथा मानव अधिकारों के विचार पर मैकिनॉन (1989) की स्त्री-अधिकारवादी आलोचना पर विचार करेंगे। हम उनके विचारों के व्यावहारिक एवं सैद्धांतिक प्रभावों पर ध्यान केंद्रित करेंगे। स्त्री-अधिकारवादी आचार-नीति, स्वयं को आधारवाद एवं मानक नीतिपरक प्रतिमानों से अलग करती है। यह समुदाय को नीतिपरक मूल्य का स्रोत मानने की भी आलोचना करता है, जो इस तथ्य पर आधारित है कि आधुनिक दुनिया के सभी समुदाय महिलाओं की सशक्तिकरण पर भरोसा करते हैं। स्त्री-अधिकारवादी अपने अभिलषित आदर्शों एवं लक्ष्यों को साकार करने के व्यावहारिक और संस्थागत साधनों से असहमत हैं। आचार-नीति के संदर्भ में स्त्री-अधिकारवादी सोच वंचित लोगों के अनुभव पर आधारित है, ताकि महिलाओं की विशिष्टता के लिए सार्वभौमिक प्रयोज्यता और संवेदनशीलता

की आचार-नीति की आवश्यकता का सुझाव दिया जा सके। दूसरे शब्दों में, स्त्री-अधिकारवादी परिप्रेक्ष्य प्रभुत्ववादी आचार-नीति को अस्वीकृत करता है, जो साम्यवादी और विश्वव्यापी मूल्यों के बीच चुनाव को सीमित करता है।

सामाजिक मनोवैज्ञानिकों द्वारा विकसित देखभाल के आचार-नीति का विचार, स्त्री-अधिकारवादी आचार-नीति के सिद्धांत की सबसे महत्त्वपूर्ण अवधारणाओं में से एक है। कोरोले गिलिगन, कोहल्बर्ग द्वारा प्रस्तुत नीतिपरक मनोवैज्ञानिक विकास के स्वीकार्य पदानुक्रम को चुनौती देती हैं। कोहल्बर्ग (1973) के अनुसार, सबसे परिपक्व नीतिपरक दृष्टिकोण को नीतिपरक मुद्दों पर एक निष्पक्ष सार्वभौमिक और सिद्धांतबद्ध परिप्रेक्ष्य के विकास से पहचाना जाता है। इसे न्याय की आचार-नीति के रूप में जाना जाता है। कोहल्बर्ग का तर्क है कि, आदर्श महिलाओं के लिए न्याय की आचार-नीति को स्पष्ट किए जाने की संभावना कम होती है तथा उनके नीतिपरक विकास के पहले चरण में रहने की संभावना अधिक होती है, जिसमें नीतिपरक समस्याओं को तदर्थ, अत्यधिक व्यक्तिगत और संदर्भित तरीके से संबोधित किया जाता है। इसके विपरीत, गिलिगन का तर्क है कि महिलाओं की नीतिपरक सोच न्याय की आचार-नीति से कम नहीं है, और यह दर्शाती है कि महिलाओं के पास समान रूप से उन्नत एवं परिष्कृत नीतिपरक दृष्टिकोण है।

> *महिलाओं का नीतिपरक निर्णय अधिक प्रासंगिक है, संबंधों और कथाओं के विवरण में अधिक निमज्जित है, यह एक-दूसरे के दृष्टिकोण को समझने की प्रवृत्ति दिखाता है तथा महिलाएं इसके लिए आवश्यक संवेदना सहानुभूति की भावनाओं को प्रकट करने में अधिक निपुण दिखाई देती हैं (बेनहबीब, 1992: 267–300)।*

देखभाल की आचार-नीति की मुख्य विशेषता यह है कि, यह दूसरों के लिए जिम्मेदारी के संबंधों की व्यावहारिकताओं में अंतःस्थापित है। देखभाल के परिप्रेक्ष्य से नीतिपरक निर्णय के लिए विशिष्टता काफी महत्त्वपूर्ण है, जिसका अर्थ यह है कि, नीतिपरक निर्णय लेने से पहले इस बात को जानना आवश्यक है कि आप कौन और क्या हैं; संयुक्तता का मतलब है कि, निर्णय की प्रक्रिया में दूसरों के साथ अपने वास्तविक संबंध को पहचानना; और संदर्भ का मतलब नीतिपरक निर्णय के व्यापक एवं संकीर्ण विषयों पर ध्यान देना है।

अपनी पुस्तक में रुडिक (1993), युद्ध की शोकजनक अपरिहार्यता या संरचनात्मक आवश्यकता तथा हमारे राष्ट्र के समूह की विशेष नीतिपरक स्थिति के लिए सामुदायिक दावों के तौर पर यथार्थवादी तर्कों का खंडन करती हैं। वह केवल युद्ध के विचारों से संबंधित उपयोगितावादी एवं कांतवादी संस्करणों, दोनों की आलोचना भी प्रस्तुत करती हैं। वह अपनी आलोचना को दो चरणों में विकसित करती हैं। पहले चरण में, रुडिक 'मातृत्व संबंधी सोच' का एक दृग्विषय प्रदान करती हैं। दूसरे चरण में, एक महत्त्वपूर्ण स्त्री-अधिकारवादी दृष्टिकोण के रूप में, 'मातृत्व संबंधी सोच' का उपयोग किए जाने के प्रभावों पर चर्चा की गई है। इसका एक निहितार्थ यह है कि, यह युद्ध की आचार-नीति एवं युद्ध के विषय पर उचित स्त्री-अधिकारवादी प्रतिक्रिया के बारे में निर्णय लेने में मदद करता है। उनके अनुसार, मातृत्व संबंधी सोच वात्सल्य प्रेम का विषय है, और यह एक ऐसा विषय-क्षेत्र है जो देखभाल के एक विशेष संबंध की विशेष मांगों में निहित है, जैसा मां और बच्चे के बीच होता है और जो आध्यात्मिक दृष्टिकोण, संज्ञानात्मक क्षमताओं और गुणों की एक विशेष श्रृंखला को दर्शाता है। रुडिक ने हमें चेतावनी दी है कि, वह न तो जैविक माताओं के साथ माताओं को समीकृत कर रही हैं, और न ही यह मानती है कि मातृत्व संबंधी सोच में सभी वास्तविक माताएं अच्छी हैं। वह किसी भी अभ्यास में निहित खतरे, संघर्ष एवं अहित के जवाब के आदर्शों के बीच एक अंतर स्पष्ट करती हैं, जिसमें हिंसा को लक्ष्यों की प्राप्ति तथा खतरे, संघर्ष एवं अहित का जवाब देने का एक अनुमत साधन माना जाता है, जो हिंसा की अस्वीकार्यता पर आधारित हैं। सैन्यवाद के साथ देखभाल की तुलना करते हुए, वह लिखती हैं कि, 'देखभाल करने वाले, सैन्य लोगों की तुलना में बेहतर नहीं हैं।' वे विभिन्न परियोजनाओं में संलग्न हैं। सेनाओं का उद्देश्य संरचनात्मक अरक्षितता की मदद से हावी होना है, जिसका महत्त्व देखभाल करने वालों को नहीं मालूम है। वे शस्त्र-सज्जित एवं प्रशिक्षित होते हैं, ताकि अगर वर्चस्व के अन्य साधन विफल हो जाएं, तो वे अपने विरोधियों को शारीरिक यातनाओं से भयभीत और घायल कर देते हैं (और दर्द का भय संरचनात्मक संभावना है), जबकि देखभाल करने वाले आक्रमण एवं उपेक्षा के लिए प्रलोभन का विरोध करने का प्रयास करते हैं, भले ही वे छोटे, दुर्बल और अतिसंवेदनशील लोगों के बीच काम करते हैं, जो वर्चस्व को प्रेरित कर सकते हैं।

रुडिक उन समस्याओं के प्रति सतर्क हैं, जो अंतर्राष्ट्रीय राजनीति के दायरे में देखभाल से जुड़ी प्रथाओं के आदर्शों को सहज एवं प्रत्यक्ष तौर पर लागू करते हैं। हालांकि, उनका मानना है कि नीतिपरक निर्णय में देखभाल के निकष का प्रभाव अंतर्राष्ट्रीय क्षेत्र पर पड़ता है। जब मातृत्ववादी विचारधारा एक आत्म चिंतनशील समीक्षात्मक दृष्टिकोण को अपनाती है, तो यह मातृत्व और युद्ध के बीच एक अंतर्निहित विरोधाभास को उजागर करती है। व्यक्ति के जन्म के साथ ही मातृत्व की शुरुआत होती है, और उस जीवन के पालन-पोषण का वादा करती है। दूसरी तरफ, सैन्यवादी विचारधारा संगठित एवं सोद्देश्य मौतों को न्यायसंगत बनाती है और यह मूल रूप से जीवन विरोधी है। मां शरीर को पोषण देती है, मानसिक विकास को पोषित करती है और बच्चों के विवेक को विकसित करने में मदद करती है; हालांकि, सेना युवा सैनिकों को स्वनिर्मित असाधारण स्थितियों से बचने के लिए प्रशिक्षित करती है, सैनिक अपने शरीर, दिमाग और विवेक को विचारपूर्वक खतरनाक परिस्थितियों में डालते हैं। यह विचार हार्ट्सॉक के पूंजीवादी व्यवस्था के मार्क्सवादी विश्लेषण के से प्रेरित है। हार्ट्सॉक (1987) के अनुसार, सर्वहारा वर्ग के दृष्टिकोण से देखने पर पूंजीवाद का शोषक चरित्र उजागर होता है। इसी तरह, महिलाओं के दृष्टिकोण से देखने पर पितृसत्ता का चरित्र उजागर होता है, जो इस प्रणाली का खामियाजा उठाती हैं। इसलिए, स्त्री-अधिकारवाद दृष्टिकोण सिद्धांतों की श्रेणी के अंतर्गत आता है। इस धारणा के आधार पर, रुडिक लिखती हैं कि मातृत्ववादी सोच श्रम की देखभाल के क्षेत्र से संबंधित है, जो हाशिए पर हैं। उनके अनुसार सैन्य और न्यायसंगत युद्ध सिद्धांत, दोनों अमूर्त कारणों में यथार्थपूर्ण जीवन के विस्तार के प्रति प्रतिबद्धता साझा करते हैं, जिसके लिए मातृत्ववादी सोच मूल रूप से विरोध किया जाता है। इसका मतलब सिर्फ युद्ध की अस्वीकृति नहीं, बल्कि शांति की राजनीति को सक्रियतापूर्वक अपनाना है। युद्ध को समाप्त करने का संघर्ष, जिम्मेदारी की स्वीकृति और देखभाल के विचार की बेहतर समझ पर निर्भर करता है।

रुडिक यथार्थवाद, राज्यों की आचार-नीति, कांतवाद, उपयोगितावाद एवं सामुदायिकतावाद, सभी को पुरुषत्व सिद्धांत और अभ्यास के दायरे में सुरक्षित रूप से प्रस्तुत करती हैं। उनके लिए, IR का दायरा न राज्य-राष्ट्र या राज्य के अधिकारों के बजाय मुख्य रूप से मानवीय संबंधों के दायरे से संबंधित है। नीतिपरक दृष्टिकोण का उदय यथार्थपूर्ण अनुभवों एवं प्रथाओं से होता है और इसलिए, ये तटस्थ नहीं हो सकते हैं। हालांकि, वह तर्क देती हैं कि स्वाभाविक तौर पर नीतिपरक प्रथाओं के कुछ रूप दूसरों से बेहतर हैं। उनकी प्रतिक्रियाएं, अंतर्राष्ट्रीय नीतिपरक मुद्दों पर आधारित विचारों के संदर्भ में मुख्यधारा के दृष्टिकोण की अस्वीकृति पर आधारित हैं।

रुडिक, मैकिनॉन और उपरोक्त वर्णित अन्य विद्वान अंतर्राष्ट्रीय आचार-नीति के प्रश्नों से जुड़ी विचारधारा में स्त्री-अधिकारवादी हस्तक्षेपों के केंद्रीय वादे का प्रतिनिधित्व करते हैं। ये विद्वान यह मानते हैं कि, अंतर्राष्ट्रीय आचार-नीति एवं राजनीति इस अर्थ में अविभाज्य हैं कि, प्रत्येक आचार-नीति के अपने राजनीतिक निहितार्थ हैं, चाहे ये अभिस्वीकृत हों अथवा नहीं। वे अपने नीतिपरक ढांचे में विशिष्टता एवं सार्वभौमिकता की समकालिक स्वीकृति को भी जोड़ते हैं। दोनों विद्वानों के लिए विशिष्टता एवं सार्वभौमिकता इस तरह से संघटित हैं कि, स्त्री-अधिकारवादी कार्यकर्ताओं का अनुभव महिलाओं की स्थिति की विशुद्ध विशिष्टता या पुरुषों के साथ महिलाओं की समानता की असंभावना को सिखाता है। स्त्री-अधिकारवादी आंदोलन को विभिन्न स्थितियों और संघर्षों के विषय पर इन सार्वभौमिक एवं विशिष्ट विकल्पों के बीच दोलन करना पड़ा। यह केवल हितों को आगे बढ़ाने के व्यावहारिक लक्ष्य हेतु विशेष विचारधारात्मक स्थितियों को दुर्बल करने तथा महिलाओं की अधीनता के विरुद्ध संघर्ष से संभव था। पारंपरिक नीतिपरक प्रतिमानों की तुलना में, स्त्री-अधिकारवादी आचार-नीति अधिक खुली, प्रवाही एवं व्यावहारिक है।

पुरुषत्ववादी राजनीतिक कार्यावली की कलई खोलना, स्त्री-अधिकारवादी सिद्धांत की मुख्य चुनौतियों में से है, जो राज्य या व्यक्तिगत अधिकारों की वाक्पटुता के नीचे गुप्त रूप से स्थित था। हालांकि, स्त्री-अधिकारवादियों के समक्ष सबसे बड़ी चुनौती यह है कि, अंतर्राष्ट्रीय क्षेत्र में नई राजनीतिक संभावनाओं के निर्माण के लिए उस आलोचना से परे किस प्रकार जाया जाए। इस आलोक में, देखभाल की स्त्री-अधिकारवादी आचार-नीति तथा स्त्री-अधिकार पर आधारित सोच से अनुपूरक शक्ति मिलती है। अगर अंतर्राष्ट्रीय राजनीति के लिए नीतिपरक निर्णय एवं निर्देश हेतु एक अलग दृष्टिकोण प्रस्तुत करना मातृत्ववादी सोच की ताकत है, तो स्त्री-अधिकार पर आधारित सोच की ताकत इस बात में निहित है कि, यह समकालीन अंतर्राष्ट्रीय नीतिपरक जीवन की स्त्री-

अधिकारवादी व्याख्याओं को प्रत्यक्ष तौर पर अंतर्राष्ट्रीय क़ानूनों एवं संस्थानों को पुनः स्थापित करने वाली राजनीतिक परियोजना से जोड़ती है, ताकि स्त्री-अधिकारवादी समस्याओं को प्रतिबिंबित किया जा सके। सुस्थापित अंतर्राष्ट्रीय नीतिपरक विचारधारा हेतु मौलिक तौर पर एक पृथक विकल्प के बजाय, स्त्री-अधिकार पर आधारित आचार-नीति महज स्त्री होने के कारण पीड़ित महिलाओं के संदर्भ में मानवाधिकारों के दुरुपयोग को दर्शाने के लिए, पहले से ही उपलब्ध अंतर्राष्ट्रीय व्यावहारिक ज्ञान से संसाधनों का उपयोग करती है।

10.10 मानवाधिकार और राज्य

पारंपरिक तौर पर, राज्य द्वारा और अधिकांश मामलों में, इसके कर्मियों द्वारा व्यक्तियों पर किए जाने वाले अहित के विरुद्ध सुरक्षा को मानवाधिकार समझा गया। चूंकि महिलाओं के खिलाफ़ होने वाले अधिकांश अहित व्यक्तियों द्वारा किए जाते हैं, और यह जरूरी नहीं है कि इसमें राज्य अथवा उसके प्रतिनिधि की भागीदारी हो। इसे देखते हुए, स्त्री-अधिकारवादियों ने सार्वजनिक/ निजी विभेद—अर्थात् पारंपरिक उदारवाद के मूल सिद्धांत को चुनौती दी है, जिस बारे में हम अध्याय में पहले भी चर्चा कर चुके हैं। मानवाधिकारों की पारंपरिक अवधारणा में, राज्य के प्रतिनिधियों द्वारा सार्वजनिक दायरे में अधिकारों के उल्लंघन को ही मानवाधिकार का उल्लंघन माना जाएगा। इस अवधारणा के अनुसार, निजी क्षेत्र में व्यक्तियों द्वारा अधिकारों का उल्लंघन अवैध या अनीतिपरक हैं, लेकिन इन्हें मानवाधिकारों का उल्लंघन नहीं माना जा सकता है। यह महिलाओं के अधिकार से जुड़े कार्यकर्ताओं के लिए एक बड़ी सीमा रही है। गेल बिनियन ने अपने लेख 'ह्यूमन राइट्स: ए फेमिनेस्ट पर्स्पेक्टिव' में लिखा है कि, 'सार्वजनिक/ निजी द्विभाजन को अंतर्राष्ट्रीय स्तर पर संस्थागत किए जाने को नियंत्रित करना, मानवाधिकारों के लिए समावेशी दृष्टिकोण के निर्माण से संबद्ध स्त्री-अधिकारवादियों की सबसे बड़ी बाधाओं में से एक है' (बिनियन, 2006: 76)। निजी क्षेत्र में महिलाओं के खिलाफ़ हिंसा को मानवाधिकार के उल्लंघन के तौर पर स्वीकार किए जाने में अनिच्छा के प्रति अरुचि दिखाई देती है, क्योंकि इसमें राज्य अपराधी नहीं है बल्कि तमाशाई के रूप में कार्य करता है। 'जेंडर एंड ह्यूमन राइट्स' शीर्षक से प्रकाशित अपने लेख में सेरेना पारेख कहती हैं:

> *अक्सर महिलाओं की गरिमा के विशिष्ट उल्लंघनों को मानवाधिकारों की सीमा से परे रखा जाता है, जिसका एक महत्त्वपूर्ण कारण यह है कि इस प्रकार के कार्य अक्सर संस्कृति के नाम पर किए जाते हैं। सती प्रथा, मादा जननांगों का अंगच्छेदन, प्रतिष्ठा के लिए प्यार करने वालों की हत्या करना तथा घर पर बलपूर्वक परिरोध इत्यादि कुछ ऐसे कृत्यों के उदाहरण हैं, जिन्हें अक्सर संस्कृति के नाम पर किया जाता है, संस्कृति को विशिष्ट रूप से निजी माना जाता है। राज्य, एवं निश्चित तौर पर अंतर्राष्ट्रीय समुदाय को किसी समूह की सांस्कृतिक प्रथाओं में हस्तक्षेप नहीं करना चाहिए, हालांकि, इस प्रकार के कार्य किसी बाहरी व्यक्ति को हानिकारक अहितकर प्रतीत हो सकते हैं। इस प्रकार की विचारधारा को विधिसम्मत तरीकों से जोड़कर देखना (उपनिवेशवाद की गलतियों से बचना और किसी अन्य व्यक्ति पर अपने मूल्यों को गलत तरीके से लागू नहीं करना), महिलाओं के मानवाधिकारों को लागू नहीं किए जाने के सबसे व्यापक रूप से स्वीकार्य कारणों में से एक है। (पारेख, 2016)*

सैली एंगल मैरी अपनी रचना, *ह्यूमन राइट्स एंड जेंडर वायलेंस: ट्रांसलेटिंग इंटरनेशनल लॉ इन्टू लोकल जस्टिस* में तर्क देती हैं कि, प्रमुख उदारवादी तर्कों में 'संस्कृति का पदार्थवादी दृष्टिकोण' शामिल है। संस्कृति का यह पदार्थवादी दृष्टिकोण, एक संकीर्ण, स्थैतिक और शक्ति-केंद्रित अवधारणा पर निर्भर है, जो इसे परिभाषित करने के लिए शक्तिशाली लोगों की सहायता करता है क्योंकि उन्हें उचित लगता है। यह दृष्टिकोण इस विचार को ध्यान में नहीं रखता है कि, अक्सर किसी भी समाज में संस्कृति अत्यधिक प्रतिस्पर्धा का क्षेत्र होती है। अक्सर शक्ति सांस्कृतिक संबंधों के जटिल नेटवर्क का अच्छी तरह इस्तेमाल करती है, तथा सांस्कृतिक संबंधों का क़ानूनी, राजनीतिक एवं अन्य संस्थागत व्यवस्था पर प्रत्यक्ष प्रभाव पड़ता है। इसलिए, उनके विचार में, शक्ति पूरी तरह से व्यक्तिगत नहीं हो सकती है (मैरी, 2006: 9–15)। अपनी प्रसिद्ध कृति *हाउ शुड ह्यूमन राइट्स बी कन्सीव्ड* में थॉमस पोग ने महिलाओं के खिलाफ़ घरेलू हिंसा और मानवाधिकार उल्लंघन की स्थिति को अस्वीकृत किया है। कई अन्य विद्वानों ने भी इस

अस्वीकृति के प्रति अपनी सहमति जताई है। पारेख के अनुसार, यह प्रतिरोध निजी क्षेत्र में महिलाओं के विरुद्ध हिंसा एवं उनकी अवमानना के सभी रूपों को मानवाधिकार उल्लंघन के दायरे में शामिल करने के लिए चल रहे संघर्ष को प्रमाणित करता है। निजी क्षेत्र में महिलाओं के खिलाफ़ हिंसा के लिए राज्यों को उत्तरदायी बनाना, अधिकांश स्त्री-अधिकारवादियों के लिए एक प्रमुख सैद्धांतिक और राजनीतिक संघर्ष है। विकसित और अविकसित दुनिया, दोनों प्रकार के देशों में राज्य के साथ-साथ गैर-राज्य किरदारों द्वारा महिलाओं के विरुद्ध हिंसा की घटनाओं में कमी नहीं आई है। ऐसा लगता है कि, मानवाधिकारों के व्याख्यानों का हिंसा एवं उल्लंघन पर आधारित पुरुष केंद्रित अवधारणाओं द्वारा अपहरण कर लिया जाता है।

10.11 निष्कर्ष

इस संपूर्ण क्षेत्र में लिंग-भेद को उजागर करना, IR में स्त्री-अधिकारवादी योगदान की महत्त्वपूर्ण उपलब्धियों में से एक यह है कि। पाठ्यक्रम की सीमाओं के भीतर अध्ययन की गई विषयों की श्रृंखला, इसकी केंद्रीय चिंताएं एवं उद्देश्य, अनुभवजन्य अनुसंधान की विषय-वस्तु, सैद्धांतिक मॉडल की धारणाएं तथा शैक्षिक एवं संभ्रांत, दोनों समुदायों में महिला भागीदारी की कमी, संयुक्त रूप से महिलाओं को हाशिए पर लाने हेतु जिम्मेदार है। यह अंतर्राष्ट्रीय क्षेत्र में महिलाओं की भूमिका एवं मुद्दों को अदृश्य बनाता है। IR का विषय-क्षेत्र पुरुषों के अभ्यास और पुरुषवादी आधार के प्रभुत्व के कारण, संसार को पुरुषों के नजरिए से दिखाता है। सफलता का मापन शक्ति, स्वायत्तता और आत्मनिर्भरता के संदर्भ में किया जाता है, और ये सभी गुण पुरुषत्व के प्रतीक माने जाते हैं। पुरुष-वर्चस्व वाले पुरुषवादी अध्ययन-क्षेत्र के रूप में IR की स्थापना के बाद, स्त्री-अधिकारवादियों ने अधिकारहीन महिलाओं को अधिकार दिलाने एवं उनके स्त्रीत्व की रक्षा करने पर अपना ध्यान केंद्रित किया है।

इस अध्याय में, स्त्री-अधिकारवादी आंदोलनों की ऐतिहासिक और वैचारिक विविधता को सूचीबद्ध करके, हमने स्त्री-अधिकारवाद की पहली लहर के बारे में बात की, जिसमें महिलाओं के अधिकारों की औपचारिक समानता के लिए संघर्ष किया गया। यह आंदोलन महिलाओं को बुनियादी अधिकार दिलाने में काफी हद तक सफल रहा है। 1970 के दशक में स्त्री-अधिकारवाद की दूसरी लहर ने इस आंदोलन का स्थान ग्रहण किया, इस विषय पर तर्क-वितर्क के जरिए महिलाओं के अधिकारों को प्रोत्साहन दिया कि, हमें लिंगों के बीच औपचारिक समानता की मान्यता से आगे बढ़ने की जरूरत है। हमने यह भी देखा कि, वे अपने सैद्धांतिक उन्मुखताओं के आधार पर स्वयं विभाजित थे। उन्हें उग्र-सुधारवादी, सांस्कृतिक, उदारवादी, समाजवादी, अश्वेत एवं तीसरी दुनिया के स्त्री-अधिकारवादी के रूप में सूचीबद्ध किया गया। उदारवादियों को छोड़कर, सभी स्त्री-अधिकारवादी समूह पुरुषत्ववादी दुनिया के दृष्टिकोण के वर्चस्व को चुनौती देते हैं, जो महिलाओं को पराधीन बनाता है। कुछ स्त्री-अधिकारवादी, उदाहरण के लिए, अश्वेत स्त्री-अधिकारवादी, मौजूदा स्त्री-अधिकारवाद की आलोचना में श्वेत महिलाओं के वर्चस्व को चुनौती देते हैं। फिर हम लिंग एवं लैंगिकता के बीच अंतर को समझने के लिए आगे बढ़े। हमने देखा कि लिंग एक जैविक श्रेणी थी, जबकि लैंगिकता एक सामाजिक श्रेणी थी। बड़ी संख्या में स्त्री-अधिकारवादी तर्कों को समझने के लिए इस विभेद को जानना महत्त्वपूर्ण है। हमने पुरुष वर्चस्व की आलोचना के लिए कुछ स्त्री-अधिकारवादियों द्वारा इस अंतर की आलोचना तथा लैंगिकता को लिंग पर दी गई प्राथमिकता पर भी चर्चा की। वे लैंगिक भेदभाव और अधिकारों को समझने में लिंग की श्रेणी को एक महत्त्वपूर्ण वैचारिक उपकरण के रूप में वापस लाने की बात पर तर्क-वितर्क करते हैं। महत्त्वपूर्ण ढंग से, हमने देखा कि स्त्री-अधिकारवादियों का तर्क है कि लैंगिकता एक पूर्व प्रदत्त स्थिति नहीं है, बल्कि यह एक प्रक्रिया और प्रदर्शन है। इसके बाद, हमने IR में स्त्री-अधिकारवादी हस्तक्षेप के इतिहास पर संक्षेप में चर्चा की। हमने IR में पुरुषवादी वर्चस्व को चुनौती देने के लिए, स्त्री-अधिकारवादियों के कुछ संघर्षों का अनुरेखण किया। चयनित स्त्री-अधिकारवादियों द्वारा आरंभ की गई संगोष्ठियों, सम्मेलनों, पत्रिकाओं और पाठ्यक्रमों ने IR में स्त्री-अधिकारवादी चिंताओं के प्रचार में महत्त्वपूर्ण भूमिका निभाई। उन्होंने IR के सैद्धांतिकरण एवं अभ्यास के पुरुषत्ववादी आधार की आलोचना हेतु जमीन तैयार करने में मदद की। IR में स्त्री-अधिकारवादी हस्तक्षेप के इतिहास पर संक्षेप में चर्चा करने के उपरांत, हम फिर IR सिद्धांत एवं अभ्यास की टिकनर, सिंथिया एनलो, सिल्वेस्टर जैसे स्त्री-अधिकारवादियों द्वारा की गई आलोचना की ओर आगे बढ़े। यहां हमने IR के प्रमुख सिद्धांत, अर्थात् यथार्थवाद की स्त्री-अधिकारवादी आलोचना पर चर्चा की।

स्त्री-अधिकारवादियों के अनुसार, यथार्थवाद इस लिंगभेद पर आधारित अवधारणा पर निर्भर है कि, राज्य और उसका व्यवहार पुरुषत्ववादी है और अंतर्राष्ट्रीय राजनीतिक क्षेत्र स्त्रीत्ववादी है। यह अवधारणा हॉब्स और मैकियावेली के सिद्धांतों का पुनः अनुरेखण करती है। हॉब्स युद्ध की स्थिति का वर्णन प्रकृति की सत्ता के तौर पर करते हैं तथा शांति के लिए समुचित व्यवस्था को बनाने की आवश्यकता पर चर्चा करते हैं; मैकियावेली प्रकृति को एक ऐसी महिला के रूप में वर्णित करती है जो स्व-बन्धक मुक्ति के लिए प्रभुत्व की इच्छा रखती है। इस पुरुषत्ववादी अवधारणा के आधार पर, यथार्थवादी IR में व्यवस्था को बनाने की इच्छा रखते हैं। यही कारण है कि, वे विज्ञान की ओर देखते हैं। इन IR सिद्धांतविदों का मानना है कि, विज्ञान के जरिए निष्पक्षतावाद की प्राप्ति संभव है जिससे IR में मौजूदा अराजकता को दूर कर व्यवस्था कायम करने में सहायता मिलेगी। स्त्री-अधिकारवादियों द्वारा वैज्ञानिक निष्पक्षता के लिए यथार्थवादी खोज की महत्त्वपूर्ण और मौलिक आलोचनाओं में से एक यह है कि, यथार्थवादी संसार को समीक्षात्मक दृष्टि से देखने के बजाय इसे पूर्व निर्धारित मानते हैं। इसके विपरीत, स्त्री-अधिकारवादियों का तर्क है कि दुनिया हमें इसी स्वरूप में प्राप्त नहीं हुई है, बल्कि यह इसके बारे में हमारी समझ के सामाजिक अनुकूलन द्वारा संरचित है। इसलिए, यथार्थवादियों का यथार्थवाद उतना वास्तविक नहीं है जितना कि वे इसे प्रस्तुत करते हैं। वे अंतर्निहित संरचनाओं और प्रक्रियाओं को देखने के इच्छुक नहीं हैं, जो तथाकथित वास्तविकता का निर्माण करते हैं। स्त्री-अधिकारवादियों ने हमें वास्तविक विवरणों में सामाजिक संरचनाओं एवं प्रक्रियाओं को शामिल करने का आग्रह किया है। स्त्री-अधिकारवादियों द्वारा सार्वजनिक-निजी के उदारवादी विभेद की आलोचना भी IR के क्षेत्र में प्रवेश करती है। स्त्री-अधिकारवादियों का तर्क है कि, यह विभेद सार्वजनिक क्षेत्र को कारण तथा निजी क्षेत्र को भावनाओं के गुणों से जोड़ता है। यह महिलाओं को निजी क्षेत्र में निर्वासित करता है।

सुरक्षा की अवधारणा की आलोचना, इस अध्याय में हमारे द्वारा देखी गई सर्वाधिक महत्त्वपूर्ण आलोचनाओं में से एक रही है। IR के अध्ययन हेतु एक महत्त्वपूर्ण वैचारिक उपकरण होने के नाते सुरक्षा, स्त्री-अधिकारवादी सूक्ष्मवीक्षण के तहत गहराई से संबद्ध है। हमने देखा कि परंपरागत IR का सिद्धांत राज्य केंद्रित है और इसका दायरा अत्यंत सीमित है तथा यह सुरक्षा के मुद्दे के बहुस्तरीय एवं बहुआयामी पहलुओं से दूर है। हमने देखा कि, स्त्री-अधिकारवादियों के लिए सुरक्षा के अंतर्गत शारीरिक, संरचनात्मक और पारिस्थितिक सहित सभी प्रकार की हिंसा में कमी शामिल है। असुरक्षा का तात्पर्य अन्य लोगों, खासकर महिलाओं को राज्यों एवं व्यक्तियों द्वारा हिंसा के माध्यम से प्रभावित करना है। नागरिकता की स्त्री-अधिकारवादी आलोचना पर अपनी चर्चा के दौरान, हमने सामाजिक अनुबंध सिद्धांतों पर कैरोल पेटमैन की आलोचना पर भी विमर्श किया। उनका तर्क यह है कि, नागरिकता सार्वजनिक क्षेत्र को पुरुषवादी तथा निजी क्षेत्र को स्त्रीवादी बनाती है। स्त्री-अधिकारवादियों के अनुसार, सक्रिय नागरिकता के लिए ऐसी परिस्थितियों की आवश्यकता होती है, जो राजनीतिक-सार्वजनिक क्षेत्र में महिलाओं की भागीदारी का समर्थन करे एवं उन्हें सक्षम बनाए। इसके बाद, हमने पुरुष-केंद्रित सार्वभौमिक एवं अवैयक्तिक आचार-नीति तथा IR में इसके अनुप्रयोग से संबंधित स्त्री-अधिकारवादी विकल्प पर चर्चा की। हमने रुडिक की देखभाल की आचार-नीति को न्याय की आचार-नीति के मानक IR सिद्धांत के विकल्प के रूप में देखा। देखभाल की आचार-नीति उनकी मातृत्ववादी सोच से प्रेरित है। हमने देखा कि, IR में नीतिपरक मुद्दों को समझने में महिला के दृष्टिकोण को ध्यान में रखते हुए किस प्रकार वह अपने तर्कों को प्रस्तुत करती हैं। उनकी आलोचना कांतवाद और उपयोगितावाद के खिलाफ़ है, जिसकी जड़ें पुरुषत्ववादी सिद्धांत एवं अभ्यास में अंतर्निहित हैं।

इस अध्याय का मुख्य उद्देश्य IR को सैद्धांतिक रूप देने में स्त्री-अधिकारवादियों के हस्तक्षेप के इतिहास, उद्देश्य एवं इससे संबंधित विषय-वस्तुओं को समझना था। हमने देखा कि, स्त्री-अधिकारवादियों ने स्वयं की भी आलोचना की है तथा वे IR को सैद्धांतिक रूप देने में अन्य पहलुओं की आलोचना के लिए भी उन्मुक्त हैं। स्त्री-अधिकारवादियों की आलोचना यथार्थवादियों तथा अन्य पारंपरिक विचारधारा के विद्वानों के साथ-साथ उत्तर-आधुनिकतावादियों द्वारा भी की गई है। परंपरावादियों ने IR को इसकी मुख्य चिंताओं एवं मुद्दों से दूर करने के लिए स्त्री-अधिकारवादियों की आलोचना की है।

मॉडल प्रश्न

10.1 अंतर्राष्ट्रीय संबंधों में स्त्री-अधिकारवाद का आविर्भाव काफी विलंब से क्यों हुआ?

10.2 लैंगिकता से आप क्या समझते हैं?

10.3 IR को सैद्धांतिक रूप देने में 'महिलाएं कहां हैं', यह सवाल पूछने के से क्या फर्क पड़ता है?

10.4 स्त्री-अधिकारवादी आचार-नीति, महिलाओं के हितों को आगे बढ़ाने और वैश्विक राजनीति में उनकी अधीनस्थता को संबोधित करने हेतु इस प्रकार प्रयासरत है?

10.5 महिलाओं के अधिकारों को वैश्विक कार्यसूची में शामिल किए जाने के संदर्भ में, स्त्री-अधिकारवादी IR सिद्धांतकारों की भूमिका पर चर्चा करें।

10.6 IR विचारधारा के यथार्थवादी प्रतिमान की नारीवादी आलोचनाएं क्या हैं?

10.7 'राज्य' की स्त्री-अधिकारवादी अवधारणा क्या है?

10.8 IR के क्षेत्र में 'लैंगिकता', 'हिंसा' और 'राज्य' के बीच क्या संबंध है?

10.9 नागरिकता की स्त्री-अधिकारवादी आलोचना पर चर्चा करें।

10.10 IR में सुरक्षा की अवधारणा द्वारा निभाई गई भूमिका की स्त्री-अधिकारवादी व्याख्या को विस्तारपूर्वक प्रस्तुत करें।

अनुशंसित साहित्य

Alsatian, Jean Bethe. 1987. *Women and War.* New York: Basic Books.

Agosin, M., ed. 2001. *Women, Gender, and Human Rights: A Global Perspective.* New Brunswick, NJ: Rutgers University Press.

Beauvoir, Simone de. 1971. *The Second Sex.* New York: Knopf.

Benhabib, Sheela. 1992. 'The Generalised and Concrete Other'. In *Ethics: A Feminist Reader,* edited by E. Fraser, J. Horsnby and S. Loviband, 267–300. Oxford: Blackwell.

Butler, Judith. 1990. *Gender Trouble: Feminism and the Subversion of Identity.* New York: Routledge.

Binion, G. 2006. 'Human Rights: A Feminist Perspective'. In *Women's Rights: A Human Rights Quarterly Reader,* edited by B. Lockwood. Baltimore: Johns Hopkins University.

Carver, Terrell. 1996. *Gender Is Not a Synonym for Women.* Boulder, CO: Lynne Rienner.

Connell, Robert W. 1995. *Masculinities.* Cambridge: Cambridge University Press.

Enloe, Cynthia. 1990. *Bananas, Beaches and Bases: Making Feminist Sense of International Politics.* Berkeley, CA: University of California Press.

Ethane, Robert. 1989. 'International Relations Theory: Contributions of Feminist Standpoint'. *Millennium* 18 (2): 245–53.

Harding, Sandra, ed. 1987. *Feminism and Methodology.* Bloomington, IA: Indiana University Press.

Hartsock, N. 1987. 'The Feminist Standpoint: Developing the Ground for a Specifically Feminist Historical Materialism'. In *Feminism and Methodology,* edited by S. Harding, 157–80. Milton Keynes, UK: Open University Press.

Hobhouse, L. T. 1994. *Liberalism and Other Writings.* Cambridge: Cambridge University Press.

Hayden, P., ed. 2001. *The Philosophy of Human Rights.* St. Paul, MN: Paragon House.

Kohlberg, Lawrence. 1973. 'The Claim to Moral Adequacy of a Highest Stage of Moral Judgment'. *Journal of Philosophy* 70 (18): 630–46.

Kymlicka, Will. 1989. *Liberalism, Community and Culture.* Oxford: Oxford University Press.

———. 1995. *Multicultural Citizenship.* Oxford: Oxford University Press.

Lockwood, B., ed. 2006. *Women's Rights: A Human Rights Quarterly Reader.* Baltimore: Johns Hopkins University Press.

MacKinnon, Catherine. 1989. *Towards a Feminist Theory of State.* Cambridge: Harvard University Press.

Merry, S. (2001), 'Women, Violence, and the Human Rights System', In *Women, Gender, and Human Rights: A Global Perspective,* edited by M. Agosin. New Brunswick, NJ: Rutgers University Press.

———. 2006. *Human Rights and Gender Violence: Translating International Law into Local Justice.* Chicago: University of Chicago Press.

Pateman, Carole. 1988. *The Sexual Contract.* Stanford, CA: Stanford University Press.

Peterson, Spike. V. 1992. *Gendered States: Feminists Revisions of International Relations Theory.* Boulder, CO: Lynne Rienner.

Pettman, J. J. 1996. *Worlding Women: A Feminist International Politics.* London: Routledge and Sydney: Allen & Unwin.

Ruddick, Sara. 1993. *Maternal Thinking towards a Politics of Peace.* Boston, MA: Beacon Press.

Parekh, S. 2016. 'Gender and Human Rights'. In *The Ashgate Research Companion to Ethics and International relations,* edited by Patrick Hayden. Abingdon,Oxon: Routledge.

Squires, Judith. 1999. *Gender in Political Theory.* Malden, MA: Polity Press.

Stiehm, Judith. 1982. 'The Protected, The Protector, The Defender'. *Women's Studies International Forum* 5 (3/4): 367–76.

Sunstein, Cass. 1990. *Feminism and Political Theory.* Chicago, IL: University of Chicago Press.

Sylvester, Christine. 1994. *Feminist Theory of International Relations in a Postmodern Era.* Cambridge: Cambridge University Press.

Tickner, Ann. 1988. 'Hans Morgenthau's Principles of Political Realism: A Feminist Reformulation'. *Millennium: Journal of International Studies* 17 (3): 461–75.

———. 1992. *Gender in International Relations: Feminist Perspectives on Achieving Security.* New York: Columbia University Press.

———. 1997. 'You Just Don't Understand: Troubled Engagements between Feminists and IR Theorists'. *International Studies Quarterly* 41 (4): 611–32.

Voit, Rian. 1998. *Feminism and Citizenship.* London: SAGE.

Walker, R. B. J. 1993. *Inside/Outside: International Relations as Political Theory.* Cambridge: Cambridge University Press.

Waltz, Kenneth. 1979. *Theory of International Politics.* Reading, MA: Addison-Wesley.

Weber, Cynthia. 2005. *International Relations Theory: A Critical Introduction,* 2nd ed. New York: Routledge.

Wendt, Alexander. 1999. *Social Theory of International Relations.* Cambridge: Cambridge University Press.

Yuval-Davis, Nira. 1997. *Gender and the Nation.* London: SAGE.

11

अंतर्राष्ट्रीय संबंधों में उत्तर-आधुनिकतावाद और रचनावाद

कृष्णा स्वामी दारा

अध्ययन के उद्देश्य

- उत्तर-आधुनिकतावाद के मूल तर्कों तथा तर्क की इसकी शैली को समझना
- अंतर्राष्ट्रीय राजनीति के क्षेत्र में उत्तर-आधुनिकतावादियों की भूमिका को समझना
- एक विचारधारा के तौर पर उत्तर-आधुनिकतावाद द्वारा यथार्थवाद एवं नव-यथार्थवाद जैसी प्रमुख विचारधाराओं के समक्ष प्रस्तुत की गई चुनौतियों को समझना
- एक सिद्धांत के रूप में उत्तर-आधुनिकतावाद द्वारा अंतर्राष्ट्रीय संबंधों को समझने हेतु प्रस्तुत विकल्पों का मूल्यांकन करना
- रचनावाद के मूल तर्कों पर प्रकाश डालना
- अंतर्राष्ट्रीय संबंधों में रचनावाद के प्रभाव का आलोचनात्मक मूल्यांकन करना

अध्याय सार

उत्तर-आधुनिकतावाद वास्तव में आधुनिकता पर किया गया आक्षेप है, साथ ही यह इससे पूरी तरह पृथक भी नहीं है। आधुनिकतावादियों के बीच आपसी भिन्नताएं, आधुनिकता के भीतर ही मौजूद हैं। आधुनिकतावादियों ने दर्शनशास्त्र में प्रबोधन आंदोलन की आलोचना हेतु जो मुख्य तर्क प्रस्तुत किया है, उन पर 'ज्ञान एवं शक्ति', 'वंश-क्रम' और 'विसंरचना' की अवधारणाओं के माध्यम से चर्चा की गई है। उस दशा में अंतर्राष्ट्रीय संबंधों (IR) के सिद्धांत में उत्तर-आधुनिकतावाद के नियोजन को कूटनीति, संप्रभुता, सीमाओं, पहचान और शासन कला की अवधारणाओं के माध्यम से दर्शाया जाता है। इसके बाद रचनावाद के क्रमिक विकास पर चर्चा की गई है। रचनावाद की प्रारंभिक अवधि के दौरान, नव-यथार्थवाद IR में सर्वाधिक प्रभावशाली सिद्धांत था, इसलिए रचनावाद की आरंभिक सैद्धांतिक रचनाओं में नव-यथार्थवाद की कुछ बुनियादी मान्यताओं को चुनौती दी गई है। रचनावाद ने अंतर्राष्ट्रीय किरदारों के व्यवहार पर अराजकता के निर्धारक प्रभाव को निशाना बनाया, तथा नव-यथार्थवाद में अंतर्निहित भौतिकवाद से दूर चले गए, जिसने IR को सैद्धांतिक रूप देने में केंद्रीय भूमिका निभाने वाले अंतर्राष्ट्रीय किरदारों की पहचान और हितों के लिए आवश्यक आधार तैयार किया। IR के उत्तर-आधुनिकतावादी और रचनात्मक दृष्टिकोण, दोनों एक साथ यथार्थवाद और नव-यथार्थवाद की आलोचना करते हैं। उत्तर-आधुनिकतावादी, यथार्थवाद और उसके नए अवतारों से स्वच्छन्दभाव से दूरी बनाते हैं, जबकि रचनावादी उत्तर-आधुनिकतावाद और यथार्थवाद के बीच मध्यमार्ग का अनुसरण करते हैं। यह IR में समस्यात्मक अराजकता, पहचान एवं हितों के अस्तित्व के लिए एक अलग स्पष्टीकरण प्रदान करता है। इसके विपरीत, उत्तर-आधुनिकतावाद छद्म रूप में समस्यात्मक अराजकता को पूरी तरह से अस्वीकार कर देता है। उत्तर-आधुनिकतावादी अंतर्राष्ट्रीय राजनीति में सैद्धांतिकरण के अभ्यास की कुशाग्रतापूर्वक आलोचना प्रस्तुत करते हैं।

'उत्तर-आधुनिकतावाद' शब्द, विभिन्न संदर्भों में विभिन्न चीज़ों की ओर संकेत करता है। यह दृग्विषयों की विस्तृत एवं कुछ हद तक असदृश विविधताओं को संदर्भित करता है। यह एक ऐतिहासिक शब्द है, जिसमें लैटिन उपसर्ग 'उत्तर', आधुनिक से 'अलग' या 'दूर' को संदर्भित करता है। 'आधुनिक' शब्द, अन्य चीज़ों के साथ-साथ, उस अवधि को संदर्भित करता है जो 'प्रबोधन' से शुरू होती है; इसके उद्देश्य के बारे में विद्वानों के बीच मतभेद है। गिल्स लिपोवेटस्की (2006) जैसे विद्वानों ने 'अति-आधुनिक अवधि' की शुरुआत की घोषणा की है, और दूसरी ओर, जर्गेन हैबरमास जैसे विद्वान 'आधुनिकता की अपूर्ण परियोजना' के बारे में बात करते हैं। कुछ विद्वानों ने 'आधुनिकता' को एक दृष्टिकोण अथवा किसी व्यक्ति एवं उसके आसपास की दुनिया के बीच विशिष्ट, महत्त्वपूर्ण व जागरूक संबंध के रूप में वर्णित किया है। आधुनिकता समाज में 'समालोचना के सिद्धांत' और 'सर्वदेशीयता की भावना' के लिए प्रयास करती है। यह परंपराओं की वैधता को अस्वीकृत करती है एवं इस पर सवाल उठाती है। यह 'किसी अन्य युग के प्रतिदर्शों की ओर अभिमुखता' को तैयार नहीं है। यह अपने मानदंड का निर्माण स्वयं करती है' (हैबरमास, 1997)। इम्मानुएल कांट सबसे महत्त्वपूर्ण विचारक हैं, जिनकी पहचान उत्तर-आधुनिकतावादी विद्वान माइकल फाउकॉल्ट, आधुनिकता की इस परियोजना के लिए करते हैं। कांट एक जर्मन दार्शनिक हैं, जिन्होंने इस सवाल की प्रतिक्रिया के तौर पर आधुनिकता के इस दृष्टिकोण को व्यक्त किया कि, 'प्रबोधन क्या है?' (कांट, 1970: 54–60)। यहां, कांट ने मनुष्य को 'आत्मारोपित संरक्षण' से मुक्त किए जाने की आवश्यकता पर चर्चा की है। उसके लिए, संरक्षण का मतलब किसी के मार्गदर्शन के बग़ैर व्यक्ति द्वारा अपनी समझ का उपयोग करने में असमर्थता है। वह इसे 'आत्म-सृजित अपरिपक्वता' भी कहते हैं। ऐसा इसलिए नहीं है कोई व्यक्ति स्वयं विचार करने में असमर्थ होता है, बल्कि व्यक्ति अक्सर साहस और आत्मविश्वास की कमी के कारण किसी दूसरे की सोच को स्वीकार करता है। इसलिए, *सैपरे ऑड (जानने का साहस)* कांट का आदर्श वाक्य है, जिसका अर्थ है व्यक्ति में अपनी समझ का उपयोग करने का साहस मौजूद होना। कांट के इस आदर्श वाक्य का निहितार्थ यह है कि, शास्त्रों, भविष्यवक्ताओं अथवा किसी अन्य प्राधिकारी पर भरोसा करने के बजाय, व्यक्ति को अपने 'तर्क' पर आधारित समझ को लागू करना चाहिए। इस अर्थ में, 'तर्क' संपूर्ण मानव जाति के दिलो-दिमाग में अंतर्निहित शास्त्रों और धर्म का स्थान ग्रहण करता है। माइकल फाउकॉल्ट के शब्दों में, कांट

> *प्रबोधन को एक आंदोलन के रूप में वर्णित करते हैं, क्योंकि इसके बाद मानवजाति स्वयं को किसी भी प्राधिकरण के अधीन किए बग़ैर अपने तर्क का उपयोग करती है।... चूंकि इसकी भूमिका उन परिस्थितियों को परिभाषित करना है, जिसके अंतर्गत इन बातों को निर्धारित करने के लिए तर्क के उपयोग को विधि सम्मत बनाया जाता है कि, किन बातों को जाना जा सकता है, क्या अवश्य किया जाना चाहिए; और क्या उम्मीद की जा सकती है। (फाउकॉल्ट, 2004: 44–45)*

इस अर्थ में, कांट प्राधिकार एवं तर्क के बीच संबंध स्थापित करेंगे। तर्क के लिए इस विशेषाधिकार प्राप्त स्थिति, एवं विशेष रूप से, इसके 'साधनसंगत कारण' के नकारात्मक स्वरूप को फाउकॉल्ट जैसे उत्तर-आधुनिकतावादियों ने चुनौती दी है। वह उस तरीके को भी चुनौती देते हैं, जिसमें प्रबुद्धता तर्क के संकाय के आवेदन के तरीकों को निर्धारित करती है।

11.1 ज्ञान एवं शक्ति

दार्शनिक अवधारणा के तौर पर प्रबोधन आंदोलन की आलोचना में उत्तर-आधुनिकतावादियों के मुख्य तर्कों में से एक यह है कि, 'ज्ञान' एवं 'शक्ति' अत्यंत निकटता से और गुप्त रूप से संबद्ध हैं। स्वभाववश प्रबोधन आंदोलन के दार्शनिकों द्वारा इसे अस्वीकृत कर दिया गया। उन्होंने तर्क दिया कि, विशेष रूप से तर्क के उपयोग के माध्यम से प्राप्त 'ज्ञान', हमें समाज में 'शक्ति' की बुराइयों से मुक्त कर सकता है। उन्होंने यह भी तर्क दिया कि, मानवजाति प्रगति कर रही है और इतिहास के माध्यम से, खासकर आधुनिक अवधि से खुद को बेहतर बना रही है। उन्होंने तर्क दिया कि, प्रबोधन की अवधि के बाद, मानवजाति अतीत की बजाय भविष्य की ओर उन्मुख हुई है। जी. डब्ल्यू. एफ. हेगेल, इतिहास में इस प्रगति के प्रमुख समर्थक थे। इतिहास के इस 'प्रगतिशील' दृष्टिकोण से जुड़ा विचार यह है कि, 'सत्य' या 'पूर्ण सत्य' का ज्ञान 'तर्क' की सहायता से हासिल किया जा सकता है। इतिहास की प्रगति के साथ हम 'सत्य' के निकट पहुंचते हैं, और तथा मानव जाति अपने असली उद्देश्य, महत्त्व एवं क्षमता को प्राप्त करती है। उत्तर-

आधुनिक विचारकों के प्रमुख स्रोत, नीत्शे (1969, 1979), हेगेल तथा इतिहास के उनके प्रगतिशील दृष्टिकोण के आलोचक रहे हैं। वह इस बात से सहमत नहीं हैं कि, मानवजाति तथाकथित पूर्ण सत्य के ज्ञान की ओर अग्रसर है। वास्तव में, वह पूर्ण या एकल सत्य, उद्देश्यपरक वास्तविकता जैसी किसी भी चीज़ के अस्तित्व को खारिज करते हैं। थॉमस नागेल (1986: 12) के शब्दों में, 'पूर्ण सत्य' या 'निष्पक्षता', हमारे आस-पास की दुनिया के संदर्भ में 'किसी प्रकार के दृष्टिकोण से रहित होना' या एक अवैयक्तिक दृष्टिकोण का होना है। वह लिखते हैं कि, यहां 'केवल एक संदर्श दृष्टि बोध, केवल एक संदर्श ज्ञान' है। यह वाद-विवाद का विषय नहीं है कि, नीत्शे एवं उनके अनुयायियों के लिए सत्य जैसी कोई चीज़ नहीं है। वास्तव में, एकाधिक सत्य मौजूद हैं तथा कोई भी सत्य दूसरे से अधिक महत्त्वपूर्ण है या श्रेष्ठ नहीं है। सरल शब्दों में, सत्य एक नहीं बल्कि बहुविध स्वरूपों में मौजूद है। दर्शनशास्त्र में इस प्रकार की संशयात्मकता को 'संभावनावाद' कहा जाता है, और इसका श्रेय नीत्शे को दिया जाता है। संशयवाद के एक स्वरूप के तौर पर वर्णित करना, दार्शनिक आंदोलन के रूप में उत्तर-आधुनिकतावाद के वर्णन का सबसे अच्छा तरीका होगा, जिसका प्राधिकरण, प्राप्त किए गए ज्ञान, तथा सांस्कृतिक एवं राजनीतिक मानदंडों के प्रति अविश्वासपूर्ण दृष्टिकोण है। यह 'शक्ति' के साथ 'ज्ञान' को जोड़ता है।

ज्ञान और शक्ति के बीच के संबंधों पर चर्चा करते हुए, फाउकॉल्ट लिखते हैं:

> *शायद हमें भी इस संपूर्ण परंपरा का परित्याग कर देना चाहिए जो, हमें इस बात की कल्पना करने की अनुमति देती है कि ज्ञान केवल तभी अस्तित्व में हो सकता है जहां शक्ति के संबंध निलंबित हों तथा इस प्रकार का ज्ञान केवल इसके निषेध, इसकी मांगों और इसके हितों के बाहर ही विकसित हो सकता है। शायद हमें इस विश्वास का परित्याग कर देना चाहिए कि, शक्ति हमें पागल बनाती है तथा इसी संदर्भ में शक्ति का त्याग ज्ञान की शर्तों में से एक है। हमें यह स्वीकार करना चाहिए कि, शक्ति ज्ञान उत्पन्न करती है (और ऐसा केवल इसे प्रोत्साहित करके नहीं किया जाए, क्योंकि यह शक्ति के लिए सहायक है अथवा केवल उपयोगी मानकर इसे लागू नहीं किया जाए), तथा शक्ति एवं ज्ञान प्रत्यक्ष तौर पर एक-दूसरे में अंतर्निहित हैं; और इस बात को भी स्वीकार करना चाहिए कि ज्ञान के क्षेत्र के सहसंबंध की रचना के बग़ैर कोई शक्ति संबंध संभव नहीं है, साथ ही ऐसा कोई ज्ञान नहीं है जो एक ही समय में शक्ति संबंधों का निर्धारण और गठन नहीं करता है। इसलिए, 'शक्ति-ज्ञान संबंधों' का विश्लेषण किया जाना चाहिए, और ऐसा ज्ञान के विषय के आधार पर नहीं किया जाना चाहिए, जो शक्ति व्यवस्था के संबंध में स्वतंत्र है या नहीं, बल्कि इसके विपरीत, विषय के आधार पर किया जाना चाहिए, जो प्रयोजन को जानता है तथा यह मानता है कि, ज्ञान की रूपरेखाओं को शक्ति-ज्ञान और उनके ऐतिहासिक परिवर्तनों के इन मौलिक निहितार्थों के इतने सारे प्रभावों के रूप में माना जाना चाहिए। संक्षेप में, यह ज्ञान के विषय की गतिविधि नहीं है जो ज्ञान, प्रक्रियाओं और संघर्षों के समुच्चय का निर्माण करता है, जो इसे पार करता है तथा जिनसे इनकी रचना होती है, वह ज्ञान के रूपों एवं इसके संभावित कार्यक्षेत्र को निर्धारित करती है। (फाउकॉल्ट, 1977: 27)*

उत्तर-आधुनिकतावादी इस एकपक्षीय दृष्टिकोण को अस्वीकार करते हैं कि, ज्ञान का सृजन एक संज्ञानात्मक विषय है; यह एक निर्देशात्मक एवं राजनीतिक विषय, दोनों है। फाउकॉल्ट ने अपनी रचनाओं, *द ऑर्डर ऑफ थिंग्स* तथा *डिसिप्लिन एंड पनिश*, में यह दिखाने का प्रयास किया कि, ज्ञान और शक्ति के क्षेत्र में मिलीभगत है या नहीं। उनके अनुसार, शक्ति और ज्ञान पारस्परिक रूप से सहायक हैं तथा प्रत्यक्ष तौर पर एक-दूसरे में अंतर्निहित हैं। अपनी रचना 'ट्रुथ एंड जुडिशल फॉर्म्स' में, फाउकॉल्ट (1974) हमें दिखाते हैं कि, दंड प्रणाली का विकास मानव विज्ञान से घनिष्ठ रूप से जुड़ा हुआ है। आधुनिक कारावास प्रणाली, आधुनिक समाज तथा 'मनुष्य' को समझने के आधुनिक तरीकों के अनुरूप है।

11.2 वंश-क्रम

'वंश-क्रम' की अवधारणा, शक्ति-ज्ञान की इस गतिशीलता से जुड़ी हुई है, जो उत्तर-आधुनिकतावाद को समझने के लिए महत्त्वपूर्ण है। सरल शब्दों में, वंश-क्रम ऐतिहासिक विधि की एक शैली है जो शक्ति-ज्ञान संबंधों के महत्त्व को उजागर करती है। 'उत्पत्ति' की अवधारणा की आलोचना करने के लिए नीत्शे को इस शब्द के सृजन का श्रेय दिया जाता है। उत्पत्ति की अवधारणा के नीत्शे की आलोचना पर टिप्पणी करते हुए, फाउकॉल्ट लिखते हैं,

नीत्शे ने मूल की खोज को चुनौती क्यों दी है ...? सबसे पहले, क्योंकि यह तथ्यों के सार, उनकी अमिश्रित संभावनाओं तथा सावधानीपूर्वक संरक्षित की गई उनकी पहचान के अभिग्रहण का प्रयास है, क्योंकि यह खोज दुर्घटना और उत्तराधिकार की बाहरी दुनिया से पहले के गतिहीन रूपों के अस्तित्व को मानती है। इस खोज को 'पहले से विद्यमान' एक मौलिक सत्य की छवि की और निर्देशित किया जाता है, जो पूरी तरह से अपनी प्रकृति के लिए अनुरूप है, तथा यह आवश्यक पहचान को अनावृत करने के लिए हर तरह के नक़ाब को हटाने की आवश्यकता को उजागर करता है। हालांकि, यदि वंश-क्रम के अध्येता तत्वमीमांसा में अपने विश्वास के विस्तार से इनकार कर देते हैं, और यदि वे इतिहास पर विचार करते हैं, तो उन्हें पता चलता है कि चीज़ों के पीछे 'कुछ पूरी तरह से अलग' तथ्यों का अस्तित्व है: यह एक कालातीत एवं अनिवार्य रहस्य नहीं है, बल्कि एक ऐसा रहस्य है जिसके संदर्भ में उनके पास कोई निष्कर्ष नहीं है अथवा उनके सार को विदेशी रूपों से क्रमिक शैली में गढ़ा गया था। (फाउकॉल्ट, 1987)

फाउकॉल्ट के अनुसार, नीत्शे, एक आवश्यक, कालातीत सार की धारणा को चुनौती दे रहे हैं, जिसे दार्शनिकों द्वारा 'सत्य' नाम दिया गया है। नीत्शेवादी वंश-क्रम, समकालीन नैतिक प्रथाओं या संस्थानों या विचारों की वंशावली का अन्वेषण है। इसका मतलब, सांस्कृतिक तरीकों एवं मूल्यों के विरोध के बीच, अतीत में अस्तित्व हेतु संघर्ष की डार्विनवादी अवधारणा से अपने वंश अनुरेखण करना है। इस प्रक्रिया में, ये प्रथाएं को दूसरों को उन्मूलित करने या अनुकूलित करने के लिए विवश कर विकसित होती है। उत्पत्ति एवं सत्य की धारणा को अन्य रूपों से आगे निकलने वाले वंश-क्रम द्वारा प्रतिस्थापित किया जाता है। इतिहास में जिस तरीके से सत्य को परिभाषित एवं सृजित किया गया है, परिनियोजित किया गया है, विकृत किया गया है तथा दूषित किया गया है, केवल वही सत्य है। वंश-क्रम 'उस प्रक्रिया पर केंद्रित है, जिसके द्वारा हमने अपनी व्युत्पत्ति की अवधारणा का सृजन किया है तथा अतीत के विशेष अभ्यावेदनों को अर्थ दिया है, जो अभ्यावेदन हमारे दैनिक जीवन का निरंतर मार्गदर्शन करते हैं तथा राजनीतिक एवं सामाजिक विकल्पों की स्पष्ट सीमा निर्धारित करते हैं। (फाउकॉल्ट, 2000)। सरल शब्दों में, यह गहन राजनीति तथा अपने समाज के ज्ञान एवं इतिहास के सृजन के संदर्भ में एक विशेष समाज और अवधि के इतिहासकारों एवं अन्य बुद्धिजीवियों की अवधारणाओं पर केंद्रित है।

यह विधि हमारे समक्ष राज्य एवं समाज के संस्थानों द्वारा सृजित ज्ञान पर सवाल उठाने तथा उन्हें चुनौती देने की संभावनाओं को भी उजागर करती है। उदाहरण के तौर पर, विश्वविद्यालय और सरकारी अभिकरण, समाज के संदर्भ में जानकारी एवं आंकड़ों के सृजन में शामिल हैं। यह एक अलग तरह की राजनीति और नैतिकता को भी उजागर करता है। वंश-क्रम के इस तरीके का उपयोग करते हुए, उत्तर-आधुनिकतावादी पहचान की राजनीति की आलोचना करते हैं। वे तर्क देते हैं कि, हमें अपनी पहचान महज मिली नहीं है, बल्कि शक्ति-ज्ञान गठबंधन द्वारा विशिष्ट तरीकों के माध्यम से निर्मित है, ताकि उसके अपने शक्ति संबंधी हितों को आगे बढ़ाया जा सके। उदाहरण के लिए, हिंदू-मुस्लिम पहचान की राजनीति ने सत्तारूढ़ अंग्रेजों के हितों का समर्थन किया। फाउकॉल्ट ने अपनी दार्शनिक परियोजना को एक अध्ययन के रूप में इस प्रकार सारगर्भित किया है:

खुद के लिए एक वस्तु के रूप में विषय का सृजन; उस प्रक्रिया का निर्माण करना जिसके माध्यम से विषय द्वारा स्वयं का निरीक्षण किया जाता है, स्वयं का विश्लेषण किया जाता है, स्वयं को समझा जाता है तथा स्वयं को संभावित ज्ञान के कार्यक्षेत्र के तौर पर पहचाना जाता है। संक्षेप में, यह 'व्यक्तिपरकता' के इतिहास से संबंधित है, अगर उस शब्द का अर्थ वह तरीका है जिसके माध्यम से विषय सत्य के खेल में स्वयं का अनुभव करता है जहां वह स्वयं से संबंधित है। (ब्लेकर, 2000: 25)

फाउकॉल्ट आगे लिखते हैं,

संभवतः आधुनिक समय में प्रयोजन यह नहीं हो कि हम क्या हैं, बल्कि हम जो भी हैं, उसे अस्वीकार करना हो। हमें इस तरह की राजनीतिक 'अनिर्णेय दुविधा' से छुटकारा पाने के लिए इस बात की कल्पना करनी है और उस दिशा में आगे बढ़ना है कि, हम क्या कर सकते हैं, जो समक्षणिक व्यक्तिवाद और आधुनिक शक्ति संरचनाओं का समेकन है। निष्कर्ष यह होगा कि, हमारे समय की राजनीतिक, नैतिक, सामाजिक, दार्शनिक समस्या व्यक्ति को राज्य से और राज्य के संस्थानों से मुक्त करने की कोशिश करना नहीं है, बल्कि राज्य से तथा राज्य से संबंधित व्यक्तिगतकरण के प्रकार से हमें मुक्त करने की कोशिश करना है। हमें इस तरह की वैयक्तिकता को नकारते हुए व्यक्तिपरकता के नए रूपों को बढ़ावा देना है, जिसे कई शताब्दियों से हमारे ऊपर अधिरोपित किया गया है। (हॉल, 2004)

फाउकॉल्ट यह सुझाव देने की कोशिश करते हैं कि, हमें खुद को समाज के प्रमुख विचारों और मानदंडों से आकार ग्रहण करने की अनुमति देनी चाहिए। हमें इन विचारों के बारे में अधिक आलोचनात्मक होने की आवश्यकता है, जो इन संभावनाओं को सीमित करते हैं कि हम क्या हो सकते हैं; इसलिए, हमें स्वयं के सृजन के प्रति गतिशील होना चाहिए। अब अवतरणक के दिमाग में तुरंत यह सवाल उभरता है कि, यह अंतर्राष्ट्रीय संबंधों (IR) या राजनीति को समझने में कैसे प्रासंगिक है। उत्तर का एक संक्षिप्त पूर्वावलोकन, जिस पर हम अध्याय में बाद में चर्चा करेंगे, यह है कि, राष्ट्रीय पहचान की तरह हमारी पहचान न तो प्राकृतिक हैं और न ही प्रदत्त हैं, बल्कि ये ऐतिहासिक तौर पर सृजित हैं जो दुनिया भर के अन्य लोगों के साथ हमारी एकजुटता की क्षमता को सीमित करती हैं। आइए अब उत्तर-आधुनिकतावादियों के बीच सबसे लोकप्रिय विचारों में से एक—अर्थात् विसंरचना पर चर्चा करें।

11.3 विसंरचना (Deconstruction)

विसंरचना का मूल तर्क यह है कि, दुनिया को एक अवतरण के रूप में देखा जाना चाहिए। विसंरचनावादी इसे 'वाचनिकता' (Textuality) कहते हैं; वे 'सत्ता की राजनीति के पीछे/आंतरिक अवतरण की अंतःक्रिया को उजागर करना चाहते हैं' (डेर डेरियन, 1989: 3–10)। सत्ता की राजनीति हमेशा प्रासंगिकता और 'प्रतिनिधित्व के तरीके' के माध्यम से गठित की जाती है। अवतरण को इतने व्यापक रूप से परिभाषित किया जा सकता है कि, जिसके अंतर्गत लिखित शब्दों के साथ-साथ पश्चिमी विचारों के भीतर प्रतीकों और घटनाओं का संपूर्ण विस्तृत श्रेणी को शामिल किया जा सके। अवतरण की व्याख्या करने की इन्हीं आलोचनात्मक विधियों का इस्तेमाल दुनिया की व्याख्या करने में भी जाना चाहिए। जैक्स डेरिडा (1974) को अवतरण की व्याख्या के शुरुआती विचारकों की संरचनात्मक मान्यताओं को चुनौती देने में इसी रणनीति के प्रयोग का श्रेय दिया जाता है। वह कहते हैं कि, हमें चीज़ों की व्याख्या करने की तुलना में व्याख्या के स्पष्टीकरण की आवश्यकता है। इसलिए, 'वाचनिक अन्योन्यक्रिया' का अर्थ, दुनिया के प्रतिनिधित्व और निर्माण में विभिन्न व्याख्याओं के बीच परस्पर संरचनात्मक संबंध है। एक अवतरण का कोई अंतर्भूत सार नहीं है।

विसंरचना मूलतः प्रमुख अवधारणाओं एवं उन प्रतिरोधों को चुनौती देता है, जिन्हें बिना प्रमाण के ही सही मान लिया जाता है। सबसे महत्त्वपूर्ण बात यह है कि, इसका उद्देश्य हमें इन प्रमुख अवधारणाओं एवं प्रतिरोधों के प्रभाव और क़ीमत को दिखाना है। यह इस बात को भी दर्शाना चाहता है कि, पदानुक्रमिक ढ़ंग से ये प्रतिरोध किस प्रकार संबंधित है एवं एक-दूसरे पर निर्भर हैं। दूसरे शब्दों में, ये वैचारिक प्रतिरोध कभी तटस्थ नहीं होते हैं, बल्कि निस्सन्देह पदानुक्रमिक होते हैं। दो शब्दों में से एक को दूसरे की तुलना में अधिक विशेषाधिकार प्राप्त है, क्योंकि एक को पूर्णता, उपस्थिति और पहचान के रूप में देखा जाता है, जबकि दूसरे में इन गुणों का अभाव होती है। IR सिद्धांत में संप्रभुता के विरोध के रूप में अराजकता की अवधारणा, विशेष रूप से यथार्थवादी खेमे में, इसका एक उदाहरण है। विसंरचना का उद्देश्य यह दिखाना है कि ऐसे प्रतिरोध अपुष्ट हैं, और प्रत्येक शब्द दूसरे पर निर्भर करता है। दरअसल, IR के संदर्भ में संभवतः 'संप्रभुता' शब्द को विशेषाधिकार दिया गया है—जो अपने प्रतिद्वंद्वी (अराजकता) के साथ अपने संबंध या निर्भरता को अस्वीकृत कर विशेषाधिकार प्राप्त कर सकता है। डेरिडा के अनुसार, दोनों शब्दों के बीच प्रतिरोध न तो स्पष्ट है और न ही ये विपक्षी हैं। उनके दृष्टिकोण से, दोनों शब्द पारस्परिक रूप से एक-दूसरे पर निर्भर हैं। दोनों शब्दों के बीच अंतर, प्रत्येक शब्द के भीतर आंतरिक मर्यादा को छिपाता है। दोनों में से कोई भी शब्द सरल, शुद्ध, पूर्ण, और स्वयं-समान, या एक-दूसरे के निकट नहीं है। लेकिन प्रतिरोध के प्रभाव के आधार पर, दो शब्दों की इस निर्भरता की जानबूझकर उपेक्षा की जाती है। विसंरचना का उद्देश्य विपक्षी शब्दों के बीच प्रतिरोध को अस्थिर करना है। IR सिद्धांत में इस रणनीति का इस्तेमाल रिचर्ड के. एश्ले द्वारा किया जाता है। उनका मुख्य उद्देश्य संप्रभुता-अराजकता के बीच प्रतिरोध को अस्थिर करना है।

जब अवतरण का 'सारगर्भित' तथ्य इसके 'सतही' स्वरूप का विरोध करता है, तब विसंरचना की उत्पत्ति होती है। दूसरे शब्दों में, विसंरचना का तर्क है कि अवतरण के भीतर ऐसे अर्थ होते हैं जो इसकी अपनी अवधारणाओं को खोखला कर देते हैं, साथ ही यह ऐसे आंतरिक विरोधाभासों को भी उजागर करता है जिन्हें अवतरण मिटाने या खत्म करने का प्रयास करता है।

डेरिडा का तर्क है कि, अवतरणों के एकाधिक होते हैं तथा अवतरण के विभिन्न अर्थों के बीच 'हिंसा' को सतर्कतापूर्वक वाचनिक विश्लेषण से स्पष्ट किया जा सकता है। इस कारणवश डेरिडा एक प्रसिद्ध अवतरण का 'दोबारा पठन' करते हैं। उनका

उद्देश्य किसी भी विश्लेषण में दोबारा पठन के माध्यम से स्थायित्व के प्रभाव और विसंरचना के बीच संबंधों का पर्दाफाश करना है। इसका आशय यह दिखाना है कि, अवतरण, व्याख्यान या संस्था किस प्रकार स्वयं से सुसंबद्ध एवं सुसंगत होते हैं, तथा इन्हें किस प्रकार समेकित या संगठित किया जाता है। इसमें पहला पठन स्वगत है, जबकि दूसरा पठन इसे चिरस्मरणीय बनाने का विरोध करता है। दूसरा पठन एक अवतरण, व्याख्यान या संस्था के भीतर अस्थिरता के उन बिंदुओं पर दबाव डालकर पाठक को व्यग्र कर देता है। इसका उद्देश्य आंतरिक तनावों, तथा वे किस प्रकार आवृत या निष्कासित होते हैं, को उजागर करना है। हालांकि, अवतरण, संस्था या व्याख्यान कभी भी अपने आप में पूर्ण नहीं होता है, बल्कि इसमें तनाव और संकट के तत्व होते हैं, जो चीज़ों को अस्थिर बना देते हैं। उत्तर-आधुनिकतावाद के मुख्य विचारों का अन्वेषण करने के उपरांत, अब हम यह समझने का प्रयास करेंगे कि, IR के दायरे में इन सिद्धांतों को डेर डेरियन, रिचर्ड के. एश्ले, डेविड कैंपबेल, आर. बी. जे. वॉकर, एम. डिलियन एवं अन्य सिद्धांतकार किस प्रकार लागू करते हैं।

11.4 अंतर्राष्ट्रीय संबंध सिद्धांत में उत्तर-आधुनिकतावाद

11.4.1 कूटनीति

हम डेर डेरियन (2009, 2009b) की रचनाओं पर विचार करते हुए शुरुआत करेंगे, जो IR सिद्धांत की आलोचना में उत्तर-आधुनिक विचारों को लागू करते हैं। वह IR में प्रचलित कूटनीति के विचार पर फाउकॉल्ट के वंश-क्रम विश्लेषण को लागू करते हैं। उनकी पुस्तक, *ऑन डिप्लोमेसी* में, वंश-क्रम सबसे विस्तृत विश्लेषण शामिल है। यह 200 पृष्ठों की अत्यंत सारगर्भित पुस्तक है, जिसमें वह पश्चिमी संबंध-विच्छेदन की बाइबिल में व्युत्पत्ति से लेकर तकनीकी-कूटनीति की वर्तमान स्थिति तक इसके वंश-क्रम का अनुरेखण करते हैं। वह कूटनीतिक संस्कृति को मध्यस्थता और अलगाव के विचारों के साथ दिलचस्प तरीके से जोड़ते हैं। वह अलगाव के अंतराल का विश्लेषण करते हैं, जिसमें से कूटनीति मध्यस्थता के रूप में उभरती है। मध्यस्थता सुलह या हस्तक्षेप के उद्देश्य के लिए एक संयोजक कड़ी को संदर्भित करती है। मध्यस्थता के कारण ही, कूटनीतिक संस्कृति की भूमिका बेहद महत्त्वपूर्ण हो जाती है। कूटनीतिक संस्कृति से हमारा तात्पर्य प्रतीकों एवं सामाजिक बाध्यताओं की ऐसी प्रणाली से है, जो मध्यस्थता को संभव बनाती है, तथा जिसके माध्यम से (क्षेत्र की दृष्टि से) अलगाव वाले व्यक्ति किसी प्रकार की सार्वभौमिक पहचान प्राप्त करते हैं। पश्चिमी संबंध-विच्छेदन के संदर्भ में डेर डेरियन के वंश-क्रम का विषय यह है कि, विशेष संदर्भ में संबंध-विच्छेदन के विभिन्न स्वरूपों एवं मध्यस्थता को किस प्रकार विस्थापित किया जाता है। कूटनीति के संदर्भ में डेर डेरियन के वंश-क्रम का सिंहावलोकन मुश्किल है, क्योंकि यह नियमितताओं, कारण संबंधों, आदि के बजाय आकस्मिक घटनाओं के लिए असातत्य की तलाश करता है। वह वंश-क्रम को छह अलग-अलग अध्यायों में विकसित करते हैं, और प्रत्येक में विसंरचना एवं मध्यस्थता का एक विशेष प्रतिमान शामिल है। वंश-क्रम की शुरुआत 'कल्पित-कूटनीति' से होती है, जो मनुष्य एवं ईश्वर के बीच तथा लोगों के बीच पवित्र प्रतीकों के माध्यम से मध्यस्थता को संदर्भित करती है; उदाहरण के लिए, यहूदियों एवं अन्य जनजातियों के बीच या ईसाइयों एवं मुसलमानों के बीच, यह मध्यस्थता निर्देशात्मक और अस्पष्ट ज्ञान का उपयोग करती है; पुजारी एक महत्त्वपूर्ण भूमिका निभाते हैं, क्योंकि वे ज्ञान एवं अनुष्ठानों का धूर्तता से प्रबंधन करते हैं, जिसके माध्यम से संबंध-विच्छेदन में मध्यस्थता की जाती है। यह विश्लेषण ईसाई मत से संबंधित है, जिसे ऑगस्टाइन के निदर्शन और पोप के पद को संस्थागत किए जाने से जोड़ा जा सकता है।

दूसरा प्रतिमान, मध्य युग के अंत एवं प्रारंभिक पुनर्जागरण तक इटली के नव संप्रभु शहर के संबंध-विच्छेदन की मध्यस्थता पर केंद्रित था। डेरियन ने इस तरह की कूटनीति 'आरम्भिक-कूटनीति' कहा। आरम्भिक-कूटनीति को मैकियावेली के प्रतिमान में व्यक्त किया जाता है, और यह संप्रभु शहरों एवं वर्चस्व वाले साम्राज्यों के बीच संबंध-विच्छेदन की स्थिति में मध्यस्थता करता है। ऑगस्टाइन के प्रतिमान की तरह, चरम अराजकता की स्थिति में, यह एक तरफा संबंध-विच्छेदन की एक तरफा मध्यस्थता करता है। ऑगस्टाइन का प्रतिमान, एकता के मिथक और खंडित वास्तविकता तथा ईसाई धर्म एवं इस्लाम धर्म जैसे दो पौराणिक इकाइयों के बीच संबंध-विच्छेदन की स्थिति में मध्यस्थता करता है। हालांकि, आरम्भिक-कूटनीति शुरूआती कल्पित-कूटनीति से अलग है, क्योंकि यह मध्यस्थता को धर्म से अलग करती है। अस्तित्व के सबसे महत्त्वपूर्ण कारण (राज्य के अस्तित्व का कारण) की भूमिका बेहद अहम होती है, क्योंकि यह स्थायी निवास के आधार पर मध्यस्थता के एक स्वरूप को प्रस्तुत करता है। ऑगस्टाइन

और मैकियावेली के प्रतिमानों के विपरीत, तीसरे प्रकार के व्यवहार कौशल में राज्यों के पारस्परिक संबंध-विच्छेदन की मध्यस्थता शामिल है, जिसे 'कूटनीति' के तौर पर जाना जाता है। आरंभिक मध्यस्थता के वियोजन के बाद, नए राज्यों को एक विशेष प्रकार के संबंध-विच्छेदन का सामना करना पड़ा, जिसमें प्रत्येक राज्य के पास अपना राजा था। इसलिए, पारस्परिक रूप से मनमुटाव वाले राज्यों के बीच मेल-मिलाप कराने के लिए, एक पौराणिक और लौकिक एकता से अलग एक नए प्रकार की मध्यस्थता की आवश्यकता थी, लेकिन यह अभी भी एकता से विरासत में प्राप्त अभिन्न मूल्यों से जुड़ा हुआ हो। स्थायी निवास के आधार पर धर्मनिरपेक्ष एवं पारस्परिक कूटनीति के जरिए इन समस्याओं का समाधान संभव था। डेरियन तर्क देते हैं कि, किस प्रकार कूटनीतिक प्रणाली एवं राज्य प्रणाली का आविर्भाव परस्पर संबद्ध है तथा आंशिक रूप से दोनों प्रणालियों के बीच पारस्परिक मनमुटाव के विकास पर आधारित है। उन्हें एक कूटनीतिक प्रणाली की आवश्यकता थी, जिसके संचालन हेतु शक्ति संतुलन की संरचना की जरूरत थी।

कूटनीति के बाद, डेरियन के वंश-क्रम में, 'प्रति-कूटनीतिक' का स्थान है, जो विभिन्न वर्गों या राष्ट्र और अन्य राज्यों के राज-तंत्र के बीच मध्यस्थता की तरह राज्य के भीतर विभिन्न स्तरों के बीच मध्यस्थता करता है। पूर्व का प्रतिमान, जिसे उन्होंने 'कूटनीति' कहा, मध्यस्थता और राज्यों के एक विशेष अलगाव को सुविन्यस्त करता है, जबकि परवर्ती, अर्थात्, प्रति-कूटनीति यह मानव जाति के सार्वभौमिक बंधुत्व की आदर्शवादी स्थिति से सार्वभौमिक निरसन की मध्यस्थता विकसित करता है। यहां समस्या यह नहीं है कि, राज्यों की तरह विशेष संस्थाएं सार्वभौमिक संस्थाओं (उदाहरण के लिए, चर्च या सम्राट) से विरक्त हैं, बल्कि समस्या यह है कि सार्वभौमिकता की नई ताकतों को कूटनीति की अनन्यता से अलग कर दिया गया है। कूटनीति राज्यों के बीच एक समानांतर पारस्परिक मध्यस्थता पर बल देती है, जबकि प्रति-कूटनीति मनुष्य एवं एक सार्वभौमिक आदर्श राज्य के बीच के मनमुटाव के लिए ऊर्ध्वाधर मध्यस्थता का निरूपण करती है।

पांचवां प्रतिमान सीधे प्रति-कूटनीति से संबंधित है, और डेरियन इसे 'नव-कूटनीति' कहते हैं। नव-कूटनीति एक क्रांतिकारी मध्यस्थता को संदर्भित करती है, जो लोगों या वर्ग या राज्य सीमाओं के बीच एकता का दावा करती है। दूसरे अर्थों में यह क्रांतिकारी युद्ध की निरंतरता है, उदाहरण के तौर पर, लोगों को मुक्त कराने के लिए वचनबद्धता के कूटनीतिक नियमों का पालन किए बिना राजनयिकों के साथ प्रोपेगेंडा या समझौता-वार्ता करना। डेरियन फ्रांसीसी एवं रूसी क्रांति को इसी श्रेणी में रखते हैं, क्योंकि दोनों क्रांतियां असफल साबित हुई। यह नव-कूटनीति का सैन्य विस्तार है, जो असफल रहा। अंत में, वंश-क्रम 'तकनीकी-कूटनीति' के साथ समाप्त होता है, जिसमें एक तरफ तकनीकी दृष्टि से सुसज्जित राज्य उनका विरोध करते हैं जो तकनीकी रूप से सक्षम नहीं हैं। अपनी पुस्तक, *ऑन डिप्लोमासी* में, डेरियन कूटनीति पर प्रौद्योगिकी और संचार के प्रभाव का गहन विश्लेषण किया है।

डेरियन लिखते हैं, 'तात्कालिक सवाल यह है कि, तकनीकी आविष्कार के अर्थ में प्रौद्योगिकी ने संबंध-विच्छेदन की प्रासंगिक मध्यस्थता को किस प्रकार रूपांतरित किया है?' IR के सिद्धांत में डेरियन के इस अध्ययन का विविधतापूर्ण योगदान रहा है। सबसे पहले, वंश-क्रम के तरीके एवं संबंध-विच्छेदन के नजरिए से कूटनीति का अध्ययन करके प्रस्तुत किया गया विश्लेषण, कूटनीति के अध्ययन के लिए नए साधन प्रस्तुत करता है। यह पारंपरिक ढांचे पर प्रहार किए बग़ैर, पारंपरिक विश्लेषण से परे सिद्धांत को आगे बढ़ाता है। यह पारंपरिक दृष्टिकोण का विरोध किए बग़ैर उसके साथ संवाद में संलग्न है। वंश-क्रम की पद्धति, डेरियन को दुनिया की राजनीति में विकास को समझने हेतु सत्ता की राजनीति की केन्द्रीयता के परित्याग के बिना, कूटनीति के लिए एक राज्य केंद्रित दृष्टिकोण से दूर रहना संभव बनाती है। कूटनीति की समस्याओं को समुदायों के बीच संदेशों के संचार के जरिए प्रसारित किया जाता है, तथा संबंध-विच्छेदन और उसके मध्यस्थता की समस्याओं का आधिकारिक अभिकर्ताओं द्वारा आदान-प्रदान किया जाता है। यह अनन्यता एवं सार्वभौमिकता और अंदर और बाहर के बीच पारस्परिक संबंध पर केंद्रित है। यह विधि डेरियन को समय और स्थान, दोनों में मौजूद संदर्भ में निदर्शनात्मक विस्थापन का पता लगाने की अनुमति देती है।

डेर डेरियन की रचनाएं कूटनीति के अध्ययन के लिए विचारों एवं विधियों को प्रस्तुत करती हैं, साथ ही वह IR के संदर्भ में वर्तमान युग की सबसे महत्त्वपूर्ण परिचर्चा में से एक, अर्थात्, राज्य संप्रभुता के संकट पर बहस में भाग लेते हैं। इससे पहचान, आंतरिक- बाह्य, सार्वभौमिकता- विशिष्टता और राजनीतिक समुदाय पर एक सामान्य परिचर्चा की शुरुआत होती है। आंतरिक-बाह्य तथा सार्वभौमिकता एवं विशिष्टता पर परिचर्चा, संप्रभुता के मुद्दे पर केंद्रित है। विसंरचना और मध्यस्थता के मामले में इस मुद्दे

पर पहुंचने के बाद, डेरियन इसके दायरे का विस्तार करते हैं। संप्रभुता के संकट को अलगाव एवं मध्यस्थता की एक विशेष समस्या के रूप में आकार दिया जाता है, परंतु ऐसा मध्य युग के अवसान एवं प्रारंभिक पुनर्जागरण[1] के लिए संप्रभुता को सीमित किए बिना किया जाता है। उन्होंने तर्क दिया कि, बाद के दौर में प्रति-कूटनीति और नव-कूटनीति के प्रतिमान में किस प्रकार प्रभुत्वपूर्ण संभाषणों द्वारा प्रभुत्वपूर्ण प्रणाली को चुनौती दी गई। डेर डेरियन का वंश-क्रम यह दर्शाते हुए आंतरिक- बाह्य समस्याग्रस्तता को जटिल बनाता है कि, पहचान और अलगाव में क्षैतिज और ऊर्ध्वाधर आयाम हैं। एक तरफ, राज्य अन्य राज्यों से अलग होते हैं, जो पारस्परिक रूप से राज्य के भीतर के लोगों को राज्य के बाहर के लोगों तथा किसी अन्य राज्य के लोगों से अलग करते हैं। दूसरी तरफ, राज्यों के भीतर विशेष वर्ग को अन्य वर्गों (उदाहरण के लिए, सर्वहारा) और बाहरी वर्ग (उदाहरण के लिए, बुर्जुआ वर्ग) से अलग किया जा सकता है। डेर डेरियन यह दिखाने का प्रयास करते हैं कि, अंदरूनी आंतरिक- बाह्य समस्याग्रस्तता किस प्रकार वैश्विक आयाम प्राप्त कर सकती है, जब इस स्तर के लोग अन्य राज्यों में समान स्तर के लोगों के साथ एकीकृत होते हैं। सभी देशों के सर्वहारा वर्ग एकजुट होते हैं, और इस प्रकार अंदरूनी आंतरिक- बाह्य की दोहरी समस्याग्रस्तता आंतरिक-आंतरिक समस्याग्रस्तता में परिणत हो जाती है। प्रति-कूटनीति और नव-कूटनीति के विश्लेषण में, डेर डेरियन दर्शाते हैं कि किस प्रकार यह परवर्ती विभेदन दो संबंध विच्छेदनों—क्षैतिज और ऊर्ध्वाधर संबंध विच्छेदनों के तिर्यक-कटाव, के बीच तनाव का प्रतीक है, जिसमें राज्य प्रणाली के समक्ष प्रस्तुत की गई चुनौतियां शामिल हैं।

आइए अब हम पूर्व वर्णित कूटनीति के वंश-क्रम को समझें, जिसके लिए डेर डेरियन 'संबंध-विच्छेदन', 'मध्यस्थता' एवं अन्य शब्दों का इस्तेमाल करते हैं। आश्चर्यजनक और दिलचस्प बात यह है कि, डेर डेरियन वंश-क्रम के नीत्शेवादी विचार का उपयोग करते हैं तथा इसे अलगाव की अवधारणा से जोड़ते हैं, जिसे राजनयिक दार्शनिकों द्वारा कूटनीति के इतिहास का अध्ययन करने के लिए विकसित किया गया। आइए हम पहले यह समझने की कोशिश करें कि, वंश-क्रम के सामान्य विचार के विपरीत वंश-क्रम के नीत्शेवादी विचार का क्या अर्थ है। आम तौर पर 'वंश-क्रम' का अर्थ, किसी संस्थान, विचार, सामाजिक प्रथा, परिवार, व्याख्यान आदि की व्युत्पत्ति का अनुरेखण करना है। हालांकि, एक 'नीत्शेवादी वंश-क्रम' विचार, संस्था या प्रथा से संबंधित नहीं है बल्कि प्रक्रिया या प्रभाव से संबंधित है, जो विचार तथा इसके अन्य विचारों प्रथाओं इत्यादि पर प्रभाव को सामने लाते हैं। इस अर्थ में, डेर डेरियन कूटनीति के अध्ययन के लिए वंश-क्रम की पद्धति का इस्तेमाल करते हैं। वह 'कूटनीति' को दो या दो से अधिक विरक्त व्यक्तियों, पक्षों, समूहों अथवा संस्थाओं के समूहों के बीच मध्यस्थता के रूप में परिभाषित करते हैं। हमने कूटनीति के वंश-क्रम के उनके पूर्ववर्ती वर्णन में देखा है कि, वह दो प्रकार के संबंध-विच्छेदन—अर्थात् क्षैतिज और लंबवत संबंध-विच्छेदन की बात करते हैं। समूह, राष्ट्रों या जनजातियों के बीच एक क्षैतिज संबंध-विच्छेदन उभरता है, जबकि एक समूह, व्यक्ति और आदर्श या उपयुक्त के बीच एक लंबवत संबंध-विच्छेदन होता है।

विभिन्न प्रकार के संबंध-विच्छेदन या अलगाव के लिए विभिन्न प्रकार के मध्यस्थता की आवश्यकता होती है। 'मध्यस्थता' शब्द का प्रयोग डेर डेरियन द्वारा दो अलग-अलग अर्थों में किया जाता है। वह लिखते हैं,

> *'मध्यस्थता' शब्द का प्रयोग दो अलग-अलग अर्थों में किया जाएगा। सबसे पहले, परंपरागत अर्थ (जो कूटनीति के आधुनिक अर्थ के समान है) में मध्यस्थता का अर्थ संयोजक कड़ी अथवा दो या दो से अधिक व्यक्तियों या संस्थाओं के बीच मेल-मिलाप कराने के उद्देश्य के लिए किया गया हस्तक्षेप है। इस शब्द का उपयोग करके, मैं एक ऐसी व्याख्या को स्वीकार करता हूँ जो कूटनीति की अन्योन्याश्रित और सामंजस्यपूर्ण प्रकृति पर बल देने के साथ-साथ हस्तक्षेप की आवश्यकता को भी स्वीकार करती है। शब्द का दूसरा अर्थ अलगाव के सिद्धांत से ही लिया गया है, जो हेगेल और मार्क्स की रचनाओं पर आधारित है। मध्यस्थता की व्यवस्था के दो प्रकार हैं। पहला मनुष्य (उसकी शक्तियों) और प्रकृति (उनकी जरूरतों) के बीच है। इस विषय-वस्तु संबंध में, मध्यस्थता एक नियमावली या बौद्धिक गतिविधि को संदर्भित करती है, जो मनुष्य की शक्तियों और आवश्यकताओं को एक साथ लाती है; भोजन के माध्यम से मनुष्य द्वारा अपनी भूख को मिटाना, सबसे बुनियादी स्तर का एक उदाहरण होगा। मध्यस्थता का दूसरा क्रम*

[1] युद्ध की सीमारेखा का विश्लेषण करने के लिए महत्त्वपूर्ण अवधि, जिससे संप्रभु राज्य प्रणाली का आविर्भाव यूरोपीय राजनीति के प्रमुख संगठन के रूप में हुआ।

ऐतिहासिक रूप से विशिष्ट हो जाता है, जब मनुष्य की गतिविधि या उसकी गतिविधि का प्रतिफल, उससे विमुख हो जाता है। फ्यूरबाच, हेगेल और मार्क्स के उदाहरणों के अनुसार, मनुष्य एवं उनकी पृथक जरूरतों के बीच अभिनय करने वाले मध्यस्थों में, ईश्वर, राज्य और धन शामिल होंगे (डेरियन, 2009: 10)।

डेर डेरियन के अनुसार, 'कूटनीति' की आवश्यकता तब होती है, जब मध्यस्थता की आवश्यकता संबंध-विच्छेदन के सामाजिक-राजनीतिक संदर्भ में उभरती है। डेर डेरियन का तर्क है कि, वर्तमान युग में जिसे हम देख रहे हैं वह 'तकनीकी-कूटनीति' है। इस नई तरह की कूटनीति को समझाने और समझने के लिए, वह फाउकॉल्ट, जेन बाउड्रिलार्ड, गिल्स डेल्यूज़ और पॉल विरिलो जैसे आधुनिक विचारकों द्वारा उपयोग की जाने वाली विभिन्न आधुनिक शब्दावली का प्रयोग करते हैं। उनके वंश-क्रम के विश्लेषण में हम फाउकॉल्ट के प्रभाव को पहले भी देख चुके हैं। तकनीकी-कूटनीति को समझाने में, डेविड कैंपबेल जैसे अन्य विद्वानों के साथ डेर डेरियन, इस तरह के संबंध विच्छेदन पर ध्यान केंद्रित करते हैं एवं उसका अध्ययन करते हैं, जिसे तकनीक हमारे आधुनिक जीवन, विशेष रूप से IR में लेकर आया है। वह बाउड्रिलार्ड और विरिलो के लेखन से बहुत प्रभावित थे, जिन्होंने *कपटरूप, (कालक्रम) राजनीति* और *ड्रोमोलॉजी (गतिविज्ञान)* जैसी शब्दावली विकसित की।

अब हम यह समझने का प्रयास करेंगे कि, डेर डेरियन एवं रिचर्ड के. एश्ले जैसे अन्य अंतर्राष्ट्रीय विद्वान IR और सिद्धांत को समझने के लिए किस प्रकार उत्तर-आधुनिक विचारों का उपयोग करते हैं।

एश्ले का मुख्य तर्क यह है कि, 'अराजकता' की अवधारणा IR में सैद्धांतिक एवं व्यावहारिक, दोनों प्रभाव उत्पन्न करती है। यह IR की मुख्य चिंताओं को परिभाषित करता है। अपने लेख, 'एक्सप्लेनिंग कोऑपरेशन अंडर ऐनार्की: हाइपोथिस एंड स्ट्रैटजीज' में केनेथ ए. ओई (1985: 1) लिखते हैं, 'राष्ट्र शाश्वत अराजकता की स्थिति में रहते हैं, क्योंकि कोई केंद्रीय प्राधिकरण संप्रभु हितों के अन्वेषण को परिसीमित नहीं करता है।' सिद्धांतकारों के अनुसार, केंद्रीय, वैश्विक प्राधिकरण की अनुपस्थिति के कारण अराजकता की समस्या उभरती है। यह कोई खोखली अवधारणा नहीं है। इसका उद्देश्य यह वर्णन करना है कि, सत्ता की राजनीति में IR किस प्रकार गहराई से अंतःस्थापित है; जहां स्वार्थ, राज्य हित एवं बल प्रयोग इसके कुछ मुख्य अवयव हैं। इसलिए, एश्ले, अराजकता की इस समझ तथा IR सिद्धांतवादियों, विशेष रूप से यथार्थवादियों द्वारा इसे प्रदान किए जाने वाले महत्त्व को चुनौती देते हैं। इस ढांचे को चुनौती देने के लिए वह *ए ला डेरिडा*, अर्थात् दोहरे पठन की नीति को लागू करते हैं। पहले पठन में, वह समस्यात्मक अराजकता के ढांचे के भीतर IR के अध्ययन का प्रयास करते हैं। इस पठन में, वह अराजकता की समस्या की मुख्य विशेषताओं को एकत्रित करते हैं।

दूसरे पठन में, वह अराजकता की समस्या को पृथक करते हैं। दूसरे पठन से पता चलता है कि यथार्थवादी द्वारा व्यक्त की गई अराजकता समस्या, कई निर्विवादित सैद्धांतिक धारणाओं और अपवर्जन पर आधारित है। पहले पठन में उन्होंने परंपरागत संदर्भ में IR की रूपरेखा प्रस्तुत की है, जिसमें एक केंद्रीकरण की अनुपस्थिति राज्यों की बहुलता के अस्तित्व के साथ सह-सीमावर्ती है, और इनमें से कोई भी अन्य राज्यों के लिए क़ानून नहीं बना सकता है। इसके अलावा, राज्यों के अपने अभिज्ञेय हित, क्षमताएं, संसाधन और क्षेत्र हैं। दूसरे पठन में, वह अराजकता के बीच सत्ता की राजनीति के रूप में IR के स्व-प्रमाण पर सवाल उठाते हैं। वह 'संप्रभुता' और 'अराजकता' के बीच विपक्ष के तर्क को सबसे अधिक महत्त्व देते हैं, जिसमें पहले शब्द को विनियामक एवं आदर्श के रूप में मूल्यवान माना जाता है जबकि परवर्ती शब्द को संप्रभुता के अभाव के कारण नकारात्मक समझा जाता है। अराजकता को केवल संप्रभुता के विपरीत ही महत्त्व मिलता है, और इसलिए, वे एक साथ अस्तित्व में नहीं हो सकते हैं। अराजकता को एक महत्त्वपूर्ण समस्या बनाने वाली अवधारणाएं स्पष्ट हैं। अगर इस सहज विरोध का पूरी तरह लाभ उठाना है, तो अवधारणा यह है कि संप्रभु राज्य के भीतर घरेलू क्षेत्र को वैध राजनीतिक शक्ति द्वारा समर्थित व्यवस्थित एवं विकासशील क्षेत्र के रूप में चित्रित किया जाना चाहिए। राज्य या देश के बाहर अव्यवस्था, आतंक, अस्तव्यस्तता एवं अराजकता की स्थिति हो सकती है। एश्ले के अनुसार (1988: 227–62), संप्रभुता और अराजकता को इस तरह से दर्शाना, राज्यों के भीतर आंतरिक तनाव के संप्रभु राज्यों के बीच तनाव के रूप में परिवर्तित होने पर निर्भर है। राज्यों को संप्रभुता और अराजकता के बीच विभेद के लिए, आंतरिक स्तर पर मौजूद अराजकता के किसी भी निशान को मिटा देना चाहिए। राज्यों के भीतर विचार-विभिन्नता, जो किसी राज्य की संप्रभु पहचान को चुनौती देती है, को अराजकता की समस्या को प्रमुख बनाने के लिए दबाने या अस्वीकार करने की आवश्यकता है। सरल शब्दों में,

अराजकता की समस्या को सैद्धांतिक रूप देने के लिए, राज्यों के भीतर मौजूद अराजकता को नज़रअंदाज़ कर दिया जाता है। संप्रभुता और अराजकता के बीच विरोध, आंतरिक संघर्षों को सुलझाने के लिए आंतरिक स्तर पर अभिभावी केंद्र के रूप में एक संप्रभु इकाई तथा बाह्य स्तर पर इसके अभाव के बीच सीमा निर्धारित करने पर निर्भर है।

एश्ले के अनुसार, इस विरोध के दो विशेष प्रभाव हैं। सबसे पहले, यह राज्य में घरेलू क्षेत्र को स्थिर, आधुनिक राजनीतिक समुदाय की वैध नींव के रूप में दर्शाता है। दूसरा, यह राज्य से परे के अधिकार-क्षेत्र को ख़तरनाक एवं अराजक के रूप में दर्शाता है। एश्ले इसे दोहरा अपवर्जन कहते हैं। यह अपवर्जन केवल तभी संभव है, जब एक तरफ संप्रभु पहचान के एकल प्रतिनिधित्व को अधिरोपित किया जाए और दूसरी तरफ, प्रतिनिधित्व को प्राकृतिक एवं निर्विवादित बनाया जाए। एश्ले निम्नलिखित प्रश्नों के जरिए इस तरह के विरोध पर सवाल उठाते हैं: (a) अराजकता की समस्या का क्या होता है, यदि यह स्पष्ट नहीं हो कि पूरी तरह से उपस्थित और पूर्ण संप्रभु राज्य प्राथमिक या ऐकिक हैं? (b) अराजकता की समस्या का क्या होता है, यदि सत्ता की राजनीति से संबंधित अवधारणाओं के संदर्भ में केंद्रीय वैश्विक शासन की अनुपस्थिति अधिलेखित नहीं होती है?

11.5 संप्रभु राज्य की आलोचना

संप्रभुता 'IR' के अध्ययन से संबंधित मुख्य विषयों में से एक है। यह राज्यों और हिंसा से भी संबंधित है। थोड़े-बहुत अंतर के साथ, उत्तर-आधुनिकतावाद भी उन्हें (राज्यों और हिंसा) अपनी केंद्रीय चिंता का विषय बनाता है। यह वंश-क्रम एवं विसंरचना की अंतर्दृष्टि के साथ उन्हें संशोधित करता है। यह संप्रभु राज्य की नई व्याख्याएं एवं स्पष्टीकरण प्रदान करने का प्रयास करता है, जिसके अनुसार वैश्विक राजनीति में राज्य केंद्रित दृष्टिकोण, अर्थात् 'व्यक्तिपरकता के प्राथमिक साधन के रूप में ऐतिहासिक संघटन और पुनर्गठन' अप्रत्यक्ष है (देवताक, 2005: 190)। यह हमें 'संप्रभु राज्य' को स्वाभाविक एवं सामान्य के तौर पर प्रस्तुत करने के लिए, प्रथाओं एवं अभ्यावेदन के अन्वेषण का प्रयास करने वाली फाउकॉल्ट की पद्धति पर वापस लाती है। हम 'संप्रभु राज्य' को स्वाभाविक एवं सामान्य के तौर पर प्रस्तुत करने वाली प्रक्रिया पर विचार करेंगे।

इस संदर्भ में पहला तर्क यह है कि, आधुनिक राज्य की उत्पत्ति 'हिंसा' में हुई है। दूसरा तर्क यह है कि, क्षेत्रों को व्यवस्थित करने वाली गतिविधि के तौर पर सीमाओं के निर्धारण के परिणामस्वरूप इस प्रकार की हिंसा होती है। तीसरे तर्क में कहा गया है कि, विदेश नीति के व्याख्यानओं के आधार पर राष्ट्रीय पहचान का सृजन किया जाता है। आइए अब हम हिंसा और राज्य की समस्या को आधुनिक परिप्रेक्ष्य से समझें। आधुनिक राजनीतिक विचारों में प्रमुख समझ यह है कि, राज्यों की तरह आधुनिक राजनीतिक संगठनों का प्रादुर्भाव शासन के पारंपरिक, ग़ैरकानूनी, निरंकुश एवं बर्बर रूपों को पार करने के बाद हुआ है। वे ग़ैरकानूनी इसलिए हैं, क्योंकि शासित लोगों के संदर्भ में इस प्रकार की शासन-व्यवस्थाओं से प्राप्त शक्ति स्वेच्छाचारी, अनियंत्रित, हिंसक और अनुत्तरदायी होती है, जबकि शासन-व्यवस्था के आधुनिक स्वरूप तर्कसंगत, विधिसम्मत, न्यायसंगत, शांतिपूर्ण और लोकतांत्रिक मूल्यों पर आधारित होते हैं। दूसरे शब्दों में, वे सत्ता के पारंपरिक रूपों तथा परवर्ती स्वरूपों सुधार से नैतिक रूप से बेहतर हैं। इसके पीछे मौलिक तर्क यह है कि, जब हम इतिहास में उत्तरोत्तर आगे की ओर बढ़ते हैं, तो हम बेहतर संगठनों को नियंत्रित करने और स्थापित करने के बेहतर रूपों की ओर अग्रसर होते हैं। उत्तर-आधुनिकतावादी इसे दिखावा कहते हैं। वास्तव में, हिंसा ने अपनी जड़ें गहराई से जमा ली हैं, और हिंसा के अन्य रूप भी अदृश्य हो गए हैं। कैंपबेल एवं डिलियन जैसे विद्वानों का तर्क है कि, आधुनिक समय में राजनीति और हिंसा के बीच का संबंध 'गहराई से उभयभावी' बन गया है। एक ओर, हिंसा के कारण संप्रभु समुदाय शरणार्थी बन जाते हैं और दूसरी तरफ, ऐसी परिस्थितियों में उस समुदाय के नागरिकों को संरक्षित किया जाना चाहिए। यह (हिंसा) एक ही समय में घटित होती है, जिसका सृजन या जिसकी उत्पत्ति आधुनिक राज्यों द्वारा की जाती है, साथ ही राज्य नागरिकों की इससे रक्षा करने का दावा करता है। यह जहर और उसका उपचार, दोनों है। बार्डली क्लेन (1994) ने अपने लेख, 'स्ट्रैटेजिक स्टडीज एंड वर्ल्ड ऑर्डर' में हिंसा और राज्य के बीच संबंधों की ओर इशारा किया है। वह इस युद्ध के स्वाभाविक या सामान्य तौर पर अस्तित्व के बजाय, युद्ध का सृजन करने वाले राज्यों के ऐतिहासिक उदय का विवरण प्रस्तुत करते हैं। उन्होंने विश्लेषण किया कि, इतिहास में राजनीतिक इकाइयां कैसे उभरती हैं और वे एक विदेशी स्थान से घरेलू राजनीतिक स्थान को अलग करने के लिए किस प्रकार शक्ति पर निर्भर हैं।

उनका तर्क है कि, 'राज्य स्वयं को राज्य के तौर पर स्थापित करने के लिए हिंसा पर निर्भर हैं', और इस प्रक्रिया में वे आंतरिक और बाहरी के बीच अंतर स्थापित करते हैं। वह करते हैं कि, 'सामरिक हिंसा' न केवल राज्य की सीमाओं की रखवाली करती है, बल्कि यह इसे संगठित करने में भी मदद करती है। इस प्रकार, हिंसा राज्यों का संघटन है। उत्तर-आधुनिकतावाद पारंपरिक दृष्टिकोण से अलग है, क्योंकि वे राज्यों के बीच संबंधों में हिंसा को स्वाभाविक एवं नियमित घटनाओं के तौर पर देखते हैं। वे (यथार्थवादी) तर्क देते हैं कि, अराजकता मुख्य समस्या है; जो केंद्रीय प्राधिकरण की अनुपस्थिति के कारण होता है, तथा राज्यों को एक-दूसरे के साथ युद्ध करने से रोकने के लिए कोई भी प्रणाली मौजूद नहीं है। हिंसा अंगभूत नहीं है, बल्कि राज्य के संदर्भ में विन्यासकारी है। हिंसा आविर्भाव से पहले ही राज्यों का गठन हो जाता है। वास्तव में, हिंसा राज्यों के गठन के तरीके को संशोधित करती है। उनके क्षेत्रीय दावों को हिंसा से संशोधित किया जाता है। शक्ति पदानुक्रम के वितरण में, यह राजनीतिक शक्ति और रणनीतिक कौशल का एक साधन है। इस प्रकार, उत्तर-आधुनिकतावाद से हमें आधुनिक राजनीतिक जीवन में हिंसा की अदृश्य भूमिका को समझने में मदद मिलती है।

कैंपबेल (1993: 16) का तर्क है, 'युद्ध राष्ट्र [राजनीतिक विषय] का निर्माण करता है, जिसे स्वीकृति देने में इसकी सहायता ली जाती है।' यह राज्यों की संरचना की बुनियाद है, और पूरी तरह से गठित राज्य सत्ता, राजनीतिक कारणों के लिए इसका सहारा लेते हैं। देवताक लिखते हैं, 'उत्तर- आधुनिकतावाद के अनुसार, हिंसा औपचारिक अधिष्ठापन से संबंधित होने के साथ-साथ संवर्धी' भी है (2005: 107)। जेनी एडकिन्स (2000), हिंसा और राजनीति के बीच संबंध स्थापित करने में एक कदम आगे बढ़ती हैं। वह नाजी यातना शिविरों की तुलना NATO जैसे अंतर्राष्ट्रीय संगठनों के शरणार्थी शिविरों के साथ करती है। उन्होंने तर्क दिया कि, यातना शिविर 'पश्चिम की संप्रभु राजनीति के शासनकाल में रोजमर्रा के अस्तित्व में निहित डरावनी घटना के अलावा कुछ भी नहीं है।' उन्होंने आगे तर्क दिया कि, जहां तक बमबारी अभियान का संबंध है, NATO नाज़ियों के समतुल्य है। बमबारी से जुड़े इस प्रकार के हिंसक अभियानों का एकमात्र अधिकार रखने का दावा करके, NATO को अपनी सर्वोच्चता स्थापित करने में मदद मिलती है। इसके द्वारा हिंसा के उपयोग को वैध हिंसा के रूप में स्वीकार किया जाता है। आगे वह उल्लेख करती हैं कि, मानवतावाद को भी हिंसा के समान रखा जा सकता है, क्योंकि यह भी मिलीभगत के माध्यम से आधुनिक राज्य के सत्ता और हिंसा के वैध उपयोग के प्रति सहमत है। शरणार्थी शिविर, वास्तव में यातना शिविरों की तरह हैं क्योंकि दोनों ही जीवन और मृत्यु के बारे में मनमाने ढंग से निर्णय लेते हैं। ऐसा इसलिए है, क्योंकि शरणार्थी श्रमिकों को शरणार्थियों में से सबसे बुरे के बीच चयन करने के लिए मजबूर होना पड़ता है। यह अकाल पीड़ितों की स्थिति का वर्णन करने में जॉर्जियो आगाम्बैन के शब्द 'नग्न जीवन' के समान है, जहां उनकी सांस्कृतिक और सामाजिक स्थिति को ग़ैर-राजनीतिकृत किया जाता है, और इस प्रकार उनकी राजनीतिक आवाज की उपेक्षा की जाती है। कैंपबेल भी एडकिन्स के साथ सहमति प्रकट करते हुए कहते हैं कि, मानवतावाद 'एक संप्रभु राजनीतिक शक्ति के निर्माण के अपराध में संलिप्त है, जो हिंसा के वैध उपयोग के एकाधिकार का दावा करता है' (एडकिन्स, 2000: 19)। इसके बाद, हम यह समझने का प्रयास करेंगे कि हिंसा और राज्य निर्माण से क्षेत्रीयता किस प्रकार संबद्ध है।

11.5.1 सीमाएं

राज्य निर्माण के 'वंश-क्रम' को समझने के लिए, उत्तर-आधुनिकतावाद वैश्विक राजनीतिक क्षेत्र को विभाजित करने के तरीके का अन्वेषण करता है। उत्तर-आधुनिकतावादी यह नहीं मानते हैं कि, दुनिया स्वाभाविक रूप से विभाजित है या एक आवश्यक मानवीय प्रकृति पर आधारित है। वे तर्क देते हैं कि, कुछ भी प्राकृतिक अथवा पूर्व प्रदत्त नहीं है, साथ ही ऐसी कोई भी इकाई नहीं है जो वैश्विक राजनीतिक क्षेत्र को विभाजित करती है एवं आकार देती है। फिर पाठकों के दिमाग में तत्काल एक प्रश्न उभरता है कि, फिर दुनिया में सीमाओं का आविर्भाव किस प्रकार होता है? इसी प्रश्न को वे 'सीमा प्रश्न' कहते हैं। वे तर्क देते हैं कि, यह प्रश्न अन्य प्रश्नों से जुड़ा हुआ है जो इन तथ्यों से संबंधित है कि, राजनीतिक विषय कैसे बनते हैं या सरल भाषा में, ऐतिहासिक और राजनीतिक रूप से राजनीतिक पहचान का सृजन किस प्रकार होता है। इसी आधार पर तर्क दिया गया कि, पहचान, न तो पूर्व प्रदत्त और न ही प्राकृतिक है, बल्कि यह सामाजिक-राजनीतिक कारणों से ऐतिहासिक रूप से सृजित या निर्मित है। वे तर्क देते हैं कि, एक केवल राज्यों के गठन के माध्यम से 'राजनीतिक विषय' का सृजन नहीं किया जाता है, बल्कि ऐसा भौतिक, प्रतीकात्मक और वैचारिक सीमाओं के निर्माण के जरिए किया जाता है।

रिचर्ड देवताक हमें याद दिलाते हैं कि, उत्तर-आधुनिकतावादी स्थान एवं कालखंड में संप्रभुता गठन या निर्माण की तुलना में 'संप्रभुता' के प्रति कम चिंतित हैं। वे यह भी पूछते हैं कि, इसका प्रचार-प्रसार किस प्रकार होता है। इसके बाद उनका एक अन्य तर्क यह है कि, दुनिया को विभाजित करने की कोई मूलभूत आवश्यकता नहीं है—क्योंकि यह विशेष रूप से अंतर्राष्ट्रीय सीमाओं के रूप में प्रकट होता है—और इनकी वजह से सीमाओं का निर्माण करना निष्कपट एवं ग़ैर-राजनीतिक कार्य नहीं रह गया है। सरल शब्दों में, भूगोल राजनीतिक किरदारों के बीच शक्ति संबंधों के बारे में है। लोगों के बीच सीमाएं प्रकृति द्वारा नहीं बनाई गई हैं, बल्कि यह शक्ति की इच्छा रखने वाले समूहों के बीच ऐतिहासिक संघर्ष का प्रतिफल है। सीमाएं राजनीतिक रूप से प्रभावी समूहों हेतु एक कार्यक्षेत्र बनाने के लिए काम करती हैं, ताकि वे सत्ताहीन समूहों पर अपने प्रभुत्व को बरकरार रख सकें। इस अर्थ में, उत्तर-आधुनिकतावाद IR की यथार्थवादी विचारधारा की आलोचना करता है, और मानता है कि वैश्विक राजनीतिक क्षेत्र को कुछ मौलिक मानवीय प्रकृति या सामाजिक वास्तविकता के आधार पर विभाजित किया गया है, जिसमें मनुष्यों को हमेशा विभाजित और अकृत्रिम बने रहना चाहिए।

11.5.2 पहचान

सीमा के प्रश्न से राजनीतिक पहचान का प्रश्न भी जुड़ा हुआ है। इसका मतलब यह नहीं है कि, सभी पहचान कुछ भौगोलिक सीमा पर आधारित हैं। हालांकि, हमारी अधिकांश महत्त्वपूर्ण राजनीतिक पहचान, राष्ट्रीयता या कुछ भौगोलिक सीमाओं पर आधारित हैं। हम पहले भी देख चुके हैं कि, ऐतिहासिक प्रक्रिया के एक प्राकृतिक हिस्से के रूप में वैश्विक स्तर पर दुनिया में जो कुछ भी घटित हो रहा है, प्रमुख धारणा को उत्तर-आधुनिकतावाद चुनौती देता है। इसी तरह, हमने इस अध्याय के पूर्ववर्ती खंडों में भी इस बात पर चर्चा की है कि, पहचान भी पूर्व प्रदत्त नहीं है बल्कि समाज में ऐतिहासिक-राजनीतिक शक्तियों द्वारा सृजित है। उत्तर-आधुनिकतावादी यह सवाल करना चाहते हैं कि, स्थानिक दूरी और घरेलू बनाने की प्रक्रियाओं को लागू कर राजनीतिक पहचान का सृजन किस प्रकार किया गया है? यह पृथक अस्तित्व के क्षेत्रीय दावों से कैसे जुड़ा हुआ है? और दूसरे के विरोध में राजनीतिक पहचान कैसे बनती है? क्या एक कल्पना के विरोध में सत्ता मीमांसा का सृजन किया गया है? डेविड कैंपबेल *नेशनल डिकंस्ट्रक्शन* नामक अपनी पुस्तक में इन पहलुओं पर चर्चा करते हैं। वह बोस्नियाई युद्ध के प्रकरण पर चर्चा करते हैं और तर्क देते हैं कि, युद्ध में तीव्र हिंसा समुदाय या पहचान के एक विशिष्ट मानक पर आधारित थी। उन्होंने 'सत्ता-मीमांसा' और 'राजनीति' शब्दों को जोड़कर इसे 'सत्ता-मीमांसावादी राजनीति' कहा, जिसका अर्थ दर्शनशास्त्र में अस्तित्व की प्रकृति का अध्ययन है।। इस संदर्भ में, 'सत्ता-मीमांसा' का अर्थ कुछ ऐसा है जो वास्तविक होने का दावा करता है। कैंपबेल के लिए 'सत्ता-मीमांसावादी राजनीति' का अर्थ समुदाय का निर्माण है, और इसमें क्षेत्र एवं राष्ट्र तथा राज्य एवं राष्ट्र का सही संरेखण शामिल है। एकल समुदाय का निर्माण एकल क्षेत्र के निर्माण के साथ किया जाना चाहिए, जिसमें परवर्ती पूर्ववर्ती को सशक्त करता है। कैंपबेल (1998: 168–70) तर्क देते हैं कि, इसके पीछे की अवधारणा यह है कि यह 'सुसंगत, परिबद्ध, एवं एकल सांस्कृतिक' समुदाय के निर्माण की इच्छा पैदा करता है। 'सत्ता-मीमांसावादी राजनीति' से संबंधित ये अवधारणाएं, IR में विषयपरकता की शासी नियमावली का निर्माण करती हैं। इस आधार पर, कैंपबेल का तर्क है कि बोस्निया में हिंसा केवल मानवीय मानकों का जातिवादी विरूपण नहीं थी, बल्कि वास्तव में इन मानकों का अत्यंत विकृत स्वरूप थी। निष्कलंक, सजातीय राजनीतिक पहचान की तलाश में 'जातीय सफाई' के लिए की गई हिंसा, आधुनिक राष्ट्र राज्य में निहित समान राजनीतिक समुदाय की महज निरंतरता की परिचायक है, और इसके लिए उन्हें सीमाओं की आवश्यकता होती है, जिसके निर्माण का श्रेय कुछ हद तक हिंसा को दिया जाएगा।

उत्तर-आधुनिकतावाद उन व्याख्यानों एवं प्रथाओं पर केंद्रित है, जो राजनीतिक पहचान के निर्माण में मतभेद की स्थिति में खतरा उत्पन्न करते हैं। यहां तक कि 'शीत युद्ध' भी एक अलग राजनीतिक विचारधारा के खतरे को देखते हुए आरंभ हुआ एवं जारी रहा, जिसे पश्चिम में पूंजीवादियों द्वारा 'साम्यवाद' कहा जाता है। परंतु एक सामंजस्यपूर्ण एवं इकलौते राजनीतिक पहचान के सृजन हेतु आंतरिक असम्मति को दूर करना जरूरी है। आंतरिक स्तर पर ऐसे अल्पसंख्यक हैं, जो पहचान के एक निश्चित निर्माण के लिए खतरा हैं, जिन्हें अनिवार्य रूप से बहिष्कृत या नियंत्रित किया जाना चाहिए। पहचान एक प्राकृतिक नहीं, बल्कि निर्मित प्रभाव है।

पहचान को अंतर की स्थापना के माध्यम से, और अधिक महत्त्वपूर्ण रूप से अंतर के खतरे के साथ परिभाषित किया जाता है। तथापि, कैंपबेल इस ओर इशारा करते हैं कि, राष्ट्र या संप्रभु राज्य का विचार, खतरे की बात या संभाषण के आधार पर निर्मित है। एक राजनीतिक विषय के रूप में अमेरिकी राष्ट्र का विचार, शीत युद्ध अवधि के दौरान सोवियत संघ को एक बाहरी खतरा मानकर इसके विरोधस्वरूप तैयार किया गया था। नियंत्रण के सिद्धांत में नियंत्रण की अवधारणा एक साथ अमेरिकियों और साम्यवादियों पर लक्षित है, जिसके परिणामस्वरूप एक क्षेत्रीय राज्य को प्रारंभिक पहचान मिलती है।

उत्तर-आधुनिकतावादी विद्वानों का तर्क है कि, स्वयं और दूसरों के बीच विभेदन से पहले पहचान का अस्तित्व मौजूद नहीं है। महत्त्वपूर्ण मुद्दा यह है कि, कोई भी चीज जो दूसरों से अलग हो उसे किस प्रकार अन्तर्विष्ट करने और बाहर रखने के लिए खतरे या जोखिम के रूप में अवधारणाबद्ध किया जाता है। वे सुझाव देते हैं कि, एक विरोधी राजनीतिक पहचान के विपरीत एक राजनीतिक पहचान का निर्माण नहीं किया जाना चाहिए। हालांकि, आज IR की अगुवाई का प्रमुख तरीका सुरक्षा और विदेश नीति के संभाषणों एवं प्रथाओं का स्थायीकरण है, जो इस तर्क को पुन: उत्पन्न करते हैं। आइए अब शासन कला की अवधारणा को समझने का प्रयास करें, जिसमें सीमा, पहचान और हिंसा की उपरोक्त तीनों अवधारणाएं शामिल हैं।

11.5.3 शासन कला

पिछले खंड में हमने विश्लेषण किया कि, किस प्रकार उत्तर-आधुनिकतावाद स्वाभाविकता की एक छवि पेश करके अपनी स्वेच्छाचारिता को प्रभावहीन करने या छिपाने के लिए व्यक्तिपरकता के प्रचलित तरीकों में दिलचस्पी दिखाता है; इस खंड में हम शासन कला पर चर्चा करेंगे। रिचर्ड एश्ले इस सवाल के साथ अपनी सोच की रूपरेखा को आगे बढ़ाते हैं कि, किस प्रकार 'वर्चस्व' की अवधारणा का उपयोग करके व्यक्तिपरकता के प्रबल स्वरूप को सामान्य बनाया जाता है। फाउकॉल्ट की शैली में यह मार्क्सवादी अर्थ में एक प्रभुत्ववादी विचारधारा या सांस्कृतिक व्यवस्था नहीं है, बल्कि यह ज्ञान के अभ्यास का एक समुच्चय है जिसे एक विशेष राज्य और समाज के साथ पहचान मिलता है। दूसरे शब्दों में, 'वर्चस्व' का अर्थ ऐसे प्रतिदर्श का संचलन है, जो अनुकरणीय है या एक आदर्श क़िस्म का प्रतिनिधित्व करता है, और जिसका उपयोग प्रमुख समूहों द्वारा अपने प्रभुत्व को बरकरार रखने के लिए किया जाता है। इसका मुख्य उद्देश्य अन्य प्रतिदर्शों का अवमूल्यन करना है, जो कम व्यावहारिक, अविकसित, अपूर्ण और अपर्याप्त होने के नाम पर प्रमुख प्रतिदर्श को चुनौती देते हैं। एश्ले जैसे विद्वान एक राजनीतिक पहचान के निर्माण को समझने के लिए प्रतिदर्श के इतिहास की जाँच-पड़ताल करते हैं। उदाहरण के लिए, 'भारतीय' एक राजनीतिक पहचान है जिसका निर्माण प्रमुख समूह द्वारा किया गया है, जो परिभाषित करता है कि आदर्श भारतीय किस प्रकार का होगा। एक आदर्श भारतीय वह है, जो मूल रूप से भारत की एकता और अखंडता का प्रतिनिधित्व करता है। वह किसी भी ऐसे धार्मिक, भाषाई या भौगोलिक समूह को पृथक किए जाने का समर्थन नहीं करेगा अथवा इसे अनुमति नहीं देगा, जिसे भारतीय राज्यों द्वारा अपना माना जाता है, बल्कि वह भारत के भीतर भाषाई राज्यों के अंतःविभाजन का समर्थन करेगा।

इस तथ्य को प्रमाणित करने के प्रयास, कि राज्य किसी भी मूलतत्त्व का अभाव है, के उपरांत उत्तर-आधुनिकतावादी इस महत्त्वपूर्ण सवाल के साथ उपस्थित होते हैं कि, यदि राज्य का मूलतत्त्व होता तो इसका स्वरूप किस प्रकार दिखाई देता। संक्षेप में, उनका जवाब यह है कि विभिन्न गृह एवं विदेश नीतियों या 'शासन कला' के कृत्यों का पालन करके ऐसा दर्शाया जाता है कि, राज्य में मूलतत्त्व उपस्थित है। पारंपरिक रूप से, शासन कला अंतर्राष्ट्रीय क्षेत्र में अपने उद्देश्यों को आगे बढ़ाने के लिए राज्यों द्वारा पालन की जाने वाली विभिन्न नीतियों और प्रथाओं को संदर्भित करती है। शासन कला की इस समझ की अंतर्निहित धारणा यह है कि, अंतर्राष्ट्रीय प्रणाली में दूसरों से संबंधित होने से पहले राज्य पहले से ही पूर्णतया गठित इकाई है। शासन कला के संदर्भ में उत्तर-आधुनिकतावादी दृष्टिकोण, राज्य के गठन के गतिशील पहलू पर बल देता है और इसे एक अंतहीन प्रक्रिया के रूप में देखता है। सरल शब्दों में, राज्य पूर्णतया गठित नहीं होता है, बल्कि राजनीतिक प्रथाओं द्वारा इसका गठन लगातार जारी रहता है। रिचर्ड एश्ले (1988) मानते हैं कि, राज्य 'निष्पादित रूप से गठित है, जिसकी विदेश एवं गृह नीतियों की समष्टि के अनवरत अधिनियमन, सुरक्षा एवं रक्षा रणनीतियों, संधि निर्माण के प्रोटोकॉल, तथा संयुक्त राष्ट्र में प्रतिनिधित्ववादी प्रथाओं, इत्यादि से परे कोई पहचान नहीं है।'

11.6 रचनात्मकतावाद

इस सिद्धांत को अलेक्ज़ेंडर वेन्ड्ट की रचनाओं से लोकप्रियता मिली है। वह IR के विषय पर सामाजिक रचनात्मकतावाद को अंतर्दृष्टि लागू करते हैं। रिचर्ड एश्ले की तरह, वेन्ड्ट भी अराजकता की अवधारणा को समस्याग्रस्त बताने का प्रयास करते हैं, जिसका प्रयोग IR में यथार्थवादियों, नव-यथार्थवादियों, नव-उदारवादियों तथा अन्य प्रमुख सिद्धांतकारों द्वारा बड़े पैमाने पर किया गया है। अलेक्ज़ेंडर वेन्ड्ट (1992) ने अपने लेख, 'ऐनार्की इज़ व्हाट स्टेट्स मेक ऑफ इट: द सोशल कंस्ट्रक्शन ऑफ पावर पॉलिटिक्स' में इस बात पर सवाल उठाने की सैद्धांतिक नींव तैयार की, जो उनके अनुसार नव-यथार्थ संस्थावादी एवं नव-उदार संस्थावादी, दोनों द्वारा साझा किया गया एक दोष है—यह भौतिकवाद के एक अश्लील प्रकार के प्रति निष्ठा है। 'सत्ता की राजनीति' की केंद्रीय यथार्थवादी अवधारणा को मार्था फिनेमोर, कैथरीन सिक्किंक और अलेक्ज़ेंडर वेन्ड्ट जैसे विद्वानों द्वारा सामाजिक निर्माण के रूप में दिखाया गया है। मुख्यधारा के IR समुदाय द्वारा उनके तर्क बिना आलोचना के स्वीकार किए गए हैं। इसके अनुसार सत्ता की राजनीति नैसर्गिक नहीं है और इसलिए, संभवतः मानव कार्यों द्वारा रूपांतरित किया जा सकता है। वेन्ड्ट ने एक रचनात्मक दृष्टिकोण से मुद्दों की एक विस्तृत श्रृंखला पर करने के लिए IR विद्वानों की एक नई पीढ़ी के लिए संभावनाओं के द्वार खोले। वेन्ड्ट ने इन विचारों को अपनी प्रमुख रचना, *सोशल थ्योरी ऑफ़ इंटरनेशनल पॉलिटिक्स* (1999) में संविन्यस्त किया।

1990 से, रचनात्मकतावाद IR के क्षेत्र में प्रमुख सिद्धांतों में से एक के रूप में उभरा है। रचनात्मकतावाद के विभिन्न पहलू हैं। रचनात्मकतावादियों ने यथार्थवादियों, उदारवादियों और संस्थावादियों के बीच जोशपूर्ण परिचर्चा की अगुवाई की, जिससे स्वच्छन्दभाव रचनात्मकतावादियों के एक समूह के कारण संभाषण एवं भाषा विज्ञान का अभ्युदय हुआ। रिचर्ड एश्ले, फ्रेडरिक क्राटोचविल, निकोलस ओनुफ एवं अन्य विद्वान अभी भी रचनात्मकतावाद के इस क्षेत्र में काम करते हैं।

रचनात्मकतावाद मुख्य रूप से यह दिखाने का प्रयास करता है कि, IR के कई केंद्रीय पहलू नव-यथार्थवाद एवं नव-उदारवाद की अवधारणाओं के विपरीत हैं। वे नव-उदारवाद एवं नव-यथार्थवाद के परिणय का विरोध करते हैं—जिसे वे 'नव-नव संश्लेषण' कहते हैं। यदि पहली विचारधारा के विद्वानों ने स्वयं को तर्कवादी कहा, जबकि इसके आलोचक (अर्थात्, रचनात्मकतावादी) स्वयं को 'प्रतिबिंबवादी' कहते हैं। तर्कवादियों (यथार्थवादी और नव-उदारवादी) के मुख्य दावे में से एक यह है कि, अंतर्राष्ट्रीय प्रणाली सहज रूप से प्रदत्त नहीं है, बल्कि इसकी रचना सामाजिक आधार पर की गई है। वे तर्कवादियों के महत्त्वपूर्ण तर्कों को चुनौती देते हैं, और इसमें विशेष रूप से विभिन्न प्रकार की कार्रवाइयों पर जेम्स मार्च और जोहान ओल्सन (1989) की रचनाओं की सहायता लेते हैं। तर्कवादियों के अनुसार, विभिन्न किरदारों को उसका पालन करना चाहिए जिसे मार्च और ओल्सन ने *अनुवर्तन का तर्क* कहा, जिसका अर्थ है कि वे (किरदार) अपने कार्यों के परिणामों को प्रतिबिंबित करते हैं तथा अपनी लागतों और अपने कार्यों के लाभों की गणना करते हैं। उनके विपरीत, मार्च एवं ओल्सन का तर्क है कि अक्सर किरदार ऐसी गणना नहीं करते हैं और इसके बजाय स्थापित मानदंडों का अनुसरण करते हैं: जिसकी अपेक्षा उनसे की जाती है। उन्होंने इसे औचित्य का तर्क कहा। अंतर्राष्ट्रीय क्षेत्र में, राज्यों सहित किरदार, एवं व्यक्ति भी अक्सर वही करते हैं जो उन्हें उचित लगता है या उस विशेष समय में सामाजिक रूप से स्वीकृत मानदंड माना जाता है (डिएज़, बोड और कोस्टा, 2011: 211)। सामाजिक रचनात्मकतावादी, व्यवहार के स्थायी एवं नियमित प्रतिमानों को शामिल करने के लिए संस्थानों की परिभाषा का विस्तार करते हैं। उनके लिए, संस्थान, अंतर्राष्ट्रीय संगठनों या शासन-पद्धतियों की तरह महज सहकारिता का एक रूप नहीं है, बल्कि यह 'किसी भी तरह की कार्रवाई का एक रूप है, जिसे विभिन्न किरदारों के एक समूह द्वारा दीर्घकाल तक दोहराया जाता है', थॉमस डिएज़, इंगविल्ड बोड और अलेक्ज़ेंडर फर्नांडीस दा कोस्टा ने अपनी रचनाओं में यूरोपीय संघ की विदेश नीति को उदाहरण के तौर पर प्रस्तुत किया है,

> *उदाहरण के लिए, यूरोपीय संघ की विदेश नीति के मामले में, सामाजिक रचनात्मकतावादियों ने तर्क दिया है कि, सामान्य विदेश एवं सुरक्षा नीति (CFSP) जैसे संस्थानों का औपचारिक विकास कहानी का केवल एक हिस्सा है। उन्होंने दूसरों के बीच तथाकथित 'समन्वयन के प्रतिबिंब' की ओर इशारा किया। है, जिसका उद्देश्य यह दर्शाना है कि औपचारिक संस्थागत संदर्भ (उदाहरण के लिए, ग्लारबो 1999) के बाहर एकीकरण का स्तर मौजूद है। इस 'प्रतिबिंब' का सबसे महत्त्वपूर्ण भाग यह है कि, EU के सदस्य देशों के विदेश*

मंत्रालय, अन्य EU राजधानियों में अपने समकक्षों को एक विशिष्ट नीति पर अपने विचारों से अवगत कराने हेतु आमंत्रित करते हैं, लेकिन इसका मतलब यह नहीं है कि आपत्ति दर्ज की जाने की स्थिति में वह इस नीति का अनुपालन नहीं करेंगे (डिएज़ एवं अन्य, 2011: 211)।

रचनात्मकतावादियों का एक और महत्त्वपूर्ण तर्क यह है कि, अंतर्राष्ट्रीय प्रणाली के पहलुओं का सामाजिक रूप से निर्माण किया जाता है। इसका मतलब है कि, 'मौजूदा सामाजिक प्रथाओं की स्वीकृति के जरिए उन्हें स्वाभाविकता प्रदान की गई है।' अलेक्ज़ेंडर वेन्ड्ट (1999: 1) रचनात्मकतावाद के बुनियादी सिद्धांतों की ओर ध्यान आकृष्ट कराते हैं: 'मानव संघ की संरचना मुख्य रूप से भौतिक शक्तियों के बजाय साझा विचारों द्वारा निर्धारित की जाती है, तथा उद्देश्य के साथ काम करने वाले किरदारों की पहचान एवं हितों का निर्माण स्वाभाविक तौर पर नहीं होता है, बल्कि इन्हीं साझा विचारों के आधार पर होता है।'

11.7 यथार्थवाद को चुनौती

रचनात्मकतावाद के सृजन काल में, नव-यथार्थवाद—IR एवं रचनात्मकतावाद की अधिकांश प्रारंभिक की सैद्धांतिक रचनाओं में सर्वाधिक प्रभावशाली विचारधारा—कुछ बुनियादी नव-यथार्थवादी अवधारणाओं को चुनौती देने में निहित हैं। नव-यथार्थवादी मूल रूप से 'कारणात्मक संरचनावादी' हैं। उनके अनुसार, अंतर्राष्ट्रीय राजनीति को अंतर्राष्ट्रीय प्रणाली की 'संरचना' द्वारा समझाया जा सकता है, और इस तर्क को सबसे पहले केनेथ वाल्ट्ज ने अपनी किताब, *मैन, द स्टेट एंड वॉर एंड थ्योरी ऑफ़ इंटरनेशनल पॉलिटिक्स* (1979) में प्रस्तुत किया था। रचनात्मकतावादियों एवं उत्तर-आधुनिकतावादियों के विपरीत, नव-यथार्थवादियों के लिए अंतर्राष्ट्रीय राजनीति मुख्य रूप से इस तथ्य से निर्धारित होती है कि, अंतर्राष्ट्रीय प्रणाली अराजक है। वे तर्क देते हैं कि, इस प्रकार की अराजकता राज्यों को ऐसे तरीके से व्यवहार करने के लिए प्रेरित करती है, जो दूसरों के प्रति गहरी अविश्वास के साथ सुरक्षा के लिए पूर्ण आत्मनिर्भरता पर आधारित है।

रचनात्मकतावाद इस धारणा को चुनौती देता है कि, नव-यथार्थवादियों द्वारा 'संरचना' के लिए निर्धारित संवैधानिक शक्तियां वास्तव में स्वाभाविक अथवा 'प्रदत्त' नहीं हैं, बल्कि यह सामाजिक प्रथाओं द्वारा जिस तरीके से बनाया गया है उस पर निर्भर करता है। नव यथार्थवाद, पहचान की प्रकृति और प्रणाली में किरदारों की भूमिकाओं की जानकारी तथा ऐसे किरदारों के लिए इन सामाजिक संस्थानों के आशय को समझे बिना, तथ्यों को बहुत कम उजागर कर पाता है। वेन्ड्ट (1992: 396) लिखते हैं, 'यह इस बात का पूर्वानुमान नहीं करता है कि, दो राज्य दोस्त होंगे या दुश्मन, एक-दूसरे की संप्रभुता को पहचानेंगे, उनके बीच राजवंशीय संबंध स्थापित होंगे, वे संशोधनवादी होंगे अथवा शक्ति की यथास्थिति को बरकरार रखेंगे इत्यादि।' चूंकि किरदारों के व्यवहार को अराजकता की संरचना द्वारा नहीं समझाया जा सकता है, बल्कि इसके विपरीत प्रमुख किरदारों के हितों एवं पहचानों के संदर्भ में प्रमाणों को शामिल करने की आवश्यकता होती है, इसलिए प्रणाली की भौतिक संरचना (अराजकता) के संदर्भ में नव-यथार्थवाद का जुनून भ्रामक है।

वेन्ड्ट ने तर्क दिया कि, अराजकता जिस तरह से राज्यों को उलझाती है, वह राज्यों की अराजकता की अवधारणा के साथ-साथ इस बात पर निर्भर है कि वे अपनी पहचान और हितों को कैसे समझते हैं। अराजकता की व्यवस्था को 'स्व-सहायता' की व्यवस्था के तौर पर भी नहीं समझाया जा सकता है। यह केवल उसी स्थिति में राज्यों को स्व-सहायता के लिए प्रेरित करता है, अगर वे नव-यथार्थवादी विचारधारा के अनुरूप सुरक्षा को राज्य के लिए प्रतिस्पर्धी के साथ-साथ एक सापेक्ष अवधारणा के रूप में देखते हैं, जिसमें किसी एक राज्य के लिए सुरक्षा का तात्पर्य किसी दूसरे राज्य के लिए सुरक्षा का अभाव हो सकता है। एक परिदृश्य में, जहां राज्य सहकारी व्यवस्था जैसी सुरक्षा की वैकल्पिक अवधारणाओं का अनुसरण करते हैं, राज्य सामूहिक रूप से किसी अन्य राज्य की सुरक्षा को नकारात्मक रूप से प्रभावित किए बिना अपनी सुरक्षा को अधिकतम कर सकते हैं, क्योंकि इसके अंतर्गत राज्य अन्य राज्यों की सुरक्षा को अपने लिए मूल्यवान मानते हैं; अराजकता किसी भी स्थिति में स्व-सहायता को प्रोत्साहन नहीं देती है। नव-यथार्थवादी निष्कर्ष उन तरीकों के संदर्भ में पूरी तरह आलोचना रहित अवधारणाओं पर निर्भर है, जिन तरीकों से किरदारों द्वारा सामाजिक संस्थानों को अर्थ दिया जाता है। चूंकि नव-यथार्थवादी इस निर्भरता को पहचानने में विफल रहते हैं, इसलिए वे गलती से इस तथ्य को स्वीकार कर लेते हैं कि इस प्रकार के अर्थ अपरिवर्तनीय हैं और सामाजिक निर्माण की प्रक्रियाओं के अध्ययन को बाहर कर देते हैं, जो वास्तव में नव-यथार्थवादी अवलोकनों की व्याख्या प्रस्तुत करने का महत्त्वपूर्ण कार्य करते हैं।

11.8 पहचान एवं हित

रचनात्मकतावादी अंतर्राष्ट्रीय किरदारों के व्यवहार पर अराजकता के निर्धारक प्रभाव के संदर्भ में नव-यथार्थवाद के निष्कर्षों को अस्वीकार करते हैं तथा नव-यथार्थवाद के अंतर्निहित भौतिकवाद से दूर स्थानांतरित हो जाते हैं, इसलिए वे IR को सैद्धांतिक रूप देने वाले अंतर्राष्ट्रीय किरदारों की पहचान एवं हितों के लिए आवश्यक जमीन तैयार करते हैं। चूंकि किरदारों को स्व-सहायता प्रणाली की मांगों से पूरी तरह से नियंत्रित नहीं किया जाता है, इसलिए इस तथ्य का विश्लेषण करने में उनकी पहचान एवं हितों की भूमिका बेहद महत्त्वपूर्ण हो जाती है कि, वे किस प्रकार व्यवहार करते हैं। रचनात्मकतावादी इस तरह की पहचान और हितों को अंतर्राष्ट्रीय प्रणाली की प्रकृति की तरह देखते हैं, जो तटस्थ भाव से भौतिक शक्तियों पर आधारित नहीं हैं बल्कि विचारों के प्रभाव तथा इस प्रकार के विचारों की सामाजिक संरचना पर आधारित हैं।

मार्था फिनेमोर (1996) ने अन्वेषण किया है, कि किस तरीके से किरदारों के अपने हितों की अवधारणाओं के सामाजिक निर्माण की इन प्रक्रियाओं में अंतर्राष्ट्रीय संगठन जरूरी हो जाते हैं। वह 'शक्ति के बजाय अर्थ एवं सामाजिक मूल्यों पर आधारित अंतर्राष्ट्रीय संरचना की जांच-पड़ताल के माध्यम से राज्य के हितों और राज्य व्यवहार को समझने के लिए एक व्यवस्थित दृष्टिकोण विकसित करने का प्रयास करती हैं।' वह व्याख्या करती हैं कि, 'हित', "नैसर्गिक तौर पर मौजूद नहीं होते हैं" जिसका पता अन्वेषण के जरिए लगाया जा सके; बल्कि सामाजिक संपर्क के माध्यम से इनका पुनः अनुरेखण किया जाता है। इस संदर्भ में, वह इस प्रकार के निर्माण के तीन प्रकरणों का अध्ययन प्रस्तुत करती हैं—यूनेस्को के प्रभाव के कारण राज्यों में विज्ञान आधारित अफसरशाही का निर्माण, जिनेवा सम्मेलन में रेड क्रॉस की भूमिका तथा निर्धनता के प्रति दृष्टिकोण पर विश्व बैंक का प्रभाव। ऐसी प्रक्रियाओं के अध्ययन, राज्य के हितों एवं पहचानों के प्रति रचनात्मकतावादी दृष्टिकोण के उदाहरण हैं।

इस प्रकार के हित एवं पहचान राज्य के व्यवहार के प्रमुख निर्धारक हैं, और इसी प्रकार, उनकी प्रकृति एवं उनके गठन का अध्ययन करना अंतर्राष्ट्रीय प्रणाली को समझाने में रचनात्मकतावादी पद्धति के अभिन्न अंग है। लेकिन, यह ध्यान रखना महत्त्वपूर्ण है कि, पहचान एवं हितों—अर्थात् राज्य के गुणों—पर पुनः ध्यान दिए जाने के बावजूद रचनात्मकतावादी अंतर्राष्ट्रीय राजनीति के इकाई स्तर, अर्थात् राज्य पर अपने विश्लेषण को केंद्रित करना जरूरी नहीं समझते हैं। फिनेमोर और वेन्ड्ट जैसे रचनात्मकतावादी इस तथ्य पर ध्यान देते हैं कि, विचार एवं प्रक्रियाएं पहचान और हितों के सामाजिक निर्माण की व्याख्या करती हैं, तथा ऐसे विचार एवं प्रक्रियाएं अंतर्राष्ट्रीय किरदारों को प्रभावित करने वाली स्वयं की संरचना बनाती हैं। इस अंतर्राष्ट्रीय संरचना की प्रकृति को भौतिकतावादी मानने के बजाय, इसे मुख्य रूप से विचारों से संबंधित मानना ही उन्हें नव-यथार्थवादियों से अलग करता है।

प्रायः, लक्ष्यों, खतरों, भय, संस्कृतियों, पहचानों तथा 'सामाजिक वास्तविकता' के अन्य मूलतत्त्वों को किरदारों की सामाजिक संरचना के तौर पर देखते हुए, रचनात्मकतावादी IR का पक्ष-प्रचार करते हैं। सामाजिक वास्तविकता के निर्माण में भाषा एवं वाक्पटुता के प्रयोग के तरीकों पर ध्यान केंद्रित करते हुए, रचनात्मकतावादी यथार्थवाद की तुलना में IR में हुई प्रगति के संदर्भ में अधिक सकारात्मक हैं।

अक्सर रचनात्मकतावाद को IR के दो प्रमुख सिद्धांतों, अर्थात् यथार्थवाद एवं उदारवाद के विकल्प के रूप में देखा जाता है, लेकिन यह अनिवार्य रूप से किसी का परस्पर-विरोधी नहीं है। अंतर्राष्ट्रीय प्रणाली में अराजकता और राज्यों की केंद्रीयता के अस्तित्व के माध्यम से, वेन्ड्ट प्रमुख यथार्थवादी एवं नव-यथार्थवादी विद्वानों के साथ मूल मान्यताओं को साझा करते हैं। इसके बावजूद भी, वेन्ड्ट अराजकता को भौतिकवादी संदर्भ के बजाय सांस्कृतिक संदर्भ में दर्शाते हैं; वह IR सिद्धांत में एक किरदार के तौर पर राज्य की अवधारणा को सैद्धांतिक दृष्टि से परिष्कृत सुरक्षा भी प्रदान करते हैं। यह IR समुदाय के खंडों के भीतर वाद-विवाद से जुड़ा एक मुद्दा है, क्योंकि कुछ रचनात्मकतावादी इनमें से कुछ अवधारणाओं के संदर्भ में वेन्ड्ट को चुनौती देते हैं।

11.9 निष्कर्ष

इस अध्याय में, हमने IR में उत्तर-आधुनिकतावादी और रचनात्मकतावादी दृष्टिकोण, दोनों पर चर्चा की। दोनों साथ मिलकर यथार्थवाद और एवं नव-यथार्थवाद की आलोचना प्रस्तुत करते हैं। उत्तर-आधुनिकतावादी यथार्थवाद और इसके नए अवतार से

एक स्वच्छन्दभाव से दूरी बनाते हैं, जबकि रचनावादी उत्तर-आधुनिकतावाद और यथार्थवाद के बीच मध्यमार्ग का अनुसरण करते हैं। यह IR में समस्यात्मक अराजकता, पहचान एवं हितों के अस्तित्व के लिए एक अलग स्पष्टीकरण प्रदान करता है। इसके विपरीत, उत्तर-आधुनिकतावाद छद्म रूप में समस्यात्मक अराजकता को पूरी तरह से अस्वीकार कर देता है। उत्तर-आधुनिकतावादी अंतर्राष्ट्रीय राजनीति में सैद्धांतिकरण के अभ्यास की कुशाग्रतापूर्वक आलोचना प्रस्तुत करते हैं। आधुनिकतावादियों और रचनात्मकतावादियों, दोनों ने अनुभवहीन यथार्थवाद को स्वीकार करने के लिए यथार्थवादी विचारधारा तथा इसके नए अवतारों की आलोचना की। अनुभवहीन यथार्थवाद के अनुसार, जो कुछ भी हमारे समक्ष वास्तविकता के तौर पर प्रकट होता है या स्वयं को ऐसा दर्शाता है, उसे वास्तविकता के तौर पर देखा जाना चाहिए। इसके अलावा, IR की राजनीति पर विचार करते समय, इस स्पष्ट वास्तविकता पर सबसे अधिक ध्यान दिया जाना चाहिए। वास्तविकता को देखने और इसे सर्वोच्च महत्त्व देने का यह तरीका, नैतिक और मानवीय मुद्दों को खोखला बनाने में मदद करता है, जो आज अंतर्राष्ट्रीय राजनीति से गहराई से संबद्ध है। वास्तव में, उत्तर-आधुनिकतावादियों का तर्क है कि, 'वास्तविकता' को चित्रित करने का यह तरीका, वैश्विक परिदृश्य में प्रभावशाली एवं निर्धन राज्यों के बीच की वर्तमान स्थिति को न्यायसंगत ठहराने एवं इसे वैधता प्रदान करने के लिए विचारपूर्वक किया गया प्रयास है। इस अध्याय में, हमने उत्तर-आधुनिकतावादियों द्वारा इसी शैली में राजनीति की आलोचना और पहचान के निर्माण को देखा। वास्तव में, हाल के दशकों में IR के सिद्धांत को इसी महत्त्वपूर्ण दिशा में अग्रेषित किया गया है। उत्तर-आधुनिकतावादियों के अनुसार, पहचान सृजित होते हैं (हमेशा विचारपूर्वक नहीं) या सामाजिक प्रक्रियाओं द्वारा निर्मित होते हैं, और इसलिए इसकी प्रकृति अपरिवर्ती नहीं होती है। सामाजिक किरदार इन रचनाओं के साथ मूल तत्त्वों को जोड़ते हैं, जिसमें वास्तव में किसी भी प्रकार के मूल तत्त्व का अभाव होता है। उत्तर-आधुनिकतावादियों ने पहचान को अत्यावश्यक बनाने के इस पहलू की गंभीर आलोचना की है। इस आलोचना का IR सिद्धांत पर गहरा प्रभाव पड़ा। यथार्थवादी विचारधारा द्वारा पहले प्रस्तुत की गई सभी अवधारणाओं पर सवाल उठाए जाने लगे। संरचनाओं के रूप में राष्ट्रीय पहचान, नस्लीय पहचान, लैंगिक पहचान, जैसे सामाजिक पहचान को भी चुनौती दी जाने लगी है। यदि पहचान संरचनाएं हैं, तो इन्हें प्रवाही, नम्य एवं अपरिवर्ती बनाने का उनके पास कोई स्थायी आधार नहीं है। उत्तर-आधुनिकतावादियों के लिए यह एक तथ्य और एक मूल्य, दोनों है।

मॉडल प्रश्न

11.1 आधुनिकता से आप क्या समझते हैं?

11.2 उन लोगों द्वारा आधुनिकता की आलोचना को स्पष्ट करें, जिन्हें उत्तर-आधुनिकतावादी के तौर पर वर्गीकृत किया गया है।

11.3 IR के यथार्थवादी निर्माण में 'अराजकता' और 'संप्रभुता' के बीच संबंधों की व्याख्या करें। इसकी उत्तर-आधुनिकतावादी आलोचना पर भी चर्चा करें?

11.4 विसंरचना क्या है? IR के अध्ययन में विद्वानों द्वारा इसका इस्तेमाल किस प्रकार किया जाता है?

11.5 व्याख्या करें कि, गिल डेल्यूज़ की 'क्षेत्र के विसंयोजन' की अवधारणा तथा अंतर्राष्ट्रीय राजनीति में 'सुरक्षा' के इसके अंतःसंबद्ध विचार से हमें 'सीमा' के विचार को समझने में कैसे मदद मिलती है।

11.6 रचनात्मकतावाद क्या है? इसके मुख्य प्रवर्तक कौन हैं?

11.7 यथार्थवाद की रचनात्मकतावादी आलोचना क्या है? यह यथार्थवाद की उत्तर-आधुनिकतावादी आलोचना से किस प्रकार भिन्न है?

11.8 'जैव-राजनीति' शब्द का क्या अर्थ है? इसके साथ कौन संबंधित हैं? मौजूदा अंतर्राष्ट्रीय राजनीति को समझने में या किस प्रकार सहायक है?

11.9 पहचान की राजनीति की उत्तर-आधुनिकतावादी आलोचना क्या है? आज IR को समझने में इसकी महत्त्वपूर्ण भूमिका पर चर्चा करें।

11.10 हिंसा और राज्य के बीच संबंध क्या है? शासन कला से आप क्या समझते हैं, तथा शासन कला के संदर्भ में उत्तर-आधुनिकतावादियों की समझ पारंपरिक समझ से किस प्रकार भिन्न है?

अनुशंसित साहित्य

Ashley, Richard K. 1988. 'Untying the Sovereign State: A Double Reading of the Anarchy Problematique'. *Millennium: Journal of International Studies* 17 (2): 227–62.

Bertens, J. 1995. *The Idea of Postmodern.* New York: Routledge.

Bleikar, Roland. 2000. *Popular Dissent, Human Agency and Global Politics.* Cambridge: Cambridge University Press.

Campbell, David. 1993. *The Political Subject of Violence.* Manchester, UK: Manchester University Press.

———. 1998. *National Deconstruction: Violence, Identity, and Justice in Bosnia.* Minneapolis: MN: University of Minnesota Press.

———. 1998. *Writing Security: United States Foreign Policy and the Politics of Identity.* Minneapolis: University of Minnesota Press.

Der Derian, James. 1989. 'The Boundaries of Knowledge and Power in International Relations'. *In International/Intertextual Relations: Postmodern Readings of World Politics,* edited by J. Der Derian and M. Shapiro. Lanham: Lexington.

Der Derian, James. 2009a. *Virtuous War: Mapping the Military-Industrial-Media-Entertainment-Network.* London: Routledge.

———. 2009b. *Critical Practices in International Theory: Selected Essays.* London; New York: Routledge.

Derrida, J. 1974. *Of Grammatology.* Baltimore, MD: John Hopkins University Press.

Devetak, Richard. 1995. 'The Project of Modernity and International Relations Theory'. *Millennium: Journal of International Studies* 24 (1): 27–51.

———. 2005. *Postmodernism: Theories of International Relations.* New York: Palgrave.

Diez, Thomas, Ingvild Bode, and Aleksandra Fernandes da Costa. 2011. *Key Concepts in International Relations.* London: SAGE.

Edkins, J. 2000. 'Sovereign Power, Zones of Indistinction, and the Camp'. *Alternatives* 25 (1): 3–25.

Edkins, Jenny, and Nick Vaughan-Williams. 2009. *Critical Theorists and International Relations.* Hoboken: Routledge.

Finnemore, Martha. 1996. *National Interests in International Society.* New York: Cornell University Press.

Foucault, Michel. 1974. 'Truth and Judicial Forms'. In *Power: Essential Works of Foucault, 1954–84,* vol. 3, translated by Robert Hurley. New York: The New Press.

———. 1977. *Discipline and Punish: The Birth of the Prison.* New York: Vintage Books.

———. 1987. 'Nietzsche, Genealogy, History'. In *Interpreting Politics,* edited by M. T. Gibbons. London: Oxford University Press and New York: New York University Press.

———. 1995. *Discipline and Punish.* New York: Vintage Books.

———. 2000. 'The Subject and Power'. In *Power: Essential Works of Foucault 1954–84,* edited by James D. Faubion and translated by Robert Hurley. New York: The New Press.

———. 2004. 'What Is Enlightenment?' In *The Postmodernism Reader,* edited by Michael Drolet. London: Routledge.

Hall, Donald E. 2004. *Subjectivity.* New York and London: Routledge.

Habermas, Jurgen. 1987. *The Philosophical Discourse of Modernity.* Translated by F. Lawrence. Cambridge: MIT Press and Cambridge, UK: Cambridge Polity Press.

———. 1997. 'Modernity and Unfinished Project'. In *Habermas and the Unfinished Project of Modernity: Critical Essays on the Philosophical Discourse of Modernity.* Cambridge, MA: MIT Press.

Jackson, Robert H., and Georg Sørensen. 2012. *Introduction to International Relations: Theories and Approaches.* Oxford: Oxford University Press.

Kant, Immanuel. 1970. 'What is Enlightenment?' In *Kant's Political Writings,* edited by Hans Reiss and translated by H. Nibset, 54–60. Cambridge: Cambridge University Press.

Klein, Bradley S. 1994. *Strategic Studies and World Order.* Cambridge: Cambridge University Press.

Lipovetsky, Gilles. 2006. *Hypermodern Times.* Cambridge: Polity Press.

Nagel, Thomas. 1986. *The View from Nowhere.* Oxford: Oxford University Press.

Nietzsche, F. 1969. *On the Genealogy of Morals.* Oxford: Oxford University Press.

———. 1979. *Ecce Homo: How One Becomes One.* London: Penguin.

Oye, Kenneth A. 1985. 'Explaining Cooperation under Anarchy: Hypotheses and Strategies'. *World Politics* 38 (1): 1–24.

Reus-Smit, Christian, and Duncan Snidal. 2010. *The Oxford Handbook of International Relations.* Oxford: Oxford University Press.

Waltz, Kenneth. 1979. *Theory of International Politics.* New York: McGraw-Hill Higher Education.

Wendt, Alexander. 1992. 'Anarchy is What States Make of It: The Social Construction of Power Politics'. *International Organization* 46 (2): 391–425.

———. 1999. *Social Theory of International Politics.* Cambridge: Cambridge University Press.

भाग C

विचार-विषय

12

वैश्वीकरण: अर्थ एवं आयाम

सुचारिता सेनगुप्ता

अध्ययन के उद्देश्य

- वैश्वीकरण के संदर्भ में विभिन्न प्रकार की समझ का अन्वेषण करना
- अंतर्राष्ट्रीय संबंधों के संदर्भ में वैश्वीकरण को अवस्थित करना
- समाज विज्ञान के विशिष्ट विषयों की दृष्टि से वैश्वीकरण के विभिन्न पहलुओं का अन्वेषण करना
- इस बात को समझना कि, वैश्वीकरण के प्रति विभिन्न विद्वानों का दृष्टिकोण क्या है

अध्याय सार

वैश्वीकरण शब्द का अर्थ विश्व में पारस्परिक-संबद्धता के दायरे का विस्तार तथा समय एवं समय के पतन की भावना है। अंतर्राष्ट्रीय संबंधों (IR) के सिद्धांत में वैश्वीकरण कई तरीकों से स्थित है, इसके बावजूद वैश्वीकरण के एक सामंजस्यपूर्ण सिद्धांत तक अभी पहुंचा नहीं जा सका है। ऐतिहासिकता के संदर्भ में, कई विद्वानों का मत है कि वैश्वीकरण पूरी तरह से नवीन अवधारणा है। फिर भी, अन्य प्रभावशाली विद्वानों ने किसी न किसी प्रकार से 15वीं शताब्दी में समसामयिक वैश्वीकरण की उपस्थिति का अनुरेखण किया है। राजनीतिक रूप से, वैश्वीकरण ने राज्य, संप्रभुता एवं नागरिकता के विचारों की नई समझ को प्रेरित किया है। आर्थिक रूप से, विश्व का एकल बाज़ार के तौर पर रूपांतरण हुआ है तथा वित्त पूंजी वैश्वीकरण के वर्तमान चरण का संचालन कर रहा है। संयुक्त रूपेण, एक पार-देशीय अभिजात वर्ग के साथ-साथ सांस्कृतिक संकरण का भी उदय हुआ है। हालांकि, इससे वैश्वीकरण से जुड़ी चिंताओं में कमी नहीं आई है, क्योंकि इसके कारण पाश्चात्य देशों का आधिपत्य स्थापित हुआ है। वैश्वीकरण की प्रक्रियाओं के परिणामस्वरूप बढ़ती आर्थिक असमानताओं की प्रतिक्रिया के तौर पर विभिन्न वैश्वीकरण विरोधी आंदोलनों की शुरुआत हुई है, और इस प्रकार के आंदोलन भी वैश्वीकृत हो रहे हैं।

12.1 परिचय

वैश्वीकरण के विचार का सबसे सामान्य परिचय यह है कि, यह एक 'प्रचलित शब्द' है। इसका तात्पर्य यह है कि, लगभग हर चीज़—संगीत से लेकर विज्ञापन एवं आतंकवादी हमलों तक—को वर्गीकृत करने के लिए वैश्वीकरण शब्द का विवेकहीनता से इस्तेमाल किया जा सकता है, साथ ही इस बात की आवश्यकता भी महसूस नहीं की जाती है कि वैश्वीकरण इन विषयों से किस प्रकार संबंधित है। शब्दों को अधिक अर्थपूर्ण बनाने के लिए, इसे एक प्रचलित शब्द के रूप में नहीं बल्कि एक दृग्विषय तथा वैचारिक एवं सैद्धांतिक हस्तक्षेपों की बहुलता के रूप में समझा जाना चाहिए, जो हमें अपने आस-पास की दुनिया को समझने में मदद करता है। मोटेतौर पर, इस शब्द का उपयोग विश्व की पारस्परिक-संबद्धता, समय के पतन एवं स्थान के संकोचन की भावना, प्रौद्योगिकी के अत्यधिक उपयोग, तथा मानकीकरण और सार्वभौमिकता की दिशा में उत्तेजना के विचारों को उजागर करता है। हालांकि, इन विचारों को वैश्वीकरण के अवयवों एवं प्रकृति के बारे में बहुमूल्य और जटिल बहस के प्रवेश बिंदु के तौर पर देखा जाना चाहिए। एक उत्सुक छात्र इस तथ्य का अन्वेषण करेगा कि, वैश्वीकरण उन प्रक्रियाओं को शामिल कर सकता है जो इस दृग्विषय की प्रकृति के बारे में प्राप्त विवेक के लिए काफी विरोधाभासी हो सकते हैं। यह अध्याय वैश्वीकरण के कुछ मौलिक आयामों को पाठकों के समक्ष प्रस्तुत करने का प्रयास करता है। स्वाभाविक रूप से, इनमें से प्रत्येक आयाम भविष्य में भी अध्ययन एवं वाद-विवाद का विषय है, क्योंकि वैश्वीकरण अपने आप में एक सतत प्रक्रिया है, जो स्वयं को अनुकूलित करने के साथ-साथ वर्तमान परिस्थितियों को आकार भी दे रहा है।

12.2 वैश्विककरण और अंतर्राष्ट्रीय संबंध का सिद्धांत

पारंपरिक तौर पर, अंतर्राष्ट्रीय संबंध (IR) का सिद्धांत अंतर्राष्ट्रीय प्रणाली में राज्यों की कार्य-पद्धति से संबंधित है। यह अवधारणा, आंतरिक एवं बाह्य अथवा घरेलू एवं अंतर्राष्ट्रीय के बीच विभाजन पर आधारित है। IR के आरंभिक सिद्धांतों, विशेष रूप से इसके यथार्थवादी दृष्टिकोण में, यह समझने पर ध्यान दिया जाता है कि राज्य एक-दूसरे को किस प्रकार प्रभावित करते हैं, और इस प्रकार राजनीतिक विशेषज्ञों को राज्यों की आंतरिक प्रक्रियाओं का विश्लेषण करने के लिए छोड़ दिया जाता है। कुछ मामलों में IR के उदारवादी सिद्धांतों एवं यथार्थवादी सिद्धांतों के बीच मतभेद है, लेकिन उन्होंने राज्यों को विश्लेषण की इकाई के तौर पर मान्यता दी है। वैश्वीकरण इस प्रकार के सुव्यवस्थित सैद्धांतिक विभाजन के लिए एक समस्या उत्पन्न करता है। हालांकि, वैश्वीकरण में अंतरराज्यीय और अंतर्राष्ट्रीय संबंधों का एक बहुत मजबूत अवयव मौजूद है, लेकिन अंतर्राष्ट्रीय संबंध राज्य-केंद्रित दृग्विषय या प्रक्रियाओं तक ही सीमित नहीं है। IR विद्वानों ने इन नई चुनौतियों का अर्थ स्पष्ट करने का प्रयास किया है।

रॉहर्ट ओ. क्योहेने और जोसेफ एच. नेई (1977) ने युद्ध एवं सुरक्षा के सवालों के साथ IR सिद्धांतकारों के पूर्वाग्रहों पर, तथा विशेष रूप से जटिल परस्पर-निर्भरता के प्रतिदर्श में राज्यों के बीच विशेष अन्योन्यक्रिया पर प्रश्नचिह्न लगाया। उन्होंने माना कि, अन्योन्यक्रिया न केवल राज्यों के बीच होती है जिसमें सरकारें प्रतिनिधियों की भूमिका में होती हैं, बल्कि विभिन्न स्तरों पर लोगों के बीच भी होती है। इसमें राजनयिक संबद्धता, तथा राज्यों के आम नागरिकों के बीच संपर्क एवं आदान-प्रदान भी शामिल हो सकते हैं। इसके अलावा, उन्होंने तर्क दिया कि, राज्य हमेशा युद्ध एवं सुरक्षा मुद्दों के शत्रुतापूर्ण संबंधों में संलग्न नहीं रहते हैं। वे शांतिपूर्ण संबंधों का भी पालन करते हैं, तथा अंतर्राष्ट्रीय व्यापार राज्यों के बीच सहयोग का एक उदाहरण है।

इयान क्लार्क (1998) जैसे अन्य सिद्धांतकारों ने IR और वैश्वीकरण के बीच मेल-मिलाप का प्रयास किया है। वैश्वीकरण को राज्य की प्रासंगिकता के साथ-साथ इसकी शक्ति के लिए खतरे के रूप में देखा गया है। क्लार्क का तर्क है कि, वैश्वीकरण और राज्य के बीच यह प्रतिद्वंद्विता ग़लत है। ऐसा इसलिए है, क्योंकि वैश्वीकरण की प्रक्रियाओं के जरिए राज्यों की रूपरेखा तैयार होती है, तथा निर्णय लेने के अपने अधिकार के माध्यम से वे वैश्वीकरण को प्रभावित कर सकते हैं। इसलिए, वह राज्य को वर्ण-पट के एक सिरे पर स्थित देखने के बजाय, इसे आंतरिक एवं बाह्य प्रक्रियाओं के बीच स्थित मानते हैं।

हालांकि, इन हस्तक्षेपों के बावजूद, 2004 के उत्तरार्ध में IR और वैश्वीकरण के बीच सैद्धांतिक संबद्धता काफी अच्छी रही थी। जेम्स रॉसनाऊ (2004) इस बात की ओर ध्यान आकृष्ट कराया कि, वैश्वीकरण की बहुआयामी प्रकृति ही इसका कारण है, जो एक बहु-विषयक परिप्रेक्ष्य के माध्यम से विलक्षण प्रक्रियाओं की श्रृंखला का परीक्षण करता है। IR एक एकमात्र ऐसा विषय-क्षेत्र है, जो

राज्य-केंद्रित रूढ़िवादिता पर आधारित है। जब तक परिबद्ध राज्य-सोच विचार के केंद्र में रहेगा, तब तक IR अन्य दृग्विषयों की पूरी श्रृंखला को सैद्धांतिक रूप नहीं दे पाएगा। अहम बात यह है कि, रॉसनाऊ (2004) वैश्वीकरण के संदर्भ में IR सिद्धांतों के निर्माण की प्रक्रिया में उत्पन्न होने वाली प्रणालीगत समस्याओं को स्वीकार करते हैं। IR के सिद्धांत को सीमित इकाइयों से निपटना है, जबकि वैश्वीकरण में दृग्विषयों और चर के समूह समाविष्ट होते हैं।

ए. एम. काकोविज़ और मोर मितानी (2016) ने वैश्वीकरण पर सामंजस्यपूर्ण IR सिद्धांतों को विकसित करने में शामिल कठिनाइयों का प्रखरता से आकलन किया है। इस विषय-वस्तु की विशालता के कारण वैश्वीकरण के उन पहलुओं पर ध्यान केंद्रित करने में कठिनाई उत्पन्न होती है, जिन पर IR के सिद्धांत में चर्चा की जा सकती है और / या की जानी चाहिए। आंतरिक एवं बाह्य के बीच अप्राकृतिक विभाजन के कारण यह तय करना और भी कठिन हो जाता है कि, वैश्वीकरण के राजनीतिक पहलुओं पर किस प्रकार विचार-विमर्श किया जाए। IR सिद्धांत में क्षेत्रीय पूर्वाग्रह इस कठिनाई को और भी बढ़ा देता है। वैश्वीकरण एवं इसकी प्रक्रियाएं, अक्सर मानव निर्मित क्षेत्रीय सीमाओं को अस्वीकार करती हैं। IR सिद्धांत की रूढ़िवादिता के अनुसार, राज्य को विश्लेषण की इकाई के रूप में अपसर्जित नहीं किया जा सकता है। अंततोगत्वा, इस संदर्भ में मतभेद है कि वैश्वीकरण की प्रक्रिया अन्य परिणामों को या स्वयं परिणाम को प्रभावित करती है अथवा नहीं। इन कठिनाइयों के बावजूद, इस संदर्भ में एक बड़ी उम्मीद यह है कि IR की गैर-पारंपरिक विचारधाराएं, विशेष रूप से रचनात्मकतावाद की विचारधारा, IR के क्षेत्र में वैश्वीकरण को सैद्धांतिक रूप देने की संभावना प्रस्तुत कर सकती हैं। भविष्य में संभावित सिद्धांत निर्माण पर पहुंचने के लिए, बहुआयामी परिप्रेक्ष्य से वैश्वीकरण के कुछ मौलिक पहलुओं का गहराई से विश्लेषण जरूरी है।

12.3 वैश्वीकरण से संबंधित तीन विचारधाराएं

डेविड हेल्ड एवं अन्य विद्वानों ने (1999) ने वैश्वीकरण के कारणात्मक तंत्र की व्याख्या करने वाले विभिन्न दृष्टिकोणों का विश्लेषण किया, और उन्हें व्यापक रूप से तीन व्यापक शोध-प्रबंधों के आधार पर तीन विचारधाराओं में वर्गीकृत किया जाता है, अर्थात् अति- विश्वावादी सिद्धांत, संदेहवादी सिद्धांत और परिवर्तनवादी सिद्धांत।

अति-विश्वावादी सिद्धांत वैश्वीकरण को एक नवीन घटना मानता है। अति-विश्वावादियों का मानना है कि, आर्थिक संव्यवहार के प्रसार क्षेत्र, गहराई एवं गति के विस्तार के कारण राष्ट्र-राज्यों को अनावश्यक व्यावसायिक इकाइयों के तौर पर देखा जाने लगा है, जिससे दुनिया को 'सीमाहीन' बना दिया है। इसका तात्पर्य नहीं है कि, राष्ट्र-राज्य भौतिक दृष्टि से विलुप्त हो जाएंगे, या राजनीतिक सीमाएं समाप्त हो जाएंगी। इसका तात्पर्य यह है कि, राज्य के अपने अधिकार-क्षेत्र में कमी आएगी और वे ऐसे संस्थान बन जाएंगे जो इन 'सीमाहीन' आर्थिक, सांस्कृतिक, सामाजिक एवं राजनीतिक आदान-प्रदान को सुविधाजनक बनाने से थोड़ा अधिक करते हैं। इस प्रकार के आदान-प्रदान के लिए स्थानीय एवं वैश्विक स्तर पर नए संस्थान बनाए जाएंगे, जिससे सामाजिक एवं राजनीतिक जीवन को मार्गदर्शन प्रदान करने वाले राष्ट्र-राज्य की प्रधानता में कमी आएगी। नव-उदारवादियों द्वारा इस नई प्रवृत्ति का स्वागत किया जाता है, लेकिन नव-मार्क्सवादियों द्वारा इसे दमनकारी माना जाता है, हालांकि वे इन परिवर्तनों के तथ्य से इनकार नहीं करते हैं।

संदेहवादी सिद्धांत इस वर्ण-क्रम के विपरीत छोर पर है, जहां से अति-विश्वावादी सिद्धांत शुरू होता है। समकालीन वैश्वीकरण की नवीनता के दावों का विरोध करते हुए, संदेहवादी व्यापार, निवेश एवं श्रम के प्रवाह से संबंधित आंकड़ों का विश्लेषण करते हैं और तर्क देते हैं कि, अंतर्राष्ट्रीयकरण के स्तर का विस्तार ही एकमात्र परिवर्तन है जिसे समझा जा सकता है। इसका अर्थ यह भी है कि, राष्ट्र-राज्यों को अनावश्यक बनाने से दूर, वैश्वीकरण राष्ट्र-राज्य के साथ-साथ सरकारों की नियामक शक्तियों पर निर्भर है। इसलिए, राज्य अपराजेय प्रतीत होने वाली शक्ति के निष्क्रिय प्राप्तकर्ता होने के बजाय वैश्वीकरण को सक्रिय रूप से आकार दे रहे हैं। वैश्वीकरण के परिणामस्वरूप बढ़ती असमानता के बिंदु पर अति-विश्वावादी और संदेहवादी एकमत हैं। नए विजेताओं और हारने वालों ने विकसित और विकासशील देशों के बीच और उसके भीतर पहले से ही मौजूद आर्थिक असमानताओं को मजबूत किया है।

परिवर्तनवादी सिद्धांत, तीसरा सिद्धांत है जो मध्य-मार्ग अपनाने का प्रयास करता है। यह विचारधारा वैश्वीकरण को बड़े पैमाने पर परिवर्तनवादी संभावनाओं की शक्ति के तौर पर देखती है, और इसके अनुसार यह समाज, अर्थव्यवस्थाओं, शासन के संस्थानों और विश्व व्यवस्था को परिवर्तित कर देगा। यह समकालीन वैश्वीकरण को ऐतिहासिक रूप से अभूतपूर्व मानता है। हालांकि, अति-

विश्वावादी एवं संदेहवादी विचारधाराओं के विपरीत यह वैश्वीकरण की भविष्य की दिशा के बारे में कोई निश्चित दावा नहीं करता है। यह इस बात पर बल देता है कि, मौजूदा वैश्वीकरण से संबंधित किसी भी विचारधारा में उन ऐतिहासिक प्रक्रियाओं को ध्यान में रखना चाहिए, जिसने इसे इस मुकाम तक पहुंचाया है। असमानता के सवाल पर, परिवर्तनवादी सिद्धांत उन असमानताओं का पता लगाता है, जो न केवल विकसित और विकासशील दुनिया के बीच विद्यमान है, बल्कि इन संस्थाओं के भीतर भी इसका समुचित विश्लेषण करता है, अर्थात्, समृद्धि और वंचितता के क्षेत्र, विकसित और विकासशील दुनिया दोनों में मौजूद हैं। ध्रुवीकरण में वृद्धि, दुनिया भर के प्रमुख शहरों में अमीर और वंचितों के बीच के अंतर का एक उदाहरण है। राष्ट्र-राज्यों की प्रासंगिकता के सवाल पर, परिवर्तनवादियों का मानना है कि राज्य कानूनी सर्वोच्चता के अपने दावे को बनाए रखेंगे, जबकि शक्तिशाली एवं विपक्षी ताकत के रूप में वैश्विक शासन के संस्थान तथा सुपरनेशनल संगठनों की तरह अन्य प्रकार के प्राधिकरण उभरेंगे। इस प्रकार, अपने क्षेत्रीय सीमाओं के भीतर भी प्राधिकरण पर केवल राज्य का ही एकमात्र अधिकार नहीं होगा।

कालांतर में तीन सिद्धांतों के इस ढांचे पर बहस हुई है। निश्चित रूप से वैश्वीकरण की अवधारणा में वे अंतिम सिद्धांत नहीं हैं। हालांकि, यह एक उपयोगी, बहु-विषयक ढांचा है जो हमें वैश्वीकरण के बारे में अधिक विस्तार से सोचने में सहायता करता है, भले ही हम इन विचारों में से कुछ को अमान्य सिद्ध करने का प्रयत्न करें। वास्तविक दुनिया में, स्पष्ट रूप से वैश्वीकरण के हमारे आकलन के केवल इन वैचारिक श्रेणियों के दायरे में रहने की संभावना नहीं है, बल्कि इस बात की संभावना अधिक है कि जिस तरह से दुनिया वैश्वीकरण का अनुभव करती है, वह दो विचारधाराओं अथवा इन तीनों विचारधाराओं के घटकों का संयोजन हो सकती है।

12.4 इतिहास में वैश्विककरण

कई मौलिक विचारों तथा विश्व के बौद्धिक इतिहास में 'संकेतशब्दों' की तरह, 'वैश्वीकरण' शब्द के उपयोग की तिथि भी ज्ञात नहीं है। पॉल जेम्स और एम. बी. स्टेगर (2014) ने 20 वीं शताब्दी में इस शब्द के उपयोग के वंश-क्रम का पता लगाया है। उनके आंकड़ों से पता चलता है कि, कम से कम 1930 के दशक के बाद से यह शब्द उपयोग में था, लेकिन 1990 के दशक के बाद से यह शब्द लोकप्रिय हुआ, जो एक प्रचलित शब्द की स्थिति प्राप्त कर रहा था। 1930 के दशक में, इस शब्द का सबसे पहले प्रयोग शिक्षा के संदर्भ में किया गया था, जिसका संकेत यह था कि विश्व के प्रति लोगों का विचार किस प्रकार का है। 1950 के दशक में, हन्ना एरेन्डट ने मानवजाति के अंतरिक्ष में प्रवेश के संदर्भ में अंतरिक्ष से पृथ्वी पर देखने के कल्पनिक चित्र का उपयोग किया और परस्पर संबद्धता की संभावना पर विचार किया। उनका विवरण इस शब्द के वर्तमान स्वरूप को समझने का लगभग सही अनुमान था, लेकिन उन्होंने स्पष्ट रूप से वैश्वीकरण शब्द का उपयोग नहीं किया था। इनिस क्लाउड एवं जॉर्ज मॉडेलस्की जैसे IR विद्वानों ने भी शासन के वैश्विक संस्थानों और सामान्य रूप से विश्व राजनीति के विकास को उजागर करने के लिए इस शब्द का उपयोग किया। समाजशास्त्रियों ने भी इस शब्द का विस्तार किया, तथा डेविड हार्वे (1989) एवं मैनुअल कास्टेल (1996) जैसे उल्लेखनीय विद्वानों ने क्रमशः समय-स्थान संकोचन और नेटवर्क समाज की अवधारणाएं दीं। हालांकि, 1980 के दशक के उत्तरार्ध और 1990 के दशक के आरंभ से ही, अपने सभी सहायक अर्थों के साथ इस शब्द का इस्तेमाल अकादमी क्षेत्र एवं प्रेस में अक्सर किया जाता था।

इतिहास के संदर्भ में वैश्वीकरण पर परिचर्चा के एक अन्य पहलू की शुरुआत इस सवाल के साथ होती है कि, यह शब्द एक नई घटना को दर्शाता है या यह महज पुरानी प्रक्रियाओं को दिया गया एक नया नाम है। डंकन बेल ने वैश्वीकरण के उद्गम एवं ऐतिहासिकता से जुड़ी रचनाओं को चार श्रेणियों में वर्गीकृत किया है, जिन्हें वह—डेविड हेल्ड के बाद—चार सिद्धांतों के रूप में प्रस्तुत करते हैं। पहला नवीनता का सिद्धांत है, जो मानता है कि वैश्वीकरण एक पूरी तरह से नई घटना है, तथा अतीत में इसका कोई उदाहरण नहीं है। पुनरागमन के सिद्धांत का स्थान दूसरा है। इस सिद्धांत के अनुसार, वैश्वीकरण कोई नई घटना नहीं है, और यह 'नई' वैश्विक व्यवस्था वास्तव में प्रथम विश्व युद्ध के पहले की व्यवस्था का पुनरागमन है। उच्चस्तरीय राष्ट्रवाद की विशेषता वाली बीच की अवधि, केवल विमार्ग-गमन है। निरंतरता का सिद्धांत तीसरा है, जो दावा करता है कि वैश्वीकरण न तो नवीन है, न ही दुनिया में इसका पुनरागमन हुआ है। इन प्रकार की सामाजिक, आर्थिक, राजनीतिक और सांस्कृतिक संबद्धताएं मानव इतिहास की विशेषता है जिसने इसे आकार दिया है, और इस अर्थ में, मौजूदा प्रक्रियाएं अतीत की प्रवृत्तियों की निरंतरता हैं। परिवर्तनवादी सिद्धांत चौथा

है, जो तर्क देता है कि वैश्वीकरण समकालीन वैश्विक व्यवस्था में एक ऐतिहासिक बदलाव है, जो अभूतपूर्व नहीं है। मानव समाज के अस्तित्व के समय से ही वैश्वीकरण किसी ना किसी रूप में जारी रहा है।

जैरी बेंटले (2004) जैसे विद्वानों का मानना है कि, इतिहास वैश्वीकरण के सवाल के साथ पर्याप्त रूप से संबद्ध नहीं है। ऐसा दो कारणों से है। पहला यह है कि, आधुनिक राष्ट्र-राज्यों के निर्माण के समय इतिहासकारों ने राज्य के इतिहास को बेहतर बनाने पर ध्यान केंद्रित किया, जिससे यह अभ्यास राज्य केंद्रित हो गया। दूसरा कारण यह है कि, 'विश्व' इतिहास का ज्यादातर लेखन केवल यूरोप के साथ संबद्ध था, जो उस अवधि की बौद्धिक गतिविधियों के यूरोप केंद्रित होने का परिचायक है। हालांकि, अन्य विद्वानों ने वैश्वीकरण की कालावधि के निर्धारण का प्रयास किया है, जिनमें रोलैंड रॉबर्टसन (1992) उल्लेखनीय हैं, जिन्होंने वैश्वीकरण की पांच चरण की समय-सीमा प्रस्तुत की है, जो निम्नानुसार है:

1. **अंकुरण चरण (1500 से 1750 का दशक):** यह चरण 15वीं शताब्दी की शुरुआत से 18वीं शताब्दी के मध्य तक चला, जिसने राष्ट्रीय समुदायों एवं कैथोलिक चर्च के समकालिक विस्तार को देखा, और व्यक्ति के साथ-साथ मानवता के बारे में विचारों को ध्यान में लाया।
2. **आरंभिक चरण (1750 से 1870 का दशक):** इस चरण में राष्ट्र राज्यों के क्रिस्टलाइजेशन और अंतर्राष्ट्रीय व्यवस्था के उद्भव को देखा गया। औद्योगीकरण ने उत्पादन एवं उपभोग की प्रक्रियाओं को भी बदल दिया, जिसने एक नई प्रकार की अर्थव्यवस्था को आकार दिया।
3. **उत्थान का चरण (1870 से 1920 का दशक):** राज्य द्वारा मध्यस्थता के बावजूद एक शक्तिशाली अंतर्राष्ट्रीय समाज का उद्भव हुआ। यह चरण राजनीतिक रूप से काफी यूरोप-केंद्रित था। इसने परिवहन एवं संचार की नई प्रौद्योगिकियों के विकास को भी देखा।
4. **आधिपत्य के लिए संघर्ष का चरण (1920 से 1960 का दशक):** विउपनिवेशीकरण के परिणामस्वरूप, अंतर्राष्ट्रीय व्यवस्था में कई नए देश शामिल हुए, लेकिन शीत युद्ध ने दुनिया को दो खेमों में बांट दिया।
5. **अनिश्चितता का चरण (1960 से 1990 का दशक):** शीत युद्ध के अंत के साथ, इस चरण में वैश्विक चेतना में वृद्धि देखी गई। इंटरनेट और मोबाइल टेलिफ़ोनी के आगमन के साथ, संचार प्रौद्योगिकियों में तीव्र गति से वृद्धि हुई थी। समाज अधिक बहु-जातीय बन गए, तथा लिंगभेद लैंगिकता एवं जाति जैसे मुद्दों में अति सूक्ष्म अंतर रह गया।

हम अब 1990 के दशक से आगे हैं और 21 वीं शताब्दी में हैं। हाल के कार्यक्रमों ने दर्शाया है कि, दुनिया भर के कई देशों में दक्षिणपंथी विचारधारा की सरकारों के उदय के साथ, जातीयता, जाति या धर्म के संदर्भ में परिभाषित राष्ट्रीय समुदाय की ओर वापस लौटने पर बल दिया जाने लगा है। पंकज मिश्रा (2016) द्वारा 'उग्र वैश्वीकरण' के रूप में वर्णित इस नए विकास की दिशा के बारे में बताना अभी जल्दबाजी होगी। क्या वैश्वीकरण की ओर से कदम वापस खींचे जाएंगे, या राजनीतिक संकीर्णता की नई स्थितियों के तहत आर्थिक जुड़ाव जारी रहेगा? इन सवालों के जवाब कुछ वर्षों में स्पष्ट हो जाएंगे।

12.5 वैश्विककरण के आयाम

12.5.1 राजनीतिक आयाम

वैश्वीकरण के राजनीतिक पहलू, राज्यों तथा संप्रभुता एवं नागरिकता जैसी संबद्ध अवधारणाओं पर सवालों से संबंधित है, हालांकि यह केवल इन तक ही सीमित नहीं है। अक्सर वैश्वीकरण में राजनीतिक सीमाओं के अस्तित्व के संबंध में परस्पर संबद्धता को शामिल किया जाता है। इस अध्याय में पहले भी उल्लेख किया जा चुका है कि, पारंपरिक तौर पर IR और राजनीतिक विज्ञान के विषय-क्षेत्र के अंतर्गत राज्यों से संबंधित सवालों को शामिल किया जाता है। वैश्विक प्रक्रियाएं इन पारंपरिक समझों को चुनौती देती हैं, क्योंकि वे राज्य के अस्तित्व के विचार के समक्ष ही चुनौती प्रस्तुत करती हैं। राजनीतिक प्रांत के रूप में प्रतिष्ठित राज्य ऐसी इकाइयां हैं, जिसके दायरे में आधुनिक दुनिया में नागरिकों के रूप में लोग अपना जीवन-यापन करते हैं।

केनिची ओहमे (1995) ने एक विचारोत्तेजक लेख में, राष्ट्र-राज्य की अवसान की घोषणा की। उन्होंने कहा कि, वैश्वीकरण के कारण राष्ट्र-राज्य आर्थिक और राजनीतिक, दोनों रूप से प्रासंगिक इकाइयां नहीं रह गए हैं। संबद्धता के अन्य वैकल्पिक माध्यमों के कारण राज्यों के अधिकार क्षेत्र में काफी कमी आई है, और उनकी राजनीति के साथ दुनिया को आकार देने में उनके योगदान में भी कमी आई है। आधुनिक तकनीक द्वारा सहायता प्राप्त लोग, राज्य की प्रणालियों से बड़ी आसानी से बच कर निकल सकते हैं तथा अपना जीवन-यापन जारी रख सकते हैं। इस विकास ने उस आधार पर चुनौती दी, जिस पर राज्य का अस्तित्व—वेस्टफेलियन संप्रभुता निर्भर था। राज्य की सीमाओं के भीतर मामलों को नियंत्रित करने के साथ-साथ अंतर्राष्ट्रीय समाज के साथ अपने संबंधों में स्वतंत्रता का प्रयोग करने को संप्रभुता के तौर पर देखा जाता है, जिसे गंभीर रूप से नष्ट कर दिया गया था। संप्रभुता के क्षरण के साथ, नागरिकता के प्रश्न भी गर्त में समा गए। यदि सीमाएं मायने रखती हैं, तो क्या हम दुनिया के नागरिक थे? नागरिकता या किसी विशेष राजनीतिक समुदाय की सदस्यता के साथ समुदाय के अनुलाभ, सुरक्षा और कर्तव्य जुड़े होते हैं। इसलिए, अगर हम दुनिया के नागरिक बन गए, तो क्या इसी तरह की समानताएं हो सकती हैं? सर्वदेशीयता की अवधारणाओं और सर्वदेशीय नागरिकता की शुरूआत ने सदस्यता के लिए एक नया मानदंड तैयार करने का प्रयास किया। अन्य मुद्दे प्रासंगिक हो गए, जैसे कि इस शब्द के वास्तविक अर्थ में वैश्विक नागरिक कौन बन सकता है। अपने राजनीतिक समुदाय की विशिष्टताओं से अप्रभावित रहकर, कौन दुनिया के विभिन्न हिस्सों में इस प्रकार से जीवन-यापन कर सकता है?

अगर किसी को वैश्वीकरण की कल्पना विचारों, वस्तुओं, सेवाओं और संस्कृति के सीमाहीन प्रवाह के रूप में करनी हो, तो निश्चित रूप से उसे राजनीति को समझने के पारंपरिक तरीकों का पुन: मूल्यांकन करना चाहिए। हालांकि, इन सवालों पर अन्य विद्वानों ने अत्यंत सूक्ष्म परिचर्चा की है। माइकल मान (1997) राष्ट्र-राज्यों के लिए चार अलग-अलग खतरों—वैश्विक पूंजीवाद, पर्यावरणीय संकट, पहचान की राजनीति और परमाणु युग के बाद की भू-राजनीति—की पहचान करते हैं। ये खतरे राष्ट्र-राज्य को समान रूप से नहीं, बल्कि अलग-अलग तरीकों से और विभिन्न सीमाओं तक प्रभावित करते हैं। इनमें से कुछ खतरे राज्य को शक्तिहीन बना देते हैं, लेकिन इनमें से कुछ से राज्य की शक्ति सुदृढ़ हो सकती है। इसलिए, राष्ट्र-राज्य के अवसान की घोषणा करना असामयिक हो सकता है।

इसी तरह, क्रिस्टोफर रुडॉल्फ (2005) के विचारानुसार, वैश्वीकरण के कारण संप्रभुता का अपरिहार्य नुकसान एक तर्क है, जो संप्रभुता के अविभाज्य विचार के हमारे विश्लेषण पर आधारित है। हालांकि, IR सिद्धांतकारों ने पूर्ण संप्रभुता और सापेक्ष संप्रभुता की अवधारणाओं के बारे में बहुत कुछ लिखा है। किसी भी राज्य ने कभी पूर्ण संप्रभुता का आनंद नहीं लिया है। अधिकांश राज्य एक-दूसरे के सापेक्ष, संप्रभुता की विभिन्न के अलग-अलग स्तरों के भीतर काम करने में सक्षम हैं। व्यापारिक संबंध या किए जाने वाले समझौते इस बात का उदाहरण प्रस्तुत करते हैं कि, राज्य किस प्रकार अपने लक्ष्यों की प्राप्ति हेतु स्वेच्छा से अपनी संप्रभुता के एक हिस्से का बलिदान देते हैं। यदि राज्य पूर्ण अर्थ में कभी भी सार्वभौमिक नहीं रहे हैं, तो विभिन्न देशों की सीमाओं से वस्तुओं, सेवाओं, वित्त और लोगों के आवागमन एवं प्रवाह के साथ वैश्वीकरण एक अतिशयोक्तिपूर्ण ख़तरा है। हम यह भी स्वीकार करते हैं कि, पूंजीवाद के नेतृत्व वाले वैश्वीकरण के परिणामस्वरूप इन प्रक्रियाओं की तीव्रता में कई गुना वृद्धि के कारण सीमाओं का कार्य महज प्रतीकात्मक रह गया है और इसलिए, राष्ट्र-राज्यों की आधारशिला के तौर पर इनका महत्त्व बरकरार है।

नागरिकता के संदर्भ में रिचर्ड फॉक (1999) का तर्क है कि, वैश्वीकरण की प्रतिक्रिया के तौर पर राज्य की बदलती भूमिका, पहचान राजनीति में वृद्धि, और इसके साथ-साथ प्रतिक्षेप की राजनीति ने आधुनिक राजनीतिक समुदायों को अकाट्य आरोपों पर सवाल उठाने का रास्ता दिया है, क्योंकि परंपरागत रूप से नागरिकता को इसी अर्थ में देखा जाता है। इसके साथ-साथ, लिंगभेद, लैंगिकता, जाति, वर्ग एवं पर्यावरण से संबंधित समस्याओं से जुड़े नागरिक आंदोलनों में अंतर्राष्ट्रीय एकजुटता का उदय एक ऐसी राजनीति का प्रतीक है, जो एक राज्य के प्रति निष्ठा के बजाय बल्कि वैश्विक समुदाय की व्यापक धारणा या मानवता से बंधी है। तीसरा मुद्दा यह है कि, आर्थिक प्रवाह एवं श्रम गतिशीलता में वृद्धि, अधिकांश अंतर्राष्ट्रीय अभिजात वर्ग में 'वैश्विक नागरिक' की धारणा के विकास को जन्म देती है। हालांकि, राज्य के मामले में नागरिकता की अवधारणा गायब नहीं हुई है। वैकल्पिक अवधारणाओं को जोड़ा गया है लेकिन नागरिकता का महत्त्व, खासकर राष्ट्रीय स्तर पर, बरकरार है। यहां प्रौद्योगिकी की भूमिका

उल्लेख अवश्य किया जाना चाहिए। इंटरनेट और मोबाइल टेलीफ़ोनी जैसी प्रौद्योगिकियों के आगमन के साथ, लोग अक्सर नागरिकों के रूप में अपने अधिकारों का प्रयोग करने के लिए विभिन्न तंत्र का उपयोग कर रहे हैं। शुरू में ऑनलाइन निर्मित दबाव को गंभीरता से नहीं लिया गया। हालांकि, इसमें जनता की राय को आकार देने एवं परिवर्तित करने की क्षमता है। इसलिए, यह कहना बेहद अतिशयोक्तिपूर्ण होगा कि वैश्वीकरण ने नागरिकता की अवधारणा का पतन हुआ है।

अंतर्राष्ट्रीय राजनीतिक शासन के संस्थानों, क्षेत्रीय संगठनों एवं यूरोपीय संघ जैसे सुपरनेशनल संगठनों के प्रसार की चर्चा, वैश्विक राजनीति के दायरे में भी जाती है। वैश्विक संवेदनशीलता की अनुपस्थिति में यह संभव नहीं था। ऐसे संस्थानों का प्रसार इस तथ्य की अभिस्वीकृति है कि, स्थानीय- और राष्ट्रीय स्तर के मुद्दे लुप्त नहीं हुए हैं, बल्कि वे दुनिया भर में इसी तरह के मामलों के साथ जुड़ गए हैं और कुछ मामलों में, पर्यावरण और जलवायु परिवर्तन से संबंधित कुछ मुद्दे वास्तव में वैश्विक हैं। इन समस्याओं को केवल राज्यों द्वारा एक पृथक इकाई के तौर पर दूर नहीं किया जा सकता है, और फिर अंतर्राष्ट्रीय संस्थानों के स्तर पर सामूहिक कार्रवाई की आवश्यकता जन्म लेती है।

12.5.2 आर्थिक आयाम

आर्थिक वैश्वीकरण, विभिन्न राज्यों की सीमाओं में वस्तुओं, सेवाओं, वित्त और श्रम के लेन-देन को संदर्भित करता है। आर्थिक वैश्वीकरण के अंतर्गत, पूरी दुनिया को एकल आर्थिक बाज़ार के रूप में देखा जाता है। बहुराष्ट्रीय निगम कंपनियां (MNC) इस एकल बाज़ार का उत्कृष्ट उदाहरण हैं, जिनकी पूरी उत्पादन प्रक्रिया एक ही स्थान पर नहीं, बल्कि दुनिया के विभिन्न हिस्सों में फैली हुई है। यह राज्य की सीमाओं से बिल्कुल भिन्न है, जो अपने नागरिकों के लिए आर्थिक बाज़ार या व्यापार इकाई के लिए मुख्य स्थान उपलब्ध कराता है। इस प्रकार का आर्थिक वैश्वीकरण पूंजीवाद द्वारा संचालित होता है, जिसका अर्थ यह है कि लाभ की खोज में बड़ी संख्या में खिलाड़ियों के बीच मुक्त व्यापार और प्रतिस्पर्धा होती है। अतीत की ओर देखने पर हम पाएंगे कि, विभिन्न राज्यों और साम्राज्यों के बीच व्यापार कोई नई अवधारणा नहीं है। इस प्रकार, पूंजीवाद स्वयं नया नहीं है और चिरकाल से किसी न किसी रूप में अस्तित्व में है।

16वीं और 17वीं सदी के दौरान, वणिकवाद की संज्ञा से विभूषित पूंजीवाद के एक स्वरूप को पूरे यूरोप में प्रोत्साहन दिया गया। सरल शब्दों में, इसका मतलब था कि यूरोप के व्यापारी अपने उत्पादों को दुनिया के अन्य हिस्सों में बेच सकते थे, लेकिन बदले में उनके सम्राट इसी प्रकार की प्रतिस्पर्धा से उनकी रक्षा करते थे। इस प्रकार, वणिकवाद एकतरफा विनिमय था। इसने दुनिया भर में उपनिवेशों की स्थापना में सहायता की, क्योंकि नए इलाकों में प्रवेश करने वाले व्यापारियों को उनकी सरकारों ने न केवल विधिक तौर पर समर्थन दिया, बल्कि बाद में विदेशी एकाधिकार की स्थापना के लिए उपनिवेशों में प्रतिरोध से निपटने के लिए उन्हें सैन्य सहायता भी उपलब्ध कराया। कालांतर में, उदारवादी दर्शन और अर्थशास्त्र द्वारा समर्थित औद्योगिक पूंजीवाद ने वणिकवाद का स्थान ले लिया। 20वीं शताब्दी के मध्य तक इस प्रकार का पूंजीवाद दुनिया भर में फैल गया। औद्योगिक पूंजीवाद के समर्थक मानते थे कि, मुक्त बाज़ार की ताकत लोकतांत्रिक होगी तथा इसके लाभ का कमोबेश समान रूप से वितरण होगा। हालांकि, इस प्रकार की उम्मीदें मिथ्या सिद्ध हुई क्योंकि औद्योगिक पूंजीवाद ने न केवल मौजूदा साम्राज्यवाद को मजबूत किया, बल्कि समाज में बड़ी आर्थिक असमानताओं को भी जन्म दिया। कार्ल मार्क्स पूंजीवाद के महानतम आलोचकों में से एक थे, जिन्होंने श्रमिकों के अधिकारों के साथ-साथ क्रांति के माध्यम से ऐसी दमनकारी प्रणाली के उन्मूलन की वकालत की। आर्थिक वैश्वीकरण का सबसे हालिया रूप यह है कि, दुनिया औद्योगिक पूंजीवाद से परे और वित्त पूंजीवाद की ओर आगे बढ़ने की प्रवृत्ति की साक्षी है। औद्योगिक पूंजीवाद भौतिक वस्तुओं या सेवाओं में व्यापार पर आधारित है, लेकिन वित्तीय-पूंजी के क्षेत्र में धन और लाभ, स्वयं भावी लाभ हेतु पुनर्नवीनीकरण वस्तु का रूप ग्रहण कर लेते हैं। इस तरह की अर्थव्यवस्था में, विदेशी प्रत्यक्ष निवेश और विदेशी संस्थागत निवेश आर्थिक लेनदेन के महत्त्वपूर्ण साधन बन जाते हैं। इसके बावजूद, प्रौद्योगिकी की बेहद महत्त्वपूर्ण भूमिका बरकरार रहती है। आज दुनिया भर में इलेक्ट्रॉनिक हस्तांतरण प्रणाली के जरिए, महज एक बटन के क्लिक की मदद से इस तरह के लेनदेन का एक बड़े हिस्से को संपादित किया जाता है।

लिहाजा, हम दुनिया भर में बेहद जटिल आर्थिक लेनदेन प्रणाली की ओर की ओर अग्रसर होने की प्रवृत्ति को देख रहे हैं। इसका अर्थ यह भी है कि, दुनिया के एक हिस्से में किसी भी आर्थिक संकट की संभावना का दुनिया के दूसरे हिस्से पर दूरगामी प्रभाव पड़ेगा। वर्ष 2008 की वैश्विक मंदी, इसका एक नवीनतम उदाहरण है। चूंकि वैश्विक अर्थव्यवस्था स्वयं इस तरह के जटिल प्रवाह का एक मिश्रण है, इसलिए एक अंतर्राष्ट्रीय आर्थिक संस्थान को ऐसी अर्थव्यवस्था को नियंत्रित करने के तरीकों में से एक माना गया। द्वितीय विश्व युद्ध के बाद, विश्व बैंक और अंतर्राष्ट्रीय मुद्रा कोष (IMF) की स्थापना की गई। इन संस्थानों का उद्देश्य विकासशील परियोजनाओं के लिए सहायता उपलब्ध कराना तथा उन देशों को ऋण प्रदान करना था, जो अपनी अर्थव्यवस्थाओं को पुन: स्थापित करना चाहते थे। 1970 के दशक में, विउपनिवेशीकरण के उपरांत बड़ी संख्या में नव स्वतंत्र राज्यों के गठन के परिणामस्वरूप वैश्विक व्यापार को नियंत्रित करने के लिए शुल्क एवं व्यापार पर सामान्य समझौता (GATT) की स्थापना की गई थी। 1995 में, GATT के उत्तराधिकारी, विश्व व्यापार संगठन (WTO) का गठन किया गया। WTO का उद्देश्य यह सुनिश्चित करना था कि, मुक्त व्यापार के नियम सभी सदस्य देशों पर समान रूप से लागू हों। हालांकि, समस्या यह थी कि विकसित देशों को विकासशील देशों एवं अल्प विकसित देशों (LDCs) के समान मानने से असमानताओं का सशक्तिकरण हुआ, जो उपनिवेशवाद सहित अल्पविकास की ऐतिहासिक प्रक्रियाओं का परिणाम था। इन दोषों के बावजूद, वैश्विक आर्थिक शासन-प्रणाली के इन संस्थानों ने कार्य करना और वैश्वीकरण के तरीके को प्रभावित करना जारी रखा है।

12.5.3 सामाजिक आयाम

वैश्वीकरण समाज की रूपरेखा पर भी प्रभाव डालता है। नेटवर्क समाज के रूप में विश्व की मैनुअल कास्टेल की अवधारणा, समकालीन वैश्वीकरण को दर्शाने वाली सबसे शक्तिशाली कल्पनाओं में से एक है। सामाजिक नेटवर्क, समाज को संगठित करने की नई विशेषता नहीं है, लेकिन कास्टेल (1996) इस संविन्यास से दूर हटते हुए यह कहते हैं कि मनुष्य अभी भी सामाजिक नेटवर्क में उलझा हुआ है, लेकिन इन नेटवर्कों को डिजिटल युग की तकनीकों का उपयोग करके संसाधित किया जाता है। हालांकि, ये नेटवर्क सामाजिक स्थिति, राजनीतिक संगठनों, सांस्कृतिक पूर्वाग्रहों, धर्म, जैसे कारकों से प्रभावित नहीं होंगे। फेसबुक और ट्विटर जैसे सोशल मीडिया वेबसाइटों के रूप में प्रसिद्ध आविष्कारों से काफी समय पहले ही दुनिया को नेटवर्क समाज के रूप में अवधारणाबद्ध किया गया था। हालांकि, इलेक्ट्रॉनिक रूप से मध्यस्थता करने वाले एवं वेब-आधारित इन नेटवर्क समाज के सभी पहलुओं पर प्रभाव को देखते हुए, कास्टेल का संविन्यास भविष्यद्दर्शी प्रतीत होता है।

वैश्वीकरण, विशेष रूप से आर्थिक वैश्वीकरण ने दुनिया भर में समाज के अलग-अलग सामाजिक वर्गों में स्तरीकरण को प्रभावित किया है। ऊपरी वर्ग, मध्य वर्ग और निम्न वर्ग के तौर पर समाज के विभिन्न सामाजिक वर्गों में विभाजन का इस्तेमाल शुरुआती अवधि में केवल घरेलू समाजों को समझने के लिए किया गया था। हालांकि, सीमाओं के खुलने तथा अधिक संबद्धता एवं आवागमन के साथ, हम इसी प्रकार के वैश्विक स्तरीकरण के उद्भव को देखते हैं। एक अंतर्राष्ट्रीय अभिजात वर्ग बनाया गया है, जो समृद्ध है और वैश्विक अर्थव्यवस्था में आसानी से भाग लेने में सक्षम है। यह वैश्विक रूप से गतिशील है, तथा पहचान एवं नागरिकता की बाधाओं से प्रभावित हुए बगैर दुनिया के विभिन्न हिस्सों में समान जीवन-शैली के साथ आगे बढ़ सकता है। बिल्कुल इसी तरह, एक वैश्विक निम्न वर्ग का निर्माण होता है, जिनके पास इस तरह के विशेषाधिकार नहीं होते हैं। इस वर्ग के लिए, पूंजीवाद द्वारा वैश्विक श्रम गतिशीलता के संदर्भ में किया गया वादा या तो पूरी तरह से मिथ्या साबित हुआ है या ऐसी परिस्थितियों में उपलब्ध कराया गया जिसने उन्हें और अधिक ग़रीब बना दिया है। इस प्रकार, यह न केवल अमीर और ग़रीब देशों के बीच विभाजन को समझने के लिए, बल्कि एक तरफ विकसित और विकासशील देशों के समृद्ध नागरिकों के बीच के संबंधों तथा दूसरी तरफ विकसित और विकासशील देशों के गरीब नागरिकों के बीच के संबंधों को समझने के लिहाज से अधिक अर्थपूर्ण है।

लैंगिकता एवं जाति पर वैश्वीकरण प्रभाव को समझना, वैश्वीकरण के युग में सामाजिक परिवर्तनों को समझने का एक महत्त्वपूर्ण पहलू है। दोनों मानदंडों के साथ, वैश्वीकरण ने वैश्विक एकजुटता के निर्माण, जानकारी के प्रसार तथा मुद्दों पर परिचर्चा करने के अवसर उपलब्ध कराए हैं, तथा अंत:प्रतिच्छेदन के परिप्रेक्ष्य से वैश्विक पक्षसमर्थन को प्रेरित किया है। हालांकि, इन पद्धतियों के

साथ चिरकाल से मौजूद असमानता गायब नहीं हुई है। श्रम और असमान वेतन के लैंगिक आधार पर विभाजन ने वैश्विक स्वरूप ग्रहण कर लिया है, तथा सूचना के युग में भी महिलाओं के खिलाफ विभिन्न प्रकार की हिंसा जारी है। इसी प्रकार, नई अर्थव्यवस्था ने श्रम के वैश्विक विभाजन को जातिवादी बना दिया है। समाज में उपेक्षित समूहों के लिए वैश्वीकरण के नुकसान के प्रभाव भी असमान हैं, और यह प्रवृत्ति पूरी दुनिया में प्रत्यक्ष है।

12.5.4 सांस्कृतिक आयाम

वैश्वीकरण के आलोचकों ने इसे पाश्चात्यीकरण के साथ जोड़कर इसकी व्याख्या की। यह आलोचना पश्चिमी सांस्कृतिक प्रभुत्व के आक्रमण के परिणामस्वरूप संस्कृतियों होने वाले नुकसान के बारे में चिंता को उजागर करती है। पाश्चात्य जगत के प्रभुत्ववादी सांस्कृतिक प्रभाव को दुनिया के विभिन्न हिस्सों के बीच शक्ति संबंधों के एक कार्य के तौर पर देखा जा सकता है। इस सांस्कृतिक प्रभुत्व के कारण एकरूपता एवं मानकीकरण का आविर्भाव होता है। इस मानकीकरण को अक्सर मैकडॉनल्डाइजेशन के रूप में वर्णित किया जाता है—जो फास्ट फूड चेन कंपनी का उदाहरण है, जो दुनिया भर के अपने सभी आउटलेट में अपनी व्यंजन-सूची के अंतर्गत एकसमान वस्तुओं की उपलब्धता का वादा करता है। इस प्रकार के मानकीकरण का विरोध करना, अति-राष्ट्रवाद के विपर्ययण तथा अतीत की वास्तविक एवं आविष्कृत संस्कृतियों को पुनः प्राप्त करने का प्रयास है। इस युग्मक विचारधारा को जिहाद बनाम मैकडॉनल्ड की अवधारणा में बेंजामिन बार्बर (1992) ने प्रस्तुत किया था। जिहाद, 'संघर्ष' के लिए प्रयुक्त एक सामान्य शब्द है, जिसका प्रयोग एक अति विशिष्ट प्रकार की संस्कृति की सर्वोच्चता को दर्शाने के लिए किया जाता है, जिसे बार्बर ने जनजातीय संगठनवाद कहा है, जबकि इसके विपरीत मैकवर्ल्ड एक आधुनिक, एवं पूरी तरह से पूंजीवादी मानकीकरण को दर्शाने वाला शब्द है। बार्बर का हस्तक्षेप लोकतंत्र के भविष्य पर केंद्रित है। हालांकि, यह संस्कृति को होने वाली हानि के प्रति भी चिंता दिखाता है।

विभिन्न रचनाओं में विविधता और संस्कृतियों के क्षरण की इस सरल समझ का खंडन किया गया है, और जेन नेडर्वेन पीटरसन (1995) ऐसे प्रमुख लेखकों में से एक हैं। उनका तर्क है कि, यह चिंता अनुपयुक्त है क्योंकि यह संस्कृति को स्थिर मानती है। हालांकि, संस्कृतियां प्रवाही एवं परिवर्तन में सक्षम हैं। वैश्वीकरण, सीमाओं के खुलने तथा जानकारी के प्रसार के परिणामस्वरूप, बड़े पैमाने पर संस्कृतियों एवं विचारधाराओं का परस्पर मिश्रण हुआ है। सांस्कृतिक परिवर्तन के एक और सटीक अनुमान के अंतर्गत नई संकर संस्कृतियां शामिल हैं, जो इस प्रकार के आदान-प्रदान का परिणाम हैं। दुनिया के विभिन्न हिस्सों के स्थानीय प्रभाव आधुनिक संस्कृतियों को आकार दे रहे हैं। यह संगीत एवं खान-पान की संस्कृतियों से लेकर राजनीतिक संस्कृतियों के अलग-अलग क्षेत्रों में देखा जा सकता है। इस विषय का एक संस्करण रोलैंड रॉबर्टसन द्वारा सृजित शब्द ग्लोकलाइजेशन में पाया जा सकता है, जो ग्लोबल (वैश्विक) और लोकल (स्थानीय) शब्दों का मिश्रण है। दुनिया के अन्य हिस्सों से मानकीकृत उत्पादों को सुधारने के उद्देश्य से यह विचार जापान में एक व्यापार रणनीति के रूप में उभरा, ताकि वे स्थानीय स्वाद के अनुरूप हों। रॉबर्टसन इस अवधारणा को सामाजिक विज्ञान, विशेष रूप से वैश्वीकरण के लिए लागू करते हैं, और वैश्विक स्तर पर स्थानीय प्रभाव को उजागर करते हैं।

अर्जुन अप्पादुराई (1990) का मानना है कि, वैश्विक अर्थव्यवस्था में संस्कृतियां जटिल और गतिशील हैं, जो उन्हें अर्थव्यवस्था एवं राजनीति से जोड़ती हैं। वह इन तीन घटकों के संपर्क को असमान और अतिव्यापी के रूप में निरूपित करते हैं, और इन पृथक्करण की खोज के लिए एक रूपरेखा तैयार करते हैं। वैश्विक सांस्कृतिक प्रवाहों की मध्यस्थता जातीय-पलायन, मीडिया-पलायन, तकनीकी-पलायन, वित्त एवं व्यापार-पलायन और विचारधारा-पलायन के माध्यम की जा सकती है। इस संविन्यास का उद्देश्य व्यक्तिपरकता और विविधता को समायोजित करना है, और फिर भी इन व्यापक 'पलायन' के अनुरूप घटकों के बीच संबंधों को चिह्नित करके समेकन के साथ वैश्वीकृत दुनिया को समझना है।

12.6 वैश्विककरण का प्रतिरोध

दुनिया भर में वैश्वीकरण को भारी प्रतिरोध का सामना करना पड़ा है। इस अध्याय के शुरुआती हिस्सों में भी इस बात पर चर्चा की गई है कि, इसने विजेताओं और हारने वालों के एक नए समुच्चय का सृजन किया। वैश्वीकरण की आर्थिक एवं राजनीतिक

प्रक्रियाओं के परिणामस्वरूप उपेक्षित लोगों के लिए परिणाम विनाशकारी रहे हैं। कम वेतन, काम करने की दयनीय परिस्थितियां, खतरों का जोखिम, तथा बेरोजगारी और आजीविका के नुकसान का निरंतर खतरा, अति-वैश्वीकृत अर्थव्यवस्था का नकारात्मक पहलू रहा है। सामूहिक कार्रवाई के रूप में वैश्वीकरण के नकारात्मक पहलुओं का प्रतिरोध किया गया है।

औद्योगिक अर्थव्यवस्था के नकारात्मक पहलुओं के जवाब में, आधुनिक इतिहास में मजदूर आंदोलनों की तरह अधिकारों की मांग को लेकर बड़े पैमाने पर सामाजिक आंदोलन हुए हैं। 20वीं शताब्दी में, 1990 के दशक के मध्य तक, नव-उदारवादी आर्थिक नीतियों की आलोचना तेज हो गई। दुनिया के विभिन्न हिस्सों ने विभिन्न मुक्त व्यापार समझौतों के खिलाफ विरोध देखा। विश्व बैंक, IMF और WTO जैसे वैश्विक आर्थिक शासन-प्रणाली के संस्थान, शोषण प्रथाओं और असमानता के पर्याय बन गए। 1999 में, सिएटल में आयोजित WTO के मंत्रिस्तरीय सम्मेलन के आयोजन स्थल के बाहर, बड़े पैमाने पर विरोध प्रदर्शन हुआ। इसी तरह, दुनिया भर के विभिन्न स्थानों पर गुप्त रूप से नव-उदावाद के विरोध में प्रदर्शन आयोजित किए गए।

हाल के वर्षों में, 2008 की मंदी के परिणामों का दंश झेलने वाली एवं इससे धीरे-धीरे उबर रही अर्थव्यवस्था की पृष्ठभूमि में, संयुक्त राज्य में घोर पूंजीवाद के खिलाफ वॉल स्ट्रीट पर कब्जा करने का आंदोलन भड़क उठा। इस आंदोलन की गूंज पूरी दुनिया में सुनाई दी, और इसे सोशल मीडिया नेटवर्क द्वारा विशेष तौर पर प्रोत्साहित किया गया। लोकतांत्रिक निर्णय लेने के स्थानों और लोगों के अधिकार को पुनः स्थापित करने के लिए, एक प्रतिक्रिया के रूप में दुनिया भर में कई विरोध आंदोलन हुए, हालांकि इनकी तीव्रता और प्रभावकारिता बहुत कम है।

12.7 निष्कर्ष

वैश्वीकरण एक प्रभावकारी शक्ति है, जो महज एक अध्याय में उजागर किए जाने वाले पहलुओं की तुलना में हमारे दैनिक जीवन के कहीं अधिक पहलुओं को समाविष्ट करती है। वैश्वीकरण से जुड़े कुछ अन्य क्षेत्रों के अंतर्गत, संघर्ष, युद्ध एवं आतंकवाद, वैश्विक पर्यावरणीय समस्याओं एवं शासन प्रणाली, प्रौद्योगिकी, मानवाधिकार, प्रवासन, श्रम संबंधी मुद्दों, शहर, कला एवं वास्तुकला को प्रभावित करने वाले क्षेत्र शामिल हैं। एक विषय-वस्तु के अलावा, वैश्वीकरण के कारणों एवं परिणामों की व्याख्या करने वाले ढांचे की एक श्रृंखला मौजूद है। इस तथ्य की उपेक्षा करना अत्यंत कठिन है कि, दुनिया विलक्षण तरीकों से परस्पर-संबद्ध है। हालांकि, अध्ययन की सुविधा के लिए, वैश्वीकरण के विभिन्न आयामों को अलग कर दिया गया है, परंतु ये अक्सर एक-दूसरे के साथ मिलकर परिणाम उत्पन्न करते हैं, जो मानव और गैर-मानव जीवन, दोनों के प्रक्षेप पथ को निर्धारित करते हैं। इन पहलुओं का भविष्य में किया गया अन्वेषण, छात्रों एवं ज्ञान की दुनिया, दोनों के लिए फायदेमंद साबित होगा।

मॉडल प्रश्न

12.1 वैश्वीकरण से आप क्या समझते हैं?

12.2 IR सिद्धांत में वैश्वीकरण की व्याख्या किस प्रकार की जाती है?

12.3 क्या आपको लगता है कि वैश्वीकरण एक नवीन घटना है?

12.4 राज्य, संप्रभुता और नागरिकता जैसे विभिन्न राजनीतिक विचारों पर वैश्वीकरण के प्रभाव पर चर्चा करें।

12.5 वैश्वीकरण के आर्थिक पहलुओं को विस्तारपूर्वक प्रस्तुत करें।

12.6 वैश्वीकरण के सामाजिक निहितार्थ क्या हैं?

12.7 क्या वैश्वीकरण पश्चिमी सांस्कृतिक वर्चस्व का नेतृत्व करता है?

12.8 वैश्वीकरण-विरोधी आंदोलनों के वैश्वीकरण पर चर्चा करें।

12.9 समकालीन वैश्वीकरण का आलोचनात्मक मूल्यांकन करें।

12.10 वैश्वीकरण के दृग्विषय को समझने के लिए, तीन विचारधाराओं के ढांचे की उपयोगिता का आकलन करें।

अनुशंसित साहित्य

Appadurai, Arjun. 1990. 'Disjuncture and Difference in the Global Cultural Economy'. *Culture and Society* 7 (2/3): 295–310.

Aspers, Patrick, and Sebastian Kohl. 2010. 'Economic Theories of Globalization'. In *The Routledge International Handbook of Globalization Studies,* edited by Bryan S. Turner. London and New York: Routledge.

Ayers, Jeffrey M. 2004. 'Framing Collective Action against Neoliberalism: The Case of the "Anti-Globalization" Movement'. *Journal of World-Systems Research* 10 (1): 11–34.

Barber, Benjamin R. 1992. 'Jihad vs McWorld'. *The Atlantic* (March).

Bentley, Jerry H. 2004. 'Globalizing history and historicizing globalization'. *Globalizations* 1 (1): 69–81.

Castells, Manuel. 1996. *The Rise of the Network Society.* Hoboken, NJ: Wiley-Blackwell.

Clark, Ian. 1998. 'Beyond the Great Divide: Globalization and the Theory of International Relations'. *Reviewof International Studies* 24 (4): 479–98.

Falk, Richard. 1999. *Predatory Globalization: A Critique.* Cambridge: Polity Press

Harvey, David. 1989. *The Condition of Postmodernity: An Enquiry into the Origins of Cultural Change.* USA: Blackwell.

Held, David, Anthony McGrew, David Goldblatt, and Jonathan Perraton. 1999. *Global Transformations: Politics,Economics and Culture.* UK: Polity.

James, Paul, and Manfred B. Steger. 2014. 'A Geneaology of "Globalization": The Career of a Concept'. *Globalizations* 11 (4): 417–34.

Kakowicz, Arie M., and Mor Mitrani. 2016. 'Why Don't We Have Coherent Theories of International Relations About Globalization?' *Global Governance* 22 (2): 189–208.

Keohane, Robert O., and Joseph S. Nye. 1977. 'Realism and Complex Interdependence'. In *Power and Interdependence.* Boston: Little, Brown and Company.

Mann, Michael. 1997. 'Has Globalization Ended the Rise and Rise of the Nation State?' *Review of International Political Economy* 4 (3): 472–96.

Mishra, Pankaj. 2016. 'The Globalization of Rage'. *Foreign Affairs,* November/December.

Ohmae, Kenichi. 1995. *The End of the Nation State: The Rise of Regional Economies.* New York: The Free Press.

Pakulski, Jan. 2010. 'Global Elites'. In *The Routledge International Handbook of Globalization Studies,* edited Bryan S. Turner. London and New York: Routledge.

Pieterse, Jan Nederveen. 1995. 'Globalization as Hybridization'. In *Global Modernities,* edited by Scott Lash and Roland Robertson. London: SAGE.

Robertson, Roland. 1992. *Globalization: Social Theory and Global Culture.* Newbury Park, CA: SAGE.

Rosenau, James N. 2004. 'Many Globalizations, One International Relations'. *Globalizations* 1 (1): 7–14.

Rudolph, Christopher. 2005. 'Sovereignty and Territorial Borders in a Global Age'. *International Studies Review* 7: 1–20.

13

संयुक्त राष्ट्र: परिवर्तनशील भूमिका

रुमकी बासु

अध्ययन के उद्देश्य

- वर्ष 1945 के उपरांत संयुक्त राष्ट्र (UN) के ऐतिहासिक रूप से क्रमिक विकास को समझना
- इसके प्रमुख संस्थानों की संरचना और कार्यों की जाँच-पड़ताल करना
- अंतर्राष्ट्रीय सुरक्षा, मानवाधिकार, सामाजिक-आर्थिक विकास एवं मानवीय हस्तक्षेप के अनुरक्षण में संयुक्त राष्ट्र की भूमिका पर पुनर्विचार करना
- संगठन में सुधार के लिए प्रमुख प्रस्तावों की जाँच-पड़ताल के अलावा, संयुक्त राष्ट्र के कार्यों की वास्तविक उपलब्धियों एवं सीमाओं का अनुरेखण करना

अध्याय सार

इस अध्याय में संयुक्त राष्ट्र (UN) के ऐतिहासिक रूप से क्रमिक विकास के साथ-साथ वर्ष 1945 में स्थापना के बाद से इसमें हुए बदलावों एवं सामना की गई चुनौतियों का अनुरेखण किया गया है। संयुक्त राष्ट्र संघ इस विचार पर आधारित एक बहुराष्ट्रीय स्वैच्छिक संगठन है कि, राज्य अंतर्राष्ट्रीय प्रणाली में प्राथमिक इकाइयां हैं। इस अध्याय में शांति एवं सुरक्षा, आर्थिक व सामाजिक विकास, मानवाधिकार और मानवीय हस्तक्षेप के क्षेत्रों में संयुक्त राष्ट्र के प्रमुख कार्यों पर विचार किया गया है। अंततः, संयुक्त राष्ट्र सुधारों से संबंधित प्रमुख प्रस्तावों पर विचार-विमर्श के साथ-साथ संयुक्त राष्ट्र के कार्यों की वास्तविक उपलब्धियों एवं सीमाओं का अनुरेखण किया गया है।

24 अक्टूबर, 1945 को 51 देशों द्वारा स्थापित संयुक्त राष्ट्र (UN), द्वितीय विश्व युद्ध का नेतृत्व करने वाले राज्यों के गठबंधन की ओर से किए गए समेकित प्रयास का परिणाम था। वेटिकन के एक अपवाद के अलावा, विधिक तौर पर विश्व के सभी देश आज संयुक्त राष्ट्र के सदस्य हैं, और सभी देश संयुक्त राष्ट्र घोषणापत्र के दायित्वों के अनुपालन की बात पर सहमत हैं। घोषणापत्र के अनुसार, संयुक्त राष्ट्र के चार उद्देश्य हैं:

- अंतर्राष्ट्रीय शांति एवं सुरक्षा को बनाए रखना
- राष्ट्रों के बीच मैत्रीपूर्ण संबंध विकसित करना
- अंतर्राष्ट्रीय समस्याओं को हल करने तथा मानवाधिकार के सम्मान को बढ़ावा देने में सहयोग करना
- केंद्रीय भूमिका निभाते हुए राष्ट्रों के कार्यों में सामंजस्य स्थापित करना

संयुक्त राष्ट्र संगठनों का समूह, अंतर्राष्ट्रीय संस्थानों के एक समुच्चय से बना है जिसके पांच प्रमुख अंगों, अर्थात् विशेष अभिकरणों के अंतर्गत विश्व स्वास्थ्य संगठन (WHO), अंतर्राष्ट्रीय श्रम संगठन (ILO), तथा संयुक्त राष्ट्र बाल कोष (UNICEF) और संयुक्त राष्ट्र विकास कार्यक्रम (UNDP) जैसे कार्यक्रम एवं सहायता कोष शामिल हैं। महासचिव समन्वय के लिए मुख्य कार्यकारी बोर्ड (CEB) के माध्यम से इस विस्तृत प्रणाली का प्रबंधन करते हैं। CEB में संयुक्त राष्ट्र निकायों एवं अभिकरणों के प्रमुख शामिल होते हैं, जो महासचिव की अगुआई में वर्ष में दो बार आम मुद्दों पर चर्चा के लिए बैठक करते हैं।

संयुक्त राष्ट्र की सदस्यता सभी शांतिप्रिय राष्ट्रों के लिए खुली है, जो घोषणापत्र के दायित्वों को स्वीकार करते हैं तथा संगठन के निर्णयों में निहित इन दायित्वों को पूरा करने में सक्षम एवं इच्छुक होते हैं। UN में प्रवेश के लिए, सुरक्षा परिषद की अनुशंसा पर महासभा द्वारा दो-तिहाई बहुमत आवश्यक है।

संयुक्त राष्ट्र के पांच प्रमुख अंग हैं: महासभा, सुरक्षा परिषद, आर्थिक एवं सामाजिक परिषद (ECOSOC), अंतर्राष्ट्रीय न्यायालय (ICJ) और सचिवालय।

13.1 संयुक्त राष्ट्र के मुख्य अंग: संरचना एवं कार्य

13.1.1 महासभा

महासभा मुख्य विचारात्मक अंग है, जो विश्व संसद की तरह है और संयुक्त राष्ट्र के सभी सदस्यों से मिलकर बना है। संयुक्त राष्ट्र सार्वभौमिक सदस्यता प्राप्त करने वाला इतिहास में पहला अंतर्राष्ट्रीय संगठन है। शुरुआत में महासभा में 51 सदस्य थे, जिसकी संख्या वर्तमान में 193 हो गई है। 1950 और 1960 के दशक के विउपनिवेशवाद आंदोलन की सफलता के परिणामस्वरूप इस संख्या में वृद्धि हुई है। शीत युद्ध के समापन के तौर पर बड़ी संख्या में विकासशील राष्ट्रों का उदय हुआ, जिसकी वजह से पूर्वी यूरोप और पूर्ववर्ती USSR के नए सदस्यों को इसमें शामिल होने का मौका मिला। महासभा के प्रत्येक सदस्य के पास एक मत होता है तथा उसे पांच प्रतिनिधियों एवं पांच वैकल्पिक प्रतिनिधियों द्वारा बैठकों में प्रतिनिधित्व करने का अधिकार प्राप्त होता है। ICJ को छोड़कर, सभी चार अंगों को महासभा को वार्षिक रिपोर्ट जमा करनी पड़ती है, जिससे महासभा के लिए संयुक्त राष्ट्र की सभी गतिविधियों में भूमिका निभाना अनिवार्य हो जाता है।

नवंबर 1950 में अपनाए गए 'शांति के लिए एकजुटता' के प्रस्ताव के तहत, यदि स्थायी सदस्य की सर्वसम्मति की कमी के कारण सुरक्षा परिषद किसी भी मामले में अपने प्राथमिक दायित्वों के निर्वहन में असफल रहता है, जिसके अंतर्गत शांति के लिए खतरा, शांति का उल्लंघन या आक्रामकता से जुड़ी गतिविधियां शामिल हैं, तो ऐसी स्थिति में महासभा कार्रवाई कर सकती है। अधिक स्पष्ट रूप से, महासभा के पास सदस्यों के समक्ष अनुशंसा के दृष्टिकोण के साथ तत्काल मामले पर विचार करने का अधिकार होता है, जिसके अंतर्गत अंतर्राष्ट्रीय शांति एवं सुरक्षा को बनाए रखने या पुनर्स्थापित करने के लिए आवश्यक सशस्त्र बल का उपयोग शामिल है। यदि महासभा सत्र में नहीं है, तो अल्पकालीन सूचना के आधार पर विशेष आपातकालीन सत्र आयोजित किया जा सकता है।

संयुक्त राष्ट्र के आंतरिक मामलों के संबंध में, महासभा के पास निर्णय लेने का मौलिक अधिकार है; एक सामान्य नियम के रूप में, अनुशंसाओं का राजनीतिक और / या नैतिक बल कुछ भी हो, वे क़ानूनी रूप से बाध्यकारी नहीं होते हैं, सदस्यों के लिए प्रत्यक्ष तौर पर क़ानूनी दायित्व नहीं बना सकते हैं। सभी सदस्यों को शांति एवं सुरक्षा पर सिफारिशों, संगठनों के सदस्यों के चुनाव, सदस्यों के प्रवेश, निलंबन एवं निष्कासन, न्यासधारिता से जुड़े सवाल तथा बजट संबंधी मामले, जैसे 'महत्त्वपूर्ण प्रश्नों' के संदर्भ में मतदान का एक समान अधिकार है, जिसमें उपस्थित सदस्य मतदान करते हैं, और दो-तिहाई बहुमत से निर्णय लिया जाता है जबकि 'अन्य प्रश्नों' पर सामान्य बहुमत से निर्णय होता है।

प्रत्येक में छह मुख्य समितियां हैं, जिनमें से प्रत्येक सदस्य को एक प्रतिनिधि के माध्यम से अपना प्रतिनिधित्व करने का अधिकार है। अन्य विधायी निकायों की तरह, इसमें भी एक स्थाई (स्थायी) समिति होती है, जिसमें प्रतिनिधि परिचर्चा करते हैं, समीक्षा करते हैं, एवं मुद्दों पर मतदान करते हैं, जिसे बाद में महासभा के समक्ष विचार हेतु विस्तारपूर्वक प्रस्तुत किया जाता है। छह मुख्य समितियां इस प्रकार हैं—पहली समिति (निरस्त्रीकरण एवं अंतर्राष्ट्रीय सुरक्षा), दूसरी समिति (आर्थिक एवं वित्तीय), तीसरी समिति (सामाजिक, मानवीय एवं सांस्कृतिक), चौथी समिति (विशेष राजनीतिक एवं विउपनिवेशिकरण), पांचवीं समिति (प्रशासनिक एवं बजटीय) और छठी समिति (क़ानूनी)। इसके अलावा, महासभा के अध्यक्ष एव 21 उपाध्यक्षों से मिलकर बनी एक 28 सदस्यीय आम समिति भी होती है, तथा मुख्य समितियों के अध्यक्ष महासभा एवं इसकी समितियों की कार्यवाही के समन्वयन और महासभा के सामान्य कामकाज के सुचारू संचालन की निगरानी के लिए अक्सर सत्र के दौरान बैठक करते हैं। प्रत्यय समिति,

जिसमें महासभा के प्रत्येक सत्र की शुरुआत में अध्यक्ष के प्रस्ताव पर नियुक्त नौ सदस्यों शामिल होते हैं, पर प्रतिनिधियों के प्रमाण-पत्रों की पुष्टि करने का दायित्व होता है। दो स्थायी समितियां भी हैं: प्रशासनिक एवं बजटीय प्रश्नों पर एक सलाहकार समिति (ACABQ), जिसमें 16 सदस्य शामिल हैं, तथा 18 सदस्यों वाली एक योगदान समिति, जो संयुक्त राष्ट्र को सदस्यों के भुगतान के पैमाने की संस्तुति करती है। विशिष्ट मामलों से निपटने के लिए, महासभा द्वारा कई सहायक एवं तदर्थ निकायों की स्थापना की गई है।

13.1.2 वैश्विक मामलों में महासभा की भूमिका

महासभा तीन व्यापक क्षेत्रों से संबंधित है: (a) मानदंडों को परिभाषित करना, जिसे विश्व राजनीति के कुछ क्षेत्रों पर लागू किया जाना चाहिए, (b) विभिन्न कार्यक्रमों के प्रति संयुक्त राष्ट्र संसाधनों की प्रतिबद्धता, और (c) राष्ट्रों के बीच संघर्षों का प्रबंधन करना।

महासभा अंतर्राष्ट्रीय व्यवहार के सामान्य मानदंडों पर चर्चा के लिए सबसे अच्छे रंगमंचों में से एक है, क्योंकि इसमें दुनिया के लगभग सभी देशों का प्रतिनिधित्व किया है। महासभा ने हमेशा इस तरह के विचार-विमर्श पर काफी समय खर्च किया है, जिन्होंने कई मुद्दों पर अंतर्राष्ट्रीय व्यवहार के मानदंडों के विकास को बहुत प्रभावित किया है। बीते वर्षों में, महासभा ने स्वभाग्यनिर्णय की स्थिति एवं निहितार्थ, एक-दूसरे के मामलों में राज्यों के ग़ैर-हस्तक्षेप का सिद्धांत तथा इसकी गतिविधियों में भागीदारी या ग़ैर-भागीदारी के संबंध में निर्णय जैसे प्रश्नों पर विचार-विमर्श में महत्त्वपूर्ण भूमिका निभाई है।

संयुक्त राष्ट्र के संसाधनों को विभिन्न कार्यक्रमों को समर्पित किए जाने के विषय पर अधिकांश चर्चाओं के लिए महासभा भी सबसे अच्छा मंच है। महासभा नए संयुक्त राष्ट्र निकायों का निर्माण कर सकती है, और यह संयुक्त राष्ट्र के बजट के आवंटन को नियंत्रित करती है, जिससे संगठनों को गतिविधियों की एक विस्तृत श्रृंखला के प्रति प्रतिबद्ध करने की क्षमता मिलती है। व्यय के संदर्भ में निर्णय से संसाधनों के एक छोटे लेकिन वास्तविक समुच्चय का आवंटन होता है, जबकि मूल्यांकन के संदर्भ में निर्णय से यह तय होता है कि संसाधनों के प्रदाता कौन होंगे। आमतौर पर व्यय के संदर्भ में अल्पसंख्यकों के खिलाफ बहुसंख्यकों द्वारा तर्क दिए जाते हैं; हालांकि, 1970 के दशक तक, इस प्रकार के तर्क इस बार की अनुभूति के संदर्भ में दिए जाते थे कि, पूर्वी या पश्चिम का कोई भी औद्योगिक राज्य नहीं चाहता था कि कुल बजट में निरंतर वृद्धि हो। इस प्रकार, इस अनुभूति ने पूर्व-पश्चिम तथा प्रारंभिक पश्चिम- विकासशील देशों के बीच के वाद-विवाद को नरम कर दिया। 1973 के बाद, यह संघर्ष काफी तीव्र हो गया, क्योंकि तीसरे विश्व ने बहुमत से विकासशील देशों में संसाधन हस्तांतरण के स्तर को सुनिश्चित करने के उद्देश्य से नियमित बजट का उपयोग करने की मांग की, जिसे अधिकांश औद्योगिक राज्यों ने समर्थन देने से इनकार कर दिया। शांति-स्थापन कार्य और आर्थिक गतिविधियों, दोनों को स्वैच्छिक बजट में रखकर नियमित बजट को सीमित करने वाली पुरानी सर्वसम्मति को भी तेजी से चुनौती दी जाने लगी।

घोषणापत्र निर्दिष्ट करता है कि, सदस्य देशों को पहले ग़ैर-UN प्रक्रियाओं या संस्थानों का सहारा लेकर संघर्षों को नियंत्रित करने का प्रयास करना चाहिए, साथ ही यह सुरक्षा परिषद को संयुक्त राष्ट्र संघर्ष प्रबंधन प्रयासों की प्राथमिक ज़िम्मेदारी सौंपता है। फिर भी, महासभा ने विभिन्न संघर्षों को प्रबंधित करने में मदद करने की कोशिश की है। कभी-कभी, निषेधाधिकार की वजह से कार्यवाही की योजना बनाने में सुरक्षा परिषद विफल रहता है; अन्य स्थितियों में, सदस्य देश अपने निर्णय के आधार पर संघर्ष को महासभा के पटल पर लाना पसंद करते हैं। किसी भी स्थिति में, महासभा संघर्षों का एक बहुत ही प्रभावी प्रबंधक नहीं रहा है। 1956 के स्वेज़ संकट के संदर्भ में प्रतिक्रिया जैसी कुछ उल्लेखनीय सफलताओं के बावजूद, महासभा एक वृहत निकाय होने के कारण अपनी भूमिका निभाने में अप्रभावी है और ऐसा करने के लिए शायद ही कभी पर्याप्त भौतिक संसाधनों को नियंत्रित करती है।

महासभा में बहुमत संयुक्त राष्ट्र प्रणाली को कई तरीकों से प्रभावित कर सकती है। वे सदस्यों के चयन के लिए, महासभा की शक्ति के माध्यम से कुछ प्रमुख अंगों की गतिविधियों को प्रभावित कर सकते हैं। वे सचिवालय या महासभा के सहायक अंगों द्वारा गतिविधियों को प्रत्यक्ष तौर पर नियंत्रित कर सकते हैं। वे संयुक्त राष्ट्र प्रणाली के पर्याप्त मात्रा में औपचारिक एवं अनौपचारिक पुनर्गठन के लिए महासभा के प्राधिकार का उपयोग कर सकते हैं। वे सिफारिशों के माध्यम से विशेष अभिकरणों की गतिविधियों को प्रभावित करने की कोशिश कर सकते हैं।

महासभा के इतिहास को इसके अधिकार एवं प्रभावक्षेत्र में एक प्रगतिशील वृद्धि के रूप में, विशेष रूप से 1945 और 1960 के बीच सुरक्षा परिषद के संबंध में, वर्णित किया जा सकता है, जिसके बाद इसमें तेजी से गिरावट आई।

गठन के बाद के शुरुआती वर्षों में, महासभा की भूमिका में वृद्धि हुई थी। सुरक्षा परिषद मुख्य रूप से सोवियत संघ द्वारा निषेधाधिकार के लगातार स्वतंत्र इस्तेमाल से निराश हो गया था, जिसे पाश्चात्य शक्तियों द्वारा विशेष तौर पर परिषद की पूरी तरह उपेक्षा करने के तरीके के तौर पर देखा। 1950 में कोरियाई युद्ध के भड़कने के बाद, 'शांति समाधान के लिए एकजुटता' के नाम से प्रसिद्ध एक प्रस्ताव पारित किया गया था, जिसने सुरक्षा परिषद के सात सदस्यों के सकारात्मक मत या महासभा के साधारण बहुमत पर प्रभावी कार्रवाई करने से निषेधाधिकार द्वारा हताशा की स्थिति में किसी भी समय एक विशेष सभा के आह्वान को संभव बनाया। इसके अलावा, आवश्यक स्थिति में बल प्रयोग की अनुशंसा में सक्षम होने के लिए ऐसा किया गया था; यह महासभा की शक्तियों का वास्तविक विस्तार था। इस प्रस्ताव के जरिए महासभा के अधीन एक शांति निरीक्षण आयोग और एक सामूहिक कार्यवाही समिति का भी गठन हुआ, ताकि अंतर्राष्ट्रीय शांति एवं सुरक्षा की रक्षा करने में निकाय को मदद मिल सके। हालांकि, शुरूआती दो या तीन वर्षों के बाद, इनमें से किसी का भी इस्तेमाल नहीं किया गया।

1950 के दशक के अंत में, शांति के लिए एकजुट होने की प्रक्रियाओं का दो या तीन बार इस्तेमाल किया गया था। इससे महासभा की शक्तियां सर्वोच्च शिखर तक पहुंच गई। 1956 में स्वेज़ एवं हंगरी के संकट के समय, इसके माध्यम से एक विशेष सभा का आह्वान किया गया। स्वेज़ के मामले पर, इसने महासभा द्वारा संयुक्त राष्ट्र आपातकालीन सेना के गठन का नेतृत्व किया। हंगरी के मामले में, विशेष सभा को कम सफलता मिली, हालांकि यह संकट की ओर लोगों का ध्यान आकृष्ट कराने तथा सोवियत कार्रवाई के खिलाफ विश्व के बहुमत के फैसले को व्यक्त करने में सफल रहा। 1958 में जॉर्डन और लेबनान संकट के दौरान शांति के लिए एकजुटता की प्रक्रियाओं का उपयोग किया गया, और उस वक्त पर्यवेक्षकों (लेबनान में संयुक्त राष्ट्र निरीक्षण समूह) को स्थिति को गंभीर होने से रोकने एवं विदेशी घुसपैठ को रोकने के लिए भेजा गया था। अंत में, 1960 के दशक की शुरुआत में कांगो संकट के दौरान, सुरक्षा परिषद द्वारा अधिकृत और नियंत्रित संयुक्त राष्ट्र सेना की मौजूदगी के बावजूद, महासभा ने स्थिति का निकटता से अवलोकन जारी रखा, और उस क्षेत्र में संयुक्त राष्ट्र कार्रवाई को प्रभावित करने में अगले दो या तीन वर्षों में एक प्रमुख भूमिका निभाई।

1950 के दशक में, महासभा ने कई विश्व संकट स्थितियों के संदर्भ में संयुक्त राष्ट्र की प्रतिक्रिया को निर्धारित करने में प्रमुख भूमिका निभाई थी। हालांकि, 1960 के बाद से युद्ध एवं शांति के प्रश्नों पर महासभा की भूमिका में कमी आई। इसके कई कारण थे। सबसे पहले, महासभा द्वारा स्वीकृत शांति स्थापना कार्यों के संचालन की लागत में योगदान देने से सोवियत संघ एवं फ्रांस का प्रत्यक्ष तौर पर विरोध, जिसे पहले महासभा द्वारा उपयोग में लाया जाता था, और इस संवैधानिक अंतर के परिणामस्वरूप उत्पन्न दीर्घकालिक वित्तीय संकट को देखते हुए महासभा को संगठित करने में अन्य प्रमुख शक्तियों ने भी सावधानी बरतना शुरू कर दिया। दूसरा, महासभा के बढ़ते आकार के साथ-साथ इसकी संरचना में परिवर्तन— अब अफ्रीका-एशियाई सदस्यों के पास दो-तिहाई से ज्यादा मत थे — इसका मतलब है कि, इसे सोवियत संघ के साथ-साथ संयुक्त राज्य द्वारा ऐसी परिस्थितियों में इस्तेमाल के कम उपयुक्त साधन के रूप में देखा गया। तीसरा, परिषद में सोवियत संघ द्वारा निषेधाधिकार के बहुत कम उपयोग ने वैकल्पिक अभिकरण के गठन की आवश्यकता को कम कर दिया। अंत में, अन्य स्थायी सदस्यों द्वारा अपने विशेष प्रभुत्व को बरकरार रखने की इच्छा, जिसे उन्होंने सुरक्षा परिषद में रखा था, ने सुरक्षा के सवालों पर परिषद की सर्वोच्चता के पुनःस्थापन को प्रोत्साहित किया। रोडेशिया (1965), दक्षिण-पश्चिम अफ्रीका (1967), जून युद्ध (1967) और 1974–75 में उत्तर-दक्षिण मुद्दों पर विशेष सभाओं का भी आयोजन किया गया। लेकिन कालांतर में, कांगो एवं साइप्रस में शांति कार्यों के संचालन पर परिचर्चा और उसे अधिकृत करने का काम, महासभा के बजाय सुरक्षा परिषद द्वारा किया गया। 1967 के शरद ऋतु से, मध्य-पूर्व संकट के निपटारे पर सुरक्षा परिषद में लंबी चर्चाएं हुई। 1970 के दशक के अंत में, दक्षिण अफ्रीका के संबंध में परिचर्चा जोरों पर रही। संकट काल में, संघर्षरत दलों ने एक बार फिर से हालात को बेहतर बनाने के लिए महासभा की बजाय परिषद का सहारा लिया।

हालांकि, अन्य विषयों पर महासभा ने अपनी भूमिका का विस्तार किया है। ऐसा इसके सदस्यों की संख्या और संरचना, दोनों में आंशिक रूप से परिवर्तन के कारण हुआ था। 1945 में इसके 51 सदस्य थे, जिसकी संख्या वर्तमान में 193 हो गई है। इसने क्षेत्रीय संतुलन को बदल दिया है। विकासशील देश अब कुल सदस्यता के दो-तिहाई से अधिक का प्रतिनिधित्व करते हैं।

नए सदस्यों के आगमन के कारण अनिवार्य रूप से उनकी समस्याओं पर ध्यान केंद्रित करना पड़ा। मुख्य यूरोपीय समस्याएं, जर्मनी, बर्लिन का विभाजन, पूर्वी यूरोप में मानवाधिकार जैसे विषयों का प्रारंभिक वर्षों में दबदबा था, अब इनपर शायद ही कभी चर्चा की जाती है। 1950 के दशक के उत्तरार्ध और 1960 के दशक के आरंभ की बात की जाए, तो 1950 के दशक के शुरू में मोरक्को, ट्यूनीशिया और अल्जीरिया के औपनिवेशिक मुद्दों पर चर्चा काफी जोरों पर थी, जबकि 1960 के दशक के मध्य में अफ्रीकी समस्याओं पर जोरदार बहस के साथ इस प्रकार की परिचर्चाओं का समापन हुआ। इसके बाद, महासभा में किसी अन्य समस्या की तुलना में दक्षिण अफ्रीका से जुड़े सवालों पर अधिक समय तक चर्चा हुई।

शीत युद्ध के अंत के बाद प्रमुख मुद्दों पर नए सिरे से सर्वसम्मति का निर्माण हुआ। औद्योगिक एवं विकासशील देशों के विचार तेजी से एक ही दिशा में अभिमुख हुए हैं, और यह मतदान की प्रवृत्ति से परिलक्षित होता है। 1990 के दशक से, महासभा के केवल 30 प्रतिशत प्रस्तावों को बग़ैर सर्वसम्मति के अपनाया गया था।

यह एक ऐसा मंच है, जहां कमज़ोर एवं विकासशील देश अपनी हितों की रक्षा कर सकते हैं, शक्तिशाली देशों का प्रतिरोध कर सकते हैं तथा एक अधिक न्यायसंगत वैश्विक व्यवस्था को बढ़ावा दे सकते हैं। तीसरी दुनिया, जो संयुक्त राष्ट्र सदस्यता के लगभग तीन-चौथाई हिस्से का गठन करती है, को अब वैश्विक निकायों में भी भारी बहुमत प्राप्त है। एक गुट के तौर पर काम करते हुए, वे महासभा में किसी भी प्रस्ताव को सरल विधि से, और आवश्यक स्थितियों में दो-तिहाई बहुमत से पारित करा सकते हैं। वे संयुक्त राष्ट्र के अन्य प्रमुख अंगों के सदस्यों को चुनने के लिए इस बहुमत का उपयोग कर सकते हैं, संयुक्त राष्ट्र प्रणाली को पुनर्गठित कर सकते हैं, नए क्षेत्रों में गतिविधियों की शुरुआत कर सकते हैं, संयुक्त राष्ट्र के अंगों को नए कार्य सौंप सकते हैं तथा संयुक्त राष्ट्र के संसाधनों को नए कार्यक्रमों के लिए सौंप सकते हैं। विकासशील राज्यों के इस स्वतः-प्रवृत्त बहुमत से विकसित देश बहुत नाराज हैं, क्योंकि उन्हें लगता है कि, उनके द्वारा उनके द्वारा इसका इस्तेमाल अपनी विदेश नीति के हितों को आगे बढ़ाने के लिए किया जा रहा है। 'विकास' तीसरी दुनिया के लिए सर्वोच्च प्राथमिकता है, और ये देश विकसित देशों के संसाधनों को बड़े पैमाने पर विकासशील देशों को हस्तांतरित किए जाने में सहायता के लिए संयुक्त राष्ट्र का उपयोग करना चाहते हैं।

एक विचारशील निकाय के रूप में, महासभा मुख्य रूप से हितों को समेकित करने एवं निर्णय लेने के विषयों से संबद्ध है। व्यवसाय के संचालन हेतु औपचारिक एवं अनौपचारिक नियमों के एक अच्छी तरह से विकसित समुच्चय के तहत, यह नए या पुराने राज्यों की नवगठित सरकारों को लगभग सभी अन्य राज्यों के साथ पारस्परिक विचार-विमर्श के अवसर उपलब्ध कराते हुए, उन्हें संसर्गशील बनाने में महत्त्वपूर्ण भूमिका अदा करती है। इसका हितों की अभिव्यक्ति पर कुछ प्रभाव पड़ता है, हालांकि यह विषय-वस्तु की तुलना में उन्हें व्यक्त करने के स्थान की पसंद पर अधिक निर्भर है, क्योंकि यह सरकारों को विचारों को एक-दूसरे के साथ त्वरित रूप से बदलने में मदद करता है। हालांकि, नियमों का अनुप्रयोग तथा निर्णयों का कार्यान्वयन प्रत्यक्ष तौर पर इसके दायरे से बाहर है, फिर भी महासभा इन्हें कार्यान्वित किए जाने के तरीकों को प्रभावित करने का प्रयास करती है।

13.1.3 सुरक्षा परिषद

संयुक्त राष्ट्र सुरक्षा परिषद को अंतर्राष्ट्रीय शांति एवं सुरक्षा को बरकरार रखने की ज़िम्मेदारी दी गई थी। इसमें पांच स्थायी सदस्य (तथाकथित P–5), अर्थात् संयुक्त राज्य, यूनाइटेड किंगडम, फ्रांस, सोवियत संघ (बाद में रूस) और चीन, के साथ-साथ 10 ग़ैर-स्थायी सदस्य भी शामिल हैं। ग़ैर-स्थायी सदस्य न्यायोचित भौगोलिक वितरण के आधार पर दो साल के लिए चुने जाते हैं। सुरक्षा परिषद के फैसले बाध्यकारी हैं, जिसे 15 में से सदस्यों 9 के साथ-साथ पांच स्थायी सदस्यों में से प्रत्येक द्वारा पारित किया जाना चाहिए। इसलिए, इन पांच स्थायी सदस्यों के पास सुरक्षा परिषद के सभी निर्णयों पर निषेधाधिकार की शक्ति है।

द्वितीय विश्व युद्ध के समापन के उपरांत, शक्ति विन्यास का प्रतिनिधित्व करने वाली सुरक्षा परिषद की स्थायी सदस्यता, राज्यों या अन्य भौगोलिक यथार्थता के बीच वर्तमान युग की सैन्य या आर्थिक शक्ति के वितरण को प्रतिबिंबित नहीं करती है। जर्मनी, जापान और भारत ने स्थायी सदस्यता के लिए ज़ोरदार अपील की है। विकासशील देशों ने सुरक्षा परिषद में अपनी संख्या के अनुसार बेहतर प्रतिनिधित्व की मांग की है, जिसमें भारत, मिस्र, ब्राजील और नाइजीरिया जैसे देशों ने विशेष रूप से अपना दावा प्रस्तुत किया है। हालांकि, नए स्थायी सदस्यों पर समझौते तक पहुंचना असंभव साबित हुआ है। क्या ग्रेट ब्रिटेन, फ्रांस और जर्मनी के बजाय यूरोपीय संघ का प्रतिनिधित्व किया जाना चाहिए? भारत की उम्मीदवारी को लेकर पाकिस्तान को कैसा महसूस होगा? नाइजीरिया की सीट को लेकर दक्षिण अफ्रीका को कैसा महसूस होगा? ठीक इसी तरह, इस बात की संभावना बेहद कम है कि P–5 देश अपने निषेधाधिकार को छोड़ देंगे, भले ही शीत युद्ध के बाद निषेधाधिकार का उपयोग घट गया हो।[1]

जब सुरक्षा परिषद किसी बात को अंतर्राष्ट्रीय शांति के लिए खतरा मानती है, तो यह संयुक्त राष्ट्र घोषणापत्र के अध्याय VI के अनुरूप विवाद को शांतिपूर्ण ढंग से सुलझाने के तरीकों की पड़ताल करती है, जो समझौते या मध्यस्थता के सिद्धांतों का सुझाव देता है। संघर्ष की स्थिति में, सुरक्षा परिषद युद्धविराम को सुरक्षित करने या इसे बरकरार रखने में दोनों पक्षों की मदद के लिए एक शांति-स्थापन मिशन भेज सकती है।[2] परिषद घोषणापत्र के अध्याय VII के अनुरूप, अपने फैसले को लागू करने के लिए उपयुक्त कदम भी उठा सकती है। उदाहरण के तौर पर, शांति के लिए खतरे की स्थिति में अथवा राजनयिक प्रयासों के असफल होने पर आर्थिक प्रतिबंध दिया सशस्त्र प्रतिबंध आरोपित किए जाते हैं। दुर्लभ परिस्थितियों में, अपने निर्णय को कार्यान्वित किए जाने को सुनिश्चित करने के उद्देश्य से सुरक्षा परिषद ने सदस्य देशों को सामूहिक सैन्य कार्रवाई सहित 'सभी आवश्यक साधनों' (उदाहरण के लिए, खाड़ी युद्ध 1990) का उपयोग करने के लिए अधिकृत किया है। इसने 1950 में उत्तर कोरिया के खिलाफ दक्षिण कोरिया की रक्षा के लिए केवल एक बार सामूहिक सुरक्षा प्रावधानों का उपयोग किया था।

11 सितंबर, 2001 के आतंकवादी हमलों के बाद, परिषद ने अंतर्राष्ट्रीय आतंकवाद के खतरे से निपटने के उपायों एवं रणनीतियों के संबंध में प्रस्ताव 1373 के कार्यान्वयन की निगरानी के लिए आतंकवाद-रोधी समिति (CTC) बनाई। वर्ष 2004 के प्रस्ताव 1535 के तहत, परिषद ने क्षेत्र में निकट सहयोग एवं समन्वय को बढ़ावा देने के उद्देश्य से आतंकवाद-रोधी समिति के कार्यकारी निदेशालय (CTED) की स्थापना की। 1990 के दशक की शुरुआत में, परिषद ने बाल्कन एवं रवांडा के युद्ध अपराधियों पर मुकदमा चलाने तथा उन्हें दंडित करने के लिए पूर्व-यूगोस्लाविया के लिए अंतर्राष्ट्रीय आपराधिक न्यायाधिकरण (ICTY) और रवांडा के लिए अंतर्राष्ट्रीय आपराधिक न्यायाधिकरण (ICTR) की स्थापना की।

परिषद एक नए महासचिव की नियुक्ति तथा संयुक्त राष्ट्र में नए सदस्यों के प्रवेश पर महासभा को अपनी संस्तुति प्रेषित करती है। संयुक्त राष्ट्र के अंगों में, सुरक्षा परिषद के पास अपने अधिदेश को कार्यान्वित करने का अधिकार है, और जब यह किसी राज्य के खिलाफ प्रवर्तन उपायों को लागू करता है तब सभी सदस्यों के लिए इसके निर्देशों का पालन करना अनिवार्य हो जाता है। अंतर्राष्ट्रीय क़ानून के तहत, सुरक्षा परिषद के प्रस्ताव विधिक तौर पर बाध्यकारी हैं। अध्याय VI और VII के बावजूद, शीत युद्ध के दौरान जब महाशक्तियों के बीच मतभेदों के कारण प्रवर्तन की युक्तियों को कार्यान्वित करना कठिन हो रहा था, उस स्थिति में परिषद ने अक्सर 'शांति रखरखाव संचालन' को अधिकृत किया, जिसकी अपेक्षा स्पष्ट तौर पर संयुक्त राष्ट्र के संस्थापकों नहीं की गई थी, जो राज्यों के बीच एवं उनके आंतरिक मतभेदों को दूर करने की एक उद्विकासी विधि थी। कालांतर में, शांति-स्थापन के

---

[1] 1945 से 2004 तक, 257 बार निषेधाधिकार का इस्तेमाल किया गया था, जिसमें पूर्व सोवियत संघ द्वारा सबसे अधिक बार (122 निषेधाधिकार) और संयुक्त राज्य द्वारा दूसरी सबसे बड़ी संख्या (80) में इसका इस्तेमाल किया गया। संयुक्त राष्ट्र की प्रकृति को देखते हुए, संभावना है कि P–5 कभी भी निषेधाधिकार की अपनी एकतरफा शक्ति को सीमित किए जाने की बात को स्वीकार नहीं करेगा। एक और दृष्टिकोण से, यह तर्क दिया जा सकता है कि संयुक्त राष्ट्र के सभी प्रमुख सुरक्षा निर्णयों को यदि वास्तविक अर्थों में लागू किया जाना है, तो इसके लिए महाशक्तियों की सर्वसम्मति सुनिश्चित करना महत्त्वपूर्ण है।

[2] पिछले कुछ वर्षों में शांति-स्थापन के कार्यों में शामिल हैं:

संपर्ष क्षेत्रों में युद्धविराम तथा दोनों पक्षों की सेनाओं को अलग करना।

संघर्ष की शुरुआत से पहले ही निवारक सेनाओं की तैनाती करना। मानवीय कार्यों का संरक्षण।

व्यापक शांति समझौते के कार्यान्वयन के कार्यों के अंतर्गत चुनावों की निगरानी, मानवाधिकारों की निगरानी एवं आर्थिक पुनर्निर्माण के लिए समन्वय समर्थन शामिल हैं।

दायरे का विस्तार करते हुए, इसके अंतर्गत शांति-निर्माण एवं शांति के विकास की युक्तियों को भी शामिल किया गया। परिषद-अधिकृत अन्य कार्रवाइयों के अंतर्गत बोस्निया, कोसोवो, अफगानिस्तान और लाइबेरिया में मिशन शामिल हैं। पूर्वी तिमोर में संयुक्त राष्ट्र संक्रातिक प्रशासन की सफलता, जो छोटे देश को लोकतांत्रिक चुनावों एवं पूर्ण स्वतंत्रता का राह दिखाती है, को भी उल्लेखनीय रूप से दर्ज किया गया है। संभवतः चुनाव निगरानी से संबंधित कार्यों का संचालन और भी महत्त्वपूर्ण रहा है। 1990 के दशक में, संयुक्त राष्ट्र के पर्यवेक्षकों ने कंबोडिया और विभिन्न मध्य अमेरिकी देशों में चुनावों की निगरानी की। वास्तव में, शीत युद्ध के बाद के युग में, सुरक्षा परिषद के प्रस्तावों ने सापेक्ष सर्वसम्मति एवं वैधता के साथ कठिन मुद्दों को संबोधित किया है, जिसके चलते संयुक्त राज्य को भी इराक में अपनी कई गतिविधियों के लिए सुरक्षा परिषद की छत्रछाया में शरण लेना पड़ा। संयुक्त राज्य ने सुरक्षा परिषद की अनुमति के बिना बड़े पैमाने पर एकतरफा हमले की शुरुआत के छह महीने बाद, ध्वस्त किए गए इराक के पुनर्निर्माण के लिए संयुक्त राष्ट्र की सहायता मांगी एवं इस कृत्य को वैधता प्रदान करने का अनुरोध किया।[3]

हालांकि, परिषद का ऐतिहासिक रिकॉर्ड बहुधा निराशाजनक रहा है। परिषद ने कार्यान्वयन की दृष्टि से अव्यवहार्य या अप्रासंगिक प्रस्ताव पारित किए हैं। उदाहरणस्वरूप, तत्कालीन यूगोस्लाविया में विनाशकारी गृह युद्ध के दौरान, 1990 के दशक के मध्य में बोस्निया में परिषद द्वारा स्थापित तथाकथित सुरक्षित क्षेत्र, वहां शरण लेने वाले मुस्लिम शरणार्थियों के लिए किसी भी लिहाज से 'सुरक्षित' नहीं थे। परिषद ने 1994 के रवांडा नरसंहार में हस्तक्षेप करने से इनकार कर दिया। हालांकि, 20वीं शताब्दी के अंत तक, परिषद ने खुद को असफल राज्यों की पुनर्स्थापना, जातीय एवं धार्मिक संघर्ष का प्रबंधन, गृह युद्ध, संभावित रूप से उग्र हो रहे राष्ट्रवादी आंदोलनों (मध्य-पूर्व में, कुर्दों के बीच और एशिया में) तथा आतंकवाद जैसे नए मुद्दों के साथ-साथ तथा पारंपरिक अंतरराज्यीय आक्रामकता के मुक़ाबला की तरह वर्ष 1945 की समस्याओं के बीच घिरा पाया।

इस दृष्टिकोण से, सुरक्षा परिषद को सबसे पहले एक सौदाकारी तंत्र के रूप में देखा जाना चाहिए, जो व्यक्तिगत शक्तियों एवं राष्ट्रों के समूहों के बीच संकटपूर्ण स्थितियों के संदर्भ में कार्यवाही की योजना पर समझौता-वार्ता के लिए, या कम से कम अन्यत्र समझौता वार्ता को बढ़ावा देने के लिए स्थायी रूप से उपलब्ध है। इस प्रकार प्रत्येक निर्णय आपसी समझौता होगा। परिषद राष्ट्र-राज्यों के अधीन एकीकृत एवं एकचित्त होकर निर्णय देने वाले निकाय, अर्थात् मंत्रिमंडल की तरह नहीं है, जिसमें पहले से ही एक सर्वनिष्ठ नीति के लिए प्रतिबद्ध करीबी सहपाठी शामिल होते हैं। यह पारस्परिक रूप से संशयात्मक दलों के बीच गठित एक तदर्थ समिति की तरह है, जिसमें हर निर्णय के लिए अलग-अलग दृष्टिकोण के मतानुयायियों के बीच समझौता होता है। जिन मुद्दों पर आप से हित में अधिक भिन्नता नहीं है (साइप्रस, कांगो और मध्य-पूर्व के मुद्दों की तरह), कम से कम ऐसे मामलों पर सर्वसम्मति प्राप्त करना संभव हो सकता है। अन्य मुद्दों पर, जहां प्रत्यक्ष संघर्ष स्थायी सदस्यों (हंगरी, वियतनाम) को प्रभावित करने वाला होता है, सर्वसम्मति असंभव प्रतीत हो सकता है।

चाहे सुरक्षा परिषद बड़ी संख्या में राजनीतिक कौशल विकसित करे या नहीं, लेकिन पिछले दो दशकों में संयुक्त राष्ट्र प्रणाली के भीतर इसकी प्राथमिकता काफी हद तक पहले की तरह हो गई है। इसने स्वयं को पुनः प्रभावकारी बनाना शुरू कर दिया है। इसने रोडेशिया अथवा इराक द्वारा कुवैत के राज्य-हरण के विषयों पर, अत्यंत कठोर प्रतिबंधों का उपयोग किया गया है, जिसे लगभग सार्वभौमिक रूप से लागू किया गया है। इसने कई शांति-स्थापन सैन्य बलों का गठन किया है, और भविष्य में भी इसके द्वारा सैन्य बलों का गठन किया जा सकता है। इसने दावा किया है कि, इसे मध्य-पूर्व में समझौते की सामान्य शर्तों को निर्धारित करने का अधिकार है, जो संभवतः सशस्त्र संघर्ष के उपरांत किसी अंतर्राष्ट्रीय संगठन द्वारा किया गया प्रथम प्रयास था। दक्षिण अफ्रीका में यह बदलाव के लिए दबाव केंद्र बिंदु था।

हालांकि, यदि आत्म-नवीनीकरण को प्रभावशीलता के इसी स्तर के अनुरूप होना है, तो परिषद को विवादों के शांतिपूर्ण निपटारे की तकनीक और दुनिया के किसी भी हिस्से में शत्रुता के फैलने के बाद त्वरित कार्रवाई की योजना विकसित करने की आवश्यकता होगी।

[3] इराक के भविष्य के संबंध में सुरक्षा परिषद प्रस्ताव 1511, अक्टूबर, 2003 को सर्वसम्मति से पारित किया गया।

अंत में, सुरक्षा परिषद को आज की दुनिया में बदलती शक्ति संरचना एवं भूमिकाओं को प्रतिबिंबित करना चाहिए। जर्मनी, जापान, ब्राजील, और भारत जैसे विकासशील एवं संभावित महाशक्तियों को सीट देने के लिए इसे अपने स्थायी सदस्यों की संख्या में वृद्धि की जरूरत है। वर्तमान युग की अंतर्राष्ट्रीय वास्तविकताओं को दर्शाने वाली एक अधिक प्रतिनिधित्वपूर्ण सुरक्षा परिषद, 21 वीं शताब्दी में संयुक्त राष्ट्र के लिए निश्चित तौर पर अनिवार्य है।[4]

13.1.4 आर्थिक और सामाजिक परिषद

महासभा के अधीन ECOSOC, संयुक्त राष्ट्र के आर्थिक एवं सामाजिक कार्यों तथा विशेष अभिकरणों और उसके संस्थानों की नीतियों व गतिविधियों के समन्वयन के लिए जिम्मेदार अंग है, जिसे संयुक्त राष्ट्र 'परिवार' कहा जाता है। इसमें 54 सदस्य होते हैं, जिनमें से 18 सदस्य हर साल महासभा द्वारा तीन साल की अवधि के लिए चुने जाते हैं; प्रत्येक सदस्य के पास एक प्रतिनिधि और एक मत होता है। सेवानिवृत्त होने वाले सदस्य तत्काल पुन: चुनाव के पात्र होते हैं। परिषद की बैठकें पूरे वर्ष जारी रहती हैं और जुलाई में एक प्रमुख सत्र का आयोजन किया जाता है। अध्यक्ष का चयन एक वर्ष के लिए होता है और वे तत्काल पुन: निर्वाचित हो सकते हैं।

ECOSOC को निम्नलिखित कार्यों का अधिकार दिया गया है:

1. अंतर्राष्ट्रीय आर्थिक, सामाजिक, सांस्कृतिक, शैक्षिक, स्वास्थ्य और अन्य संबंधित मामलों पर शोध कार्य, रिपोर्ट एवं संस्तुति प्रदान करना या इसकी शुरुआत करना
2. मानवाधिकार एवं मौलिक स्वतंत्रता के सम्मान को बढ़ावा देने और इनके अनुपालन के उद्देश्य के लिए संस्तुति करना
3. अंतर्राष्ट्रीय सम्मेलन का आह्वान करना और अपने अधिकार-क्षेत्र के दायरे में संबंधित मामलों पर महासभा को प्रस्तुत करने हेतु सम्मेलनों के मसौदे तैयार करना
4. विशेष अभिकरणों के साथ समझौतों पर बातचीत करना, संयुक्त राष्ट्र के साथ उनके संबंधों को परिभाषित करना
5. संयुक्त राष्ट्र के सदस्यों के अनुरोध पर, विशेष अभिकरणों की ओर से महासभा द्वारा अनुमोदित दायित्वों को पूरा करना
6. अपने अधिकार-क्षेत्र के दायरे में मामलों से संबंधित ग़ैर-सरकारी संगठनों (NGOs) के साथ प्रत्यायित परामर्श के लिए व्यवस्था करना

परिषद के निर्णय उपस्थित और मतदान करने वाले सदस्यों के साधारण बहुमत द्वारा किए जाते हैं।

ECOSOC द्वारा कई स्थायी समितियों, आयोगों एवं अन्य सहायक निकायों का गठन किया गया है, जिनकी बैठकों का आयोजन संयुक्त राष्ट्र मुख्यालयों में या अन्य स्थानों में किया जाता है। कार्यात्मक आयोगों के अंतर्गत सांख्यिकीय आयोग, जनसंख्या एवं विकास आयोग, सामाजिक विकास आयोग, महिलाओं की स्थिति पर आयोग, मादक औषधि आयोग, विज्ञान एवं प्रौद्योगिकी विकास आयोग, अपराध निवारण एवं आपराधिक न्याय आयोग तथा सतत विकास आयोग शामिल हैं। मानवाधिकार आयोग, जो पहले ECOSOC से संबद्ध था, को 15 मार्च, 2006 को महासभा द्वारा अंगीकृत प्रस्ताव के आधार पर, 47 सदस्यीय मानवाधिकार परिषद (HRC) द्वारा प्रतिस्थापित किया गया, जो महासभा का एक अनुषंगी निकाय है। इनमें से प्रत्येक आयोग अपने क्षेत्र में संयुक्त राष्ट्र का प्रमुख अभिकरण है, जिनका कार्य पूर्ववर्ती समझौते की निगरानी के अलावा संधि और मॉडल क़ानून का मसौदा तैयार करना है।

पांच क्षेत्रीय आर्थिक आयोग ECOSOC अधीन हैं, जिसका उद्देश्य दुनिया के प्रमुख क्षेत्रों का विकास और प्रत्येक क्षेत्र में देशों के बीच आपसी तथा दुनिया के अन्य देशों के साथ आर्थिक संबंधों को मजबूत बनाना है। ये आयोग निम्नानुसार हैं:

- बैंकाक स्थित एशिया व प्रशांत के लिए आर्थिक एवं सामाजिक आयोग (ESCAP)
- बेरूत स्थित पश्चिम एशिया के लिए आर्थिक एवं सामाजिक आयोग (ESCWA)
- अदीस अबाबा स्थित अफ्रीका के लिए आर्थिक आयोग (ECA)

---

[4] वैश्विक मामलों में महासभा की भूमिका पर परिचर्चा रुमकी बासु की किताब पर आधारित है (2004: 49–61)।

- जेनेवा स्थित यूरोप के लिए आर्थिक आयोग (ECE),
- सैंटियागो स्थित लैटिन अमेरिका एवं कैरीबियाई आर्थिक आयोग (ECLAC)

आयोग अपने-अपने संबंधित क्षेत्रों की समस्याओं का अध्ययन करने तथा अपने संबंधित क्षेत्रों में वित्त विकास परियोजनाओं की सहायता के लिए जिम्मेदार हैं।

ECOSOC ने सदस्य देशों के परामर्श के बाद राष्ट्रीय संगठनों के साथ, तथा अंतर्राष्ट्रीय ग़ैर-सरकारी संगठनों के साथ परामर्श की व्यवस्था की है। ECOSOC के साथ सलाहकार का दर्जा प्राप्त करने वाले NGOs की संख्या 2,600 से अधिक है, जो तीन श्रेणियों में वर्गीकृत हैं; वे पर्यवेक्षकों को परिषद और इसकी सहायक निकायों की सार्वजनिक बैठकों में भेज सकते हैं तथा लिखित वक्तव्य जमा करा सकते हैं। आप आपसी चिंता के मामलों पर संयुक्त राष्ट्र के सचिवालय से परामर्श भी ले सकते हैं। अंत में, परिषद स्वयं ही सीमित शक्तियों का एक निकाय है। ये केवल शोध कार्य, परिचर्चा एवं संस्तुतियां कर सकते हैं; और इस अर्थ में ये महासभा के अधिभावी प्राधिकार के अधीन है। हालांकि, यह गौरतलब है कि संयुक्त राष्ट्र के बजट निधि का लगभग 70 प्रतिशत ECOSOC से संबंधित गतिविधियां हैं।

13.1.5 अंतर्राष्ट्रीय न्यायालय

अंतर्राष्ट्रीय न्यायालय (ICJ) संयुक्त राष्ट्र का मुख्य न्यायिक अंग है। इसकी संविधि, संयुक्त राष्ट्र घोषणापत्र का एक अभिन्न हिस्सा है। सभी देश, जो न्यायालय के क़ानून के समर्थक हैं, इसके समक्ष प्रस्तुत मामलों के पक्षकार हो सकते हैं; यहां किसी भी निजी पक्ष द्वारा किसी प्रकार के मामले को प्रस्तुत नहीं किया जा सकता है। अन्य राज्य सुरक्षा परिषद द्वारा निर्धारित शर्तों के तहत मामलों को यहां प्रेषित कर सकते हैं। महासभा, सुरक्षा परिषद और विशेष एजेंसियां, क़ानूनी गतिविधियों पर उनकी गतिविधियों के दायरे में सलाह मांग सकती हैं। न्यायालय में महासभा एवं सुरक्षा परिषद द्वारा निर्वाचित 15 न्यायाधीश शामिल होते हैं।

न्यायालय का अधिकार-क्षेत्र विवादपूर्ण एवं परामर्शदात्री, दोनों हैं, और संबंधित पक्षों द्वारा प्रेषित सभी प्रश्नों को शामिल करता है, साथ ही यह संयुक्त राष्ट्र घोषणापत्र में या संधि एवं प्रवर्तित संधिपत्रों के अंतर्गत वर्णित सभी मामलों को शामिल करता है। न्यायालय के अधिकार-क्षेत्र से संबंधित विवाद न्यायालय द्वारा ही तय किए जाते हैं। राज्य विशेष मामलों में, ऐसे समझौते अथवा संधिपत्रों पर हस्ताक्षर करके न्यायालय के अधिकार-क्षेत्र को स्वीकार करने के लिए पहले से ही बाध्य हो सकते हैं, जो न्यायालय के संदर्भ में प्रदान किए गए हैं या इस संबंध में विशेष घोषणा की गई है। 1946 से 2005 तक, न्यायालय को संदर्भित 100 मामलों में से 89 मामलों पर निर्णय दिया जा चुका है। अभियोग में शामिल 75 देशों में, संयुक्त राज्य के बाद यूनाइटेड किंग्डम का स्थान है। न्यायालय ने विभिन्न विषयों में 25 परामर्शी सलाह (2005 तक) प्रदान की थी, जिसके अंतर्गत संयुक्त राष्ट्र की सदस्यता, नामीबिया व पश्चिमी सहारा की क्षेत्रीय स्थिति, संयुक्त राष्ट्र के परिचालन पर होने वाला व्यय, मानवाधिकार के विशेष प्रतिवेदकों की स्थिति, इत्यादि शामिल है। आज, ICJ अंतर्राष्ट्रीय क़ानून का स्रोत बन गया है तथा विवादों के समाधान, शांति के संरक्षण, युद्ध के नियमों और मानवाधिकारों की सुरक्षा के लिए बहुपक्षीय ढांचे का एक हिस्सा बन गया है।

क़ानून के अनुसार, न्यायालय निम्नलिखित क्षेत्रों में अपने निर्णयों को लागू कर सकता है: (a) अंतर्राष्ट्रीय संधिपत्रों, प्रतिस्पर्धी देशों द्वारा स्वीकृत नियमों को निर्धारित करना; (b) क़ानून के रूप में स्वीकृत, एक सामान्य अभ्यास के प्रमाण के तौर पर अंतर्राष्ट्रीय परिपाटी को निर्धारित करना; (c) राष्ट्रों द्वारा स्वीकृत क़ानून के सामान्य सिद्धांत; तथा (d) न्यायिक निर्णय एवं विभिन्न राष्ट्रों के सबसे उच्च योग्यता वाले प्रचारकों की शिक्षा को क़ानून के नियमों को निर्धारित करने वाले सहायक साधन के तौर पर स्थापित करना। संबंधित पक्षों की सहमति के उपरांत, न्यायालय सख्त क़ानून की बजाय व्यावहारिक निष्पक्षता के अनुसार 'समान एवं विवेकसम्मत' क़ानून निर्धारित कर सकता है। यदि न्यायालय के फैसले के तहत संबंधित पक्ष अपने दायित्वों को पूरा करने में विफल रहते हैं, तो न्यायालय के फैसले को प्रभावी करने वाली युक्तियों को निर्धारित करने के लिए किसी भी पक्ष द्वारा सुरक्षा परिषद की बैठक बुलाई जा सकती है। अंतर्राष्ट्रीय न्यायालय का रिकॉर्ड शायद प्रभावशाली नहीं लगेगा। उन मुद्दों पर, जहां अंतर्राष्ट्रीय क़ानून सबसे अनिश्चित या सबसे अधिक प्रतिस्पर्धात्मक हो सकता है और जो अक्सर युद्ध को जन्म देते हैं —जैसे कि गृह युद्ध के हालात में

अनुमत बाहरी हस्तक्षेप की सीमाएं, क्रांतिकारी आंदोलनों के लिए राजनीतिक समर्थन, अंतर्राष्ट्रीय जलमार्ग या अन्य संसाधनों के राष्ट्रीयकरण का अधिकार, इत्यादि—वहां अंतर्राष्ट्रीय न्यायालय के निर्णयों को लागू करने का बिल्कुल भी प्रयास नहीं किया गया है। न्यायालय के पास निर्णयों को लागू करने हेतु पर प्रवर्तन शक्ति की कमी, एक और अधिक विवादास्पद मुद्दा है। अनुच्छेद 94 के तहत, सुरक्षा परिषद न्यायालय के 'निर्णय' को प्रभावी बनाने के लिए किए जाने वाले उपायों पर निर्णय ले सकती है, लेकिन ऐसा कभी नहीं हुआ है। यह एक ऐसी स्थिति है, जहां विवादों को न्यायालय के समक्ष प्रस्तुत करने की उपयोगिता पर संदेह होने लगता है, यह सोचकर कि क्या इसमें शामिल अन्य विवादक न्यायालय के अधिकार-क्षेत्र को स्वीकार करेंगे और इसके निर्णयों का अनुपालन करेंगे।

13.1.6 सचिवालय

सचिवालय संयुक्त राष्ट्र के प्रशासनिक कार्य करता है तथा महासभा, सुरक्षा परिषद और अन्य अंगों की नीतियों को लागू करता है। महासचिव इसके मुखिया होते हैं, जो अधीनस्थ कर्मचारियों को समग्र बौद्धिक मार्गदर्शन और प्रशासनिक दिशा प्रदान करते हैं। सचिवालय में दुनिया भर में 40,000 के कुल कर्मचारियों के साथ विभिन्न विभाग और कार्यालय शामिल हैं। कार्यस्थलों के अंतर्गत न्यूयॉर्क में संयुक्त राष्ट्र मुख्यालय के साथ-साथ जिनेवा, वियना, नैरोबी और अन्य स्थानों में संयुक्त राष्ट्र कार्यालय शामिल हैं।

अन्य निकायों की सिफारिश पर, सचिवालय भी कई शोध-कार्यों और कुछ अर्ध-प्रबंधन कार्यों का प्रदर्शन करता है। 1990 के दशक के मध्य तक, शांति-स्थापन गतिविधियों के लिए समर्थन इसका एक प्रमुख कार्य बन गया था। फिर भी, सचिवालय की भूमिका मुख्य रूप से नौकरशाही की है, और यूरोपीय संघ के आयोग की तरह इसके पास राजनीतिक शक्ति और पहल का अधिकार नहीं है। घोषणापत्र के अनुच्छेद 99 के तहत महासचिव की शक्ति इसका एक अपवाद है, जिसके माध्यम से अंतर्राष्ट्रीय शांति एवं सुरक्षा के खतरे की संभावित स्थिति में सुरक्षा परिषद को इससे अवगत कराया जाता है। यह अनुच्छेद, जो कि पहले अहानिकर दिखाई दे सकता है, वर्षों से महासचिव की राजनयिक भूमिका के उल्लेखनीय विस्तार के लिए क़ानूनी आधार रहा है। इसके कारण, महासचिव को उन क्षेत्रों की एक बड़ी श्रृंखला में शामिल होने का अधिकार दिया गया है, जिन्हें संक्षेप में आर्थिक एवं सामाजिक समस्याओं तथा मानवीय संकटों सहित शांति के खतरे के तौर पर वर्णित किया जा सकता है।

13.2 बजट

संयुक्त राष्ट्र का द्विवार्षिक बजट प्रारंभ में महासचिव द्वारा प्रस्तुत किया जाता है और ACABQ समिति द्वारा इसकी समीक्षा की जाती है, जिसे महासभा के समक्ष संशोधन की सिफारिश करने का अधिकार दिया गया है। 34 सदस्यीय कार्यक्रम एवं समन्वयन समिति (CPC) द्वारा कार्यक्रम संबंधी पहलुओं की समीक्षा की जाती है। नियमित बजट के अंतर्गत केंद्रीय सचिवालय के प्रशासनिक एवं अन्य खर्चों के साथ-साथ संयुक्त राष्ट्र के अन्य प्रमुख अंगों और दुनिया भर में मुख्यालयों खर्चों को शामिल किया जाता है। संयुक्त राष्ट्र की कई गतिविधियों को मुख्य रूप से नियमित बजट के बाहर स्वैच्छिक योगदान द्वारा वित्त-पोषित किया जाता है; ऐसी गतिविधियों के अंतर्गत UNDP, विश्व खाद्य कार्यक्रम (WFP), UNICEF, शरणार्थियों के लिए संयुक्त राष्ट्र उच्चायुक्त (UNHCR), संयुक्त राष्ट्र राहत एवं कार्य अभिकरण (UNRWA) और संयुक्त राष्ट्र जनसंख्या निधि (UNFPA) शामिल हैं। न्यास-कोष या प्रत्येक उद्देश्य के लिए स्थापित विशेष खातों में स्वैच्छिक योगदान द्वारा अतिरिक्त गतिविधियों को वित्त-पोषित किया जाता है।

योगदान पर सलाहकार समिति की सलाह पर महासभा द्वारा निर्दिष्ट आकलन के पैमाने के अनुसार सदस्य देशों का योगदान, नियमित बजट के लिए धन का मुख्य स्रोत है। किसी सदस्य देश के योगदान की राशि मुख्य रूप से अन्य सदस्य देशों के संबंध में उस देश की कुल राष्ट्रीय आय द्वारा निर्धारित की जाती है। 2000 में, महासभा ने किसी एक योगदानकर्ता के लिए बजट का अधिकतम 22 प्रतिशत और न्यूनतम 0.001 प्रतिशत तय किया था। कुछ सदस्यों द्वारा भुगतान में बकाया के परिणामस्वरूप, 1986 और 1987 में गंभीर वित्तीय संकट की स्थिति उत्पन्न हुई। संयुक्त राज्य ने अपने योगदान को रोक दिया तथा वित्तीय सुधारों एवं बजटीय मामलों पर 'भारित मतदान' की शुरूआत की मांग की। संयुक्त राष्ट्र के प्रशासन एवं वित्तीय स्थिति की समीक्षा के लिए, दिसंबर 1985 में 18 विशेषज्ञों के एक पैनल का गठन किया गया; रिपोर्ट अगस्त 1986 में परिणामी महासचिव को सौंपी गई और बाद में सिफारिशें

महासभा द्वारा अनुमोदित की गई थीं। खर्च पर अधिक नियंत्रण तथा सर्वसम्मति से बजट को अपनाना, सबसे महत्त्वपूर्ण नवाचार था, जिसने प्रमुख योगदानकर्ताओं ने पर्याप्त शक्ति प्रदान की। हालांकि, बजट अंततः महासभा द्वारा अनुमोदन के अधीन रहा। 1990 के दशक में, नियमित बजट एवं शांति कार्यों के संचालन हेतु भुगतानकर्ताओं की चूक के कारण संयुक्त राष्ट्र का वित्तीय संकट जारी रहा।

2007 के आकलन के अनुसार, 100 से अधिक देश, या संयुक्त राष्ट्र की सदस्यता का लगभग 60 प्रतिशत, प्रत्येक बजट के लिए 0.001 और 0.03 प्रतिशत के बीच योगदान कर रहे थे। 2010 में, संयुक्त राज्य (22 प्रतिशत), जापान (16.6), जर्मनी (8.57), यूनाइटेड किंग्डम (6.64), फ्रांस (6.30) और इटली (4.89), सबसे बड़े योगदानकर्ताओं में शामिल थे। कुछ अन्य देशों — कनाडा, स्पेन, चीन, दक्षिण कोरिया, नीदरलैंड, ऑस्ट्रेलिया, ब्राजील, स्विट्ज़रलैंड और रूस — ने 1 से 3 प्रतिशत के बीच योगदान दिया।

13.3 संयुक्त राष्ट्र तथा अंतर्राष्ट्रीय शांति एवं सुरक्षा का अनुरक्षण

चूंकि सदस्य राज्य घोषणापत्र के अध्याय VII में निर्धारित व्यवस्थाओं, विशेष तौर पर एक आक्रामक राज्य के खिलाफ प्रतिशोधपूर्ण कार्रवाई के लिए संयुक्त राष्ट्र की सेना की स्थापना पर एकमत नहीं हो सकते हैं, इसलिए शांति एवं सुरक्षा के मामलों को हल करने के लिए सुधारों की एक श्रृंखला का अनुपालन किया गया। सबसे पहले, एक प्रवर्तन प्रक्रिया स्थापित की गई, जिसके अंतर्गत सुरक्षा परिषद ने अपनी ओर से कार्य करने के लिए एक अभिकर्ता के लिए अधिदेश पर सहमति जताई। 1950 में कोरियाई संघर्ष और 1990 में खाड़ी युद्ध इसके उदाहरण हैं, जब संयुक्त राज्य और उसके सहयोगियों द्वारा मुख्य रूप से कार्रवाई की गई थी।

दूसरी बात यह कि, हालांकि संयुक्त राष्ट्र घोषणापत्र में शांति व्यवस्था का कोई संदर्भ मौजूद नहीं है, फिर भी पारंपरिक शांति-व्यवस्था के आदेश संयुक्त राष्ट्र घोषणापत्र के अध्याय VI पर आधारित हैं। पारंपरिक शांति व्यवस्था में युद्धविराम के बाद विवादों के बीच, संयुक्त राष्ट्र के अधीन एक संयुक्त राष्ट्र सैन्य बल की स्थापना शामिल है। इस प्रकार की सेना केवल आत्म-रक्षा में अपने हथियारों का उपयोग करती है, मेज़बान राज्य की सहमति से स्थापित होती है तथा इसमें महाशक्तियों की सेनाओं को शामिल नहीं किया जाता है। नवंबर 1956 में इस साधन का पहली बार उपयोग किया गया था। उस वक्त संयुक्त राष्ट्र की सेना को मिस्र भेजा गया था, ताकि स्वेज़ नहर क्षेत्र से ब्रिटिश एवं फ्रांसीसी सेनाओं के निर्गमन को सुविधाजनक बनाया जा सके, और इसके बाद मिस्र एवं इजरायली सेनाओं के बीच हस्तक्षेप कर सके। स्वेज़ संकट के बाद से, कांगो, साइप्रस एवं के अलावा कई अन्य स्थानों पर पारंपरिक शांति-स्थापन मिशन भेजे जा चुके हैं।

तीसरा, शांति-स्थापन में नवाचार हमेशा से होते रहे हैं, जिसे कभी-कभी 'बहुआयामी शांति-स्थापन' या 'शांति प्रवर्तन' कहा जाता है, जो शीत युद्ध के अंत के बाद उभरा।[5] इन सेनाओं द्वारा मानवीय उद्देश्यों के लिए अपनी सैन्य शक्ति, परिष्कृत सैन्य उपकरणों का उपयोग किया जा सकता है, साथ ही इसके अंतर्गत महाशक्तियों की सेनाओं को भी शामिल किए जाने की संभावना रहती है। कभी-कभी गृह-युद्धों में भी इन सेनाओं का इस्तेमाल किया गया, और इस प्रकार इसने अंतरराज्यीय युद्धों के साथ-साथ अंतर्राष्ट्रीय संघर्ष को संबोधित किया। एक महत्त्वपूर्ण समस्या यह थी कि, इन सेनाओं को अपनी निष्पक्षता बनाए रखने में बेहद कठिनाई हो रही थी और दोनों पक्षों द्वारा उसे निशाना बनाया जाने लगा। इसके उदाहरणों के अंतर्गत, 1990 के दशक के आरंभ में सोमालिया में हस्तक्षेप और 1990 के दशक के मध्य में पूर्व युगोस्लाविया में हस्तक्षेप शामिल हैं। शांति स्थापन का यह नया अधिदेश, कुछ हद तक संयुक्त राष्ट्र घोषणापत्र के अध्याय VII पर आधारित था। वर्ष 1948 से लेकर 2005 तक की अवधि में, 60 संयुक्त राष्ट्र शांति स्थापन कार्यों का संचालन किया गया, जिसमें पूरी दुनिया के लगभग 70,000 सैन्यकर्मियों ने हिस्सा लिया था (1993 में यह चरम पर था)। बीते वर्षों में, शांति-स्थापन के अंतर्गत पूर्ण किए गए कार्यों में (a) युद्धविरामों का अनुरक्षण एवं सैन्य बलों को अलग करना, (b) सुरक्षात्मक तैनाती, (c) मानवीय कार्यों की सुरक्षा, और (d) एक व्यापक शांति समझौते के कार्यान्वयन शामिल हैं।

---

[5] संयुक्त राष्ट्र घोषणापत्र में शांति-स्थापन शब्द का उल्लेख नहीं है। एक व्यावहारिक नवाचार के रूप में प्रवर्तित यह शब्द, घोषणापत्र के अध्याय VI और VII के बीच कहीं क़ानूनी रूप से मौजूद है-अक्सर संयुक्त राष्ट्र की इन दो जिम्मेदारियों को एक-रूप करने के लिए अध्याय VI½ का संदर्भ दिया जाता है – दरअसल असफल राज्यों के पुनर्निर्माण की एक व्यापक परियोजना के लिए संघर्षरत सरकारों के बीच एक तटस्थ बल की नियुक्ति से शांति-स्थापन शब्द विकसित हुआ है। दूसरी पीढ़ी के शांति-स्थापन (शीत युद्ध के बाद) का उदय शांति निर्माण और राष्ट्र निर्माण की प्रक्रियाओं से हुआ है, जो घरेलू समाजों के निर्माण में एक केंद्रीय संस्था है।

1990 के दशक की शुरुआत में, शांति के लिए संयुक्त राष्ट्र की कार्यसूची के तौर पर लगभग 47 अभियान शुरू किए गए, और शीत युद्ध युग के बाद सुरक्षा तेजी से बढ़ी। महासचिव बुतरस घाली ने अपनी मौलिक रिपोर्ट, *शांति के लिए एक कार्यसूची* में संयुक्त राष्ट्र के लिए अधिक महत्वाकांक्षी भूमिका को रेखांकित किया। रिपोर्ट में, शीत युद्ध के संदर्भ में संयुक्त राष्ट्र की शांति एवं सुरक्षा को बरकरार रखने में अंतःस्थापित भूमिकाओं का वर्णन किया गया है, जिसमें (a) निवारक कूटनीति, (b) पारंपरिक शांति स्थापन, (c) शांति निर्माण एवं शांति प्रवर्तन, तथा (d) संघर्ष उपरांत शांति निर्माण शामिल थे।

हालांकि, शांति-स्थापन के क्षेत्र में संयुक्त राष्ट्र की उपस्थिति ने इस क्षेत्र में उसकी महत्ता सिद्ध की है, लेकिन इसका भविष्य समस्याग्रस्त है। 1964–65 के वित्तीय संकट के दौरान स्थापित शांति-स्थापन पर एक विशेष समिति ने, वित्त एवं नियंत्रण से संबंधित जटिल मुद्दों को हल किए बिना 20 से अधिक वर्षों तक जी-तोड़ मेहनत की है। विशेष परिचालन कार्यों की ख़ूबी के अलावा, संयुक्त राज्य ने महासचिव के लिए सक्रिय पर्यवेक्षक की भूमिका का पक्षसमर्थन किया है, जबकि सोवियत संघ ने सुरक्षा परिषद को पूर्ण शक्ति दिए जाने पर परिचर्चा की है। व्यवहारतः, 1973 के बाद से शांति-स्थापन कर्मियों ने महासचिव द्वारा तैयार और परिषद द्वारा अनुमोदित दिशानिर्देशों का पालन किया है। सचिवालय की विशेषज्ञता तथा कार्यक्षेत्र में शांति-स्थापन कर्मियों का एक छोटा सा संवर्ग, भावी संचालन कार्यों हेतु असीम संभावनाओं वाली अंतर्राष्ट्रीय परिसंपत्ति है। मध्य स्तर की कई शक्तियां आवश्यक सैनिकों की आपूर्ति को इच्छुक हैं और इस प्रक्रिया में बहुमूल्य अनुभव भी हासिल कर चुके हैं।

यह कहा जा सकता है कि, हालांकि संयुक्त राष्ट्र सैन्य बलों के प्रयासों ने सभी मामलों में प्रभावी परिणाम नहीं दिए हैं, लेकिन इस बात से इनकार नहीं किया जा सकता है कि उनमें से अधिकांश ने कीर्तियोग्य कार्य किया है। संयुक्त राष्ट्र के शांति-स्थापन प्रयासों की सफलता मेज़बान राज्यों, महाशक्तियों के सहयोग तथा सैन्य बलों के आपूर्तिकर्ताओं, जिसमें सेना, पुलिस या असैन्य बल शामिल हैं, की सहमति पर निर्भर है। मेज़बान राज्य द्वारा सहमति की वापसी के कारण परिचालन कार्यों को समाप्त करने अथवा बड़े पैमाने पर अव्यवस्था की स्थिति उत्पन्न हो सकती है। इसी तरह, महाशक्तियों के सहयोग के बिना संयुक्त राष्ट्र शांति-स्थापन प्रयासों की असफलता सुनिश्चित है। अंत में, जब तक सैन्य एवं वित्तीय योगदान देने वाले राज्य आवश्यक सैन्य बल एवं आर्थिक सहायता के लिए आगे नहीं आएंगे, तब तक संयुक्त राज्य शांति-स्थापन कार्यों को सफलता नहीं मिल सकती है।

संयुक्त राष्ट्र को तेजी से आंतरिक संघर्ष से जुड़े मुद्दों में शामिल किया जा रहा है, जिनका हल निकालना अंतर्राष्ट्रीय सीमाओं पर शांति की निगरानी के मुकाबले अधिक जोखिम भरा उपक्रम है।

संयुक्त राष्ट्र एवं अंतर्राष्ट्रीय समुदाय को मानदंडों के एक समुच्चय पर परिचर्चा करनी होगी और इसे परिभाषित करना होगा, जो संयुक्त राष्ट्र को शांति-स्थापन के अंतिम उपाय के बजाय प्रथम आश्रय के रूप में परिणत करने के लिए उपयुक्त शांति-स्थापन कार्रवाई को प्रेरित करेगा। इसे सम्पादित करने के लिए, विभिन्न रिपोर्टों में निम्नलिखित का सुझाव दिए गए हैं:[6]

- एक समय-पूर्व चेतावनी कार्यालय की स्थापना करना, जो दुनिया भर में संभावित संकटपूर्ण क्षेत्रों पर लगातार नज़र रखे।
- हिंसक घटनाओं की शुरुआत से पूर्व तनाव को कम करने के लिए, दुनिया के हर हिस्से में स्थायी संघर्ष समाधान समितियों की स्थापना करना।
- समय-पूर्व चेतावनी कार्यालय प्रणाली द्वारा सूचित किए जाने पर अथवा किसी सरकार के अनुरोध पर, आक्रामकता की घटनाओं को रोकने के लिए अग्रसक्रिय रूप से शांति-स्थापकों की तैनाती करना।
- दो-स्तरीय संयुक्त राष्ट्र शांति-स्थापन बल का गठन करना जिसमें व्यक्तिगत तौर पर नियुक्त, ग़ैर-युद्धक, स्थायी सैन्य बल के साथ-साथ एक विशेष रूप से प्रशिक्षित अतिरिक्त सैन्य बल शामिल है, जो सुरक्षा परिषद को अल्प सूचना पर उपलब्ध सैनिकों की टुकड़ी से बना है।

---

[6] संयुक्त राष्ट्र शांति-स्थापन पर अधिक जानकारी के लिए निम्नलिखित वेबसाइट देखें:

An Agenda for Peace: Preventive diplomacy, peacemaking and peacekeeping. (www.un.org/docs/sg/agpeace.html)

Report of the Panel on United Nations Peace operations (www.un.org/peace/reports/peace_operations)

UN Department of Peacekeeping Operations Best Practices Unit (www.un.org/depts/dpko/lessons/)

- अप्रत्याशित व्ययों को पूरा करने के लिए, आरक्षित निधि के साथ-साथ नियमित वार्षिक शांति- स्थापन बजट की व्यवस्था करना।

वर्ष 1987 से 1992 के बीच, संयुक्त राष्ट्र शांति-स्थापन पर खर्च छह गुना बढ़कर US$1.4 बिलियन तक पहुंच गया। यह एक विशाल राशि की तरह प्रतीत हो सकता है, लेकिन इसी अवधि के दौरान दुनिया के राष्ट्रों ने अपने सेनाओं पर प्रतिवर्ष US$1 ट्रिलियन खर्च किए। साथ ही, वर्ष 1991 में, संयुक्त राष्ट्र की ओर से लिए जाने वाले शांति-स्थापन शुल्क के तौर पर सरकारों ने सैन्य उद्देश्यों के लिए US$1,877 समर्पित किए।

परंपरागत रूप से, ऐसे संघर्षरत क्षेत्रों में संयुक्त राष्ट्र शांति-स्थापन कार्य प्रभावी रहा है, जहां युद्ध करने वाले दलों ने शांति-स्थापकों की उपस्थिति को अपना समर्थन दिया है। कंबोडिया के मामले में भी, जहां संयुक्त राष्ट्र ने अपेक्षाकृत अधिक कठिन कार्य को पूरा किया, संघर्षरत गुटों के व्यापक शांति समझौते पर पहुंचने के बाद शांति-स्थापकों ने हस्तक्षेप किया। इस प्रकार, जीतने की रणनीति राजनयिक रूप से आक्रामक लेकिन सैन्य रूप से निष्क्रिय है। बोस्निया एवं सोमालिया, दोनों मामलों में ऐसी कोई आम सहमति नहीं थी।

हाल के अनुभव बताते हैं कि, संयुक्त राष्ट्र शांति-स्थापन अभियान केवल तभी किए जाने चाहिए जब वे बिल्कुल जरूरी हों।

अंतर्राष्ट्रीय समुदाय ने अतीत में इस प्रकार के अभियानों से सबक लिया है, और विभिन्न क्षेत्रों में संयुक्त राष्ट्र शांति-स्थापन क्षमता को मजबूत करने के लिए काम कर रहे हैं। राजदूत लाखदर ब्राहिमी की अध्यक्षता में शांति संचालन पर महासचिव के पैनल द्वारा सुधारों की रूपरेखा तैयार की गई थी, जिसने वर्ष 2000 में अपनी रिपोर्ट जारी की थी।

सुरक्षा परिषद और अन्य निकाय, अब भविष्य में ख़तरा साबित होने वाले कुछ प्रमुख मुद्दों से निपट रहे हैं, जिनमें शामिल हैं:

- तैयारी में वृद्धि
- परिनियोजन को तेज करना
- शांति-स्थापकों की निवारक क्षमताओं को सुदृढ़ बनाना
- सदस्य राज्यों द्वारा पूर्ण राजनीतिक एवं वित्तीय सहायता सुनिश्चित करना

13.4 राज्यों के भीतर हस्तक्षेप

शीत युद्ध के बाद, संयुक्त राष्ट्र द्वारा तेजी से अपनाई जाने वाली 'नई शांति-स्थापन' प्रक्रिया, राज्यों के भीतर अधिक से अधिक हस्तक्षेप करने की प्रवृत्ति का परिणाम थी। इस तर्क का अत्यंत दृढ़ता से विरोध किया गया कि, राज्यों के संदर्भ में जिसे लोकविदित समझा गया वह 'घरेलू क्षेत्राधिकार' का मामला था। कई सदस्य देशों का मानना था कि, संयुक्त राष्ट्र के माध्यम से काम कर रहे अंतर्राष्ट्रीय समुदाय को व्यक्तिगत, नागरिक और राजनीतिक अधिकारों के साथ-साथ खाद्य, स्वास्थ्य, रोजगार एवं आश्रय जैसी बुनियादी मानवीय आवश्यकताओं की पूर्ति के लिए भी कार्य करना चाहिए। इसने पारंपरिक विश्वास को चुनौती दी कि, राष्ट्रीय सरकारों को अंतर्राष्ट्रीय सद्भाव एवं शांति को संरक्षित करने के लिए राज्यों के आंतरिक मामलों को नज़रअंदाज़ करना चाहिए। वैश्विक स्तर पर, नागरिक समाज समूहों ने वकालत की कि, व्यक्तियों के अधिकारों का उल्लंघन अंतरराज्यीय संघर्ष का एक प्रमुख कारण था, तथा राज्यों के भीतर बुनियादी मानवाधिकारों के हनन एवं वंचन से अंतर्राष्ट्रीय अव्यवस्था की स्थिति उत्पन्न हो सकती थी। संयुक्त राष्ट्र ने इस नई अवधारणा को सुदृढ़ बनाया कि, व्यक्तियों के लिए न्याय या 'मानव सुरक्षा' को सुनिश्चित करना, दरअसल राष्ट्रीय हित और वैश्विक चिंता का एक पहलू था।

राज्यों के भीतर 'मानवाधिकार' या 'सार्वभौमिक मूल्य' को आगे बढ़ाने के लिए संयुक्त राष्ट्र की कार्रवाई से व्यक्तियों के लिए न्याय तथा राज्यों के भीतर की स्थिति के सवालों के साथ प्रति चिंता परिलक्षित होती है। अतीत में भी, संयुक्त राष्ट्र ने व्यक्तियों के लिए न्याय के ऊपर राज्यों के बीच अंतर्राष्ट्रीय व्यवस्था की प्राथमिकता के पारंपरिक दृष्टिकोण को बढ़ावा देने में मदद की थी, इसलिए व्यक्तिगत अधिकारों पर नए सिरे से ध्यान दिया जाना एक महत्त्वपूर्ण परिवर्तन था। इस परिवर्तन का कारण संयुक्त राष्ट्र में इस बात के प्रति बढ़ती सर्वसम्मति थी, कि गृहयुद्धों, मानवाधिकारों के समग्रतः उल्लंघन तथा राज्यों के भीतर नागरिकों के साथ गंभीर अन्याय एवं दरिद्रता की स्थिति से भी वैश्विक शांति एवं सुरक्षा के लिए खतरा उत्पन्न हो सकता था।

संयुक्त राष्ट्र के नए कार्यों को अंजाम देने में एक कठिनाई यह थी कि, यह अहस्तक्षेप के सिद्धांत के प्रतिकूल था। परंपरागत रूप से, हस्तक्षेप को किसी बाह्य अभिकरण द्वारा सहमति के बिना राज्य में जानबूझकर घुसपैठ के रूप में परिभाषित किया गया था, जो वहां की सरकार के कामकाज, नीतियों एवं लक्ष्यों को परिवर्तित कर सके तथा मध्यवर्ती अभिकरण के पक्ष में परिणाम प्राप्त कर सके।

इस बात की ओर ध्यान आकृष्ट किया गया था कि, संयुक्त राष्ट्र घोषणापत्र ने केवल राज्यों के अधिकारों पर बल नहीं दिया, बल्कि लोगों के अधिकारों को भी दृढ़तापूर्वक प्रस्तुत किया: राज्य के दर्जे की व्याख्या, इस तरह के अधिकारों के सम्मान के प्रति नियमबद्ध होने के रूप में की जा सकती है। संयुक्त राष्ट्र के घोषणापत्र में इस दृष्टिकोण को न्यायसंगत सिद्ध करने के पर्याप्त सबूत थे कि, मानवाधिकारों का अधिकतम उल्लंघन अंतर्राष्ट्रीय समुदाय द्वारा हस्तक्षेप के लिए एक औचित्य हो सकता है।

मानव संरक्षण के उद्देश्य के लिए बाह्य सैन्य हस्तक्षेप के मुद्दों पर नए सिरे से आम सहमति बनाने के लिए, संयुक्त राष्ट्र महासचिव कोफी अन्नान द्वारा अंतर्राष्ट्रीय समुदाय को किए गए अनुरोध के प्रत्युत्तर में वर्ष 2000 में कनाडा सरकार की ओर से हस्तक्षेप एवं राज्य संप्रभुता पर अंतर्राष्ट्रीय आयोग का गठन किया गया। वर्ष 2001 में इसने महासचिव को 'द रिस्पांसिबिलिटी टू प्रोटेक्ट' नामक अपनी रिपोर्ट प्रस्तुत की। रिपोर्ट का बुनियादी तर्क यह है कि, अपने नागरिकों को सामूहिक हत्या, बलात्कार और भुखमरी जैसी परिहार्य आपदाओं से बचाना संप्रभु राज्यों की ज़िम्मेदारी है, लेकिन जब वे ऐसा करने में अनिच्छुक या असमर्थ होते हैं, तो उस स्थिति में इस ज़िम्मेदारी का वहन राज्यों के व्यापक समुदाय द्वारा किया जाना चाहिए। अगर जनसंख्या को गंभीर नुकसान झेलना पड़ रहा है और सवालों के घेरे में खड़ा राज्य अनिच्छुक है या इसे रोकने में असमर्थ है, तो उस स्थिति में अहस्तक्षेप का सिद्धांत रक्षा की अंतर्राष्ट्रीय ज़िम्मेदारी को जन्म देता है।

इस विषय पर परिचर्चा जारी है कि, क्या विशेष तौर पर सुरक्षा परिषद की स्वीकृति पर निर्भर संयुक्त राष्ट्र का मौजूदा घोषणापत्र, हस्तक्षेप के नए रूपों के प्रमाणीकरण के लिए पर्याप्त है, या फिर महासभा में दो-तिहाई बहुमत और ICJ की निगरानी जैसे आगे सुरक्षा उपाय आवश्यक हैं। ज्यादातर मामलों में, संयुक्त राष्ट्र सुरक्षा परिषद ने ऐसी कार्रवाई के लिए स्पष्ट स्वीकृति नहीं दी है। इसके बजाय, ऐसे मामलों में अप्रत्यक्ष भाषा का उपयोग किया जाता है, जैसे कि सदस्य राज्यों को इसके निर्णय को कार्यान्वित करने के लिए घोषणापत्र के अध्याय VII के तहत 'सभी आवश्यक साधनों' का उपयोग करने के लिए अधिकृत करना।

निष्कर्ष के तौर पर कहा जा सकता है कि, अंतर्राष्ट्रीय शांति एवं सुरक्षा के अनुरक्षण के संदर्भ में संयुक्त राष्ट्र का इतिहास मिला-जुला रहा है। एक तरफ, शीत युद्ध के समापन के उपरांत विभिन्न प्रकार के हस्तक्षेप एवं प्रतिक्रियाएं देखने को मिली हैं। विश्व में कहीं भी मानवाधिकारों के अशिष्टतापूर्ण उल्लंघन के संदर्भ में, अंतर्राष्ट्रीय समाज का प्रतिनिधित्व करने वाले संयुक्त राष्ट्र की ज़िम्मेदारी पर काफी बल दिया गया है। 1991 में खाड़ी युद्ध के बाद, एक नई विश्व व्यवस्था के संकेत ने शीघ्र ही संयुक्त राष्ट्र की दक्षता एवं सक्रियता के प्रति संदेह का मार्ग प्रशस्त किया और सोमालिया, रवांडा, अफ्रीका के अन्य हिस्सों एवं पूर्व युगोस्लाविया में विफलताओं तथा 2003 में कोसोवो एवं इराक में संयुक्त राष्ट्र की यथोचित भूमिका के बारे में बढ़ती असहमति ने इस संदेह को पुष्ट किया।

13.5 आर्थिक एवं सामाजिक विकास

पिछले कुछ दशकों में 'अधिकाधिक स्वतंत्रता के दायरे में सामाजिक प्रगति एवं जीवन के मानकों को बेहतर बनाने' के संयुक्त राष्ट्र के लक्ष्य को काफी लोकप्रियता हासिल हुई है।[7] वर्तमान में, संयुक्त राष्ट्र की प्रणाली अपने अधिकांश कर्मियों एवं वित्तीय संसाधनों को ग़रीब सदस्य देशों के आर्थिक व सामाजिक विकास के लिए समर्पित करती है, जहां दुनिया के दो-तिहाई लोग रहते हैं। विकास के दशक की घोषणा के साथ संयुक्त राष्ट्र ने व्यापक अंतर्राष्ट्रीय कार्रवाई शुरू की थी, जिसका आरंभ 1960 के दशक में हुआ था। पहले दशक के अंत से पूर्व ही, आवश्यक युक्तियों पर विश्व योजना या 'रणनीति' की आवश्यकता स्पष्ट हो गई। कई वर्षों के गहन कार्य ने दूसरे दशक (1970 के दशक) के लिए अंतर्राष्ट्रीय विकास रणनीति पर समझौते का नेतृत्व किया, जिसका उद्देश्य आर्थिक व सामाजिक विकास के लगभग हर क्षेत्र को समाविष्ट करना था। अन्य लक्ष्यों के अलावा, इस रणनीति में विकासशील देशों के

[7] संयुक्त राष्ट्र घोषणापत्र के प्रस्तावना से उद्धृत, वेबसाइट पर पहले पैराग्राफ की अंतिम पंक्ति, www.un.org/aboutun/charter

लिए बेहतर आर्थिक एवं वाणिज्यिक नीतियों और अधिक वित्तीय संसाधनों की आवश्यकता पर बल दिया गया। हालांकि, ऐसा माना गया कि अंतर्राष्ट्रीय आर्थिक एवं वित्तीय संबंधों को नियंत्रित करने वाली संरचनाओं और नियमों में दूरगामी संशोधन के बिना कोई भी महत्त्वपूर्ण प्रगति संभव नहीं थी।

1974 में, महासभा ने आर्थिक समस्याओं पर अपना पहला विशेष सत्र आयोजित किया तथा एक नए अंतर्राष्ट्रीय आर्थिक व्यवस्था की स्थापना पर एक प्रख्यापन एवं कार्य-योजना को अपनाया, ताकि 'विकसित और विकासशील देशों के बीच व्यापक अंतर को खत्म किया जा सके, तथा शांति एवं न्याय के साथ आर्थिक और सामाजिक विकास को तीव्र करना सुनिश्चित किया जा सके।[8] दिसंबर 1974 में, एक नई अंतर्राष्ट्रीय आर्थिक व्यवस्था हेतु आह्वान के कुछ ही महीनों बाद, अंतर्राष्ट्रीय आर्थिक संबंधों को व्यवस्थित रूप से नियंत्रित करने के लिए आम तौर पर स्वीकार्य मानदंड स्थापित करने तथा एक नई अंतर्राष्ट्रीय आर्थिक व्यवस्था को बढ़ावा देने के दृष्टिकोण के साथ, महासभा ने राज्यों के आर्थिक अधिकारों एवं कर्तव्यों का घोषणापत्र अपनाया।[9]

दिसंबर 1980 में, महासभा द्वारा तीसरे विकास दशक के लिए अंतर्राष्ट्रीय विकास रणनीति घोषित की गई। मामूली प्रगति के बावजूद, विकासशील देशों की समग्र स्थिति वास्तव में बदतर हो गई थी, जबकि उत्तर और दक्षिण के बीच प्रस्तावित वैश्विक वार्ता को अमल में नहीं लाया जा सका। अफ्रीका की अत्यंत गंभीर परिस्थिति ने, मई 1986 में उस क्षेत्र को समर्पित एक विशेष सत्र आयोजित करने के लिए महासभा को प्रोत्साहित किया; इस सत्र ने अफ्रीकी आर्थिक पुनरुत्थान एवं विकास के लिए संयुक्त राष्ट्र कार्य योजना (UNPAAERD) 1986–90, को अंगीकृत किया तथा आर्थिक सुधारों के लिए राजनीतिक व वित्तीय सहायता को इस्तेमाल में लाने की मांग। 1986 में, महासभा ने विकासशील देशों की बाह्य ऋण समस्याओं को हल करने के लिए अंतर्राष्ट्रीय सहयोग को बढ़ावा देने की मांग की। बाद के सत्रों में, महासभा ने विकासशील देशों की सतत बाह्य ऋणग्रस्तता से उत्पन्न होने वाली प्रमुख समस्याओं से निपटने की युक्तियों के दायरे का विस्तार किया। 1990 में महासभा द्वारा चतुर्थ संयुक्त राष्ट्र विकास दशक (1991–2000) के लिए अंतर्राष्ट्रीय विकास रणनीति को अपनाया गया था। 1990 के दशक में आर्थिक विकास एवं मानव कल्याण के बीच संबंध, विकास के प्रयासों का महत्त्वपूर्ण विषय बन गया। निर्धनता के पूर्ण उन्मूलन तथा राष्ट्रीय कार्रवाई एवं अंतर्राष्ट्रीय सहयोग के माध्यम से समग्र वैश्विक ग़रीबी को काफी हद तक कम करने के दृष्टिकोण के साथ, महासभा ने 1997–2006 को निर्धनता उन्मूलन के लिए अंतर्राष्ट्रीय दशक घोषित किया। सितंबर 2000 में आयोजित सहस्राब्दी शिखर सम्मेलन में, विश्व के नेताओं ने 2015 तक प्रतिदिन US$1 से कम की आमदनी वाले लोगों की संख्या को 50% तक कम करने के लिए स्वयं को प्रतिबद्ध किया, तथा सहस्राब्दी विकास लक्ष्यों के माध्यम से निर्धनता और बीमारी के खिलाफ लड़ाई में कई अन्य लक्ष्य निर्धारित किए (MDGs; बॉक्स 13.1 देखें)।

बॉक्स 13.1 सहस्राब्दी विकास लक्ष्य (MDGs)

लक्ष्य 1	:	अत्यधिक ग़रीबी और भुखमरी उन्मूलन
ध्येय 1-A	:	जिन लोगों की आय प्रतिदिन एक डॉलर से कम है, उनका अनुपात 1990 और 2015 के बीच आधा करना
ध्येय 1-B	:	महिलाओं और युवाओं सहित सभी के लिए पूर्ण एवं उत्पादक रोजगार और सन्तोषजनक काम की स्थिति प्राप्त करना
ध्येय 1-C	:	1990 और 2015 के बीच भूख से पीड़ित लोगों का अनुपात आधा करना
लक्ष्य 2	:	सार्वभौमिक प्राथमिक शिक्षा का लक्ष्य प्राप्त करना
ध्येय 2-A	:	यह सुनिश्चित करना कि, वर्ष 2015 तक हर जगह बच्चे, लड़के एवं लड़कियां समान रूप से प्राथमिक विद्यालयी शिक्षा के पाठ्यक्रम को पूरा करने में सक्षम होंगे
लक्ष्य 3	:	लैंगिक समानता को बढ़ावा देना एवं महिलाओं को सशक्त बनाना
ध्येय 3-A	:	अधिमानतः, वर्ष 2005 तक प्राथमिक एवं माध्यमिक शिक्षा में तथा वर्ष 2015 के बाद से शिक्षा के सभी स्तरों में लैंगिक असमानता को खत्म करना

[8] संयुक्त राष्ट्र के प्रस्ताव 3201 (S-VI) 1 मई, 1974 से उद्धृत

[9] संयुक्त राष्ट्र का प्रस्ताव, 1974

बॉक्स 13.1 (आगे चालू...)		
लक्ष्य 4	:	शिशु मृत्यु दर में कमी
ध्येय 4-A	:	1990 से 2015 के बीच, पांच वर्ष से कम आयु के बच्चों की मृत्यु दर को दो-तिहाई कम करना
लक्ष्य 5	:	मातृ स्वास्थ्य में सुधार
ध्येय 5-A	:	1990 से 2015 के बीच, मातृ मृत्यु दर अनुपात को तीन-चौथाई कम करना
ध्येय 5-B	:	2015 तक, सार्वभौमिक स्तर पर प्रजनन स्वास्थ्य के लिए 5.3 गर्भनिरोधक प्रसार दर हासिल करना
लक्ष्य 6	:	HIV/एड्स, मलेरिया और अन्य बीमारियों का मुक़ाबला करना
ध्येय 6-A	:	2015 तक पूर्णविराम तथा सभी के लिए HIV/एड्स के प्रसार में निरंतर कमी
ध्येय 6-B	:	2010 तक, उन सभी के लिए HIV/एड्स के इलाज के लिए सार्वभौमिक पहुंच सुनिश्चित करना, जिन्हें इसकी आवश्यकता है
ध्येय 6-C	:	2015 तक पूर्णविराम तथा मलेरिया और अन्य प्रमुख बीमारियों की घटनाओं के प्रसार में निरंतर कमी
लक्ष्य 7	:	पर्यावरणीय संवहनीयता को सुनिश्चित करना
ध्येय 7-A	:	सतत विकास के सिद्धांतों को देश की नीतियों एवं कार्यक्रमों के साथ एकीकृत करना तथा पर्यावरण संसाधनों के नुकसान को अधोमुख करना
ध्येय 7-B	:	जैव विविधता हानि को कम करना, 2010 तक, हानि की दर में उल्लेखनीय कमी लाना
ध्येय 7-C	:	2015 तक, सुरक्षित पेयजल एवं बुनियादी स्वच्छता तक चिरस्थायी पहुंच के बिना रहने वाले लोगों के अनुपात को आधा करना
ध्येय 7-D	:	2020 तक, झोपड़पट्टियों में रहने वाले कम से कम 100 मिलियन लोगों के जीवन में महत्त्वपूर्ण सुधार के लक्ष्य को हासिल करना
लक्ष्य 8	:	विकास के लिए वैश्विक साझेदारी विकसित करना
ध्येय 8-A	:	एक सार्वलौकिक, नियम-आधारित, पूर्वानुमेय, ग़ैर-भेदभावपूर्ण व्यापार एवं वित्तीय प्रणाली का विकास करना; जिसके अंतर्गत राष्ट्रीय और अंतर्राष्ट्रीय, दोनों स्तरों पर सुशासन, विकास और गरीबी में कमी के प्रति प्रतिबद्धता शामिल है
ध्येय 8-B	:	अल्पतम विकसित देशों की विशेष जरूरतों को पूरा करना; इसके अंतर्गत: अल्पतम विकसित देशों के निर्यात के लिए टैरिफ और कोटा से मुक्त व्यवस्था; अत्यंत ऋणग्रस्त गरीब देशों (HIPC) के लिए ऋण राहत का बेहतर कार्यक्रम तथा आधिकारिक द्विपक्षीय ऋण को रद्द करना; और गरीबी में कमी के लिए प्रतिबद्ध देशों के लिए अधिक उदार ODA शामिल हैं
ध्येय 8-C	:	भूमिबद्ध विकासशील देशों और छोटे विकासशील द्वीपीय राज्यों की विशेष जरूरतों को पूरा करना (छोटे विकासशील द्वीपीय राज्यों के सतत विकास हेतु कार्य-योजना और महासभा के बाईसवें विशेष सत्र के परिणाम के माध्यम से)
ध्येय 8-D	:	लंबी अवधि में ऋण को संवहनीय बनाने के लिए, राष्ट्रीय और अंतर्राष्ट्रीय उपायों के माध्यम से विकासशील देशों की ऋण संबंधी समस्याओं से व्यापक रूप से निपटना
ध्येय 8-E	:	दवा बनाने वाली कंपनियों के सहयोग से, विकासशील देशों में सस्ती आवश्यक दवाओं की उपलब्धता सुनिश्चित करना
ध्येय 8-F	:	निजी क्षेत्र के सहयोग से, नई प्रौद्योगिकियों, विशेष रूप से सूचना एवं संचार के लाभ उपलब्ध कराना

स्रोत: संयुक्त राष्ट्र

इस बात की समझ में वृद्धि हुई है कि, शांति एवं सुरक्षा के मुद्दों में राज्यों के बीच आक्रामकता तथा राज्यों के भीतर नागरिक संघर्ष जैसे पारंपरिक खतरे सम्मिलित हैं। इस बात को स्वीकार किया जाने लगा है कि, मानवाधिकार, न्याय, विकास एवं समानता सहित राज्यों की आंतरिक स्थिति का वैश्विक शांति पर असर पड़ता है। अधिक एकीकृत वैश्विक संदर्भ का मतलब है कि, दुनिया के एक हिस्से में आर्थिक एवं सामाजिक समस्याएं अन्य क्षेत्रों पर असर डाल सकती हैं। 1960 के बाद के दशकों में, 'विषयपरक कूटनीति' की एक अवधारणा उभरी जिसने वैश्विक प्रकृति की मानवीय समस्याओं को हल करने के लिए अंतर्राष्ट्रीय सहयोग पर बल दिया। राज्यान्तरिक घरेलू समस्याएं के अंतरराज्यीय विवादों में परिणत होने की संभावना सदैव मौजूद होती है। शीत युद्ध के दौरान, अक्सर 'परिधीय' मुद्दों को संबोधित करने के चलते इसे *इतर संयुक्त राष्ट्र* की उपाधि प्रदान की गई, और फिर सहस्राब्दी के निकट के वर्षों में 'विषयपरक कूटनीति' का संयुक्त राष्ट्र के केंद्रीय मिशन के रूप में प्रादुर्भाव हुआ। संयुक्त राष्ट्र ने बाद में निरस्त्रीकरण, विउपनिवेशीकरण और मानवाधिकार जैसे विश्व शांति के लिए महत्त्वपूर्ण कुछ विषयपरक क्षेत्रों की पहचान की। विषयपरक मुद्दों एवं चिंताओं को संभालने के लिए विशेष अभिकरणों के अलावा कई अंतर-सरकारी संगठनों (IGOs) को भी संयुक्त राष्ट्र प्रणाली में शामिल किया गया।

संयुक्त राष्ट्र की स्थापना के बाद से, संयुक्त राष्ट्र प्रणाली के भीतर आर्थिक एवं सामाजिक मुद्दों को संबोधित करने वाली संस्थाओं की संख्या में काफी वृद्धि हुई है। फिर भी, राज्य ही मुख्य योगदानकर्ता हैं, जो आर्थिक एवं सामाजिक संस्थानों को बहुत कम सहायता दे रहे हैं; इनमें से ज्यादातर का सकल घरेलू उत्पाद (GDP) के 0.7 प्रतिशत से काफी नीचे है, जिसे संयुक्त राष्ट्र

विकास दशक की कार्यसूची के हिस्से के रूप में स्वीकृति दी गई थी। 1990 के दशक के मध्य तक, संयुक्त राष्ट्र के लिए नियमित निर्धारित बजट तथा शांति-स्थापन कार्यों हेतु बजट में एक गंभीर वित्तीय संकट था। जब कुछ विशेष शर्तों के अन्तर्गत, संयुक्त राज्य ने संयुक्त राष्ट्र को बकाया राशि का भुगतान करने पर सहमति व्यक्त की तथा दिसंबर 2002 से जब पूर्ण वित्त-पोषण की पुनः शुरुआत की, तब जाकर इस समस्या पर काबू पाया जा सका।

विडंबना यह है कि, धन की कमी के बावजूद, संयुक्त राष्ट्र की आर्थिक एवं सामाजिक मशीनरी में बदलाव काफी आशाजनक रहा है, तथा आर्थिक एवं सामाजिक क्षेत्रों में संयुक्त राष्ट्र की भूमिका काफी हद तक सकारात्मक रही है। संयुक्त राष्ट्र ने असफल राज्यों के पुनर्निर्माण, लोकतन्त्रीकरण के समर्थन, मानव विकास को प्रोत्साहन देने तथा HIV / एड्स, ग़रीबी और बीमारी की समस्याओं से निजात पाने, जैसे महत्त्वपूर्ण आर्थिक एवं सामाजिक समस्याओं के संबंध में कौशल और संसाधन हासिल किए हैं। इन कौशल ने संयुक्त राष्ट्र को एक अपरिहार्य संस्थान बना दिया है।

पिछले दशक में, अंतर्राष्ट्रीय कार्य सूची में कई नए मुद्दों को शामिल किया गया और ये आर्थिक एवं सामाजिक संगठनों में परिलक्षित हुए थे। अहम समस्याओं पर चर्चा के लिए कई वैश्विक सम्मेलनों का आयोजन किया गया, जैसे कि रियो डी जनेरियो में पर्यावरणीय मुद्दों पर सम्मेलन (1992), वियना में मानवाधिकार पर सम्मेलन (1993), काहिरा जनसंख्या से जुड़े मुद्दों पर सम्मेलन (1994), तथा बीजिंग में महिलाओं के मुद्दों पर सम्मेलन (1995)। इस दिशा में हुई प्रगति का आकलन करने के लिए, ठीक 10 वर्ष बाद अनुवर्ती सम्मेलनों के आयोजन की योजना बनाई गई थी। इस तरह की सम्मेलनों ने दुनिया के परस्पर-निर्भरता की बढ़ती भावना और मानव चिंताओं के वैश्वीकरण का प्रतिनिधित्व किया। इन सम्मेलनों ने व्यापक चिंताओं को अधिक विशिष्ट और अधिक प्रबंधनीय कार्यक्रमों के तौर पर परिवर्तित करने में एक नई रुचि को प्रोत्साहित किया।

13.6 मानवीय सहायता और मानव अधिकार

आपातकालीन परिस्थितियों में 'विशेष सहायता' की आवश्यकता वाले समूहों की सहायता के लिए संयुक्त राष्ट्र द्वारा कई निकायों की स्थापना की गई है। महासभा ने 1946 में UNICEF का गठन किया और 1953 में अपने अधिदेश का अनिश्चित अवधि के लिए विस्तार किया। महासभा द्वारा जनवरी 1951 में UNHCR की स्थापना की गई थी; UNRWA ने 1950 में महासभा के सहायक अंग के रूप में काम करना शुरू किया। संयुक्त राष्ट्र ने कई अवसरों पर आपातकालीन राहत एवं दीर्घकालिक पुनर्वास के लिए सहायता प्रदान की है। इसने 1973 में संयुक्त राष्ट्र सुडानो-साहेलियन कार्यालय (UNSO) की स्थापना के माध्यम से, विशेष रूप से सूडानो-साहेलियन क्षेत्र में मध्यम एवं दीर्घकालिक पुनर्वास और विकास कार्यक्रमों में सहायता की है। UNSO द्वारा प्रबंधित सुडानो-साहेलियन गतिविधियों के लिए संयुक्त राष्ट्र न्यास-कोष के माध्यम से गतिविधियों को वित्त-पोषित किया जाता है। मानवीय सहायता के समन्वयन को मजबूत करने तथा प्राकृतिक आपदाओं एवं अन्य आपात स्थिति के लिए त्वरित और सुसंगत सहायता प्रदान करने हेतु, 1992 में एक आपातकालीन राहत समन्वयक की नियुक्ति की गई। समन्वयक मानवीय मामलों के समन्वयन कार्यालय (OCHA) का प्रमुख होता है, जो किसी भी अभिकरण की क्षमता एवं अधिदेश से परे जाकर मानवीय आपात स्थिति में संयुक्त राष्ट्र सहायता को व्यवस्थित करने एवं उसका प्रबंधन करने के लिए ज़िम्मेदार है।

जाति, लिंग, भाषा या धर्म की परवाह किए बिना, मानवाधिकारों एवं सभी के लिए मौलिक स्वतंत्रता के सम्मान को बढ़ावा देने और प्रोत्साहित करने में अंतर्राष्ट्रीय सहयोग प्राप्त करने के संयुक्त राष्ट्र के उद्देश्य को ध्यान में रखते हुए, महासभा ने 10 दिसंबर, 1948 को मानवाधिकारों की सार्वभौमिक घोषणा को अंगीकृत किया, जिसके माध्यम से इतिहास में पहली बार, मानवाधिकारों की सुरक्षा और अनुसरण की ज़िम्मेदारी अंतर्राष्ट्रीय समुदाय द्वारा ग्रहण की गई तथा इसे स्थायी दायित्व के रूप में स्वीकार किया गया। सार्वभौमिक घोषणा के अंतर्गत न केवल नागरिक और राजनीतिक अधिकार, बल्कि आर्थिक, सामाजिक और सांस्कृतिक अधिकार भी शामिल हैं। मानवाधिकारों की सुरक्षा एवं प्रोत्साहन के लिए 1976 में क़ानूनी रूप से बाध्यकारी अंतर्राष्ट्रीय समझौते को लागू किया जाना, इस दिशा में एक और महत्त्वपूर्ण उपलब्धि रही है। इसके अंतर्गत, आर्थिक, सामाजिक एवं सांस्कृतिक अधिकारों पर अंतर्राष्ट्रीय समझौता (ICESCR) तथा एक वैकल्पिक प्रोटोकॉल के साथ नागरिक एवं राजनीतिक अधिकारों पर

अंतर्राष्ट्रीय समझौता (ICCPR) शामिल हैं, और इन सभी को महासभा द्वारा 1966 में अंगीकृत किया गया। 1989 में महासभा द्वारा ICCPR के तहत मृत्युदंड पर प्रतिबंध लगाने के लिए एक अतिरिक्त प्रोटोकॉल (दूसरा वैकल्पिक प्रोटोकॉल) अपनाया गया था। दिसंबर 1993 में, महासभा ने संगठन की मानवाधिकार गतिविधियों के लिए मुख्य ज़िम्मेदारी के साथ मानवाधिकारों के उच्चायुक्त कार्यालय (OHCHR) को आधिकारिक तौर पर स्थापित किया।

द्वितीय विश्व युद्ध के प्रमुख युद्ध अपराधियों पर मुकदमा चलाने के लिए न्यूरेमबर्ग न्यायाधिकरण के घोषणा-पत्र में स्वीकृत सिद्धांत—कि मानवाधिकारों के गंभीर उल्लंघन के लिए व्यक्ति को जिम्मेदार ठहराया जाना चाहिए—ने सुरक्षा परिषद को अंतर्राष्ट्रीय न्यायाधिकरण स्थापित करने के लिए प्रेरित किया (पूर्वकथित ICTY और ICTR), जो अंतर्राष्ट्रीय स्तर पर मानवीय क़ानून के गंभीर उल्लंघन से निपट सके।

उत्पीड़न एवं अन्य क्रूर, अमानवीय या अपमानजनक व्यवहार अथवा दंड के अलावा, संयुक्त राष्ट्र द्वारा दासत्व और दास व्यापार, नरसंहार, राष्ट्रीयताहीनता, धार्मिक असहिष्णुता और प्रवासी श्रमिकों के साथ व्यवहार जैसे अन्य मानवाधिकार संबंधी प्रश्नों पर ध्यान दिया जा रहा है। 1989 में महासभा द्वारा अंगीकृत बाल अधिकारों पर सम्मेलन के माध्यम से, संयुक्त राष्ट्र द्वारा बाल अधिकारों को एक सर्वव्यापी प्रलेख के अंतर्गत लाया गया है। विकलांगों, बुज़ुर्गों और युवाओं के साथ-साथ सशस्त्र संघर्षों में मानव अधिकारों पर भी विचार किए गए हैं। संयुक्त राष्ट्र की एक और बुनियादी प्रतिबद्धता, विधिक तौर पर एवं वास्तविक अर्थों में पुरुषों और महिलाओं के अधिकारों की समानता की उपलब्धि से संबंधित है।

13.7 विउपनिवेशीकरण

संयुक्त राष्ट्र ने 80 से अधिक देशों के लोगों के औपनिवेशिक प्रभुत्व से स्वतंत्रता तक के सफर में महत्त्वपूर्ण भूमिका निभाई है। विउपनिवेशीकरण से अंतर्राष्ट्रीय न्यासिता प्रणाली के तहत शुरुआत में काफी लाभ हुआ; 1960 में महासभा द्वारा घोषित औपनिवेशिक देशों और लोगों को स्वतंत्रता देने के घोषणापत्र तथा 1961 में घोषणापत्र को लागू किए जाने की निरंतर जांच एवं इसके क्रियान्वयन को गति देने में सहायता हेतु संस्तुति के लिए महासभा द्वारा स्थापित विशेष समिति के प्रयासों से इस दिशा में काफी तीव्र प्रगति हुई। 1990 में घोषणापत्र की 30वीं वर्षगांठ की समीक्षा के लिए, महासभा ने सदी के अंतिम दशक (1990–2000) को उपनिवेशवाद के उन्मूलन के लिए अंतर्राष्ट्रीय दशक तौर पर निर्दिष्ट किया। विउपनिवेशीकरण हमारी सदी की महानतम क्रांतियों में से एक है। इसका आरंभ उन शक्तियों द्वारा किया गया था, जो संयुक्त राष्ट्र द्वारा न तो उत्पन्न और न ही नियंत्रित थे, बल्कि इससे स्वतंत्रता और स्वशासन की दिशा में शांतिपूर्ण अवस्थांतर को बढ़ावा देने में मदद मिली। 1945 के बाद से, संयुक्त राष्ट्र ने सभी देशों को एक ऐसा मंच प्रदान किया जहां उपनिवेश-विरोधी प्रवक्ता अपनी स्थिति स्पष्ट कर सकते थे; इसने अंतर्राष्ट्रीय उत्तरदायित्व के सिद्धांत का विस्तार किया और औपनिवेशिक प्रशासन के अंतर्राष्ट्रीय पर्यवेक्षण के लिए और अधिक प्रभावी साधन विकसित किए। सबसे ऊपर, इसने दुनिया भर में स्वतंत्रता आंदोलनों को वैधता प्रदान की। सभी प्रयोजनों के लिए, अधिदेश के पूरा होने के बाद न्यासिता परिषद की भूमिका अब समाप्त हो चुकी है।

13.8 उपलब्धियां

अपनी सभी कमियों के बावजूद, विगत 60 से भी अधिक वर्षों से संयुक्त राष्ट्र एक अपरिहार्य संस्था, 'चिंताजनक विषयों से संबद्ध' रही है, जिसने वर्तमान युग की लगभग हर प्रमुख राजनीतिक, आर्थिक, सामाजिक एवं मानवीय समस्याओं के समाधान के प्रयासों के कारण अमिट छाप छोड़ी है। 1945 के दशक के बाद, वैश्विक राजनीति में दुनिया के हर हिस्से में अभूतपूर्व संक्रमण हुआ है। यह विउपनिवेशीकरण एवं वैश्विक पटल पर कई नए स्वतंत्र राष्ट्रों के उदय के साथ-साथ महाशक्तियों के बीच शीत युद्ध, परमाणु हथियारों की होड़, तीसरी दुनिया में आधुनिकीकरण और विकास के लिए संघर्ष, बार-बार होने वाले संघर्ष तथा विभिन्न प्रकार के तकनीकी परिवर्तनों का कालखंड रहा है, जो सर्वाधिक महत्त्वपूर्ण है, और संभवतः इसकी वजह से विश्व इतिहास के किसी भी युग की तुलना में दुनिया के लोगों के बीच निकटता एवं अधिक व्यापक संपर्क का निर्माण हुआ है। संयुक्त राष्ट्र ने वैश्विक पटल पर इन

सभी विकासात्मक गतिविधियों में भूमिका निभाई है, जिसने बहुराष्ट्रीय सहयोग को तेज किया है। अब हम संयुक्त राष्ट्र के कार्यकलाप की सीमाओं पर चर्चा से पहले, इसकी कुछ प्रमुख उपलब्धियों की जांच करेंगे।

यह सच है कि संयुक्त राष्ट्र युद्धों को रोकने में सक्षम नहीं है, जो इस तथ्य से स्पष्ट है कि 1945 से 500 से अधिक क्षेत्रीय संघर्ष हुए हैं, साथ ही राष्ट्र-राज्य अभी तक विकास के उस चरण में प्रवेश नहीं कर पाए हैं जहां वे राष्ट्रीय नीति के साधन के रूप में युद्ध को त्याग सकें। हालांकि, यह सच है कि 1945 के उपरांत परमाणु हथियार का उपयोग नहीं किया गया है, और इस प्रकार यह एक प्रमुख वैश्विक आपदा को टालने में सफल रहा है, परंतु अक्सर क्षेत्रीय संघर्षों में परंपरागत हथियारों का इस्तेमाल किया जाता है, साथ ही परंपरागत एवं परमाणु हथियारों की होड़ आज भी जारी है। हालांकि, इन सबके बावजूद, संयुक्त राष्ट्र ने एक संगठन के रूप में दुनिया के विभिन्न क्षेत्रों में संघर्ष को कम करने या रोकने की दिशा में अपना योगदान दिया है। विश्व के किसी भी क्षेत्र में युद्ध स्थिति पर, आमतौर पर एक मध्यस्थ या शान्तिस्थापक के रूप में संयुक्त राष्ट्र अपनी प्रतिक्रिया व्यक्त करता है। शांति-स्थापन कार्य संयुक्त राष्ट्र घोषणापत्र के तहत सबसे महत्त्वपूर्ण नवाचारों में से एक रहा है, जिसकी व्यवस्था मूल रूप से सामूहिक सुरक्षा के उपकरण के तौर पर की गई थी; संयुक्त राष्ट्र की स्थापना के बाद से केवल दो बार इसका उपयोग किया गया है। सामूहिक सुरक्षा अप्रभावी हो गई है और संयुक्त राष्ट्र ने दुनिया के विभिन्न संघर्षग्रस्त क्षेत्रों में तनाव को कम करने के लिए 'शांति-स्थापन' का सहारा लिया। शीत युद्ध के बाद की अवधि में, पारंपरिक शांति-स्थापन ने शांति व्यवस्था के अभिनव तरीकों का मार्ग प्रशस्त किया। संयुक्त राष्ट्र अपनी गतिशीलता एवं अभिनव स्वरूप के कारण ही ऐसी दुनिया में अपने अस्तित्व को बरकरार रखने में सफल रहा है, जिसमें 1945 के बाद काफी तेजी से परिवर्तन हुआ है।

अपनी न्यासिता एवं ग़ैर- स्वशासनीय प्रावधानों के माध्यम से, संयुक्त राष्ट्र ने हमारे युग की सबसे बड़ी क्रांतियों में से एक, अर्थात् विउपनिवेशीकरण के लिए आवश्यक बुनियादी सहायता प्रदान की। यह विवाद योग्य है कि, क्या संयुक्त राष्ट्र के प्रयासों के बिना यह प्रक्रिया अपेक्षाकृत शांतिपूर्ण तरीके से हो सकती थी। न्यासिता के सिद्धांत के माध्यम से, यह औपनिवेशिक राज्यों के स्वतंत्र लोगों में परिवर्तन के लिए आवश्यक अंतर्राष्ट्रीय उत्तरदायित्व को बनाए रखने में सक्षम था। इसने उन्हें एक मंच प्रदान किया है, जहां उन्हें अपने औपनिवेशिक स्वामी के समान दर्जा प्राप्त है, और इस प्रकार यह आरोप-प्रत्यारोप के बिना ही पिछली सदी की बाधाओं को तोड़ने में सक्षम है।

हालांकि, कार्यात्मक सहयोग के क्षेत्र में संयुक्त राष्ट्र का रिकॉर्ड सबसे प्रभावशाली रहा है। स्वास्थ्य, परिवहन, संचार, भोजन, विज्ञान और शिक्षा जैसे क्षेत्रों में संयुक्त राष्ट्र अभिकरणों के कार्यो ने इस वैश्विक निकाय को बहुराष्ट्रीय सहयोग का एक अपरिहार्य अंग बना दिया है। 'विकास' एवं 'सुरक्षा' को 'मानव' संकेतार्थ के साथ उपसर्ग के तौर पर जोड़ा गया है—जिसका श्रेय काफी हद तक संयुक्त राष्ट्र के प्रयासों को जाता है। मानव विकास और मानव सुरक्षा, दोनों आज वैश्विक चिंता के विषय बन चुके हैं।

विशिष्ट कार्यात्मक क्षेत्रों में बहुपक्षीय कार्यक्रमों के माध्यम से, संयुक्त राष्ट्र ने लाखों शरणार्थियों को अंतर्राष्ट्रीय सुरक्षा और भौतिक सहायता प्रदान की है, साथ ही बच्चों एवं अन्य लक्षित समूहों को उनकी विशेष जरूरतों को पूरा करने में सहयोग दिया है। अल्पसंख्यकों एवं 'दिव्यांगों' के अधिकारों की तरह, संयुक्त राष्ट्र सम्मेलनों में महिलाओं एवं बच्चों के अधिकार अब स्पष्ट रूप से संहिताबद्ध हैं। संयुक्त राष्ट्र प्रणाली ने जरूरतमंद प्रांतों को तकनीकी सहायता तथा विकासात्मक पूंजी के पर्याप्त प्रवाह में भी मदद की है। हालांकि, अमीर और गरीबों के बीच व्यापक अंतर अभी भी कम नहीं हुआ है, फिर भी संयुक्त राष्ट्र ने इस विचार को आगे लाने में महत्त्वपूर्ण योगदान दिया है कि विकास एक अंतर्राष्ट्रीय ज़िम्मेदारी है।

मानवाधिकारों को बढ़ावा देने में संयुक्त राष्ट्र की भूमिका, बड़े पैमाने पर नियम बनाने तक ही सीमित है। इस संबंध में संयुक्त राष्ट्र मानकों का अनगिनत बार उल्लंघन हुआ है, फिर भी संयुक्त राष्ट्र द्वारा प्रायोजित परिचर्चाओं, घोषणाओं, रिपोर्टों और अंतर्राष्ट्रीय समझौतों के माध्यम से, संगठन ने मानवाधिकारों के विषय को बढ़ावा दिया है, जैसा कि अतीत में पहले कभी नहीं हुआ था।

13.9 संयुक्त राष्ट्र के कार्यकलाप की सीमाएं

संयुक्त राष्ट्र के स्व-घोषित उद्देश्यों एवं कार्यसूची के आधार पर देखा जाए तो इसकी उपलब्धियां सामान्य रही हैं। प्रभावी अंतर्राष्ट्रीय कार्रवाई पर मौजूद व्यवहार्यता सीमाओं को देखते हुए, यह आश्चर्यजनक प्रतीत नहीं होता है। अलग-अलग विचारधाराओं, संस्कृतियों, भौतिक हितों और विकास के स्तरों के विभेदक प्रभावों ने अक्सर प्रभावी बहुपक्षीय सहयोग में बाधा डाली है।

शांति एवं सुरक्षा के अधिक संवेदनशील क्षेत्रों में, जहां राष्ट्रीय शक्ति, प्रतिष्ठा एवं संसाधनों का आवंटन दांव पर है, उन क्षेत्रों में अपनी स्थापना के बाद से ही संयुक्त राष्ट्र को गंभीर एवं सतत विभाजनों के कारण बाधाओं का सामना करना पड़ा है: जिसके अंतर्गत पूर्व—पश्चिम, उत्तर—दक्षिण, औपनिवेशिक—औपनिवेशिक-विरोधी, क्षेत्रीय और द्विपक्षीय शक्ति प्रतिद्वंद्विता जैसे विभाजन शामिल हैं। बहुपक्षीय नियंत्रण या किसी भी तरह के वैश्विक शासन तंत्र के अनुरूप होने को अनिच्छुक राज्यों पर अपने फैसलों को लागू करने में संयुक्त राष्ट्र की असमर्थता, प्रत्येक क्षेत्र में संयुक्त राष्ट्र के प्रदर्शन की एक और गंभीर सीमा रही है। यह बात न केवल सुरक्षा परिषद के स्थाई सदस्यों के बारे में सही है—जो निषेधाधिकार से लैस हैं, और अपने खिलाफ किसी भी कार्रवाई को प्रभावहीन कर सकते हैं—बल्कि अन्य उद्दण्ड राज्यों के बारे में भी सही है, जिनके खिलाफ निर्णय लागू करना संभव नहीं है। राज्यों की संप्रभुता, संयुक्त राष्ट्र प्रणाली की सबसे बड़ी सीमा थी, और रहेगी। जब तक वैश्विक शासन की तंत्र की व्यापक स्वीकृति की आवश्यकता पर वैश्विक सर्वसम्मति तैयार नहीं होगी, तब तक संयुक्त राष्ट्र वर्तमान की भांति ही काम करता रहेगा।

13.10 सहस्राब्दि घोषणापत्र

वर्ष 2000 में तीन दिवसीय अभूतपूर्व बैठकों के बाद सहस्राब्दि शिखर सम्मेलन घोषणापत्र को अंगीकृत किया गया, जो इतिहास में पूरे विश्व के नेताओं को एक मंच पर लाने वाला सबसे बड़ा सम्मेलन था। 100 राज्य के प्रमुखों, 47 सरकार के प्रमुखों, 3 युवराजों, 5 उप-राष्ट्रपतियों तथा 3 उप-प्रधानमंत्रियों सहित इस आयोजन ने 8,000 प्रतिनिधियों और 5,500 पत्रकारों ने भी भाग लिया था।

घोषणापत्र मूल्यों और सिद्धांतों के साथ-साथ शांति, विकास, पर्यावरण, मानवाधिकारों, कमजोर लोगों की सुरक्षा, अफ्रीका की विशेष आवश्यकताओं तथा संयुक्त राष्ट्र के सशक्तिकरण के प्रमुख प्राथमिक क्षेत्रों में लक्ष्यों की व्याख्या करता है। इसके अलावा, नेताओं ने विशिष्ट अनुवर्ती कार्रवाई की मांग की, और महासभा को नियमित रूप से घोषणापत्र को लागू करने में प्रगति की समीक्षा करने तथा महासचिव से आगे की कार्रवाई के आधार के रूप में आवधिक रिपोर्ट जारी करने का अनुरोध किया।

घोषणा पत्र के आरंभिक खंड में वर्णित है कि, 'हम मानते हैं कि, आज यह सुनिश्चित करना केंद्रीय चुनौती है कि वैश्वीकरण दुनिया के लोगों के लिए सकारात्मक शक्ति बन जाए।' 'कुछ अवधि तक वैश्वीकरण बहुत अच्छे अवसर प्रदान करता है, वर्तमान में इसके लाभ बहुत असमान रूप से साझा किए जाते हैं, जबकि इसकी लागत असमान रूप से वितरित की जाती है' (हम लोगों के बीच)[10]

प्रारंभिक खंड छह बुनियादी मूल्यों, अर्थात् स्वतंत्रता, समानता, एकजुटता, सहिष्णुता, प्रकृति के प्रति सम्मान और साझा ज़िम्मेदारी, को अंतर्राष्ट्रीय संबंधों के लिए 'आवश्यक' के रूप में चिह्नित करता है। इसके अलावा, नेताओं ने संयुक्त राष्ट्र के प्रति अपनी प्रतिबद्धता की पुष्टि की तथा संयुक्त राष्ट्र घोषणापत्र के अनुसार पूरी दुनिया में न्यायसम्मत एवं चिरस्थाई शांति स्थापित करने के अपने दृढ़ संकल्प को व्यक्त किया।

घोषणापत्र शांति और निरस्त्रीकरण के क्षेत्र में कई उपायों को निर्धारित करता है, जिसमें संयुक्त राष्ट्र को संघर्ष की रोकथाम, शांति-स्थापन और संबंधित कार्यों के लिए आवश्यक संसाधन प्रदान करना शामिल है।

विकास पर अपने सबसे लंबे खंड में घोषणापत्र कहता है कि, 'हम अपने साथी पुरुषों, महिलाओं और बच्चों को अत्यधिक गरीबी की निकृष्ट और अमानवीय स्थिति से मुक्त करने के लिए हर संभव प्रयास करेंगे।'[11] नेताओं ने गरीबी को कम करने (वर्ष 2015 तक अत्यधिक गरीब लोगों की संख्या को आधा करने), बालक एवं बालिकाओं के लिए सार्वभौमिक प्राथमिक शिक्षा सुनिश्चित करने (2015 तक तीन-चौथाई), HIV/एड्स के प्रसार को रोकने (2015 तक), तथा झोपड़पट्टी में रहने वाले कम से कम 100 मिलियन लोगों के जीवन को बेहतर बनाने (2020 तक) के लिए एक विशिष्ट समय-सारणी निर्धारित की है।

---

[10] संयुक्त राष्ट्र सहस्राब्दि घोषणापत्र, ए / रेस / 55/2 (18 सितंबर 2000), पैराग्राफ 5, दूसरी पंक्ति से उद्धृत, www.un.org/millennium/sg/report पर उपलब्ध है

[11] पूर्वोक्त, पैराग्राफ 11

ग़रीबी उन्मूलन के लक्ष्य को हासिल करने की अन्य युक्तियां, लैंगिक समानता को बढ़ावा देने, निजी क्षेत्र के साथ काम करने तथा सूचना प्रौद्योगिकी तक पहुंच प्रदान करने से संबंधित हैं। इसके अलावा, घोषणापत्र सदस्य राज्यों को 'उन्मुक्त, न्यायसंगत, नियम-आधारित, पूर्वानुमेय और ग़ैर-भेदभावपूर्ण बहुपक्षीय व्यापार एवं वित्तीय प्रणाली' के लिए प्रतिबद्ध करता है।[12]

पर्यावरणीय मुद्दों पर, घोषणापत्र क्योटो प्रोटोकॉल के कार्यान्वयन को सुनिश्चित करने के लिए ऐसे उपायों की मांग करता है, जिसमें ग्रीनहाउस गैसों (GHGs) में कमी तथा जैव विविधता एवं मरुस्थलीकरण पर संधि के पूर्ण कार्यान्वयन हेतु दबाव बनाने के लिए बाध्यकारी लक्ष्य शामिल हैं।

घोषणापत्र कहता है, 'हम लोकतंत्र को बढ़ावा देने और क़ानून के शासन को मजबूत करने के लिए हर संभव प्रयास करेंगे।[13] यह महिलाओं, अल्पसंख्यकों और प्रवासी श्रमिकों के विशेष उल्लेख के साथ, सभी लोगों के अधिकारों को सुरक्षित करने के लिए विशिष्ट उपायों की मांग करता है। नेता नस्लवाद एवं विदेशियों को पसंद नहीं करने की प्रवृत्ति के उन्मूलन हेतु कार्य करते हैं— जो कई समाजों में उफान पर है—और मीडिया स्वतंत्रता के साथ-साथ जनता के सूचना के अधिकार को सुनिश्चित करने के लिए भी कार्य करते हैं।

घोषणापत्र अफ्रीका की विशेष जरूरतों को पूरा करने के लिए विशिष्ट उपायों की एक श्रृंखला को भी रेखांकित करता है, जिसमें ऋण का निरसन करना, बेहतर बाजार की उपलब्धता, उन्नत आधिकारिक विकास सहायता तथा विदेशी प्रत्यक्ष निवेश के साथ-साथ प्रौद्योगिकी के हस्तांतरण में वृद्धि शामिल है।

संयुक्त राष्ट्र के सशक्तिकरण के विषय पर, नेताओं ने महासभा की केंद्रीय स्थिति को मुख्य विचारात्मक, नीति निर्मात्री एवं संयुक्त राष्ट्र की प्रतिनिधिक इकाई के रूप में दोबारा पुष्टि की। उन्होंने सुरक्षा परिषद में व्यापक सुधार के प्रयासों को तेज करने का भी संकल्प लिया।

इसके अलावा, नेताओं ने यह सुनिश्चित करने का संकल्प किया कि, संयुक्त राष्ट्र को अपना काम करने के लिए समय पर एवं पूर्वानुमेय ढ़ंग से संसाधन प्रदान किए जाएं। घोषणापत्र में निजी क्षेत्र, ग़ैर-सरकारी संगठनों एवं असैन्य संगठनों को संयुक्त राष्ट्र के लक्ष्यों को साकार करने के लिए अधिक अवसर देने का भी आह्वान किया गया है।

वर्ष 2000 में प्रकाशित 'संयुक्त राष्ट्र सहस्राब्दि घोषणापत्र के क्रियान्वयन की रूपरेखा' नामक रिपोर्ट में महासचिव इस बात का विस्तार से अन्वेषण करते हैं कि, किस प्रकार सदस्य राज्य, संयुक्त राष्ट्र के निकाय, अंतर्राष्ट्रीय संगठन एवं असैन्य संगठन सहस्राब्दि घोषणापत्र में निर्धारित लक्ष्यों को कार्यरूप में परिणत कर रहे हैं।

इस रूपरेखा के अंतिम खंड, अर्थात् 'संयुक्त राष्ट्र के सशक्तिकरण' का तर्क है कि, 'निष्कपट बातचीत हेतु स्थान तैयार करने तथा प्रभावी कार्रवाई के लिए एक उत्प्रेरक की भूमिका निभाने के उद्देश्य से संगठन की क्षमता को नवीनीकृत करने के लिए, इसके प्रमुख अंगों के बीच बेहतर समन्वयन तथा अन्य बहुराष्ट्रीय संगठनों एवं असैन्य संगठनों के साथ बेहतर साझेदारी की आवश्यकता है।'[14] विशेष रूप से, महासभा की केंद्रीय स्थिति की पुनः पुष्टि की आवश्यकता है, तथा अधिक बेहतर प्रतिनिधित्व की दिशा में सुरक्षा परिषद में बड़े पैमाने पर व्यापक सुधार किए जाने और एक नवीन वैश्विक आर्थिक व्यवस्था की दिशा में विचारपूर्वक कदम उठाने के लिए ECOSOC की भूमिका को सुदृढ़ करने की आवश्यकता है।[15]

महासचिव कहते हैं कि, इस क्षेत्र में महत्त्वपूर्ण सुधारों में संयुक्त राष्ट्र और संबंधित कर्मियों की सुरक्षा को सुनिश्चित करना शामिल होगा। वह समय-समय पर और पूर्वानुमेय ढ़ंग से आवश्यक वित्तीय संसाधनों को प्राप्त करने वाले संगठन के महत्त्व पर भी टिप्पणी करते हैं। संगठन को सुदृढ़ करने के लिए अन्य संस्तुतियों के अलावा, यह रूपरेखा सर्वोत्तम आंतरिक प्रबंधन

---

[12] संयुक्त राष्ट्र सहस्राब्दि घोषणापत्र, पैराग्राफ 13

[13] पूर्वोक्त, पैराग्राफ 24

[14] संयुक्त राष्ट्र सहस्राब्दि घोषणापत्र, पैराग्राफ 29

[15] संयुक्त राष्ट्र महासभा, संयुक्त राष्ट्र सहस्राब्दी घोषणापत्र का कार्यान्वयन: महासचिव की रिपोर्ट, संयुक्त राष्ट्र दस्तावेज A/58/323 (न्यूयॉर्क: संयुक्त राष्ट्र, 2 सितंबर, 2003)

प्रथाओं को अपनाने की आवश्यकता पर बल देती है। यह रूपरेखा संयुक्त राष्ट्र, ब्रेटन वुड्स संस्थानों और विश्व व्यापार संगठन के बीच संयुक्त राष्ट्र के एक निकाय: समन्वयन पर प्रशासनिक समिति के माध्यम से मजबूत संबंध बनाने की सिफारिश करती है।

13.11 संयुक्त राष्ट्र में सुधार

सहस्राब्दी के अंत में, निम्नलिखित चार कारकों ने संयुक्त राष्ट्र में सुधार प्रक्रिया को बढ़ावा दिया:

- गंभीर संस्थागत परिवर्तन के लिए अमेरिकी सरकार की मांग
- कई सदस्यों द्वारा संयुक्त राष्ट्र के लिए निर्धारित अंशदान के भुगतान नहीं करने के कारण, विशेष रूप से संगठन के प्रति अपने वित्तीय दायित्वों को पूरा करने में संयुक्त राज्य की अनिच्छा के कारण दीर्घकालिक वित्तीय संकट सामने आया
- संयुक्त राष्ट्र के दायित्वों का विस्तार, जिसमें विशेष रूप से शांति-स्थापन कार्य—संयुक्त राष्ट्र प्रशासनिक एवं बजटीय समिति ने इस प्रत्याशा के 2004–05 में शांति नियंत्रण के लिए US$2.8 बिलियन की मंजूरी दी, कि अगले वर्ष इस लागत में 60 प्रतिशत की वृद्धि हो सकती है—के अलावा शीत युद्ध की दुनिया में, राष्ट्र निर्माण में शामिल होना, आतंकवाद से जूझना और मानवीय सहायता प्रदान करना शामिल था।
- एक सक्रियतावादी महासचिव का चुनाव, जिन्होंने अपने कार्यकाल में सुधारों का प्रमाणांकन किया (मूर जूनियर और पुबांत्ज़, 2006: 100)।

1996 में, बुतरस-घाली के पुन: चुनाव के लिए संयुक्त राज्य के सख्त प्रतिरोध के कारण, घाना के कोफी अन्नान को सुरक्षा परिषद ने नामांकित किया और महासभा ने उन्हें संयुक्त राष्ट्र के सातवें महासचिव के रूप में चुना। 16 जुलाई को, उन्होंने अपनी प्रतिबद्धता को पूरा करते हुए 'संयुक्त राष्ट्र नवीनीकरण' प्रस्ताव जारी किया, जो संस्थान के इतिहास में प्रशासनिक एवं वित्तीय सुधार प्रस्तावों का सबसे व्यापक समुच्चय था। अगले छह वर्षों के दौरान, अन्नान ने महासभा के माध्यम से अपने कई प्रस्तावों को आगे बढ़ाया, और फिर इस वैश्विक निकाय के कार्यक्रमों में सुधार करने तथा पचास वर्ष पुराने संगठन में संरचनात्मक परिवर्तन की बढ़ती मांगों को संबोधित करने के प्रयास किए। सुधार का यह अंतिम क्षेत्र, 2003 में इराक़ में संयुक्त राज्य के नेतृत्व वाले युद्ध द्वारा निर्मित संस्थागत संकट का प्रत्युत्तर था।

वर्ष 1997 में अपने निर्णायक कार्यों में से एक के तौर पर, महासभा ने 'संयुक्त राष्ट्र नवीनीकरण' को मंज़ूरी दे दी। अन्नान के सुधार कार्यक्रम ने 12 सचिवालय इकाइयों को 5 में समेकित किया, संयुक्त राष्ट्र के कर्मियों की संख्या को 1987 के स्तर से 25 प्रतिशत कम कर दिया, प्रशासनिक लागत को 33 प्रतिशत कम कर दिया, एक विकास लेखा-बही स्थापित किया, जिसके माध्यम से लागत-कटौती से हुई बचत का इस्तेमाल गरीब देशों के विकास कार्यक्रमों में किया जा सके, तथा "एक [संयुक्त राष्ट्र] ध्वज" के तहत संयुक्त राष्ट्र की उपस्थिति [समेकित] के साथ देश के स्तर पर 'निर्णय लेने' की प्रक्रिया को विकेंद्रीकृत किया जा सके।[16] इस अंतिम परिवर्तन ने उन सभी देशों में, जहां संगठन के कार्यक्रम चल रहे थे, संयुक्त राष्ट्र के स्थानिक समन्वयक की भूमिका एवं अधिकारों के विस्तार के साथ-साथ उन सभी देशों में मौजूद संयुक्त राष्ट्र की सभी एजेंसियों को एक 'संयुक्त राष्ट्र परिवार' के अंतर्गत लाने की दिशा में अन्नान के प्रयासों को परिलक्षित किया। अनुमोदित सुधारों ने संगठन को 'परिणाम-आधारित बजट' प्रणाली में स्थानांतरित करके, संयुक्त राष्ट्र के अवश्यंभावी दिवालियापन को टाल दिया, साथ ही इसके माध्यम से संयुक्त राष्ट्र के सभी उपविभागों एवं विशेष अभिकरणों के लिए उत्तरदायित्व आवश्यकताओं का विस्तार हुआ, $1 बिलियन के परिक्रामी ऋण कोष का निर्माण किया गया, तथा 'सूर्यास्त प्रावधान' की नींव डाली गई, ताकि अनावश्यक निकायों को भंग किया जा सके।

[16] इन सभी युक्तियों को 'संयुक्त राष्ट्र नवीनीकरण: सुधार के लिए कार्यक्रम' नामक दस्तावेज में प्रस्तुत कोफी अन्नान के प्रस्तावों के आधार पर महासभा द्वारा अनुमोदित किया गया था, संयुक्त राष्ट्र दस्तावेज़ A/ 51/9 50। न्यूयॉर्क: संयुक्त राष्ट्र, 16 जुलाई, 1997

फरवरी 2003 में, महासचिव ने संयुक्त राष्ट्र एवं नागरिक समाज के बीच संबंधों के पर्यवेक्षण एवं इस प्रकार के संबंधों को प्रगाढ़ किए जाने के तरीकों पर अनुशंसा के लिए, ब्राजील के पूर्व राष्ट्रपति फर्नांडो हेनरिक कार्डोसो की अध्यक्षता में कुछ गणमान्य व्यक्तियों के एक पैनल का गठन किया। पैनल ने जून 2004 में कार्डोसो रिपोर्ट जारी की।[17]

निम्नलिखित चार सिद्धांतों के आधार पर सुधारों के साथ, पैनल के सदस्यों ने संयुक्त राष्ट्र के कामकाज में 'मौलिक परिवर्तन' की मांग की:

- संयुक्त राष्ट्र को 'सार्वजनिक' दिखने वाला संगठन बनना चाहिए, जो विभिन्न निर्वाचन क्षेत्रों के 'संयोजक' के रूप में कार्य करे, तथा जो स्वयं 'करने' की बजाय साधन उपलब्ध कराए। इसे संस्थान के बजाय अपने काम के केंद्र में वैश्विक मुद्दों को रखना चाहिए।
- संयुक्त राष्ट्र को अपने विचार-विमर्श में अधिकाधिक किरदारों को शामिल करना चाहिए, तथा जब भी संभव हो, स्थायी साझेदारी बनानी चाहिए। आलोचकों ने अक्सर ग़ैर-सरकारी संगठनों को अनिर्वाचित एवं ग़ैर-लोकतांत्रिक पक्षसमर्थक समूहों के रूप में वर्णित किया है, जो उनके सदस्यों की तुलना में कुछ और बोलते हैं तथा जो संप्रभु राज्यों की तुलना में बहुत कम प्रतिनिधिक हैं, और इसी तथ्य को ध्यान में रखते हुए पैनल ने जोर देकर कहा कि, 'राजनीतिक रूप से सक्रिय नागरिक अब लोकतंत्र के पारंपरिक उपकरणों की बजाय नागरिक समाज तंत्र के माध्यम से अपनी चिंताओं को व्यक्त करते हैं।'[18] संयुक्त राष्ट्र को यह समझना चाहिए कि, 'वैश्विक नागरिक समाज अब नागरिकों के नाम पर वास्तविक शक्ति को धारण करता है एवं प्रयोग करता है।'[19]
- संयुक्त राष्ट्र को यह मानते हुए वैश्विक स्तर पर स्थानीय लोगों से जुड़ने का प्रयास करना चाहिए, कि वैश्वीकरण की प्रक्रिया में राष्ट्र-राज्य हमेशा नागरिक और दुनिया के बीच मध्यस्थ नहीं हो सकता है। यदि स्थानीय समुदायों में मौजूद उप-राष्ट्रीय किरदारों के साथ संयुक्त राष्ट्र का संबंध व्यवहार्य हो, तब वह अपने कार्यक्रमों को प्रभावी ढंग से कार्यान्वित करने में सक्षम होगा।
- संयुक्त राष्ट्र को वैश्विक शासन प्रणाली को सुदृढ़ बनाने और लोकतंत्र के अभाव से निपटने में एक स्पष्ट भूमिका निभानी चाहिए, साथ ही इसे सहभागी लोकतंत्र और वैश्विक जनता के लिए संस्थानों की 'गहरी जवाबदेही' पर बल देना चाहिए।[20] दूसरे शब्दों में, संयुक्त राष्ट्र को अपनी अंतर-सरकारी प्रकृति से परे जाने तथा नागरिक समाज में स्वयं को एक किरदार प्रस्तुत करने की जरूरत है, जो एक विशेष राजनीतिक विचारधारा और उसके सहायक मूल्यों एवं संस्थानों को बढ़ावा देता है।

संयुक्त राष्ट्र घोषणापत्र, संयुक्त राष्ट्र के लिए एक संवैधानिक ढांचा प्रदान करता है। किसी लिखित बुनियादी दस्तावेज की तरह, यह एक संगठनात्मक एवं कार्यात्मक व्यवस्था प्रदान करता है जो इसके लेखक की जरूरतों के अनुरूप है, परंतु समय एवं परिस्थितियों में परिवर्तन के साथ इसमें भी संशोधन और पुनरावृत्ति की आवश्यकता होती है। हालांकि, घोषणापत्र को संयुक्त राष्ट्र के इतिहास में औपचारिक रूप से केवल कुछ अवसरों पर ही संशोधित किया गया है, लेकिन संयुक्त राष्ट्र की कार्यप्रणाली में अनौपचारिक संशोधन के कारण संयुक्त राष्ट्र में अधिकांश परिवर्तनो हुए हैं। सबसे महत्त्वपूर्ण बात यह है कि, संयुक्त राष्ट्र की सदस्यता में वृद्धि, शीत युद्ध के दबाव, वित्तीय संकट, संयुक्त राष्ट्र एवं शांति-स्थापन के प्रति संयुक्त राज्य का असंतोष और संगठन पर नए युग की मांग के प्रभाव ने इस वैश्विक निकाय में समय के सुधारों को प्रेरित किया है।

---

[17] कार्डोसो रिपोर्ट, 'संयुक्त राष्ट्र एवं नागरिक समाज के बीच संबंधों पर प्रतिष्ठित व्यक्तियों का पैनल, हम लोग: नागरिक समाज, संयुक्त राष्ट्र और वैश्विक शासन', संयुक्त राष्ट्र दस्तावेज़ A/ 58/817। न्यूयॉर्क: संयुक्त राष्ट्र, 21 जून, 2004

[18] पूर्वोक्त, 20

[19] पूर्वोक्त, 25

[20] कार्डोसो रिपोर्ट, 2004

बॉक्स 13.2 2005 के विश्व शिखर सम्मेलन के परिणाम

संयुक्त राष्ट्र मुख्यालय में सितंबर 2005 में आयोजित विश्व शिखर सम्मेलन में, विश्व के नेता वैश्विक चुनौतियों की एक श्रृंखला पर कार्रवाई करने पर सहमत हुए। उनकी प्रतिबद्धताओं में शामिल थे:

- विकास। 2015 तक सहस्राब्दी विकास लक्ष्यों (MDGs) को हासिल करना; ग़रीबी से लड़ने के लिए 2010 तक $50 बिलियन सालाना खर्च करना; विकासशील देशों द्वारा 2006 तक MGDs राष्ट्रीय योजनाओं को अपनाना; मलेरिया विरोधी प्रयासों, शिक्षा, स्वास्थ्य देखभाल का समर्थन करने के लिए त्वरित प्रभाव पहल की शुरुआत करना; विकास के लिए वित्त-पोषण के अभिनव स्रोत की व्यवस्था करना; अनुदान आधारित वित्तपोषण के साथ दीर्घकालिक ऋण स्थिरता सुनिश्चित करना; अत्यंत ऋणग्रस्त निर्धन देशों (HIPCs) के आधिकारिक बहुपक्षीय और द्विपक्षीय ऋण को 100 प्रतिशत रद्द करना; जहां उपयुक्त हो, वहां अन्य कम और मध्यम आय वाले विकासशील देशों के लिए बड़े पैमाने पर ऋण राहत या पुनर्निर्माण; व्यापार उदारीकरण के प्रति वचनबद्धता, WTO के दोहा कार्यक्रम के विकास पहलुओं को लागू करना।
- आतंकवाद। आतंकवाद और इसके सभी स्वरूपों और अभिव्यक्तियों की समस्त सरकारों द्वारा बिनाशर्त निंदा में अयोग्य निंदा, जो किसी के भी द्वारा, कहीं भी और किसी भी प्रयोजन से किया गया हो; एक वर्ष के भीतर आतंकवाद के खिलाफ एक व्यापक सम्मेलन के आयोजन की व्यवस्था करना; परमाणु आतंकवाद सम्मेलन के लागू करने की दिशा में जल्द प्रयास करना; सभी राज्यों द्वारा आतंकवाद विरोधी सम्मेलनों में शामिल होना एवं इसे कार्यान्वित करना; अंतर्राष्ट्रीय समुदाय को मजबूत बनाने तथा आतंकवादियों को कमजोर करने के लिए एक आतंकवाद विरोधी रणनीति तैयार करना।
- शांति-स्थापन, शांति का संरक्षण एवं शांति-निर्माण। देशों को युद्ध से शांति की ओर ले जाने में सहायता हेतु समर्थन कार्यालय और स्थायी निधि द्वारा समर्थित एक शांति-स्थापन आयोग का गठन करना; संयुक्त राष्ट्र शांति-स्थापन कार्य के संचालन के लिए एक स्थायी पुलिस बल का गठन करना; मध्यस्थता एवं सत्प्रयासों के लिए महासचिव की क्षमता को मजबूत करना।
- रक्षा करने की ज़िम्मेदारी। नरसंहार, युद्ध अपराध, जातीय संहार और मानवता के खिलाफ अपराधों से नागरिकों की रक्षा के लिए सामूहिक अंतर्राष्ट्रीय ज़िम्मेदारी को स्पष्ट तौर पर स्वीकार करना; सुरक्षा परिषद के माध्यम से समय पर, निर्णायक सामूहिक कार्रवाई करने के लिए तत्पर रहना।
- मानवाधिकार, लोकतंत्र एवं विधि का शासन। संयुक्त राष्ट्र मानवाधिकार मशीनरी को सुदृढ़ बनाना; उच्चायुक्त के बजट को दोगुना करना; आने वाले वर्ष के दौरान मानवाधिकार परिषद की स्थापना करना; एक सार्वभौमिक मूल्य के रूप में लोकतंत्र की पुनः पुष्टि करना; एक नए लोकतंत्र कोष का स्वागत करना; व्यापक लैंगिक भेदभाव को खत्म करना, जिसके अंतर्गत शिक्षा में असमानता, संपत्ति स्वामित्व, महिलाओं एवं बालिकाओं के खिलाफ हिंसा, और दण्ड मुक्ति शामिल है। शिखर सम्मेलन के दौरान संपुष्टि ने भ्रष्टाचार के खिलाफ घोषणापत्र के कार्यान्वयन को प्रेरित किया।
- प्रबंधन में सुधार। संयुक्त राष्ट्र की निरीक्षण क्षमता को सुदृढ़ बनाना, अतिरिक्त एजेंसियों के निरीक्षण का विस्तार करना; एक स्वतंत्र निरीक्षण सलाहकार समिति का गठन करना; एक नए नैतिकता कार्यालय को विकसित करना; पांच वर्ष से अधिक पुराने संयुक्त राष्ट्र के अधिदेशों की समीक्षा; संयुक्त राष्ट्र की अनुक्रियाशीलता में सुधार के लिए बजट, वित्त और मानव संसाधन पर नियमों व नीतियों को अच्छी तरह दुरुस्त करना; कर्मचारियों की एक बार नियुक्ति, यह सुनिश्चित करने के लिए कि संयुक्त राष्ट्र के पास आज की चुनौतियों के लिए उपयुक्त कर्मचारी हैं।
- पर्यावरण। जलवायु परिवर्तन की गंभीर चुनौती को पहचानना; जलवायु परिवर्तन पर संयुक्त राष्ट्र ढांचागत सम्मेलन के माध्यम से कार्य करना; छोटे विकासशील द्वीप राज्यों जैसे सर्वाधिक असुरक्षित राज्यों की सहायता करना, सभी प्राकृतिक आपदाओं के लिए समय-पूर्व वैश्विक चेतावनी प्रणाली बनाना।
- अंतर्राष्ट्रीय स्वास्थ्य। रोकथाम, देखभाल, उपचार और समर्थन के साथ-साथ अतिरिक्त संसाधनों को एकत्रित करने के माध्यम से HIV / एड्स, टीबी और मलेरिया के प्रति प्रतिक्रिया को आनुपातिक दरों से बढ़ाना; नए अंतर्राष्ट्रीय स्वास्थ्य विनियमों के पूर्ण कार्यान्वयन सहित संक्रामक बीमारियों से लड़ना, तथा WHO की वैश्विक प्रकोप चेतावनी प्रणाली एवं प्रतिक्रिया नेटवर्क को समर्थन देना।
- मानवीय सहायता। केंद्रीय आपातकालीन परिक्रामी निधि में सुधार करना, ताकि आपदा की स्थिति में भरोसे के साथ एवं तत्काल सहायता उपलब्ध हो सके; आंतरिक विस्थापन पर मार्गदर्शी सिद्धांतों को आंतरिक रूप से विस्थापितों की रक्षा हेतु एक महत्त्वपूर्ण ढांचे के रूप में पहचानना।
- संयुक्त राष्ट्र घोषणापत्र को अद्यतन करना। न्यासिता परिषद के समापन के साथ घोषणापत्र को अद्यतन करना, विउपनिवेशिक में संयुक्त राष्ट्र की ऐतिहासिक भूमिका के समापन को चिह्नित करना, तथा घोषणापत्र में 'दुश्मन राज्यों' के कालदोष-युक्त संदर्भों को हटा देना।

इनमें से कई प्रतिबद्धताओं को पहले ही पूरा कर लिया गया है, साथ ही कई अन्य क्षेत्रों में कार्य प्रगति पर है। (2005 विश्व शिखर सम्मेलन के परिणाम के पूर्ण अवतरण के लिए, www.un.org/summit2005 देखें)।

स्रोत: संयुक्त नेशन्स टुडे (2008: 16)। www.un.org पर उपलब्ध (18 अगस्त, 2017 को देखा गया)। http://www.ipu.org/splz-e/unga05/outcome.pdf पर भी उपलब्ध है (22 अगस्त, 2017 को देखा गया)।

13.12 निष्कर्ष

आमतौर पर यह माना जाता है कि, संयुक्त राष्ट्र को 'राष्ट्रों के हितों को सुसंगत बनाने वाले एक केंद्र के रूप में कार्य करते हुए' स्वयं को वर्तमान की अपेक्षा अधिक प्रभावी बनाने की कोशिश करनी चाहिए। इस प्रकार का केंद्र बनने के लिए, इसे बेहतर संसाधनों के साथ सुसज्जित किया जाना चाहिए, क्योंकि संयुक्त राष्ट्र के लिए कभी इस बात की उम्मीद नहीं की गई कि यह एक वैश्विक सरकार या किसी भी दृष्टि से एक सुपर स्टेट बनेगा, जो सदस्यों द्वारा लिए गए निर्णयों के ढांचे के बाहर कार्य करने में सक्षम है। इस प्रकार, संयुक्त राष्ट्र को राज्य की सहायता करने वाले, राज्य-निरोधक और राज्य-रक्षा संगठन के रूप में परिभाषित किया जा सकता है। इस संगठन का सही तरीके से इस्तेमाल किए जाने पर, यह राज्यों के पास उपलब्ध परिसंपत्ति, अर्थात् इसके प्रभुत्व को अधिकतम करके अंतरराज्यीय संबंधों को संशोधित कर सकता है। संयुक्त राष्ट्र को संभावित संघर्ष के पूर्वानुमान, समझौता-वार्ता को बढ़ावा देने तथा अंतर्राष्ट्रीय व्यवहार के सामान्य मानदंडों के निर्माण की दिशा में आगे बढ़ना है।

संयुक्त राष्ट्र के कार्यों एवं गतिविधियों को अंतर्राष्ट्रीय प्रणाली के मूल आयामों और गतिशील प्रक्रियाओं द्वारा आकार दिया जाता है, लेकिन संयुक्त राष्ट्र स्वयं इस प्रणाली का एक किरदार है और अगर हम अगर अग्रलिखित क्षेत्रों में इसकी विभिन्न भूमिकाओं का सावधानीपूर्वक आकलन करें, तो हमें ज्ञात होगा कि यह कभी-कभी अपने परिवेश को अर्थपूर्ण ढंग से प्रभावित करता है: (a) एक मानक निर्धारक के तौर पर, (b) हितों के प्रवक्ता एवं समूहक के तौर पर, (c) संघर्ष प्रबंधक के तौर पर, तथा (d) राजनीतिक परिवर्तन की शक्ति के तौर पर। अंतर्राष्ट्रीय प्रणाली में मौजूदा लचीलापन, संयुक्त राष्ट्र के लिए अवसर और नुकसान, दोनों है। दुनिया के कई क्षेत्रों (रूस, पूर्वी यूरोप और चीन) में, हमने एक असाधारण प्रकृति के राजनीतिक परिवर्तन को देखा है। हालांकि, एशिया और अफ्रीका के बड़े हिस्सों में घोर ग़रीबी, मानवाधिकारों का उल्लंघन एवं गृहयुद्ध आज भी जारी है। इस परिस्थिति की प्रकृति, मानकों के निर्माण तथा संगठन की सामूहिक वैधता भूमिका पर बल देती है। तथ्य यह है कि, उभरती हुई कई समस्याएं अपेक्षाकृत नवीन हैं, जो संयुक्त राष्ट्र की गतिविधि के लिए अधिक आशाजनक क्षेत्र प्रतीत होती हैं। वर्तमान अंतर्राष्ट्रीय प्रणाली में संगठन की क्षमताओं की स्पष्ट राजनीतिक सीमाओं के बावजूद, एक प्रमुख भागीदार के रूप में प्रत्येक नए क्षेत्र में जाने का मोह के चलते अति-प्रतिबद्धता के गंभीर संकट की स्थिति उत्पन्न होती है। MDGs ने विकास और लोकतांत्रिककरण, दोनों पर ध्यान केंद्रित किया है। विश्व संघर्ष का स्रोत अंतरराज्यीय से राज्यान्तरिक की ओर स्थानांतरित हो गया है, इसलिए संयुक्त राष्ट्र की गतिविधियों के केंद्र में भी तदनुसार बदलाव आया है। कोफी अन्नान (2000: 48) ने लिखा है कि, 'बाहरी हमले से क्षेत्र की रक्षा का पर्याय बनने के बाद, आज सुरक्षा की आवश्यकताओं के अंतर्गत आंतरिक हिंसा से समुदायों और व्यक्तियों की सुरक्षा को भी समाविष्ट किया गया है।'[21] उन्होंने संयुक्त राष्ट्र के लिए 'व्यक्तिगत संप्रभुता' की रक्षा करने का तर्क दिया। शांति-स्थापन एवं राष्ट्र निर्माण के गठबंधन के माध्यम से, संयुक्त राष्ट्र घरेलू 'सुरक्षा' समस्याओं को संबोधित कर सकता है, स्थानीय आबादी के लिए जीवन स्तर के मानकों को बेहतर बना सकता है तथा देशों के भीतर मानवाधिकारों को बढ़ावा देकर अंतर्राष्ट्रीय स्थिरता को बढ़ावा दे सकता है। संयुक्त राष्ट्र एवं सरकार के उप-राष्ट्रीय स्तर और गैर-राज्य किरदारों के बीच नई बहुपक्षीय साझेदारी, इन चुनौतियों का सामना करने में संयुक्त राष्ट्र की सफलता के लिए आधार प्रदान कर सकती है।

मॉडल प्रश्न

13.1 महासभा के प्रमुख कार्यों पर चर्चा करें। इसके बाध्यकारी निर्णय क्या हैं?

13.2 संयुक्त राष्ट्र घोषणापत्र के अध्याय VI और VII के अंतर्गत सुरक्षा परिषद की शक्तियां क्या हैं?

---

[21] कोफी अन्नान की निम्नलिखित रचनाओं को भी देखें।

'संयुक्त राष्ट्र नवीनीकरण: सुधार के लिए एक कार्यक्रम', संयुक्त राष्ट्र दस्तावेज़ A/ 51/9 50। न्यूयॉर्क: संयुक्त राष्ट्र, 2001

'संयुक्त राष्ट्र का सुदृढीकरण: भावी परिवर्तन हेतु कार्यसूची', संयुक्त राष्ट्र दस्तावेज़ A/57/387। न्यूयॉर्क: संयुक्त राष्ट्र, 2002

13.3 अंतर्राष्ट्रीय न्यायालय की संरचना एवं अधिकार क्षेत्र पर चर्चा करें।
13.4 शांति-स्थापन से आप क्या समझते हैं? इसके नए एवं पुराने स्वरूप के बीच अंतर स्पष्ट करें।
13.5 किस प्रकार राज्यों के आंतरिक मामलों में मानवतावादी हस्तक्षेप एक समस्याग्रस्त मुद्दा है? वैश्वीकरण के बाद के युग में संयुक्त राष्ट्र द्वारा इस तरह के हस्तक्षेप के उदाहरणों का उल्लेख करें।
13.6 पिछले 50 वर्षों में संयुक्त राष्ट्र की प्रमुख उपलब्धियों पर एक निबंध लिखें।
13.7 भविष्य के लिए संयुक्त राष्ट्र के लक्ष्यों के संबंध में, 2000 की सहस्राब्दी घोषणा का क्या महत्त्व है?
13.8 संयुक्त राष्ट्र में सुधार के लिए प्रमुख प्रस्ताव क्या हैं?
13.9 चयनित क्षेत्रों में संयुक्त राष्ट्र की कुछ मौलिक विफलताओं का विवरण प्रस्तुत करें।
13.10 निम्नलिखित पर संक्षिप्त टिप्पणी लिखें
a. नई अंतर्राष्ट्रीय आर्थिक व्यवस्था
b. संयुक्त राष्ट्र शांति-स्थापन एवं शांति निर्माण

अनुशंसित साहित्य

Annan, Kofi A. 2000. *We the Peoples: The Role of the UN in the 21st Century.* New York: United Nations.

Baehr, Peter R., and Leon Gordenker. 1984. *The United Nations.* New York: Praeger.

Bailey, Sydney D., and Sam Daws. 1998. *The Procedure of the UN Security Council.* New York: Oxford University Press.

Bajpai, U. S. 1986. *Forty Years of the UN.* New Delhi: Lancer International.

Basu, Rumki. 2004. *The United Nations: Structure and Functions of an International Organisation.* New Delhi: Sterling Publishers.

Claude, Inis L. 1971. *Swords into Ploughshares.* New York: Random.

Glassner, Martin Ira, ed. 1998. *The United Nations at Work.* Westport, CT: Praeger.

Goodrich, L. M. 1974. *UN in a Changing World.* New York: Columbia University Press.

Knight, Andy W. 2000. *A Changing United Nations: Multilateral Evolution and the Quest for Global Governance.* Houndmills, UK: Macmillan.

Luard, Evan. 1979. *The United Nations: How It Works and What It Does.* London: Macmillan.

Mildoon, James P. Jr, Jo Ann Fagot Aviel, Earl Sulivan, and Richard Reitano, eds. 2005. *Multilateral Diplomacy and the United Nations Today.* Boulder, CO: Westview Press.

Mingst, Karen A., and Margaret P. Karns. 1996. *The UN in Post-Cold War Years.* Boulder, CO: Westview Press.

Moore, John Allphin Jr, and Jerry Pubantz. 2006. *The New United Nations. International Organization in the Twenty First Century.* New Delhi: Pearson Prentice Hall India.

Nicholas, H. 1975. *The United Nations as a Political Institution.* London: Oxford University Press.

Peterson, M. J. 1986. *The General Assembly in World Politics.* Boston, MA: Allen & Urwin.

Riggs, Robert E., and Jack C. Plano. 1988. *The United Nations: International Organization and World Politics.* Chicago, IL: The Dorsey Press.

United Nations. Latest edition. *The United Nations Today.* New York: United Nations.

Weiss, Thomas G., David P. Forsythe, Roger A. Coate. 1996. *The UN and Changing World Politics.* Boulder, CO: Westview Press.

14

मानवाधिकार और अंतर्राष्ट्रीय राजनीति

मेहताब मंज़र

अध्ययन के उद्देश्य

- मानवाधिकार और इसके क्रमिक विकास की अवधारणा का अन्वेषण करना
- मानवाधिकारों के लिए अंतर्राष्ट्रीय अभियान में शामिल बुनियादी मुद्दों को समझना
- अंतर्राष्ट्रीय मानवाधिकार व्यवस्था के क्रमिक विकास में यूएनओ की भूमिका पर ध्यान केंद्रित करना
- मानवाधिकार एवं अंतर्राष्ट्रीय संबंधों के बीच जटिल कड़ियों पर प्रकाश डालना
- दुनिया भर के सभी देशों में सभी लोगों के मानवाधिकारों के लिए मानवीय गरिमा एवं सम्मान की संस्कृति को विकसित करना

अध्याय सार

नई सहस्राब्दी एक अंतर्राष्ट्रीय मानवाधिकार व्यवस्था की साक्षी रही है, और नवोदित होने के बावजूद यह व्यवस्था हर गुजरते दशक के साथ गति प्राप्त कर रही है। शायद क्रमिक विकास की अवस्था में इस व्यवस्था को निश्चित आकार नहीं मिला हो, परंतु पिछले कुछ वर्षों में अंतर्राष्ट्रीय स्तर पर मानवाधिकारों के व्यवहार्य मॉडल की वैश्विक समझ काफी हद तक बदल गई है। यह नवीन एवं उदीयमान अंतर्राष्ट्रीय मानवाधिकार व्यवस्था, संयुक्त राष्ट्र के संस्थापकों द्वारा विकसित एक संकल्पना का आनुक्रमिक परिणाम है। उन्होंने एक आदर्श विश्व समुदाय का सपना देखा, जिसकी मौजूदगी राष्ट्रों के बीच शांतिपूर्ण सह-अस्तित्व के आधार पर दुनिया को आकार देने के लिए पहली आवश्यकता है। मानवाधिकारों पर सार्वभौमिक घोषणा (1948) के बाद से, मानवाधिकार के विषय को राज्यों के साथ-साथ दुनिया के लोगों से बड़े पैमाने पर स्वीकृति मिली है। यह आंदोलन इस हद तक गतिशील रहा है कि, संयुक्त राष्ट्र ने अपने मानवाधिकार की छत्रछाया में एक-एक करके विभिन्न समूहों को समाविष्ट किया है, जिससे अंतर्राष्ट्रीय स्तर पर प्रत्याभूत मानवाधिकार व्यवस्था के विकास की उम्मीदें और आकांक्षाएं पैदा हुई हैं। सामान्य रूप से मानवाधिकारों का परिरक्षण, हिफाज़त एवं प्रचार-प्रसार तथा विशेष रूप से महिलाओं, बच्चों, वृद्धों, विकलांगों, शरणार्थियों, इत्यादि के मानवाधिकारों की रक्षा का विषय, संयुक्त राष्ट्र की अत्यावश्यक कार्य-सूची में शामिल रहा है। नीचे दिए गए अवतरणों में, मानवाधिकारों की उत्पत्ति, स्वतंत्रता एवं दायित्वों की समकालीन अवधारणाओं में पारंपरिक उदारवाद के योगदान, संयुक्त राष्ट्र मानवाधिकार प्रणाली की प्रकृति एवं मुख्य विषय-वस्तु, और मानवाधिकारों पर पश्चिमी और एशियाई दृष्टिकोण का अन्वेषण करने, तथा वर्तमान में अंतर्राष्ट्रीय 'मानवाधिकार हस्तक्षेप' की अवधारणा एवं अभ्यास पर समापन टिप्पणी प्रस्तुत करने का प्रयास किया गया है।

आज 'मानवाधिकार' नागरिक जीवन का एक महत्त्वपूर्ण पहलू बन चुका है। इसकी बहुआयामी प्रकृति ने, राष्ट्रीय एवं अंतर्राष्ट्रीय राजनीति में शिक्षाविदों, समाजशास्त्रियों, राजनीतिक वैज्ञानिकों और अन्य लोगों के बीच इस विषय पर परिचर्चा को अत्यंत लोकप्रिय बना दिया है।

मानवाधिकार का तात्पर्य उन अधिकारों से है, जिसका हक़ प्रत्येक व्यक्ति को स्वतः प्राप्त है और वे इस संदर्भ में समाज में अपना दावा प्रस्तुत कर सकते हैं।

मानवाधिकारों की अवधारणा का परिकल्पन 20वीं सदी में हुआ है, जो नई सहस्राब्दी में भी जारी है। केंद्रीय विषय-वस्तु, इन अधिकारों के व्यवस्थापन, संरक्षण एवं प्रचार-प्रसार के आसपास केंद्रित है। संयुक्त राष्ट्र घोषणापत्र (संयुक्त राष्ट्र, 1998: 5) के अंतर्गत 'मौलिक मानवाधिकारों में विश्वास, व्यक्ति की गरिमा एवं मूल्य, पुरुषों एवं महिलाओं तथा बड़े एवं छोटे राष्ट्रों के समान अधिकार' की पुन: पुष्टि, वास्तव में दुनिया के सभी नागरिकों के लिए सार्वभौमिक गारंटीकृत मानवाधिकार घोषणापत्र के लिए हमारी खोज की शुरुआत थी। आज भी यह मानवाधिकारों पर बहस का मुख्य हिस्सा है। इन अधिकारों की प्राप्ति की प्रक्रिया का अंतर्राष्ट्रीय राजनीति में प्रमुख खिलाड़ियों पर असर पड़ा है। आज, मानवाधिकार एक बेहद प्रतिस्पर्धी कार्यक्षेत्र बन गया है। वैश्विक स्तर पर मानवाधिकार हस्तक्षेप की राजनीति ने सामूहिक आदर्शों के अनुसरण की वैधता तथा वैश्वीकरण के बाद के विश्व में संप्रभुता की सीमाओं पर वाद-विवाद को पुनः आरंभ किया है।

हालांकि, समकालीन दुनिया में मानवाधिकारों के वास्तविक मूल्य को उजागर करने वाले कुछ संकेतक भी मौजूद हैं।

- विश्व युद्ध के बाद अंतर्राष्ट्रीय राजनीति में (1945 से) ध्यान केंद्रित किए जाने वाले विषयों के संदर्भ में ऐतिहासिक बदलाव आया है, क्योंकि 'युद्ध राजनीति' का 'सहायता राजनीति' के तौर पर रूपांतरण हुआ है जिसे 'सहायता कूटनीति' के नाम से जाना जाता है। राज्यों एवं उनके नागरिकों को वैचारिक रूप से दो गुटों—पूंजीवादी गुट और साम्यवादी गुट में विभाजित किया गया था। इन प्रमुख गुटों की ओर से राज्यों को आकर्षित करने के लिए सभी राजनीतिक, आर्थिक और सैन्य गतिविधियां, 'सहायता कूटनीति' पर केंद्रित थीं। विकास, लोकतंत्र, मानवाधिकार और सुशासन के मुद्दे अस्थायी रूप से अलग हो गए थे। 1990 के दशक में शीत युद्ध के अंत के बाद परिस्थितियों में काफी बदलाव आया और दुनिया ने धीरे-धीरे राष्ट्रीय नीति के वैध लक्ष्यों के रूप में मानवाधिकार के लक्ष्यों को आगे बढ़ाने के मूल्य एवं गरिमा का अनुभव किया, इसे स्वीकृति दी तथा इसके अनुसरण का प्रयास किया। अब, मानवाधिकारों को अंतर्राष्ट्रीय संबंधों एवं राजनीति के केंद्र में रखते हुए इसे दर्शाया जाता है।
- वियना घोषणा पत्र एवं कार्य-योजना के तौर पर मानवाधिकारों के संघर्ष को एक बड़ी सफलता मिली। इसमें, सदस्य राज्यों द्वारा आने वाली सदी के लिए मानवाधिकारों पर संयुक्त राष्ट्र विश्व सम्मेलन, एक नई वैश्विक कार्य-योजना को अंतिम रूप दिया गया और अपनाया गया। मुद्दों पर आधारित कार्यक्रमों की सुसम्बद्ध श्रृंखला के बाद, वियना ने वैश्विक मानवाधिकारों की कार्यसूची को गतिशीलता प्रदान की। इस संदर्भ में सामाजिक एकीकरण, सतत विकास, पर्यावरण संरक्षण, एवं लैंगिक समानता कुछ महत्त्वपूर्ण मुद्दे हैं।
- संयुक्त राष्ट्र की महासभा द्वारा संयुक्त राष्ट्र के मानवाधिकारों की घोषणा (1948) को 'सभी लोगों और सभी देशों के लिए उपलब्धि के एक आम मानक' के रूप में ...इन अधिकारों एवं स्वतंत्रताओं के सम्मान को प्रोत्साहन देने के लिए शिक्षण और शिक्षा के माध्यम से... बार-बार दोहराया गया। (संयुक्त राष्ट्र, 1998: 6) तदनुसार, सदस्य राज्यों ने मानवाधिकार प्रचार नीतियों का अनुसरण किया और योजना बनाई। भारत में भी, 1990 के दशक से इस क्षेत्र में प्रमुख नीतिगत निर्णय लिए गए।
- 1993 में राष्ट्रीय मानवाधिकार आयोग (NHRC) की स्थापना हुई, जो भारत में मानवाधिकारों एवं स्वतंत्रता के व्यवस्थापन, संरक्षण और प्रचार-प्रसार में अपना योगदान दे रहा है। NHRC ने भारत के विद्यालयों, कॉलेजों और विश्वविद्यालयों के लिए मानवाधिकार से संबंधित शिक्षण सामग्री और बुनियादी पाठ्यक्रम तैयार किए हैं। इस प्रकार, नई पीढ़ी के बीच मानवाधिकार अभिज्ञता की अभिव्यक्ति बढ़ गई है। मूल्य-आधारित शिक्षा के माध्यम से मानवाधिकार अभिज्ञता के निर्माण हेतु उच्च शिक्षा के शैक्षिक संस्थानों में मानवाधिकारों पर डिग्री पाठ्यक्रम शुरू किए गए हैं।
- अधिकारों की पश्चिमी परिकल्पना और इसके व्यक्तिवाद केंद्रित होने को, आमतौर पर गैर-पश्चिमी दुनिया के देशों द्वारा स्वीकृति नहीं दी जाती एवं सराहना नहीं की जाती है। राष्ट्रों के सांस्कृतिक पुनर्जीवन और ज्ञान की एक सामान्य लहर ने पूरी दुनिया में अधिकारों और स्वतंत्रताओं के संदर्भ में एक नया दृष्टिकोण पैदा किया है। दक्षिण एशिया, दक्षिण-पूर्व एशिया और मध्य एशिया में प्रत्येक स्थान पर मानवाधिकारों पर पाश्चात्य दृष्टिकोणों का मुकाबला करने के लिए

'सांस्कृतिक सापेक्षवाद' का तर्क प्रस्तुत किया जा रहा है। सरल शब्दों में, 'सांस्कृतिक सापेक्षवाद' का तात्पर्य, देश की सांस्कृतिक विशिष्टताओं और लोगों के विशिष्ट समूह के मूल्यों से है। यह न तो मानवाधिकारों के महत्त्व से और न ही इनकी प्राप्ति एवं प्रचार-प्रसार से किसी प्रकार की असहमति का संकेत देता है।

- संयुक्त राष्ट्र संगठनों का समूह, अंतर्राष्ट्रीय संस्थानों के एक समुच्चय से बना है जिसके पांच प्रमुख अंगों, अर्थात् विशेष अभिकरणों के अंतर्गत विश्व स्वास्थ्य संगठन (WHO), अंतर्राष्ट्रीय श्रम संगठन (ILO), तथा संयुक्त राष्ट्र बाल कोष (UNICEF) और संयुक्त राष्ट्र विकास कार्यक्रम (UNDP) जैसे कार्यक्रम एवं सहायता कोष शामिल हैं। महासचिव समन्वय के लिए मुख्य कार्यकारी बोर्ड (CEB) के माध्यम से इस विस्तृत प्रणाली का प्रबंधन करते हैं। CEB में संयुक्त राष्ट्र निकायों एवं अभिकरणों के प्रमुख शामिल होते हैं, जो महासचिव की अगुआई में वर्ष में दो बार आम मुद्दों पर चर्चा के लिए बैठक करते हैं।

14.1 ऐतिहासिक उपलब्धियां

विश्व युद्ध के पहले राष्ट्र-राज्य पर ध्यान केंद्रित करना तथा विश्व युद्ध के बाद एक सार्वभौमिक दृष्टिकोण को महत्त्व देना, मानवाधिकारों और स्वतंत्रताओं की अवधारणा के विकास की विशिष्टता रही है।

विकास के पहले चरण में, निम्नलिखित की पहचान अधिकारों के क्षेत्र में महत्त्वपूर्ण योगदानकर्ता के तौर पर की जाती है:

- मैग्ना कार्टा, 1215 (इंग्लैंड)
- बिल ऑफ राइट्स, 1688 (इंग्लैंड)
- स्वतंत्रता की घोषणा, 1776 (संयुक्त राज्य)
- मनुष्य और नागरिक के अधिकार, 1789 (फ्रांस)
- कामकाजी और शोषित लोगों के अधिकारों की घोषणा, 1918 (रूस)

हालांकि, इन घोषणापत्रों ने भी राष्ट्र राज्यों पर ध्यान केंद्रित किया और अपने नागरिकों के अधिकारों एवं स्वतंत्रताओं को परिष्कृत किया, फिर भी युगांतकारी घटनाओं के तौर पर इनका महत्त्व बरकरार है। उन्होंने व्यक्ति के सभी प्रकार के शोषण और उत्पीड़न के खिलाफ लड़ने की गति निर्धारित की। क़ानून के माध्यम से या संविधान के माध्यम से राज्यों द्वारा नागरिकों की विशिष्ट स्वतंत्रताओं की स्वीकृति इसका तात्कालिक परिणाम थी। विकास का अगला चरण, द्वितीय विश्व युद्ध के अंत से शुरू होता है। नए युग में मानवाधिकारों के मुद्दों के प्रति अधिक सार्वभौमिक दृष्टिकोण के उभरने और बाद में लोकप्रियता देखी गई। इस संदर्भ में, संयुक्त राष्ट्र घोषणा पत्र पहली बड़ी उपलब्धि थी, जिसके माध्यम से:

> *मौलिक मानवाधिकारों में विश्वास, व्यक्ति की गरिमा एवं मूल्य, पुरुषों एवं महिलाओं तथा बड़े एवं छोटे राष्ट्रों के समान अधिकार की पुन: पुष्टि की गई। ऐसी स्थितियों को स्थापित करने की बात कही गई, जिनके तहत संधि एवं अंतर्राष्ट्रीय क़ानून के अन्य स्रोतों से उत्पन्न होने वाले दायित्वों के लिए न्याय और सम्मान को बनाए रखा जा सकता है, और बड़े पैमाने पर स्वतंत्रता के दायरे में सामाजिक प्रगति और जीवन के बेहतर मानकों को बढ़ावा दिया जा सकता है। (संयुक्त राष्ट्र, 2006: 3)*

तदनुसार, संबंधित राज्यों की सरकारों ने अपनी राजनीतिक, सामाजिक, आर्थिक और अन्य समस्याओं को हल करने में अनुकूल संबंधों एवं सहयोग को बढ़ावा देने पर सहमति प्रकट की। यहां, अंतर्राष्ट्रीय राजनीति का एक छात्र इस बात का बारीकी से अवलोकन करेगा कि, यह मानवाधिकारों और स्वतंत्रताओं के साथ किस प्रकार जुड़ा हुआ है, इसे किस प्रकार शासन-व्यवस्था का एक अभिन्न अंग बनाया गया है, तथा मानवाधिकारों को किस प्रकार अंतर्राष्ट्रीय संबंधों के केंद्र बिंदु के रूप में मान्यता दी गई है।

संयुक्त राष्ट्र महासभा द्वारा 1948 में मानवाधिकारों की सार्वभौमिक घोषणा को अपनाया जाना, विश्व समुदाय के लिए एक अन्य युगांतकारी घटना थी (बॉक्स 14.1 देखें)। यह अधिकारों की एक व्यापक योजना है, जो आज मानवाधिकारों पर किसी भी चर्चा का प्रारंभिक मुद्दा बन चुका है।

बॉक्स 14.1 मानवाधिकारों की सार्वभौमिक घोषणा (संक्षिप्त), 1948 में अंगीकृत

इस प्रकार से अब, महासभा सभी लोगों और सभी देशों के लिए उपलब्धि के एक सामान्य मानक के रूप में मानवाधिकारों के इस सार्वभौमिक घोषणापत्र को प्रस्तुत करती है कि, अंत में प्रत्येक व्यक्ति और समाज का हर अंग, इस घोषणापत्र को लगातार ध्यान में रखते हुए, शिक्षण और शिक्षा के माध्यम से इन अधिकारों एवं स्वतंत्रताओं के प्रति सम्मान को बढ़ावा देने का प्रयास करेंगे:

अनुच्छेद 1	समानता का अधिकार
अनुच्छेद 2	भेदभाव से स्वतंत्रता
अनुच्छेद 3	जीवन, स्वाधीनता, व्यक्तिगत सुरक्षा V का अधिकार
अनुच्छेद 4	दासता से स्वतंत्रता
अनुच्छेद 5	उत्पीड़न, अपमानजनक व्यवहार से स्वतंत्रता
अनुच्छेद 6	विधिक तौर पर एक व्यक्ति के तौर पर मान्यता का अधिकार
अनुच्छेद 7	विधिक तौर पर समानता का अधिकार क़ानून
अनुच्छेद 8	सक्षम अधिकरण द्वारा उपचारों का अधिकार
अनुच्छेद 9	स्वेच्छाचारी गिरफ्तारी, निर्वासन से स्वतंत्रता
अनुच्छेद 10	निष्पक्ष सार्वजनिक सुनवाई का अधिकार
अनुच्छेद 11	दोषी सिद्ध होने तक निर्दोष होने का अधिकार
अनुच्छेद 12	गोपनीयता, परिवार, घर और पत्राचार के साथ हस्तक्षेप से स्वतंत्रता
अनुच्छेद 13	देश और विदेश में स्वतंत्र रूप से घूमने का अधिकार
अनुच्छेद 14	उत्पीड़न से अन्य देशों में शरण लेने का अधिकार
अनुच्छेद 15	राष्ट्रीयता और इसे बदलने की स्वतंत्रता का अधिकार
अनुच्छेद 16	विवाह और परिवार बसाने का अधिकार
अनुच्छेद 17	संपत्ति का अधिकार
अनुच्छेद 18	विश्वास और धर्म का अधिकार
अनुच्छेद 19	विचार एवं अभिव्यक्ति का अधिकार
अनुच्छेद 20	शांतिपूर्ण सम्मेलन एवं संघ निर्माण का अधिकार
अनुच्छेद 21	सरकार के गठन एवं स्वतंत्र चुनावों में भाग लेने का अधिकार
अनुच्छेद 22	सामाजिक सुरक्षा का अधिकार
अनुच्छेद 23	इच्छानुसार काम करने एवं श्रमिक संघों में शामिल होने का अधिकार
अनुच्छेद 24	आराम और अवकाश का अधिकार
अनुच्छेद 25	यथेष्ट जीवन स्तर का अधिकार
अनुच्छेद 26	शिक्षा का अधिकार
अनुच्छेद 27	समुदाय के सांस्कृतिक जीवन में भाग लेने का अधिकार
अनुच्छेद 28	मानवाधिकारों का आश्वासन देने वाली सामाजिक व्यवस्था का अधिकार
अनुच्छेद 29	अबाध और पूर्ण विकास के लिए आवश्यक सामुदायिक दायित्व
अनुच्छेद 30	उपर्युक्त अधिकारों में राज्य या व्यक्तिगत हस्तक्षेप से स्वतंत्रता

स्रोत: संयुक्त राष्ट्र.

बाद के वर्षों में अंतर्राष्ट्रीय संगठनों द्वारा मानवाधिकारों पर महत्त्वपूर्ण दस्तावेजों की एक श्रृंखला को अंगीकृत किया गया। इस प्रक्रिया के दौरान, मानव जीवन की लगभग सभी महत्त्वपूर्ण विशेषताओं पर मानवाधिकारों के परिप्रेक्ष्य से विचार किया गया और अंतर्राष्ट्रीय समझौतों का एक अभिन्न हिस्सा बना दिया गया। इनमें से कुछ निम्नानुसार हैं:

- ICESCR: आर्थिक, सामाजिक एवं सांस्कृतिक अधिकारों पर अंतर्राष्ट्रीय अनुबंध; 1966 (1976 में लागू)
- ICCPR: नागरिक एवं राजनीतिक अधिकारों पर अंतर्राष्ट्रीय अनुबंध, 19 66 (1976 में लागू)
- मानवाधिकार पर यूरोपीय प्रतिज्ञापत्र, 1950 (1953 में लागू)
- मानवाधिकार पर अमेरिकी प्रतिज्ञापत्र, 1969 (1978 में लागू)

- हेलसिंकी समझौते, 1975
- मानव एवं मानवाधिकारों पर अफ्रीकी घोषणापत्र, 1981 (1986 में लागू)

राज्यों द्वारा इन संधिओं पर केवल हस्ताक्षर करना एक उपलब्धि नहीं है, बल्कि उपलब्धि यह है कि ये राज्य नीतियों के निर्माण में साधन हैं। जैसा ऊपर बताया गया है, 1966 के दो सबसे महत्त्वपूर्ण प्रतिज्ञापत्रों को क़ानूनी रूप से राज्यों पर बाध्यकारी बनाया गया है। मानवाधिकारों की अंतर्राष्ट्रीय निगरानी ने मानवाधिकार मुद्दों के दृष्टिकोण को भी बदल दिया है।

हालांकि महाशक्तियों की राष्ट्रीय हित की अवधारणाएं अंतर्राष्ट्रीय राजनीति पर हावी हैं, और ऐसे में संयुक्त राष्ट्र हमेशा केंद्रीय मध्यस्थ रहा है। संयुक्त राष्ट्र ने मानवाधिकार के विषयों पर चर्चा एवं नीतिगत निर्णयों के लिए के लिए एक प्रभावी मंच की स्थिति प्राप्त की है। राष्ट्रों के भीतर सामाजिक-आर्थिक और राजनीतिक माहौल अभी भी अन्याय, तिरस्कार और असमानता को बढ़ावा देता है, जो मानवाधिकारों को हासिल करने की दिशा में सबसे बड़ा बाधा है। राज्य का संवैधानिक / क़ानूनी अधिकार, हमेशा नागरिकों के मानवाधिकारों का मौलिक गारंटर होगा। अंतर्राष्ट्रीय निकाय केवल प्रचारक या निगरानी अभिकरण के रूप में कार्य कर सकते हैं।

ऐसे जटिल माहौल में, बड़ी संख्या में संस्थान, समूह और व्यक्ति मानव गरिमा एवं कल्याण के सार्वभौमिक मानक की प्राप्ति की दिशा में प्रयास करते रहेंगे।

बॉक्स 14.2 संयुक्त राष्ट्र मानवाधिकार संबंधी दस्तावेज़: कुछ उपलब्धियां

मानवाधिकारों को बढ़ावा देने के लिए राष्ट्रों ने मानवाधिकार संबंधी विभिन्न दस्तावेज़ों एवं और संयुक्त राष्ट्र घोषणापत्रों के प्रति वचनबद्ध किया है। उनमें से कुछ निम्नानुसार हैं:

पहला, दूसरा, तीसरा और चौथा जिनेवा सम्मेलन (युद्ध के संचालन, कैदियों के साथ में व्यवहार तथा युद्ध के समय में नागरिकों की सुरक्षा)

1) नरसंहार के अपराध की रोकथाम और सजा पर सम्मेलन
2) महिलाओं के राजनीतिक अधिकारों पर सम्मेलन, 1952
3) नस्लीय भेदभाव के सभी रूपों के उन्मूलन पर अंतर्राष्ट्रीय सम्मेलन (CERD), 1966
4) महिलाओं के खिलाफ भेदभाव के सभी रूपों के उन्मूलन पर सम्मेलन (CEDAW), 1979
5) यातना और अन्य क्रूर अमानवीय एवं अपमानजनक व्यवहार या सजा के खिलाफ सम्मेलन (CAT), 1984
6) बाल अधिकार पर अंतर्राष्ट्रीय सम्मेलन (CRC), 1989
7) नागरिकता विहीन व्यक्तियों और शरणार्थियों की स्थिति पर सम्मेलन, 1951
8) 1926 का दासत्व के खिलाफ सम्मेलन और 1956 में अंगीकृत इसका पूरक सम्मेलन

स्रोत: संयुक्त राष्ट्र.

14.2 व्यक्तिगत अधिकारों के नए आयाम

व्यक्तिवाद पश्चिमी राजनीतिक दर्शन का एक उत्पाद है, जो मानता है कि व्यक्ति समाज की एक स्वतंत्र इकाई के तौर पर कुछ अधिकारों के साथ पैदा हुआ है। साथी प्राणियों के साथ-साथ समाज के साथ उसका संबंध, किसी व्यक्ति के व्यक्तिगत विकास में बाधा के रूप में कार्य कर सकता है। व्यक्तिगत अधिकारों की यह अवधारणा, कई शताब्दियों तक पाश्चात्य जगत पर हावी रही।

विश्व युद्ध के बाद के युग में, व्यक्तिवाद को नए आयाम मिले। अब, संप्रभु राष्ट्र-राज्य के सत्ताधारी विभिन्न अंतर्राष्ट्रीय संधि के तहत क़ानूनी दायित्वों को स्वीकार करते हैं। नागरिकों के साथ अब अंतर्राष्ट्रीय करारों के अनुरूप व्यवहार किया जाता है, जिन पर राज्यों द्वारा हस्ताक्षर किए गए हैं। राज्यों एवं उनकी सरकारों को अपने नागरिकों के अधिकारों और स्वतंत्रताओं की रक्षा करने के लिए बाध्य किया जाता है। 19वीं शताब्दी तक व्यक्तियों के साथ व्यवहार के संदर्भ में, इस तरह के एक आम और सार्वभौमिक मानक की कल्पना नहीं की जा सकती थी। कुछ अनुबंधों के तहत, राज्यों द्वारा बचपन से वृद्धावस्था के अधिकारों को मान्यता दी गई है एवं इसका अनुपालन किया जाता है। वर्तमान में अंतर्राष्ट्रीय मानवाधिकार शासन व्यवस्था मौजूद है।

14.3 सार्वभौमिक बनाम सांस्कृतिक सापेक्षवाद

व्यक्तिवाद के लिए नए आयामों की पृष्ठभूमि में एशियाई देशों में विशिष्ट मानवाधिकारों की अवधारणा और अर्थ, इन अधिकारों के साधारणीकरण से अलग है। हालांकि विकसित पाश्चात्य जगत का दृष्टिकोण हावी रहा है, फिर भी अमेरिकी, अफ्रीकी, अरब और यूरोपीय घोषणापत्रों में मानवाधिकारों के कुछ क्षेत्रीय आयाम स्थापित किए गए हैं। अति विशिष्ट रीति-रिवाजों, परंपराओं, सांस्कृतिक मूल्यों और अन्य वैशिष्ट्य को इन सार्वभौमिक प्रतिज्ञापत्रों में शायद ही कोई प्रतिनिधित्व मिलता है। कई परिवर्ती विशिष्टताओं को प्रतिबिंबित करने वाली एशियाई संस्कृति को बुनियादी अधिकारों की विषय-वस्तु एवं अनुपालन के संबंध में किसी भी क्षेत्रीय ढांचे में शामिल नहीं किया गया है। अधिकांश एशियाई राज्यों में सामुदायिक विकास के मुद्दों को एक विस्तृत मानवाधिकार प्रणाली की आवश्यकता है।

चूंकि अधिकांश विकासशील राज्य अत्यंत निर्धनता एवं अन्य सामाजिक-आर्थिक समस्याओं से पीड़ित हैं, इसलिए एशियाई परिप्रेक्ष्य से मानवाधिकारों की विषय-वस्तु और मुद्दों पर पुनर्विचार करने की तत्काल आवश्यकता है। उदाहरण के लिए, दुनिया के सबसे अधिक आबादी वाले देश चीन का अपना विशिष्ट सामाजिक-आर्थिक और वैचारिक दृष्टिकोण है। व्यक्तिवाद के नाम पर, चीनी समाज अपने परिवार तंत्र को तितर-बितर करना स्वीकार नहीं करेगा। यह अपने मानवाधिकारों के प्रदर्शन की अंतर्राष्ट्रीय निगरानी का भी स्वागत नहीं करेगा। चीन के प्रति विकसित राज्यों द्वारा उपयोग की जाने वाली उन्नतिशील 'व्यापार-आधारित विदेश नीति' उपकरणों का प्रतिरोध रहा है। इसी प्रकार, भारत, इंडोनेशिया और अन्य एशियाई राज्यों की सांस्कृतिक विविधता ने मानवाधिकारों की विभिन्न समझों परिलक्षित किया है। यह बहुलवादी दृष्टिकोण सार्वभौमिक सामान्य मानकों से अलग है, लेकिन इसके बावजूद कोई भी व्यक्ति इन 'सार्वभौमिक' अधिकारों के महत्त्व का खंडन नहीं करता है।

वियना सम्मेलन (1993) में चीनी प्रतिनिधि ने मानवाधिकार व्यवस्थाओं के बहुलवादी सह-अस्तित्व के मुद्दे को उठाया, जिसने प्रत्यक्ष अथवा अप्रत्यक्ष तौर पर उदार व्यक्तिवाद के पश्चिमी मॉडल को लागू करने को चुनौती दी। वियना सम्मेलन में चीनी प्रतिनिधि की टिप्पणियां उल्लेखनीय हैं:

> *मानवाधिकारों की अवधारणा ऐतिहासिक विकास का प्रतिफल है। विकास के विभिन्न चरणों से गुजर रहे अथवा विभिन्न ऐतिहासिक परंपराओं और सांस्कृतिक पृष्ठभूमि वाले देशों में मानवाधिकारों की अलग-अलग समझ और प्रथाएं भी हैं। इस प्रकार, किसी को यह नहीं सोचना चाहिए और कोई यह नहीं सोच सकता है कि, मानवाधिकार के संदर्भ में केवल कुछ देशों के मानक एवं मॉडल ही यथोचित हैं, साथ ही सभी देशों द्वारा इसके अनुपालन की अपेक्षा भी अनुचित है। अंतर्राष्ट्रीय आर्थिक सहायता या यहां तक कि अंतर्राष्ट्रीय सहयोग को मानवाधिकारों की शर्त पर प्रदान किया जाना, न तो यथार्थवादी और न ही व्यावहारिक है।*

एशियाई क्षेत्र में, विकास और मानवाधिकारों की प्रक्रिया पर पुनः समझौता, वास्तव में फिर से संकल्पनात्मक हो सकता है। यह एक बहुसांस्कृतिक मानवाधिकार व्यवस्था के विकास में मदद करेगा, जो आम आदमी के मानवाधिकारों की प्राप्ति में योगदान देगा। जब तक कि तीसरी दुनिया के लोगों के अस्तित्व को बहुलवादी मानवाधिकार व्यवस्था के तहत सुनिश्चित नहीं किया जाता, तब तक वे नागरिक एवं राजनीतिक अधिकारों के फल का आनंद कैसे ले सकते हैं? वर्तमान में, हर देश की सामाजिक-राजनीतिक और आर्थिक स्थितियां इतनी विशिष्ट हैं कि, हर व्यक्ति के नागरिक, राजनीतिक, सामाजिक, आर्थिक और सांस्कृतिक अधिकारों की पूर्ण प्राप्ति असंभव प्रतीत होती है। इस प्रकार, मानवाधिकार की अवधारणाओं एवं प्रथाओं के संदर्भ में 'सांस्कृतिक सापेक्षवाद' का तर्क काफी वास्तविक लगता है, और यह गंभीर विचार-विमर्श के लायक है। मानवाधिकारों की अवधारणा को वास्तव में सार्वभौमिक बनाने के लिए सहानुभूतिपूर्ण अनुसंधान की भी आवश्यकता है।

14.4 मानवाधिकार की तीन पीढ़ियां

फ्रांसीसी क्रांति (1798) ने आज़ादी की मशाल जलाई और अपने नारे, 'स्वतंत्रता, समानता और भाईचारे' के साथ आंदोलन को अप्रतिरोध्य गति प्रदान की। मानवाधिकारों के विकास की दिशा में इसके उल्लेखनीय योगदान को भावी पीढ़ियों द्वारा महसूस किया गया। यह मानव जाति की आवश्यकताओं के अनुरूप अधिकार के मामले में प्राथमिकता के क्रम का निर्धारण भी करता है।

प्राथमिकता के इस पैमाने को संयुक्त राष्ट्र के गहन एवं व्यापक समर्थन के माध्यम से अंतर्राष्ट्रीय मानकों के तौर पर सार्वभौमिक बनाया गया, जिसका अनुपालन सदस्य राज्यों द्वारा किया जाना था। फ्रांसीसी क्रांति के इस नारे का पहला हिस्सा, अर्थात् 'स्वतंत्रता' को मानवाधिकारों और इसके उचित विकास की समझ हेतु महत्त्वपूर्ण माना गया। तदनुसार, नागरिक एवं राजनीतिक अधिकारों को अब सार्वभौमिक रूप से पहली पीढ़ी के अधिकार के रूप में मान्यता प्राप्त है, जिनका वर्णन ICCPR, 1966 में किया गया है।

'समानता', फ्रांसीसी क्रांति के नारे की एक और अंतर्वस्तु थी, जो सभी प्रकार के आर्थिक, सामाजिक और सांस्कृतिक अधिकारों का प्रतीक है। ये अधिकार मनुष्यों के समग्र विकास के लिए आवश्यक हैं। ये अधिकार दूसरे पीढ़ी के अधिकार हैं, जिन्हें 1966 में ICESCR के रूप में संयुक्त राष्ट्र महासभा द्वारा अंगीकृत किया गया था।

जिस प्रकार असंख्य समूहों मानव जाति का गठन करते हैं, उसी प्रकार समूह या सामूहिक अधिकार मानव आबादी की विविध किस्मों के बीच बंधुता और भाईचारे की भावना उत्पन्न करते हैं। इस प्रकार, फ्रांसीसी क्रांति नारा का तीसरा हिस्सा, 'भाईचारा', तीसरे पीढ़ी के अधिकारों को दर्शाता है। तीसरी दुनिया या विकासशील राज्य अपने विकसित समकक्षों से इन अधिकारों की अपेक्षा कर रहे हैं। अंतर्राष्ट्रीय संबंधों के संदर्भ में, इन तीनों पीढ़ी के अधिकारों को राजनयिकों और विदेश नीति निर्माताओं द्वारा अंतर्राष्ट्रीय मंच पर बहस और चर्चा के लिए उठाया जा रहा है।

14.5 लोकतंत्र, विकास और मानवाधिकार

मानवाधिकारों के अभियान ने अंतर्राष्ट्रीय संबंधों को कई तरीकों से अनुकूल एवं प्रतिकूल रूप से प्रभावित किया है। द्वितीय विश्व युद्ध के बाद, मित्र राष्ट्रों ने आर्थिक और सैन्य श्रेष्ठता के उपयोग से अंतर्राष्ट्रीय मामलों पर अपने आधिपत्य को सफलतापूर्वक बरकरार रखा। इस दौरान, सत्ता के लिए संघर्ष ने उन्हें अपनी विचारधाराओं के आधार पर दो गुटों, अर्थात् पूंजीवादी गुट बनाम साम्यवादी गुट में बांटा। पूंजीवादियों या पश्चिमी गुट, दुनिया में लोकतंत्र को बढ़ावा देने और विकसित करने के लिए कृतसंकल्प थे, इसलिए, उन्होंने कुछ राजनीतिक शर्तों के तहत विकासशील राज्यों को विकास हेतु आर्थिक सहायता प्रदान की। USSR के नेतृत्व में साम्यवादी गुट ने साम्यवाद के प्रचार-प्रसार एवं तदनुसार अपनी विदेश नीतियों के निर्माण के पक्ष में अपने सहयोगियों को संगठित किया। अंतर्राष्ट्रीय मामलों के इस चरण को 'शीत युद्ध' के रूप में जाना जाता है, जिसे राष्ट्रों के बीच किसी भी युद्ध की तरह ही विनाशकारी माना गया।

शांति एवं सुरक्षा के नाम पर, संयुक्त राज्य ने लोकतंत्र के विकास तथा ग़रीब राज्यों के विकास की आवश्यकता को अपनी अंतर्राष्ट्रीय नीति का आधार बनाया। दूसरी ओर, USSR ने विदेश नीति के मामलों को भी समाजवाद और समाजवादी लोकतंत्र के दायरे में समाविष्ट कर लिया। इस प्रकार, दो महाशक्तियों ने एक भयंकर प्रतिस्पर्धा में शामिल होकर मानव जाति की स्वतंत्रता को खतरे में डाल दिया।

1970 के दशक के दौरान, एक प्रमुख राजनीतिक घटनाक्रम को 'तनाव शैथिल्य' का नाम दिया गया तथा दो महाशक्तियों ने विश्व शांति एवं सुरक्षा के हित में अपने संघर्षों को हल करने के लिए हेलसिंकी (फिनलैंड) में राजनयिक वार्ता की थी। फ्रांस, यूनाइटेड किंग्डम और कनाडा के भारी समर्थन के साथ, संयुक्त राज्य साम्यवादी देशों द्वारा भी मानवाधिकारों के अनुपालन को व्यवहार के अंतर्राष्ट्रीय मानदंड के तौर पर स्वीकृत कराने में सफल रहा। तदनुसार, कुछ सामान्य अंतर्राष्ट्रीय मानकों को सोवियत गुट द्वारा भी स्वीकृति दी गई, जिसने हर जगह मानवाधिकारों का सशक्तीकरण किया। तत्पश्चात, लोकतंत्र, विकास और मानवाधिकारों के लक्ष्यों को विदेश नीति निर्माण की बुनियाद के तौर पर मान्यता मिली। इतना ही नहीं, दोनों महाशक्तियों के बीच इन संवादों ने लोकतांत्रिक सरकारों और संस्थानों, राजनीतिक बहुलवाद और मानवाधिकारों के संस्थागतकरण के विकास एवं प्रगति में मदद की।

दिलचस्प बात यह है कि, अंतर्राष्ट्रीय संबंधों के संचालन में प्राथमिक स्थिति के मानवाधिकारों के उद्भव ने विश्व राजनीति के पूरे परिदृश्य को बदल दिया। समाज के विकास के लिए, विदेशी प्रभुत्व के खिलाफ संघर्ष का एक और चरण शुरू हुआ, क्योंकि उनका विकास सदैव पश्चिम की सहायता नीतियों पर निर्भर था। इस प्रकार, मानवाधिकारों ने राजनीतिक श्रृंखला के सहारे विदेश नीतियों को प्रभावित किया तथा इसे आकार एवं स्वरूप प्रदान किया।

14.6 मानवाधिकारों पर वियना घोषणापत्र, 1993

USSR के विघटन के तौर पर राजनीतिक उथल-पुथल की एक प्रमुख घटना तथा यूरोप में शांति एवं सुरक्षा की सतत प्रक्रिया एक ही कालावधि में जारी थी, जिसकी परिणति मानव अधिकारों के इतिहास में मानवाधिकार दस्तावेजों को अंतर्राष्ट्रीय मानकों के तौर पर स्वीकृति के रूप में हुई। इस मोड़ पर, मानवाधिकारों पर वियना घोषणापत्र, 1993, ने संयुक्त राष्ट्र द्वारा संकल्पित विषयों एवं अंगीकृत सभी दस्तावेजों की पुन: पुष्टि की। सभी सदस्य देशों के सक्रिय समर्थन के साथ, इस घोषणापत्र द्वारा सदस्य देशों के अंतर्राष्ट्रीय दायित्वों को मान्यता दी गई है।

इस ऐतिहासिक घोषणापत्र की मुख्य विशेषताएं निम्नलिखित हैं:

- यह घोषणा की गई कि, सभी मानवाधिकार सार्वभौमिक, अविभाज्य, परस्पर-निर्भर और अंतर्संबंधित हैं। 171 हस्ताक्षरकर्ता राज्यों ने सुस्पष्ट ढंग से कहा कि, मानवाधिकार 'अंतर्राष्ट्रीय समुदाय की वैध चिंता' बन गया है।
- पहली बार, राष्ट्रीय एवं अंतर्राष्ट्रीय विशिष्टताओं और विभिन्न ऐतिहासिक, सांस्कृतिक और धार्मिक पृष्ठभूमि के महत्त्व को स्वीकृति दी गई, तथा राजनीतिक, आर्थिक एवं सांस्कृतिक प्रणालियों की मौजूदगी के बावजूद, सभी मानवाधिकारों और मौलिक स्वतंत्रताओं को प्रोत्साहन देना तथा उनकी रक्षा करना राज्यों का कर्तव्य माना गया।
- लोकतंत्र, विकास तथा मानवाधिकारों और मौलिक स्वतंत्रता के प्रति सम्मान के बीच संबद्धता की स्थापना, वियना घोषणापत्र की एक अन्य उपलब्धि थी। इन्हें परस्पर-निर्भर और पारस्परिक रूप से एक-दूसरे के लिए सहायक माना गया।
- विकास के अधिकार की पुष्टि एक महत्त्वपूर्ण मानवाधिकार के रूप में की गई, जिसे लोकतंत्र में सुसाध्य होना चाहिए। इसके बाद से ही, विकास के लिए अंतर्राष्ट्रीय स्तर पर स्वीकार्य अधिकारों को प्रतिपादित करने तथा राज्यों द्वारा अपने संबंधित क्षेत्रों में इसे लागू करने के प्रयास किए गए हैं।
- वियना घोषणापत्र ने अंतर्राष्ट्रीय समुदाय के मानवाधिकारों से संबंधित होने पर बल दिया।
- महिलाओं के अधिकारों के संबंध में घोषणा, इस घोषणापत्र की एक बहुत ही महत्त्वपूर्ण विशेषता थी, जिस पर इस प्रकार की दिलचस्पी के साथ पहले कभी बहस नहीं हुई थी। यह कहा गया कि, राज्य महिलाओं से संबंधित घरेलू हिंसा के क्षेत्रों पर ध्यान केंद्रित करेंगे और अंतर्राष्ट्रीय समुदाय के प्रति उत्तरदायी होंगे। नस्लवाद, जातीय संहार, नरसंहार, विदेशी लोगों के प्रति नफ़रत और इसी प्रकार के अन्य सामाजिक अतिक्रमण की रोकथाम को भी राज्यों की ज़िम्मेदारी माना गया जिस पर उसे गंभीरता से विचार किया जाना चाहिए।
- वियना में, 171 राज्यों ने सार्वजनिक नीतियों के माध्यम से एक विशेष किस्म की शिक्षा, अर्थात् मानवाधिकार शिक्षा को बढ़ावा देने का वचन दिया। उन्होंने लोगों के बीच उनके अधिकारों के प्रति बड़े पैमाने पर जागरूकता पैदा करने तथा इस विषय को प्रसारित करने की आवश्यकता की भी पुष्टि की। ग़रीबी और भूख का उन्मूलन एक और महत्त्वपूर्ण मुद्दा था, जिसे राज्यों का एक प्रमुख कर्तव्य माना गया।

14.7 मानवाधिकार हस्तक्षेप

मानवाधिकारों को वैश्विक कार्य सूची में स्थान दिया जाने से कई अन्य मुद्दे भी सामने आए। उदाहरण के तौर पर, अंतर्राष्ट्रीय 'मानवतावादी' हस्तक्षेप के संदर्भ में घरेलू अधिकार क्षेत्र और राष्ट्रीय संप्रभुता के मुद्दे सामने आए। यह दृष्टिकोण भी उभर कर सामने आया है कि, ऐसी परिस्थितियों में मानवाधिकारों — मानवजाति की हैसियत से प्रत्येक व्यक्ति को प्राप्त अविच्छेद्य अधिकार— की रक्षा के लिए हस्तक्षेप करना अंतर्राष्ट्रीय समुदाय का दायित्व हो सकता है, जहां संप्रभु राज्य ऐसा करने में असफल होते हैं या मानवाधिकारों के उल्लंघन के लिए स्वयं जिम्मेदार होते हैं। हाल के दशकों तक, यह माना जाता रहा है कि अपने नागरिकों के प्रति शासकीय व्यवहार 'घरेलू क्षेत्राधिकार' के दायरे में आता है और इसलिए, अन्य राज्य ऐसे मामलों में हस्तक्षेप नहीं कर सकते हैं। परंतु अब परिस्थितियां बदल चुकी हैं। आज अंतर्राष्ट्रीय समुदाय की ओर से संयुक्त राष्ट्र और अन्य अंतर्राष्ट्रीय संगठनों के अलावा

NGOs भी मानवाधिकारों की रक्षा करने या पुनर्स्थापित करने के लिए संप्रभुता की उपेक्षा करते हुए अपनी आवाज बुलंद करने को तत्पर रहते हैं, ताकि राजनीतिक शासन-व्यवस्था द्वारा नागरिकों के साथ दुर्व्यवहार नहीं किए जाने को सुनिश्चित किया जा सके।

20वीं सदी के युद्धों (अंतरराज्यीय और राज्यान्तरिक, दोनों) में हिंसा के बढ़ते उपयोग तथा नागरिकों के जीवन पर इसके गंभीर नकारात्मक प्रभाव, विशेष रूप से सर्वनाश, ने विजेताओं को न्यूरेमबर्ग एवं टोक्यो विचारण के लिए प्रेरित किया। ये विचारण महत्त्वपूर्ण थे, क्योंकि उन्होंने सिद्धांत स्थापित किया कि व्यक्तियों को उनके कार्यों के लिए विश्व समुदाय द्वारा उत्तरदायी माना जा सकता है, भले ही उन कार्यों के लिए आदेश राजनीतिक या सैन्य पदानुक्रम में वरिष्ठ अधिकारियों द्वारा दिए गए हों।

'मानवता के खिलाफ अपराध' की इस नई अवधारणा के साथ-साथ यह तर्क कि, इस प्रकार के अपराधों के लिए राज्यों के अलावा सरकार अथवा सैन्य कर्मियों के व्यक्तिगत सदस्यों को भी दोषी माना जा सकता है, के कारण ऐसी परिस्थिति का निर्माण हुआ जिसने सभी स्तरों पर नीति-निर्माताओं को युद्ध के वैध कृत्यों तथा आपराधिक हिंसा एवं नृशंसता के बीच अंतर स्थापित करने के लिए विवश कर दिया। छह लाख यहूदियों की हत्या —बाद में इसी तरह बोस्निया एवं कोसोवो में 'जातीय संहार' तथा रवांडा में नरसंहार — को अंतर्राष्ट्रीय समुदाय द्वारा मानवाधिकारों के निंदनीय उल्लंघन के तौर पर देखा गया, जिसके बाद इस सिद्धांत की स्थापना हुई कि एक संप्रभु राज्य द्वारा युद्ध समय की कार्रवाई या आपराधिक कृत्यों में शामिल व्यक्तियों पर अन्य संप्रभु राज्यों के साथ-साथ बाहरी न्यायाधिकरणों द्वारा भी मुकदमा चलाया जाता है और दंडित किया जा सकता है।

इस प्रकार, न्यूरेमबर्ग एवं टोक्यो, दोनों विचारणों ने व्यक्तिगत जिम्मेदारी की धारणा स्थापित की, लेकिन हिंसा में उपयोग में राज्य की संप्रभुता भी सीमित कर दी गई। इसके अलावा जिनेवा घोषणापत्र भी राज्य को गैर-योद्धाओं एवं युद्ध बंदियों के प्रति मानवतापूर्ण व्यवहार हेतु बाध्य करता है; साथ ही उन्हें अपने नागरिकों के प्रति व्यवहार में भी 'सार्वभौमिक' मानवाधिकारों के सिद्धांत के अनुपालन का अंतर्राष्ट्रीय दायित्व सौंपता है। पहली बार, अंतर्राष्ट्रीय क़ानून के माध्यम से हिंसा के वैश्विक विनियमन ने राज्य के घरेलू क्षेत्राधिकार— अर्थात् राज्यों द्वारा अपनी सीमाओं के भीतर हिंसा के अधिकार के दायरे में प्रवेश किया।

द्वितीय विश्व युद्ध के बाद, संयुक्त राष्ट्र सम्मेलनों एवं अंतर्राष्ट्रीय और क्षेत्रीय मानवाधिकार न्यायाधिकरणों ने न्यूरेमबर्ग के उदाहरण को सुदृढ बनाया है और विस्तारित किया है। मई 1996 में, न्यूरेमबर्ग के बाद पहली हेग में अंतर्राष्ट्रीय आपराधिक अदालत (ICC), अंतर्राष्ट्रीय आपराधिक न्यायाधिकरण संचालित किया गया, जहां युगोस्लाविया के पूर्व राष्ट्रपति मिलोसेविक को युद्ध अपराधों के लिए दोषी पाया गया। 1998 में रोम में नरसंहार, युद्ध अपराध और मानवता के खिलाफ अपराधों के आरोप में स्थायी ICC स्थापित करने के लिए रोम में एक अतिरिक्त कदम उठाया गया था।

14.8 मानवाधिकारों का संरक्षण: भावी चुनौतियां

सभी लोगों के लिए उपलब्धि के 'सामान्य मानक' के रूप में मानवाधिकारों की सार्वभौमिक घोषणा के अभिप्रेत लक्ष्य को अभी तक हासिल नहीं किया जा सका है। पिछले छह दशकों के दौरान, मानवाधिकारों के प्रचार और संरक्षण में संयुक्त राष्ट्र के कार्यों की भूमिका और दायरे का काफी विस्तार हुआ है। अधिकारों के प्रति चेतना का बड़े पैमाने पर विस्तार हुआ है। इस कार्य में बड़ी संख्या में व्यक्तियों, संगठनों एवं अभिकरणों के साथ-साथ राज्य भी शामिल हैं। संयुक्त राष्ट्र के सामूहिक प्रयासों के माध्यम से, राष्ट्रीय व्यवहार के स्वीकार्य वैश्विक मानकों को स्थापित किया गया है। राज्य अब मानवाधिकारों और स्वतंत्रताओं के संदर्भ में सक्रिय एवं सहयोगात्मक भूमिका निभाने के लिए बाध्य हैं। अत्यंत निर्धनता एवं निरक्षरता, कुपोषण और बीमारियों के उन्मूलन हेतु संयुक्त राष्ट्र द्वारा वित्त-पोषित कई कार्यक्रमों का संचालन किया जा रहा है। व्यक्तियों, संगठनों और राज्यों द्वारा विभिन्न निधियों एवं अनुदानों का उपयोग मानव जीवन के सामान्य मानकों को बेहतर बनाने के लिए किया गया है। लोगों की जागरूकता भी बढ़ी है। लोकतांत्रिक सरकारों की स्थापना की गई है तथा संस्थानों को लोकतांत्रिक बनाने की प्रक्रिया जारी है। NGOs के कार्यों ने मानवाधिकारों को लोकप्रिय बनाने की दिशा में अत्यधिक योगदान दिया है।

लेकिन इस मार्ग में कई बाधाएं भी हैं। मानवाधिकारों के एक सामान्य मानक की प्राप्ति अभी भी एक चुनौतीपूर्ण कार्य है। यहां तक कि मानवाधिकारों के उल्लंघन भी पहले की तुलना में कई गुना बढ़ गए हैं। एशिया और अफ्रीका के कई हिस्सों में 'जातीय

संहार' के विनाशकारी रूप देखने को मिले हैं। कई क्षेत्रों में फासीवादी राजनीतिक शासन-व्यवस्था मौजूद हैं। विकसित समाजों के उपनगरीय क्षेत्रों में भी नस्लीय भेदभाव को पोषित किया जा रहा है। ग़रीबों और अमीरों के बीच खाड़ी चौड़ी हो गई है। संयुक्त राष्ट्र के सदस्यों द्वारा सहस्राब्दी विकास लक्ष्यों की व्याख्या के बावजूद, ग़रीबी उन्मूलन अभी तक हासिल नहीं किया जा सकता है। विकासशील समाजों को अपने नागरिकों के लिए समान आर्थिक अधिकारों की प्राप्ति हेतु वित्तीय चुनौतियों का सामना करना पड़ता है। तीसरी पीढ़ी के अधिकार या विकास का अधिकार, पर्यावरण को स्वच्छ बनाने का अधिकार, इत्यादि को हासिल करना अत्यंत कठिन प्रतीत होता है। संसाधनों, बुनियादी ढांचे एवं राजनीतिक इच्छा की अत्यधिक कमी तथा निरक्षरता और बीमारियों ने अविकसित दुनिया के समक्ष कई प्रकार की चुनौतियां प्रस्तुत की हैं।

इसके बावजूद, संयुक्त राष्ट्र के नेतृत्व में, मानवाधिकारों की प्राप्ति, संरक्षण और प्रचार-प्रसार के प्रति आशा जताई जा रही है। लोकतंत्र, मानवाधिकार एवं विकास पर आधारित दुनिया के निर्माण हेतु राज्यों, NGOs और इससे प्रत्यक्ष एवं अप्रत्यक्ष तौर पर संबद्ध किरदारों पर राजनीतिक और आर्थिक दबाव की आवश्यकता होती है। विकसित देशों पर अधिक जिम्मेदारी और उत्तरदायित्व के साथ कार्य करने के लिए अंतर्राष्ट्रीय स्तर पर दबाव उत्पन्न होना चाहिए। पश्चिमी दुनिया द्वारा अधिक प्रतिबद्धता से निश्चित तौर पर मानवाधिकारों की स्थिति बेहतर होगी। मानवाधिकारों को लागू करने के क़ानूनी उपायों और प्रभावी क़ानूनों के दस्तावेज़ीकरण के लिए, इससे संबद्ध किरदारों और अभिकरणों द्वारा गंभीर प्रयासों की आवश्यकता है।

अंतर्राष्ट्रीय मानवाधिकार संधि के अनुमोदन के माध्यम से, सरकारें अपनी संधि दायित्वों के अनुरूप घरेलू नीतियों और क़ानूनों को स्थापित करने का प्रयास करती हैं। यदि घरेलू क़ानूनी कार्यवाही मानवाधिकारों के दुरुपयोग को दूर करने में विफल रहती है, तो उस स्थिति में क्षेत्रीय और अंतर्राष्ट्रीय स्तर पर व्यक्तिगत शिकायतों के लिए निवारण तंत्र उपलब्ध हैं, ताकि अंतर्राष्ट्रीय मानकों को स्थानीय स्तर पर लागू किया जा सके। मानवाधिकारों की सार्वभौमिकता का सिद्धांत, अंतर्राष्ट्रीय मानवाधिकार क़ानून का आधार है। 1993 में मानवाधिकारों पर वियना विश्व सम्मेलन में व्याख्या की गई कि, राजनीतिक, आर्थिक और सांस्कृतिक तंत्र की मौजूदगी के बावजूद सभी मानवाधिकारों और मौलिक स्वतंत्रताओं को प्रोत्साहन देना एवं उनकी रक्षा करना राज्यों का कर्तव्य है।

14.9 निष्कर्ष

द्वितीय विश्व युद्ध के बाद के युग में मानव और भौतिक, दोनों पैमाने पर भयंकर विनाश के उस माहौल में आपसी विश्वास के पुनर्निर्माण को सबसे वांछनीय मानवीय गतिविधि के रूप में देखा गया। द्वितीय विश्व युद्ध के विजेताओं द्वारा संयुक्त राष्ट्र की स्थापना ने विश्व राजनीति में वांछित प्रवृत्तियों की संकल्पना तैयार की। राष्ट्रों के बीच संबंधों को योजनाबद्ध तरीके से सुव्यवस्थित किया गया, जिसने विदेशी मामलों पर पश्चिमी प्रभुत्व की स्थापना भी की। इस बीच, संयुक्त राष्ट्र के सदस्य देशों द्वारा व्यक्ति की गरिमा और मानवीय मूल्यों को व्यापक स्वीकृति मिली। तत्पश्चात राष्ट्रों के बीच परस्पर निर्भरता दिन-प्रतिदिन बढ़ रही है। ऐसी परिस्थितियों में, मानवाधिकारों का महत्त्व भी काफी बढ़ गया है।

लोकतंत्र और विकास के मुख्य प्रयोजन को मानवाधिकारों के विषय के साथ एकीकृत किया गया है। अब, अंतर्राष्ट्रीय संबंधों ने मानवाधिकारों को चिंता का एक प्रमुख मुद्दा माना है। संयुक्त राष्ट्र के तहत, मानवाधिकार क़ानून के एक व्यापक निकाय का निर्माण संगठन की सबसे बड़ी उपलब्धियों में से एक है। पहले से दूसरे और अब तीसरी पीढ़ी के मानवाधिकारों की एक विस्तृत श्रृंखला को अवधारणाबद्ध और दस्तावेज़ीकृत किया गया है, जो सभी राष्ट्रों को परिचालित कर सकते हैं। इन युक्तियों में नागरिक, राजनीतिक, आर्थिक, सामाजिक, सांस्कृतिक, अधिकारों के साथ-साथ विकास का अधिकार एवं स्वच्छ वातावरण का अधिकार शामिल भी है। यह संघर्ष लंबी अवधि से परिव्याप्त है तथा मानवाधिकारों की प्राप्ति, प्रोत्साहन एवं संरक्षण के मार्ग में कई चुनौतियां और मौजूद हैं।

मॉडल प्रश्न

14.1 मानवाधिकार को परिभाषित करें और समकालीन युग में इसके महत्त्व पर चर्चा करें।

14.2 मानवाधिकारों की तीन पीढ़ियों की जाँच-पड़ताल करें। ये एक-दूसरे से किस प्रकार सहसंबद्ध हैं?

14.3 क्या आप इस बात से सहमत हैं कि, अधिकारों की पश्चिमी उदारवादी अवधारणा पृथक व्यक्ति पर अत्यधिक बल देती है?

14.4 आप UNDHR का चरित्र-चित्रण किस प्रकार करेंगे? अपने जवाब को विस्तारपूर्वक प्रस्तुत करें।

14.5 अपने अधिकार-क्षेत्र में किसी भी प्रकार के अधिकारों के उल्लंघन के खिलाफ संप्रभु राज्यों की उत्तरदायित्व, एक महत्त्वपूर्ण उपलब्धि है। अपने विचारों को तर्क के साथ प्रस्तुत करें।

14.6 मानवाधिकार के मुद्दे अंतर्राष्ट्रीय संबंधों के एक महत्त्वपूर्ण हिस्से के रूप में उभरकर सामने आए हैं। विस्तार से चर्चा करें।

14.7 मानवाधिकारों के संदर्भ में एशियाई दृष्टिकोण पर चर्चा करें। प्रमुख पश्चिमी राष्ट्र इस दृष्टिकोण को क्यों स्वीकार नहीं करते हैं?

14.8 तीसरी पीढ़ी के कुछ अधिकारों को चिह्नित करें तथा समकालीन परस्पर-निर्भर वैश्विकृत दुनिया में उनके मूल्य पर चर्चा करें।

14.9 वियना घोषणापत्र मानव अधिकारों के इतिहास की एक युगांतरकारी घटना है। विस्तार से चर्चा करें।

14.10 मानवाधिकारों के बढ़ते उल्लंघन से इन अधिकारों की पूर्ण प्राप्ति की दिशा में चुनौतियां उत्पन्न होती हैं। चर्चा करें।

अनुशंसित साहित्य

Donnelly, J. 1993. *International Human Rights.* Boulder, CO: Westview Press.

Dunne, T., and N. J. Wheeler, eds. 1999. *Human Rights in Global Politics.* Cambridge: Cambridge University Press.

Laquer, Walter, and Rutun Barry. 1979. *The Human Rights Reader.* New York: Meridian Books.

Pandey, Veena Puri. 1999. *International Perspectives on Human Rights.* New Delhi: Mohit Publications.

Pogge, T. 2002. *World Poverty and Human Rights.* Cambridge: Polity Press.

Sen, A. 1999. *Development as Freedom.* Oxford: Oxford University Press.

Shre, H. 1983. *Basic Rights.* Princeton, NJ: Princeton University Press.

Shute, S., and S. Hurley, eds. 1993. *On Human Rights.* New York: Basic Books.

Steiner, H. J., and P. Alston. 2000. *International Human Rights in Context: Law, Politics Morals: Texts and Materials.* Oxford: Clarendon Press.

United Nations. 1998. *United Nation's Declaration of Human Rights.* New York: UN Department of Public Information, April.

———. 2006. *Charter of the United Nations.* UN Department of Public Information, December.

United Nations Charter of 1945. Available at http://www.un.org/en/documents/charter.

Universal Declaration of Human Rights. 1948. Available at http://www.un.org/en/documents/ndhr.

Vincent, R. J. 1986. *Human Rights and International Relations.* Cambridge: Cambridge University Press.

15

आतंकवाद

अदनान फारूक़ी

अध्ययन के उद्देश्य

- ऐतिहासिक रूप से आतंकवाद के क्रमिक विकास में शामिल मौलिक मुद्दों का अन्वेषण करना
- समकालीन आतंकवाद की जटिल प्रकृति की सुस्पष्ट तस्वीर प्रस्तुत करना
- दुनिया भर में आतंकवाद के इतिहास के विभिन्न चरणों का अनुरेखण करना
- आतंकवाद और विद्रोह के बीच के विभेदों का सीमांकन करना

अध्याय सार

इस अध्याय में एक रणनीति एवं विचारधारा के तौर पर आतंकवाद की जांच-पड़ताल की गई है। आतंकवाद दर्ज इतिहास की तरह ही प्राचीन है। आधुनिक युग में, फ्रांस की क्रांति के दौरान आतंकवाद की शुरुआत हुई। उस वक्त इसे एक सकारात्मक अवधारणा के रूप में देखा गया था, जो शक्ति के समेकन तथा नवोदित क्रांतिकारी राज्य में व्यवस्था लागू करने की दृष्टि से अत्यंत उपयोगी था। अपने वर्तमान रूप में, आतंकवाद एक अपमानजनक शब्द है। आतंकवाद आतंकवादी और आतंक से पीड़ित, दोनों के शस्त्रागार का एक राजनीतिक हथियार बन सकता है।

इतिहास के दर्ज किए जाने की अवधि से ही, सरकारों द्वारा आतंकवाद को एक बड़ी विघटनकारी शक्ति के रूप में देखा गया है। इसने विभिन्न तरीकों से विश्व इतिहास को आकार देने में मदद की है, और लंबे समय से विभिन्न लोगों के लिए इसका तात्पर्य भी अलग-अलग रहा है।

'आतंकवाद' शब्द को परिभाषित करना अत्यंत कठिन है। एक विचार के अनुसार, सदियों पहले आतंकवादी रणनीति के इस्तेमाल के साथ ही इस का विकास हुआ है। आगे इस बात की व्याख्या की जाएगी कि, आधुनिक युग के 'आतंकवाद' की शुरुआत फ्रांस की क्रांति के दौरान एक सकारात्मक अवधारणा के तौर पर हुई, जो नवोदित क्रांतिकारी राज्य में शक्ति के समेकन तथा व्यवस्था लागू करने के तरीकों को संदर्भित करता था (हॉफमैन, 1998: 15)। इसके उपरांत यह कई चरणों और अर्थों के माध्यम से विकसित हुआ है, परंतु स्पष्ट तौर पर अपने वर्तमान रूप में एक अपमानजनक शब्द है (हॉफमैन, 1998: 15)। दूसरा, 'आतंकवादी' कृत्यों के प्रति समर्पित या इसकी निंदा करने वाले कुछ ऐतिहासिक किरदारों ने अंतर्राष्ट्रीय प्रणाली में वैधता हासिल की है। यह शब्द आतंकवादी और आतंक से पीड़ित, दोनों के शस्त्रागार का एक राजनीतिक हथियार बन सकता है, और अक्सर यथास्थिति में कुछ किरदारों, आमतौर पर एक राज्य, द्वारा इसका अपप्रयोग किया जाता है, जो 'आतंकवादी' को प्रेरित करने वाली शक्ति को अपने हितों के विरुद्ध पाते हैं। लेकिन इस प्रकार की समस्याओं से परे, यह शब्द व्यक्तिपरक है और इसे परिभाषित करना कठिन है, क्योंकि यह आमतौर पर जनता में भय उत्पन्न करने के प्रयास से जुड़ा होता है। अगर आतंकवादी तमाशबीनों के मन में भय उत्पन्न नहीं कर पाए, तो वे शक्तिहीन हो जाएंगे। हमला जितना अधिक उपद्रवी, चौंकाने वाला, अप्रत्याशित और ध्यान आकर्षित करने वाला होगा, आतंकवादी को मिलने वाली शक्ति एवं होने वाला लाभ भी उतना ही अधिक होगा। इस प्रकार, आतंकवाद में कम से कम तीन महत्त्वपूर्ण घटक होते हैं: भय का निर्माण, कदाचित हिंसा का यादृच्छिक उपयोग तथा निर्दोषों पर हमला (फ्री एवं मॉरिस, 1991: 3)।

विचारधारा एवं अभिप्रेरण भी आतंकवादी गतिविधियों के संचालन के उद्देश्यों, विशेष रूप से दुर्घटना के शिकार लोगों की दर के संबंध में, को प्रभावित करती है। धर्मनिरपेक्ष विचारधाराओं और ग़ैर-धार्मिक लक्ष्यों वाले समूह, अक्सर अपने विशिष्ट राजनीतिक लक्ष्य को प्राप्त करने के लिए हिंसा के अत्यधिक चुनिंदा एवं भेदभावपूर्ण कृत्यों का सहारा लेते हैं। अक्सर उन्हें उद्देश्य प्राप्त करने के लिए दुर्घटना के शिकार लोगों की आवश्यक संख्या को न्यूनतम रखना पड़ता है। ऐसा संगठन को प्रतिघात से होने वाले नुकसान से बचाने तथा न्यायसंगत मांगों वाले एक विवेकशील समूह के तौर पर अपनी उपस्थिति को बरकरार रखने के लिए आवश्यक है। अपने हमलों को सीमित करके, वे बाहरी राजनीतिक एवं आर्थिक सहायता में कटौती के जोखिम को कम करते हैं। ऐसे समूह जिनमें विद्रोह का 'पार्श्व' शामिल है, या उपरोक्त आधार से संबद्ध हैं, उनके संदर्भ में कभी-कभी वैध, राजनीतिक संगठन अक्सर इन बाध्यताओं के तहत काम करते हैं। इन विचारों को संतुलित करने के कारण होने वाले तनाव, प्रायः इन संगठनों के भीतर पृथक समूहों और आंतरिक गुटों के विकास के प्रमुख कारक हैं।

इसके विपरीत, धार्मिक दृष्टि से उन्मुख एवं सहस्राब्दी के सिद्धांत में विश्वास रखने वाले समूह, आमतौर अधिकाधिक संख्या में लोगों को हताहत करने का प्रयास करते हैं। सर्वनाश से संबंधित मूल विचार के उपयोग के कारण, वे जीवन की हानि अप्रासंगिक है और हताहत अधिक बेहतर हैं। उनके सह-धर्मावलंबियों के बीच इस प्रकार जीवन की हानि महत्त्वपूर्ण है, क्योंकि इस प्रकार मारे जाने के बाद लोग मृत्यु उपरांत जीवन का लाभ उठाएंगे। इन समूहों को प्रतिघात का बिल्कुल भी भय नहीं होता है, क्योंकि अक्सर अपने दुश्मनों की अनावश्यक प्रतिक्रिया को प्रेरित करना तथा संभावित रूप से संघर्ष को अत्यधिक विस्तृत करना, इनका एक लक्ष्य होता है।

चयनित लक्ष्य का स्वरूप, अक्सर अभिप्रेरण एवं विचारधाराओं को प्रतिबिंबित करेगा। धर्मनिरपेक्ष राजनीतिक या सामाजिक अभिप्रेरण का दावा करने वाले समूहों के लिए, उनके लक्ष्य प्राधिकरणों को प्रतिबिंबित करते हैं — स्थापित व्यवस्था के साथ प्रत्यक्ष संबंधों वाले सरकारी कार्यालय, बैंक, राष्ट्रीय एयरलाइंस और बहुराष्ट्रीय निगम। जबकि धार्मिक समूह भी इस प्रतीकात्मकता का अधिक उपयोग करते हैं, और लक्ष्यीकरण समीकरण के लिए इनमें धार्मिक रूप से संबद्ध व्यक्तियों जैसे कि मिशनरी, तथा धार्मिक गतिविधियों, जैसे कि पूजा सेवाओं को जोड़ने की प्रवृत्ति होती है।

आतंकवादी लक्ष्यीकरण में उपयोग किए गए प्रतीकात्मकता का एक अन्य आम रूप, विशेष वार्षिकोत्सवों या स्मरणीय तिथियों पर हमला करना होता है। राष्ट्रवादी समूह पारंपरिक संघर्ष के दौरान जीते या हार गए युद्धों का जश्न मनाने के लिए हमला कर सकते हैं, जबकि धार्मिक समूह विशेष रूप से उपयुक्त समारोहों को लक्ष्य बनाने के लिए हमला कर सकते हैं। कई समूह सफल संचालन के वार्षिकोत्सवों या उनके विशेष संघर्ष से संबंधित उल्लेखनीय व्यक्तियों को फांसी दिए जाने या उनकी मृत्यु की याद में जश्न मनाने का प्रयास करेंगे। हालांकि, पारंपरिक युद्ध और आतंकवाद के बीच भ्रम नहीं होना चाहिए। युद्ध में, एक लक्ष्य चुना जाता है क्योंकि इसमें सैन्य महत्त्व होता है और एक विशिष्ट सैन्य उद्देश्य की प्राप्ति निर्धारित होती है। आतंकवाद में, लक्ष्य के प्रति दिलचस्पी अपेक्षाकृत कम होती है। महत्त्वपूर्ण बात यह है कि, इनके लक्ष्य से निश्चित तौर पर समाज के एक बड़े हिस्से में प्रतिक्रिया होगी। आतंकवाद को हिंसा के कृत्य में जीवन के नुकसान अथवा मरने वाले लोगों की संख्या के आधार पर परिभाषित नहीं किया जाता है। इसे हिंसा के उपयोग और आतंकवादी कृत्य के उद्देश्य के संदर्भ में परिभाषित किया जाता है।

15.1 आतंकवाद के कारण

आतंकवाद कोई अखंड घटना नहीं है; यह न केवल विचारधारा के संदर्भ में, बल्कि संगठन एवं स्थापना के संदर्भ में भी काफी विविधतापूर्ण है। कभी-कभी, आतंकवाद एक सामाजिक आंदोलन या राजनीतिक दल से जुड़ा होता है, जो काफी हद तक सामाजिक सेवाओं को प्रदान करने जैसी अहिंसक गतिविधियों के परिणामस्वरूप लोकप्रिय समर्थन का आनंद लेता है (हमास और हिज़बुल्लाह इस प्रकार विकसित हुए संगठनों के उदाहरण हैं)। ऐसे किरदार आतंकवाद का सहारा लेते हैं, क्योंकि यह सरकार पर दबाव डालने का अस्थायी रूप से एक फायदेमंद साधन है। आतंकवाद का उपयोग किए बिना वे जीवित रह सकते हैं, एवं प्रगति कर सकते हैं। अन्य समूह सामाजिक रूप से अधिक अलग हैं। वे आतंकवाद का उपयोग करने वाले बड़े संगठनों के पृथक गुट या छोटे समूह हो सकते हैं। ऐसे समूहों के पास आतंकवाद के अलावा कुछ विकल्प होते हैं और समय के साथ, एक रणनीति के तौर

पर यह उनकी पहचान बन सकता है। दोनों प्रकार के समूहों में आंतरिक उपभेद और प्रभाग होते हैं, और गुटवाद सामान्य है। उनके नेता एकजुटता और निष्ठा बनाए रखने के लिए संघर्ष करते हैं।

इस प्रकार के विभेद पर चर्चा की शुरुआत से एक अन्य मुद्दा सामने आता है: कुछ परिस्थितियों में, समर्थक दर्शकों द्वारा आतंकवाद को वैध माना जा सकता है, खासकर जब उनके खिलाफ भेदभाव किया जाता है और सत्ता तक उनकी पहुंच अवरुद्ध होती है। इसे तथ्य को अस्वीकृत नहीं किया जा सकता है कि कुछ परिस्थितियों में, जनता आतंकवाद के पीछे के लक्ष्यों के साथ-साथ इसके तरीकों का भी समर्थन कर सकती है।

15.2 आतंकवाद और लोकतंत्र

आतंकवाद और लोकतंत्र के बीच संबंध एक महत्त्वपूर्ण चिंता का विषय है। क्या कुछ विशिष्ट प्रकार की शासन-व्यवस्था को दूसरों की तुलना में आतंकवाद से अधिक जोखिम की संभावना होती है? विशेष रूप से, अन्य प्रकार की शासन-व्यवस्था की तुलना में लोकतंत्र अधिक जोखिम में हैं? क्या ऐसी शासन-व्यवस्था जो असहमत शक्तियों को बर्दाश्त नहीं करती हैं वे आतंकवाद के प्रतिकूल हैं? क्या लोकतंत्र आतंकवाद को रोकने में सक्षम है?

यहां इस बात को समझना बेहद महत्त्वपूर्ण है कि, 'लोकतंत्र' शब्द अत्यंत व्यापक है। सभी लोकतंत्र समान रूप से समावेशी या बहुलवादी या अल्पसंख्यक अधिकारों का सम्मान नहीं करते हैं। निर्वाचित बहुसंख्यक अल्पसंख्यकों के खिलाफ व्यवस्थित रूप से भेदभाव कर सकते हैं। दुनिया के कई कार्यशील लोकतंत्र परिसीमित या आंशिक हैं।

हालांकि, परिभाषित लोकतंत्र प्रतिरक्षा की गारंटी नहीं देता है। वाक् स्वतंत्रता एवं विचार-विभिन्नता के प्रति सहिष्णुता की लंबी परंपरा वाले स्थापित उदार लोकतंत्र भी घरेलू स्तर पर एवं विदेशों, दोनों में घरेलू और विदेशी आतंकवाद के लक्ष्य रहे हैं। इस संदर्भ में हम भारत के साथ-साथ संयुक्त राज्य, कनाडा, ग्रेट ब्रिटेन, जर्मनी, फ्रांस, ग्रीस, इटली, स्पेन और तुर्की का भी उल्लेख कर सकते हैं।

आतंकवाद का सहारा लेने वाले समूहों को प्रेरित करने वाले कारणों में जातीय-राष्ट्रवाद और अलगाववाद, वामपंथी क्रांति, धर्म एवं दक्षिणपंथी चरमपंथ शामिल हैं। लोकतंत्र के भीतर उत्पन्न आतंकवाद के मामले में, राज्य के भीतर सामाजिक, जातीय एवं राजनीतिक विषमता या विखंडन का स्तर अत्यंत महत्त्वपूर्ण है। अत्यधिक विवाद-ग्रस्त राजनीति और विभाजित समाजों के आतंकवाद से जुड़ने का जोखिम अधिक होता है। हमें लोकतंत्र पर आतंकवाद के संभावित प्रभावों को भी ध्यान में रखना चाहिए। संक्रमणकालीन या नवीन लोकतंत्र की स्थिति सबसे नाजुक हैं, क्योंकि उनका प्राधिकार कमजोर है और पिछले उत्पीड़न की विरासत सशक्त हो सकती है। आतंकवाद में लोकतांत्रिक संक्रमण को खतरे में डालने की क्षमता है। उदाहरण के लिए, चिली, अर्जेंटीना, उरुग्वे, स्पेन और अल्जीरिया में सैन्य शासन से दूर आंदोलनों पर आतंकवाद के प्रभाव के तौर पर संदर्भित किया जा सकता है। इन मामलों में संक्रमण की प्रक्रिया के दौरान भी आतंकवाद जारी रहा।

15.2.1 अंतर्राष्ट्रीय राजनीति

आतंकवाद के कारण अंतर्राष्ट्रीय और घरेलू, दोनों हैं। प्रौद्योगिकी के क्षेत्र में प्रगति आतंकवादी समूहों की गतिशीलता तथा आंतरिक एवं बाह्य स्तर पर संवाद करने की सहवर्ती क्षमता को बढ़ाती है। व्यापक नागरिक संघर्ष में पतन या भागीदारी के तौर पर राज्य की अशक्तता (अक्सर उत्तरवर्ती, पूर्ववर्ती का परिणाम होता है), अंतर्राष्ट्रीय प्रणाली के स्तर पर चिंता का एक अन्य विषय है। कुछ विफल या असफल राज्य—केंद्र सरकारों की अनुपस्थिति या अपने क्षेत्र या आबादी पर नियंत्रण को बरकरार रखने में असक्षम सरकारें—कट्टरपंथी षड्यंत्रों का अखाड़ा बन जाते हैं, जो स्थायित्व में बाधा डालते हैं तथा आतंकवाद को अन्य लक्ष्यों एवं लोगों की ओर प्रेरित करते हैं। लंबे समय तक नागरिक संघर्ष और अस्थिरता की वजह से शरणार्थियों एवं आप्रवासियों की लहर उत्पन्न होती है, जो अलग-अलग प्रवासी समुदायों का निर्माण करते हैं, जिसमें आतंकवादी समूहों को आश्रय मिल सकता है।

इरा बात पर भी विचार किया जाना चाहिए कि किसी भी प्रकार की शासन-व्यवस्था, लोकतांत्रिक या सत्तावादी, अपनी सीमाओं के बाहर एक असममित संघर्ष में शामिल हो सकती हैं। स्थिर एवं सुविकसित लोकतंत्रों को आंतरिक रूप से उत्पन्न

आतंकवाद से गंभीर खतरा नहीं हो सकता है, लेकिन बाहरी हस्तक्षेप या राजनीतिक, आर्थिक और सांस्कृतिक उपस्थिति के कारण आतंकवाद बाहरी स्रोतों से प्रेरित हो सकता है। इस प्रकार, किसी राज्य के आतंकवाद से ग्रस्त होने की संभावना केवल इस बात से निर्धारित नहीं होती है कि, वह अपने नागरिकों के साथ घरेलू स्तर पर किस प्रकार व्यवहार करता है बल्कि यह विदेश में उसके कृत्यों से भी प्रभावित होता है। जब इस तरह के कार्यों में अंतर्राष्ट्रीय वैधता की कमी होती है, और स्थानीय आबादी उन्हें अन्यायपूर्ण मानती है, तो कट्टरपंथी समूह आतंकवाद को उचित प्रतिक्रिया के रूप में देखते हैं।

15.2.2 धर्म

धर्म की भूमिका एक अंतिम प्रश्न है, जिसे संबोधित किया जाना चाहिए। धार्मिक सिद्धांत 'लोगों को संगठित करने का एक साधन' है, या फिर प्रत्यक्ष कारण के बजाय आतंकवाद को न्यायोचित सिद्ध करने का जरिया है। उदाहरण के लिए, राजनीतिक और आर्थिक स्थिति से उत्पन्न असंतोष कट्टरपंथी इस्लामवादी समूहों के लिए समर्थन को प्रेरित करता है। धार्मिक कट्टरता खुद राजनीतिक कट्टरतावाद का कारण नहीं है। धर्म के प्रति आकर्षण के एक संघर्ष की रूपरेखा तैयार करने या प्रतिनिधित्व करने का तरीका बनने से उस क्षेत्र द्वारा इसे समझे जाने की संभावना होती है। समान लक्ष्यों को बढ़ावा देने वाले समूह अक्सर अलग-अलग तरीकों का चयन करते हैं, जो लक्ष्य से अधिक साधनों के संदर्भ में असहमत होते हैं। धार्मिक न्यायोचितता, अक्सर राष्ट्रवाद या स्वभाग्यनिर्णय जैसे अन्य, स्पष्ट रूप से राजनीतिक, लक्ष्यों के साथ संयुक्त होते हैं।

15.3 आतंकवाद का इतिहास

निम्नलिखित ऐतिहासिक समीक्षा के माध्यम से यह दर्शाने का प्रयास किया गया है, आधुनिक आतंकवाद तथा आतंक के उपयोग के तरीकों का विकास किस प्रकार हुआ है। इस खंड का लक्ष्य प्रत्येक ऐतिहासिक चरण की विस्तृत समीक्षा करना नहीं है, बल्कि यह दिखाने का प्रयास करना है कि आतंकवाद का भी ऐतिहासिक और सैद्धांतिक आधार पर विकास हुआ है।

15.3.1 धर्म और आतंकवाद पुराने सहचर हैं

पूरे इतिहास में धर्म और आतंकवाद सहचर रहे हैं। आतंकवाद और धर्म का इतिहास लगभग 2000 वर्ष पुराना है, जब सिकारी-उग्रपंथियों के नाम से मशहूर यहूदी प्रतिरोधियों के समूह ने यहूदिया में रोम के लोगों के खिलाफ विद्रोह को बलपूर्वक रोकने के लिए आतंकवादी अभियान संचालित किया। इन अभियानों में गुप्तघातकों (सिकारी, या कटारधारी पुरुष) का उपयोग शामिल था, जो रोमन नियंत्रित शहरों में घुसपैठ करने के बाद यहूदी सहयोगियों या रोमन फौज पर एक सिका (चाकू) से हमला करते थे, बड़े पैमाने पर फिरौती के लिए मंदिर के सुरक्षा कर्मचारियों का अपहरण करते थे, अथवा विष का इस्तेमाल करते थे। अंग्रेजी शब्द 'गुप्तघातक' एक शिया मुस्लिम संप्रदाय (निज़ारी इस्माइलिस, जिसे हैशशिन या चरस-भक्षक भी कहा जाता था) से आता है, जिन्होंने सुन्नी मुसलमानों (1090–1275) से संघर्ष किया, तथा मध्ययुगीन ईसाईजगत में धर्म युद्ध के (1095–1291) के दौरान व्यवसाय का विरोध किया। वे हत्या के माध्यम से आतंक फैलाने के लिए जाने जाते थे; और उनके पीड़ितों में महिलाएं एवं बच्चे भी शामिल थे।

15.3.2 फ्रांस में आतंक का राज (1793–1794)

आधुनिक आतंकवाद मैक्सिमिलियन रोबेस्पीयर और जैकोबिन पार्टी के आतंक के शासन के साथ शुरू हुआ। (इस अवधि के दौरान 'आतंकवाद' शब्द का पहली बार उपयोग किया गया था। रोबेस्पीयर का शासन पहला राष्ट्रव्यापी आतंकवाद था, जिसे क्रांतिकारियों द्वारा वास्तव में सत्ता हासिल करने एवं दंडनीय सरकार बनाने के लिए संगठित किया गया था, जो देश के कानून के तौर पर हत्या का प्रचार करता था)। रोबेस्पीयर ने इस विचार को शुरू किया कि, सरकार के लक्ष्यों को हासिल करने के लिए एक उपकरण के रूप में आतंकवाद उपयोगी है, और उन्होंने अपनी सरकार के विरोध को दबाने के लिए व्यवस्थित रूप से आतंक का

उपयोग किया। रोबेस्पीयर ने सरकारी प्रायोजित आतंकवाद की शुरुआत की: तथा सत्ता को बरकरार रखने और राजनीतिक प्रतिद्वंद्वियों को दबाने के लिए आतंक का उपयोग किया। फ्रांसीसी क्रांति के दौरान ही 'आतंकवादी' और 'आतंकवाद' शब्दों का पहली बार प्रयोग किया गया। क्रांतिकारी सरकार द्वारा शुरू किए गए आतंक के शासन के संदर्भ में, 1795 में 'आतंकवाद' शब्द का प्रयोग शुरू हुआ। 'आतंक' की नीतियों को लागू करने के लिए लोक सुरक्षा समिति के एजेंटों एवं राष्ट्रीय सम्मेलन को 'आतंकवादी' कहा गया।

15.3.3 अराजकतावादी (1871–1914)

अराजकतावादी, जो सभी सरकारों के उन्मूलन में विश्वास करते हैं, 19वीं सदी के अंत और 20वीं सदी की शुरुआत में पूरे यूरोप में काफी सक्रिय थे। अपने लक्ष्यों को प्राप्त करने के लिए, अराजकतावादियों ने व्यक्तिगत आतंकवाद — एक व्यक्ति या समूह के खिलाफ आतंक का चयनित तरीके से प्रयोग प्रारंभ किया। आतंक का उपयोग चयनित था, क्योंकि लक्ष्य को उनके सरकारी खिताब और कुलीनता में पदों के आधार पर चुना गया था। व्यक्तिगत आतंकवाद लक्ष्य-विशिष्ट होते हैं, जिसमें दर्शकों के तौर पर मौजूद निर्दोष लोगों का बचाव करने के लिए आतंकवादी कृत्यों को नियंत्रित किया जाता है। सीमित क्षति और निर्दोषों को लक्षित नहीं करने की अवधारणा, 20वीं सदी के उत्तरार्ध तक अस्तित्वहीन हो गई। व्यक्तिगत आतंकवाद को पेश करने के अलावा, अराजकतावादियों ने अपने कृत्यों से प्रोपेगेंडा की अवधारणा को भी विकसित किया, कि आतंकवाद का एक संवादात्मक प्रभाव पड़ा है। अराजकतावादी सिद्धांत के अनुसार, जनता नींद की अवस्था में है जिन्हें जागृत करने की आवश्यकता है ताकि वे विद्रोह के लिए एकजुट हो सकें। दूसरे शब्दों में, आतंकवाद जनता के भीतर विद्रोह की भावना को उकसाएगा। अराजकतावादियों द्वारा दो सर्वविदित कृत्यों में राष्ट्रपति मैककिनले की हत्या (1901) और आर्कड्यूक फर्डिनेंड की हत्या (1914) शामिल थीं, जिसने 'सभी युद्धों को समाप्त करने के लिए युद्ध' अर्थात् प्रथम विश्व युद्ध को आरंभ किया।

1930 के दशक में 'आतंकवाद' शब्द की परिभाषा के अनुरूप राजनीतिक हत्याओं की एक नई लहर देखी गई। इसने लीग ऑफ़ नेशंस में आतंकवाद को रोकने और दंडित करने के साथ-साथ एक अंतर्राष्ट्रीय आपराधिक न्यायालय (ICC) की स्थापना के लिए प्रस्तावों का नेतृत्व किया। परंतु इनमें से किसी को भी वास्तविकता में परिणत नहीं किया जा सका, क्योंकि कुछ ऐसी घटनाओं ने इन्हें निष्प्रभ कर दिया जो अंततः द्वितीय विश्व युद्ध का कारण बनीं। इसके बावजूद, दो विश्व युद्धों के बीच की अवधि के दौरान, आतंकवाद ने विभिन्न साम्राज्यवादी शासनों द्वारा अपनाए गए दमनकारी उपायों, विशेष रूप से नाजीवादी जर्मनी, फासीवादी इटली और स्टालिनवादी रूस में, को तेजी से संदर्भित किया।

15.4 द्वितीय विश्व युद्ध के बाद आतंकवाद

द्वितीय विश्व युद्ध और इसके बाद, यूरोप और महादेश में इसकी विभिन्न इसके विभिन्न उपनिवेशों से ध्यान हटाकर तत्काल इन गतिविधियों पर ध्यान केंद्रित किया गया। पश्चिम एशिया और अफ्रीका में, धुरी राष्ट्रों की हार के बाद सामान्य रूप से औपनिवेशिक प्रक्रियाओं को पुनः आरंभ करने के यूरोपीय प्रयासों का नवजात राष्ट्रवादी आंदोलनों ने विरोध किया।

अक्सर, इन राष्ट्रवादी एवं उपनिवेशवाद-विरोधी समूहों ने गुरिल्ला युद्ध का सहारा लिया, जो मुख्य रूप से आतंकवाद से भिन्न था, जिसमें यह 'अनियमित सैनिक' के बड़े निकायों की ओर बढ़ रहा था, जो अपने समतुल्य समझे जाने वाले आतंकवादियों की तुलना में सैन्य दृष्टि से अधिक संगठित तरीके से काम कर रहे थे, और अक्सर ये निर्धारित भौगोलिक क्षेत्र से स्वतंत्र रहते हुए शासन करते थे। चीन एवं हिंदचीन में ऐसी ही परिस्थितियां मौजूद थीं, जहां इन शक्तियों ने क्रमशः कुओमिन्तांग शासन और फ्रांस की औपनिवेशिक सरकार के खिलाफ विद्रोह किया। अन्य क्षेत्रों में, जैसे अल्जीरिया में फ्रांसीसी शासन के खिलाफ लड़ाई, इस प्रकार के अभियान ग्रामीण एवं शहरी क्षेत्रों और आतंकवादी और गुरिल्ला, दोनों तरीकों से लड़े गए थे।

फिर भी केन्या, मलेशिया, साइप्रस और फिलिस्तीन जैसे अन्य संघर्ष ऐसे समूहों के साथ लड़े गए थे, जिन्हें अधिक आसानी से आतंकवादी के रूप में वर्णित किया जा सकता है (सभी अंग्रेजों को शामिल करते हुए, जिन्होंने फ्रांसीसी के साथ आतंकवाद की इस नई प्रवृत्ति को जन्म दिया-जो युद्ध से पूर्व उनके विशाल साम्राज्य का स्वाभाविक परिणाम था)। इन समूहों ने जल्द ही दुनिया के

मीडिया के बढ़ते वैश्वीकरण का फायदा उठाना सीखा। सबसे पहले उन्होंने ही आतंकवाद में निहित प्रचार के महत्त्व को पहचाना तथा अपने संघर्ष क्षेत्र की तात्कालिक भौगोलिक सीमा से परे मौजूद दर्शकों के लिए अपनी हिंसा के संदेश को पहुंचाने का प्रयास किया। इसके अलावा, कुछ मामलों में (जैसे अल्जीरिया, साइप्रस, केन्या और इज़राइल में) आतंकवाद ने तर्कसंगत रूप से अपने लक्ष्यों की सफलतापूर्वक प्राप्ति हेतु ऐसे संगठनों की सहायता की।

1960 और 1970 के दशक के दौरान, आतंकवादी के रूप में वर्णित किए जाने योग्य समूहों की संख्या काफी बढ़ गई, जिन्होंने न केवल राष्ट्रवादियों बल्कि जातीय एवं वैचारिक तौर पर प्रेरित लोगों को भी शामिल किया। पूर्ववर्ती समूहों के अंतर्गत फिलीस्तीनी लिबरेशन संगठन (और इसके कई सहयोगी), बास्क ईटीए और प्रोविजनल आयरिश रिपब्लिकन सेना जैसे समूह शामिल थे, जबकि उत्तरवर्ती समूहों के अंतर्गत रेड आर्मी फैक्शन (तब पश्चिम जर्मनी में) और इटालियन रेड ब्रिगेड जैसे संगठन शामिल थे। युद्ध के तत्काल बाद के युग के अपने उपनिवेशवाद- विरोधी अग्रजों की तरह, इस अवधि के कई आतंकवादी समूहों ने अंतर्राष्ट्रीय स्तर पर अपने लक्ष्यों को हासिल करने एवं उपलब्धियों को प्रचारित करने के तरीकों को अत्यंत सहजता के साथ अपनाया। फिलिस्तीनी समूह इसमें अग्रदूत थे, जिन्होंने संचालन और प्रचार के एक तरीके के रूप में वैश्वीकरण के नए युग के मुख्य प्रतीक और साधनों—जेट एयरलाइनर के अपहरण के साथ इसकी शुरुआत की। इसी प्रकार के एक समूह, ब्लैक सेप्टेंबर ने 1972 के ओलंपिक खेलों में 11 इज़राइली एथलीटों का अपहरण कर उनकी हत्या की, जिसे आतंकवादी प्रचार की सबसे बड़ी घटना (11 सितंबर, 2001 को संयुक्त राज्य पर हमलों तक) के तौर पर देखा गया। ऐसी घटनाओं ने नई पीढ़ी के कई आतंकवादी संगठनों को प्रेरित किया।

इन संगठनों में से कई आज, गायब हो गए हैं या समाप्ति के कगार पर हैं, जबकि अन्य, जैसे फिलीस्तीनी, उत्तरी आयरिश और स्पेनिश बास्क समूह, जो अधिक स्थायी कारणों से प्रेरित हैं, ने आतंकवादी रणनीतियों की अपेक्षा राजनीतिक तरीकों का सहारा लिया है। इस बीच, 1980 के दशक के मध्य तक, राज्य प्रायोजित आतंकवाद फिर से उभरा— पश्चिमी एशिया में अमेरिकी और अन्य पश्चिमी लक्ष्यों के खिलाफ हमलों की श्रृंखला के तौर पर इसका उद्भव दिखाई दिया। ईरान, इराक, लीबिया और सीरिया जैसे देश आतंकवाद के सर्वप्रमुख प्रायोजक के रूप में सामने आए। इससे संबंधित श्रेणी के देशों में उत्तर कोरिया जैसे देश शामिल थे, जो आतंकवाद के रूप में वर्णित किए जाने योग्य कार्यों में प्रत्यक्ष तौर पर भाग लेते थे।

इस तरह के राज्य प्रायोजित आतंकवाद आज अंतर्राष्ट्रीय समुदाय की चिंता का विषय बना हुआ है, हालांकि धार्मिक रूप से प्रेरित आतंकवादी के पुनर्जन्म से हाल के दिनों में यह कुछ हद तक इसका प्रभाव कम हुआ है। इस प्रवृत्ति का नवीनतम अभिव्यक्ति अफगानिस्तान में आरंभ हुई, जो संयुक्त राज्य और पूर्व सोवियत संघ के बीच शीत युद्ध का उप-उत्पाद था। सोवियत-अफगान युद्ध (1979–89) सभी व्यावहारिक उद्देश्यों के लिए संयुक्त राज्य द्वारा समर्थित अफगान मुजाहिदीन और सोवियत सशस्त्र बलों के बीच एक युद्ध था, जिसने राजनीतिक उद्देश्यों की प्राप्ति के लिए धर्म के चुनिंदा उपयोग को बड़े पैमाने पर प्रोत्साहित किया। शीघ्र ही यह प्रवृत्ति ईरान से आगे जापान और संयुक्त राज्य की तरह से दूरवर्ती इलाकों तक तथा इस्लाम से परे विश्व के हर प्रमुख धर्म के साथ-साथ कई मामूली संप्रदायों के बीच फैल गई। 1995 में औम शिनरिको द्वारा टोक्यो सबवे पर सरीन हमले से लेकर उसी वर्ष ओकलाहोमा में बमबारी तक की गतिविधियों में धर्म को एक बार फिर से प्रेरणा के जटिल मिश्रण के तौर पर शामिल किया गया जिसने आतंकवादी कृत्यों का नेतृत्व किया। 11 सितंबर, 2001 के अल-कायदा के हमलों ने पूरी दुनिया के समक्ष, और विशेष रूप से संयुक्त राज्य के समक्ष इस तथ्य को स्पष्ट कर दिया कि, आतंकवाद का यह नवीनतम उत्परिवर्तन कितना खतरनाक है।

15.5 11 सितंबर के हमले

11 सितंबर, 2001 को संयुक्त राज्य पर (जिसे अक्सर 11 सितंबर के हमले या 9/11 के रूप में जाना जाता था) अल-कायदा द्वारा समेकित आत्मघाती हमलों की एक श्रृंखला का संचालन किया गया। उस सुबह, अल-कायदा के 19 आतंकवादियों ने चार वाणिज्यिक यात्री जेट एयरलाइंस का अपहरण कर लिया। अपहरणकर्ताओं ने जानबूझकर दो एयरलाइंस को विश्व व्यापार केंद्र, न्यूयॉर्क शहर के ट्विन टावर्स में दुर्घटनाग्रस्त कर दिया, जिससे मौके पर मौजूद लोगों और इमारत में काम करने वाले कई अन्य लोगों की मौत हो गई। दोनों इमारतों को दो घंटों के भीतर ध्वस्त कर दिया गया, पास की इमारतों को नष्ट कर दिया तथा अन्य इमारतों

को भी नुकसान पहुंचाया गया। अपहरणकर्ताओं ने वाशिंगटन, डी.सी. के बाहर, वर्जीनिया के आर्लिंगटन में पेंटागन में तीसरे एयरलाइनर को दुर्घटनाग्रस्त कर दिया। चौथा विमान पेंसिल्वेनिया के ग्रामीण इलाके में शेंक्सविले के पास एक क्षेत्र में दुर्घटनाग्रस्त हो गया, जिसके कुछ यात्रियों और उड़ान के चालक दल ने विमान पर वापस नियंत्रण हासिल करने का प्रयास किया, जिसे अपहरणकर्ताओं ने वाशिंगटन, डी.सी. की ओर पुनः निर्देशित किया था। इन विमानों में से कोई भी व्यक्ति जीवित नहीं बच पाया था।

हमलों के परिणामस्वरूप, 2,973 पीड़ितों और 19 अपहरणकर्ताओं की मृत्यु हो गई। 70 से अधिक देशों के नागरिकों सहित मारे गए नागरिकों में बड़ी संख्या में आम लोग शामिल थे। संयुक्त राज्य ने आतंकवाद पर युद्ध शुरू करके हमलों का जवाब दिया। इसने तालिबान को नेस्तनाबूद करने के लिए अफगानिस्तान पर हमला किया, जिसने अल-कायदा के आतंकवादियों को शरण दिया था। संयुक्त राज्य ने USA देशभक्ति अधिनियम को भी लागू किया। कई अन्य देशों ने भी आतंकवाद विरोधी कानून को मजबूत किया और कानून के प्रवर्तन की शक्तियों का विस्तार किया।

15.6 आतंकवाद के खिलाफ युद्ध

जॉर्ज डब्ल्यू. बुश प्रशासन ने इस्लामी आतंकवाद, इस्लामी आतंकवादियों तथा उनसे जुड़े एवं उनका समर्थन करने वाले संगठनों एवं शासन व्यवस्थाओं खिलाफ सैन्य, राजनीतिक, कानूनी और वैचारिक संघर्ष के रूप में आतंकवाद के खिलाफ युद्ध को प्रस्तुत किया। संयुक्त राज्य के नेतृत्व में संचालित अभियानों के संदर्भ में इसका विशेष तौर पर प्रयोग किया गया और 11 सितंबर, 2001 के हमलों के बाद से यूनाइटेड किंग्डम एवं अन्य देशों के नेतृत्व में संचालित अलग-अलग अभियानों द्वारा इसका समर्थन किया गया। इसके बाद से, इस शब्द की व्याख्या संभावनाओं एवं भाग लेने वाले देशों दोनों के संदर्भ में बुश प्रशासन के दायरे से परे पहुंच गई। उदाहरण के लिए राष्ट्रपति बराक ओबामा के प्रशासन ने 'आतंकवाद के खिलाफ युद्ध' शब्द का उपयोग बंद कर दिया और इसके बजाय अल-कायदा के खिलाफ अभियान में 'समुद्र-पार प्रासंगिक अभियान' शब्द को प्राथमिकता दी।

आतंकवाद के खिलाफ युद्ध के घोषित उद्देश्यों में संयुक्त राज्य एवं उसके सहयोगी देशों में नागरिकों की रक्षा करना, घरेलू एवं बाह्य स्तर पर संयुक्त राज्य एवं उसके सहयोगियों के व्यापारिक हितों की रक्षा करना, संयुक्त राज्य में आतंकवादी प्रकोष्ठों की गतिविधियों को नाकाम करना तथा अलकायदा की छत्रछाया में विभिन्न आतंकवादी संगठनों के अंतर्राष्ट्रीय नेटवर्क की गतिविधियों को बाधित करना शामिल था। शाब्दिक एवं नीतिगत स्तर पर यह मौजूदा विवादों के स्रोत को दर्शाता है; जैसा कि आलोचकों का तर्क है, इसका उपयोग एकतरफा निवारक, मानवाधिकारों के दुरुपयोग और अंतर्राष्ट्रीय कानून के अन्य उल्लंघनों को न्यायसंगत बनाने के लिए किया गया है।

15.7 ISIS (इस्लामिक स्टेट ऑफ इराक एंड सीरिया)

इस्लामिक स्टेट ऑफ इराक एंड सीरिया (ISIS) इराक में अल-कायदा का एक उत्तरजीवी है, जो 2007 में अल-कायदा की हार के बाद अमेरिकी सैनिकों और सहयोगी सुन्नी बलों के खिलाफ फिर से गठित हुआ। 2011 तक, अल-कायदा के इन पूर्व सदस्यों ने खुद को इराक में अल-कायदा के रूप में नामित किया और फिर से प्रयास शुरू कर दिया जिसमें बाथ पार्टी के प्रति वफादार सशस्त्र बलों के पूर्व सदस्य भी शामिल हो गए। उन्होंने इराक सरकार द्वारा नियंत्रित जेलों से बड़ी संख्या में कैदियों को मुक्त करके 2012 और 2013 में अपने गतिविधियों की शुरुआत की, जो इराक में अल-कायदा के विभिन्न प्रभावशाली पदों पर आसीन होने के साथ समाप्त हो गया।

सीरिया में मौजूदा शासन के खिलाफ एक सैन्य अभियान की उपयुक्तता को देखते हुए, यह समूह सरकार-विरोधी प्रतिरोध में शामिल हो गया और स्वयं को इस्लामिक स्टेट ऑफ इराक एंड सीरिया के रूप में बदल दिया। इसके बाद अल-कायदा और इराक में इसकी शाखा के बीच एक निर्णायक विभाजन हुआ, क्योंकि ISIS ने अपने मूल संगठन से स्वतंत्र होकर सीरिया में अल-कायदा के गुट पर अपना नियंत्रण स्थापित किया।

अल-कायदा और ISIS के बीच मौलिक अंतर उनके दृष्टिकोण से संबंधित है। अल-कायदा ने खुद को धर्मनिरपेक्ष शासन के खिलाफ संगठित वैश्विक विद्रोह का नेतृत्वकर्ता माना है, जबकि ISIS धार्मिक पाठ की एक अत्यंत संकीर्ण व्याख्या द्वारा राज्य पर

शासन स्थापित करने की कोशिश करता है। अन्ततोगत्वा, वे पश्चिम एशिया में औपनिवेशिक शक्तियों द्वारा बनाई गई सीमाओं से दूर होने की इच्छा रखते हैं और अपने कब्जे को एकमात्र राजनीतिक और सैन्य प्राधिकरण के रूप में घोषित करते हैं।

15.8 आतंकवाद और विद्रोह के बीच अंतर

हम अकसर आतंकवाद और विद्रोह शब्द का प्रयोग एक-दूसरे के स्थान पर करते हैं; हालांकि, दोनों एक-दूसरे से काफी अलग हैं। एक महत्त्वपूर्ण अंतर यह है कि एक विद्रोह एक आंदोलन है—अर्थात् यह एक विशिष्ट उद्देश्य के साथ किया गया राजनीतिक प्रयास है। यह इसे गुरिल्ला युद्ध और आतंकवाद दोनों से अलग करता है, क्योंकि ये दोनों विधियां राजनीतिक आंदोलन के लक्ष्यों को आगे बढ़ाने के लिए उपलब्ध हैं।

आतंकवाद बनाम विद्रोहियों की घटक गतिविधियों एवं संचालन के प्रयोजन में भी अंतर है। विद्रोह या गुरिल्ला युद्ध में कोई भी ऐसी चीज अंतर्निहित नहीं होती है, जिसके लिए आतंक के उपयोग की आवश्यकता है। कुछ अधिक सफल विद्रोहियों और गुरिल्ला अभियानों ने आतंकवाद और आतंकवादी रणनीतियों का प्रयोग किया, और कुछ संघर्षों के दौरान ही विकसित हुए जहां आतंकवादी रणनीति और आतंकवाद अधिक प्रभावी हो गया। कुछ ऐसे विद्रोह भी हुए हैं, जिसमें प्रभावी रूप से आतंकवाद के उपयोग का परित्याग किया गया है। आतंकवाद का उपयोग करने के लिए सुविचारित विकल्प, भावी प्रतिरोध को प्रेरित करने, सरकारी दक्षता को नष्ट करने और समर्थन को संगठित करने में इसकी प्रभावशीलता को स्वीकार करता है। हालांकि, ऐसे कई स्थानों पर आतंकवाद, गुरिल्ला युद्ध और आपराधिक व्यवहार, सभी परस्पर-व्याप्त हैं, जहां समूह विशेष रूप से आतंकवादी हैं, या विद्रोहियों की अनुषंगी 'शाखा', विशेष रूप से आतंकवादी रणनीतियों को नियुक्त करने के लिए गठित होते हैं, जो उनके उद्देश्यों और संचालन में स्पष्ट अंतर दर्शाते हैं। आतंकवादी रणनीति का उपयोग करने की लागत पर असहमति, या आतंकवादी अभियान को विद्रोह अभियान के भीतर प्राथमिकता, ने अक्सर स्वयं के तरीकों से क्रांतिकारी लक्ष्य को आगे बढ़ाने के लिए 'शहरी गुरिल्ला' या विद्रोह की आतंकवादी शाखा का नेतृत्व किया है।

विद्रोह का अंतिम लक्ष्य, मौजूदा सरकार को अपने क्षेत्र के सभी या कुछ हिस्सों पर नियंत्रण को चुनौती देना है अथवा राजनीतिक शक्ति को साझा करने में राजनीतिक रियायतों के लिए विवश करना है। विद्रोहियों को संबंधित आबादी के कुछ हिस्से के सक्रिय या संक्षिप्त समर्थन की आवश्यकता होती है। अन्य देशों या राजनीतिक संस्थाओं से बाहरी समर्थन, मान्यता या अनुमोदन विद्रोहियों के लिए उपयोगी हो सकता है, लेकिन इसकी आवश्यकता नहीं है। एक आतंकवादी समूह को इसकी आवश्यकता नहीं होती है और उन्हें शायद ही कभी जनसंख्या के एक बड़े हिस्से का सक्रिय समर्थन अथवा सहानुभूति हासिल होती है। विद्रोही अक्सर स्वयं को 'विद्रोहियों' या 'गुरिल्ला' के रूप में वर्णित करेंगे, जबकि आतंकवादी खुद को 'आतंकवादी' के रूप में संदर्भित नहीं करेंगे, बल्कि सैन्य या राजनीतिक शब्दावली ('स्वतंत्रता सेनानी', 'सैनिक', 'कार्यकर्ता') का उपयोग करके खुद का वर्णन करेंगे। आतंकवाद सार्वजनिक प्रभाव पर निर्भर है, और इसलिए वे स्वयं को 'आतंकवादी' शब्द के साथ जोड़े जाने के नकारात्मक अर्थों से परहेज करने के लाभ के प्रति सचेत हैं।

आतंकवाद सीधे सरकारी बलों को चुनौती देने का प्रयास नहीं करता है, बल्कि सरकार की प्रभावशीलता या वैधता के रूप में धारणाओं को बदलने के लिए कार्य करता है। यह लक्षित दर्शकों के बीच आतंकवादी हिंसा के कृत्यों के व्यापक संभव ज्ञान को सुनिश्चित करके किया जाता है। शायद ही कभी आतंकवादीकिसी इलाके को अपने 'अधीन' करने का प्रयास करेंगे, क्योंकि यह उन्हें पहचानने योग्य स्थानों से जोड़ता है तथा उनकी गतिशीलता एवं सुरक्षा को कम करता है। आमतौर पर आतंकवादी सरकार के साथ प्रत्यक्ष संघर्ष से परहेज करते हैं। विद्रोहियों को ग़ैर-लड़ाकों के लक्ष्यीकरण की आवश्यकता नहीं है, हालांकि कई विद्रोहियों ने सेना के अलावा पुलिस और सुरक्षा कर्मियों को शामिल करने के लिए लड़ाकों की स्वीकृत कानूनी परिभाषा का विस्तार किया है। आतंकवादियों ने लड़ाकों और ग़ैर-लड़ाकों के बीच भेदभाव नहीं किया है, या यदि वे करते हैं, तो वे 'लड़ाकों' की श्रेणी को इतना अधिक विस्तृत कर देते हैं कि यह अर्थहीन हो जाता है।

आखिरकार, विद्रोह और आतंकवाद के बीच का अंतर किरदारों के प्रयोजन पर निर्भर करता है। विद्रोह आंदोलन और गुरिल्ला सेना अपने लक्ष्यों को प्राप्त करने में युद्ध के कानून के संबंध में अंतर्राष्ट्रीय मानदंडों का पालन कर सकती हैं, लेकिन परिभाषा के

अनुसार, आतंकवादी नागरिक और सैन्य कानून, दोनों के तहत अपराध कर रहे हैं। आतंकवादियों का नियमित रूप से दावा है कि, 'युद्ध के नियमों' का पालन करने अथवा हिंसा के दायरे से जुड़ी किसी भी बाध्यता को स्वीकार करने के बावजूद, इससे उनके संस्थापन के साथ-साथ उन्हें भी नुकसान होगा।

मॉडल प्रश्न

15.1 आतंकवाद क्या है?

15.2 आतंकवाद के क्या कारण हैं?

15.3 आतंकवाद के ऐतिहासिक विकास की रूपरेखा प्रस्तुत करें।

15.4 विद्रोह और आतंकवाद के बीच अंतर को स्पष्ट करें।

15.5 धर्म और आतंकवाद के बीच संबंधों का विश्लेषण करें।

15.6 द्वितीय विश्व युद्ध के उपरांत आतंकवाद पर टिप्पणी लिखें।

15.7 आतंकवाद के विशेष संदर्भ में अंतरराष्ट्रीय राजनीति पर चर्चा करें।

15.8 आतंकवाद और लोकतंत्र के बीच संबंधों की व्याख्या करें।

15.9 11 सितंबर, 2001 की घटनाओं और आतंक के खिलाफ युद्ध पर टिप्पणी लिखें।

15.10 आतंकवाद के अंतरराष्ट्रीय कारणों पर एक टिप्पणी लिखें।

अनुशंसित साहित्य

Arquilla, John, and David Ronfeldt. 2001. *Networks and Netwars: The Future of Terror, Crime and Militancy.* Santa Monica, CA: Rand Corporation.

Bodansky, Yossef. 2001. *Bin Laden: The Man Who Declared War on America.* Rosaville, CA: Prima Publishing.

Chomsky, Noam. 2015. *Culture of Terrorism.* Chicago: Haymarket Books.

Combs, Cindy C. 2008. *Terrorism in the Twenty-First Century.* London: Taylor and Francis.

Crenshaw, Martha, and John Pimlott, eds. 1997. *International Encyclopedia of World Terrorism.* Armonk, NY: Sharpe Reference.

Frey, R. G., and Christopher W. Morris, eds. 1991. *Violence, Terrorism and Justice.* Cambridge: Cambridge University Press.

Hobsbawm, Eric. 2009. *Globalisation, Democracy, and Terrorism.* London: Little Brown Book Group.

Hoffman, Bruce. 1998. *Inside Terrorism.* New York: Columbia University Press.

Horgan, John, and Kurt Braddock. 2011. *Terrorism Studies: A Reader.* London: Routledge.

Juergensmeyer, Mark. 2001. *Terror in the Mind of God.* Berkeley, CA: University of California Press.

Malik, Omar. 2001. *Enough of the Definition of Terrorism.* Washington, DC: Brookings Institute Press.

Reich, Water, ed. 1998. *Origins of Terrorism.* Washington, DC: The Woodrow Wilson Centre Press.

Townshend, Charles. 2002. *Terrorism: A Very Short Introduction.* London: Oxford University Press.

16

विकास एवं सुरक्षा: बदलते प्रतिमान

रुमकी बासु

अध्ययन के उद्देश्य

- 'विकास' एवं 'सुरक्षा' की अवधारणा की प्रतिस्पर्धी प्रकृति तथा अंतर्राष्ट्रीय प्रणाली पर उनके प्रभाव का अन्वेषण करना
- विकास के दशकों के माध्यम से तथा वैश्वीकरण के वर्तमान चरण से परे जाते हुए उत्तर-दक्षिण संवाद का अनुरेखण करना
- मानव विकास एवं मानव सुरक्षा पर आलोचनात्मक परिचर्चाओं तथा अंतरराज्यीय संबंधों एवं गृह नीति हेतु दिशानिर्देशों पर उनके प्रभावों को उजागर करना
- उत्तर-दक्षिण संवाद में एक दुर्लभ अभिसरण को प्रतिबिंबित करने वाले सहस्राब्दी विकास लक्ष्यों (MDGs) का परीक्षण करना

अध्याय सार

यह अध्याय 'विकास' की अवधारणा की प्रतिस्पर्धी प्रकृति तथा अंतर्राष्ट्रीय प्रणाली पर इसके प्रभाव का अन्वेषण करता है। 1960 से 1990 तक विकास के दशकों तथा वैश्वीकरण के वर्तमान चरण से परे जाते हुए, उत्तर-दक्षिण संवाद का अनुरेखण किया गया है। उत्तर-दक्षिण के बीच के अंतर को कम करने की कोशिश में UNCTAD और UNDP की भूमिका के साथ-साथ विकास को पुन: अवधारणाबद्ध किए जाने का भी वर्णन किया गया है। विगत पांच दशकों की उत्तर-दक्षिण संवाद तथा शैक्षणिक समुदायों एवं बहुपक्षीय मंचों में विकास व सुरक्षा पर आलोचनात्मक परिचर्चाओं ने इन अवधारणाओं के प्रतिस्पर्धी क्षेत्रों, तथा अंतरराज्यीय संबंधों एवं गृह नीति हेतु दिशानिर्देशों पर उनके प्रभावों को उजागर किया है। दुनिया के बड़े हिस्सों में, राज्यों के भीतर और उसके बीच बड़े पैमाने पर अभाव एवं असमानताओं के साथ विस्मयकारी समृद्धि सह-अस्तित्व में है। सहस्राब्दी विकास लक्ष्य (MDGs) उत्तर-दक्षिण संवाद में एक दुर्लभ अभिसरण को दर्शाता है, और यह 1970 के दशक के कालखंड के बिल्कुल विपरीत है, जब एक नवीन अंतर्राष्ट्रीय आर्थिक व्यवस्था (NIEO) के लिए बार-बार आवाज उठाई गई थी, संवाद के माध्यम से लक्ष्य भी निर्धारित किए गए थे, परंतु वास्तव में इन्हें कभी कार्यान्वित नहीं किया गया था।

परंपरागत रूप से, अंतर्राष्ट्रीय संबंधों के अध्ययन में अंतरराज्यीय स्तर पर राजनीतिक या आर्थिक संबंधों, और युद्ध एवं शांति के मामलों से संबंधित मुद्दों पर ध्यान केंद्रित किया गया है। विकास के मुद्दों ने अंतर्राष्ट्रीय संबंधों के शब्द-संग्रह में काफी विलंब से प्रवेश किया, जब 1960 के दशक में उत्तर (आर्थिक रूप से विकसित देशों का समूह) बनाम दक्षिण (आर्थिक रूप से विकासशील देशों का समूह) के विषयों पर वाद-विवाद ने संयुक्त राष्ट्र और अन्य अंतर्राष्ट्रीय मंचों पर प्रमुख स्थान हासिल किया।[1] इससे पहले, मुख्यधारा के यथार्थवादी और उदारवादी विद्वानों ने अक्सर अंतर्राष्ट्रीय संबंधों पर आंतरिक नीतियों के प्रभाव को घरेलू राजनीति के मुद्दों के रूप में देखते हुए नज़रअंदाज़ कर दिया था, और इसलिए, यह अंतर्राष्ट्रीय राजनीति में अध्ययन का केंद्र बिंदु नहीं रहा है।

---

[1] विकसित ('विकास' को 'आर्थिक विकास' के समतुल्य माना गया) देशों को पहली दुनिया कहा जाता था, तथा दुनिया के ग़रीब क्षेत्रों को विभिन्न नामों से संदर्भित किया गया, जिनका प्रयोग एक-दूसरे के स्थान पर किया जाता था — अर्थात् तीसरी दुनिया के देश, अल्पविकसित देश (LDCs), अविकसित देशों (UDCs) या विकासशील देश। दूसरी दुनिया ने पूर्ववर्ती USSR, चीन और पूर्वी यूरोप के देशों के समाजवादी गुट को संदर्भित किया। अंतर्राष्ट्रीय संबंधों के विद्वान अक्सर तर्क देते हैं कि, उत्तरी वह मुख्य क्षेत्र है जिसे निर्मित वस्तुओं के उत्पादन में विशेषज्ञता प्राप्त है, जबकि दक्षिण की परिधि के अंतर्गत कृषि और खनन के माध्यम से कच्चे माल के निष्कर्षण में विशेषज्ञता रखने वाले देश शामिल हैं।

इस विषय पर मार्क्सवादी सिद्धांतकारों ने उत्तर और दक्षिण के देशों के गुट के भीतर एवं उसके बीच दीर्घस्थायी व अति गंभीर राज्यान्तरिक और अंतरराज्यीय असमानताओं को उजागर किया, लेकिन 1970 के दशक से पहले इन मुद्दों पर ज्यादा बहस नहीं हुई। 1990 के दशक में, अंतर्राष्ट्रीय राजनीतिक अर्थव्यवस्था जैसे अध्ययन के उप-क्षेत्रों का आविर्भाव हुआ, जिसके पाठ्यक्रम के अंतर्गत ग़रीबी, विकास और अंतरराज्यीय असमानताओं के मुद्दों पर संक्षेप में चर्चा की गई थी।

आर्थिक एवं राजनीतिक अंतर को दर्शाने के लिए 'उत्तर' और 'दक्षिण' के उपनाम का प्रयोग, पहली दुनिया और तीसरी दुनिया के समान हैं। आमतौर पर, भूमध्य रेखा के उत्तर में स्थित राष्ट्र ऐतिहासिक रूप से आर्थिक एवं राजनीतिक आधुनिकीकरण के प्रणेता तथा औद्योगिक क्रांति के लाभार्थियों में अग्रणी रहे हैं। इसके विपरीत, तीसरी दुनिया के देश आमतौर पर भूमध्य रेखा के दक्षिण में स्थित औपनिवेशिक राष्ट्र होते हैं, जो आर्थिक रूप से अविकसित होते हैं तथा संक्रमणकालीन अर्थव्यवस्थाओं का संकेत देते हैं। शीत युद्ध के दौरान, सोवियत संघ तथा सोवियत गुट में इसके सहयोगियों को द्वितीय विश्व नामक एक श्रेणी में रखा गया था, और यह श्रेणी अब अस्तित्व में नहीं है।

संयुक्त राष्ट्र विकास कार्यक्रम (UNDP) के मानव विकास रिपोर्ट (1990 के बाद) ने 'विकास' और 'सुरक्षा' के साथ 'मानव' उपसर्ग को जोड़ते हुए वास्तव में इन्हें पुनः परिभाषित करने की प्रक्रिया शुरू की। परंपरागत रूप से, राज्यों की प्रगति और के शक्ति श्रेणी निर्धारण में सकल राष्ट्रीय उत्पाद (GNP) एवं सैन्य मानकों को अत्यंत महत्त्वपूर्ण माना जाता है, जबकि UNDP ने राज्यों के भीतर नागरिक कल्याण के अन्य सूचकांकों पर विचार किया, और राज्यों के विकास के श्रेणी निर्धारण में अन्य मानकों को शामिल करते हुए मौलिक परिवर्तन को चिह्नित किया।[2]

द्वितीय विश्व युद्ध के बाद, 'विकास' को आर्थिक विकास एवं उन्नतिशील राष्ट्रीय आय के पर्याय के रूप में देखा गया। उदारवादियों के अनुसार, आर्थिक विकास धीरे-धीरे 'रिसकर' समाज के निम्नतम स्तरों तक पहुंचेगा, जिससे जीवन के सामान्य मानकों को बढ़ाया जा सकेगा। ग़रीबी को ऐसी स्थिति के रूप में परिभाषित किया गया, जहां लोगों के पास भोजन या जीवन की मूलभूत आवश्यकताओं को खरीदने के लिए पैसा नहीं है। ग़रीबी को 'आय' से संबंधित ग़रीबी के रूप में देखा जाता है, जो बाज़ार में अपनी जरूरतों के लिए नकद लेनदेन पर निर्भर करता है। ग़रीब सभी समाजों में मौजूद हैं, यहां तक कि ऐसे समाज में भी जिन्हें सकल घरेलू उत्पाद (GDP) के मानकों के आधार पर 'समृद्ध' कहा जाता है। यह क्रय शक्ति की कमी के कारण उत्पन्न परिस्थिति को संदर्भित करता है, जहां समाज में लोगों का एक विशेष वर्ग किसी विशेष समय पर भोजन, शिक्षा, कपड़े, आश्रय या स्वास्थ्य के लिए बाज़ार के लेनदेन के माध्यम से अपनी मूलभूत आवश्यकताओं को पूरा करने में असमर्थ रहता है। निम्न आय वाले देशों की तुलना में कम आय वाले देशों को अल्पविकसित माना गया। यह पारंपरिक ज्ञान था, जिसे शैक्षणिक व्याख्यानों में पारंपरिक विकास सिद्धांत द्वारा प्रस्तुत किया गया। द्वितीय विश्व युद्ध के बाद 50 वर्षों के दौरान, संयुक्त राज्य और पश्चिमी यूरोप (उत्तर के देशों) में प्रभावशाली दर से वृद्धि हुई, जिन्होंने औपचारिक तौर पर विकास और उत्पादन के पूंजीवादी तरीकों का अनुपालन किया। फिर भी, बीते वर्षों में अमीर और ग़रीब राज्यों के बीच आर्थिक अंतर में उल्लेखनीय वृद्धि के चलते वैश्विक ध्रुवीकरण जारी रहा। दुनिया के अधिकांश ग़रीब लोग मूलभूत सुविधाओं एवं संवहनीय आय तक पहुंच के बिना तीसरी दुनिया में रहते थे। पूंजीवाद और समाजवाद ने ग़रीबी के कारणों और सुधार पर अलग-अलग दृष्टिकोण प्रस्तुत किए। पूंजीवाद ने निम्न उत्पादकता एवं विकास दर के साथ पूंजी और बुनियादी ढांचे की कमी को इसका कारण बताया और ग़रीबी को दूर करने के लिए समग्र विकास दर बढ़ाने पर अधिक बल दिया। मार्क्सवादी वैश्विक उत्तर-दक्षिण संबंधों सहित अंतर्राष्ट्रीय संबंधों को आर्थिक वर्गों (श्रमिक बनाम उत्पादन की शक्तियों के स्वामी) के बीच संघर्ष के संदर्भ में देखते हैं, जिनके पास शक्ति और संसाधनों की उपलब्धता में अंतर है। कई मार्क्सवादियों ने दक्षिण में ग़रीबी के लिए उत्तर में धन एवं संसाधनों के संकेंद्रण को जिम्मेदार ठहराया है। उनके तर्क के अनुसार उत्तर के पूंजीवादियों ने दक्षिण का आर्थिक दृष्टि से शोषण किया तथा इस प्रकार सृजित धन का उपयोग उत्तर में श्रमिकों को खरीदने के लिए किया।

---

[2] 1990 में, UNDP ने विभिन्न देशों की विकासात्मक उपलब्धियों को मापने के लिए मानव विकास सूचकांक (HDI) को विकसित किया, जिसके अंतर्गत जीवन प्रत्याशा, वयस्क साक्षरता और औसत स्थानीय क्रय शक्ति को समान महत्त्व दिया गया। HDI के मानदंडों के परिणामस्वरूप प्रति व्यक्ति GDP के आधार पर विकास के पारंपरिक माप की तुलना में देशों की उपलब्धियों का बिल्कुल अलग तरीके से मूल्यांकन होता है।

उत्तर-दक्षिण के बीच मौजूदा फर्क का अनुरेखण, पिछले कई शताब्दियों में यूरोप द्वारा तीसरी दुनिया क्षेत्रों के उपनिवेशीकरण से किया जा सकता है, जिसने अंततः एशिया और अफ्रीका में द्वितीय विश्व युद्ध के बाद दुनिया के कई हिस्सों में उपनिवेश-विरोधी आंदोलनों की लहर को जन्म दिया। आज़ादी के बाद, तीसरी दुनिया के राज्यों को उपनिवेशवाद की विरासतों के साथ छोड़ दिया गया था, जिससे आर्थिक विकास के लिए अर्थव्यवस्था को तीव्र गति से आगे बढ़ाना बहुत मुश्किल हो गया। द्वितीय विश्व युद्ध के बाद वर्षों में, तीसरी दुनिया के राज्यों को ग़रीबी की बाधाओं को तोड़ने एवं लोगों की बुनियादी जरूरतों को पूरा करने में मिश्रित सफलता मिली है। लोगों की बुनियादी जरूरतों को पूरा करने एवं सामाजिक-आर्थिक प्रगति की दिशा में युद्ध एक बड़ी बाधा रही है। पिछले 50 वर्षों में लगभग सभी युद्ध (अंतरराज्यीय एवं राज्यान्तरिक) तीसरी दुनिया में लड़े गए हैं। आर्थिक असमानता और ग़रीबी को दूर करने की रणनीति के रूप में, विकासशील देशों में कई राजनीतिक समूह राजनीतिक क्रांति में बदल गए हैं। अक्सर, विशेष रूप से शीत युद्ध के दौरान, उत्तर के राज्यों को इस तरह के क्रांति के दौरान एक या दूसरे पक्ष के समर्थन हेतु तैयार किया गया था। हालांकि, उत्तर-दक्षिण संबंध मूलभूत आर्थिक वास्तविकता में निहित हैं, और इन परिस्थितियों में प्रत्येक गुट के देशों की राष्ट्रीय आय एवं नागरिकों के जीवन स्तर के मानकों में भारी अंतर से पता चलता है कि, राजनीतिक अर्थव्यवस्था के मुद्दों को अंतर्राष्ट्रीय सुरक्षा के मुद्दों से अलग करना कितना मुश्किल हो गया है। यूरोपीय साम्राज्यवाद में निहित मूल राजनीतिक संबंधों ने दक्षिण में आर्थिक परिस्थितियों को भयावह बना दिया है, जिसके परिणामस्वरूप आज़ादी के लिए राजनीतिक आंदोलनों तथा कुछ एशियाई एवं अफ्रीकी राज्यों में राजनीतिक क्रांति का जन्म हुआ, जिसका लक्ष्य समाज में बुनियादी संरचनात्मक परिवर्तनों के माध्यम से आर्थिक समानता हासिल करना था। उत्तर-दक्षिण वैषम्य के विभिन्न पहलुओं—'भूख' से लेकर 'शरणार्थियों' एवं 'पण्य वस्तुओं के निर्यात' की संरचना तक—के अंतर्गत 'विकास' एवं 'सुरक्षा', दोनों से जुड़े पहलु और मुद्दे शामिल हैं।

आज, ग़रीबी, कुपोषण, बीमारी, लैंगिक एवं जातिगत असमानताएं पूरी दुनिया के ध्यान को आकृष्ट करती हैं, और इसी प्रकार शैक्षिक जगत में वैश्वीकरण के असमान प्रभावों पर जोशपूर्ण परिचर्चाएं होती हैं। वैश्वीकरण ने उत्तर और दक्षिण, दोनों में आंतरिक स्तर पर असमानताओं के साथ-साथ उत्तर और दक्षिण के बीच के वैषम्य को भी तीव्र कर दिया है। चूंकि उत्तरी संयुक्त राज्य और पश्चिमी यूरोप अत्यधिक समृद्ध हैं, इसलिए रूस एवं पूर्वी यूरोप में प्रति व्यक्ति आय काफी कम हो गई है। चीन एवं दक्षिण-पूर्व एशिया, और लैटिन अमेरिका के कुछ हिस्से धीरे-धीरे ग़रीबी से बाहर निकल चुके हैं, लेकिन अफ्रीका का अधिकांश हिस्सा अभी भी बहुत ग़रीब है। वैश्विक दक्षिण में समग्र रूप से अनिरंतर गृहयुद्ध, भूख और पर्यावरणीय अपकर्ष जैसी प्रवृतियां जारी रहेंगी। इस प्रकार, वैश्वीकरण ने असमानताओं को बढ़ा दिया है, और इससे पराजित होने वाले विश्व के अधिकांश देश दक्षिण में स्थित हैं।[3] कुल मिलाकर, करीब एक बिलियन लोग, बुनियादी भोजन, शिक्षा, स्वास्थ्य देखभाल या संवहनीय आजीविका की उपलब्धता के बिना ग़रीबी में जीवन-यापन करते हैं। वे दक्षिण एशिया और अफ्रीका के घनी आबादी वाले राज्यों में केंद्रित हैं।

21 वीं सदी के प्रारंभिक वर्षों में, विकसित दुनिया में बढ़ती सामाजिक असमानताएं पूर्ववर्ती साम्यवादी राज्यों में लाखों लोगों की बढ़ती अभावग्रस्तता के साथ सह-अस्तित्व में हैं, जो बाज़ार अर्थव्यवस्थाओं में संक्रमण के कारण ग़रीबी की ओर बढ़ते जा रहे हैं। संरचनात्मक समायोजन नीतियों से गुजरने वाली तीसरी दुनिया की मिश्रित अर्थव्यवस्थाएं भी संक्रमण के गंभीर झटके का अनुभव कर रही हैं। 2000 में संयुक्त राष्ट्र ने MDGs को अपनाते हुए इन वैश्विक चुनौतियों की भयावहता को स्वीकार किया। ग़रीबी से लेकर स्वास्थ्य, लैंगिकता, शिक्षा, पर्यावरण एवं विकास तक के आठ क्षेत्रों से संबंधित ये लक्ष्य, 21वीं सदी के लिए विकासात्मक कार्य-सूची के निर्धारक थे।[4]

---

[3] 1990 के दशक में 21 देशों ने सामाजिक एवं आर्थिक संकेतकों में कई दशकों तक गिरावट का अनुभव किया, और पिछले तीन दशकों में कम से कम 100 देश—सभी विकासशील या संक्रमणकाल से गुजर रहे देश—गंभीर आर्थिक गिरावट का सामना कर रहे हैं (UNDP, 2003)। अफ्रीकी महाद्वीप को वैश्वीकरण के किसी भी आर्थिक लाभ से बड़े पैमाने पर बाहर रखा गया था, और दो दशक पहले की तुलना में 1990 के दशक में 33 देश अत्यधिक ऋणग्रस्त हो गए थे (ईस्टरली, 2002)। चीन एवं भारत (वैश्वीकरण के नए दूत) ने क्षेत्रीय असमानताओं और अंतर-वर्गीय विषमताओं के बावजूद, पिछले 20 वर्षों में निरंतर वृद्धि को बरकरार रखा है। हालांकि, 1990 के दशक के बाद मानव विकास संकेतकों में नाटकीय रूप से सुधार आया, फिर भी वैश्विक स्तर पर गंभीर गिरावट जारी रही।

[4] संयुक्त राष्ट्र सहस्राब्दी घोषणापत्र, A/Res/55/2, 18 सितंबर, 2000

16.1 उत्तर-दक्षिण राजनीति

1950 के दशक से संयुक्त राष्ट्र में दिखाई देने वाली उत्तर-दक्षिण राजनीति की कुछ सुस्पष्ट विशेषताएं थीं, जो इसे दुनिया के अन्य राजनीतिक संघर्षों से अलग बनाती थीं। यह दो राष्ट्रों या राज्यों के गुट के बीच सत्ता के लिए संघर्ष नहीं था (उदाहरण के लिए, शीत युद्ध), बल्कि यह विभिन्न वैश्विक मंचों पर दो प्रमुख आर्थिक समूहों के बीच एक संघर्ष था। यह रणनीतिक मुद्दों (शांति एवं युद्ध) पर आधारित नहीं था, और न ही यह राष्ट्रों के दो समूहों द्वारा प्रतिनिधित्व किए गए दो असमान विचारधारात्मक दृष्टिकोणों के बीच एक प्रतिस्पर्धा थी। ईमानदारी से कहा जाए तो, यह वोटों के लिए या वैश्विक निकायों में बदलाव के लिए प्रतियोगिता नहीं थी, क्योंकि प्रत्येक गुट के सभी सदस्य तथ्यत: एक या दूसरे शिविर से जुड़े थे।

इसलिए, कुछ तार्किक निष्कर्षों का अनुसरण किया गया। उत्तर-दक्षिण राजनीति वास्तव में सत्ता के लिए संघर्ष नहीं है; यह प्रमुख प्रतिभागियों के बीच कड़वी प्रतिद्वंद्विता का रूप नहीं लेता है, बल्कि यह दुनिया के संसाधनों के मौलिक पुनर्वितरण के माध्यम से अधिक समतावादी वैश्विक आर्थिक व्यवस्था के लिए ग़रीब समूह का संघर्ष है। इसके अलावा, चूंकि उत्तर-दक्षिण के मुद्दे राजनीतिक हितों की बजाय आर्थिक हितों में भिन्नता को दर्शाते हैं, इसलिए ये पारंपरिक वैचारिक विभाजन से परे हैं और संयुक्त राष्ट्र के संस्थानों में मुख्य रूप से राजनीतिक परिचर्चा की बजाय आर्थिक परिचर्चा में उभरकर सामने आते हैं। अंत में, यह महज वोटों के लिए प्रतियोगिता नहीं है, बल्कि यह संयुक्त राष्ट्र के सदस्य राज्यों के बड़े संगठित समूहों के बीच टकराव और समझौता-वार्ता है।

संयुक्त राष्ट्र की स्थापना के बाद से ही आर्थिक आधार पर 'गुटबंदी' के पहले संकेत मिलने लगे थे—जिसके आधे सदस्य विकासशील देशों, मुख्य रूप से लैटिन अमेरिका से थे। काफी हद तक उनके अनुरोध पर आर्थिक एवं सामाजिक परिषद (ECOSOC) को संयुक्त राष्ट्र के अन्य प्रमुख अंगों के साथ समान दर्जा दिया गया। उनके अनुरोध के जवाब में 1948 में संयुक्त राष्ट्र के विस्तारित तकनीकी सहायता कार्यक्रम (EPTA) की शुरुआत की गई। उस समय EPTA, स्वैच्छिक अंशदान से वित्त-पोषित — 20 मिलियन डॉलर के बजट का 60 प्रतिशत संयुक्त राज्य से प्राप्त होता था — संयुक्त राष्ट्र का सर्वाधिक सारभूत कार्यक्रम था। वोटों को एकत्रित करना कठिन होने के कारण, आर्थिक मुद्दों पर महासभा या ECOSOC में रिपोर्टों एवं प्रस्तावों का आवधिक संघटन, अंगीकृत की जाने वाली पहली रणनीतियों में से एक था। बाद के वर्षों में, विकसित देशों ने अमीर देशों से ग़रीब देशों तक संसाधनों के हस्तांतरण के लिए एक विशेष रूपरेखा पर विचार करने में बड़ी अनिच्छा दिखाई, तथा जब ECOSOC ने आख़िरकार 1957 में आर्थिक विकास के लिए विशेष संयुक्त राष्ट्र निधि (SUNFED) के पक्ष में मतदान किया, तो विकसित देशों ने यह स्पष्ट किया कि वे अभी तक इस निधि में अंशदान के लिए तैयार नहीं थे। यह टकराव की पहली स्थिति थी जो अंततः उत्तर-दक्षिण वाद-विवाद के तौर पर सामने आया, जिसमें तीसरी दुनिया के विकासशील देशों ने विद्यालयों, सड़कों, अस्पतालों, बांधों और अन्य आवश्यक बुनियादी ढांचे के निर्माण की जरूरत का हवाला देते हुए मांग की, कि औद्योगिक राज्य अपने GNP का 1 प्रतिशत इस निधि में अंशदान करें।

हालांकि, बीते वर्षों में SUNFED ने कभी भी वित्त-पोषण के अपने लक्ष्यों को हासिल नहीं किया। आंशिक रूप से इस विफलता के लिए संयुक्त राज्य और सोवियत संघ के बीच शीत युद्ध की प्रतिस्पर्धा को जिम्मेदार ठहराया जा सकता है, क्योंकि दोनों संयुक्त राष्ट्र विकास परियोजनाओं और इसमें निवेशों को संदेह की दृष्टि से देखते थे और उन्हें लगता था कि इसका उपयोग शक्ति एवं प्रभाव के साधनों के रूप में किया जा सकता है। तीसरी दुनिया के देशों में सहायता कार्यक्रमों को पाश्चात्य जगत में साम्यवादी प्रभाव के विस्तार के प्रयासों के रूप में देखा गया था। 1960 के दशक की शुरुआत में, संयुक्त राज्य ने अपने स्वयं के विस्तारित सैन्य एवं आर्थिक सहायता कार्यक्रमों के माध्यम से सोवियत पहल का प्रत्युत्तर दिया। संयुक्त राज्य के नेताओं का मानना था कि, 'मुक्त' दुनिया और साम्यवाद के बीच संघर्ष में जीत या हार, बड़े पैमाने पर अफ्रीका, लैटिन अमेरिका और एशिया के पिछड़े राज्यों को विदेशी सहायता पर निर्भर है।

संयुक्त राज्य और USSR के बीच सहायता देने के क्षेत्र में प्रतिस्पर्धा के कारण विकासशील दुनिया में धन का निरंतर प्रवाह होने लगा, लेकिन ये विशेष रूप से प्राप्तकर्ता की जरूरतों को संबोधित नहीं करते थे। वास्तव में यह बड़े पैमाने पर व्यापार की विशिष्ट शर्तों या महाशक्तियों की विदेश नीति के लक्ष्यों को आगे बढ़ाने के लिए था, और अक्सर संबंधित राज्यों में दीर्घकालिक या

संवहनीय विकास को प्रोत्साहित किए बिना ही इस प्रकार प्राप्त सहायता का व्यय अकुशलता से किया जाता था। विकासशील देशों, जिसे मुख्यतः 'गुटनिरपेक्ष' देशों के समूह के तौर पर जाना जाता है, ने संयुक्त राष्ट्र जैसे बहुपक्षीय अभिकरणों के माध्यम से प्राप्त सहायता को प्राथमिकता दी, जिससे किसी प्रकार की 'बाध्यता' जुड़ी नहीं होती है। इन देशों में से कई देश शीत युद्ध के दौरान गुटनिरपेक्ष बने रहे, जो न तो उत्तरी राज्यों के पश्चिमी गठबंधन और न ही वारसॉ संधि की तरह सोवियत प्रेरित गठबंधन में शामिल हुए। गुटनिरपेक्ष देशों का गुट, संयुक्त राष्ट्र में सबसे बड़ा गुट बन गया, जिन्हें बहुमत भी हासिल था।

तीसरी दुनिया के निरंतर दबाव ने अंततः पश्चिमी देशों को विकासशील देशों के लिए विशेष निधि तथा अंतर्राष्ट्रीय विकास संघ (विश्व बैंक के एक सहयोगी) की ओर से विकासशील देशों में आवश्यक ऋण एवं धन की व्यवस्था जैसे समझौते के विकल्पों को लागू करने हेतु विवश कर दिया। द्वितीय विश्व युद्ध के बाद से, तीसरी दुनिया के सर्वाधिक नव स्वतंत्र राष्ट्रों की दो मुख्य प्राथमिकताएं उभरकर सामने आई हैं: सबसे कम संभव समय में राष्ट्र निर्माण तथा सामाजिक-आर्थिक प्रगति। विकसित और विकासशील देशों के बीच तथा विकासशील देशों के बीच आपस में अर्थपूर्ण संवाद के अवसर उत्पन्न करना संयुक्त राष्ट्र के सबसे बड़े योगदानों में से एक है। यह संवाद कई वर्षों से जारी है और इसके अंतर्गत विकास के लगभग सभी संभावित पहलुओं— अर्थात् उद्देश्यों, रणनीतियों और परिणामों के मूल्यांकन को शामिल किया गया है। ECOSOC, महासभा एवं इसकी समितियां तथा संयुक्त राष्ट्र प्रणाली के असंख्य सम्मेलन, समितियां एवं अभिकरण इस प्रकार के संवाद के मुख्य मंच रहे हैं।

आर्थिक प्रश्न ने सक्रिय रूप से लंबे समय तक गुटबंदी की राजनीति को बढ़ावा दिया है। आमतौर पर इस प्रकार के प्रश्न पर क्षेत्रीय समूह एक साथ मतदान करते हैं; परंतु स्कैंडिनेवियाई देश, आयरलैंड और फ्रांस जैसे देश इसके अपवाद हैं, जिन्होंने अक्सर अन्य समृद्ध राज्यों से अलग मतदान किया है। इसी तरह, विकासशील देशों में, कम एवं न्यूनतम विकसित देशों के बीच भिन्नता है। हालांकि, आर्थिक हितों की समरूपता आने वाले वर्षों में राष्ट्रों के बीच मौलिक राजनीतिक विभाजन का आधार बनी रहेगी।

संवाद उत्तर (विकसित) और दक्षिण (विकासशील), दोनों देशों के लिए एक शिक्षाप्रद अनुभव रहा है। समग्रतः पूरे विश्व के लिए, संवाद समान रूप से ज्ञानवर्धक रहा है, क्योंकि विचार-विमर्श ने आर्थिक विकास की तात्कालिक आवश्यकता, ग़रीबी के कारणों की पहचान करने तथा विकसित देशों से विकासशील देशों तक संसाधनों की हस्तांतरण के जरिए ग़रीबी को कम करने के प्रति अपेक्षाकृत संपन्न देशों की जिम्मेदारियों पर बल दिया है। प्रमुख मतभेद विकास की रणनीतियों से संबंधित है, क्योंकि विकसित देश दीर्घकालिक क्रमिकतावादी नीतियों की वकालत करते हैं, जबकि विकासशील राज्य अल्पकालिक युक्तियों, तथा उत्तर से दक्षिण की ओर पूंजी हस्तांतरण एवं सहायता के माध्यम से तीव्र प्रगति की मांग कर रहे हैं।

16.2 UNCTAD और UNDP

पहले विकास दशक के दौरान, महासभा में बहुमत के माध्यम से अधिकांश विकासशील देशों ने 20वीं सदी में विकास पर संयुक्त राष्ट्र नीतियों के लिए जिम्मेदार दो संयुक्त राष्ट्र निकायों के गठन में मदद की: संयुक्त राष्ट्र व्यापार एवं विकास पर सम्मेलन (UNCTAD) तथा संयुक्त राष्ट्र विकास कार्यक्रम (UNDP)। व्यापार एवं विकास पर सम्मेलन के लिए पहल की शुरुआत गुटनिरपेक्ष आंदोलन (NAM) से हुई थी, जो पूर्व-पश्चिम (पूंजीवादी बनाम समाजवादी) संघर्ष में तटस्थ रहने वाले विकासशील देशों का एक समूह है। UNCTAD की उत्पत्ति 1964 में हुई, और हर चार साल में एक बार इसकी बैठक का नियमित तौर पर आयोजन होता है, जो उत्तर के औद्योगिक देशों, विशेष रूप से व्यापार मुद्दों पर, से वार्ताओं के जरिए वैश्विक दक्षिण में अल्पविकास से संबंधित आर्थिक समस्याओं को दूर करने के लिए दृढ़ प्रतिज्ञ है। यह US$50 मिलियन के वार्षिक बजट का एवं तकनीकी सहायता निधि में अतिरिक्त US$25 मिलियन का संवितरण करता है, जिससे सरकारों को विदेशी प्रत्यक्ष निवेश और आर्थिक वैश्वीकरण से संबंधित समस्याओं से निपटने में मदद मिलती है। UNCTAD कॉर्पोरेट स्तर पर विश्वसनीय वित्तीय जानकारी के माध्यम से निवेशकों को आकर्षित करने में जरूरतमंद देशों की सहायता करता है। 1960 और 1970 के टकराव के युग में, राउल प्रेबिस्च दक्षिण के अग्रणी कार्यकर्ता एवं प्रवक्ता थे, जो लंबे समय तक UNCTAD के प्रमुख रहे थे। पण्य वस्तुओं पर समझौता तथा ग़रीब देशों के लिए टैरिफ पर वरीयता की सामान्य प्रणाली (GSP) की स्थापना उनके कार्यकाल की प्रमुख पहलों में शामिल

हैं, ताकि विकासशील देशों के उत्पादों के लिए विकसित राज्यों के बाज़ारों को खोला जा सके और विकसित उत्तर से दक्षिण की ओर वित्तीय सहायता में वृद्धि हो सके। प्रेबिस्च के कार्यकाल में UNCTAD सचिवालय ने भी सामान्य निधि की स्थापना को बढ़ावा दिया, जिसने मूल्य स्थिरीकरण में सहायता की। तीसरी दुनिया का प्रसम्मिलन, इस युग की एक महत्त्वपूर्ण उपलब्धि थी जिसे 77 देशों का समूह (G-77) कहा गया, जिसने प्रेबिस्च के नेतृत्व में अमीर से ग़रीब देशों तक पूंजी एवं संसाधनों के हस्तांतरण के संबंध में सर्वसम्मत मांगों का एक समुच्चय प्रस्तुत किया। अगले 40 वर्षों के दौरान, G-77 का विस्तार हुआ और इसमें 133 राष्ट्र शामिल हो गए, जो बहुमत के कारण UNCTAD की कार्यसूची पर हावी हो चुके थे।

1974 में नवीन अंतर्राष्ट्रीय आर्थिक व्यवस्था (NIEO) के तौर पर G-77 और UNCTAD ने सर्वाधिक विवादास्पद प्रस्ताव प्रस्तुत किया, जिसके जरिए नियमों के नए समुच्चय के साथ विश्व व्यापार प्रणाली में मौलिक परिवर्तन की मांग की गई। इसके अंतर्गत प्राथमिक वस्तुओं के लिए व्यापार की अधिक अनुकूल परिस्थितियां, विकासशील देशों को प्रौद्योगिकी का हस्तांतरण, विश्व व्यवस्था में राज्यों के आर्थिक अधिकारों एवं दायित्वों को निर्धारित करने वाला घोषणापत्र, अधिक उदार सहायता नीतियां तथा संयुक्त राष्ट्र द्वारा अनुमोदित दिशानिर्देशों के अनुरूप औद्योगिक राज्यों एवं बहुराष्ट्रीय निगमों की सहायता और निवेश से संबंधित नीतियां शामिल थीं। NIEO, जिसकी आवश्यकता वास्तव में धन के वैश्विक पुनर्वितरण के लिए थी, को विकसित देशों में कम समर्थन मिला और 1980 के दशक तक, विकासशील राज्यों की बढ़ती ऋणग्रस्तता के तौर पर चिंता के एक नए विषय को अधिक महत्त्व दिए जाने के कारण NIEO राजनीतिक दृष्टि से मृतप्राय हो गया था। मई 2003 में, UNCTAD ऋण प्रबंधन एवं वित्तीय विश्लेषण प्रणाली (DMFAS) का सह-स्वामी (विश्व बैंक के साथ) बन गया, जिसने इसे 61 निम्न एवं मध्यम आय वाले राज्यों के ऋण स्तर को कम करने और प्रबंधित करने की क्षमता प्रदान की। शीत युद्ध की समाप्ति के चलते मुक्त बाज़ारों के तेजी से विस्तार के परिणामस्वरूप NIEO की संस्तुतियां भी अप्रासंगिक हो रही थीं।

हालांकि, नवउदारवादी मुक्त बाज़ार नीतियों की सफलता ने UNCTAD के प्रारंभिक उत्साह को कमज़ोर कर दिया, परंतु 1990 के दशक के दौरान विकासशील देशों की अर्थव्यवस्थाओं में सापेक्षिक गिरावट ने संगठन की भूमिका में रुचि को पुनर्जीवित किया। हाल के वर्षों में, UNCTAD के लिए विशेष महत्त्व के मुद्दों के अंतर्गत अल्पविकसित, भूमिबद्ध एवं द्वीपीय की पूंजी का पलायन, वित्तीय संस्थाओं से वैश्विक व्यापार प्रणाली में असमानताओं को दूर करने का आग्रह, वैश्विक आर्थिक उदारीकरण के प्रति नवीन उत्साह जिसने विकासशील देशों को स्थायी रूप से साधनहीन एवं वस्तुओं के लिए विकसित देशों पर निर्भर बना दिया है, तथा इन देशों की अपेक्षाकृत कम कीमतों की वस्तुओं के लिए समर्थन एवं बाज़ारों की उपलब्धता इत्यादि शामिल हैं (वीस, 1986)।

महासभा ने 1965 में SUNFED और EPTA के स्थान पर एक नए संगठन, अर्थात् UNDP का शुभारंभ किया। UNCTAD की तरह, UNDP भी पहले विकास दशक और महासभा के एक सहायक अंग का परिणाम है। इसका मुख्यालय न्यूयॉर्क में स्थित है और यह विकास के क्षेत्र में संयुक्त राष्ट्र के सभी प्रयासों के लिए एक प्रमुख अभिकरण के रूप में कार्य करता है। 170 से अधिक देशों और क्षेत्रों में इसके राष्ट्रीय एवं क्षेत्रीय कार्यालयों का नेटवर्क मौजूद है। UNDP के बजट का लगभग 90 प्रतिशत का व्यय, लगभग 65 देशों में रहने वाली विश्व की 90 प्रतिशत ग़रीब जनता के लिए किया जाता है। UNDP ने वार्षिक मानव विकास रिपोर्ट की शुरुआत की, जिसने राष्ट्रों के भीतर नागरिक कल्याण के आधार पर अलग-अलग देशों के विकास की श्रेणी निर्धारण की एक नई अवधारणा को जन्म दिया। संक्रमण काल से गुजर रहे राज्यों में चुनावों के दौरान सहायता से लेकर प्राकृतिक आपदा प्रबंधन तक, UNDP विभिन्न क्षेत्रों में तेजी से सक्रिय हो चुका है। संवहनीय मानव विकास के बड़े लक्ष्य को प्राप्त करने के लिए, UNDP ने ग़रीबी उन्मूलन, लोकतांत्रिक शासन, ऊर्जा तथा पर्यावरण संरक्षण एवं इसके पूर्वावस्था की प्राप्ति पर ध्यान केंद्रित किया है।

16.3 विकास के दशक

तीसरी दुनिया में विकास को गति देने के लिए, 1960, 1970, 1980 और 1990 के दशकों को विकास के दशक के रूप में घोषित करते हुए चार प्रमुख अभियानों की शुरुआत की गई। 1961 में उस वक्त पहले विकास दशक की घोषणा की गई, जब 16वीं महासभा ने अलग-अलग देशों की अर्थव्यवस्थाओं के आत्मनिर्भर विकास की दिशा में प्रगति में तेजी लाने तथा उनकी सामाजिक

उन्नति के लिए विकसित और विकासशील, दोनों समाजों के लिए समर्थन को बढ़ाने और बनाए रखने की आवश्यकता की पुष्टि की। महासभा द्वारा विकासशील देशों में विकास की वार्षिक दर को न्यूनतम 5 प्रतिशत तक बढ़ाने का लक्ष्य निर्धारित किया गया। संयुक्त राष्ट्र के सभी सदस्य देशों से इस लक्ष्य को प्राप्त करने के उद्देश्य से नीतियों का अनुसरण करने और उपायों को अपनाने का आग्रह किया गया था।

इसके बाद, यह देखा गया कि विभिन्न लक्ष्यों वाले सभी विकास दशक, इच्छाशक्ति और नियोजन की कमी से ग्रस्त हैं, जिससे सदस्य देशों द्वारा लक्ष्य को आगे स्थानांतरित कर दिया जाता है। प्रत्येक दशक के लिए, विकासशील राज्यों को प्रत्येक विकसित राज्य की कुल GNP के 1 प्रतिशत के हस्तांतरण को प्राथमिक उद्देश्य के रूप में निर्धारित किया गया था। वास्तव में, 1960 के दशक में वास्तविक सहायता 0.51 प्रतिशत तथा 1970 और 1 9 80 के दशक में 0.40 प्रतिशत से नीचे थी। बढ़ती जनसंख्या वृद्धि के कारण भी कार्यक्रम के लक्ष्य व्यर्थ साबित होने लगे, क्योंकि विकासशील देशों का पूरा ध्यान इस तरफ से हटकर अकाल को रोकने के लिए खाद्य उत्पादन में वृद्धि की ओर स्थानांतरित हो गया।

तीसरे विकास दशक में, संयुक्त राष्ट्र ने एक नई अंतर्राष्ट्रीय विकास रणनीति (NIDS) अपनाई तथा अल्पतम विकसित देशों के लिए वस्तुगत नई कार्य-योजना (SNPA) की स्थापना की। NIDS के माध्यम से, प्रत्येक विकसित देश को तीसरी दुनिया की विकासात्मक गतिविधियों में सहायता हेतु प्रतिवर्ष अपने GNP का 0.7 प्रतिशत स्थानांतरित करने का लक्ष्य निर्धारित किया गया। यह दृढ़ता से अनुशंसा करता है कि, औद्योगिक देश ग़रीब देशों को दिए गए अपने सार्वजनिक ऋण को प्रत्यक्ष रूप से अनुदान दें। विकासशील देशों की अर्थव्यवस्थाओं को गति प्रदान करें में मदद के लिए, यह रणनीति विकसित देशों को ODA के लिए निर्धारित लक्ष्यों तक पहुंचने के साथ-साथ जारी की गई धनराशि को ज़रूरतमंद देशों को (निरस्त्रीकरण के बाद) को हस्तांतरित करने तथा कुछ औद्योगिक राष्ट्रों द्वारा सृजित विशाल अधिशेष के एक हिस्से के विकासशील देशों में पुनः निवेश का आग्रह करती है। अपने प्रयासों की कमी को दूर करने के उद्देश्य से, 1967 में महासभा ने संयुक्त राष्ट्र औद्योगिक विकास संगठन की स्थापना की, जो 1986 में संयुक्त राष्ट्र का एक विशिष्ट अभिकरण बन गया। इसका मुख्य उद्देश्य औद्योगिक देशों की सक्रिय सहायता के साथ विकासशील देशों के औद्योगिकीकरण में तेजी लाना था।

आर्थिक विकास को वित्त-पोषित करने के संयुक्त राष्ट्र के अधिकांश प्रयासों ने ऋण कार्यक्रमों का रूप ग्रहण कर लिया, जिसे विश्व बैंक समूह—अंतर्राष्ट्रीय पुनर्निर्माण एवं विकास बैंक, अंतर्राष्ट्रीय वित्त निगम, अंतर्राष्ट्रीय विकास संघ और अंतर्राष्ट्रीय मुद्रा कोष (IMF) द्वारा आगे बढ़ाया गया। द्वितीय विश्व युद्ध के बाद, संयुक्त राज्य और उसके सहयोगियों ने युद्धोपरांत स्थाई अंतर्राष्ट्रीय व्यवस्था के लिए योजना तैयार की थी, जिसमें मुक्त व्यापार के अनुसरण के आधार पर ये संस्थान बुनियाद तैयार करते हैं, लेकिन राष्ट्रीय एवं वैश्विक सुरक्षा के समर्थन में बाज़ार में राज्य के हस्तक्षेप की उपयुक्तता को भी स्वीकार करते हैं। इन अंतर्राष्ट्रीय आर्थिक संस्थानों की निर्णय लेने की प्रक्रियाओं ने 'भारित मतदान' के माध्यम से विकसित पश्चिमी राज्यों के एक छोटे समूह का पक्ष लिया। महासभा में अधिक लोकतांत्रिक प्रक्रियाओं को देखते हुए संयुक्त राष्ट्र के साथ उनका संबंध अब आसान नहीं रहा है।

तकनीकी सहायता, जिसमें कौशल एवं नई प्रौद्योगिकियों के शिक्षण शामिल हैं, विकास कार्यक्रमों का एक महत्त्वपूर्ण साधन है। इसने विकसित देशों एवं संयुक्त राष्ट्र विकास कार्यक्रमों की ऊर्जा और धन के एक बड़े हिस्से को अपनी ओर आकृष्ट किया है। एकीकृत दृष्टिकोण को सुरक्षित करने के लिए, 1965 में EPTA एवं विशेष निधि का UNDP में विलय कर दिया गया था। UNDP तकनीकी सहयोग के लिए दुनिया का सबसे बड़ा अभिकरण है, जो वर्तमान में विकासशील देशों में कई हज़ार विकास परियोजनाओं को सहायता उपलब्ध कराता है।

संयुक्त राष्ट्र के संगठनों की ओर से बड़े पैमाने पर प्रयासों के बावजूद, आज संतुलन के पैमाने पर विकासशील देश कहां खड़े हैं? हालांकि इतिहास के सभी पिछले युग की तुलना में पिछले दो दशकों के दौरान वैश्विक आर्थिक विकास को बढ़ावा देने के लिए बहुत अधिक काम किया गया है, परंतु इससे भी अधिक काम किए जाने की जरूरत एवं उम्मीद की जा रही है। ग़रीबी के बड़े-बड़े क्षेत्र पूरी दुनिया में फैले हुए हैं, जहां जीवन की बुनियादी आवश्यकताएं मौजूद नहीं हैं। 20वीं सदी के अंत में ग़रीबी के मुद्दे ने वैश्विक राजनीतिक कार्य-सूची में प्राथमिक स्थान ग्रहण किया और यह बात संयुक्त राष्ट्र के पहले MDGs की घोषणा से सही साबित होती

है। 1990 के दशक के लिए विश्व बैंक के आंकड़े दर्शाते हैं कि, प्रतिदिन एक डॉलर से कम में जीवन-यापन करने वाले लोगों की संख्या (2 बिलियन) में कमी आई है, परंतु यह तस्वीर हर जगह अलग-अलग है। अफ्रीका के उप-सहारा क्षेत्र में स्थिति अत्यंत भयावह है; रूसी संघ में, राष्ट्रमंडल स्वतंत्र राज्यों (CIS), लैटिन अमेरिका और कुछ मध्य-पूर्वी राज्यों में समग्र रूप से स्थिति गंभीर बनी हुई थी। चीन और भारत जैसे राज्यों में भी, असमान असमानताएं निरंतर जारी हैं। औद्योगिक देशों में प्रति व्यक्ति औसत आय, अल्पतम विकसित देशों की तुलना में लगभग 50 गुना अधिक है। सदी के अंत तक, दूसरी या तीसरी दुनिया का एक भी देश पहली दुनिया के दर्जे तक नहीं पहुंच पाया है। वैश्विक सामाजिक संकेतकों में महत्त्वपूर्ण सुधारों के बावजूद, वयस्क साक्षरता, सुरक्षित पेयजल की उपलब्धता और शिशु मृत्यु दर, एवं 'बुनियादी जरूरतों' के संदर्भ में वैश्विक परिदृश्य में काफी असमानताएं हैं। 1990 से 2000 के बीच, अधिक संपन्न विकासशील देशों के लिए 3.4 प्रतिशत की तुलना में अल्पविकसित देशों में GDP में केवल 3.2 प्रतिशत की वृद्धि हुई (मूर जूनियर और पुबर्टज़, 2006: 263–64)।

औद्योगिक देशों ने 1980 में महासभा में विकासशील देशों को आधिकारिक विकास सहायता (ODA) के लिए अपने GNP का 0.7 प्रतिशत समर्पित करने की वचनबद्धता प्रकट की। परंतु कुछ ही देर इस लक्ष्य को हासिल कर पाए हैं—वर्तमान में, डेनमार्क, फिनलैंड, नॉर्वे और स्वीडन। औसतन, ODA लक्षित स्तर के आधे से भी कम या औद्योगिक देशों के GNP का लगभग 0.3 प्रतिशत रहा है, जो शीत युद्ध के अंत के बाद वास्तविक रूप में गिरावट को दर्शाता है। 1999 में, ODA $56 बिलियन डॉलर रहा, जो 21 मुख्य दाता देशों के GNP का मात्र 0.24 प्रतिशत है। सबसे बड़े दाता के तौर पर जापान की स्थिति यथावत रही, जिसके बाद संयुक्त राज्य, फ्रांस और जर्मनी का स्थान था (मूर जूनियर और पुबर्टज़, 2006: 263–64)।

1970 के दशक में समतावादी विचारों से प्रेरित विकासशील देशों ने, NIEO के लिए असफल तरीके से प्रचार किया। वास्तव में, उन्होंने मौजूदा व्यवस्था में सुधार का आह्वान किया और वे विशेष रूप से ग़रीब देशों के व्यापार में गिरावट की परिस्थितियों के बारे में चिंतित थे। वे चाहते थे कि, मौजूदा व्यवस्था को सूचकांक जैसे किसी तंत्र के माध्यम से प्राथमिक वस्तुओं के उत्पादकों के लिए अधिक उपयोगकर्ता अनुकूल बनाया जाए, ताकि प्राथमिक उत्पादों की कीमतों को विनिर्मित वस्तुओं की कीमतों से जोड़ा जा सके। वे अपने प्राकृतिक संसाधनों पर संप्रभुता के उपयोग से संबंधित अपने अधिकारों की रक्षा करने तथा निर्माताओं के उत्पादक-संघ बनाने में भी रुचि रखते थे। अतीत में, उत्तरी देशों की सरकारों के आधिकारिक विकास वित्त ने विकासशील देशों में जा रहे वित्तीय संसाधनों के बड़े हिस्से का प्रतिनिधित्व किया था। लेकिन पिछले कुछ सालों में, विकासशील देशों में निजी निवेश नाटकीय रूप से बढ़ गया है, तथा निजी निवेश एवं ऋण अब आधिकारिक प्रवाह से अधिक महत्त्वपूर्ण बन चुके हैं। 1998 में विकासशील देशों के लिए $240 बिलियन के कुल निवल संसाधन प्रवाह में से $147 बिलियन निजी स्रोतों से प्राप्त किए गए थे तथा ग़ैर-ODA फंड सहित आधिकारिक प्रवाह से केवल $88 बिलियन प्राप्त हुए थे। उदाहरण के लिए, 1999 में विकासशील देशों को वैश्विक स्तर पर विदेशी प्रत्यक्ष निवेश का केवल 24 प्रतिशत प्राप्त हुआ। इसमें अफ्रीका का हिस्सा महज 1.2 प्रतिशत था (मूर जूनियर और पुबर्टज़, 2006: 263–64)।

बॉक्स 16.1 आठ देशों का समूह (G-8)

आठ देशों का समूह (G-8, पहले इसे G-6 और G-7 कहा जाता था) एक ऐसा मंच है, जिसे 1975 में फ्रांस द्वारा दुनिया के छह देशों की सरकारों: फ्रांस, जर्मनी, इटली, जापान, यूनाइटेड किंग्डम और संयुक्त राज्य के लिए गठित किया गया था। 1976 में, कनाडा भी इस समूह में शामिल हो गया। 1997 में रूस में शामिल होने के साथ इस समूह को G-8 कहा जाने लगा। G-8 के भीतर यूरोपीय संघ का भी प्रतिनिधित्व होता है।

प्रत्येक कैलेंडर वर्ष, G-8 के सम्मेलन की मेज़बानी की जिम्मेदारी बारी-बारी से सदस्य राज्यों को दी जाती है। हाल ही में, फ्रांस और यूनाइटेड किंग्डम, दोनों ने पांच विकासशील देशों, अर्थात् ब्राजील, चीन, भारत, मेक्सिको और दक्षिण अफ्रीका को शामिल करते हुए समूह का विस्तार करने की इच्छा व्यक्त की है, जिसे आउटरीच फाइव (O5) या प्लस फाइव के रूप में जाना जाता है। इन देशों ने विगत सम्मेलन में मेहमानों के रूप में भाग लिया है, जिन्हें कभी-कभी G8+5 भी कहा जाता है।

स्रोत: विकिपीडिया से रूपांतरित.

बॉक्स 16.2 बीस देशों का समूह (G-20)

बीस देशों का समूह (G-20), 20 अर्थव्यवस्थाओं—19 देशों के साथ-साथ एकल यूरोपीय मुद्रा—के वित्त मंत्रियों और केंद्रीय बैंकों के गवर्नरों का एक समूह है। सामूहिक रूप से, G-20 अर्थव्यवस्थाओं में वैश्विक GNP का 85 प्रतिशत, विश्व व्यापार का 80 प्रतिशत और विश्व जनसंख्या का दो तिहाई हिस्सा शामिल है।

G-20 अंतर्राष्ट्रीय वित्तीय प्रणाली से संबंधित मामलों पर सहयोग और परामर्श के लिए एक मंच है। यह अंतर्राष्ट्रीय वित्तीय स्थिरता के प्रचार से संबंधित नीतिगत मुद्दों पर विचार-विमर्श, समीक्षा और प्रचार को बढ़ावा देता है, तथा किसी भी संगठन की जिम्मेदारियों से परे जाकर मुद्दों को हल करने का प्रयास करता है।

स्रोत: विकिपीडिया से रूपांतरित.

16.4 विकास का अधिकार

UNCTAD और UNDP के गठन के बावजूद, NIEO केवल दस्तावेजों तक ही सीमित रह गया; प्रस्तावों को कभी कार्यान्वित नहीं किया जा सका; साथ ही निर्धारित लक्ष्यों के आधे हिस्से की भी प्राप्ति नहीं की जा सकी। पूर्व-पश्चिम टकराव अब मृतप्राय हो चुका है; उत्तर-दक्षिण संवाद का भी कोई निष्कर्ष नहीं दिखाई दे रहा है—इसे वैश्वीकरण के आक्रमण ने निष्प्रभावी बना दिया है। उत्तर के औद्योगिकृत देशों का दृढ़ विश्वास है कि, वैश्विक व्यापार प्रणाली में पूर्ण भागीदारी तथा घरेलू स्तर पर मुक्त बाज़ार अर्थव्यवस्थाओं के निर्माण से विकास को सर्वोत्तम रूप से हासिल किया जा सकता है। दिसंबर 1986 में, महासभा ने 'विकास' को एक अपरिहार्य मानव अधिकार घोषित किया, जिसके आधार पर प्रत्येक व्यक्ति और सभी लोग आर्थिक, सामाजिक, सांस्कृतिक एवं राजनीतिक विकास में भाग लेने, योगदान देने तथा लाभ उठाने के हकदार हैं, जिसमें सभी मानवाधिकारों एवं मौलिक स्वतंत्रताओं की पूरी तरह प्राप्ति संभव हो सके। इसके बाद कई वैश्विक सम्मेलनों ने इस सिद्धांत की पुष्टि की। उनमें पृथ्वी शिखर सम्मेलन का रियो घोषणापत्र (1992), 1993 में मानवाधिकारों पर वियना घोषणापत्र तथा अल्पविकसित देशों पर संयुक्त राष्ट्र के तृतीय सम्मेलन (2001) का घोषणापत्र सर्वाधिक महत्त्वपूर्ण था। 1977 में महासभा ने विकास की कार्यसूची को अंगीकृत किया। कार्यसूची में विकास के महत्त्व को पुष्ट करने तथा उस प्रक्रिया में संयुक्त राष्ट्र की केंद्रीय भूमिका को पुनः निर्धारित करने पर अधिक बल दिया गया। कार्यसूची ने विकास के सर्वविदित घटकों—आर्थिक विकास, व्यापार वित्त, विज्ञान एवं प्रौद्योगिकी, ग़रीबी उन्मूलन, रोजगार एवं मानव संसाधन विकास—को संबोधित करने के साथ-साथ लोकतंत्र, मानवाधिकार, लोक-सहयोग, सुशासन और महिलाओं के सशक्तिकरण की भूमिका पर भी नए सिरे से बल दिया।

1980 और 2001 के बीच, अल्पतम विकसित देशों (कुल संख्या 149) की दुर्दशा पर तीन संयुक्त राष्ट्र सम्मेलनों में इस बात के संकेत देखे जा सकते हैं कि, संयुक्त राष्ट्र के ध्यान ने उनकी समस्याओं को हल करने की दिशा में नई अंतर्राष्ट्रीय पहलों को जन्म दिया। ऋणदाता राज्यों ने ऋण में राहत प्रदान करने में नए सिरे से दिलचस्पी दिखाई, जिसकी पुष्टि विश्व बैंक और IMF के 1996 में भारी ऋणग्रस्त ग़रीब देशों (HIPCs) की पहल से हुई। एक कठोर वास्तविकता यह थी कि, सबसे ग़रीब देश अपने लोगों की समस्याओं की तुलना में संचित अंतर्राष्ट्रीय ऋण की अदायगी पर कई गुना अधिक धन खर्च करते हैं, जिसे देखते हुए इस पहल ने इन राज्यों में 'ऋण स्थिरता' हासिल करने और समग्र ग़रीबी में कमी लाने की मांग की। जून 2005 में, G-8 (बॉक्स 16.1) ने दुनिया के 18 सबसे ग़रीब देशों द्वारा लिए गए $40 बिलियन के ऋण को माफ करने पर समझौता किया और ज्यादातर IMF, विश्व बैंक और अफ्रीकी विकास बैंक को अधिकार दिया।

सितंबर 2000 में संयुक्त राष्ट्र के सहस्राब्दी घोषणापत्र में विश्व के नेताओं ने जोर देकर कहा कि, वैश्वीकरण को सभी के लिए सकारात्मक बनाना अंतर्राष्ट्रीय समुदाय के समक्ष सबसे बड़ी चुनौती है। वैश्वीकरण की सफलता के लिए लोगों को सहभागिता की अनुभूति होनी चाहिए। विकास के प्रति दृष्टिकोण के संदर्भ में आज भी विकसित और विकासशील देशों के बीच विविधता है। औद्योगिक पश्चिम विकासशील राज्य, वांछनीय आर्थिक परिवर्तनों को तेज करने के लिए राजनीतिक एवं आर्थिक स्वतंत्रता, स्वतंत्र व्यापार, निवेश के अवसरों पर कम प्रतिबंध, आंतरिक सुधार और मुद्राओं के मुक्त आदान-प्रदान के पक्षधर हैं। दूसरी ओर, अधिकांश तीसरी दुनिया के नेताओं का मानना है कि, बहुपक्षीय विकास कार्यक्रमों के उपयोगी और वांछनीय होने के बावजूद वे

विकास का केंद्रबिंदु नहीं हैं। अधिकांश शिक्षाविदों और विद्वानों का मानना है कि, दुनिया के अग्रणी पूंजीवादी राज्यों से तीसरी दुनिया के देशों में औद्योगिक विकास को बढ़ावा देने तथा सार्वजनिक क्षेत्र को पूंजी उधार देने की उम्मीद करना अवास्तविक है। इसके विपरीत, अत्यंत ग़रीब देशों से बड़े पैमाने पर निजी निवेश के लिए आवश्यक अधिशेष उत्पन्न करने या संरचनात्मक समायोजन कार्यक्रमों अथवा अन्य प्रकार के सशर्त सहायता कार्यक्रमों के माध्यम से अपनी अर्थव्यवस्थाओं पर प्रभुत्व स्थापित करने की अनुमति देने की उम्मीद नहीं की जा सकती है। अंतर्राष्ट्रीय अर्थव्यवस्था के समक्ष मौजूदा मुद्दे वास्तव में अधिक जटिल हो गए हैं। तीसरी दुनिया के देशों द्वारा लिया गया ऋण इतना व्यापक है, तथा व्यापार एवं वित्तीय प्रवाह जैसे अन्य मुद्दों के साथ इस हद तक अंतः संबंधित है कि, अतीत के उपागम स्पष्ट तौर पर अपर्याप्त प्रतीत होते हैं।

शीत युद्ध ने एक ऐसी परिस्थिति को जन्म दिया, जिसमें तीसरी दुनिया में सहयोगियों को जीतने के लिए राष्ट्रों के पश्चिमी और पूर्वी गुट के बीच प्रतिस्पर्धा हुई। संयुक्त राज्य का मानना था कि, बाज़ार के नेतृत्व में आर्थिक उन्नति के परिणामस्वरूप विकास होगा, जबकि USSR ने औद्योगिकीकरण योजना पर आधारित अपनी आर्थिक प्रणाली के प्रचार-प्रसार का प्रयास किया, जो उसके अनुसार नव स्वतंत्र राज्यों के औद्योगीकरण एवं विकास को प्राप्त करने का सबसे तेज़ साधन है। फिर भी, युद्ध के बाद के शुरुआती तथा उत्तर-उपनिवेशवादी दशक में, पश्चिम, पूर्व या तीसरी दुनिया के सभी राज्यों ने विकास में राज्य के हस्तक्षेप का पक्ष लिया। शीत युद्ध के अंत और 1989 में पूर्वी गुट के पतन के साथ, अल्तम सुधारवादी राज्य की नीतियों तथा बाजार की अधिक महत्त्वपूर्ण भूमिका का समर्थन करने वाली नव-पारंपरिक आर्थिक नीतियों ने वैश्वीकरण की आर्थिक तर्कसंगतता के तहत प्रमुख स्थान प्राप्त किया। 1990 के दशक के अंत तक, राष्ट्रों के उन्नत औद्योगिक गुट (G-8) और संबंधित अंतर्राष्ट्रीय वित्तीय संस्थान, नव-उदारवादी आर्थिक कट्टरता के थोड़े संशोधित संस्करण का समर्थन कर रहे थे, जिसे 'वाशिंगटन आम सहमति के बाद' वर्गीकृत किया गया था, जिसने व्यापार उदारीकरण के माध्यम से निरंतर घरेलू नीतियों में सुधार और विकास के आधार पर ग़रीबों के विकास तथा गरीबी में कमी पर बल दिया। MDGs उत्तर-दक्षिण विचार-विमर्श में एक दुर्लभ अभिसरण को दर्शाते हैं, जो 1960 और 1970 के दशक में विकास की परिचर्चाओं को प्रभावित करने वाले NIEO तथा अड़ियल उत्तर से दक्षिण की लगातार मांगों से बिल्कुल अलग था।

शीत युद्ध के अंत के कारण संयुक्त राज्य-USSR के बीच टकराव समाप्त हुआ, जिसने वैश्वीकरण की आर्थिक वास्तविकताओं के साथ सहस्राब्दी शिखर सम्मेलन के दौरान अधिक सहयोगपूर्ण माहौल के निर्माण को सक्षम बनाया। इस स्थिति का मतलब यह नहीं है कि, उत्तर और दक्षिण के बीच मतभेद समाप्त हो गए हैं। दक्षिण के देश ब्रेटन वुड्स प्रणाली में निहित संरचनात्मक बाधाओं पर बल देते हैं, जिसके लिए उत्तर और दक्षिण के बीच विशाल अंतर को कम करने तथा HIPCs की विशिष्ट आवश्यकताओं पर विचार विमर्श करने की जरूरत है। इसके विपरीत, उत्तरी देशों के समूह ने MDGs पर ध्यान केंद्रित किया, जो अल्पतम विकसित देशों में बेहतर शासन-प्रणाली, बाज़ार उदारीकरण, ग़रीबी में कमी तथा बेहतर मानव विकास नीतियों के अंगीकरण एवं पर्यावरण की रक्षा की आवश्यकता पर बल देते हैं। MDGs तथा संवहनीय मानव विकास और पर्यावरण के प्रति प्रतिबद्धता ने उत्तर और दक्षिण के बीच पहले की तुलना में इन समस्याओं पर अधिक सहयोग को दर्शाया है।

16.5 मानव विकास और मानव सुरक्षा: एक वैकल्पिक दृष्टिकोण

आर्थिक प्रगति या विकास का तात्पर्य पूंजी संचय की संयुक्त प्रक्रियाओं, राष्ट्रीय आय में वृद्धि, रोजगार एवं श्रम कौशल के विविधीकरण में वृद्धि, अर्थात् नई तकनीकी शैलियों को अपनाते हुए प्राथमिक क्षेत्रों से तृतीयक क्षेत्रों की ओर स्थानांतरण तथा अन्य संबंधित सामाजिक एवं आर्थिक परिवर्तनों से है (बाल्डविन, 1997: 5–26; बुज़ान, वाइवर और वाइल्ड, 1998: 5–26)। इस प्रकार के मूल्यांकन के आधार पर, 1970 के दशक में अधिकांश विकासशील देशों में आर्थिक प्रगति देखी गई, जिसमें GDP की वृद्धि दर 3 प्रतिशत थी। हालांकि, 1980 के दशक में, एशिया को छोड़कर यह गति हर जगह धीमी हो गई। लैटिन अमेरिका, अफ्रीका और मध्य-पूर्व में प्रति व्यक्ति GDP में गिरावट आई है (बोअर एवं कोएक, 1999: 519–22)। 1990 के दशक में, चीन और भारत में उच्च विकास दर को छोड़कर, पूरे दक्षिण में वास्तविक आर्थिक विकास में वार्षिक वृद्धि लगभग 5 या 6 प्रतिशत के बीच रही। देशों के बीच तथा क्षेत्रों एवं देशों के बीच विकास में काफी भिन्नता होती है। हालांकि, बीते वर्षों में अमीर और ग़रीबों

देशों के बीच का अंतर बढ़ रहा है। 1990 के दशक में, दक्षिण के कुछ हिस्सों में समृद्धि आई जबकि दूसरे हिस्सों में ठहराव या गिरावट देखी गई।

पूंजीवादी दृष्टिकोण से, उत्तर में पूंजी के संचय से आर्थिक विकास तीव्र होता है, जिसके परिणामस्वरूप धन का प्रवाह दक्षिण की ओर भी होगा (अधोगामी प्रवाह का दृष्टिकोण)। समाजवादी उत्तर-दक्षिण असमानताओं को वैश्विक विकास के लाभों के आधार पर नहीं देखते हैं। तीसरी दुनिया में आर्थिक विकास को बढ़ावा देने के लिए, वे उत्तर से दक्षिण तक आय को स्थानांतरित करने के लिए नीतिगत कदमों का पक्ष लेते हैं। ऐसी पुनर्वितरण नीतियां वैश्विक आर्थिक विकास को धीमा नहीं करतीं हैं, जिसका भय पूंजीवादियों को सताता है, बल्कि यह विकास की अधिक संतुलित एवं स्थिर प्रवृत्ति को प्रोत्साहन देती हैं।

मौजूदा समय में, दक्षिण के अधिकांश देशों में मिश्रित अर्थव्यवस्थाएं हैं। उनके विकास के स्वरूप में बड़े पैमाने पर विविधता है और इनका अनुसरण करते हुए किसी भी निश्चित मॉडल का निर्माण नहीं किया जा सकता है (क्लेयर, 1996: 353–58)।

1990 में, UNDP ने जीवन प्रत्याशा, वयस्क साक्षरता एवं औसत स्थानीय क्रय शक्ति को बराबर महत्त्व देते हुए, देशों की विकास उपलब्धियों के मूल्यांकन हेतु मानव विकास सूचकांक (HDI) विकसित किया। HDI के मानदंडों पर आधारित मूल्यांकन के परिणाम, देशों की प्रति व्यक्ति GDP पर आधारित पर विकास के पारंपरिक मूल्यांकन की तुलना में बिल्कुल अलग होते हैं। उदाहरण के तौर पर, चीन, श्रीलंका, हंग़री और स्वीडन पारंपरिक GDP सूचकांक के मुकाबले HDI सूचकांक में बेहतर प्रदर्शन कर रहे हैं। HDI अब मूल्यांकन का अधिक परिष्कृत साधन बन गया है, क्योंकि कुछ देशों में लैंगिक, क्षेत्रीय, नस्लीय और जातीय समूहों के साथ HDI आंकड़ों को अलग-अलग वर्गीकृत किया गया है। मानव निर्धनता सूचकांक (HPI), HDI के पैमाने पर प्रगति के वितरण को दर्शाता है, जबकि लैंगिक सशक्तिकरण सूचकांक (GEI) दुनिया भर में महिलाओं की सापेक्ष स्थिति पर नज़र रखता है। HDI के प्रचार ने एक तरफ UNDP के और दूसरी तरफ IMF एवं विश्व बैंक के विकास के संदर्भ में विपरीत दृष्टिकोण को उजागर किया है। विकास के पारंपरिक दृष्टिकोण के आलोचक इस बात पर विश्वास नहीं करते हैं कि, आर्थिक विकास एवं प्रति व्यक्ति GDP के स्वतंत्र रूप से सांख्यिकीय माप अकेले ही विकासशील देशों में या वास्तव में दुनिया भर में मानव कल्याण की दिशा में हो रही प्रगति की तस्वीर प्रस्तुत करने में सक्षम हैं। मानव विकास दृष्टिकोण के समर्थकों, प्रोफेसर महबूब उल हक़ एवं अमर्त्य सेन, वास्तविक नागरिक अधिकारों के संदर्भ में समाज के भीतर राष्ट्रीय उत्पाद के वितरण के स्वरूप पर अधिक बल दिए जाने का आग्रह करते हैं। उनका मानना है कि, वैश्वीकरण की प्रक्रिया के परिणामस्वरूप देशों के बीच एवं देशों में आंतरिक स्तर पर आर्थिक भेदभाव बढ़ रहा है, जिसे आसानी से नज़रअंदाज़ नहीं किया जा सकता है। अधोगामी प्रवाह का दृष्टिकोण — अर्थात् यह अवधारणा कि GDP में बढ़ोतरी पर आधारित समग्र आर्थिक विकास का लाभ स्वतः ही ग़रीबों को मिलेगा— असफल साबित हुआ है। विकासशील देशों द्वारा प्रति व्यक्ति GDP में वृद्धि की प्रभावशाली दरों के बावजूद, यह सफलता बड़े पैमाने पर उनकी आबादी के कल्याण में दिखाई नहीं दे रही थी, जिनकी बुनियादी जरूरतों को अभी भी पूरा नहीं किया जा सका है। इसके परिणामस्वरूप, शिक्षाविदों ने इस बात को स्वीकार करना आरंभ किया कि, विकास के माध्यम से ग़रीबी को कम करने के लिए इस दिशा में विशिष्ट आर्थिक एवं सामाजिक नीतियों की नितांत आवश्यकता है। पहली मानव विकास रिपोर्ट (1990) के आरंभ में उल्लिखित शब्द ही बाद की सभी रिपोर्टों को निर्देशित करते हैं: 'नागरिक ही एक राष्ट्र की वास्तविक संपत्ति हैं।' अनुभवजन्य आंकड़ों की अपनी संपत्ति तथा विकास के मूल्यांकन हेतु अभिनव दृष्टिकोण के साथ, *मानव विकास रिपोर्ट* का पूरी दुनिया में विकास से संबंधित विचार धाराओं पर गहरा असर पड़ा। HDI को दर्शाने वाली प्रत्येक रिपोर्ट, कार्यसूची के निर्धारण हेतु आंकड़े एवं विश्लेषण प्रस्तुत करती है तथा मुद्दों एवं नीतिगत विकल्पों की ओर पूरी दुनिया का ध्यान आकृष्ट करती है, जो विकास की चुनौतियों का सामना करने की रणनीतियों में लोगों को केंद्रीय स्थान देती है। लोगों को लंबे, स्वस्थ और रचनात्मक जीवन का आनंद लेने के लिए एक सक्षम माहौल का निर्माण करना ही विकास का उद्देश्य होना, जो आज बिना प्रमाण के सिद्ध है। पिछले 20 वर्षों से रिपोर्ट का केंद्रीय उद्देश्य इस बात पर बल देना है कि, विकास मुख्यतः एवं मूल रूप से लोगों से संबंधित है। इन मुद्दों को संबोधित करने के लिए नई युक्तियों की जरूरत है। 2010 की रिपोर्ट, सूचकांकों के समूह में तीन युक्तियों की शुरुआत करता है— असमानता-समायोजित HDI, लैंगिक असमानता सूचकांक तथा बहुआयामी निर्धनता सूचकांक। इन अत्याधुनिक युक्तियों के अंतर्गत सिद्धांत एवं मूल्यांकन के क्षेत्र में हुई नवीनतम प्रगति शामिल है, तथा यह मानव

विकास ढांचे में असमानता एवं ग़रीबी की केंद्रीयता का समर्थन करती है। इन प्रयोगात्मक श्रृंखलाओं को पारंपरिक तौर पर पूर्णयोग से परे तर्कसंगत सार्वजनिक परिचर्चा को अनुरूप बनाने के उद्देश्य से पेश किया गया है। इसमें कई चुनौतियां सामने आती हैं, जिनमें से कुछ नीतियों से संबंधित हैं। विकास नीतियों को स्थानीय संदर्भ तथा अति महत्त्वपूर्ण सिद्धांतों पर आधारित होना चाहिए; कई समस्याएं अलग-अलग राज्यों की क्षमता से परे जाती हैं, जिसके समाधान हेतु लोकतांत्रिक रूप से उत्तरदायी वैश्विक संस्थानों की आवश्यकता होती है। ये शोध के लिए निहितार्थ भी हैं: स्वास्थ्य एवं शिक्षा में आर्थिक विकास और सुधार के बीच आश्चर्यजनक रूप से कमज़ोर संबंधों का गहन विश्लेषण तथा इस बात पर अत्यंत सावधानीपूर्वक विचार-विमर्श करना कि विकास के उद्देश्यों की बहुआयामी प्रकृति विकास की सोच को किस प्रकार प्रभावित करती है, इसके केवल दो उदाहरण हैं।

शीत युद्ध के अंत के उपरांत, अंतर्राष्ट्रीय संबंधों के विद्वानों एवं अध्येताओं द्वारा भी 'सुरक्षा' की अवधारणा का गहराई से विश्लेषण किया जा रहा है। पारंपरिक निरूपण में, सुरक्षा का तात्पर्य है कि, राज्य किस प्रकार अपनी क्षेत्रीय अखंडता के ख़तरों से निपटने के लिए, तथा उनकी घरेलू सरकारें, मुख्य रूप से अन्य राज्यों के ख़तरों से निपटने के लिए बल प्रयोग का सहारा लेते हैं।

अन्य विद्वानों के लिए, एक ऐसी दुनिया में बल प्रयोग पर आधारित सुरक्षा का यह निरूपण एकपक्षीय है, जहां सामूहिक विनाश के हथियार बहुतायत में मौजूद हैं और जहां परस्पर-निर्भरता एक कठिन वास्तविकता है। यह महसूस किया गया कि, 'सहयोगात्मक सुरक्षा' की एक विकसित अवधारणा के माध्यम से इस कमी को पूरा किया जाना चाहिए। दूसरी प्रमुख आलोचना यह है कि, अवधारणा सुरक्षा के दायरे को अन्य राज्यों से सैन्य ख़तरों तक सीमित करती है। आज के संदर्भ में अन्य राज्यों से ख़तरों के अंतर्गत 'अराजक' तत्वों द्वारा उत्पन्न ख़तरों के अलावा 'पर्यावरण', 'आर्थिक' एवं 'सांस्कृतिक' प्रकृति के ख़तरे भी शामिल हो सकते हैं। सुरक्षा की इस समावेशी अवधारणा, जो ख़तरों के साधनों एवं स्रोतों को विस्तृत करती है, को 'व्यापक सुरक्षा' कहा जा सकता है। एक तीसरी एवं मौलिक आलोचना का सुझाव है कि, सुरक्षा की अवधारणा के अंतर्गत केवल राज्यों की सुरक्षा पर प्रमुख ध्यान नहीं होना चाहिए, बल्कि इसके नागरिकों की सुरक्षा और कल्याण अर्थात्, राज्य के भीतर मनुष्यों की सुरक्षा को भी अवधारणा के अध्ययन में भी शामिल किया जाना चाहिए। 1960 के दशक से आर्थिक प्रगति एवं विकास के प्रमुख मॉडल की आलोचना को भी आधार मिलने लगा। 1970 के दशक के मध्य में, अंतर्राष्ट्रीय संबंधों में, बहुराष्ट्रीय वैश्विक व्यवस्था मॉडल परियोजना (WOMP) ने इस प्रयास के एक हिस्से के रूप में, अधिक सुव्यवस्थित एवं न्यायसंगत वैश्विक व्यवस्था की योजना बनाने और निर्माण करने की दिशा में एक महत्वाकांक्षी प्रयास शुरू किया, तथा गंभीर अकादमी व्याख्यान के एक हिस्से के तौर पर व्यक्तिगत कल्याण एवं सुरक्षा के प्रश्न की रूपरेखा प्रस्तुत की गई और इसे शामिल किया गया (बाजपेयी एवं मल्लवरापू, 2005)।

1980 के दशक में, दो अन्य स्वतंत्र आयोगों ने विकास एवं सुरक्षा के बदलते मानकों में योगदान दिया। 1980 के संदर्भ में विली ब्रैंड के उत्तर-दक्षिण की रिपोर्ट (ब्रैंड, 1980) का इसमें पहला स्थान था, जबकि इसी अवधि के लिए ओलोफ पाल्मे की 'आम सुरक्षा' रिपोर्ट (निरस्त्रीकरण एवं सुरक्षा के मुद्दों पर स्वतंत्र आयोग, 1982) का दूसरा स्थान था। 1991 में शीत युद्ध के अंत के साथ, वैश्विक सुरक्षा एवं शासन-विधि पर स्टॉकहोम पहल ने 1990 के दशक में आम ज़िम्मेदारी की आवश्यकता पर बल दिया, जिसके माध्यम से विकास, पर्यावरणीय अपकर्ष, अत्यधिक जनसंख्या वृद्धि तथा लोकतंत्र की दिशा में संचलन और प्रगति में विफलताओं को प्रेरित करने वाले ख़तरों से निपटने की सुरक्षा की व्यापक अवधारणा को संदर्भित किया गया। चार साल बाद, वैश्विक शासन-व्यवस्था पर आयोग की रिपोर्ट (1995), *ऑवर ग्लोबल नेबरहुड* ने सुरक्षा पर स्टॉकहोम पहल के शब्दों को प्रतिबिंबित किया: 'पारंपरिक तौर पर राज्यों की सुरक्षा से संबंधित वैश्विक सुरक्षा की अवधारणा के दायरे को विस्तृत करते हुए, इसके अंतर्गत लोगों की सुरक्षा एवं इस ग्रह की सुरक्षा को भी शामिल किया जाना चाहिए।'

अगर इस आयोग की रिपोर्ट को मानव सुरक्षा की विकसित अवधारणा का पूर्ववर्ती माना जाए, तो UNDP में महबूब उल हक़ (1994) की भूमिका पहले HDI के शुभारंभ में एक केंद्रीय व्यक्ति की थी, जिन्होंने अपने लेख 'न्यू इंपरेटिव्स ऑफ ह्यूमन सिक्योरिटी' में मानव सुरक्षा के दृष्टिकोण को रेखांकित किया था।

हक़ का तर्क है कि, मानव सुरक्षा केवल राज्यों एवं क्षेत्रों की सीमाओं की रक्षा करने से संबंधित नहीं है, बल्कि यह व्यक्तियों और लोगों के लिए मूलभूत आवश्यकताओं की उपलब्धता से भी संबंधित है (बॉक्स 16.3)। सुरक्षा की पारंपरिक अवधारणा में

क्षेत्रीय अखंडता एवं राष्ट्रीय स्वतंत्रता को अत्यधिक प्राथमिकता दी गई, जिन्हें संरक्षित करने के लिए बल प्रयोग और हथियार की आवश्यकता होती है, जबकि मानव सुरक्षा की अवधारणा राज्यों में नागरिकों के जीवन स्तर एवं कल्याण को बढ़ाकर, लोगों को अरक्षितता से बचाने से संबंधित है। बीमारियां, आतंकवाद, ग़रीबी, पर्यावरणीय अपकर्ष, निरक्षरता तथा राज्यों के बीच एवं आंतरिक स्तर पर मौजूद विषमताएं, इत्यादि सुरक्षा के लिए प्रमुख ख़तरे हैं। यह वैश्विक व्यवस्था मौजूदा अवधारणाओं एवं विकास के तरीकों, सुरक्षा के लिए हथियारों पर निर्भरता, उत्तर और दक्षिण के बीच वैश्विक विभाजन तथा वैश्विक संस्थानों की बढ़ती प्रभावहीनता में अंतर्निहित है। महबूब उल हक़ एक सुधारवादी कार्यक्रम प्रस्तुत करते हैं, जो सार्वजनिक नीति के लिए मानव सुरक्षा चुनौतियों का सामना करने में सहायक हो सकते हैं। हथियार या परमाणु ऊर्जा की ताकत के बजाय संवहनीय विकास के माध्यम से मानव सुरक्षा के लक्ष्य को प्राप्त किया जा सकता था। विशेष रूप से, वह सुरक्षा की नई अवधारणा को क्रियान्वित करने के लिए पांच मौलिक चरणों की व्याख्या करते हैं: जिसके अंतर्गत निष्पक्षता, संवहनीयता एवं जमीनी स्तर पर भागीदारी पर बल देते हुए विकास, मानव सुरक्षा की व्यापक कार्य-सूची को आर्थिक समर्थन देने के लिए सार्वजनिक निधि, अनुदान के बजाय न्याय पर आधारित उत्तर और दक्षिण के बीच नई साझेदारी—जो वैश्विक बाजार के अवसरों के लिए न्यायसंगत पहुंच और आर्थिक पुनर्गठन पर बल देती है—अंतर्राष्ट्रीय संस्थानों के सुधार पर आधारित वैश्विक शासन-व्यवस्था की एक नई संरचना तथा अंत में, वैश्विक नागरिक समाज के लिए बढ़ती भूमिका शामिल हैं (हक, 1994)।

पिछले पांच दशकों में बहुराष्ट्रीय मंचों पर उत्तर-दक्षिण संवाद तथा 1970 के दशक से विद्वत समाज में विकास एवं सुरक्षा के विषय पर आलोचनात्मक परिचर्चाओं ने इन संवादों के प्रतिस्पर्धी क्षेत्रों को उजागर किया है। हालांकि, 1970 के दशक से, विकास के वैकल्पिक दृष्टिकोण विभिन्न NGOs, विद्वानों एवं अर्थशास्त्रियों, संयुक्त राष्ट्र के निकायों और दुनिया भर में जमीनी स्तर से जुड़े सामाजिक आंदोलनों से उत्पन्न हुआ है। इस बात के प्रति सर्वसम्मति बढ़ रही थी कि, विकास की प्रक्रिया में अन्तःविकसित, आत्मनिर्भर व पारिस्थितिक रूप से संवहनीय दृष्टिकोण शामिल होना चाहिए तथा समाज में अर्थव्यवस्था, लिंग एवं वर्ग संबंधों के संरचनात्मक परिवर्तनों पर आधारित होना चाहिए। नर्मदा बांध परियोजना या हिमालय में चिपको आंदोलन जैसे विशिष्ट मुद्दों पर जमीनी स्तर के आंदोलनों ने विकास के सिद्धांत को मूल्यवान सहयोग दिया। यह गति जारी रही और आज वैकल्पिक NGO सम्मेलनों का आयोजन एक सामान्य प्रथा बन चुकी है। संयुक्त राष्ट्र के किसी समारोह के अलावा, वर्ल्ड सोशल फोरम की बैठकों का आयोजन भी प्रतिवर्ष होता है।

लोकतंत्र विकास के वैकल्पिक दृष्टिकोण की आत्मा है। 1990 के दशक एवं उसके बाद के वर्षों में, समाज की शक्ति संरचना में वास्तविक परिवर्तन तथा संसाधनों के लिए नागरिकों के संबंधित अधिकारों की तुलना में औपचारिक संस्थानों की स्थापना या चुनावी प्रक्रिया की बहाली वैश्विक संक्रमण की अधिक महत्त्वपूर्ण विशेषता रही है। वैश्वीकरण के निरंतर हमले तथा स्थानीय समुदाय नियंत्रण का क्षरण के चलते, लोग बाज़ार के नियमों द्वारा वैश्वीकरण के लाभों के व्यापक प्रसार का पक्षसमर्थन कर रहे हैं। विरोध आंदोलन वास्तविक लोकतंत्र के लिए संघर्ष के प्रतीक हैं, जिसका तात्पर्य लोगों का अपने जीवन पर तथा समुदाय को प्रभावित करने वाले निर्णयों पर नियंत्रण है। विकास के लिए जमीनी स्तर से विकसित ये 'वैकल्पिक' दृष्टिकोण, निष्पक्षता, भागीदारी, आत्मनिर्भरता एवं स्थायित्व पर जोर देते हैं।

इस संदर्भ में, अमर्त्य सेन जैसे विद्वान अपनी विभिन्न रचनाओं में इस दृष्टिकोण को प्रस्तुत करते हैं कि, विकास का तात्पर्य सभी उत्पादों की बाज़ार में उपलब्धता नहीं है; बल्कि यह उपभोक्ताओं के रूप में नागरिकों की क्रय शक्ति के जरिए इन उत्पादों तक पहुंच से संबंधित है। नागरिकों की न्यूनतम बुनियादी आवश्यकताओं—अर्थात् भोजन, शिक्षा, स्वास्थ्य एवं रोजगार की उपलब्धता को सुनिश्चित करने में राज्यों का हस्तक्षेप बिल्कुल आवश्यक है। नागरिकों का यह अधिकार ही उन्हें बाज़ार से आवश्यक चीजों को खरीदने के लिए सशक्त बनाता है। इसलिए, सेन के अनुसार, विकास एक प्रक्रिया एवं एक उत्पाद, दोनों है: यह नागरिकों को कुछ अधिकारों के साथ सशक्त बनाने की प्रक्रिया है, जो उन्हें उपभोक्ताओं के रूप में अपनी पसंद के उत्पादों को खरीदने के लिए पर्याप्त क्रय शक्ति के साथ बाज़ार में प्रवेश करने में मदद करेगी। आवश्यक सामान मौजूद हैं क्योंकि विकास पहले ही हो चुका है। विचार-विमर्श का विषय अब 'विकास' से 'संवहनीय विकास' में स्थानांतरित हो चुका है। 1987 की ब्रुंडलैंड आयोग की रिपोर्ट, *ऑवर*

कॉमन फ्यूचर ने इस विचार का समर्थन किया कि, वर्तमान पीढ़ियों द्वारा विकास के अनुसरण में अंतर-पीढ़ीगत निष्पक्षता के साथ-साथ अंतः-पीढ़ीगत निष्पक्षता शामिल भी होनी चाहिए। रिपोर्ट ने विकास के लिए राष्ट्रीय सीमाबद्धता पर जोर दिया और कहा कि, विकास को पर्यावरण अनुकूल एवं संवहनीय बनाने की जरूरत है (पर्यावरण एवं विकास पर विश्व आयोग, 1987)।

यह स्पष्ट है कि, जब हम विकास एवं सुरक्षा की बदलती अवधारणाओं पर विचार करते हैं, तो हमारा सामना प्रतिस्पर्धी विचारों से होता है। पिछले 50 वर्षों में, इन मुद्दों पर विचार-विमर्श की विषय-वस्तु एवं संदर्भ की तरह परिभाषाएं भी बदल गई हैं। वैश्वीकरण के प्रभाव से अविश्वसनीय समृद्धि के बावजूद, दुनिया के एक बड़े हिस्से में भयंकर ग़रीबी, भूख, वंचितता एवं असमानता आज भी मौजूद है। विकास के पारंपरिक दृष्टिकोण केवल विकास पर बल देते हैं, जबकि वर्तमान दृष्टिकोण निष्पक्षता और स्थायित्व पर अधिक जोर देते हैं। पहले राज्यों के क्षेत्र की सुरक्षा को ही 'सुरक्षा' माना जाता था। अब इसका अर्थ राज्यों के भीतर नागरिकों के व्यक्तिगत कल्याण सहित समग्र सुरक्षा है, जो राज्य केंद्रित से व्यक्तिगत केंद्रित अवधारणा की ओर प्रस्थान को दर्शाता है, और इस प्रकार अब 'मानव सुरक्षा' के तौर पर संदर्भित अवधारणा के समर्थन में उत्तर और दक्षिण के हिस्से एकजुट हो गए हैं। दृष्टिकोण में अंतर के साथ मानक सार्वजनिक नीति के निर्देशों में काफी विविधता होगी। विकास एवं सुरक्षा के आधुनिक दृष्टिकोण से राज्यों द्वारा नागरिक-केंद्रित, उत्तरदायी, न्यायसंगत एवं पर्यावरण अनुकूल सार्वजनिक नीतियों का निर्धारण होगा। मानव सुरक्षा की अवधारणा अंतर्राष्ट्रीय अध्ययन के मौजूदा क्षेत्र में महज एक अतिरिक्त संकलन नहीं है, बल्कि इसे मौजूदा अवधारणाओं और उनके अंतःसंबधन का आलोचनात्मक मूल्यांकन करने के लिए सुरक्षा, विकास एवं मानवाधिकारों को समाविष्ट करने वाले एक ढांचा के विकास की दिशा में परिवर्तनकारी संश्लेषण के तौर पर देखा जाना चाहिए। यह अंतर्राष्ट्रीय संबंधों एवं सुरक्षा को सांख्यिकीय परिप्रेक्ष्य से समझने के बजाय नागरिक परिप्रेक्ष्य से समझने की दिशा में होने वाला परिवर्तन है। यह 'ग़ैर-युद्ध' की स्थिति को शांति मानने वाली पारंपरिक समझ से परे 'सकारात्मक शांति' के कारणों के अनुमोदन पर पुनर्विचार करता है, जो आर्थिक विकास, सामाजिक न्याय, लोकतंत्रीकरण, निरस्त्रीकरण, कानून के शासन और मानवाधिकार के प्रति सम्मान के युग में प्रवेश के साथ 'संरचनात्मक हिंसा' के समाप्त होने का अनुमान लगाता है। विभिन्न विद्वानों की तरह हम तर्क दे सकते हैं कि, उपर्युक्त ढांचे के भीतर मानव सुरक्षा को क्रियान्वित करने का एक यथार्थपूर्ण तरीका, इसे 'वैश्विक जनहित' के रूप में अवधारणाबद्ध करना है। सेन (1999) बताते हैं कि, आज की चुनौतियों की प्रकृति तेजी से जटिल एवं विविधतापूर्ण हो गई है, ऐसे में विभिन्न तरीकों का प्रत्युत्तर देने के तरीके भी मौजूद हैं। इस संदर्भ में, मूलभूत निवारण—न्यायसंगत, सांस्कृतिक रूप से संवेदनशील और प्रतिनिधि विकास के लिए दीर्घकालिक रणनीति—और संकट निवारण के बीच अंतर किया जाना चाहिए। इसके लिए विकास सहयोग के नए ढांचे, पारस्परिक लाभ के आधार पर रणनीतिक साझेदारी, घरेलू एवं अंतर्राष्ट्रीय घटनाओं और प्रतिक्रियाओं के बीच संबंध, राष्ट्र राज्यों तथा बहुपक्षीय या अंतर्राष्ट्रीय संगठनों के साथ ग़ैर-राज्य या उप-राज्य किरदारों के बीच समन्वय के लिए वैश्विक स्तर पर सर्वसम्मति की भी आवश्यकता है।

बॉक्स 16.3 मानव सुरक्षा क्या है?

1994 के UNDP मानव विकास रिपोर्ट ने सात घटकों— आर्थिक, भोजन, स्वास्थ्य, पर्यावरण, व्यक्तिगत, समुदाय और राजनीतिक सुरक्षा को समाविष्ट करते हुए मानव सुरक्षा के लिए ख़तरे को प्रस्तुत किया है, जो निम्नानुसार हैं:

1. *आर्थिक सुरक्षा*, जहां मुख्य ख़तरा ग़रीबी है, और इसके लिए उत्पादक एवं लाभकारी कार्य (सार्वजनिक या निजी क्षेत्र, मजदूरी रोजगार या स्व-रोज़गार के माध्यम से) या सरकार द्वारा वित्त-पोषित सामाजिक सुरक्षा कार्यक्रमों से आश्वासित मूल आय की आवश्यकता होती है।
2. *खाद्य सुरक्षा,* जहां मुख्य ख़तरों में भूख एवं अकाल शामिल हैं, और इसके लिए आवश्यक है कि शारीरिक और आर्थिक दृष्टि से सभी लोगों को हर समय बुनियादी भोजन उपलब्ध हो, साथ ही इसे अपने लिए उगाकर या इसे खरीदकर या सार्वजनिक खाद्य वितरण प्रणाली के जरिए उन्हें भोजन का अधिकार मिलना चाहिए। भोजन की उपलब्धता खाद्य सुरक्षा के लिए एक आवश्यक, लेकिन यथेष्ट स्थिति नहीं है। लोग अक्सर भोजन की अनुपलब्धता के बजाय भोजन खरीदने में सक्षम नहीं होने के कारण भूखे रहते हैं।
3. *स्वास्थ्य सुरक्षा*, जहां मुख्य ख़तरों में चोट एवं बीमारी शामिल हैं, और इसके लिए सुरक्षित और किफायती परिवार नियोजन सहित स्वास्थ्य देखभाल एवं स्वास्थ्य सेवाओं की उपलब्धता आवश्यक है। ग्रामीण इलाकों में ग़रीब लोगों, खासतौर से महिलाओं और बच्चों, के लिए स्वास्थ्य सुरक्षा के लिए ख़तरे अधिक हैं, जो बीमारी के प्रति अधिक असुरक्षित हैं।

बॉक्स 16.3 (आगे चालू...)

4. *पर्यावरण सुरक्षा,* जहां मुख्य ख़तरों में प्रदूषण, पर्यावरणीय अपकर्ष एवं संसाधनों की कमी शामिल हैं, और इसके लिए स्वस्थ भौतिक परिवेश, स्थानीय पारिस्थितिक तंत्र के क्षरण, वायु एवं जल प्रदूषण, वनों की कटाई, मरुस्थलीकरण, लवणीकरण, प्राकृतिक ख़तरों (उदाहरण के लिए चक्रवात, भूकंप, बाढ़, सूखा, या भूस्खलन) तथा मानव जनित आपदाओं (उदाहरण के लिए, सड़क या परमाणु दुर्घटनाएं या निम्न कोटि की झोपड़ियां या भवन) से सुरक्षा की आवश्यकता है।
5. *व्यक्तिगत सुरक्षा,* जहां ख़तरों में हिंसा के विभिन्न रूप शामिल हैं, और इसके लिए शारीरिक हिंसा से सुरक्षा और विभिन्न ख़तरों से सुरक्षा की आवश्यकता होती है। लोग अचानक, अप्रत्याशित हिंसा (जैसे, सेना या पुलिस द्वारा दिए गए शारीरिक यातना के माध्यम से राज्य से ख़तरे), युद्ध की तरह अन्य राज्यों से ख़तरे, अंतर्राष्ट्रीय या सीमा-पार आतंकवाद से होने वाले ख़तरे, जातीय या धार्मिक संघर्ष जैसे लोगों के अन्य समूहों से ख़तरे, व्यक्तियों या अन्य व्यक्तियों के खिलाफ गिरोहों या सड़क हिंसा के ख़तरे, बंधक की स्थिति से ख़तरे, घरेलू हिंसा, दुर्व्यवहार या बलात्कार की तरह महिलाओं के खिलाफ हिंसा के ख़तरे, बच्चों के साथ दुर्व्यवहार की तरह के ख़तरे, उपेक्षित बाल श्रम या बाल वेश्यावृत्ति, तथा आत्महत्या या नशीली दवाओं के दुरुपयोग जैसे ख़तरों के प्रति तेजी से सुरक्षित महसूस कर रहे हैं।
6. *सामुदायिक सुरक्षा,* जहां सांस्कृतिक विविधता की अखंडता को ख़तरा है, और इसके लिए महिलाओं के साथ कठोरता से पेश आने वाली दमनकारी पारंपरिक प्रथाओं से महिलाओं की सुरक्षा की आवश्यकता है, तथा जातीय या स्वदेशी समूहों और शरणार्थियों, समूह विद्रोह और सशस्त्र संघर्षों के बीच अंतर स्पष्ट करना आवश्यक है।
7. *राजनीतिक सुरक्षा,* जहां ख़तरे में राजनीतिक दमन शामिल है, और इसके लिए मानवाधिकारों, सैन्य तानाशाही या दुर्व्यवहार से सुरक्षा, राजनीतिक या राज्य के दमन से सुरक्षा, यातना, दुर्व्यवहार या लापता होने और राजनीतिक हिरासत एवं कारावास से सुरक्षा की आवश्यकता होती है।

स्रोत: 1994 UNDP मानव विकास रिपोर्ट, http://hdr.undp.org/sites/default/files/ human_security_guidance_note_r-nhdrs.pdf पर उपलब्ध (25 अगस्त, 2017 को देखा गया)

16.6 निष्कर्ष

1970 के दशक के मध्य में, NIEO की आवश्यकता के साथ 1964 के UNCTAD सम्मेलन की तैयारी के दौरान उत्तर-दक्षिण संवाद की शुरुआत हुई और नई ऊंचाइयों पर पहुंच गई। इसके पीछे का विचार विकासशील दुनिया के लिए आर्थिक दृष्टि से माहौल को समरूप बनाना तथा अंतर्राष्ट्रीय आर्थिक संबंधों को बदलने के लिए जोशपूर्ण तरीके से प्रयास करना था। हालांकि, 1980 के दशक से NIEO गंभीर चर्चा का विषय बन गया। एक गुट के रूप में दक्षिण की सौदेबाज़ी की स्थिति क्षीण हो गई, जिसमें कई देश तेल संकट के परिणामस्वरूप तथा उत्तर के वर्चस्व वाले ब्रेटन वुड्स संस्थानों से सहायता की आवश्यकता के कारण अरक्षणीय ऋण के बोझ तले दब गए। IMF/ विश्व बैंक ने कुछ शर्तों के साथ इन दिवालिया या वित्तीय रूप से शत्रुतापूर्ण ताकतों से घिरी अर्थव्यवस्थाओं की मदद की। रूढ़िवादी संरचनात्मक समायोजन कार्यक्रमों ने राज्य के बजट में कमी, राज्य के उद्योगों के निजीकरण और व्यापार के उदारीकरण की मांग की, जिसका समाज पर काफी प्रभाव पड़ा। 1990 के दशक के अंत तक, देशों के बीच और अंतराल में वृद्धि हुई है। हालांकि, UNDP ने राष्ट्रीय विकास को बढ़ाने के लिए IMF / विश्व बैंक की नव-उदारवादी रणनीतियों की संकीर्ण कोशिश को चुनौती दी। 1990 के दशक की शुरुआत ने, संरचनात्मक समायोजन कार्यक्रमों में 'मुख्यधारा' से जुड़ी मानवीय चिंताओं को शामिल किए जाने का प्रतिनिधित्व किया गया: आवश्यक मुद्दों पर समझौता, जो राज्यों को उत्तर-दक्षिण टकराव से परे मध्य भूमि तक ले आया, अर्थात्, यह तर्क देने के बजाय कि नई प्राथमिकताओं के लिए नए संस्थानों और पदों की आवश्यकता होती है, मौजूदा संस्थानों को फिर से शुरू किया जा सकता है और मौजूदा संसाधनों को नई प्राथमिकताओं के लिए फिर से आवंटित किया जा सकता है। उदाहरण के लिए, लैंगिकता को मुख्यधारा से जोड़ना, समानता को बढ़ावा देने का एक दृष्टिकोण है जिसमें यह सुनिश्चित करना शामिल है कि लैंगिक समानता के लक्ष्य पर लैंगिक दृष्टिकोण और ध्यान सभी गतिविधियों—नीतिगत विकास, अनुसंधान, पक्षसमर्थन, संवाद, कानून, संसाधनों का आवंटन, आदि का केंद्र है (वीस, 2008: 158)।

आज भी, दक्षिण बनाम उत्तर के बीच का संघर्ष कई बहुपक्षीय मंचों में जारी है। इस प्रकार की बाधाएं सहस्राब्दी शिखर सम्मेलन के दौरान भी आईं, जब विभिन्न राज्यों एवं सरकारों के प्रमुख 2015 तक आठ प्रमुख लक्ष्यों (और 18 लक्ष्यों) पर सहमत हुए, जो इस प्रकार हैं, अतिशय ग़रीबी और भूख उन्मूलन; सार्वभौमिक प्राथमिक शिक्षा हासिल करना; लैंगिक समानता को बढ़ावा देना और महिलाओं को सशक्त बनाना; बाल मृत्यु दर को कम करना, मातृ स्वास्थ्य में सुधार करना; HIV/ एड्स, मलेरिया और अन्य

बीमारियों का मुकाबला करना; पर्यावरण स्थिरता सुनिश्चित करना और विकास के लिए वैश्विक साझेदारी विकसित करना। सितंबर 2005 के विश्व शिखर सम्मेलन में, MDGs का सुदृढीकरण एक प्रमुख विषय था, जो न्यूयॉर्क स्थित संयुक्त राष्ट्र के मुख्यालय में 150 से अधिक राज्यों और सरकारों के प्रमुखों साथ सबसे बड़ा सम्मेलन बन गया। 2010 में सियोल में G-20 शिखर सम्मेलन एक मील का पत्थर था, क्योंकि पहली बार एशिया-प्रशांत क्षेत्र में G-20 शिखर सम्मेलन आयोजित किया गया, जो आज विश्व अर्थव्यवस्था के लिए उभरता हुआ केंद्र है, जहां चीन और भारत की गतिशील अर्थव्यवस्थाएं मंदी के बाद वैश्विक स्तर पर पूर्वावस्था की प्राप्ति का नेतृत्व कर रही हैं। अंत में, वैश्विक संकट ने अंतर्राष्ट्रीय वित्तीय संरचना में संशोधन की लंबे समय से लंबित कार्यसूची पर प्रकाश डाला है। इनमें IMF द्वारा आरोपित शर्तों में सुधार, विशेष आहरण अधिकारों के आधार पर वैश्विक आरक्षित मुद्रा का निर्माण, जिसे एक प्रतिचक्रीय तरीके से जारी किया जा सकता है, और लोकतांत्रिक घाटे को संबोधित करने के लिए ब्रेटन वुड्स संस्थानों में विकासशील देशों का अधिक प्रतिनिधित्व एवं और कोटा शामिल है, जो अंतर्राष्ट्रीय वित्तीय प्रणाली की वैधता, प्रभावशीलता और अंतर्राष्ट्रीय वित्तीय प्रणाली के विकास की हितकामना के पुनःस्थापन के लिए कार्य-सूची में सबसे ऊपर है। संकट के बाद की दुनिया में नई सोच यह है कि, सशक्त, संवहनीय एवं संतुलित विकास को प्राप्त करने में MDGs की उपलब्धि और विकास अंतराल को कम किए जाने का महत्त्व सर्वाधिक है। इस संबंध में, संयुक्त राष्ट्र और G-20 देशों के नेताओं को सभी देशों और दुनिया के सभी लोगों के बेहतर भविष्य के लिए साथ मिलकर काम करना चाहिए।

2005 में विश्व समुदाय के आधिकारिक विकास लक्ष्य, 1960 और 1970 के दशक में विकास की परिचर्चाओं को प्रभावित करने वाले NIEO तथा अड़ियल उत्तर से दक्षिण की लगातार मांगों से बिल्कुल अलग थे। हालांकि, इस स्थिति का मतलब यह नहीं था कि विकसित और विकासशील राज्यों के बीच नीतिगत मतभेद समाप्त हो गए। वास्तव में, दक्षिण के देश ब्रेटन वुड्स प्रणाली में निहित संरचनात्मक बाधाओं, अर्थात् आर्थिक विकास की पूर्व शर्त के रूप में दोनों के बीच आर्थिक असमानताओं को दूर करने और ऋण के उन्मूलन की आवश्यकता पर बल देते हैं। इसके विपरीत, समृद्ध राष्ट्रों ने MDGs पर ध्यान केंद्रित किया, जो अल्पतम विकसित देशों में बेहतर शासन-प्रणाली, शिक्षा एवं स्वास्थ्य लक्ष्यों के लिए घरेलू जिम्मेदारियों तथा विकास के संसाधन-घटाने वाले मॉडल से ग्रह को बचाने की आवश्यकता की मांग करता है। फिर भी, MDGs में, उत्तर एवं दक्षिण के सभी देशों द्वारा विकास के अधिक संवहनीय मॉडल को अंगीकृत करते हुए भूख एवं ग़रीबी उन्मूलन की वैश्विक प्रतिबद्धता ने, विकास के उद्देश्यों के संदर्भ में 40 साल से अधिक पुरानी उत्तर-दक्षिण वार्ता में अभिसरण के बिंदु को दर्शाया है।

मॉडल प्रश्न

16.1 1991 से पहले की अवधि में उत्तर-दक्षिण संवाद के मूल निर्धारक क्या थे?

16.2 विकास के दशकों से आप क्या समझते हैं? उनकी समग्र उपलब्धियां क्या हैं?

16.3 नवीन अंतर्राष्ट्रीय आर्थिक व्यवस्था से आप क्या समझते हैं?

16.4 विकासशील देशों के दृष्टिकोण से UNCTAD की भूमिका का आकलन करें।

16.5 UNDP की कुछ प्रमुख उपलब्धियों पर प्रकाश डालें।

16.6 विकास के पारंपरिक अर्थ को परिभाषित करें। महत्त्वपूर्ण वैकल्पिक दृष्टिकोण की आवश्यकता को किसने अनिवार्य बना दिया?

16.7 वैश्वीकरण का अनुमानित लाभ क्या हैं तथा विकास एवं सुरक्षा के संदर्भ में इसके संभावित परिणाम क्या हैं?

16.8 वैश्वीकरण के बाद के युग में विकासशील देशों में गरीबी और असमानता के प्रमुख कारण क्या हैं?

16.9 विकास के अधिकार पर आलोचनात्मक टिप्पणी लिखें।

16.10 सहस्राब्दि विकास लक्ष्यों और एक नवीन अंतर्राष्ट्रीय आर्थिक व्यवस्था को प्राप्त करने के संदर्भ में उनके महत्त्व पर टिप्पणी लिखें।

अनुशंसित साहित्य

Adams, N. B. 1993. *World Apart: The North South Divide and the International System.* London: Zed Books.

Amsden, Alice. 2001. *The Rise of the Rest: Challenges to the West from Late-industrializing Economies.* New York: Oxford University Press.

Bajpai, Kanti, and Siddharth Mallavarapu. 2005. *International Relations in India, Bringing Theory Back Home.* New Delhi: Orient Longman.

Baldwin, David A. 1997. 'The Concept of Security'. *Review of International Studies* 23 (1): 5–26.

Bates, Robert H. 2001. *Prosperity and Violence: the Political Economy of Development.* New York: Norton.

Bhagwati, Jagdish. 1992. *Economics and World Order from the 1970s to the 1990s.* New York: Macmillan.

Boer, Leen, and Ad Koek. 1999. 'Development and Human Security'. *Third World Quarterly* 15 (3): 519–22.

Brandt, Willy, ed. 1980. *North–South: A Programme for Survival. The Report of the Independent Commission on International Development Issues.* London: Pan Books.

Buzan, Bary, Ole Waever, and Jaap de Wilde. 1998. *Security: A New Framework of Analysis.* Boulder, CO: Lynne Rienner.

Commission on Global Governance. 1995. *Our Global Neighbourhood: The Report of the Commission on Global Governance.* New York: Oxford University Press.

Davidian, Zaven N. 1994. *Economic Disparities among Nations: A Threat to Survival in a Globalized World.* New York: Oxford University Press.

Easterly, William. 2002. *The Elusive Quest for Growth: Economists Adventures and Misadventures in the Tropics.* Cambridge, MA: MIT Press.

Haq, Mahbub ul. 1994. 'New Imperatives of Human Security'. RGICS Paper No. 17, Rajiv Gandhi Institute for Contemporary Studies, New Delhi. Available at www.rgics.org/working_papers_old2.htm

Independent Commission on Disarmament and Security Issues. 1982. *Common Security: A Blueprint for Survival.* New York: Simon & Schuster.

Klare, Michael. 1996. 'Redefining Security: The New Global Schisms'. *Current History 95* (604, November): 353–58.

Kothari, Uma, and Martin Minogue, eds. 2002. *Development Theory and Practice: Critical Perspective.* New York: Palgrave.

Manochehr, D., ed. 1995. *The Changing Political Economy of the Third World.* Boulder, CO: Lynne Rienner.

Mehrotra, Santosh, and Richard Jolly, eds. 1997. *Development with a Human Face: Experience in Social Achievement and Economic Growth.* New York: Oxford University Press.

Moore, J. Allpin Jr, and Jerry Pubartz. 2006. *The New United Nations: International Organization in the Twenty-first Century.* New Delhi and Upper Saddle River, NJ: Pearson and Prentice Hall.

Owen, Sarah, and Paris Yeros, eds. 1999. *Poverty in World Politics: Whose Global Era?* New York: St. Martin's.

Seligson, A. Mitchell, and John T. Passe-Smith, eds. 1993. *Development and Underdevelopment: The Political Economy of Inequality.* Boulder, CO: Lynne Rienner.

Sen, Amartya. 1999. *In Development as Freedom.* Oxford: Oxford University Press.

Shakbanon, Tadjbaksh, and Anuradha Chenoy. 2007. *Human Security.* London: Routledge.

Slater, Robert O., Barry M. Schutz, and Steven R. Dorr, eds. 1993. *Global Transformation and the Third World.* Boulder, CO: Lynne Rienner.

Stiglitz, Joseph, and Gerald Meier. 2000. *Frontiers in Development.* New York: Oxford University Press and the World Bank.

UNDP. 2003. *Human Development Report 2003.* New York: Oxford University Press.

Viotti, Paul R., and Mark V. Kauppi. 2007. *International Relations and World Politics, Security, Economy, Identity.* New Delhi: Pearson.

Weiss, Thomas G. 1986. *Multilateral Development Diplomacy in UNCTAD: The Lessons of Group Negotiations 1964–84.* London: Macmillan.

———. 2008. *What's Wrong with the United Nations and How to Fix It.* Malden, MA: Policy Press.

World Commission on Environment and Development. 1987. *The Brundtland Commission Report on Environment and Development.* New York: Oxford University Press.

17

क्षेत्रवाद और वैश्विक राजनीति

मेहताब मंज़र

अध्ययन के उद्देश्य

- क्षेत्रवाद और इसके प्रमुख सिद्धांतों को समझना
- वैश्विक राजनीति के संदर्भ में क्षेत्रवाद पर प्रकाश डालना
- विभिन्न क्षेत्रीय और अंतः क्षेत्रीय समूहों का प्रतिनिधित्व करने वाले क्षेत्रीय संगठनों की व्याख्या करना
- दुनिया के विभिन्न भागों में विकास की प्रक्रिया पर क्षेत्रीय संगठनों के प्रभाव का मूल्यांकन करना
- अंतर्राष्ट्रीय शांति, समृद्धि एवं मानवाधिकारों के अनुरक्षण में क्षेत्रीय संगठनों की भूमिका और प्रभाव का विश्लेषण करना
- ऐसे संगठनों के भविष्य के प्रति दृष्टिकोण पर प्रकाश डालना

अध्याय सार

यह अध्याय शीत युद्ध के उपरांत सामान्य रूप से और विशेष रूप से विभिन्न क्षेत्रों में अंतर्राष्ट्रीय संबंधों के क्षेत्र में विकासात्मक गतिविधियों तथा शांति एवं सुरक्षा को बरकरार रखने, विकास के लिए आर्थिक सहयोग को बढ़ावा देने और सांस्कृतिक संबंधों के माध्यम से लोगों के बीच आपसी संपर्कों को बेहतर बनाने के लिए कुछ क्षेत्रीय संगठनों की स्थापना में विभिन्न किरदारों की भूमिका का विश्लेषण करता है। ये संगठन मतभेदों और संघर्षों के दौर से गुजर चुके हैं, लेकिन ये अपने-अपने संबंधित क्षेत्रों में महाशक्तियों के राजनीतिक और आर्थिक प्रभुत्व को पराजित करने के लिए एक विशालकाय संरचना के तौर पर उभर कर सामने आए हैं। अंतर्राष्ट्रीय संबंधों में महाशक्तियों द्वारा अपनी भूमिका एवं नेतृत्व को बरकरार रखने के दृढ़ संकल्प का मुकाबला करना कभी भी एक आसान काम नहीं रहा है, परंतु विकासशील देशों की ओर से भी किसी बाह्य शक्ति के साथ समझौता किए बिना अपने स्वभाग्यनिर्णय की रक्षा करने और आर्थिक विकास को प्रोत्साहन देने के लिए सतत संघर्ष जारी रहा है। दूसरी ओर, महाशक्तियों ने अपनी सैन्य ताकत को गुप्त रखते हुए गठबंधन किए, जो क्षेत्रीय संगठनों के मुख्य उद्देश्यों में से एक, अर्थात् विकासशील राज्यों के लोकतंत्रीकरण के मार्ग में सबसे बड़ी बाधा बन चुकी थी। यहां, क्षेत्रीय समूहों के विश्लेषणात्मक अध्ययन के माध्यम से शक्ति संतुलन की जांच-पड़ताल की गई है। इसके अलावा, इस अध्याय में उनकी उपलब्धियों और भविष्य की संभावनाओं का भी मूल्यांकन किया गया है। दुनिया के कुछ महत्त्वपूर्ण क्षेत्रों का प्रतिनिधित्व करने वाले कुछ चुनिंदा क्षेत्रीय संगठनों के विवरण प्रस्तुत करने का भी प्रयास किया गया है। स्थान की बाध्यताओं के कारण, इस तरह के सभी निकायों को इस अध्याय का हिस्सा नहीं बनाया जा सका।

17.1 क्षेत्रवाद

क्षेत्रवाद एक ऐसी प्रक्रिया है, जिसके माध्यम से कई राज्यों द्वारा अपनी साझा सामाजिक-आर्थिक विकास के हितों की प्राप्ति और अपने संबंधित क्षेत्रों में शांति एवं सुरक्षा के अनुरक्षण हेतु आपस में समझौता किया जाता है। यह सहयोग एवं पारस्परिक सरोकार के माध्यम से, प्रगति करने और अपने अस्तित्व की रक्षा करने के लिए क्षेत्रीय एकता के महत्त्व के प्रति राज्यों की समझ को दर्शाता है।

शांति काल में, व्यापार एवं वाणिज्य, आर्थिक विकास के अवसर तथा अपने नागरिकों के समग्र कल्याण एवं समृद्धि पर अधिक बल दिया जाता है। पडेलफ़ोर्ड के अनुसार,

> *अंतर्राष्ट्रीय संबंधों के क्षेत्र में, क्षेत्रीय व्यवस्था या क्षेत्रीय एकीकरण को प्रतिभागियों की सुरक्षा या समृद्धि को बढ़ावा देने के लिए किसी निर्दिष्ट भौगोलिक क्षेत्र में अवस्थिति के आधार पर गठित राज्यों के संघ के रूप में परिभाषित किया जा सकता है। संघ की अवधि, संधि या अन्य समझौते के माध्यम से तय की जाती है (पडेलफ़ोर्ड, 1954: 203)।*

सामान्य भौगोलिक विशेषताएं एवं समीपत्व, किसी भी संगठन की स्थापना के लिए क्षेत्रीय समझौते की बुनियाद हैं। इतिहास इस तथ्य का साक्षी रहा है कि, किसी भी स्वरूप तथा विकास के किसी भी चरण से गुजर रहे राज्यों एवं सरकारों की ओर से, क्षेत्रीय समझौतों के साथ-साथ औपचारिक एवं अनौपचारिक संगठनों के माध्यम से अपनी स्थिति को स्थिर करने का प्रयास किया जाता रहा है। सद्भावना राजदूतों और दूतों को भेजने का अभ्यास, वास्तव में पड़ोसी राज्यों व राष्ट्रों के साथ संपर्क स्थापित करने, मित्र बनाने एवं अच्छे संबंध स्थापित करने के प्रयास थे। युद्ध के दौरान सैन्य सहायता मांगने या ऐसी सहायता की पेशकश करने के अवसरों ने उन्हें एक-दूसरे के समीप आने तथा खुद को क्षेत्रीय शक्तियों के तौर पर व्यवस्थित करने में सक्षम बनाया। हालांकि, प्राचीन समय से ही दुनिया के लगभग सभी शासन-काल में इस प्रकार के गठबंधनों का अस्तित्व विद्यमान रहा है, परंतु आधुनिक युग में इस तरह के प्रयासों को 1870 में जर्मनी के एकीकरण के साथ अंतर्राष्ट्रीय मान्यता मिली। इसके बाद से ही, बड़ी संख्या में राज्यों द्वारा अपनी सुरक्षा एवं स्थायित्व के साथ-साथ अंतर्राष्ट्रीय शांति व सुरक्षा को बरकरार रखने के लिए क्षेत्रीय गठबंधनों की आवश्यकता और महत्त्व को स्वीकार किया गया है। संयुक्त राष्ट्र ने विभिन्न सामाजिक-आर्थिक आयोगों की स्थापना करके, विभिन्न क्षेत्रीय समूहों को सहयोग प्रदान करके तथा सामाजिक, आर्थिक, सांस्कृतिक, राजनीतिक एवं शैक्षणिक प्रकृति के क्षेत्रीय संगठनों को मान्यता देकर क्षेत्रवाद के विचार को प्रोत्साहन दिया है।

17.1.1 क्षेत्रवाद के सिद्धांत

20वीं सदी में कई विद्वानों के लिए अंतर्राष्ट्रीय राजनीति एवं अंतर्राष्ट्रीय संबंधों को सिद्धांतबद्ध करना एक दिलचस्प विषय रहा है। अंतर्राष्ट्रीय राजनीति के प्रति मोर्गेंथाऊ के यथार्थवादी दृष्टिकोण ने राष्ट्रों के बीच संबंधों की वैचारिक अवधारणा को बड़े पैमाने पर परिवर्तित किया। इस प्रकार, दुनिया को देखने, समझने और व्याख्या करने के तरीके में मौलिक परिवर्तन आया है। USSR के पतन के साथ, द्विध्रुवीय प्रणाली का भी पतन हुआ और एकध्रुवीय प्रणाली उभरकर सामने आई। विकासशील देशों के अधिकांश राज्यों ने महाशक्तियों पर निर्भरता के कारण शोषण के साथ-साथ मंद गति से विकास का अनुभव किया है। उभरते हुए राज्यों के सतर्कतापूर्वक निरीक्षण से पता चलता है कि, क्षेत्रवाद अतीत के सबक और भविष्य में विकासशील देशों के सर्वोत्तम हितों की दिशा में काम करने की इच्छा का परिणाम है। इसलिए, क्षेत्रीय एकीकरण को सिद्धांतबद्ध करने की प्रक्रिया ने कई विद्वानों को क्षेत्रीय एकीकरण को स्पष्ट तरीके से समझाने हेतु सिद्धांत प्रस्तावित करने के लिए प्रोत्साहित किया। पहले से मौजूद सिद्धांत, क्षेत्रीय संगठनों की पूरी तरह से व्याख्या नहीं करते हैं। हालांकि, सिद्धांतों का निर्माण करने तथा विभिन्न राज्यों के क्षेत्रीय गठबंधनों के समुचित विश्लेषण हेतु मौजूदा ख़ालीपन को दूर करने के प्रयास किए गए हैं। व्यापक रूप से इन सिद्धांतों को दो मुख्य शीर्षकों: अर्थात् राजनीतिक सिद्धांत तथा क्षेत्रीय एकीकरण के आर्थिक सिद्धांत के तहत वर्गीकृत किया जा सकता है।

17.1.2 क्षेत्रीय एकीकरण की दिशा में राजनीतिक दृष्टिकोण

इस दृष्टिकोण में तीन महत्त्वपूर्ण सिद्धांत शामिल हैं।

1. **प्रकार्यवाद:** इसे उदार संस्थावाद के तौर पर भी जाना जाता है। यह सिद्धांत विभिन्न देशों को एकजुट करने वाले घटक के तौर पर राष्ट्रीय हित की अवधारणा को लागू करता है। अपने-अपने हितों की प्राप्ति के लिए, कई राष्ट्र संस्थानों की मदद लेते हैं। इस सिद्धांत के एक प्रमुख अर्थदर्शक, डेविड मिट्रेनी (1943) के अनुसार, 'राष्ट्रों को शांतिपूर्ण तरीके से

एक-दूसरे से अलग रखना हमारे दौर की समस्या नहीं है, बल्कि समस्या यह है कि उन्हें किस प्रकार सक्रियतापूर्वक एक साथ लाया जाए'। उनके अनुसार, शांति निर्माण के लिए केवल शांति समझौतों, घोषणाओं एवं संधियों पर हस्ताक्षर पर्याप्त नहीं हैं, बल्कि कार्यशालाओं एवं बाज़ार अध्ययनों के माध्यम से, शांति स्थापित की जा सकती है। वास्तव में, अंतरराज्यीय संबंधों की जटिलता राज्यों के बीच संघर्ष और टकराव का कारण बन सकती है। प्रत्येक राज्य के समक्ष अपनी विशिष्ट सामाजिक-आर्थिक समस्याएं हो सकती हैं, जिन्हें केवल शांति निर्माण के माध्यम से हासिल किया जा सकता है। संस्थाएं तदनुसार कार्य करती हैं, और राज्यों के लिए वांछित परिणाम प्राप्त करती हैं। इसलिए, साझा लक्ष्यों को प्राप्त करने के लिए कार्यात्मक संस्थानों को सहयोग देना एवं उनकी स्थापना करना राज्यों के लिए आवश्यक है। यह वृत्तिमूलक विचारधारा क्षेत्रीय संगठनों के गठन हेतु सैद्धांतिक रूपरेखा प्रदान करती है। यह ऐसी संस्था के विश्लेषण में भी मदद करती है। हालांकि, यह एक व्यापक एवं स्थायी गठबंधन को सफल बनाने के उद्देश्य से राष्ट्रों के क्षेत्रीय समूहों की सहायता और मार्गदर्शन के लिए एक पूर्ण विकसित सिद्धांत नहीं है, बल्कि यह केवल एक विधि है।

2. **नव-प्रकार्यवाद**: यह सिद्धांत प्रकार्यवाद का एक संशोधित रूप है, जो राष्ट्र-राज्यों पर कार्यात्मकता के प्रभावों का विश्लेषण करके इसे पुनः परिभाषित करता है। अपने विवादों को हल करने के लिए, राष्ट्र-राज्य इस हद तक घुल-मिल जाते हैं कि उनकी अपनी संप्रभुता ख़तरे में पड़ जाती है। वे राजनीतिक और सामाजिक-आर्थिक क्षेत्रों में शांतिपूर्ण सह-अस्तित्व, पारस्परिक समझ और सहयोग की संघीय संरचना की दिशा में आगे बढ़ सकते हैं। 'नव-प्रकार्यवाद के तर्क का बुनियादी तंत्र "अधिप्रवाह" की अवधारणा है, जो एक ऐसी प्रक्रिया है, जिसके एक क्षेत्र में एकीकरण कार्यात्मक रूप से संबंधित अन्य क्षेत्रों में एकीकरण को प्रेरित करता है। (किम, 2014: 378)।
3. **अंतर-सरकारवाद:** नव-प्रकार्यवाद की प्रतिक्रिया के तौर पर, पुटनेम द्वारा अंतर-सरकारवाद को प्रस्तुत किया गया था। इस सिद्धांत के अनुसार, क्षेत्रीय एकीकरण के कारण राज्य की संप्रभुता एवं राष्ट्रीय हित अदृष्ट नहीं होते हैं, बल्कि यह अधिक क्षेत्रीय, अंतर-सरकारी समझौतों, सौदेबाजी, व्यापार समझौतों, इत्यादि के लिए राज्यों की शक्तियों को अधिकतम करता है। क्षेत्रीय एकीकरण का मुख्य विषय, अंतर-सरकारी कार्यों तथा राष्ट्रीय आत्म-हितों की प्राप्ति और दावे के अभिसरण के माध्यम से लोगों का कल्याण करना है।

17.2 दक्षिण-पूर्वी एशियाई राष्ट्र संघ

दक्षिण-पूर्वी एशियाई राष्ट्र संघ (ASEAN) के सदस्य राज्यों में मलेशिया, इंडोनेशिया, लाओस, कंबोडिया, वियतनाम, फिलीपींस, सिंगापुर, थाईलैंड, ब्रुनेई और म्यांमार शामिल हैं। लंबे समय तक इन देशों पर औपनिवेशिक शक्तियों—USA, फ्रांस, स्पेन और यूनाइटेड किंगडम—ने शासन किया और राजनीतिक रूप से उनके विनाशकर्ताओं द्वारा अधिकतम शोषण किया गया। उन्हें आर्थिक शोषण का सामना करना पड़ा, जो उनके नागरिकों के लिए अत्यंत दुर्भाग्यपूर्ण था। लॉर्ड माउंटबेटन की कमान के तहत सहयोगी सेना क्षेत्र के रूप में वर्गीकृत, इन देशों को एक नई मान्यता मिली। युद्ध के बाद के युग में राष्ट्रवादी ताकतों का उदय हुआ, जिन्होंने औपनिवेशिक सत्ता से आज़ादी के लिए संघर्ष किया। अमेरिकी सेनाओं और वियतनामी नागरिकों के बीच निकृष्टतम एवं सबसे अमानवीय लड़ाई, इस क्षेत्र में उपनिवेशवाद के अंत को चिह्नित करती है। 1961 में दक्षिण-पूर्व एशिया संघ (ASA) का गठन हुआ, जो क्षेत्रीय अखंडता की दिशा में एक बड़ी सफलता थी। हालांकि ASA के अस्तित्व को बरकरार नहीं रखा जा सका, लेकिन इसने क्षेत्रीय सहयोग के विचार को बढ़ावा दिया। 1963 में, माफिलिंडो को राजधानी बनाकर इस दिशा में एक और प्रयास किया गया, जिसमें मलाया, फिलीपींस और इंडोनेशिया शामिल थे। यह मलेशिया के गठन से संबंधित संघर्षों के कारण ध्वस्त हो गया। अंत में, 1967 में बैंकाक घोषणा के माध्यम से ASEAN की स्थापना की गई, जिसने आर्थिक, सामाजिक और सांस्कृतिक सहयोग पर बल देते हुए राजनीतिक एवं सुरक्षा संबंधी विषयों पर ग़ैर-विवादास्पद रहने को प्राथमिकता दी।

द्वितीय विश्व युद्ध के उपरांत, दक्षिण-पूर्व एशिया दो महाशक्तियों के बीच शीत युद्ध से सर्वाधिक प्रभावित क्षेत्र के रूप में परिणत हो गया। वियतनाम में संयुक्त राज्य द्वारा सैन्य बल के अत्यधिक प्रयोग, संयुक्त राज्य की पूंजीवादी विचारधारा के लिए ख़तरे के तौर

पर साम्यवाद के प्रचार-प्रसार, अंतरराज्यीय संघर्ष और आर्थिक समस्याओं ने दक्षिण-पूर्व एशिया को एशिया के सबसे असुरक्षित क्षेत्रों में से एक बना दिया।

17.2.1 उद्भव

ASEAN ने दक्षिण-पूर्व एशिया के देशों को विभिन्न क्षेत्रीय मुद्दों पर चर्चा करने तथा राजनीतिक एवं आर्थिक मामलों में सहयोग करने के लिए एक साझा मंच प्रदान किया, जिनकी राजनीतिक प्रणालियां, संस्कृतियां, सामाजिक व्यवस्थाएं एवं आंतरिक मुद्दे अलग-अलग थे।

17.2.2 ASEAN के उद्देश्य

ASEAN घोषणापत्र के अनुच्छेद 1 में, सदस्यों की पारस्परिक समझ एवं सहयोग की भावना के आधार पर प्राप्त किए जाने वाले 15 प्रमुख उद्देश्यों को सूचीबद्ध किया गया है। इनमें से कुछ निम्नानुसार हैं:

- शांति, सुरक्षा एवं स्थिरता को बनाए रखना और बढ़ाना तथा इस क्षेत्र में शांति-उन्मुख मूल्यों को और मजबूत करना
- अधिक राजनीतिक सुरक्षा, आर्थिक एवं सामाजिक-सांस्कृतिक सहयोग को बढ़ावा देकर क्षेत्रीय अनुनेयता को बढ़ावा देना
- दक्षिण-पूर्व एशिया को परमाणु हथियार मुक्त क्षेत्र के रूप में परिरक्षित करना तथा इस क्षेत्र को सामूहिक विनाश के अन्य सभी हथियारों से मुक्त करना
- एकल बाज़ार एवं उत्पादन आधार का सृजन करना, जो स्थिर, समृद्ध, अत्यधिक प्रतिस्पर्धी और आर्थिक रूप से एकीकृत हो
- सभी प्रकार के ख़तरों, अंतर्राष्ट्रीय अपराधों एवं सीमा-पार से जुड़ी चुनौतियों का व्यापक सुरक्षा के सिद्धांत के अनुसार प्रभावी ढंग से जवाब देना
- ASEAN के लोगों के समग्र कल्याण एवं आजीविका के साधनों का विस्तार करना

17.2.3 उपलब्धियां

ASEAN ने न केवल अपने अस्तित्व को बरकरार रखा है, बल्कि पिछले पांच दशकों के दौरान कई विषम परिस्थितियों का भी सफलतापूर्वक सामना किया है। सबाह के मुद्दे पर मलेशिया-फिलीपींस विवाद, संयुक्त राज्य-वियतनाम युद्ध, कंबोडिया पर वियतनाम के आक्रमण, दक्षिण चीन सागर पर क्षेत्रीय एवं न्यायक्षेत्रीय विवाद, समुद्री लूट-पाट का मुद्दा, आतंकवाद, मादक पदार्थों एवं मानव तस्करी का मुद्दा, क्षेत्र में सीमा सुरक्षा संबंधी समस्याएं, 1997 के वित्तीय संकट तथा अन्य मतभेद क्षेत्रीय अखंडता के लक्ष्य को निष्प्रभ करने में असफल रहे, जो ASEAN के सदस्य राज्यों की सर्वोच्च प्राथमिकता थी। उनके विविधतापूर्ण हितों ने क्षेत्रीय विकास के लिए सामूहिक परामर्श, निर्णय एवं विकास की नीतियों को प्रभावित नहीं किया। समकालीन अंतर्राष्ट्रीय परिदृश्य में, ASEAN न केवल एक प्रभावशाली संगठन के तौर पर उभर कर सामने आया है, बल्कि शक्ति संतुलन की समग्र प्रणाली में एक क्षेत्रीय गुट रूप में अपनी स्थिति को सुदृढ़ भी किया है। आज कोई भी महाशक्ति ASEAN की ताकत और क्षमता को नज़रअंदाज़ नहीं कर सकती है, जो अब एक सशक्त राजनयिक मंच के तौर पर विकसित हो चुका है। इस क्षेत्र में शांति की सुरक्षा एवं विकास से संबंधित समस्याएं, संगठन के लिए चिंता का एक प्रमुख विषय है। अपने सदस्यों के बीच पारस्परिक समझ, विविधता में इसकी एकता की कुंजी है। संवहनीय विकास एवं व्यापक सुरक्षा के संदर्भ में ASEAN की भविष्य की संभावनाएं उज्ज्वल और आशाजनक हैं।

17.3 SAARC (सार्क)

1967 में ASEAN के उदय को दक्षिण एशिया में राजनीतिक नेतृत्व ने अति उत्सुकता से देखा, और उन्होंने धीरे-धीरे आपसी सहयोग के लिए क्षेत्रीय व्यवस्था के महत्त्व को स्वीकार किया। वे इस क्षेत्र में पारस्परिक समझ, शांति एवं स्थायित्व के माहौल में

संबंधित राज्यों के आर्थिक विकास के लिए ऐसे संगठन के लाभों का अंदाज़ा लगा सकते थे। दो शक्तिशाली गुटों के बीच की राजनीति और शीत युद्ध से बचने तथा इस तरह के समूहों के प्रभाव से दूर रहने के उनके संघर्ष ने क्षेत्रीय संस्थानीकरण में भी योगदान दिया। द्वितीय विश्व युद्ध के बाद भी आर्थिक समूहों का क्षेत्रीयकरण देखा गया, जो 1970 और 1980 के दशक तक काफी लोकप्रिय था। दक्षिण एशिया के देशों के साझा मानदंडों, मूल्यों, इतिहास और संस्कृति के बावजूद, उनके बीच द्विपक्षीय प्रकृति की समस्याएं मौजूद थीं, जिन पर बहस एवं परिचर्चा के लिए एक साझा मंच की आवश्यकता थी। इस संदर्भ में, बांग्लादेश के राष्ट्रपति, ज़िया-उर-रहमान ने पहल करते हुए एक क्षेत्रीय संस्थान के विचार को प्रस्तुत किया और पड़ोसी देशों के नेताओं को इस संदर्भ में पत्र लिखे। इसके परिणामस्वरूप ग्रामीण विकास, तकनीकी विकास, संस्कृति और सबसे महत्त्वपूर्ण, इस क्षेत्र में शांति एवं सुरक्षा की आवश्यकता जैसे विषयों पर तकनीकी समिति की कई दौर की बैठकें हुई। इस प्रकार की बैठकों एवं वार्ताओं के परिणामस्वरूप 8 दिसंबर, 1985 को दक्षिण एशियाई क्षेत्रीय सहयोग संघ (SAARC) के रूप में दक्षिण एशिया में एक क्षेत्रीय संगठन का गठन हुआ।

17.3.1 लक्ष्य और उद्देश्य

SAARC के लक्ष्यों एवं उद्देश्यों में से कुछ निम्नानुसार हैं:

- इस क्षेत्र में लोगों के कल्याण एवं गुणवत्तायुक्त जीवन को सुनिश्चित करना
- क्षेत्रीय सामूहिक आत्मनिर्भरता का सशक्तिकरण करना
- सामाजिक प्रगति तथा आर्थिक और सांस्कृतिक विकास में तेजी लाना
- आर्थिक, सामाजिक, सांस्कृतिक, तकनीकी और वैज्ञानिक क्षेत्रों में सहयोग एवं आपसी सहायता को बढ़ावा देना
- अंतर्राष्ट्रीय मंच पर अन्य देशों के साथ जुड़ने तथा सामूहिक शांति, विकास और आत्मनिर्भरता के लिए क्षेत्रीय एवं अंतर्राष्ट्रीय संगठनों के साथ सहयोग करना

SAARC के अन्य महत्त्वपूर्ण घटकों में से कुछ निम्नानुसार हैं:

- **SAARC शिखर सम्मेलन:** राज्यों और सरकारों के प्रमुख प्रतिवर्ष बैठकों का आयोजन करते हैं और आम हित के मुद्दों पर चर्चा करते हैं।
- **विदेश मंत्री:** बाह्य मामलों के मंत्रियों / विदेश मंत्रियों की बैठकों का आयोजन वर्ष में दो बार होता है, जिससे उच्चस्तरीय वार्ताओं, परिचर्चाओं एवं निर्णय लेने की प्रक्रियाओं में मदद मिलती है।
- **स्थायी समिति:** संबंधित सदस्य राज्यों के विदेशी सचिवों की बैठकों का आयोजन नियमित तौर पर होता है, जो विभिन्न मुद्दों पर मंत्री स्तर की बैठकों का आधार तैयार करते हैं।
- **अन्य:** इसके अंतर्गत विभिन्न तकनीकी समितियां शामिल हैं, जो उच्चतम स्तर पर सहमत कार्य-सूची के कार्यान्वयन और निगरानी के कार्यों को निष्पादित करती हैं।

17.3.2 मूल्यांकन

विभिन्न अवसरों पर उत्पन्न होने वाली बाधाओं के बावजूद, SAARC ने क्षेत्रीयकरण को बरकरार रखा है तथा सार्वजनिक जीवन के सभी क्षेत्रों में सहयोग के सामान्य उद्देश्य को सुरक्षित रखा है। अकादमिक, संस्कृति, कृषि, प्रौद्योगिकी, लोगों के बीच आपसी सहयोग, व्यापार एवं वाणिज्य, मीडिया, पर्यटन, स्वास्थ्य, बैंकिंग और कई अन्य क्षेत्रों में उपलब्धियां सर्वाधिक महत्त्वपूर्ण हैं। आतंकवाद के खिलाफ़ युद्ध और चीन द्वारा दक्षिण चीन सागर पर दावा, ऐसे दो प्रमुख मुद्दे हैं जो इस क्षेत्र में शांति एवं स्थायित्व को सुनिश्चित करने की दिशा में सबसे बड़ी चिंता एवं बाधा हैं। मंच पर निरंतरता और प्रगति के मामलों में उत्साह की कमी महसूस की जाती है, परंतु वार्ता और सहयोग की प्रक्रिया को बनाए रखना सबसे बड़ा कारण है जो इस क्षेत्र में SAARC को अपरिहार्य बनाता है। भविष्य की संभावनाएं गतिशील एवं प्रगतिशील राजनीतिक नेतृत्व के साथ-साथ राष्ट्रों के सामूहिक व सुरक्षित अस्तित्व के स्वप्न पर निर्भर हैं।

17.4 यूरोपीय संघ

यूरोप समकालीन युग में अंतर्राष्ट्रीय संबंधों में शक्ति संतुलन का केंद्र बिंदु रहा है। उनके बीच आपस में अलग-अलग हितों तथा ग़ैर-यूरोपीय राष्ट्रों के उपनिवेशीकरण के मुद्दे पर सत्ता के लिए संघर्ष कई शताब्दियों तक जारी रहा है, जिसने बड़ी संख्या में अफ़्रीकी-एशियाई, लैटिन-अमेरिकी और अन्य देशों की अर्थव्यवस्थाओं, राजनीति एवं समाज को प्रभावित किया है। यूरोपीय भू-भाग पर लड़े गए युद्धों ने उनके स्वयं के क्षेत्रीय हितों को नुकसान पहुंचाया तथा विकास एवं अखंडता की प्रक्रिया को भी धीमा कर दिया। विश्व युद्ध के बाद की अवधि में व्यक्तियों, समूहों एवं समुदायों के मानवीय व्यवहार में उल्लेखनीय परिवर्तन हुए, जिसने सैन्य प्रतिद्वंद्विता हेतु संघर्षों से बचने तथा परिवेश के पुनर्निर्माण एवं विकास के उद्देश्य से साथ मिलकर काम करने के लिए सहयोग व शांति के महत्त्व को स्वीकार किया।

इस संदर्भ में पेरिस संधि की संधि हुई, जिसके माध्यम से अप्रैल 1951 में छह यूरोपीय राज्यों का यूरोपीय कोयला एवं इस्पात संगठन (ECSC) अस्तित्व में आया। 'एक आर्थिक समुदाय की स्थापना करके, लंबे समय तक खूनी संघर्ष के जरिए विभाजित रहे लोगों के एक वृहत और प्रगाढ़ समुदाय के लिए आधार का निर्माण करना' इसका लक्ष्य था, जिस पर आम सहमति बनी थी। इस प्रकार, आर्थिक एकीकरण ने यूरोपीय देशों के जीवन में एकीकरण की सामंजस्यपूर्ण राजनीति का मार्ग प्रशस्त किया तथा भविष्य में सहयोग के साधन के रूप में आर्थिक संस्थानों की उपयोगिता स्थापित की, जिसकी परिणति के तौर पर रोम की संधि के तहत 1957 में एक व्यापक समुदाय — यूरोपीय समुदाय (EC) का गठन हुआ, और ECSC का EC में विलय कर दिया गया। संयुक्त राज्य और सोवियत के बाहरी दबाव का सामना करने की इच्छा के कारण इस समुदाय के सदस्यों की संख्या में वृद्धि हुई तथा अपने लोगों के बीच शांति, विकास और मजबूत संबंधों की बुनियाद के तौर पर एकीकृत यूरोप की कल्पना की गई।

इन घटनाक्रमों की परिणति के तौर पर, मास्ट्रिच संधि के तहत 1992 में यूरोपीय संघ की स्थापना हुई। यूरोप को एक महाशक्ति बनाना संघ का मुख्य उद्देश्य था, और इस उद्देश्य को हासिल करने के मार्ग के रूप में आर्थिक एकीकरण का निर्णय लिया गया। यूरोपीय संघ के मुख्य संस्थान इस प्रकार हैं:

- यूरोपीय परिषद, जिसमें राज्यों के प्रमुख शामिल हैं
- यूरोपीय संघ की परिषद, जिसमें सदस्य राज्यों के मंत्री शामिल हैं
- यूरोपीय आयोग, यूरोपीय संघ का कार्यकारी निकाय
- यूरोपीय न्यायालय
- यूरोपीय संसद
- यूरोपीय केंद्रीय बैंक

17.4.1 मूल्यांकन

यूरोपीय संघ, जिसने यूरोपीय देशों के बीच अपनी प्राकृतिक संपदा के लिए प्रतिस्पर्धा को समाप्त करने तथा संघर्ष मुक्त माहौल की स्थापना करने के लक्ष्य के साथ अपनी यात्रा शुरू की थी, वह आज एक सशक्त क्षेत्रीय संगठन के तौर पर विकसित हो चुका है। पूर्ववर्ती USSR के विघटन, कुछ पूर्वी यूरोपीय राज्यों से साम्यवाद के उन्मूलन एवं विभाजन, जर्मनी के एकीकरण तथा अन्य राजनीतिक घटनाक्रमों के साथ, यूरोपीय संघ ने व्यापक आर्थिक गतिविधियों से संबंधित यूरोपीय मामलों पर अपनी मजबूत पकड़ बनाई है। परंतु, हाल के दिनों में कुछ राज्यों ने कुछ मुद्दों पर संघ के साथ असुविधा महसूस की है, तथा इसके एक प्रमुख किरदार यूनाइटेड किंगडम ने संगठन से बाहर निकलने का निर्णय लिया है। कुछ अन्य प्रमुख किरदारों ने संघ को स्थायित्व प्रदान करने वाले कारकों को सुदृढ़ करने का प्रयास किया है, लेकिन बाहरी दुनिया में इसके भविष्य के प्रति अनिश्चितता का आभास होने लगा है। समय ही भविष्य में संघ की अखंडता को सत्यापित करेगा। फिर भी, यूरोपीय संघ क्षेत्रीयकरण के लिए एक आदर्श मॉडल के रूप में खड़ा है और अंतर्राष्ट्रीय शांति, सुरक्षा, पर्यावरण की दिशा में सहयोग और कुछ हद तक विश्व बंधुत्व में क्षेत्रीय समूहों की उत्कृष्ट उपयोगिता की पुष्टि करता है।

17.5 खाड़ी सहयोग परिषद

पश्चिम एशिया में, प्रमुख तेल उत्पादक देशों ने इस बात को तेजी से महसूस किया कि, महाशक्तियों द्वारा उनके समृद्ध संसाधनों का शोषण किया जा रहा है तथा भौगोलिक दृष्टि से निकटता, सामान्य संस्कृति, भाषा एवं इतिहास के बावजूद वे अपने सामान्य लाभों के लिए एकजुट नहीं थे। मई 1981 में, सऊदी अरब, बहरीन, कुवैत, ओमान, कतर और संयुक्त अरब अमीरात ने आबू-धाबी में आर्थिक व राजनीतिक संघ के रूप में एक क्षेत्रीय समूह—खाड़ी सहयोग परिषद (GCC)—का गठन किया, जिसका उद्देश्य साथ मिलकर काम करना तथा खाड़ी में क्षेत्रीय वर्चस्व स्थापित करना था।

इस क्षेत्रीय संगठन का मुख्य उद्देश्य, अपनी साझा विरासत—संस्कृति, भाषा एवं परंपराओं—की रक्षा करना तथा बड़े लक्ष्य निर्धारित करने के लिए एक-दूसरे के साथ प्रतिद्वंद्वी के रूप में नहीं बल्कि सहयोगियों के रूप में आर्थिक विकास की प्रक्रिया, व्यापार और वाणिज्य में सहयोग करना है। दूसरा, सदस्य राज्य मानव गतिविधि के सभी क्षेत्रों में समन्वयन, एकीकरण और अंतःसंबधन के माध्यम से एकात्मकता प्राप्त करने का वचन देते हैं। इन सभी क्षेत्रों में से उन्होंने सबसे पहले व्यापार एवं वाणिज्यिक संबंधों तथा सामाजिक, सांस्कृतिक और शैक्षिक क्षेत्रों पर ध्यान केंद्रित किया। धर्म को विकसित होने के मुख्य कारक के तौर पर स्वीकृत एवं अंगीकृत किया गया, जो इन सभी राज्यों के लिए सामान्य है। पिछले कुछ वर्षों में, यमन, जॉर्डन और मोरक्को भी परिषद में पूर्ण सदस्य के रूप में शामिल हो गए हैं।

संगठनात्मक ढांचे में सर्वोच्च परिषद, मंत्री परिषद और विभिन्न समितियां शामिल हैं। सर्वोच्च परिषद राज्यों और सरकारों के प्रमुखों का एक निकाय है, जबकि मंत्रिस्तरीय परिषद में विदेश मंत्री शामिल होते हैं, जिनकी बैठक हर तीसरे महीने आयोजित की जाती है। GCC का सचिवालय रियाद, सऊदी अरब में स्थित है।

17.6 अफ़्रीकी संघ

अफ़्रीका में एकता की ओर झुकाव का मूलतत्त्व, सभी देशों में उपनिवेशवाद से मुक्ति के साथ-साथ भोजन, स्वास्थ्य, शिक्षा, आंतरिक शांति व सुरक्षा के गंभीर मुद्दों तथा स्वभाग्यनिर्णय के लिए राजनीतिक शक्ति हासिल करने की सामान्य इच्छाओं में अंतर्निहित है। इस प्रकार, 1963 में अदीस अबाबा में अफ़्रीकी एकता संगठन (OAU) की स्थापना की गई, क्योंकि क्षेत्रवाद की लहर अफ़्रीकी महाद्वीप के सभी कोनों में फैल चुकी थी। कुल 32 राज्यों एवं सरकारों ने अदीस अबाबा घोषणापत्र पर हस्ताक्षर किए, और इस प्रकार अफ़्रीका की व्यापक एवं सामंजस्यपूर्ण एकता तथा विकास एवं समृद्धि की दिशा में काम करने के प्रति वचनबद्ध का प्रकट की। राष्ट्रवादी ताकतों ने एक इकाई के रूप में अफ़्रीका के राजनीतिक, सामाजिक-आर्थिक, सांस्कृतिक एवं शैक्षिक विकास की दिशा में अपने दृढ़ संकल्प को मजबूत किया। जुलाई 2002 में डरबन में, राज्यों एवं सरकारों के प्रमुखों ने OAU को बरख़ास्त कर दिया तथा अपने संगठन के अधिक उपयुक्त नाम के रूप में अफ़्रीकी संघ (AU) को अंगीकृत किया।

17.6.1 लक्ष्य

AU के मुख्य लक्ष्य निम्नानुसार हैं:

- उपनिवेशीकरण एवं रंगभेद से मुक्ति पाना
- राज्यों के बीच एकता एवं समन्वय को बढ़ावा देना
- राज्यों की संप्रभुता एवं अखंडता की रक्षा करना
- विकास की तीव्र प्रक्रिया के लिए काम करना
- संयुक्त राष्ट्र के मानदंडों के अनुसार अंतर्राष्ट्रीय शांति को बढ़ावा देना
- तदनुसार अन्य राज्यों और संगठनों के साथ सहयोग करना

AU अफ़्रीका में एक गतिशील शक्ति के तौर पर उभरकर सामने आया है, जिसने महाद्वीप में अखंडता, विकास एवं शांति की दिशा में अत्यधिक योगदान दिया है। एक क्षेत्रीय संगठन के रूप में, AU एक सफल संगठन साबित हुआ है, जिसने शांति, विकास एवं समृद्धि के समग्र प्रयास में वैश्विक भागीदारों के साथ सहयोग किया है।

17.6.2 संगठनात्मक संरचना

AU का गठन करने वाले निकाय निम्नानुसार हैं:

- राज्यों और सरकारों के प्रमुखों की सभा
- कार्यकारी परिषद
- स्थायी प्रतिनिधि समिति
- अखिल अफ्रीकी आयोग
- अखिल अफ्रीकी संसद
- आर्थिक एवं सामाजिक परिषद
- विशिष्ट तकनीकी समितियां
- सचिवालय

मॉडल प्रश्न

17.1 क्षेत्रवाद को परिभाषित करें और इसके मुख्य सिद्धांतों पर चर्चा करें।

17.2 चर्चा करें कि, विश्व युद्ध के बाद की अवधि में अंतर्राष्ट्रीय राजनीति में क्षेत्रवाद एक महत्त्वपूर्ण कारक के रूप में किस प्रकार उभर कर सामने आया।

17.3 1945 के बाद की अवधि में क्षेत्रवाद के मुख्य सिद्धांतों का परीक्षण करें।

17.4 ASEAN की उपलब्धियों का मूल्यांकन करें।

17.5 SAARC की कमजोरियों और इसके पीछे के कारणों को उजागर करें।

17.6 इस बात की जांच करें कि, अफ्रीकी संघ के मंच से अफ्रीकी देश किस प्रकार लाभान्वित हुए हैं।

17.7 विकासशील एवं अविकसित दुनिया में क्षेत्रीय संगठनों के भविष्य की संभावनाओं को स्पष्ट करें।

17.8 EU के गठन को प्रेरित करने वाली परिस्थितियों की जांच करें।

17.9 खाड़ी सहयोग परिषद के मुख्य उद्देश्य पर चर्चा करें।

17.10 तीसरी दुनिया के देशों में क्षेत्रवाद के भविष्य की क्या संभावनाएं हैं?

अनुशंसित साहित्य

Banerjee, Dipankar. ed. 2002. *SAARC in the 21st Century: Towards a Cooperative Future.* New Delhi: Indian Research Press.

Dash, Kishore C. 2008. *Regionalism in South Asia: Negotiating Cooperation, Institutional Structures.* London: Routledge.

Fawcett, Louise, and Andrew Harrell. 2003. *Regionalism in World Politics.* Oxford: Oxford University Press.

Foucher, Michel. 2002. *The European Republic.* New Delhi: Manohar.

Gonsalves, Eric and Nancy Jetly. 1999. *The Dynamics of South Asia: Regional Cooperation and SAARC.* New Delhi: SAGE.

Haacke, Jurgen. 2003. *ASEAN's Diplomatic and Security Culture: Origins, Development and Prospects.* London: Routledge.

Haas, Ernst B. 1958. *The Uniting of Europe: Political, Social and Economic Forces.* Stanford: Stanford University Press.

Hettne, Bjorn, Andras Inotai and Osvaldo Sunkel, eds. 2000. *National Perspectives on the New Regionalism in the North.* Basingstoke: Palgrave Macmillan.

Kim, Min-hyung. 2014. 'Integration Theory and ASEAN Integration'. *Pacific Focus* 29 (3): 378.

Madan, D. K. 1997. *SAARC: Origin, Development and Programmes: From the First to Ninth SAARC Summit.* New Delhi: Deep and Deep.

Mitrany, David. 1943. Essay titled *A Working Peace System.*

Padelford, Norman J. 1954. 'Regional Organizations and the United Nations'. *International Organizations* 8 (2): 203–16.

Rosamond, Ben. 2000. *Theories of European Integration.* New York: St. Martin's Press.

Saudermaum, F., and Shaw T., eds. 2003. *Theories of New Regionalism: A Palgrave Reader.* Basingstoke: Palgrave Macmillan.

18

यूरोप-केंद्रीयतावाद और IR सिद्धांत: दक्षिणी दुनिया के संदर्श

सुचारिता सेनगुप्ता

अध्ययन के उद्देश्य

- यह समझना कि यूरोप-केंद्रीयतावाद क्या है
- यह समझना कि, सत्ता और आधिपत्य ज्ञान प्रणालियों को किस प्रकार प्रभावित करते हैं
- यह समझना कि, उत्तर-उपनिवेशवादी सिद्धांतकारों यूरोप-केंद्रीयतावाद का प्रत्युत्तर किस प्रकार दिया है
- इस बात का अवलोकन करना कि, यह IR सिद्धांत को कैसे प्रभावित करता है
- IR के क्षेत्र में कुछ ग़ैर यूरोप-केंद्रीयतावादी योगदानों पर विचार करना

अध्याय सार

आधुनिक ज्ञान प्रणाली की विरासत यूरोपीय इतिहास एवं मूल्यों से प्रेरित है। सामान्य तौर पर, इसने यूरोप द्वारा प्रस्तुत ज्ञान तथा पश्चिम द्वारा प्रस्तुत ज्ञान के बीच एक पदानुक्रम का निर्माण किया है, और शेष विश्व को अध्ययन की वस्तुओं के तौर पर परिणत कर दिया है। दुनिया के अन्य हिस्सों से प्राप्त ज्ञान को नज़रअंदाज़ कर दिया गया है और उसका अवमूल्यन किया गया है; इसके अलावा, स्वयं इन हिस्सों और उनके बारे में धारणाएं यूरोप के दृष्टिकोण पर आधारित हैं। ये रचनाएं आवश्यक रूप से सटीक प्रतिनिधित्व नहीं करती हैं, तथा ज्ञान के क्षेत्र में ग़ैर-पाश्चात्य योगदान को छिपाने का कार्य भी करती हैं। इसे यूरोप-केंद्रीयतावाद के रूप में जाना जाता है, और यह आज हमारे द्वारा सीखी जाने वाली सभी चीजों से, विशेष तौर पर हमारे समाज से अवगत कराता है। उत्तर-उपनिवेशवाद इस तरह के ज्ञान के भ्रमात्मक आधार को चुनौती देता है तथा इस तरह के ज्ञान को आकार देने में सत्ता के संबंधों को उजागर करता है। इसके अलावा, अन्य विषयों के बाद, उत्तर-उपनिवेशवाद अंतर्राष्ट्रीय संबंधों का सिद्धांत ग़ैर-पश्चिम के लिए प्रासंगिक ज्ञान के एक नए निकाय के निर्माण की कोशिश करता है।

18.1 परिचय

राजनीतिक विज्ञान के छात्र राजनीतिक सिद्धांतों पर अपनी कक्षाओं में बताई गई शुरुआती कहानी — अर्थात् 5वीं सदी ईसा पूर्व में यूनान में लोकतंत्र के उद्भव से परिचित होंगे। एथेंस में प्रचलित लोकतंत्र के शुरुआती संस्करणों के बाद, इस कहानी के अगले भाग की शुरुआत कई शताब्दियों एवं साम्राज्य के बाद होती है, जब मैग्नाकार्टा को प्रस्तुत किया गया। तत्पश्चात हम 18वीं शताब्दी के संघर्ष और क्रांति की अवधि के बाद यूरोप और संयुक्त राज्य में लोकतंत्र के विकास एवं प्रचार-प्रसार के बारे में पढ़ते हैं। घटनाओं के इस अनुक्रम के बारे में हमें सबसे पहले विद्यालय स्तर की सामाजिक विज्ञान की पाठ्य पुस्तकों से जानकारी मिलती है, तथा इसके बाद उच्चस्तरीय शिक्षण तक यही अनुक्रम जारी रहता है। यहां एक महत्त्वपूर्ण सवाल यह है कि — दुनिया के अन्य हिस्सों में क्या हो रहा था? हम जानते हैं, साथ ही इतिहास की पाठ्य पुस्तकों को पढ़ने से भी हमें यह मालूम होता है कि, दुनिया के कुछ हिस्सों में अत्यंत प्राचीन एवं शक्तिशाली सभ्यताओं का विकास हुआ, जो आज मिस्र, मध्य पूर्व, दक्षिण एशिया और चीन अनुरूप

के हैं। हालांकि, एथेंस में लोकतंत्र के उद्भव से काफी पहले ही इन साम्राज्य में राजनीतिक व्यवस्थाएं एवं संस्थान सक्रिय थे, जिनका उल्लेख केवल प्रासंगिक तौर पर अथवा नहीं किया गया है। इससे युवा पाठकों के मन में यह तस्वीर उभरती है कि, यूरोप के बाहर की घटनाएं दिलचस्प होने के बावजूद अपेक्षाकृत कम महत्त्वपूर्ण हैं और दुनिया की वर्तमान राजनीतिक स्थिति के लिए निर्णयात्मक नहीं हैं। यूरोप को दिए गए अत्यधिक महत्त्व, परंतु इस अध्याय के लिए विशेष रूप से यूरोप से उभरने वाले विचारों, ज्ञान एवं संस्थानों को दिए गए महत्त्व को यूरोप-केंद्रीयतावाद के रूप में जाना जाता है।

18.2 यूरोप-केंद्रीयतावाद के घटक क्या हैं?

यूरोप-केंद्रीयतावाद की अवधारणा की कोई एक परिभाषा नहीं है, हालांकि व्यापक रूप से इसे यूरोप और उत्तरी संयुक्त राज्य के वर्चस्व, विशेष तौर पर विचारों एवं ज्ञान के क्षेत्र में वर्चस्व, के रूप में समझा जा सकता है। यह प्रभुत्व आमतौर पर एक संपुटित समझौते के रूप में आता है, जिसे दुनिया के अन्य भागों से उभरते विचारों एवं ज्ञान की अवमानना का सहारा मिलता है। लेखकों की एक बड़ी श्रृंखला—जिसके अंतर्गत साहित्यिक सिद्धांतविद्, संस्कृति के अध्ययन विशेषज्ञ, इतिहासकार, राजनीतिक वैज्ञानिक, IR सिद्धांतविद् इत्यादि शामिल हैं—को इस अवधारणा का सामना करना पड़ा है और सभी ने उन तरीकों को उजागर किया है जो यूरोप-केंद्रीयतावाद को ज्ञान का सृजनकर्ता बताते हैं। इसलिए, ज्ञान की प्रकृति एवं इसकी उत्पत्ति के तरीके को समझना यूरोप-केंद्रीयतावाद को समझने की दिशा में पहला कदम है। इसे समझने के लिहाज से फ्रांस के दार्शनिक माइकल फाउकॉल्ट की रचनाएं अत्यंत लाभदायक हैं।

फाउकॉल्ट इस बात को समझने के लिए अत्यंत उत्सुक थे कि शक्ति किस प्रकार प्रभाव डालती है। शक्ति को सम्राट या शासक के *अधीन मानने वाले* कई दार्शनिकों एवं राजनीतिक वैज्ञानिकों के विपरीत, उन्होंने इसे *संबंध* के तौर पर देखा, जिसकी गतिशील प्रकृति के कारण लोग एक-दूसरे के संपर्क में आते हैं और बातचीत करते हैं। इसलिए, उन्होंने तर्क दिया कि शक्ति को संबंधों की एक श्रृंखला के रूप में देखा जाना चाहिए, और यह संबंधों की एक श्रृंखला है, जो सम्राटों या शासकों के अधीन होने के बजाय समाजों में विभिन्न स्तरों पर परिव्याप्त है। फाउकॉल्ट के अनुसार, शक्ति निश्चित तौर पर दमन की ताक़त नहीं थी, बल्कि यह एक ऐसी ताक़त थी जो फलप्रद थी। इसलिए, उन्होंने शक्ति को अधिक विस्तृत, सकारात्मक अर्थों में समझा। तत्पश्चात, फाउकॉल्ट ने शक्ति और ज्ञान के बीच संबंध स्थापित किए। उन्होंने तर्क दिया कि, शक्ति ज्ञान का सृजन करती है, और फिर ज्ञान स्वयं शक्ति का साधन बन जाता है। वह ज्ञान के सृजन को एक परियोजना के रूप में देखते हैं, जिसमें हमारे द्वारा वर्तमान में अवगत 'तथ्यों' या 'सत्य' को स्थापित करने के लिए कई लोगों और कई रणनीतियों को शामिल किया जाता है। इस प्रकार सृजित ज्ञान, इसे उत्पन्न करने वाले एवं इसके उपयोग में सक्षम लोगों की शक्ति को सहारा देता है। इसके अलावा, व्यक्ति जो कुछ भी जानता है उसे नियंत्रित करने में सक्षम है, तो इसका तात्पर्य यह है कि वह शक्ति का उपयोग करने में भी सक्षम है। सरल शब्दों में, ज्ञान का सृजनकर्ता इस बात को भी निर्धारित करता है कि यह ज्ञान किस संदर्भ में होगा, जो अपने आप में एक अत्यंत प्रभावशाली कार्य है।

शक्ति और ज्ञान के बीच के संबंध का यह ढांचा, यूरोप-केंद्रीयतावाद के संदर्भ में आगे की रचनाओं का आधार बन गया। यूरोप-केंद्रीयतावाद का क्या अर्थ है एवं यह किस प्रकार काम करता है, इसका एकमात्र सबसे महत्त्वपूर्ण स्पष्टीकरण प्रसिद्ध मनीषी एवं साहित्य के प्राध्यापक, एडवर्ड सइद द्वारा दिया गया था। वह फिलिस्तीनी मूल के थे। 1978 में प्रकाशित उनकी पुस्तक, *ओरिएंटलिज़्म*, आज भी प्रासंगिक और प्रभावशाली है। सइद ने 'प्राच्य' की अवधारणा की जांच-पड़ताल की, जो उनके लेखन के समय बहु प्रचलित थी। 'प्राच्य' ने पूर्व को दर्शाया, और इस शब्द का सृजन ज्ञान के उत्पादकों एवं पश्चिम के अधिकारी-वर्ग द्वारा किया गया था। 'प्राच्य' के विरोध में 'पाश्चात्य' शब्द प्रचलित हुआ, जो पश्चिम को दर्शाता था। इस प्रकार के विभाजन के उपरांत, पहले यूरोप और फिर बाद में संयुक्त राज्य, 'प्राच्य' को परिभाषित और समझने की दिशा में आगे बढ़ा। 'प्राच्य' के अंतर्गत उपनिवेश के तौर पर चीन, दक्षिण एशिया, अरब दुनिया और अफ्रीका जैसे स्थानों के शामिल होने के कारण यह विशेष रूप से जरूरी था। बहुत महत्त्वपूर्ण रूप से, 'प्राच्य' की समझ उनकी शर्तों पर आधारित नहीं थी, और ऐसा इसलिए हुआ क्योंकि वे इसे समझना नहीं चाहते थे। सइद कहते हैं कि, वास्तव में 'प्राच्य' के निर्माण में सहमति का पूरी तरह से अभाव था। पश्चिम द्वारा पूर्व की व्याख्या उस प्रकार ही की गई, जैसा वे करना चाहते थे।

यूरोप के उपनिवेशवादियों के दिमाग में 'प्राच्य' केवल एक अनुमान या काल्पनिक विचार नहीं था। यह एक भौतिक परियोजना थी। सईद लिखते हैं,

> *प्राच्य यूरोपीय सामग्री सभ्यता एवं संस्कृति का अभिन्न अंग है। प्राच्यवाद सहायक संस्थानों, शब्दावली, विद्वत्ता, कल्पना, सिद्धांतों, के साथ-साथ औपनिवेशिक अफसरशाही एवं औपनिवेशिक शैली के जरिए सांस्कृतिक रूप से और यहां तक कि वैचारिक रूप से व्याख्यान के तरीके में भी उस भाग को व्यक्त करता है और उसका प्रतिनिधित्व करता है (सईद, 1978)।*

इस प्रकार की सहायता प्रणालियां, पूर्व के बारे में ज्ञान के सृजन अथवा फाउकॉल्ट के शब्दों में 'संभाषण' का हिस्सा थीं। ज्ञान के इस समुच्चय का सृजन एक निष्कपट, निर्दोष अभ्यास नहीं था। 'प्राच्य' के संदर्भ में सृजित सभी ज्ञान का उपयोग अधिकार की भावना के साथ किया गया था। यहां उपनिवेश का आशय किसी भौगोलिक सीमा में रहने वाले वास्तविक लोगों से नहीं था। उन्हें मानवता से दूर करते हुए महज परीक्षण हेतु उपयुक्त वस्तुओं में बदल दिया गया था अथवा विषयाश्रित बना दिया गया था। 'प्राच्य' को विषयाश्रित बनाने का प्राधिकार एवं शक्ति पश्चिम के पास है, जिससे ज्ञान के असमान संबंधों का सृजन होता है।

ज्ञान के सृजन की इस प्रणाली में लोगों की एक विस्तृत श्रृंखला शामिल थी। इसमें विभिन्न विश्वविद्यालयों एवं कॉलेजों के औपनिवेशिक प्रशासक, विद्वान और प्राध्यापकगण शामिल थे। इसके अलावा, समय के साथ-साथ 'प्राच्य' की कुछ विशेषताओं—अर्थात् स्वेच्छाचारिता, भव्यता, क्रूरता और विषयासक्ति को विकसित किया गया। दुनिया के इन हिस्सों के संप्रदायों, दर्शन और ज्ञान से भी लोग 'अपरिचित' थे, जिसका मुख्य कारण यूरोपीय लोगों को अधिक महत्त्व दिया जाना था। आमतौर पर, 'प्राच्य' एक ऐसा स्थल बन चुका था, जो 'विदेशी' होने के साथ-साथ पिछड़ा भी था। यह 'सामान्य' और आधुनिक, प्रगतिशील पश्चिम की बराबरी कर रहा था। दिलचस्प बात यह है कि, 'प्राच्य' ने भी अपनी सहमति के बिना स्वयं के संदर्भ में ज्ञान का सृजन कर रहा था।

सईद के अनुसार, इस तरह के ज्ञान को बदलना कोई साधारण बात नहीं है, जिसका उद्देश्य अधिक सटीक ज्ञान के साथ प्राच्य के दूसरे पक्ष के विशेष दृष्टिकोण को प्रस्तुत करना था। यह प्राच्य परियोजना की विषय-वस्तु के खिलाफ़ सही तथ्यों या अधिक सटीक को प्रस्तुत करने तथा इससे छुटकारा पाने की तरह सरल नहीं है। उन्होंने इस कार्य की कठिनाई को समझाने के लिए, वर्चस्व की अवधारणा के संदर्भ में ग्रामस्की की समझ का सहारा लिया। प्राच्य परियोजना की पहचान सांस्कृतिक विरासत के एक पहलू के रूप में करते हुए, उनका तर्क है कि परियोजना का उद्देश्य ग़ैर-यूरोपीय की हीन भावना पर यूरोपीय श्रेष्ठता स्थापित करना था। इसलिए, इस परियोजना को विचलित करना एक कठिन काम होगा।

हम पूर्व उल्लिखित बात पर वापस लौटते हैं कि, युवा पाठकों को यूनानी लोकतंत्र की अवधारणाओं की तरह राजनीतिक संस्थानों और शासन के तरीकों से इसलिए परिचित कराया जाता है, क्योंकि इसमें हर बात में यूरोपीय आया पश्चिमी श्रेष्ठता की अवधारणा अंतर्निहित है। ऐसी स्थिति में यह प्रतीत होता है कि, में लोकतंत्र का उद्भव समय या स्थान की प्रासंगिकता के बगैर हुआ था। इसका तात्पर्य पश्चिमी लोकतंत्र के गुणों अथवा उनकी उपलब्धियों को नकारना नहीं है, बल्कि इस तथ्य को उजागर करना है कि राजनीतिक प्रणालियों समेत अन्य प्रणालियों के बारे में जानकारी हासिल करने को पर्याप्त रूप से महत्त्वपूर्ण नहीं माना गया था, और इसलिए एक विकल्प के रूप में भी इसे स्थान नहीं दिया गया। अन्यकाल खंडों में और दूसरी सभ्यताओं में मौजूद अन्य प्रणालियों को प्राच्य / पाश्चात्य युग्मक द्वारा शक्ति के प्रयोग के कारण स्वतः 'पिछड़े' के तौर पर वर्णित किया गया।

18.3 उत्तर-उपनिवेशवादी प्रत्युत्तर

सईद की पुस्तक उत्तर-उपनिवेशवाद नामक अध्ययन के एक नए विषय के लिए बुनियादी पाठ्यपुस्तक बन गई। इसका आरंभ साहित्यिक एवं सांस्कृतिक अध्ययन के साथ होता है, परंतु अंत में इसके दायरे में राजनीति विज्ञान और IR सहित अन्य विषय भी शामिल होते हैं। इसके पीछे एक विचार यह था कि, पूर्व में उपनिवेशित देशों को उनके संदर्भ में ही समझा जाए तथा उस सीमा को उजागर किया जाए, जिस पर प्राच्यवादी ज्ञान उत्पन्न हुआ था। इसके अलावा, इसने लोगों और देशों की शर्तों पर नए ज्ञान के सृजन एवं ज्ञान की पुनः प्राप्ति का नेतृत्व किया, जो पश्चिम की दृष्टि के अधीन थी। इम्मानुअल वालरस्टीन और समीर अमीन जैसे विद्वानों

ने यूरोप-केंद्रीयतावाद को समझने में महत्त्वपूर्ण योगदान दिया। इस तरह के प्रश्नों से जुड़े दक्षिण एशिया के अन्य विद्वानों में गायत्री चक्रवर्ती शिवक और दीपेश चक्रवर्ती शामिल हैं।

अपनी पुस्तक *प्रोविन्सलाइजिंग यूरोप* में दीपेश चक्रवर्ती कहते हैं कि, 'नागरिकता, राज्य, नागरिक समाज, सार्वजनिक क्षेत्र, मानवाधिकार, कानून के समक्ष समानता, व्यक्ति, सार्वजनिक और निजी के बीच भेद, विषय, लोकतंत्र, लोकप्रिय संप्रभुता, सामाजिक न्याय, एवं वैज्ञानिक तर्कसंगतता, जैसी सामाजिक विज्ञान की श्रेणियां जिन्हें हम तथ्य के रूप में स्वीकार करते हैं, वास्तव में यूरोपीय विचारों एवं इतिहास से गहराई से प्रभावित हैं (चक्रवर्ती, 2000)। इन सभी विचारों को धर्मनिरपेक्ष एवं सार्वभौमिक प्रकृति के रूप में प्रस्तुत किया गया, क्योंकि उनकी उत्पत्ति का श्रेय प्रबोधन को दिया गया था। हालांकि, जब कथित रूप से इन सार्वभौमिक अवधारणाओं को पश्चिम में लागू किया जा रहा था, तो उपनिवेशी क्षेत्रों में उनके आवेदन को रोक दिया गया था।

इसके बावजूद, राजा राम मोहन रॉय से लेकर रवींद्रनाथ टैगोर तक, भारत के कई नेता एवं बुद्धिजीवी पश्चिमी बौद्धिक परंपराओं से संबद्ध रहे हैं। दूसरी तरफ, अक्सर अरबी, फारसी या संस्कृत जैसी भाषाओं से जुड़ी पूर्व की समान परंपराओं को अतीत से संबंधित बताया गया। उनका अध्ययन 'मृत' इतिहास के रूप में किया जा सकता है, या जैसा कि सइद का तर्क है, यह आध्यात्मिकता के स्तर पर आकर्षक होने के बावजूद परंपरा के रूप में जीवित नहीं था। सइद की बातों का समर्थन करते हुए, चक्रवर्ती इस तथ्य को प्रतिबिंबित करते हैं कि जॉन स्टुअर्ट मिल, जिनकी पुस्तकों का अध्ययन पूरी दुनिया में राजनीतिक विज्ञान के छात्रों द्वारा किया जाता, स्पष्ट रूप से एशियाई और अफ्रीकी लोगों को इस प्रकार चित्रित करते हैं जो उदार बनने के लिए तैयार नहीं थे। इसी तरह की आलोचनाओं को अन्य दार्शनिकों और विद्वानों के खिलाफ़ समस्तर पर रखा गया है जिनकी शैक्षिक रचनाएं काफी प्रभावशाली हैं। मार्क्स ने लोगों और उपनिवेशवादी दुनिया की समस्याओं की चिंता नहीं की। इसी तरह, होब्सबॉम ने अपनी आरंभिक रचना में 'पूर्व-राजनीतिक' नामक एक श्रेणी प्रस्तुत की, जो उन देशों पर लागू होती है, जिन्होंने पश्चिमी अर्थ में अभी तक 'आधुनिकीकरण' हासिल नहीं किया था, और इस प्रकार उन्होंने समझने के मानक के रूप में पश्चिम के राजनीतिक और विकासात्मक प्रक्षेपवक्र का उपयोग किया, जहां अन्य देश खड़े थे। स्वयं इतिहास के संदर्भ में भी माना गया कि, यह पिछड़े अतीत से प्रगतिशील भविष्य की ओर आगे बढ़ता है। विकासशील देशों, जिसे पहले तीसरी दुनिया कहा जाता था, को इस परिदृश्य के 'पिछड़े' सिरे के करीब माना जाता था। इसलिए, ज्ञान को इन समाजों को अभिव्यक्त करना पड़ा। ऐसे समाजों से उभरने वाले ज्ञान की संभाव्यता को अपेक्षाकृत कम गंभीरता से लिया गया।

हालांकि उत्तर-उपनिवेशवादी अध्ययन का बड़े पैमाने पर विस्तार हुआ है, और ज्ञान प्रणाली के केंद्र में यूरोप की अवधारणा को दूर करने में मदद मिली है, परंतु इस क्षेत्र की गंभीर आलोचनाओं का भी विकास हुआ है। इसकी कुछ आलोचनाओं में यह बात कही गई कि, उत्तर-उपनिवेशवादी सिद्धांतविद तथ्यों एवं मूल्यों को मिश्रित कर देते हैं तथा विचारों एवं सद्भावनाओं के निर्बाध आदान-प्रदान में दिलचस्पी नहीं रखते हैं, साथ ही पाश्चात्य जगत के बुद्धिजीवी अंतर-सांस्कृतिक वार्ताओं एवं अनुवाद के लिए विशेष रूप से सांस्कृतिक 'तंत्र' को अपने अधिकार में रखते हैं, जो विभिन्न संस्कृतियों और क्षेत्रों में मूल्यों के अभिसरण को बढ़ावा देता है। इसके अलावा, उत्तर-उपनिवेशवाद को अध्ययन के पृथक क्षेत्र के रूप में देखा जाता है, जो स्वयं में एक भव्य इतिहास की तरह है। संशोधनवाद या स्वदेशवाद तथा अंधराष्ट्रवादिता पर आधारित इतिहास के पुनर्लेखन के संदर्भ में भी चिंताएं प्रकट की गई हैं (ग्रोवोगुई, 2002)। पहली नज़र में, आलोचनाएं स्वयं यूरोपीय या पश्चिमी श्रेष्ठता को दोहराती हैं, जिससे उत्तर-उपनिवेशवादी सिद्धांतकारों के आरोप सही प्रतीत होने लगते हैं। हालांकि, यह एक और सवाल पूछता है — क्या ज्ञान का उद्भव पश्चिम के तटस्थ मूल्यों से हो रहा है? मैक्स वेबर के अनुसार, प्रोटेस्टेंट नीतिशास्त्र में पूंजीवाद की उत्पत्ति की व्याख्या मूल्य-तटस्थता के दावे को खारिज करने का एक उदाहरण है। संशोधनवाद के बारे में चिंताओं को एक अलग खंड में संबोधित किया जाएगा।

18.4 उत्तर-उपनिवेशवादी IR सिद्धांत

चूंकि मानविकी और सामाजिक विज्ञान के कई विषय उत्तर-उपनिवेशवाद से प्रभावित हुए और इसी प्रकार IR का विषय भी इससे अछूता नहीं रहा। अध्ययन के क्षेत्र के रूप में IR का उद्भव पश्चिमी जगत में, विशेष तौर पर संयुक्त राज्य में हुआ। 1919 और 1969 के बीच IR के इतिहास पर एक निबंध में, हेडली बुल, सैद्धांतिक हस्तक्षेपों को तीन क्रमागत लहरों में विभाजित करते हैं।

आदर्शवादी लहर विद्वानों की थी, और प्रगति में विश्वास इसकी परिभाषित विशेषता थी। 1920 और 1930 के दशक के दौरान इनका प्रभुत्व था। 1930 के दशक के अंत एवं 1940 के दशक में यथार्थवादी लहर का प्रभुत्व था, और इन विद्वानों की परिभाषित विशेषता यह थी कि, शक्ति IR के नियमों को निर्धारित करती है। 1950 और 1960 के दशक में, IR अध्ययन सामाजिक वैज्ञानिक दिशा में उन्मुख हुआ। इससे बुल का तात्पर्य यह है कि, इस कार्य-प्रणाली के प्रति सामान्य असंतोष था। अधिकांश विषय, सिद्धांत निर्माण में अधिक कठोर प्रणाली को शामिल करने के तरीकों से जूझ रहे थे, और IR सिद्धांत में भी यही चुनौती सामने आई। सिद्धांतवादी मार्गदर्शन के लिए प्राकृतिक विज्ञान के साथ-साथ 'कठिन' सामाजिक विज्ञान की ओर उन्मुख हुए (बुल, 1972)। इस विवरण के दो पहलू नजर आते हैं। सबसे पहले, अध्ययन के विषय के वंश-क्रम को तैयार करने में संलग्न सभी विद्वान पश्चिम के हैं, जिसकी चर्चा हेडली बुल द्वारा की गई है। दूसरा, यथार्थवादी सिद्धांतों और प्रत्यक्षवादी पद्धतियों के प्रभुत्व के जरिए IR को परिभाषित किया गया।

क्षेत्रीय अध्ययनों के आविर्भाव ने पहले से ही यूरोप-केंद्रित अध्ययन को और जटिल बना दिया। डेविड एल. स्ज़ैंटन की पुस्तक, *द पॉलिटिक्स ऑफ नॉलेज: एरिया स्टडीज एंड द डिसप्लिन्स* में इस बात पर विचार किया गया है कि, अमेरिकी विश्वविद्यालयों में क्षेत्रीय अध्ययन का उद्भव एक विषय के तौर पर किस प्रकार हुआ। वह क्षेत्रीय अध्ययनों के विस्तार के बाद IR के 'विकेंद्रित' होने तथा इसके यूरोप-केंद्रीयतावाद को दूर किए जाने के पक्ष में तर्क देते हैं। ऐसा केवल दुनिया के अन्य हिस्सों के गहन एवं बेहतर अध्ययन द्वारा किया जा सकता है। क्षेत्रीय अध्ययनों के दृढ़तापूर्वक उद्भव के महत्त्वपूर्ण कारणों के संदर्भ में एक विवरण बेहद दिलचस्प है। द्वितीय विश्व युद्ध से पूर्व, अमेरिकी विश्वविद्यालयों में स्वयं के देश के बाहर के क्षेत्रों का अध्ययन करने का दायरा केवल यूरोप तक ही सीमित था। युद्ध से कुछ समय पूर्व, क्षेत्रीय अध्ययन का विस्तार रूस, लैटिन अमेरिका और दुनिया के कुछ अन्य हिस्सों तक हुआ। युद्ध के दौरान, विभिन्न क्षेत्रों में विशेषज्ञों को सरकार द्वारा खुफ़िया विश्लेषकों के रूप में नियुक्त किया गया था। उन्होंने विदेशों में कमान संभालने वाले अधिकारियों को प्रशिक्षण तथा युद्ध के बाद क्षेत्रों के अधिग्रहण की स्थिति में सहायता प्रदान की। युद्ध के बाद, इनमें से कई विश्लेषक कई सरकार में शामिल हो गए, हालांकि उनकी एक बड़ी संख्या शैक्षणिक क्षेत्र में वापस लौट आई। इस प्रक्रिया से यह तथ्य उजागर हुआ कि, बाकी दुनिया के बारे में संयुक्त राज्य को कितनी कम जानकारी थी। यह मार्शल योजना जैसे कार्यक्रमों का संचालन कर रहा था, परंतु इसे आगे बढ़ाने की बहुत कम जानकारी थी। लोकतंत्र एवं आधुनिकीकरण के विस्तार की परियोजना भी संयुक्त राज्य के लिए लक्ष्य बन गई थी। इस पृष्ठभूमि में, आईवी लीग समेत कई विश्वविद्यालयों ने क्षेत्रीय अध्ययन कार्यक्रम शुरू किए। फोर्ड फाउंडेशन जैसे निजी संस्थानों ने इन कार्यक्रमों के लिए बड़ी धनराशि प्रदान की, और वास्तव में, ऐसा करना जारी रखा। समय के साथ, संयुक्त राज्य की सरकार ने सरकारी कार्य-सूची को आकार देने के लिए शिक्षाविदों को आकर्षित करने का प्रयास किया, लेकिन स्ज़ैंटन दृढ़तापूर्वक कहते हैं कि इस तरह के प्रयास बहुत सफल नहीं हुए। वास्तव में, ऐसा करने के लिए सरकार की कोशिशों के संदर्भ में शिक्षाविद बहुत आलोचनात्मक थे। हालांकि, यह विवरण इस बात का पूरा परिज्ञान उपलब्ध कराता है कि, शक्ति कैसे ज्ञान को आकार देती है और ज्ञान कैसे शक्ति को बरकरार रखने का एक साधन बन जाता है। यह एक ऐसा आरोप है — अर्थात् सांख्यिकीविद् होने का आरोप, जिससे सिद्धांतविदों के लिए छुटकारा पाना बेहद कठिन प्रतीत होता है (स्ज़ैंटन, 2002)।

यह पूरी तरह से स्पष्ट है कि, IR मूल रूप से अमेरिकी अध्ययन का विषय था, जिसने अपने लक्ष्यों के अनुरूप दुनिया के दृष्टिकोण को आकर्षित किया। यह दुनिया के अन्य हिस्सों में सफलतापूर्वक फैल गया, लेकिन इस संदर्भ में सबसे महत्त्वपूर्ण सैद्धांतिक हस्तक्षेप बड़े पैमाने पर पश्चिम से उभरा। IR सिद्धांत में उत्तर-उपनिवेशवादी मोड़ ने इस गठबंधन पर सवाल उठाए। अमिताव आचार्य और बैरी बुज़ान, IR सिद्धांत की प्रमुख शाखाओं को सूचीबद्ध करके IR सिद्धांत के पश्चिमी प्रभुत्व को उजागर करते हैं। उनकी इस सूची में पारंपरिक यथार्थवाद, नव-यथार्थवाद, रणनीतिक अध्ययन, उदारवाद, नव-उदारवाद, मार्क्सवाद, अंग्रेज़ी विचारधारा, ऐतिहासिक समाजशास्त्र, आलोचनात्मक सिद्धांत, रचनात्मकता और उत्तर-आधुनिकतावाद शामिल हैं। इन सभी विचारधाराओं का उद्भव यूरोपीय इतिहास और संस्कृति से हुआ है। आचार्य और बुज़ान आगे जोर देते हैं कि, यदि पश्चिम के लिए इस तरह के सिद्धांतों की रचना करना एवं उन्हें सार्वभौमिक बनाना संभव था, तो ग़ैर-पश्चिम द्वारा भी इसी तरह के प्रयास किए जा सकते हैं। वे IR में पश्चिम के प्रभुत्व के संभावित कारणों को भी समझाते हैं। सबसे पहले, पश्चिम ने IR को समझने का सही तरीका

खोजा है। वे इस तर्क को निराधार पाते हैं। दूसरा, ग्राम्शी के विचारानुसार पश्चिमी IR सिद्धांत ने वर्चस्व की स्थिति हासिल की है। तीसरा, वे इस संभावना पर भी ध्यान देते हैं कि ग़ैर-पश्चिमी IR सिद्धांत का अस्तित्व मौजूद है, परंतु भाषाई बाधाओं अथवा पश्चिमी व्याख्यानों में प्रवेश से संबंधित बाधाओं के कारण वे अप्रकट रहते हैं। चौथा, स्थानीय परिस्थितियां IR सिद्धांत के निर्माण में पक्षपात को प्रोत्साहन दे सकती हैं। इसमें ऐतिहासिक, सांस्कृतिक, राजनीतिक और संस्थागत परिस्थितियां शामिल हैं, जिसके कारण अकादमिक परिवेश IR सिद्धांत के निर्माण के लिए अनुकूल नहीं हो सकता है। पांचवां, पश्चिमी सिद्धांतों को शुरुआती बढ़त मिलती है और विश्व द्वारा उसे ग्रहण किया जाता है। इन स्पष्टीकरणों में से प्रत्येक की जांच-पड़ताल हेतु आगे अन्वेषण किया जा सकता है कि, क्या वे जांच का सामना करने में सक्षम हैं अथवा नहीं। हालांकि, IR में पश्चिमी प्रभुत्व पर सवाल उठाने वाली इसी प्रकार की अन्य रचनाएं, 'ग़ैर-पश्चिमी' दृष्टिकोण से IR सिद्धांतों के निर्माण का आरंभिक अवसर प्रदान करती है (आचार्य और बुज़ान, 2010)।

अब इस बात की चेतना में वृद्धि हुई है कि IR सिद्धांत पश्चिम-केंद्रित नहीं रह सकता है, साथ ही मूल भाव एवं उद्देश्य की दृष्टि से यह यूरोप-केंद्रित नहीं रह सकता है। नायक और सेल्बिन ने कुछ ऐसे सवाल उठाए हैं, जिनका जवाब दिया जाना IR को लोकतांत्रिक बनाने के लिए अनिवार्य है। वे पूछते हैं कि, IR को पश्चिमी उद्भव से दूर करना कितना मुश्किल होगा, उनका पुनः अवलोकन किस प्रकार किया जाएगा जिन्हें प्राधिकारी मान लिया गया है, जो भौगोलिक दृष्टि से IR के सिद्धांत निर्माण में हाशिए पर हैं, वे विकेंद्रीकरण की परियोजना में किस प्रकार भाग लेंगे (नायक और सेल्बिन, 2010)। परियोजना पहले ही प्रगति पर है, जिसे जापान, चीन, भारत, अफ्रीका और लैटिन अमेरिका के कुछ हिस्सों से समर्थन मिला है। इसी तरह, मानवाधिकारों एवं वैश्वीकरण जैसे मुद्दों को भौगोलिक तौर पर पाश्चात्य जगत से बाहर के स्थानों की दृष्टि से देखा जा रहा है। पूरी दुनिया में इस नए ज्ञान को दर्शकों के लिए प्रासंगिक बनाने के संदर्भ में भी सवाल भी पूछे जा रहे हैं। समग्रतः इस कार्य में IR सिद्धांत के आधारभूत पहलुओं पर सवाल उठाना शामिल है, जिन्हें अभी तक निर्धारित माना जाता है।

18.5 वैश्विक दक्षिण के संदर्श

पश्चिमी IR सिद्धांत के यूरोप-केंद्रित होने की आलोचना करने के अलावा, इसी प्रकार के नाम से संदर्भित, अर्थात्, वैश्विक दक्षिण के विद्वान अपने हस्तक्षेप के साथ IR सिद्धांत की पुनः रचना करने या आकार देने के लिए आगे आए हैं, जो उनके अपने क्षेत्रों के लिए और इस प्रकार पूरे विश्व के लिए वास्तव में प्रासंगिक होगा। उदाहरण के लिए, भारत के विद्वान आचार्य ने तर्क दिया है कि, जवाहरलाल नेहरू के विचार एवं उनकी रचनाएं भारतीय IR सिद्धांत के निर्माण के लिए आधार तैयार कर सकते हैं। इसका निहितार्थ यह भी है कि, नेहरू की गुटनिरपेक्षता की नीति पर गंभीरता से विचार किया जाना चाहिए। हालांकि, एक दृष्टिकोण बताता है कि गुटनिरपेक्षता अप्रासंगिक है और अब विदेश नीति के साधन के रूप में उपयोगी नहीं है, खासकर जब से भारत की विदेश नीति ने संयुक्त राज्य के पक्ष में बदलाव किया है, इसके बावजूद विदेश नीति निर्माण में भारतीय स्वतंत्रता पर जोर देने के लिए अभी भी एक रणनीतिक साधन के तौर पर इसकी उपयोगिता कायम है। IR सिद्धांत के संदर्भ में भारतीय सोच नेहरू तक ही सीमित नहीं है। कौटिल्य, विवेकानंद और गांधी की रचनाओं पर नए सिरे से गंभीरतापूर्वक विचार करने के लिए तर्क दिए गए हैं। लैटिन अमेरिका की ओर से, आवश्यक उन्नतीकरण के साथ निर्भरता सिद्धांत के पुनरुत्थान का आह्वान किया गया है। अफ्रीका की ओर से, क्वामे एन्क्रूमाह, सेकोउ टौरे, जूलियस न्येरेरे, लियोपोल्ड सेंघोर और केनेथ कौंडा जैसे प्रमुख अफ्रीकी नेताओं के विचारों के साथ-साथ एनगुगी और अचेबे जैसे प्रमुख साहित्यकारों की रचनाओं पर ध्यान दिए जाने की बात को काफी दृढ़ता से प्रस्तुत किया गया है। उपरोक्त सभी को नए IR सिद्धांत के निर्माण हेतु आधार की तलाश करते हुए अपनी पहचान को पुनः प्राप्त करने के लिए आवेग के रूप में वर्गीकृत किया जा सकता है। अन्य हस्तक्षेप पारंपरिक IR सिद्धांत की धारणाओं को सीधे चुनौती देते हैं, जो वेस्टफेलियन प्रणाली पर आधारित हैं। इसका तात्पर्य वैश्विक दक्षिण में शामिल देशों के दृष्टिकोण से राज्य, संप्रभुता और शक्ति के मुद्दों को बाहर निकालना है। एक और परियोजना वैश्विक दक्षिण के देशों के बीच मतभेदों को उजागर करना है, क्योंकि वैश्विक दक्षिण को एक समान, अखंड मानना भी भ्रमात्मक है।

18.6 सतर्कता के संदर्भ में टिप्पणी

ज्ञान प्रणालियों के यूरोप-केंद्रीयतावाद को उजागर करने तथा स्थानीय इतिहास एवं ज्ञान को पुनर्प्राप्त करने की परियोजना के खिलाफ़ लगाए गए आरोपों में से एक यह है कि, यह पुनरुत्थानवाद का मार्ग प्रशस्त कर सकती है। पुनरुत्थानवाद, या पुरानी प्रथाओं के अनुसार पुन:प्रवर्तन, खतरनाक रूप से एक रूढ़िवादी अभ्यास हो सकता है। 'विदेशी' समझी जाने वाली ज्ञान प्रणालियों के प्रभाव की रोकथाम करने के रक्षात्मक प्रयास में, यह अन्ध-देशभक्ति और यहां तक कि प्रगतिविरोध की सीमा तक भी विस्तृत हो सकता है। यूरोप-केंद्रीयतावाद को हटाने के लिए उत्तर-उपनिवेशवादी अध्ययन का उद्देश्य, यूरोपीय या पश्चिमी उत्पत्ति वाले सभी ज्ञान को अस्वीकार कर संतुलन को दूसरी तरफ झुकाना नहीं है। वास्तव में, अधिकांश उत्तर-उपनिवेशवादी विद्वान स्वीकार करते हैं कि, ग़ैर-पश्चिम से ज्ञान पुनर्प्राप्त करते समय भी वे या तो यूरोपीय ढांचे का उपयोग करते हैं अथवा इससे संलग्न रहते हैं। यूरोप-केंद्रित ज्ञान को चुनौती देने का उद्देश्य दुनिया भर में उपलब्ध ज्ञान की विविधता के बीच समानता स्थापित करना है, ताकि इस तथ्य को सुदृढ़ किया जा सके कि जानकारी विभिन्न प्रक्षेप पथ पर चलती है। यह पूर्व और पश्चिम से निकलने वाले ज्ञान में अंतर्निहित पदानुक्रम को खत्म करने की कोशिश करता है। ऐसा करते हुए यह ज्ञान के दायरे का विस्तार करना चाहता है। कहा गया है कि, इस तरह के ज्ञान को पुनर्प्राप्त करने तथा पुनरुत्थानवाद के प्रति आकृष्ट होने के बीच एक बारीक रेखा है। इसलिए, विद्वानों को अपने उद्यम में ऐसी प्रवृत्तियों के खिलाफ़ सतर्क रहना चाहिए।

अंत में, ज्ञान के उपयोगकर्ता एवं सृजनकर्ता के तौर पर, रॉबर्ट कॉक्स के शब्दों को याद रखना जरूरी है कि, 'सिद्धांत हमेशा किसी व्यक्ति के लिए और किसी प्रयोजन के लिए निर्मित होता है।'

मॉडल प्रश्न

18.1 यूरोप-केंद्रीयतावाद से आप क्या समझते हैं?
18.2 हमारी सामाजिक विज्ञान शिक्षा प्रणाली में यूरोप-केंद्रीयतावाद किस प्रकार दिखाई देता है?
18.3 एडवर्ड सइद के प्राच्यवाद की अवधारणा पर चर्चा करें।
18.4 क्या प्राच्यवाद एक काल्पनिक रचना है अथवा इसका कोई भौतिक आधार है?
18.5 उत्तर-उपनिवेशवादी अध्ययन से आप क्या समझते हैं?
18.6 यूरोप-केंद्रीयतावाद की दीपेश चक्रवर्ती की आलोचना पर चर्चा करें।
18.7 IR सिद्धांत किस प्रकार यूरोप-केंद्रित और पश्चिमी बन गया?
18.8 क्या आपको लगता है कि ग़ैर-पश्चिमी IR सिद्धांत संभव हैं?
18.9 ग़ैर-पश्चिमी IR सिद्धांतों के निम्न स्तरीय विकास के कारण क्या हैं?
18.10 क्या उत्तर-उपनिवेशवादी अध्ययन पुनरुत्थानवाद का मार्ग प्रशस्त कर सकते हैं?

अनुशंसित साहित्य

Acharya, Amitav, and Barry Buzan. 2010. *Non-Western International Relations Theory: Perspectives in and beyond Asia.* London and New York: Routledge.

Chakrabarty, Dipesh. 2000. *Provincializing Europe: Postcolonial Thought and Historical Difference.* Princeton: Princeton University Press.

Foucault, Michel. 1980. *Power/Knowledge: Selected Interviews and Other Writings, 1972–1977.* New York: Pantheon Books.

Grovogui, Siba N. 2002. 'Postcolonial Criticism: International Reality and Modes of Inquiry'. In *Power, Postcolonialism and International Relations,* edited by Geeta Chowdhry and Sheila Nair. London and New York: Routledge.

Nayak, Meghana, and Eric Selbin. 2010. *Decentering International Relations.* London and New York: Zed Books.

Said, Edward. 1978. *Orientalism.* New York: Pantheon Books.

Szanton, David L. 2002. *The Politics of Knowledge: Area Studies and the Disciplines.* Berkeley: University of California.

भाग D

भारत की विदेश नीति एवं द्विपक्षीय संबंध

19

भारत की विदेश नीति एवं द्विपक्षीय संबंधों के मूल निर्धारक

मोहम्मद बदरुल आलम

अध्ययन के उद्देश्य

- भारत की विदेश नीति के बुनियादी सिद्धांतों का वर्णन करना
- भारत की विदेश नीति में निरंतरता एवं परिवर्तन के कारणों की व्याख्या करना
- वैश्वीकरण एवं शीत युद्ध के बाद के माहौल के परिप्रेक्ष्य में भारत की विदेश नीति के बदलते मापदंडों को स्पष्ट करना
- भारत की विदेश नीति की प्रकृति एवं कार्य पद्धति का मूल्यांकन करना

अध्याय सार

1947 में स्वतंत्रता प्राप्ति के बाद से भारत ने पूरे मनोयोग से एक ऐसी विदेश नीति को अंगीकृत करने का प्रयास किया है, जो कि इसके अपने राष्ट्रीय हितों और मामलों के शीर्ष पर मौजूद नेताओं द्वारा निर्धारित दृष्टिकोण के अनुरूप हो। तदनुसार, भारत गुट-निरपेक्ष आंदोलन (NAM) के संस्थापक सदस्यों में से एक बन गया और संयुक्त राष्ट्र की स्थापना में भी महत्त्वपूर्ण भूमिका निभाई। शीत युद्ध के दौरान, भारत ने सुविचारित तरीके से किसी भी महाशक्ति के गुट से संबद्ध नहीं होने की विदेश नीति का चयन किया और इसके बजाय अपनी ऊर्जा एवं समय को राष्ट्र निर्माण और राष्ट्रीय पुनर्निर्माण की दिशा में समर्पित किया। शीत युद्ध की समाप्ति ने, भारत के नेतृत्वकर्ताओं को अपनी विदेश नीति के अभिविन्यास में किसी प्रकार की अशांति उत्पन्न करने के बजाय व्यावहारिक राजनीति पर विचार करने हेतु प्रेरित किया, ताकि दुनिया के सभी प्रमुख देशों एवं क्षेत्रीय निकायों के साथ अपने राजनयिक और आर्थिक संबंधों को विकसित और मज़बूत किया जा सके। 21वीं सदी में, भारत ने लाभ के दृष्टिकोण से दुनिया के अन्य देशों के साथ अपने संबंधों को सुदृढ़ किया है। संयुक्त राज्य के साथ, भारत लगातार आर्थिक, रक्षा और IT क्षेत्रों में चौतरफा लाभ हेतु साझेदारी के लिए काम कर रहा है। 2 मार्च, 2006 को भारत-संयुक्त राज्य

असैन्य परमाणु संधि पर हस्ताक्षर, इस दिशा में एक प्रमुख संकेतक है। रूस के साथ, जो पूर्व सोवियत संघ के वर्षों के दौरान प्रमुख रक्षा भागीदार रहा है, भारत ने विभिन्न मोर्चों पर महत्त्वपूर्ण रणनीतिक एवं आर्थिक समझौते किए हैं। 1962 में चीन ने भारत के साथ एक बड़ा युद्ध लड़ा था, लेकिन इसके बावजूद दोनों देशों ने एक-दूसरे का आदर करते हुए व्यापार एवं वाणिज्य को नए मुकाम तक पहुंचाने की दिशा में प्रयास जारी रखा है। इसी तरह, भारत राष्ट्रमंडल राष्ट्रों के एक महत्त्वपूर्ण सदस्य होने के नाते ग्रेट ब्रिटेन और यूरोपीय संघ (EU) के अन्य देशों के साथ सांस्कृतिक एवं आर्थिक संबंधों के क्षेत्रों के विस्तार हेतु निरंतर प्रयत्नशील है। यूरोपीय संघ में रहने वाले प्रवासी भारतीय समुदाय ने उस पुल का काम किया है, जिसके माध्यम से दोनों पक्षों ने निकट भागीदारी को आगे बढ़ाया है। वर्तमान में यूरोपीय संघ के दो प्रमुख देशों, फ्रांस और जर्मनी ने भारत की सख़्त एवं अनुनेय शक्ति की स्थिति के महत्त्व को पहचाना है, और तदनुसार बड़ी संख्या में भारत-केंद्रित पहलों की शुरुआत की है। पश्चिम एशिया, विशेष रूप से सऊदी अरब, UAE और इज़राइल के साथ भारत का संबंध मज़बूत और स्थिर रहा है। भारत और इज़राइल के बीच द्विपक्षीय संबंधों के विभिन्न पहलुओं पर नए समीकरण के साथ इन संबंधों को एक नई दिशा मिली है। ऐतिहासिक रूप से, अफ्रीका, लैटिन अमेरिका और पश्चिम एशिया के देशों के साथ भारत के काफी निकट संबंध रहे हैं, क्योंकि इन क्षेत्रों के देश भी विउपनिवेशीकरण एवं राष्ट्र निर्माण की प्रक्रिया से गुजर चुके हैं। पश्चिम एशिया के देशों के साथ व्यापार और वाणिज्य में मात्रा में वृद्धि के अलावा, भारत, अपनी अरब-अनुकूल विदेश नीति के बावजूद, इज़राइल के साथ अपने संबंधों का अन्वेषण करने और विस्तार करने हेतु प्रयासरत है। इसी प्रकार, अफ्रीकी महाद्वीप के देशों के साथ भी भारत के घनिष्ठ संबंध हैं। दक्षिण एशिया में, भारत क्षेत्रीय देशों के दक्षिण एशियाई संघ (SAARC) और दक्षिण एशियाई मुक्त व्यापार क्षेत्र (SAFTA) का एक सक्रिय सदस्य है। सैन्य और असैन्य स्तर पर विभिन्न विश्वास निर्माण उपायों (CBMs) के अलावा, भारत ने विभिन्न तरीकों से इस क्षेत्र के सभी देशों के साथ मित्रता एवं सहयोग का हाथ बढ़ाया है।

19.1 भारत की विदेश नीति के मूल निर्धारक

1947 में तत्कालीन ब्रिटिश औपनिवेशिक शासन से भारत की स्वतंत्रता के साथ, विदेश नीति तैयार करने के अत्यंत दुष्कर कार्य की जिम्मेदारी प्रथम प्रधानमंत्री, भारतीय राष्ट्रीय कांग्रेस पार्टी के पंडित जवाहर लाल नेहरू के कंधों पर आन पड़ी। नेहरू ने उपनिवेशवाद-विरोधी एवं जातिवाद-विरोधी नीति का पालन किया, और यह बात डच से आज़ादी के लिए इंडोनेशियाई संघर्ष तथा दक्षिण अफ्रीका में रंगभेद पर आधारित नस्लीय शासन-व्यवस्था के उन्मूलन के लिए भारत के समर्थन में परिलक्षित हुई। भारत ने संयुक्त राष्ट्र (UN) में साम्यवादी चीन को शामिल किए जाने का भी समर्थन किया। वैचारिक और आत्म-संरक्षण के इन्हीं कारणों के चलते, तथा एक नव स्वतंत्र राज्य के तौर पर अपनी विशिष्ट पहचान को बरकरार रखने की कोशिश में, नेहरू ने तटस्थता की नीति को अपनाया। द्वितीय विश्व युद्ध के बाद दुनिया द्विध्रुवीय थी, जो दो प्रतिस्पर्धी और प्रतिद्वंद्वी गुटों के बीच विभाजित थी, और इन अंतर्राष्ट्रीय परिस्थितियों में भारत ने एक समन्वयक के रूप में कार्य किया, जिसके अंतर्गत संयुक्त राष्ट्र शांति-स्थापन कार्यों के संचालन में सक्रिय भागीदारी तथा कोरियाई युद्ध की समाप्ति पर संयुक्त राज्य और चीन के बीच कैदियों के आदान-प्रदान के लिए एक वार्ताकार की भूमिका निभाना शामिल हैं। बड़े परिदृश्य में, भारत ने उत्तरी अटलांटिक संधि संगठन (NATO) और वारसॉ संधि के प्रतिद्वंद्वी सैन्य गुटों से दूर रहते हुए, अपने राष्ट्रीय हितों के अनुरूप गुट-निरपेक्षता की नीति को अपनाया।

1950 और 1960 के दशक के आरंभ में, नेहरूवादी युग के दौरान भारत ने सार्वजनिक क्षेत्रों पर बल देते हुए एक योजनाबद्ध और विनियमित आर्थिक प्रणाली का पालन किया। इस संबंध में, भारी उद्योगों को सोवियत संघ, संयुक्त राज्य और अन्य पश्चिमी देशों से काफी समर्थन मिला। हालांकि, कृषि निजी क्षेत्र के हाथों में बनी रही। 1950 से 1980 के दशक तक मिश्रित अर्थव्यवस्था की नीति का GDP की दर पर मिश्रित प्रभाव पड़ा, क्योंकि इसकी वृद्धि दर 2 प्रतिशत के निम्नतम स्तर पर थी। हालांकि, 1970 के दशक में, कृषि क्षेत्र में भारत ने बेहतर प्रौद्योगिकियों के कारण पर्याप्त अनाज का उत्पादन किया तथा खाद्य घाटे वाले देश से भारत एक अधिशेष खाद्यान्न उत्पादक देश में परिणत हो गया, जिसका श्रेय हरित क्रांति को जाता है।

भूगोल, लंबी तटरेखा, भाषा, धर्म, आबादी, जातियों एवं बहु-जातीय संरचना के संदर्भ में भारत की विविधता और आकार को ध्यान में रखते हुए, नेहरू तथा भारत के संविधान निर्माताओं ने धर्मनिरपेक्ष एवं लोकतांत्रिक राजनीति की नीति का अनुसरण किया। नेहरू एवं उनके उत्तराधिकारियों ने भारत के साथ दुनिया के अन्य देशों के साथ सौहार्दपूर्ण संबंध को बरकरार रखने के लिए इस नीति का अनुपालन किया।

हालांकि, भारत ने चीन और पाकिस्तान सहित अपने सभी पड़ोसी देशों की ओर मित्रता का हाथ बढ़ाया, लेकिन इसके बावजूद भारत को कई युद्धों का सामना करना पड़ा। 1962 में, भारत और चीन ने हिमालय में सीमा विवाद की कड़वाहट के कारण युद्ध किया, जिसने अपनी सैन्य तैयारी में भारत की अरक्षितता को उजागर किया। इसी प्रकार, पाकिस्तान के साथ 1948, 1965 और 1971 में तीन प्रमुख युद्धों के साथ-साथ 1999 में कारगिल पर सीमित युद्ध ने दोनों देशों के बीच शत्रुता को और बढ़ा दिया।

शीत युद्ध के दौरान (1945–90), भारत ने दुनिया के प्रमुख देशों के साथ मित्रता की। 1960 के दशक में संयुक्त राज्य में केनेडी और जॉनसन कार्यकाल में, भारत ने PL-480 योजना के तहत उदारतापूर्ण आर्थिक प्रोत्साहन पैकेज के साथ-साथ 1962 के चीन-भारत युद्ध के दौरान अमेरिकी सैन्य एवं राजनयिक समर्थन मांगा और प्राप्त किया। सोवियत संघ के साथ, भारत ने अगस्त 1971 में शांति, मैत्री एवं सहयोग की संधि पर हस्ताक्षर किए। भारत ने सोवियत संघ से भी पर्याप्त आर्थिक और सैन्य सहायता प्राप्त की। अपने दक्षिण एशियाई पड़ोसियों, विशेष रूप से पाकिस्तान, नेपाल, बांग्लादेश और श्रीलंका के साथ, भारत ने सद्भावना और समझ के संकेत के रूप में विभिन्न द्विपक्षीय समझौते पर हस्ताक्षर किए।

1990 के दशक में, शीत युद्ध के समापन के साथ ही द्विध्रुवीय विश्व राजनीतिक व्यवस्था का भी पतन हो गया। लगभग उसी अवधि में, भारत गंभीर आर्थिक समस्याओं से गुजर रहा था। पी. वी. नरसिम्हा राव के नेतृत्व में, भारत ने आर्थिक उदारीकरण की व्यावहारिक नीति का चयन किया और तदनुसार घरेलू एवं अंतर्राष्ट्रीय वास्तविकताओं को ध्यान में रखते हुए अपनी विदेश नीति को समायोजित किया।

1998 में भारत के परमाणु हथियार संपन्न देश बनने तथा उच्च विकास दर के साथ भारतीय अर्थव्यवस्था की प्रकृति के बाद से विश्व की प्रमुख शक्तियों ने भारत को गंभीरता से लेना प्रारंभ कर दिया है। भारत ने अपनी ओर से अधिक बाज़ार के अवसर पैदा करते हुए वचनबद्धता की नीति का अनुसरण किया है और सूचना प्रौद्योगिकी के क्षेत्र में एक विश्व महाशक्ति के रूप में उभरा है। रणनीतिक मोर्चे पर, 11 सितंबर, 2001 के बाद पर्यावरण के मुद्दों एवं आतंकवाद के खिलाफ़ युद्ध के संदर्भ में भारत के आतंकवाद विरोधी रवैये की सार्वभौमिक प्रशंसा की गई है। हालांकि, घरेलू स्तर पर कश्मीर का मुद्दा परेशानी का सबब बन चुका है, इसके बावजूद सैन्य एवं असैन्य क्षेत्रों में सार्थक विश्वास निर्माण उपायों (CBMs) की शुरुआत करते हुए भारत और पाकिस्तान के बीच कुछ ठोस गतिविधियों की दिशा में कदम बढ़ाए गए हैं।

19.2 भारत की गुट-निरपेक्षता की नीति

गुट-निरपेक्ष आंदोलन ने 1954 में कोलंबो, श्रीलंका में आकार ग्रहण किया, जहां भारतीय प्रधानमंत्री जवाहरलाल नेहरू ने पंचशील के सिद्धांत को तैयार करने में चीनी प्रधानमंत्री झोउ एनलाई के शब्दों को प्रतिध्वनित किया।

पंचशील के पांच सिद्धांत इस प्रकार थे:

1. पारस्परिक ग़ैर-आक्रामकता
2. एक-दूसरे की क्षेत्रीय अखंडता और संप्रभुता के लिए पारस्परिक सम्मान
3. घरेलू मामलों में पारस्परिक ग़ैर-हस्तक्षेप
4. समानता और पारस्परिक लाभ
5. शांतिपूर्ण सह–अस्तित्व

गुट-निरपेक्षता की नेहरू की अवधारणा का मिस्र के जमाल अब्दुल नासेर, युगोस्लाविया के मार्शल टीटो, घाना के एन्क्रूमाह और इंडोनेशिया के सुकर्णो जैसे कई विश्व के नेताओं ने स्वागत किया। शीत युद्ध के दौरान, जब संयुक्त राज्य और USSR दोनों विश्व प्रभुत्व के लिए प्रतिस्पर्धा कर रहे थे तथा प्रभाव के अपने संबंधित क्षेत्रों को बढ़ा रहे थे, उस समय दीर्घकालिक औपनिवेशिक शासन से हाल ही में स्वतंत्र होने वाले देशों के इन नेताओं ने किसी भी गुट या गठबंधन के साथ संबद्ध नहीं होने की नीति का चयन किया। 1950 से लेकर 1990 तक, भारत ने तीसरे विश्व और अन्य विकासशील देशों के मार्गदर्शक के तौर पर संयुक्त राष्ट्र एवं गुट-निरपेक्ष आंदोलन (NAM) के प्रति अपने दायित्वों के साथ अपना एक अलग मुकाम बनाया। 1990 के दशक के आरंभ में, शीत युद्ध के अंत ने NAM के लिए बाधाएं पैदा की क्योंकि कुछ सदस्य देश रणनीति और दीर्घकालिक व्यवहार्यता के संदर्भ में NAM के भविष्य की दिशा के प्रति बिल्कुल भी आश्वस्त नहीं थे।

गुट-निरपेक्षता के आलोचकों का तर्क है कि, समूह ने क्यूबा जैसे देशों को भी शामिल किया, जो खुलेआम सोवियत संघ के साथ संबद्ध था। नेहरू को भी राष्ट्रीय हितों को सुरक्षित रखने में अति आदर्शवादी तथा यथार्थवाद से रहित व्यावहारिक राजनीति का दोषी ठहराया गया था।

19.3 एक उभरती हुई शक्ति के रूप में भारत

1 बिलियन से अधिक की आबादी और अंतर्राष्ट्रीय संबंधों में बढ़ते प्रभाव के साथ, भारत अब उभरती हुई शक्तियों की श्रेणी में शामिल हो गया है। 21वीं सदी में भारत की विदेश नीति निम्नलिखित कारकों से प्रेरित है:

1. **आर्थिक विकास।** दशकों से, भारतीय GDP की वृद्धि दर 2 से 3 प्रतिशत के बीच थी। हालांकि, 1991 में आर्थिक उदारीकरण की नीति के साथ वैश्वीकृत जगत में भारत के प्रवेश के बाद, आज भारत की विकास दर 9.5 प्रतिशत है। पश्चिम एशिया, रूस, यूरोपीय संघ, लैटिन अमेरिका और संयुक्त राज्य में अपने पारंपरिक मित्रों के अलावा, भारत ने पूर्वी एशिया और दक्षिण-पूर्व एशिया में विशाल व्यापार क्षमता का लाभ उठाने के लिए 'लुक ईस्ट' की नीति अपनाई है। दक्षिण पूर्व एशियाई राष्ट्र संघ (ASEAN) और दक्षिण एशियाई क्षेत्रीय सहयोग संगठन (SAARC) देशों के साथ भारत की भागीदारी, व्यापक बाज़ार के साथ प्रगतिशील लाभ के अवसर प्रदान करती है।
2. **ऊर्जा सुरक्षा।** भारत द्वारा 70 प्रतिशत तेल और 50 प्रतिशत गैस आयात किए जाने को ध्यान में रखते हुए, भारतीय जनता ऊर्जा के वैकल्पिक स्रोतों की आवश्यकता को स्वीकृति दे रही है तथा पर्यावरण संबंधी चिंताओं के प्रति अधिक सजग है। साथ ही, भारत ईरान-पाकिस्तान-भारत पाइपलाइन बिछाए जाने पर भी विचार कर रहा है, क्योंकि इससे ऊर्जा संसाधनों तक विश्वसनीय पहुंच सुनिश्चित होगी। इसके अलावा, जुलाई 2005 के भारत-संयुक्त राज्य असैन्य परमाणु समझौते के तहत, भारत के असैन्य रिएक्टर बड़े पैमाने पर प्रगति के लिए तैयार हैं तथा विभिन्न आकलनों के अनुसार, वर्ष 2020 तक भारत की ऊर्जा आवश्यकताओं में परमाणु ऊर्जा का योगदान लगभग 15 प्रतिशत होगा।
3. **परमाणु क्षमता।** 1998 के पोखरण-II परीक्षण विस्फोट के उपरांत, अनुमानित तौर पर 150–200 परमाणु हथियारों की मौजूदगी के साथ भारत को परमाणु शस्त्र संपन्न राज्य घोषित किया गया। भारत के परमाणु सिद्धांत में 'विश्वसनीय, भूमि-, हवा- और समुद्र-आधारित क्षमताओं के माध्यम से न्यूनतम निवारक' की परिकल्पना की गई है, जिसके आधार पर भारत ने 'पहले उपयोग नहीं करने' तथा 'भावी परीक्षणों पर स्वैच्छिक अधिस्थगन' की नीति का चयन किया है। 1999 के कारगिल संघर्ष के बाद से, भारत और पाकिस्तान ने दोनों देशों के बीच तनाव को कम करने के उद्देश्य से सैन्य और असैन्य स्तरों पर सार्थक CBMs श्रृंखला की शुरुआत की है।
4. **भारतीय लोकतांत्रिक परंपरा की अनुनेयता।** विशाल आबादी, घोर ग़रीबी तथा भारत के 20 भाषा समूहों, 50,000 जातियों और 500,000 गांवों की अलग-अलग जरूरतों के बावजूद, भारत ने धर्मनिरपेक्ष एवं बहुसांस्कृतिक प्रकृति को बनाए रखकर देश के विकास में मौजूद बाधाओं को दूर किया है, जिसे स्वाधीन एवं उन्मुक्त प्रेस और एक जीवंत मीडिया, स्वतंत्र न्यायपालिका, नियमित रूप से निर्धारित चुनाव तथा प्रतिस्पर्धी राजनीतिक दलों द्वारा समर्थन दिया गया है।

सहिष्णुता और बहुलवाद की भारतीय विरासत, इसकी शानदार विविधता और सामाजिक सद्भाव, राजनीतिक समायोजन एवं संघर्ष प्रबंधन के प्रति झुकाव में अंतर्निहित है।

5. **एक नम्र शक्ति के रूप में भारत।** कठोर शक्तियों के विपरीत परमाणु प्रतिरोध, सैन्य आधुनिकीकरण और मज़बूत आर्थिक विकास के मामले में भारत ने उत्कृष्टता हासिल की है, तथा एक नम्र शक्ति के रूप में भारत के प्रभाव ने पूरी दुनिया की आबादी के मूल्यों, मान्यताओं और दृष्टिकोण को आकार देने में बड़े पैमाने पर सहायता की है।

फिर भी, उभरती हुई शक्ति के भारत के दावे के समक्ष चुनौतियां यथावत हैं। भारत की आज़ादी के 60 वर्षों के बाद भी भारतीय जनसंख्या का कुल 26 प्रतिशत ग़रीबी रेखा से नीचे है। एक सार्वभौमिक ख़तरे के रूप में ग़रीबी मानव की गरिमा को कम करती है, जिससे प्रत्यक्ष तौर पर मुक़ाबला करना आवश्यक है। भारत में 5 साल से कम उम्र के लगभग 45 प्रतिशत बच्चे कुपोषण से पीड़ित हैं। मानव विकास सूचकांक (HDI) में भारत 126/177 स्थान पर है, जिसके लिए पर्याप्त सुधार की ज़रूरत है। साक्षरता के संदर्भ में प्रदर्शन 1947 के बाद से अधिक प्रभावशाली रहा है, फिर भी 15 प्रतिशत पुरुष और 48 प्रतिशत महिलाएं अशिक्षित हैं। देश को नक्सलवाद के रूप में चरमपंथ के संकट का भी सामना करना पड़ता है, जिससे निपटने के लिए सुदृढ़ रणनीति की आवश्यकता है।

19.4 भारत और संयुक्त राज्य

भारत और संयुक्त राज्य सुव्यवस्थित लोकतंत्र हैं—जिनमें से एक दुनिया का सबसे बड़ा तो दूसरा दुनिया का सबसे पुराना लोकतंत्र है। संयुक्त राज्य के दृष्टिकोण से, द्वितीय विश्व युद्ध के बाद भारत में एक नए लोकतांत्रिक शासन-व्यवस्था के उदय को एशिया में सोवियत प्रभाव को नियंत्रित करने के लिए रणनीतिक सहयोगी के रूप में देखा गया। फिर भी, भारत ने संयुक्त राज्य के सहयोगी होने से इनकार कर दिया। दोनों विश्व युद्धों के दौरान यूनाइटेड किंग्डम के एक सशक्त सहयोगी के तौर पर, औपनिवेशिक भारत के प्रति संयुक्त राज्य की नीति उभयभावी थी। एफ. डी. रूजवेल्ट और ट्रूमैन ने भारतीय आज़ादी के विषय पर अपेक्षाकृत कम ध्यान दिया और भारत को स्वतंत्रता देने के लिए द्वितीय विश्व युद्ध के दौरान ब्रिटिश प्रधानमंत्रियों चर्चिल या एटली पर दबाव नहीं डाला। द्वितीय विश्व युद्ध के परिणामस्वरूप, जब दुनिया की अग्रणी आर्थिक एवं सैन्य महाशक्ति तौर पर संयुक्त राज्य का प्रादुर्भाव हुआ, तब संयुक्त राज्य के लिए भारत, प्रचुर मात्रा में कच्चे माल के साथ संपन्न और एक आकर्षक संभावित व्यापारिक भागीदार के रूप में उभरा।

1960 के दशक में, जवाहरलाल नेहरू के ऊर्जस्वी नेतृत्व के अधीन भारत को जॉन एफ. कैनेडी से काफी उम्मीदें एवं आशाएं थी। अंतर्राष्ट्रीय संबंधों के बदलते परिदृश्य ने भारत और संयुक्त राज्य, दोनों को उपयोगी भूमिका निभाने की अनुमति दी। केनेडी ने साम्यवादी दिग्गजों, चीनी जनवादी गणराज्य (PRC) और सोवियत संघ, दोनों के प्रभाव को नियंत्रित करने में भारत की भूमिका को समझा।

हालांकि, भारत और संयुक्त राज्य दोनों ने सभी रूपों में उपनिवेशवाद से घृणा की, फिर भी अंतर्राष्ट्रीय मामलों में उनकी अलग-अलग भूमिकाओं ने दोनों देशों को इस मुद्दे को अलग-अलग दृष्टिकोण से देखने के लिए निर्देशित किया। संयुक्त राज्य के लिए, विशेष रूप से द्वितीय विश्व युद्ध के बाद, सोवियत संघ और चीन का विश्व की प्रमुख शक्तियों के तौर पर उभरना विशेष चिंता का विषय था। इसके चलते, आधिकारिक तौर पर उपनिवेशवाद के प्रति संयुक्त राज्य के विरोध की घोषणा के बावजूद, कई मामलों में इसने साम्यवाद के खिलाफ़ अपने अभियान में यूनाइटेड किंग्डम, फ्रांस और पुर्तगाल जैसे कुछ यूरोपीय सहयोगियों का समर्थन किया। भारत की ओर से, गुट-निरपेक्षता के साथ-साथ उपनिवेशवाद का विरोध इसकी आधिकारिक नीति रही है, क्योंकि इसे 1947 में आज़ादी मिली थी। भारत ने लगातार स्वभाग्यनिर्णय और विउपनिवेशीकरण के पक्ष में मतदान किया था।

1970–71 के बांग्लादेश संकट के दौरान, 1970 के दशक में प्रधानमंत्री इंदिरा गांधी और राष्ट्रपति रिचर्ड निक्सन के बीच विचारों एवं नीति उन्मुखता में भिन्नता तथा पाकिस्तान के प्रति लगाव के कारण भारत-संयुक्त राज्य संबंधों में गिरावट देखी गई, तो दूसरी ओर 1980 और 1990 के दशक में द्विपक्षीय संबंधों को उच्च स्तर पर ले जाने के प्रयासों के कारण दोनों देशों के बीच के संबंधों में एक बड़ा मोड़ आया। विशेष रूप से, राष्ट्रपति बिल क्लिंटन की दक्षिण-एशिया नीति में भारत के प्रति विशेष मैत्रीभाव का समावेश था।

प्रधानमंत्री डॉ. मनमोहन सिंह और राष्ट्रपति जॉर्ज डब्ल्यू. बुश के बीच 2006 में नई दिल्ली तथा 2005 वाशिंगटन डीसी में शिखर बैठकों ने भारत-संयुक्त राज्य संबंधों में गहन परिवर्तन तथा दोनों देशों के बीच वैश्विक, रणनीतिक साझेदारी की स्थापना का संकेत दिया गया। दुनिया के सबसे महान लोकतंत्रों के नेताओं ने दुनिया भर में स्थिरता, लोकतंत्र, क़ानून का शासन, मानव स्वतंत्रता, समृद्धि और शांति को बढ़ावा देने का वचन दिया।

दिसंबर 2004 में दक्षिण और दक्षिण-पूर्व एशिया में आए विनाशकारी सुनामी भूकंप ने भारतीय एवं अमेरिकी नौसेना और तटरक्षक बल को खोज, बचाव व पुनर्निर्माण के प्रयासों में कदम-से-कदम मिलाकर काम करने का अवसर प्रदान किया। रणनीतिक भागीदारी में अगले कदम (NSSP) की प्रक्रिया को पहली बार जनवरी 2004 में आरंभ किया गया, जिसने संवेदनशील वस्तुओं और प्रौद्योगिकी के भारतीय आयात के लिए अमेरिकी लाइसेंसिंग व्यवस्था प्रदान की, जिससे दोनों देशों के बीच उच्च तकनीक व्यापार में काफ़ी वृद्धि हुई। भारत और संयुक्त राज्य के बीच एक ओपन स्काई समझौते के सफल समापन ने द्विपक्षीय संबंधों को अधिक गतिशीलता प्रदान की है। अधिक हवाई सेवाओं के संदर्भ में दोनों देशों के बीच बढ़ी संयोजकता ने कारोबार, पर्यटन और व्यापार में वृद्धि की है और दोनों देशों के बीच विभिन्न प्रकार के मुद्दों पर सहयोग के दायरे का विस्तार किया है।

रक्षा संबंधों के नए मानदंडों के अंतर्गत विभिन्न रक्षा प्रौद्योगिकियों में सहयोग, संयुक्त व समेकित युद्धाभ्यास एवं आदान-प्रदान की निरंतरता, रक्षा व्यापार का विस्तार, प्रौद्योगिकी हस्तांतरण के अवसरों में वृद्धि, सहकार्यता, सह उत्पादन और R&D शामिल हैं। दोनों देशों की सशस्त्र सेनाओं ने सभी सेवाओं की अंतःक्रियाशीलता को बढ़ाने के उद्देश्य से कई संयुक्त सैन्य अभ्यास किए हैं। मार्च 2006 में राष्ट्रपति बुश की भारत यात्रा के दौरान, सामुद्रिक अधिकार-क्षेत्र में सुरक्षा बढ़ाने, समुद्र में समुद्री डकैती एवं अन्य अंतर्राष्ट्रीय अपराधों को रोकने, खोज एवं बचाव अभियानों का संचालन करने, सामुद्रिक प्रदूषण का मुकाबला करने, प्राकृतिक आपदाओं के प्रति उत्तरदायी होने, उभरते खतरों को संबोधित करने तथा पूरी तरह से रसद समर्थन सहित सहयोगात्मक क्षमताओं को बढ़ाने के उद्देश्य से दोनों देश सामुद्रिक सहयोग ढांचे के निर्णय हुए सहमत हुए। संयुक्त राज्य और भारत के लिए, यह समझौता हिंद महासागर और आस-पास के समुद्रों के सील लेन को सुरक्षित करने की दृष्टि से बेहद महत्त्वपूर्ण था।

आर्थिक संबंधों के संदर्भ में, भारत-संयुक्त राज्य द्विपक्षीय व्यापार 2001 में US$13.49 बिलियन से बढ़कर 2006 में US$31.917 बिलियन हो गया। भारत के प्रमुख निर्यात उत्पादों में रत्न एवं आभूषण, कपड़ा, जैविक रसायन और इंजीनियरिंग सामान शामिल हैं। संयुक्त राज्य से आयात किए जाने वाले मुख्य उत्पादों में मशीनरी, बहुमूल्य पत्थर एवं धातुएं, जैविक रसायन, ऑप्टिकल एवं चिकित्सा उपकरण, वायुयान एवं विमानन मशीनरी शामिल हैं। संयुक्त राज्य भारत में सबसे बड़े विदेशी प्रत्यक्ष निवेशकों में से एक है। संयुक्त राज्य विदेशों में भारतीय निवेश का सबसे महत्त्वपूर्ण इष्ट प्रदेश भी है। 1996 से 2006 के बीच, भारतीय कंपनियों ने संयुक्त राज्य में मुख्य रूप से विनिर्माण एवं ग़ैर-वित्तीय सेवाओं में US$2619.1 मिलियन का निवेश किया। आर्थिक क्षेत्र में वार्ता के अंतर्गत जैव प्रौद्योगिकी और सूचना प्रौद्योगिकी के दो वृहत विषय शामिल हैं। सूचना और संचार प्रौद्योगिकी (ICT) कार्य दल बनाने के लिए IT विषय का विस्तार किया गया है।

भारत और संयुक्त राज्य के बीच विज्ञान एवं प्रौद्योगिकी (S&T) समझौता दोनों देशों के S&T समुदायों के बीच S&T सहयोग प्रदान करता है। यह समझौता बुनियादी विज्ञान, अंतरिक्ष, ऊर्जा, नैनो टेक्नोलॉजी, स्वास्थ्य और IT जैसे क्षेत्रों में सहयोग के अवसर प्रदान करता है। यह समझौता बौद्धिक संपदा अधिकार (IPR) प्रोटोकॉल के साथ-साथ सक्रिय सहयोगात्मक अनुसंधान के लिए आवश्यक अन्य प्रावधानों को भी स्थापित करता है। भारत और संयुक्त राज्य अंतरिक्ष सहयोग में साझा गतिविधियों के विस्तार पर भी सहमत हुए हैं, जिसके अंतर्गत अंतरिक्ष में नेविगेशन तथा वाणिज्यिक अंतरिक्ष के क्षेत्र में सहयोग शामिल हैं। असैन्य अंतरिक्ष सहयोग पर एक संयुक्त राज्य-भारत साझा कार्य दल का गठन किया गया है, जो संयुक्त गतिविधियों पर चर्चा करता है। 2006 में राष्ट्रपति बुश की भारत यात्रा के दौरान, दोनों देशों के नेताओं ने द्विराष्ट्रीय विज्ञान एवं प्रौद्योगिकी आयोग के गठन की घोषणा की जो दोनों सरकारों द्वारा सह वित्त-पोषित था।

एक नम्र शक्ति के रूप में उभरते भारत के साथ, दोनों देशों के बीच सांस्कृतिक संबंध मुख्यधारा के अमेरिकी समाज के अधिक लोकप्रिय स्तर तक पहुंच गए हैं। भारत के छात्र अमेरिकी विश्वविद्यालयों एवं उच्च शिक्षण संस्थानों में बड़ी संख्या में नामांकन कराते

हैं। इसी तरह, संयुक्त राज्य में रहने वाले प्रवासी भारतीय समुदाय के लोग भी, अपने उच्च शैक्षणिक प्रोफ़ाइल, आर्थिक समृद्धि तथा राजनीतिक भागीदारी के कारण स्वयं को आदर्श अल्पसंख्यक के तौर पर प्रस्तुत करने में बेहद सक्रिय एवं दृश्यमान रहे हैं।

वर्ष 2008 में भारत और संयुक्त राज्य के बीच के संबंधों में महत्त्वपूर्ण मोड़ आया। जुलाई 2005 में भारतीय प्रधानमंत्री डॉ. मनमोहन सिंह की वाशिंगटन यात्रा के दौरान भारत और संयुक्त राज्य के बीच विवादास्पद असैन्य परमाणु समझौते पर हस्ताक्षर किए गए, तथा इस दिशा में आगे बढ़ने के लिए अमेरिकी कांग्रेस का अनुमोदन प्राप्त किया। दोनों पक्षों की ओर से गहन बातचीत ने समझौते को जन्म दिया, जिसे 123 समझौते के नाम से जाना जाता है। इस ऐतिहासिक संधि के तहत, भारत अंतर्राष्ट्रीय परमाणु ऊर्जा एजेंसी (IAEA) के सुरक्षा उपायों के अनुसार अपने असैन्य परमाणु कार्यक्रम का पालन करेगा, परमाणु अप्रसार कार्यक्रमों का समर्थन करेगा, परमाणु से संबंधित सामग्रियों के निर्यात को रोकने के लिए काम करेगा तथा परमाणु हथियार परीक्षण पर आत्मारोपित प्रतिबंध का पालन करेगा। बदले में, संयुक्त राज्य अनिवार्य रूप से भारत को परमाणु हथियार संपन्न राज्य के रूप में मान्यता देगा; इस प्रकार, एक उन्नत एवं सशक्त असैन्य परमाणु ऊर्जा कार्यक्रम बनाने में मदद के लिए, निर्बाध परमाणु ईंधन की आपूर्ति और प्राकृतिक यूरेनियम के आयात पर सहमति बनी है। भारत ने परमाणु अप्रसार संधि (NPT) पर हस्ताक्षर नहीं किए हैं, परंतु इसके बावजूद संयुक्त राज्य ने देश की ऊर्जा सुरक्षा आवश्यकताओं को पूरा करने का प्रस्ताव दिया है। भारत और संयुक्त राज्य व्यक्तिगत स्वतंत्रता, न्याय, क़ानून के शासन एवं लोकतंत्र के प्रति सम्मान सहित साझा मूल्यों के आधार पर कई क्षेत्रों में मज़बूत और व्यवहार्य साझेदारी के गठन के लिए प्रतिबद्ध हैं।

साझा लोकतांत्रिक मूल्यों तथा द्विपक्षीय, क्षेत्रीय एवं वैश्विक मुद्दों पर हितों के बढ़ते अभिसरण के आधार पर भारत-संयुक्त राज्य द्विपक्षीय संबंधों का विकास 'वैश्विक रणनीतिक साझेदारी' के तौर पर हुआ है। भारत में सरकार द्वारा विकास एवं सुशासन को दिए गए अत्यधिक महत्त्व ने द्विपक्षीय संबंधों को पुनर्जीवित करने तथा—आदर्श वाक्य 'चलें साथ-साथ': 'हम साथ-साथ प्रगति करें' तथा 'सांझा प्रयास, सबका विकास' (साझा प्रयास, सभी के लिए प्रगति) के तहत सहयोग बढ़ाने के अवसर पैदा किए हैं। इन आदर्श वाक्यों को क्रमशः सितंबर 2014 और जनवरी 2015 में हमारे नेताओं के शिखर सम्मेलन के दौरान अपनाया गया। जून 2016 में शिखर सम्मेलन के संयुक्त वक्तव्य में भारत-संयुक्त राज्य संबंध को '21वीं सदी में चिरस्थायी वैश्विक भागीदार' कहा गया था।

दोनों देशों के बीच नियमित उच्चस्तरीय राजनीतिक यात्राओं ने द्विपक्षीय सहयोग को अनवरत गतिशीलता प्रदान की है, जबकि व्यापक एवं निरंतर विस्तारशील संवाद संरचना ने भारत-संयुक्त राज्य संबद्धता के लिए दीर्घकालिक ढांचा स्थापित किया है। आज, भारत-संयुक्त राज्य द्विपक्षीय सहयोग वैविध्यपूर्ण एवं बहु-क्षेत्रीय है, जिसके अंतर्गत व्यापार व निवेश, रक्षा एवं सुरक्षा, शिक्षा, S&T, साइबर सुरक्षा, उच्च तकनीक, असैन्य परमाणु ऊर्जा, अंतरिक्ष प्रौद्योगिकी व अनुप्रयोग, स्वच्छ ऊर्जा, पर्यावरण, कृषि और स्वास्थ्य शामिल हैं। दोनों देशों के राजनीतिक पटल पर लोगों के बीच परस्पर बातचीत एवं समर्थन हमारे द्विपक्षीय संबंधों का परिपोषण करते हैं।

19.4.1 राजनीतिक संबंध

भारत और संयुक्त राज्य के बीच उच्च स्तरीय यात्राओं तथा परस्पर विनिमय की बारंबारता काफी विलंब से बढ़ी है। प्रधानमंत्री मोदी ने 20–30 सितंबर, 2014 में संयुक्त राज्य का दौरा किया तथा राष्ट्रपति ओबामा, अमेरिकी कांग्रेस के सदस्यों और संयुक्त राज्य के विभिन्न राज्यों एवं शहरों सहित राजनीतिक नेताओं के साथ बैठकें की, साथ ही राष्ट्रपति ओबामा के मंत्रिमंडल के सदस्यों से भी बातचीत की। वह अमेरिकी वाणिज्य एवं उद्योग जगत, अमेरिकी नागरिक समाज एवं विचारकों, और भारतीय-अमेरिकी समुदाय के नेतृत्वकर्ताओं से भी मिले। यात्रा के दौरान एक लक्ष्यों का विवरण और एक संयुक्त वक्तव्य जारी किया गया था।

इस यात्रा के बाद 25–27 जनवरी, 2015 को भारत के गणतंत्र दिवस के मुख्य अतिथि के रूप में राष्ट्रपति ओबामा की भारत आए। इस यात्रा के दौरान, दोनों पक्षों ने दिल्ली मित्रता घोषणापत्र जारी किया तथा एशिया-प्रशांत एवं हिंद महासागर क्षेत्र के लिए संयुक्त सामरिक दृष्टिकोण को अंगीकृत किया। दोनों पक्षों ने अपने विदेश मंत्रियों के बीच रणनीतिक वार्ता को विदेश एवं वाणिज्य मंत्रियों की रणनीतिक और वाणिज्यिक संवाद तक विस्तारित किया।

प्रधानमंत्री मोदी ने फिर से 23–28 सितंबर, 2015 को संयुक्त राज्य का दौरा किया, और इस दौरान उन्होंने राष्ट्रपति ओबामा के साथ द्विपक्षीय बैठक आयोजित की, व्यापार, मीडिया, एवं अकादमिक जगत के गणमान्य व्यक्तियों तथा प्रांतीय नेताओं और भारतीय समुदाय के नेताओं से बातचीत की, साथ ही उन्होंने सिलिकॉन वैली की यात्रा भी की।

31 मार्च–1 अप्रैल 2016 के दौरान, प्रधानमंत्री मोदी ने वाशिंगटन डीसी में राष्ट्रपति ओबामा द्वारा आयोजित बहुपक्षीय परमाणु सुरक्षा सम्मेलन में भाग लेने के लिए संयुक्त राज्य का दौरा किया। इसके बाद 6–8 जून को प्रधानमंत्री द्वारा आधिकारिक कार्यकारी यात्रा की गई, जिसके दौरान उन्होंने राष्ट्रपति ओबामा के साथ द्विपक्षीय चर्चाएं की और अमेरिकी कांग्रेस के संयुक्त सत्र को भी संबोधित किया। प्रधानमंत्री मोदी, अमेरिकी कांग्रेस को संबोधित करने वाले छठे भारतीय प्रधानमंत्री हैं।

दोनों देशों के नेतृत्वकर्ताओं के बीच अंतर्राष्ट्रीय शिखर सम्मेलनों के दौरान बैठकों के अलावा, टेलीफोन कॉल के जरिए भी लगातार बातचीत होती है। प्रधानमंत्री कार्यालय एवं संयुक्त राज्य के ह्वाइट हाउस के बीच एक हॉटलाइन स्थापित की गई है।

19.4.2 भारत-संयुक्त राज्य के बीच वार्ता की संरचना

दोनों सरकारों के बीच द्विपक्षीय वार्ता हेतु 50 से अधिक तंत्र मौजूद हैं। 22 सितंबर, 2015 को वाशिंगटन डीसी में EAM और MoS (वाणिज्य एवं उद्योग) के स्तर पर सामरिक और वाणिज्यिक वार्ता की पहली बैठक आयोजित की गई। इसने द्विपक्षीय संबंधों के उन पांच पारंपरिक स्तंभों में एक वाणिज्यिक घटक को भी जोड़ा है, जिस पर पहले की रणनीतिक वार्ताओं में अधिक ध्यान दिया जाता था; अर्थात् रणनीतिक सहयोग, ऊर्जा एवं जलवायु परिवर्तन, शिक्षा एवं विकास; अर्थव्यवस्था, व्यापार एवं कृषि; S&T; तथा स्वास्थ्य एवं नवप्रवर्तन। रणनीतिक और वाणिज्यिक वार्ता की दूसरी बैठक 30 अगस्त, 2016 को नई दिल्ली में हुई थी। इसके अलावा, मंत्री स्तर की वार्ताओं में गृह (गृहभूमि सुरक्षा वार्ता), वित्त (वित्तीय एवं आर्थिक भागीदारी), वाणिज्य (व्यापार नीति फोरम), HRD (उच्च शिक्षा वार्ता), S&T (विज्ञान एवं प्रौद्योगिकी पर संयुक्त आयोग की बैठक), तथा ऊर्जा (ऊर्जा वार्ता) शामिल हैं।

19.4.3 2015 और 2016 में प्रमुख विनिमय

2015 में दोनों देशों में कई उच्च स्तरीय प्रतिनिधिमंडल ने दौरे किए। जनवरी में, राज्य सचिव जॉन केरी ने अहमदाबाद में ऊर्जस्वी गुजरात शिखर सम्मेलन में अमेरिकी प्रतिनिधिमंडल का नेतृत्व किया। फरवरी में, संयुक्त राज्य के राजकोष सचिव, जैकब ल्यू ने हमारे वित्त मंत्री के साथ आर्थिक एवं वित्तीय साझेदारी पहल की पांचवीं बैठक के लिए भारत का दौरा किया। संयुक्त राज्य के परिवहन सचिव, एंथनी फॉक्स ने भारत में अपने समकक्ष मंत्रियों से मुलाकात के लिए अप्रैल में भारत का दौरा किया। रक्षा सचिव, एश्टन कार्टर जून में द्विपक्षीय वार्ता हेतु भारत आए। भारत की ओर से, वित्त मंत्री तथा पर्यावरण, वन एवं जलवायु परिवर्तन के MoS (IC) ने अप्रैल में वाशिंगटन डीसी का दौरा किया, जिसमें वित्त मंत्री ने IMF/ विश्व बैंक की वसंत बैठक के लिए और MoS (IC) ने प्रमुख अर्थव्यवस्थाओं के फोरम की बैठक के लिए दौरा किया। वित्त मंत्री ने भारत में निवेश को बढ़ावा देने के लिए, जून में फिर से संयुक्त राज्य का दौरा किया। वाणिज्य एवं उद्योग के लिए विदेश मंत्री और MoS (IC) ने सितंबर में वाशिंगटन डीसी में अपने अमेरिकी समकक्षों के साथ रणनीतिक एवं वाणिज्यिक वार्ता की पहली बैठक की। ऊर्जा के लिए MoS (IC) ने सितंबर में वाशिंगटन डीसी में अपने अमेरिकी समकक्ष के साथ ऊर्जा वार्ता में भाग लिया। ऊर्जा, कोयला एवं नवीन और नवीकरणीय ऊर्जा के लिए MoS (IC) ने अक्टूबर में वाशिंगटन डीसी में राज्य सचिव केरी द्वारा आयोजित जलवायु एवं स्वच्छ ऊर्जा निवेश फोरम 2015 में भी भाग लिया। वाणिज्य एवं उद्योग के लिए MoS (IC) ने अक्टूबर में वाशिंगटन डीसी में अमेरिकी व्यापार प्रतिनिधि के साथ व्यापार नीति फोरम की नौवीं बैठक आयोजित की। रक्षा मंत्री ने दिसंबर 2015 में अपने अमेरिकी समकक्ष के निमंत्रण पर संयुक्त राज्य का दौरा किया। हरियाणा के मुख्यमंत्री के नेतृत्व में राज्य सरकार के एक प्रतिनिधिमंडल ने भी संयुक्त राज्य का दौरा किया। दोनों देशों के सांसदों एवं वरिष्ठ अधिकारियों ने भी कई दौरे किए हैं।

2016 में भारत से संयुक्त राज्य में प्रमुख मंत्रिस्तरीय यात्राओं के अंतर्गत जनवरी में रेल मंत्री सुरेश प्रभु की यात्रा; अप्रैल में वित्त मंत्री अरुण जेटली की यात्रा, शहरी विकास मंत्री वेंकैया नायडू की यात्रा; सड़क परिवहन, राजमार्ग एवं पोत-परिवहन मंत्री नितिन

गडकरी की यात्रा; तथा जुलाई में पेट्रोलियम एवं प्राकृतिक गैस के लिए MoS (IC) धर्मेंद्र प्रधान की यात्रा शामिल हैं। इसके अलावा, संयुक्त राज्य से भारत आने वाले दौरे में, अप्रैल में अमेरिकी रक्षा सचिव एश्टन कार्टर तथा अगस्त में राज्य सचिव जॉन केरी एवं वाणिज्य सचिव पेनी प्रिट्जकर की यात्राएं शामिल हैं।

19.4.4 रणनीतिक परामर्श

द्विपक्षीय, क्षेत्रीय एवं वैश्विक मुद्दों पर राजनीतिक और आधिकारिक स्तर पर संपर्कों की निरंतरता बरकरार रही है। भारत के विदेश सचिव एवं राजनीतिक मामलों के लिए अमेरिकी विदेश सचिव के स्तर पर विदेश मंत्रालय परामर्श, इस वार्ता संरचना का एक महत्त्वपूर्ण हिस्सा है। अप्रैल 2015 में, नई दिल्ली में विदेश मंत्रालय परामर्श के अंतिम दौर का आयोजन किया गया था। सितंबर 2015 में, भारत के विदेश सचिव और अमेरिकी उप-सचिव के बीच एक नए उच्चस्तरीय परामर्श का शुभारंभ हुआ। इस व्यवस्था के अंतर्गत सबसे नवीनतम बैठक जुलाई 2016 में वाशिंगटन डीसी में हुई थी। सितंबर 2015 से दोनों पक्षों के बीच एक नीतिगत योजना वार्ता की शुरुआत की गई है।

हाल के वर्षों में, भारत और संयुक्त राज्य ने पूर्वी एशिया, मध्य एशिया, पश्चिम एशिया, अफ्रीका और हिंद महासागर क्षेत्रों के संदर्भ में संरचित संवाद की शुरुआत की है। भारत और संयुक्त राज्य ने जापान के साथ त्रिपक्षीय संबंध (29 सितंबर, 2015 को विदेश मंत्री की पहली मंत्रीस्तरीय बैठक का आयोजन न्यूयॉर्क में किया गया), तथा अफगानिस्तान के साथ त्रिपक्षीय संबंध (2013 में अंतिम बैठक का आयोजन किया गया था) भी स्थापित किए हैं। अंतर्राष्ट्रीय सुरक्षा एवं निरस्त्रीकरण से संबंधित मामलों तथा बहुपक्षीय निर्यात नियंत्रण व्यवस्था की समीक्षा, रणनीतिक सुरक्षा वार्ता के तहत की जाती है, जबकि भारत-संयुक्त राज्य उच्च प्रौद्योगिकी सहयोग समूह (HTCG) में उच्च प्रौद्योगिकी व्यापार से संबंधित मुद्दों पर चर्चा की जाती है। भारत के विदेश सचिव और उनके समकक्षों के क्रमशः राज्य और वाणिज्य विभागों के नेतृत्व में, मई 2016 और नवंबर 2014 में नई दिल्ली में इन समूहों की बैठक हुई थी। दोनों पक्ष वैश्विक अप्रसार, एवं शस्त्र नियंत्रण के साथ-साथ परमाणु सुरक्षा को सुदृढ़ बनाने के उद्देश्य से वैश्विक निर्यात नियंत्रण व्यवस्था में भारत के चरणबद्ध तरीके से प्रवेश पर बारीकी से काम करने पर सहमत हुए हैं।

19.4.5 असैन्य परमाणु सहयोग

जुलाई 2007 में द्विपक्षीय असैन्य परमाणु सहयोग समझौते को अंतिम रूप दिया गया और अक्टूबर 2008 में इस समझौते पर हस्ताक्षर किए गए। सितंबर 2014 में, प्रधानमंत्री मोदी की संयुक्त राज्य की यात्रा के दौरान, दोनों पक्षों ने भारत-संयुक्त राज्य असैन्य परमाणु सहयोग समझौते के पूर्ण एवं समयबद्ध तरीके से कार्यान्वयन को आगे बढ़ाने तथा लंबित मुद्दों को हल करने के लिए एक संपर्क समूह की स्थापना की। असैन्य परमाणु मुद्दों पर साझेदारी के एक दशक पूर्ण होने के बाद, दोनों पक्षों ने वेस्टिंगहाउस द्वारा निर्मित छह AP1000 रिएक्टरों के लिए भारत में कार्यस्थल पर उपक्रमात्मक कार्य शुरू कर दिए हैं। इस कार्य के पूर्ण होने के उपरांत, यह अपनी श्रेणी की सबसे बड़ी परियोजना होगी। परमाणु ऊर्जा निगम लिमिटेड और वेस्टिंगहाउस ने जून 2017 तक अनुबंध से जुड़े सभी कार्यों को अंतिम रूप देने की दिशा में काम करने का निर्णय लिया है।

19.4.6 रक्षा सहयोग

2005 में 'भारत-संयुक्त राज्य रक्षा संबंधों की एक नई रूपरेखा' पर हस्ताक्षर करने तथा रक्षा व्यापार, संयुक्त युद्ध अभ्यास, कर्मियों के आदान-प्रदान, सामुद्रिक सुरक्षा के क्षेत्र में सहकार्यता एवं सहयोग तथा समुद्री डकैती का प्रतिरोध और तीनों सेनाओं में से प्रत्येक के बीच आदान-प्रदान के परिणामस्वरूप, रक्षा संबंध भारत-संयुक्त राज्य रणनीतिक साझेदारी के एक प्रमुख स्तंभ के तौर पर उभर कर सामने आया है। जून 2015 में, रक्षा ढांचा समझौते को 10 वर्षों के लिए अद्यतित और नवीनीकृत किया गया था।

दोनों देश अब किसी अन्य देश की तुलना में एक-दूसरे के साथ अधिक द्विपक्षीय अभ्यास करते हैं। भारत ने भारतीय नौसेना फ्रिगेट के साथ दूसरी बार जुलाई-अगस्त 2016 में रिम ऑफ द पैसिफिक (RIMPAC) अभ्यास में भाग लिया। रक्षा के क्षेत्र में

द्विपक्षीय वार्ता तंत्र के अंतर्गत, रक्षा नीति समूह (DPG), रक्षा संयुक्त कार्यकारी समूह (DJWG), रक्षा खरीद और उत्पादन समूह (DPPG), वरिष्ठ प्रौद्योगिकी सुरक्षा समूह (STSG), संयुक्त तकनीकी समूह (JTG), सैन्य सहयोग समूह (MCG) और सेनाओं के बीच कार्यकारी संचालन समूह (ESGs) शामिल हैं। पिछले एक वर्ष की अवधि में, नवंबर 2015 में ईंधन विनिमय समझौते पर, मई 2016 में ह्वाइट (व्यापारी) शिपिंग पर सूचना साझा करने पर तकनीकी समझौते पर तथा जून 2016 में विमान वाहक प्रौद्योगिकी पर सूचना विनिमय अनुबंध (IEA) पर हस्ताक्षर किए गए।

संयुक्त राज्य रक्षा से रक्षा अधिग्रहण का सकल मूल्य US$13 बिलियन से अधिक हो गया है। भारत और संयुक्त राज्य ने प्रौद्योगिकी हस्तांतरण नीतियों को सरल बनाने तथा रणनीतिक मूल्य के साथ रक्षा संबंधों को बेहतर बनाने हेतु सह-विकास व सह-उत्पादन की संभावनाओं की खोज करने के उद्देश्य से, रक्षा प्रौद्योगिकी एवं व्यापार पहल (DTTI) का शुभारंभ किया है। DTTI का कार्य दल एवं इसका कर्मी समूह, ऐसी अद्वितीय परियोजनाओं एवं प्रौद्योगिकियों का त्वरित मूल्यांकन करेगा और निर्णय लेगा, जो द्विपक्षीय रक्षा संबंधों पर एक परिवर्तनीय प्रभाव डालती हैं तथा भारत के रक्षा उद्योग व सैन्य क्षमताओं को बढ़ाती हैं। जनवरी 2015 में राष्ट्रपति ओबामा की यात्रा के दौरान, दोनों पक्ष चार DTTI अन्वेषी परियोजनाओं तथा दो अन्वेषी पहलों पर सहयोग की शुरुआत हेतु सहमत हुए, जो वर्तमान में निष्पादन के विभिन्न चरणों में हैं। दिसंबर 2015 में RM की यात्रा के दौरान, दोनों पक्षों ने जेट इंजन घटकों के उत्पादन और डिजाइन में द्विपक्षीय सहयोग के अवसरों की भी पहचान की। अप्रैल 2014 में सचिव कार्टर की यात्रा के दौरान, दो नई G-2-G DTTI परियोजनाओं को सूची में जोड़ा गया। जुलाई 2016 में दिल्ली में DTTI की बैठक के दौरान, नौसेना प्रणाली; वायु सेना प्रणाली; आसूचना, निगरानी एवं आवीक्षण; रासायनिक एवं जैविक संरक्षण; और अन्य प्रणालियों पर पांच नए संयुक्त कार्य दल (JWGs) की स्थापना के साथ इसकी कार्य-सूची को विस्तारित करने का निर्णय लिया गया।

जून 2016 में प्रधानमंत्री मोदी की संयुक्त राज्य यात्रा के दौरान, संयुक्त राज्य ने भारत को 'प्रमुख रक्षा भागीदार' के रूप में मान्यता दी, जो संयुक्त राज्य को अपने करीबी सहयोगियों और भागीदारों के अनुरूप, भारत के साथ प्रौद्योगिकी साझा करने तथा रक्षा सह-उत्पादन और सह-विकास के लिए उद्योग सहयोग हेतु प्रतिबद्ध करता है। अगस्त 2016 में RM की संयुक्त राज्य की यात्रा ने, भारत-संयुक्त राज्य रक्षा साझेदारी को और मज़बूत किया तथा द्विपक्षीय लॉजिस्टिक्स एक्सचेंज मेमोरैंडम ऑफ एग्रीमेंट (LEMOA) पर हस्ताक्षर किए, जो व्यावहारिक भागीदारी एवं दोनों देशों के बीच विनिमय की अतिरिक्त संभावनाओं को बढ़ाएगा।

19.4.7 आतंकवाद का मुक़ाबला और आंतरिक सुरक्षा

आतंकवाद-विरोधी सहयोग के क्षेत्र में आसूचना साझाकरण, सूचना विनिमय, परिचालन सहयोग, आतंकवाद-विरोधी प्रौद्योगिकी और उपकरणों के साथ काफी प्रगति हुई है। आतंकवाद-विरोध, सूचना साझाकरण एवं क्षमता निर्माण पर सहयोग के दायरे के विस्तार हेतु 2010 में भारत-संयुक्त राज्य आतंकवाद-विरोधी सहयोग पहल पर हस्ताक्षर किए गए। परिचालनात्मक सहयोग, आतंकवाद-विरोधी प्रौद्योगिकी हस्तांतरण और क्षमता निर्माण के सशक्तिकरण के उद्देश्य से, नवंबर 2010 में राष्ट्रपति ओबामा की भारत यात्रा के दौरान एक मातृभूमि सुरक्षा वार्ता की घोषणा की गई थी। छह विशिष्ट क्षेत्रों में सहयोग के संचालन के साथ, मई 2011 और मई 2013 में इस वार्ता के दो दौर आयोजित किए जा चुके हैं। दिसंबर 2013 में, नई दिल्ली में मातृभूमि सुरक्षा पर भारत- संयुक्त राज्य पुलिस प्रमुखों के सम्मेलन का आयोजन किया गया था। नवंबर 2015 में, भारत के शीर्ष चार महानगरों के पुलिस आयुक्तों ने संयुक्त राज्य में बड़े शहरों में पुलिस की कार्यप्रणाली के अध्ययन हेतु यात्रा की। दोनों पक्ष तत्काल निर्माण-योग्य विस्फोटक उपकरणों (IEDs) के ख़तरे का सामना करने के लिए संयुक्त कार्य योजना पर सहमत हुए हैं। भारत और संयुक्त राज्य के बीच आतंकवाद-विरोधी सहयोग को आगे बढ़ाने के लिए, जून 2016 में निर्धारित संपर्क स्थलों के जरिए आतंकवादी अनुवीक्षण जानकारी के आदान-प्रदान को सुविधाजनक बनाने हेतु एक व्यवस्था तैयार की गई। आतंकवाद-विरोध पर भारत-संयुक्त राज्य संयुक्त कार्यदल ने वाशिंगटन डीसी में जुलाई 2016 में अपनी 14वीं बैठक आयोजित की।

19.4.8 व्यापार एवं आर्थिक समझौते

वर्ष 1990 में व्यापारिक वस्तुओं का द्विपक्षीय व्यापार $5.6 बिलियन का था, जो वर्ष 2015 में बढ़कर $66.2 बिलियन का हो चुका है। 2015 में भारत का संयुक्त राज्य में व्यापार निर्यात $44.7 बिलियन था, जबकि 2015 में संयुक्त राज्य का भारत में व्यापार निर्यात $21.5 बिलियन था। जनवरी–मई 2016 की अवधि के दौरान भारत-संयुक्त राज्य द्विपक्षीय व्यापार $27.3 बिलियन है। वर्ष 2013 के दौरान (नवीनतम वर्ष जिसके लिए सेवा क्षेत्र में व्यापार के पूरे आंकड़े उपलब्ध हैं), सेवा क्षेत्र में द्विपक्षीय व्यापार $66.8 बिलियन था, जिसमें से भारत में अमेरिकी सेवाओं का निर्यात $34.6 बिलियन तथा संयुक्त राज्य में भारतीय सेवाओं का निर्यात $32.2 बिलियन था।

सितंबर 2014 में प्रधानमंत्री मोदी की संयुक्त राज्य की यात्रा के दौरान, दोनों पक्षों ने व्यापारिक वस्तुओं एवं सेवाओं में द्विपक्षीय व्यापार को $500 बिलियन तक बढ़ाने का लक्ष्य निर्धारित किया। जून 2016 में, प्रधानमंत्री मोदी और राष्ट्रपति ओबामा ने व्यापारिक वस्तुओं एवं सेवाओं के संचलन में बाधाओं को दूर करने के उद्देश्य से नए अवसरों का पता लगाने तथा वैश्विक आपूर्ति श्रृंखला में गहन एकीकरण को समर्थन देने का वादा किया, जिससे रोजगार के नए अवसरों के सृजन के साथ-साथ दोनों अर्थव्यवस्थाएं समृद्ध होंगी।

अमेरिकी आर्थिक विश्लेषण ब्यूरो के अनुसार, 2015 में भारत में प्रत्यक्ष निवेश $28.33 बिलियन था। भारतीय आधिकारिक आंकड़ों के अनुसार, अप्रैल 2000 से दिसंबर 2015 तक संयुक्त राज्य से संचयी FDI प्रवाह लगभग $17.94 बिलियन रहा है, जो भारत में कुल FDI का लगभग 6 प्रतिशत है, और इस प्रकार संयुक्त राज्य भारत में FDI का पांचवां सबसे बड़ा स्रोत बन गया है। हाल के वर्षों में, संयुक्त राज्य में बढ़ता भारतीय निवेश, द्विपक्षीय संबंधों की एक नवीन विशेषता का सूचक है। अगस्त 2015 में जारी किए गए CII एवं ग्रांट थॉर्नटन के सर्वेक्षण के अनुसार, 100 भारतीय कंपनियों ने 35 राज्यों में $15 बिलियन के वास्तविक निवेश किए हैं, जिससे संयुक्त राज्य में 91,000 से अधिक रोजगार के अवसर उत्पन्न हुए हैं। संयुक्त राज्य में निवेश करने वाले बड़े भारतीय निगमों में रिलायंस इंडस्ट्रीज लिमिटेड, टाटा कंसल्टेंसी सर्विसेज (TCS), विप्रो, एस्सार अमेरिका, पीरामल, महिंद्रा, ल्यूपिन, सन फार्मा, आदि शामिल हैं।

आर्थिक एवं व्यापारिक मुद्दों पर द्विपक्षीय भागीदारी को मज़बूत बनाने के उद्देश्य से कई संवाद तंत्र स्थापित किए गए हैं, जिसके अंतर्गत मंत्रिस्तरीय आर्थिक एवं वित्तीय साझेदारी (अप्रैल 2016 में वाशिंगटन डीसी में अंतिम बार इसकी बैठक हुई थी) और एक मंत्रिस्तरीय व्यापार नीति फोरम (अंतिम बार अक्टूबर 2015 में वाशिंगटन में बैठक हुई थी) शामिल हैं। व्यापार एवं निवेश से जुड़े मुद्दों पर चर्चा में निजी क्षेत्र की अधिक भागीदारी के लिए, एक द्विपक्षीय भारत-संयुक्त राज्य CEO फोरम गठित किया गया है, जिसने सितंबर 2015 में वाशिंगटन डीसी में सामरिक एवं वाणिज्यिक वार्ता के साथ-साथ अपनी अंतिम बैठक आयोजित की।

भारत और संयुक्त राज्य ने 2014 में FDI, पोर्टफोलियो निवेश, पूंजीगत बाज़ार के विकास एवं बुनियादी ढांचे के वित्तपोषण को सुविधाजनक बनाने पर विशेष ध्यान देते हुए द्विपक्षीय निवेश पहल की शुरुआत की है। भारत की बुनियादी ढांचे की जरूरतों को पूरा करने के लिए अत्याधुनिक अमेरिकी प्रौद्योगिकियों के परिनियोजन हेतु, भारत-संयुक्त राज्य अवसंरचना सहयोग मंच भी स्थापित किया गया है। वर्ष 2015 में इन दोनों की बैठकों का आयोजन किया गया था। इलाहाबाद, अजमेर एवं विशाखापत्तनम को स्मार्ट सिटी के तौर पर विकसित करने में अमेरिकी कंपनियां भी प्रमुख भागीदार होंगी। जून 2016 में प्रधानमंत्री मोदी की संयुक्त राज्य की यात्रा के दौरान, दोनों नेताओं ने भारत के स्मार्ट सिटी कार्यक्रम में अमेरिकी निजी क्षेत्र की कंपनियों की भागीदारी का स्वागत किया। अंतर्राष्ट्रीय विकास के लिए संयुक्त राज्य अभिकरण (USAID) शहरी भारत में पेयजल, सफाई एवं स्वच्छता (WASH) गठबंधन के लिए ज्ञान भागीदार के रूप में कार्य करेंगे, ताकि 500 भारतीय शहरों में स्वच्छ पेयजल, सफाई एवं स्वच्छता की सुविधा उपलब्ध हो तथा व्यापारिक लाभ के साथ-साथ नागरिक समाज की मदद (गेट्स फाउंडेशन) की जा सके।

19.4.9 ऊर्जा एवं जलवायु परिवर्तन

मई 2005 में ऊर्जा क्षेत्र में व्यापार एवं निवेश को बढ़ावा देने के लिए, भारत-संयुक्त राज्य ऊर्जा वार्ता की शुरुआत की गई, जिसकी अंतिम बैठक का आयोजन वाशिंगटन डीसी में सितंबर 2015 में किया गया था। ऊर्जा वार्ता के अंतर्गत तेल एवं गैस, कोयला,

बिजली एवं ऊर्जा दक्षता, नई प्रौद्योगिकी एवं नवीकरणीय ऊर्जा, असैन्य परमाणु सहयोग तथा संवहनीय विकास के क्षेत्र में छह कार्यदलों का गठन किया गया है।

अमेरिकी प्राकृतिक गैस बाज़ार में रिलायंस, एस्सार और GAIL जैसी भारतीय कंपनियों द्वारा निवेश से भारत-संयुक्त राज्य ऊर्जा भागीदारी के एक नए युग की शुरुआत हुई है। अमेरिकी ऊर्जा विभाग ने अब तक संयुक्त राज्य में सात द्रवीकरण टर्मिनलों से LNG के उन देशों में निर्यात को अपनी स्वीकृति दी है, जिसके साथ संयुक्त राज्य ने मुक्त व्यापार समझौते (FTA) पर हस्ताक्षर नहीं किए हैं। इन पांच टर्मिनलों में से दो के साथ भारतीय सार्वजनिक क्षेत्र की इकाई, गैस अथॉरिटी ऑफ इंडिया लिमिटेड (GAIL) ने प्रतिवर्ष लगभग 6 मिलियन मीट्रिक टन के सकल व्यापार का समझौता किया है। 2016 के अंत एवं 2017 के आरंभ तक इन टर्मिनलों के पूरा होने और कार्गो निर्यात करने की स्थिति तक पहुंचने की उम्मीद है।

उन्नत स्वच्छ ऊर्जा के लिए भागीदारी (PACE) के तहत प्राथमिकता पहल के रूप में, अमेरिकी ऊर्जा विभाग (DoE) और भारत सरकार ने संयुक्त स्वच्छ ऊर्जा अनुसंधान एवं विकास केंद्र (JCERDC) की स्थापना की है, जिसे भारत और संयुक्त राज्य के वैज्ञानिकों द्वारा स्वच्छ ऊर्जा नवाचारों को बढ़ावा देने के लिए डिज़ाइन किया गया है, तथा दोनों सरकारों की ओर से इस संयुक्त समिति को US$50 मिलियन का वित्त-पोषण किया जाएगा।

भारत और संयुक्त राज्य, एक उच्चस्तरीय जलवायु परिवर्तन कार्य दल तथा हाइड्रो फ्लोराकार्बन पर एक JWG के माध्यम से जलवायु परिवर्तन पर सहयोग एवं वार्ता को आगे बढ़ा रहे हैं। नवंबर 2014 में, अमेरिकी एक्सिम बैंक तथा भारतीय नवीकरणीय ऊर्जा विकास एजेंसी (IREDA) के बीच एक समझौता ज्ञापन पर हस्ताक्षर किए गए, ताकि भारत के निम्न कार्बन-उत्सर्जक अर्थव्यवस्था के तौर पर संक्रमण के लिए US$1 बिलियन का वित्त-पोषण प्रदान किया जा सके। जलवायु अनुकूलन योजना के लिए क्षमता के विस्तार हेतु जलवायु अनुनेयता के लिए एक नए संयुक्त राज्य-भारत भागीदारी पर सहमति हुई है, साथ ही जलवायु परिवर्तन से जुड़े मुद्दों को हल करने के लिए दीर्घकालिक क्षमता निर्माण के उद्देश्य से एक नए संयुक्त राज्य-भारत जलवायु फैलोशिप कार्यक्रम का शुभारंभ भी किया गया है।

स्वच्छ ऊर्जा एवं जलवायु परिवर्तन के क्षेत्र में सहयोग को आगे ले जाने के लिए जून 2016 में वर्तमान में जारी स्वच्छ ऊर्जा परियोजनाओं के समर्थन के लिए, भारत में स्वच्छ ऊर्जा निवेश पर अमेरिकी सरकार के प्रयासों को अग्रणी भारतीय वित्तीय संस्थानों के साथ संयुक्त रूप से समन्वयित करने के लिए, तथा छोटे पैमाने पर नवीकरणीय ऊर्जा निवेशकों को चल निधि प्रदान करने के लिए, दोनों पक्षों ने रियायती वित्त प्रदान करने के उद्देश्य से एक पैकेज को अंतिम रूप देने की घोषणा की।

19.4.10 शिक्षा

शिक्षा क्षेत्र में सहयोग दोनों देशों के बीच रणनीतिक साझेदारी का एक अभिन्न अंग बन चुका है। अधिकाधिक छात्रों एवं विद्वानों के विनिमय के लिए, पहले से उन्नत अधिदेश और संयुक्त रूप से अधिक वित्त-पोषण के साथ 2008 में फुलब्राइट कार्यक्रम को नवीनीकृत किया गया। लगभग 130,000 भारतीय छात्र संयुक्त राज्य में उच्चस्तरीय डिग्री प्राप्त कर रहे हैं। उच्चस्तरीय शिक्षा वार्ता, जिसकी वर्ष 2011 से अब तक चार बैठकें हुईं हैं (आखिरी बैठक नवंबर 2014 में नई दिल्ली में हुई), ने रणनीतिक संस्थागत साझेदारी को बढ़ावा देने, अनुसंधान एवं विकास में सहयोग को गहरा बनाने, व्यावसायिक शिक्षा में साझेदारी को बढ़ावा देने तथा कनिष्ठ संकाय पर ध्यान केंद्रित करने के लिए योजना की रूपरेखा प्रस्तुत की।

कौशल विकास के क्षेत्र में आवश्यकताओं को पूरा करने के उद्देश्य से, भारत सामुदायिक कॉलेजों में संयुक्त राज्य के अनुभव से सीख रहा है। भारत में शिक्षा की पहुंच बढ़ाने के लिए प्रौद्योगिकी आधारित शिक्षण एवं वृहद स्तरीय मुक्त ऑनलाइन पाठ्यक्रम (MOOCs) के क्षेत्र में अमेरिकी संस्थानों के साथ सहयोग पर सहमति हुई है। भारत द्वारा शुरू किए गए शैक्षणिक नेटवर्क के लिए वैश्विक पहल (GIAN) के तहत, भारतीय विश्वविद्यालयों को उनकी उपयुक्तता के अनुसार शिक्षित करने के लिए प्रतिवर्ष 1000 अमेरिकी शिक्षाविदों को आमंत्रित किया जाएगा। अहमदाबाद में एक नए भारतीय प्रौद्योगिकी संस्थान की स्थापना के लिए भी दोनों पक्ष सहयोग कर रहे हैं।

19.4.11 अंतरिक्ष

असैन्य अंतरिक्ष सहयोग पर एक द्विपक्षीय JWG, अंतरिक्ष में संयुक्त गतिविधियों पर चर्चा के लिए एक मंच प्रदान करता है, जिसके अंतर्गत (a) वैज्ञानिकों का आदान-प्रदान; (b) OCM2, INSAT3D सहयोग; (c) मंगल मिशन पर सहयोग; (d) नैनो सैटेलाइट; (e) कार्बन/पारिस्थितिक तंत्र की निगरानी एवं प्रतिरूपण; (f) रेडियो प्रच्छादन में सहयोग की व्यवहार्यता; (g) पृथ्वी विज्ञान सहयोग; (h) अंतर्राष्ट्रीय अंतरिक्ष स्टेशन; (i) वैश्विक नेविगेशन उपग्रह प्रणाली; (j) L&S बैंड SAR; (k) अंतरिक्ष अन्वेषण सहयोग; और (l) अंतरिक्ष अवशिष्ट के क्षेत्र में मध्यस्थता शामिल हैं। JWG की अंतिम बैठक सितंबर 2015 में बेंगलुरू में हुई थी। नेशनल एयरोनॉटिक्स एंड स्पेस एडमिनिस्ट्रेशन (NASA) तथा (भारतीय अंतरिक्ष अनुसंधान संगठन) ISRO, भारत के मंगल ऑर्बिटर मिशन और डुएल-बैंड NASA-ISRO सिंथेटिक एपर्चर रडार (NISAR) के लिए सहयोग कर रहे हैं। जून 2016 में, ISRO ने ध्रुवीय उपग्रह प्रक्षेपण यान (PSLV) के माध्यम से रिकॉर्ड 20 उपग्रहों का सफलतापूर्वक प्रक्षेपण किया, जिसमें संयुक्त राज्य के 13 उपग्रह शामिल थे।

19.4.12 विज्ञान एवं प्रौद्योगिकी (S&T)

अक्टूबर 2005 में हस्ताक्षरित संयुक्त राज्य-भारत विज्ञान एवं प्रौद्योगिकी सहयोग समझौते की रूपरेखा के तहत, भारत-संयुक्त राज्य S&T सहयोग तेजी से बढ़ रहा है। एक भारत-संयुक्त राज्य विज्ञान एवं प्रौद्योगिकी संयुक्त आयोग का गठन किया गया है, जिसकी अध्यक्षता अमेरिकी राष्ट्रपति के विज्ञान सलाहकार तथा S&T के भारतीय मंत्री सम्मिलित रूप से करते हैं। एक भागीदार देश के तौर पर, संयुक्त राज्य ने 2014 में नई दिल्ली में प्रौद्योगिकी शिखर सम्मेलन में भाग लिया।

2000 में, दोनों सरकारों ने विज्ञान, अभियांत्रिकी एवं स्वास्थ्य में परस्पर लाभकारी द्विपक्षीय सहयोग के लिए, भारत-संयुक्त राज्य विज्ञान एवं प्रौद्योगिकी फोरम (IUSSTF) के गठन को मंजूरी दी। पिछले दशक में, IUSSTF ने भारतीय एवं अमेरिकी वैज्ञानिकों के बीच 12,000 से अधिक वार्ताओं का सफलतापूर्वक आयोजन किया है, 250 से अधिक द्विपक्षीय कार्यशालाओं को सहयोग दिया है तथा 30 संयुक्त अनुसंधान केंद्रों की स्थापना की है। विज्ञान एवं प्रौद्योगिकी वृत्तिदान बोर्ड के तहत, वर्ष 2009 में स्थापित भारत-संयुक्त राज्य विज्ञान एवं प्रौद्योगिकी वृत्तिदान निधि, सकारात्मक सामाजिक प्रभाव की संभावना के साथ संयुक्त रूप से विकसित नवीन प्रौद्योगिकियों के व्यावसायीकरण को बढ़ावा देती है।

पृथ्वी विज्ञान मंत्रालय तथा संयुक्त राज्य के राष्ट्रीय समुद्र विज्ञान और वायुमंडलीय प्रशासन के बीच सहयोग को पृथ्वी के पर्यवेक्षण एवं पृथ्वी विज्ञान पर 2008 के MoU से मज़बूती मिली है। पर्यावरणीय पूर्वानुमान के लिए अमेरिकी राष्ट्रीय केंद्र में एक 'मॉनसून डेस्क' स्थापित किया गया है। हवाई में तीस मीटर के टेलीस्कोप परियोजना की दिशा में भारत का $250 मिलियन का योगदान तथा अमेरिकी LIGO प्रयोगशाला के साथ गुरुत्वाकर्षण-तरंग अवलोकन (IndIGO) के क्षेत्र में भारतीय पहल, विश्व स्तरीय शोध सुविधाओं के निर्माण हेतु संयुक्त सहयोग के उदाहरण हैं।

19.4.13 स्वास्थ्य क्षेत्र

वर्ष 2010 के संयुक्त राज्य-भारत स्वास्थ्य पहल के तहत, ग़ैर-संचारी रोगों, संक्रामक बीमारियों, स्वास्थ्य प्रणालियों एवं सेवाओं के सशक्तिकरण तथा मातृ एवं शिशु स्वास्थ्य के क्षेत्रों में चार कार्य दलों का गठन किया गया है। भारत में रोग निगरानी एवं महामारी विज्ञान के क्षेत्र में क्षमता निर्माण हेतु, 2010 में ग्लोबल डिजीज डिटेक्शन इंडिया सेंटर की स्थापना हुई तथा अक्टूबर 2012 में एक महामारी आसूचना सेवा कार्यक्रम शुरू किया गया। अमेरिकी राष्ट्रीय स्वास्थ्य संस्थान, भारतीय चिकित्सा अनुसंधान परिषद एवं जैव प्रौद्योगिकी विभाग, विज्ञान एवं प्रौद्योगिकी मंत्रालय, भारत ने जैव चिकित्सा एवं व्यवहारिक स्वास्थ्य विज्ञान, HIV/ एड्स, संक्रामक रोग, मधुमेह, हृदय रोग, नेत्र रोग, श्रवण विकार, मानसिक स्वास्थ्य तथा कम लागत वाली चिकित्सा प्रौद्योगिकियों से संबंधित अनुसंधान के क्षेत्र में सशक्त संबंधों का विकास किया है। सितंबर 2015 में, वाशिंगटन डीसी में स्वास्थ्य वार्ता की पहली बैठक के दौरान, दोनों पक्ष मानसिक स्वास्थ्य के नए क्षेत्रों तथा पारंपरिक औषधियों के विनियामक एवं क्षमता निर्माण पहलुओं में संस्थागत रूप से सहयोग करने पर सहमत हुए।

19.4.14 लोगों के बीच गठबंधन

संयुक्त राज्य में 3.5 मिलियन से अधिक आबादी वाला सशक्त भारतीय-अमेरिकी समुदाय एक महत्त्वपूर्ण जातीय समूह है, जो देश की कुल जनसंख्या का लगभग 1 प्रतिशत है। भारतीय-अमेरिकी समुदाय में बड़ी संख्या में पेशेवर, व्यवसाय उद्यमी और शिक्षाविद शामिल हैं, जिनका समाज में प्रभाव निरंतर बढ़ रहा है। दो भारतीय-अमेरिकी के राज्यपाल के उच्चस्तरीय पद पर आसीन होने तथा कई अन्य के जनप्रतिनिधियों के तौर पर कार्य करने की बात को देखते हुए ऐसा प्रतीत होता है कि, प्रवासी भारतीय समुदाय अपने अंगीकृत देश में आत्मसात हो गया है तथा भारत एवं संयुक्त राज्य के बीच घनिष्ठ और सशक्त संबंध बनाने के लिए उत्प्रेरक के रूप में कार्य कर रहा है। दोनों देश अपने संबंधित नागरिकों की यात्रा को सुविधाजनक बनाने के लिए मिलकर काम कर रहे हैं, और जून 2016 में अमेरिकी हवाईअड्डे पर योग्य भारतीय नागरिकों हेतु त्वरित आव्रजन के लिए वैश्विक प्रवेश कार्यक्रम में भारत की भागीदारी को सुविधाजनक बनाने के लिए के उद्देश्य से एक MoU पर हस्ताक्षर किए गए हैं।

19.4.15 सांस्कृतिक सहयोग

भारत और संयुक्त राज्य के बीच सांस्कृतिक सहयोग विविध तरीकों से समृद्ध एवं सुस्पष्ट होता है। विश्वविद्यालयों एवं शैक्षिक संस्थानों में भारत केंद्रित शैक्षणिक कार्यक्रमों के अलावा, कई निजी संस्थान भारतीय सांस्कृतिक कला सिखाते हैं। वेबसाइट 'www.indianembassy.org' और सोशल मीडिया चैनलों के अलावा, वाशिंगटन डीसी में स्थित भारतीय दूतावास के माध्यम से भारत सरकार, विभिन्न पत्र-पत्रिकाओं के प्रकाशन के जरिए भारत के विभिन्न पहलुओं पर अद्यतन जानकारी प्रदान करती है जो संयुक्त राज्य के लिए प्रासंगिक हैं। इनमें व्यापार और रणनीतिक मामलों पर ध्यान केंद्रित करने वाला साप्ताहिक सूचना-पत्र, 'इंडिया: पार्टनर इन ग्रोथ' तथा दूतावास एवं वाणिज्य दूतावास की पहलों के साथ-साथ भारत और संस्कृति और पर्यटन में प्रमुख विकास पर जानकारी प्रदान करने वाला मासिक समाचार पत्र, 'इंडिया लाइव', शामिल हैं।

दूतावास द्वारा सांस्कृतिक गतिविधियों को रीडिंग इंडिया सीरीज़ (भारतीय लेखकों और लेखों से संबंधित कार्यक्रम), परफॉर्मिंग इंडिया सीरीज़ (संगीत, नृत्य और रंगमंच को प्रस्तुत करने वाला कार्यक्रम), बिहोल्डिंग इंडिया सीरीज़ (फिल्म की स्क्रीनिंग, कला एवं फोटो प्रदर्शनी), अंडरस्टैंडिंग इंडिया सीरीज़ (भारत के व्यापक एवं विभिन्न अनुभागों के विचारों पर व्याख्यान को प्रस्तुत करने वाला कार्यक्रम), तथा यंग इंडिया सीरीज़ (विशेष रूप से युवा दर्शकों के लिए सांस्कृतिक कार्यक्रम) में शामिल किया गया है।

जून 2016 में प्रधानमंत्री मोदी की अमेरिकी यात्रा के दौरान, दोनों देशों ने 2017 को यात्रा एवं पर्यटन सहयोग वर्ष के रूप में मनाने की घोषणा की है।

[*स्रोत:* https://www.indianembassy.org/pages.php?id=41 (5 सितंबर 2017 को देखा गया)]

19.5 भारत और रूस

भारत एवं रूसी संघ की रणनीतिक साझेदारी ने वैश्विक शांति और सुरक्षा को स्थायित्व प्रदान करने वाले कारक की भूमिका निभाई है। रणनीतिक साझेदार के रूप में भारत और रूस ने द्विपक्षीय स्तर पर तथा अंतर्राष्ट्रीय मंचों पर सहयोग करने की अपनी प्रतिबद्धता की पुष्टि की है। इन सभी को एक बहुध्रुवीय एवं न्यायसंगत वैश्विक व्यवस्था की स्थापना हेतु तैयार किया गया है, जो संप्रभुता के स्तर पर राज्यों की समानता, उनकी क्षेत्रीय अखंडता तथा उनके आंतरिक मामलों में अहस्तक्षेप पर आधारित हैं।

भारत के प्रधानमंत्री और रूसी संघ के राष्ट्रपति के बीच वार्षिक शिखर बैठक, भारत और रूसी संघ के बीच रणनीतिक साझेदारी के तहत संस्थापित उच्चस्तरीय वार्ता तंत्र है। अब तक, भारत और रूस के बीच वैकल्पिक रूप से सोलह वार्षिक शिखर बैठकें हुई हैं। 23–24 दिसंबर, 2015 को प्रधानमंत्री नरेंद्र मोदी ने आख़िरी वार्षिक शिखर सम्मेलन के लिए मॉस्को का दौरा किया, जिसमें असैन्य परमाणु ऊर्जा, रक्षा, हाइड्रोकार्बन, उपग्रह नेविगेशन, रेलवे, सौर ऊर्जा, भारी इंजीनियरिंग, सुपरकंप्यूटिंग, वीज़ा सरलीकरण, आयुर्वेद और मीडिया में सहयोग को शामिल करने वाले 17 दस्तावेज तैयार किए गए। प्रधानमंत्री मोदी और राष्ट्रपति पुतिन ने 'शेयर्ड ट्रस्ट, न्यू होरिजन' नामक संयुक्त वक्तव्य को भी अंगीकृत किया। दिसंबर 2015 में वार्षिक शिखर सम्मेलन की बैठक के

अलावा, हमारे प्रधानमंत्री ने 24 जून, 2016 को उज्बेकिस्तान के ताशकंद में शंघाई सहयोग संगठन (SCO) शिखर सम्मेलन के दौरान भी रूसी राष्ट्रपति से मुलाकात की।

इन घटनाओं ने महत्त्वपूर्ण परिणाम उत्पन्न किए। सर्वप्रथम, CEO परिषद स्थापित करने का निर्णय लिया गया, जो संयुक्त व्यापार परिषद के समान था। दूसरा, संयुक्त कार्य-दल (JTF) ने द्विपक्षीय व्यापार एवं वाणिज्य में बाधाओं को दूर करके दोनों देशों के बीच व्यापार और आर्थिक संबंधों को नई ऊंचाइयों पर ले जाने के लिए संयुक्त अध्ययन समूह की सिफारिशों के कार्यान्वयन की निगरानी की।

शिखर सम्मेलन स्तर की वार्ता के समापन पर, निम्नलिखित दस्तावेजों पर हस्ताक्षर किए गए थे:

1. सैन्य-तकनीकी सहयोग के क्षेत्र में बौद्धिक संपदा अधिकारों के पारस्परिक संरक्षण पर भारत सरकार और रूसी संघ सरकार के बीच समझौता।
2. शांतिपूर्ण उद्देश्यों के लिए GLONASS प्रणाली के संयुक्त विकास, संचालन एवं उपयोग के क्षेत्र में दीर्घकालिक सहयोग के कार्यान्वयन के समय प्रौद्योगिकी की सुरक्षा पर भारत सरकार और रूसी संघ के बीच समझौता।
3. कोरोनस-फोटॅन परियोजना के ढांचे के भीतर सौर भौतिकी एवं सौर-स्थलीय संबंधों के क्षेत्र में सहयोग पर रूसी संघ की संघीय अंतरिक्ष एजेंसी और ISRO के बीच समझौता।

उल्लेखनीय स्थिरता और निरंतरता, आपसी विश्वास एवं समझ पर आधारित भारत-रूस संबंधों की विशेषता है। दोनों पक्ष इस बात पर सहमत हुए हैं कि, दोनों देशों के बीच रणनीतिक साझेदारी ने उनके दीर्घकालिक सर्वोच्च राष्ट्रीय हितों के अनुरूप रहे हैं तथा बहुआयामी द्विपक्षीय सहयोग को और मज़बूत किया है। दोनों पक्षों ने इस बात पर बल दिया है कि, उनके बीच के सशक्त एवं दूरदर्शी द्विपक्षीय संबंधों ने इस क्षेत्र के साथ-साथ पूरे विश्व में शांति, स्थिरता और सुरक्षा को बढ़ावा दिया है। भारत और रूसी संघ ने सभी स्तरों पर निकट एवं नियमित संपर्क को बरकरार रखा है। प्राप्त परिणामों पर संतुष्टि व्यक्त करते हुए, दोनों पक्ष इस बात पर सहमत हुए कि द्विपक्षीय सहयोग की सीमा और गहराई में विस्तार की संभावना थी, जिसके अंतर्गत विशेष रूप से ऊर्जा सुरक्षा, व्यापार एवं वाणिज्य, उच्च तकनीक, बाह्य अंतरिक्ष में अन्वेषण, परमाणु ऊर्जा के शांतिपूर्ण उपयोग तथा सैन्य-तकनीकी सहयोग जैसे उच्च प्राथमिकता वाले क्षेत्र शामिल हैं।

दोनों पक्ष इस बात पर सहमत हुए कि, S&T में सहयोग उनकी रणनीतिक साझेदारी के मुख्य घटक के तौर पर यथावत हैं, साथ ही इस संदर्भ में उन्होंने वैज्ञानिक एवं तकनीकी सहयोग के लिए भारत-रूसी एकीकृत दीर्घकालिक कार्यक्रम (ILTP) द्वारा निभाई गई भूमिका का मूल्यांकन किया। दोनों देश सूचना एवं कंप्यूटर सॉफ्टवेयर प्रौद्योगिकी, जैव प्रौद्योगिकी और नैनो टेक्नोलॉजी के क्षेत्र में सहयोग करने पर भी सहमत हुए हैं। दोनों पक्षों ने अंतरिक्ष के क्षेत्र में सहयोग को सुदृढ़ बनाने की इच्छा की पुष्टि की है तथा अपने व्यापार और आर्थिक संबंधों पर विशेष ध्यान दिया है। उन्होंने इस क्षेत्र में सहयोग के विभिन्न क्षेत्रों के भावी विकास एवं विविधीकरण के उद्देश्य से प्रयासों को तेज करने के अपने इरादे की पुष्टि की, तथा इसे अपनी रणनीतिक साझेदारी का एक मज़बूत मानदंड बना दिया। दोनों पक्ष ऊर्जा, विद्युत उत्पादन एवं बुनियादी आधारभूत संरचना के साथ-साथ अपनी अर्थव्यवस्थाओं के तकनीकी रूप से उन्नत व ज्ञान-गहन के क्षेत्रों में निवेश को बढ़ावा देने पर सहमत हुए हैं।

भारत और रूस ने ऊर्जा के क्षेत्र में द्विपक्षीय वार्ता को जारी रखने, ऊर्जा सुरक्षा को बढ़ाने के तरीकों पर ध्यान केंद्रित करने, ऊर्जा आपूर्ति के विविधीकरण की प्रक्रिया में सुधार के अवसरों को बेहतर बनाने तथा भारत, रूस एवं मध्य-एशियाई देशों सहित किसी तीसरे स्थान पर संभावित तेल व गैस परियोजनाओं में वाणिज्यिक ऊर्जा साझेदारी को मज़बूत करने के अवसरों पर ध्यान केंद्रित करने के प्रति अपनी तत्परता की पुनः पुष्टि की है।

रूसी पक्ष ने आर्थिक विकास का समर्थन करने के लिए भारत की बढ़ती ऊर्जा आवश्यकताओं को पहचाना है। भारत एवं रूसी संघ ने इस उद्देश्य को प्राप्त करने के अपने प्रयासों को जारी रखने की इच्छा व्यक्त की है। दोनों पक्ष सभी स्तरों पर लोगों के बीच आपसी संपर्कों को बढ़ावा देने तथा संस्कृति एवं शिक्षा के क्षेत्र में निकट संपर्क कायम करने के लिए सहमत हुए।

एक-दूसरे के हितों और पारस्परिक चिंताओं के आधार पर, वैश्विक चुनौतियों एवं विश्व सुरक्षा और स्थायित्व के लिए ख़तरों से संबंधित दस्तावेज ने भारत, रूस तथा पूरे विश्व के समक्ष आने वाले नए ख़तरों और चुनौतियों का सामना करने के लिए दोनों देशों की प्रतिबद्धता को मज़बूती प्रदान की है।

दोनों पक्षों ने निवेश एवं व्यापार को बढ़ावा देने के साथ-साथ व्यापार संबंधी बाधाओं और टैरिफ को हटाकर द्विपक्षीय व्यापार व आर्थिक संबंधों को अधिक सुदृढ़ बनाने के नए तरीकों और साधनों की संयुक्त रूप से तलाश करने की आवश्यकता पर बल दिया। नेताओं ने दोनों देशों के निजी क्षेत्रों के बीच पारस्परिक रूप से लाभप्रद वाणिज्यिक वार्ता को प्रोत्साहित करने तथा इसे अधिक सुविधाजनक बनाने के लिए नीतियों पर चर्चा करने और निर्माण करने को उच्च प्राथमिकता देने पर सहमति व्यक्त की। व्यवसायियों के सहज एवं अधिक आवागमन को प्रोत्साहित करने के लिए, दोनों देशों ने व्यापारियों के लिए वीज़ा प्रक्रियाओं को सरल बनाने हेतु 24 दिसंबर, 2015 को प्रोटोकॉल पर हस्ताक्षर किए। दिसंबर 2014 में, दोनों देशों के नेताओं ने 2025 तक US$30 बिलियन के द्विपक्षीय व्यापार का लक्ष्य निर्धारित किया। 2015 में द्विपक्षीय व्यापार US$7.83 बिलियन (2015 से 17.74 प्रतिशत की गिरावट) था, जबकि भारतीय निर्यात US$2.26 बिलियन और रूस से आयात US$5.57 बिलियन रहा था। भारत से निर्यात की जाने वाली प्रमुख वस्तुओं में फार्मास्यूटिकल्स, चाय, कॉफी व तंबाकू, परमाणु रिएक्टर और बॉयलर, मशीनरी एवं यांत्रिक उपकरण, कार्बनिक रसायन, तथा विद्युत मशीनरी एवं उपकरण शामिल हैं। रूस से आयात की जाने वाली प्रमुख वस्तुओं में मोती, बहुमूल्य एवं अर्ध-बहुमूल्य पत्थर और धातुएं, परमाणु ऊर्जा उपकरण, विद्युत मशीनरी एवं उपकरण, खनिज तेल एवं उत्पाद, लौह एवं इस्पात, तथा ऑप्टिकल, सूक्ष्म व शल्य चिकित्सा उपकरण शामिल हैं।

भारत और रूस, दोनों प्रसरणशील बाज़ार अर्थव्यवस्थाओं का प्रतिनिधित्व करते हैं जिन्होंने हाल के वर्षों में उच्च वृद्धि दर हासिल की है। दोनों पक्षों ने ILTP के समग्र ढांचे के भीतर S&T के क्षेत्र में द्विपक्षीय सहयोग की प्रगति पर संतोष व्यक्त किया है।

दोनों देशों ने परमाणु निरस्त्रीकरण के उद्देश्य से निरस्त्रीकरण एवं बहुपक्षीय वार्ताओं के प्रति सतत गतिविधियों का समर्थन किया है। दोनों पक्षों ने दोहरे उपयोग वाली सामग्रियों एवं प्रौद्योगिकियों के शांतिपूर्ण अनुप्रयोग को प्रतिकूल रूप से प्रभावित किए बिना, निर्यात नियंत्रण की अपनी प्रणाली को और मज़बूत करने के प्रति अपनी प्रतिबद्धता दोहराई।

दोनों पक्षों ने संयुक्त राष्ट्र घोषणापत्र के अनुसार विश्व शांति, सुरक्षा एवं स्थायित्व के संरक्षण में संयुक्त राष्ट्र की महत्त्वपूर्ण भूमिका को स्वीकार किया है। भारत और पाकिस्तान ने घोषणापत्र के उल्लंघन में एकतरफा बल प्रयोग अथवा बल प्रयोग की आशंका के खिलाफ़ विरोध प्रकट किया है।

अंतर्राष्ट्रीय आतंकवाद से उत्पन्न अमंगलसूचक खतरे तथा दोनों देशों और अंतर्राष्ट्रीय शांति, स्थिरता एवं सुरक्षा के लिए खतरे से संबंधित घटनाओं पर, भारत और रूसी संघ के विचारों में पूरी तरह एकरूपता थी। दोनों पक्षों ने गहरी चिंता के साथ, आतंकवादी संगठनों के बढ़ते अंतर्राष्ट्रीय संबंधों तथा आतंकवाद का समर्थन करने में हथियारों एवं मादक पदार्थों के संगठित अंतर्राष्ट्रीय अपराध व अवैध व्यापार की भूमिका का उल्लेख किया। दोनों पक्षों ने इस बात का भी उल्लेख किया कि, अंतर्राष्ट्रीय आतंकवाद का मुकाबला करने में सहयोग उनके रणनीतिक द्विपक्षीय संबंधों की एक महत्त्वपूर्ण आधारशिला है।

मित्रता, विश्वास और आत्मविश्वास एवं हितों की समानता पर आधारित स्थायी संबंध, भारत और रूस को एक निष्कपट वैश्विक व्यवस्था के विकास में योगदान देने की अद्वितीय क्षमता प्रदान करते हैं, जो स्थिर, सुरक्षित, न्यायसंगत एवं संवहनीय होगा, तथा संयुक्त राष्ट्र की घोषणा पत्र एवं अंतर्राष्ट्रीय क़ानून के प्रति उचित सम्मान पर आधारित होगा। इस लक्ष्य को पूरा करने के लिए, दोनों पक्षों ने प्रासंगिक अंतर्राष्ट्रीय संस्थानों एवं तंत्र को मज़बूत करने की दिशा में प्रयास किया है। दोनों देशों ने इस बात की पुनः पुष्टि की है कि, अंतर्राष्ट्रीय समुदाय को संयुक्त राष्ट्र और बहुपक्षवाद के प्रति पूरी तरह प्रतिबद्ध होने की आवश्यकता है। शीत युद्ध के बाद की दुनिया में अंतर्राष्ट्रीय सुरक्षा को बढ़ावा देने के लिए दोनों देशों ने संयुक्त राष्ट्र की केंद्रीय भूमिका के सुदृढ़ीकरण का पक्ष समर्थन किया। वे संयुक्त राष्ट्र और उसके प्रमुख निकाय, सुरक्षा परिषद की दक्षता बढ़ाने तथा समकालीन भू-राजनीतिक एवं आर्थिक वास्तविकताओं को अधिक बेहतर ढंग से प्रतिबिंबित करने और संयुक्त राष्ट्र के सदस्यों के विशाल बहुमत के हितों के

अधिक प्रतिनिधियों को प्रस्तुत करने के पक्षधर रहे हैं। इस संदर्भ में, रूस ने विस्तारित संयुक्त राष्ट्र सुरक्षा परिषद में स्थायी सदस्यता के लिए भारत को एक मज़बूत और उपयुक्त उम्मीदवार के रूप में लगातार अपना समर्थन दिया है।

दोनों देशों ने एक नई सहयोगात्मक सुरक्षा प्रणाली की दिशा में काम करने की अपनी वचनबद्धता दोहराई, जिसने सभी देशों के वैध सुरक्षा हितों को मान्यता दी और वैश्विक शांति एवं स्थायित्व को प्रोत्साहन दिया तथा अप्रसार एवं निरस्त्रीकरण लक्ष्यों को मज़बूत किया। भारत और रूस का दृढ़ विश्वास है कि, परमाणु हथियारों में कमी एवं इनके संभावित उन्मूलन सहित निरस्त्रीकरण की प्रक्रिया को बढ़ावा देना, एशिया के साथ-साथ पूरे विश्व में सुरक्षा के सबसे महत्त्वपूर्ण घटकों में से एक है। दोनों देश आतंकवाद, अलगाववाद और अतिवाद के खिलाफ़ लड़ाई में सहयोग को मज़बूत करने के लिए पूरी तरह से दृढ़ संकल्पित हैं, और मानते हैं कि इन घटनाओं को संगठित अपराध समूहों तथा अवैध हथियार एवं मादक पदार्थों की तस्करी करने वालों से समर्थन प्राप्त होता है। दोनों देशों ने इन्हें वैश्विक ख़तरों के तौर पर देखा है, जिसका सामना अंतर्राष्ट्रीय समुदाय के सामूहिक, व्यापक, दृढ़प्रतिज्ञ एवं सतत प्रयासों के जरिए प्रभावी ढंग से किया जा सकता है। भारत और रूस इस प्रस्ताव को लागू करने के लिए पूरी तरह से प्रतिबद्ध रहे हैं तथा अंतर्राष्ट्रीय आतंकवाद पर व्यापक सम्मेलन एवं परमाणु आतंकवाद संबंधी कृत्यों के दमन हेतु सम्मेलन पर तत्काल समझौता किए जाने एवं लागू किए जाने की आवश्यकता पर बल दिया है।

दोनों देश आतंकवाद से निपटने के लिए द्विपक्षीय सहयोग बढ़ाने के लिए सहमत हुए हैं, जिसमें अफगानिस्तान पर JWG के तत्वाधान में इस संदर्भ में सहयोग के साथ-साथ भारतीय राष्ट्रीय सुरक्षा परिषद एवं रूसी सुरक्षा परिषद द्वारा आतंकवाद पर समूह का गठन शामिल है। आतंकवाद पर भारत-रूसी संयुक्त कार्य दल के गठन के समझौते से इस क्षेत्र में सहयोग को और मज़बूत करने की संभावना काफी बढ़ गई है।

रक्षा सहयोग के क्षेत्रों में, भारत और रूस के बीच का सहयोग दीर्घकालिक एवं व्यापक रहा है। भारत-रूस सैन्य तकनीकी सहयोग एक सरल क्रेता-विक्रेता के ढांचे से विकसित हुआ है, जिसमें उन्नत अनुसंधान प्रौद्योगिकियों व प्रणालियों के क्षेत्र में संयुक्त अनुसंधान, विकास और उत्पादन शामिल हैं। ब्राह्मोस मिसाइल प्रणाली, पांचवीं पीढ़ी के लड़ाकू विमान के संयुक्त अभिकल्पन एवं विकास के साथ-साथ भारत में SU-30 विमान व T-90 टैंक के लाइसेंस प्राप्त उत्पादन, इस तरह के उत्कृष्ट सहयोग के उदाहरण हैं। जून 2014 में, प्रधानमंत्री मोदी ने गोवा के तट पर एक विशेष समारोह में रूस निर्मित विमान-वाहक पोत INS विक्रमादित्य को राष्ट्र को समर्पित किया। दोनों देश प्रतिवर्ष अपनी सशस्त्र सेनाओं के बीच विनिमय एवं प्रशिक्षण अभ्यास भी करते हैं। द्वितीय विश्व युद्ध में विजय की 70वीं वर्षगांठ के उपलक्ष्य में 9 मई, 2015 को मास्को में आयोजित सैनिक परेड में भारतीय सैन्य दल ने भी भाग लिया। दोनों देशों के रक्षा मंत्रियों की सह-अध्यक्षता वाले सैन्य-तकनीकी सहयोग पर अंतर-सरकारी आयोग (IRIGC-MTC), तथा इसके कार्य दल एवं उप-समूह द्वारा दोनों देशों के बीच रक्षा सहयोग की समीक्षा की जाती है। भारतीय रक्षा मंत्री ने 2 नवंबर, 2015 को IRIGC-MTC के 15वें सत्र के लिए मॉस्को का दौरा किया। दिसंबर 2014 में, दोनों सरकारों ने रूसी संघ के रक्षा मंत्रालय के सैन्य शैक्षिक प्रतिष्ठानों में भारतीय सशस्त्र बलों के कर्मियों के प्रशिक्षण हेतु समझौते पर हस्ताक्षर किए। 24 दिसंबर, 2015 को वार्षिक शिखर सम्मेलन में, भारत में Ka-226 हेलीकॉप्टर के निर्माण हेतु दोनों सरकारों के बीच एक समझौते पर हस्ताक्षर किए गए, जिसे 'मेक इन इंडिया' पहल के तहत पहली बड़ी रक्षा परियोजना का दर्जा प्राप्त हुआ।

दोनों पक्षों ने इस बात को स्वीकार किया कि, वैश्विक ऊर्जा उत्पादन एवं आपूर्ति को प्रभावित करने वाले कारक राष्ट्रीय हितों के महत्त्वपूर्ण घटक हैं तथा प्रासंगिक तंत्र के माध्यम से इस विषय पर नियमित द्विपक्षीय वार्ता होगी। भारत और रूस ऊर्जा सुरक्षा, संवहनीय विकास एवं पर्यावरण संरक्षण की जरूरतों को ध्यान में रखते हुए, ऊर्जा के सभी क्षेत्रों में सहयोग के सशक्तिकरण हेतु प्रतिबद्ध हैं। परमाणु ऊर्जा के शांतिपूर्ण उपयोग में रूस एक महत्त्वपूर्ण भागीदार है और यह भारत को एक निष्कलंक अप्रसार रिकॉर्ड के साथ उन्नत परमाणु प्रौद्योगिकी वाले देश के रूप में मान्यता देता है। दिसंबर 2014 में, परमाणु ऊर्जा विभाग (DAE) और रूस के रोसोटम ने भारत एवं रूस के बीच परमाणु ऊर्जा के शांतिपूर्ण उपयोग में सहयोग के सशक्तिकरण हेतु रणनीतिक लक्ष्य दस्तावेज पर हस्ताक्षर किए। रूस के सहयोग के साथ भारत में कुडनकुलम परमाणु ऊर्जा संयंत्र (KKNPP) का निर्माण किया जा रहा है। जुलाई 2013 से KKNPP की पहली इकाई का परिचालन प्रारंभ हो गया और इसने 7 जून, 2014 को पूर्ण उत्पादन क्षमता प्राप्त

की, जबकि इसकी दूसरी इकाई का परिचालन अगले वर्ष की शुरुआत में प्रारंभ होगा। भारत और रूस ने KKNPP की तीसरी एवं चौथी इकाई के संदर्भ में एक सामान्य रूपरेखा समझौते पर हस्ताक्षर किए हैं, और इससे संबंधित अनुवर्ती अनुबंध तैयार किए जा रहे हैं। DAE के सचिव ने परमाणु ऊर्जा के शांतिपूर्ण उपयोग के क्षेत्र में व्यापक सहयोग की समीक्षा के लिए 9 जून, 2015 को मॉस्को का दौरा किया। 24 दिसंबर, 2015 को वार्षिक शिखर सम्मेलन के दौरान, भारत में परमाणु उपकरणों के स्थानीयकरण पर भी एक समझौता किया गया।

भारत गणराज्य और रूसी संघ विभिन्न क्षेत्रों में मौजूदा सहयोग के ढांचे के विस्तार एवं सशक्तिकरण तथा आने वाले वर्षों में इसे उच्च स्तर तक ले जाते हुए अपनी रणनीतिक साझेदारी को मजबूत करने पर सहमति प्रकट की है।

19.6 भारत और चीन

19.6.1 राजनीतिक संबंध

भारत 1 अप्रैल, 1950 को चीनी जनवादी गणराज्य (PRC) को मान्यता देने वाले सबसे शुरुआती देशों में से एक था, अर्थात् यह ग़ैर-समाजवादी जगत में दूसरा तथा दक्षिण एशिया में पहला देश था। 1954 में, भारत और चीन ने शांतिपूर्ण सह-अस्तित्व के पांच सिद्धांतों को अनुमोदित किया, जिन्हें पंचशील के नाम से जाना जाता है। पंचशील के पांच सिद्धांत इस प्रकार हैं:

1. एक-दूसरे की क्षेत्रीय अखंडता और संप्रभुता के लिए पारस्परिक सम्मान
2. पारस्परिक ग़ैर-आक्रामकता
3. समानता और पारस्परिक लाभ
4. एक-दूसरे के घरेलू मामलों में पारस्परिक ग़ैर-हस्तक्षेप
5. शांतिपूर्ण सहअस्तित्व

इसके अलावा, पंचशील ने निम्नलिखित की आधारशिला रखी:

1. विश्वास, समानता एवं परस्पर हितों के आधार पर चीन और भारत के बीच लाभकारी संबंधों की बुनियादी
2. शांति एवं न्याय के आधार पर सहयोगात्मक सुरक्षा प्रणाली
3. दोनों देशों के नागरिकों के पारस्परिक लाभ के लिए बेहतर व्यापार, वाणिज्य एवं प्रौद्योगिकी

1962 के चीन-भारत युद्ध को प्रेरित करने वाली परिस्थितियों के कारण द्विपक्षीय संबंधों में गंभीर झटका लगा। इसके बावजूद, भारत और चीन ने 1976 में राजनयिक संबंधों को फिर से बहाल किया। 1979 में तत्कालीन विदेश मंत्री, ए. बी. वाजपेयी ने चीन की ऐतिहासिक यात्रा की, जिससे दो दशकों के बाद उच्चतम राजनीतिक स्तर पर संपर्कों की नए सिरे से शुरुआत हुई।

दिसंबर 1988 में प्रधानमंत्री राजीव गांधी की चीन यात्रा, भारत-चीन संबंधों की दिशा में मील का पत्थर साबित हुई। इसने 28 वर्षों के अंतराल के बाद राजनीतिक वार्ता को फिर से बहाल किया। दोनों पक्ष हर क्षेत्र में द्विपक्षीय संबंधों को विकसित एवं विस्तारित करने पर सहमत हुए। सीमा से जुड़े विवादास्पद मुद्दों निष्पक्ष, तर्कसंगत, यथोचित एवं परस्पर स्वीकार्य समाधान की तलाश के उद्देश्य से एक JWG के गठन पर भी सहमति हुई थी। JWG के कई दौर की बैठकों में आत्मविश्वास निर्माण संबंधी प्रमुख उपायों पर निर्णय लिया गया, जो निम्नानुसार हैं:

1. पूर्वी और पश्चिमी क्षेत्रों में बुम ला दर्रे तथा स्पैंगगुर की खाई की सीमा के संदर्भ में सेनाओं के बीच वर्ष में दो बार बैठकों का आयोजन
2. सैन्य मुख्यालयों के बीच हॉटलाइन की स्थापना
3. पूर्वी एवं पश्चिमी क्षेत्रों के साथ रणनीतिक बिंदुओं पर सेनाओं के बीच संचार व्यवस्था की स्थापना
4. दोनों पक्षों की ओर से स्थानीय कमांडरों के बीच निरंतर बैठकों का आयोजन

5. पूरी सीमा में सैन्य अवस्थितियों पर पारस्परिक पारदर्शिता
6. सीमा पर सैनिकों के संचलन की पूर्व अधिसूचना

JWG (सीमा मुद्दे पर) और संयुक्त आर्थिक समूह (JEG) (आर्थिक व वाणिज्यिक मुद्दों पर) के अलावा, S&T, बाह्य अंतरिक्ष, खनन, रक्षा, कर्मियों और संस्कृति के क्षेत्रों में द्विपक्षीय विनिमय की व्यवस्था है।

1988 के बाद संबंधों में तेजी से सुधार हुआ है। उच्च स्तरीय विनिमय ने दीर्घकालिक एवं बेहतर पड़ोसी संबंधों के विकास के लिए आवश्यक प्रोत्साहन प्रदान किया है। भारत-चीन सीमा क्षेत्र में वास्तविक नियंत्रण रेखा (LAC) के साथ शांति एवं धैर्य को बरकरार रखना समझौते का प्रमुख बिंदु है।

नवंबर 1996 में राष्ट्रपति जियांग जेमिन की राजकीय यात्रा, समकालीन समय में एक चीनी राज्य प्रमुख द्वारा भारत की प्रथम यात्रा थी। उनकी इस यात्रा के दौरान, दोनों देश शेष मतभेदों को दूर करते हुए रचनात्मक, परस्पर लाभकारी एवं सहयोगपूर्ण संबंधों की दिशा में आगे बढ़ने पर सहमत हुए। चार समझौतों पर हस्ताक्षर किए गए, जिनमें भारत-चीन सीमा क्षेत्रों में LAC के साथ सैन्य क्षेत्र में CBMs पर समझौता सर्वाधिक महत्त्वपूर्ण था। प्रत्येक पक्ष निम्नलिखित युक्तियों को अपनाने पर सहमत हुए:

1. LAC का सम्मान करते हुए, सीमा विवाद के पारस्परिक रूप से स्वीकार्य समाधान की तलाश करना एवं लंबित समझौतों को अंतिम रूप देना
2. एक-दूसरे के खिलाफ़ सैन्य शक्ति का उपयोग नहीं करना
3. LAC के दायरे में पारस्परिक रूप से सहमत भौगोलिक क्षेत्रों के भीतर, अपनी संबंधित सैन्य शक्ति एवं हथियारों की प्रमुख श्रेणियों को सीमित या कम करना
4. एक से अधिक डिवीजन को शामिल करते हुए बड़े पैमाने पर सैन्य अभ्यास से परहेज करना
5. पूर्व और पर्याप्त अधिसूचना के बिना, LAC के 10 किमी के दायरे में लड़ाकू विमान की उड़ानों को प्रतिबंधित करना
6. LAC के 2 किमी के दायरे में गोलीबारी, विस्फोट, एवं शिकार को प्रतिबंधित करना
7. सीमा क्षेत्र में निर्दिष्ट स्थानों पर दोनों ओर के सीमा कमांडरों के बीच, नियमित ध्वज बैठक आयोजित करना
8. हांगकांग में भारतीय वाणिज्य दूतावास के अनुरक्षण एवं सुरक्षा से संबंधित समझौता
9. मादक पदार्थों की तस्करी एवं संबंधित अपराधों का मुकाबला करने में समझौता
10. सामुद्रिक परिवहन पर समझौता और बंदरगाहों पर एक-दूसरे के जहाजों के साथ सबसे पसंदीदा राष्ट्र (MFN) की तरह व्यवहार के दायरे का विस्तार

मई 1998 में भारत के पोखरण-II परमाणु परीक्षणों के बाद द्विपक्षीय संबंधों को झटका लगा। 1999 की शुरुआत में, दोनों देशों ने आधिकारिक स्तर की बातचीत फिर से शुरू करने की दिशा में प्रयास किए, और इसके बाद फरवरी 1999 में दोनों पक्षों के विदेश मंत्रियों ने बातचीत की। दोनों पक्षों ने दोहराया कि वे एक-दूसरे के लिए एक संभावित ख़तरा नहीं हैं।

वाणिज्य एवं उद्योग मंत्री, मुरासोली मारन ने फरवरी 2000 में चीन का दौरा किया, और इस दौरान WTO में चीन के अभिगमन के लिए भारत-चीन द्विपक्षीय समझौते पर हस्ताक्षर किए गए। भारत और चीन ने 1 अप्रैल, 2000 को राजनयिक संबंधों की स्थापना की 50वीं वर्षगांठ के उपलक्ष्य में संयुक्त रूप से नई दिल्ली और बीजिंग, दोनों स्थानों पर कार्यक्रम आयोजित किए गए।

मई–जून 2000 में, राष्ट्रपति के .आर. नारायणन ने चीन का दौरा किया। यह पिछले 50 वर्षों में किसी भारतीय राज्य प्रमुख द्वारा चीन की दूसरी यात्रा थी। यह यात्रा बेहद महत्त्वपूर्ण थी, क्योंकि इसके बाद द्विपक्षीय संबंध सामान्य हुए। दोनों राष्ट्रपतियों ने राजनयिक संबंधों की स्थापना की 50वीं वर्षगांठ के उपलक्ष्य में आधिकारिक वार्ता आयोजित की।

चीनी राज्य प्रमुख झू रोंन्जी ने उच्चस्तरीय प्रतिनिधिमंडल के साथ 13–18 जनवरी, 2002 में भारत का दौरा किया, जिसमें श्रम एवं सामाजिक सुरक्षा मंत्री झांग जुओजी तथा MOFTEC मंत्री सी गुआंग्सेंग शामिल थे। इस यात्रा के दौरान पर्यटन में सहयोग,

चीन द्वारा भारत को जल-विज्ञान संबंधी आंकड़े उपलब्ध कराए जाने, बाह्य अंतरिक्ष के शांतिपूर्ण उपयोग, S&T एवं पादप-स्वच्छता उपायों से संबंधित छह समझ ज्ञापन / समझौता ज्ञापन (MoU) पर हस्ताक्षर किए गए।

29 मार्च से 2 अप्रैल, 2002 की अवधि में विदेश मंत्री के रूप में जसवंत सिंह की चीन यात्रा के दौरान, विभिन्न स्तरों पर नियमित बैठकों की स्थापना करने वाली एक संवाद संरचना पर सहमति हुई थी। 28–29 मई, 2002 की अवधि में, बीजिंग में भारत-चीन के गणमान्य व्यक्ति समूह की दूसरी बैठक आयोजित की गई थी। लोकसभा अध्यक्ष मनोहर जोशी ने 5–10 जनवरी, 2003 को चीन की यात्रा की, जिसने दोनों देशों के बीच संसदीय सहयोग को सशक्त बनाने में मदद की।

दोनों देशों के नेताओं ने अंतर्राष्ट्रीय सम्मेलनों के दौरान संपर्क की निरंतरता को बरकरार रखा है। 4 जून, 2002 को अल्माटी में CICA शिखर सम्मेलन के दौरान राष्ट्रपति जियांग जेमिन ने प्रधानमंत्री वाजपेयी से मुलाकात की। 31 मई, 2003 को सेंट पीटर्सबर्ग में पहली बार प्रधानमंत्री वाजपेयी ने नए चीनी राष्ट्रपति हू जिंताओ से मुलाकात की। भारत और चीन, दोनों ने सुरक्षा के मुद्दों, आतंकवाद का प्रतिरोध, एवं नीति नियोजन पर व्यापक चर्चा की है। नियमित आधार पर आयोजित विदेश एवं वाणिज्य मंत्रालयों के बीच परामर्श, दोनों पक्षों के बीच विचारों के स्पष्ट आदान-प्रदान के अवसर प्रदान करते हैं। ट्रैक-II स्तर पर विभिन्न रणनीतिक और विदेश नीति से संबंधित विचारकों के बीच नियमित वार्ता भी होती है।

प्रधानमंत्री ए. बी. वाजपेयी ने 22–27 जून, 2003 को चीन की आधिकारिक यात्रा की। इस दौरान, भारत और चीन के बीच संबंधों एवं व्यापक सहयोग के सिद्धांतों पर संयुक्त घोषणा पत्र के साथ- साथ दस समझौते भी किए गए। यह दोनों देशों के नेताओं द्वारा हस्ताक्षरित इस तरह का पहला संयुक्त दस्तावेज था।

जनवरी 2008 में प्रधानमंत्री डॉ. मनमोहन सिंह की चीन यात्रा के दौरान 'चीन और भारत की 21वीं सदी के लिए एक साझा लक्ष्य' पर हस्ताक्षर किए गए। द्विपक्षीय संबंधों के विकास के की दिशा में यह एक महत्त्वपूर्ण उपलब्धि थी। दोनों देशों ने चिरस्थाई शांति एवं आम समृद्धि के साथ एक सामंजस्य पूर्ण दुनिया के निर्माण हेतु अपनी प्रतिबद्धता प्रकट की, और इस प्रकार, चीन-भारत रणनीतिक साझेदारी को आगे बढ़ाया।

दोनों पक्षों ने रक्षा के क्षेत्र में निरंतर विस्तारित हो रहे संपर्कों के माध्यम से CBMs को बढ़ावा देने के गंभीर प्रयास किए। दोनों पक्षों ने चीन-भारत रक्षा वार्ता के शुभारंभ का स्वागत किया तथा दिसंबर 2007 में दोनों देशों की सशस्त्र सेनाओं के बीच प्रथम आतंकवाद-विरोधी संयुक्त प्रशिक्षण अभ्यास के सफल समापन पर संतुष्टि व्यक्त की। दोनों पक्षों ने, 2002 से दोनों देशों की सीमा में बहने वाली नदियों के क्षेत्र में सहयोग की शुरुआत करते हुए एक मिसाल कायम करने के प्रयासों का भी स्वागत किया। चीन द्वारा बाढ़ के मौसम में जल विज्ञान से संबंधित आंकड़े उपलब्ध कराए जाने से, भारत को किन नदियों के इलाकों में अपनी आबादी को सुरक्षित रखने में मदद मिली है। पारस्परिक समझ एवं विश्वास के निर्माण में इन चरणों ने सकारात्मक योगदान दिया है।

प्रधानमंत्री नरेंद्र मोदी ने 14–16 मई, 2015 को चीन का दौरा किया। यह यात्रा प्रतीकात्मक एवं अर्थपरक थी और इसने भारत-चीन संबंधों में एक नया अध्याय जोड़ा। दोनों सरकारों के बीच 24 समझौतों एवं दोनों देशों के बीच व्यापार के संदर्भ में 26 MoUs पर हस्ताक्षर किए गए, साथ ही जलवायु परिवर्तन के मुद्दे सहित दो संयुक्त वक्तव्य जारी किए गए। भारत और चीन के बीच 50 से अधिक दस्तावेजों पर हस्ताक्षर से इस तथ्य का पता चलता है कि, दोनों देशों के बीच असीम संभावनाएं मौजूद है साथ ही यह साझेदारी को आगे बढ़ाने की दिशा में किए जा रहे प्रयासों को भी उजागर करता है। अंतर-सरकारी समझौतों में अंतरिक्ष सहयोग, भूकंप अभियांत्रिकी, महासागर विज्ञान, खनन, रेलवे, कौशल विकास, शिक्षा, संस्कृति, योग, और पर्यटन के अलावा कई अन्य विषय शामिल थे। इसके अलावा, द्विपक्षीय साझेदारी को व्यापक आधार देने पर सहमत होते हुए एक क्रिया-उन्मुख समझौता किया गया था, जैसा कि हस्ताक्षर किए गए समझौतों की विस्तृत श्रेणी तथा नए संवाद तंत्र की स्थापना में देखा जा सकता है। नव स्थापित संवाद तंत्र के उदाहरणों में चीन के विकास अनुसंधान केंद्र (DRC) एवं भारत के नीति आयोग के बीच संवाद तंत्र तथा WTO वार्ता पर द्विपक्षीय सलाहकार तंत्र के अलावा विचार मंच का गठन शामिल है। दोनों देशों की साझेदारी से तीन नए संस्थान स्थापित किए गए, जिसमें शंघाई में गांधीवादी एवं भारतीय अध्ययन केंद्र, कुनमिंग में योग कॉलेज तथा अहमदाबाद में राष्ट्रीय कौशल विकास एवं उद्यमिता संस्थान शामिल हैं।

दोनों पक्षों ने चेंगडू और चेन्नई में नए वाणिज्य दूतावास स्थापित करने और उप-राष्ट्रीय स्तर पर बातचीत का विस्तार करने का फैसला किया। भारत के विदेश मंत्रालय (MEA) और चीन की साम्यवादी पार्टी की केंद्रीय समिति के अंतर्राष्ट्रीय विभाग के बीच समझौते के साथ-साथ, राज्य/ प्रांतीय नेताओं के फोरम के गठन से संबंधित समझौते पर हस्ताक्षर किए गए, जो इस समझ को प्रतिबिंबित करता है। प्रधानमंत्री मोदी एवं राज्य प्रमुख ली ने 15 मई, 2015 को बीजिंग में नए फोरम के उद्घाटन सत्र को संबोधित किया, जो कि एक महत्त्वपूर्ण पहल है, क्योंकि पहली बार भारत ने किसी भी देश के साथ इस तरह के वार्ता तंत्र की स्थापना की है। कर्नाटक एवं सिचुआन, चेन्नई एवं चोंगक्विंग, हैदराबाद एवं क्विंगदाओ तथा औरंगाबाद एवं डुनुआंग के बीच बहन-शहर और बहन-राज्य से संबंधित कई समझौतों पर भी हस्ताक्षर किए गए। प्रधानमंत्री मोदी ने भारत आगमन की इच्छा रखने वाले चीनी यात्रियों नागरिकों के लिए ई-वीजा सुविधा के विस्तार की भी घोषणा की। नेताओं के बीच एक समझौता हुआ कि, दोनों देशों के बीच का संबंध 21वीं सदी में एशिया एवं इससे परे एक परिभाषित भूमिका निभाने के लिए तैयार है। इस बात को भी स्वीकार किया गया कि, दो महाशक्तियों के रूप में भारत और चीन के एक साथ नए सिरे से अभ्युदय का इस सदी की गतिविधियों पर गहरा असर होगा। संयुक्त वक्तव्य में 'क्षेत्रीय एवं वैश्विक कार्य सूची को आकार देने' पर एक अलग खंड है, जहां वैश्विक संरचना में दो प्रमुख ध्रुवों के रूप में भारत और चीन, WTO, जलवायु परिवर्तन और आतंकवाद से लेकर क्षेत्रीय संगठनों के कई मुद्दों पर सहयोग करने के लिए सहमत हुए हैं।

2014 में भारत-चीन द्विपक्षीय व्यापार US$70.25 बिलियन था। भारत द्वारा चीन को किया गया निर्यात US$11.98 बिलियन था, जबकि चीन का निर्यात US$58.27 बिलियन था, जिसके परिणामस्वरूप US$46.29 बिलियन (अनंतिम आंकड़े) का व्यापार घाटा हुआ। भारत-चीन द्विपक्षीय व्यापार, जो कि 2000 में US$2.92 बिलियन था, 2008 में US$41.85 बिलियन तक पहुंच गया, जिससे संयुक्त राज्य की जगह चीन भारत का सबसे बड़ा व्यापारिक साझेदार बन गया। 2011 में, द्विपक्षीय व्यापार US$69.37 बिलियन था। 2011 में भारत द्वारा चीन को किया गया निर्यात US$16.54 बिलियन था और चीन का निर्यात US$52.83 बिलियन तक पहुंच गया था। 2011 में भारत के लिए व्यापार घाटा US$36.28 बिलियन था। 2012 के लिए भारत और दुनिया के साथ चीन का व्यापार, कम खपत और व्यापार खंडों में धीमी वृद्धि के साथ वैश्विक आर्थिक मंदी के रुझानों को दर्शाता है। 2012 में व्यापारिक वस्तुओं के क्षेत्र में भारत-चीन का कुल व्यापार US$66.75 बिलियन था, जो गिरावट दर्ज कर रहा था। 2012 में भारत द्वारा चीन को किया गया निर्यात US$14.87 बिलियन तक पहुंच गया, जबकि 2011 के आंकड़े में गिरावट दर्ज करते हुए कुल आयात US$51.88 बिलियन तक पहुंच गया। 2012 में भारत के लिए व्यापार घाटा US$37.01 बिलियन था। 2013 के लिए भारत-चीन द्विपक्षीय व्यापार US$65.9 बिलियन था। भारत द्वारा चीन को किया गया निर्यात US$14.50 बिलियन तक पहुंच गया, जबकि चीन का निर्यात US$51.38 बिलियन था, जिसके परिणामस्वरूप US$36.88 बिलियन का व्यापार घाटा हुआ (तालिका 19.1 और 19.2 देखें)।

तालिका 19.1 द्विपक्षीय व्यापार **के आंकड़े (कैलेंडर वर्ष)**

वर्ष	चीन को निर्यात	चीन से आयात	व्यापार घाटा
2009	10.13	28.78	-18.65
2010	14.58	42.26	-27.67
2011	16.54	52.83	-36.28
2012	14.87	51.88	-.37.01
2013	14.50	51.38	-.36.88
2014(P)	11.98	58.27	-46.29

स्रोत: वाणिज्यिक आसूचना और सांख्यिकी महानिदेशालय

ध्यान दें: : आंकड़े US$ बिलियन में हैं।

तालिका 19.2 द्विपक्षीय व्यापार **के आंकड़े (वित्त-वर्ष)**

वर्ष	चीन को निर्यात	वृद्धि (%)	चीन से आयात	वृद्धि (%)	व्यापार घाटा
2009–10	11.61	24.21	30.82	-5.15	19.21
2010–11	15.5	33.27	43.5	41.06	28
2011–12	18.01	16.75	54.7	27.22	36.57
2012–13	13.57	-25.12	52.24	-5.54	38.66
2013–14	14.82	9.53	51.03	-2.32	36.21

स्रोत: वाणिज्यिक आसूचना और सांख्यिकी महानिदेशालय

ध्यान दें:: आंकड़े US$ बिलियन में हैं।

तिब्बत के मुद्दे, अरुणाचल प्रदेश की स्थिति, सिक्किम के भारतीय संघ में प्रवेश एवं इसी प्रकार के अन्य सामरिक मुद्दों पर चीन और भारत, दोनों के नेताओं के बीच सक्रियतापूर्ण बातचीत जारी है तथा पारस्परिक रूप से इनके समाधान की दिशा में प्रयास किया जा रहा है।

19.7 भारत और अन्य क्षेत्र

19.7.1 भारत और यूरोपीय संघ

1960 के दशक के आरंभ में यूरोपीय संघ-भारत संबंधों की शुरुआत हुई। भारत यूरोपीय आर्थिक समुदाय के साथ राजनयिक संबंध स्थापित करने वाले पहले देशों में से एक है। इसके बाद, 1973 एवं 1981 में द्विपक्षीय समझौतों पर हस्ताक्षर किए गए। 1994 का सहयोग समझौता — जिस पर 20 दिसंबर, 1993 को हस्ताक्षर किए गए — तीसरे पीढ़ी का एक व्यापक समझौता है, जिसमें व्यापार एवं आर्थिक सहयोग से परे मौजूद मुद्दों को भी शामिल किया गया। यूरोपीय संघ के साथ भारत की साझेदारी साझा मूल्यों तथा लोकतंत्र, बहुलवाद, बहु-केंद्रवाद, मानवाधिकार और धार्मिक स्वतंत्रता के प्रति सामान्य प्रतिबद्धता पर आधारित है।

एक संयुक्त राजनीतिक वक्तव्य, यूरोपीय संघ-भारत राजनीतिक वार्ता का संस्थागत आधार है, जिस पर तीसरी पीढ़ी के सहयोग समझौते के साथ-साथ हस्ताक्षर किया गया था। जून 1996 के 'यूरोपीय संघ-भारत उन्नत भागीदारी' के लिए आयोग संचार इस दिशा में एक कदम आगे था, और इसने आयोग को यूरोपीय संघ-भारत संबंधों में सबसे प्रमुख स्थान दिलाया। 16 जून, 2004 का आयोग संचार इस दिशा में एक और मील का पत्थर था, क्योंकि यह संबंधों को रणनीतिक साझेदारी के तौर पर उन्नत करने हेतु सुदृढ़ प्रस्ताव निर्धारित करता है। परिषद ने 11 अक्टूबर, 2004 के अपने निष्कर्षों में आयोग के दृष्टिकोण का समर्थन किया। रणनीतिक साझेदारी शुरू करने और एक कार्य-योजना को लागू करने के लिए, नवंबर 2004 में आयोजित हेग शिखर सम्मेलन में समझौते ने द्विपक्षीय संबंधों में एक और बड़ी छलांग की पृष्ठभूमि तैयार कर दी। 7 सितंबर, 2004 को दिल्ली में छठे शिखर सम्मेलन में जिस कार्य-योजना पर सहमति बनी, उसमें उन क्षेत्रों की स्पष्ट व्याख्या की गई है जहां यूरोपीय संघ और भारत दुनिया भर में राजनीतिक, आर्थिक एवं सामाजिक विकास में सक्रिय और प्रभावशाली भूमिका निभा सकते हैं।

19.7.2 आर्थिक एवं विकास सहयोग

1994 के सहयोग समझौते के अंतर्गत केंद्रीय तंत्र के रूप में EC-भारत संयुक्त आयोग की व्यवस्था की गई है, जो भारत और EC के बीच सहयोग गतिविधियों की पूरी श्रृंखला की निगरानी और मार्गदर्शन करता है। व्यापार, आर्थिक सहयोग एवं विकास सहयोग पर तीन अलग-अलग उप-आयोग गठित किए गए हैं, जो एक अधिक व्यापक कार्यसूची को समाविष्ट करते हैं। ये उप-आयोग सीधे संयुक्त आयोग को रिपोर्ट करते हैं।

यूरोपीय संघ-भारत संयुक्त आयोग की बैठक ने यूरोपीय संघ-भारत शिखर सम्मेलन में अपनाई गई 'संयुक्त कार्य योजना' की प्रतिबद्धताओं को कार्यान्वित करने के प्रति भारत और यूरोपीय संघ के दृढ़ संकल्प की पुष्टि की। यूरोपीय संघ-भारत समुद्री परिवहन पर समझौता वार्ता; एक क्षैतिज नागरिक उड्डयन समझौते पर विचार-विमर्श; नव स्थापित 'यूरोपीय संघ-भारत CEO गोलमेज'

के सदस्यों के पद पर नियुक्ति; रोजगार और सामाजिक मामलों पर यूरोपीय संघ-भारत वार्ता; औद्योगिक नीति के मुद्दों; बौद्धिक संपदा अधिकारों की सुरक्षा; पर्यावरण एवं जलवायु परिवर्तन पर द्विपक्षीय सहयोग; S&T; शिक्षा, नागरिक समाज आदान-प्रदान एवं सांस्कृतिक सहयोग; और भारत को EC विकास सहायता हेतु कार्यक्रम निर्माण, जैसे विभिन्न मुद्दों पर व्यापक समझौता किया गया। संयुक्त आयोग, नियमित आधार पर संयुक्त कार्य योजना के कार्यान्वयन की निगरानी करने के लिए एक द्विपक्षीय तदर्थ कार्य संचालन समूह के गठन पर सहमत हो गया।

अक्टूबर 2006 के हेलसिंकी शिखर सम्मेलन ने, यूरोपीय संघ-भारत के व्यापार और वाणिज्य को इष्टतम क्षमता तक पहुंचने की कल्पना के साथ इसे बढ़ावा देने के लिए द्विपक्षीय FTA का गठन किया। नागरिक उड्डयन, समुद्री परिवहन और नवीकरणीय ऊर्जा जैसे क्षेत्रों में महत्त्वपूर्ण प्रगति के साथ, यूरोपीय संघ और भारत के बीच राजनीतिक वार्ता ऊर्जा व पर्यावरण से लेकर परिवहन और रोजगार तक के मुद्दों पर सीमित थी। यूरोपीय संघ व भारत ने समेकित प्रयास किया और दुनिया की दो सबसे बड़ी लोकतंत्रों ने शांति एवं सुरक्षा, शासन प्रणाली एवं जलवायु परिवर्तन जैसे वैश्विक चुनौतियों को संबोधित करने में एक बड़ा प्रभाव डालने का प्रयास किया।

बाह्य संबंध एवं यूरोपीय पड़ोस नीति के आयुक्त, बेनिता फेरेरो वाल्डनर तथा व्यापार आयुक्त, पीटर मंडेल्सन ने भारत को एक वैश्विक खिलाड़ी के रूप में और दक्षिण एशिया में एक महत्त्वपूर्ण भागीदार के तौर पर असीम संभावनाओं वाले देश के रूप में चित्रित किया है। भारत के सफलतापूर्वक आर्थिक संक्रमण को स्वीकार करते हुए सहयोग कार्यक्रमों को विकसित करने पर केंद्रित किया गया, और इस प्रकार MDGs को एक विश्वसनीय एवं रचनात्मक तरीके से प्राप्त करने के इसके प्रयासों को समर्थन प्रदान किया गया। इस दो तरफा उपागम के लिए, यूरोपीय संघ ने 2007 से 2013 के बीच भारत में नई सहयोग परियोजनाओं के लिए € 470 मिलियन की राशि निर्धारित की।

1990 के दशक से, भारत-यूरोपीय संघ द्विपक्षीय संबंध वाणिज्यिक वस्तुओं के व्यापार, ज्यादातर पारंपरिक क्षेत्रों में, तथा रणनीतिक साझेदारी के लिए विकास और आर्थिक सहयोग से आगे बढ़ चुका है। आज, मुख्य व्यापार, निवेश और सहयोग के मुद्दों के अलावा, द्विपक्षीय संबंधों के अंतर्गत ऊर्जा व पर्यावरण, जलवायु परिवर्तन एवं संस्कृति, नागरिक समाज स्तर पर नियमित आदान-प्रदान तथा EU एवं भारत के संसद सदस्यों के ज्वलंत मुद्दों पर निरंतर नीतिगत संवाद शामिल हैं।

यूरोपीय संघ भारत का मुख्य व्यापारिक भागीदार है, जो इसके कुल व्यापार का पांचवां हिस्सा है, साथ ही यह भारत में वास्तविक FDI का सबसे बड़ा स्रोत है। 2006 में वाणिज्यिक वस्तुओं का द्विपक्षीय व्यापार €46 बिलियन तक पहुंच गया। यूरोपीय संघ विकास एवं आर्थिक सहयोग में भारत के अग्रणी भागीदारों में से एक है। संयुक्त राष्ट्र या WTO में दोनों देश बहुपक्षीय स्तर पर नियमित रूप से सहयोग करते हैं। यूरोपीय संघ SAARC के नेतृत्व में दक्षिण एशिया में क्षेत्रीय सहयोग की दिशा में प्रयासों का समर्थन करता है। भारत हाल ही में एशिया-यूरोप बैठक (ASEM) में शामिल हो गया है, जो पारस्परिक हितों एवं चिंता के मुद्दों पर दोनों पक्षों के साथ मिलकर काम करने के लिए एक नया मंच प्रदान करता है।

S&T के क्षेत्र में सहयोग तेजी से बढ़ रहा है। वर्तमान में, पर्यावरण, ऊर्जा, वस्तुओं, नैनो टेक्नोलॉजी, कृषि व जैव प्रौद्योगिकी के क्षेत्र में नए सिरे से संयुक्त सहयोग पहल की शुरुआत की जा रही है।

जर्मनी, यूनाइटेड किंग्डम और बेल्जियम भारत के मुख्य EU व्यापारिक भागीदार हैं। 2000 से 2006 के बीच, भारत के साथ वाणिज्यिक वस्तुओं के क्षेत्र में EU का व्यापार लगभग 80 प्रतिशत बढ़ गया, जिसमें निर्यात €14 बिलियन से बढ़कर €25 बिलियन हो गया, जबकि आयात €13 बिलियन से €23 बिलियन हो गया। नतीजतन, EU के साथ भारत का व्यापार घाटा 2000 में €1 बिलियन से बढ़कर 2006 में €2 बिलियन हो गया। 2006 में, यूरोपीय संघ के निर्यात में भारत की हिस्सेदारी 2.1 प्रतिशत और यूरोपीय संघ के आयात में 1.7 प्रतिशत हिस्सेदारी थी।

यूरोपीय संघ के सदस्य देशों में, 2006 में जर्मनी (€6.3 बिलियन या समग्रतः 26 प्रतिशत) भारत का सबसे बड़ा निर्यातक था, इसके बाद बेल्जियम (€4.6 बिलियन या 19 प्रतिशत) और यूनाइटेड किंग्डम (€4.0 बिलियन या 16 प्रतिशत) था। यूनाइटेड किंग्डम (€4.5 बिलियन या 20 प्रतिशत) सबसे बड़ा आयातक था, इसके बाद जर्मनी (€3.9 बिलियन या 17 प्रतिशत), बेल्जियम

और इटली (€3.0 बिलियन या 13 प्रतिशत प्रत्येक) था। 2006 में, भारत के साथ व्यापार में सबसे बड़ा अधिशेष जर्मनी (+€2.5 बिलियन) के साथ था और स्पेन के साथ सबसे बड़ा व्यापार घाटा (-€1.2 बिलियन) हुआ था। 2006 में यूरोपीय संघ के भारत को किए गए लगभग 80 प्रतिशत में मशीनरी एवं वाहन तथा अन्य विनिर्मित वस्तुएं शामिल थीं, अन्य विनिर्मित वस्तुओं की आयात में हिस्सेदारी लगभग 60 प्रतिशत से अधिक थी। इसके अलावा, यूरोपीय संघ के भारत को निर्यात में मुख्यतः अपरिष्कृत हीरे और एयरक्राफ्ट शामिल थे, जबकि हीरे और कपड़े मुख्य आयातित वस्तुएं थीं।

संक्षेप में, यूरोपीय संघ द्वारा निम्नलिखित तरीकों से भारत में योगदान करने की पेशकश की जाती है:

- आर्थिक सुधारों, छोटे एवं मध्यम व्यापार क्षेत्र तथा स्थिर एवं निरंतर बाज़ार अर्थव्यवस्था को सुदृढ़ करना
- एक जीवंत लोकतंत्र, सांस्कृतिक विविधता, धर्मनिरपेक्षता, बहुलवाद तथा विधि के शासन के आधार पर एक वास्तविक सामाजिक, संरचनात्मक एवं राजनीतिक परिवर्तन की दिशा में भारत के सतत प्रयासों में सहायता करना
- वैश्विक स्तर पर आतंकवाद का मुकाबला करने में भारत के साथ सहयोग करना
- सक्रिय रूप से अंतर्राष्ट्रीय राजनीतिक अर्थव्यवस्था और वैश्वीकरण की प्रक्रिया में भारत के एकीकरण का समर्थन करना
- ग़रीबी को कम करना एवं ग्रामीण इलाकों में स्व-सहायता उपायों की शुरूआत करना और जमीनी स्तर पर लोकतांत्रिक व्यवस्था को सुदृढ़ बनाना
- भारत और यूरोपीय संघ के बीच बातचीत की प्रक्रिया को सतत बनाने के उद्देश्य से, समाज में सकारात्मक परिवर्तन के एजेंट के रूप में मध्यस्थों के विकास को बढ़ावा देना

28 देशों के एक समूह के रूप में, EU भारत का सबसे बड़ा क्षेत्रीय व्यापारिक साझेदार है, जबकि भारत 2014 में EU का नौवां सबसे बड़ा व्यापारिक साझेदार था। 2013 में €72.66 बिलियन की तुलना में 2014 में हमारा द्विपक्षीय व्यापार €72.52 बिलियन था, और इस प्रकार 2013 की तुलना में 2014 में 0.20 प्रतिशत की मामूली गिरावट दर्ज की गई। 2013 में €36.84 बिलियन की तुलना में EU के लिए भारतीय निर्यात €37.07 बिलियन था, जो 1.03 प्रतिशत की वृद्धि को दर्शाता है, जबकि 2013 में €35.82 बिलियन की तुलना में 2014 में EU से भारत का आयात €35.45 बिलियन था, जो 0.63 प्रतिशत की गिरावट को दर्शाता है। 2013 में €1.02 बिलियन की तुलना में वाणिज्यिक वस्तुओं का व्यापार भारत के पक्ष में रहा था जो 2014 में भी €0.6 बिलियन की वृद्धि के साथ €1.62 बिलियन तक पहुंच गया।[1]

19.7.3 भारत और पश्चिम एशिया

पश्चिम एशिया के प्रमुख देशों के साथ भारत के संबंध मज़बूत रहे हैं और इस में निरंतर प्रगति हो रही है। भौगोलिक निकटता, संस्कृति, धर्म तथा लोगों के आवागमन एवं वाणिज्यिक मेल-जोल व अन्य क्षेत्रों में ऐतिहासिक संबंधों के कारण ऐसा संभव हो पाया है। गुट-निरपेक्षता की अवधारणा, सैन्य गुटों का विरोध, सभी औपनिवेशिक लोगों के स्वभाग्यनिर्णय का अधिकार, जैसे कुछ मूल सिद्धांतों ने पश्चिम एशिया के साथ भारत के संबंधों को आकार दिया है। पश्चिम एशिया के देशों ने, भारत को एक शक्तिशाली एवं असीम संभावनाओं वाले देश के तौर पर स्वीकार किया है। इस संदर्भ में, पश्चिम एशियाई क्षेत्र, अर्थात्, सऊदी अरब, UAE और इज़राइल के तीन प्रमुख देशों के साथ भारत के संबंधों की जांच और मूल्यांकन करना जरूरी है।

19.7.4 भारत-सऊदी अरब

भारत-सऊदी के बीच के संबंध बहुआयामी और सौहार्दपूर्ण रहे हैं। 2007 में, भारत और सऊदी अरब ने नई दिल्ली में प्रधानमंत्री डॉ. मनमोहन सिंह और सऊदी सुल्तान अब्दुल्ला की उपस्थिति में चार समझौते पर हस्ताक्षर किए। इन समझौतों के अंतर्गत (a) अपराध से निपटने पर MoU, (b) दोहरे कराधान से बचने पर समझौता, (c) द्विपक्षीय निवेश संरक्षण से संबंधित समझौता,

[1] http://www.mea.gov.in/Portal/ForeignRelation/India-EU_Relations_Website_Brief_-July_16__2015.pdf (20 अगस्त 2017 को देखा गया)।

और (d) युवाओं एवं खेल के क्षेत्र में सहयोग के लिए समझौता शामिल हैं। 2–3 अप्रैल, 2016 को प्रधानमंत्री नरेंद्र मोदी की रियाद यात्रा को सऊदी अरब के साथ बढ़ती भागीदारी में एक महत्त्वपूर्ण मोड़ माना जा सकता है, जिसने ऊर्ध्वाधर रणनीतिक विकास को गतिशीलता प्रदान की है।

भारत और सऊदी अरब के बीच कई शताब्दियों से व्यापारिक संबंध रहे हैं। आज, द्विपक्षीय व्यापारिक संबंधों को व्यापारिक प्रतिनिधिमंडल के नियमित आवागमन सहित निरंतर बातचीत एवं सहयोग के जरिए लगातार विस्तारित किया जा रहा है। एक प्रमुख व्यापारिक भागीदार होने के अलावा, भारत सऊदी अरब को निवेश, संयुक्त उद्यम, प्रौद्योगिकी परियोजनाओं के हस्तांतरण और तीसरे देशों में संयुक्त परियोजनाओं के साथ-साथ ज्ञान आधारित उद्योगों के एक महत्त्वपूर्ण आर्थिक साझेदार के रूप में देखता है। सऊदी अरब के लिए भारत चौथा सबसे बड़ा व्यापारिक साझेदार है। भारतीय निर्यात के लिए सऊदी अरब दुनिया का पंद्रहवां सबसे बड़ा बाज़ार है, और यह भारत के वैश्विक निर्यात के 1.76 प्रतिशत से अधिक का गंतव्य स्थल है। दूसरी तरफ, सऊदी अरब भारत के वैश्विक आयात के 5.5 प्रतिशत का स्रोत है।

भारत की अकुशल, अकुशल और अर्द्ध-कुशल श्रमशक्ति की सहायता से विकसित सऊदी अर्थव्यवस्था, भारत-सऊदी संबंधों का एक महत्त्वपूर्ण आयाम है। इन लोगों ने सऊदी अर्थव्यवस्था में अत्यधिक योगदान दिया है, साथ ही भारत-सऊदी द्विपक्षीय संबंधों को मज़बूत बनाने में महत्त्वपूर्ण भूमिका निभाई है। सऊदी अरब में 3 मिलियन से अधिक की विशाल आबादी वाला भारतीय समुदाय, राज्य में सबसे बड़ा प्रवासी समुदाय है और अपनी विशेषज्ञता, अनुशासन की भावना, क़ानून पालन करने एवं शांतिप्रिय स्वभाव के कारण वहां का 'सबसे पसंदीदा समुदाय' है। सऊदी अरब के विकास में भारतीय समुदाय के योगदान को स्वीकार किया जाता है। अप्रैल 2013 में, सुल्तान अब्दुल्ला ने एक अनुग्रह अवधि की घोषणा की, जो अप्रवासी भारतीयों को अनुग्रह अवधि के समापन, अर्थात् 3 नवंबर, 2013 तक निर्धारित समय से ज्यादा रहकर अपनी स्थिति को दुरुस्त करने, नई नौकरी हासिल करने या दंडात्मक कार्यवाही के बगैर देश छोड़ देने की अनुमति देता है। 1.4 मिलियन से अधिक (14 लाखों) भारतीयों ने अनुग्रह अवधि के दौरान रियायतें ली हैं। हज़ तीर्थयात्रा द्विपक्षीय संबंधों का एक और महत्त्वपूर्ण घटक है। 2015 की हज़ यात्रा के दौरान, 136,000 भारतीयों ने हज़ करने के लिए सऊदी का दौरा किया। लगभग 300,000 भारतीय हर साल उमरा करते हैं।

तालिका 19.3 भारत-सऊदी व्यापार **(मिलियन US$ में)**

वर्ष (अप्रैल–मार्च)	सऊदी अरब से आयात	सऊदी अरब को निर्यात	कुल व्यापार	द्विपक्षीय व्यापार में प्रतिशत वृद्धि	भारतीय आयात में प्रतिशत वृद्धि	भारतीय निर्यात में प्रतिशत वृद्धि
2010–11	20,385.28	4,684.40	25,069.68	19.35	19.23	19.90
2011–12	31,817.70	5,683.29	37,500.99	45.59	56.08	21.32
2012–13	33,998.11	9,785.84	43,783.95	16.75	6.85	72.18
2013–14	36,403.65	12,218.96	48,622.61	11.05	7.08	24.86
2014–15	28,107.56	11,161.43	39,268.99	–19.24	–22.79	–8.65
2015–16	20,319.90	6,394.24	26,714.15	–31.97	–27.71	–42.71

स्रोत: वाणिज्य विभाग, भारत सरकार (www.dgft.gov.in)

ज्ञान अर्थव्यवस्था के क्षेत्र में भारत सऊदी अरब को असीम संभावनाओं के साथ संसाधन उपलब्ध करा सकता है, जिसके अंतर्गत 380 से अधिक विश्वविद्यालय, 11,200 कॉलेज एवं 1,500 अनुसंधान संस्थानों के साथ-साथ IT प्रशिक्षितों का समूह शामिल है, जिसकी संख्या 1986 के 6,800 की तुलना में 2003 में बढ़कर 650,000 तथा 2010 में 2 मिलियन से अधिक हो गई है।

आज, भारत-सऊदी व्यापारिक संबंधों का दृढ़तापूर्वक विकास हो रहा है, जो दोनों अर्थव्यवस्थाओं की निहित शक्ति एवं अनुपूरक प्रकृति का प्रतीक है। विभिन्न उच्च स्तरीय संवादों ने रचनात्मक, पारस्परिक रूप से लाभप्रद संबंधों के लिए एक ठोस आधार पैदा किया है। भारत-सऊदी व्यापार और राजनीतिक संबंधों का दृष्टिकोण बहुत ही आशाजनक है (तालिका 19.3 देखें)।

19.7.5 भारत-UAE

3000 BC के बाद से ही, सात अमीरात के समूह से मिलकर बने क्षेत्र, अर्थात् UAE के साथ भारत के सामाजिक एवं व्यापारिक संपर्क रहे हैं। भारत और UAE के बीच संबंध पारंपरिक तौर पर घनिष्ठ एवं मित्रतापूर्ण रहा है, साथ ही राजनीतिक, आर्थिक और सांस्कृतिक संबंधों की बुनियाद बेहद ठोस है। लोगों के बीच आपसी संपर्क तथा विनिमय के आधार पर खजूर एवं मोतियों के बदले भारत से कपड़े एवं मसाले का आयात सदियों से होता आ रहा है। शारजाह, आबू-धाबी और दुबई भारत के पश्चिमी तट एवं विशेष रूप से मालाबार तट के साथ व्यापार के लिए मुख्य केंद्र थे।

नियमित उच्च स्तरीय बातचीत के परिणामस्वरूप द्विपक्षीय संबंधों का निरंतर विकास हो रहा है। आज, UAE एक मिलियन से अधिक भारतीयों का घर है। UAE में एक बड़ा प्रवासी भारतीय समुदाय रहता है और आर्थिक रूप से उत्पादक गतिविधियों में संलग्न है। दोनों पक्षों के बीच कई समझौतों व MoUs पर हस्ताक्षर किए गए, जिसके अंतर्गत औद्योगिक संबंधों के विकास की रूपरेखा पर समझौता; आयकर पर करों के संबंध में दोहरे कराधान एवं वित्तीय अपवंचन की रोकथाम के लिए समझौते में संशोधन हेतु प्रोटोकॉल; भारतीय मानक ब्यूरो (BIS) तथा अमीरात मानकीकरण एवं मापविद्या प्राधिकरण (ESMA) के बीच तकनीकी सहयोग के लिए MoU; परीक्षण के लिए राष्ट्रीय प्रत्यायन बोर्ड तथा अंशांकन प्रयोगशालाओं एवं ESMA के बीच प्रत्यायन गतिविधियों में तकनीकी सहयोग के लिए MoU; तथा सूचना के आदान-प्रदान पर सहायता एवं पारस्परिक सहयोग के लिए भारतीय प्रतिभूति एवं विनिमय बोर्ड और अमीरात प्रतिभूति एवं पण्य वस्तु प्राधिकरण के बीच MoU शामिल हैं।

19.7.5.1 महत्त्वपूर्ण द्विपक्षीय संधियां

भारत ने UAE के साथ निम्नलिखित संधियों पर हस्ताक्षर किए हैं:

- प्रत्यर्पण संधि, आपराधिक मामलों में आपसी क़ानूनी सहायता संधि तथा नागरिक मामलों में पारस्परिक क़ानूनी सहायता संधि, जो नागरिक एवं आपराधिक मामलों में प्रत्यर्पण और पारस्परिक क़ानूनी सहायता प्रदान करती है
- नागरिक एवं वाणिज्यिक मामलों में न्यायिक और न्यायिक सहयोग पर समझौता, जो नागरिक एवं वाणिज्यिक मामलों में न्यायिक और न्यायिक सहयोग प्रदान करता है
- मादक दवाओं एवं मादक द्रव्यों की तस्करी का मुकाबला करने के लिए समझौता, जो तस्करों, संदिग्ध व्यक्तियों, वित्तपोषणकों, आयोजकों और मादक दवाओं एवं मादक द्रव्यों की तस्करी का सामना करने के लिए गठित नोडल एजेंसियों के माध्यम से सूचना का आदान-प्रदान करता है।
- नागरिक उड्डयन समझौता, जो भारत और UAE के बीच एवं इससे परे हवाई सेवाओं की स्थापना की व्यवस्था करता है
- सांस्कृतिक समझौता, जो सांस्कृतिक विनिमय कार्यक्रमों की व्यवस्था करता है
- रक्षा सहयोग समझौता, जो सुरक्षा एवं रक्षा से संबंधित मामलों तथा 'रणनीतिक वार्ता' की वार्षिक बैठकों में दोनों देशों के बीच सहयोग प्रदान करता है
- अमीरात समाचार एजेंसी (अर्थात् WAM) और प्रेस ट्रस्ट ऑफ इंडिया (PTI) के बीच हस्ताक्षरित सूचना सहयोग समझौता, जो सहयोग एवं समाचार के आदान-प्रदान को सुगम बनाता है
- भारतीय प्रसारण निगम (प्रसार भारती) तथा अमीरात केबल टीवी एवं मल्टीमीडिया LLC (E-Vision) के बीच समझौता, जो E-Vision के केबल नेटवर्क के माध्यम से UAE में DD वर्ल्ड सिग्नल के प्रसारण एवं वितरण को सुगम बनाता है
- श्रम शक्ति के साधन पर दिसंबर 2006 में हस्ताक्षरित MoU

19.7.5.2 द्विपक्षीय आर्थिक एवं वाणिज्यिक संबंध

भारत और UAE ऐतिहासिक संपर्कों, साझा परंपराओं और मूल्यों के आधार पर एक सुदृढ़ एवं मैत्रीपूर्ण संबंध का आनंद लेते हैं। इस संबंध को लंबे समय से लोगों के बीच आपसी एवं वाणिज्यिक संपर्कों से आश्रय मिला है।

वैश्विक स्तर पर UAE के भारत के लिए दूसरे सबसे बड़े बाजार के रूप में उभरने के साथ, आर्थिक एवं वाणिज्यिक क्षेत्र में यह संबंध एक उपयोगी साझेदारी के तौर पर विकसित हुआ है। साथ ही, UAE निर्मित वस्तुओं के लिए एक महत्त्वपूर्ण निर्यात गंतव्य के रूप में, UAE और भारत के भीतर भारतीय निवेशकों की भूमिका बेहद महत्त्वपूर्ण होती जा रही है।

लंबे समय से अरब जगत के वाणिज्यिक और व्यापार केंद्र के तौर पर प्रतिष्ठित UAE, अब सिंगापुर और हांगकांग के बाद दुनिया में तीसरे प्रमुख पुन: निर्यात केंद्र के रूप में उभरा है। इस प्रकार, ईरान, इराक, अफ्रीका, राष्ट्रमंडल के स्वतंत्र देशों (CIS) जैसे देशों के महत्त्वपूर्ण बाजारों के लिए एक प्रमुख निर्यात केंद्र के रूप में UAE बाज़ार बेहद महत्त्वपूर्ण है।

जनवरी 1975 में आर्थिक, वैज्ञानिक एवं तकनीकी सहयोग के लिए एक भारत-UAE संयुक्त आयोग की स्थापना हुई थी। इसने द्विपक्षीय सहयोग को बढ़ावा देने के लिए व्यापार एवं निवेश; अपराध, आतंकवाद एवं अवैध गतिविधियों का मुकाबला; शिक्षा, संस्कृति, युवा एवं खेल; स्वास्थ्य, S&T, कृषि एवं पर्यावरण; श्रमशक्ति; ऊर्जा, हाइड्रोकार्बन, पेट्रोकेमिकल्स एवं उर्वरक; सीमा शुल्क सहयोग; नागरिक उड्डयन एवं दूरसंचार एवं इसी प्रकार के अन्य मुद्दों पर विचार-विमर्श आरंभ किया। सुपर कंप्यूटर के विकास, पूर्ण परमाणु ईंधन चक्र सुविधाओं, बायोटेक्नोलॉजी, बायोजेनेटिक्स में उभरती प्रौद्योगिकियां तथा फार्मास्यूटिकल्स जैसे अत्याधुनिक प्रौद्योगिकी के क्षेत्र में भारत की निश्चित बढ़त, वास्तव में UAE और अन्य खाड़ी सहयोग परिषद (GCC) देशों के लिए रणनीतिक दृष्टि से अत्यधिक महत्त्वपूर्ण हैं।

19.7.5.3 रक्षा संबंध

द्विपक्षीय संबंधों के अन्य पहलुओं के अनुरूप, भारत और UAE के बीच रक्षा सहयोग लगातार बढ़ रहा है। देशों के बीच सेना प्रमुखों का नियमित तौर पर आवागमन, कार्यात्मक स्तर पर विनिमय तथा सैन्य शिक्षा के स्तर पर आदान-प्रदान अनवरत जारी है। दोनों देशों की नौसेना के जहाजों ने नियमित रूप से एक-दूसरे के बंदरगाहों की यात्राएं की हैं एवं द्विपक्षीय रक्षा सहयोग को आगे बढ़ाया है। भारत और UAE, दोनों देशों के बीच सुरक्षा एवं रक्षा सहयोग के मुद्दों पर चर्चा के लिए 'वार्षिक रक्षा वार्ता' आयोजित करते हैं।

दोनों देशों के बीच रक्षा सहयोग से संबंधित गतिविधियों को, मंत्रालय स्तर पर संयुक्त रक्षा सहयोग समिति (JDCC) तथा मुख्यालय स्तर पर नौसेना के बीच वार्ता के माध्यम से आगे बढ़ाया जाता है, जिसने दोनों देशों के बीच सहयोग के नए क्षेत्रों की पहचान की है। मार्च 2013 से इस उद्देश्य के लिए एक स्थायी निवासी रक्षा सलाहकार (DA) को नियुक्त किया गया है। DA के कार्यालय की स्थापना के बाद, रक्षा प्रशिक्षण एवं नियमित विनिमय कार्यक्रमों के क्षेत्र में द्विपक्षीय रक्षा सहयोग को और मज़बूती मिली है।

भारत अपने विशिष्ट संस्थानों में UAE रक्षा कर्मियों को विभिन्न विषयों में प्रशिक्षण दे रहा है। 1990 से, UAE सशस्त्र बलों ने निकट रक्षा सहयोग में रुचि दिखाई है। UAE सशस्त्र बलों के सेनाध्यक्ष, महामहिम जनरल शेख मोहम्मद बिन ज़ाएद अल नाहयान ने 1991, 1996 और 2003 में भारत का दौरा किया। भारत UAE के सामान्य प्रदर्शनी निगम द्वारा आयोजित सभी अंतर्राष्ट्रीय रक्षा प्रदर्शनी एवं सम्मेलन (IDEX) में नियमित रूप से भाग ले रहा है।

19.7.6 भारत-इज़राइल

1992 में भारत ने इज़राइल को पूर्ण राजनयिक मान्यता दी, जिसके बाद भारत और इज़राइल एक-दूसरे के देश में दूतावास स्थापित कर सके। इसके बाद से ही भारत-इज़राइल द्विपक्षीय संबंधों ने ऊर्ध्वगामी प्रवृत्ति के साथ एक नई गति प्राप्त की है।

दोनों देशों के बीच राजनीतिक संबंध सौहार्दपूर्ण रहे हैं। राष्ट्रपति प्रणव मुखर्जी ने अक्टूबर 2015 में इज़राइल की आधिकारिक यात्रा की। इज़राइल की ओर से, प्रधानमंत्री एरियल शेरोन और राष्ट्रपति एज़र वीज़मान ने क्रमश: 2003 और 1997 में भारत का दौरा किया। हाल के वर्षों में मंत्रीस्तरीय आवागमन भी होते रहे हैं। विदेश मंत्री सुषमा स्वराज ने जनवरी 2016 में इज़राइल का दौरा

किया। गृह मंत्री राजनाथ सिंह ने नवंबर 2014 में इज़राइल का दौरा किया, जबकि इज़राइली कृषि और रक्षा मंत्रियों ने जनवरी एवं फरवरी 2015 में भारत का दौरा किया। हालांकि, विभिन्न क्षेत्रों में आदान-प्रदान में तेजी के बावजूद समग्र रूप से वार्ता का स्तर अपेक्षाकृत कम रहा। इज़राइल के प्रति अरब के शत्रुतापूर्ण रवैया को देखते हुए, भारत के पश्चिम एशिया में अन्य महत्त्वपूर्ण राष्ट्रीय हितों के लिए इस तरह के दृष्टिकोण को जरूरी माना जाता था। बढ़ते भारत-इज़राइल संबंधों में, दक्षिण एशिया एवं पश्चिम एशिया के साथ-साथ समग्र एशियाई क्षेत्र में शक्ति के रणनीतिक संतुलन को बदलकर, वैश्विक राजनीति पर महत्त्वपूर्ण प्रभाव डालने की क्षमता है, जो हाल के दिनों में निरंतर परिवर्तनशील रहा है। हालांकि, भारत और इज़राइल के बीच कई मुद्दों पर हितों की समाभिरूपता के बावजूद, इस द्विपक्षीय संबंध को फिलीस्तीनी मुद्दे सहित कई व्यवस्थित बाधाओं के कारण सावधानी से प्रबंधित किया जाना चाहिए, जो दोनों देशों के बीच के संबंधों को परिसीमित करते हैं।

19.7.6.1 रक्षा सहयोग

भारत-इज़राइल के बीच रक्षा सहयोग, दोनों राज्यों के बीच के द्विपक्षीय संबंधों का आधार रहा है। तुर्की को विस्थापित करते हुए भारत इज़राइल के सबसे बड़े हथियार बाज़ार के रूप में उभर रहा है और इज़राइल भारत के लिए हथियारों का सबसे बड़ा आपूर्तिकर्ता बन गया है।

भारत इज़राइल से महत्त्वपूर्ण रक्षा प्रौद्योगिकियों का आयात करता है, जो इसकी सुरक्षा के लिए नितांत आवश्यक हैं। सशस्त्र बलों एवं रक्षा कर्मियों के बीच सैन्य स्तर पर नियमित आदान-प्रदान होते हैं। 2014 में सेनाध्यक्ष, जनरल बिक्रम सिंह तथा रक्षा सचिव ने इज़राइल का दौरा किया। इज़राइली नौसेना एवं वायुसेना के प्रमुखों ने 2015 में भारत का दौरा किया। अगस्त 2015 में INS त्रिकाण्ड द्वारा हाइफा बंदरगाह की यात्रा की गई।

आतंकवाद- विरोध के मुद्दे पर, JWG के माध्यम से दोनों देशों के बीच आतंकवाद के विरुद्ध संघर्ष पर निरंतर सहयोग की स्थिति बरकरार है, जिसने जुलाई 2015 में अपनी अंतिम बैठक आयोजित की थी। फरवरी 2014 में, भारत और इज़राइल ने आपराधिक मामलों में आपसी क़ानूनी सहायता, मातृभूमि में सहयोग एवं सार्वजनिक सुरक्षा, और गोपनीय सामग्री की सुरक्षा के मुद्दे पर तीन महत्त्वपूर्ण समझौतों पर हस्ताक्षर किए। मातृभूमि सुरक्षा में सहयोग के तहत, सीमा प्रबंधन, आंतरिक सुरक्षा एवं सार्वजनिक सुरक्षा और पुलिस आधुनिकीकरण के साथ-साथ अपराध, अपराध निवारण और साइबर क्राइम का मुकाबला करने के लिए क्षमता निर्माण के क्षेत्रों में चार कार्य-दलों का गठन किया गया। ये कार्य-दल नियमित रूप से भारत और इज़राइल में अपनी बैठकों को आयोजित करते हैं। 2012 और 2013 के समूह के IPS अधिकारी प्रशिक्षुओं ने विदेश प्रदर्शनी यात्रा के लिए 2015 में इज़राइल का दौरा किया। भारत और इज़राइलियों के बीच आसूचना सहयोग का स्तर अधिक व्यापक हो रहा है।

19.7.6.2 सहयोग के अन्य क्षेत्र

हालांकि रक्षा और आतंकवाद विरोधी क्षेत्रों में सहयोग ने भारत और इज़राइल को सकारात्मक रूप से प्रेरित किया है, लेकिन दोनों राज्य इस संबंध को विविधता देने के लिए सशक्त प्रयास कर रहे हैं। औद्योगिक एवं तकनीकी दृष्टि से उन्नत राज्यों के रूप में भारत और इज़राइल का उदय, दोनों देशों को विभिन्न क्षेत्रों में सहयोग के अवसर उपलब्ध कराता है, जो उनके लिए अर्थपूर्ण एवं परस्पर लाभकारी हैं।

पिछले एक दशक में, इज़राइल के साथ भारत के व्यापार में छः गुना वृद्धि हुई है। भारत असैन्य वस्तुओं एवं सेवाओं के क्षेत्र में एशिया में इज़राइल का दूसरा सबसे बड़ा व्यापारिक भागीदार बन गया है। 1992 में इज़राइल के साथ भारत का असैन्य व्यापार $202 मिलियन से 2002 में $1.27 बिलियन तक पहुंच गया है, जो अभी भी विशाल संभावनाओं के अनुरूप नहीं है। इसके अलावा, एक ही उत्पाद, अर्थात् हीरे का कुल व्यापार में योगदान लगभग 65 प्रतिशत है।

भारत और इज़राइल ने प्रौद्योगिकी आधारित व्यापार और सहयोग को बढ़ावा देने के उद्देश्य से अनुसंधान एवं विकास के लिए एक संयुक्त निधि स्थापित करने का निर्णय लिया है, जो उन्हें वैश्विक बाज़ार का एक साथ लाभ उठाने में मदद करेगा।

19.7.6.3 निवेश

अप्रैल 2000–नवंबर 2013 के दौरान, इज़राइल से भारत में FDI का प्रवाह US$73.7 मिलियन था। आंकड़ों में इज़राइल से भारत में FDI के प्रवाह को समाविष्ट नहीं किया जाता है, जिसका आगमन संयुक्त राज्य, यूरोप और सिंगापुर के माध्यम से होता है। भारत में इज़राइली कंपनियों ने ऊर्जा, नवीकरणीय ऊर्जा, दूरसंचार, अचल संपत्ति, जल प्रौद्योगिकी, इत्यादि क्षेत्रों में निवेश किया है और भारत में R&D केंद्र या उत्पादन इकाइयां भी स्थापित कर रहे हैं।

इज़राइल में भारत के निवेश के बारे में आधिकारिक आंकड़ा उपलब्ध नहीं है, फिर भी भारत की ओर से इज़राइल में महत्त्वपूर्ण निवेश के अंतर्गत, जैन इरीगेशन द्वारा इज़राइली टपक सिंचाई कंपनी, नान्दन का 100 प्रतिशत अधिग्रहण, टैरो फार्मास्यूटिकल्स में सन फार्मा द्वारा नियंत्रण हिस्सेदारी हासिल किया जाना तथा इज़राइल की अपशिष्ट जल उपचार कंपनी, एक्वाइस में त्रिवेणी इंजीनियरिंग इंडस्ट्रीज द्वारा निवेश शामिल हैं। 2005 में TCS ने इज़राइल में परिचालन शुरू किया, तथा 2007 में भारतीय स्टेट बैंक ने तेल अवीव में एक शाखा खोली। 2015 में, इन्फोसिस और टेक महिंद्रा ने महत्त्वपूर्ण अधिग्रहण किए।

19.7.6.4 कृषि

भारत और इज़राइल के बीच कृषि क्षेत्र में सहयोग के लिए द्विपक्षीय समझौता किया गया है। वर्तमान में 2015–18 के लिए द्विपक्षीय कार्य-योजना परिचालनाधीन है। इसका उद्देश्य दुग्ध उत्पादन एवं पानी जैसे नए क्षेत्रों में सहयोग का विस्तार करना है। 2012–15 की पूर्ववर्ती योजना के अंतर्गत हरियाणा, महाराष्ट्र, राजस्थान, गुजरात जैसे विभिन्न राज्यों में कृषि सहयोग का विस्तार किया। इन राज्यों में कुल 15 कृषि उत्कृष्टता केंद्र पहले से ही चालू किए जा चुके हैं।

भारत ने विशेष तौर पर हरियाणा और महाराष्ट्र में बागवानी मशीनीकरण, संरक्षित खेती, बागान एवं चंदवा प्रबंधन, संवर्धन गृह प्रबंधन, सूक्ष्म सिंचाई तथा फसलोपरांत प्रबंधन के क्षेत्र में इज़राइली विशेषज्ञता एवं प्रौद्योगिकी से लाभ हासिल किया है। इज़राइल की टपक-सिंचाई प्रौद्योगिकियों एवं उत्पादों का अब व्यापक रूप से भारत में उपयोग किया जाता है। कुछ इज़राइली कंपनियां और विशेषज्ञ, उच्च दुग्ध उत्पादन में अपनी विशेषज्ञता के माध्यम से भारत में पशुपालन के प्रबंधन एवं इसे बेहतर बनाने में योगदान दे रहे हैं।

भारत और इज़राइल ने व्यापार को प्रोत्साहित करने के लिए नए उपायों की पहचान करने हेतु एक संयुक्त आर्थिक समिति तथा कृषि क्षेत्र में अधिक सहयोग के उद्देश्य से कृषि पर एक संयुक्त समिति की स्थापना का निर्णय लिया है। इज़राइल उद्योग जगत दूरसंचार, सूचना प्रौद्योगिकी एवं जैव प्रौद्योगिकी जैसे विभिन्न क्षेत्रों में भारत के साथ तालमेल का लाभ उठाने के लिए उत्सुक है। इसके अलावा, दोनों देशों के वरिष्ठ व्यापार अधिकारियों को व्यापार एवं आर्थिक मामलों पर विचार-विमर्श के लिए एक भारत-इज़राइली CEO मंच स्थापित किया गया है।

इज़राइल ने संचार एवं सूचना प्रौद्योगिकी परियोजनाओं, उन्नत कृषि प्रौद्योगिकियों और विमान निर्माण तकनीक के लिए उद्यम पूंजीगत वित्त-पोषण के साथ भारत की सहायता करने का प्रस्ताव दिया है। कृषि क्षेत्र के अंतर्गत, शुष्क क्षेत्रों में वनीकरण, मरुस्थलीकरण, प्रदूषण, जल संरक्षण, अपशिष्ट जल का पुनर्चक्रण, प्रदूषण नियंत्रण के लिए कम लागत वाली प्रौद्योगिकियां तथा पर्यावरण निगरानी विधियों के साथ दोनों देशों द्वारा सहयोग की कल्पना की गई है। भारतीय कंपनियां इज़राइल में अधिक रासायनिक एवं फार्मास्युटिकल उत्पादों को बेचने तथा यूरोप और संयुक्त राज्य के बाजारों में बेहतर पहुंच हासिल करने के लिए संयुक्त उद्यमों में निवेश करने की उम्मीद कर रही हैं, जिन्होंने इज़राइल के साथ FTA किए हैं।

19.7.7 भारत और अफ्रीका

अफ्रीका और भारत के बीच संबंध 1000 वर्षों से भी अधिक समय से जारी है। भारत और अफ्रीका दीर्घकालीक मित्रता तथा उपनिवेशवाद, रंगभेद, नस्लवाद और अन्याय के खिलाफ़ आम ऐतिहासिक संघर्ष की पृष्ठभूमि में एक दूसरे से संबद्ध हैं। उपनिवेशवाद की समाप्ति एवं सफलतापूर्वक स्वतंत्रता प्राप्ति पर आधारित यह साझा ऐतिहासिक पृष्ठभूमि, 21वीं सदी में भारत-अफ्रीका भागीदारी को मज़बूत बनाने के महत्त्वपूर्ण आधारों में से एक है।

वैश्वीकृत दुनिया में भारत के तेजी से उभरने के कारण अफ्रीकी महाद्वीप में उपलब्ध प्राकृतिक संसाधनों का लाभ उठाने की आवश्यकता काफी बढ़ जाती है। महाद्वीप के सतत विकास में एक न्यायसंगत वितरण के लिए अफ्रीका को औद्योगिकीकृत भी किया जाना है। 21वीं सदी में भारत-अफ्रीका भागीदारी को सशक्त बनाने की उपरोक्त परिस्थितियों के अंतर्गत, भारत ने महाद्वीप में शांति, स्थायित्व एवं समग्र विकास के प्रयासों के विभिन्न पहलुओं का समर्थन करने के लिए कई पहलों का शुभारंभ एवं कार्यान्वयन किया है। इनमें वैश्विक शासन के संस्थानों में सुधार शामिल हैं। निम्नलिखित क्षेत्रों में ऐसे प्रयास दृष्टिगोचित हो रहे हैं:

1. मानव संसाधन विकास एवं क्षमता निर्माण; कई अफ्रीकी निवासियों को भारतीय विश्वविद्यालयों एवं उच्च शिक्षण के अन्य संस्थानों में प्रशिक्षित किया जा रहा है।
2. भारत अफ्रीका की विकास प्रक्रिया को सुविधाजनक बनाने के लिए ऋण व्यवस्थाओं की शुरूआत की है।
3. भारत ने ई-कनेक्टिविटी कार्यक्रम की घोषणा की है, जिससे टेली-एजुकेशन और टेलीमेडिसिन में विकास को बढ़ावा देने के लिए अफ्रीकी संघ के 53 देशों को लाभ प्राप्त होगा, साथ ही दक्षिण-दक्षिण सहयोग के तहत विभिन्न अफ्रीकी देशों को तकनीकी सहायता प्रदान की गई है। अफ्रीकी सरकारों ने डिजिटल दृष्टिकोण से मौजूद अंतराल को दूर करने में भारतीय सहायता में गहरी दिलचस्पी दिखाई है। भारत ने पहले से ही अखिल अफ्रीकी ई-नेटवर्क के निर्माण के जरिए इस दिशा में एक बड़ा योगदान दिया है, जो उपग्रह एवं फाइबर ऑप्टिक नेटवर्क के माध्यम से अफ्रीकी संघ के राष्ट्रों को जोड़ देगा। नेटवर्क 5 विश्वविद्यालयों, 53 शिक्षण केंद्रों, 10 सुपर स्पेशियलिटी अस्पतालों तथा भारत और अफ्रीका में 53 दूरस्थ अस्पतालों को जोड़ देगा। TCS, HCL, NIIT और एप्टेक जैसी सूचना एवं प्रौद्योगिकी की अग्रणी कंपनियों ने पूरे अफ्रीका में परिचालन की शुरुआत की है।
4. संयुक्त राष्ट्र के तत्वावधान में भारत ने कई अफ्रीकी देशों में शांति-स्थापन की प्रक्रिया का समर्थन किया है।

हालांकि भारत और अफ्रीका के बीच संबंध काफी स्थिर है, फिर भी इस दिशा में कई चुनौतियां मौजूद हैं। इसलिए, 21वीं सदी में भारत और अफ्रीका के बीच रणनीतिक साझेदारी अफ्रीकी कार्यक्रम में शामिल विभिन्न मुद्दों, अर्थात्, अफ्रीका के विकास हेतु नई साझेदारी (NEPAD) के लिए ठोस समाधान लाएगी।

इनमें से कुछ मुद्दे निम्नानुसार हैं:

1. अफ्रीका में श्रम शक्ति के विकास में महत्त्वपूर्ण निवेश के स्तर को बढ़ाना
2. अधिक क्षमता निर्माण, प्रौद्योगिकी अधिग्रहण के साथ-साथ ज्ञान उत्पादन, साझाकरण और अनुप्रयोग तंत्र को बढ़ावा देना
3. अफ्रीकी औद्योगीकरण की प्रक्रिया को गतिशीलता प्रदान करना, और इसे विशाल अफ्रीकी प्राकृतिक संसाधनों से जोड़ना तथा अफ्रीकी उत्पादों के लिए निष्पक्ष एवं प्रतिस्पर्धी तरीके से मूल्य निर्धारण करना
4. आधारभूत संरचना सुविधाओं का विस्तार करना, जो महाद्वीप में अंतर-अफ्रीका व्यापार और आर्थिक विकास को सुविधाजनक बनाएगा
5. व्यापार, आर्थिक सहयोग को सुविधाजनक बनाना और अफ्रीकी उत्पादों के लिए बेहतर बाज़ार की उपलब्धता सुनिश्चित करना
6. अफ्रीका में भूख एवं बीमारी का मुकाबला करने के उद्देश्य से खाद्य उत्पादन और कृषि उत्पादों को बढ़ावा देने के लिए हरित क्रांति पर भारत के सफल अनुभव को साझा करना

कृषि निवेश, कृषि प्रसंस्करण तथा जल-संभर प्रबंधन की व्यवस्था, इस संदर्भ में सहयोग के विशिष्ट क्षेत्र हैं। 21वीं सदी में अफ्रीका में भूख और बीमारी का मुकाबला, रणनीतिक साझेदारी के दो प्रमुख क्षेत्र हैं। यह संयुक्त राष्ट्र शिखर सम्मेलन, 2000 में विश्व के नेताओं द्वारा निर्धारित MDGs के पहले लक्ष्य को हासिल किए जाने के अनुरूप होगा, जिसका उद्देश्य भूख से पीड़ित लोगों के अनुपात को 2020 तक आधे से कम करना है। MDGs के लक्षित क्षेत्रों को अफ्रीका में एक गहन चुनौती का सामना करना पड़ रहा है।

1990 के दशक में भारत में आर्थिक उदारीकरण की शुरुआत के बाद से, भारत की विदेश नीति तेजी से निर्यात बाजारों को खोजने, विदेशी पूंजी और आवश्यक तकनीकी जानकारी को आकर्षित करने की दिशा में आगे बढ़ रही है। नीतिगत स्तर पर यह बदलाव पूरे अफ्रीका में परिलक्षित होता है, क्योंकि अधिकांश अर्थव्यवस्थाएं समान आर्थिक सुधारों एवं उदारीकरण की प्रक्रिया के माध्यम से गुजर रही हैं। WTO दौर की वार्ता में पश्चिमी कृषि सब्सिडी पर भारत का दृष्टिकोण, ज्यादातर अफ्रीकी देशों के विचारों के अनुरूप है।

भारत के निजी क्षेत्र का 'बहिर्गामी' दृष्टिकोण, एक अन्य कारक है। पूंजी की आसान उपलब्धता और नए बाजारों की खोज से प्रेरित भारतीय कंपनियां, अफ्रीका में उन क्षेत्रों को लक्षित कर रही हैं जिनमें उन्होंने बहुत कम रुचि दिखाई थी। भारत में आर्थिक उछाल तथा स्वदेशी एवं अनिवासी भारतीय/भारतीय मूल (NRI/PIO) की कंपनियों, दोनों की यूरोप और दक्षिण संयुक्त राज्य के कुछ हिस्सों में सफलता ने भारतीय कारोबार को अफ्रीका में उद्यम करने का आत्मविश्वास प्रदान किया है। निरंतर प्रगतिशील व्यापार इस बदलाव का एक महत्त्वपूर्ण संकेतक है। 1990–91 के US$967 मिलियन की तुलना में 2006–07 में व्यापार (तेल के आयात सहित) US$25 बिलियन हो गया है।

भारत-अफ्रीका व्यापार निरंतर प्रगतिशील रहा है। 2015 के अंत में, अफ्रीका के साथ भारत का वर्तमान व्यापार लगभग US$75 बिलियन है, और पिछले चार वर्षों में इसने विभिन्न विकास और क्षमता निर्माण परियोजनाओं के लिए US$7.4 बिलियन अनुदान स्वरूप दिए हैं। भारत ने 41 अफ्रीकी देशों में कुल 137 परियोजनाओं को लागू किया है। द्विपक्षीय व्यापार का मूल्य 2001 में US$5.3 बिलियन से बढ़कर 2005 में US$12 बिलियन हो गया, और यह 2015 में US$75 बिलियन तक पहुंच चुका है। यदि 2001 से 2015 के बीच वार्षिक वृद्धि दर इसी प्रकार जारी रहे, तो 2020 तक द्विपक्षीय व्यापार में काफी वृद्धि हो सकती है।

अफ्रीका में भारतीय कंपनियों की बढ़ी हुई गतिविधियों ने सरकार को अपनी आर्थिक कूटनीति को महाद्वीप में अपनी आर्थिक आवश्यकताओं के साथ अधिक स्पष्ट रूप से जोड़ने के लिए प्रेरित किया है। भारत की संबद्धता यह दर्शाती है कि, भारत के निजी उद्यम ने अपनी अर्थव्यवस्था में नीचे से ऊपर के दृष्टिकोण का नेतृत्व किया है।

अफ्रीका के बढ़ते रणनीतिक महत्त्व के हिस्से के रूप में, भारत की बढ़ती ऊर्जा जरूरतों ने इसे अपने तेल आयात को विविधता देने के लिए विवश किया है। अतीत में, भारत अपने तेल आयात के लिए पश्चिमी एशियाई देशों पर निर्भर रहा है। हाल के वर्षों में, संयुक्त राज्य और अन्य प्रमुख शक्तियों की तरह भारत ने भी अफ्रीकी देशों की विशाल ऊर्जा क्षमता को पहचाना है।

इसके अलावा, दक्षिण अफ्रीका से सोमालिया तक, अफ्रीका के पूर्वी तट पर बसे देश भारत के सामुद्रिक सामरिक पड़ोसी देशों की सूची में शामिल हैं। आतंकवादी एवं लड़ाकू प्रवृत्ति के लोग, अलगाववादी या चरमपंथी संगठन तथा दवाओं, हथियारों एवं मानव तस्करी के साथ-साथ समुद्री लूटपाट में शामिल अंतर्राष्ट्रीय आपराधिक संघ की गतिविधियों के कारण हिंद महासागर क्षेत्र में असुरक्षा बढ़ रही है। सोमाली के समुद्री इलाके में विशेष रूप से समुद्री लूटपाट की घटनाओं में वृद्धि, सी लाइन्स ऑफ कम्युनिकेशंस (SLOCs) की सुरक्षा के लिए एक बड़ा खतरा है। भारतीय नौसेना, विशेष रूप से भारतीय तटरक्षक बल, हिंद महासागर में अपनी कूटनीति में सक्रिय रही है, जिसने 2003 में अफ्रीकी संघ शिखर सम्मेलन तथा मोजाम्बिक में 2004 में विश्व आर्थिक मंच के दौरान समुद्री सुरक्षा प्रदान की है।

अफ्रीकी देश भारत को बेहद सम्मान की दृष्टि से देखते हैं, और ऐसा विशेष रूप से भारतीय लोकतांत्रिक संस्थानों के लचीलेपन तथा इसके आर्थिक विकास के तरीके एवं गति के कारण है। एक विकासशील लोकतांत्रिक देश के रूप में, भारत इन अफ्रीकी देशों के लिए एक आदर्श मॉडल की तरह है और कृषि, सेवाओं तथा छोटे एवं मध्यम स्तर पर विनिर्माण जैसे विभिन्न क्षेत्रों में समर्थन का स्रोत है। सर्वाधिक महत्त्वपूर्ण बात यह है कि, सूचना प्रौद्योगिकी उद्योग और कंप्यूटर सॉफ्टवेयर, जैव प्रौद्योगिकी और दूरसंचार में एक नेतृत्वकर्ता के रूप में भारत की नई छवि ने अफ्रीका को भारत की ओर आकर्षित किया है।

भारत और अफ्रीका अपने नागरिकों एवं समाजों की स्थिति को बेहतर बनाने के लिए संयुक्त प्रयास कर रहे हैं। अफ्रीका में भारत का वास्तविक प्रभाव, निरंतर आर्थिक विकास को प्राप्त करने तथा एक लोकतांत्रिक, उत्तर-औपनिवेशिक व्यवस्थ में लाखों लोगों को ग़रीबी में भारत की सफलता से उत्पन्न होगा। भारतीय नेतृत्व बुनियादी ढांचे, शिक्षा एवं श्रम के क्षेत्रों में आर्थिक विकास के

लिए विभिन्न बाधाओं से निपटने में अपने अफ्रीकी भागीदारों के प्रति दृढ़ता से प्रतिबद्ध है। आवश्यकता इस बात की है कि, भारत अपनी विकास संबंधी चुनौतियों को सफलतापूर्वक संबोधित करने के प्रति दृढ़प्रतिज्ञ रहे, ताकि अफ्रीका के देश इसे भविष्य के लिए एक आकर्षक और सही साथी मान सकें।

भारत अफ्रीकी देशों के साथ अपनी बातचीत जारी रखता है, वहीं इसे (भारत को) मालूम होना चाहिए कि यह EU, संयुक्त राज्य या चीन की वचनबद्धता की गति या सीमा से मेल नहीं खा सकता है, और भारत को उनकी बराबरी करनी नहीं चाहिए, बल्कि इसे अद्वितीय भारतीय मॉडल की शक्ति का लाभ उठाना चाहिए। अफ्रीकी महाद्वीप की शानदार विविधता को स्वीकृति देने में यह विशिष्टता प्रतिबिंबित होती है, और यह एक ऐसे मॉडल के आधार पर संबंध निर्माण को प्रेरित करता है, जो व्यापार और तकनीकी सहायता में भारतीय विशिष्टता, अफ्रीका में निवेश के चीनी मॉडल के अनुकरण से परहेज, अफ्रीका के विभिन्न हिस्सों में रहने वाले विशाल भारतीय मूल के लोगों की संबद्धता, तथा अफ्रीका के समग्र विकास में एक हितधारक बनने पर बल देती है।

19.8 भारत और पड़ोसी देश

19.8.1 भारत और नेपाल

नेपाल के साथ भारत के द्विपक्षीय संबंध अत्यंत घनिष्ठ रहे हैं, और यह बात दोनों देशों के बीच ऐतिहासिक, भौगोलिक, सांस्कृतिक और भाषाई संबंधों परिलक्षित होती है। यह घनिष्ठता राज्यों के बीच आपसी संबंधों में भी परिलक्षित होती है, जो बीते वर्षों में अत्यंत सुदृढ़ हो चुकी है। पिछले कुछ वर्षों में दोनों देशों में राजनीतिक परिवर्तनों के बावजूद, नियमित तौर पर उच्चस्तरीय यात्राओं से आपसी संबंधों को मजबूती मिली है।

1950 में शांति एवं मित्रता हेतु भारत-नेपाल संधि पर हस्ताक्षर ने दोनों देशों के बीच ऐतिहासिक संबंधों के ढांचे की स्थापना की। यह संधि भारत और नेपाल के बीच मौजूद विशेष संबंधों का प्रतीक है। यह एक ग़ैर-पारस्परिक संधि है, जिसकी शर्तें नेपाल के लिए अत्यंत लाभदायक हैं। 1951 में व्यापार संधि पर हस्ताक्षर किए जाने के बाद से दोनों देशों के बीच व्यापारिक संबंध स्थापित हुए। 1978 में, एक संधि के बजाय, तीन अलग-अलग समझौतों पर हस्ताक्षर किए गए। भारत ने नेपाल में लोकतांत्रिक सरकार के आगमन के बाद, पर्याप्त एकपक्षीय रियायतें प्रदान करने के लिए 1991 में इनमें महत्त्वपूर्ण रूप से संशोधन किया। दिसंबर 1996 में, व्यापार संधि को पांच साल की अवधि के लिए नवीनीकृत किया गया था, जिसमें हर पांच साल बाद संधि के स्वतः नवीनीकरण के प्रावधान थे।

व्यापार की संधि के तहत, भारत ग़ैर-पारस्परिक आधार पर, एक छोटी नकारात्मक सूची को छोड़कर सभी नेपाली निर्मित उत्पादों के लिए भारतीय बाजार में मात्रात्मक प्रतिबंधों के बिना शुल्क मुक्त पहुंच को सुविधाजनक बनाया गया है। उद्गम प्रमाणपत्र की एक सरल प्रक्रिया के माध्यम से नेपाल से इस तरह के आयात को सुविधा प्रदान की जाती है, जिसे नेपाल सरकार द्वारा प्रत्यायोजित नेपाली वाणिज्य एवं उद्योग महासंघ तथा अन्य संबद्ध वाणिज्य महासंघ द्वारा जारी किया जाता है।

भारत ने परंपरागत रूप से नेपाल के साथ व्यापार के पर्याप्त अनुकूल संतुलन का आनंद लिया है। नेपाल के अविकसित औद्योगिक आधार, निर्यात की संकीर्ण सीमा, भारत से दैनिक उपयोग वस्तुओं के आसान आयात की सुविधा, रेडीमेड वस्त्र जैसे नेपाल के कुछ प्रमुख निर्यातों के लिए सहायक वस्तुओं के आयात, तथा लंबी और खुली सीमा के माध्यम से अनधिकृत व्यापार, इसके विभिन्न कारणों में शामिल हैं।

नेपाल ने 2008 में संवैधानिक सुधारों के उपरांत राजशाही की समाप्ति और लोकतंत्रीकरण के साथ एक नए मार्ग पर चलना आरंभ किया है, तथा भारत ने नेपाल और वहां के नागरिकों को स्वतंत्र व उदार लोकतंत्र के लिए दृढ़ता से समर्थन दिया है।

तत्कालीन नेपाली प्रधानमंत्री, सुशील कोइराला ने 26 मई, 2014 को प्रधानमंत्री नरेंद्र मोदी के शपथ ग्रहण समारोह में भाग लेने के लिए भारत का दौरा किया। 2014 में, प्रधानमंत्री नरेंद्र मोदी ने दो बार नेपाल का दौरा किया— पहली बार अगस्त में द्विपक्षीय यात्रा के लिए और दूसरी बार नवंबर में SAARC शिखर सम्मेलन के लिए नेपाल का दौरा किया — और इस दौरान कई द्विपक्षीय समझौतों पर हस्ताक्षर किए गए। नेपाल की दूसरी संविधान सभा ने 20 सितंबर, 2015 को माधेश आधारित पार्टियों और दक्षिणी क्षेत्र के अन्य समूहों द्वारा विरोध प्रदर्शन के दौरान एक संविधान की घोषणा की। हालांकि भारत सरकार ने नेपाल के नए संविधान

का स्वागत किया और समर्थन किया है, फिर भी इसने मौजूदा विरोधों के बारे में गंभीर चिंता व्यक्त की है और नेपाल सरकार से एक विश्वसनीय राजनीतिक वार्ता के माध्यम से सभी मुद्दों को हल करने के प्रयास करने का आग्रह किया है।[2]

19.8.2 भारत और भूटान

भूटान के साथ भारत के अद्वितीय संबंध रहे हैं। दक्षिण एशियाई क्षेत्र में अन्य द्विपक्षीय संबंधों की तुलना में भारत-भूटान संबंध अपेक्षाकृत समस्याओं से रहित है। भूटान और भारत, दोनों राजनीतिक और आर्थिक स्तर पर पारंपरिक, जोशपूर्ण, मित्रवत और करीबी द्विपक्षीय संबंध साझा करते हैं। दोनों खुली सीमाओं और दो देशों के बीच मुक्त व्यापार का आनंद लेते हैं।

भूटान ने 1960 के दशक में अपने आत्मारोपित अलगाव से बाहर निकलने से काफी पहले, 1949 में स्वतंत्र भारत के साथ एक राजनीतिक संधि पर हस्ताक्षर किए। भारत-भूटान संधि के अनुसार, कम-से-कम सैद्धांतिक रूप से, भूटान को अपने बाहरी संबंधों के संचालन में भारत से परामर्श करने की आवश्यकता है। हालांकि, 1949 में हस्ताक्षरित यह संधि, दोनों देशों के बीच पारंपरिक हार्दिक संबंधों में कभी भी परेशान कारक नहीं रही है। भूटानी सुरक्षा बलों को प्रशिक्षण प्रदान करने के लिए भारतीय सैन्य प्रशिक्षण दल (IMTRAT) भूटान में स्थित है। 2008 में भूटान की अपनी यात्रा के दौरान, भूटान की नव निर्वाचित संसद की पहली संयुक्त बैठक को संबोधित करते हुए, भारतीय प्रधानमंत्री डॉ. मनमोहन सिंह ने आश्वासन दिया कि, भारत हिमालयी देशों में स्थायित्व एवं समर्थन के लिए सदैव तत्पर रहेगा।

एक दशक से, पूर्वोत्तर भारत के आतंकवादियों ने भूटान के क्षेत्रों में अनधिकृत तरीके से शरण ली है। यूनाइटेड लिबरेशन फ्रंट ऑफ असम (ULFA), नेशनल डेमोक्रेटिक फ्रंट ऑफ बोडोलैंड (NDFB) तथा कामतपुर लिबरेशन संगठन के आतंकवादी, भारतीय सुरक्षा बलों के खिलाफ़ दक्षिणी, पूर्वी और केंद्रीय भूटान में स्थित अपने हाथों से इस प्रकार के कार्यों को अंजाम देते हैं। भारतीय सेना, भारत सरकार और असम राज्य सरकार, भूटान से इन आतंकवादियों को बाहर निकालने के लिए भारत-भूटान संयुक्त सैन्य अभियान शुरू करने के लिए भूटान सरकार को राज़ी करने में जुटे हैं।

भारत भूटान के लिए सबसे बड़ा अनुदानकर्ता है। भूटान को भारत के MEA के वार्षिक बजट का 20 प्रतिशत से अधिक का लाभ मिलता है। भूटान की अर्थव्यवस्था पूरी तरह से भारत पर निर्भर है, क्योंकि भूटान अपने विकास कार्यक्रमों और प्रतिष्ठान लागतों को वित्त-पोषित करने के लिए विदेशी सहायता पर निर्भर करता है। भारत भूटान और इसके मुख्य विकास भागीदार के लिए बाहरी सहायता प्रदान करने में सबसे आगे रहा है। भूटान की पहली और दूसरी पंचवर्षीय आर्थिक विकास योजना (1962–67) पूरी तरह से भारत द्वारा वित्त-पोषित थी। भारत ने पहले से लेकर ग्यारहवीं पंचवर्षीय योजना में उदारतापूर्वक योगदान दिया है।

भारत भूटान का प्रमुख विकास भागीदार होने के साथ-साथ प्रमुख व्यापारिक भागीदार भी है, और भारत ने भूटान में अवसंरचना विकास परियोजनाओं की एक श्रृंखला शुरू की है। भूटान भारत के साथ पूर्ण मुक्त व्यापार का लाभ प्राप्त करता है। 1972 में भारत-भूटान व्यापार संधि पर हस्ताक्षर किए गए थे। विविधीकरण के प्रयासों के बावजूद, भारत भूटान के उत्पादों और आयात के लिए सबसे बड़ा बाज़ार रहा है। भारत न केवल भूटान के आर्थिक विकास में प्रमुख विदेशी योगदानकर्ता है, बल्कि इसके आर्थिक अस्तित्व का मुख्य आधारस्तंभ भी है। 1980 से पहले, भूटान में तीसरा देश के साथ आयात एवं निर्यात की व्यवस्था मौजूद नहीं थी। पांचवीं पंचवर्षीय आर्थिक विकास योजना में भारतीय सहायता 60 प्रतिशत से अधिक है। भारत और भूटान, जल सुरक्षा एवं पर्यावरणीय स्वच्छता के क्षेत्रों में अंतर-सरकारी सहयोग का एक नया प्रतिमान बनाने के लिए पूरी तरह से तैयार हैं।

भूटान की पंचवर्षीय योजनाओं के लिए सहायता के अलावा, भारत सरकार भूटान में अवसंरचना एवं जलविद्युत परियोजनाओं जैसे विभिन्न विकास परियोजनाओं के निर्माण के लिए भी सहायता प्रदान करती है। 2006 और 2013 के बीच, भूटान को केवल जलविद्युत परियोजनाओं पर लगभग 50 प्रतिशत सहायता अनुदान मिला। जून 2014 में, भूटान की यात्रा के दौरान प्रधानमंत्री नरेंद्र मोदी ने खोलोंगछू HEP की नींव रखी।

---

[2] https://www.mea.gov.in/Portal/ForeignRelation/India-Nepal_Bilateral_Brief_for_MEA_website_-_Oct_2015, pdf (25 अगस्त 2015 को देखा गया)।।

19.8.3 भारत-मालदीव संबंध

8 अगस्त, 1949 को दोनों देशों के बीच द्विपक्षीय संधि पर हस्ताक्षर किए गए, जो भारत-मालदीव संबंधों की रूपरेखा तैयार करती है, जो लाभकारी द्विपक्षीयता के सिद्धांत पर आधारित है। इस सिद्धांत में दोनों देशों द्वारा चिंताओं एवं हितों की पारस्परिक स्वीकृति तथा एकदूसरे की संवेदनशीलता के प्रति समान सम्मान और सहानुभूति अंतर्निहित है। उच्चस्तरीय यात्राओं ने भारत-मालदीव संबंधों को सुदृढ़ता प्रदान की है और दोनों देशों के नेताओं के बीच पारस्परिक समझ विकसित करने में सहायता की है।

श्रीलंका के विपरीत, मालदीव महाशक्ति बनाम छोटी शक्ति के संलक्षण से पीड़ित नहीं है। इसका कारण यह है कि, भारत के साथ मालदीव का संबंध समझ पारस्परिक समझ, आपसी सम्मान तथा सहयोग एवं सद्भावना को प्रोत्साहित करने की वास्तविक इच्छा पर आधारित है, जिसे दोनों देशों ने अपने द्विपक्षीय संबंधों के संचालन में शामिल किया है। 1976 में दोनों देशों ने मध्य रेखा सिद्धांत को अपनाकर अपनी समुद्री सीमा को निर्धारित करने के लिए एक समझौता किया, जो उनके आपसी संबंधों को उल्लेखनीय तरीके से स्पष्ट करता है।

मालदीव के लिए, भूरणनीतिक दृष्टि से भूमिबद्ध स्थिति जोखिम का एक बड़ा कारण है, जो हिंद महासागर के सैन्यीकरण तथा 1970 एवं 1980 के दशक में महाशक्तियों के बीच बढ़ती प्रतिद्वंद्विता के चलते उच्च हो गया। एक कमजोर देश होने के नाते, मालदीव भारत को अपनी सुरक्षा का एक महत्त्वपूर्ण स्रोत मानता है। भू-रणनीतिक स्थिति से उत्पन्न होने वाली इसकी अरक्षितता, अपनी सुरक्षा के लिए आवश्यक सैन्य शक्ति के अभाव के कारण और बढ़ जाती है। पिछले कुछ वर्षों में, भारत ने मालदीव को विभिन्न प्रकार की सहायता प्रदान की है तथा अवसंरचना के विकास में बड़ी भूमिका निभाई है। 1986 में, दोनों देशों ने पांच साल के आर्थिक एवं तकनीकी सहयोग समझौते पर हस्ताक्षर किए, जिसके अंतर्गत भारत ने आर्थिक, तकनीकी और वाणिज्यिक सहायता का विस्तार किया।

जनवरी 1990 में माले में आयोजित भारत-मालदीव संयुक्त आयोग की बैठक में सहयोग के कई क्षेत्रों के संदर्भ में योजना तैयार की गई। इसके अंतर्गत ग्रीनहाउस प्रभाव की रोकथाम करने तथा वहां के विदेश विभाग के कार्यालय हेतु सिविल सेवकों को प्रशिक्षण देने पर सहायता शामिल थी। भारत ने मालदीव को अपने संग्रहालय का अनुरक्षण करने, माले के लिए हवाई उड़ानों की आवृत्ति में वृद्धि करने और द्वीप पर प्राकृतिक आपदा चेतावनी केंद्र स्थापित करने में सहायता के लिए विशेषज्ञों को भेजने पर भी सहमति जताई। S&T के क्षेत्र में, मौसम संबंधी आंकड़ों को प्राप्त करने एवं रिकॉर्ड करने के लिए मालदीव द्वारा भारतीय उपग्रह (INSAT-1D) के उपयोग के साथ-साथ मालदीव के स्थानीय टेलीविजन नेटवर्क पर भारतीय टेलीविजन कार्यक्रमों के पुनः प्रसारण के लिए व्यवस्थाएं की गई।

19.8.4 भारत-बांग्लादेश संबंध

भारत एवं बांग्लादेश के नागरिकों के बीच के संबंध, भारत और बांग्लादेश के बीच संबंधों का प्रत्यक्ष प्रमाण प्रस्तुत करते हैं। दोनों राज्य भारतीय उपमहाद्वीप का हिस्सा हैं और लंबे समय से सांस्कृतिक, आर्थिक और राजनीतिक इतिहास में सहभागी रहे हैं। अधिकांश बाहरी लोगों के लिए दोनों देशों के नागरिकों के बीच अंतर कर पाना कठिन है। दोनों देशों की संस्कृतियां अपेक्षाकृत समान हैं; विशेष रूप से भारत के पश्चिम बंगाल राज्य और बांग्लादेश, दोनों की आबादी के बड़े हिस्से की भाषा बंगाली है।

प्रधानमंत्री इंदिरा गांधी के शासनकाल में भारत ने पूरी तरह से बांग्लादेश का समर्थन किया और 1970 में पाकिस्तानी सेना से युद्ध के दौरान भारतीय सेना एवं उपकरणों का भी इस्तेमाल किया गया था। 26 मार्च, 1971 को, बांग्लादेश एक स्वतंत्र राज्य के रूप में उभरा। इसके बाद से, दोनों देशों के बीच समझौते के साथ-साथ विवाद के कई मुद्दे भी रहे हैं।

आज़ादी के बाद बांग्लादेश को आर्थिक संकट का सामना करना पड़ा। उस समय इसकी आबादी, दुनिया की 8वीं सबसे बड़ी आबादी थी। भारत ने बांग्लादेश को बड़ी मात्रा में सहायता प्रदान की। हाल के वर्षों में, भारत यहां बार-बार आने वाली प्राकृतिक आपदाओं के दौरान सहयोग और सहायता प्रदान करता है। भारत चावल और जीवित जानवरों सहित प्रमुख खाद्य पदार्थों का आपूर्तिकर्ता है, जो बांग्लादेश की विशाल आबादी के लिए इनकी कीमतों को न्यूनतम स्तर तक रखने में मदद करता है।

1972 में, दोनों देशों ने मैत्री एवं शांति संधि पर हस्ताक्षर किए। एक भारत-बांग्लादेश व्यापार समझौते पर भी हस्ताक्षर किए गए। हुगली नदी में पानी की आपूर्ति बढ़ाने के लिए भारत द्वारा फरक्का बांध का निर्माण, दोनों देशों के बीच विवाद की एक बड़ी वजह बन चुका है। बांग्लादेश इस बात पर अडिग है कि उसे गंगा नदी का पानी पर्याप्त मात्रा में उपलब्ध नहीं कराया जाता है, और दूसरी तरफ मानसून के मौसम में भारत की ओर से अतिरिक्त पानी छोड़े जाने पर यहां बाढ़ की स्थिति उत्पन्न होती है। बांग्लादेश को तीन बीघा गलियारे के हस्तांतरण का विषय भी विवादग्रस्त है। पश्चिम बंगाल में बांग्लादेश का कुछ क्षेत्र है, जो भारत से घिरा हुआ है। यह क्षेत्र बांग्लादेश के बहुत पास है और इस प्रकार, भारत ने इस क्षेत्र को बांग्लादेश की मुख्य भूमि से जोड़ने के लिए तीन बीघा (एक बीघा 17,424 वर्ग फुट के बराबर है) भूमि पट्टे पर दी थी। इस विषय पर विवाद है। हालांकि, सितंबर 2011 में इस गलियारे को औपचारिक रूप से बांग्लादेश में हस्तांतरित कर दिया गया था।

जून 2015 में प्रधानमंत्री की यात्रा के दौरान, अनुसमर्थन के आदान-प्रदान के बाद भारत-बांग्लादेश भूमि सीमा समझौते (LBA) को लागू किया गया। 31 जुलाई, 2015 को, भारत और बांग्लादेश में एक-दूसरे के विदेशी अंतः क्षेत्रों का आदान-प्रदान किया गया और दोनों राष्ट्रों के बीच भूभाग के मानचित्र पर हस्ताक्षर किए गए। इन पूर्ववर्ती विदेशी अंतः क्षेत्रों रहने वाले जिन लोगों ने अपनी भारतीय नागरिकता को बरकरार रखने का विकल्प चुना, उन्हें 30 नवंबर, 2015 तक अंतिम रूप से भारत में बसना था। 7 जुलाई, 2014 को सामुद्रिक कानून पर संयुक्त राष्ट्र संधिपत्र (UNCLOS) के अनुसार, बांग्लादेश और भारत के बीच मध्यस्थता के माध्यम से समुद्री सीमा का निपटान किया गया, जिसने बंगाल की खाड़ी के इस हिस्से के आर्थिक विकास का मार्ग प्रशस्त किया है, जो दोनों देशों के लिए फायदेमंद साबित होगा।

19.8.5 भारत-पाकिस्तान संबंध

अगस्त 1947 में अविभाजित ब्रिटिश भारत से पृथक देश के तौर पर स्वतंत्र होने के बाद से कड़वी शत्रुता और तनाव, भारत-पाक संबंधों को अलग करते हैं। पिछले 60 वर्षों के दौरान दोनों देशों के बीच कई युद्ध और संघर्ष हुए हैं, जिससे इस क्षेत्र में अशांति उत्पन्न हुई है। दोनों के बीच शत्रुता की जड़ें घरेलू राजनीति में गहराई से पैवश्त हैं और अब 1998 के ग्रीष्म काल के बाद से दोनों गंभीर परमाणु आयाम हासिल कर चुके हैं। दक्षिण एशियाई राजनीति में भारत के प्रभावाधिक्य तथा पाकिस्तान की भारत-केंद्रित नीति के बावजूद, दोनों पक्षों द्वारा सैन्य एवं असैन्य, दोनों स्तरों पर CBMs की शुरुआत की गई है।

1971 के भारत-पाकिस्तान युद्ध के बाद, पाकिस्तानी और भारतीय सैन्य अभियान महानिदेशकों (DGMOs) के बीच एक सुरक्षित संचार व्यवस्था, अथवा 'हॉटलाइन' स्थापित किया गया था। दिसंबर 1990 में, भारत और पाकिस्तान नियमित जानकारी के आदान-प्रदान के लिए DGMO हॉटलाइन को फिर से स्थापित करने और साप्ताहिक आधार पर इसका उपयोग करने पर सहमत हुए। फरवरी 1999 के लाहौर शिखर सम्मेलन में, भारत और पाकिस्तान DGMO और अन्य हॉटलाइन को अद्यतन बनाने एवं स्वीकृति देने के लिए मौजूदा सभी संचार व्यवस्थाओं की समीक्षा करने पर सहमत हुए।

1989 में पाकिस्तानी प्रधानमंत्री बेनजीर भुट्टो एवं भारतीय प्रधानमंत्री राजीव गांधी द्वारा पहली हॉटलाइन स्थापित की गई थी। नवंबर 1990 में, भारतीय प्रधानमंत्री चंद्र शेखर और पाकिस्तानी प्रधानमंत्री नवाज शरीफ ने प्रत्यक्ष संचार को सुविधाजनक बनाने के लिए हॉटलाइन की स्थापना की। मई 1997 में, भारतीय प्रधानमंत्री आई. के. गुजराल और पाकिस्तानी प्रधानमंत्री नवाज शरीफ ने हॉटलाइन को पुन:स्थापित करने का वचन दिया।

19.8.5.1 सेना के अनुपयोग पर घोषणाएं, मतभेदों का द्विपक्षीय समाधान

सोवियत संघ के सहयोग से 1966 के ताशकंद घोषणापत्र के बाद, 1965 के भारत-पाक युद्ध का औपचारिक रूप से समापन हुआ। इस घोषणापत्र में यह निर्धारित किया गया कि, भारत और पाकिस्तान के बीच संबंध एक-दूसरे के आंतरिक मामलों में अहस्तक्षेप के सिद्धांत पर आधारित होंगे। 1971 के भारत-पाक युद्ध के बाद 1972 में शिमला समझौता हुआ, जो दोनों देशों को आपस के बड़े विवादों को सुलझाने के साधन के रूप में बल प्रयोग को त्यागने के लिए बाध्य करता है। इसके अलावा, दोनों पक्ष केवल द्विपक्षीय मंच के माध्यम से अपने विवादों को हल करने पर सहमत हुए।

19.8.5.2 हवाई क्षेत्र में ग़ैर-अतिक्रमण

अप्रैल 1991 में हवाई सीमा के उल्लंघन की रोकथाम के लिए एक समझौते पर हस्ताक्षर किए गए, जो अगस्त 1992 में लागू हो गया। यह निर्धारित करता है कि, युद्ध के लिए निर्धारित लड़ाकू विमान विदेशी हवाई क्षेत्र के 10 किलोमीटर के दायरे में उड़ान नहीं भरेंगे। सीमा से 1000 मीटर तक के दायरे में शस्त्र रहित परिवहन एवं रसद विमानों को उड़ान की अनुमति है; पूर्व सूचना दिए जाने की स्थिति में, इस सीमा के भीतर आपूर्ति या बचाव मिशन के लिए उड़ानों की अनुमति है।

पाकिस्तान ने 1989 में प्रमुख सैन्य अभ्यास (ज़र्ब-ए-मोमिन) के अवलोकन हेतु, जबकि 1990 में भारत ने पर्यवेक्षकों को आमंत्रित किया। 1990 के सैन्य अभ्यास से उत्पन्न होने वाले तनाव को कम करने के उद्देश्य से अमेरिकी पर्यवेक्षकों को अपने ग़ैर-शत्रुतापूर्ण इरादे के प्रति आश्वस्त करने के लिए सेना एवं उपकरणों के परिनियोजन की निगरानी हेतु आमंत्रित किया। दिसंबर 1988 में, भारतीय प्रधानमंत्री राजीव गांधी और पाकिस्तानी प्रधानमंत्री बेनजीर भुट्टो ने परमाणु हथियारों के ग़ैर-हमले से संबंधित एक समझौते पर हस्ताक्षर किए। इसे दोनों देशों द्वारा अनुमोदित किया गया और जनवरी 1992 में लागू किया गया था। इस समझौते के तहत, प्रत्येक देश को परमाणु से संबंधित सभी सुविधाओं की अवस्थिति की जानकारी देने वाली सूचियों का वार्षिक विनिमय आवश्यक है। इस समझौते के तहत, दोनों पक्ष सूचीबद्ध अवस्थितियों पर हमला नहीं करने का वचन देते हैं।

19.8.5.3 फरवरी 1999 लाहौर शिखर सम्मेलन की खास बातें

प्रधानमंत्री नवाज शरीफ और अटल बिहारी वाजपेयी के नेतृत्व में, भारत और पाकिस्तान, दोनों देश एक-दूसरे को अपने बैलिस्टिक मिसाइल उड़ान परीक्षणों के संबंध में अग्रिम अधिसूचना प्रदान करने पर सहमत हुए। भारत और पाकिस्तान भी परमाणु परीक्षण विस्फोट करने पर संबंधित एकपक्षीय अधिस्थगन को बनाए रखने पर सहमत हुए, और इसके अलावा राष्ट्रीय संप्रभुता एवं सर्वोच्च राष्ट्रीय हितों को खतरे में डालने वाली असामान्य घटनाओं के संदर्भ में भी इसी प्रकार की सहमति बनी। इसके अलावा, MoU ने DGMO के बीच मौजूदा संचार व्यवस्थाओं को अद्यतन बनाने एवं सुधारने तथा इसे व्यवधान रहित एवं सफल बनाने के लिए इनकी समीक्षा की मांग की।

18 अक्टूबर, 2001 को, संयुक्त राष्ट्र में पाकिस्तान के राजदूत, मुनीर अकरम ने परमाणु संयम को बढ़ावा देने एवं परमाणु हथियारों के उपयोग को रोकने के लिए कई युक्तियों के प्रस्ताव प्रस्तुत किए। ये निम्नानुसार हैं:

1. एक द्विपक्षीय संधि के माध्यम से, अपने संबंधित एकपक्षीय परमाणु परीक्षण अधिस्थगन को औपचारिक रूप से तैयार करना
2. परमाणु सक्षम मिसाइल प्रणालियों को सैन्य संचालन की दृष्टि से अस्त्र के रूप में तैयार नहीं करना
3. परमाणु सक्षम बैलिस्टिक मिसाइलों को सैन्य संचालन की दृष्टि से तैनात नहीं करना, और उन्हें हमेशा तैयार नहीं रखना
4. मिसाइलों के उड़ान परीक्षणों की पूर्व और पर्याप्त अधिसूचना प्रदान करने के लिए पिछली समझ को औपचारिक रूप देना
5. एंटी-बैलिस्टिक मिसाइल प्रणालियों के अधिग्रहण, तैनाती या विकास पर अधिस्थगन का निरीक्षण करना
6. गलतफहमी या दुर्घटना से परमाणु हथियारों के उपयोग के जोखिम को कम करने के लिए आत्मविश्वास निर्माण एवं पारदर्शिता के उपायों को लागू करना
7. परमाणु हथियारों की सर्वतोमुखी होड़ को रोकने तथा परमाणु हथियारों के गैर-उपयोग सहित सेना के गैर-उपयोग पर एक समझौते के दृष्टिकोण से दोनों देशों के परमाणु सुरक्षा सिद्धांतों पर खुली परिचर्चाओं का आयोजन

सैन्य CBMs को देखते हुए, असैन्य CBMs भी भारत और पाकिस्तान के रूप में दो प्रतिद्वंद्वियों के बीच तनावपूर्ण स्थितियों को नियंत्रित करने में सहायक हैं। असैन्य CBMs के अंतर्गत निम्नलिखित क्षेत्र शामिल हैं:

- S&T में सहयोग
- कला एवं संस्कृति पर संवाद
- लोगों एवं विचारों का निर्बाध आवागमन (प्रतिकूल देशों के नागरिकों के लिए वीज़ा प्रतिबंधों को आसान बनाना)
- सूचनाओं, विचारों एवं विश्लेषणों का आदान-प्रदान, अर्थात् समाचार-पत्र, पुस्तकें, पत्रिकाएं

- व्यापार एवं वाणिज्य
- लोकतंत्र का सशक्तिकरण

इस प्रकार के CBMs की प्रकृति नियमित है तथा यह दोनों देशों के बीच द्विपक्षीय संबंधों को सुदृढ़ बनाने के संदर्भ में एक स्वस्थ संकेत है। वर्ष 2014 में, कई CBMs कार्यान्वित किए गए थे। इसके अंतर्गत 26 मई को प्रधानमंत्री मोदी के शपथ ग्रहण समारोह में पाकिस्तानी प्रधानमंत्री नवाज शरीफ का आगमन भी शामिल है। पाकिस्तान ने प्रधानमंत्री शरीफ की दिल्ली यात्रा से पहले सद्भावना के संकेत के रूप में 151 भारतीय मछुआरों को मुक्त किया। वाणिज्य मंत्री पारस्परिक ग़ैर-भेदभावपूर्ण बाज़ार अभिगम्यता (NDMA) स्थापित करने तथा वाघा-अटारी सीमा को व्यापार हेतु सालों भर खोले जाने पर सहमत हुए हैं, रावलकोट-पूंछ में LoC के संधि स्थल पर आयोजित एक ब्रिगेडियर स्तरीय ध्वज बैठक के दौरान, पाकिस्तान और भारत के सैन्य अधिकारी नियंत्रण रेखा (LoC) पर युद्धविराम को और मजबूत करने पर सहमत हुए हैं, साथ ही एक-दूसरे के परमाणु सुविधाओं पर हमला करने पर प्रतिबंध के समझौते के हिस्से के रूप में, भारत और पाकिस्तान अपने परमाणु प्रतिष्ठानों की सूचियों का आदान-प्रदान करते हैं। 1992 के बाद से प्रत्येक वर्ष के पहले दिन इस प्रकार की सूचियों का आदान-प्रदान होता है। दोनों देश अपनी जेलों में बंद अन्य देश के नागरिकों की सूचियों का आदान-प्रदान भी करते हैं।

19.8.5.4 कश्मीर का मुद्दा

अगस्त 1947 में अविभाजित ब्रिटिश भारत से पृथक देश के तौर पर स्वतंत्र होने के बाद से, कश्मीर भारत और पाकिस्तान के बीच विवाद की सबसे बड़ी वजह बन चुका है। भारत जम्मू-कश्मीर को अपने संघ का एक अभिन्न हिस्सा मानता है, जबकि पाकिस्तान कश्मीर घाटी के लोगों के लिए स्वभाग्यनिर्णय के साथ-साथ राज्य की स्थिति एवं उन्हें अपना भविष्य निर्धारित करने के पक्ष में समर्थन देता है। पाकिस्तान भारत द्वारा कश्मीर की प्राप्ति को किसी भी लोकप्रिय समर्थन से रहित क़ानूनी चाल के तौर पर देखता है।

कश्मीर के संदर्भ में, भारत और पाकिस्तान, दोनों ने एक समग्र एवं संरचित वार्तालाप विकसित करने की तात्कालिक आवश्यकता को महसूस किया है। इसमें CBMs को आगे ले जाने के संदर्भ में निम्नलिखित बातें शामिल हो सकती हैं:

- विवाद में शामिल तंत्र एवं बुनियादी मुद्दों के संदर्भ में, द्विपक्षीय वार्ता की संरचना तैयार करना
- कश्मीर की आबादी की लोक-सम्मत इच्छा को निर्धारित करने में, जम्मू-कश्मीर के सभी घटकों एवं धर्मों के प्रतिनिधियों को संवाद प्रक्रिया में प्रभावी रूप से शामिल किए जाने की आवश्यकता है
- कश्मीर घाटी की अंतिम स्थिति पर, नियंत्रण रेखा के दोनों ओर अंतर-कश्मीर वार्ता को सक्रिय रूप से प्रोत्साहित करना और शुरू करना
- सभी स्तरों पर कश्मीर की द्विपक्षीय वार्ता प्रक्रिया में कश्मीर के लोगों (कश्मीरीयत) को शामिल करना
- वांछित उद्देश्यों के साथ कश्मीर पर संरचित वार्ता के लिए समय-सीमा निर्धारित करना
- कश्मीर के विवाद का समाधान तथा आपसी विश्वास की बहाली एवं विकास को हर समय परस्पर-निर्भर प्रक्रियाओं के तौर पर देखा जाना चाहिए
- कश्मीर समाधान आपसी सम्मान के इस सिद्धांत पर आधारित होना चाहिए कि, भारत और पाकिस्तान एक-दूसरे के लिए तथा कश्मीर के लोगों के लिए मानवाधिकार और न्याय की गरिमा का सम्मान करते हैं
- एकपक्षीय लाभ / हानि के साथ परिणाम रहित समाधान की खोज से बचा जाना चाहिए
- शत्रुता को न्यूनतम करने की प्रक्रिया शुरू की जानी चाहिए, तथा राष्ट्रों के अन्य महत्त्वपूर्ण घरेलू मुद्दों से कश्मीर को अलग किया जाना चाहिए
- एक अनुकूल माहौल की ओर आगे बढ़ने के उद्देश्य से, इलेक्ट्रॉनिक और प्रिंट मीडिया, दोनों में कश्मीर के विषय पर शत्रुतापूर्ण घरेलू प्रचार को रोकना चाहिए
- दोनों सरकारों द्वारा इष्टतम परिणामों को प्राप्त करने के लिए ट्रैक-II के माध्यम से अनौपचारिक वार्ता के साथ-साथ देशों के बीच आधिकारिक स्तर की बातचीत को प्रोत्साहित किया जाना चाहिए

- बातचीत की प्रगति का आकलन एवं सक्रिय भागीदारी के माध्यम से विभिन्न मुद्दों पर गतिरोध को दूर करने के लिए दोनों पक्षों की सरकारों के प्रमुखों को नियमित तौर पर बैठक करनी चाहिए

19.8.6 भारत-श्रीलंका संबंध

1948 में श्रीलंका की आज़ादी के उपरांत, भारत और श्रीलंका ने राजनयिक संबंध स्थापित किए। दोनों देश इस क्षेत्र में प्रभाव के एक आम क्षेत्र को स्थापित करने के उद्देश्य से व्यापक सांस्कृतिक, वाणिज्यिक, रणनीतिक एवं रक्षा संबंध स्थापित करने के लिए आगे बढ़े, तथा गुट-निरपेक्षता की नीति अपनाई। भारत और श्रीलंका के पूर्व प्रधानमंत्रियों, इंदिरा गांधी एवं सिरिमावो भंडारनायके के बीच घनिष्ठ संबंध ने जीवंत द्विपक्षीय संबंधों के विकास को प्रेरित किया। 1971 में, भारतीय सशस्त्र बलों ने श्रीलंका सरकार के खिलाफ़ एक साम्यवादी विद्रोह को खत्म करने में मदद की।

1980 के दशक में, ऐसा माना गया कि तमिलनाडु की राज्य सरकार में निजी संस्थाओं एवं तत्वों की ओर से लिबरेशन टाइगर्स ऑफ तमिल ईलम (LTTE) के लिए धन और प्रशिक्षण को प्रोत्साहित किया जा रहा था। 1987 में, अपने देश के तमिलों के बढ़ते क्रोध तथा शरणार्थियों की बाढ़ के बीच, श्रीलंका सरकार की ओर से आर्थिक नाकाबंदी एवं सैन्य हमलों के माध्यम से उत्तरी जाफना क्षेत्र पर नियंत्रण हासिल करने का प्रयास करने के बाद, भारत ने पहली बार संघर्ष में हस्तक्षेप किया; भारत ने हवाई एवं समुद्री मार्ग से भोजन एवं दवाओं की आपूर्ति की। उत्तरवर्ती संधि वार्ताओं के बाद, भारत और श्रीलंका के बीच एक समझौता हुआ। शांति समझौते ने क्षेत्रीय परिषद को नियंत्रित करने वाले ईलम पीपुल्स रेवोल्यूशनरी लिबरेशन फ्रंट (EPRLF) के साथ तमिल इलाकों में एक निश्चित स्तर तक क्षेत्रीय स्वायत्तता की व्यवस्था की, और तमिल आतंकवादी समूहों से आत्मसमर्पण का आह्वान किया। इसके अलावा, भारत ने निरस्त्रीकरण को लागू करने तथा क्षेत्रीय परिषद की निगरानी के लिए भारतीय शांति नियंत्रण बल (IPKF) नामक एक शांति-स्थापन सेना को श्रीलंका भेजा।

हालांकि श्रीलंका और भारत सरकारों के बीच समझौते पर हस्ताक्षर किए गए थे, तथा समझौते पर हस्ताक्षर करने में तमिल टाइगर्स और अन्य तमिल आतंकवादी समूहों की कोई भूमिका नहीं थी, फिर भी ज्यादातर तमिल आतंकवादी समूहों ने इस समझौते को स्वीकार कर लिया, परंतु LTTE ने इस समझौते को ख़ारिज कर दिया। भारत-श्रीलंका समझौता, जो भारत को अधिक प्रभुत्व दिए जाने के कारण श्रीलंकाई नागरिकों के बीच अलोकप्रिय था, अब राष्ट्रवादी क्रोध एवं नाराजगी का स्रोत बन गया, क्योंकि IPKF पूरी तरह से संघर्ष में शामिल था। श्रीलंकाई लोगों ने IPKF की उपस्थिति का विरोध किया, और नव-निर्वाचित श्रीलंकाई राष्ट्रपति रणसिंघे प्रेमदास ने इसे वापस बुलाए जाने की मांग की, जिसके बाद मार्च 1990 तक IPKF को वापस बुला लिया गया था। 21 मई, 1992 को राजीव गांधी की हत्या कर दी गई और LTTE पर इस हत्या का आरोप लगा। नतीजतन, भारत ने 1992 में LTTE को आतंकवादी संगठन घोषित कर दिया। 1990 के दशक में और 21वीं सदी के पहले दशक में द्विपक्षीय संबंधों में सुधार हुआ। भारत ने शांति प्रक्रिया का समर्थन किया, लेकिन इस प्रक्रिया में फिर से शामिल होने के आग्रह का विरोध किया है।

19.8.6.1 वाणिज्यिक संबंध

भारत और श्रीलंका SAARC, एशिया सहकारी पर्यावरण कार्यक्रम (SACEP), दक्षिण एशियाई आर्थिक संघ तथा बंगाल की खाड़ी बहु-क्षेत्रीय तकनीकी और आर्थिक सहयोग उपक्रम (BIMSTEC) जैसे कई क्षेत्रीय एवं बहुपक्षीय संगठनों के सदस्य हैं, जो सांस्कृतिक और व्यावसायिक संबंधों को बढ़ाने की दिशा में काम कर रहे हैं। दोनों देशों के बीच एक द्विपक्षीय FTA पर हस्ताक्षर किए गए, जो 2000 में प्रभावी हुआ। 2000 से 2004 के बीच, 113 प्रतिशत की वृद्धि के साथ श्रीलंका में भारत का निर्यात US$618 मिलियन से US$1,319 मिलियन हो गया, जबकि 342 प्रतिशत की वृद्धि के साथ भारत में श्रीलंकाई निर्यात US$44 मिलियन से US$194 मिलियन हो गया। श्रीलंकाई सामानों के लिए भारत पांचवां सबसे बड़ा निर्यात गंतव्य भी है। दोनों देश SAFTA के हस्ताक्षरकर्ता भी हैं। मज़बूत व्यावसायिक संबंधों के निर्माण तथा विभिन्न उद्योगों में कॉर्पोरेट निवेश एवं उद्यमों को बढ़ाने के लिए FTA का विस्तार करने की प्रक्रिया पर भी बातचीत जारी है।

भारत का मानना है कि, श्रीलंका-तमिल मुद्दे का सर्वश्रेष्ठ समाधान श्रीलंकाई नागरिकों के माध्यम से ही संभव है। राजीव गांधी के कार्यकाल के बाद, श्रीलंका के साथ भारत के संबंधों को मोटेतौर पर निम्नानुसार दर्शाया जा सकता है:

- भारत तमिलों की वैध राजनीतिक, सामाजिक और सांस्कृतिक आकांक्षाओं का समर्थन करता रहा है
- हालांकि, भारत LTTE द्वारा अपने लक्ष्यों को प्राप्त करने के लिए विशेष शक्ति के साथ-साथ हिंसक और आतंकवादी तरीकों का विरोध करता है
- भारत राजनीतिक एवं शांतिपूर्ण वार्ता के माध्यम से श्रीलंका में संकट को हल करने के उद्देश्य से पहलों का समर्थक रहा है। श्रीलंका में वर्तमान शांति प्रक्रिया के लिए नॉर्वे के मध्यस्थ के रूप में टोक्यो दाताओं सम्मेलन के चार सह-अध्यक्षों द्वारा हस्ताक्षरित सहमति को भारत का समर्थन, इसी विश्वास का प्रतीक है।
- भारत इस बात पर विश्वास नहीं करता है कि, इस मुद्दे को केवल सैन्य साधनों के माध्यम से हल किया जा सकता है, और एक शांतिपूर्ण समाधान के लिए सक्रिय रूप से अनुरोध करता है

श्रीलंकाई सीमाशुल्क विभाग के अनुसार, 2013 की तुलना में 23.37 प्रतिशत की वृद्धि के साथ 2014 में द्विपक्षीय व्यापार US$4.6 बिलियन था। 2014 में भारत से श्रीलंका को निर्यात US$3,977 मिलियन था, जबकि श्रीलंका से भारत को निर्यात US$625 मिलियन था। भारत और श्रीलंका के बीच पर्यटन भी एक महत्त्वपूर्ण कड़ी है। भारत सरकार ने 14 अप्रैल, 2015 को श्रीलंकाई पर्यटकों के लिए औपचारिक रूप से ई-पर्यटक वीज़ा (eTV) योजना शुरू की।[3]

19.8.7 भारत-म्यांमार संबंध

भारत-म्यांमार संबंधों की प्रगाढ़ता इतिहास में निहित हैं। भारत म्यांमार की आज़ादी के प्रमुख समर्थकों में से एक था, और 1948 में म्यांमार की ग्रेट ब्रिटेन से आज़ादी के तुरंत बाद भारत ने राजनयिक संबंध स्थापित किए। कई वर्षों तक, सांस्कृतिक संबद्धता, समृद्ध व्यापार, क्षेत्रीय मामलों में हितों की पारस्परिकता तथा म्यांमार में एक जीवंत भारतीय समुदाय की उपस्थिति के कारण भारत-म्यांमार संबंध अत्यंत सुदृढ़ थे। म्यांमार की स्वतंत्रता के उपरांत, 1948 और 1952 के बीच भारत-म्यांमार संबंधों को मित्रवत और सौहार्दपूर्ण माना जा सकता है, तथा भारत के प्रधानमंत्री नेहरू एवं म्यांमार के प्रधानमंत्री यू नु के बीच अच्छे संबंध थे। इसके अलावा म्यांमार भी NAM का सदस्य था। जनरल ने विन के कार्यकाल में 1962 से 1988 के बीच दोनों देशों के संबंधों में निष्क्रियता आई। म्यांमार ने अलगाववाद की नीति का चयन किया तथा विशिष्ट संस्कृति के भारतीयों को निष्कासित किया, साथ ही राष्ट्रमंडल में शामिल होने से इनकार करते हुए इस NAM से सदस्यता वापस ले ली। 1988 से आज तक, मुख्य रूप से भारत म्यांमार की ओर एक और यथार्थवादी और व्यावहारिक नीति को अपनाने के कारण, दोनों देशों के बीच के संबंधों में समग्र रूप से प्रगति हुई है। जब म्यांमार को क्षेत्रीय विद्रोह का सामना करना पड़ा, तब भारत ने राजनयिक समर्थन प्रदान किया। 1987 में तत्कालीन भारतीय प्रधानमंत्री राजीव गांधी म्यांमार गए, जो इस दिशा में एक बड़ी सफलता थी। लेकिन 1988 में सैन्य शासन द्वारा लोकतंत्र समर्थक आंदोलन के खूनी दमन के बाद संबंधों में गिरावट आई, जिसके कारण म्यामार के शरणार्थियों का भारत में तांता लग गया। हालांकि, 1993 से, भारतीय प्रधानमंत्रियों पी. वी. नरसिम्हा राव और बाद में अटल बिहारी वाजपेयी ने इस दिशा में सरकार की कार्यप्रणाली को परिवर्तित किया, तथा दक्षिण पूर्व एशिया में भारत की सक्रिय भागीदारी एवं प्रभाव क्षेत्र के विस्तार और PRC के बढ़ते प्रभुत्व का सामना करने के उद्देश्य से विदेश नीति के व्यापक दृष्टिकोण के एक हिस्से के रूप में म्यांमार के साथ संबंधों को बेहतर बनाने का कार्य आरंभ किया।

हालांकि, 1995 में जब नई दिल्ली में म्यांमार की उच्चस्तरीय विद्रोही नेता, आंग सान सू की को अंतर्राष्ट्रीय समझ को प्रोत्साहन देने के लिए जवाहरलाल नेहरू पुरस्कार से सम्मानित किया, तब भारत-म्यांमार संबंध एक बार फिर खराब हो गए। संबंधों को नए सिरे से गतिशीलता प्रदान करने के उद्देश्य से, अगस्त 2000 में यांगून में भारत-म्यांमार विदेश सचिव की बैठक आयोजित की गई। दोनों देश सीमा व्यापार को बढ़ावा देने के लिए अवसंरचना को मज़बूत करने और सीमा सुरक्षा को बढ़ाने की बात पर

[3] http://www.mea.gov.in/Portal/ForeignRelation/SrilankaBrief_August2015.pdf (26 अगस्त 2017 को देखा गया)

सहमत हुए। दोनों देशों ने नियमित द्विपक्षीय मंत्रिस्तरीय परामर्श स्थापित करने के लिए एक प्रोटोकॉल पर हस्ताक्षर किए तथा अवसंरचना विकास, ऊर्जा आपूर्ति एवं सूचना प्रौद्योगिकी से संबंधित परियोजनाओं में सहयोग पर सहमति व्यक्त की।

2004 में जनरल थान श्वे का नई दिल्ली दौरा, भारत-म्यांमार संबंधों के इतिहास का एक सुनहरा अवसर था। उनकी इस यात्रा के दौरान, सांस्कृतिक एवं शैक्षणिक आदान-प्रदान की व्यवस्था, ग़ैर-पारंपरिक सुरक्षा मुद्दों में सहयोग, और म्यांमार में तामंथी जलविद्युत परियोजना जैसे कई समझौतों पर हस्ताक्षर किए गए। दोनों पक्षों ने इस बात का अन्वेषण किया कि, उद्योग, ऊर्जा, रेल परिवहन, संचार, S&T एवं स्वास्थ्य जैसे अन्य क्षेत्रों में सहयोग के क्षेत्रों का किस प्रकार विस्तार किया जाए।

ऐसे उच्चस्तरीय संपर्कों की निरंतरता को जारी रखते हुए, प्रधानमंत्री डॉ. मनमोहन सिंह ने दिसंबर 2005 में कुआलालंपुर में 11वें ASEAN शिखर सम्मेलन के दौरान अपने म्यांमार के समकक्ष के साथ वार्ता की। जनवरी 2006 में विद्रोह को रोकने के भारत के दबाव ने परिणाम प्राप्त किए, जब भारत और म्यांमार ने साथ मिलकर म्यांमार के क्षेत्र के अंदर विद्रोही बलों को बाहर निकालने के लिए संयुक्त सैन्य अभियान चलाया। इसी कड़ी में, भारतीय राष्ट्रपति डॉ. ए. पी. जे. अब्दुल कलाम ने 2006 में म्यांमार का दौरा किया। तीन महत्त्वपूर्ण समझौतों पर हस्ताक्षर करना, उनकी यात्रा की उपलब्धि थी, जिसके अंतर्गत: भारत-म्यांमार गैस पाइपलाइन परियोजना, उपग्रह आधारित रिमोट सेंसिंग और बौद्ध अध्ययनों का प्रचार शामिल है। राष्ट्रपति कलाम की यात्रा के दौरान, IT क्षेत्र, दूरसंचार, ऑटोमोबाइल, वस्त्र, कृषि आधारित उद्योग, तथा नदी एवं भूमि आधारित परिवहन व्यवस्था में सहयोग की नई संभावनाओं की तलाश भी की गई। भारत और म्यांमार BIMSTEC के प्रमुख सदस्य हैं, जिसके अंतर्गत म्यांमार ऊर्जा क्षेत्र में अग्रणी देश है। वियतनाम, लाओस, कंबोडिया और थाईलैंड जैसे अन्य सदस्य देशों के साथ 2000 में मेकांग-गंगा सहयोग की शुरूआत के बाद, म्यांमार भारत को विभिन्न तरीकों से दक्षिण-पूर्व एशियाई देशों के बीच अपने प्रभाव और संबंधों को बढ़ाने एवं विस्तार करने में सहायता करता है। बांग्लादेश-चीन-भारत-म्यांमार (BCIM) के बीच क्षेत्रीय आर्थिक सहयोग मंच ने, अधिक आर्थिक समृद्धि की दिशा में भारत के पड़ोसियों के बीच क्षेत्रीय एकीकरण में वृद्धि का अवसर उपलब्ध कराया है।

19.8.7.1 भारत-म्यांमार आर्थिक एवं वाणिज्यिक संबंध

पिछले कुछ वर्षों में, भारत और म्यांमार के बीच सभी क्षेत्रों में, विशेष तौर पर व्यापार एवं वाणिज्य के क्षेत्र में सहयोगात्मक संबंधों का विस्तार हुआ है। म्यांमार की अर्थव्यवस्था मुख्य रूप से कृषि पर आधारित है। यहां कृषि गतिविधि लगभग दो-तिहाई आबादी को रोजगार देती है और कुल GDP में इसका योगदान 45 प्रतिशत है। निर्यात की जाने वाली मुख्य वस्तुओं में कृषि, समुद्री एवं वन्य उत्पादों के अलावा खनिज और रत्न शामिल हैं। म्यांमार मुख्य रूप से उपभोक्ता वस्तुओं एवं कच्चे माल तथा औद्योगिक उपयोग के लिए पूंजीगत वस्तुओं का आयात करता है।

म्यांमार के निर्यात के लिए भारत सबसे बड़ा बाज़ार है। इसके अलावा, थाईलैंड, चीन और सिंगापुर के बाद भारत म्यांमार का चौथा सबसे बड़ा व्यापारिक साझेदार है, तथा थाईलैंड के बाद दूसरा सबसे बड़ा निर्यात बाज़ार है, और कुल वस्तुओं का 25 प्रतिशत भारत में निर्यात किया जाता है। भारत म्यांमार के आयात का सातवां सबसे महत्त्वपूर्ण स्रोत भी है। म्यांमार के साथ व्यापक व्यापारिक संबंधों को सुदृढ़ बनाने तथा गैस पाइपलाइन स्थापित करने के लिए भारत के पास वायु, भूमि एवं समुद्री मार्ग उपलब्ध हैं। भारत के निजी क्षेत्र की भागीदारी न्यूनतम रही है, इसके बावजूद दोनों सरकारें कृषि, दूरसंचार, सूचना प्रौद्योगिकी, इस्पात, तेल, प्राकृतिक गैस, हाइड्रोकार्बन एवं खाद्य प्रसंस्करण के क्षेत्र में सहयोग के विस्तार की दिशा में आगे बढ़ रही हैं। 1994 का द्विपक्षीय सीमा-व्यापार समझौता, भारत के उत्तर-पूर्वी क्षेत्र की सीमा पर तीन निर्दिष्ट स्थानों, अर्थात् मणिपुर, मिजोरम और नागालैंड में एक-एक स्थान से सीमा व्यापार की अनुमति प्रदान करता है।

13 फरवरी, 2001 को, भारत और म्यांमार ने 160 किलोमीटर के राजमार्ग का उद्घाटन किया, जिसे भारत-म्यांमार मैत्री मार्ग कहा जाता है। इसका निर्माण मुख्य रूप से भारतीय सेना के सीमा सड़क संगठन द्वारा किया गया था और इसका लक्ष्य दक्षिण-एशिया एवं दक्षिण-पूर्व एशिया को जोड़ने वाले एक प्रमुख रणनीतिक व वाणिज्यिक परिवहन मार्ग की व्यवस्था करना था। भारत और म्यांमार के बीच 1,643 किलोमीटर लंबी आम सीमा के साझाकरण के मद्देनजर, भारत के चार राज्यों-मणिपुर, मिजोरम,

नागालैंड और अरुणाचल प्रदेश से होकर गुजरने वाले इस मार्ग को एक बड़ी उपलब्धि के तौर पर देखा जाता है। हिंद महासागर और आसपास के तटवर्ती राज्यों में म्यांमार के रणनीतिक महत्त्व को देखते हुए, भारत ने म्यांमार के साथ सक्रिय नौसैनिक सहयोग शुरू कर दिया है। हाल के वर्षों में, भारत और म्यांमार नौसैनिक के बीच नौसैनिक सहयोग में वृद्धि हुई है, जो निरंतर आगे बढ़ रहा है।

19.8.7.2 भारत-म्यांमार व्यापारिक संबंध

भारत म्यांमार से मुख्यतः कृषि और वन आधारित उत्पादों (विशेष रूप से फलियों एवं दालों का) का आयात करता है, जबकि म्यांमार को निर्यात की जाने वाली मुख्य वस्तुओं में प्राथमिक एवं अर्ध-निर्मित इस्पात और फार्मास्यूटिकल्स शामिल हैं। व्यापार संतुलन बड़े पैमाने पर म्यांमार के पक्ष में है।

जनवरी 1994 में, दिल्ली में प्रथम सीमा व्यापार समझौते पर हस्ताक्षर किए गए थे, और मोरेह (मणिपुर, भारत) और तमू (सागाईंग डिवीजन, म्यांमार) के बीच एक सीमा पार बिंदु के उद्घाटन के साथ अप्रैल 1995 में इसे लागू किया गया था। इसके बाद, दोनों सरकारें चार जांच-चौकियों की स्थापना करने पर सहमत हुईं, जो सीमा व्यापार की जांच करने एवं इसे आधिकारिक बनाने, माल के अवैध व्यापार को रोकने तथा भारत और म्यांमार के बीच विभिन्न विद्रोही समूहों की गतिविधियों की निगरानी करने में मदद करेंगी।

म्यांमार स्वयं को भारत की 'लुक ईस्ट' नीति के प्रवेश द्वार के रूप में प्रस्तुत करता है। भारत अपने निर्दिष्ट उद्देश्यों की प्राप्ति के लिए म्यांमार के साथ अपने संबंधों के सशक्तिकरण हेतु हर संभव प्रयास कर रहा है। इसके परिणामस्वरूप, हाल के वर्षों में भारत-म्यांमार संबंधों में अभूतपूर्व प्रगति हुई है।

भारत म्यांमार में कई नदी एवं भूमि आधारित परियोजनाओं में संलग्न है। भारत-म्यांमार गैस पाइपलाइन परियोजना ऐसा ही एक क्षेत्र है, जहां भारत म्यांमार के साथ गहराई से संबद्ध है। हाल ही में, भारत ने प्राकृतिक गैस के अन्वेषण, उपग्रह आधारित रिमोट सेंसिंग तथा म्यांमार में बौद्ध अध्ययनों के प्रचार के साथ तीन महत्त्वपूर्ण समझौते पर हस्ताक्षर किए। भारत की ओर से IT, ऑटोमोबाइल, तथा वस्त्र एवं कृषि आधारित उद्योगों में म्यांमार के साथ संयुक्त सहयोग के अवसरों की तलाश भी की जा रही है।

दोनों पक्षों के प्राधिकृत बैंकों के बीच MoU की कमी एवं निर्यात पर लगाए गए प्रतिबंध के साथ-साथ वस्तु विनिमय पर आधारित व्यापार एवं सीमा पार विद्रोह को द्विपक्षीय व्यापार की प्रमुख बाधाओं के तौर पर देखा जा रहा है। वर्तमान में, भारत और म्यांमार के बीच हस्ताक्षरित मुक्त व्यापार समझौते के तहत सरसों के बीज, दालें एवं फलियां, ताजा सब्जियां, फल एवं सोयाबीन सहित केवल 22 वस्तुओं के आयात व निर्यात की अनुमति है। दूसरी तरफ, भारत म्यांमार में कपड़ा, जूते, दवाएं, ऊनी वस्त्रों और इंजीनियरिंग सामानों का निर्यात करता है। म्यांमार में इन वस्तुओं की उपभोक्ता मांग काफी अधिक है।

19.8.7.3 भारत-म्यांमार संबंधों से जुड़े मुद्दे

भारत-म्यांमार संबंधों से जुड़े सामान्य मुद्दों के अंतर्गत सीमा-पार विद्रोह, मादक पदार्थों का व्यापार, सीमावर्ती चौकियां, सीमा पर बाड़ लगाने का कार्य, सीमा व्यापार, आदि शामिल हैं। सीमा-पार आतंकवाद के विषय के संदर्भ में, भारत को उत्तर-पूर्वी राज्यों, अर्थात् नागालैंड, मणिपुर तथा म्यांमार की सीमा से सटे मिजोरम के हिस्सों में विद्रोह की समस्या का सामना करना पड़ रहा है, जबकि दूसरी ओर म्यांमार को भी भारतीय पक्ष से नागा (खापलांग समूह) से विद्रोह का सामना करना पड़ता है। इस संबंध में, भारत-म्यांमार सेना सीमा-पार अपराधों को नियंत्रित करने के उद्देश्य से, अंतर्राष्ट्रीय सीमा के साथ खुफिया जानकारी का आदान-प्रदान करने के तंत्र को मज़बूत करने पर सहमत हुई है। जनवरी 2006 में, म्यांमार और भारतीय सेना ने नागालैंड-खापलांग (NSCN-K) विद्रोहियों की राष्ट्रीय समाजवादी परिषद को बाहर निकालने के लिए संयुक्त अभियान चलाया।

भारत और म्यांमार, दोनों देशों के बीच सीमा व्यापार के विस्तार के लिए पहल की श्रृंखला पर विचार-विमर्श किया जा रहा है। भारत ने म्यांमार के साथ दोहरे कराधान तथा आयकरों के संबंध में राजकोषीय अपवंचन की रोकथाम से बचने के लिए प्रस्तावित समझौते पर हस्ताक्षर को स्वीकृति दे दी है।

म्यांमार के साथ सक्रिय संबंध विकसित करने के लिए भारत को विवश करने वाले तीन प्रमुख कारक इस प्रकार हैं: (a) व्यापक ASEAN समूह तक अपनी पहुंच के विस्तार के लिए 'लुक ईस्ट' की नीति, (b) म्यांमार के साथ अपने उत्तर-पूर्व क्षेत्र को विकसित करने के लिए समन्वित प्रयास की आवश्यकता, जिसे दशकों से उपेक्षित किया गया है, तथा (c) म्यांमार पर चीनी प्रभाव की रोकथाम हेतु रणनीति का विकास। भारत की लुक ईस्ट की नीति के तहत, मलेशिया और सिंगापुर जैसे दक्षिण-पूर्व एशियाई देशों तक पहुंचने में भारत, म्यांमार और थाईलैंड के बीच त्रिपक्षीय राजमार्ग की अहम भूमिका है। ठीक इसी प्रकार ट्रांस-एशियाई रेलवे के माध्यम से नई दिल्ली को हनोई, वियतनाम के साथ जोड़ने की योजना बनाई जा रही है। भारत के दृष्टिकोण से, म्यांमार के साथ प्रगाढ़ आर्थिक संबंधों से इसके उत्तर-पूर्व क्षेत्र के विकास को जबरदस्त बढ़ावा मिलेगा। सड़क, रेल और जलमार्गों की योजनाबद्ध अवसंरचना का विकास, इसी दिशा में उठाया गया कदम है।

द्विपक्षीय संबंधों के अलावा, भारत ASEAN और BIMSTEC के जरिए भी म्यांमार से संबद्ध रहा है। ASEAN के माध्यम से म्यांमार के साथ भारत की भागीदारी 1997 में उस वक्त शुरू हुई, जब इसे अपने पूर्ण वार्ता सहयोगी के तौर पर इसमें शामिल कराया गया और उसी वर्ष म्यांमार इसका पूरा सदस्य बन गया। 1997 में स्थापित BIMSTEC, इसी प्रकार का एक अन्य मंच है जिसके माध्यम से भारत सक्रिय रूप से म्यांमार से जुड़ा हुआ है। यूरोपीय संघ और संयुक्त राज्य के प्रतिबंधों से भय के कारण, म्यांमार आर्थिक कारणों से भारत के साथ घनिष्ठ संबंध विकसित करना चाहता है। भारत म्यांमार के प्रमुख व्यापारिक भागीदारों में से एक है, और इसके सामान के लिए चौथा सबसे बड़ा बाज़ार है। हाल के वर्षों में, भारत और म्यांमार के बीच द्विपक्षीय व्यापार लगभग आठ गुना बढ़ गया है। 2014–15 में द्विपक्षीय व्यापार तेजी से US$1571.95 मिलियन तक पहुंच गया (म्यामार को निर्यात US$773.74 मिलियन और म्यांमार से आयात US$1,016.86 मिलियन)। भारत म्यांमार का चौथा सबसे बड़ा व्यापारिक साझेदार है, लेकिन व्यापार का स्तर अभी भी संभावनाओं के अनुरूप नहीं है। 2012 में नए विदेशी निवेश क़ानून तथा संबंधित विभागों एवं मंत्रालयों द्वारा बनाए गए उप-क़ानूनों और नियमों के बाद, देश में निवेश बढ़ रहा है। भारतीय कंपनियों ने म्यांमार में निवेश में रुचि दिखाई है, और कई भारतीय कंपनियों ने कई बड़े समझौते किए हैं। वर्ष 2014 में, भारतीय नौवहन निगम ने अक्टूबर 2014 में भारत और म्यांमार के बीच प्रत्यक्ष समुद्री संबंध का शुभारंभ किया है।[4] म्यांमार के साथ संबद्धता की भारतीय नीति ने, भारत के विदेश नीति के उद्देश्यों को महत्त्वपूर्ण तरीके से आगे बढ़ाया है। भारत ने 2008 में नरगिस चक्रवात, 2010 में शान राज्य में भूकंप और 2015 में कोमेन चक्रवात जैसी प्राकृतिक आपदाओं के बाद लोकोपकारी राहत कार्यों में म्यांमार को तत्काल एवं प्रभावी ढंग से सहायता उपलब्ध कराई है।

मॉडल प्रश्न

19.1 वर्ष 2000 से लेकर मौजूदा अवधि तक भारत-संयुक्त राज्य संबंधों पर चर्चा करें।
19.2 भारत-रूस संबंधों के बुनियादी मानदंड क्या हैं?
19.3 चीन-भारत संबंधों में समाभिरूपता और असहमति के क्षेत्रों पर चर्चा करें।
19.4 यूरोपीय संघ के साथ भारत के उभरते संबंधों की रूपरेखा प्रस्तुत करें।
19.5 सऊदी अरब और इज़राइल के विशेष संदर्भ में, पश्चिम एशिया के साथ भारत के संबंधों के सामान्य ढांचे का मूल्यांकन करें।
19.6 अफ्रीका के साथ संबद्धता की भारतीय नीति पर चर्चा करें।
19.7 भारत और पाकिस्तान के बीच आत्मविश्वास निर्माण के विभिन्न सैन्य एवं असैन्य उपायों का वर्णन करें।
19.8 संयुक्त राष्ट्र में भारत के योगदान पर चर्चा करें।
19.9 भारत और बांग्लादेश के बीच संबंधों को प्रभावित करने वाले महत्त्वपूर्ण मुद्दे कौन से हैं?
19.10 गुट-निरपेक्ष आंदोलन के विभिन्न चरणों पर चर्चा करें।

[4] https://www.mea.gov.in/Portal/ForeignRelation/Myanamr_Feb_2016.pdf (23 अगस्त, 2017 को देखा गया)

अनुशंसित साहित्य

Alam, Anwar, ed. 2008. *India and West Asia in the Era of Globalisation.* New Delhi: New Century Publications.
Alam, Mohammed B., ed. 2006 *Constructing Nuclear Strategic Discourse: The South Asian Scene.* New Delhi: India Research Press.
———, ed. 2013. *Perspectives on Nuclear Strategy of India and Pakistan.* New Delhi: Kalpaz Publishing House.
———, ed. 2013. *Indo-US Relations: Dimensions and Emerging Trends.* New Delhi: Shipra Publications.
———, ed. 2014. *Contours of India's Foreign Policy: Changes and Challenges.* New Delhi: Reference Press.
———, ed. 2015. *India and Her Neighbours: Towards a Proactive Partnership.* New Delhi: Kalpaz Publishing House.
Alam, Mohammed B., and Muzaffar Ahemad Ganaie. 2015. *India, US, and the Nuclear Deal.* New Delhi: Reference Press.
Alam, Mohammed B., and Nisar-ul-Haq, eds. 2015. *Emerging India in the New World Order.* New Delhi: Bloomsbury India.
Chopra, V. D., ed. 2003. *New Trends in Indo-Russian Relations.* New Delhi: Kalpaz Publications.
Dixit, J. N. 2003. *India's Foreign Policy: 1947–2003.* New Delhi: Picus Books.
Dutt, V. P. 1999. *India's Foreign Policy in a Changing World.* New Delhi: Vikas Publishing House.
Gujral, I. K. 2003. *Continuity and Change: India's Foreign Policy.* New Delhi: Macmillan India Ltd.
Harshe, Rajan, and K. M. Sethi, eds. 2005. *Engaging the World.* New Delhi: Orient Longman.
Jayapalan N. 2001. *Foreign Policy of India.* New Delhi: Atlantic Publishers.
Khan, Javed A. 1999. *India and West Asia.* New Delhi: SAGE.
Khilnani, R. K. 2000. *Restructuring India's Foreign Policy.* New Delhi: Commonwealth Publishers.
Kurian, Nimmi. 2001. *Emerging China and India's Foreign Policy Options.* New Delhi: Lancer Publications.
Ramchandani, R. R., eds. 1990. *India–Africa Relations.* New Delhi: Kalinga Publications.
Rajan, M. S. 1999. *India and International Affairs.* New Delhi: Lancer Publications.
Ray, Jayanta K., eds. 2005. *India and China in an Era of Globalization.* New Delhi: Bookwell Publishers.
Sekhon, Harinder. 2002. *Five Decades of Indo-US Relations.* New Delhi: UBS Publications.
Wahlers, Gerhard, ed. 2007. *India and the European Union.* New Delhi: Konrad-Adenauer-Stiftung.

ऑनलाइन पठनीय सामग्रियां

वाणिज्य विभाग, भारत सरकार (www.dgft.gov.in)
https://www.indianembassy.org/pages.php?id=41
http://www.indianembassy.ru/index.php/en/bilateral-relations/bilateral-relations-india-russia
http://www.stimson.org/content/south-asia-confidence-building-measures-cbm-timeline-0
http://www.indembassy.co.il/pages.php?id=10#.V8pk4Ft97IU
http://www.claws.in/1539/indias-africa-strategy-and-the-policy-trends-dr-mohammed-badrul-alam.html
http://ec.europa.eu/external_relations/india/sum09_05/index.htm
http://ec.europa.eu/external_relations/india/intro/summ_index.htm
http://europa.eu/rapid/pressReleasesAction.do?reference=STAT/07/160&format=HTML&aged=0&language=EN&guiLanguage=en
http://indianeconomy.org/2008/04/19/india-africa-forum-summit/
http://www.south-asia.com/Embassy%2DIndia/
http://www.indianembassy.ru/cms/
http://www.indianembassy.org.cn/
http://www.bilaterals.org/article.php3?id_article=9085
http://www.indolink.com/displayArticleS.php?id=082706104219
http://en.wikipedia.org/wiki/Foreign_relations_of_India
http://en.wikipedia.org/wiki/Indo-Nepal_relations
http://en.wikipedia.org/wiki/India-Bangladesh_relations
http://www.mea.gov.in/Portal/ForeignRelation/India-EU_Relations_Website_Brief_-July_16__2015.pdf
https://www.mea.gov.in/Portal/ForeignRelation/India-Nepal_Bilateral_Brief_for_MEA_website_-_Oct_2015.pdf
https://www.mea.gov.in/Portal/ForeignRelation/Myanamr_Feb_2016.pdf
http://www.mea.gov.in/Portal/ForeignRelation/SrilankaBrief_August2015.pdf

Made in United States
North Haven, CT
04 November 2026

21728195R00203